DIREITO PROCESSUAL CIVIL

HISTÓRICO DA OBRA

- **1.ª edição:** fev./2011; 2.ª tir., abr./2011; 3.ª tir., jun./2011; 4.ª tir., jul./2011; 5.ª tir., ago./2011
- **2.ª edição:** jan./2012; 2.ª tir., maio/2012; 3.ª tir., jul./2012
- **3.ª edição:** dez./2012; 2.ª tir., jun./2013
- **4.ª edição:** jan./2014; 2.ª tir., abr./2014; 3.ª tir., jun./2014
- **5.ª edição:** abr./2015
- **6.ª edição:** nov./2015
- **7.ª edição:** mar./2016; 2.ª tir., maio/2016; 3.ª tir., ago./2016; 4.ª tir., set./2016
- **8.ª edição:** jan./2017; 2.ª tir., jun./2017; 3.ª tir., ago./2017
- **9.ª edição:** jan./2018; 2.ª tir., set./2018
- **10.ª edição:** dez./2018; 2.ª tir., jul./2019
- **11.ª edição:** nov./2019; 2.ª tir., set./2020
- **12.ª edição:** dez./2020; 2.ª tir., jun./2021
- **13.ª edição:** dez./2021
- **14.ª edição:** jan./2023
- **15.ª edição:** dez./2023
- **16.ª edição:** jan./2025

Marcus Vinicius Rios Gonçalves

Mestre em Direito Civil pela PUC-SP, Juiz de Direito e
Professor no Damásio Educacional

DIREITO PROCESSUAL CIVIL

16ª edição
2025

Inclui **MATERIAL SUPLEMENTAR**
- Questões de concursos

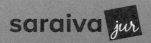

- O autor deste livro e a editora empenharam seus melhores esforços para assegurar que as informações e os procedimentos apresentados no texto estejam em acordo com os padrões aceitos à época da publicação, *e todos os dados foram atualizados até a data de fechamento do livro.* Entretanto, tendo em conta a evolução das ciências, as atualizações legislativas, as mudanças regulamentares governamentais e o constante fluxo de novas informações sobre os temas que constam do livro, recomendamos enfaticamente que os leitores consultem sempre outras fontes fidedignas, de modo a se certificarem de que as informações contidas no texto estão corretas e de que não houve alterações nas recomendações ou na legislação regulamentadora.

- Data do fechamento do livro: 09/12/2024

- O autor e a editora se empenharam para citar adequadamente e dar o devido crédito a todos os detentores de direitos autorais de qualquer material utilizado neste livro, dispondo-se a possíveis acertos posteriores caso, inadvertida e involuntariamente, a identificação de algum deles tenha sido omitida.

- Direitos exclusivos para a língua portuguesa
  Copyright ©2025 by
  Saraiva Jur, um selo da SRV Editora Ltda.
  Uma editora integrante do GEN | Grupo Editorial Nacional
  Travessa do Ouvidor, 11
  Rio de Janeiro – RJ – 20040-040

- **Atendimento ao cliente: https://www.editoradodireito.com.br/contato**

- Reservados todos os direitos. É proibida a duplicação ou reprodução deste volume, no todo ou em parte, em quaisquer formas ou por quaisquer meios (eletrônico, mecânico, gravação, fotocópia, distribuição pela Internet ou outros), sem permissão, por escrito, da **SRV Editora Ltda.**

- Capa: Lais Soriano
  Diagramação: Adriana Aguiar

- DADOS INTERNACIONAIS DE CATALOGAÇÃO NA PUBLICAÇÃO (CIP)
  VAGNER RODOLFO DA SILVA – CRB-8/9410

G635c   Gonçalves, Marcus Vinicius Rios
Direito processual civil / Marcus Vinicius Rios Gonçalves; coordenado por Pedro Lenza. – 16. ed. – São Paulo : Saraiva Jur, 2025.   (Coleção Esquematizado®)
928 p.

ISBN 978-85-5362-800-1 (Impresso)

1. Direito. 2. Direito processual civil. I. Lenza, Pedro. II. Título. III. Série.

	CDD 341.46
2024-3061	CDU 347.9

Índices para catálogo sistemático:
1. Direito processual civil   341.46
2. Direito processual civil   347.9

Às minhas sobrinhas: Júlia, Isabella, Gabriela e Valentina.

AGRADECIMENTOS

Este livro não poderia ter sido redigido sem a colaboração de familiares e amigos, de cuja companhia tive de me privar por algum tempo, mas que nem por isso deixaram de me incentivar e estimular. Gostaria de dedicar especial agradecimento aos meus pais, Carlos Roberto e Elbe, e aos meus irmãos, Victor e Daniela.

Também gostaria de agradecer à Luciana, pela paciência, e ao amigo Maurício Ribeiro, pela ajuda.

Agradeço ainda ao Dr. Pedro Lenza, pelo convite e pelo apoio.

METODOLOGIA ESQUEMATIZADO

Durante o ano de **1999**, portanto, **há 25 anos**, pensando, naquele primeiro momento, nos alunos que prestariam o exame da OAB, resolvemos criar uma **metodologia de estudo** que tivesse linguagem "fácil" e, ao mesmo tempo, oferecesse o conteúdo necessário à preparação para provas e concursos.

O trabalho, por sugestão de **Ada Pellegrini Grinover**, foi batizado como *Direito constitucional esquematizado*. Em nosso sentir, surgia ali uma **metodologia pioneira**, idealizada com base em nossa experiência no magistério e buscando, sempre, otimizar a preparação dos alunos.

A metodologia se materializou nos seguintes "pilares" iniciais:

- **Esquematizado:** verdadeiro método de ensino, rapidamente conquistou a preferência nacional por sua estrutura revolucionária e por utilizar uma linguagem clara, direta e objetiva.
- **Superatualizado:** doutrina, legislação e jurisprudência, em sintonia com os concursos públicos de todo o País.
- **Linguagem clara:** fácil e direta, proporciona a sensação de que o autor está "conversando" com o leitor.
- **Palavras-chave (*keywords*):** a utilização do negrito possibilita uma leitura "panorâmica" da página, facilitando a recordação e a fixação dos principais conceitos.
- **Formato:** leitura mais dinâmica e estimulante.
- **Recursos gráficos:** auxiliam o estudo e a memorização dos principais temas.
- **Provas e concursos:** ao final de cada capítulo, os assuntos são ilustrados com a apresentação de questões de provas de concursos ou elaboradas pelo próprio autor, facilitando a percepção das matérias mais cobradas, a fixação dos temas e a autoavaliação do aprendizado.

Depois de muitos anos de **aprimoramento**, o trabalho passou a atingir tanto os candidatos ao **Exame de Ordem** quanto todos aqueles que enfrentam os **concursos em geral**, sejam das **áreas jurídica** ou **não jurídica**, de **nível superior** ou mesmo os de **nível médio**, assim como **alunos de graduação** e demais **operadores do direito**, como poderosa ferramenta para o desempenho de suas atividades profissionais cotidianas.

Ada Pellegrini Grinover, sem dúvida, anteviu, naquele tempo, a evolução do *Esquematizado*. Segundo a Professora escreveu em **1999**, "a obra destina-se, declaradamente, aos candidatos às provas de concursos públicos e aos alunos de graduação, e, por isso mesmo, após cada capítulo, o autor insere questões para aplicação da parte teórica. Mas será útil também aos operadores do direito mais experientes, como fonte de consulta rápida e imediata, por oferecer grande número de informações buscadas em diversos autores, apontando as posições predominantes na doutrina, sem eximir-se de criticar algumas delas e de trazer sua própria contribuição. Da leitura amena surge um livro 'fácil', sem ser reducionista, mas que revela, ao contrário, um grande poder de síntese, difícil de encontrar mesmo em obras de autores mais maduros, sobretudo no campo do direito".

Atendendo ao apelo de "concurseiros" de todo o País, sempre com o apoio incondicional da Saraiva Jur, convidamos professores das principais matérias exigidas nos concursos públicos das **áreas jurídica** e **não jurídica** para compor a **Coleção Esquematizado**®.

Metodologia pioneira, vitoriosa, consagrada, testada e aprovada. **Professores** com larga experiência na área dos concursos públicos e com brilhante carreira profissional. Estrutura, apoio, profissionalismo e *know-how* da **Saraiva Jur**. Sem dúvida, ingredientes indispensáveis para o sucesso da nossa empreitada!

O resultado foi tão expressivo que a **Coleção Esquematizado**® se tornou **preferência nacional**, extrapolando positivamente os seus objetivos iniciais.

Para o **direito processual civil**, tivemos a honra de contar com o competente trabalho de **Marcus Vinicius Rios Gonçalves**, que soube, com maestria, aplicar a **metodologia "Esquematizado"** à sua vasta e reconhecida experiência profissional como professor extremamente didático, juiz de direito há mais de 20 anos e autor de consagradas obras.

O autor, desde 1994, tem lecionado Direito Processual Civil no Damásio Educacional, o que o credencia como um dos maiores e mais respeitados professores da área.

O professor Marcus Vinicius, mestre pela Pontifícia Universidade Católica de São Paulo (PUC-SP), é autor, entre outros trabalhos, do *Curso de direito processual civil*, bem como de *Processo civil — execução civil, Processo civil — procedimentos especiais* e *Tutela de interesses difusos e coletivos*, da Coleção Sinopses Jurídicas da Saraiva Jur.

O grande desafio, em nossa opinião concretizado com perfeição, foi condensar todo o direito processual civil em um único volume, cumprindo, assim, o objetivo da coleção.

Estamos certos de que este livro será um valioso aliado para "encurtar" o caminho do ilustre e "guerreiro" concurseiro na busca do "sonho dourado", além de ser uma **ferramenta indispensável** para estudantes de Direito e profissionais em suas atividades diárias.

Esperamos que a **Coleção Esquematizado**® cumpra plenamente o seu propósito. Seguimos juntos nessa **parceria contínua** e estamos abertos às suas críticas e sugestões, essenciais para o nosso constante e necessário aprimoramento.

Sucesso a todos!

Pedro Lenza
Mestre e Doutor pela USP
Visiting Scholar pela Boston College Law School

✉ pedrolenza8@gmail.com
🐦 https://twitter.com/pedrolenza
📷 http://instagram.com/pedrolenza
▶ https://www.youtube.com/pedrolenza
f https://www.facebook.com/pedrolenza

saraiva jur https://www.editoradodireito.com.br/colecao-esquematizado

NOTA DO AUTOR À 16ª EDIÇÃO

Esta é a 16ª edição do *Direito Processual Civil Esquematizado*, a nona revisada e lançada após a entrada em vigor do novo Código de Processo Civil, em 18 de março de 2016.

A experiência da aplicação da nova lei tem sido útil para clarear conceitos, firmar alguns entendimentos e modificar outros. Muitas vezes, somente a prática cotidiana de aplicação da lei pode permitir uma avaliação adequada da extensão de novos institutos e de uma nova sistemática processual.

Nesta nova edição, foram acrescentadas decisões recentes, em especial do STJ, como a referente aos honorários advocatícios recursais, que constitui precedente vinculante. Além disso, nesta obra estão incorporadas as inovações trazidas pelas Leis n. 14.833/2024, 14.879/2024 e 14.979/2024. As questões, a partir desta edição, passam a ser disponibilizadas no material suplementar *online* pelo acesso ao *QR Code* disponível no final dos capítulos.

Essa é a oportunidade de agradecer aos leitores que escreveram, sempre manifestando interesse, formulando ideias e apresentando sugestões. A colaboração dos leitores tem sido imprescindível para o aprimoramento da obra.

Espera-se que a presente edição tenha a mesma recepção que as anteriores, e que esta obra ajude a divulgar as alterações trazidas pelo novo CPC. Também que seja útil para aqueles que queiram se informar sobre o seu conteúdo e as principais inovações.

Ao final, não se pode deixar de expressar a gratidão aos leitores, cuja benevolência transformou esta em uma obra bem-sucedida, e de fazer votos de que a nova edição encontre a mesma acolhida que as anteriores.

Marcus Vinicius Rios Gonçalves
Mestre em Direito Civil pela PUC-SP
✉ marnicio@hotmail.com

SUMÁRIO

Agradecimentos	VII
Metodologia Esquematizado	IX
Nota do autor à 16ª edição	XI

LIVRO I
NOÇÕES GERAIS

1 INTRODUÇÃO **3**

    1. O processo civil 3

        1.1. Conceito 4

        1.2. Processo civil – direito público ou privado? 5

        1.3. Direito material × direito processual 5

        1.4. Instrumentalidade do processo 6

        1.5. O processo civil e os demais ramos do direito 6

    2. Breve histórico do processo civil 8

        2.1. Introdução 8

        2.2. Direito romano 8

        2.3. Período medieval 9

        2.4. O processo civil moderno 9

        2.5. O momento atual e as perspectivas para o futuro 9

        2.6. Esquematização do histórico do processo civil 11

    3. O processo civil no Brasil 12

2 A LEI PROCESSUAL CIVIL **15**

    1. Norma jurídica 15

    2. Duas categorias de normas: as cogentes e as não cogentes 15

    3. Norma processual 16

    4. Fontes formais da norma processual civil 17

        4.1. A lei federal como fonte formal do processo civil 18

        4.2. Constituição e leis estaduais 18

        4.3. Fontes formais acessórias 19

    5. Fontes não formais do processo 19

        5.1. Jurisprudência 19

    6. Interpretação da lei 20

        6.1. Hermenêutica jurídica 21

        6.2. Métodos de interpretação 21

        6.3. Quadro indicativo dos vários métodos de interpretação 22

    7. Lei processual civil no espaço 22

    8. Lei processual civil no tempo 23

        8.1. Vigência 23

        8.2. A lei processual nova e os processos em curso 23

8.3.	Isolamento dos atos processuais	24
8.4.	Lei nova que altera competência	25

3 PRINCÍPIOS FUNDAMENTAIS DO PROCESSO CIVIL 27

1. Introdução 27
2. Princípios gerais do processo civil na Constituição Federal 27
   - 2.1. Princípio do devido processo legal 28
   - 2.2. Princípio do acesso à justiça 28
   - 2.3. Princípio do contraditório 29
   - 2.4. Princípio da duração razoável do processo 35
   - 2.5. Princípio da isonomia 35
   - 2.6. Princípio da imparcialidade do juiz (juiz natural) 43
   - 2.7. Princípio do duplo grau de jurisdição 47
   - 2.8. Princípio da publicidade dos atos processuais 47
   - 2.9. Princípio da motivação das decisões judiciais 48
3. Princípios infraconstitucionais do processo civil 49
   - 3.1. Introdução 49
   - 3.2. Princípio dispositivo 50
   - 3.3. Princípio da oralidade 52
   - 3.4. Princípio da persuasão racional (ou livre convencimento motivado) 56
   - 3.5. Princípio da boa-fé 57
   - 3.6. Princípio da cooperação 58
4. Questões .... *online*

LIVRO II
INSTITUTOS FUNDAMENTAIS DO PROCESSO CIVIL

1 INTRODUÇÃO 63

2 JURISDIÇÃO CIVIL 65

1. Introdução 65
2. Conceito 65
3. Jurisdição, legislação e administração 65
4. Características essenciais da jurisdição 66
5. Espécies de jurisdição 67
   - 5.1. Jurisdição contenciosa e voluntária 67
   - 5.2. Classificação da jurisdição quanto ao objeto 67
   - 5.3. Classificação da jurisdição quanto ao tipo de órgão que a exerce 68
   - 5.4. Classificação da jurisdição quanto à hierarquia 68
6. Jurisdição e competência 68

3 DA COMPETÊNCIA 69

1. Introdução 69
2. Jurisdição internacional (jurisdição de outros Estados) 69
   - 2.1. Decisão estrangeira 70
   - 2.2. O que pode e o que não pode ser julgado pela justiça brasileira 72
3. Competência interna 75
   - 3.1. Introdução 75

3.2.	Noções sobre a estrutura do Poder Judiciário	75
3.3.	Quadro esquemático da estrutura do Poder Judiciário	76
3.4.	Algumas premissas para a compreensão das regras de competência interna	77
3.5.	Conceito de foro e juízo	77
3.6.	A competência de foro e juízo	78
3.7.	Competência absoluta e relativa	78
3.8.	A perpetuação de competência	79
3.9.	Critérios para a fixação de competência	80
3.10.	Como identificar se uma regra de competência é absoluta ou relativa?	82
3.11.	Esquema dos critérios para apuração de competência	84
3.12.	Um exemplo de como apurar a competência	85
3.13.	Regras gerais para a apuração de competência	86
3.14.	Competência da Justiça Federal	87
3.15.	A apuração do foro competente	91
3.16.	Alguns exemplos de competência funcional	96
3.17.	Esquema resumido das regras de competência de foro	97
3.18.	Competência de juízo – breves considerações	98
3.19.	A competência nos Juizados Especiais Cíveis	99
4.	A modificação de competência	100
4.1.	Prorrogação de competência	100
4.2.	Derrogação	100
4.3.	Conexão	103
4.4.	Continência	107
5.	Prevenção	107
6.	Conflito de competência	108
6.1.	Procedimento do conflito	108
7.	Da cooperação nacional	110
8.	Questões	online

4 DA AÇÃO ... 111

1.	Introdução	111
2.	Direito material e direito de ação	111
3.	O direito de ação	112
3.1.	Introdução	112
3.2.	Natureza	113
3.3.	A ação e os demais institutos fundamentais do processo civil (jurisdição, exceção e processo)	113
3.4.	As duas acepções de "ação"	113
3.5.	O direito de ação é condicionado	117
3.6.	Os elementos da ação	126
3.7.	Classificação das ações	132
4.	Questões	online

5 O DIREITO DE DEFESA (EXCEÇÃO) ... 135

1.	Introdução	135
1.1.	As duas acepções em que a palavra "exceção" pode ser tomada	135
1.2.	Esquema das duas acepções do termo "exceção"	136

6 O PROCESSO **137**

1. Introdução 137
2. Processo e procedimento 137
3. Instrumentalidade do processo 138
4. Diversos tipos de processo 138
5. O processo eclético 138
6. Processo e ação 138
7. Pressupostos processuais 139
   7.1.   Pressupostos processuais, condições da ação e mérito 139
   7.2.   Pressupostos processuais como matéria de ordem pública 139
   7.3.   Pressupostos processuais de eficácia e validade 140
8. Questões .... *online*

LIVRO III
OS SUJEITOS DO PROCESSO

1 DAS PARTES E SEUS PROCURADORES **149**

1. Introdução 149
2. Capacidade de ser parte 149
3. Capacidade processual 151
   3.1.   Representação e assistência 151
4. Curador Especial 152
   4.1.   Curador especial dos incapazes 152
   4.2.   Curador especial do réu preso 153
   4.3.   Curador especial do réu citado fictamente 153
   4.4.   Curador especial em favor do idoso 154
   4.5.   Poderes do curador especial 154
   4.6.   Curador especial em execução 155
   4.7.   Curador especial na ação monitória 155
   4.8.   Exercício da função de curador especial 156
   4.9.   Se não nomeado o curador especial, pode haver nulidade 156
5. Integração da capacidade processual das pessoas casadas 156
   5.1.   Introdução 156
   5.2.   Ações que versam sobre direito real imobiliário 156
   5.3.   Outorga uxória ou marital 157
   5.4.   O polo ativo das ações que versem sobre direito real imobiliário ... 157
   5.5.   O polo passivo das ações que versem sobre direito real imobiliário ... 158
   5.6.   Outorga uxória e união estável 159
   5.7.   Forma da outorga uxória 159
   5.8.   A recusa da outorga e a possibilidade de suprimento 159
   5.9.   Esquema da capacidade processual das pessoas casadas nas ações que versem sobre direito real em bens imóveis 160
6. Regularização da capacidade processual e da representação processual ... 160
7. Dos deveres das partes e seus procuradores 160
   7.1.   Introdução 160
   7.2.   Dos deveres 161

7.3.	Dos deveres das partes quanto às despesas processuais	165
7.4.	Honorários advocatícios	166
7.5.	Da gratuidade da justiça	170
8.	Dos procuradores	172
9.	Da sucessão das partes e dos procuradores	173
9.1.	Da alienação da coisa ou do direito litigioso	173
9.2.	A sucessão em caso de morte	174
9.3.	Sucessão de procuradores	174
10.	Questões	online

2 DO LITISCONSÓRCIO 177

1.	Introdução	177
2.	Justificativa	177
3.	Litisconsórcio multitudinário	177
3.1.	Requisitos para que haja o desmembramento	178
3.2.	Questões práticas sobre o desmembramento	179
3.3.	O desmembramento requerido pelo réu	179
3.4.	Recurso em caso de desmembramento	179
4.	Classificação do litisconsórcio	180
4.1.	Litisconsórcio necessário	180
4.2.	Litisconsórcio facultativo	181
4.3.	Litisconsórcio unitário	184
4.4.	Litisconsórcio simples	184
4.5.	Das diversas combinações possíveis	185
5.	Momento de formação do litisconsórcio	185
6.	Problemas relacionados ao litisconsórcio necessário	186
6.1.	Introdução	186
6.2.	Das consequências da ausência, no processo, de um litisconsorte necessário	186
6.3.	A formação do litisconsórcio necessário	187
7.	O regime do litisconsórcio	188
7.1.	Regime no litisconsórcio simples	189
7.2.	Litisconsórcio unitário	190
7.3.	Esquema do regime do litisconsórcio	190
8.	Os litisconsortes com procuradores diferentes	191
9.	Questões	online

3 DA INTERVENÇÃO DE TERCEIROS 193

1.	Introdução	193
2.	Intervenção de terceiros voluntária e provocada	193
3.	Quando o terceiro transforma-se em parte	194
4.	Intervenção de terceiros e a ampliação dos limites objetivos da lide	194
5.	A intervenção de terceiros não cria um novo processo	195
6.	Tipos de processo que admitem intervenção de terceiros	195
7.	Das diversas formas de intervenção	196
7.1.	Assistência	196
7.2.	Denunciação da lide	205
7.3.	Chamamento ao processo	213
7.4.	Do incidente de desconsideração da personalidade jurídica	218

7.5. Do *amicus curiae* 224

8. Panorama geral das diversas espécies de intervenção 227

9. Questões .... *online*

4 DA INTERVENÇÃO DO MINISTÉRIO PÚBLICO NO PROCESSO CIVIL 231

1. Introdução 231

2. O Ministério Público como parte 231

   2.1. O Ministério Público como parte e os honorários advocatícios............ 232

3. O Ministério Público como fiscal da ordem jurídica 233

   3.1. Consequências da falta de intervenção do Ministério Público como fiscal da ordem jurídica 234

4. Aspectos processuais da intervenção do Ministério Público 234

5. Procedimento da intervenção ministerial 235

6. Questões .... *online*

5 DO JUIZ 237

1. Introdução 237

2. Impedimento do juiz 238

3. Suspeição 239

4. Incidente de impedimento e suspeição 240

5. Poderes e deveres do juiz 241

   5.1. A vedação ao *non liquet*.. 250

   5.2. Excepcionalmente admite-se julgamento por equidade 250

   5.3. A necessidade de respeitar os limites da lide (o princípio da demanda)................ 251

   5.4. Outros poderes e deveres 251

6. Responsabilidade do juiz 252

7. Questões .... *online*

6 AUXILIARES DA JUSTIÇA 253

1. Introdução 253

2. Quem são? 253

3. Dos conciliadores e mediadores 254

   3.1. Introdução 254

   3.2. Centros judiciários de solução consensual de conflitos 255

   3.3. Conciliação e mediação 255

   3.4. Atuação do conciliador e do mediador 256

   3.5. Princípios que regulam a conciliação e a mediação 257

   3.6. Recrutamento dos conciliadores e mediadores 258

   3.7. Escolha do conciliador e mediador 259

   3.8. Remuneração 259

   3.9. Impedimentos do conciliador e do mediador 259

   3.10. Responsabilização do conciliador ou mediador 260

   3.11. Solução consensual de conflitos no âmbito administrativo 260

LIVRO IV
DOS ATOS PROCESSUAIS

1 NATUREZA E ESPÉCIES 263

1. Introdução 263

2. Conceito de ato processual	263
3. Omissões processualmente relevantes	263
4. Classificação dos atos processuais	264
4.1. Atos das partes	264
4.2. Pronunciamentos do juiz	264
5. Flexibilização do procedimento e negociação processual	265

2 FORMA E REQUISITOS **269**

1. Forma dos atos processuais	269
1.1. O processo eletrônico	269
1.2. Comunicação eletrônica dos atos processuais	270
2. Requisitos dos atos processuais	271
2.1. Requisitos gerais quanto ao modo dos atos processuais	271
2.2. Requisitos gerais quanto ao lugar	272
2.3. Requisitos gerais quanto ao tempo	272
2.4. Preclusão	279
3. Esquema dos atos processuais quanto aos requisitos	280
4. Invalidade do ato processual	281
4.1. Atos meramente irregulares	281
4.2. Nulidades processuais	281
4.3. Nulidades absolutas ou relativas	282
4.4. Como distinguir entre nulidade absoluta e relativa?	282
4.5. As nulidades e a instrumentalidade das formas	283
4.6. O efeito expansivo das nulidades	283
4.7. Regularização do processo	284
4.8. Os atos processuais ineficazes	284
4.9. Esquema geral das invalidades do processo	285

3 DA COMUNICAÇÃO DOS ATOS PROCESSUAIS **287**

1. Introdução	287
2. Carta rogatória	287
3. Carta de ordem	288
4. Carta precatória	288
5. Carta arbitral	288
6. Citações e intimações	288
6.1. Introdução	288
6.2. Conceito	288
6.3. Formalidades e instrumentalidade	289
6.4. Citação direta e indireta	289
6.5. Oportunidade da citação	290
6.6. Espécies de citação	291
6.7. Efeitos da citação	298
6.8. Intimação	300

4 DISTRIBUIÇÃO E REGISTRO **303**

1. Introdução	303
2. Hipóteses de distribuição por dependência	303

LIVRO V
DA TUTELA PROVISÓRIA

1 DISPOSIÇÕES GERAIS... 307
1. Introdução 307
2. O tratamento conjunto 307
3. Breve evolução dos institutos 308
4. O exame da tutela provisória 309
5. Conceito e classificações 309
    5.1. Conceito 309
    5.2. A tutela provisória e a efetividade do processo 310
    5.3. Classificações 310
6. Características 314
    6.1. Tutelas provisórias e liminares 314
    6.2. Sumariedade da cognição 315
    6.3. Provisoriedade 315
    6.4. Revogação, modificação e cessação de eficácia 316
    6.5. Tutela provisória antecipada não se confunde com o julgamento antecipado do mérito 317
    6.6. Poder geral do juiz de conceder tutelas provisórias 318
    6.7. Tipos de processo em que cabe tutela provisória 320
    6.8. Competência 322

2 TUTELAS DE URGÊNCIA.. 325
1. Introdução 325
2. Requisitos 325
    2.1. Requerimento 325
    2.2. Elementos que evidenciem a probabilidade do direito 326
    2.3. O perigo de dano ou o risco ao resultado útil do processo (*periculum in mora*) 327
    2.4. A não irreversibilidade dos efeitos da tutela de urgência antecipada 328
    2.5. Tutelas de urgência e proporcionalidade 328
    2.6. Caução 329
    2.7. Responsabilidade civil do requerente 329

3 TUTELA DA EVIDÊNCIA.. 331
1. Introdução 331
2. Natureza da tutela da evidência 331
3. Cognição sumária e caráter provisório 332
4. Requisitos 332
    4.1. Requerimento 332
    4.2. Que estejam presentes as hipóteses previstas no art. 311 e seus incisos do CPC 332
    4.3. A não irreversibilidade dos efeitos do provimento é requisito também da tutela da evidência? 335
    4.4. A situação da incontrovérsia de um ou mais pedidos ou de parte deles 335
5. Responsabilidade civil nos casos de tutela da evidência 335

4 TUTELAS PROVISÓRIAS ANTECEDENTES E INCIDENTAIS 337
1. O momento para a concessão da tutela provisória 337
2. As tutelas provisórias incidentais 337
    2.1. Tutela provisória na fase de sentença? 338

3.	A tutela provisória antecedente	338
	3.1. Competência	338
	3.2. Processo único	339
	3.3. Tutela de urgência antecedente de natureza antecipada	339
	3.4. Tutela provisória antecedente de natureza cautelar	345
4.	O art. 301 do CPC e a enumeração de algumas tutelas cautelares nominadas	352
	4.1. O arresto	352
	4.2. Sequestro	353
	4.3. Arrolamento de bens	353
	4.4. Registro do protesto contra a alienação de bens	354
5.	Questões	*online*

LIVRO VI
FORMAÇÃO, SUSPENSÃO E EXTINÇÃO DO PROCESSO CIVIL

1 FORMAÇÃO DO PROCESSO **357**

1. A propositura da demanda – iniciativa da parte 357
2. O impulso oficial 358

2 SUSPENSÃO DO PROCESSO **359**

1. Introdução 359
    1.1. Morte ou perda da capacidade processual de qualquer das partes, de seu representante legal ou procurador 359
    1.2. Convenção das partes 359
    1.3. Arguição de suspeição ou impedimento do juiz 359
    1.4. Admissão de incidente de resolução de demandas repetitivas 360
    1.5. Sentença de mérito que depende do julgamento de outro processo, ou da declaração de existência ou inexistência de relação jurídica que constitua o objeto principal de outro processo pendente ou que só possa ser proferida após a verificação de fato, ou da produção de certa prova, requisitada a outro juízo 360
    1.6. Força maior 360
    1.7. Discussão em juízo de questão decorrente de acidente e fatos da navegação de competência do Tribunal Marítimo 360
    1.8. Demais casos previstos em lei 361
    1.9. Parto ou concessão de adoção, quando a advogada responsável pelo processo constituir a única patrona da causa 361
    1.10. Advogado responsável pelo processo tornar-se pai, quando constituir o único patrono da causa 361

3 EXTINÇÃO DO PROCESSO **363**

1. Introdução 363
2. Extinção do processo sem resolução de mérito 363
    2.1. Quando o juiz indeferir a petição inicial 363
    2.2. Quando fique parado por mais de um ano por negligência das partes 364
    2.3. Quando, por não promover os atos e diligências que lhe compete, o autor abandonar a causa por mais de trinta dias 364
    2.4. Quando verificar a ausência de pressupostos de constituição e desenvolvimento válido e regular do processo 364

2.5. Quando o juiz reconhecer a existência de perempção, litispendência e coisa julgada .. 365

2.6. Quando verificar a ausência de legitimidade e do interesse processual 365

2.7. Quando houver convenção de arbitragem ou quando o juízo arbitral reconhecer sua competência 365

2.8. Quando houver desistência da ação 365

2.9. Quando a ação for considerada intransmissível por disposição legal 366

2.10. Nos demais casos prescritos em lei.. 367

3. Consequências da extinção do processo sem resolução de mérito............................ 367

3.1. A reiteração de ações 367

3.2. A cessação da litispendência... 367

3.3. A interrupção da prescrição... 368

3.4. A possibilidade de retratação, caso haja apelação... 368

4. Da resolução de mérito.. 369

4.1. Introdução 369

4.2. Quando o juiz acolher ou rejeitar o pedido do autor da ação ou reconvenção........ 369

4.3. Quando o juiz pronunciar, de ofício ou a requerimento, a decadência ou a prescrição... 369

4.4. Quando o juiz homologar reconhecimento da procedência do pedido formulado na ação ou reconvenção 370

4.5. Quando o juiz homologar transação 370

4.6. Quando o juiz homologar a renúncia à pretensão formulada na ação ou reconvenção 370

5. Questões .... *online*

LIVRO VII
DO PROCESSO E DO PROCEDIMENTO

1 DO PROCEDIMENTO COMUM **373**

1. Introdução 373

2 FASE POSTULATÓRIA... **375**

1. Petição inicial... 375

1.1. Introdução 375

1.2. Requisitos da petição inicial 375

1.3. Pedido.. 380

1.4. Indeferimento da inicial... 384

1.5. O juízo de admissibilidade positivo.. 385

2. Da audiência de tentativa de conciliação.. 389

3. Resposta do réu 390

3.1. Introdução 390

3.2. As formas de resposta 391

3.3. Prazo de contestação no procedimento comum 391

3.4. Da contestação 392

3.5. Reconvenção 399

4. Revelia.. 405

4.1. Introdução 405

4.2. Revelia e contumácia 406

4.3. Efeitos da revelia 406

5. Questões .... *online*

Sumário

3 FASE ORDINATÓRIA.. **413**
1. Introdução 413
2. A revelia e o julgamento antecipado do mérito 414
3. Réplica... 414
4. Regularização.. 415
5. Especificação de provas... 415
6. Julgamento conforme o estado do processo 416
   6.1. Extinção do processo 416
   6.2. Julgamento antecipado do mérito.. 417
   6.3. Julgamento antecipado parcial do mérito.. 417
7. Saneamento e organização do processo... 420

4 FASE INSTRUTÓRIA... **423**
1. Introdução 423
2. Natureza jurídica das provas.. 423
3. Classificação das provas 424
4. Objeto da prova... 424
5. Fatos que não precisam ser comprovados.. 424
6. Presunções e indícios.. 425
   6.1. Presunções simples ou *hominis* 425
7. Prova de fato negativo.. 426
8. O juiz e a produção da prova.. 426
9. Ônus da prova.. 427
   9.1. A prova como ônus.. 427
   9.2. Ônus da prova – aspecto subjetivo e objetivo 428
   9.3. Distribuição do ônus da prova 428
   9.4. A distribuição diversa do ônus da prova 429
10. Hierarquia das provas 433
11. Provas ilícitas 434
    11.1. A gravação e a interceptação telefônica 435
12. Produção antecipada de provas... 435
    12.1. Introdução 435
    12.2. Tipos de provas que podem ser antecipadas..................................... 436
    12.3. Procedimento 437
13. Meios de prova 439
14. Da prova documental 440
    14.1. Introdução 440
    14.2. Conceito de documento... 441
    14.3. Classificação dos documentos 441
    14.4. Exibição de documento ou coisa... 442
    14.5. Força probante dos documentos 446
    14.6. Eficácia das reproduções 447
    14.7. A arguição de falsidade documental... 447
    14.8. Produção da prova documental.. 450
15. A ata notarial... 451
16. Prova pericial 451
    16.1. Introdução 451

16.2. Espécies de perícia 451
16.3. Admissibilidade da prova pericial 452
16.4. O perito 453
17. Inspeção judicial 457
17.1. Introdução 457
17.2. Procedimento 457
18. Prova testemunhal 458
18.1. Introdução 458
18.2. Admissibilidade e valor da prova testemunhal 458
18.3. A testemunha 460
19. Depoimento pessoal 466
19.1. Introdução 466
19.2. Quem pode requerê-lo e prestá-lo 466
19.3. Pena de confissão 467
19.4. Procedimento 467
20. Interrogatório das partes 468
20.1. Introdução 468
20.2. Procedimento 468
21. Confissão 468
21.1. Introdução 468
21.2. Espécies de confissão 469
21.3. Eficácia da confissão 470
21.4. Perda de eficácia da confissão 470
21.5. Indivisibilidade da confissão 470
22. Audiência de instrução e julgamento 471
22.1. Introdução 471
22.2. Procedimento da audiência de instrução e julgamento 471
22.3. Adiamento da audiência 474
23. Questões .... *online*

5 FASE DECISÓRIA **477**
1. Sentença 477
1.1. Introdução 477
1.2. A conceituação atual de sentença 478
1.3. Espécies de sentença 478
1.4. Requisitos essenciais da sentença 479
1.5. A preferência pela resolução de mérito quando possível (art. 488) 483
1.6. As sentenças de improcedência liminar 484
1.7. Oportunidades em que a sentença poderá ser proferida 484
1.8. Defeitos da sentença 485
1.9. Possibilidade de correção da sentença 487
1.10. Efeitos da sentença 487
1.11. A sentença que condena à declaração de uma emissão de vontade 490
1.12. Sentença condicional? 491
1.13. Os capítulos da sentença 491
1.14. A sentença e os fatos supervenientes 492
1.15. Efeitos secundários da sentença 492

Sumário

2. Coisa julgada 493
   2.1. Introdução 493
   2.2. A coisa julgada não é efeito da sentença..................................... 494
   2.3. As formas de manifestação da coisa julgada............................... 494
   2.4. Os tipos de decisão que se revestem da autoridade da coisa julgada 496
   2.5. Limites objetivos da coisa julgada.. 497
   2.6. Limites subjetivos da coisa julgada 501
   2.7. Mecanismos pelos quais se pode afastar a coisa julgada 503
   2.8. Relativização da coisa julgada 503
3. Da ação rescisória 504
   3.1. Introdução 504
   3.2. Outros mecanismos de impugnação das sentenças transitadas em julgado 505
   3.3. Outras situações em que não cabe a rescisória............................ 506
   3.4. Ação rescisória contra decisão interlocutória de mérito 507
   3.5. Juízo rescindente e juízo rescisório 508
   3.6. Natureza jurídica da ação rescisória 509
   3.7. Requisitos de admissibilidade... 509
   3.8. Hipóteses de cabimento (CPC, art. 966) 512
   3.9. Procedimento da ação rescisória 517
   3.10. Prazo 521
4. Questões .... *online*

LIVRO VIII
DOS PROCEDIMENTOS ESPECIAIS

1 DOS PROCEDIMENTOS ESPECIAIS DE JURISDIÇÃO CONTENCIOSA 527

1. Introdução 527
2. Por que alguns procedimentos são especiais e outros não?................... 527
3. Os vários tipos de procedimentos especiais 528
4. Uma seleção dos processos de procedimentos especiais de jurisdição contenciosa 528
5. Da consignação em pagamento... 528
   5.1. Introdução 528
   5.2. Dois tipos de ação de consignação 529
   5.3. Quais os bens que podem ser consignados? 529
   5.4. Até quando é possível requerer a consignação em pagamento? 530
   5.5. É possível, em ações de consignação, discutir a validade de cláusulas contratuais? .. 530
   5.6. Procedimento 531
6. Da ação de exigir contas 539
   6.1. Introdução 539
   6.2. Alguns exemplos de relações das quais resulta a obrigação de prestar contas 540
   6.3. Natureza dúplice 541
   6.4. A ação de exigir contas e a de prestá-las 541
   6.5. Procedimento da ação de exigir contas 542
   6.6. Forma pela qual as contas devem ser prestadas 544
   6.7. Prestação de contas por dependência... 545
7. Ações possessórias.. 545
   7.1. Introdução 545
   7.2. Peculiaridades das ações possessórias 548
   7.3. Procedimento das ações possessórias.. 522

8. Da ação de dissolução parcial de sociedade 560
    8.1. Introdução 560
    8.2. Procedimento 561
9. Do inventário e da partilha 563
    9.1. Introdução 563
    9.2. Casos em que o inventário pode ser feito por escritura pública, dispensando-se o inventário judicial 563
    9.3. Inventário 564
    9.4. Inventário e partilha 566
    9.5. Procedimento do inventário 567
    9.6. Da partilha 576
    9.7. Inventário conjunto 578
    9.8. Arrolamento 579
    9.9. Arrolamento sumário 579
10. Dos embargos de terceiro 580
    10.1. Introdução 580
    10.2. Requisitos específicos de admissibilidade 581
    10.3. Prazo 585
    10.4. Procedimento 586
11. Da oposição 588
    11.1. Introdução 588
    11.2. Cabimento 589
    11.3. A relação de prejudicialidade entre a oposição e a ação originária 589
    11.4. A oposição não se confunde com os embargos de terceiro 590
    11.5. Oposição apresentada antes ou depois da audiência de instrução 590
    11.6. Processos em que cabe a oposição 591
12. Das ações de família 591
    12.1. Introdução 591
    12.2. Cabimento 592
    12.3. Procedimento 592
13. Da arbitragem 593
    13.1. Introdução 593
    13.2. O que é arbitragem? 593
    13.3. A utilidade da arbitragem 594
    13.4. Limites da arbitragem 594
    13.5. Constitucionalidade da arbitragem 594
    13.6. Espécies de arbitragem 595
    13.7. Da convenção de arbitragem e seus efeitos 595
    13.8. Os árbitros 598
    13.9. O procedimento arbitral 598
    13.10. Sentença arbitral 599
14. Procedimento monitório 601
    14.1. Introdução 601
    14.2. Espécies de procedimento monitório 601
    14.3. Facultatividade do procedimento monitório 601
    14.4. Natureza da ação monitória 602
    14.5. Requisitos 603
    14.6. Ação monitória contra a Fazenda Pública? 605
    14.7. Procedimento 605

Sumário

15. Juizados especiais cíveis 612
    15.1. Introdução 612
    15.2. Fundamento constitucional e legal 613
    15.3. Natureza 613
    15.4. Princípios 614
    15.5. Competência.. 616
    15.6. Litisconsórcio e intervenção de terceiros 623
    15.7. O advogado no Juizado Especial Cível.. 623
    15.8. Do juiz, dos conciliadores e dos juízes leigos 624
    15.9. Procedimento 625

2 DOS PROCEDIMENTOS ESPECIAIS DE JURISDIÇÃO VOLUNTÁRIA 641

1. Introdução 641
2. Natureza 641
3. Distinções entre jurisdição voluntária e contenciosa 641
4. Características da jurisdição voluntária.. 642
5. Regras gerais do procedimento... 643
    5.1. Legitimidade 643
    5.2. Petição inicial e citação... 643
    5.3. Intervenção do Ministério Público 643
    5.4. Resposta 643
    5.5. Instrução e sentença.. 644
    5.6. Recursos 644
6. Pedidos que obedecem ao procedimento examinado nos itens anteriores (5.1 a 5.6)........ 644
7. Três procedimentos específicos de jurisdição voluntária.......................... 645
    7.1. Divórcio e separação consensuais, extinção consensual de união estável e alteração do regime de bens do matrimônio 645
    7.2. Da interdição... 648
    7.3. Da herança jacente 651
8. Questões .... *online*

LIVRO IX
DA EXECUÇÃO CIVIL

1 DA EXECUÇÃO EM GERAL 657

1. Introdução 657
2. Como localizar, no CPC, os dispositivos que tratam da execução civil 658
3. O que é execução?... 659
4. Instrumentos da sanção executiva... 660
5. Espécies de execução 660
    5.1. Execução mediata e imediata 660
    5.2. Execução específica... 660
    5.3. Execução por título judicial ou extrajudicial.................................... 661
    5.4. Cumprimento definitivo ou provisório de sentença 661
6. Princípios gerais da execução 664
    6.1. Princípio da autonomia 664
    6.2. Princípio da patrimonialidade 665
    6.3. Princípio do exato adimplemento 665

6.4.	Princípio da disponibilidade do processo pelo credor	666
6.5.	Princípio da utilidade	666
6.6.	Princípio da menor onerosidade	666
6.7.	Princípio do contraditório	667

7. Atos executivos 667

8. Competência para a execução civil 668

8.1.	Competência para processar o cumprimento de sentença	668
8.2.	Competência para a execução de título extrajudicial	669

9. Das partes na execução 670

9.1.	Legitimidade ativa	670
9.2.	Legitimidade passiva	673
9.3.	Litisconsórcio na execução	675
9.4.	Intervenção de terceiros	676

10. Dos requisitos necessários para a execução 676

10.1.	Do inadimplemento do devedor	676
10.2.	Título executivo	678

11. Da responsabilidade patrimonial 695

11.1.	Obrigação e responsabilidade	695
11.2.	Bens sujeitos à execução	695
11.3.	Bens não sujeitos à execução	696
11.4.	Responsabilidade patrimonial de terceiros	699

2 LIQUIDAÇÃO DE SENTENÇA **709**

1. Introdução 709

2. Das diversas espécies de liquidação 709

3. Fase de liquidação 710

4. Legitimidade para a liquidação 710

5. Natureza da liquidação 710

6. Liquidação provisória 711

7. Vedação de sentença ilíquida 711

8. Sentença parte líquida, parte ilíquida 712

9. Cálculo do contador 712

10. Liquidação por arbitramento 713

11. Liquidação pelo procedimento comum 713

12. A liquidação é julgada por decisão interlocutória 714

13. Liquidação de sentença genérica em ação civil pública 714

14. Liquidações no curso da fase de execução 715

3 EXECUÇÃO ESPECÍFICA **717**

1. Introdução 717

2. Providências que assegurem resultado prático equivalente 717

3. Conversão em perdas e danos 718

4. Mecanismos para compelir o devedor a cumprir a obrigação 719

4.1.	A multa	719

4 PROCEDIMENTO DAS DIVERSAS ESPÉCIES DE EXECUÇÃO **723**

■ Sumário   XXIX

5 EXECUÇÃO DE TÍTULO EXTRAJUDICIAL.. **725**
1. Execução tradicional.. 725
2. Aspectos comuns a todas as espécies de execução por título extrajudicial 725
   2.1. Petição inicial.. 725
   2.2. Citação do executado 726
   2.3. Efeitos da citação válida 726
3. Processo de execução para entrega de coisa certa.. 727
4. Processo de execução para entrega de coisa incerta.. 727
5. Processo de execução de obrigação de fazer e não fazer 728
   5.1. Execução das obrigações de fazer fungíveis (procedimento).............................. 728
6. Execução por quantia certa contra devedor solvente... 730
   6.1. Introdução 730
   6.2. Petição inicial... 730
   6.3. Despacho inicial... 731
   6.4. Citação.. 731
   6.5. O arresto.. 731
   6.6. Curador especial 732
   6.7. Do pagamento 732
   6.8. Da penhora e do depósito.. 732
   6.9. Da avaliação de bens.. 740
   6.10. Intimação do executado 741
   6.11. Outras intimações 741
   6.12. Expropriação... 742
7. Execução contra a fazenda pública 747
8. Execução de alimentos.. 747
9. Da defesa do devedor nas execuções fundadas em título extrajudicial......................... 747
   9.1. Introdução 747
   9.2. Dos embargos à execução 748
   9.3. Outras formas de defesa... 754

6 O CUMPRIMENTO DE SENTENÇA (EXECUÇÃO FUNDADA EM TÍTULO JUDICIAL) **757**
1. Introdução 757
2. Cumprimento das sentenças que reconhecem obrigação de fazer, não fazer ou entregar coisa.. 757
3. Cumprimento de sentença que reconhece a exigibilidade de obrigação de pagar e quantia certa contra devedor solvente – procedimento 758
4. O início do cumprimento de sentença 758
   4.1. O prazo para pagamento voluntário.. 758
   4.2. A multa... 759
   4.3. A iniciativa do credor... 759
5. Protesto da decisão judicial transitada em julgado.. 760
6. Prescrição intercorrente 760
7. Honorários advocatícios na fase executiva 764
8. Mandado de penhora de avaliação... 764
9. Da defesa do executado em juízo.. 764
   9.1. Introdução 764
   9.2. Impugnação... 765

10. Peculiaridades do cumprimento de sentença que reconhece obrigação por ato ilícito...... 774
11. Cumprimento de sentença penal condenatória, de sentença arbitral e de sentença estrangeira 775
12. Cumprimento de sentença que reconhece a exigibilidade de obrigação de pagar quantia certa contra a Fazenda Pública 776
    12.1. Impossibilidade de penhora de bens.. 776
    12.2. A intimação e a possibilidade de oposição de impugnação – prazo 776
    12.3. A não oposição de impugnação 776
    12.4. A impugnação 777
    12.5. O precatório 777
    12.6. A dispensa do precatório na execução de pequeno valor 778
13. Cumprimento de sentença que reconheça a exigibilidade de obrigação de prestar alimentos 779
    13.1. Execução de alimentos pelo procedimento tradicional.. 779
    13.2. Execução especial de alimentos 779
14. Execução por quantia certa contra devedor insolvente.. 782
    14.1. Introdução 782
    14.2. Procedimento – as duas fases 783

7 DA SUSPENSÃO E EXTINÇÃO DAS EXECUÇÕES... 787
1. Da suspensão do processo de execução 787
2. Extinção da execução... 788
3. A sentença de extinção... 788
4. Questões .... *online*

LIVRO X
DOS PROCESSOS NOS TRIBUNAIS E DOS MEIOS
DE IMPUGNAÇÃO DAS DECISÕES JUDICIAIS

1 DISPOSIÇÕES GERAIS... 793
1. Introdução 793
2. A jurisprudência.. 793
    2.1. Precedente vinculante 795
    2.2. Julgamento de casos repetitivos... 800
3. Da ordem dos processos no tribunal... 800
    3.1. Atribuições do relator 801
    3.2. Do julgamento... 801
4. Do incidente de assunção de competência.. 802
    4.1. Introdução 802
    4.2. Processamento 803
5. Do incidente de arguição de inconstitucionalidade... 803
    5.1. Introdução 803
    5.2. Processamento 804
6. Do conflito de competência... 805
7. Da homologação de decisão estrangeira e da concessão de *exequatur* à carta rogatória .. 805
    7.1. Introdução 805
    7.2. Processamento 805

8. Ação rescisória	806
9. Do incidente de resolução de demandas repetitivas	806
9.1. Introdução	806
9.2. Processamento	808
10. Da reclamação	809
10.1. Introdução	809
10.2. Processamento	811

2 DOS RECURSOS 813

1. Introdução	813
2. Conceito	813
3. Características dos recursos	813
3.1. Interposição na mesma relação processual	813
3.2. A aptidão para retardar ou impedir a preclusão ou a coisa julgada	814
3.3. Correção de erros de forma ou de conteúdo	814
3.4. Impossibilidade, em regra, de inovação	815
3.5. O sistema de interposição	815
3.6. A decisão do órgão *ad quem* em regra substitui a do *a quo*	816
3.7. O não conhecimento do recurso e o trânsito em julgado	816
4. Pronunciamentos judiciais sujeitos a recurso	817
5. Juízo de admissibilidade e juízo de mérito dos recursos	818
6. Requisitos de admissibilidade dos recursos	818
6.1. Requisitos de admissibilidade intrínsecos	818
6.2. Requisitos extrínsecos	822
7. Modo de interposição dos recursos – o recurso principal e o adesivo	827
7.1. Processamento do recurso adesivo	828
8. Princípios fundamentais do direito recursal	829
8.1. Introdução	829
8.2. Princípio da taxatividade	829
8.3. Princípio da singularidade ou da unirrecorribilidade	834
8.4. Princípio da fungibilidade dos recursos	836
8.5. Princípio da proibição da *reformatio in pejus*	837
9. Efeitos dos recursos	837
9.1. Introdução	837
9.2. Efeito devolutivo	838
9.3. Efeito suspensivo	841
9.4. Efeito translativo	844
9.5. Efeito expansivo	845
9.6. Efeito regressivo	846

3 DOS RECURSOS EM ESPÉCIE 847

1. Apelação	847
1.1. Conceito	847
1.2. O pedido de reapreciação das decisões interlocutórias não preclusas	847
1.3. Requisitos de admissibilidade	848
1.4. Efeitos da apelação	849

1.5.	Possibilidade de inovar na apelação	850
1.6.	Processamento da apelação	850
2.	Agravo de instrumento	854
2.1.	Introdução	854
2.2.	Cabimento	854
2.3.	Processamento	858
3.	O agravo interno	860
4.	Embargos de declaração	861
4.1.	Introdução	861
4.2.	Cabimento	861
4.3.	Requisitos de admissibilidade	863
4.4.	Processamento dos embargos	863
4.5.	Efeitos dos embargos de declaração	864
4.6.	Embargos de declaração com efeito modificativo	864
5.	Recurso ordinário	866
5.1.	Introdução	866
5.2.	Cabimento	866
5.3.	Processamento	866
6.	Recurso extraordinário e recurso especial	867
6.1.	Introdução	867
6.2.	Requisitos comuns de admissibilidade do recurso extraordinário e especial	867
6.3.	Procedimento de interposição e admissão do RE e do REsp	873
6.4.	Efeitos dos recursos extraordinários	875
6.5.	Recurso especial	875
6.6.	Recurso extraordinário	877
7.	Embargos de divergência em recurso especial e em recurso extraordinário	887
7.1.	Introdução	887
7.2.	Processamento	888
8.	Questões	*online*

Referências 889

LIVRO I
NOÇÕES GERAIS

1 INTRODUÇÃO

1. O PROCESSO CIVIL

Em uma introdução que vise dar uma noção geral do Processo Civil não se pode esquecer das origens dessa ciência. Aqueles que estão familiarizados com seus institutos — muitos deles altamente abstratos — esquecem-se, muitas vezes, de que o processo surgiu, antes de tudo, porque ao **Estado**, em determinada época da evolução histórica, foi atribuído o **poder-dever** de solucionar os **conflitos de interesses**. Essa observação é necessária, porque aquele que quer lidar adequadamente com a ciência do processo não pode jamais perder de vista essa finalidade, sob pena de transformá-la em um amontoado de abstrações, nas quais os estudiosos perdem-se em questões de somenos.

O risco de dissociação entre a ciência do direito e a sua finalidade última não é recente. Erasmo de Rotterdam, no início do século XVI, já observava, com fina ironia: "Os jurisconsultos... rolam assiduamente a rocha de Sísifo, amontoando textos de leis sobre um assunto sem a mínima importância. Acumulando glosa sobre glosa, opinião sobre opinião, dão a impressão de que sua ciência é a mais difícil de todas"[1].

A ciência do processo não pode perder de vista que o ser humano, naturalmente gregário, envolve-se, com frequência, em conflito de interesses. Dir-se-ia que isso faz parte de sua essência, tanto que não há notícia de tempos passados, nem esperança de tempos vindouros, em que conflitos não se manifestem e não perturbem a sociedade.

O Estado — incumbido de zelar pela paz social — edita normas, estabelecendo quais os direitos de cada um. Se todos respeitassem estritamente os direitos alheios e observassem os seus deveres, tais como estabelecidos na legislação, não haveria conflitos e o processo seria desnecessário. Mas as coisas não são assim, por vários motivos. Nem sempre as regras são claras; nem sempre são adequadas e, sobretudo, nem sempre são suficientes para reprimir **impulsos humanos** profundamente enraizados, que, cedo ou tarde, se manifestam. É comum que o mais forte queira tomar do mais fraco; que o que não trabalhou queira arrebanhar o fruto do esforço alheio; que o mais esperto queira ludibriar o mais ingênuo.

Com isso, aquelas regras de conduta, previstas em abstrato pelo legislador, para regular situações genéricas, são violadas, e surge o conflito de interesses.

---

[1] Erasmo de Rotterdam, *Elogio da loucura*, p. 65.

A rigor, esse conflito não é, ainda, um fenômeno processual, mas **sociológico**. Pode ser que os envolvidos entrem em acordo, ou que um deles renuncie ao que acha ser seu. Mas pode ocorrer que não se chegue a uma solução. Se assim for, qualquer dos interessados poderá recorrer ao **Estado-juiz** para que dê uma solução imparcial (porque proferida por alguém não envolvido no conflito) e dotada de força coercitiva. Quando o envolvido no conflito procura o Judiciário, o processo tem início, e é nesse ponto que intervém a ciência do processo, cujo fim é perscrutar os mecanismos por meio dos quais o Estado-juiz intervirá na solução dos conflitos a ele levados. Sem a possibilidade do processo e do recurso ao Judiciário prevaleceria a força. Parafraseando Rousseau, "convenhamos, pois, que a força não faz o direito e que não se é obrigado a obedecer senão a poderes legítimos"[2].

Eis o momento de formular o conceito do Processo Civil.

1.1. CONCEITO

O Processo Civil é o ramo do direito que contém as **regras** e os **princípios** que tratam da **jurisdição civil**, isto é, da aplicação da lei aos casos concretos, para a solução dos conflitos de interesses pelo Estado-juiz.

O conflito entre sujeitos é condição necessária, mas não suficiente para que incidam as normas de processo, só aplicáveis quando se recorre ao Poder Judiciário apresentando-se-lhe uma pretensão. Portanto, só quando há conflito posto em juízo.

PROCESSO CIVIL: conflito de interesses + pretensão levada ao Estado-juiz

Isso é fundamental para que não se confunda a relação entre as pessoas, nas suas vivências intersubjetivas das quais podem resultar eventuais conflitos, com a que se estabelece com a instauração do processo. Nesta, há um sujeito que não figurava na relação anterior: o juiz, cuja função será a de aplicar a lei ao caso concreto, na busca da **pacificação social**. Só se compreende o processo civil como ramo autônomo do direito quando se faz a distinção entre as relações dos envolvidos em conflitos não levados a juízo e as daqueles cujos conflitos são levados. As primeiras são lineares; as segundas, triangulares.

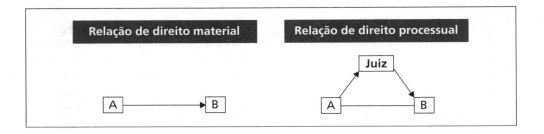

---

[2] Rousseau, *Do contrato social*, Capítulo III.

1.2. PROCESSO CIVIL — DIREITO PÚBLICO OU PRIVADO?

O Direito é um só, assim como o poder é uno e indivisível. Mas a ciência do Direito, influenciada pelos **ideais aristotélicos**, não se priva de dividi-lo em grupos, subgrupos, ramos, divisões. O direito processual civil é um dos subgrupos do direito processual, dividido em processo civil e penal, aos quais se poderia acrescentar o processo trabalhista.

É clássica a subdivisão entre os ramos do direito público e do direito privado. Já **Ulpiano**, no Digesto, formulava a dicotomia: "Direito público é o que corresponde às coisas do Estado; direito privado, o que pertence à utilidade das pessoas"[3]. Muito se tem criticado essa classificação, que simplifica demais, porque considera cada ramo do direito um bloco homogêneo, como se todas as normas que o compõem tivessem idêntica natureza. As coisas não funcionam dessa maneira e, nos dias de hoje, evoluíram de forma a expor ainda mais a fragilidade da antiga distinção. São frequentes as hipóteses de **publicização** de relações que sempre foram consideradas privadas, como vem acontecendo, por exemplo, no direito contratual ou nas relações de consumo.

Mas, se considerarmos que a inserção de um ramo do direito em uma das categorias pode ser feita levando em conta a **predominância da natureza pública ou privada** das normas que o compõem, ainda se poderia encontrar alguma utilidade na classificação.

Feitas essas considerações, havemos de concluir que o **processo pertence à categoria do direito público**, tal como o direito constitucional, o administrativo, o tributário e o penal, em oposição ao direito civil e comercial, que tradicionalmente pertencem ao direito privado. E pertence ao direito público porque regula um tipo de relação jurídica no qual o **Estado figura como um dos participantes**: os princípios e normas que o compõem regem a atividade jurisdicional, bem como a dos litigantes, frente à jurisdição. Novamente se acentua a distinção entre a relação formada no processo e aquela originada do conflito intersubjetivo. A relação civil entre duas pessoas pode ser privada. Mas, quando posta em juízo, forma uma nova, de cunho processual, que pertence ao direito público.

1.3. DIREITO MATERIAL × DIREITO PROCESSUAL

A lei atribui numerosos direitos aos membros da coletividade. As normas de **direito material são aquelas que indicam quais os direitos de cada um**. Por exemplo, a que diz que determinadas pessoas têm direito de postular alimentos de outras é material: atribui um interesse primário ao seu titular. As normas de processo são meramente **instrumentais**. Pressupõem que o titular de um direito material entenda que este não foi respeitado, possibilitando que recorra ao Judiciário para que o faça valer. O direito material pode ser espontaneamente respeitado, ou pode não ser. Se a vítima quiser fazê-lo valer com força coercitiva, deve recorrer ao Estado, do que resultará a instauração do processo. Ele não é um fim em si mesmo, nem o que almeja quem ingressou em juízo, mas um **meio, um instrumento, para fazer valer o direito desrespeitado**. As normas de direito processual regulamentam o instrumento de que se vale o Estado-juiz para fazer valer os direitos não respeitados dos que a ele recorreram.

---

[3] Ulpiano, *Digesto,* Livro I, Título I, § 2.º.

DIREITO MATERIAL	DIREITO PROCESSUAL
▣ Interesse primário	▣ Interesse secundário — Instrumento para fazer valer o direito material desrespeitado

1.4. INSTRUMENTALIDADE DO PROCESSO

O processo é o instrumento da jurisdição, o meio de que se vale o juiz para aplicar a lei ao caso concreto. Não é um fim em si, já que ninguém deseja a instauração do processo por si só, mas meio de conseguir determinado resultado: **a prestação jurisdicional**, que tutelará determinado direito, solucionando o conflito. O processo goza de autonomia em relação ao direito material que nele se discute. Mas não absoluta: ele não existe dissociado de uma situação material concreta, posta em juízo. Só será efetivo se funcionar como instrumento adequado para a solução do conflito.

Os esforços dedicados à conquista da autonomia do processo civil levaram ao surgimento da ciência processual, ramo independente do direito. Mas alguns institutos de direito processual só são compreensíveis quando examinados à luz da relação que deve haver entre o processo e o direito material. É o caso, por exemplo, da ação e de suas condições. É impossível examinar a legitimidade *ad causam* dos litigantes, sem referência ao direito material alegado.

Decorre da instrumentalidade que o processo não deve ser considerado apenas como algo técnico, mas como mecanismo ético-político-social de pacificação dos conflitos.

E dela deriva, entre outras coisas, a **instrumentalidade das formas**: a desobediência a determinada forma prescrita na lei processual não invalidará o ato que tenha atingido o resultado para o qual foi previsto. Por exemplo: a lei impõe determinadas formalidades para a citação do réu. Ainda que desobedecidas, o ato será válido se o réu comparecer a juízo (CPC, art. 239, § 1.º). A finalidade da citação é dar ciência ao réu da existência do processo; e, se ele compareceu, é porque tomou conhecimento.

O princípio da instrumentalidade das formas foi expressamente consagrado no **art. 188** do CPC, que assim estabelece: "Os atos e os termos processuais independem de forma determinada salvo quando a lei expressamente a exigir, considerando-se válidos os que, realizados de outro modo, lhe preencham a finalidade essencial".

1.5. O PROCESSO CIVIL E OS DEMAIS RAMOS DO DIREITO

O poder e o direito são unos e indivisíveis. Por isso, conquanto por razões técnicas e didáticas a ciência processual os desdobre em numerosos ramos, não há como considerá-los isoladamente. O processo civil tem ligações com todos os demais ramos do direito, com alguns mais intensas, com outros menos.

1.5.1. O processo civil e o direito constitucional

A maior parte dos princípios que rege o processo civil está na Constituição Federal, e alguns deles foram reproduzidos nos primeiros artigos do CPC. Como princípios são diretrizes que devem nortear a aplicação e a interpretação das normas, é impossível estudar e compreender o processo civil sem recorrer à Constituição. A

1 ◼ Introdução

7

consagração desses princípios pela Constituição indica uma tomada de posição: o processo não deve restringir-se a um aglomerado de regras técnicas, mas constituir um **mecanismo político e ético**, cujas diretrizes são dadas pela lei mais alta do País. A Constituição traça os princípios que servirão de norte para a aplicação das normas do processo. Tal a relevância do arcabouço do processo formulado pela Constituição, que hoje se fala em um **"Direito Constitucional Processual"** quando se quer referir ao conjunto de princípios e normas de natureza processual civil que se encontra na Constituição; e em **"Direito Processual Constitucional"** quando concerne ao conjunto de normas que regulam a aplicação da jurisdição constitucional[4].

São exemplos de normas constitucionais que têm relevância para o processo civil a garantia geral do **acesso à justiça** (art. 5.º, XXXV), a da **isonomia** (art. 5.º, *caput* e inc. I) e a do **contraditório** (art. 5.º, LV). A Constituição Federal cuida da organização da justiça, da composição e das atribuições dos órgãos incumbidos de aplicar a jurisdição e das garantias dos juízes (vitaliciedade, inamovibilidade e irredutibilidade de vencimentos).

São normas que regulam a jurisdição constitucional as que tratam do mandado de segurança, do *habeas corpus*, dos recursos extraordinário e especial e da ação direta de inconstitucionalidade, entre outras.

1.5.2. Processo civil e processo penal

São subdivisões do direito processual. Existe uma **teoria geral do processo**, que estuda os princípios e institutos fundamentais da ciência processual, aplicáveis ao processo civil, ao penal, ao trabalhista, ao tributário etc. Os **institutos fundamentais** (jurisdição, ação, defesa e processo) e os **princípios estruturais** (devido processo legal, isonomia, contraditório) são os **mesmos**. A diferença maior entre os diversos subgrupos está na pretensão posta em juízo. Na jurisdição penal, a pretensão é a aplicação da sanção penal àquele a quem se acusa de ter perpetrado um crime ou contravenção penal. A natureza dessa pretensão e as peculiaridades da sanção penal exigem que o processo penal tenha certas particularidades, que o diferenciam do civil. Mas o arcabouço estrutural das duas é o mesmo.

1.5.3. Processo civil e direito penal

A atribuição ao Estado de, em caráter exclusivo, promover a solução dos conflitos de interesses, pela aplicação da lei ao caso concreto, tornou ilícita, salvo exceções

---

[4] Essa distinção entre "Direito Processual Constitucional" e "Direito Constitucional Processual" é formulada por Nelson Nery Junior, em *Princípios do processo civil na Constituição Federal*, p. 15. Mas essa dupla denominação não tem sido usada de modo uniforme pela doutrina, havendo aqueles que a utilizam de forma inversa àquela usada pelo processualista mencionado. Essa divergência no uso das expressões não é relevante, se considerarmos os nomes como rótulos que apomos a coisas ou conceitos. Basta, para a compreensão do tema, que se apreenda a existência, na Constituição Federal, de princípios ou normas que regem o processo civil infraconstitucional; e normas que regulamentam o processo, relacionado a institutos de jurisdição propriamente constitucional. Os primeiros se relacionam à influência da Constituição sobre o processo civil; os segundos, aos mecanismos processuais de efetivação dos institutos constitucionais.

previstas em lei, a **autotutela**. E, para que tal vedação se tornasse efetiva, a lei penal tipificou a conduta, qualificando-a de "exercício arbitrário das próprias razões"; assim, a restauração de um direito violado terá de ser feita pela jurisdição civil, sob pena de constituir crime de exercício arbitrário, salvo nos raros casos em que se autoriza a autotutela.

1.5.4. Processo civil e direito privado

Apesar da autonomia do processo em relação ao direito material, a instrumentalidade o obriga a plasmar-se às exigências do direito material. É por isso que, às vezes, a lei processual cria procedimentos específicos, que se amoldam às peculiaridades do direito material.

Um exame do procedimento da ação de consignação em pagamento, por exemplo, indica a preocupação do legislador em adaptar o processo às necessidades oriundas do direito material. Assim, quando há dúvida sobre quem deve legitimamente receber, a lei processual dá ao procedimento da consignação uma estrutura adequada para solucionar o conflito, com a citação dos dois potenciais credores que passarão a disputar entre si a legitimidade do crédito.

1.5.5. Processo civil e direito público

O processo civil não se presta à aplicação, ao caso concreto, apenas do direito privado, mas também do público. As contendas entre o particular e a Fazenda Pública são veiculadas em processos cíveis.

2. BREVE HISTÓRICO DO PROCESSO CIVIL

2.1. INTRODUÇÃO

O estudo do desenvolvimento do processo civil na antiguidade e na época medieval, após as invasões bárbaras, tem relevância puramente histórica, já que, a rigor, não se podia, então, falar no processo como ciência autônoma.

O que havia nesse período era uma **assimilação entre os conceitos de processo e ação**, em que não se fazia a distinção entre o direito material e o processual. Não havia a ciência autônoma do processo, cujos institutos fundamentais não se distinguiam daqueles do direito material.

O direito processual integrava o material, era como uma espécie de ramo deste. Mas foi a partir dessa **raiz romano-germânica** que ele evoluiu. Inúmeros institutos se desenvolveram nesse período e tornaram-se profundamente úteis ao processo, mas sem que tivessem por matriz uma ciência autônoma. Eram estudados como pertences do direito material.

2.2. DIREITO ROMANO

Podem-se distinguir três fases no Direito Processual Civil romano: o período das *legis actiones*, em que o direito era predominantemente oral e o direito substancial era

1 ▣ Introdução

criação pretoriana; o **período formulário**, em que o direito passou a ter uma base escrita, embora continuasse em boa parte oral; e o período da *extraordinaria cognitio*, em que o direito era predominantemente escrito, no qual surgiram princípios e regras que tratavam do exercício da jurisdição e da formação do processo, desde o seu início até a sentença.

2.3. PERÍODO MEDIEVAL

O processo ainda não goza de autonomia, e persiste a confusão entre direito material e ação. Com a queda do império e as invasões bárbaras, o direito altamente desenvolvido dos romanos sofreu o impacto de uma cultura muito inferior, que utilizava métodos completamente diferentes. O sistema processual dos bárbaros era fundado em **superstições e ritos sacramentais**, que não se compatibilizavam com o sistema romano, e os invasores procuraram impor a sua forma de solução de conflitos aos vencidos. No sistema romano, por exemplo, as provas destinavam-se a formar a convicção do juiz, que exercia a função estatal de dirimir um conflito de interesses. No direito germânico, o papel do juiz era mais reduzido, pois a sua decisão não era dada com base na própria convicção, mas no resultado mecânico da soma dos valores das provas. Cada uma tinha o seu valor, e aqueles que as apresentassem mais valiosas venceriam a demanda, independentemente da convicção do juiz **(prova legal e ordálias)**. O processo medieval foi caracterizado por essa simbiose entre o antigo direito romano e o dos bárbaros.

2.4. O PROCESSO CIVIL MODERNO

Conquanto o surgimento do processo como ciência autônoma seja fruto de uma época, de uma evolução prolongada e permanente, resultado da contribuição de inúmeros estudiosos, costuma-se fixar uma data para o seu nascimento. É o ano de 1868 (o que o torna um dos ramos autônomos mais recentes do direito), quando Oskar von Bülow publicou, na Alemanha, a sua *Teoria dos pressupostos processuais e das exceções dilatórias*. Por que essa obra é tida como o marco inicial? Porque nela se evidencia, com mais clareza, que **o processo não podia mais ser confundido com o simples exercício do direito privado**; e que a ação não era o direito material em movimento, ou armado. Do que resulta que a relação que deriva do processo não se confunde com a relação material que nele se discute. Foi o momento em que o processo ganhou autonomia, em que se deu início à superação do pensamento **imanentista**, que não distinguia a ação e o direito material.

Daí, foi um passo para o estabelecimento dos princípios e para a enumeração dos institutos fundamentais, que qualificam uma ciência como tal.

Desde então, a ciência processual teve um notável desenvolvimento, em especial a partir dos estudos de grandes juristas alemães (Wach, Degenkolb, Goldschmidt, Rosemberg, Lent e Schwab) e italianos (Chiovenda, Carnelutti, Calamandrei, Liebman e Capeletti).

2.5. O MOMENTO ATUAL E AS PERSPECTIVAS PARA O FUTURO

O processo civil tem, nos dias de hoje, passado por grandes alterações. A par das teorias e fundamentos clássicos, assiste-se ao surgimento de novos movimentos e tendências, cujos instrumentos se prestam a atender às necessidades das sociedades contemporâneas.

Há, hoje em dia, uma priorização de certos aspectos do processo, para os quais o sistema tradicional não dava solução. Os casos mais evidentes são os relacionados ao **acesso à justiça e à lentidão dos processos**, bem como à distribuição dos ônus decorrentes da demora na solução dos conflitos. Há ainda a questão da **socialização da justiça**, relacionada ao fato de que muitos conflitos de interesses deixam de ser levados a juízo, seja em virtude do custo que isso demanda, seja porque o interesse não tem lesado direto, pois o dano se pulveriza entre toda a sociedade (interesses difusos e coletivos).

Entre outros instrumentos que apontam as novas tendências do processo, podem ser mencionados os juizados especiais cíveis, cujo objetivo é facilitar o acesso à justiça, tornando consumidores dela pessoas que possivelmente não levariam a juízo seus litígios de menor extensão; as tutelas de urgência, que servem para reduzir os danos decorrentes da demora do processo; a tutela de interesses difusos e coletivos, atribuída a determinados entes; a solução coletiva para ações e recursos repetitivos, com o que se evita que a multiplicidade de ações e recursos envolvendo a mesma questão de direito possa atulhar os Tribunais, gerando eventualmente soluções conflitantes; o incentivo à solução consensual dos conflitos e a ampliação do uso da arbitragem; a busca da uniformização da jurisprudência e da solução igualitária para idênticas questões jurídicas submetidas a juízo.

A busca atual e os novos rumos do processo dirigem-se para a **universalização da justiça**, com facilitação do acesso de todos, melhor distribuição dos ônus da demora do processo, além da tutela de interesses que, por estarem fragmentados entre os membros da coletividade, não eram adequadamente protegidos.

A isso, deve-se acrescentar a tendência de **constitucionalização do direito**. O ordenamento jurídico é composto de normas estabelecidas de forma hierárquica. O topo da pirâmide é ocupado pela Constituição Federal, e todas as normas infraconstitucionais devem haurir dela a sua validade. Os princípios fundamentais do processo civil estão na Constituição, e as normas processuais devem ser interpretadas sob a ótica constitucionalista, respeitando as diretrizes por ela estabelecidas.

O processo de hoje e do futuro busca os seguintes valores:

■ **Facilitação do acesso à justiça:** a lei deve adotar mecanismos que permitam que todos possam levar ao Judiciário os seus conflitos, reduzindo-se a possibilidade da chamada **litigiosidade contida**, em que a insatisfação não é levada a juízo e permanece latente.

■ **Duração razoável do processo:** a demora na solução dos conflitos traz ônus gravosos àquele que ingressa em juízo, o que estimula o adversário a tentar prolongar indefinidamente o processo. Devem-se buscar mecanismos que repartam esses ônus.

■ **Instrumentalidade:** o processo é instrumento que deve ser sempre o mais adequado possível para fazer valer o direito material subjacente. Assim, deve-se buscar amoldá-lo sempre, de modo a que sirva da melhor forma à solução da questão discutida.

1 ◼ Introdução

◼ Tutela de interesses coletivos e difusos: é decorrência direta da exigência de garantia de acesso à justiça. Há direitos que estão **pulverizados** entre os membros da sociedade, o que traz riscos à sua proteção, se esta não for atribuída a determinados entes.

◼ Universalização: todos os valores aqui mencionados poderiam ser resumidos neste: a busca pela **democratização e universalização da justiça**, única situação em que o Judiciário cumprirá idealmente o seu papel, que é o de assegurar a todos a integral proteção de seus direitos.

◼ Busca de formas alternativas de solução de conflitos: ao mesmo tempo em que a Constituição assegura a todos o acesso à justiça, a lei processual estimula a busca pela solução consensual dos conflitos de interesses e assegura o uso da arbitragem, na forma legal.

◼ Constitucionalização do direito processual: os princípios do processo civil estão, em grande parte, na Constituição, e as normas devem ser interpretadas sob a ótica constitucional, o que permite falar em um direito constitucional processual.

◼ Efetividade do processo: está relacionada a todos os princípios anteriores. O processo tem de ser instrumento eficaz de solução dos conflitos. O consumidor do serviço judiciário deve recebê-lo de forma adequada, pronta e eficiente. A técnica não deve ser um fim último, mas estar a serviço de uma finalidade, qual seja, a obtenção de resultado que atenda ao que se espera do processo, do ponto de vista ético, político e social.

2.6. ESQUEMATIZAÇÃO DO HISTÓRICO DO PROCESSO CIVIL

MOMENTO HISTÓRICO	CARACTERÍSTICAS MARCANTES
ANTIGUIDADE	◼ Confusão entre ação e direito
	Três fases: ◼ predominantemente oral (*legis actiones*)
	◼ Base escrita (período formulário)
	◼ Escrita (*extraordinaria cognitio*)
IDADE MÉDIA	◼ Persiste a confusão entre ação e direito
	◼ Invasões bárbaras (prova legal e ordálias)
	◼ Fusão entre direito romano e bárbaro
PROCESSO MODERNO	◼ Oskar von Bülow, 1868
	◼ Autonomia do processo civil
	◼ Distinção entre direito material e processual
	◼ Criação de princípios e institutos próprios
PROCESSUAL ATUAL (E NOVAS PERSPECTIVAS)	◼ Universalização do acesso
	◼ Duração razoável do processo
	◼ Instrumentalidade das formas
	◼ Tutelas diferenciadas
	◼ Constitucionalização do processo civil

3. O PROCESSO CIVIL NO BRASIL

Durante o período colonial, vigoraram no Brasil as **Ordenações Filipinas**, editadas em Portugal, o que se prolongou até mesmo após a proclamação da independência.

Em 1850, foi editado, junto com o Código Comercial, o **Regulamento 737**, aplicável, de início, somente às relações comerciais e às discussões judiciais a elas relacionadas.

Posteriormente, no início da República, a aplicação do Regulamento foi estendida às questões cíveis.

A Constituição de 1891, ao atribuir capacidade aos Estados federativos de legislar sobre processo, deu ensejo ao surgimento dos códigos judiciários estaduais, que regulavam a justiça dos Estados.

Somente com a **Constituição Federal de 1934** é que a competência para legislar sobre processo passou a ser exclusiva da União, do que resultou a edição dos três Códigos de Processo Civil: o de **1939**, o de **1973** e o atual, de 2015.

No primeiro, já estavam bem assentadas as distinções entre direito material e processual, mas no de 1973 foram evidentes as conquistas, sobretudo as relacionadas à fase de saneamento, julgamento antecipado da lide, cabimento de recursos e medidas cautelares.

Entretanto, desde meados da década de 1990, o Código de Processo Civil de 1973 começou a passar por numerosas alterações. Optou-se por um **sistema gradual de implantação de pequenas reformas**, em detrimento de uma nova codificação. Entre as principais alterações, destacaram-se a que generalizou a possibilidade de concessão de **tutelas antecipadas**, a que alterou a **execução civil**, a que implantou **o procedimento monitório** e muitas outras, sempre destinadas a dar mais efetividade ao processo. Mas a extensão de tais reformas acabou por colocar em perigo a integridade e o caráter sistemático de que gozava o Código em sua redação originária, o que tornou necessária nova codificação, que resultou na edição do CPC atual.

Resumidamente, tem-se:

■ Fase das Ordenações Filipinas. Vigoraram durante o período colonial e pelo primeiro e segundo Impérios.

■ Regulamento n. 737. Entrou em vigor em 1850, mas se aplicava tão-somente às causas comerciais. Apenas em 1890 teve sua aplicação estendida às causas cíveis.

■ Constituição de 1891. Atribui competência concorrente aos Estados para legislar sobre processo civil, o que deu ensejo ao surgimento de Códigos Judiciários estaduais, em alguns Estados da federação, sem prejuízo da existência de normas federais de processo.

■ Constituição de 1934. Tornou a atribuir à União a competência para legislar sobre processo. Não revogou os Códigos Judiciários, que permaneceram vigentes até que fosse editado o Código de Processo Civil, de vigência nacional.

■ Código de 1939. Vigorou de 1.º de janeiro de 1940 a 31 de dezembro de 1973. Embora tenha consagrado numerosas das conquistas feitas, até a época, pela ciência do Processo Civil, pecava pela timidez e pela falta de técnica. No entanto, consistiu em um significativo avanço em relação ao período anterior.

1 ▣ Introdução 13

▣ Código de 1973. Entrou em vigor em janeiro de 1974. Foi elaborado a partir do projeto do Min. Alfredo Buzaid, ilustre representante da Escola Paulista do Processo Civil, que se desenvolveu a partir dos estudos realizados por Enrico Tullio Liebman e seus discípulos. Representou enorme avanço, pois imprimiu ao Código um caráter mais científico, adotando os desenvolvimentos mais recentes da técnica processual.

▣ Constituição de 1988. Atribuiu à União competência privativa para legislar sobre direito processual, concedendo aos Estados competência supletiva sobre procedimentos em matéria processual. Consagrou inúmeros princípios do processo, dando ensejo ao desenvolvimento do direito processual constitucional.

▣ Código de 2015. Em dezembro de 2014, o Congresso Nacional aprovou o Projeto de Lei n. 166/2010 (Projeto n. 8.046/2010 da Câmara dos Deputados), encaminhando-o à Presidente da República para sanção. Sancionado, o projeto converteu-se na Lei n. 13.105, de 16 de março de 2015, com uma *vacatio legis* de um ano. Vencido o prazo, entrou em vigor um novo Código de Processo Civil, em substituição ao anterior, o CPC de 1973 (Lei n. 5.869, de 11 de janeiro de 1973). O projeto teve origem em anteprojeto elaborado por comissão de juristas de grande renome, presidida pelo Ministro Luiz Fux, do Supremo Tribunal Federal, e tendo por relatora a ilustre Professora Tereza Alvim Wambier. As sucessivas alterações pelas quais passara o CPC de 1973, nas últimas décadas, haviam-lhe desfigurado a estrutura originária. Além disso, as inúmeras conquistas científicas na área do processo, bem como as próprias mudanças na sociedade, tornavam recomendável a edição de um novo CPC, que sistematizasse e organizasse as regras gerais do Processo Civil e incorporasse as conquistas da ciência processual nos últimos quarenta anos. Foi isso o que novo CPC procurou fazer.

▣ O atual CPC se destaca pela busca de **sistematização e organicidade**, com a adoção inédita de uma **Parte Geral e de uma Parte Especial**. A primeira, dedicada à formulação de regras sobre as Normas Processuais Civis, está dividida em seis livros: o Livro I, que trata das Normas Fundamentais do Processo Civil; o Livro II, que trata da Função Jurisdicional; o Livro III, que trata dos sujeitos do Processo; o Livro IV, que trata dos atos processuais; o Livro V, que trata da Tutela Provisória; e o Livro VI, que trata da formação, suspensão e extinção do processo. São livros que contêm os princípios e as regras gerais, aplicáveis a todos os tipos de processo. A Parte Especial contém três Livros: o Livro I é dedicado ao Processo de Conhecimento (tanto de procedimento comum como de procedimento especial, tanto de jurisdição contenciosa como de jurisdição voluntária) e ao Cumprimento de Sentença; o Livro II trata do Processo de Execução; e o Livro III, dos Processos nos Tribunais e dos Meios de Impugnação das Decisões Judiciais. E há um Livro Complementar, que trata das Disposições Finais e Transitórias.

A LEI PROCESSUAL CIVIL

1. NORMA JURÍDICA

Vigora entre nós o **princípio da supremacia da lei**, norma escrita emanada da autoridade competente.

As principais características da norma jurídica são:

■ GENERALIDADE, já que ela se **aplica a todas as pessoas indistintamente**, ou ao menos a uma categoria delas. Daí o seu caráter abstrato.

■ IMPERATIVIDADE, pois ela impõe a todos os destinatários uma obrigação. Por isso, a norma tem, em regra, **caráter bilateral:** a cada dever imposto corresponde um direito. Exemplo: se impõe o dever de não causar dano a alguém, assegura à vítima do dano o direito de ser indenizada.

■ AUTORIZAMENTO, que consiste na possibilidade de o lesado pela violação à norma exigir-lhe o cumprimento, o que estabelece a distinção entre as normas legais e as éticas ou religiosas.

■ PERMANÊNCIA, que significa que a norma vigora e prevalece até sua revogação.

■ EMANAÇÃO DA AUTORIDADE COMPETENTE, nos termos impostos pela Constituição Federal.

2. DUAS CATEGORIAS DE NORMAS: AS COGENTES E AS NÃO COGENTES

Essa classificação leva em conta a **imperatividade** da norma, que pode ser:

■ COGENTE: **de ordem pública**, não pode ser derrogada pela vontade do particular. Editada com a finalidade de resguardar os interesses da sociedade.

■ NÃO COGENTE: também chamada **dispositiva**, não contém um comando absoluto, inderrogável. Sua imperatividade é relativa. Subdivide-se em:

1. PERMISSIVA: **quando autoriza o interessado a derrogá-la**, dispondo da matéria da forma como lhe convier.

2. SUPLETIVA: **aplicável na falta de disposição em contrário das partes**.

NORMAS COGENTES	NORMAS NÃO COGENTES (OU DISPOSITIVAS)
▣ Ordem pública	▣ Não são de interesse público
▣ Inderrogáveis	▣ Podem ser derrogadas
▣ Interesse da sociedade	▣ Interesse específico dos litigantes
	▣ Podem ser permissivas (permitem expressamente a derrogação) ou supletivas (aplicáveis quando não houver convenção contrária)

3. NORMA PROCESSUAL

Trata das relações entre os que participam do processo, bem como do modo pelo qual os atos processuais se sucedem no tempo. Em suma, cuida da **relação processual** (como aquelas relativas aos poderes do juiz, aos ônus e direitos das partes) ou do **procedimento** (como as que regulam a sucessão dos atos na audiência).

Nem sempre é fácil distinguir quais são as normas processuais cogentes e quais são as dispositivas. Como o processo civil integra o direito público, suas normas são **predominantemente cogentes, sendo menos comuns as dispositivas**.

O CPC ampliou, em comparação à legislação anterior, as hipóteses de derrogação, pelas partes, das normas processuais, permitindo, de forma aberta, que elas convencionem, com a fiscalização e a supervisão do juiz, **alterações nos procedimentos, para adaptá-los às especificidades da causa**. Dispõe o art. 190: "Versando o processo sobre direitos que admitam autocomposição, é lícito às partes plenamente capazes estipular mudanças no procedimento para ajustá-lo às especificidades da causa e convencionar sobre os seus ônus, poderes, faculdades e deveres processuais, antes ou durante o processo". O parágrafo único dá ao juiz o controle da validade das convenções mencionadas no *caput*, podendo ele recusar sua aplicação somente nos casos de nulidade ou inserção abusiva em contrato de adesão, ou quando alguma parte se encontre em manifesta situação de vulnerabilidade. Enquanto no CPC de 1973 o caráter público do processo limitava a negociação processual e o poder de disposição das partes sobre o procedimento, restringindo-o a situações expressamente autorizadas pelo legislador, o CPC de 2015 os autoriza, de forma aberta, com muito menos restrições. Mas isso não afasta o caráter predominantemente público das normas de processo, que se evidencia na atribuição de **poder ao juiz para controlar as convenções, recusando-se a aplicá-las quando nulas ou abusivas**.

Além de entabular negociação processual, nas causas que permitam autocomposição (art. 190, *caput*), podem as partes estabelecer um cronograma dos atos do processo (art. 191), fazer a delimitação consensual das questões de fato e de direito, inclusive sobre as quais recairá a prova, apresentando-a à homologação do juiz (art. 357, § 2.º), e indicar, por consenso, o perito que desejam (art. 471). Podem, ainda, de comum acordo, escolher o conciliador, o mediador (mesmo que não cadastrados no tribunal) ou a câmara privada de mediação ou conciliação (art. 168).

O CPC manteve as normas dispositivas que já existiam no Código de Processo Civil anterior, como:

▣ as que tratam da possibilidade de inversão convencional do ônus da prova (CPC, art. 373, § 3.º);

■ as que permitem a suspensão do processo e da audiência de instrução por convenção;

■ as que estabelecem regras de competência relativa, que pode ser derrogada pelos litigantes.

4. FONTES FORMAIS DA NORMA PROCESSUAL CIVIL

A expressão **"fonte do direito"** é **equívoca**, pois pode ser empregada em mais de um significado. Pode indicar o **poder de criar normas jurídicas** e **a maneira pela qual o direito se manifesta**[1].

É tradicional a distinção entre **fontes formais e não formais do direito**, embora tal distinção não seja de grande relevância prática. São fontes formais as que expressam o direito positivo, as formas pelas quais ele se manifesta.

A fonte formal por excelência é a **lei (fonte formal primária)**. Além dela, podem ser mencionados a analogia, o costume e os princípios gerais do direito, necessários porque o ordenamento jurídico não pode conter lacunas, cumprindo-lhes fornecer os elementos para supri-las. Podem ser citadas também as súmulas do Supremo Tribunal Federal (STF), com efeito vinculante, bem como as decisões definitivas de mérito, proferidas também pelo STF, em controle concentrado de constitucionalidade, nas ações diretas de inconstitucionalidade e declaratórias de constitucionalidade **(fontes formais acessórias ou indiretas), e as demais hipóteses de precedentes vinculantes, enumeradas no art. 927 do CPC**.

Fonte formal primária:

■ Lei.

Fontes formais acessórias:

■ Analogia, costume e princípios gerais do direito, erigidos em fonte formal pelo art. 4.º da Lei de Introdução às Normas do Direito Brasileiro.

■ Súmula vinculante, editada pelo STF (art. 103-A, e parágrafos, da Constituição Federal; e Lei n. 11.417/2006).

■ Decisões definitivas de mérito proferidas pelo STF em controle direto de constitucionalidade (art. 102, § 2.º, da Constituição Federal).

■ Os demais precedentes vinculantes, enumerados no art. 927, III, IV e V, do CPC.

Entre as fontes não formais, destacam-se:

■ A doutrina.

■ Os precedentes jurisprudenciais não vinculantes.

---

[1] José Rogério Cruz e Tucci, em obra fundamental a respeito do precedente judicial como fonte do direito, esclarece: "... é necessário lembrar que a locação 'fonte do direito', no campo do discurso jurídico, tem dupla acepção, significando, por um prisma, a origem do direito objetivo e, por outro, o veículo de conhecimento do direito. Assim, pelo ângulo da história, fala-se em 'fonte de cognição' para indicar tudo aquilo de que se pode valer o estudioso para conhecer o direito de uma determinada experiência jurídica do passado ou o 'locus' onde se revela" (*Precedente judicial como fonte do direito*, p. 19).

O art. 927 do CPC traz hipóteses de precedentes vinculantes não previstos na Constituição Federal. São as tratadas nos incisos III, IV e V: os acórdãos em incidente de assunção de competência ou de resolução de demandas repetitivas e em julgamento de recursos extraordinário e especial repetitivos; os enunciados das súmulas do STF em matéria constitucional e do STJ em matéria infraconstitucional; e a orientação do plenário ou do órgão especial aos quais estiverem vinculados.

A atribuição de eficácia vinculante a essas hipóteses carece de previsão constitucional. E só a Constituição poderia estabelecer outras situações de precedente vinculante. De qualquer forma, o sistema do CPC/2015 está fundado na existência deles, que estão enumerados no art. 927. Assim, nos termos da lei processual em vigor, os precedentes vinculantes devem ser incluídos como fontes formais do direito. As normas processuais civis têm as mesmas fontes que as normas em geral, tanto as principais ou diretas quanto as acessórias ou indiretas.

4.1. A LEI FEDERAL COMO FONTE FORMAL DO PROCESSO CIVIL

A disciplina do processo civil é feita, em regra, por lei federal. Nos termos do art. 22, I, da Constituição Federal, **compete à União legislar sobre o direito processual civil**. Todavia, o art. 24, XI, da CF atribui **competência concorrente à União e aos Estados para legislar sobre "procedimento em matéria processual"**. Os §§ 1.º, 2.º e 3.º desse dispositivo determinam que a União editará as normas gerais sobre procedimento, cabendo aos Estados competência suplementar para editar as de caráter não geral. Na ausência de lei federal, a competência estadual é plena, podendo o Estado editar normas de cunho geral.

A grande dificuldade que o tema da competência legislativa sobre regras de processo traz é distinguir quais são as regras de processo e quais são as de procedimento, uma vez que a todo processo corresponde um procedimento e que todo procedimento diz respeito a um processo.

É possível dizer que, em regra, as **normas procedimentais são as que versam exclusivamente sobre a forma pela qual os atos processuais se realizam e se sucedem no tempo**. Diferem das que tratam das relações entre os sujeitos do processo, quanto aos poderes, faculdades, direitos e ônus atribuídos a cada um. Mas a qualificação de uma norma como processual ou procedimental pode gerar intermináveis discussões.

O CPC é uma lei federal ordinária, sendo o repositório mais importante de normas de processo. Mas há inúmeros outros diplomas que se relacionam, direta ou indiretamente, ao processo civil, como a Lei do Juizado Especial Cível, a Lei do Mandado de Segurança, da Ação Civil Pública, de Falências, do Inquilinato, o Código de Defesa do Consumidor, entre outros.

4.2. CONSTITUIÇÃO E LEIS ESTADUAIS

Os Estados, como já ressaltado, **têm competência concorrente para editar normas de cunho estritamente procedimental**, cabendo à União editar as normas gerais, e aos Estados, as suplementares. **Não havendo lei federal, a competência estadual para legislar sobre o assunto será plena**, na forma do art. 24, § 3.º, da CF.

Além da competência concorrente, a Constituição Federal atribui aos Estados a incumbência de organizar sua própria justiça, editando leis de organização judiciária (art. 125, § 1.º), bem como dispor sobre a competência dos tribunais e sobre a declaração de inconstitucionalidade de leis estaduais e municipais.

4.3. FONTES FORMAIS ACESSÓRIAS

São as mesmas das normas em geral, estabelecidas no art. 4.º da Lei de Introdução às Normas do Direito Brasileiro: analogia, costume e princípios gerais do direito. Servem para suprir as lacunas do ordenamento jurídico, integrando-o. A elas acrescentam--se as decisões definitivas e de mérito do STF em controle concentrado de constitucionalidade (art. 102, § 2.º, da CF), cujo exame refoge do âmbito desta obra, as súmulas vinculantes e as demais hipóteses de precedentes obrigatórios, previstas no art. 927 do CPC, que serão examinadas no Livro X.

5. FONTES NÃO FORMAIS DO PROCESSO

As fontes não formais são a **jurisprudência (ressalvadas as hipóteses de precedentes e súmulas vinculantes) e a doutrina**. O julgador, ao examinar controvérsia relacionada a determinada norma processual, pode socorrer-se de precedentes judiciais, ou da opinião dos estudiosos da ciência do processo civil. Interessa-nos, em especial, a jurisprudência, como fonte não formal do direito.

5.1. JURISPRUDÊNCIA

O nosso ordenamento jurídico processual, oriundo do sistema romano-germânico, estava baseado fundamentalmente na norma escrita, embora mesmo antes da entrada em vigor do CPC/2015 já fosse possível identificar a influência do sistema anglo-saxônico. Com a nova lei, que adotou o sistema dos precedentes vinculantes, pode-se afirmar que o nosso sistema, embora ainda predominantemente embasado na *civil law*, passou a ser, de certa forma, híbrido, já que, tal como nos países da **common law**, os precedentes e súmulas vinculantes se erigem em verdadeira fonte formal do direito. Mas apenas nos casos em que eles são vinculantes. Afora essas hipóteses, a jurisprudência não é fonte formal do direito. Uma sentença ou uma decisão judicial não podem estar fundadas apenas em jurisprudência (não vinculante), porque, tecnicamente, ela não é fonte de direito; devem basear-se em lei, ou, no caso de lacuna, nas fontes formais subsidiárias. **Os precedentes judiciais não obrigatórios serão úteis para reforçar as conclusões do julgador.** Quanto mais reiteradas forem as decisões em determinado sentido, mais auxiliarão a demonstrar o acerto do julgamento, sobretudo quando provierem dos Tribunais Superiores.

O CPC deu extraordinária importância à jurisprudência. Determinou que os tribunais a uniformizem e a mantenham estável, íntegra e coerente, editando enunciados de súmulas correspondentes a sua jurisprudência dominante, na forma estabelecida e segundo os pressupostos fixados no regimento interno. Ampliou, ainda, o rol de precedentes obrigatórios, ordenando que os juízes e tribunais observem: as decisões do Supremo Tribunal Federal em controle concentrado de constitucionalidade; os enunciados de súmulas vinculantes; os acórdãos em incidente de assunção de competência ou de resolução de demandas repetitivas e em julgamento de recursos extraordinário e especial repetitivos; os enunciados das súmulas do Supremo Tribunal Federal em matéria constitucional e do Superior Tribunal de Justiça em matéria infraconstitucional; e a orientação do plenário ou do órgão especial aos quais estiverem vinculados. Nas três primeiras hipóteses, isto é, afronta a decisão do STF em controle concentrado de constitucionalidade, afronta de súmula vinculante, ou inobservância de decisão proferida em incidente de assunção de competência e em julgamento de casos repetitivos, considerados tais o incidente de resolução de demandas repetitivas e o recurso especial e extraordinário repetitivos (nos recursos repetitivos, a reclamação só caberá se esgotadas as instâncias ordinárias — art. 988, § 5.º), caberá ao interessado ou ao Ministério Público fazer uso da reclamação, como meio de impugnação. Não há previsão de reclamação para as duas últimas hipóteses.

6. INTERPRETAÇÃO DA LEI

A lei obriga a todos: ninguém pode alegar ignorância para descumpri-la. As normas jurídicas são gerais e abstratas e cabe ao juiz aplicá-las ao caso concreto. Ao realizar essa tarefa, **o juiz deve partir do texto legal, mas não deve ficar restrito a ele**. Antes, deve compreendê-lo à luz do sistema jurídico, buscando alcançar a **finalidade** com que a norma foi editada. Além disso, deve compreender que a norma não existe isolada, mas faz parte de um conjunto maior, de um sistema jurídico global. Para que o juiz possa formular bem a norma concreta, que regulará a questão que lhe é submetida, é preciso, primeiro, que ele interprete a norma geral e abstrata. Não basta que ele se atenha estritamente ao texto da lei, como se a norma abstrata existisse isoladamente e desprovida de um fim.

Cumpre lembrar, por exemplo, que os princípios fundamentais do processo estão na Constituição Federal e que **toda a legislação processual deve ser interpretada em consonância com o que o dispõe a Carta Magna (art. 1.º do CPC)**.

O art. 5.º da Lei de Introdução às Normas do Direito Brasileiro, que se aplica também ao processo, dispõe que "na aplicação da lei, o juiz atenderá aos fins sociais a que ela se dirige e às exigências do bem comum".

O art. 8.º do CPC dispõe expressamente: "Ao aplicar o ordenamento jurídico, o juiz atenderá aos fins sociais e às exigências do bem comum, resguardando e promovendo a dignidade da pessoa humana e observando a proporcionalidade, a razoabilidade, a legalidade, a publicidade e a eficiência".

A essas regras deve-se acrescentar a que consta do art. 20 e parágrafo único da Lei de Introdução, acrescentada pela Lei n. 13.655, de 25 de abril de 2018: "Nas esferas administrativa, controladora e judicial, não se decidirá com base em valores jurídicos abstratos sem que sejam consideradas as consequências práticas da decisão". Não se trata apenas de concessão ao consequencialismo, mas de determinação para que o aplicador da norma examine as potenciais consequências concretas de sua aplicação. Daí o reflexo imediato sobre o dever de fundamentação das decisões, estabelecido no parágrafo único do dispositivo: "A motivação demonstrará a necessidade e a adequação da medida imposta ou da invalidação do ato, contrato, ajuste, processo ou norma administrativa, inclusive em face de possíveis alternativas". Assim, ao fundamentar sua decisão, o aplicador da norma deverá indicar as razões pelas quais ela é a mais adequada, considerando-se as demais alternativas concretas e suas consequências, e se tais consequências autorizam e justificam a decisão tomada. Dessa forma, exigindo-se uma fundamentação mais específica e concreta, permite-se um controle maior sobre as decisões e determinações do aplicador.

6.1. HERMENÊUTICA JURÍDICA

É a ciência que se dedica ao estudo da interpretação das leis. Não há peculiaridades quanto aos diversos métodos de interpretação em relação às leis processuais civis, às quais se aplicam os mesmos métodos válidos para os demais ramos do direito.

6.2. MÉTODOS DE INTERPRETAÇÃO

Classificam-se quanto às **fontes (ou origens)**, quanto **aos meios** e quanto aos **resultados**.

Quanto às fontes, a interpretação pode ser:

■ **Autêntica:** quando formulada pelo próprio legislador que criou a norma e que, reconhecendo a dificuldade de sua compreensão, edita outra, que lhe aclara o sentido.

■ **Jurisprudencial:** é a dada pelos tribunais no julgamento reiterado de casos por ele julgados. A reiteração de julgados num ou noutro sentido pode ajudar o julgador a formar a sua convicção e a interpretar a norma.

■ **Doutrinária:** dada pelos estudiosos e comentaristas da ciência do direito.

Quanto aos meios, a interpretação pode ser:

■ **Gramatical ou literal:** o texto da lei é examinado em si, do ponto de vista linguístico. O intérprete examinará cada palavra, o seu suporte linguístico e o seu sentido semântico, procurando extrair do conjunto o significado do enunciado da norma. Costuma constituir o primeiro passo do processo interpretativo.

■ **Sistemática:** o ordenamento jurídico é formado por um conjunto de diplomas e normas, que deve constituir um todo harmônico. Entre as normas que o compõem, há uma hierarquia que deve ser respeitada, prevalecendo as constitucionais sobre as demais. A interpretação sistemática é aquela que procura examinar a norma não mais "internamente", em seu significado intrínseco, mas **em sua relação com as demais normas que integram o diploma em que ela está inserida e com as demais que compõem o sistema**, sobretudo as de hierarquia superior, buscando harmonizá-las e extrair um sentido global, de conjunto.

■ **Teleológica ou finalística:** forma de interpretação que busca alcançar a finalidade para qual a norma foi editada, dando-lhe uma destinação que atenda à obtenção do bem comum e respeite os objetivos sociais a que se destina. Cabe ao intérprete estar atento ao texto constitucional, no qual são indicadas as finalidades últimas do Estado e da ordem jurídica, social e política.

■ **Histórica:** busca interpretar a norma em consonância com a sua evolução histórica, o que inclui o processo legislativo e as discussões que a precederam.

Por fim, quanto aos resultados, a interpretação pode ser:

- **Extensiva:** concluindo que a norma disse menos do que deveria, o intérprete **estende a sua aplicação para outras situações, que não aquelas originariamente previstas**.
- **Restritiva:** atribui à norma um **alcance menor** do que aquele que emanava originariamente do texto.
- **Declarativa:** não é nem restritiva, nem ampliativa. Dá à norma uma extensão que coincide exatamente com o seu texto, nem estendendo nem reduzindo a sua aplicação.

6.3. QUADRO INDICATIVO DOS VÁRIOS MÉTODOS DE INTERPRETAÇÃO

MÉTODOS DE INTERPRETAÇÃO		
Fontes	Meios	Resultados
■ Autêntica — formulada pelo legislador	■ Gramatical — texto literal da lei	■ Extensiva — dá à lei aplicação de maior amplitude
■ Doutrinária — formulada pelos estudiosos e doutores	■ Sistemática — a lei em sua relação com o ordenamento	■ Restritiva — dá à lei aplicação de menor amplitude
■ Jurisprudencial — resultado de decisões judiciais	■ Teleológica — a finalidade a ser alcançada pela lei	■ Declarativa — dá à lei interpretação que não amplia nem restringe
	■ Histórica — o processo legislativo e histórico que a antecedeu	

7. LEI PROCESSUAL CIVIL NO ESPAÇO

As normas de processo civil têm validade e eficácia, em caráter exclusivo, sobre todo o território nacional, como estabelece o art. 16 do CPC. Todos os processos que tramitam no País devem respeitar as normas do CPC. Ressalvam-se apenas as disposições específicas previstas em tratado, convenções ou acordos internacionais de que o Brasil seja parte. Mas, cuidado! **Não se pode confundir as normas de processo com as de direito material, aplicadas à relação jurídica discutida no processo**. É possível que, em um processo no Brasil, o juiz profira sentença aplicando norma de direito material estrangeiro. Por exemplo, na hipótese do art. 10 da Lei de Introdução às Normas do Direito Brasileiro.

Se um estrangeiro falece no Brasil, e o inventário é ajuizado aqui, forçosamente serão respeitadas as regras processuais estabelecidas no CPC. Mas as regras de direito material referentes à sucessão (por exemplo, a ordem de vocação hereditária) serão as do país de origem do *de cujus*, desde que mais favoráveis ao cônjuge ou filhos brasileiros. Ou seja, o juiz conduz o processo na forma determinada pelo CPC, mas na solução do conflito aplica a lei estrangeira. Para tanto, poderá exigir o cumprimento do art. 376, que assim estabelece: "A parte que alegar direito municipal, estadual, estrangeiro ou consuetudinário provar-lhe-á o teor e a vigência, se assim o juiz determinar".

2 ◼ A Lei Processual Civil

Quanto aos processos que correm e as sentenças que são proferidas no estrangeiro, a regra é a da total ineficácia em território nacional, salvo se houver a **homologação pelo Superior Tribunal de Justiça**.

8. LEI PROCESSUAL CIVIL NO TEMPO

8.1. VIGÊNCIA

Com frequência, as próprias normas de processo indicam o prazo de *vacatio legis*. Se não o fizerem, aplica-se o art. 1.º da LINDB: "Salvo disposição contrária, a lei começa a vigorar em todo o país 45 (quarenta e cinco dias) depois de oficialmente publicada". **A vigência estende-se até que seja revogada por lei posterior, que expressamente o declare ou quando com ela seja incompatível ou regule inteiramente a matéria de que tratava a lei anterior**.

O CPC teve *vacatio legis* de um ano, por força de disposição expressa, estabelecida em seu Livro Complementar, que trata "Das Disposições Finais e Transitórias" (art. 1.045).

8.2. A LEI PROCESSUAL NOVA E OS PROCESSOS EM CURSO

A questão do direito intertemporal, isto é, da aplicabilidade das novas leis aos processos em andamento, é de grande relevância. As dificuldades só aparecem com relação aos processos em curso, quando da entrada em vigor da nova lei, pois os que já estão concluídos ou ainda não se iniciaram não trarão nenhum embaraço ao aplicador.

O CPC, art. 14, estabelece o paradigma que deve valer para as normas de processo: "A norma processual não retroagirá e será aplicável imediatamente aos processos em curso, respeitados os atos processuais praticados e as situações jurídicas consolidadas sob a vigência da norma revogada".

A regra, pois, é que as normas de processo tenham incidência imediata, atingindo os processos em curso. Nenhum litigante tem direito adquirido a que o processo iniciado na vigência da lei antiga continue sendo por ela regulado, em detrimento da lei nova.

Nesse sentido decidiu o STJ a respeito da aplicabilidade das novas regras da execução civil aos processos em andamento:

"O art. 1.211, do CPC [que correspondente ao atual art. 1.046 do CPC], em sua interpretação literal, não é uma norma geral de direito intertemporal. Ao contrário, seu sentido está, a princípio, adstrito à eficácia das normais originais do CPC no tempo. Com efeito, o mencionado artigo estabelece que 'este Código regerá o Processo Civil em todo o território nacional. Ao entrar em vigor suas disposições aplicar-se-ão desde logo aos processos pendentes'. No entanto, esta Corte vem dando interpretação mais ampla a esta regra, para tratá-la como regra geral aplicável a todo processo civil. Com isso, essa norma regula os efeitos temporais da Lei n. 11.232/05. Confira-se: 'PROCESSUAL CIVIL. EXECUÇÃO. IMPUGNAÇÃO. RECURSO CABÍVEL. DIREITO INTERTEMPORAL. 1 — Em tema de direito processual intertemporal prevalece 'o chamado isolamento dos atos processuais, pela qual a lei nova, encontrando um processo em desenvolvimento, respeita a eficácia dos atos processuais já realizados e disciplina o processo a partir de sua vigência (Amaral Santos)'. 2 — O recurso cabível contra a decisão que resolve a impugnação, na fase executiva do processo, é, como regra, o agravo de instrumento, conforme o art. 475-M, § 3.º, do CPC, acrescentado pela Lei n. 11.232/2005. O fato de, no caso concreto, ter havido o manejo de embargos de devedor, ainda sob a vigência do anterior regramento, não faz concluir pelo cabimento de apelação só porque proferida a decisão que o resolve já quando em vigor o mencionado dispositivo. Aplicação do art. 1.211 do CPC ('tempus regit actum'). Recurso especial conhecido e provido para determinar ao Tribunal de origem o julgamento do agravo, conforme entender de direito' (REsp 1.043.010/SP, 4.ª Turma, Rel. Min. Fernando Gonçalves, *DJe* 23.06.2008).

'(...) Embora o processo seja reconhecido como um instrumento complexo, no qual os atos que se sucedem se inter-relacionam, tal conceito não exclui a aplicação da teoria do isolamento dos atos processuais, pela qual a lei nova, encontrando um processo em desenvolvimento, respeita a eficácia dos atos processuais já realizados e disciplina o processo a partir da sua vigência. Esse sistema, inclusive, está expressamente previsto no art. 1.211, do CPC (...)' (MC 13.951/SP, 3.ª Turma, minha relatoria, *DJe* 01.04.2008).

Com isso, pode-se dizer que o direito brasileiro não reconhece a existência de direito adquirido ao rito processual. A lei nova aplica-se imediatamente ao processo em curso, no que diz respeito aos atos presentes e futuros. Vale a regra do 'tempus regis actum'. Por isso, é impreciso afirmar que a execução de título judicial, uma vez ajuizada, está imune a mudanças procedimentais..." (STJ, REsp 1.076.080/PR, Rel. Min. Nancy Andrighi).

8.3. ISOLAMENTO DOS ATOS PROCESSUAIS

Como visto, a lei processual atinge os processos em curso. A dificuldade é que o processo é um conjunto de atos sucessivos que se prolongam de forma encadeada no tempo. Disso decorre que, quando a nova lei entra em vigor, encontra atos processuais já realizados, atos que estão por se realizar e situações pendentes (como, por exemplo, prazos em curso).

A lei nova deve respeitar os atos processuais já realizados e consumados. O processo deve ser considerado um **encadeamento de atos isolados:** os que já foram realizados na vigência da lei antiga persistem. Os que ainda deverão ser respeitarão a lei nova.

Mas o problema será o dos atos que perduram no tempo.

Por exemplo: se, no curso de um prazo recursal, sobrevém lei nova que extingue o recurso, ou modifica o prazo, os litigantes que pretendiam recorrer ficarão prejudicados?

Parece-nos que não, porque a lei não pode prejudicar o **direito adquirido processual**. Desde o momento em que a decisão foi **publicada**, adveio para as partes o direito de interpor o recurso que, então, estava previsto no ordenamento. Se ele for extinto, ou seu prazo for reduzido, as partes não poderão ser prejudicadas. Se o prazo, porém, for ampliado, a lei nova será aplicável, pois **ela não pode retroagir para prejudicar, mas apenas para favorecer os litigantes**. Mas a ampliação só vale se a decisão não estiver preclusa. Por exemplo: publicada uma sentença, corre o prazo de quinze dias para apelação. Se, depois da publicação, o prazo for reduzido para dez, as partes não podem ser prejudicadas. Se, dentro dos quinze dias, o prazo for elevado para vinte, todos se beneficiarão. Mas, se a lei nova só entrar em vigor no 16.º dia do prazo, não será aplicada, porque a decisão terá se tornado preclusa.

Para afastar qualquer dúvida de direito intertemporal a respeito dos requisitos de admissibilidade dos recursos, quando da entrada em vigor do CPC/2015, o Superior Tribunal de Justiça editou os Enunciados administrativos n. 2 e 3. O primeiro dispõe que, se a decisão foi publicada antes da entrada em vigor da nova lei (até 17 de março de 2016), os requisitos de admissibilidade (prazo, inclusive) do recurso serão os da lei anterior. Se a decisão recorrida for publicada já na vigência do novo CPC (a partir de 18 de março de 2016), os requisitos são os da lei nova.

Se a decisão é proferida em audiência ou em sessão de órgão colegiado, as partes saem intimadas e têm o **direito processual adquirido de interpor o recurso, na forma vigente no momento da intimação.**

Em resumo:

◼ a lei processual atinge os processos em andamento;

◼ vige o princípio do isolamento dos atos processuais: a lei nova preserva os já realizados e aplica-se àqueles que estão por se realizar;

◼ a lei nova não pode retroagir para prejudicar direitos processuais adquiridos.

8.4. LEI NOVA QUE ALTERA COMPETÊNCIA

Nos itens anteriores, vimos que a lei nova atinge os processos em curso. Os atos processuais a serem realizados serão regidos por ela. Mas há uma situação especial: a das **novas normas que modificam competência**. Em relação a elas, há um dispositivo específico (CPC, art. 43): a competência é apurada na data do registro ou da distribuição da petição inicial, sendo **irrelevantes as alterações de fato ou de direito supervenientes**. Trata-se da *perpetuatio jurisdictionis:* lei processual nova, que altera competência, não se aplica aos processos em andamento. Mas o mesmo art. 43 enumera algumas exceções, em que a lei nova de competência alcança os processos em curso: quando **suprimir o órgão judiciário ou alterar a competência absoluta**. Foi o que ocorreu quando da Emenda Constitucional n. 45/2004, em relação às ações de indenização fundadas em acidente de trabalho, ajuizadas pelo empregado em face do empregador, que tramitavam pela Justiça comum. O novo regramento alterou a competência, que era até então da Justiça comum, atribuindo-a à Justiça do Trabalho. As ações em curso, ainda não sentenciadas, foram atingidas, já que houve alteração de competência em razão de matéria (absoluta), o que, por força do art. 43, aplica-se aos processos em andamento. Para afastar qualquer dúvida, o STF editou a **Súmula Vinculante 22**: "A Justiça do Trabalho é competente para processar e julgar as ações de indenização por danos morais e patrimoniais decorrentes de acidente de trabalho propostas por empregado contra empregador, inclusive aquelas que ainda não possuíam sentença de mérito em primeiro grau, quando da promulgação da Emenda Constitucional 45/2004".

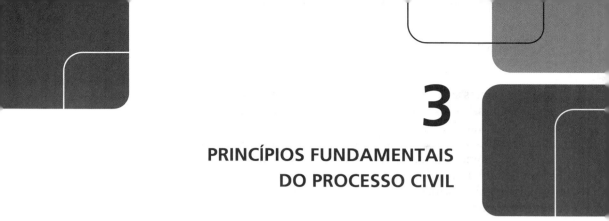

3
PRINCÍPIOS FUNDAMENTAIS DO PROCESSO CIVIL

1. INTRODUÇÃO

Princípios fundamentais são aquelas **premissas sobre as quais se apoiam as ciências**. Desde que o Processo Civil conquistou *status* de ciência autônoma, tornou-se necessária a formulação de seus princípios fundamentais. Eles servem de **diretrizes gerais**, que orientam a ciência.

Eles não se confundem com os princípios **informativos (ou formativos)**, que se subdividem em:

■ **Lógico:** a sequência de atos no processo deve obedecer a um regramento lógico, de forma que os supervenientes derivem dos precedentes, em uma ordenação que faça sentido. Não seria lógico, por exemplo, que se fizesse correr um prazo recursal antes que a decisão fosse proferida.

■ **Econômico:** o processo deve buscar obter o melhor resultado possível com o menor dispêndio de recurso e de esforços.

■ **Jurídico:** o processo deve respeitar as regras previamente estabelecidas no ordenamento jurídico.

■ **Político:** o processo deve buscar o seu fim último, que é a pacificação social, com o menor sacrifício social possível.

Mais do que princípios, essas formulações são **regras técnicas**, de conteúdo extrajurídico, que servem de orientação e aplicação do direito.

Vão nos interessar mais os princípios fundamentais, estes de conteúdo propriamente jurídico-político, os quais serão agrupados em duas categorias: os de estatura constitucional; e os infraconstitucionais.

2. PRINCÍPIOS GERAIS DO PROCESSO CIVIL NA CONSTITUIÇÃO FEDERAL

O art. 1.º do CPC estabelece a **subordinação** do Processo Civil à Constituição Federal. Determina que o processo civil seja ordenado, disciplinado e interpretado conforme os valores e as normas fundamentais estabelecidos na Constituição da República, observando-se as disposições do Código. Esse dispositivo, colocado no limiar inicial do CPC, orienta aqueles que devem ordená-lo e interpretá-lo a, primeiro, conhecer os valores e as normas fundamentais da Constituição Federal, sem o que não se poderá aplicá-lo adequadamente. Deve haver subordinação não apenas aos princípios fundamentais, mas aos valores e às normas constitucionais. Depois de explicitar, nesse primeiro artigo, a submissão à Constituição, o legislador, como que para melhor se assegurar do que havia determinado, repete, nos seus dispositivos subsequentes, alguns dos princípios fundamentais do processo civil estabelecidos pela Constituição Federal, como o da demanda, da duração razoável do processo, da isonomia, do contraditório e da ampla defesa. A razão disso é dar mais organicidade à nova legislação, estampando já no início da parte geral os princípios fundamentais do processo, para explicitar a **filiação da lei ao texto constitucional**. A repetição dos dispositivos não deixa de ter certa **finalidade didática**, funcionando como lembrança e advertência de que, na aplicação e na interpretação do código, tais princípios devem ser observados.

2.1. PRINCÍPIO DO DEVIDO PROCESSO LEGAL

2.1.1. Introdução

Também chamado de **princípio da legalidade**, resulta do art. 5.º, LIV, da Constituição Federal: "Ninguém será privado da liberdade ou de seus bens sem o devido processo legal". Trata-se de conquista que remonta ao século XIII, com a edição da **Magna Carta, por João Sem Terra**.

Desse princípio derivam todos os demais. A Constituição preserva a liberdade e os bens, garantindo que o seu titular não os perca por atos não jurisdicionais do Estado. Além disso, o Judiciário deve observar as garantias inerentes ao Estado de direito, bem como deve respeitar a lei, assegurando a cada um o que é seu.

2.1.2. Devido processo legal substancial e formal

O devido processo legal formal (*procedural due process*) **diz respeito à tutela processual**. Isto é, ao processo, às garantias que ele deve respeitar e ao regramento legal que deve obedecer. Já o **devido processo legal substancial** (*substantive due process*) constitui autolimitação ao poder estatal, **que não pode editar normas que ofendam a razoabilidade e afrontem as bases do regime democrático**. Para nós, interessa, sobretudo, o aspecto formal, que diz respeito ao arcabouço processual.

2.2. PRINCÍPIO DO ACESSO À JUSTIÇA

Também chamado de princípio da **inafastabilidade da jurisdição**, decorre do art. 5.º, XXXV, da Constituição Federal: "a lei não excluirá da apreciação do Poder Judiciário lesão ou ameaça a direito", e vem repetido no art. 3.º, *caput*, do CPC. O texto assegura o direito à proteção judicial efetiva. Esse princípio deve ser conjugado com o anterior e o do contraditório, examinado a seguir.

Ele se traduz no **direito de ação em sentido amplo**, isto é, o de obter do Poder Judiciário uma resposta aos requerimentos a ele dirigidos. Esse direito é amplo e incondicional: o Judiciário não pode se recusar a examinar e a responder os pedidos que lhe foram formulados. Pode ser que a resposta se limite a informar ao autor que a pretensão não pode ser examinada, porque faltam as condições essenciais para isso. Mas tal informação provirá de um juiz, que terá examinado o processo e apresentado fundamentação adequada para a sua decisão.

3 ■ Princípios Fundamentais do Processo Civil

Nos parágrafos do art. 3.º, o legislador previu métodos alternativos de solução dos conflitos (a arbitragem, a conciliação, a mediação e outros métodos de solução consensual). **A Lei de Arbitragem** permitiu aos conflitantes atribuir a solução a um árbitro, que proferirá sua decisão com força de sentença, sem necessidade de posterior homologação do Poder Judiciário. **Não há inconstitucionalidade, nem ofensa ao princípio da inafastabilidade da jurisdição**, conforme decidiu o STF no Agravo Regimental n. 5.206, relatado pelo Min. Sepúlveda Pertence: "discussão incidental da constitucionalidade de vários dos tópicos da nova lei, especialmente acerca da compatibilidade, ou não, entre a execução judicial específica para a solução de futuros conflitos da cláusula compromissória e a garantia constitucional da universalidade da jurisdição do Poder Judiciário (CF, art. 5.º, XXXV). Constitucionalidade declarada pelo plenário, considerando o Tribunal, por maioria de votos, que a manifestação de vontade da parte na cláusula compromissória, quando da celebração do contrato, e a permissão legal dada ao juiz para que substitua a vontade da parte recalcitrante em firmar o compromisso não ofendem o art. 5.º, XXXV, da CF". O art. 3.º, § 1.º, autoriza expressamente a arbitragem, na forma da lei. O acesso à justiça não pode sofrer restrições estranhas à ordem processual, como a que condicione o direito de ação ao prévio esgotamento das vias administrativas (salvo a hipótese do art. 217, § 1.º, da CF, relacionado à Justiça Desportiva) ou ao prévio recolhimento do débito nas ações anulatórias ou declaratórias envolvendo dívidas fiscais.

A solução consensual dos conflitos deve ser, sempre que possível, promovida pelo Estado, devendo a conciliação, a mediação e outras formas de solução consensual ser estimuladas por juízes, advogados, defensores públicos e membros do Ministério Público.

2.3. PRINCÍPIO DO CONTRADITÓRIO

Estabelecido no art. 5.º, LV, da CF: "aos litigantes, em processo judicial ou administrativo, e aos acusados em geral são assegurados o contraditório e ampla defesa, com os meios e recursos a ela inerentes".

Do contraditório resultam duas exigências: a de se **dar ciência aos réus, executados e interessados, da existência do processo, e aos litigantes de tudo o que nele se passa**; e a **de permitir-lhes que se manifestem, que apresentem suas razões**, que se oponham à pretensão do adversário. O juiz tem de ouvir aquilo que os participantes do processo têm a dizer, e, para tanto, é preciso dar-lhes oportunidade de se manifestar e ciência do que se passa, pois, sem tal conhecimento, não terão condições adequadas para se manifestar.

O CPC evidencia a sua preocupação com o contraditório ao estabelecer, no art. 9.º, que: "Não se proferirá decisão contra uma das partes sem que esta seja previamente ouvida", excepcionando-se as hipóteses de tutela provisória de urgência, de tutela da evidência prevista no art. 311, II e III, e a decisão prevista no art. 701, isto é, de expedição de mandado de pagamento, de entrega de coisa ou execução de obrigação de fazer ou não fazer, quando preenchidos os requisitos para o processamento da ação monitória. Além disso, com o intuito de evitar que qualquer dos litigantes seja surpreendido por decisão judicial sem que tenha tido oportunidade de se manifestar, prescreve o art. 10 que:

"O juiz não pode decidir, em grau algum de jurisdição, com base em fundamento a respeito do qual não se tenha dado às partes oportunidade de se manifestar, ainda que se trate de matéria sobre a qual deva decidir de ofício". **Veda-se assim a decisão-surpresa**, em que o juiz se vale de fundamento cognoscível de ofício, que não havia sido anteriormente suscitado, sem dar às partes oportunidade de manifestação.

Vale ressaltar que a proibição do art. 10 deve ser observada por todos os juízos e tribunais, como evidencia a expressão "em grau algum de jurisdição". A qualquer juiz é vedado proferir decisão-surpresa, com base em fundamento sobre o qual as partes não foram ouvidas.

Há certas matérias que, por serem de ordem pública, podem ser conhecidas de ofício. Mesmo que nenhuma das partes as alegue, o juiz poderá conhecê-las. Antes de o fazer, porém, deverá ouvi-las, dando-lhes oportunidade de se manifestar. Se a questão de ordem pública não foi suscitada pelas partes, o próprio juiz, antes de decidir com base nela, deverá previamente suscitá-la, para, a respeito, colher a manifestação das partes. Por exemplo: imagine-se que, no curso do processo, o juiz constate carência de ação, que dará ensejo à extinção do processo sem resolução de mérito. A matéria é de ordem pública e deve ser conhecida de ofício. Se o réu a tiver suscitado, o juiz ouvirá o autor, antes de se decidir. Mas, mesmo que ninguém a tenha arguido, o juiz, antes de extinguir o processo sem resolução de mérito, deve suscitar a questão da carência, determinando que as partes sobre ela se manifestem. **O juiz não reconhecerá a carência antes de dar às partes a oportunidade de se manifestar**. O autor possivelmente trará argumentos para tentar afastá-la, e o réu, para confirmá-la. O juiz, então, decidirá. Com isso, além de ter sido respeitada a exigência do contraditório, sem o que a decisão poderia ser acoimada de nula, duas vantagens se revelarão: nenhuma das partes terá sido surpreendida, seja pela decisão que acolher, seja pela que afastar a carência; e o juiz terá decidido com mais segurança, depois de ouvidas as partes, já que elas terão fornecido subsídios para isso. O mesmo ocorre, por exemplo, com a prescrição ou decadência que, se acolhidas, implicam a improcedência da pretensão inicial. O juiz não pode acolhê-las, embora sejam matéria de ordem pública, sem dar oportunidade às partes de se manifestar.

Se a prescrição ou decadência for detectável de plano e puder levar à improcedência liminar do pedido (art. 332, § 1.º), o juiz, antes de julgar, deverá ouvir o autor a respeito. O art. 487, parágrafo único, ao estabelecer que a prescrição e a decadência possam ser conhecidas de ofício, desde que as partes tenham oportunidade de se manifestar, ressalva a hipótese de improcedência de plano (art. 332, § 1.º), em que não haveria tal necessidade de prévia manifestação. Mas parece-nos que, diante do que dispõe o art. 9.º, o autor tem que ter oportunidade de se manifestar, para que não seja surpreendido, sem a possibilidade de apresentar argumentos que possam afastá-las. O mesmo cuidado o juiz deverá ter em todas as hipóteses de improcedência liminar, já que elas não estão entre as exceções previstas no art. 9.º. Antes de proferi-la, quando presentes as situações do art. 332, ele deverá dar oportunidade ao autor de se manifestar. Não há necessidade de citação do réu, já que a sentença não será proferida contra ele, como menciona o art. 9.º, nem será ele surpreendido, já que nem sequer figurará ainda como parte. Mas o autor deve ser ouvido.

O descumprimento da determinação dos arts. 9.º e 10 do CPC implicará **a nulidade da decisão, por ofensa ao princípio do contraditório.**

A vedação às decisões-surpresa não constitui óbice a que o juiz aplique a lei adequada à solução do conflito, ainda que as partes não a invoquem (*jurit novit curia*), pois a lei é de conhecimento geral. Ao aplicar regra jurídica distinta da invocada pelo autor, mas mais adequada para a solução do processo, o juiz não estará proferindo sentença *extra petita*, já que o direito é de conhecimento geral, e os fundamentos jurídicos do pedido não o vinculam (ver Livro II, *item 3.6.4.2, infra*). Mas, para que as partes não sejam surpreendidas, o juiz deverá antes dar oportunidade para que elas se manifestem a respeito (sobre o tema, podem ser consultados os V. Acórdãos proferidos no julgamento do REsp 1.641.446/PI, Rel. Min. Ricardo Villas Bôas Cuevas, julgado em 14.03.2017; e REsp 1.280.825, Rel. Min. Maria Isabel Galotti, de especial relevância, por estabelecer uma distinção entre fundamento jurídico e fundamento legal, exigindo prévio contraditório apenas em relação ao primeiro). No mesmo sentido, o V. Acórdão proferido no REsp 1.755.266-SC, de 20 de novembro de 2018, Rel. Min. Luis Felipe Salomão:

> "O artigo 933 do Código de Processo Civil (2015), em sintonia com o multicitado artigo 10, veda a decisão surpresa no âmbito dos tribunais, assinalando que, seja pela ocorrência de fato superveniente, seja por vislumbrar matéria apreciável de ofício ainda não examinada, deverá o julgador abrir vista, antes de julgar o recurso, para que as partes possam se manifestar.
>
> Não há falar em decisão surpresa quando o magistrado, diante dos limites da causa de pedir, do pedido e do substrato fático delineado nos autos, realiza a tipificação jurídica da pretensão no ordenamento jurídico posto, aplicando a lei adequada à solução do conflito, ainda que as partes não a tenham invocado (*iura novit curia*) e independentemente de oitiva delas, até porque a lei deve ser do conhecimento de todos, não podendo ninguém se dizer surpreendido com a sua aplicação.
>
> Na hipótese, o Tribunal de origem, valendo-se de fundamento jurídico novo — prova documental de que o bem alienado fiduciariamente tinha sido arrecadado ou se encontraria em poder do devedor —, acabou incorrendo no vício da decisão surpresa, vulnerando o direito ao contraditório substancial da parte, justamente por adotar tese — consubstanciada em situação de fato — sobre a qual a parte não teve oportunidade de se manifestar, principalmente para tentar influenciar o julgamento, fazendo prova do que seria necessário para afastar o argumento que conduziu a conclusão do Tribunal *a quo* em sentido oposto à sua pretensão.
>
> No entanto, ainda que se trate de um processo cooperativo e voltado ao contraditório efetivo, não se faz necessária a manifestação das partes quando a oitiva não puder influenciar na solução da causa ou quando o provimento lhe for favorável, notadamente em razão dos princípios da duração razoável do processo e da economia processual...".

2.3.1. Contraditório na esfera civil e penal: diferenças

No processo civil, o contraditório contenta-se com a concessão, às partes, de **oportunidade de resistir à pretensão formulada pelo adversário.** Mas fica-lhes ressalvada a possibilidade de não resistir. Isso assinala uma diferença de intensidade entre o contraditório na esfera do processo civil e do processo penal.

Neste, o contraditório há de ser efetivo sempre. Mesmo que o acusado não queira se defender, haverá nomeação de um advogado dativo, que oferecerá defesa técnica em seu favor. Na esfera cível, o réu se defende se desejar, tanto nos processos que versem sobre **interesses disponíveis quanto indisponíveis**. A diferença entre ambos é que, se o réu optar por não se defender, no primeiro tipo de processo o juiz presumirá verdadeiros os fatos narrados na petição inicial, podendo dispensar a produção de provas e promover o julgamento antecipado da lide. Já naqueles que versam sobre interesses indisponíveis, a falta de defesa não gera a presunção de veracidade. **Mas em ambos a defesa é um ônus, e o réu pode apresentá-la ou não**.

A diferença de contraditório nas esferas civil e penal repercute sobre os poderes do juiz. Na esfera penal, como o réu tem de ser efetivamente defendido, se o juiz verificar que o advogado nomeado ou constituído pelo réu não o está defendendo adequadamente, terá de destituí-lo, dando-lhe oportunidade de nomear outro, sob pena de ser-lhe dado um dativo. Na esfera cível, o juiz não tem esse poder: ainda que uma das partes não esteja sendo defendida adequadamente, não será possível destituir o seu defensor.

2.3.2. O contraditório e a *liminar* inaudita altera parte

O art. 5.º, LV, da Constituição Federal assegura **o contraditório em todos os processos judiciais e administrativos. Mas não estabelece que ele tenha de ser necessariamente prévio**.

Há casos em que se justifica o contraditório **diferido**, postergado, realizado *a posteriori*. São, principalmente, aqueles em que há risco iminente de prejuízo irreparável, ou em que o contraditório prévio pode colocar em risco o provimento jurisdicional. Imagine-se que alguém tente fugir com uma criança, levando-a para outro país. A mãe, preocupada, ajuíza ação de busca e apreensão. Se fosse necessário ouvir primeiro o réu, haveria risco de desaparecimento da criança.

Tais circunstâncias justificam que o juiz, primeiro, conceda a medida e, depois, ouça o réu. Não há ofensa nenhuma ao contraditório, porque ele é observado, e o litigante terá o direito de se manifestar e interpor os recursos que entender cabíveis. Mas ele só é tomado *a posteriori*, para viabilizar o cumprimento da determinação judicial.

As tutelas de urgência não são as únicas em que haverá contraditório diferido. Os incisos do art. 9.º do CPC estabelecem outras hipóteses, como a da tutela da evidência prevista no art. 311, II e III, e a decisão prevista no art. 701, que trata do mandado inicial da ação monitória.

2.3.3. Contraditório e execução civil

Muito se discutiu sobre a existência de contraditório na execução, havendo os que se posicionavam pela negativa, com o argumento de que a defesa do devedor não era veiculada na própria execução, mas em embargos de devedor, que têm natureza de ação autônoma de conhecimento.

Conquanto **não tenha a mesma amplitude** que no processo de conhecimento, é inegável que ele existe na execução. Primeiro, porque ela implica processo judicial, ao qual a Constituição determina sempre a observância do contraditório. Depois, porque o executado precisa tomar ciência de tudo o que ocorre na execução (tanto que ele é

3 ◼ Princípios Fundamentais do Processo Civil

citado, na execução fundada em título extrajudicial; e intimado de todos os atos executivos, sobretudo da penhora e dos atos de alienação judicial de bens, em ambos os tipos de execução, tendo sempre a oportunidade de manifestar-se). Se não houvesse nenhum contraditório nas execuções, não haveria citações, intimações, nomeação de curador especial aos citados fictamente (Súmula 196 do STJ), nem a possibilidade de o executado apresentar defesas no bojo da própria execução (exceções e objeções de pré-executividade).

2.3.4. Contraditório e o art. 332 do CPC

O art. 332 do CPC enumera hipóteses em que o juiz pode julgar liminarmente improcedente o pedido, antes de determinar a citação do réu. Antes de o fazer, vislumbrando presentes as hipóteses em que ela se justifica, ele deverá ouvir o autor (art. 9.º). **Mas não há necessidade de que ouça o réu, que nem sequer foi citado.**

A Lei n. 11.277, de 6 de fevereiro de 2006, acrescentou ao CPC de 1973, então vigente, o art. 285-A, que pela primeira vez permitiu a prolação de sentenças de improcedência de plano. O dispositivo trouxe muita polêmica, sobretudo em relação ao princípio do contraditório. A Ordem dos Advogados do Brasil ajuizou ação direta de inconstitucionalidade do novo dispositivo (ADIN 3.695/DF, Rel. Min. Cezar Peluso), apontando o que seriam numerosas ofensas à Constituição Federal, inclusive ao princípio do contraditório.

Parece-nos que nem o art. 285-A do CPC de 1973 nem o art. 332, do atual, ofendem esse princípio, porque a sentença só poderá ser proferida sem a ouvida do réu quando for de total improcedência, isto é, quando não lhe trouxer nenhum prejuízo. Se for imposta ao réu sucumbência, ainda que mínima, o dispositivo não poderá ser aplicado. Portanto, ele só aufere vantagens. E o legislador mostrou cuidado ao determinar que, em caso de apelação do autor, será o réu citado para oferecer suas contrarrazões, com o que lhe fica assegurada a possibilidade de manifestar-se, antes que o tribunal tome a sua decisão.

2.3.5. O contraditório e a prova emprestada

Questão em que avulta a importância do contraditório é a da utilização de **prova emprestada**.

É comum que, em um processo, uma das partes queira se valer de prova que foi produzida em outro, mas nem sempre o juiz poderá admiti-la. Quais são os regramentos que delimitam a utilização da prova emprestada?

O princípio do contraditório exige que as **partes tenham oportunidade de participar da produção de provas**. Por exemplo: quando há determinação de perícia, elas têm oportunidade de formular quesitos, indicar assistentes técnicos, impugnar o laudo, postular esclarecimentos etc. Quando há colheita de prova oral, podem formular perguntas às testemunhas ou apresentar contradita, se quiserem suscitar suspeição ou impedimento.

Quando uma das partes traz prova produzida em outro processo, para usá-la contra o seu adversário, o **juiz só poderá admiti-la se esse adversário tiver participado da produção dessa prova, no processo anterior**. É o que resulta da aplicação do art. 372 do

CPC: "O juiz poderá admitir a utilização de prova produzida em outro processo, atribuindo-lhe o valor que considerar adequado, observado o contraditório".

Tomemos um exemplo, que ajudará a esclarecer a questão. Trata-se de situação que ocorre com alguma frequência na prática.

Uma pessoa (A) sofre um acidente de trabalho, do qual decorrem lesões. Sustentando que, em razão dos ferimentos, ficou incapaz, ajuíza duas ações distintas, como permite a lei. Postula um dos benefícios acidentários, previstos na lei correspondente, em face do INSS, perante a Justiça Estadual (varas de acidente de trabalho ou, onde não as houver, perante as varas cíveis). Posteriormente, perante a Justiça do Trabalho, ajuíza ação de indenização em face do patrão, alegando que o acidente ocorreu por negligência dele, que não forneceu equipamento de segurança adequado. Temos, assim, duas ações.

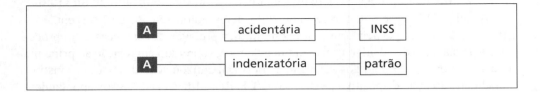

Em ambas, será indispensável que o autor comprove incapacidade para o trabalho, e, para isso, a prova necessária é a pericial. Imagine-se que, no processo em face do INSS seja realizada tal prova. É comum que, no processo ajuizado em face do patrão, se queira utilizar, por empréstimo, a prova produzida no outro processo. Mas será isso possível?

Depende. Pode ser, por exemplo, que o resultado da perícia agrade o autor A, e que ele traga cópias e peça para usá-la no segundo processo como prova emprestada contra o patrão. Se ele o fizer, o juiz deve, primeiro, ouvir o patrão. **Se este discordar, o juiz não poderá admitir tal prova**, porque ele não participou do processo em que ela foi produzida; não teve oportunidade de participar do contraditório, formulando quesitos e indicando assistentes. Utilizar essa prova sem o seu consentimento, e sem que ele tenha participado da sua produção, implicaria ofender o princípio do contraditório. Tal perícia só poderá, pois, ser utilizada como prova emprestada se o patrão, que não participou, concordar.

Pode ocorrer o contrário: que o resultado da perícia não seja favorável ao autor, caso em que é possível que o patrão extraia cópias e as traga para usar como prova emprestada. Se assim for, **o autor não poderá recusá-la, porque ele participou do processo anterior** e teve oportunidade de requerer o que de direito. Em relação a ele, foi respeitado o contraditório.

Por meio desse exemplo, é possível extrair a seguinte conclusão:

> Só se pode usar prova emprestada contra alguém em duas hipóteses: quando participou da produção da prova no processo em que produzida; ou quando, não tendo participado, concordar com a sua utilização.

3 ◼ Princípios Fundamentais do Processo Civil

2.4. PRINCÍPIO DA DURAÇÃO RAZOÁVEL DO PROCESSO

Foi introduzido na Constituição Federal pela Emenda Constitucional n. 45/2004, que acrescentou ao art. 5.º o inciso LXXVIII: "a todos, no âmbito judicial e administrativo, são assegurados a razoável duração do processo e os meios que garantem a celeridade de sua tramitação". O art. 4.º do CPC repete esse dispositivo, explicitando que ele se estende também à atividade satisfativa: "As partes têm o direito de obter em prazo razoável a solução integral do mérito, incluída a atividade satisfativa". A rigor, mesmo antes já se poderia encontrar fundamento, em nosso ordenamento jurídico, para esse princípio, seja porque ele explicita um dos aspectos do devido processo legal (para que o processo alcance o seu desiderato é preciso que chegue a termo dentro de prazo razoável), seja porque o **Pacto de San José da Costa Rica**, de 1969, já o consagrava, tendo a nossa legislação o ratificado.

O dispositivo revela a preocupação geral do legislador com um dos entraves mais problemáticos ao funcionamento da justiça: **a demora no julgamento dos processos**. Boa parte das alterações e acréscimos havidos na legislação processual, nos últimos anos, tem por fim buscar uma solução mais rápida para os conflitos. Esse princípio é dirigido, em primeiro lugar, ao **legislador**, que deve editar leis que acelerem e não atravanquem o andamento dos processos. Em segundo lugar, ao **administrador**, que deverá zelar pela manutenção adequada dos órgãos judiciários, aparelhando-os a dar efetividade à norma constitucional. E, por fim, aos **juízes**, que, no exercício de suas atividades, devem diligenciar para que o processo caminhe para uma solução rápida.

Devem-se buscar os melhores resultados possíveis, com a maior economia possível de esforços, despesas e tempo. Esse princípio imbrica com o da efetividade do processo: afinal, a duração razoável é necessária para que ele seja eficiente.

Podem ser citados numerosos exemplos de medidas que foram tomadas para torná-lo mais eficiente: a extensão dos casos em que cabe a concessão de tutelas de urgência, a possibilidade de solução concentrada de casos idênticos e repetitivos, as súmulas vinculantes, a adoção de meios eletrônicos no processo, a redução do número de recursos cabíveis, sobretudo aqueles dotados de efeito suspensivo. Deve haver, ainda, cuidado para que o número de juízes se mantenha condizente com o de processos e que eles estejam suficientemente equipados para dar conta da demanda.

2.5. PRINCÍPIO DA ISONOMIA

Consagrado entre os ideais da revolução francesa, vem estabelecido no art. 5.º, *caput* e inciso I, da Constituição Federal, que assegura que todos são iguais perante a lei, sem distinção de qualquer natureza. **Sob o aspecto processual, a isonomia revela-se pela necessidade de dar às partes tratamento igualitário em relação ao exercício de direitos e faculdades processuais, aos meios de defesa, aos ônus, aos deveres e à aplicação de sanções processuais (art. 7.º do CPC).** O princípio deve, primeiramente, **orientar o legislador** na edição de leis, que devem dar tratamento igualitário aos litigantes; depois, **deve nortear os julgamentos**, orientando o juiz na condução do processo.

A igualdade pode ser apenas formal ou real. Em princípio, buscava-se apenas a primeira, mas o conceito de isonomia evoluiu, e hoje se exige a segunda.

2.5.1. Isonomia formal e real

A igualdade formal consiste no **tratamento igualitário a todos, sem levar em consideração eventuais diferenças entre os sujeitos de direito**, ou, no que concerne ao processo civil, aos sujeitos do processo.

Ao longo do tempo, verificou-se que, a pretexto de dar tratamento igualitário a todos, a isonomia formal perpetuava diferenças e eternizava privilégios. Afinal, as pessoas não são iguais: há homens e mulheres, há os mais fortes e os mais fracos, os economicamente mais poderosos e os menos. Se isso não for levado em consideração, a lei, **ainda que formalmente justa, criará situações reais profundamente injustas**.

Daí a necessidade de evolução para uma ideia de isonomia real, em que o legislador, na criação das normas, e o juiz, na sua aplicação, devem levar em conta as peculiaridades de cada sujeito. Quando as pessoas estiverem em situação de igualdade, devem receber tratamento igualitário; mas quando forem diferentes, e estiverem em situação de desequilíbrio, isso deve ser considerado. **Uma lei criará situações reais mais justas quando, constatando o desequilíbrio entre pessoas, favorecer as mais fracas, buscando aplainar as diferenças**.

O princípio da isonomia real pode ser resumido na frase:

> Isonomia real: tratar igualmente os iguais e desigualmente os desiguais na medida da sua desigualdade.

2.5.2. A isonomia, os julgamentos repetitivos e a ordem cronológica

Duas das principais inovações do CPC estão diretamente relacionadas ao princípio constitucional da isonomia: **as relativas às regras sobre jurisprudência vinculante e julgamentos repetitivos (art. 927, § 4.º, e art. 976, II); e as relativas à observância da ordem cronológica, em caráter preferencial**. A ideia do legislador é que, com a manutenção da jurisprudência uniforme, íntegra e estável e com o julgamento conjunto de demandas e recursos repetitivos, sejam reduzidos os casos de soluções divergentes para a mesma questão de direito, de forma a evitar que pessoas na mesma situação jurídica recebam julgamentos diferentes. E também que a imposição aos juízes e tribunais de que observem, preferencialmente, a ordem cronológica de conclusão, ao proferirem sentenças e acórdãos (art. 12), favoreça a igualdade dos litigantes em juízo.

2.5.3. Exemplos de tratamento formalmente desigual em busca da isonomia real

São numerosos os exemplos em que a lei concede aparentes privilégios a um litigante, sem que haja ofensa ao princípio da isonomia. Somente sob a ótica da isonomia formal é que se poderia qualificar tais situações como privilégios. Do ponto de vista da isonomia real, são mecanismos que visam alcançar uma autêntica igualdade entre os litigantes.

Podem ser citados:

▢ **Os prazos maiores que a lei concede ao Ministério Público e à Fazenda Pública para manifestar-se nos autos.** De acordo com os arts. 180, *caput*, e 183, *caput*, do CPC, esses entes têm prazo em dobro para manifestar-se nos autos. Conquanto pareça um privilégio, não há inconstitucionalidade, porque o legislador considerou que os beneficiários se distinguem dos litigantes comuns, por atuarem em uma quantidade de processos muito maior.

■ **Os prazos em dobro concedidos à Defensoria Pública e àqueles que gozam do benefício da justiça gratuita e são patrocinados por entidades públicas, organizadas e mantidas pelo Estado** (art. 5.º, § 5.º, da Lei n. 1.060/50). Não são todos os beneficiários da justiça gratuita que recebem o benefício do prazo, mas apenas aqueles representados pela Defensoria Pública e pela Procuradoria do Estado (o benefício estende-se aos escritórios de prática jurídica das faculdades de Direito reconhecidas na forma da lei e às entidades que prestam assistência jurídica gratuita em razão de convênios firmados com a Defensoria Pública, nos termos do art. 186, § 3.º, do CPC). Não há ofensa ao princípio da isonomia pela mesma razão anterior: as entidades públicas atuam em quantidade maior de processos do que o litigante comum.

■ **Remessa necessária.** Trata-se de benefício concedido à Fazenda Pública. As sentenças contra ela proferidas, em que haja sucumbência, não transitam em julgado, senão depois de reexaminadas pela instância superior. Mesmo que não haja recurso voluntário das partes, a eficácia da sentença depende de tal reexame. Esse privilégio se mantém no sistema, e não foi reconhecida a sua inconstitucionalidade. Argumenta-se que, como os bens da Fazenda são públicos, conviria que as sentenças que lhe impõem sucumbência fossem examinadas por juízes mais experientes, que compõem os tribunais.

■ **Execução em face da Fazenda.** As execuções contra a Fazenda não podem seguir o procedimento comum, porque os seus bens, sendo públicos, são impenhoráveis. Daí a execução por quantia contra a Fazenda, salvo as exceções legais, processar-se com a expedição de precatório, e não por meio de penhora.

■ **Prioridade de tramitação e desnecessidade de se observar a ordem cronológica preferencial de conclusão para proferir sentença ou acórdão, nos casos de preferência legal.** Trata-se dos casos previstos no art. 1.048 e no art. 12, VII, ambos do CPC. A lei estabelece prioridade de tramitação em favor da parte ou interessado com idade superior a 60 anos ou que seja portador de doença grave. A prioridade afasta a incidência do art. 12, que determina aos juízes e tribunais que observem preferencialmente a ordem cronológica de conclusões para proferir sentença ou acórdão. Não há nenhuma ofensa ao princípio da isonomia, porque as circunstâncias pessoais das partes ou dos interessados, nos casos mencionados por lei, justificam a prioridade.

Esses são exemplos em que a lei tratou de forma diferente pessoas que estavam em situação desigual. **Mas também o juiz, em determinadas situações, verificando que há grande desproporção econômica ou social entre os litigantes, pode tomar determinadas providências, não para favorecer uma das partes, mas para equilibrar o processo.** Nesse sentido, importante acórdão da lavra do Min. Sálvio de Figueiredo Teixeira:

"EMENTA: Tem o julgador iniciativa probatória, como, por exemplo, quando presentes razões de ordem pública e igualitária, como, por exemplo, quando se esteja diante de causa que tenha por objeto direito indisponível (ações de estado), ou quando o julgador, em face das provas produzidas, se encontre em estado de perplexidade ou, ainda, **quando haja significativa desproporção econômica ou sociocultural entre as partes**" (REsp 43.467/MG, publicado em *RT* 729/155).

2.5.4. A isonomia e a ordem cronológica

2.5.4.1. Introdução — a ordem cronológica preferencial para que juízes e tribunais profiram sentenças ou acórdãos

Entre as mais relevantes inovações introduzidas pelo Código de Processo Civil está a determinação de que juízes e tribunais profiram **sentenças ou acórdãos atendendo preferencialmente à ordem cronológica de conclusão**. A regra está contida no art. 12, *caput,* do CPC. Mas esse dispositivo, ainda durante a *vacatio legis*, sofreu importante modificação. Na redação originária da Lei n. 13.105/2015, constava: "Os juízes e os tribunais deverão obedecer à ordem cronológica de conclusão para proferir sentenças e acórdãos". Embora o § 2.º do art. 12 trouxesse algumas situações em que a regra não era aplicável, o caráter peremptório do dispositivo não trazia dúvidas sobre a necessidade que ela fosse sempre observada. Salvo os casos de exclusão, os juízes e os tribunais teriam de observar a ordem cronológica nas sentenças e acórdãos. Tal redação mereceu, desde o início, severas e justificadas críticas. O princípio da isonomia consiste em tratar igualmente os iguais e desigualmente os desiguais, na medida de sua desigualdade. **Ora, os processos judiciais não são iguais, e as questões de fato e de direito submetidas ao exame do Judiciário podem ser infinitas, desde as mais simples até as mais complexas, que exigem profunda reflexão.** A redação originária do art. 12, *caput*, prestigiava a isonomia formal, em detrimento da real, já que tratava igualmente todos os processos, desde os mais simples e de fácil solução até os mais complexos. A consequência, que já vinha sendo apontada pela doutrina, não seria acelerar o andamento dos processos mais complexos, mas retardar o desfecho dos mais simples, que eventualmente teriam de aguardar a solução daqueles, para evitar violação da ordem cronológica. Três dos enunciados da ENFAM, Escola Nacional de Formação e Aperfeiçoamento de Magistrados, tinham por objetivo flexibilizar a regra peremptória do art. 12. Eram eles o Enunciado n. 32: "O rol do art. 12, § 2.º, do CPC/2015 é exemplificativo, de modo que o juiz poderá, fundamentadamente, proferir sentença ou acórdão fora da ordem cronológica de conclusão, desde que preservadas a moralidade, a publicidade, a impessoalidade e a eficiência na gestão da unidade judiciária"; o Enunciado n. 33: "A urgência referida no art. 12, § 2.º, IX, do CPC/2015 é diversa da necessária para a concessão de tutelas provisórias de urgência, estando autorizada, portanto, a prolação de sentenças e acórdãos fora da ordem cronológica de conclusão, em virtude de particularidades gerenciais da unidade judicial, em decisão devidamente fundamentada"; e o Enunciado n. 34: "A violação das regras dos arts. 12 e 153 do CPC/2015 não é causa de nulidade dos atos praticados no processo decidido/cumprido fora da ordem cronológica, tampouco caracteriza, por si só, parcialidade do julgador ou do serventuário".

3 ■ Princípios Fundamentais do Processo Civil

39

Em boa hora, durante a *vacatio legis* do CPC de 2015, o art. 12, *caput*, sofreu importante modificação, passando a dispor que "os juízes e os tribunais atenderão, preferencialmente, à ordem cronológica de conclusão para proferir sentença ou acórdão". O restante do art. 12 permaneceu sem alterações. Por simetria, também foi alterado o art. 153, que passou a dispor que "o escrivão ou o chefe de secretaria atenderá, preferencialmente, à ordem cronológica de recebimento para publicação e efetivação dos pronunciamentos judiciais". A alteração é fundamental. Com ela, quebrou-se o caráter peremptório da norma, que vedava, ressalvadas as exceções do § 2.º, qualquer inversão. A necessidade de observância da ordem cronológica foi mantida, mas com abrandamento. **Tal como redigido, após a modificação, o art. 12, *caput*, o juiz poderá deixar de observar a ordem cronológica não apenas nas hipóteses previamente estabelecidas pelo § 2.º, mas em outras em que, por qualquer razão, ele entender que isso é justificável.** Ao dispositivo, na sua nova redação, **deve se dar interpretação em consonância com o texto constitucional:** o julgamento de processos semelhantes, de complexidade aproximadamente igual, deve respeitar a ordem cronológica, observadas as exceções e preferências do § 2.º. Mas havendo razões para a inversão, como, por exemplo, as decorrentes das diferenças de complexidade ou de urgência entre os processos, ou qualquer outra, o juiz poderá alterar a ordem do julgamento, o que deve fazer fundamentadamente. A alteração do art. 12, *caput*, portanto, apenas abrandou ou flexibilizou a necessidade de observância da ordem cronológica, mas não a eliminou, tanto que foram mantidos íntegros os parágrafos do art. 12, inclusive os relativos aos casos em que a lei expressamente exclui a observância da ordem.

O art. 12 foi colocado no capítulo que trata das normas fundamentais do processo civil, sendo possível associá-lo, sobretudo, à efetivação de dois princípios constitucionais: **o da razoável duração do processo e o da isonomia**. Do primeiro porque a observância da ordem cronológica levará ao julgamento preferencial dos casos mais antigos, em detrimento dos mais recentes, com o que se evitará que aqueles se alonguem em demasia. Mas o principal fundamento da ordem cronológica é o princípio da isonomia real. Uma vez que todos devem receber tratamento igualitário, não haveria razão para que, em processos assemelhados, a sentença ou o acórdão fosse proferido antes nos mais recentes que nos mais antigos, estando ambos prontos para apreciação.

2.5.4.2. *Extensão do dispositivo*

Não há necessidade de se observar, preferencialmente, a ordem cronológica em todos os pronunciamentos judiciais. O art. 12 faz expressa referência **à sentença e a acórdãos**. O dispositivo não se aplica, portanto, aos despachos e decisões interlocutórias, bem como às decisões proferidas monocraticamente nos Tribunais, já que nestas não há acórdão. A ordem preferencial, nos Tribunais, deve ser observada quando houver julgamento colegiado de recursos, ou de ações de competência originária, por acórdão. Diante dos termos peremptórios da lei, **não haverá necessidade de observar-se a ordem cronológica preferencial ainda que sejam proferidas decisões interlocutórias de mérito**. O art. 356 do CPC permite ao juiz que profira julgamento antecipado parcial de mérito, decidindo um ou mais pedidos formulados ou parcela deles que se mostrarem incontroversos ou estiverem em condições de imediato julgamento, nos termos do art. 355. Quando ele o fizer, o seu pronunciamento terá natureza de decisão interlocutória, já que o processo deverá prosseguir, para instrução e julgamento dos demais pedidos formulados. Sendo decisão, não haverá necessidade de se observar a ordem cronológica.

2.5.4.3. As exceções

O *caput* do art. 12 determina que juízes e tribunais atendam preferencialmente à ordem cronológica de conclusão para proferir sentenças e acórdãos. Isso significa que, não havendo razões que justifiquem eventual inversão, a ordem deve ser observada. O § 2.º estabelece algumas exceções, em rol meramente exemplificativo, prevendo hipóteses em que o juiz não precisará atender preferencialmente à ordem. São elas:

I) As sentenças proferidas em audiência, homologatórias de acordo ou de improcedência liminar do pedido: a audiência a que se refere o inciso é a de instrução e julgamento. Concluída a instrução, o juiz poderá determinar que as partes se manifestem oralmente, proferindo em seguida o julgamento. Essa sentença poderá ser prolatada ainda que existam outros processos mais antigos, enviados à conclusão para julgamento, desde que o juiz julgue na própria audiência. Se ele determinar a conversão dos debates em memoriais e a vinda oportuna dos autos para sentenciamento, deverá atender, preferencialmente, à ordem cronológica. Também estão excluídas as sentenças homologatórias de acordo, pois não se justificaria que a homologação aguardasse outros julgamentos. Por fim, também se excluem as sentenças de improcedência liminar, proferidas nas hipóteses do art. 332, I a IV, e § 1.º, do CPC. Mas apenas se a improcedência for liminar. Se o juiz, por exemplo, não reconhecer, de imediato, a prescrição ou decadência e determinar a citação do réu, mais tarde, se quiser reconhecê-las, extinguindo o processo com resolução de mérito, deverá atender preferencialmente a ordem cronológica.

II) O julgamento de processos em bloco para aplicação de tese jurídica firmada em julgamento de casos repetitivos: o art. 928 do CPC considera julgamento de casos repetitivos aqueles proferidos em incidente de resolução de demandas repetitivas e recursos especial e extraordinário repetitivos. Nesses casos, o julgamento é vinculante (art. 927, III), competindo ao juiz ou tribunal apenas aplicar a tese, sob pena de caber reclamação. A exclusão vale tanto para os juízes, ao proferir sentença, quando para os tribunais, na prolação de acórdão. Mas é condição que o julgamento em bloco seja feito para **aplicação de tese em julgamento repetitivo**. Era bastante comum, na vigência do CPC de 1973, que juízes e tribunais julgassem em bloco processos ou recursos, porque envolviam idêntica matéria de direito. Para melhor rendimento de suas atividades, eles agrupavam processos ou recursos envolvendo a mesma matéria, para julgá-los em bloco. Isso não mais seria possível se tivesse sido mantida a redação originária do art. 12, *caput*, do CPC. Mas com a alteração da norma, para estabelecer a observância da ordem cronológica apenas em caráter preferencial, será possível que, nesses casos, os julgamentos sejam feitos em bloco, ainda que em detrimento da ordem cronológica, quando o juiz ou tribunal verificar que isso acelera a decisão, tornando mais eficiente a sua atividade.

III) O julgamento de recursos repetitivos ou de incidente de resolução de demandas repetitivas: essa é uma hipótese que diz respeito exclusivamente aos

3 ▣ Princípios Fundamentais do Processo Civil 41

acórdãos proferidos por tribunais. O julgamento de recursos repetitivos só diz respeito aos recursos especiais e aos extraordinários. O STJ e o STF não precisarão observar preferencialmente a cronologia se o REsp ou RE for afetado no julgamento de recurso repetitivo. E o incidente de resolução de demandas repetitivas é julgado pelos tribunais, por órgão a ser indicado pelos regimentos internos, com possibilidade de eventual RE ou REsp. Tanto o julgamento do incidente quanto o dos recursos a ele afetos terão preferência sobre os demais.

IV) As decisões proferidas com base nos arts. 485 e 932: as sentenças proferidas com base no art. 485 são as de extinção sem resolução de mérito, que podem ser dadas em qualquer fase do processo, desde que verificadas as causas, enumeradas naquele dispositivo. E as decisões do art. 932 são as monocráticas, prolatadas pelo relator. Nem era necessário que estas fossem incluídas entre as exceções, já que o art. 12, *caput*, só se refere a sentenças e acórdãos, e as decisões monocráticas do relator não se inserem em nenhuma das duas categorias.

V) O julgamento de embargos de declaração: os embargos têm natureza de recurso, mas não precisam observar preferencialmente a ordem cronológica, nem quando interpostos contra sentença, nem contra acórdão. A exclusão se justifica porque o julgamento já terá ocorrido, cabendo embargos apenas para sanar eventual erro, omissão, contradição ou obscuridade.

VI) O julgamento do agravo interno: é aquele previsto no art. 1.021 do CPC, contra decisão do relator, para o respectivo órgão colegiado.

VII) As preferências legais e as metas estabelecidas pelo Conselho Nacional de Justiça: a hipótese dispensa maiores esclarecimentos. Quando a lei estabelece preferência em favor de determinado litigante é porque entende que ele está em situação diferenciada. E os desiguais têm de ser tratados desigualmente, na medida de sua desigualdade. É o que ocorrerá, por exemplo, nas hipóteses do art. 1.048. Também as metas do Conselho Nacional de Justiça estabelecem situações prioritárias, que justificam a desigualdade de tratamento. Os casos em que houver preferência legal não observarão a ordem cronológica geral. Mas o art. 12, § 3.º, determina que após a elaboração de lista própria se respeite a ordem cronológica entre elas. Assim, haverá duas listas: a geral, dos processos aptos para julgamento, que deverão observar a ordem cronológica geral; e a lista própria de processos em que haja preferência legal. Entre esses processos, também deverá ser observada a ordem cronológica. O art. 12, § 6.º, determina que ocupe o primeiro lugar na lista do § 1.º, portanto da lista comum, ou o primeiro lugar na lista do § 3.º (se houver hipótese de preferência legal) aquele processo que tiver sua sentença ou acórdão anulado, salvo quando houver necessidade de realização de diligência ou de complementação de instrução ou se enquadrar na hipótese do art. 1.040, II, do CPC. Ainda que tenham sido mantidas as listas, mesmo após a alteração do art. 12, *caput*, pela Lei n. 13.256/2016, cumpre observar que o juiz e os tribunais deverão atender preferencialmente, e não necessariamente, à ordem cronológica, nos termos mencionados no *item 2.5.4.1, supra*.

VIII) Os processos criminais, nos órgãos jurisdicionais que tenham competência penal: a hipótese versa sobre órgãos com competência cumulativa para a ação civil e penal. A ordem cronológica preferencial é restrita às sentenças e aos acórdãos cíveis, não se estendendo aos criminais.

42 Direito Processual Civil Esquematizado — *Marcus Vinicius Rios Gonçalves*

IX) A causa que exija urgência no julgamento, assim reconhecida por decisão fundamentada: todas as hipóteses anteriores tratam de situações determinadas e específicas, a respeito das quais não há nenhuma margem de avaliação pelo juiz ou tribunal. Nesta hipótese caberá ao julgador essa avaliação. Não se trata de discricionariedade do julgador, mas de verificação se o caso *sub judice* se enquadra ou não como hipótese de julgamento urgente.

Caso ao processo que estava apto para sentença for juntado algum requerimento da parte, o juiz o decidirá, mas o processo retornará à mesma posição em que estava na lista, exceto quando implicar a reabertura da instrução ou a conversão do julgamento em diligência.

O rol das exceções do § 2.º do art. 12 não é taxativo, mas meramente exemplificativo. A ordem cronológica deve ser preferencial, e não necessariamente observada, podendo haver inversão sempre que haja justificativa razoável para tanto.

2.5.4.4. *Controle no cumprimento do dispositivo*

O art. 12, § 1.º, do CPC determina que a lista de processos aptos a julgamento deverá estar permanentemente à disposição para **consulta pública em cartório e na rede mundial de computadores**. Trata-se de mecanismo previsto para permitir o controle da observância da ordem cronológica preferencial. Como a lista será divulgada publicamente, qualquer pessoa poderá fiscalizar o cumprimento do determinado no *caput*.

Mas o dispositivo faz uso de uma expressão que pode trazer dificuldades e embaraços ao encarregado de alimentar a lista: **"processos aptos a julgamento"**. Haverá casos em que, concluída a fase instrutória e apresentadas já as alegações finais, será evidente que o processo está em condições de julgamento. É verdade que, entre as exceções que dispensam a observância da ordem, estão as sentenças de improcedência liminar, de homologação de acordo e de extinção sem resolução de mérito. Mas não estão as de julgamento antecipado de mérito. Somente o juiz, após o encerramento da fase postulatória, terá elementos para saber se o processo pode ser julgado no estado em que se encontra, ou se há necessidade da abertura de instrução. **O encarregado da lista não terá como saber.** Por essa razão, não haverá, provavelmente, como alimentá-la de forma completa. E, mesmo para o juiz, nem sempre será possível decidir, de imediato, se o processo está ou não apto para o julgamento, o que pode exigir longa reflexão. Se um processo é enviado ao juiz para que, em princípio, profira decisão saneadora, ele pode demorar alguns dias refletindo sobre o tema e, nesse ínterim, proferir sentenças em processos enviados à conclusão mais recentemente. Caso ele, ao final, após madura reflexão, decida julgar o primeiro processo, e não saneá-lo, como pensara de início, haverá violação à ordem cronológica? Não seria razoável que assim fosse! O problema, que se apresentaria grave se fosse mantida a redação originária do art. 12, *caput*, foi solucionado, já que a ordem cronológica não precisará mais ser observada sempre, ressalvadas as exceções legais, mas apenas em caráter preferencial. O meio de controle previsto no art. 12, § 1.º, do CPC estava mais em consonância com a redação originária do *caput*, em que a ordem cronológica tinha sempre de ser observada. Com a alteração do dispositivo, decorrente da Lei n. 13.256/2016, o meio de controle foi mantido, já que a exigência da ordem cronológica foi preservada, mas perdeu

3 ◙ Princípios Fundamentais do Processo Civil

boa parte de sua razão de ser, já que ela não precisará ser observada senão em caráter preferencial, podendo haver inversão sempre que haja causa razoável para tanto.

2.6. PRINCÍPIO DA IMPARCIALIDADE DO JUIZ (JUIZ NATURAL)

Vem estabelecido no art. 5.º, LIII e XXXVII, da Constituição Federal. O primeiro inciso dispõe que **ninguém será processado nem sentenciado senão pela autoridade competente**, e o segundo, que **não haverá juízo ou tribunal de exceção**.

A preocupação do legislador se manifesta em dois aspectos: o de conter eventual arbítrio do poder estatal; e o de assegurar a imparcialidade do juiz, impedindo que as partes possam ter qualquer liberdade na escolha daquele que julgará o seu processo.

O juiz natural é aquele cuja competência é apurada de acordo com regras previamente existentes no ordenamento jurídico, e que não pode ser modificada *a posteriori*. Seria muito perigoso se o Estado pudesse criar juízos ou tribunais excepcionais para julgar um fato ocorrido anteriormente. Estaria aberta a via para o arbítrio, porque, se isso fosse possível, poderia o Estado retirar a causa de seu juiz natural. Além disso, se não houvesse regras previamente estabelecidas de competência, haveria o risco de o litigante escolher o juízo onde a demanda deveria ser proposta. Para tanto, ele procuraria aquele em que houvesse um juiz cuja convicção pudesse estar afinada com os seus interesses. A preexistência de normas impede que isso ocorra: **o juiz natural não é apurável aleatoriamente, mas por regras prévias**.

2.6.1. Requisitos para a caracterização do juiz natural

São três:

◼ o julgamento deve ser proferido por alguém investido de jurisdição;

◼ **o órgão julgador deve ser preexistente, vedada a criação de juízos ou tribunais de exceção**, instituídos após o fato, com o intuito específico de julgá-lo;

◼ a causa deve ser submetida a julgamento pelo juiz competente, de acordo com regras postas pela Constituição Federal e por lei.

2.6.2. O juiz natural e a modificação de competência

O princípio do juiz natural exige que a competência seja apurada de acordo com regras preexistentes. Já foi visto (*item 8.4* do Capítulo 2) que o art. 43 do CPC instituiu a regra da ***perpetuatio jurisdictionis***: a competência é determinada no momento do registro ou distribuição da petição inicial, sendo irrelevantes as alterações supervenientes. Esse mesmo dispositivo estabelece, no entanto, em sua parte final, que a perpetuação tem exceções: **leis novas que suprimam o órgão jurisdicional ou que alterem a competência absoluta** devem ser aplicadas aos processos em curso.

Essas exceções contemplam hipóteses de aplicação de lei superveniente (portanto, posterior ao fato) que modificam a competência, atribuindo-a a um juiz diverso daquele originariamente indicado. Mas isso não fere o princípio do juiz natural? A última parte do art. 43, ao autorizar a alteração de competência para julgamento de fatos já ocorridos, não ofende a Constituição Federal?

44 Direito Processual Civil Esquematizado   *Marcus Vinicius Rios Gonçalves*

Essa questão não é simples. Mas o Supremo Tribunal Federal e o Superior Tribunal de Justiça têm entendido que não há violação ao princípio. O juiz natural é aquele apurado de acordo com regras prévias. Ora, entre essas regras, está o próprio art. 43. Ao aplicar esse dispositivo, estamos nos valendo de norma preexistente no ordenamento. E ele determina que, havendo supressão do órgão judiciário ou a alteração de competência absoluta, a lei nova será aplicada aos processos em andamento. É verdade: aplica-se a lei nova. Mas, por determinação de uma norma previamente existente, o art. 43 do CPC.

Esse dispositivo — o art. 43 —, conquanto incluído no CPC, é norma de teoria geral do processo. Por isso, a sua aplicação não fica restrita à esfera cível, sendo reconhecida pelo Supremo Tribunal Federal a sua aplicabilidade, até mesmo na esfera do processo penal (RHC 83.181/RJ, *DJU* 22.10.2004).

2.6.2.1. *Exemplos de aplicação imediata de lei superveniente que não ofendem o princípio do juiz natural*

Alguns exemplos ajudarão a esclarecer o que foi tratado no item anterior.

■ As ações relacionadas à **união estável** eram julgadas pelas Varas Cíveis comuns, e não pelas Varas de Família. No entanto, desde a edição da Lei n. 9.278/96, foi atribuído a ela o *status* de entidade familiar. O art. 9.º da lei estabelece que "toda matéria relativa à união estável é de competência do juízo da Vara de Família, assegurado o segredo de justiça". Ora, o que aconteceu àqueles processos que tramitavam pelas varas cíveis quando sobreveio a lei nova? Se ainda não haviam sido julgados, houve a remessa para as varas de família. Mas o juízo cível não era o juiz natural da causa? Mas o art. 43, que corresponde ao então vigente art. 87 do CPC de 1973 — norma preexistente — previa expressamente que, havendo alteração de competência em razão da matéria (hipótese de competência absoluta), a lei nova seria aplicada aos processos em curso. Ninguém poderia, portanto, reclamar de mudança nas regras do jogo, porque essa norma vinha preestabelecida em lei.

■ **As ações de indenização fundadas em acidente de trabalho ajuizadas em face do patrão** eram julgadas pela justiça comum, até que, por força da Emenda Constitucional n. 45/2004, a questão tornou-se afeta à justiça do trabalho. Durante algum tempo, os tribunais titubearam a respeito do destino daqueles processos que ainda pendiam de julgamento. Mas prevaleceu o disposto no art. 43 (antigo art. 87, no CPC de 1973): como houve alteração de competência em razão da matéria, a lei nova tornou-se aplicável aos processos em curso, desde que ainda não sentenciados. O Supremo Tribunal Federal já havia editado a Súmula 736, que dispõe: "Compete à Justiça do Trabalho julgar as ações que tenham como causa de pedir descumprimento de normas trabalhistas relativas à segurança, higiene e saúde dos trabalhadores". Assim, compete à mesma justiça julgar as consequências lesivas decorrentes desse descumprimento.

O Supremo Tribunal Federal, de início, posicionou-se pela inaplicabilidade da lei nova e pela manutenção dos processos na justiça comum. Mas, no conflito de competência 7.204-05/MG, relatado pelo Min. Carlos Britto, o pleno, por unanimidade, modificou a posição anterior e determinou que a lei nova fosse aplicável de imediato, transferindo-se os processos em andamento na justiça comum para a Justiça do Trabalho. Ficou assentado

3 ◻ Princípios Fundamentais do Processo Civil 45

também, como se vê no acórdão no Conflito de Competência 51.712/2005, Rel. Min. Barros Monteiro, do Superior Tribunal de Justiça, que a lei nova só se aplica aos processos não sentenciados. Essa orientação já havia sido dada pelo Supremo Tribunal Federal no Conflito de Competência 6.967/2005, Rel. Min. Sepúlveda Pertence, em que ficou decidido: "A alteração superveniente de competência, ainda que ditada por norma constitucional não afeta a validade da sentença anteriormente proferida. Válida a sentença anterior à eliminação da competência do juiz que a prolatou, subsiste a competência recursal do tribunal respectivo".

A questão pacificou-se com a edição da **Súmula Vinculante 22** do Supremo Tribunal Federal, que determina a competência da Justiça do Trabalho para as ações de indenização por dano material e moral, propostas por empregado contra empregador, o que abrange as demandas já propostas, mas ainda não sentenciadas, quando da edição da emenda constitucional.

Um detalhe muito importante: em princípio, o Superior Tribunal de Justiça estabeleceu que a competência só seria da Justiça do Trabalho se a ação indenizatória fosse movida **pelo próprio empregado contra o patrão**. Se aquele falecesse, e a ação indenizatória fosse ajuizada pelos herdeiros, a competência seria de justiça comum, pois não haveria relação de trabalho entre o empregador e tais herdeiros. Era o que dizia a Súmula 366, editada em novembro de 2008: "Compete à justiça estadual processar e julgar ações indenizatórias propostas por viúva e filhos de empregado falecido em acidente de trabalho". No entanto, **essa súmula foi cancelada pelo STJ**, pois afrontava jurisprudência do Pleno do Supremo Tribunal Federal, que estabelecia que, mesmo proposta por herdeiros ou cônjuges supérstites, a competência seria da Justiça do Trabalho, já que a questão posta em juízo versava sobre matéria trabalhista.

◻ Os **crimes contra a vida praticados por militares no exercício de sua função** deixaram, como regra, de ser da competência da justiça especial militar e passaram à competência do júri. A remessa dos autos do processo em andamento para a justiça comum não ofendeu o juiz natural? Não, por força do mesmo art. 43 (que corresponde ao art. 87 do CPC vigente quando a competência foi alterada) — aplicável por extensão também ao processo penal, por constituir norma geral de processo.

Desses exemplos, pode-se concluir:

> A lei nova que altera competência absoluta aplica-se aos processos em curso que ainda não tenham sido sentenciados.

2.6.2.2. *A criação de varas especializadas ofende o princípio do juiz natural?*

O Supremo Tribunal Federal teve a oportunidade de discutir a questão, ao julgar o *Habeas Corpus* 88.660, em 15 de maio de 2008, cuja relatora foi a Min. Carmem Lúcia. Houve a impetração porque, com a criação de varas especializadas para julgar crimes financeiros e de lavagem de dinheiro, um processo que corria perante as varas criminais comuns foi remetido para a nova vara.

No julgamento, o Supremo Tribunal Federal, com um único voto vencido, do Min. Marco Aurélio, decidiu que **não havia ofensa ao princípio do juiz natural**.

2.6.3. O promotor natural

O art. 5.º, LIII, da Constituição Federal não se limitou a determinar que ninguém será sentenciado, senão pela autoridade competente, acrescentando que ninguém será **processado**, senão por ela. Ao formular essa regra, deu ensejo a que surgisse grande discussão sobre se teria sido ou não acolhido, entre nós, um princípio do promotor natural.

Promotor natural seria aquele com **atribuições previamente conhecidas e fixadas para acompanhar determinado caso e indicadas em regras anteriormente estabelecidas**.

O acolhimento desse princípio não estaria fundado na necessidade de proteção da imparcialidade, como ocorre em relação ao juiz natural. Seu papel seria **limitar** os poderes dos chefes da instituição (procuradores-gerais) de designar promotores para, em caráter especial, funcionar em determinados casos.

Parece-nos justificável, diante do texto constitucional, que esse princípio tenha sido acolhido no Brasil, e há forte entendimento doutrinário nesse sentido. Nelson Nery Junior, por exemplo, sustenta a adoção do princípio do promotor natural, em sua obra a respeito dos princípios do processo civil na Constituição Federal[1].

Vinha prevalecendo no Supremo Tribunal Federal entendimento contrário. Com efeito, no HC 90.277/DF, relacionado à chamada "operação anaconda" e que teve por relatora a Min. Ellen Gracie, ficou decidido que **tal princípio não foi acolhido entre nós**. Nesse acórdão, faz-se alusão a precedentes do próprio STF, no HC 67.759/RJ e no HC 84.468/DF.

Mais recentemente, porém, o Supremo Tribunal Federal reconheceu a adoção do princípio do Promotor Natural pelo nosso ordenamento jurídico:

"O postulado do promotor natural, que se revela imanente ao sistema constitucional brasileiro, repele, a partir da vedação de designações casuísticas efetuadas pela chefia da instituição, a figura do acusador de exceção. Esse princípio consagra uma garantia de ordem pública, destinada tanto a proteger o membro do Ministério Público quanto a própria coletividade, a quem se reconhece o direito de ver atuando, em quaisquer causas, apenas o promotor cuja intervenção se justifique a partir de critérios abstratos e predeterminados, estabelecidos em lei. A matriz constitucional desse princípio assenta-se nas cláusulas da independência funcional e da inamovibilidade dos membros da instituição. O postulado do promotor natural limita, por isso mesmo, o poder do procurador-geral que, embora expressão visível da unidade institucional, não deve exercer a chefia do Ministério Público de modo hegemônico e incontrastável. Posição dos Min. Celso de Mello (relator), Sepúlveda Pertence, Marco Aurélio e Carlos Velloso. Divergência, apenas, quanto a aplicabilidade imediata do princípio do promotor natural: necessidade da *interpositio legislatoris* para efeito de atuação do princípio (Min. Celso de Mello); incidência do postulado, independentemente de intermediação legislativa (Min. Sepúlveda Pertence, Marco Aurélio e Carlos Velloso)" (**HC 67.759**, Rel. Min. **Celso de Mello**, j. 06.08.1992, Plenário, *DJ* 1.º.07.1993). **No mesmo sentido: HC 103.038**, Rel. Min. **Joaquim Barbosa**, j.

---

[1] Nelson Nery Junior, *Princípios do processo civil na Constituição Federal*, p. 86-92.

11.10.2011, 2.ª Turma, *DJe* 27.10.2011; **HC 102.147**, Rel. Min. **Celso de Mello**, decisão monocrática, j. 16.12.2010, *DJe* 03.02.2011.

2.7. PRINCÍPIO DO DUPLO GRAU DE JURISDIÇÃO

Uma leitura atenta do texto constitucional mostra **que não há nenhum dispositivo que consagre, de maneira expressa, o duplo grau de jurisdição em todos os processos**. O que se pode dizer, no entanto, é que a Constituição Federal, ao criar juízos e Tribunais, aos quais compete, entre outras coisas, julgar recursos contra decisões de primeiro grau, estabeleceu um sistema em que, normalmente, há o duplo grau, que serve para promover o controle dos atos judiciais quando houver inconformismo das partes, submetendo-os à apreciação de um órgão de superior instância, composto, em regra, por juízes mais experientes.

Mas há inúmeros exemplos em que **não há o duplo grau e que, nem por isso, padecem do vício de inconstitucionalidade**.

2.7.1. Exemplos em que não há o duplo grau

Entre outros, podem ser citados:

- as causas de competência originária do Supremo Tribunal Federal;
- os embargos infringentes, previstos na lei de execução fiscal, que cabem contra a sentença proferida nos embargos de valor pequeno, e que são julgados pelo mesmo juízo que prolatou a sentença;
- a hipótese do art. 1.013, § 3.º, do CPC, em que, havendo apelação contra a sentença que julgou o processo extinto sem resolução de mérito, o tribunal, encontrando nos autos todos os elementos necessários à sua convicção, poderá promover o julgamento de mérito.

Nenhum desses exemplos padece de inconstitucionalidade, dada a inexistência de exigência expressa do duplo grau.

2.8. PRINCÍPIO DA PUBLICIDADE DOS ATOS PROCESSUAIS

Vem expressamente garantido em dois artigos da Constituição Federal: no art. 5.º, LX: "a lei só poderá restringir a publicidade dos atos processuais quando a defesa da intimidade ou o interesse social o exigirem"; e no art. 93, X: "as decisões administrativas dos tribunais serão motivadas e em sessão pública...". O art. 11, *caput,* primeira parte, do CPC assegura a publicidade de todos os julgamentos dos órgãos do Poder Judiciário.

A publicidade é mecanismo de controle das decisões judiciais. A sociedade tem o direito de conhecê-las, para poder fiscalizar os seus juízes e tribunais.

Mas a própria Constituição reconhece que, em alguns casos, ela pode tornar-se nociva, quando então poderá ser restringida por lei. O CPC regulamenta, no art. 189, quais as causas que correrão em segredo de justiça. O segredo, evidentemente, só diz respeito a **terceiros**, pois não existe para os que figuram e atuam no processo. Haverá segredo de justiça nos processos:

48 Direito Processual Civil Esquematizado   *Marcus Vinicius Rios Gonçalves*

■ em que o exigir o interesse público ou social (art. 189, I);

■ que dizem respeito a casamento, separação de corpos, divórcio, separação, união estável, filiação, alimentos e guarda de crianças e adolescentes (art. 189, II);

■ em que constem dados protegidos pelo direito constitucional à intimidade (art. 189, III);

■ que versem sobre arbitragem, inclusive sobre cumprimento de carta arbitral, desde que a confidencialidade estipulada na arbitragem seja comprovada perante o juízo (art. 189, IV).

Nos processos que correm em segredo de justiça, o direito de consultar os autos e de pedir certidões **é restrito às partes e seus procuradores**, mas o terceiro que demonstrar interesse jurídico pode requerer ao juiz certidão do dispositivo da sentença, bem como de inventário e de partilha resultantes de divórcio e separação (art. 189, §§ 1.º e 2.º).

2.9. PRINCÍPIO DA MOTIVAÇÃO DAS DECISÕES JUDICIAIS

Vem expressamente estabelecido no art. 93, IX, da Constituição Federal, que determina que serão públicos todos os julgamentos dos órgãos do Poder Judiciário e fundamentadas todas as decisões, sob pena de nulidade.

O juiz, ou tribunal, ao proferir suas decisões, **deve justificá-las**, apresentando as razões pelas quais determinou essa ou aquela medida, proferiu esse ou aquele julgamento.

Sem a fundamentação, as partes, os órgãos superiores e a sociedade não conheceriam o porquê de o juiz ter tomado aquela decisão. A fundamentação é indispensável para a **fiscalização da atividade judiciária**, assegurando-lhe a transparência. Esse controle — fundamental nos Estados democráticos — poderá ser exercido pelos próprios litigantes, pelos órgãos superiores, em caso de recurso, e pela sociedade.

Em caso de falta de motivação, qualquer dos litigantes poderá valer-se dos embargos de declaração, solicitando ao juiz que explique os fundamentos de sua decisão. Ou poderá valer-se do recurso adequado para postular a nulidade da decisão.

Dentre os pronunciamentos judiciais, apenas os despachos dispensam a fundamentação. Mas despachos são aqueles atos que não têm nenhum conteúdo decisório e que, por essa razão, não podem trazer nenhum prejuízo aos participantes do processo. Se existir risco de prejuízo, não haverá despacho, mas decisão, que deverá ser fundamentada.

O Código de Processo Civil, em cumprimento ao determinado na Constituição Federal, manifesta particular preocupação com a fundamentação das decisões judiciais. O art. 489, § 1.º, estabelece que não se consideram fundamentadas as decisões judiciais, de qualquer tipo, quando se limitam à indicação, à reprodução ou à paráfrase de ato normativo, sem explicar sua relação com a causa ou a questão decidida; quando empregam conceitos jurídicos indeterminados, sem explicar o motivo concreto de sua incidência no caso; quando invocam motivos que se prestariam a justificar qualquer outra decisão; quando não enfrentam todos os argumentos deduzidos no processo capazes de, em tese, infirmar a conclusão adotada pelo julgador; quando se limitam a invocar precedente ou enunciado de

3 ◼ Princípios Fundamentais do Processo Civil

súmula, sem identificar seus fundamentos determinantes nem demonstrar que o caso sob julgamento se ajusta àqueles fundamentos; e quando deixam de seguir enunciado de súmula, jurisprudência ou precedente invocado pela parte, sem demonstrar a existência de distinção no caso em julgamento ou a superação do entendimento.

QUADRO GERAL DOS PRINCÍPIOS FUNDAMENTAIS DO PROCESSO CIVIL NA CONSTITUIÇÃO FEDERAL		
Princípios	Na Constituição	Importância
DEVIDO PROCESSO LEGAL	◼ Art. 5.º, LIV	◼ Assegura que ninguém perca os seus bens ou a sua liberdade sem que sejam respeitadas a lei e as garantias processuais inerentes ao processo. Pode ser substancial ou processual.
ACESSO À JUSTIÇA	◼ Art. 5.º, XXXV	◼ A lei não pode excluir da apreciação do Judiciário nenhuma lesão ou ameaça de lesão a direito. E o Judiciário deve responder a todos os requerimentos a ele dirigidos (ação em sentido amplo).
CONTRADITÓRIO	◼ Art. 5.º, LV	◼ Deve-se dar ciência aos participantes do processo de tudo o que nele ocorre, dando-lhes oportunidade de se manifestar e de se opor aos requerimentos do adversário.
DURAÇÃO RAZOÁVEL DO PROCESSO	◼ Art. 5.º, LXXVIII	◼ Princípio dirigido ao legislador e ao juiz. Ao legislador, a fim de que, na edição de leis processuais, cuide para que o processo chegue ao fim almejado no menor tempo possível e com a maior economia de esforços e gastos. Ao juiz, a fim de que conduza o processo com toda a presteza possível.
ISONOMIA	◼ Art. 5.º, *caput* e inc. I	◼ Também dirigida ao legislador e ao juiz, exige que a lei e o Judiciário tratem igualmente os iguais e desigualmente os desiguais na medida da sua desigualdade (isonomia real).
IMPARCIALIDADE DO JUIZ	◼ Art. 5.º, LIII e XXXVII	◼ Para toda causa há um juiz natural, apurado de acordo com regras previamente existentes no ordenamento jurídico. Em razão disso, é vedada a criação de juízos ou tribunais de exceção.
DUPLO GRAU DE JURISDIÇÃO	◼ Não tem previsão expressa	◼ Conquanto não previsto, decorre implicitamente da adoção, pela CF, de um sistema de juízos e tribunais que julgam recursos contra decisões inferiores. No entanto, nada impede que, em algumas circunstâncias, não exista o duplo grau.
PUBLICIDADE DOS ATOS PROCESSUAIS	◼ Art. 5.º, LX, que atribui à lei a regulamentação dos casos de sigilo (art. 189 do CPC)	◼ Os atos processuais são públicos, o que é necessário para assegurar a transparência da atividade jurisdicional. A Constituição atribui à lei a regulamentação dos casos de sigilo, quando a defesa da intimidade ou o interesse público ou social o exigirem. Tal regulamentação foi feita no art. 189 do CPC.
MOTIVAÇÃO DAS DECISÕES	◼ Art. 93, IX	◼ Também para que haja transparência da atividade judiciária, há necessidade de que todas as decisões dos juízes e tribunais sejam motivadas, para que os litigantes, os órgãos superiores e a sociedade possam conhecer a justificação para cada uma das decisões.

3. PRINCÍPIOS INFRACONSTITUCIONAIS DO PROCESSO CIVIL

3.1. INTRODUÇÃO

Os princípios mais relevantes do processo foram fixados na Constituição Federal. Mas há outros, também importantes, que têm estatura infraconstitucional.

3.2. PRINCÍPIO DISPOSITIVO

A compreensão adequada desse princípio exige que se perceba bem a diferença entre a **relação processual, de natureza pública, e a relação de direito material que subjaz ao processo e que pode envolver interesses públicos ou meramente privados**.

Sem essa distinção, corre-se o risco de extrair da disponibilidade do direito material consequências para o processo civil que, em regra, não são verdadeiras.

3.2.1. A disponibilidade do direito material

Há processos nos quais a relação material subjacente versa sobre interesses **disponíveis ou indisponíveis**. Se o direito discutido é do primeiro tipo, as partes estão autorizadas a transigir. O autor pode renunciar ao direito em que se funda a ação, e o réu pode reconhecer o pedido inicial, casos em que o processo será sempre extinto com julgamento de mérito. Se o conflito que ensejou a instauração do processo versar sobre interesse indisponível, nada disso poderá ocorrer.

No primeiro caso, se o réu preferir não se defender, o juiz presumirá verdadeiros os fatos narrados na petição inicial e proferirá o julgamento antecipado da lide; no segundo caso, a falta de defesa não gera essa consequência, e o autor terá de provar os fatos que alegou.

3.2.2. O princípio dispositivo e a propositura da demanda

Com raras exceções, cumpre à parte interessada ingressar em juízo, provocando a jurisdição. Ela o faz com o ajuizamento da demanda, sem o qual o processo não tem início. Parte da doutrina alude aqui à existência do chamado **"princípio da demanda"**, que poderia ser assim resumido: o juiz não age de ofício, mas aguarda a provocação das partes, sem a qual não tem iniciativa. Mas a exigência de propositura da demanda não deixa de constituir manifestação do poder dispositivo: cabe à parte interessada decidir se ingressa ou não em juízo, cabendo-lhe ainda verificar qual o momento oportuno para tanto. O titular do direito pode, se o preferir, não ingressar com ação nenhuma e sofrer as consequências de sua inércia.

As ações que podem ser iniciadas de ofício, como a arrecadação de bens de ausente, não prejudicam a regra geral de inércia da jurisdição.

3.2.3. O princípio dispositivo e os limites do conhecimento do juiz

Cumpre ao autor, ao aforar a demanda, indicar na petição inicial quais são os **fundamentos de fato em que baseia o pedido**. Dessa indicação o juiz não pode desbordar. Ao proferir a sua sentença, **ele não pode se afastar do pedido, nem dos fatos descritos na inicial, sob pena de a sua sentença ser tida por** *extra petita* e, portanto, nula.

A cognição do juiz é limitada pelos fundamentos da inicial (causa de pedir).

O que foi mencionado no item anterior e no presente item é de suma importância para que se estabeleça quais são os poderes do juiz no processo. Entre as limitações que ele sofre no processo civil, está a relacionada à iniciativa da ação, que depende das partes, bem como a referente aos limites de sua cognição, que não pode extrapolar os fundamentos apresentados pelo autor.

3 ■ Princípios Fundamentais do Processo Civil 51

Em síntese, **a iniciativa tanto de propor a ação como de indicar o pedido e os fundamentos fáticos em que ele se embasa é estritamente do autor**, não tendo o juiz poderes para proceder de ofício. Pode-se dizer, portanto, que, em relação tanto a uma coisa quanto a outra, prevalece o princípio dispositivo: a parte decide se e quando vai propor a ação, bem como qual o pedido e os fundamentos que vai apresentar, o que circunscreverá os limites da cognição judicial. Isso vale para os processos que versam sobre interesses tanto disponíveis quanto indisponíveis.

3.2.4. O princípio dispositivo e a produção de provas

Depois de proposta a demanda e fixados os limites subjetivos e objetivos da lide, o desenvolvimento do processo, a sua condução, será feito de ofício pelo juiz. E, dentro dos limites da ação proposta, **ele tem poderes para investigar os fatos narrados, determinando as provas que sejam necessárias para a formação do seu convencimento**. Nesse aspecto, cumpre lembrar o disposto no art. 370 do CPC: "Caberá ao juiz, de ofício ou a requerimento da parte, determinar as provas necessárias ao julgamento do mérito". O parágrafo único determina ao juiz que indefira, em decisão fundamentada, as diligências inúteis e meramente protelatórias. Esses dispositivos não sofrem qualquer restrição pelo fato de o direito material subjacente discutido no **processo ser disponível ou indisponível**. Em ambos os casos, o juiz tem poderes instrutórios, cabendo-lhe determinar as provas necessárias. Isso porque, dentro dos limites da lide, cumpre ao juiz proferir a melhor sentença possível. Para tanto, ele deve tentar descobrir a verdade dos fatos alegados, apurar o que efetivamente ocorreu. Mesmo que o processo verse sobre interesse disponível, há sempre um interesse público processual que justifica a determinação, de ofício, de uma prova útil à formação do convencimento: o interesse de que o juiz julgue da melhor forma e preste à sociedade um trabalho adequado.

É possível dizer, então, que o princípio dispositivo se restringe à propositura da ação (CPC, art. 2.º) e aos limites objetivos e subjetivos da lide (CPC, arts. 141 e 492), mas não à instrução do processo (CPC, art. 370).

3.2.5. O princípio dispositivo e as regras do ônus da prova

Há casos em que, depois de encerrada a instrução, o juiz não consegue apurar os fatos, a verdade não aflora. Como não é possível que ele se exima de sentenciar (*non liquet*), a lei formula, no art. 373 do CPC, algumas **normas técnicas de julgamento: são as regras do ônus da prova, dirigidas ao juiz, que as deve aplicar quando os fatos não puderam ser esclarecidos**. Elas indicam qual dos litigantes deve sofrer a consequência negativa decorrente da não apuração dos fatos.

É fundamental que haja a conciliação entre o disposto no art. 373 do CPC e no art. 370, que atribui poderes instrutórios ao juiz.

Imagine-se que, em determinado processo, se tenham esgotado as provas requeridas pelas partes, sem que o juiz tenha podido esclarecer os fatos. Se nenhuma outra coisa puder ser feita para aclará-los, o juiz terá de se valer das regras do ônus da prova, julgando contra aquele que, no caso, tinha o ônus. E se houver, porém, alguma prova, não requerida, que possa esclarecer os fatos? O juiz deve determiná-la de ofício?

A resposta é afirmativa. **As regras do ônus da prova devem ser utilizadas somente em último caso, quando, esgotadas as possibilidades, os fatos não tiverem sido aclarados. Se houver alguma outra prova que possa contribuir para formação do convencimento do juiz, ele deve determiná-la de ofício.**

Assim, a aplicação do art. 373 deve ser suplementar à do art. 370. Primeiro, deve o juiz verificar se há alguma coisa que possa promover os esclarecimentos necessários; em caso afirmativo, deve determiná-la; somente se as possibilidades tiverem se esgotado é que ele se valerá das regras do ônus da prova.

A determinação de provas de ofício pelo juiz não compromete a sua imparcialidade, porque não visa favorecer esse ou aquele litigante, mas dar-lhe condições de proferir, no caso concreto, uma sentença melhor, não com fundamento em regras técnicas, mas com base no efetivo esclarecimento dos fatos.

Em conclusão, pode-se afirmar que:

O processo civil é regido pelo princípio dispositivo apenas no que se refere à propositura da demanda e aos contornos subjetivos e objetivos da lide. Quanto à produção de provas, melhor seria dizer que vale o princípio inquisitivo, podendo o magistrado investigar e determinar livremente as provas necessárias.

3.2.6. Controvérsia doutrinária e jurisprudencial sobre o tema

As conclusões mencionadas nos itens anteriores são apoiadas por boa parte da doutrina e da jurisprudência. Entre outros, poderiam ser citados os nomes de José Roberto dos Santos Bedaque[2] e José Carlos Barbosa Moreira[3].

Mas essa não é uma opinião unânime. Moacyr Amaral Santos, por exemplo, tem posição diferente: para ele, a regra é de que cumpre às partes requerer as provas necessárias para a comprovação do que alegaram, sendo a atividade instrutória do juiz apenas supletiva. Para ele, prevalece o princípio da prioridade da iniciativa das partes, que deve ser conciliado com o do impulso oficial do processo e com o disposto no art. 130 (atual art. 370) do CPC[4].

■ Por isso, em questões escritas de concurso, em que o candidato seja indagado sobre poderes instrutórios do juiz, seria proveitoso que houvesse alusão às duas posições doutrinárias.

3.3. PRINCÍPIO DA ORALIDADE

Seu valor é mais histórico do que atual. Originalmente, transmitia a ideia de que os atos processuais deveriam ser realizados, em regra, oralmente, sobretudo os relacionados à colheita de prova em audiência de instrução. A verdade é que, nos dias que correm, resta muito pouco da ideia originária de Chiovenda a respeito da oralidade, porque,

---

[2] José Roberto dos Santos Bedaque, *Poderes instrutórios do juiz*, São Paulo, Revista dos Tribunais, 1991.

[3] José Carlos Barbosa Moreira, O juiz e a prova, *RePro* 35/178-184.

[4] Moacyr Amaral Santos, Primeiras linhas do direito processual civil, 3. ed., São Paulo, 1977, v. II, p. 303 e ss.

3 ■ Princípios Fundamentais do Processo Civil 53

mesmos os atos praticados oralmente, como os relacionados à ouvida de perito, partes e testemunhas em audiência, são imediatamente reduzidos à escrita.

Onde se poderia falar com mais pertinência em oralidade é no Juizado Especial Cível, em que efetivamente há uma maior quantidade de atos orais. Mas mesmo lá há necessidade de documentação do principal que acontece no processo.

3.3.1. Importância atual do princípio da oralidade

Nos tempos atuais, a oralidade perdeu o significado original, de procedimento em que todos os atos eram realizados oralmente. Nem se poderia mais falar em "oralidade" no Brasil. Mas o que ainda interessa é que do sistema originário de oralidade derivaram outros princípios que ainda hoje são importantes e que dizem **respeito à colheita de provas, à instrução do processo. O que resta da oralidade hoje em dia é a necessidade de o julgador aproximar-se o quanto possível da instrução e das provas realizadas ao longo do processo.** São quatro os princípios relacionados à colheita de provas (abordados nos itens a seguir), os quais encontram suas raízes iniciais no sistema da oralidade. Todos buscam manter o juiz o mais próximo possível da colheita de provas e se baseiam na ideia de que quem as colhe estará mais habilitado a julgar.

3.3.2. Subprincípio da imediação

Estabelece que compete ao juiz do processo colher **diretamente a prova oral, sem intermediários**.

Não existe, entre nós, a figura do juiz de instrução, adotado no sistema criminal francês, tão polêmico. Tal juiz apenas promove a colheita de provas e faz um prévio juízo de admissibilidade, sobre a existência ou não de indícios do crime. Mas não é ele quem promove eventual condenação. Há uma dissociação entre aquele que colhe a prova e o que julga. Não é esse o sistema adotado no Brasil: entre nós, é o próprio juiz da causa quem colhe a prova diretamente. É evidente que, em alguns casos, ele necessitará da colaboração de colegas, quando, por exemplo, a prova tiver de ser colhida por carta, precatória ou rogatória.

3.3.3. Subprincípio da identidade física do juiz

Vinha acolhido expressamente no art. 132 do CPC de 1973, que assim estabelecia: "O juiz, titular ou substituto, que concluir a audiência julgará a lide, salvo se estiver convocado, licenciado, afastado por qualquer motivo, promovido ou aposentado, caso em que passará os autos ao seu sucessor".

A redação não era das mais precisas. Estabelecia um vínculo entre o "concluir a audiência" e o "julgar a lide". Mas, para que o juiz ficasse **vinculado**, não bastava que concluísse a audiência. **Era indispensável que colhesse prova oral.** Se, na audiência, ele não ouvisse ninguém, nem o perito, nem as partes em depoimento pessoal, nem as testemunhas, não havia razão para que fosse ele a julgar.

O princípio pressupunha que o juiz que colhesse a prova seria o mais habilitado a proferir sentença, porque o contato pessoal com partes e testemunhas poderia ajudar no seu convencimento.

O art. 132 do Código Civil de 1973 não foi repetido no CPC atual, o que traz a relevante questão de saber se, diante da omissão da nova lei, teria sido excluído o princípio da identidade física do juiz, deixando de haver vinculação ao julgamento daquele que colheu prova oral em audiência. Parece-nos que, conquanto a lei atual não repita o dispositivo da lei antiga, **o princípio da identidade física do juiz permanece no sistema atual, se não como lei expressa, ao menos como regra principiológica**. O CPC atual continua acolhendo o princípio da oralidade, e, como se vê de outros dispositivos, como os arts. 139, 370 e 456 do CPC, a lei atribui ao juiz a colheita das provas, a avaliação daquelas que são pertinentes, bem como a possibilidade de determinar de ofício as necessárias e indeferir as inúteis e protelatórias. É corolário do sistema, e dos demais subprincípios derivados da oralidade, seja o da imediação, o da concentração ou o da irrecorribilidade em separado das interlocutórias, que seja mantido o princípio da identidade física do juiz, porque o juiz que colhe a prova estará mais apto a julgar, pelo contato direto que teve com as partes e as testemunhas. Como não há dispositivo equivalente ao art. 132 do CPC de 1973, mas o sistema continua acolhendo o princípio da identidade física do juiz, parece-nos que as regras estabelecidas naquele dispositivo continuam valendo, isto é, o juiz que colhe prova em audiência continua se vinculando ao julgamento do processo, ressalvadas as exceções trazidas pelo próprio dispositivo legal. Vale lembrar, ainda, que em tempos não muito distantes a Lei n. 11.719/2008 introduziu o princípio da identidade física do juiz no Processo Penal, ao acrescentar o § 2.º ao art. 399: "O juiz que presidiu a instrução deverá proferir sentença". **Não se justifica que, acolhido recentemente pelo Processo Penal, o princípio seja eliminado do Processo Civil, sendo manifestamente benéficas as consequências de sua adoção e sendo possível deduzi-lo do sistema geral de oralidade acolhido pelo atual CPC.**

O art. 132 do CPC de 1973 enumerava as circunstâncias que, se verificadas, desvinculavam o juiz que colheu a prova em audiência, permitindo que a sentença fosse proferida por seu sucessor. As causas de desvinculação eram várias e acabavam por enfraquecer o princípio, sem, no entanto, eliminá-lo. Uma vez que se entende que tal princípio persiste no CPC atual, parece-nos que também as exceções à regra da vinculação devem permanecer, tal como enumeradas no art. 132. De acordo com esse dispositivo, o juiz se desvincula quando for:

■ **Convocado:** isto é, passar a auxiliar os órgãos diretivos dos tribunais. Assim, por exemplo, juízes convocados para auxiliar a Presidência ou a Corregedoria dos Tribunais desvinculam-se.

■ **Licenciado:** o juiz que, por força de licença, afasta-se de suas funções, desvincula-se. Não seria razoável que as partes tivessem de aguardar o seu retorno para a prolação de sentença. Parece-nos, por exemplo, que a licença-paternidade, dada a sua pequena duração, não terá o condão de desvincular o juiz, mas a licença-maternidade sim, porque as partes não poderiam aguardar os 180 dias de sua duração. Nesse caso, aquele que suceder a juíza licenciada proferirá sentença. Há controvérsia a respeito das férias do juiz, mas acabou prevalecendo, inclusive no Supremo Tribunal Federal, o entendimento de que elas desvinculam o juiz, constituindo causa de afastamento, a que aludia o próprio art. 132, como causa de desvinculação.

3 ■ Princípios Fundamentais do Processo Civil

Nesse sentido, o **RECURSO ORDINÁRIO EM *HABEAS CORPUS* 116.205/SP, de 16 de abril de 2013, Rel. Min. Ricardo Lewandowski**:

"RECURSO ORDINÁRIO EM *HABEAS CORPUS*. PROCESSUAL PENAL. RECORRENTES SENTENCIADOS POR MAGISTRADO DIVERSO DAQUELE QUE PRESIDIU A INSTRUÇÃO CRIMINAL. VIOLAÇÃO DO PRINCÍPIO DA IDENTIDADE FÍSICA DO JUIZ. NÃO OCORRÊNCIA. APLICAÇÃO ANALÓGICA DO ART. 132 DO CÓDIGO DE PROCESSO CIVIL. CONCLUSÃO DOS AUTOS QUANDO O JUIZ TITULAR ENCONTRAVA-SE EM GOZO DE FÉRIAS. RECURSO IMPROVIDO.

I — O princípio da identidade física do juiz (art. 399, § 2.º, do CPP) deve ser aplicado com temperamentos, de modo que a sentença só deverá ser anulada nos casos em que houver um prejuízo flagrante para o réu ou uma incompatibilidade entre aquilo que foi colhido na instrução e o que foi decidido. Precedentes.

II — Os autos foram conclusos para sentença quando o magistrado titular encontrava-se em gozo de férias, situação que se enquadra na expressão *'afastado por qualquer motivo'* disposta no art. 132 do Código de Processo Civil, que deve ser aplicado por analogia ao processo penal (art. 3.º do CPP).

III — Recurso ordinário improvido".

■ **Afastado por qualquer motivo:** o acréscimo dessa causa de desvinculação enfraqueceu o princípio, dada à amplitude da expressão utilizada pelo legislador. Tem prevalecido o entendimento de que a transferência ou remoção do juiz o desvinculam, inserindo-se no conceito de afastamento.

■ **Promovido:** haverá promoção quando o juiz for elevado de entrância ou de instância. Assim, quando passar de substituto à entrância inicial, desta para a intermediária e desta para a final, será promovido, desvinculando-se dos processos em que havia feito audiência. Da mesma forma, se for alçado a desembargador.

■ **Aposentado:** com a aposentadoria, o juiz perde o seu poder jurisdicional e já não pode mais proferir julgamento.

Caso o juiz que colheu prova oral se desvincule e passe os autos ao seu sucessor, este, se entender necessário, poderá mandar repetir as provas já produzidas. Trata-se de faculdade dada ao juiz sucessor, que verificará a necessidade, em cada caso, da providência.

Dada a relativização do princípio da identidade física, se o processo tiver um juiz vinculado e a sentença for proferida por outro, só haverá **nulidade relativa**, que deverá ser alegada na primeira oportunidade e que só será reconhecida se importar algum prejuízo ao contraditório e à ampla defesa.

3.3.4. Subprincípio da concentração

Estabelece que a audiência de instrução deve ser **una e concentrada**, para que o juiz, ao colher as provas, possa ter uma visão sistemática e unificada dos fatos, dos quais se deve recordar para promover o julgamento. Mas, razões práticas, podem levar a que a realização material da audiência se desdobre em mais de uma data, quando, por exemplo, faltar uma das testemunhas, ou não for possível ouvi-las todas. Contudo, se

56 Direito Processual Civil Esquematizado   *Marcus Vinicius Rios Gonçalves*

assim for, nem por isso se considerarão realizadas duas audiências, **mas apenas uma**, sendo a segunda data apenas uma continuação da audiência anteriormente iniciada.

3.3.5. Subprincípio da irrecorribilidade em separado das interlocutórias

No CPC de 1973, todas as decisões interlocutórias eram recorríveis em separado. Contra todas elas era possível interpor um recurso próprio, de agravo, que em regra deveria ser retido, mas em determinadas circunstâncias, previstas em lei, poderia ser de instrumento. O CPC atual modificou esse quadro, pois deu efetiva aplicação ao princípio da irrecorribilidade em separado das interlocutórias. **Apenas um número restrito de decisões interlocutórias desafiará a interposição de recurso em separado**, isto é, de recurso específico contra elas. São aquelas previstas no rol do art. 1.015. Essas decisões interlocutórias são recorríveis por agravo de instrumento, que deve ser interposto no prazo de 15 dias, sob pena de preclusão. As demais decisões interlocutórias, que não integram o rol do art. 1.015, não são recorríveis em separado, pois contra elas não cabe agravo de instrumento. Como não existe mais o agravo retido, tais decisões são irrecorríveis, ou, mais precisamente, irrecorríveis em separado. Nos termos do art. 1.009, § 1.º, não cabendo agravo contra elas, também não haverá preclusão, mas nas razões ou contrarrazões de apelação que venha a ser interposta contra a sentença, a parte prejudicada poderá postular ao órgão *ad quem* que reexamine a decisão interlocutória, contra a qual não cabia o agravo de instrumento. Em síntese, a decisão poderá ser revista, mas **não é recorrível em separado, mas em conjunto com a sentença, devendo ser suscitada nas razões ou contrarrazões de apelação**. Caso a apelação não venha a ser interposta por nenhuma das partes, as decisões interlocutórias não recorríveis em separado finalmente se tornarão preclusas. Daí por que, no CPC atual, o princípio da irrecorribilidade em separado das interlocutórias ter sido acolhido com muito mais efetividade do que na lei anterior.

Mas qual a relação entre a irrecorribilidade em separado das interlocutórias e o princípio da oralidade? Em que medida tal subprincípio favorece que o juiz sentenciante esteja mais próximo da colheita de provas? É que, se fosse possível recorrer em separado de todas as interlocutórias, o processo correria o risco de, se numerosos os recursos, sofrer percalços e demoras que, retardando o julgamento, poderiam enfraquecer a memória do juiz, a respeito das provas relativas aos fatos de interesse da causa.

3.4. PRINCÍPIO DA PERSUASÃO RACIONAL (OU LIVRE CONVENCIMENTO MOTIVADO)

Tem relação com o anterior, porque diz respeito à instrução do processo e às provas colhidas. Mas, enquanto os subprincípios dos itens anteriores versavam sobre a colheita de provas, este diz respeito **à sua avaliação**.

O livre convencimento motivado é uma conquista dos sistemas judiciários modernos. São três os sistemas gerais de avaliação de prova: **o da prova legal; o do livre convencimento puro; e o da persuasão racional, ou livre convencimento motivado**.

■ **Sistema da prova legal:** a lei predetermina qual o valor que o juiz deve dar a cada prova, e ele não pode desrespeitar essa prévia atribuição legal. Há como que

3 ▪ Princípios Fundamentais do Processo Civil   57

uma **hierarquia legal de provas**, estabelecida por lei. Se ela determinar que um fato só pode ser comprovado de certa maneira, o juiz não pode formar o seu convencimento fundado em outro tipo de prova. Esse sistema não foi acolhido no Brasil, mas há resquícios dele em nosso ordenamento. Um exemplo é o do art. 406 do CPC: "Quando a lei exigir instrumento público como da substância do ato, nenhuma outra prova, por mais especial que seja, pode suprir-lhe a falta". Por força desse artigo, não se pode provar uma compra e venda de imóveis no Brasil por meio de testemunhas ou por perícia, mas apenas pelo instrumento público, que é da substância do próprio ato, necessário para que ele se aperfeiçoe.

▪ **Sistema do livre convencimento puro, ou da consciência do juiz:** autoriza o magistrado a julgar **conforme a sua convicção, sem necessidade de se fundar em provas colhidas nos autos**. O juiz pode julgar como lhe parecer melhor, como achar acertado, sem necessidade de embasar o seu convencimento, senão na própria consciência. Esse sistema não foi acolhido entre nós.

O sistema adotado no Brasil foi o da **persuasão racional ou livre convencimento motivado**. Cumpre ao juiz formar o seu convencimento livremente, examinando as provas produzidas. Mas essa **convicção tem de estar embasada e fundamentada nos elementos que constam dos autos**. Dispõe o **art. 371** do CPC: "O juiz apreciará a prova constante dos autos, independentemente do sujeito que a tiver promovido, e indicará na decisão as razões da formação de seu convencimento". Esse sistema está diretamente relacionado **ao princípio da fundamentação das decisões judiciais**, estabelecido no art. 93, IX, da Constituição Federal. Afinal, é preciso que o juiz indique os motivos que formaram o seu convencimento e que eles resultem **das provas colhidas**, que o juiz poderá valorar livremente.

3.5. PRINCÍPIO DA BOA-FÉ

O CPC de 1973 já continha, não propriamente um princípio geral de boa-fé, mas a determinação, incluída entre os deveres de todos aqueles que de qualquer forma participam do processo, de que procedessem com lealdade e boa-fé (art. 14, III, do CPC anterior). Para dar conteúdo a esse dispositivo, o art. 17 enumerava situações em que se considerava haver litigância de má-fé. A novidade do CPC atual, portanto, é **elevar a exigência da boa-fé à categoria principiológica**, de norma fundamental do processo civil. Isso mostra a preocupação ainda maior do legislador com a observância da boa-fé, por parte de todos que participam do processo. Para dar maior concretude ao dispositivo, o art. 77 enumera outros deveres daqueles que participam no processo, e o art. 80 enumera as hipóteses em que haverá litigância de má-fé.

A boa-fé a que se refere a lei é a objetiva, que deve ser verificada pelo comportamento daqueles que atuam no processo.

Além do princípio geral, há outros dispositivos no CPC que dão mais concretude à exigência da boa-fé. É o caso dos arts. 322, § 2.º, e 489, § 3.º, que mandam que o pedido e a sentença sejam interpretados de acordo com o princípio da boa-fé. Tal como dizia o art. 14, III, do CPC anterior, a boa-fé está associada à lealdade processual e a necessidade de respeito a todos aqueles que participam do processo.

3.6. PRINCÍPIO DA COOPERAÇÃO

Vem expressamente consagrado no art. 6.º do CPC: "Todos os sujeitos do processo devem cooperar entre si para que se obtenha, em tempo razoável, decisão de mérito justa e efetiva". Constitui desdobramento do princípio da boa-fé e da lealdade processual. Mas vai além, ao exigir, não propriamente que as partes concordem ou ajudem uma à outra — já que não se pode esquecer que há um litígio entre elas —, mas que colaborem para que o processo evolua adequadamente. Um exemplo concreto é aquele fornecido pelo art. 357, § 3.º, que trata do saneamento do processo. Em regra, ele é feito pelo juiz, sem necessidade da presença das partes. Mas, se a causa apresentar complexidade em matéria de fato ou de direito, o juiz deverá convocar audiência, para que o saneamento seja feito em cooperação com as partes, oportunidade em que, se for o caso, ele as convidará a integrar ou esclarecer suas alegações. Outro é o do art. 321 do CPC, que obriga o juiz a indicar com precisão o que deve ser corrigido ou completado na petição inicial, quando ordena ao autor que a emende.

Melhor seria que o legislador determinasse a cooperação das partes para que se pudesse obter em tempo razoável **um provimento jurisdicional justo e efetivo**, já que, ao referir-se a decisões de mérito, ele se esqueceu das execuções, nas quais não há esse tipo de decisão. Apesar da omissão, parece-nos que, como o princípio da cooperação está entre as normas fundamentais do processo, na Parte Geral do CPC, **ele se aplica tanto aos processos de conhecimento como aos de execução**.

O princípio da cooperação exige do magistrado que observe a) o dever de esclarecer as partes sobre eventuais dúvidas a respeito de suas determinações, bem como b) o de consultá-las a respeito de dúvidas com relação às alegações formuladas e às diligências solicitadas, e de c) preveni-las quanto a eventuais deficiências ou insuficiências de suas manifestações.

QUADRO GERAL DOS PRINCÍPIOS INFRACONSTITUCIONAIS DO PROCESSO CIVIL		
Princípio	Na Lei	Importância
DISPOSITIVO	▪ Não há dispositivo específico	▪ Nos processos que versam sobre interesses disponíveis, as partes podem transigir, o autor pode renunciar ao direito e o réu pode reconhecer o pedido. Cumpre ao interessado ajuizar a demanda e definir os limites objetivos e subjetivos da lide. Mas, no que concerne à condução do processo e à produção de provas, vigora o princípio inquisitivo, por força do art. 370 do CPC, sendo supletivas as regras do ônus da prova.
IMEDIAÇÃO	▪ Art. 456 do CPC	▪ Derivado da oralidade, determina que o juiz colha diretamente a prova, sem intermediários.
IDENTIDADE FÍSICA DO JUIZ	▪ Não há dispositivo específico no CPC, mas prevalece a regra do art. 132 do CPC de 1973	▪ O juiz que colheu prova oral em audiência fica vinculado ao julgamento do processo, desvinculando-se apenas nas hipóteses do art. 132 do CPC de 1973.
CONCENTRAÇÃO	▪ Art. 365 do CPC	▪ A audiência de instrução e julgamento é una e contínua. Caso não seja possível concluí-la no mesmo dia, o juiz designará outra data em continuação.

IRRECORRIBILIDADE, EM SEPARADO, DAS INTERLOCUTÓRIAS	Art. 1.009, § 1.º, do CPC	Em regra, contra as decisões interlocutórias, o recurso cabível — o agravo — não suspenderá o processo.
PERSUASÃO RACIONAL	Art. 371 do CPC	Cabe ao juiz apreciar livremente as provas, devendo indicar, na sentença, os motivos de sua decisão, que devem estar amparados nos elementos constantes dos autos.
BOA-FÉ	Art. 5.º do CPC	Todos aqueles que participam do processo devem comportar-se de acordo com a boa-fé.
COOPERAÇÃO	Art. 6.º do CPC	Exige que as partes cooperem para que o processo alcance bom resultado, em tempo razoável.

4. QUESTÕES

QUESTÕES DE CONCURSOS
> http://uqr.to/1xsyo

LIVRO II

INSTITUTOS FUNDAMENTAIS DO PROCESSO CIVIL

1

INTRODUÇÃO

São quatro os institutos fundamentais do processo civil: **a jurisdição, a ação, a defesa (ou exceção) e o processo**. São fundamentais porque formam **a estrutura e o arcabouço sobre os quais a ciência do processo civil foi construída**. Todos os demais institutos do processo guardam relação, imediata ou mediata, com um deles.

Funcionam como uma espécie de **núcleo**, em torno do qual gira toda a ciência do processo.

■ **A jurisdição** é a atividade do Estado, exercida por intermédio do juiz, que busca a pacificação dos conflitos em sociedade pela aplicação das leis aos casos concretos.

■ **A ação** é o poder de dar início a um processo, e dele participar, com o intuito de obter do Poder Judiciário uma resposta ao pleito formulado.

■ **A defesa** é o poder de contrapor-se à pretensão formulada.

■ **O processo** é um conjunto de atos destinados a um fim, que é a obtenção de um pronunciamento judicial a respeito dos pedidos formulados.

Uma abordagem científica da ciência do processo não pode perder de vista esses quatro institutos fundamentais. Nos capítulos seguintes, cada um deles será examinado detalhadamente.

2 JURISDIÇÃO CIVIL

1. INTRODUÇÃO

É uma das **funções do Estado**. Quando os Estados ainda não haviam surgido, ou não eram fortes o suficiente, os conflitos de interesses eram solucionados pelos próprios envolvidos. Nos primórdios da história humana, cumpria aos próprios interessados resolver, **pela força ou pela astúcia**, os conflitos em que se viam envolvidos. Não era essa a forma ideal de pacificação social: a vitória pela força ou pela astúcia nem sempre implicava a solução mais legítima para o caso concreto. A solução era sempre parcial, isto é, dada pelas próprias partes.

À medida que se fortaleceram, os Estados, em geral, assumiram para si o **poder--dever de, em caráter exclusivo, solucionar os conflitos de interesses**, aplicando as leis gerais e abstratas aos casos concretos levados à sua apreciação. Tudo tendo por escopo a pacificação da sociedade. A grande vantagem sobre o sistema anterior é que os conflitos passaram a ter uma **solução imparcial** e em conformidade com a vontade geral, formulada quando da elaboração das normas abstratas que vão ser aplicadas aos casos específicos.

O poder do Estado é um só. Mas ele o exerce por meio de diversas funções, das quais nos interessa a jurisdicional. Por meio dela, o Estado solucionará os conflitos. A jurisdição é **inerte**, por natureza. A sua movimentação depende de prévio acionamento pela parte interessada. Com ele, instaurar-se-á um processo, que instituirá uma relação entre **juiz-autor-réu**, por certo tempo e de acordo com um procedimento previamente estabelecido por lei.

O poder jurisdicional foi atribuído ao Estado-juiz, que tem capacidade de impor as suas decisões, com força obrigatória. A lei atribuiu ao julgador poderes para fazer valer as suas decisões, em caráter coativo.

2. CONCEITO

Pode-se conceituar a jurisdição como:

> Função do Estado, pela qual ele, no intuito de solucionar os conflitos de interesse em caráter coativo, aplica a lei geral e abstrata aos casos concretos que lhe são submetidos.

3. JURISDIÇÃO, LEGISLAÇÃO E ADMINISTRAÇÃO

Conquanto o poder seja uno, para que o Estado funcione adequadamente, é necessário repartir as suas **funções**.

■ **A legislativa:** consiste na atividade de **elaboração de normas gerais e abstratas**, prévias ao conflito de interesses.

■ **A jurisdicional:** consiste na **aplicação dessas normas gerais aos casos concretos** submetidos à apreciação judicial (criação da norma jurídica concreta, que vai reger o caso levado à apreciação do judiciário).

■ **A administrativa:** atividade que não está ligada à solução de conflitos, mas à **consecução de determinados fins do Estado**, ligados à administração pública. Não tem caráter substitutivo, porque os procedimentos administrativos são solucionados pela própria administração, e não por um agente imparcial. Além disso, as decisões administrativas não adquirem, como as judiciais, caráter definitivo, podendo ser revisadas.

4. CARACTERÍSTICAS ESSENCIAIS DA JURISDIÇÃO

A jurisdição distingue-se de outras funções do estado por força de certas características que lhe são peculiares. As principais características da jurisdição são:

■ **Substitutividade:** é a mais peculiar delas. Pode ser mais bem compreendida com a lembrança de que as soluções de conflitos de interesses eram, originariamente, dadas pelas próprias partes envolvidas. Desde que o Estado assumiu para si a incumbência de, por meio da jurisdição, aplicar a lei para solucionar os conflitos em caráter coercitivo, pode-se dizer que **ele substituiu as partes na resolução dos litígios** para corresponder à exigência da **imparcialidade**. É a substituição das partes pelo Estado-juiz que permite uma solução imparcial, muito mais adequada para a pacificação social.

■ **Definitividade:** somente as decisões judiciais adquirem, após certo momento, caráter definitivo, não podendo mais ser modificadas. Os atos jurisdicionais tornam-se imutáveis e não podem mais ser discutidos.

■ **Imperatividade:** as decisões judiciais têm força coativa e obrigam os litigantes. De nada adiantaria o Estado substituir as partes na solução dos conflitos de interesses, formulando uma decisão imutável, se não lhe fossem assegurados os meios necessários para que fossem cumpridas. As decisões judiciais são impostas aos litigantes, que devem cumpri-las. A sua efetividade depende da adoção de mecanismos eficientes de coerção, que imponham submissão aos que devem cumpri-las.

■ **Inafastabilidade:** a lei não pode excluir da apreciação do Poder Judiciário nenhuma lesão ou ameaça a direito (CF, art. 5.º, XXXV). Mesmo que não haja lei que se possa aplicar, de forma específica, a determinado caso concreto, o juiz **não se escusa de julgar invocando lacuna**.

■ **Indelegabilidade:** a função jurisdicional só pode ser exercida pelo Poder Judiciário, não podendo haver delegação de competência, sob pena de ofensa ao princípio constitucional do juiz natural.

■ **Inércia:** a jurisdição é inerte, isto é, ela não se mobiliza senão mediante **provocação do interessado**. O caráter substitutivo da jurisdição, do qual decorre a imparcialidade do juiz, exige que assim seja: é preciso que um dos envolvidos no conflito leve a questão à apreciação do Judiciário, para que possa aplicar a lei, apresentando a solução adequada. A função jurisdicional não se movimenta de ofício, mas apenas por provocação dos interessados.

Além dessas, pode ser acrescentada mais uma característica, que não é propriamente da jurisdição, mas daqueles que a exercem, os juízes. Trata-se da:

■ **Investidura:** só exerce jurisdição quem ocupa o cargo de juiz, tendo sido regularmente investido nessa função. A ausência de investidura implica óbice intransponível para o exercício da jurisdição, pressuposto processual da própria existência do processo.

5. ESPÉCIES DE JURISDIÇÃO

A jurisdição, emanação do poder estatal, é uma e não comporta distinção de categorias. Mas razões didáticas justificam a sua classificação em diversas espécies. Algumas serão examinadas a seguir.

5.1. JURISDIÇÃO CONTENCIOSA E VOLUNTÁRIA

O Código de Processo Civil estabelece que a jurisdição civil pode ser contenciosa ou voluntária (art. 719), mas discute-se se a voluntária constitui ou não verdadeira jurisdição. A diferença entre elas é que, na primeira, a parte busca obter **uma determinação judicial que obrigue a parte contrária**, ao passo que, na segunda, busca uma situação **que valha para ela mesma**. Na contenciosa, a sentença sempre favorece uma das partes em detrimento da outra, já que ela decide um conflito entre ambas. Na voluntária, é possível que a sentença beneficie as duas partes. Na primeira, pede-se ao juiz que dê uma decisão, solucionando um conflito de interesses, que lhe é posto, diretamente, para julgamento. Na segunda, ainda que haja uma questão conflituosa, não é ela posta diretamente em juízo para apreciação judicial.

A jurisdição voluntária não serve para que o juiz diga quem tem razão, mas para que **tome determinadas providências que são necessárias para a proteção de um ou ambos os sujeitos da relação processual**.

Conquanto haja forte corrente doutrinária sustentando que a jurisdição voluntária não é jurisdição, mas administração pública de interesses privados, parece-nos que não se lhe pode negar essa condição, porque o juiz não se limita a integrar negócio jurídico privado dos envolvidos, mas interfere para sanar uma questão conflituosa. Assim, os que querem separar-se ou interditar um parente vivem um conflito, e a solução dessa situação conflituosa exige a intervenção do judiciário.

5.2. CLASSIFICAÇÃO DA JURISDIÇÃO QUANTO AO OBJETO

Considera o objeto do conflito levado ao Poder Judiciário, isto é, a matéria discutida. Nesse sentido, a jurisdição pode ser civil ou penal. Na verdade, não se trata propriamente de distinções de jurisdição, mas de distinções de órgãos integrantes da justiça, que podem destinar-se exclusivamente ao julgamento de questões penais ou civis.

68 Direito Processual Civil Esquematizado   *Marcus Vinicius Rios Gonçalves*

5.3. CLASSIFICAÇÃO DA JURISDIÇÃO QUANTO AO TIPO DE ÓRGÃO QUE A EXERCE

A Constituição Federal, ao formular as regras de organização judiciária, distingue a justiça comum e as justiças especiais. Estas são **a trabalhista, a militar e a eleitoral**. É a matéria discutida no processo que determinará se a competência será de uma ou outra. A competência da justiça comum é **supletiva**, pois lhe cumpre julgar tudo aquilo que não for de competência da especial. A justiça comum pode ser estadual ou federal.

5.4. CLASSIFICAÇÃO DA JURISDIÇÃO QUANTO À HIERARQUIA

Pode ser jurisdição inferior ou superior, conforme o órgão incumbido de exercê-la integre as instâncias inferiores ou superiores.

6. JURISDIÇÃO E COMPETÊNCIA

Vimos que a jurisdição é um dos institutos fundamentais do processo civil e se caracteriza por ser una. Mas o exercício da jurisdição é distribuído entre numerosos órgãos judiciários. Cada um desses órgãos exerce jurisdição sobre determinados assuntos, ou sobre determinados territórios.

Há órgãos judiciários que têm jurisdição sobre todo o território nacional, como o Supremo Tribunal Federal e o Superior Tribunal de Justiça. Há outros que exercem a sua jurisdição dentro de certos limites.

A competência é, conforme definição clássica, **a medida da jurisdição**. Ela quantificará a parcela de exercício de jurisdição atribuída a determinado órgão, em relação às pessoas, à matéria ou ao território.

3
DA COMPETÊNCIA

1. INTRODUÇÃO

Do ponto de vista sistemático, não seria este o local adequado para tratar do tema da competência, já que o Livro II se dedica ao exame dos institutos fundamentais do processo civil. Mas a opção por tratá-lo desde logo se justifica do ponto de vista metodológico, associando-se o tema ao da jurisdição, do qual ele deriva diretamente. Tal opção visa acentuar a **ligação entre a competência e a jurisdição**, pois aquela funciona como medida e quantificação desta. O exame do tema exige uma breve alusão à competência internacional, para que se estabeleça aquilo para o qual a justiça brasileira tem ou não jurisdição; e, depois, à competência interna, o que demandará uma análise da estrutura do poder judiciário e de algumas premissas fundamentais para a compreensão do tema.

Por fim, serão examinadas as principais regras de competência estabelecidas no Código de Processo Civil.

2. JURISDIÇÃO INTERNACIONAL (JURISDIÇÃO DE OUTROS ESTADOS)

Existem questões que podem ser examinadas pela justiça brasileira — para as quais ela tem jurisdição — e questões que não podem, em regra porque não nos dizem respeito. Compete às leis estabelecer o que está no âmbito de nossa jurisdição e o que não está. Não há um organismo multinacional ou universal, que distinga o que cada país pode julgar e o que não pode. Assim, **cumpre à legislação de cada qual estabelecer a extensão da jurisdição de cada país**. Há questões que não convém que sejam julgadas aqui, porque não têm relação conosco, ou porque, mesmo se o julgamento aqui se procedesse, não haveria como impor o cumprimento da decisão.

A jurisdição brasileira encontra óbice na **soberania** de outros países. O Brasil não pode usar meios de coerção para impor o cumprimento de suas decisões fora do território nacional. Da mesma forma, a jurisdição de outros países encontra óbice na soberania nacional. Há certas ações que só podem ser julgadas pela justiça brasileira, em caráter de exclusividade, por força de lei. Se forem julgadas por outro país, não serão exequíveis em território nacional. E há outras que não se justifica sejam julgadas entre nós, pois não nos dizem respeito. Elas envolvem apenas pessoas estrangeiras ou versam sobre obrigações que devem ser cumpridas no exterior, ou se referem, ainda, a atos praticados no estrangeiro.

2.1. DECISÃO ESTRANGEIRA

A jurisdição é manifestação de poder. **As decisões estrangeiras são, portanto, emanações de um poder soberano externo**. Por isso, elas não podem ter força coativa entre nós, nem podem aqui produzir efeitos, senão depois que houver manifestação da autoridade judiciária brasileira, permitindo o seu cumprimento. Trata-se de exigência que diz respeito à **soberania nacional**: somente a justiça brasileira pode decidir quais as sentenças estrangeiras que podem ou não ser executadas no Brasil. Evidentemente, **não há discricionariedade do Poder Judiciário**, ao deferir ou indeferir o cumprimento das decisões estrangeiras no Brasil, uma vez que cumpre ao legislador definir aquilo que, vindo do exterior, pode ou não ser reconhecido pela justiça brasileira.

O mecanismo pelo qual a autoridade brasileira outorga eficácia à decisão estrangeira, fazendo com que ela possa ser executada no Brasil, denomina-se **homologação de decisão estrangeira**, que hoje é da competência do **Superior Tribunal de Justiça**.

2.1.1. Homologação de decisão estrangeira

Originariamente, cabia ao Supremo Tribunal Federal. Mas, desde a edição da Emenda Constitucional n. 45/2004, a competência passou ao Superior Tribunal de Justiça (art. 105, I, *i*, da CF).

Sem a homologação, a decisão estrangeira **é absolutamente ineficaz**, mesmo que tenha transitado em julgado no exterior. Não pode ser executada no Brasil, não induz litispendência, nem coisa julgada. Em suma, não produz efeito nenhum.

Somente após a homologação — que tem natureza jurídica de ação — ela se tornará eficaz. A homologação vem tratada nos arts. 960 e ss. do CPC; e os requisitos para seu deferimento vêm estabelecidos no art. 963 do CPC. Já o procedimento vem regulamentado no Regimento Interno do Superior Tribunal de Justiça, conforme Emenda Regimental n. 18, de 17 de dezembro de 2014, com a redação dada pela Emenda n. 24/2016. São requisitos para que a homologação seja deferida (art. 963):

■ A decisão cuja homologação se postula deve ter sido proferida pela autoridade competente. A preocupação é que não haja homologação de decisões que tenham sido proferidas em afronta à legislação nacional. Por exemplo: o art. 23 do CPC estabelece quais são as causas de competência exclusiva da justiça brasileira. Ora, se for levada à homologação uma decisão estrangeira versando sobre questão de competência nacional exclusiva, será indeferida a pretensão. Da mesma forma se ela tiver sido prolatada por tribunal de exceção, dada a vedação constitucional.

■ As partes devem ter sido citadas; e a revelia, legalmente caracterizada. Isto é, faz-se necessário que, no processo estrangeiro onde foi prolatada a decisão, se tenha respeitado o **contraditório**.

■ A decisão estrangeira deve ser eficaz no país em que foi proferida. O CPC não exige que tenha transitado em julgado. Tal exigência era feita pela Súmula 420 do STF, editada na vigência da lei anterior e que estabelece: "Não se homologa sentença proferida no estrangeiro sem prova do trânsito em julgado". Atualmente, o CPC não exige o trânsito em julgado, mas a eficácia da decisão. É possível que a decisão

3 □ Da Competência   71

estrangeira não tenha transitado em julgado, mas já seja eficaz, nos casos em que contra ela pende apenas recurso sem eficácia suspensiva, admitindo-se a execução provisória. Assim, o STJ poderá homologar decisão estrangeira ainda que não transitada em julgado, desde que no país de origem ela já seja eficaz, isto é, estejam pendentes apenas recursos desprovidos de efeito suspensivo. É certo que o RISTJ, no item III do art. 216-D continua mencionando o trânsito em julgado como requisito da homologação. No entanto, desde a entrada em vigor do CPC/2015 tal requisito não é mais indispensável, bastando que a sentença seja eficaz no país de origem. Nesse sentido:

"Civil. Processual Civil. Homologação de sentença estrangeira contestada. Guarda e visita de menores. Novo regramento da ação de homologação de sentença estrangeira pelo CPC/15. Aplicação apenas supletiva do RISTJ. Incidência imediata da nova lei aos processos pendentes, sobretudo quanto aos requisitos materiais de homologação. Aplicação dos arts. 14 e 1.046 do CPC/15. Necessidade de trânsito em julgado na origem. Requisito inexistente no CPC/15. Necessidade de que a decisão apenas seja eficaz em seu país. Existência de decisão provisória no país de origem suspendendo a produção de efeitos da sentença que se pretende homologar. Decisão inexequível e não homologável no Brasil" (STJ, Corte Especial SEC 14.812 — EX, Rel. Min Nancy Andrighi, j. 23.05.2018).

□ Ainda é preciso que a sentença não afronte a coisa julgada brasileira, pois não se homologa decisão estrangeira se já houver decisão transitada em julgado proferida pela justiça brasileira, em processo envolvendo as mesmas partes, o mesmo pedido e a mesma causa de pedir.

□ A decisão deve ter sido traduzida por tradutor oficial, salvo dispensa prevista em tratado. Trata-se de requisito que dispensa maiores esclarecimentos, já que é necessário ter conhecimento exato de seu teor.

□ A decisão também não pode conter manifesta ofensa à ordem pública.

O procedimento da homologação, regulado pelo Regimento Interno do STJ, é relativamente simples: apresentado o pedido, dirigido ao Presidente do Superior Tribunal de Justiça, este mandará citar os interessados, por carta de ordem, quando domiciliados no Brasil; carta rogatória, quando no exterior; ou por edital, quando em local ignorado ou inacessível.

O pedido poderá ser contestado no prazo de quinze dias. É evidente que não se poderá rediscutir aquilo que já foi decidido com trânsito em julgado pela justiça estrangeira. Ou seja, não será possível que o interessado postule ao STJ que reforme ou modifique algo da decisão estrangeira, cabendo-lhe apenas impugnar a autenticidade do documento ou preenchimento dos requisitos para o acolhimento do pedido. Poderá também discutir a inteligência (interpretação) da decisão estrangeira.

O Ministério Público será ouvido no prazo de quinze dias. Se houver impugnação, o Presidente encaminhará o julgamento à Corte Especial, cabendo ao relator instruir o pedido como for necessário. Se não houver, o Presidente examinará o pedido, cabendo agravo regimental de sua decisão para a Corte Especial.

72   Direito Processual Civil Esquematizado   *Marcus Vinicius Rios Gonçalves*

Após a homologação, a decisão estrangeira se tornará eficaz no Brasil, podendo ser executada e gerando os efeitos da litispendência e da coisa julgada. A decisão homologada é título executivo judicial (art. 515, VIII, do CPC) e deverá ser executada não perante o Superior Tribunal de Justiça, mas perante o juízo federal competente.

2.2.   O QUE PODE E O QUE NÃO PODE SER JULGADO PELA JUSTIÇA BRASILEIRA

O Código de Processo Civil enumera as causas que são de jurisdição nacional, isto é, que podem ser julgadas pela justiça brasileira. Ao fazê-lo, permite apurar, por exclusão, as que não são. É preciso não confundir as regras de jurisdição nacional, formuladas pelo CPC, com regras de aplicação de **direito material estrangeiro**, formuladas, por exemplo, na Lei de Introdução às Normas do Direito Brasileiro.

As normas do CPC dirão se determinado processo poderá correr no Brasil ou não. Mas é possível que, conquanto ele o deva, o direito material aplicável ao caso seja estrangeiro. Isso obrigará o juiz brasileiro, ao proferir sentença, a aplicar direito estrangeiro, caso em que poderá exigir que a parte que o invocou prove o seu teor e vigência **(CPC, art. 376)**. Por exemplo: em um inventário que corre no Brasil, porque os bens estão aqui situados (art. 23, II, do CPC), o juiz aplicará as regras de sucessão do país de origem do *de cujus*, desde que elas sejam mais favoráveis ao cônjuge ou filhos brasileiros (art. 10 da Lei de Introdução).

São três os artigos do CPC que, ao tratar da jurisdição nacional, enumeram as ações que podem ser propostas no Brasil: 21, 22 e 23. Os dois primeiros indicam as hipóteses de jurisdição nacional concorrente, e o terceiro, de jurisdição exclusiva. A diferença entre uma e outra será esclarecida nos itens seguintes.

2.2.1.   Jurisdição concorrente da justiça brasileira

Os arts. 21 e 22 do CPC enumeram as ações que a lei atribui à justiça brasileira, sem afastar eventual **jurisdição concorrente** da justiça estrangeira. São ações que, se propostas no Brasil, serão conhecidas e julgadas. Mas em que se admite pronunciamento da justiça estrangeira, que se tornará eficaz no Brasil desde o momento em que o Superior Tribunal de Justiça homologar a decisão anteriormente proferida no exterior.

A autoridade judiciária brasileira tem jurisdição concorrente quando:

◼ o réu, qualquer que seja a sua nacionalidade, **estiver domiciliado no Brasil**. Mesmo que haja vários réus domiciliados no exterior, desde que um tenha domicílio aqui, a ação poderá ser proposta perante nossa justiça. Porém, se nenhum deles tiver domicílio no Brasil, e se não estiverem presentes as demais hipóteses, a justiça brasileira não terá jurisdição para proceder ao julgamento. Reputa-se domiciliada no Brasil a pessoa jurídica estrangeira que aqui tiver agência, filial ou sucursal;

◼ no Brasil tiver de ser cumprida a obrigação. Nesse caso, a jurisdição será da autoridade brasileira, ainda que o réu seja estrangeiro e esteja domiciliado no exterior. Trata-se de hipótese relevante para o direito contratual;

◼ a ação se originar de fato ocorrido ou de ato praticado no Brasil. Trata-se de hipótese de grande relevância para as questões de responsabilidade civil. Se um estrangeiro, que tem domicílio no exterior, vem passar alguns dias no Brasil e aqui

3 ■ Da Competência
73

pratica um ato ilícito, do qual resultam danos, a ação indenizatória poderá ser processada e julgada no Brasil.

O art. 22 acrescenta a essas hipóteses de jurisdição concorrente:

■ a de processar e julgar as ações de alimentos, quando o credor tiver domicílio ou residência no Brasil ou o réu mantiver vínculos no Brasil, tais como posse ou propriedade de bens, recebimento de renda ou obtenção de benefícios econômicos; e

■ a de processar e julgar as ações decorrentes de relação de consumo, quando o consumidor tiver domicílio ou residência no Brasil e em que as partes, expressamente ou tacitamente, se submeterem à jurisdição nacional.

2.2.2. Jurisdição exclusiva da justiça brasileira

O art. 23 enumera três hipóteses de **jurisdição exclusiva**. São ações que versam sobre matéria que só pode ser julgada pela justiça brasileira, com exclusão de qualquer outra. Qual a diferença entre tais hipóteses e as dos dois artigos anteriores, que tratam da jurisdição concorrente? É que, vindo à homologação uma decisão estrangeira, o Superior Tribunal de Justiça poderá concedê-la, preenchidos os requisitos, nas hipóteses dos arts. 21 e 22. Mas jamais poderá fazê-lo em relação às do art. 23, porque só a justiça brasileira está autorizada a julgar ações sobre tais assuntos. Uma decisão estrangeira que verse sobre qualquer deles estará fadada a ser **permanentemente ineficaz** no Brasil, já que nunca poderá ser homologada.

As hipóteses são:

■ ações relativas a imóveis situados no Brasil. Afinal, eles são parte de nosso território. Permitir que órgão estrangeiro decida sobre o assunto poderia colocar em risco a soberania nacional;

■ em matéria de sucessão hereditária, a confirmação de testamento particular e o inventário e partilha de bens situados no Brasil, ainda que o autor da herança seja estrangeiro e tenha domicílio fora do território nacional. Trata-se de hipótese específica de sucessão *mortis causa* e **não distingue entre bens móveis ou imóveis**. *A contrario sensu*, esse dispositivo veda à justiça brasileira examinar inventários de bens situados no estrangeiro. Nesse sentido, o acórdão do STJ, Rel. Min. Nancy Andrighi: "Se o ordenamento jurídico pátrio impede ao juiz sucessório estrangeiro de cuidar de bens aqui situados, móveis ou imóveis, em sucessão 'mortis causa', em contrário senso, em tal hipótese, o juízo sucessório brasileiro não pode cuidar de bens sitos no exterior, ainda que possível a decisão brasileira de plena efetividade lá" (REsp 397.769, 3.ª Turma, j. 25.11.2002);

■ ações de divórcio, separação judicial ou de dissolução de união estável, quando se proceder à partilha de bens situados no Brasil, ainda que o titular seja de nacionalidade estrangeira ou tenha domicílio fora do território nacional. Aqui também não se faz distinção entre bens móveis e imóveis.

2.2.3. Casos que não serão examinados pela justiça brasileira

São apurados por **exclusão**. Os arts. 21 a 23 enumeram, em caráter taxativo, as causas de jurisdição da justiça brasileira. O que não se incluir em tais dispositivos não poderá ser aqui processado e examinado. Proposta ação que verse sobre tais assuntos, o processo haverá de ser **extinto sem resolução de mérito**, por falta de jurisdição da justiça brasileira para conhecê-lo.

2.2.4. Cooperação internacional

O CPC abre um capítulo para tratar da cooperação jurídica internacional. Com a globalização dos interesses econômicos e a facilidade de comunicação e de mobilização das pessoas, têm sido cada vez mais frequentes as situações em que um Estado necessita da cooperação do outro para a melhor aplicação da justiça, bem como para fazer valer as decisões por ele proferidas. Daí a necessidade de uma regulação específica do tema. O CPC não apresenta um regramento detalhado e minucioso dos procedimentos pelos quais a cooperação se fará, mas traça as linhas gerais, as regras fundamentais que deverão ser observadas.

No art. 26, fica estabelecido que tratado de que o Brasil for parte regerá a cooperação internacional. Na falta dele, a cooperação poderá realizar-se com base na reciprocidade manifestada por via diplomática.

A cooperação deverá observar determinados requisitos, de caráter geral, estabelecidos no CPC. São eles: I — o respeito às garantias do devido processo legal no Estado requerente; II — a igualdade de tratamento entre nacionais e estrangeiros, residentes ou não no Brasil, em relação ao acesso à justiça e à tramitação dos processos, assegurando-se assistência judiciária aos necessitados; III — a publicidade processual, exceto nas hipóteses de sigilo previstas na legislação brasileira ou do Estado requerente; IV — a existência de autoridade central para recepção e transmissão dos pedidos de cooperação; V — a espontaneidade na transmissão de informações à autoridade estrangeira (art. 26 e incisos). Além disso, é vedada a prática de atos que contrariem ou que produzam resultados incompatíveis com as normas fundamentais que regem o Estado brasileiro.

O CPC enumera ainda aquilo que será objeto da cooperação internacional: citação, intimação e notificação judicial e extrajudicial; colheita de provas e obtenção de informações; homologação e cumprimento de decisão; concessão de medida judicial de urgência; assistência jurídica internacional ou qualquer outra medida judicial ou extrajudicial não proibida pela lei brasileira (art. 27).

São previstas três maneiras fundamentais, pelas quais se dará a cooperação internacional: por auxílio direto, por carta rogatória ou pela homologação de sentença estrangeira.

O auxílio direto cabe para fazer cumprir medida que não decorrer diretamente de decisão de autoridade jurisdicional estrangeira a ser submetida a juízo de delibação no Brasil (art. 28). As hipóteses em que ele ocorrerá estão especificadas no art. 30. São situações em que a cooperação pode ser solicitada pelo órgão estrangeiro diretamente à autoridade nacional, sem necessidade de se observar procedimento perante o Superior Tribunal de Justiça. A homologação de sentença estrangeira depende de ação, julgada pelo Superior Tribunal de Justiça. E a carta rogatória, nos termos do art. 36, é procedimento de jurisdição contenciosa, em que se deve assegurar às partes as garantias do devido processo legal. No auxílio direto, não há necessidade de intermediação dos

3 ▣ Da Competência

órgãos jurisdicionais, já que ele será solicitado e realizado diretamente. De acordo com o art. 30, além daquelas situações previstas em tratados de que o Brasil for parte, caberá auxílio direto para: obtenção e prestação de informações sobre o ordenamento jurídico e sobre processos administrativos ou jurisdicionais findos ou em curso; colheita de provas, salvo se a medida for adotada em processo, em curso no estrangeiro, de competência exclusiva de autoridade judiciária brasileira; qualquer outra medida judicial ou extrajudicial não proibida pela lei brasileira. O procedimento do auxílio direto vem regulado nos arts. 31 e ss.

O procedimento da carta rogatória perante o Superior Tribunal de Justiça é de jurisdição contenciosa e vem regulado no art. 36. A homologação de sentença estrangeira já foi examinada no item anterior.

3. COMPETÊNCIA INTERNA

3.1. INTRODUÇÃO

Enumeradas, nos itens anteriores, as causas para as quais a justiça brasileira tem jurisdição, cumpre examinar o tema da competência propriamente, que diz respeito ao órgão judiciário que, de acordo com a lei, deverá processar e julgar determinada ação. O tema exige uma breve análise da estrutura do Poder Judiciário, a formulação de algumas premissas e o exame das regras legais que versam sobre o assunto, o que será feito nos itens seguintes.

3.2. NOÇÕES SOBRE A ESTRUTURA DO PODER JUDICIÁRIO

A Constituição Federal trata do Poder Judiciário nos **arts. 92 a 126**. Há dispositivos que tratam dos órgãos que o integram, da forma de composição e investidura de cada um deles, suas competências, garantias e prerrogativas, bem como das restrições impostas aos seus membros. É a Constituição Federal que indica, portanto, **quais são os órgãos judiciários, definindo-lhes a competência**.

Ao Poder Judiciário cabe o exercício da função jurisdicional. Seus integrantes formam a **magistratura nacional**, e seus órgãos são os **juízos e tribunais**, aos quais, em regra, compete o reexame das decisões proferidas em primeira instância. Há, no entanto, casos de competência originária dos tribunais.

A Constituição Federal, ao formular a estrutura do Judiciário, estabelece a distinção entre a justiça comum e as justiças especiais: a **trabalhista**, tratada no art. 111; **a eleitoral**, nos arts. 118 e ss.; e **a militar**, no art. 122.

▪ A Justiça do Trabalho é composta pelo Tribunal Superior do Trabalho (TST), pelos Tribunais Regionais do Trabalho (TRTs) e pelos juízes do trabalho.

▪ A eleitoral, pelo Tribunal Superior Eleitoral (TSE), os Tribunais Regionais Eleitorais, os Juízes Eleitorais e as Juntas Eleitorais.

▪ A militar é dividida em Justiça Militar da União e dos Estados: a da União é composta pelo Superior Tribunal Militar e os Conselhos de Justiça, Especial e Permanente, nas sedes das Auditorias Militares; a dos Estados, Distrito Federal e Territórios, pelo Tribunal de Justiça ou Tribunal de Justiça Militar, nos Estados em que o efetivo for igual ou superior a 20.000 integrantes, e pelos juízes auditores e pelos Conselhos de Justiça, com sede nas Auditorias Militares.

A competência das justiças especiais é apurada de acordo com a matéria discutida (*ratione materiae*). A das justiças comuns é **supletiva**: abrange todas as causas que não forem de competência das especiais.

A justiça comum pode ser **federal ou estadual**. A competência da primeira é dada *ratione personae*, pela participação, no processo, como parte ou interveniente, das pessoas jurídicas de direito público federais e empresas públicas federais (art. 109, I, da CF) ou *ratione materiae*, já que o art. 109 enumera temas pertinentes às justiças federais.

É composta por juízes e Tribunais Regionais Federais.

O que não for de competência das justiças especiais, nem da Justiça Federal, será atribuído, **supletivamente**, à Justiça Estadual. Cabe-lhe o julgamento de todas as causas que não pertencerem a uma e outras. Cabe aos Estados organizar sua respectiva justiça, respeitados os dispositivos da Constituição Federal: em cada qual haverá os juízos e tribunais estaduais, cuja competência é dada em conformidade com as Constituições Estaduais e leis de organização judiciária.

Tanto a Justiça Federal quanto a estadual terão ainda os seus respectivos juizados especiais e colégios recursais.

Sobrepairando aos órgãos de primeiro e segundo graus de jurisdição, tanto estaduais como federais, há o **Superior Tribunal de Justiça**, criado pela Constituição Federal de 1988 (arts. 104 e ss.), cuja função precípua é **resguardar a lei federal infraconstitucional**.

E, sobre todos, o **Supremo Tribunal Federal**, guardião máximo da Constituição Federal, cuja competência é estabelecida no seu art. 102.

3.3. QUADRO ESQUEMÁTICO DA ESTRUTURA DO PODER JUDICIÁRIO

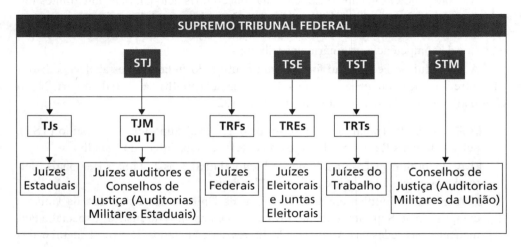

3 ▣ Da Competência

3.4. ALGUMAS PREMISSAS PARA A COMPREENSÃO DAS REGRAS DE COMPETÊNCIA INTERNA

Para se entender o sistema de competência instituído pela Constituição Federal, pelo Código de Processo Civil e pelas Leis de Organização Judiciária, é preciso conhecer os conceitos **de foro e juízo**, empregados pelo legislador; entender as distinções entre regras de **competência absoluta e relativa**; verificar o **momento** em que são determinadas as regras; e **apurar os critérios utilizados pelas leis, na sua fixação**. Cada uma dessas premissas será abordada nos itens seguintes.

3.5. CONCEITO DE FORO E JUÍZO

O Código de Processo Civil vale-se desses conceitos para formular as suas regras de competência.

Em sentido geral, o foro indica a **base territorial sobre a qual determinado órgão judiciário exerce a sua competência**. O Supremo Tribunal Federal, o Superior Tribunal de Justiça e todos os Tribunais Superiores têm foro sobre todo o território nacional; os Tribunais de Justiça, sobre os Estados em que estão instalados; e os Tribunais Regionais Federais, sobre toda a região que lhes é afeta, o que normalmente abrange mais de um Estado da Federação.

Em primeira instância, perante a Justiça Estadual, **foro é designação utilizada como sinônimo de comarca**. Todos os Estados são divididos em Comarcas, sobre as quais os juízes de primeiro grau exercem a sua jurisdição. Na Justiça Federal, não há propriamente divisão em Comarcas: cada Vara Federal exercerá a sua competência dentro de certos limites, que constituirão o respectivo foro federal. Imagine-se, por exemplo, que haja, em determinada cidade grande do interior, uma Vara Federal, competente para julgar as causas federais não só daquela cidade, mas de todas as cidades que compõem a região em torno. O foro de tal vara abrangerá toda essa região, que pode incluir várias comarcas. No Estado em que existam varas federais na capital e no interior, há o foro da capital e os foros das varas federais do interior, que são as respectivas porções territoriais por elas abrangidas.

É preciso aqui tomar um grande cuidado. Frequentemente, a palavra **"foro" é utilizada por leis de organização judiciária em sentido diverso daquele do Código de Processo Civil, o que a torna equívoca**, com mais de um sentido. A Lei de Organização Judiciária do Estado de São Paulo, por exemplo, denomina foro às **unidades jurídico-administrativas de competência, dentro de uma mesma comarca**. Por exemplo, a competência dentro da capital de São Paulo é dividida entre o Foro Central e numerosos foros regionais. A palavra "foro" nessas expressões não significa comarca, já que São Paulo é uma comarca só, mas as numerosas regiões em que a competência judiciária é distribuída, dentro da Comarca da Capital. Daí o cuidado redobrado: o que o Código de Processo Civil chama de "foro" corresponde a toda a Comarca da Capital, mas, para a Lei Estadual de Organização Judiciária, foro corresponde às regiões em que a capital está dividida.

Com foro não se confundem os **juízos**, unidades judiciárias, integradas pelo juiz e seus auxiliares. Na justiça comum estadual, **o conceito de juízo coincide com o das varas**. Uma comarca pode ter numerosas varas, isto é, diversos juízos.

Quando se quer apurar em que comarca determinada demanda deve ser proposta, está-se em busca do foro competente. Quando, dentro da comarca, procura-se a vara em que a demanda deve ser aforada, a dúvida será sobre o juízo competente.

Portanto, aquilo que a Lei de Organização Judiciária Paulista chama de foro central e foros regionais **não constitui, para o Código de Processo Civil, verdadeiros foros** (já que foro para o CPC abrange toda a Comarca), mas sim agrupamentos de juízos, em que se dividem as regiões integrantes da Comarca.

3.6. A COMPETÊNCIA DE FORO E JUÍZO

A Constituição Federal contém as normas que permitem identificar se determinada demanda deve ser proposta perante a justiça comum, estadual ou federal, ou perante as especiais.

Verificando-se que a jurisdição é civil, cumpre apurar em que **comarca** a demanda deverá ser proposta e é o Código de Processo Civil que vai formular as regras gerais para a apuração do foro competente (alguns tipos especiais de ação, regulamentados por legislação própria, podem ter regras específicas). **Por meio das regras do CPC, o interessado identificará em que foro a sua demanda correrá**.

Depois disso, poderá haver dúvidas sobre o juízo competente, dentro da Comarca. O Código de Processo Civil não formula regras a respeito, sendo indispensável consultar a **Lei Estadual de Organização Judiciária**.

Em conclusão, para apurar onde determinada demanda deve ocorrer, será indispensável consultar:

■ **a Constituição Federal**, para verificar se não se trata de competência originária dos Tribunais Superiores, bem como para identificar se a competência é de alguma das justiças especiais, da Justiça Federal comum ou da Justiça Estadual comum;

■ **a lei federal** (em regra, o CPC ou eventual legislação específica, para determinadas ações), para apurar o foro competente;

■ **a lei estadual de organização judiciária**, quando for necessário, dentro de determinado foro, apurar qual o juízo competente.

3.7. COMPETÊNCIA ABSOLUTA E RELATIVA

As regras gerais de competência, formuladas pelas leis federais, para indicação do foro competente, podem ser divididas em duas categorias: **as absolutas e as relativas**.

O legislador, ao formulá-las, teve em vista ou o melhor funcionamento da organização judiciária, ou o maior conforto das partes, no ajuizamento da demanda. No primeiro caso, considerou-as absolutas; no segundo, relativas. Em suma: há normas de competência que são de **ordem pública**; e há as que não o são, sendo instituídas tão-somente no **interesse das partes**.

Disso resultam diversas consequências, de grande relevância, que tornam fundamental identificar se uma norma se enquadra em uma ou em outra categoria. O legislador formulará **critérios** que permitem identificar quando ocorre uma coisa ou outra. Mas, antes de apresentá-los, cumpre examinar as principais consequências que advirão de uma norma ser de competência absoluta ou relativa. São elas:

■ Somente as de competência relativa estão sujeitas **à modificação pelas partes**. As de competência absoluta não podem ser modificadas. Entre as principais causas de modificação podem ser citadas a prorrogação, a derrogação pela eleição de foro, a conexão e a continência, que só se aplicarão em casos de competência relativa.

■ Somente a incompetência absoluta pode **ser reconhecida pelo juiz de ofício. A relativa não pode (Súmula 33 do STJ), ressalvada a hipótese do art. 63, § 3.º, do CPC, examinada no *item 4.2.2, infra*.** A primeira constitui objeção processual, matéria de ordem pública, que pode ser reconhecida pelo juiz ou alegada pela parte, a qualquer tempo. Conquanto o art. 337, II, do CPC determine que deva ser alegada pelo réu como preliminar em contestação, nada impede que o seja por qualquer das partes, a qualquer tempo, já que **não sujeita a preclusão**. Só não se pode mais alegá-la em recurso especial ou extraordinário, não propriamente porque tenha havido preclusão, mas por força da exigência específica de tais recursos, que pressupõem o **prequestionamento**.

Reconhecida a incompetência absoluta, o juiz deve remeter os autos ao juízo competente, mas, salvo decisão judicial em contrário, serão conservados os efeitos da decisão proferida pelo juízo incompetente até que outra seja proferida, se for o caso, pelo juízo competente (art. 64, § 4.º, do CPC). Mesmo que a sentença transite em julgado, a incompetência absoluta ensejará o ajuizamento de **ação rescisória**.

■ A incompetência relativa também deve ser arguida como preliminar em contestação (art. 337, II), mas sob pena de **preclusão**. Não sendo matéria de ordem pública, o juízo não pode reconhecê-la de ofício. Ou o réu alega (o CPC ainda reconhece ao Ministério Público, nas causas em que atuar, a possibilidade de arguir a incompetência relativa, conforme art. 65, parágrafo único) e o juiz a reconhece, determinando a remessa dos autos para o juízo competente, ou não, e a matéria preclui. A incompetência relativa jamais gerará nulidade da sentença, nem ação rescisória, já que, não invocada no momento oportuno, haverá a prorrogação de competência.

Em capítulo próprio, serão formuladas as regras que permitirão identificar quando uma norma de competência é absoluta ou relativa.

3.8. A PERPETUAÇÃO DE COMPETÊNCIA

É denominada também *perpetuatio jurisdictionis* e vem prevista no art. 43 do CPC. O processo é uma sucessão de atos que se desenvolvem no tempo. Do início ao fim, pode durar muitos anos, nos quais haverá uma série de alterações fáticas. É possível, por exemplo, que as partes mudem o seu domicílio, ou que o bem que é disputado venha a ter o seu valor consideravelmente modificado. Ora, às vezes, a competência é dada pelo domicílio das partes, ou pelo valor da causa. Caberia indagar, então, em qual momento esses fatores devem ser examinados, para a apuração da competência.

A regra formulada pelo art. 43 não deixa dúvidas: **a competência é determinada no momento do registro ou distribuição da petição inicial**, sendo irrelevantes as alterações posteriores do estado de fato ou de direito, salvo se suprimirem o órgão jurisdicional ou alterarem a competência absoluta.

Se houver a supressão do órgão jurisdicional, os processos que por ele tramitavam terão de ser remetidos a outro órgão. Se houver alteração de competência absoluta — por exemplo, quando sobrevém lei nova, determinando que tal assunto passe a ser julgado por outro juízo, que não aquele que originariamente era o competente —, ela será aplicada aos processos em andamento (ver Capítulo 3, *item 2.6.2*, do Livro I, em que a perpetuação é examinada à luz do princípio constitucional do juiz natural).

3.8.1. E quando há desmembramento de Comarca?

Imagine-se que determinada comarca seja desmembrada. Por exemplo: a comarca X abrangia os municípios X e Y, cumprindo-lhe julgar todas as ações pessoais cujos réus estivessem domiciliados em qualquer deles. Havendo o desmembramento da comarca originária em duas comarcas, a X e a Y, como ficariam os processos já aforados na comarca X, referentes a réus domiciliados na comarca Y? Devem permanecer onde foram ajuizados, ou ser remetidos para a nova Comarca? A questão é controvertida. Há decisões do Superior Tribunal de Justiça determinando a remessa dos autos à nova comarca que resultou do desmembramento (STJ — 4.ª Turma, REsp 150.902/PR, Rel. Min. Barros Monteiro). Entretanto, o entendimento predominante é o de que **deva prevalecer a perpetuação de competência, permanecendo os processos em andamento na comarca originária**. Nesse sentido, a lição de Athos Gusmão Carneiro: "Doutrina majoritária responde negativamente, em face da regra do art. 87 do Código de Processo Civil [atual art. 43] e considerando tratar as hipóteses de modificação do 'estado de direito', ou melhor, das regras jurídicas de determinação de competência, sendo portanto irrelevante a modificação de tais regras relativamente às causas já anteriormente propostas. Mas a orientação da doutrina nem sempre vem sendo acolhida no plano administrativo, pelos Tribunais"[1].

3.9. CRITÉRIOS PARA A FIXAÇÃO DE COMPETÊNCIA

O grande processualista Giuseppe Chiovenda, ao formular os critérios que deveriam ser utilizados pelo legislador para apuração de competência, agrupou-os dessa forma:

"1.º Critério objetivo;

2.º Critério funcional;

3.º Critério territorial.

Extrai-se o critério objetivo ou do valor da causa (competência por valor) ou da natureza da causa (competência por matéria)... O critério funcional extrai-se da natureza especial e das exigências especiais das funções que se chama o magistrado a exercer num processo... O critério territorial relaciona-se com a circunscrição territorial designada à atividade de cada órgão jurisdicional"[2].

---

[1] Athos Gusmão Carneiro, *Jurisdição e competência*, p. 60.

[2] Chiovenda, *Instituições de direito processual civil*, v. II, p. 77.

3 ◼ Da Competência   81

Os arts. 62 e 63 mostram que o CPC ainda se valeu dos critérios de Chiovenda, para a fixação de competência e para a identificação dos casos em que ela é absoluta ou relativa.

3.9.1. O critério objetivo

É adotado quando a competência for determinada pelo **valor atribuído à causa, ou pela matéria que será discutida no processo.** O Código de Processo Civil não contém regras de competência fundadas no critério objetivo. Com efeito, não há nenhum exemplo, no Código de Processo Civil, em que a competência de foro seja fixada com base na matéria ou no valor da causa. Apenas as Leis de Organização Judiciária se valem do critério objetivo para, dentro das Comarcas, indicar qual o juízo competente. A matéria e o valor da causa não se prestam para apurar em que **foro** (comarca) uma demanda deve ser proposta; mas para apontar que **juízo**, dentro de uma comarca, será o competente. É o que ocorre, por exemplo, na Lei de Organização Judiciária do Estado de São Paulo, em que o critério do valor da causa é utilizado para, dentro da Comarca da Capital, indicar se as ações devem correr exclusivamente nos juízos centrais (valor da causa superior a 500 salários mínimos) ou nos juízos regionais.

A matéria é utilizada pela Constituição Federal para apurar se uma demanda deve correr perante a justiça comum ou as especiais (trabalhista, militar ou eleitoral).

3.9.2. O critério funcional

Abrange **a competência hierárquica**, que identifica a competência dos tribunais, seja para o julgamento dos recursos, seja para o julgamento de causas de sua competência originária; e os casos em que a demanda deve ser distribuída a determinado juízo, em razão de manter **ligação** com outro processo, anteriormente distribuído a esse mesmo juízo.

Por exemplo: é funcional a competência do juízo em que corre a ação onde houve a apreensão indevida do bem para o processamento de embargos de terceiro.

3.9.3. Competência territorial

É utilizada pelo Código de Processo Civil, para a indicação do foro; e pelas Leis de Organização Judiciária, para a indicação do juízo competente.

Leva em conta a localização territorial, seja **do domicílio dos litigantes**, seja da **situação do imóvel** que é disputado por eles. No Código de Processo Civil, dois exemplos de utilização do critério territorial são os arts. 46 e 47: o primeiro determina que a competência para o julgamento das ações pessoais e reais sobre bens móveis é a do foro de domicílio do réu; e o segundo, que o competente para o julgamento das ações reais sobre bens imóveis é o foro de situação da coisa.

Apurado o foro competente, resta apurar o juízo. Para tanto, é necessário observar as normas de organização judiciária, que também podem utilizar o critério territorial. É possível que a comarca esteja dividida em regiões e que tais normas estabeleçam que a competência é de uma ou outra, conforme o domicílio dos litigantes ou a situação do imóvel, dentro da Comarca.

3.9.4. Crítica à divisão tripartida de critérios de competência

A divisão sugerida por Chiovenda (e adotada, em parte, no CPC) de tripartição dos critérios de competência em objetivo, funcional e territorial **não esgota** todos os fatores que devem ser levados em conta para a apuração do juízo em que determinada demanda deve ser proposta.

Por exemplo: Chiovenda não inclui o critério fundado na **qualidade das pessoas** que participam do processo, mas isso pode influir na competência. Se um dos participantes, por exemplo, é a União, a competência passa a ser da Justiça Federal. Se é a Fazenda Pública do Estado ou do Município, será competente a vara especializada da Fazenda Pública, se ela existir.

Às vezes, também podem ser relevantes os **fundamentos em que se embasa o pedido**. Por exemplo: em ação de indenização, pode ser importante verificar se o fundamento é acidente de trânsito, caso em que a competência será dada pelo CPC, art. 53, V.

3.9.5. Necessidade de, em certos casos, conjugar mais de um critério

Há certas situações em que o legislador se vale de mais de um critério, para indicar onde determinada demanda deve correr.

Por exemplo: no Estado de São Paulo, a lei de organização judiciária divide a capital em juízo central (chamado de forma pouco técnica foro central) e juízos regionais (chamados foros regionais). Ao formular as regras de competência para as ações pessoais, determina que as de valor superior a quinhentos salários mínimos corram no juízo central; e as de valor inferior, no juízo de domicílio do réu. Ora, para apurar, portanto, qual o juízo competente, no foro da capital, será preciso examinar dois fatores: primeiro, o valor da causa, para ver se não se trata de competência exclusiva do foro central; depois, não o sendo, o domicílio do réu. A lei vale-se, portanto, do critério objetivo pelo valor da causa e do critério territorial.

3.10. COMO IDENTIFICAR SE UMA REGRA DE COMPETÊNCIA É ABSOLUTA OU RELATIVA?

Vimos, no *item 3.7, supra*, que é fundamental identificar se uma norma de competência é **cogente** (absoluta) ou **dispositiva** (relativa), porque disso advirão numerosas consequências. Para saber em que juízo uma demanda deve ser proposta, verificamos que é indispensável consultar a seguinte legislação: a Constituição Federal, as leis federais, as leis de organização judiciária e eventualmente a Constituição dos Estados.

A Constituição estabelece se a ação é de competência de alguma das justiças especiais, da justiça comum federal, da Justiça Estadual; ou se é de competência originária dos Tribunais Superiores. As regras de competência fixadas pela Constituição Federal são sempre absolutas.

> Regras de competência formuladas pela Constituição Federal são sempre absolutas, seja qual for o critério utilizado.

O Código de Processo Civil e outras leis federais formulam regras para apuração do foro competente. Para tanto, valem-se do critério funcional e do critério territorial. Vale lembrar mais uma vez que o critério objetivo (matéria e valor da causa) é utilizado

3 ■ Da Competência

para apuração não do foro competente, mas apenas do juízo competente. Portanto, só vamos encontrar exemplos de normas que utilizam o critério matéria e valor da causa nas normas de organização judiciária, para a apuração do juízo competente, e não no Código de Processo Civil.

Todas as normas do Código de Processo Civil que usam o **critério funcional são de competência absoluta** (por exemplo, o art. 676, que determina que os embargos de terceiro sejam distribuídos por dependência para o juízo que ordenou a apreensão de bens).

Quando o Código de Processo Civil se vale do critério territorial, a regra é que a competência seja relativa, salvo as exceções previstas no art. 47, baseadas na situação do imóvel. As regras do Código de Processo Civil fundadas no domicílio dos litigantes, do autor da herança, no local de exercício da atividade principal, no local do ato, do dano ou do acidente são de competência relativa.

> A incompetência do foro, que resulta de violação das normas do Código de Processo Civil ou de leis federais especiais, será absoluta quando a norma se fundar no critério funcional ou no critério territorial baseado na situação do imóvel, nas chamadas "ações reais imobiliárias". Mas será relativa quando a norma se fundar no critério territorial, exceto o da situação do imóvel.

Por fim, há as leis de organização judiciária, que servem para a apuração do juízo competente.

Em relação a elas, **não há consenso de opiniões**. Quando se valem do critério matéria ou pessoa (por exemplo, quando criam varas especializadas para o julgamento de determinados temas, como acidente de trabalho ou registros públicos, ou varas especializadas para processos em que participem determinadas pessoas, como as varas de Fazenda Pública), é incontroverso que a competência do juízo é absoluta.

Mas há controvérsia quando as normas de organização judiciária se valem **do critério territorial e do valor da causa**.

Como ensina Cândido Dinamarco, "conquanto determinada em leis de organização judiciária — leis estaduais, quanto aos juízos das Justiças dos Estados — a competência de juízo resulta sempre da aplicação de critérios do interesse geral da administração da Justiça e não do zelo pela mera comodidade de instrução da causa"[3]. No entanto, o ilustre processualista entende que a competência de juízo será **absoluta quando fundada na matéria ou na pessoa, mas relativa quando fundada no valor da causa**.

Para os que assim entendem, normas da Lei de Organização Judiciária que estabeleçam que as ações envolvendo registro de imóveis corram pela Vara de Registros Públicos e as que versem sobre interesses da municipalidade corram pela Vara de Fazenda Pública seriam absolutas, porque fundadas, as primeiras, na matéria discutida, e as segundas, na pessoa que participa do processo. Mas norma de competência de juízo fundada no valor da causa seria diferente: aquele juízo competente para julgar causas de menor valor não poderia julgar as de valor superior; mas o que puder julgar causas de valor maior estaria habilitado a julgar as de menor valor. Por exemplo: a lei de organização judiciária de São Paulo estabelece que as causas de valor até quinhentos salários

---

[3] Cândido Dinamarco, *Instituições de direito processual civil*, v. I, p. 609.

mínimos poderão correr nos foros regionais e as de valor superior devem correr no foro central. Nessas circunstâncias, segundo o entendimento acima mencionado, seria relativa a incompetência se uma ação de pequeno valor, que deveria ser proposta no foro regional, fosse aforada no foro central; mas seria absoluta se uma ação de valor superior ao limite fosse proposta no foro regional.

Tem prevalecido, no entanto, o entendimento de que a competência de juízo é sempre absoluta, seja quando a norma está fundada no critério matéria ou na pessoa, seja ainda quando fundada no valor da causa ou no território. Prevalece, pois, o entendimento de que, mesmo que se proponha no foro central uma ação de pequeno valor, que deveria ser proposta no foro regional, a incompetência daí decorrente **será sempre absoluta**, o que permite ao juízo conhecê-la de ofício. Nesse sentido, a lição de Cássio Scarpinella Bueno: "Nos locais em que há foros regionais devidamente criados por lei e estabelecidos em consonância com os atos regulamentares dos Tribunais, o melhor entendimento é que sua competência tem natureza absoluta e não relativa. Certo que o aspecto territorial é inerente a eles, mas o fato predominante na sua instalação é de uma melhor racionalização da atividade judiciária em um dado local. Por isso, os critérios estabelecidos pelas leis estaduais respectivas devem ser entendidos como impositivos fixados em função de um específico interesse de melhor distribuir o serviço público de prestação jurisdicional, e reclamam controle oficioso dos magistrados"[4].

> A incompetência de juízo, que implica ofensa às normas estaduais de organização judiciária, implica incompetência absoluta, seja qual for o critério por elas adotado. Não é unânime, porém, esse entendimento, quando a norma de competência de juízo estiver fundada no valor da causa ou no território. Parece-nos, porém, que, mesmo nesses casos, a incompetência deverá ser absoluta.

3.11. ESQUEMA DOS CRITÉRIOS PARA APURAÇÃO DE COMPETÊNCIA

Para compreensão do esquema a seguir, cumpre lembrar que a apuração de competência depende de consulta à Constituição Federal, ao Código de Processo Civil (ou leis federais especiais), às normas estaduais de organização judiciária e, ainda, no que couber, às constituições dos Estados (art. 44 do CPC). Cada qual se vale de determinados critérios de atribuição de competência, e as regras podem ser absolutas ou relativas.

CONSTITUIÇÃO FEDERAL	▪ Normas que permitem apurar se a demanda correrá perante a justiça comum ou especial, comum estadual ou federal, bem como os casos de competência originária dos Tribunais Superiores.	▪ Em regra, a CF vale-se dos critérios da matéria e da pessoa, para identificar onde determinada demanda deve correr.	▪ Todas as normas de competência estabelecidas na Constituição Federal são absolutas.

---

[4] Cássio Scarpinella Bueno, *Curso sistematizado de direito processual civil*, v. II, p. 38-39.

CÓDIGO DE PROCESSO CIVIL E LEGISLAÇÃO FEDERAL ESPECIAL	▣ Apuração do foro competente.	▣ Vale-se, em regra, do critério funcional e territorial.	▣ As regras de competência do CPC, quando fundadas no critério funcional, são absolutas; quando fundadas no critério territorial, são relativas, salvo se baseadas no foro de situação do imóvel, quando serão absolutas.
NORMAS ESTADUAIS DE ORGANIZAÇÃO JUDICIÁRIA	▣ Apuração do juízo competente.	▣ As normas são estaduais e podem variar. Em regra, há a utilização do critério matéria, valor da causa, pessoa, funcional e territorial.	▣ Todas as regras de competência são absolutas, seja qual for o critério utilizado.

3.12. UM EXEMPLO DE COMO APURAR A COMPETÊNCIA

Imaginemos uma ação simples, de cobrança de valores referentes a um empréstimo, concedido por um particular a outro, não quitado na ocasião oportuna.

Para verificar onde propô-la, é preciso primeiro afastar, de acordo com a Constituição Federal, a competência das justiças especiais, já que a matéria não é militar, eleitoral ou trabalhista; nem da justiça comum federal, já que não estão presentes as hipóteses do art. 109 da CF.

A competência será da justiça comum estadual. Em seguida, cumpre apurar em que foro (comarca) o processo correrá. Para tanto, é preciso consultar o Código de Processo Civil e verificar qual a regra cabível. O art. 46, *caput*, estabelece que, nas ações pessoais, a comarca competente é a do domicílio do réu. A lei valeu-se do critério territorial. Se ele estiver domiciliado em São Paulo, será essa a comarca competente. No entanto, conforme visto no *item 3.10*, as regras de competência de foro fundadas no critério territorial são relativas. Por isso, se a demanda for proposta em outra comarca (no Rio de Janeiro, por exemplo), a incompetência daí resultante será relativa e não poderá ser conhecida de ofício pelo juízo, havendo prorrogação caso o réu não alegue a incompetência a tempo, como preliminar de contestação.

Depois de apurarmos que o foro competente é a comarca de São Paulo, resta apurar qual o juízo. Para tanto, é preciso considerar as normas de organização judiciária, do Estado de São Paulo, que dividem a capital em foro (*rectius* juízo) central e foros (*rectius* juízos) regionais. Para as ações pessoais de valor superior a quinhentos salários mínimos, a competência é do foro central; para as de menor valor, é do foro da região em que o réu estiver domiciliado. Se ele estiver domiciliado na circunscrição do foro de Santana, por exemplo, e a ação for proposta no foro regional de Pinheiros, a incompetência será absoluta, pois, como acentuado no *item 3.10* a incompetência de juízo é sempre absoluta.

Se o autor propuser a demanda na comarca errada, a incompetência será relativa (já que terá sido desrespeitada norma de apuração de foro competente, fundada no critério territorial). Porém, se a ação for proposta na comarca certa, mas na região errada (juízo errado), a incompetência daí decorrente será absoluta, porque de juízo.

3.13. REGRAS GERAIS PARA A APURAÇÃO DE COMPETÊNCIA

Neste item, formularemos algumas regras que devem ser observadas por aquele que deseja apurar onde determinada demanda deve ser proposta. São seis os passos, sugeridos por Nelson Nery Junior[5]:

■ **se a ação pode ou não ser proposta perante a justiça brasileira**, o que exige consulta aos arts. 21 a 23 do CPC;

■ sendo da justiça brasileira, se não se trata de **competência originária do Supremo Tribunal Federal ou do Superior Tribunal de Justiça**, o que exige consulta aos arts. 102, I, e 105, I, da Constituição Federal;

■ se a competência não é de alguma das **justiças especiais**, conforme arts. 114, 121 e 124 da Constituição Federal;

■ não sendo de competência das justiças especiais, verificar se a competência é da **justiça comum federal ou estadual**, lembrando que será da primeira nas hipóteses do art. 109 da CF;

■ qual **o foro competente**, o que exige consulta ao CPC ou a lei federal especial;

■ qual **o juízo competente**, nos termos das normas estaduais de organização judiciária.

3.13.1. Exame dos elementos da ação

Sendo várias as normas da Constituição Federal e muitas as do Código de Processo Civil e da Lei de Organização Judiciária, pode surgir dúvida a respeito de qual a que se enquadra a determinado caso particular.

Para afastá-la, é indispensável conhecer os elementos da ação, indicados na petição inicial, que devem ser considerados *in statu assertionis*, tal como figuram na inicial, quando da propositura da demanda. Para o exame da competência, o juiz não deve examinar quais deveriam, em tese, ser os elementos da ação, mas sim quais são, tais como fixados pelo autor na inicial, sem examinar se eles foram escolhidos acertadamente ou não. Por exemplo, se determinada demanda é aforada em face da União, a competência será da Justiça Federal, ainda que ela seja considerada parte ilegítima.

Para apurar onde determinada demanda deve ser proposta, **é imprescindível um exame de todos os elementos da ação**. É preciso verificar, primeiro, quem são as partes, porque isso pode repercutir na fixação da competência. Por exemplo: se uma delas for a União Federal, suas autarquias ou empresas públicas, a competência será da justiça federal. Outro exemplo: se o réu for a Fazenda Pública Estadual ou Municipal e na comarca houver vara privativa, será dela a competência. A causa de pedir também é relevante: por exemplo, se a ação é pessoal, a competência é do domicílio do réu. Mas se a ação pessoal é de reparação de danos por acidente de trânsito, há uma regra mais específica, que prevalece sobre a geral: a competência será a do domicílio da vítima ou

---

[5] Nelson Nery Junior, *Código de Processo Civil comentado*, 10. ed., nota 21 ao art. 91, p. 330.

3 ■ Da Competência

do local do acidente. A causa de pedir — o acidente de trânsito — foi determinante para a apuração da competência.

Por fim, o pedido também poderá ser determinante. Por exemplo: o de reivindicação de um imóvel, fundada no direito de propriedade, determinará a competência do foro de situação; o de bem móvel, o do domicílio do réu, o que mostra que o bem da vida (pedido mediato) e o tipo de provimento (pedido imediato) podem ser determinantes.

3.14. COMPETÊNCIA DA JUSTIÇA FEDERAL

3.14.1. Justiça Federal de primeira instância

O art. 109 da CF enumera, em onze incisos, quais as causas, de natureza civil e criminal, que devem ser julgadas pela Justiça Federal.

As hipóteses estão **fundadas na qualidade das pessoas que participam do processo ou na matéria nele discutida, razão pela qual é sempre absoluta**. Por exemplo: as causas que têm a participação, a qualquer título, da União (*ratione personae*); e as fundadas em tratado ou contrato da União com Estado estrangeiro ou organismo internacional (*ratione materiae*).

Para os fins deste curso, interessa-nos apenas a hipótese do art. 109, I, da CF, seja porque é a mais comum, seja porque diz respeito mais diretamente aos processos cíveis. São da competência da Justiça Federal as causas em que a União, entidade autárquica ou empresa pública federal forem interessadas na condição de autoras, rés, assistentes ou oponentes. Conquanto o texto não o diga expressamente, as **fundações públicas federais** também se incluem no rol (o art. 45 do CPC as menciona expressamente, bem como os conselhos de fiscalização de atividade profissional), mas não as sociedades de economia mista federais. Por exemplo, as ações que envolvem o Banco do Brasil (Súmula 508 do STF) ou a Petrobras, sociedades de economia mista, correm na Justiça Estadual.

Mas são de competência da Justiça Federal as ações ajuizadas em face do Banco Central (autarquia), INPI (autarquia) e Caixa Econômica Federal (empresa pública).

A participação de qualquer dos entes indicados no art. 109, na condição de partes ou de intervenientes (assistentes simples ou litisconsorciais, oponentes, denunciados ou chamados ao processo), desloca a competência.

Mas o mesmo art. 109 estabelece algumas exceções: **as causas que são de competência das justiças especiais; e as que versem sobre acidente de trabalho e falência**. O art. 45, I e II, do CPC as repete, ao afastar a competência da justiça federal nas causas envolvendo recuperação judicial, falência, insolvência civil e acidente do trabalho, bem como nas causas sujeitas à justiça eleitoral ou do trabalho.

As da justiça especial dispensam esclarecimento: a justiça comum, ainda que federal, tem competência supletiva em relação a elas.

As causas de falência serão julgadas no juízo universal da quebra. Se a Justiça Estadual decretou a falência de uma empresa, a habilitação de crédito ou qualquer outra postulação a ser formulada contra a massa deve ser apresentada perante o juízo universal.

As ações envolvendo acidente de trabalho, a que alude o art. 109, são as ajuizadas pela vítima em face do INSS, para postular os benefícios a que faz jus, segundo as leis acidentárias. Não se trata, portanto, de ações indenizatórias ajuizadas pela vítima em face de seu patrão, em caso de culpa ou dolo, porque essas, desde a edição da Emenda Constitucional n. 45/2004, são de competência da justiça do trabalho.

O Instituto Nacional de Seguridade Social (INSS) é uma **autarquia federal**. Nessas circunstâncias, todas as ações que tivessem a sua participação, segundo a regra geral do art. 109, I, da CF, seriam de competência da Justiça Federal. E efetivamente o são, com exceção daquelas que têm por fundamento um **acidente de trabalho**. Estas, chamadas acidentárias, devem ser processadas e julgadas pela justiça comum estadual, apesar de terem, no polo passivo, autarquia federal. Serão julgadas pelas varas de acidente de trabalho, onde houver, ou pelas varas cíveis comuns, quando não houver as varas especializadas. **Mas as demais ações, que não as acidentárias, envolvendo o INSS são de competência da Justiça Federal**.

Há, em relação a essa autarquia, outro complicador. Trata-se do disposto no art. 109, § 3.º, da CF, que trata das chamadas **"ações previdenciárias"**, ajuizadas pelos segurados e beneficiários em face do INSS.

Elas devem ser aforadas perante a Justiça Federal, no foro do domicílio do segurado ou beneficiário. A regra existe para facilitar-lhes o acesso à justiça.

Ocorre que nem todas as comarcas têm Justiça Federal instalada. Como fica a situação do segurado, que tem direito de propor a ação previdenciária no foro de seu domicílio, se este não for provido de vara federal? De acordo com a Constituição Federal, **enquanto não instalada na Comarca a Justiça Federal, tais ações serão processadas e julgadas pela Justiça Estadual**. Trata-se de uma espécie de competência supletiva da Justiça Estadual, para julgar ações previdenciárias, enquanto não instaurada a Justiça Federal. Tal situação não se confunde com a das ações acidentárias, que são de competência da Justiça Estadual sempre, seja a comarca provida ou não de Justiça Federal. Os recursos contra as sentenças proferidas nas ações acidentárias contra o INSS são sempre julgados pelos Tribunais de Justiça estaduais.

Nas previdenciárias, a justiça estadual faz as vezes da federal, até que esta seja criada. Nelas, **os recursos contra as decisões do juiz estadual serão encaminhados ao Tribunal Regional Federal**.

A questão foi regulamentada pela Lei n. 13.876/2019, que estabeleceu que somente haverá competência delegada da Justiça Estadual se a Comarca de domicílio do autor estiver a mais de 70 km de distância do Município sede da Justiça Federal. A entrada em vigor dessa lei gerou controvérsia sobre a sua aplicação imediata àqueles processos já instaurados perante a Justiça Estadual, e que estavam em curso. A questão foi objeto de incidente de assunção de competência (IAC 06), perante a C. Primeira Seção do Superior Tribunal de Justiça, que firmou a seguinte tese: "Os efeitos da Lei n. 13.876/2019 na modificação de competência para o processamento e julgamento dos processos que tramitam na Justiça Estadual no exercício da competência federal delegada insculpido no art. 109, § 3.º, da Constituição Federal, após as alterações promovidas pela Emenda Constitucional 103, de 12 de novembro de 2019, aplicar-se-ão aos feitos ajuizados após 1.º de janeiro de 2020. As ações, em fase de conhecimento ou de execução, ajuizadas anteriormente a essa data, continuarão a ser processadas e julgadas no juízo estadual, nos termos em que previsto pelo § 3.º do art. 109 da Constituição Federal, pelo inciso III do art. 15 da Lei n. 5.010, de 30 de maio de 1965, em sua redação original".

3 ◼ Da Competência

A regra do art. 109, § 3.º, da CF abrangia também às **execuções fiscais federais**. A competência era da Justiça Federal, mas onde não houvesse vara federal, a competência passaria, por delegação, à justiça estadual. Mas a Lei n. 13.043/2014 pôs fim a essa possibilidade, afastando a delegação de competência à justiça estadual nas execuções fiscais federais. Assim, mesmo que não haja justiça federal na comarca, as execuções fiscais federais não serão processadas na justiça estadual, mas na vara federal competente. Ficam ressalvadas as execuções fiscais já em curso quando da edição da nova lei, as quais permanecem na justiça estadual, onde já vinham correndo.

A regra do art. 109, § 3.º, da CF só se aplica para os casos expressamente previstos. Fora disso, se a competência é da Justiça Federal, e a comarca não a tem instalada, será **necessário ajuizar a demanda na cidade próxima, que seja a sede da circunscrição, e onde ela exista**. Isto é, na cidade cujo foro federal abranja as comarcas vizinhas, que não têm vara federal instalada.

Quando há conflito de competências entre dois órgãos judiciários, cumpre a um superior, cujas decisões vinculam ambos, dirimi-lo. Se o conflito for entre dois juízes estaduais, ao Tribunal de Justiça; entre dois juízes federais, ao Tribunal Regional Federal; entre um juiz federal e um estadual, ao Superior Tribunal de Justiça. Mas, se houver conflito entre um juiz federal e um juiz estadual que, em determinado processo, esteja no exercício da competência supletiva de juiz federal, como ocorre nas ações previdenciárias que correm em comarcas desprovidas da Justiça Federal, **o conflito será dirimido pelo Tribunal Regional Federal**. Conquanto o conflito tenha participação de um juiz estadual, no processo em que ele foi suscitado, o juiz estadual está fazendo as vezes do federal, subordinando-se ao TRF.

3.14.2. Justiça Federal de segunda instância

A competência dos Tribunais Regionais Federais é estabelecida na CF, art. 108. Compete-lhes, originariamente, o julgamento de:

◼ ações rescisórias de seus próprios julgados ou dos juízes federais da região;

◼ mandados de segurança e os *habeas data* contra ato do próprio tribunal ou do juiz federal;

◼ os *habeas corpus*, quando a autoridade coatora for juiz federal;

◼ os conflitos de competência entre juízes federais vinculados ao tribunal (art. 108, I, *b*, *c*, *d*, *e*).

Em grau de recurso, compete-lhes o julgamento das causas decididas pelos juízes federais e pelos juízes estaduais no exercício da competência federal da área de sua jurisdição.

3.14.3. A quem compete decidir se há ou não interesse da União e entidades federais

O art. 109, I, da CF atribui à Justiça Federal a competência para julgar as causas que tenham participação da União, autarquias, fundações públicas e empresas públicas federais, não importa a condição em que eles participem ou intervenham.

Se um processo corre na Justiça Estadual, e é admitida a intervenção de um desses entes, os autos terão de ser remetidos à Justiça Federal.

Mas sempre se controverteu sobre a possibilidade de a Justiça Estadual indeferir o ingresso desses entes no processo, quando eles manifestavam interesse. Essa controvérsia se intensificou com a proliferação de casos versando sobre aldeamentos indígenas, em áreas urbanas, em que a União manifestava o seu interesse e requeria a remessa dos autos à Justiça Federal.

Foram muitas as ações de usucapião de áreas urbanas em que a União requereu ingresso, alegando que o imóvel ficava em extinto aldeamento indígena, o que tornava a sua intervenção obrigatória, com o consequente deslocamento para a Justiça Federal. Muitos juízes estaduais indeferiam o ingresso da União, alegando que os aldeamentos já estavam extintos e que não havia mais razão para que ela interviesse.

O Superior Tribunal de Justiça, examinando a questão, editou a **Súmula 150**: "Compete à Justiça Federal decidir sobre a existência de interesse jurídico que justifique a presença, no processo, da União, suas autarquias ou empresas públicas". A súmula uniformizou o entendimento de que cabe à Justiça Federal decidir se há ou não interesse da União e demais entidades federais, quando solicitarem o seu ingresso em processo que corre pela Justiça Estadual. Nada restará a esta senão determinar a remessa dos autos àquela, na qual então se decidirá se a intervenção é legítima ou não. Caso o juiz federal decida que não, os autos tornarão à Justiça Estadual.

Foi o que aconteceu com as causas envolvendo os aldeamentos indígenas extintos: os autos foram remetidos à Justiça Federal, e esta acabou por decidir que não havia mais interesse da União, uma vez que tais aldeamentos haviam desaparecido. O Supremo Tribunal Federal acabou por editar a Súmula 650: "Os incisos I e XI do art. 20 da Constituição Federal não alcançam terras de aldeamentos extintos, ainda que ocupadas por indígenas em passado remoto". Portanto, não são terras da União — o que afasta o interesse dela em intervir em ações que sobre elas versem — aquelas ocupadas por aldeamentos indígenas em passado remoto.

O Superior Tribunal de Justiça, em várias decisões, tem entendido que, apesar do teor da Súmula 150, o juiz estadual pode indeferir o ingresso da União, **se o seu pedido não vier acompanhado de uma fundamentação juridicamente razoável**. Nesse sentido, o acórdão publicado em *RSTJ* 103/285, que julgou o Recurso Especial 114.359/SP, Rel. Min. Ruy Rosado de Aguiar: "A Súmula 150/STJ não impede que o juiz estadual afaste a alegação de interesse da União, quando sem fundamentação razoável, do ponto de vista jurídico, ou por absoluta impossibilidade física, como tem sido reconhecido, em casos tais, na instância ordinária". No mesmo sentido, *JTJ*, 224/205, Rel. Rodrigues de Carvalho.

A intervenção dos entes mencionados no art. 109 desloca a competência para a justiça federal. Mas, se houver pedido cuja apreciação seja de competência da justiça estadual, os autos não serão remetidos (art. 45, § 1.º). Pode ocorrer que o autor tenha formulado dois ou mais pedidos e que a União ou demais entes intervenham em razão de interesse em apenas um ou alguns deles. Nesse caso, o juiz estadual permanecerá com o processo, já que há pedidos de sua competência, e indeferirá a cumulação em relação àqueles pedidos cuja competência, por haver interesse da União, é da Justiça Federal, fazendo-o sem examinar-lhes o mérito.

3.15. A APURAÇÃO DO FORO COMPETENTE

No *item 3.13*, vimos os passos para a apuração da competência. Depois de verificarmos se a competência é das justiças especiais ou da justiça comum — federal ou estadual —, resta apurar o foro competente.

Para tanto, é preciso consultar o Código de Processo Civil e eventuais leis especiais que possam ter regras de competência específicas (como a lei da ação civil pública e o Código de Defesa do Consumidor).

As principais regras de competência de foro formuladas no Código de Processo Civil estão nos arts. 46 a 53.

A regra geral é a prevista no art. 46, *caput*, do CPC. Os arts. 48, 49 e 50 constituem apenas explicitações dessa norma geral, que institui o foro comum.

Já os arts. 47, 51, parágrafo único, 52, parágrafo único, e 53 constituem exceções, os chamados foros especiais.

3.15.1. Foro comum

É o estabelecido no art. 46, *caput*, do CPC. **As ações pessoais, assim como as reais sobre bens móveis, devem ser ajuizadas, em regra, no foro de domicílio do réu**. Uma vez que vigora o princípio da obrigatoriedade da jurisdição, não tendo o réu a possibilidade de eximir-se da demanda contra ele aforada, ao menos se garante que tenha a possibilidade de respondê-la na comarca do seu domicílio, sem a necessidade de deslocar-se.

Essa regra vale, em princípio, para todos os tipos de processo — de conhecimento ou de execução. Mas, sendo geral, cede ante a existência de regra específica.

As ações mencionadas no dispositivo são de grande abrangência. **Ações pessoais abrangem todas aquelas que versem sobre contratos, obrigações em geral, responsabilidade civil e boa parte das ações envolvendo direito de família e sucessões**. Não importa que o objeto seja móvel ou imóvel, desde que a ação seja pessoal. Por exemplo, uma ação de resolução de compra e venda, sendo pessoal — já que visa a desconstituição de um contrato —, correrá no foro de domicílio do réu, tenha o negócio por objeto bem móvel ou imóvel.

Além das ações pessoais, a regra geral abrange as que versam sobre direito real tendo por objeto bem móvel. **Mas, se o bem for imóvel, e a ação real, a competência será do foro de situação da coisa**.

O art. 46 atribui competência ao foro do domicílio do réu, não fazendo nenhuma distinção se pessoa física ou jurídica. **A definição de domicílio é dada pelo Código Civil, cujos arts. 70 a 78 cuidam do assunto**. Os arts. 70 a 74 tratam do domicílio das pessoas naturais, considerando-o o lugar onde elas estabelecem sua residência com ânimo definitivo, ou, no que se refere às relações concernentes à profissão, o lugar onde ela é exercida. Se houver várias residências, qualquer uma será o domicílio; se não houver nenhuma, será o lugar em que a pessoa for encontrada. O art. 76 do CC trata do domicílio necessário do incapaz, do servidor público, do militar, do marítimo e do preso.

Já o domicílio das pessoas jurídicas é indicado no art. 75 do CC:

- ■ da União, o Distrito Federal;
- ■ dos Estados e Territórios, a respectiva capital;

■ do Município, o lugar onde funcione a administração municipal;

■ das demais pessoas jurídicas, o lugar onde funcionarem as respectivas diretorias e administrações ou onde elegerem domicílio especial no seu estatuto ou atos constitutivos.

Os arts. 48, 49 e 50 do CPC contêm apenas explicitações da regra geral do art. 46: o art. 50 dispõe que as ações contra o incapaz se processam no domicílio do seu representante ou assistente; contra o ausente, no foro do seu último domicílio (art. 49).

Por fim, o art. 48 trata da competência para os inventários, partilhas, arrecadação e cumprimento de disposições de última vontade, impugnação ou anulação de partilha extrajudicial, bem como para as ações em que o espólio for réu, **atribuindo-a ao foro de domicílio do autor da herança, isto é, do** *de cujus*. Mas, se ele não tinha domicílio certo, a competência será do foro de situação dos bens imóveis e, se estes estiverem situados em foros diferentes, de qualquer deles. Se não havia imóveis, será competente o foro do local de qualquer dos bens do espólio.

A regra do art. 46, bem como a dos arts. 48, 49 e 50, todos do CPC, é de competência de foro e usa o critério territorial, com base no domicílio. É, portanto, regra de competência relativa.

> É relativa à regra de competência geral do foro do art. 46 do CPC, bem como as dos arts. 48, 49 e 50. Estão, portanto, sujeitas à prorrogação, se não for arguida a incompetência relativa, como preliminar de contestação.

3.15.2. Foros especiais

3.15.2.1. *Foro de situação dos imóveis para as ações reais imobiliárias*

O art. 47 do CPC cuida da competência para as ações que versam sobre direitos reais sobre bens imóveis. O direito civil enumera quais são os direitos reais no art. 1.225. Também é da lei civil a função de definir quais são os bens imóveis, o que ela fez nos arts. 79 a 81.

Entre os direitos reais enumerados no art. 1.225 não se encontra a posse. No entanto, para fins de competência, **as ações possessórias são consideradas reais imobiliárias, e a competência para julgá-las é do foro de situação da coisa, o que vem expresso no art. 47, § 2.º**. É preciso ter algum cuidado com a natureza das ações possessórias. É que, como visto, para fins de competência, elas são tratadas como reais. Mas, para fins do art. 73 do CPC — outorga uxória nas ações reais imobiliárias —, são tratadas como pessoais, **tanto que prescindem da autorização do cônjuge para a propositura (art. 73, § 2.º)**.

A razão pela qual o legislador optou pelo foro de situação do imóvel é a facilidade de o juiz obter conhecimentos, relacionados a ele, que possam facilitar o julgamento.

Como visto no *item 3.10*, a competência do foro de situação da coisa para as ações reais imobiliárias é absoluta. Mas a competência será relativa, e o autor poderá optar pelo foro de domicílio do réu ou pelo foro de eleição, se o litígio não recair sobre direito de propriedade, vizinhança, servidão e demarcação de terras e de nunciação de obra nova. A regra, portanto, é que a competência nas ações reais imobiliárias é do foro de

3 ■ Da Competência

situação da coisa e é absoluta, uma vez que a imensa maioria das ações reais versa sobre aqueles temas, indicados no art. 47, § 1.º. Se porventura a ação não versar sobre esses temas, **admitir-se-ão a eleição e a propositura no domicílio do réu**. Se versar — o que ocorre em quase todas as ações reais —, a competência será absoluta, sendo inadmissível a eleição.

Entre outros, podem-se mencionar os seguintes exemplos de ações que devem ser aforadas no foro de situação da coisa:

■ desapropriação direta e indireta;

■ adjudicação compulsória, proposta pelo compromissário comprador, que pagou todas as parcelas do compromisso e que pretende obter uma sentença que substitua a escritura, cuja outorga vem sendo negada pelo vendedor. A controvérsia que havia a respeito ficou superada com a decisão do Pleno do Supremo Tribunal Federal nesse sentido (*RT* 514/243);

■ anulação de registro de determinado imóvel;

■ as ações de anulação e resolução de contrato, que são pessoais, devendo ser propostas no foro de domicílio do réu. Mas, se houver pedido cumulado de reintegração de posse, tem prevalecido o entendimento de que a competência é do foro de situação da coisa. No entanto, há decisões que entendem que, sendo o pedido de resolução o principal, e a reintegração de posse apenas uma consequência do primeiro, para apuração de competência deva prevalecer o pedido de resolução contratual, que é pessoal. Contudo, parece-nos que, **sempre que houver cumulação de pedidos e um deles estiver fundado em direito real sobre bem imóvel, deve prevalecer a competência absoluta do foro de situação da coisa, na forma do art. 47**;

■ as ações versando sobre servidões administrativas;

■ as reivindicatórias de imóveis;

■ imissão de posse de bens imóveis.

Quanto às execuções hipotecárias, ainda há controvérsia. Mas parece-nos que se trata de ação pessoal, porque o que se postula é o dinheiro, e não o imóvel dado em garantia, que não poderá ficar com o credor, por força da proibição do pacto comissório. Elas devem ser aforadas no foro de domicílio do réu, ou no de eleição.

3.15.2.2. *Foro competente para as ações de divórcio, separação, anulação de casamento e reconhecimento ou dissolução de união estável*

O Código de Processo Civil não manteve o foro privilegiado da mulher, para essas ações, que vinha previsto no art. 100, I, do CPC de 1973.

Já há muito se vinha discutindo se era caso de mantê-lo, permitindo-se à mulher que ajuizasse as ações de divórcio, separação, anulação de casamento e reconhecimento ou dissolução de união estável no foro de sua residência. Ele só se justificaria se, pelo menos em algumas situações, ou em algumas regiões do país, a situação da mulher fosse tal que ela tivesse mais dificuldade de acesso à justiça, sobretudo nas demandas contra o marido ou companheiro. O Código de Processo Civil entendeu não haver diferenças tais entre homens e mulheres, no que concerne ao acesso à justiça, que justificasse a manutenção do foro privilegiado. De fato, desde a edição do Código de 1973, passados 51 anos, aumentou significativamente o número de mulheres que gozam de independência econômica e financeira e que tem a mesma facilidade de acesso à justiça que os homens, o que tornava injustificável a manutenção do privilégio.

A competência para as ações mencionadas será a do **foro do domicílio do guardião do filho incapaz**. Caso não haja filhos incapazes, a competência será do foro do **último domicílio do casal** (arts. 1.566, II, e 1.569 do CC). Mas, para que seja esse o foro competente, é preciso que ao menos um dos cônjuges tenha permanecido nele; se nenhuma das partes residir no antigo domicílio do casal, a competência será a do **foro do domicílio do réu**.

Em caso de violência doméstica ou familiar, a competência será do foro do domicílio da vítima.

Como todas as hipóteses estão fundadas no critério territorial, a competência será relativa.

3.15.2.3. *Foro privilegiado do credor de alimentos e do idoso*

De acordo com o art. 53, II, do CPC, a competência para as ações de alimentos é do **domicílio ou residência do alimentando**, regra que se justifica dada a necessidade de proteger aquele que deles necessita.

Isso vale mesmo que o pedido de alimentos venha cumulado ao de investigação de paternidade **(Súmula 1 do STJ)**.

Como está fundada no domicílio do autor (critério territorial), a regra também é relativa.

O Código de Processo Civil também estabelece o foro privilegiado do idoso, não de caráter geral, mas apenas para as ações que versem sobre direito previsto no respectivo estatuto. Tais ações serão propostas no foro de residência do idoso. O Estatuto, Lei n. 10.741/2003, com redação dada pela Lei n. 14.423/2022, considera pessoa idosa aquela que contar idade igual ou superior a 60 anos (art. 1.º). O Código de Processo Civil assegura à pessoa idosa prioridade de processamento (art. 1.048, I) e foro privilegiado. A ideia é facilitar o acesso à justiça à pessoa idosa, nas ações que versem sobre direitos previstos no Estatuto. Como se trata de critério territorial, a competência nesse caso também é relativa.

3.15.2.4. *Foro do lugar do cumprimento da obrigação*

O art. 53, III, *d*, do CPC atribui competência **ao foro do lugar onde a obrigação deve ser satisfeita, nas ações em que se lhe exigir o cumprimento**.

Será necessário verificar se a obrigação é quesível ou portável. A primeira é aquela cuja satisfação o credor deve ir buscar no domicílio do devedor; a segunda, a que este deve ir prestar no domicílio daquele. Aplica-se a regra geral do art. 327 do Código Civil: "Efetuar-se-á o pagamento no domicílio do devedor, salvo se as partes convencionarem diversamente, ou se o contrário resultar da lei, da natureza da obrigação ou das circunstâncias".

3 ■ Da Competência   95

A regra vale apenas para as ações em que se busque o cumprimento da obrigação. Quando se visar outras consequências do inadimplemento, como a resolução do contrato ou o ressarcimento, segue-se a regra geral do art. 46.

Por tratar de competência territorial, a regra é relativa.

3.15.2.5. Foro do lugar do ato ou fato

O art. 53, IV, do CPC enumera algumas situações em que a competência — sempre relativa, já que fundada no critério territorial — será o do foro do lugar do ato ou fato. São elas:

■ **A das ações de reparação de dano em geral**, o que abrange as causas de responsabilidade civil. A distinção entre ato e fato, indicada no dispositivo legal, resulta de que o primeiro é conduta humana, comissiva ou omissiva, violadora de direito, que causa danos, ao passo que o segundo é um evento ou conjunto de eventos que, associado(s) a uma ação ou omissão humana, pode(m) dar ensejo à obrigação de reparar. Um fato da natureza — como uma chuva muito forte — pode trazer o dever de indenizar se provocar a queda de uma árvore, cujo corte foi negligenciado pelas autoridades. Se a ação indenizatória estiver fundada em danos derivados de relação de consumo, a competência será do foro do domicílio do consumidor, porque há dispositivo específico, o art. 101, I, do Código de Defesa do Consumidor.

■ **A das ações em que for réu o administrador ou gestor de negócios alheios**. Nessa situação, as demandas deverão ser propostas no lugar em que foi prestada a administração ou cumprido o mandato.

3.15.2.6. Foro nas ações de reparação de dano por acidente de veículo, incluindo aeronaves, ou por crimes

Como visto no item anterior, as ações de indenização são de competência do foro do lugar do ato ou fato. Mas se os danos provierem de **acidente de veículo ou de fato tido por lei como infração criminal**, a lei abre ao autor uma alternativa: a de propor no **lugar do fato, ou no seu domicílio** (CPC, art. 53, V). A intenção foi facilitar o acesso das vítimas. Haverá, portanto, foros concorrentes, cabendo a elas a livre opção.

Acidentes de veículo são os que envolvem carros, motocicletas, trens e outros veículos terrestres, marítimos ou aéreos, motorizados ou não (por exemplo, as bicicletas).

Mas o foro especial das vítimas de acidente de veículos não se estende às seguradoras, que, tendo ressarcido os segurados, sub-rogam-se nos direitos de cobrar a indenização. As seguradoras terão de propor as suas ações no foro do domicílio do réu.

3.15.2.7. Competência para as ações em que a União é parte

É preciso distinguir as causas em que a União é autora daquelas em que é ré, embora ambas corram perante a Justiça Federal.

Quando a União é autora, a demanda será proposta no **foro de domicílio do réu**, isto é, na seção judiciária desse domicílio, aplicando-se assim a regra geral do art. 46 do CPC. Mas, quando for ré, a ação não será proposta no seu domicílio, mas **na seção judiciária em que for domiciliado o autor, naquela onde houver ocorrido o ato ou fato que deu origem à demanda ou onde esteja situada a coisa, ou, ainda, no Distrito Federal** (art. 109, § 2.º, da CF; e art. 51, parágrafo único, do CPC).

Se a ação ajuizada em face da União versar sobre direito real em bem imóvel, a competência, aqui absoluta, será do foro de situação da coisa.

Mas, se a ação é pessoal ou real sobre bens móveis, caberá ao autor optar entre propô-la no seu domicílio ou no lugar do ato ou fato, sendo essa uma regra de competência relativa. Por isso mesmo, pode o autor optar por propor a ação no foro onde a União tem domicílio, isto é, no Distrito Federal. Tem prevalecido o entendimento de que a regra do art. 109, § 2.º, da CF não se estende às autarquias e empresas públicas, como se verifica do acórdão do STJ publicado em *RT* 813/440: ficou decidido que, em relação a elas, aplica-se a regra geral do art. 100, IV, *a*, do CPC (atual art. 53, III, *a*) (STJ — 2.ª Seção, CC 27.570/MG, Rel. Min. Eduardo Ribeiro).

Nas ações previdenciárias em que o juiz estadual faz as vezes do federal, na ausência deste, a competência será do foro do domicílio do segurado.

3.15.2.8. Competência para as ações em que figuram como partes os Estados Federados

Quando o Estado e a Fazenda Estadual, bem como o Distrito Federal, forem autores, segue-se a regra geral do art. 46, devendo a ação ser proposta no domicílio do réu. Mas, **se o Estado ou Distrito Federal for réu**, a ação poderá ser proposta no domicílio do autor, no de ocorrência do ato ou fato que originou a demanda, no de situação da coisa ou na capital do respectivo ente federado. A regra, estabelecida no art. 52, parágrafo único, é análoga àquela aplicável à União, valendo aqui as mesmas considerações feitas no item anterior. O Estado e a Fazenda Estadual não têm foro privilegiado, de sorte que as ações em que forem autores ou réus seguem as regras de competência instituídas no art. 52. Nesse sentido, a Súmula 206 do STJ: "A existência de vara privativa instituída por lei estadual não altera a competência territorial resultante das leis de processo".

Nem poderia ser diferente, pois as regras que versam sobre varas privativas em determinada comarca são de **competência de juízo**, reguladas por lei estadual, e não de foro.

A competência de foro nas causas da Fazenda será:

◼ quando a ação por ela ou contra ela ajuizada versar sobre direito real em bens imóveis, a do foro de situação da coisa (se nesse foro houver vara privativa, é lá que a ação correrá; se não houver, em vara cível comum). Trata-se, como já visto, de regra de competência absoluta;

◼ se a Fazenda é autora, e a ação é pessoal ou real sobre bens móveis, a competência será a do foro do domicílio do réu, ressalvadas as exceções do art. 53 do CPC. E a demanda deverá ser ajuizada no juízo privativo, se houver;

◼ se a Fazenda é ré, a ação pessoal ou real sobre bens móveis será ajuizada no foro do domicílio do autor, no da ocorrência do ato ou fato que originou a demanda, ou no domicílio do Estado, que é a sua Capital, em vara privativa, se houver. Essa regra e a anterior são de competência relativa.

3.16. ALGUNS EXEMPLOS DE COMPETÊNCIA FUNCIONAL

Como visto no *item 3.9.2* deste capítulo, além do critério territorial, o CPC se vale, às vezes, do **funcional**, que é sempre absoluto.

3 ■ Da Competência

Isso é feito nos casos em que determinada demanda guarda **vínculo com outra anteriormente já ajuizada**, devendo, por isso mesmo, ser processada onde corre a primeira.

São exemplos as regras que determinam a oposição dos embargos de terceiro onde corre a ação principal e da ação acessória perante o juiz competente para a principal (CPC, art. 61).

3.17. ESQUEMA RESUMIDO DAS REGRAS DE COMPETÊNCIA DE FORO

TIPO DE AÇÃO	FORO COMPETENTE	CARÁTER DA REGRA
■ Ações pessoais e reais sobre bens móveis.	■ Foro do domicílio do réu (CPC, art. 46).	■ Relativo.
■ Ações reais imobiliárias (incluindo possessórias e adjudicações compulsórias).	■ Foro de situação do imóvel (CPC, art. 47).	■ Absoluto, se a ação versar sobre propriedade, posse, vizinhança, servidão, divisão e demarcação de terras e nunciação da obra nova. Relativo, se não versar sobre esses temas.
■ Ações de inventário, partilha e arrecadação, bem como as que envolvam o cumprimento de disposições de última vontade, a impugnação ou anulação de partilha extrajudicial, ou em que o espólio for réu.	■ O foro do domicílio do autor da herança no Brasil; se ele não possuía domicílio certo, o da situação dos bens imóveis; se havia bens imóveis em lugares diversos, em qualquer deles; se não havia imóveis, o foro do local de qualquer bem do espólio (CPC, art. 48).	■ Relativo.
■ Ações de separação, divórcio, anulação de casamento e reconhecimento ou dissolução de união estável.	■ O foro de domicílio do guardião do filho incapaz; do último domicílio do casal; ou do domicílio do réu, se nenhuma das partes residir no último domicílio do casal (CPC, art. 53, I).	■ Relativo.
■ Ações de alimentos, ainda que cumuladas com investigação de paternidade.	■ O foro de domicílio do alimentando (CPC, art. 53, II).	■ Relativo.
■ Ações de reparação de danos em geral.	■ O foro do lugar do ato ou fato, salvo quando se tratar de relação de consumo, quando a competência será a do domicílio do consumidor (CPC, art. 53, IV, *a*, e CDC, art. 101, I).	■ Relativo.
■ Ações de reparação de danos em acidentes de veículo.	■ O foro de domicílio do autor ou do local do ato ou fato, a critério da vítima (CPC, art. 53, V).	■ Relativo.
■ Ações em que a União é parte.	■ Se autora, no domicílio do réu; se ré, o autor poderá propô-la no seu domicílio ou no lugar do ato ou do fato, salvo se a ação for real imobiliária, quando a competência é sempre do foro de situação (CF, art. 109, §§ 1.º e 2.º). O autor pode ainda propor no Distrito Federal.	■ Relativo, salvo se a ação for real imobiliária, quando a competência do foro de situação será absoluta.

◘ Ações em que a Fazenda Pública Estadual é parte.	◘ A Fazenda Pública Estadual não tem foro privilegiado. Assim, quando autora, as ações serão propostas no domicílio do réu, e quando réu, no domicílio do autor, no de ocorrência do ato ou fato, no de situação do imóvel ou no da Capital do Estado, sempre na vara privativa, onde houver. Se a ação for real imobiliária, a competência é sempre do foro de situação do imóvel.	◘ Relativo, salvo se a ação for real imobiliária.
◘ Ações que guardam vínculo com outras anteriormente propostas.	◘ A competência será do foro e do juízo em que correr a ação anteriormente aforada.	◘ Absoluto, por tratar-se de competência funcional.

3.18. COMPETÊNCIA DE JUÍZO — BREVES CONSIDERAÇÕES

Depois de apurado o foro, o último passo é identificar o juízo competente, quando houver necessidade (há comarcas pequenas, com um só juízo, em que a questão não se colocará).

As regras de competência de juízo não estão formuladas no Código de Processo Civil, mas nas **leis estaduais de organização judiciária**, que, de maneira geral, se utilizam dos mesmos critérios: o valor da causa, a matéria, o critério territorial e o funcional.

Mas a competência de juízo é sempre absoluta, mesmo quando o critério utilizado é o territorial (ver *item 3.10*). Por isso, não está sujeita a modificação. Por exemplo: o art. 63 do CPC autoriza, nas hipóteses de competência relativa, a eleição de foro, isto é, a escolha, por acordo de vontades, de um foro diferente daquele previsto em lei. Mas não se pode eleger o juízo, isto é, a região da comarca em que a ação será proposta.

Essa questão se torna de grande relevância, porque é frequente que leis estaduais de organização judiciária, ao estabelecer a divisão administrativo-judiciária de comarcas de grande porte, indiquem a existência de "foros" centrais e "foros" regionais. Já vimos que essa linguagem, utilizada pelas leis estaduais, não coincide com a do Código de Processo Civil, que emprega "foro" como abrangendo toda a comarca, e não as regiões nas quais ela é dividida. Como o dispositivo que permite a eleição de foro está no CPC (art. 63), a interpretação há de ser pela permissão da escolha da comarca em que a demanda será proposta, mas não da região dentro da comarca em que isso deva ocorrer. **É possível eleger o foro da capital, mas não o foro central, por exemplo**.

> A competência de juízo é absoluta, por isso não é possível que, por convenção, haja eleição de juízo. Cuidado: os chamados "foros" centrais e "foros regionais" não são propriamente foros, mas juízos. Por isso, não é possível eleger o foro central ou foro regional.

Sendo absoluta a incompetência de juízo, o juiz deverá **decliná-la de ofício**. Já foi mencionada a existência de respeitável entendimento em contrário, que qualifica como relativa a incompetência de juízo, quando fundada no valor da causa e ação de menor valor for proposta em região diversa da prevista. Conquanto respeitável, parece-nos melhor o entendimento de que a **competência de juízo é sempre absoluta, seja qual for o critério utilizado pela lei**.

3 ◻ Da Competência

As leis de organização judiciária estaduais poderão criar varas especializadas para determinados temas — como as de família e sucessões, registros públicos, temas empresariais, falência e concordata, acidentes de trabalho — ou especializadas em função da qualidade de um dos litigantes, como as varas da fazenda pública.

3.19. A COMPETÊNCIA NOS JUIZADOS ESPECIAIS CÍVEIS

Saber se determinada demanda pode ou não ser proposta perante os juizados especiais não é tema de competência, mas de procedimento. A Lei n. 9.099/95, que trata dos juizados especiais, criou **um novo tipo de procedimento**, muito mais rápido e informal que o tradicional, apelidado de **"sumaríssimo"**. O art. 3.º, que indica as causas que podem correr perante o juizado especial, emprega a expressão "competência" de forma pouco técnica (correto o emprego, no § 3.º desse art. 3.º, da palavra "procedimento"). O que ele faz é enumerar em que situações o interessado poderá valer-se do procedimento previsto na lei, aforando a sua demanda perante o Juizado Especial Cível. Um exame das hipóteses do mencionado art. 3.º da Lei n. 9.099/95, bem como do art. 3.º da Lei n. 10.259/2001, que trata dos Juizados Especiais Federais, permite concluir que, em regra, os critérios usados pela lei para identificar quando é possível se valer do procedimento do juizado são **o valor da causa** (até quarenta salários mínimos nos juizados estaduais, salvo os da Fazenda Pública, até sessenta; e até sessenta nos federais) e a **matéria**. Também a qualidade de alguns dos litigantes deve ser levada em conta (por exemplo, não podem ter o procedimento do juizado as ações propostas por pessoas jurídicas). Vale lembrar que a utilização dos critérios matéria e valor da causa para apuração do procedimento não é inédita, pois o CPC de 1973, ao indicar quais ações corriam pelo procedimento sumário, no art. 275, valia-se desses critérios.

O procedimento do Juizado Especial Cível é opcional, pois ainda que a matéria ou o valor da causa o permitam, o interessado pode preferir os procedimentos tradicionais. Ressalvam-se, porém, o Juizado Especial Federal e o da Fazenda Pública, cujo procedimento é de adoção obrigatória.

Mas, **se o autor optar pelo Juizado, surgirá uma questão verdadeiramente de competência:** em qual dos juizados, havendo mais de um, a demanda deverá ser proposta? O art. 4.º da Lei n. 9.099/95 apresenta as regras. Será competente o Juizado do foro:

▪ do domicílio do réu ou, a critério do autor, do local onde aquele exerça atividades profissionais ou econômicas, ou mantenha estabelecimento, filial, agência, sucursal ou escritório;

▪ do lugar onde a obrigação deva ser satisfeita;

▪ do domicílio do autor ou do local do ato ou fato, nas ações para reparação de dano de qualquer natureza.

O parágrafo único do art. 4.º estabelece que, em qualquer hipótese (mesmo nas duas últimas), poderá a ação ser proposta no foro previsto na primeira.

Tem prevalecido o entendimento de que a **competência no juizado, ainda que territorial, é absoluta e pode ser declinada de ofício,** caso em que não se deverá remeter os autos ao juizado competente, mas extinguir o processo sem julgamento de mérito, nos termos do art. 51, III, da Lei n. 9.099/95.

4. A MODIFICAÇÃO DE COMPETÊNCIA

Como visto, as regras de competência podem ser divididas em: absolutas e relativas. Somente as relativas estão sujeitas à modificação, nunca as absolutas, estabelecidas em vista do melhor funcionamento do Poder Judiciário, e não para comodidade dos litigantes.

Haverá modificação de competência quando as regras de competência relativa apontarem a competência de um foro X, mas determinadas circunstâncias tornarem competente para a causa o foro Y, diferente daquele previsto originariamente em lei.

Só pode haver modificação de competência de foro nos casos em que for relativa; nunca de juízo, pois esta é sempre absoluta.

As causas de modificação de competência são: a prorrogação, a derrogação, a conexão e a continência.

4.1. PRORROGAÇÃO DE COMPETÊNCIA

É consequência natural de a incompetência relativa não poder ser conhecida de ofício (Súmula 33 do STJ), **cumprindo ao réu alegá-la como preliminar de contestação, sob pena de haver preclusão.**

Se o réu não se manifestar, aquele foro que era originariamente incompetente (mas de incompetência relativa) tornar-se-á plenamente competente, não sendo mais possível a qualquer dos litigantes ou ao juiz (preclusão *pro judicato*) tornar ao assunto. A esse fenômeno dá-se o nome de **prorrogação de competência.**

4.2. DERROGAÇÃO

Ocorre quando há **eleição de foro**, isto é, quando, por força de acordo de vontades (contrato), duas ou mais pessoas escolhem qual será o foro competente para processar e julgar futuras demandas, relativas ao contrato celebrado.

O CPC, no art. 63, explicita que a eleição de foro só cabe em ações oriundas de direitos e obrigações, ou seja, fundadas no direito das obrigações. O § 1.º , com a redação dada pela Lei n. 14.879/2024, estabelece que a cláusula deve constar **de contrato escrito, aludir expressamente a determinado negócio jurídico e guardar pertinência com o domicílio ou a residência de uma das partes ou com o local da obrigação, ressalvada a pactuação consumerista, quando favorável ao consumidor.** São três, portanto, os seus requisitos de validade, sendo o terceiro acrescentado pela lei acima referida no intuito de coibir a prática abusiva, não raro encontrada, de eleger foro que não guarde nenhuma relação seja com o domicílio ou residência de uma das partes, seja com o local de cumprimento da obrigação. A este juízo, que não mantém tal relação de pertinência, a lei denomina "juízo aleatório", expressão inaugurada pela lei acima referida, já que sem precedentes em nosso ordenamento jurídico. A propositura da demanda em juízo aleatório, isto é, fixado por foro de eleição que não guarda pertinência com o domicílio ou residência das partes ou local de cumprimento da obrigação, permitirá, como se verá mais adiante, a declinação de competência de ofício pelo juízo (art. 63, § 5.º, do CPC, introduzido pela Lei n. 14.879/2024).

3 ◼ Da Competência

Não se permite a eleição de foro nos casos de competência absoluta, como os que envolvem competência funcional, ou de juízo, ou nas ações reais sobre bens imóveis.

As regras de eleição de foro não prevalecem sobre as da conexão: isto é, a existência de foro de eleição não impedirá a reunião de ações conexas, para julgamento conjunto.

O foro de eleição obriga não apenas os contratantes, mas seus sucessores, por ato *inter vivos* ou *mortis causa* (herança).

4.2.1. Pode haver eleição de foro em contrato de adesão?

O contrato de adesão é aquele cujas cláusulas vêm inteiramente redigidas por um dos contratantes, cabendo ao outro tão-somente aderir, ou não, sem chance de discuti-las. Controverte-se sobre a licitude da eleição de foro por aquele que redigiu o contrato.

A resposta não pode ser genérica: a cláusula poderá valer, ou não, dependendo do caso concreto, **desde que não prejudique o direito de acesso à justiça do aderente**.

Imagine-se que uma pessoa física celebre com um banco um contrato de empréstimo, que estabeleça como foro de eleição a capital de outro Estado, ou uma cidade distante. A cláusula não poderá valer, porque traz prejuízo ao aderente; mas se o contrato, por exemplo, for celebrado entre duas grandes empresas, que têm agências no foro eleito, valerá. Nesse sentido: "Não se configura a abusividade da cláusula de foro de eleição quando a aderente é empresa de considerável porte, dispondo presumivelmente de condições para exercer sua defesa no foro indicado no contrato. Nesse caso, não cabe ao juiz suscitar de ofício a sua incompetência (Súmula 33)" (STJ — 2.ª Seção, CC 13.632-6/MG, Rel. Min. Ruy Rosado).

Se a relação entre os litigantes for regida pelo Código do Consumidor, com mais razão, a cláusula só valerá se não for abusiva, não prejudicar os direitos do consumidor, nem restringir o seu direito de defesa, devendo constar em destaque no contrato.

Vale ressaltar que, seja o contrato paritário ou de adesão, a cláusula de eleição de foro não valerá se estabelecer o chamado "juízo aleatório", isto é, que não guarda relação de pertinência com o domicílio ou endereço das partes, ou com o local do cumprimento da obrigação.

4.2.2. A nulidade da eleição de foro nos contratos de adesão deve ser declarada de ofício

O art. 63, § 3.º, consagrou algo que o Superior Tribunal de Justiça já vinha decidindo: "Antes da citação, a cláusula de eleição de foro, se abusiva, pode ser reputada ineficaz de ofício pelo juiz, que determinará a remessa dos autos ao juízo do foro de domicílio do réu". Mas o § 4.º acrescenta que, se o réu já tiver sido citado, incumbe a ele alegar a abusividade da cláusula de eleição de foro na contestação, sob pena de preclusão.

O disposto no art. 63, § 3.º, merece algumas considerações. Parece-nos não haver nenhuma novidade em o juiz reconhecer, de ofício, a ineficácia da cláusula de eleição de foro. Afinal, é regra geral que a ineficácia possa ser conhecida de ofício. O que constitui grande — e questionável — novidade são as consequências que a lei extrai desse reconhecimento.

Ora, o foro de eleição só cabe nos casos de competência relativa. Se determinado foro é o competente, mas a sua competência é relativa, as partes podem eleger outro, conforme seus interesses. Ora, declarada a ineficácia do foro eleito, a competência passará a ser daquele originariamente estabelecido por lei. Mas tal competência será relativa, já que fundada no domicílio do réu. Portanto, a incompetência decorrente de a demanda não ter sido proposta nesse foro será apenas relativa. O dispositivo determina, porém, que o juiz decline de ofício para o juízo de domicílio do réu, desde que ele não tenha sido citado. **Eis, portanto, um caso em que a incompetência relativa poderá ser reconhecida pelo juízo de ofício: quando ela provier do reconhecimento de ineficácia de foro de eleição, antes da citação do réu.**

4.2.3. O "juízo aleatório" e a declinação de competência de ofício

No item acima, se examinou hipótese em que, a despeito de se tratar de incompetência relativa, o juízo poderia reconhecê-la de ofício. Tratava-se da hipótese de reconhecimento de ineficácia de foro de eleição, antes da citação do réu.

Importante inovação a respeito dos foros de eleição e sua eficácia foi trazida pela Lei n. 14.789/2024, que criou nova hipótese de declinação de ofício de competência relativa, associada ao foro de eleição.

Tal lei, além de alterar a redação do § 1.º, do art. 63, passando a exigir mais um requisito de validade do foro de eleição, acrescentou o § 5.º, ao mesmo dispositivo legal, estabelecendo as consequências processuais que advirão da propositura da demanda perante o "juízo aleatório", denominação que o legislador atribui ao foro eleito pelas partes, que não guarde relação de pertinência, seja com o domicílio ou residência das partes, seja com o local de cumprimento da obrigação.

Dispõe o § 5.º, do art. 63, do CPC que "O ajuizamento de ação em juízo aleatório, entendido como aquele sem vinculação com o domicílio ou a residência das partes ou com o negócio jurídico discutido na demanda, constitui prática abusiva que justifica a declinação de competência de ofício".

Esse parágrafo guarda evidente relação com o § 1.º do mesmo artigo. Essa conclusão é importante porque nos parece que a possibilidade de declinação de ofício de competência deve ficar restrita às hipóteses de juízo aleatório, considerado como tal o decorrente de foro de eleição que não guarde relação de pertinência com domicílio ou residência das partes ou local de cumprimento de obrigação. É preciso não esquecer que a declinação de ofício vem prevista como parágrafo em artigo que trata do foro de eleição. Pressupõe, portanto, que exista um foro de eleição, escolhido aleatoriamente, sem qualquer dos vínculos exigidos por lei, e que a demanda nele seja proposta, caso em que o juízo, de ofício, declinará da competência. Não nos parece que esse parágrafo permita interpretação que desborde do tema do foro de eleição. Se, não havendo foro de eleição contratualmente previsto, o autor propõe ação em juízo que não tem vínculo com as partes ou com a obrigação, o juiz não poderá declinar de ofício, tratando-se de incompetência relativa. A declinação de ofício ficou reservada a hipóteses de juízo aleatório, definidas como aquele em que proposta a ação, em observação a foro de eleição que não guarda relação de pertinência com o domicílio e a residência das partes ou o local de cumprimento da obrigação.

3 ▣ Da Competência
103

Em síntese, o § 5.º prevê a possibilidade de, havendo foro de eleição inválido, por falta de pertinência, o juízo declinar de ofício a competência. A hipótese é relevante porque, se havia foro de eleição, é de se pressupor que a hipótese era de competência relativa, o que não autorizaria a declinação de ofício. Mas, especificamente nessa hipótese, o legislador excepciona a regra geral e permite que o juízo em que proposta a demanda — e que verifique não preencher as relações de pertinência exigidas em lei — decline de ofício.

Para justificar tal possibilidade, o § 5.º do art. 63 do CPC considera a propositura da demanda em juízo aleatório como prática abusiva, mas isso não autoriza o apenamento do autor, que só por essa razão não pode ser considerado litigante de má-fé. A prática abusiva, nesse caso, traz como consequência apenas a autorização ao juiz para declinar, de ofício, sua competência.

4.2.3. Possibilidade de renúncia ao foro de eleição

Se o autor ajuíza a demanda em outro foro que não o eleito, a incompetência daí decorrente será relativa, cumprindo ao réu alegá-la como preliminar na contestação. Se não o fizer, haverá prorrogação e renúncia tácita ao foro de eleição. Só haverá interesse de o réu alegar a incompetência relativa se ficar evidenciado que o foro de eleição é mais benéfico para ele. Às vezes, o autor propõe a demanda no foro do domicílio do réu, apesar do foro de eleição, caso em que não haverá interesse de ele alegar a incompetência, já que a renúncia foi em seu benefício, só lhe trazendo vantagens.

4.3. CONEXÃO

É um mecanismo processual que permite a reunião de duas ou mais ações em andamento, para que tenham um julgamento conjunto.

A principal razão é que não haja decisões conflitantes. Para que duas ações sejam conexas, é preciso que tenham elementos comuns. Assim, seria temerário que fossem julgadas por juízes diferentes, cuja convicção não se harmonizasse. Disso poderiam surgir resultados conflitantes, situação que o legislador quis evitar. **A reunião ainda se justifica por razões de economia processual**, já que, com ela, poderá ser feita uma única instrução e prolatada uma sentença conjunta.

4.3.1. Quando haverá conexão?

O critério utilizado pelo legislador para definir a existência de conexão é o dos **elementos da ação**. Toda ação se identifica por seus três elementos: as partes, o pedido e a causa de pedir.

O art. 55, *caput*, do CPC estabelece que **são conexas duas ações quando lhes for comum o pedido ou a causa de pedir**. Portanto, desde que tenham um elemento objetivo comum. Não basta coincidência apenas de partes.

Mas nem sempre a utilização desse critério será suficiente para identificar quando deverá haver a reunião. É preciso que ele seja conciliado com outro, finalístico, em que o julgador deve ter em mente as razões fundamentais para que duas ações sejam reunidas: em primeiro, evitar decisões conflitantes; e, em segundo, favorecer a economia processual.

Não se justifica a reunião de ações se inexiste qualquer risco de sentenças conflitantes, ou se a reunião não trouxer nenhum proveito em termos de economia processual.

Por essa razão, estabelece o art. 55, § 3.º, que "serão reunidos para julgamento conjunto os processos que possam gerar risco de prolação de decisões conflitantes ou contraditórias, caso decididos separadamente, mesmo sem conexão entre eles". A redação da parte final não foi das mais felizes, uma vez que, **se há risco de resultados conflitantes, há de ser sempre reconhecida a existência da conexão**. Melhor teria sido que a conexão tivesse sido definida apenas pela possibilidade de julgamentos contraditórios ou conflitantes, já que apenas nessa circunstância se justifica a reunião de ações.

A forma mais simples de se identificar a existência da conexão é verificar se, continuando a correr em separado os processos perante juízos diferentes, existe o risco de julgamentos conflitantes. Em caso afirmativo, está caracterizada a causa de modificação de competência.

Também por isso desaparece a conexão se alguma das ações já tiver sido julgada. A reunião é para que haja o julgamento conjunto, o que não mais poderá ocorrer se uma delas já foi sentenciada. Nesse sentido, a Súmula 235 do Superior Tribunal de Justiça: "A conexão não determina a reunião de processos, se um deles já foi julgado". Idêntica solução é dada pelo art. 55, § 1.º, que determina a reunião, salvo se um dos processos estiver sentenciado.

Como a reunião pressupõe risco de decisões conflitantes, havia certa hesitação, na vigência do CPC anterior, se poderia haver conexão entre execuções. Para afastar a dúvida, a lei atual determina a reunião **dos processos de ações conexas de execução de título extrajudicial e da ação de conhecimento relativa ao mesmo ato jurídico**, bem como **dos processos de execuções fundadas no mesmo título executivo**. No primeiro caso, a reunião se justifica, porque aquilo que for decidido na ação de conhecimento poderá repercutir diretamente na execução, uma vez que versa sobre o mesmo título. E, no segundo caso, também se justifica, pois é sempre temerário que duas execuções fundadas no mesmo título corram separadamente. É o que acontecerá, por exemplo, quando houver duas execuções fundadas no mesmo contrato de locação, mas relativas a períodos diferentes, em que o locatário deixou de pagar os alugueres. Não há litispendência, porque os períodos de cobrança são distintos. Mas é conveniente que o processamento seja conjunto, uma vez que ambas estão embasadas no mesmo título, que é o contrato escrito de locação.

4.3.2. Onde se fará a reunião de ações conexas?

O art. 286, I, do CPC estabelece que as causas que se relacionarem a outras já ajuizadas por relação de conexão ou continência deverão ser distribuídas por dependência. Isto é, a nova ação deverá ser distribuída para o mesmo juízo em que já tramita a anterior, com a qual guarda relação de conexão ou continência.

Mas nem sempre será possível aplicar esse dispositivo, porque, quando do ajuizamento da nova demanda, eventualmente o autor não saberá da existência da anterior. Pode ocorrer, portanto, que duas ações conexas estejam tramitando em lugares diferentes, porque a nova não foi distribuída por dependência ao juízo onde corria a antiga.

3 ■ Da Competência

Será, então, o caso de reuni-las, e surgirá a importante questão de saber em que juízo isso deve ocorrer. Vai ser preciso identificar **qual dos juízos está prevento**.

A resposta é dada pelo art. 59 do CPC: **o registro ou a distribuição da petição inicial torna prevento o juízo**.

O CPC atual eliminou a duplicidade, que havia no anterior, a respeito da causa geradora de prevenção. No CPC de 1973, havia dois dispositivos, aparentemente conflitantes, que tratavam do tema, os arts. 219 e 106; o primeiro estabelecia que a prevenção era gerada pela citação válida, e o segundo, que o era pelo primeiro despacho, isto é, por aquele que determina a citação. A aparente conflitância era resolvida da seguinte forma: como o art. 106 tratava de ações de mesma competência territorial, entendia-se que a prevenção só era dada pelo primeiro despacho quando os processos de ações conexas corriam no mesmo foro. Com isso, a aplicação do art. 219 ficava restrita às hipóteses de ações que corriam em foros diferentes.

O CPC atual eliminou a duplicidade. Agora, a prevenção é sempre gerada pelo registro ou distribuição da ação, que ocorrerá onde houver mais de um juiz, conforme o art. 284. Parece-nos, diante do uso da conjunção alternativa, que a prevenção será dada pelo que ocorrer primeiro, registro ou distribuição, conforme o sistema adotado pelo órgão judiciário. Evidentemente, onde houver apenas um juiz, será o registro a definir a prevenção, já que não haverá distribuição.

O registro e a distribuição são feitos logo após a propositura da ação, que ocorre com o protocolo da petição inicial (art. 312). Quando houver duas ações conexas, portanto, não será mais relevante, para fins de prevenção, verificar se correm no mesmo foro, ou em foros diferentes. **Será necessário apurar em que data ocorreu o registro ou distribuição (o que tiver ocorrido primeiro) em ambas, para verificar em qual delas ocorreu primeiro, já que será esse o juízo prevento.**

Caso as datas coincidam, será preciso verificar, se possível, o horário em que ocorreu o registro ou a distribuição, prevalecendo aquela em que isso tiver ocorrido primeiramente. Se não for possível verificar o horário do registro ou distribuição, deve-se recorrer à data do protocolo, para se verificar em qual dos dois processos ele ocorreu primeiro.

4.3.3. A conexão, sendo causa de modificação de competência, só se aplica em hipóteses de competência relativa

Se duas ações são conexas, mas estão vinculadas aos seus respectivos foros, por regras de **competência absoluta, não será possível reuni-las**, porque as regras de modificação só se aplicam à competência relativa. É o que ocorrerá, por exemplo, quando uma delas tramitar perante a Justiça Federal e a outra pela estadual (a questão não é pacífica, havendo decisões do Superior Tribunal de Justiça que entendem que, havendo conexão, ambas as ações deveriam correr perante a Justiça Federal, pois, embora a estadual jamais possa julgar ações de competência da federal, o contrário seria possível; na esfera criminal, a questão não suscita dúvidas desde a edição da Súmula **122 do STJ**, que diz que, havendo crimes conexos, um de competência da Justiça Estadual e outro da federal, competirá à Justiça Federal o julgamento unificado de ambos). Parece-nos que, na esfera cível, dadas as regras de competência absoluta, não seria possível a reunião de processos. Exemplar a decisão do Min. Athos Gusmão Carneiro: "A conexão não implica na reunião de processos quando não se tratar de competência relativa — art. 102 do CPC. A competência absoluta da Justiça Federal, fixada na Constituição, é improrrogável por conexão, não podendo abranger causa em que a União, autarquia, fundação ou empresa pública federal não for parte" (STJ — 2.ª Seção, CC 832/MS, j. 26.09.1990).

Nos casos em que não for possível a reunião, para evitar que sejam proferidas sentenças conflitantes, será possível **a suspensão** de uma delas até o desfecho da outra, nos termos do art. 313, V, *a*, do CPC.

4.3.4. Pode a reunião de processos ser determinada de ofício em caso de conexão?

O art. 55, § 1.º, do CPC não deixa dúvidas: "Os processos de ações conexas serão reunidos para decisão conjunta, salvo se um deles já tiver sido sentenciado". Diante dos termos peremptórios da lei, a reunião será determinada pelo juiz, **de ofício**, ainda que nenhuma das partes a solicite.

Isso mostra a opção do legislador em considerar que a **conexão é matéria de ordem pública**, a qual pode ser conhecida **de ofício e a qualquer tempo**, desde que nenhum dos processos tenha sido sentenciado.

É certo que a conexão, sendo causa de modificação de competência, só se aplica em hipóteses de competência relativa, que não podem ser declinadas de ofício. Mas **há interesse público na reunião**, de evitar que haja decisões conflitantes.

O art. 337, VIII, do CPC determina que o réu alegue a conexão como **preliminar na contestação**. Mas, se ele ou o autor o fizerem em qualquer outra fase do processo, por simples petição ou de outra maneira qualquer, nem por isso ficará o juiz impedido de reconhecê-la. Afinal, se o juiz pode fazê-lo de ofício, com mais razão se as partes o alegarem, ainda que pela via inadequada. Pela mesma razão, também o Ministério Público pode requerer a reunião.

4.3.5. Havendo conexão a reunião é obrigatória?

A questão é controvertida, havendo manifestações afirmativas e outras no sentido de que há certa margem de avaliação para o juiz, em cada caso concreto. Para Cássio Scarpinella Bueno, "a melhor interpretação é a que entende que a hipótese é de dever e não de mera possibilidade ou faculdade de atuação do juiz para os fins do instituto aqui discutido"[6].

Parece-nos que deve ser deixado ao juiz não propriamente uma margem de discricionariedade, já que a reunião não pode ser determinada por razões de conveniência e oportunidade, mas uma **margem de avaliação se, naquele caso concreto, será economicamente proveitosa a reunião**.

Isso porque, se ela traz a grande vantagem de impedir decisões conflitantes, pode trazer alguma desvantagem se os processos estiverem em fases muito distintas, caso em que o mais adiantado sofrerá inevitavelmente um retardo.

---

[6]   Cássio Scarpinella Bueno, *Curso sistematizado de direito processual civil*, v. 2, t. I, p. 45.

3 ▪ Da Competência

Ora, pode ocorrer que o risco de decisões conflitantes seja muito pequeno e os processos estejam em fases muito díspares, caso em que o juiz, em decisão fundamentada, poderá indeferir o pedido de reunião. Nesse sentido, no V Encontro Nacional dos Tribunais de Alçada foi decidido, por dez votos a oito, que "O art. 105 (atual art. 55, § 1.º) deixa ao juiz certa margem de discricionariedade na avaliação da intensidade da conexão, e na da gravidade resultante da contradição de julgados e, até, na determinação da oportunidade da reunião dos processos". Nesse sentido: "Segundo a jurisprudência desta Corte, a reunião dos processos por conexão configura faculdade atribuída ao julgador, sendo que o art. 105 do Código de Processo Civil concede ao magistrado certa margem de discricionariedade para avaliar a intensidade da conexão e o grau de risco da ocorrência de decisões contraditórias" (STJ, REsp 1.255.498, de 19.06.2012, Rel. Min. Villas Bôas Cueva).

4.4. CONTINÊNCIA

Também forma de modificação de competência, vem tratada no art. 56 do CPC, que a define como uma **relação entre duas ou mais ações quando houver identidade de partes e de causa de pedir, sendo que o objeto de uma, por ser mais amplo, abrange o das outras**.

Tal como a conexão, enseja a reunião de ações, para evitar decisões conflitantes, havendo aqui um risco ainda maior, já que exige dois elementos comuns (partes e causa de pedir) e a relação entre os pedidos. **Mas a reunião só se dará se a ação continente, isto é, a mais ampla, for proposta posteriormente à ação contida**. Não haverá utilidade na propositura da ação contida quando a continente já está em curso, pois o pedido da ação continente abrange o da contida, de sorte que o ajuizamento posterior acabará gerando, não propriamente continência, mas uma espécie de litispendência parcial, pois o que se pede na ação contida já está embutido na continente. Se isso ocorrer, não será caso de reunião de ações, mas de extinção sem resolução de mérito, da ação contida ajuizada posteriormente (CPC, art. 57). Salvo essa hipótese, havendo continência as ações serão necessariamente reunidas. Diante dos termos da lei, no caso de continência, não haverá nenhuma avaliação pelo juiz a respeito da necessidade de reunião. **Como o liame dela decorrente é ainda maior, a reunião será necessária.**

Todas as regras que valem para a conexão são aplicáveis à continência.

Mas ela não tem grande utilidade. Afinal, para que exista, é preciso que as duas ações tenham a mesma causa de pedir. Assim, todas as ações que guardam entre si relação de continência serão inevitavelmente conexas. Seria possível dizer, portanto, que a continência é uma espécie de conexão e que esta, por si só, já seria suficiente para ensejar a reunião de processos.

5. PREVENÇÃO

Há casos em que há mais de um juízo competente para o julgamento de determinada causa. Imagine-se, por exemplo, que ela deva ser proposta perante o Foro Central da Capital de São Paulo. Ocorre que há, ali, mais de 40 juízos cíveis, todos igualmente competentes. Haverá necessidade de fixar qual, dentre eles, será o competente. Ou, então, a situação em que o CPC fixa foros concorrentes, como no caso dos acidentes de veículos, em que a demanda pode ser proposta no foro do local do acidente ou do domicílio do autor, cabendo a este a escolha.

Na verdade, são duas as situações em que a prevenção deverá ser considerada, ambas mencionadas na lição de Cândido Dinamarco: "consideradas as situações em que a prevenção se dá e a dimensão maior que ela assume em certos casos, são de duas ordens as prevenções, segundo os dispositivos que as estabelecer, a saber: a) prevenção originária, referente à própria causa em relação à qual se deu; b) prevenção expansiva, referente a outras causas ou mesmo outros processos"[7].

Em outras palavras, a prevenção será fundamental para **fixar a competência de determinado juízo, quando houver mais de um competente para determinada causa; e para identificar qual dos juízos atrairá outras ações, como em casos de conexão ou continência**.

A prevenção, nos termos do art. 59 do CPC atual, é dada sempre pelo registro ou distribuição da petição inicial.

A prevenção expansiva é aquela que relaciona uma ação nova com outra anteriormente ajuizada, idêntica ou semelhante. Se houver semelhança, como nos casos de conexão ou continência, a nova ação deverá ser distribuída por dependência para o juízo onde corre a anteriormente ajuizada (art. 286, I, do CPC). Caso as duas ações conexas, ou que mantenham relação de continência, já tenham sido ajuizadas em juízos distintos, deve ser feita a reunião no juízo prevento, conforme o art. 58.

O art. 286, II, traz situação de prevenção em caso de ações idênticas — ou quase —, o que ocorrerá quando, tendo sido extinto o primeiro processo sem resolução de mérito, houver reiteração do pedido, ainda que em litisconsórcio com outros autores ou mesmo quando parcialmente alterados os réus da ação. Nesses casos, a nova demanda será distribuída por dependência ao juízo no qual tramitou a antiga.

Há prevenção, também, em segunda instância, e o primeiro recurso protocolado no tribunal tornará prevento o relator para eventual recurso subsequente interposto no mesmo processo ou em processo conexo (art. 930, parágrafo único, do CPC).

6. CONFLITO DE COMPETÊNCIA

É um incidente processual que se instaura quando dois ou mais juízos ou tribunais se dão por competentes para a mesma causa, caso em que haverá conflito positivo, ou por incompetentes, com o que haverá conflito negativo; ou ainda quando entre dois ou mais juízes surge controvérsia acerca da reunião ou separação de processos (CPC, art. 66).

6.1. PROCEDIMENTO DO CONFLITO

Vem regulado nos arts. 951 a 959 do CPC. De acordo com o art. 951, o conflito poderá ser suscitado **pelas partes, pelo Ministério Público ou pelo juiz**. O Ministério Público será parte nos conflitos que suscitar e fiscal da ordem jurídica nos que forem suscitados pelos demais legitimados, mas apenas quando presentes as hipóteses do art.

---

[7] Dinamarco, *Instituições*, v. 1, p. 619.

3 ◼ Da Competência

178 do CPC. Ausentes essas hipóteses, o Ministério Público não intervirá. Mas o conflito suscitado pelas partes ou pelo Ministério Público pressupõe a efetiva discordância entre os juízes envolvidos, que se acham todos competentes, ou todos incompetentes.

O réu que tiver arguido incompetência relativa não poderá suscitar o conflito, porque ou bem o juiz a acolheu, e a sua pretensão foi satisfeita, ou não a acolheu e caberá recurso. Daí a vedação do art. 952 do CPC.

É fundamental a identificação do órgão que deverá promover o julgamento do conflito. Como envolve dois ou mais juízes, será necessário que as decisões proferidas por tal órgão sejam aptas a vincular todos.

Se todos os juízes envolvidos são estaduais, a competência será do **Tribunal de Justiça**; se todos são federais, do **Tribunal Regional Federal**. Mas se o conflito for entre juízes federais ou estaduais, entre eles e juízes do trabalho, ou entre juízes estaduais de diferentes Estados, ou federais de diferentes regiões, o conflito deverá ser dirimido pelo **Superior Tribunal de Justiça**.

De acordo com o art. 102, I, *o*, da CF, compete ao Supremo Tribunal Federal processar e julgar, originariamente, "os conflitos de competência entre o Superior Tribunal de Justiça e quaisquer tribunais, entre Tribunais Superiores, ou entre estes e qualquer outro tribunal".

E, de acordo com o art. 105, I, *d*, compete ao Superior Tribunal de Justiça processar e julgar, originariamente, "os conflitos de competência entre quaisquer tribunais, ressalvado o disposto no art. 102, I, *o*, bem como entre tribunal e juízes a ele não vinculados e entre juízes vinculados a tribunais diversos".

Identificado o órgão julgador, o conflito será suscitado por petição ao seu presidente, por ofício do juiz, ou por petição, pelas partes ou pelo Ministério Público. O regimento interno do tribunal poderá identificar a quem compete julgá-lo. Por exemplo: no Estado de São Paulo, à Câmara Especial do Tribunal de Justiça.

O relator designado ouvirá ambos os juízes em conflito, se este tiver sido suscitado pelas partes ou pelo Ministério Público. Se o conflito foi suscitado de ofício por um dos juízes, o relator ouvirá o outro e, após, colherá o parecer do Ministério Público, no prazo de cinco dias, nos casos em que ele intervém.

Quando o conflito for positivo, o relator, de ofício ou a pedido de qualquer das partes, pode determinar que o processo fique suspenso até que haja decisão. Nesse caso, ou quando o conflito for negativo, será designado um dos juízes para resolver as questões de urgência.

Havendo súmula do STF, do STJ, do próprio tribunal ou tese firmada em julgamento de recursos repetitivos ou em incidente de assunção de competência, o conflito pode ser decidido de plano pelo relator, cabendo agravo interno no prazo de quinze dias para o órgão incumbido do julgamento. Não sendo caso de decisão de plano, será designada sessão de julgamento. O tribunal, ao decidir o conflito, declarará qual o juízo competente, pronunciando-se sobre a validade dos atos praticados pelo incompetente.

O conflito de competência só cabe se ainda não existir sentença transitada em julgado proferida por um dos juízes conflitantes (Súmula 59 do STJ).

7. DA COOPERAÇÃO NACIONAL

O CPC trata, em capítulo próprio, da cooperação entre os órgãos do Poder Judiciário, estadual ou federal, especializado ou comum, em todas as instâncias e graus de jurisdição, incluindo os tribunais superiores. O art. 67 impõe um dever de cooperação recíproca entre eles, por meio de magistrados e servidores.

O pedido de cooperação independe de forma específica e deverá ser prontamente atendido. Pode ter por objeto: auxílio direto, reunião e apensamento de processos, prestação de informações, atos concertados entre juízes cooperantes, atos esses que poderão consistir, entre outros, na prática de citação, intimação ou notificação de ato, obtenção e apresentação de provas e coleta de depoimentos, efetivação de tutela provisória; efetivação de medidas e providências para recuperação e preservação de empresas; facilitação de habilitação de créditos na falência e na recuperação judicial; centralização de processos repetitivos e execução de decisão jurisdicional. Para tanto, os órgãos judiciais poderão se valer das cartas de ordem, precatória e arbitral, reguladas no próprio CPC.

8. QUESTÕES

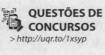

4
DA AÇÃO

1. INTRODUÇÃO

O Processo Civil, como ciência autônoma, surgiu em tempos relativamente recentes. Até meados do século XIX, aproximadamente, não havia uma separação muito clara entre o direito processual e o direito material. Quando o direito de alguém era desrespeitado, e a vítima era obrigada a ir a juízo, entendia-se que a pretensão por ela colocada perante a justiça nada mais era do que o seu direito material, em movimento. Confundia-se o direito de ação, com o direito civil, subjacente à propositura da demanda. Para exemplificar: se alguém tinha o seu direito de propriedade desrespeitado, e ia a juízo, entendia-se que, ao fazê-lo, apenas punha em movimento o seu direito de propriedade. **O direito de ação não era autônomo**, isto é, não havia o direito de ir a juízo para postular uma resposta do Poder Judiciário a uma pretensão.

Foi a partir da segunda metade do século XIX que as coisas começaram a mudar. Foi longa a história da evolução do conceito de ação e de como o processo civil ganhou autonomia. Esse desenvolvimento ocorreu, sobretudo, na Alemanha, espalhando-se, depois, por outros países. Alguns nomes fundamentais foram os de **Windscheid, Muther e Oskar von Bülow**, este último o autor da obra que é considerada o marco inicial do Processo Civil (*Teoria das exceções e dos pressupostos processuais*, 1868), como ciência autônoma. Nesse momento inicial, aos poucos se foi percebendo que **uma coisa é o direito material, que a lei nos assegura; outra, o direito de ir a juízo**, para que o Poder Judiciário dê uma resposta a uma pretensão a ele levada. Um exemplo: uma coisa é a lei civil atribuir, àqueles que têm um imóvel registrado em seu nome, no Cartório de Registro, o direito de propriedade. Outra é alguém, que se considera proprietário e entende que o seu direito não está sendo respeitado, ir a juízo, para formular uma pretensão, pedir ao juízo que tome alguma providência. Outro exemplo: quem celebra um contrato de compra e venda tem o direito material de exigir que o vendedor entregue a coisa adquirida; se ele não a entregar, pode ir a juízo, postulando que este conceda a providência adequada, para satisfazer a pretensão.

2. DIREITO MATERIAL E DIREITO DE AÇÃO

É preciso distinguir duas relações muito distintas: a de direito material; e a de direito processual. Em um contrato de compra e venda, existem dois sujeitos: o vendedor e o comprador. Se o contrato for regularmente cumprido, e a obrigação satisfeita, a relação se extinguirá. Mas, se algum dos participantes entender que não foi satisfeita, ou que o foi de maneira inadequada, pode agir de duas formas: conformar-se, deixando as coisas tal como estão, sem buscar a satisfação de sua pretensão; ou ir a juízo, formular a sua pretensão e pedir que o Poder Judiciário tome as providências necessárias para satisfazê-la. Nesse caso, formar-se-á **uma nova relação, diferente daquela de direito material, porque terá três sujeitos: o autor, o juiz e o réu**. Ela se desenvolverá de acordo com determinado procedimento e culminará com a sentença do juiz. Se atentarmos para as origens históricas da necessidade dessa relação processual, verificaremos que ela decorre da proibição de que as pessoas façam justiça com as próprias mãos. Há muitos e muitos séculos, quando os Estados ainda não estavam bem formados e não tinham força suficiente, os conflitos de interesses eram resolvidos pelos próprios envolvidos. Se o vendedor não entregava a mercadoria, o comprador, desde que mais forte, tomava-a com violência. Era um tempo em que prevalecia a força bruta, a ameaça; e não raro os conflitos terminavam de maneira sangrenta. Com o passar dos anos, à medida que os Estados se tornavam mais fortes, percebeu-se que não convinha a solução dos conflitos pelos próprios interessados. E, por uma espécie de **pacto social**, convencionou-se que eles deveriam ser resolvidos por alguém que não participasse deles e fosse mais forte do que os litigantes. Foi então que se atribuiu ao Estado a solução dos conflitos de interesse, em caráter exclusivo. Não podem mais aos envolvidos fazer valer os seus direitos por força, ou por qualquer outro meio indevido. A solução é atributo do Estado, a quem cumpre o poder-dever de solucionar tais conflitos. No Brasil, é crime fazer valer os direitos pelas próprias mãos: **trata-se do exercício arbitrário das próprias razões**. Então, aquele que tem o direito violado deve recorrer ao Poder Judiciário.

3. O DIREITO DE AÇÃO

3.1. INTRODUÇÃO

Nesse contexto, surge a figura da **ação**. A jurisdição, isto é, o poder que tem o Judiciário de solucionar os conflitos, dizendo qual o direito e estabelecendo quem tem razão, é **inerte**. O juiz não age, ao menos como regra geral, de ofício. O Estado, por intermédio do juiz, a quem compete solucionar os conflitos, precisa ser provocado. E a ação surge, então, como o **mecanismo pelo qual se provoca o Judiciário a dar uma resposta**. Essa resposta é chamada de **provimento ou tutela jurisdicional**. Quem vai a juízo busca esse provimento, essa tutela. E provoca a jurisdição por meio da ação. É a partir daí que a máquina judiciária será movimentada, que se formará um processo, isto é, uma relação processual entre aqueles três personagens, que se desenvolverá por certo tempo, de acordo com o procedimento estabelecido em lei, sempre direcionado a que, ao final, o juiz possa decidir sobre a tutela jurisdicional postulada. Vale lembrar que o direito de ação é sempre **uma faculdade daquele que se sente prejudicado**. Como tal, pode ser exercida ou não. Em outros termos, alguém pode sentir-se insatisfeito, porque determinado direito está sendo desrespeitado. O Judiciário não tomará, de ofício, nenhuma providência. Caberá ao próprio prejudicado decidir se deseja, ou não, ingressar em juízo, para postular a tutela jurisdicional. Afinal, há sempre a possibilidade de que ele prefira abrir mão das suas pretensões e conformar-se, sem as ver satisfeitas. Mas, se preferir, pode sempre ir a juízo, e, como contrapartida da exclusividade atribuída ao Estado de solucionar os conflitos de interesses, este terá o **poder-dever** de se pronunciar sobre aquela pretensão.

3.2. NATUREZA

Após essas breves considerações, é possível compreender porque a doutrina, de forma mais ou menos unânime, conceitua o direito de **ação como um direito subjetivo público, exercido contra o Estado:** é direito subjetivo, porque o lesado tem a faculdade de exercê-lo, ou não, e é contra o Estado, porque a ação põe em movimento a máquina judiciária, que, sem ela, é inerte. O termo "ação" contrapõe-se ao termo "inércia". É a ação que tira o Estado da sua originária inércia e o movimenta rumo à tutela ou provimento jurisdicional. É exercida contra o Estado, porque dirigida a este, e não à parte contrária. É verdade que o adversário do autor é sempre o réu, mas o direito de ação não é dirigido contra este, mas contra o próprio Estado, porque serve para movimentá-lo.

> A ação é um direito subjetivo público que se exerce contra o Estado e por meio do qual se postula a tutela ou provimento jurisdicional.

3.3. A AÇÃO E OS DEMAIS INSTITUTOS FUNDAMENTAIS DO PROCESSO CIVIL (JURISDIÇÃO, EXCEÇÃO E PROCESSO)

A ação é um dos quatro institutos fundamentais do processo civil. A jurisdição é uma das funções do Estado e consiste no poder-dever que este tem de substituir as partes na solução dos conflitos de interesse, para que esta seja imparcial, proferida por quem não integra o litígio. É a jurisdição que garante a imparcialidade na solução dos conflitos de interesse. **Mas ela é inerte, e precisa que alguém tome a iniciativa de movimentá-la.** Para tanto, é preciso que o lesado ou interessado se valha do direito de ação, exercido contra o Estado, em face do adversário, isto é, daquele a quem o autor atribui o desrespeito de seus direitos ou descumprimento de obrigações. A exceção é o direito que tem o réu de se contrapor à prestação formulada pelo autor, em sua petição inicial. É, em suma, o direito de defesa. O réu, convocado para o processo, terá a oportunidade de apresentar a sua versão dos fatos. Para que o juiz possa, ao final, pronunciar-se, é preciso um processo. Ele se constituirá pela relação, que durará algum tempo, entre autor, réu e juiz, tempo este no qual se realizarão os atos que o procedimento previsto em lei exige. Com as coisas postas dessa maneira, **é possível enxergar o que são os fundamentos do processo civil:** com a evolução da sociedade, a solução dos conflitos tornou-se atributo de um dos poderes do Estado, a **jurisdição** tem de ser acionada pelo prejudicado por meio da ação. Assim que proposta, o adversário do autor será convocado para manifestar-se, podendo **opor-se à pretensão inicial**. E, como tudo visa o provimento jurisdicional, forma-se um **processo**, em que, durante algum tempo, os três personagens — autor, juiz e réu — se relacionarão, de acordo com um roteiro previamente estabelecido por lei, que se denomina procedimento. Eis, em suma, o mecanismo estrutural do processo civil.

3.4. AS DUAS ACEPÇÕES DE "AÇÃO"

A palavra "ação" pode ser usada em **duas acepções diferentes**. Trata-se de uma palavra equívoca, com dois significados distintos, sendo usada ora num, ora noutro. Quais são, afinal, esses dois significados?

114 Direito Processual Civil Esquematizado   *Marcus Vinicius Rios Gonçalves*

3.4.1. Ação como direito de acesso à justiça — ação em sentido amplo

Em sentido mais abrangente, **ação é o direito subjetivo de acesso à justiça, o direito de obter do Poder Judiciário uma resposta, qualquer que ela seja, a todas as pretensões que lhe forem dirigidas**. É o direito de pôr em movimento a máquina judiciária, de provocar uma resposta, enfim, o direito de acesso ao juízo. Trata-se de uma garantia constitucional, atribuída a todos, que não depende de nenhuma condição. É **direito incondicionado** que alguns denominam, para distingui-lo, como ação em sentido amplo, ou em nível constitucional. Outros o chamam simplesmente de direito de acesso à Justiça ou de demandar. Mesmo não havendo o preenchimento das chamadas condições da ação, o postulante tem direito a uma resposta do Judiciário. Por mais absurda que seja a pretensão, por mais impossível, descabida, ela será examinada pelo juiz, que deverá dar uma decisão fundamentada.

3.4.2. Ação em sentido estrito

Mas a palavra "ação" pode ser usada em outro sentido, mais específico e que interessa mais de perto ao processo civil. Foi longa a evolução da teoria da ação, desde que o processo civil surgiu como ciência. Não é o caso de examinar de forma mais detalhada todas as teorias que surgiram a respeito desse segundo significado de ação, chamada "ação em sentido estrito, ou em nível processual". Já não se está mais diante do mero direito de acesso à justiça, mas de outra coisa que os processualistas demoraram algum tempo para identificar. Pode-se, de maneira bastante simplificada, agrupar as principais teorias sobre a ação em sentido estrito, ao longo da história, em três categorias fundamentais.

3.4.2.1. Teoria concretista

De início, havia as chamadas **"teorias concretistas"** da ação, que não a conseguiam distinguir com clareza do direito material a ela subjacente. Eram aquelas que **condicionavam a existência do direito de ação à do próprio direito material** que estava sendo discutido. Entre as condições da ação, para os concretistas, estava a de que o autor tivesse razão. Daí por que só consideravam ter havido ação, em sentido estrito, quando ao final fosse proferida sentença de procedência, isto é, quando o pedido do autor fosse acolhido. Para eles, só tinha ação quem, ao final, tivesse razão; se, ao final, a sentença fosse de improcedência ou de extinção sem resolução de mérito, não teria havido ação, em sentido estrito.

3.4.2.2. Teorias abstratistas puras

No oposto extremo das teorias concretistas, surgiram as **"abstratistas puras"**. Para os seus defensores, havia ação em sentido estrito, independentemente do tipo de resposta dada pelo Judiciário, **fosse a sentença de procedência, improcedência ou extinção sem resolução de mérito**. Para essa corrente, não havia diferença, portanto, entre ação em sentido amplo e ação em sentido estrito; entre ação em sentido estrito e o direito de acesso à justiça, garantido constitucionalmente.

Nenhuma dessas teorias a respeito da ação pareceu inteiramente convincente. A primeira, porque ainda inter-relacionava de forma muito efetiva a ação com o direito

4 ■ Da Ação

material, condicionando aquela à existência deste; a segunda, porque confundia a ação em sentido estrito com a garantia de acesso à justiça.

3.4.2.3. Teoria abstratista eclética

3.4.2.3.1. O mérito. O direito de ação como direito a uma resposta de mérito

Foi então que se formulou uma corrente intermediária, apelidada de **"abstratista eclética"**. O seu grande defensor e divulgador foi o jurista italiano **Enrico Túlio Liebman**, homem que teve grande importância para os estudos do processo civil no Brasil. Deixando a Itália em época em que aquele país era dominado pelo regime fascista, ele veio residir no Brasil, justamente no período em que o nosso primeiro código nacional de processo civil estava sendo editado. Sua influência foi enorme, e os estudos dessa ciência deram um grande passo. Liebman e seus discípulos, que mais tarde se tornaram grandes processualistas, formaram aquilo que hoje se chama "Escola Paulista do Processo Civil". Ele foi um grande defensor da chamada "teoria abstratista eclética". Para compreendê-la, porém, alguns conceitos iniciais são necessários. É preciso saber o que significa a palavra **"mérito"**. Em processo civil, ela é empregada como sinônimo da **pretensão inicial**, daquilo que o autor pede, postula. Quando se diz que o juiz extinguiu o processo sem resolução de mérito, informa-se que ele pôs fim ao processo sem examinar **o pedido**. Para a teoria eclética, o direito de ação, em sentido estrito, **é o direito a obter uma resposta de mérito**, isto é, uma decisão, positiva ou negativa, a respeito da pretensão formulada. No processo de conhecimento, as respostas de mérito são as sentenças de procedência ou de improcedência. Tanto uma quanto outra examinam a pretensão inicial, a primeira em sentido positivo e a segunda em sentido negativo. A teoria eclética não é concretista, mas **abstratista**, porque não condiciona a existência da ação à do direito material sustentado pelo autor. Ele terá direito de ação mesmo que se verifique, ao final, que não tinha razão, nem era titular do direito alegado. Terá havido o exercício do direito de ação, mesmo quando a sentença for de improcedência, quando o juiz entender que a razão não estava com o postulante. Daí o caráter abstrato da ação, para essa teoria. Mas, como ela não se conforma com qualquer resposta, exigindo que seja de mérito, alguns a apelidaram "abstratista eclética".

> O direito de ação surge como direito a uma resposta de mérito.

3.4.2.3.2. A execução também é ação?

Se o direito de ação aparece como direito a uma resposta de mérito, como ficam as execuções? Também nelas haverá resposta de mérito, como no processo de conhecimento? É preciso não confundir: a teoria abstratista eclética exige, para a caracterização da ação, que haja o direito a uma **resposta de mérito, e não que haja, necessariamente, o direito a uma sentença de mérito**. Mas resposta de mérito e sentença de mérito são coisas diferentes? Sim, resposta é algo muito mais abrangente do que sentença. Há dois tipos de processo: o de conhecimento e o de execução (o CPC ainda prevê processos antecedentes, em que se pede tutela cautelar ou antecipada, e que, posteriormente, com a formulação do pedido principal, convertem-se em processos de conhecimento ou de execução). Em ambos há pedido, tanto que se iniciam com uma petição inicial. Portanto,

116 Direito Processual Civil Esquematizado   *Marcus Vinicius Rios Gonçalves*

em ambos há mérito, sinônimo de pedido. Mas os pedidos são muito diferentes: no processo de conhecimento, o que se quer é o que o juiz **diga** quem tem razão, que ele declare o direito, decidindo se a razão está com o autor ou com o réu. De uma maneira muito simplificada, processo de conhecimento é aquele que serve para que o juiz diga quem tem razão. E, desde que preenchidas as condições, ele o fará. O meio processual pelo qual o juiz o diz é a **sentença de procedência ou improcedência**. Quando ele a profere, diz se a razão estava com o autor ou com o réu. Portanto, a resposta ao pedido, isto é, a resposta de mérito no processo de conhecimento, é a sentença de procedência ou improcedência. Na execução, o pedido é muito diferente, de outra natureza. Não se quer mais que o juiz diga, mas que ele faça, ou, mais precisamente, que **satisfaça**. A execução pressupõe que se saiba com quem está a razão: com aquele munido de um título executivo. Assim, o que se pede não é que o juiz o diga, por meio de uma sentença, mas que tome providências concretas, efetivas, materiais, de satisfação do direito do exequente, por meio de penhoras, avaliações, arrestos, alienações judiciais e o oportuno pagamento ao credor. Isso é o que se pede. Pois bem, se a execução estiver em termos e forem preenchidas as condições, o juiz dará uma resposta ao pedido executivo. Só que essa resposta não virá sob a forma de uma sentença — que serve para que o juiz diga alguma coisa —, mas da **prática de atos concretos tendentes à satisfação do credor**. Tais atos também constituem uma forma de resposta àquilo que foi pedido, e, portanto, uma forma de resposta de mérito.

TIPO DE PROCESSO	PRETENSÃO (MÉRITO)	RESPOSTA DE MÉRITO
CONHECIMENTO	■ Que o juiz diga quem tem razão, declarando qual o direito aplicável à espécie.	■ O juiz, preenchidas as condições, dirá quem tem razão ao proferir uma sentença de procedência ou de improcedência.
EXECUÇÃO	■ Que o juiz satisfaça o direito do credor.	■ O juiz, preenchidas as condições, determina providências concretas, materiais, de satisfação do crédito, tais como penhoras, avaliações e alienações judiciais de bens.

Em síntese, **resposta de mérito é mais abrangente do que sentença de mérito**. Essa é a forma de resposta própria do processo de conhecimento; no processo de execução, a resposta de mérito vem sob a forma de atos satisfativos.

3.4.2.3.3. *A teoria abstratista eclética no Brasil*

Foi poderosa a influência de Liebman no Brasil, tendo entre seus discípulos o Prof. Alfredo Buzaid, autor do projeto que resultou no Código de Processo Civil de 1973. Entre nós, foi acolhida a "teoria abstratista eclética", tanto pelo Código atual como pelo anterior. No Brasil, a palavra "ação" pode ser empregada em dois sentidos diversos: **no amplo, como o direito de acesso à justiça**, de movimentar a jurisdição, ordinariamente inerte, enfim o direito de obter uma resposta do judiciário a todos os requerimentos a ele dirigidos; e, **no estrito, como direito a resposta de mérito**.

4 ▪ Da Ação

O disposto no art. 17, que exige interesse e legitimidade para que se possa postular em juízo, demonstra que o CPC manteve a adoção da teoria eclética, já acolhida no CPC anterior, pois continua a exigir o preenchimento das condições para que possa ser proferida resposta de mérito. Respeitável doutrina tem sustentado que o CPC/2015, por não mencionar mais a expressão "condições da ação", teria eliminado essa categoria. Ainda que a expressão, de fato, não seja mais utilizada, a combinação do disposto nos arts. 17 e 485, VI, mostra que a lei processual continua adotando a teoria abstratista eclética, mantendo a exigência do preenchimento das condições da ação.

3.5. O DIREITO DE AÇÃO É CONDICIONADO

3.5.1. Introdução

O direito de acesso à justiça **é incondicionado**, independe do preenchimento de qualquer condição: a todos assegurado, em qualquer circunstância; mas nem sempre haverá o direito a uma resposta de mérito. Para tanto, é preciso preencher determinadas **condições**; quem não as preencher não terá o direito de ação em sentido estrito, mas tão-somente em sentido amplo. Ele receberá uma resposta do Judiciário, mas não de mérito. Será **"carecedor"** de ação. Por quê? Ora, a finalidade da jurisdição é permitir que o Judiciário se pronuncie sobre a tutela postulada, concedendo-a ou não. Para isso, é necessário um processo, muitas vezes longo e dispendioso. Perceberam os processualistas que, conquanto toda pretensão posta em juízo mereça uma resposta do Poder Judiciário, nem sempre ela será tal que permita que o juiz se pronuncie a seu respeito. Há certas situações em que o juiz se verá na contingência de encerrar o processo, sem responder à pretensão posta em juízo, isto é, sem dar uma resposta ao pedido do autor. Isso ocorrerá quando ele verificar que o autor é carecedor, que faltam as condições de ação. **A ação em sentido estrito aparece, portanto, como um direito condicionado**. A qualquer tempo que verifique a falta das condições, o juiz extinguirá o processo, interrompendo o seu curso natural, sem apreciar o que foi pedido, sem examinar o mérito. O processo não terá alcançado o seu objetivo. Sempre que for proferida sentença de extinção do processo sem resolução de mérito, por carência de ação, não terá havido, segundo a teoria eclética, ação, no sentido estrito da palavra, ação em sentido processual. O que terá havido, então? O que se poderia dizer é que foi exercido o direito de acesso à justiça, o direito de ação em sentido amplo.

3.5.2. Algumas questões de nomenclatura

A propósito de nomenclatura, é bom lembrar: na medida em que ação é o direito a uma resposta de mérito, não é possível dizer que ela foi julgada procedente ou improcedente. A ação existe ou não, o autor a tem ou é dela carecedor. Se tiver o direito de ação, o juiz julgará o pedido, acolhendo-o ou não. **O pedido, jamais a ação**. E se, para a teoria eclética, não há ação se o processo é extinto sem resolução de mérito por falta de condições, não será possível saber, no momento da propositura, se o autor tem ou não esse direito, porque só quando sair a sentença é que poderemos conhecer o seu teor, verificando se é ou não de mérito. Por isso, não é tecnicamente preciso dizer que foi proposta a ação. Mais correto é dizer que foi ajuizada a **demanda**, palavra empregada aqui como sinônima da **pretensão veiculada pela petição inicial**. Em suma, o autor ajuíza a demanda, e o juiz, ao proferir a sentença, decidirá se ele tem ou não direito de ação, passando, em caso afirmativo, a examinar se o pedido procede ou não.

3.5.3. As condições como matéria de ordem pública

As condições constituem **matéria de ordem pública**, a ser examinada de ofício pelo juiz, pois não se justifica que o processo prossiga quando se verifica que não poderá atingir o resultado almejado. Verificando a falta de qualquer delas, o juiz extinguirá, a qualquer momento, o processo, sem resolução de mérito, o que pode ocorrer em primeiro ou segundo grau de jurisdição. Só não é possível em recurso especial ou extraordinário, nos quais a cognição do Supremo Tribunal Federal ou Superior Tribunal de Justiça fica restrita à **matéria prequestionada**, o que pressupõe que o assunto tenha sido previamente discutido.

3.5.4. As duas condições da ação

Em nosso ordenamento jurídico, são duas: **a legitimidade *ad causam* e o interesse de agir**. Na legislação processual anterior, eram três, pois se acrescentava a possibilidade jurídica do pedido. Mas já Liebman, a partir da terceira edição de seu Manual, passara a sustentar que poderiam, afinal, ser reduzidas a duas: a legitimidade e o interesse, pois que este último absorveria a possibilidade jurídica do pedido. Para aquele grande jurista, sempre que alguém formulasse um pedido impossível, faltaria interesse de agir. A nossa lei acolheu essa solução, reduzindo a duas as condições. Para maior facilidade de compreensão, é preferível tratar primeiro da legitimidade *ad causam* e depois do interesse.

3.5.4.1. A legitimidade ad causam

É mencionada especificamente no art. 18 do CPC, que assim estabelece: "Ninguém poderá pleitear direito alheio em nome próprio, salvo quando autorizado pelo ordenamento jurídico". Esse dispositivo diz que, em regra, as pessoas só podem ir a juízo, na condição de partes, para **postular e defender direitos que alegam ser próprios, e não alheios**. Trata-se de norma sábia: seria muito complicado se, em regra, as pessoas pudessem postular, em nome próprio, interesses alheios. O problema é que essa regra tem exceções: há casos — raros, incomuns, é verdade — em que a lei autoriza alguém a, **em nome próprio, ir a juízo, para postular ou defender direito alheio**. Isso só poderá ocorrer se houver autorização do ordenamento jurídico. Podemos concluir que, no que concerne à legitimidade, existem dois grandes campos no Processo: o da normalidade, em que as pessoas figuram em juízo, na condição de partes, em defesa dos interesses e direitos que alegam ser próprios, sendo o que ocorre na imensa maioria dos processos — a esse tipo de legitimidade, a comum, dá-se o nome de **ordinária**; e o da anormalidade, naquelas hipóteses em que uma pessoa X poderá ser autorizada a figurar em juízo, em nome próprio, na condição de parte, em defesa dos interesses de Y — nesse caso, diz-se que haverá **legitimidade extraordinária, também chamada "substituição processual"** (conquanto haja alguma divergência a respeito, essas duas expressões têm sido usadas como sinônimas).

4 ▪ Da Ação

3.5.4.1.1. *Legitimidade extraordinária e representação*

Não se pode confundir legitimidade extraordinária com **representação**. Imagine-se que um incapaz precise ir a juízo, postular um direito. Por exemplo, um menor, abandonado pelo pai, que precisa de alimentos. Ao ajuizar a demanda, ele é que figurará como autor, será o demandante. Mas, como é incapaz, é preciso que venha representado pela mãe, ou por quem tenha a sua guarda. O incapaz estará em nome próprio (ele é o autor) defendendo direito próprio. Na legitimidade extraordinária, aquele que figura como parte postula ou defende direito alheio. É o que ocorre, por exemplo, se a lei autorizar X a ajuizar uma demanda, em nome próprio, mas na defesa de interesses de Y. Haverá uma dissociação: aquele que figura como parte (X) não é o titular do direito; e o titular do direito (Y) não é quem figura como parte.

3.5.4.1.2. *Substituto e substituído*

Para poder melhor distinguir os personagens que resultam da legitimidade extraordinária, será melhor nomeá-los. O que figura como parte, sem ser o titular do direito, será chamado **"substituto"** ou **"substituto processual"**. E o titular do direito, que não é parte, será denominado **"substituído"** ou **"substituído processual"**. Ora, quando for proferida a decisão de mérito, o substituído, que não é parte, acabará sendo atingido de forma mais direta do que o próprio substituto, já que é daquele, e não deste, o direito discutido. Disso resultam consequências jurídico-processuais muito relevantes. Por exemplo: enquanto se está no campo da legitimidade ordinária, **a coisa julgada**, ao final, atingirá tão-somente as partes, o que é o natural e o esperado. Mas no campo da legitimidade extraordinária, **atingirá não somente aqueles que figuraram como partes no processo, o autor e o réu, mas também o substituído processual**, que não foi parte. Isso poderia causar perplexidade. Como é possível que alguém que não é parte, possa sofrer os efeitos da coisa julgada? É que **é dele o direito alegado**, discutido em juízo. É preciso que fique claro: o substituído processual é atingido pela coisa julgada, como se parte fosse. Por isso, o legislador se preocupou com a sua situação, autorizando que ele ingresse no processo, para auxiliar o substituto, na qualidade de **assistente litisconsorcial** (art. 18, parágrafo único, do CPC). Eis aqui a hipótese de cabimento dessa espécie de intervenção de terceiros: pressupõe uma situação de legitimidade extraordinária, porque quem pode ingressar nessa qualidade é aquele que não é parte, mas vai ser atingido pelos efeitos da coisa julgada. Portanto, quem pode entrar no processo como tal é o substituído processual.

3.5.4.1.3. *Alguns exemplos de legitimidade extraordinária*

3.5.4.1.3.1. *O antigo regime dotal*

Um dos mais antigos, que merece ser citado, embora hoje não esteja mais em vigor, é o do **regime dotal**. Tratava-se de um regime de bens, utilizado antigamente, mas há muito superado, não tendo sido mencionado pelo atual Código Civil. O art. 289, III, do Código Civil de 1916 estabelecia que, na vigência da sociedade conjugal, era direito do marido usar das ações judiciais a que os bens dotais dessem lugar. Tratava-se de situação singular: os bens dotais não pertenciam ao marido. Eles eram instituídos pela própria mulher, por qualquer de seus ascendentes ou por outrem. Mas cabia ao marido

120 Direito Processual Civil Esquematizado

defendê-los judicialmente. Se o fizesse, teríamos o marido em juízo defendendo bens que não lhe pertenciam, mas à mulher. A sentença atingiria não apenas a ele, que figurou como parte, mas ainda mais diretamente à mulher, pois era dela o direito ou interesse discutido.

3.5.4.1.3.2. O condomínio tradicional

Imaginemos duas ou mais pessoas proprietárias do mesmo bem. No condomínio, cada qual dos condôminos, não sendo dono da coisa toda, é titular de uma **fração ideal**, que tem esse nome porque se sabe que cada condômino tem uma parte da coisa, mas não é possível ainda delimitá-la. Por exemplo, se houver três proprietários, cada qual será, em princípio, titular de uma terça parte ideal, salvo se constar do título outra forma de divisão. Se esse imóvel for invadido, surgirá a interessante questão de saber quem são os legitimados para propor ação reivindicatória ou possessória. O art. 1.314, *caput*, do Código Civil soluciona o problema ao dizer que **cada condômino pode reivindicá-la de terceiro e defender a sua posse**. Isso significa que, cada um, isoladamente, tem legitimidade para defender integralmente a coisa comum. Esse dispositivo legal nos põe no campo da legitimidade extraordinária, porque permite que o titular de uma fração ideal, que detém apenas uma parte da coisa, vá a juízo defendê-la integralmente. Assim, se o bem tiver três donos, A, B e C, a lei autoriza que qualquer um ajuíze a ação reivindicatória ou possessória, não somente em relação à sua parte na coisa, mas em relação ao **objeto inteiro**, como um todo. Cada qual dos condôminos será, simultaneamente, legitimado ordinário, no que concerne à sua terça parte, à sua fração ideal; mas será legitimado extraordinário, no que se refere às outras duas terças partes, que pertencem aos demais titulares. Caso a demanda seja proposta só por um, ele estará em juízo defendendo a fração própria, bem como as frações alheias, o que só é permitido na legitimidade extraordinária. Se a demanda for proposta só por A, os demais condôminos, B e C, serão **substituídos processuais**, porque não figurarão como partes, mas os seus direitos estarão sendo defendidos em juízo por A. Este reivindicará o bem como um todo, não apenas a sua fração ideal. Proferida a sentença de mérito, porém, a eficácia subjetiva da coisa julgada atingirá os três, e não somente o autor. Os que ficaram de fora, substituídos, também são atingidos, porque a parte deles na coisa foi defendida. Em compensação, se os substituídos B e C quiserem ingressar em juízo e participar do processo, basta que requeiram o seu ingresso como **assistentes litisconsorciais**. Mas, ingressando ou não, os efeitos da coisa julgada os atingirão.

3.5.4.1.3.3. Alienação de coisa litigiosa

É outro exemplo de legitimidade extraordinária em nosso ordenamento jurídico, regulado pelo art. 109 do CPC. Pressupõe uma disputa judicial entre duas ou mais pessoas a respeito de um bem. Imagine-se, por exemplo, que A ajuíze em face de B uma ação reivindicatória, postulando a restituição de um bem que esteja em poder deste. A partir do momento em que o réu for citado, a coisa tornar-se-á **litigiosa**, conforme o art. 240 do Código de Processo Civil. Será que desde então ela se torna indisponível, não podendo ser alienada enquanto perdurar a litigiosidade? Se assim fosse, muitos problemas ocorreriam, porque o processo pode alongar-se por muitos anos, e a indisponibilidade por tanto tempo poderia levar à completa desvalorização. O art. 109 autoriza a alienação, mas estabelece algumas regras de natureza processual, que devem ser observadas. A primeira é que, em regra, a alienação da coisa litigiosa não altera a legitimidade entre as partes. Se o réu vender a um terceiro o bem reivindicado pelo autor, o processo já em andamento continuará correndo **entre as partes originárias**. O § 1.º do art. 109 formula uma exceção: poderá haver a substituição do alienante ou cedente, pelo adquirente ou cessionário, desde que haja o **consentimento** da parte contrária. Se, durante o processo, o réu vende o bem que estava consigo, a ação continuará correndo contra ele, a menos que o autor consinta em que ele seja substituído pelo adquirente ou cessionário, o que nem sempre ocorre. Caso o consentimento não seja dado, a demanda **prossegue contra o réu originário**. O problema é que o bem não estará mais em mãos deste, mas do adquirente. Ora, o § 3.º do art. 109 soluciona o problema, estabelecendo que "Estendem-se os efeitos da sentença proferida entre as partes originárias ao adquirente ou cessionário". Caberia perguntar: como é possível que uma sentença proferida contra o réu originário possa estender os seus efeitos ao adquirente, que não participou do processo e deve ser considerado um terceiro? A resposta fica fácil, quando se percebe o que ocorreu: a demanda foi proposta inicialmente contra o réu, porque era ele que tinha a coisa consigo. Era ele, portanto, o legitimado a defendê-la. Mas, a partir da alienação da coisa litigiosa, o interesse em preservá-la e defendê-la não será mais do réu originário, que já a alienou, mas do adquirente. No entanto, são mantidas as partes originárias. Isso significa que, a partir da alienação, o réu estará em juízo em nome próprio, mas defendendo um bem que ele já transferiu a terceiro. **Haverá legitimidade extraordinária, na qual o réu originário ficará como substituto processual do adquirente que não é parte, mas o atual interessado na defesa da coisa**. Ora, sendo o adquirente substituído processual, é natural que a sentença estenda a ele os seus efeitos. Se ele quiser ingressar no processo, poderá fazê-lo, na condição de assistente litisconsorcial.

3.5.4.1.4. *Legitimidade extraordinária exclusiva e concorrente*

Os exemplos mencionados permitem detectar a existência de dois tipos de legitimidade extraordinária: **a exclusiva** e **a concorrente**. Na primeira, compete exclusivamente ao substituto a condução do processo em que o direito está sendo discutido. Conquanto esse direito seja atribuído ao substituído, ele próprio não pode figurar como parte, podendo, se quiser, intervir como assistente litisconsorcial. É o que ocorria, por exemplo, no regime dotal. De acordo com o art. 289 do Código Civil revogado, a defesa em juízo dos bens dotais era direito do marido, em caráter exclusivo. A mulher não podia ingressar como coautora. Podia, sim, depois do ajuizamento, requerer o seu ingresso como assistente litisconsorcial. Já no condomínio, há legitimidade extraordinária concorrente. A lei a atribui a cada um dos condôminos. É admissível a demanda aforada por apenas um deles, sem a participação dos demais, que, se o desejarem, poderão intervir mais tarde, na condição de assistentes litisconsorciais; mas é também possível que os três ingressem juntos, pois **são colegitimados, têm legitimidade concorrente**. Se eles o fizerem, formar-se-á um litisconsórcio, que será facultativo e unitário. Na hipótese de alienação de coisa litigiosa, a legitimidade extraordinária do réu originário para figurar como substituto será exclusiva: afinal, não havendo concordância da parte contrária, o adquirente não poderá ingressar no processo, e o alienante será o legitimado exclusivo.

3.5.4.1.5. Legitimidade extraordinária como decorrência do ordenamento jurídico

Para concluir nosso exame da legitimidade extraordinária, resta lembrar a **exigência de que o ordenamento jurídico autorize a legitimidade extraordinária**, atribuindo ao terceiro a possibilidade de, em nome próprio, postular direito alheio. Mas essa exigência deve ser examinada com alguma extensão. Não há necessidade de a lei ser expressa. Admite-se que a legitimidade extraordinária possa decorrer do **sistema**, isto é, que o exame do ordenamento jurídico permita detectar a existência de autorização, ainda que implícita, para que alguém possa ir a juízo em defesa de interesses de outrem. Um exemplo poderia ajudar a compreensão: o art. 23 do Estatuto da Ordem dos Advogados do Brasil estabelece que os honorários advocatícios incluídos na condenação, por arbitramento ou sucumbência, pertencem ao advogado. Pois bem, imagine-se que o juiz profira uma sentença, fixando honorários que não agradam ao advogado. Tem-se admitido, inclusive no Superior Tribunal de Justiça, a legitimidade do advogado para recorrer a respeito de seus honorários. Se ele o fizer, estará como legitimado ordinário, porque, afinal, apresentou o recurso em nome próprio, para postular direito próprio. Mas há numerosas decisões, também do Superior Tribunal de Justiça, estendendo a legitimidade também para a parte, que estaria legitimada a recorrer, ainda que com a finalidade exclusiva de elevar os honorários advocatícios, que não pertencem a ela, mas ao seu advogado. Se ela o fizer, estaremos diante de um caso de legitimidade extraordinária. **Não há previsão legal expressa de que o recurso poderá ser interposto pela parte, mas isso decorre do próprio sistema, que dá a ela, em regra, a legitimidade recursal**.

3.5.4.1.6. Legitimidade extraordinária e interesses coletivos

Todo o nosso estudo, até este ponto, levou em conta a postulação e a defesa de interesses individuais. Cumpre agora fazer um breve exame da questão da legitimidade nas ações coletivas. Há enorme controvérsia a respeito, sendo possível identificar três correntes principais: a dos que entendem que a legitimidade dos titulares das ações coletivas é extraordinária; a dos que defendem que é ordinária; e a dos que sustentam que é anômala, ou autônoma, o que constitui uma terceira categoria, que não se enquadra entre as tradicionais. Os argumentos dos adeptos dessa terceira categoria podem ser assim resumidos: para que a legitimidade seja classificada em ordinária ou extraordinária, é preciso que determinado direito ou interesse **tenha um titular**, apto a defendê-lo judicialmente. Haverá legitimidade ordinária se ele é que estiver habilitado a defender esse direito em juízo, ou extraordinária se essa defesa for atribuída a outrem. Mas os direitos coletivos e, sobretudo, os difusos não têm um titular específico, que possa defendê-los judicialmente. Para os defensores dessa teoria, as formas tradicionais de legitimidade — ordinária ou extraordinária — só seriam aplicáveis ao processo individual, não ao coletivo, para o qual seria necessário criar uma terceira categoria, denominada **legitimidade autônoma**. Parece-nos que não é preciso lançar mão de uma categoria distinta das tradicionais. Alguns doutrinadores entendem que a legitimidade para a ação coletiva em defesa de interesses difusos e coletivos deve ser considerada ordinária. A extraordinária pressupõe que há alguém que teria legitimidade ordinária para propor a demanda, mas que, por força de lei, é substituído por outro. No entanto, ninguém, além das instituições previstas em lei, poderia fazê-lo, porque eles estão pulverizados entre um grupo determinado ou indeterminado de pessoas. A sua defesa não pertence a ninguém mais, senão aos entes que têm a função institucional de promovê-la, tais como o Ministério Público, as pessoas jurídicas de direito público e as associações constituídas com essa finalidade. Por isso, não haveria substituição processual, já que a lei não transferiu a legitimidade de uma pessoa para outra. Em oposição, há os que sustentam a legitimidade extraordinária, sob o argumento de que o interesse que está sendo postulado em juízo não pertence diretamente aos entes, mas a um grupo, categoria ou classe de pessoas. Só se pode falar em legitimidade ordinária quando o agente vai a juízo em nome próprio para postular direito que alega pertencer-lhe. Não é o que ocorre nas ações coletivas, em que os entes legitimados postulam direitos ou interesses que pertencem a um grupo de pessoas, ou a toda a coletividade. **Parece-nos que a legitimidade, nas ações coletivas, aproxima-se mais da extraordinária, porque não há coincidência entre a titularidade do interesse e a sua defesa judicial**. Entre as funções institucionais dos entes titulares da ação civil pública, está a postulação judicial desses direitos, que pertencem a todo o grupo, categoria ou classe e que se encontram pulverizados entre um grande número de pessoas. Para facilitar o acesso à justiça é que a lei atribui a legitimidade extraordinária a tais entes. E a extensão da coisa julgada assim o demonstra. No campo da legitimidade ordinária, ela não poderia ultrapassar as partes. Nas ações civis públicas, a eficácia da coisa julgada é *erga omnes* e *ultra partes*, estendendo-se para além daqueles que participam do processo.

3.5.4.2. Interesse de agir

De acordo com o art. 17 do CPC, para postular em juízo é necessário ter interesse e legitimidade. O interesse de agir exige o preenchimento do binômio: **necessidade e adequação**. É preciso que a pretensão só possa ser alcançada por meio do aforamento da demanda e que esta seja adequada para a postulação formulada. Há os que ainda incluem a **utilidade** como elemento do interesse de agir, mas parece-nos que ele é absorvido pela necessidade, pois aquilo que nos é necessário certamente nos será útil. Não haverá interesse de agir para a cobrança de uma dívida, antes que tenha havido o seu vencimento, porque pode ser que até a data prevista haja o pagamento espontâneo, o que tornaria desnecessária a ação. Mas, desde o vencimento, se a dívida não for paga, haverá interesse de agir. Também é necessário que haja adequação entre a pretensão do autor e a demanda por ele ajuizada. Ao escolher a ação inadequada, o autor está se valendo de uma medida desnecessária ou inútil, o que afasta o interesse de agir. **O autor carecerá de ação quando não puder obter, por meio da ação proposta, o resultado por ele almejado**. Haverá casos, outros, em que haverá carência por falta de interesse superveniente. É o que ocorre quando, no momento da propositura da demanda, ela era necessária, mas depois, por razões posteriores, deixou de ser. Imagine-se, por exemplo, que alguém ajuíze ação contra o causador de um acidente de trânsito que tem contrato de seguro. O réu faz a denunciação da lide à sua seguradora para a hipótese de vir a ser condenado, caso em que poderá, nos mesmos autos, exercer o direito de regresso contra

124 Direito Processual Civil Esquematizado   *Marcus Vinicius Rios Gonçalves*

ela. O juiz só examinará se existe ou não direito de regresso se a lide principal vier a ser julgada procedente, pois só então o réu terá sido condenado, e fará sentido falar em reembolso. Se a lide principal for improcedente, o réu não terá sido condenado, com o que a denunciação da lide perderá o objeto, e a denunciação deverá ser extinta, sem resolução de mérito, por falta de interesse.

3.5.4.3. Fim da possibilidade jurídica do pedido como condição da ação autônoma e sua absorção pelo interesse de agir

O CPC, como já mencionado, eliminou a possibilidade jurídica do pedido do rol das condições da ação. Isso não significa que, verificando o juiz que a petição inicial contém pedido juridicamente impossível ou embasado em causa de pedir ilícita, deva recebê-la e determinar o prosseguimento do processo. Ele também não pode, salvo nas hipóteses do art. 332, proceder ao julgamento, concluindo pela improcedência de plano, pois essa solução só pode ser adotada nas hipóteses previstas em lei, quando o pedido contrariar enunciado de súmula do Supremo Tribunal Federal ou do Superior Tribunal de justiça; acórdão proferido pelo Supremo Tribunal Federal ou pelo Superior Tribunal de Justiça em julgamento de recursos repetitivos; entendimento firmado em incidente de resolução de demandas repetitivas ou de assunção de competência; ou enunciado de súmula de tribunal de justiça sobre direito local. E também quando o juiz verificar, desde logo, a ocorrência de prescrição ou decadência. Entretanto, e se a hipótese não se enquadrar nas do art. 332 e o juiz verificar que o pedido é juridicamente impossível (por exemplo, quando a pretensão estiver fundada em dívida de jogo)? Ainda nesse caso, **o juiz deverá indeferir a inicial e julgar o processo extinto sem resolução de mérito, não mais por impossibilidade jurídica do pedido, que deixa de existir como condição autônoma da ação, mas por falta de interesse de agir**. O desaparecimento da possibilidade jurídica decorre de ela ser absorvida pelo interesse, inexistente quando se postula algo vedado em nosso ordenamento jurídico. Ao examinar as condições da ação, o juiz continuará verificando se o pedido é juridicamente possível; **se não for, haverá carência de ação por falta de interesse de agir**. Como já mencionado, Liebman, a partir da 3.ª edição do seu *Manual de Direito Processual Civil*, excluiu a possibilidade jurídica, considerando que, quando ela falta, o autor será carecedor por falta de interesse de agir. Para que haja interesse de agir, é preciso que a pretensão formulada em juízo **não afronte o ordenamento jurídico**. Não há necessidade de que o ordenamento preveja expressamente aquilo que se pretende obter, mas sim que ele não o **vede**, que a pretensão não ofenda nenhuma proibição expressa, nem afronte o sistema jurídico nacional. Um cuidado especial há de ser tomado quando do exame dessas circunstâncias: não basta examinar a licitude do pedido, não basta que o juiz o examine isolada e exclusivamente, **sendo necessário que observe os três elementos da ação em conjunto**. Não se pode examinar o pedido sem verificar em quais fundamentos ele se embasa, quem o formula e em face de quem é formulado. Por exemplo, em ação de cobrança, não basta verificar o que e quanto o autor pede; é preciso examinar a causa de pedir. Pode ser que ele fundamente a sua pretensão no fato de ter vencido o réu em um jogo. Ora, o nosso ordenamento jurídico não admite a cobrança de uma dívida quando fundada em jogo. É preciso verificar, também, quem pede e em face de quem se pede, pois uma pretensão pode ser **lícita em face de uma pessoa e ilícita em face de outra**. Como exemplo, a execução por quantia certa, com pedido de penhora de bens, que será admissível se aforada contra um particular, mas inadmissível contra a Fazenda Pública. Não se pode concluir o exame desse tema, sem uma consideração relevante: é que, de certa maneira, quando o juiz indeferir a inicial e julgar o autor carecedor da ação por falta de interesse de agir, em decorrência da impossibilidade jurídica do pedido por ele formulado, julgando o processo extinto sem resolução de mérito, a situação **se assemelhará, em muito, a uma improcedência de plano**. Isso porque, se o juiz entendeu que o pedido é juridicamente impossível, ele examinou o pedido. E o pedido é o mesmo que mérito. Assim, no fundo, a falta de interesse por impossibilidade jurídica do pedido seria quase uma improcedência de plano, que decorre do fato de o juiz verificar, *ab initio*, que a pretensão do autor jamais poderá ser acolhida. De qualquer maneira, o nosso ordenamento jurídico só permite a improcedência de plano nos casos do art. 332 do CPC. Assim, se o juiz verificar que o pedido é juridicamente impossível, como no exemplo de dívida oriunda de jogo, ele deverá extinguir o processo, sem resolução de mérito, por falta de interesse de agir.

3.5.5. Maneiras de verificar se as condições da ação estão ou não preenchidas

Apresentamos um panorama geral das condições da ação, necessárias para que o autor tenha o direito de ação, em sentido processual, e possa obter uma resposta de mérito. Há ainda uma questão relacionada a esse assunto, bastante complexa, a ser examinada. Refere-se à forma de proceder ao exame das condições da ação, no processo, e àquilo que deve ser considerado em tal exame. Vale lembrar que o assunto é de **ordem pública** e deve ser considerado pelo juiz a qualquer tempo, de ofício ou a requerimento dos litigantes. Mas existe controvérsia a respeito daquilo que deva ser considerado pelo juiz no momento de avaliar se estão ou não preenchidas as condições da ação. Um exemplo pode ilustrar a questão: imagine-se que uma pessoa chamada José proponha, em face de João, uma demanda de cobrança, alegando que o réu o contratou para lhe prestar um serviço de pedreiro, pois estava reformando a sua casa. A petição inicial contém uma versão dos fatos, que o juiz, de início, não tem condições de avaliar se é verdadeira ou não. Há um conjunto de afirmações feitas pelo autor, um conjunto de assertivas. **A versão dos fatos está *in statu assertionis***. Se considerarmos verdadeiras as afirmações apresentadas, se presumirmos que tudo o que está dito na petição inicial é verdadeiro, verificaremos que as condições da ação estão preenchidas: as partes são legítimas, pois José alega que o réu, João, o contratou, mas não o pagou, o que fundamenta o interesse de agir. O juiz determinará, então, a citação do réu, para que ele se defenda. Pode ocorrer que o réu apresente uma nova versão dos fatos, completamente diferente daquela do autor: que diga, por exemplo, que o valor que o autor está cobrando não se refere a prestação de serviços, como alegado, mas a dívida de jogo, uma vez que ambos participaram de uma aposta, que o réu perdeu. Instaurada a controvérsia, o juiz abrirá a instrução e colherá as provas necessárias para formar a sua convicção. Imaginemos que as provas confirmem a versão do réu, de que, na verdade, a dívida é mesmo de jogo. Qual deverá ser a sentença? De improcedência, ou de extinção sem resolução do mérito, por falta de interesse de agir, dada a ilicitude do pedido? Existem, a respeito desse assunto, duas importantes correntes doutrinárias, que serão examinadas nos itens seguintes.

3.5.5.1. A teoria da asserção

Goza de muito prestígio, no Brasil, a **chamada teoria da asserção**, desenvolvida, sobretudo, no direito italiano, onde é chamada de teoria *della prospettazione*. Para os seus defensores, o exame das condições da ação deve ser feito **em abstrato, pela versão dos fatos trazida na petição inicial, *in statu assertionis*.** O juiz verificará se elas estão preenchidas considerando verdadeiro aquilo que consta da inicial, em abstrato. É certo que, no exemplo do item anterior, no curso da instrução, ficou provado que a versão inicial não era verdadeira, que a dívida era de jogo. Porém, para um assertivista, o que é apurado em concreto, pelo exame das provas, é mérito, não mais relacionado às condições da ação. Portanto, para um assertivista, elas são examinadas apenas em abstrato, pelo que foi afirmado na inicial: daí o nome teoria da asserção, ou da afirmação. Um defensor dessa teoria, no nosso exemplo, daria uma sentença de improcedência, pois só ficou provado que a dívida era de jogo **em concreto**, e isso é **mérito**. Para que fosse caso de carência de ação, era necessário que pela leitura da inicial já pudesse ser verificada a incompatibilidade do pedido com o nosso ordenamento jurídico, afastando-se com isso o interesse de agir. Veja-se que, mesmo para um assertivista, o exame das condições pode ser feito a qualquer tempo, no curso do processo. Mas o juiz, ao fazê-lo, só considerará a **versão abstrata**.

3.5.5.2. O exame em concreto das condições da ação

Em oposição aos defensores da teoria da asserção, há aqueles que entendem que as condições da ação devem ser **examinadas em concreto**. Para eles, o juiz, ao analisá-las, deve considerar não apenas o que consta da inicial, a versão afirmada do autor, mas tudo o que tenha ficado apurado. Um adepto dessa teoria julgaria, no exemplo dado no *item 3.5.5*, o processo extinto, sem resolução de mérito, por falta de possibilidade jurídica do pedido.

3.5.5.3. No Brasil

Há, hoje, profunda controvérsia doutrinária a respeito de qual das duas teorias foi acolhida no Brasil. Liebman, o grande jurista italiano, que tanto influência teve sobre o nosso ordenamento jurídico, foi defensor da teoria da asserção, e hoje talvez seja possível dizer que ela tem predominado entre os nossos doutrinadores, embora, como já dito, a questão seja controvertida. A predominância, entre os doutrinadores, da teoria da asserção deve-se, possivelmente, ao fato de que ela permite, com mais clareza, a distinção daquilo que é mérito do que é condição da ação.

3.6. OS ELEMENTOS DA AÇÃO

3.6.1. Introdução

Outro aspecto de grande relevância para a compreensão do tema é o dos elementos da ação, **que não se confundem com as condições**. Estas são requisitos que devem ser preenchidos para que **exista o direito de ação em sentido estrito**; se o autor não as preenche, será carecedor. Já os elementos servem **para identificar a ação**, funcionam como uma espécie de carteira de identidade. É por meio deles que, comparando duas

4 ▣ Da Ação   127

ações, será possível verificar se são idênticas, caso em que haverá **litispendência ou coisa julgada**; se são semelhantes, caso em que poderá haver **conexão ou continência**; ou se são completamente diferentes. Os elementos da ação são três: **as partes, o pedido e a causa de pedir**. Se modificarmos qualquer um deles, alteraremos a ação, o que é de grande relevância porque o juiz, ao prolatar a sua sentença, fica adstrito ao que foi postulado na petição inicial, não podendo julgar nem diferente do que foi pedido, nem a mais. Se o fizer, sua sentença será *extra petita* ou *ultra petita* e inválida. Ao proferir a sentença, o juiz tem de estar muito atento para não fugir dos elementos da ação indicados na petição inicial, sob pena de julgar uma ação diferente da que foi proposta. Mas isso será retomado com mais profundidade quando examinarmos a causa de pedir. Vamos passar ao exame de cada um dos elementos, começando pelas partes.

3.6.2. Das partes

Parte é quem pede a tutela jurisdicional e em face de quem ela é postulada. Em síntese, o autor — aquele que pede; e o réu — em face de quem o pedido é formulado. Não tem qualidade de parte aqueles que funcionam como representantes legais. Por exemplo, um menor absolutamente incapaz que vá a juízo para postular alimentos terá de ser representado. Parte será o incapaz, não o representante. Nos processos de jurisdição voluntária, as partes são denominadas "interessados". Mas, no fundo, não deixam de ser partes. Questão curiosa é saber da possibilidade de existir uma ação que não tenha autor, ou réu. É possível que não tenha autor naqueles raríssimos casos em que o juiz pode dar início ao processo de ofício. É regra quase absoluta a inércia da jurisdição, mas há algumas raras exceções, como, por exemplo, o processo de arrecadação de bens de ausente, que o juiz pode iniciar de ofício. Em casos assim, ninguém sustentará que o autor é o próprio juiz: **a ação não terá autor**. Também são raras as hipóteses de processos sem réu. Entre os procedimentos de jurisdição voluntária, alguns não o terão, como a separação consensual, em que ambos os cônjuges, de comum acordo, vão juntos a juízo. Mas é possível haver ação sem réu, mesmo na jurisdição contenciosa. Por exemplo: imagine-se uma demanda de investigação de paternidade, quando o suposto pai já faleceu e não deixou herdeiros. Por sua natureza pessoal, não patrimonial, ela não pode ser dirigida contra o espólio, massa de bens deixada pelo falecido. Em caso de morte do suposto pai, ela deve ser proposta em face dos herdeiros. Caso eles não existam, a ação não terá réu. Também não têm réu as ações declaratórias de constitucionalidade, propostas perante o Supremo Tribunal Federal.

3.6.3. Pedido

3.6.3.1. *Pedido mediato e imediato*

O segundo elemento da ação é o pedido, que se desdobra em dois: **o imediato** e **o mediato**, que não se confundem. Pedido imediato é o **provimento jurisdicional** que se postula em juízo. É o tipo de provimento que se aguarda que o juiz defira. O autor, no processo de conhecimento, pode pedir que o juiz condene o réu; que constitua ou desconstitua uma relação jurídica; que declare a sua existência. No processo executivo, que conceda uma tutela executiva, com a prática de atos satisfativos. É preciso que, na petição inicial, o autor indique qual é o provimento que espera que o juiz profira. Se

128 Direito Processual Civil Esquematizado — Marcus Vinicius Rios Gonçalves

escolher a tutela jurisdicional inadequada, será carecedor de ação, por falta de interesse de agir, o que não o impedirá de tornar a juízo, formulando, desta feita, o pedido apropriado. Mas, além do provimento, é preciso que ele identifique qual é o **bem da vida** que almeja alcançar. E esse é o pedido mediato. Por exemplo, quando alguém entra com uma ação de cobrança, porque prestou um serviço, deverá postular a condenação do réu ao pagamento de determinada quantia. O pedido imediato é o provimento condenatório: o autor pretende que o réu seja condenado, e não apenas que, por exemplo, o juiz declare a existência do crédito. E o pedido mediato é o bem da vida, isto é, a quantia em dinheiro que ele pretende receber. Também o bem da vida deve ser identificado com clareza.

3.6.3.2. Pedido certo e determinado. Pedido genérico

Os arts. 322 e 324 do CPC estabelecem que o pedido deve ser **certo e determinado**. Certo é aquele que identifica o seu objeto, permitindo que seja perfeitamente indivi- dualizado; determinado é o pedido líquido, em que o autor indica a quantidade que pretende receber. Os incisos do art. 324 estabelecem hipóteses excepcionais, em que se admitem pedidos ilíquidos ou genéricos. Em regra, são situações em que não seria razoável exigir do autor, na inicial, que indicasse com precisão o que pretende. Mas, ainda que o pedido não possa ser identificado de início, é necessário que seja identificável. A primeira hipótese é a das **ações universais**, quando não se puder individuar na petição os bens demandados. São as ações que têm por objeto uma universalidade de direito, como a herança e o patrimônio. Por exemplo, imagine-se que alguém quer ajuizar uma ação de petição de herança, invocando a sua qualidade de herdeiro. Não será necessário, desde logo, que identifique, um a um, os bens que a compõem, porque nem sempre isso será possível. A segunda hipótese é a de **não ser possível determinar, de modo definitivo, as consequências do ato ou fato**. Essa é a hipótese mais comum. Imagine-se que uma pessoa tenha sofrido um grave acidente de trânsito, do qual resultaram lesões e incapacidade, cuja extensão não se possa determinar desde logo, por que depende do resultado dos tratamentos médicos. No momento da propositura da demanda, se esta for proposta em data próxima à do acidente, o autor, não conhecendo ainda a extensão dos danos, poderá formular pedido genérico. A última hipótese do art. 324 do Código de Processo Civil é o pedido genérico quando a **determinação do valor da condenação depender de ato que deva ser praticado pelo réu**. Por exemplo, de que ele preste contas de sua gestão. Só a partir do momento em que o réu o praticar, será possível conhecer o valor da condenação.

3.6.3.3. Pedidos materialmente diferentes, mas processualmente equivalentes

Pode ocorrer que a lei material conceda ao titular de um direito violado duas soluções alternativas. Cumpre, pois, àquele que teve o seu direito desrespeitado eleger a solução que pretende. Por exemplo: diz o Código Civil que, se alguém adquire uma mercadoria com vício redibitório, aquele oculto que prejudique a sua utilização ou diminua o seu valor, poderá optar entre pedir a resolução do contrato com a devolução do preço pago (**"ação redibitória"**) ou postular um abatimento no preço (ação *quanti minoris*). A escolha é do adquirente, mas escolhida uma das vias, ele não pode se valer

4 ■ Da Ação 129

da outra, porque a lei material as coloca como **alternativas**. Embora os pedidos, do ponto de vista do direito material, sejam diferentes, do ponto de vista processual são equivalentes. Isso significa que, se o adquirente do bem optar por mover a ação redibitória, não poderá postular, em outro juízo, a redução do preço. Haverá entre as duas ações litispendência e coisa julgada, pois, embora os pedidos sejam materialmente diferentes, são processualmente idênticos.

Sendo o pedido um dos elementos da ação, sua alteração implica modificação da ação proposta. Serão diferentes duas ações que tenham pedidos distintos, recaia a distinção sobre o pedido mediato ou imediato. Por exemplo, se o autor postulou em uma demanda a declaração da existência de determinado crédito em seu favor, nada obsta a que, posteriormente, ajuíze outra ação, de condenação do réu ao pagamento. Tanto o pedido mediato quanto o imediato vinculam o juiz, ao proferir sentença. Portanto, se o autor pediu a declaração, o juiz não pode condenar, pois se o fizer sua sentença será *extra petita*.

3.6.4. Causa de pedir

3.6.4.1. Fatos e fundamentos jurídicos

O terceiro dos elementos da ação, e o mais complexo, é a causa de pedir. De acordo com o art. 319, III, do CPC, a petição inicial indicará o **fato e os fundamentos jurídicos do pedido**. São os dois componentes da causa de pedir. Quando se vai a juízo formular um pedido, é preciso apresentar o fundamento, a justificativa pela qual se entende que o juiz deva acolher a pretensão e conceder o provimento jurisdicional postulado. A atividade jurisdicional é **silogística**: pressupõe a relação entre uma premissa maior, uma premissa menor e a conclusão que daí se pode extrair. O exemplo clássico é: a) premissa maior: todo homem é mortal; b) premissa menor: Sócrates é homem. Disso resultará a conclusão lógica: então, Sócrates é mortal. A premissa maior é sempre **genérica, abstrata, de aplicação universal**. Já a premissa menor é específica, particular e pessoal. Com essas considerações, é possível compreender melhor a atividade do juiz: o que ele faz, normalmente? **Aplica a lei ao caso concreto**. A lei, o ordenamento jurídico, fornece a **regra geral**, a premissa maior. O autor leva ao conhecimento do juiz o seu caso particular, específico, pessoal. Então, o juiz partirá da premissa maior, do que diz o ordenamento jurídico, aplicará isso aos fatos que lhe são levados ao conhecimento e disso extrairá a sua conclusão. Ora, a causa de pedir é constituída pelos fatos e fundamentos jurídicos. Os fundamentos jurídicos **são o direito que o autor quer que seja aplicado ao caso, é a norma geral e abstrata**, é o que diz o ordenamento jurídico a respeito do assunto. Não se confunde com o fundamento legal, isto é, a indicação do artigo de lei em que se trata do assunto, desnecessária de se fazer na petição inicial. Basta que o autor exponha o direito, sem a necessidade de indicar qual o artigo de lei em que ele está contido. Já os fatos são aqueles **acontecimentos concretos e específicos que ocorreram na vida do autor** e que o levaram a buscar o Poder Judiciário, para postular o provimento jurisdicional. Por exemplo, diz a lei que aquele que comete adultério pratica uma grave violação aos deveres do casamento, o que permite ao cônjuge inocente postular a sua separação judicial. Essa é a regra abstrata. Aquele que queira se separar, deve, na petição inicial, indicar um fato concreto, específico, pessoal, que desencadeie a aplicação da norma geral e abstrata. O autor dirá, pois, na petição inicial que foi vítima de adultério. Não bastará que ele o faça de forma genérica e abstrata. É preciso que ele diga qual foi a situação específica: aproximadamente quando, em que circunstâncias, quais as informações que tem a respeito. Afinal, **o réu não se defende da categoria jurídica "adultério" em geral, mas de um fato específico que lhe é imputado**. Da mesma forma, a lei diz que aquele que age de forma imprudente e causa danos tem que indenizar. Ora, se o autor, em um caso determinado, sofreu um acidente provocado pelo réu, deve indicar, na petição inicial, quais os fatos, deve descrever a dinâmica do acidente, para que o juiz possa conhecer em que consistiu a imprudência imputada e quais os danos sofridos pela vítima. Portanto, quando o art. 319, III, do CPC determina que o autor indique na petição inicial os fatos e fundamentos jurídicos do pedido, quer dizer que se deve descrever a premissa menor e a premissa maior que compõem o silogismo judiciário. Não é por outra razão que, em incontáveis petições iniciais, o autor, por seu advogado, depois de elaborar o cabeçalho, indicando as partes, passa a dedicar um capítulo para a descrição dos fatos e outro para o direito (fundamentos jurídicos). Depois de expô-los, conclui a petição inicial formulando o seu pedido, que, para ser apto ao desencadeamento do processo, deve ser uma decorrência lógica das premissas maior e menor expostas. Se o pedido não decorrer logicamente da narração dos fatos, a petição inicial será considerada inepta.

3.6.4.2. A substanciação

Tanto os fatos quanto os fundamentos jurídicos integram a causa de pedir. Mas, em nosso ordenamento jurídico, conquanto a lei exija a descrição de ambos, eles não têm a mesma importância. Somente um desses componentes da causa de pedir constituirá a sua essência, será determinante e vinculará o juiz ao final: **a descrição dos fatos**. Isso porque, sendo o direito a alusão ao que consta do ordenamento jurídico, a norma geral e abstrata, é de se presumir que o juiz o conheça. Aplica-se a velha regra latina: *jura novit curia*, o juiz conhece o direito. Já os fatos, que são concretos e específicos, ele não conhece, **razão pela qual têm de estar bem descritos, com clareza e precisão, na petição inicial. Não deve o juiz recebê-la se os fatos não estiverem indicados de forma inteligível**. Quanto ao direito, o juiz pode-se mostrar menos exigente. E a razão é óbvia: ainda que o autor não indique com clareza qual o fundamento jurídico, qual a norma aplicável, qual a disposição legal que ele deseja que se aplique, o juiz poderá fazê-lo mesmo assim, porque isso ele conhece. **Mas o mais importante é que apenas os fatos vinculam o juiz no julgamento**. Os fundamentos jurídicos não o vinculam. Ao prolatar a sua sentença, o juiz poderá aplicar norma legal, ou aplicar direito, diferente daquele indicado na petição inicial, sem que, por isso, sua sentença seja *extra* ou *ultra petita*. Por exemplo, uma pessoa viaja de ônibus e, durante o percurso, sofre um acidente. O autor postula, em face da empresa de ônibus, indenização pelos danos que sofreu, imputando culpa ao motorista que agiu imprudentemente. Funda, pois, a demanda em responsabilidade subjetiva. Mas o juiz não fica adstrito ao direito alegado na inicial e pode condenar a empresa com fundamento na responsabilidade objetiva das empresas permissionárias de serviço público. O mesmo não ocorre com os fatos. Esses vinculam o juiz, e é deles que o réu se defende. Se o juiz condenar o réu com base em fato não descrito na petição inicial, estará julgando ação diferente da que foi proposta e sua sentença será *extra petita*. Nem poderia ser de outra forma, pois o réu só terá tido oportunidade de defender-se daquilo que lhe foi imputado. Esse sistema, em que os fatos é que

4 ▪ Da Ação   131

delimitam objetivamente a demanda e servem para identificar a ação, decorre da adoção, entre nós, da **teoria da substanciação**, que se contrapõe à da **individuação**. Para a
primeira, o que vincula o juiz no julgamento é a descrição dos fatos; para a segunda, a
indicação dos fundamentos jurídicos.

3.6.4.3. A alteração dos fatos modifica a ação

Como os fatos constituem a essência da causa de pedir, **não haverá litispendência
ou coisa julgada, se duas ações, ainda que entre as mesmas partes e com o mesmo
pedido, estiverem fundadas em fatos diferentes**. Imagine-se que uma mulher ajuíze
ação de separação judicial, imputando ao seu marido a prática, em determinadas circunstâncias, de adultério. Citado, ele se defenderá dessa imputação, que há de ser específica e determinada. Suponhamos que, no curso da instrução, não fique demonstrado o
adultério. Nenhuma testemunha e nenhum outro elemento de convicção o confirmam,
embora as testemunhas todas digam que ela é vítima frequente de agressões do marido.
Poderia o juiz julgar procedente o pedido de separação, fundado nas sevícias, e não no
adultério? A resposta é negativa: **uma ação é identificada pela sua causa de pedir**. A
separação proposta era fundada em adultério, fato que embasa a pretensão, um dos elementos identificadores da ação. Ora, se o juiz decretar a separação por agressão, ele
estará julgando ação diferente da que foi proposta, sua sentença será *extra petita* e nula.
Afinal, o réu não terá se **defendido** da alegação das agressões, mas tão-somente do
adultério. Se este não ficou provado, a sentença terá de ser de improcedência. Nada
impede, porém, que a autora volte à carga, propondo nova ação de separação judicial,
desta feita com base nas agressões. Não haverá litispendência nem coisa julgada entre a
primeira e a segunda, porque as causas de pedir serão diferentes. Outro exemplo: se na
petição inicial a autora descreveu, como fundamento de seu pedido, determinado adultério, ocorrido em data determinada e em certas circunstâncias, o juiz não poderá julgar
procedente o pedido com base na comprovação de outro adultério, ocorrida em situação
diversa e em circunstâncias distintas. Isso porque o réu não se defende de uma categoria
jurídica genérica — "o adultério" —, mas de um fato específico, daquele adultério
descrito na petição inicial.

3.6.4.4. A causa de pedir nas ações reais

Uma questão importante é a da causa de pedir nas ações que versam sobre direito
real. Por exemplo, na ação reivindicatória, em que o autor pretender reaver um bem que
está indevidamente com outrem, do qual é proprietário. Discute-se, por exemplo, se,
para fundamentar o pedido bastaria a ele invocar a sua condição de dono, **ou se seria
necessário apontar a origem da propriedade**. Nessas ações, basta ao autor dizer que
é proprietário, ou é preciso dizer, por exemplo, que a propriedade é fruto de uma compra,
doação ou de usucapião? A teoria da substanciação, adotada entre nós, afasta qualquer
dúvida: a causa de pedir nas ações fundadas em direito real **exige a indicação não
apenas do direito sobre o qual se embasa o pedido — o direito de propriedade —,
mas também do fato que deu origem a esse direito**. Isso tem consequências importantes: imaginemos que alguém ajuíze uma ação reivindicatória de imóvel aduzindo que é
proprietário porque o adquiriu. No curso do processo, fica comprovado que a compra

foi feita a um falso dono e que a escritura foi falsificada. A reivindicatória será improcedente. Nada impede, porém, que, passado algum tempo, o autor intente nova ação reivindicatória do mesmo imóvel, contra o mesmo réu, fundada agora em nova aquisição do bem, feita, desta vez, ao legítimo proprietário. Não haverá coisa julgada entre a primeira e a segunda ação. É certo que, em ambas, as partes eram as mesmas, e o pedido idêntico: a recuperação do bem. Mas a causa de pedir era diferente: na primeira, a propriedade oriunda de determinado contrato (que mais tarde se comprovou ser falso); na segunda, o novo contrato de aquisição, celebrado com o legítimo dono.

3.6.4.5. *Causa de pedir próxima ou remota? Um problema de nomenclatura*

A causa de pedir se compõe de dois elementos: os fatos e os fundamentos jurídicos. Para identificá-los, a doutrina tem chamado a um de causa de pedir **próxima** e ao outro de causa de pedir **remota**. O problema é que não há uniformidade, entre os doutrinadores, a respeito dessa nomenclatura. A divergência é grande: parte da doutrina chama os fatos de causa de pedir próxima e os fundamentos jurídicos de causa remota (Nelson Nery Junior); e parte usa essa nomenclatura invertida (Vicente Greco Filho). Assim, é sempre prudente, ao se referir a qualquer delas, identificar qual das duas nomenclaturas se está utilizando.

3.6.5. A identificação da ação

De tudo o que foi dito, conclui-se que uma ação é identificada por seus três elementos que, na verdade, podem ser subdivididos em seis: as partes, que são o autor e o réu; o pedido, imediato (provimento jurisdicional) e mediato (o bem da vida); e a causa de pedir, que se compõe da indicação do fato e dos fundamentos jurídicos. Cinco desses seis elementos vinculam o juiz no julgamento e servem para a identificação da ação. Só um deles — **os fundamentos jurídicos** — não o vinculam, nem servem para identificar a ação. Se mudarmos qualquer dos cinco, modificaremos a ação. Mas se alterarmos os fundamentos jurídicos, não.

3.7. CLASSIFICAÇÃO DAS AÇÕES

3.7.1. A classificação com base no fundamento

O estudo das ações não ficaria completo se não nos detivéssemos na questão da sua classificação. É costume designarmos uma ação pelo fundamento que a embasa. Frequentemente se utilizam expressões como "ação real" ou "ação pessoal" para distinguir entre aquelas que têm por fundamento um direito real ou um direito pessoal. Essa forma de classificação não é adequada, **porque o real ou pessoal não é ação, mas o direito material em que ela está fundamentada**. A ação em que o proprietário reivindica um bem não é, ela em si, real, mas está embasada, fundada em um direito real.

3.7.2. A classificação pelo resultado

Também não é correto designarmos as ações pelo tipo de resultado que pretendemos obter, em relação ao direito material (por exemplo, ação de rescisão de contrato, ou de prestação de contas, ou possessória). Uma vez que foi acolhida entre nós uma

4 ◼ Da Ação

teoria abstratista, que sustenta que a ação goza de autonomia em relação ao direito material, **não é razoável classificá-la de acordo com os aspectos materiais discutidos**. O correto é considerar apenas os aspectos propriamente ligados à atividade jurisdicional desencadeada.

3.7.3. A classificação quanto ao tipo de atividade exercida pelo juiz

As ações classificam-se, pois, de acordo com o **tipo de atividade** que o juiz é preponderantemente chamado a exercer, ao longo do processo. Tradicionalmente, é possível identificar, com base nesse critério, dois tipos fundamentais de ação: as de **conhecimento ou cognitivas e as de execução**, que formarão processos de conhecimento e de execução. O que distingue cada uma delas? A **atividade** que o juiz é chamado a desempenhar. Nas de conhecimento, pede-se que ele profira uma **sentença**, na qual dirá se a razão está com o autor ou não, bem como se ele tem ou não direito ao provimento jurisdicional postulado. Nas de execução, o que se pede são **providências concretas, materiais, destinadas à satisfação do direito**. Não mais que o juiz, por meio de uma sentença, diga quem tem razão, mas que faça valer, por meios adequados, o direito ao seu respectivo titular.

3.7.3.1. Tipo de tutela cognitiva: condenatória, constitutiva e declaratória

Dentre as ações de conhecimento, é possível identificar três tipos fundamentais: a **condenatória, a constitutiva e a declaratória**, conforme o tipo de tutela postulada. Nas três, pede-se sempre uma sentença: as declaratórias são mais simples que as demais, porque nelas o juiz se limita a **declarar a existência ou inexistência de uma relação jurídica**. O que se pretende obter é uma **certeza jurídica** sobre algo que, até então, era fonte de dúvidas, incertezas ou insegurança. A sentença declaratória não impõe obrigações aos litigantes, por isso não constitui título executivo, mas torna certa uma situação jurídica que, embora já existisse, não era reconhecida. Por exemplo: quando houver dúvida a respeito da paternidade de alguém que queira saná-la, bastará que ajuíze ação declaratória, na qual o juiz decidirá se, afinal, o autor é ou não filho do réu. Já a tutela constitutiva é aquela cuja finalidade é **modificar, constituindo ou desconstituindo, uma relação jurídica**. Um exemplo é o das ações de separação judicial ou divórcio, que objetivam desconstituir a sociedade conjugal ou o casamento, respectivamente. Tal como as ações declaratórias, as constitutivas não visam a formação de um título executivo. Por seu intermédio, o que se busca é a modificação de uma situação jurídica indesejada. As ações constitutivas podem ser positivas ou negativas. As primeiras são as que **criam** relações jurídicas até então inexistentes; as segundas, as que as **desconstituem**. O que caracteriza a sentença constitutiva é a criação de um estado jurídico distinto do anterior. Por fim, a ação condenatória é aquela que visa a **formação de um título executivo judicial**, que atribuirá ao autor a possibilidade de valer-se da via executiva, tornando realidade aquilo que lhe foi reconhecido. Sua finalidade é **compelir alguém ao cumprimento de uma obrigação inadimplida**. A ação condenatória tem por objetivo não a satisfação imediata e plena do direito postulado, mas a formação de título que permita aplicar a sanção executiva.

Esses são os três tipos fundamentais de ação de conhecimento, classificados de acordo com a tutela jurisdicional postulada. Mas, de há muito, tem sido aceita a existência de dois outros, ainda com base no mesmo critério: as mandamentais e as executivas *lato sensu*.

3.7.3.2. Tutela mandamental e executiva lato sensu

Nenhuma delas constitui uma forma diferenciada e autônoma de ação cognitiva: **tanto a mandamental quanto a executiva *lato sensu* constituem espécies de ação condenatória**. São ações mandamentais aquelas em que o juiz, ao condenar o réu, emite uma **ordem, um comando**, que permite, sem necessidade de um processo autônomo, tomar medidas concretas e efetivas, destinadas a proporcionar ao vencedor a efetiva satisfação de seu direito. São exemplos de tutela mandamental as sentenças proferidas em mandado de segurança e nas ações que tenham por objeto obrigação de fazer ou não fazer, previstas nos arts. 497 e 498 do CPC. Descumprida a ordem, o juiz pode determinar providências que pressionem o devedor, como a fixação de multa diária, chamada "astreinte". Caso a desobediência persista, pode tomar providências que assegurem resultado prático equivalente ao do cumprimento.

As ações executivas *lato sensu* são também exemplo de ações condenatórias, em que a sentença é cumprida independentemente de fase executiva. São exemplos as ações possessórias e de despejo, em que, proferida a sentença de procedência, o juiz determinará a expedição de mandado para cumprimento, sem necessidade de um procedimento a mais, em que o réu tenha oportunidade de manifestar-se ou defender-se. Não se confunde esse tipo de ação com a mandamental, porque nesta a determinação não é cumprida por mandado judicial. **Quem deve cumpri-la é o próprio devedor**, cabendo ao juiz estabelecer medidas de pressão, ou determinar providências que assegurem resultado semelhante. Já nas executivas *lato sensu*, não havendo cumprimento espontâneo da obrigação, **o próprio Estado a cumprirá no lugar do réu**. Se o réu não devolve a coisa, é expedido mandado que a tira do poder deste, e a entrega ao autor. Vale lembrar que essas classificações das ações levam em conta a atividade jurisdicional predominante, e nem sempre será fácil identificar com clareza em qual dos tipos a ação se enquadra, havendo aqueles que criticam a distinção entre ações mandamentais e executivas *lato sensu*, aduzindo que elas não passam de subtipos de ações condenatórias.

4. QUESTÕES

QUESTÕES DE CONCURSOS
> http://uqr.to/1xsyq

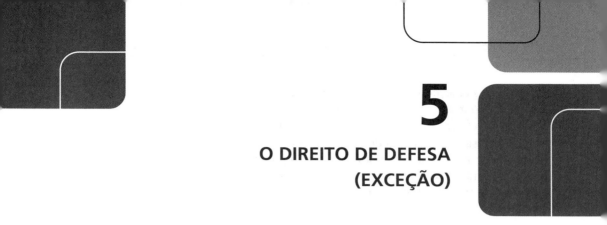

5
O DIREITO DE DEFESA (EXCEÇÃO)

1. INTRODUÇÃO

Se a todos é dado o direito de ajuizar a ação, é sempre assegurado ao réu o **direito de contrapor-se a ela, de defender-se**, impugnando a pretensão do autor, e apresentando os argumentos necessários para o convencimento do juiz.

Se, de um lado, a todos é garantido o acesso à justiça, de outro, deve ser sempre respeitado o contraditório. O réu tem o direito de saber da existência do processo, de tudo o que nele ocorre, e o de apresentar a sua defesa, os seus argumentos.

É nesse sentido que o direito de defesa (ou exceção) constitui um dos institutos fundamentais do processo civil.

1.1. AS DUAS ACEPÇÕES EM QUE A PALAVRA "EXCEÇÃO" PODE SER TOMADA

Ao tratarmos do tema da ação, vimos que ela pode ser empregada em dois sentidos diferentes: daí dizer-se que é palavra equívoca. A exceção também, porque pode ser encontrada em **duas acepções diferentes:** a de exceção em sentido amplo, que constitui um dos quatro institutos fundamentais do processo civil; e a de exceção em sentido estrito, que é o oposto de objeção. Nos itens seguintes, serão brevemente examinadas cada uma dessas acepções.

1.1.1. Exceção em sentido amplo

É o **direito de defesa**, na acepção mais abrangente do termo: de o réu contrapor-se à pretensão inicial, valendo-se de todos os mecanismos previstos em lei, para tanto. Em suma, é o direito de **defender-se**, de tentar fazer com que o juiz não acolha a pretensão inicial, de resistir a ela. É nesse sentido que a exceção constitui um dos institutos fundamentais.

1.1.2. Exceção em sentido estrito

O termo "exceção" em sentido estrito é o **oposto de objeção**. As defesas possíveis que o réu pode apresentar no processo dividem-se em duas categorias: as de **ordem pública**, cujo conhecimento interessa não somente ao réu, mas ao próprio funcionamento do Judiciário; e as que não são de ordem pública.

As primeiras, ainda que não alegadas pelo réu, podem ser conhecidas **de ofício pelo juiz**, por isso **não precluem** se o réu não as alegar na primeira oportunidade. São denominadas objeções. Há algumas que são de ordem estritamente processual e há outras de cunho material. Como objeção processual, pode-se mencionar a incompetência absoluta ou a falta de condições da ação; como objeção material, a decadência.

Há defesas que não são de ordem pública, por dizerem respeito estritamente aos interesses do réu. **Têm de ser alegadas, não podendo ser conhecidas de ofício pelo juiz**. Em regra, **precluem**, se o réu não as alegar na primeira oportunidade. Tais são as **exceções em sentido estrito**, que podem ser também de cunho estritamente processual, como a incompetência relativa, ou de cunho material, como o pagamento.

A classificação da prescrição sempre trouxe problemas. De início, entendia-se que não poderia ser declarada de ofício, embora não precluísse se não alegada na primeira oportunidade. Mesmo assim, prevalecia o entendimento de que deveria ser considerada exceção em sentido estrito. Hoje, diante do que consta do art. 487, parágrafo único, do CPC, e da possibilidade de alegar-se a prescrição até mesmo em fase de apelação, não pode haver mais dúvida de que ela foi incluída entre as objeções, embora, antes de reconhecê-la, o juiz tenha que dar às partes oportunidade de manifestar-se.

1.2. ESQUEMA DAS DUAS ACEPÇÕES DO TERMO "EXCEÇÃO"

EXCEÇÃO EM SENTIDO AMPLO	EXCEÇÃO EM SENTIDO ESTRITO
◼ É o direito de defesa, na acepção mais abrangente do termo. É o direito de se contrapor ao pedido inicial.	◼ Dentre as defesas possíveis, há duas categorias: as de ordem pública, que podem ser conhecidas de ofício e não precluem se não alegadas na primeira oportunidade (são as objeções); e as que não são de ordem pública, não podem ser conhecidas de ofício e precluem (são as exceções em sentido estrito).

6
O PROCESSO

1. INTRODUÇÃO

Como visto no Capítulo 4, no *item 3.4.1*, é garantido a todos o acesso à justiça, o direito de obter uma resposta do poder judiciário a todos os requerimentos formulados. **Desde o momento em que é proposta a demanda, haverá a formação de um processo, que é o instrumento da jurisdição**. É por meio dele que o Poder Judiciário poderá dar a resposta solicitada. É o meio pelo qual o juiz poderá aplicar a lei ao caso concreto.

Sob dois aspectos o processo pode ser considerado: pelos **atos** que, ordenados sucessivamente de maneira lógica, devem ser realizados durante o seu transcurso; e pela **relação** que se estabelece entre determinados personagens.

O processo contém um aspecto objetivo e um subjetivo. **Objetivo**, pois é constituído por um conjunto de atos ordenadamente encadeados e previamente previstos em lei, que se destinam a um fim determinado: a prestação jurisdicional. Para que ela seja alcançada, há um procedimento, que pressupõe um encadeamento de atos se sucedendo no tempo: a apresentação da petição inicial, o recebimento, a citação do réu, a resposta, o saneamento ou julgamento antecipado, as provas e o julgamento. E o **subjetivo:** o processo estabelece uma relação entre o juiz e as partes, autor e réu, que também se prolonga no tempo, implicando deveres, ônus, faculdades e direitos de cada um. Daí dizer-se que todo processo é integrado pelas noções de procedimento, e de relação jurídica processual.

O processo é instrumento abstrato, isto é, não tem realidade corpórea. Não se confunde com os **autos**. Muitos dos atos processuais são reduzidos a escrito e reunidos em um ou mais volumes, aos quais se dá o nome de autos. Mas estes são apenas as materializações de alguns atos do processo, não o processo em si.

2. PROCESSO E PROCEDIMENTO

Enquanto o **processo engloba todo o conjunto de atos que se alonga no tempo, estabelecendo uma relação duradoura entre os personagens da relação processual**, o procedimento consiste na **forma pela qual a lei determina que tais atos sejam encadeados**. Às vezes, em sequência, o que é comum à grande maioria dos processos, caso em que o procedimento é comum; às vezes, encadeados de maneira diferente da convencional, caso em que o procedimento será **especial**. Uma coisa é o conjunto de atos; outra, a forma mais ou menos rápida, comum ou incomum, pela qual eles se encadeiam no tempo.

3. INSTRUMENTALIDADE DO PROCESSO

O processo nunca é um fim em si mesmo. Ninguém ingressa em juízo tão-somente para obtê-lo. Constitui apenas o **instrumento** utilizado pela jurisdição para aplicar a lei ao caso concreto. Daí que deve atender, da melhor maneira possível, a sua finalidade, qual seja, fazer valer o direito da parte, que o entende violado. O processo deve **amoldar-se à pretensão de direito material** que se busca satisfazer. Por essa razão, é que dele existem numerosos tipos, como se verá no item seguinte.

4. DIVERSOS TIPOS DE PROCESSO

A diversidade de tipos de processo se justifica pela variedade de espécies de pretensão que podem ser formuladas em juízo. **O processo classifica-se de acordo com o tipo de tutela postulada**. Pode-se classificar os processos da mesma maneira que as ações (Capítulo 4, *item 3.7.3, supra*): **de conhecimento**, em que se busca uma tutela cognitiva, para que o juiz diga o direito (a prestação jurisdicional, preenchidas as condições, virá como sentença de mérito); e **de execução**, em que a pretensão não é mais o acertamento do direito, mas a sua satisfação.

A cada tipo corresponde uma forma de "crise". Ao processo de conhecimento, a "crise" de acertamento ou de certeza, que decorre da dúvida sobre quem tem efetivamente o direito disputado; ao processo de execução, a "crise" de inadimplemento, em razão de o executado não satisfazer espontaneamente a pretensão do exequente.

Nos processos de conhecimento, por sua vez, será possível postular tutelas **condenatórias, declaratórias ou constitutivas**. Nas primeiras, postula-se sentença que condene o réu ao cumprimento de uma obrigação de pagar, fazer, não fazer ou entregar coisa. Nas segundas, obter uma certeza sobre a existência ou não de determinada relação jurídica. E, nas terceiras, a constituição ou desconstituição de uma relação jurídica.

5. O PROCESSO ECLÉTICO

Desde a Lei n. 11.232, de 2005, os processos de conhecimento com pedidos condenatórios passaram a ter o que se vem chamando **natureza "eclética"**. A sentença condenatória transitada em julgado não põe mais fim ao processo de conhecimento, mas apenas à fase cognitiva, dando-se início à fase executiva se não houver a satisfação espontânea do julgado.

O que antes era composto por dois processos, o de conhecimento e o de execução, constitui hoje **duas fases de um processo único**: a cognitiva, que se estende até a formação do título executivo; e a executiva, que sucede a anterior, quando não há cumprimento do julgado. Daí o nome "ecletismo", que traduziria a ideia de reunião, em um processo único, de sistemas distintos, o cognitivo e o executivo.

6. PROCESSO E AÇÃO

Não há como confundi-los. A ação é o **direito subjetivo público de movimentar a máquina judiciária**, postulando uma resposta à pretensão formulada. Para que isso seja viável, é necessário percorrer o caminho, ou seja, o processo que leva ao provimento jurisdicional, o que exige atos ordenados que estabelecem uma relação entre juiz e partes, da qual resultam direitos, ônus, faculdades e obrigações.

7. PRESSUPOSTOS PROCESSUAIS

Enquanto o direito de ação depende de determinadas condições, sem as quais o autor é carecedor, **o processo deve preencher requisitos, para que possa ter um desenvolvimento regular e válido**.

Para que ele alcance o seu objetivo, o provimento jurisdicional e a resposta de mérito, são necessárias duas coisas: o direito de ação, de obter uma resposta de mérito; e um processo válido e regular, desencadeado com o aforamento da demanda.

Façamos uma analogia: uma pessoa reside no campo e precisa ir à cidade, para receber determinado prêmio. Duas ordens de coisas são necessárias: que faça efetivamente jus ao prêmio, que tenha mesmo sido premiada; e que percorra o caminho que leva à cidade, para reclamar a quantia. O direito de ação corresponde ao direito ao prêmio. Sem ele, o autor não tem direito à resposta de mérito, finalidade almejada. Além disso, é preciso que seja percorrido, de forma válida e regular, o percurso que leva aonde o prêmio é entregue, o que corresponde ao processo.

As condições são os requisitos necessários para que exista a ação, sem a qual não se tem o direito à resposta de mérito. E os pressupostos processuais são os requisitos para que haja um processo válido e regular, sem o qual também o processo não chega a bom termo e o juiz não pode emitir o provimento.

7.1. PRESSUPOSTOS PROCESSUAIS, CONDIÇÕES DA AÇÃO E MÉRITO

Quem ingressa em juízo busca uma resposta de mérito, a tutela jurisdicional. Se em processo de conhecimento, por exemplo, busca-se uma sentença de procedência ou improcedência, que decida quem tinha razão e afaste a crise de segurança.

Porém, antes de emitir a tutela jurisdicional ou resposta de mérito, é preciso que o juiz examine se foram preenchidas duas ordens de **questões prévias**: os pressupostos processuais; e as condições da ação.

É nessa ordem que o juiz deve proceder ao seu exame. **Primeiro, os pressupostos processuais**, se o processo teve um desenvolvimento válido e regular. Em caso negativo, deve, se possível, determinar que o vício seja sanado; se não, deve julgar extinto o processo sem resolução de mérito, como manda o art. 485, IV, do CPC. Preenchidos os pressupostos processuais, o juiz verificará se o autor tem direito à resposta de mérito, se ele preenche as condições da ação. Se não, o processo será extinto sem resolução de mérito. Portanto, **somente se preenchidos os pressupostos processuais e as condições da ação é que o juiz finalmente poderá examinar o mérito**.

7.2. PRESSUPOSTOS PROCESSUAIS COMO MATÉRIA DE ORDEM PÚBLICA

Tal como as condições da ação, os pressupostos processuais constituem **matéria de ordem pública, que deve ser examinada pelo juiz de ofício**. Cumpre-lhe, do início ao fim do processo, verificar e tomar providências em caso de não preenchimento, que pode culminar com a extinção do processo sem resolução de mérito.

A ausência de alegação, pelas partes, não torna preclusa a matéria, que pode ser examinada e reexaminada a qualquer tempo. Só não mais se poderá conhecer de ofício da falta de condições da ação ou dos pressupostos processuais em recurso especial ou extraordinário, que exigem que o assunto tenha sido prequestionado.

7.3. PRESSUPOSTOS PROCESSUAIS DE EFICÁCIA E VALIDADE

Alguns dos requisitos que o processo deve preencher são de tal relevância que, se não observados, implicam **ineficácia**; outros, também relevantes, mas sem a mesma dimensão, se não preenchidos levarão à **nulidade**. Daí a existência de dois tipos de pressupostos processuais: os de eficácia e os de validade.

7.3.1. Processo ineficaz e processo nulo

A teoria das invalidades do processo e dos atos processuais difere daquela dos atos materiais. Porque estes, em regra, são de **celebração instantânea**, embora a execução possa prolongar-se no tempo. Um contrato de compra e venda estará celebrado assim que as partes chegarem a um acordo de vontades sobre a coisa e o preço. Se imóvel, assim que tal acordo for firmado, de forma solene, na presença de um tabelião, que lavrará a escritura pública. Já o processo é um conjunto de atos, **cuja sucessão se prolonga no tempo**.

Além disso, os atos materiais são, em regra, de direito privado, e os processuais, de direito público, conduzidos pelo juiz.

Por fim, os atos processuais nunca constituem um fim em si mesmos, mas instrumento da jurisdição.

Dadas essas diferenças, não era possível que se aplicasse aos atos materiais e aos processuais a mesma teoria das invalidades.

O Código Civil trata dos atos nulos e anuláveis (nulidades e anulabilidades). Somente os primeiros podem ser alegados por qualquer pessoa, ou conhecidos de ofício pelo juiz; somente os segundos podem ser ratificados e convalescem.

Mais recentemente, a doutrina civilista tem admitido a categoria "inexistência" para se referir a atos materiais praticados de maneira ofensiva a sua essência ou natureza, ou em que falta um elemento indispensável.

No processo civil, também são admitidas as nulidades absolutas e relativas, mas o tratamento dado é diferente do que se dá no direito civil, **pois ambas se sanam, se tomadas as providências necessárias para isso**. Todas as nulidades processuais, em princípio, podem ser sanadas, porque o processo não é um fim em si, mas meio para se alcançar a proteção aos direitos materiais.

As nulidades absolutas **são as que decorrem de vícios relacionados com a estrutura do processo e da relação processual**. As que não dizem respeito a esses aspectos são relativas.

Do ponto de vista dos efeitos, a diferença é que estas últimas têm de ser alegadas pela parte prejudicada, sob pena de não poderem ser conhecidas, o que deve ser feito na primeira oportunidade, sob pena de preclusão. São vícios que se **sanam de imediato**, se não alegados. Já as nulidades absolutas podem ser conhecidas de ofício e não precluem nem para as partes, nem para o juiz.

Mas há um limite para que as nulidades absolutas sejam arguidas. Mesmo que o processo se encerre com o trânsito em julgado da sentença, ainda poderão ser alegadas por **ação rescisória**, cujo prazo decadencial é de dois anos, a contar do trânsito em julgado. **Ultrapassado esse prazo, até as nulidades absolutas terão sido sanadas, nada mais restando a fazer.**

Como até as nulidades absolutas podem ser sanadas, formulou-se a noção doutrinária de atos processuais e processos ineficazes. Foi preciso criar uma **nova categoria de vícios — a da ineficácia — para englobar aqueles que, por sua importância e gravidade, não precluem nem mesmo após o prazo da ação rescisória.**

7.3.2. A ineficácia como vício insanável pelo transcurso do tempo

A categoria "ineficácia" não indica que o ato processual, ou o processo como um todo, sejam fisicamente inexistentes. Ao contrário, o processo não só existe, mas em regra vem produzindo efeitos. **A inexistência não é física ou material.** O ato processual e o processo ineficazes são aqueles que têm um vício insanável, que persiste e pode ensejar providências mesmo depois de transcorrido *in albis* o prazo para a ação rescisória. **A expressão ineficácia, utilizada pelo CPC é um tanto ambígua, por dar a impressão de que o processo não estaria produzindo efeitos, quando ele na verdade está.**

A diferença fundamental entre processo nulo e ineficaz não consiste no fato de o primeiro existir e produzir efeitos, mas conter um vício; e o segundo não existir ou não produzir efeitos. Ambos existem, podem estar produzindo efeitos e têm um vício. A diferença está na gravidade deste, já que a nulidade não se estende para além do prazo da ação rescisória e a ineficácia não se supera nunca.

Não é unânime entre os doutrinadores e entre os julgadores a admissão do conceito de ineficácia, havendo aqueles que só aceitam as nulidades. Mas há uma tendência favorável, para se referir às hipóteses de vícios insanáveis pelo transcurso da ação rescisória.

7.3.3. Medidas processuais em casos de ineficácia ou nulidade

Vimos no item anterior que tanto a ineficácia quanto a nulidade são vícios do processo. Se detectados enquanto o **processo está em curso**, o juiz determinará as providências para corrigi-los. Assim, se falta representação processual a uma das partes, ou capacidade postulatória, fixará prazo para que o problema seja corrigido, sanando-se o vício.

Mas pode acontecer que o processo se conclua e que a sentença transite em julgado sem que o vício tenha sido percebido. O que fazer, então?

Se houve nulidade absoluta, e a hipótese estiver prevista no art. 966 do CPC, o prejudicado deverá valer-se de ação rescisória, no prazo de dois anos a contar do trânsito em julgado, não perante o órgão que prolatou a decisão, mas órgão distinto. A rescisória de sentença é julgada pelo Tribunal; a de acórdão, por um órgão do mesmo Tribunal que o prolatou, mas mais amplo, composto por um colegiado ampliado.

142 Direito Processual Civil Esquematizado   *Marcus Vinicius Rios Gonçalves*

Se o vício for o de ineficácia, a medida processual mais adequada será **a ação declaratória de ineficácia (*querela nullitatis insanabilis*)**, que não tem prazo para ser aforada e é processada e julgada perante o juízo que prolatou a decisão, devendo ser distribuída por dependência. Se a sentença estiver sendo executada, o devedor poderá valer-se ainda da impugnação, para obter a declaração da ineficácia de sentença, como no caso do art. 525, § 1.º, I, do CPC.

Como não há unanimidade a respeito da categoria "ineficácia", existe séria controvérsia sobre o cabimento da ação declaratória, havendo algumas decisões no sentido de que, depois de trânsito em julgado, seja qual for o vício, a única ação admissível é a rescisória. Nos casos de vício decorrente da ausência de citação do réu, algumas decisões entendem ser cabível a declaratória de ineficácia (nesse sentido, a decisão do Pleno do STF, publicada em *RTJ* 107/778), e outras, a rescisória (STJ — 4.ª Turma, REsp 330.293/SC, Rel. Min. Ruy Rosado). Parece-nos que o mais adequado seria admitir a declaratória de ineficácia. Mas, enquanto não for solucionada a controvérsia, melhor será admitir **qualquer uma das vias**, a declaratória ou a rescisória.

7.3.4. Pressupostos processuais de eficácia

Admitindo-se a categoria da "ineficácia" processual, cumpre apontar alguns pressupostos processuais cuja ausência geraria esse vício.

Podem-se mencionar:

a) A existência de jurisdição: os atos processuais que só podem ser praticados por um juiz são tidos por ineficazes se praticados por quem não está investido da função. Serão considerados ineficazes, por exemplo, os atos determinados por um juiz já aposentado, ou por um que ainda não tenha tomado posse de suas funções.

b) Existência de demanda: como a jurisdição é inerte, reputa-se ineficaz aquilo que for decidido pelo juiz na sentença, sem que tenha havido pedido. É ineficaz a sentença *extra petita*, porque terá decidido algo que não foi pedido. Da mesma forma, poderá ser declarada a ineficácia da sentença *ultra petita*, naquilo que efetivamente extrapolar o pedido.

c) Capacidade postulatória: é a única hipótese, juntamente com aquela do art. 115, II, em que há previsão expressa de ineficácia. O art. 104, § 2.º, do CPC aduz que o ato processual praticado por quem não tem capacidade postulatória, se não ratificado no prazo, será havido por ineficaz. Foi com base nesse dispositivo que parte da doutrina passou a admitir a categoria "ineficácia" em nosso ordenamento (na verdade, o CPC de 1973 se valia da expressão "inexistência", utilizada no art. 37 daquela lei. A lei atual substituiu "inexistência" por "ineficácia"). O vício só será reconhecido se o ato não for ratificado oportunamente, por quem tem capacidade postulatória.

d) Citação do réu: é, dentre os pressupostos processuais de eficácia, aquele cuja omissão é a mais frequente.

Mesmo antes de o réu ser citado, já existe um processo incompleto, que tem a participação apenas do autor e do juiz. A citação é necessária para que ele passe a existir em relação ao réu e se complete a relação processual.

Sem citação, o réu não tem como saber da existência do processo, nem oportunidade de se defender. Se for proferida sentença sem citação, que acabe por produzir efeitos, o réu, para afastá-los, deve valer-se da declaratória (*querela nullitatis*). Ficam evidentes as vantagens dessa ação sobre a rescisória, pois pode ocorrer que o réu só venha a descobrir que houve o processo e que foi proferida uma sentença contra ele depois de transcorrido o prazo da ação rescisória. Por isso, melhor considerar que a ação adequada seria a declaratória, que não tem prazo para ser ajuizada.

Discute-se, nos casos em que há citação, mas com vício, se haveria também ineficácia ou apenas nulidade. Parece-nos que esse é um falso problema, pois ou a citação, apesar do vício, fez com que o réu comparecesse ao processo, com o que o problema terá sido sanado; ou, por força do vício, não chegou ao seu conhecimento, caso em que o processo será tido por ineficaz. Restaria a hipótese de a citação chegar ao conhecimento do réu, dar-lhe ciência da existência do processo, mas deixar de adverti-lo, seja do prazo para contestação, seja das consequências da sua falta. Nesse caso, não se estaria diante de uma hipótese de ineficácia — porque, afinal, o réu sabia do processo —, mas de nulidade, uma vez que a citação não se aperfeiçoou na forma prevista em lei.

Caso a sentença proferida no processo em que não houve citação esteja sendo executada, será possível ao réu arguir o vício em impugnação. Caso fique provado, o juiz declarará a ineficácia da sentença e **determinará o retorno do processo à fase de conhecimento, dando-se agora oportunidade ao réu para oferecer contestação**.

Atualmente, existe uma hipótese em que a citação do réu não é pressuposto processual de eficácia da sentença de mérito: a do art. 332 do CPC, em que, presentes as situações indicadas na lei, o juiz poderá dar pela improcedência liminar do pedido, sem mandar citar o réu.

e) Outros casos: os exemplos aqui mencionados são os mais importantes pressupostos processuais de eficácia. Mas outros poderiam ser mencionados, sendo alguns tão óbvios que nem mereciam alusão. A sentença sem assinatura do juiz não poderá ser considerada eficaz. Nem a que não contenha dispositivo, já que sem ele não há julgamento.

7.3.5. Pressupostos processuais de validade

São os indispensáveis para que o processo seja **válido**. Não tão essenciais quanto os de eficácia, mas também importantes. Se omitidos, implicarão a nulidade do processo. Entre os principais, podem ser mencionados:

a) Petição inicial apta: a inépcia da petição inicial impede o desenvolvimento válido e regular do processo. As hipóteses de inépcia estão previstas no art. 330, § 1.º, do CPC. Mas há um caso de inépcia que não resultará em invalidade, mas em ineficácia do processo. Trata-se da falta de pedido, mencionada no inciso I. Nas demais, haverá apenas nulidade.

b) Juízo competente e juiz imparcial: a competência é aptidão do juízo; e a imparcialidade, do juiz. Há dois graus de incompetência: a absoluta e a relativa. Somente a primeira é capaz de gerar nulidade processual e ensejar ação rescisória. Da mesma forma, há dois graus de parcialidade: o impedimento e a suspeição. Somente aquele gerará nulidade e ensejará a ação rescisória (art. 966, II, do CPC). A incompetência relativa e a suspeição devem ser alegadas no momento oportuno e tornam-se preclusas para os litigantes que não o fizerem a tempo.

c) Capacidade: são três as espécies de capacidade no processo civil. A postulatória, a de ser parte e a processual, também chamada capacidade para estar em juízo. A primeira constitui pressuposto processual de eficácia, por força do disposto no art. 104, § 2.º, do CPC. As outras duas constituem pressupostos processuais de validade, cuja importância exige que sejam tratadas em item apartado.

d) Pressupostos processuais negativos: todos os anteriormente estudados são positivos, requisitos que o processo deve preencher, que devem estar presentes para que ele tenha um desenvolvimento válido e regular. Os pressupostos negativos indicam circunstâncias que devem estar ausentes, para a validade do processo, como a **litispendência, a coisa julgada, a peremição e o compromisso arbitral**. Também os pressupostos negativos serão objeto de item apartado.

7.3.5.1. Capacidade

7.3.5.1.1. Introdução

A capacidade no processo civil não se confunde com a do direito material, embora existam pontos de contato entre ambas. O Direito Civil distingue entre **capacidade de direito**, aptidão de todas as pessoas físicas ou jurídicas, de ser titular de direitos e obrigações na ordem civil; e **capacidade de fato**, aptidão de algumas pessoas físicas de exercer seus direitos e obrigações por si sós, sem precisarem ser representadas ou assistidas.

No Direito Civil, a capacidade é atributo da personalidade: só as pessoas — físicas ou jurídicas — são dotadas de capacidade civil.

No processo civil, exige-se capacidade de ser parte, de estar em juízo e postulatória. Não são duas, mas três, as formas de capacidade.

7.3.5.1.2. Capacidade de ser parte

É **a aptidão de ser parte em um processo, de figurar na condição de autor ou réu**. Como o processo é um instrumento que visa tornar efetivos os direitos, todos os titulares de direitos na ordem civil terão capacidade de ser parte (portanto, todas as pessoas, físicas e jurídicas). Mas o CPC vai além, estendendo a capacidade de ser parte a alguns entes despersonalizados, que não são pessoas, porque há certas circunstâncias em que eles podem ter necessidade de comparecer em juízo, como a massa falida, o condomínio, a herança jacente ou vacante, o espólio e o nascituro. Mas só excepcionalmente, quando houver previsão legal, os entes despersonalizados terão capacidade de ser parte. O processo não poderá ter desenvolvimento válido e regular se nele figurar alguém que não a tenha.

7.3.5.1.3. Capacidade processual ou para estar em juízo

É **a aptidão para figurar como parte, sem precisar ser representado nem assistido**. Não se trata de advogado, mas de representante legal. As pessoas naturais que têm capacidade de fato, que podem exercer, por si sós, os atos da vida civil, têm capacidade processual, pois podem figurar no processo sem serem representadas ou assistidas. O incapaz não tem capacidade processual. **Mas passará a ter, por intermédio das figuras da representação e da assistência.** Verificando o juiz que há falha na capacidade processual, concederá prazo razoável para que seja sanada. Não o sendo, no prazo, o juiz extinguirá o processo, se o incapaz for o autor; decretará a revelia, se for o réu; ou determinará a exclusão, se for terceiro.

É interessante observar que há certa simetria, não perfeita, mas bastante evidente, entre as duas formas de capacidade civil, a capacidade de direito e a capacidade de fato, com a capacidade de ser parte e a capacidade processual, do processo civil. A capacidade de direito está para a capacidade de ser parte, assim como a capacidade de fato está para a capacidade processual.

7.3.5.1.4. *Capacidade postulatória*

Não diz respeito às partes, como as duas formas anteriores. **Deriva da necessidade de uma aptidão especial para formular requerimentos ao Poder Judiciário.** Em regra, as pessoas não têm capacidade postulatória, exceto em situações excepcionais, quando a lei expressamente o autoriza, como no caso de algumas ações trabalhistas ou do *habeas corpus*. Quem normalmente tem tal capacidade são os advogados e os membros do Ministério Público. Aqueles que não a têm, devem outorgar procuração a quem a tenha, para que, em seu nome, postule em juízo. A falta de capacidade postulatória não gera apenas nulidade, mas ineficácia (CPC, art. 104, § 2.º).

7.3.5.1.5. *Capacidade e legitimidade*

A capacidade é pressuposto processual, que não se confunde com a legitimidade *ad causam*, uma das condições da ação. **Esta é requisito para que o litigante tenha o direito de ação, ao passo que aquela é indispensável para que o processo tenha regular seguimento.**

A capacidade processual é **atributo da pessoa, independentemente da demanda ajuizada.** Se uma pessoa a tem, poderá ajuizar qualquer demanda, sem precisar ser representada ou assistida. Já a legitimidade não é um atributo pessoal independente, pois diz respeito **à pertinência entre aqueles que figuram em juízo e a relação de direito material que nele se discute.** Ou seja, tem de ser verificada em cada processo, especificamente: uma pessoa ou terá capacidade processual para todos os processos, ou não a terá; já a legitimidade tem de ser verificada em cada processo particular. Por exemplo: basta que se informe que uma pessoa é maior e capaz, para que se possa concluir que tenha capacidade processual, seja qual for a demanda que pretenda ajuizar; mas é impossível saber se ela tem ou não legitimidade, antes de examinar qual a demanda a ser proposta.

7.3.5.1.6. *Legitimidade* ad processum

Embora ainda haja alguma controvérsia a respeito, tem-se usado a expressão legitimidade *ad processum* como **sinônima de capacidade processual.** Como ensina Cândido Rangel Dinamarco, "capacidade de estar em juízo é capacidade de atuação processual. Ela vem denominada pela doutrina, também, como capacidade processual ou *legitimatio ad processum*. Tal é a capacitação a atuar nos processos em geral e não se confunde com a qualidade para gerir uma determinada causa, que é a legitimidade *ad causam*"[1].

É fundamental que não haja confusão entre legitimidade *ad causam*, uma das condições da ação; e legitimidade *ad processum*, capacidade processual, pressuposto processual de validade. As principais diferenças entre ambas foram abordadas no item anterior.

7.3.5.2. Pressupostos processuais negativos

Para que o processo possa ser válido, é indispensável que determinadas circunstâncias estejam ausentes. Entre elas, a coisa julgada, a litispendência, a perempção e o compromisso de arbitragem. A presença de qualquer delas implicará a extinção do processo sem resolução de mérito.

Vale lembrar que a perempção é a perda do direito de ação como consequência de, por três vezes anteriores, o autor ter dada causa à extinção do processo, sem resolução de mérito, por abandono.

8. QUESTÕES

---

[1] Dinamarco, *Instituições*, v. II, p. 282.

LIVRO III
OS SUJEITOS DO PROCESSO

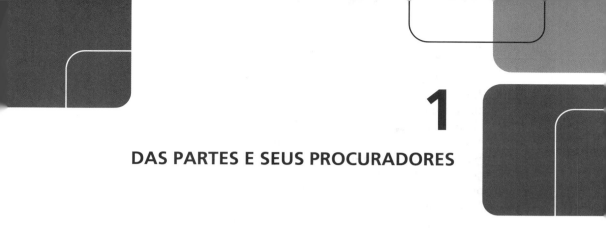

1

DAS PARTES E SEUS PROCURADORES

1. INTRODUÇÃO

O CPC dedica o Livro III da Parte Geral, que se estende do art. 70 ao art. 187, aos sujeitos do processo, isto é, aos personagens que dele participam. Primeiro trata das **partes e de seus procuradores**, da pluralidade de partes e da possibilidade de **intervenção de terceiros**. Em seguida, do Ministério Público, dos órgãos judiciários e dos auxiliares da justiça, regulamentando a atuação do juiz e dos seus auxiliares. Seguindo a ordem do CPC, neste capítulo, trataremos das partes e de seus procuradores; no seguinte, da pluralidade de partes (litisconsórcio) e, na sequência, da intervenção de terceiros no processo civil.

2. CAPACIDADE DE SER PARTE

Todas as pessoas, sem exceção, têm capacidade de ser parte, porque são titulares de direitos e obrigações na ordem civil. A regra abrange as pessoas naturais ou físicas e as jurídicas, de direito público ou privado. O art. 75 do CPC trata da representação das pessoas jurídicas e dos entes despersonalizados, que têm capacidade de ser parte. A União será representada pela **Advocacia Geral da União**, diretamente ou mediante órgão vinculado, na forma do art. 21 da Lei n. 9.028/95. Os Estados e o Distrito Federal, por seus **procuradores**, e o Município, por seu **Prefeito**, pelo **Procurador** ou **Associação de Representação de Municípios**, quando expressamente autorizada, o que ocorre nas hipóteses do § 5.º do art. 75 do CPC. As autarquias e fundações públicas, por quem a lei do ente federado designar. As pessoas jurídicas de direito privado são representadas **por quem os seus estatutos designarem**, e, em caso de omissão, pelos seus diretores. As pessoas jurídicas estrangeiras serão representadas, na forma do inciso X do art. 75 do CPC, pelo gerente, representante ou administrador de sua filial, agência ou sucursal aberta ou instalada no Brasil. Presume-se que ele esteja autorizado a receber citação inicial em todos os tipos de processo (CPC, art. 75, § 3.º).

A lei processual estende a capacidade de ser parte a **alguns entes despersonalizados**, por entender conveniente para a postulação ou defesa de determinados interesses em juízo. Conquanto eles não tenham personalidade civil, têm, ao menos, personalidade processual. Entre outros exemplos, podem ser citados:

a) Massa falida: que consiste na universalidade de bens e interesses deixados pela empresa que teve a falência decretada, será representada em juízo pelo **administrador judicial**.

b) Espólio: que consiste na universalidade de bens, direitos e obrigações deixada por aquele que faleceu, com herdeiros legítimos ou testamentários conhecidos. O espólio figurará em todas as ações de cunho patrimonial, em que se disputem os interesses deixados pelo *de cujus*. **A sua existência prolonga-se da data da morte até o trânsito em julgado da sentença que julga a partilha**. Enquanto não houver inventário e nomeação de inventariante, o espólio será representado **pelo administrador provisório**, a pessoa que se encontra na posse dos bens da herança; com a nomeação do inventariante, será ele o representante do espólio, **salvo se for dativo**, caso em que a representação caberá a todos os herdeiros, que deverão ser intimados. A parte será o próprio espólio, mas todos os sucessores precisarão ser intimados (art. 75, § 1.º). O espólio só figurará em ações de cunho estritamente patrimonial. Nas de cunho pessoal, como a de investigação de paternidade, em vez do espólio, figurarão os herdeiros e sucessores do falecido.

c) Herança jacente e vacante: é o conjunto de bens, direitos e obrigações deixado por aquele que faleceu sem herdeiros conhecidos. Como há risco de perecimento, tais bens serão arrecadados e o juiz nomeará um **curador**, que representará a herança em todas as ações patrimoniais que versem sobre interesses deixados pelo *de cujus*. Após a arrecadação, serão publicados editais convocando os eventuais herdeiros. Se ninguém aparecer no prazo de um ano, a herança, até então jacente, será declarada vacante. E, se após cinco anos da abertura da sucessão nenhum herdeiro se apresentar, os bens passarão ao Município.

d) Condomínio: apenas o condomínio em edifícios tem capacidade processual, não o tradicional. A diferença entre eles é que apenas o primeiro tem áreas comuns e exclusivas; no segundo, o bem pertence a todos os coproprietários. O condomínio em edifícios é representado em juízo pelo **síndico ou pelo administrador** (art. 22, § 1.º, da Lei n. 4.591/64). A personalidade processual do condomínio se restringe àquelas demandas que versem sobre os interesses da coletividade, como, por exemplo, as relacionadas às áreas comuns; as áreas privativas devem ser defendidas pelos respectivos titulares, e não pelo condomínio.

e) Sociedade sem personalidade jurídica: para que possa adquirir personalidade jurídica, é preciso que a sociedade seja constituída na forma da lei e que sejam respeitadas todas as formalidades impostas. Mas o CPC atribui personalidade processual até mesmo àquelas sociedades e associações e a outros entes organizados irregulares que não chegaram a adquirir personalidade jurídica, **desde que exista um começo de prova da sua existência**. Por exemplo, para que a sociedade comercial ou civil se constitua, e adquira personalidade jurídica, é indispensável que haja o registro na Junta Comercial ou no Registro Civil das Pessoas Jurídicas. Mas a sociedade de fato, não registrada, que não adquiriu personalidade jurídica, poderá figurar no polo ativo ou passivo de ações judiciais, desde que se prove que ela efetivamente existia e atuava. A lei processual entendeu conveniente atribuir personalidade processual, para a postulação ou defesa de interesses relativos ao patrimônio de tal sociedade. Em juízo, ela será representada pela **pessoa a quem caiba a administração de seus bens**.

O art. 75, § 2.º, do CPC, estabelece que, quando tais sociedades forem demandadas, não poderão opor a irregularidade de sua constituição. Do contrário, acabariam por se valer disso, em prejuízo do interesse de terceiros.

1 ◼ Das Partes e Seus Procuradores

151

f) Nascituro: é aquele que, conquanto já concebido, ainda não nasceu. São enormes as controvérsias a respeito da atribuição de personalidade civil ao nascituro, e o exame foge ao âmbito do nosso interesse. O Código Civil aduz que a personalidade civil do homem começa do nascimento com vida, embora a lei resguarde os direitos do nascituro. Por isso, ainda que se admita que o nascituro não possa ser titular de direitos e obrigações na ordem civil, é preciso reconhecer que tem, no mínimo, **direitos eventuais**, cuja aquisição está condicionada a um evento futuro e incerto, o nascimento com vida. Nos termos do art. 130 do CC, "ao titular de direito eventual, nos casos de condição suspensiva ou resolutiva, é permitido praticar os atos destinados a conservá-lo". Ora, se o nascituro já tem direitos eventuais (expectativas de direito) protegidos pelo art. 130 do CC, é preciso reconhecer-lhes capacidade de ser parte.

3. CAPACIDADE PROCESSUAL

Dentre as pessoas físicas, nem todas terão capacidade processual, **a aptidão para estar em juízo pessoalmente**. O art. 70 do CPC a atribui apenas àquelas pessoas que se acham no exercício dos seus direitos, que, de acordo com a lei civil, têm a chamada capacidade de fato ou exercício. Em outras palavras, **às pessoas capazes**.

Os incapazes civis serão também incapazes de, por si só, estar em juízo, havendo a necessidade de que sejam representados ou assistidos, na forma da lei civil.

3.1. REPRESENTAÇÃO E ASSISTÊNCIA

O art. 71 do CPC determina que os incapazes, no processo, **serão representados ou assistidos por pais, tutores ou curadores, na forma da lei civil**. Se a incapacidade é absoluta, há necessidade de representação; se relativa, de assistência. Para saber quem é o representante ou assistente, é preciso identificar o tipo de incapacidade: se proveniente da menoridade, os incapazes serão representados pelos pais; se casados, por qualquer um deles; se não, por aquele que detenha a guarda. Se ela for compartilhada, por qualquer um. Se o incapaz não está sob poder familiar, porque os pais faleceram ou dele foram destituídos, haverá nomeação de um **tutor**, que passará a representá-lo ou assisti--lo. O tutor serve apenas ao incapaz por menoridade.

Se a incapacidade provém de outras causas, como de embriaguez habitual ou uso de tóxicos, ou da incapacidade transitória ou permanente de exprimir a vontade, ou ainda da prodigalidade (art. 4.º do Código Civil, com a redação dada pela Lei n. 13.146/2015), haverá interdição e nomeação de um **curador**, que passará a assistir o incapaz. Nos termos do art. 6.º da Lei n. 13.146/2015, a enfermidade ou deficiência mental não afeta a capacidade da pessoa, mas o art. 84, § 1.º, da mesma lei permite que ela seja colocada, se necessário, sob curatela. Nesse caso, a pessoa terá de ser representada ou assistida em juízo pelo seu curador.

E se o incapaz estiver, momentaneamente, sem representante legal? Por exemplo, um menor que tenha perdido os pais, sem que tenha havido tempo para ser posto sob tutela, e tenha necessidade imediata de ajuizamento de uma demanda, para garantia de seus direitos. Quem o representará? Eis o momento para tratar de uma importante figura processual, que poderá ter diversos tipos de participação no processo civil: o **curador especial**, que merecerá tratamento minucioso nos itens seguintes.

4. CURADOR ESPECIAL

Em favor das pessoas maiores, cuja incapacidade tenha sido declarada em processo de interdição, ou em favor do deficiente, na hipótese do art. 84, § 1.º, da Lei n. 13.146/2015, será nomeado um **curador**, que será seu representante legal (ou assistente) em todos os atos da vida civil e nos processos em que ele figure.

Com ele não se confunde o **curador especial**, figura que pode ter várias funções no processo, todas elas relacionadas, em maior ou menor grau, à necessidade de reequilibrá-lo, assegurando o respeito ao princípio constitucional da isonomia; ou de garantir o direito de defesa àqueles que, por qualquer razão, possam ter dificuldade em exercê-lo, fazendo valer o princípio do contraditório.

O art. 72 do CPC enumera quais são essas funções, que têm diferentes naturezas. Algumas vezes, o curador especial atuará como representante legal do incapaz que esteja provisoriamente privado de um representante definitivo. Outras, a sua função não será propriamente a de representar ou assistir o incapaz, mas assegurar o direito de defesa ao réu preso ou àquele que foi citado fictamente.

4.1. CURADOR ESPECIAL DOS INCAPAZES

Às vezes, durante algum tempo, o incapaz fica privado de representante legal, porque o anterior faleceu e não houve tempo hábil para a nomeação de outro, ou por qualquer outra razão. Se houver necessidade de ele participar de um processo, a ele será dado curador especial. Se a incapacidade for absoluta, o curador especial o representará; se for relativa, o assistirá.

Ele não se tornará o representante definitivo do incapaz, uma vez que sua atuação se restringirá ao processo em que foi nomeado, até que haja a definitiva nomeação do novo representante. Por exemplo, se falecerem os pais, tutor ou curador do incapaz, a ele será dado curador especial, que o representará no processo até que haja a nomeação do tutor ou curador. Então, o curador especial deixará de atuar, já que a sua participação só é necessária enquanto o incapaz não tem representante.

Também haverá necessidade de nomeação quando o incapaz tiver representante legal, mas houver de figurar em **processo em que os seus interesses colidam com os daquele**. O incapaz será representado pelo curador especial no processo, embora nos demais atos da vida civil e em outros processos continue sendo pelo representante originário.

Por exemplo: uma mulher mantém com um homem uma relação prolongada, da qual nasce um filho, reconhecido pelo pai. Posteriormente, ela tem um segundo filho, não reconhecido, razão pela qual decide ajuizar ação de investigação de paternidade. Imagine-se que antes do ajuizamento o suposto pai faleça. A ação ainda será possível e deverá ser aforada pelo segundo filho em face do herdeiro do suposto pai que, no caso, é o filho mais velho, por ele reconhecido. Tanto um quanto o outro terão de ser representados pela mãe. Mas é impossível que ela figure como representante legal tanto do autor como do réu, dado o manifesto conflito de interesses. Para evitá-lo, ao réu será dado curador especial.

1 ◼ Das Partes e Seus Procuradores

A participação do curador especial poderá ser de representante (ou de assistente) do autor ou do réu, conforme o incapaz figure num ou noutro dos polos do processo.

4.2. CURADOR ESPECIAL DO RÉU PRESO

Ele atuará inexoravelmente no polo passivo, em favor do **réu preso**, mas não como seu representante legal. O réu preso é, em regra, pessoa capaz, que não precisa de alguém que o represente ou o assista. A preocupação do legislador é de que ele, em razão da prisão, não tenha condições de se defender adequadamente, pois, privado de liberdade, talvez não possa contratar advogado, nem diligenciar para colher os elementos necessários para a defesa de seus interesses.

Por isso, **como forma de assegurar a plenitude do contraditório**, a lei determina que lhe seja dado curador especial, cuja função não é de representar, mas de defender o réu. O CPC atual afasta a dúvida que pairava na lei antiga: só será nomeado curador especial ao réu preso revel. Se o réu, apesar de preso, constituir advogado e apresentar defesa, não haverá necessidade de nomeação do curador. Uma interpretação teleológica faz concluir que não haverá necessidade se o réu cumprir pena em regime de prisão que não traga empecilho ao direito de defesa, como o aberto em prisão domiciliar. Mas, se ficar evidenciado que, mesmo nesse regime, haverá prejuízo, a nomeação do curador far-se-á indispensável.

4.3. CURADOR ESPECIAL DO RÉU CITADO FICTAMENTE

A mais comum das hipóteses de nomeação de curador especial é a em favor do réu revel citado fictamente, por edital ou com hora certa.

Sua função não é a de representar o réu, que pode ser pessoa maior e capaz, **mas assegurar-lhe o direito de defesa, uma vez que, sendo ficta a citação, não se tem certeza se a revelia do réu decorre de ele não querer se defender, ou de não ter tomado conhecimento do processo**.

Quando a citação é ficta, o juiz deve aguardar o prazo de resposta, dada a possibilidade de que o réu tenha sabido do processo e constitua advogado, apresentando defesa. Por isso, a lei alude ao curador especial para o **revel, que tenha deixado transcorrer *in albis* o prazo de resposta**.

Sua função será defender o réu, apresentando contestação. Esta é oferecida, portanto, depois de já ter se encerrado o prazo originário de contestação. O curador especial é obrigado a apresentá-la, mesmo que não tenha elementos para fazê-lo. Seu prazo é **impróprio**: se não cumprir a tarefa, será substituído e sofrerá sanções administrativas, mas não haverá preclusão. Cumpre-lhe alegar o que for possível em favor do réu. Como, em regra, ele não tem contato com o réu, pode não ter elementos para defendê-lo. Por isso, a lei inclui esse como um dos casos em que pode haver **contestação por negativa geral (CPC, art. 341, parágrafo único)**. Em regra, cumpre ao réu apresentar impugnação específica dos fatos narrados na inicial, sob pena de presumirem-se verdadeiros os não contrariados. Mas a contestação por negativa geral obriga o autor a provar os fatos alegados, mesmo não havendo impugnação específica. Ela afasta a presunção de veracidade, decorrente da revelia.

4.4. CURADOR ESPECIAL EM FAVOR DO IDOSO

Além das hipóteses do Código de Processo Civil, é possível que leis especiais determinem a nomeação de curador especial, em outros casos. Um exemplo é dado pela Lei n. 8.842/94: quando a parte ou interveniente for um **idoso (maior de sessenta anos)** e, em virtude disso, não possua mais condições de conduzir adequadamente seus negócios, nem de gerir os seus interesses, ser-lhe-á nomeado curador especial, cuja função não é a de representá-lo, uma vez que ele pode não ter sido interditado e, mesmo que o tenha sido, poderá não ter curador que o represente, **mas a de fiscalizar se os interesses do idoso estão sendo adequadamente protegidos e defendidos**. Só haverá a necessidade de nomeação se o idoso estiver em situação de risco.

4.5. PODERES DO CURADOR ESPECIAL

É preciso distinguir quando o curador especial funciona como **representante legal da parte ou do interveniente**, como no caso dos incapazes sem representante legal, de quando ele atua como **defensor do réu**, que está preso ou foi citado fictamente.

No primeiro caso, ele terá os poderes inerentes ao representante legal, restritos ao processo em que foi nomeado.

No segundo, terá de apresentar contestação em favor do réu, na qual poderá arguir as preliminares do art. 337, inclusive a incompetência relativa e incorreção no valor da causa. Poderá ainda valer-se dos incidentes de suspeição e impedimento.

Não será possível ao curador especial ajuizar reconvenção, porque a sua função é de garantir ao réu o direito de defesa, o contraditório, e a reconvenção não é mecanismo de defesa, mas de contra-ataque, de que ele se vale para formular pedidos contra o autor. Pela mesma razão, o curador especial não poderá provocar intervenção de terceiros, como a denunciação da lide e o chamamento ao processo. Essa nos parece ser a solução mais acertada. No entanto, o C. Superior Tribunal de Justiça, em suas decisões mais recentes, tem decidido de maneira contrária, autorizando o curador especial tanto a valer-se da reconvenção como provocar intervenção de terceiros. Nesse sentido:

> "**AGRAVO INTERNO. RECURSO ESPECIAL. PROCESSUAL CIVIL. RÉU REVEL. CURADOR ESPECIAL. LEGITIMIDADE PARA AJUIZAMENTO DE RECONVENÇÃO.** 1. O curador especial tem legitimidade para propor reconvenção em favor de réu revel citado por edital (art. 9.º, II, do CPC/1973), poder que se encontra inserido no amplo conceito de defesa. Precedentes. 2. Agravo interno a que se nega provimento" (AgInt no REsp 1.212.824/DF, de 12 de setembro de 2019, Rel. Min. Maria Isabel Galotti).

No mesmo sentido:

> "PROCESSUAL CIVIL. AÇÃO DE REINTEGRAÇÃO CONVERTIDA EM AÇÃO DE RESCISÃO CONTRATUAL. ARRENDAMENTO MERCANTIL. AUTOMÓVEL. RÉU CITADO POR EDITAL. REVELIA. **CURADOR ESPECIAL**. LEGITIMIDADE ATIVA PARA RECONVIR. PEDIDO DE RESTITUIÇÃO DO VALOR RESIDUAL GARANTIDO — VRG. DIVERGÊNCIA JURISPRUDENCIAL CARACTERIZADA. 1. O **curador especial** tem legitimidade para propor **reconvenção** em favor de réu revel

citado por edital (art. 9.º, II, do CPC/1973), poder que se encontra inserido no amplo conceito de defesa. 2. Recurso **especial** conhecido e provido" (REsp 1.088.968/MG, Rel. Min. Antonio Carlos Ferreira, j. 29.08.2017).

Por fim, o curador especial poderá requerer **todas as provas** que entenda necessárias à defesa do réu e apresentar os **recursos** cabíveis, razão pela qual deverá ser intimado de todas as decisões proferidas.

4.6. CURADOR ESPECIAL EM EXECUÇÃO

A controvérsia a respeito da necessidade de nomeação de curador especial em processo de execução desapareceu com a **Súmula 196 do STJ:** "Ao executado que, citado por edital ou por hora certa, permanecer revel, será nomeado curador especial, com legitimidade para apresentação de embargos". A mesma regra há de valer para o executado que estiver **preso**.

Se a execução estiver fundada em título judicial, terá sido precedida da fase cognitiva. Como o processo estende-se desde a propositura da demanda até a satisfação do crédito, o curador especial nomeado na fase cognitiva continuará atuando na fase executiva, podendo valer-se de todas as formas de defesa, como a impugnação e as exceções e objeções de pré-executividade, nos casos em que elas forem admitidas.

Se a execução for por título extrajudicial e o executado for citado fictamente, será nomeado curador especial, que poderá apresentar **embargos**. Eis um exemplo de ação que pode ser ajuizada pelo curador especial.

Nos processos de conhecimento, o curador especial do réu revel citado fictamente é obrigado a apresentar contestação, ainda que não tenha elementos. E no processo de execução? O curador especial é obrigado a apresentar embargos? A Súmula 196 do STJ diz que ele tem legitimidade para fazê-lo. Mas terá que o fazer? Se a resposta for afirmativa, teríamos de admitir que, não havendo elementos, ele teria de embargar por negativa geral. Há controvérsia a respeito, mas parece-nos que, **dada a natureza de ação autônoma dos embargos, não se há de admitir que possam estar fundamentados em negativa geral**. Por isso, a posição do curador especial é: se tiver elementos, deverá apresentar os embargos; mas se não os tiver, não deve apresentá-los, por negativa geral, mas apenas acompanhar o processo, postulando e defendendo os interesses do executado, depois de informar ao juízo da falta de elementos.

4.7. CURADOR ESPECIAL NA AÇÃO MONITÓRIA

Também na ação monitória, ao réu revel citado fictamente deverá ser nomeado curador especial. Mas ele é obrigado a apresentar embargos em favor do réu, ainda que não tenha elementos para tanto? Toda a dificuldade está em decidir se a defesa nas ações monitórias tem natureza de contestação — caso em que haverá tal obrigatoriedade; ou se tem natureza de ação autônoma — verdadeiros embargos — hipótese em que o seu oferecimento pelo curador especial só caberá se ele tiver algo a alegar.

Não cabe, neste passo, discutir a natureza da defesa na ação monitória, sobre a qual há longa controvérsia. Parece-nos que tal defesa tenha natureza de **contestação**, razão pela qual deverá ser apresentada pelo curador especial, ainda que por negativa geral.

4.8. EXERCÍCIO DA FUNÇÃO DE CURADOR ESPECIAL

A curadoria especial é função institucional da **Defensoria Pública**, nos termos da Lei Complementar n. 80/94, art. 4.º, IV. Cabe a ela exercer a curadoria especial, também nos termos do art. 72, parágrafo único, do CPC.

Onde a defensoria não tiver sido instituída, a função caberá à Procuradoria Geral do Estado e entidades a ela conveniadas.

4.9. SE NÃO NOMEADO O CURADOR ESPECIAL, PODE HAVER NULIDADE

Quais as consequências da falta de nomeação de curador especial? É preciso distinguir: se ele for representante legal da parte ou do interveniente, como no caso dos incapazes, a falta de nomeação implicará a ausência de um dos pressupostos processuais de validade do processo, a capacidade processual. Disso advirá a **nulidade do processo**, que autoriza o ajuizamento de ação rescisória.

Se ele for nomeado para defender o réu preso ou citado fictamente, haverá nulidade desde que haja prejuízo ao réu. Não se decretará a nulidade se ele não sofrer prejuízo, isto é, se o **resultado lhe for favorável**.

5. INTEGRAÇÃO DA CAPACIDADE PROCESSUAL DAS PESSOAS CASADAS

5.1. INTRODUÇÃO

As pessoas casadas sofrem uma restrição na sua capacidade processual quando vão a juízo propor ações que versem sobre direitos reais imobiliários (art. 73 do CPC). Exige-se que a capacidade seja integrada com a apresentação, por aquele que propõe a demanda, do consentimento do outro cônjuge, denominado **outorga uxória (quando proveniente da mulher) ou marital (quando do homem)**.

5.2. AÇÕES QUE VERSAM SOBRE DIREITO REAL IMOBILIÁRIO

A necessidade de outorga uxória refere-se apenas às ações reais sobre bens imóveis. Os direitos reais são absolutos, oponíveis *erga omnes*, que se adquirem pela publicidade decorrente do registro de imóveis ou da tradição. Só podem ser criados por lei, razão pela qual o rol legal é taxativo (*numerus clausus*). O Código Civil, no art. 1.225, enumera quais são os direitos reais. Exigem outorga uxória as ações que versam sobre tais direitos. Por exemplo, ações reivindicatórias, de usucapião, de imissão de posse, de extinção de condomínio sobre imóveis, as ações demolitórias, de nunciação de obra nova (nesta, há controvérsia, havendo aqueles que sustentam a natureza pessoal). Mas tem-se dispensado a outorga nas ações de adjudicação compulsória, às quais se tem reconhecido caráter pessoal, bem como naquelas que versem sobre contratos, nas quais se postula a sua rescisão, ou nas que versem sobre locação, comodato ou depósito.

Havia grande controvérsia sobre a necessidade de outorga uxória nas ações **possessórias**. Mas o CPC sanou a dúvida, aduzindo que a outorga é dispensável, salvo no caso de compose ou de ato por ambos praticado. Isso mostra a opção do legislador por considerar as ações possessórias como **pessoais, para fins de outorga uxória**. Mas, para

1 ◾ Das Partes e Seus Procuradores

fins de fixação de competência, elas foram equiparadas a ações reais, uma vez que a elas se aplica o art. 47, § 2.º, do CPC (foro de situação da coisa), e não o art. 46 (foro de domicílio do réu).

5.3. OUTORGA UXÓRIA OU MARITAL

É requisito para que a pessoa casada tenha plena capacidade processual, quando vai a juízo propor ação que versa sobre direito real imobiliário. Sem ela, a pessoa casada não terá plena capacidade, um dos **pressupostos processuais de validade do processo**. Por isso, haverá **nulidade**, como evidencia o parágrafo único do art. 74: "A falta de consentimento, quando necessário e não suprido pelo juiz, invalida o processo".

No Código Civil de 1916, a outorga era indispensável, independentemente do regime de bens do casamento. O Código Civil em vigor abre uma exceção: **não haverá necessidade da outorga, se o cônjuge que propôs a demanda for casado no da separação absoluta de bens**. A separação absoluta é a voluntária, feita por pacto antenupcial. Não se confunde com a separação legal ou obrigatória de bens, imposta pela lei, nos casos por ela previstos. No regime da separação legal, a outorga uxória é obrigatória. Também não será necessária a outorga quando o regime for o da **participação nos aquestos** e houver pacto antenupcial, no qual tenha sido convencionada a livre disposição de bens imóveis particulares (art. 1.656 do CC).

5.4. O POLO ATIVO DAS AÇÕES QUE VERSEM SOBRE DIREITO REAL IMOBILIÁRIO

A outorga uxória ou marital é exigida de quem propõe a ação, figurando no polo ativo.

É preciso distinguir duas situações. Pode ocorrer, por exemplo, que o bem imóvel, objeto da demanda, pertença apenas a um dos cônjuges, porque foi adquirido só por ele e não se comunicou com o casamento. A ação real que verse sobre esse bem só poderá ter no polo ativo o titular do direito real. Se a ação for reivindicatória, por exemplo, somente o proprietário poderá figurar no polo ativo. Se o bem pertence a só um dos cônjuges, só ele será o autor. Mas, como a ação versa sobre direito real, **o outro cônjuge, conquanto não proprietário, terá de dar a outorga uxória, salvo se o regime de bens for o da separação absoluta**. Se a ação for proposta por ambos os cônjuges, em litisconsórcio, o juiz haverá de excluir aquele que não é proprietário, por ilegitimidade de parte.

Aquele que concede a outorga uxória, portanto, não é parte. Ele se limita a conceder uma autorização para que o seu cônjuge ingresse em juízo.

Pode ocorrer, no entanto, que o bem imóvel objeto do litígio **pertença a ambos os cônjuges**. A ação que verse sobre direito real deverá ser proposta por ambos, em litisconsórcio necessário, salvo quando se tratar de ação reivindicatória ou possessória, uma vez que, nesse caso, por força do art. 1.314, *caput*, do CC, cada condômino poderá sozinho ir a juízo defender a coisa toda (trata-se, como já visto, de hipótese de legitimidade extraordinária em que a lei atribui a cada condômino poderes para defender a sua fração ideal e a dos demais). Portanto, se a ação for possessória ou reivindicatória, o polo ativo poderá ser ocupado pelos dois cônjuges, uma vez que ambos são proprietários, caso em que haverá um litisconsórcio facultativo; ou por qualquer um deles, por força do art. 1.314 do CC. Se proposta só por um, caber-lhe-á trazer a outorga uxória do outro.

Em síntese: **se o bem pertence a só um**, só ele figurará no polo ativo, trazendo a outorga do outro, salvo no regime da separação absoluta de bens ou de participação nos aquestos com pacto de livre disposição dos imóveis particulares.

Se o bem for de ambos e a ação proposta não for possessória ou reivindicatória, será indispensável a presença de ambos, em litisconsórcio necessário.

Se o bem for de ambos e a ação for reivindicatória ou possessória, haverá duas possibilidades: que a demanda seja proposta por ambos, em litisconsórcio facultativo, ou que seja proposta só por um, com o consentimento do outro (salvo se o regime for o da separação absoluta de bens).

5.5. O POLO PASSIVO DAS AÇÕES QUE VERSEM SOBRE DIREITO REAL IMOBILIÁRIO

A lei regulamentou de modo diferente os polos ativo e passivo desse tipo de ação. No ativo, há a exigência da outorga uxória. No passivo, manda a lei que, se o réu for casado, **sejam citados ele e o cônjuge**. Imagine-se, por exemplo, que uma pessoa casada tenha participado de uma invasão a um terreno alheio. Ainda que o seu cônjuge não tenha concorrido para a invasão, nem dela tenha participado, deverá ser citado para o polo passivo, porque a lei assim determina, tanto tenham participado ambos como só um da invasão. Trata-se de hipótese de **litisconsórcio necessário**.

Mas há uma exceção: se o invasor for casado no regime da separação absoluta de bens, ou de participação nos aquestos, com pacto antenupcial de livre disposição dos imóveis particulares, só ele será citado, sendo desnecessária a citação do cônjuge.

Pode surgir uma dificuldade: o autor não terá condições de saber em que regime de bens o réu é casado, e, às vezes, nem mesmo se ele é casado ou não. Na dúvida, deverá incluir o cônjuge do réu no polo passivo. Caberá a ele, provando que é casado no regime da separação absoluta de bens, requerer a sua exclusão.

O art. 73, § 1.º, do CPC estende a exigência de citação de ambos os cônjuges para outras hipóteses, que não apenas a das ações reais imobiliárias. São as seguintes as ações em que haverá litisconsórcio necessário passivo obrigatório entre os cônjuges: "I — que versem sobre direitos reais imobiliários, ressalvada a hipótese de adoção do regime da separação absoluta de bens; II — resultantes de fatos que digam respeito a ambos os cônjuges ou de ato praticado por eles; III — fundadas em dívidas contraídas por um dos cônjuges a bem da família; IV — que tenham por objeto o reconhecimento, a constituição ou a extinção de ônus sobre imóveis de um ou de ambos os cônjuges".

Dessas hipóteses, somente as dos incisos I e IV referem-se a ações reais imobiliárias. As dos incisos II e III exigem o litisconsórcio necessário passivo, porque versam sobre fatos ou relações jurídicas relacionados a ambos os cônjuges, daí a necessidade de participação dos dois.

5.6. OUTORGA UXÓRIA E UNIÃO ESTÁVEL

O regime da exigência da outorga uxória no polo ativo e do litisconsórcio necessário, no passivo, estudado nos itens anteriores, aplica-se às pessoas casadas, e também às que vivam em união estável, comprovada nos autos (art. 73, § 3.º). O CPC afastou as dúvidas que havia a respeito e estendeu ao companheiro a proteção patrimonial, que, no CPC anterior, só era expressamente deferida aos cônjuges. **É preciso, porém, que a união estável possa ser comprovada nos autos**.

A lei não estabelece a forma pela qual a união estável deva ser comprovada, o que, em um primeiro momento, poderia levar à conclusão de que a prova poderia ser produzida nos próprios autos. Parece-nos, no entanto, que, como a outorga uxória é exigida desde o início, e como o litisconsórcio dos companheiros no polo passivo é necessário, a união estável deve estar comprovada na fase postulatória. **Deve, portanto, haver prova pré-constituída da união, a ser apresentada pelo autor na inicial, ou pelo réu na contestação**. A entender-se de forma diversa, só restariam duas soluções: ou criar-se uma espécie de incidente inicial, permitindo-se a colheita de provas da união estável na fase postulatória, o que geraria graves inconvenientes processuais, ou admitir-se que a união estável pudesse ser demonstrada na fase instrutória, com o que, provada a união, ter-se-ia de declarar a nulidade do processo *ab initio* ou por falta da outorga uxória, ou por falta da citação do litisconsorte necessário, o que também não parece ser a melhor solução. Por essa razão é que o legislador exige união estável comprovada, isto é, que possa ser demonstrada de plano.

5.7. FORMA DA OUTORGA UXÓRIA

A outorga uxória ou marital é um **mero consentimento** e não tem forma predeterminada. É necessário apenas que seja formulada **por escrito** e que de seu teor se evidencie que um dos cônjuges manifesta o seu consentimento em que o outro afore a demanda. Admite-se, ainda, que o cônjuge que não participa da ação outorgue procuração ao advogado que representa o outro em juízo, o que equivale a manifestar o consentimento.

5.8. A RECUSA DA OUTORGA E A POSSIBILIDADE DE SUPRIMENTO

Pode ser que um dos cônjuges, por motivo injustificado, recuse ao outro a outorga uxória. Essa situação foi expressamente prevista pelo legislador no art. 74 do CPC: "O consentimento previsto no art. 73 pode ser suprido judicialmente quando for negado por um dos cônjuges sem justo motivo, ou quando lhe seja impossível concedê-lo".

O pedido de suprimento deve ser feito **em processo autônomo**, a ser ajuizado em vara de família, onde houver. Trata-se de procedimento de **jurisdição voluntária**, em que o juiz ponderará os argumentos daquele que postula o suprimento, e os do cônjuge que recusa dá-lo, suprindo-o apenas se verificar que a recusa é **inaceitável**, sem justo motivo.

Além da hipótese de recusa, cabe o suprimento quando a outorga não puder ser dada, por força, por exemplo, da incapacidade ou do desaparecimento do cônjuge a quem cumpre fazê-lo.

5.9. ESQUEMA DA CAPACIDADE PROCESSUAL DAS PESSOAS CASADAS NAS AÇÕES QUE VERSEM SOBRE DIREITO REAL EM BENS IMÓVEIS

	POLO ATIVO	POLO PASSIVO	EXEMPLOS
AÇÕES QUE VERSEM SOBRE DIREITOS REAIS EM BENS IMÓVEIS	▪ Para propor ações reais imobiliárias, as pessoas casadas precisam trazer outorga uxória ou marital. Se a ação versar sobre imóvel que pertence a apenas um, só esse será autor, trazendo a outorga do outro cônjuge, salvo regime da separação absoluta de bens ou de participação nos aquestos, com pacto de livre disposição dos imóveis particulares. Se o imóvel pertencer a ambos, em princípio haverá litisconsórcio necessário. Mas, se a ação for possessória ou reivindicatória, haverá duas opções: que seja proposta por ambos, em litisconsórcio facultativo, ou só por um deles, com a outorga do outro.	▪ No polo passivo das ações reais imobiliárias, se o réu for casado, haverá necessidade de citação de ambos os cônjuges em litisconsórcio necessário, sendo irrelevante que só um deles seja responsável pelo ato que ensejou a propositura da demanda, salvo se o regime for o da separação absoluta de bens ou de participação nos aquestos, com pacto de livre disposição dos bens imóveis particulares. Se houver dúvida se o réu é ou não casado, e em qual regime de bens, o autor incluirá o cônjuge no polo passivo, cabendo a este requerer a exclusão, provando que o regime é o da separação absoluta ou de participação nos aquestos, com pacto de livre disposição.	▪ Entre outras, são ações que versam sobre direito real as reivindicatórias, as de usucapião, divisão, demarcação, alienação de coisa comum, desapropriação direta e indireta. Não são ações reais imobiliárias a possessória, a adjudicação compulsória, as ações de resolução de contrato, as de despejo, as que versem sobre contratos em geral. Há controvérsia quanto à nunciação de obra nova, parecendo-nos que tenha caráter pessoal.

6. REGULARIZAÇÃO DA CAPACIDADE PROCESSUAL E DA REPRESENTAÇÃO PROCESSUAL

Se o juiz verificar que há irregularidade na capacidade processual ou na representação processual, deve fixar prazo razoável para que o vício seja sanado (CPC, art. 76). Se o vício dizia respeito ao autor, e não foi sanado, o processo será julgado **extinto, sem resolução de mérito**; se ao réu, o juiz o reputará **revel**; e se ao terceiro, será considerado revel ou excluído do processo, dependendo do polo em que se encontre. Discute-se se a pessoa jurídica necessita juntar com a procuração os seus atos constitutivos, para demonstrar que a pessoa que a assinou teria poderes para fazê-lo. A jurisprudência orienta-se pela **desnecessidade**, salvo se a parte contrária apresentar impugnação fundada, que traga dúvidas ao juiz sobre a validade da representação.

7. DOS DEVERES DAS PARTES E SEUS PROCURADORES

7.1. INTRODUÇÃO

O CPC cuida dos deveres das partes e de seus procuradores no Capítulo II, do Título I, do Livro III, da Parte Geral. O assunto é tratado a partir do art. 77, em várias seções, que cuidam dos deveres, da responsabilidade das partes por dano processual, das despesas, dos honorários advocatícios, das multas e da gratuidade da justiça.

1 ◼ Das Partes e Seus Procuradores

7.2. DOS DEVERES

Vêm enumerados no art. 77 do CPC, que tem sete incisos. Apesar do nome atribuído ao capítulo — dos deveres **das partes e seus procuradores** — os incisos impõem deveres que transcendem tais personagens, estendendo-os às partes, a seus procuradores e a todos aqueles que, de qualquer forma, participam do processo, como os intervenientes, o Ministério Público, os funcionários do Judiciário, os peritos e assistentes técnicos, as testemunhas e as pessoas a quem são dirigidas as determinações judiciais. Deve-se lembrar que a boa-fé é imposta a todos os que de qualquer forma participam do processo, tendo o CPC elevado tal exigência a princípio fundamental do processo (art. 5.º). A obrigação de proceder com lealdade e boa-fé abrange todas as demais, pois quem viola as regras impostas nos incisos do art. 77 não age de boa-fé, nem de forma leal. A ideia do legislador é vedar a utilização de **expedientes desonestos, desleais**, que sejam meramente protelatórios. Os casos de litigância de má-fé são explicitados no art. 80, que, **em rol meramente exemplificativo**, enumera condutas que a tipificam. Por exemplo: deduzir pretensão ou defesa contra texto expresso de lei ou fato incontroverso, alterar a verdade dos fatos, usar do processo para conseguir objetivo ilegal, opor resistência injustificada ao andamento do processo, proceder de modo temerário em qualquer incidente ou ato do processo, provocar incidentes meramente infundados e interpor recursos protelatórios. Seja qual for a hipótese, porém, só haverá litigância de má-fé se o autor agir de forma intencional, dolosa, com a consciência do ato que está perpetrando. Além do dever geral de proceder com boa-fé e lealdade, o art. 77 enumera outros deveres, como os de:

a) **Expor os fatos em juízo conforme a verdade**. Só haverá ofensa a tal dever se, **intencionalmente**, a verdade for falseada. Se for apresentada de maneira errônea, involuntariamente, por uma falsa percepção da realidade, uma incompreensão dos fatos, uma má avaliação dos acontecimentos, ou qualquer outro tipo de equívoco, a infração não estará caracterizada. É preciso que fique evidente a **intenção, a vontade de falsear a verdade**. Do simples fato de o juiz não ter acolhido a versão apresentada por uma das partes, não resulta que ela tenha mentido intencionalmente, podendo ocorrer que tenha havido um equívoco, pelas causas anteriormente mencionadas. A obrigação estende-se também às testemunhas, peritos e outros que participem do processo. Havendo infração, o ofensor incorre nas sanções do art. 79 do CPC, sem prejuízo de outras, inclusive de natureza penal.

b) **Não formular pretensões, nem alegar defesa, ciente de que são destituídas de fundamento**. Só haverá violação a esse dever se a parte tiver **consciência, em seu íntimo, de que a sua pretensão ou a defesa apresentada são destituídas de fundamento**. Não basta que objetivamente o juiz conclua que uma coisa ou outra não tem fundamento. É preciso que verifique que a parte sabia disso desde logo. Com frequência, uma das partes não tem razão, mas está convencida de que tem, e luta por aquilo que supõe ser o seu direito. Quando isso ocorre, não há nenhuma violação de dever. O que não se admite é que a parte vá a juízo formular pretensões e defesas que sabe de antemão que não têm fundamento. O que torna a questão mais complicada é que o juiz precisaria, então, conhecer a subjetividade do litigante ou do participante do processo, para saber se ele tinha ou não consciência da sua falta de razão. Ora, como isso é impossível, ele verificará se o erro cometido foi escusável ou não. Se o equívoco for considerado grosseiro, o juiz sancionará aquele que o perpetrou com as penas da litigância de má-fé.

c) Não produzir provas, nem praticar atos inúteis ou desnecessários à declaração ou defesa do direito: o juiz deve examinar esse, como os demais deveres, com certa tolerância. A parte pode requerer honestamente uma prova, que entende pertinente, conquanto o juiz pense que seja supérflua ou irrelevante, sem que com isso haja ofensa ao dever legal. Para que ela fique caracterizada, é indispensável que as provas requeridas ou produzidas sejam **meramente protelatórias**, destinadas não a esclarecer os fatos, mas a retardar o desfecho do processo. Aqui também se exige o dolo, a má-fé, a conduta voluntária.

d) Cumprir com exatidão as decisões jurisdicionais, de natureza provisória ou final, e não criar embaraços à sua efetivação: esse dever, imposto a todos aqueles que participam direta ou indiretamente do processo, tem por finalidade principal assegurar-lhe a efetividade. São duas as obrigações: cumprir com exatidão as decisões judiciais, de natureza provisória ou final, e não criar embaraços à sua efetivação.

A determinação de cumprimento geral das decisões judiciais não está restrita a determinado tipo de provimento, contido na decisão. Ela vale para os de natureza condenatória, constitutiva, declaratória, mandamental e executiva *lato sensu* e aplica-se também às decisões proferidas em execução, sejam as tutelas definitivas, sejam as provisórias.

A segunda obrigação é a de não criar embaraço aos provimentos judiciais, que não é dirigida apenas às partes, mas a todos quantos possam, de alguma maneira, dificultar ou retardar o cumprimento dos provimentos. **Mesmo os que não participam do processo podem violar essa obrigação**. Por exemplo: se o juiz determina que o empregador desconte a pensão alimentícia devida pelo réu em folha de pagamento, e ele, voluntariamente, não cumpre essa determinação, viola o dever imposto pelo inciso IV do art. 77.

Esse inciso e o inciso VI se distinguem dos demais porque as sanções impostas àqueles que os violarem são mais graves. A ofensa aos demais incisos obrigará o causador a responder pelos danos processuais que causar, conforme arts. 79 a 81 do CPC. Já a violação dos incisos IV e VI implicará **ato atentatório à dignidade da justiça**, cujas sanções são cominadas pelo § 2.º do art. 77.

e) Declinar, no primeiro momento que lhes couber falar nos autos, o endereço residencial ou profissional onde receberão intimações, atualizando essa informação sempre que ocorrer qualquer modificação temporária ou definitiva: o autor, na petição inicial, e o réu, na contestação, bem como seus advogados, nas procurações que lhe forem outorgados, devem indicar os endereços pessoais e profissionais, onde receberão as intimações, mantendo a informação sempre atualizada, para que possam ser localizados e isso não cause nenhum retardo ou embaraço ao andamento do processo. Trata-se de derivação da exigência de boa-fé processual.

f) Não praticar inovação ilegal no estado de fato de bem ou direito litigioso: a violação a esse dever constitui, juntamente com a afronta à obrigação contida no inciso IV, ato atentatório à dignidade da justiça, impondo sanções maiores do que aquelas previstas para o descumprimento dos demais deveres (art. 77, § 2.º).

1 ■ Das Partes e Seus Procuradores

Além disso, a inovação ilegal no estado de fato do bem ou direito litigioso configurará atentado. Enquanto o processo estiver em curso, nenhuma das partes pode inovar, provocando alterações fáticas que prejudiquem o julgamento do processo. Aquele que pratica o atentado pode ter por objetivo prejudicar a colheita de provas, impedir o cumprimento das determinações judiciais ou fazer justiça com as próprias mãos.

Para que se configure o atentado é preciso: **que haja processo em andamento**, isto é, que a inovação se realize entre a citação do réu e o trânsito em julgado da sentença. Se ela ocorrer fora desse período, poderá ensejar outras providências, mas não as decorrentes do atentado. O processo em curso pode ser de conhecimento ou execução; **que a inovação seja realizada por quem participa do processo**. Não cabe atentado quando decorre de fato natural ou de ato de terceiro. Não constituem atentado a fruição normal da coisa, os atos comuns de administração e a alienação de coisa litigiosa.

Se ficar caracterizado o atentado, o juiz ordenará o restabelecimento do estado anterior e a proibição de a parte falar nos autos até a sua purgação do atentado, sem prejuízo da multa e das demais sanções previstas no § 2.º do art. 77.

g) Informar e manter atualizados seus dados cadastrais perante os órgãos do Poder Judiciário e, no caso do § 6.º do art. 246 deste Código, da Administração Tributária, para recebimento de citações e intimações: esta última hipótese, prevista no inciso VII do art. 77 do CPC, foi acrescentada pela Lei n. 14.195/2021. De acordo com o que ela dispõe, a citação e a intimação por meio eletrônico constituirão o modo preferencial. A citação por meio eletrônico — como será mais bem esclarecido no capítulo relativo à citação — será feita por *e-mail*, em endereço fornecido pelos citandos aos bancos de dados do Poder Judiciário, a serem regulamentados ainda pelo CNJ; ou por meio de portal próprio, na forma da Lei n. 11.419/2006, que foi regulamentado pelo CNJ por meio da Resolução n. 234/2016 e que já vem funcionando regularmente. De acordo com o § 6.º do art. 246, haverá o compartilhamento das informações constantes nos órgãos de Administração Tributária, com os cadastros do Poder Judiciário. Por essa razão — como os dados cadastrais dos citandos são indispensáveis para que a citação (também a intimação) se realize —, é necessário que eles os mantenham atualizados, sob pena de configurar-se a litigância de má-fé. Assim, é dever das partes, seus procuradores e de todos aqueles que participem do processo informar e manter atualizados os dados cadastrais para viabilizar a citação eletrônica, na forma do art. 246, *caput* e § 1.º, sob pena de eles incorrerem nas sanções do art. 79 do CPC. A introdução desse dispositivo mitiga, ao menos em parte, as críticas que eram feitas ao sistema introduzido pela Lei n. 11.419/2006, na qual se previa a obrigatoriedade do cadastro para pessoas jurídicas de direito público e de direito privado sem estabelecer, no entanto, eventuais sanções para a omissão, o que vinha resultando, especificamente em relação às pessoas de direito privado, na baixa adesão ao cadastramento no portal regulamentado pela Resolução n. 234/2016. Agora, a falta de cadastramento, seja na hipótese de citação por *e-mail* (introduzida pela Lei n. 14.195/2021) ou na de citação eletrônica pelo portal já regulamentado pelo CNJ, ensejará ao omisso a aplicação de pena de litigância de má-fé.

164 Direito Processual Civil Esquematizado   *Marcus Vinicius Rios Gonçalves*

7.2.1. Da responsabilidade por dano processual

Aquele que violar os incisos I, II, III, V e VII do art. 77 responderá pelas **perdas e danos** que causar (art. 79). Sem prejuízo dessa obrigação, o juiz ou tribunal, **de ofício ou a requerimento**, condenará o litigante de má-fé em multa superior a 1% e inferior a 10% do valor da causa, bem como a ressarcir os honorários advocatícios e todas as despesas da parte contrária. Se o valor da causa for irrisório ou inestimável, a multa será de até 10 salários mínimos. Em resumo, serão duas as sanções impostas ao ofensor: a de reparar os danos, incluindo honorários e despesas da parte contrária, e a de pagar multa. Se não houver dano nenhum, ainda assim a multa poderá ser imposta, de ofício ou a requerimento.

Como será feita a reparação dos danos? Os valores serão fixados pelo juiz, nos próprios autos em que a violação foi cometida. Caso não seja possível mensurá-los, os danos serão liquidados por arbitramento ou em liquidação de procedimento comum (aquela em que há necessidade de prova de fato novo), mas sempre nos mesmos autos. Tanto a condenação em perdas e danos quanto a multa reverterão em **proveito da parte contrária, prejudicada pela conduta violadora**.

7.2.2. Ato atentatório à dignidade da justiça

A violação aos incisos IV e VI do art. 77 constitui **ato atentatório à dignidade da justiça**. A sanção é imposta no § 2.º do art. 77, cabendo ao juiz advertir qualquer das pessoas mencionadas no *caput* de que sua conduta poderá configurar o ato atentatório. Sem prejuízo das sanções penais (como, por exemplo, crime de desobediência), civis ou processuais cabíveis, o juiz, **de ofício ou a requerimento da parte**, aplicará **multa** de até 20% do valor da causa. Se o valor da causa for irrisório ou inestimável, a multa poderá ser de até 10 salários mínimos. Pode haver violação cumulativa dos demais incisos com os incisos IV e VI, caso em que serão aplicadas cumulativamente as penas da litigância de má-fé e do ato atentatório à dignidade da justiça.

Diferentemente do que ocorre com a litigância de má-fé, a condenação imposta pelo juiz não reverte em proveito da parte contrária, mas **em favor da Fazenda Pública**. É que, no caso de violação dos incisos IV e VI, o ofendido não é o adversário, mas a administração da justiça. Por isso, se não houver o pagamento, a multa será, após o trânsito em julgado da decisão que a fixou, inscrita como dívida ativa da União ou do Estado, para que possa ser objeto de execução fiscal, revertendo aos fundos previstos no art. 97 do CPC.

Haverá dificuldade se o autor do ato atentatório for a própria Fazenda Pública, uma vez que a multa reverte em seu proveito. Parece-nos, que, nesse caso, deverá ser imputada ao funcionário que desobedeceu a determinação judicial.

Não se aplicam ao advogado, público ou privado, ao Defensor Público e ao Ministério Público as disposições relativas ao ato atentatório à dignidade da justiça, previstos nos §§ 2.º e 5.º do art. 77. A afronta aos incisos IV e VI poderá dar ensejo à responsabilização disciplinar, que deverá ser apurada pelo respectivo órgão de classe ou corregedoria, para o qual o juiz oficiará.

1 ■ Das Partes e Seus Procuradores   165

7.2.3. Proibição do uso de expressões injuriosas

Além dos deveres enumerados nos incisos do art. 77, o CPC proíbe às partes e a seus advogados, aos juízes e aos membros do Ministério Público e da Defensoria Pública, bem como a qualquer pessoa que participe do processo, o emprego de **expressões ofensivas** nos escritos apresentados no processo, cabendo ao juiz, de ofício ou a requerimento do ofendido, mandar **riscá-las, determinando, a requerimento do ofendido, a expedição de certidão de inteiro teor das expressões ofensivas, que será colocada à disposição da parte interessada**. Se as expressões forem proferidas oralmente, o juiz advertirá o ofensor de que não as use, sob pena de ter a palavra cassada (art. 78, §§ 1.º e 2.º, do CPC).

Não se veda o uso de expressões contundentes e de linguagem veemente, mas tão só daquilo que ultrapasse os limites da civilidade e tenha conteúdo ofensivo.

7.3. DOS DEVERES DAS PARTES QUANTO ÀS DESPESAS PROCESSUAIS

Há atos, no curso do processo, que implicam despesas. Por exemplo, os relacionados à prova pericial, que exigem o pagamento dos honorários do perito. Salvo os casos de justiça gratuita, cumpre às partes prover as despesas dos atos que realizam ou requerem no processo. Mas qual das partes? Aquela que sucumbir, que obtiver resultado desfavorável. O juiz, ao proferir sentença, condenará a parte sucumbente ao pagamento das despesas processuais. Mas há aquelas que têm de ser antecipadas, não havendo a possibilidade de se aguardar o desfecho do processo. Surge então a questão de saber quem deve antecipá-las. A resposta é dada pelo art. 82 e § 1.º, bem como o art. 95, ambos do CPC. O primeiro trata da antecipação das despesas em geral, e o segundo, da antecipação das despesas relativas à prova pericial. A regra geral do art. 82 é: as despesas serão antecipadas **por quem requereu a prova** (ou o ato); se a prova for requerida por ambas as partes, ou determinada de ofício pelo juiz ou a requerimento do Ministério Público como fiscal da ordem jurídica, caberá ao autor a antecipação das despesas. Já em relação à prova pericial, prevalece o disposto no art. 95: a antecipação será feita por quem requereu a prova, mas se ela tiver sido requerida por ambas as partes, ou determinada de ofício pelo juiz ou a requerimento do Ministério Público fiscal da ordem jurídica, as despesas serão rateadas. Esse é o ônus pela antecipação, mas somente quando for prolatada a sentença é que se saberá quem, em definitivo, suportará as despesas do processo, pois só então se apurará quem é o sucumbente. Se o autor requereu perícia, cumpre-lhe antecipar os honorários do perito. Mas, se, ao final, sair vitorioso, o juiz condenará o réu a ressarci-lo das despesas processuais que teve de antecipar. Se houver vários vencidos, o juiz, na sentença, fixará proporcionalmente a responsabilidade de cada um pelas despesas. Em caso de desistência da ação ou renúncia ao direito em que ela se funda, as despesas ficarão a cargo do autor; em caso de reconhecimento jurídico do pedido, a cargo do réu. Se o procedimento for de jurisdição voluntária, as despesas serão adiantadas pelo requerente e rateadas entre os interessados (CPC, art. 88).

Se a parte sucumbente for beneficiária da justiça gratuita, o juiz a condenará ao pagamento das despesas, **mas a execução não poderá ser feita**, a menos que o adversário comprove que o sucumbente já adquiriu condições de suportá-las, sem prejuízo de seu sustento.

7.4. HONORÁRIOS ADVOCATÍCIOS

O CPC regula, nos arts. 85 a 87, a condenação em honorários advocatícios decorrentes da **sucumbência no processo**. Não se confundem com **contratuais**, fixados por acordo de vontade, entre o advogado e seu cliente.

Os honorários fixados no processo **pertencem ao advogado e não à parte**, conforme art. 23 da Lei n. 8.906/94: "os honorários incluídos na condenação, por arbitramento ou sucumbência, pertencem ao advogado, tendo este direito autônomo para executar a sentença nesta parte, podendo requerer que o precatório, quando necessário, seja expedido em seu favor".

O teor do dispositivo não deixa dúvida a respeito da legitimidade do advogado para executar, em nome próprio os seus honorários. Mesmo destituído, poderá requerer que continue sendo intimado para, na fase executiva, cobrá-los. A Lei n. 14.365/2022 acrescentou ao art. 24 da Lei n. 8.906/94 um novo parágrafo (§ 5.º) que não deixa dúvidas a respeito: "Salvo renúncia expressa do advogado aos honorários pactuados na hipótese de encerramento da relação contratual com o cliente, o advogado mantém o direito aos honorários proporcionais ao trabalho realizado nos processos judiciais e administrativos em que tenha atuado, nos exatos termos do contrato celebrado, inclusive em relação aos eventos de sucesso que porventura venham a ocorrer após o encerramento da relação contratual".

O advogado que continue atuando em favor da parte vitoriosa na fase executiva poderá optar entre promover a execução de seus honorários em nome próprio, ou em nome da parte, em conjunto com o principal. Se optar pela segunda possibilidade, a parte executará em nome próprio valores que pertencem ao advogado, o que constitui manifestação de **legitimidade extraordinária**.

Pela mesma razão, o advogado pode também **recorrer** em nome próprio, com a finalidade exclusiva de elevar seus honorários.

O art. 85 do CPC estabelece que o juiz condenará o vencido ao pagamento de honorários advocatícios. O valor deverá ser fixado em consonância com os §§ 2.º e 8.º. O § 2.º deverá ser aplicado quando houver condenação, situação em que os valores devem ser fixados entre 10 e 20% do valor da condenação, do proveito econômico obtido ou, não sendo possível mensurá-lo, sobre o valor atualizado da causa, cumprindo ao juiz atentar para o grau de zelo do profissional, o lugar da prestação do serviço e a natureza e importância da causa, bem como o tempo exigido para o seu serviço. O § 8.º deve ser aplicado nas causas em que for inestimável ou irrisório o proveito econômico ou, ainda, quando o valor da causa for muito baixo, caso em que os honorários serão fixados por equidade, considerados os critérios acima mencionados. A partir da entrada em vigor do CPC/2015 se estabeleceu importante controvérsia a respeito da interpretação a ser dada ao § 8.º do art. 85 do CPC, já que ele autoriza a fixação dos honorários por equidade quando o proveito econômico for irrisório ou o valor da causa for muito baixo, mas não faz qualquer referência à hipótese de o proveito econômico ou o valor da causa serem muito elevados. E não é raro que, em casos de relativa simplicidade, o proveito ou o valor da causa sejam elevadíssimos. Por conta disso, não eram raras as decisões judiciais que fixavam honorários advocatícios por equidade quando o proveito econômico ou o valor da causa eram muito elevados, para evitar a fixação de

1 ◼ Das Partes e Seus Procuradores

honorários advocatícios que, de acordo com tais decisões, não se mostravam proporcionais ao trabalho realizado.

Diante da multiplicidade de causas envolvendo essa questão, o Superior Tribunal de Justiça houve por bem afetá-la e decidi-la sob o regime dos recursos especiais repetitivos. O julgamento fixou as seguintes teses (Tema 1076):

> "i) A fixação dos honorários por apreciação equitativa não é permitida quando os valores da condenação, da causa ou o proveito econômico da demanda forem elevados. É obrigatória nesses casos a observância dos percentuais previstos nos §§ 2.º ou 3.º do artigo 85 do CPC — a depender da presença da Fazenda Pública na lide —, os quais serão subsequentemente calculados sobre o valor: (a) da condenação; ou (b) do proveito econômico obtido; ou (c) do valor atualizado da causa.
>
> ii) Apenas se admite arbitramento de honorários por equidade quando, havendo ou não condenação: (a) o proveito econômico obtido pelo vencedor for inestimável ou irrisório; ou (b) o valor da causa for muito baixo".

A questão ainda pende de exame definitivo pelo Supremo Tribunal Federal, já que em julgamento ainda não concluído por aquela Corte, cinco ministros haviam se posicionado no sentido de que a questão não envolvia matéria constitucional, e cinco, em sentido contrário. Assim, por ora, prevalece a decisão do C. Superior Tribunal de Justiça, aguardando-se o posicionamento final da Suprema Corte.

A Lei n. 14.365/2022 acrescentou dois parágrafos ao art. 85 do CPC, que tratam da fixação dos honorários advocatícios por equidade.

O § 6.º-A estabelece que: "Quando o valor da condenação ou do proveito econômico obtido ou o valor atualizado da causa for líquido ou liquidável, para fins de fixação dos honorários advocatícios, nos termos dos §§ 2.º e 3.º, é proibida a apreciação equitativa, salvo nas hipóteses expressamente previstas no § 8.º deste artigo".

E o § 8.º-A, que estabelece: "Na hipótese do § 8.º deste artigo, para fins de fixação equitativa de honorários sucumbenciais, o juiz deverá observar os valores recomendados pelo Conselho Seccional da Ordem dos Advogados do Brasil a título de honorários advocatícios ou o limite mínimo de 10% (dez por cento) estabelecido no § 2.º deste artigo, aplicando-se o que for maior".

Esses dispositivos, em especial o segundo, devem, no entanto, ser interpretados em conjunto com os demais parágrafos do art. 85. Persiste a regra de que a fixação, nas hipóteses do § 8.º, deve ser feita por equidade. Assim, os valores indicados pelo Conselho Seccional da OAB funcionarão como mera recomendação, a ser observada desde que não viole os princípios da razoabilidade e da proporcionalidade, sem caráter vinculante.

Nesse sentido, tem-se decidido:

> "Ação indenizatória. Sentença de parcial procedência. Apelo do autor. Em se tratando de pessoa jurídica, não há falar em dano moral indenizável, ausente prova concreta de abalo de crédito ou de credibilidade, a cargo da apelante. Precedente. Sucumbência. Acolhida apenas a obrigação de fazer a troca do produto, descabe fixar a verba honorária advocatícia sucumbencial em percentual sobre o valor da causa/condenação, afastada a regra geral

do art. 85, § 2.º, do CPC/15. Tampouco é hipótese de arbitramento equitativo com adoção da tabela referencial do Conselho Seccional da OAB como patamar mínimo (art. 85, § 8.º-A, do CPC/15). Disposição contrária à própria noção de equidade. Tabelamento dos honorários que não vincula o magistrado, sendo mera recomendação. Precedente. Não se pode subtrair do magistrado o mister que a lei lhe outorgou quanto à apreciação por equidade dos honorários de sucumbência, sob pena de gerar distorções e verdadeira iniquidade a título de honorários equitativos. Valor estipulado na origem (R$ 800,00) que, realmente, se revela insuficiente à condigna remuneração do patrono da apelante, justificando a majoração para R$ 1.500,00, com correção monetária deste julgamento, considerada a reduzida complexidade do feito. Sentença reformada em parte, majorada a verba honorária advocatícia sucumbencial, a cargo da apelada, para R$ 1.500,00, com correção monetária deste julgamento. Apelação parcialmente provida" (Apelação Cível n. 1000738-72.2022.8.26.0204, 26.ª Câmara de Direito Privado, Rel. Carlos Dias Motta, j. 23.05.2023, v. u.).

Os honorários advocatícios nas causas em que a Fazenda Pública for parte serão fixados de acordo com os §§ 3.º e 4.º do art. 85.

Os honorários advocatícios serão devidos na reconvenção, no cumprimento de sentença, provisório ou definitivo, na execução, resistida ou não, e nos recursos interpostos, cumulativamente. A legislação anterior já reconhecia que eles eram devidos em reconvenção e no cumprimento definitivo de sentença. Havia dúvida quanto ao cumprimento provisório, prevalecendo o entendimento de que eles não eram devidos. A redação do art. 85, § 1.º, não deixa mais dúvidas a respeito. Mesmo no cumprimento provisório de sentença, são devidos os honorários advocatícios. A maior novidade, porém, em relação à legislação anterior são os honorários advocatícios recursais, regulados no art. 85, § 11. Ele dispõe que o tribunal, ao julgar o recurso, majorará os honorários fixados anteriormente levando em conta o trabalho adicional realizado em grau recursal, sendo vedado, no entanto, ultrapassar os limites estabelecidos nos §§ 2.º e 3.º, para a fase de conhecimento. O Enunciado n. 16 da ENFAM — Escola Nacional de Formação e Aperfeiçoamento de Magistrados — estabelece que "não é possível majorar os honorários na hipótese de interposição de recurso no mesmo grau de jurisdição". Só haveria majoração, portanto, se o recurso vier a ser julgado por órgão diferente daquele que proferiu a decisão recorrida. Para afastar eventuais dúvidas de direito intertemporal a respeito da incidência de honorários advocatícios recursais, já que o CPC/73 não os previa, o Superior Tribunal de Justiça editou o Enunciado administrativo n. 7: "Somente nos recursos contra decisão publicada a partir de 18 de março de 2016, será possível o arbitramento de honorários sucumbenciais recursais, na forma do art. 85, § 11, do novo CPC". O que determinará, pois, a possibilidade ou não de incidência dos honorários recursais não é propriamente a data da interposição do recurso, mas da publicação da decisão recorrida.

A E. 3.ª Turma do Colendo Superior Tribunal de Justiça, no julgamento dos Embargos de Declaração no Recurso Especial 1.573.573, estabeleceu quatro requisitos fundamentais para que, no julgamento do recurso, sejam fixados os honorários recursais:

1 ■ Das Partes e Seus Procuradores 169

a) que o recurso tenha sido interposto contra decisão publicada após a entrada em vigor do NCPC, nos termos do Enunciado n. 7, acima transcrito;

b) que tenha havido o não conhecimento integral ou o não provimento integral do recurso interposto, seja pelo relator monocraticamente, seja pelo órgão colegiado. Assim, se o recurso for parcialmente acolhido, não serão majorados os honorários fixados originalmente, o que só ocorrerá em caso de total não conhecimento ou desprovimento;

c) que a verba honorária fosse devida desde a origem, no feito em que interposto o recurso, o que afasta a incidência de honorários recursais nos recursos contra decisões nas quais não eram devidos honorários;

d) que não tenham sido ainda alcançados os limites estabelecidos no art. 85, §§ 2.º e 3.º, do CPC/2015.

O C. Superior Tribunal de Justiça afetou a questão da possibilidade de honorários de sucumbência em grau recursal, nas hipóteses em que o recurso for provido ou parcialmente provido. De acordo com a decisão de afetação:

"PROCESSUAL CIVIL. PROPOSTA DE AFETAÇÃO. RECURSO ESPECIAL. RITO DOS RECURSOS ESPECIAIS REPETITIVOS. MAJORAÇÃO DE HONORÁRIOS DE SUCUMBÊNCIA EM GRAU RECURSAL. RECURSO TOTAL OU PARCIALMENTE PROVIDO. CONSECTÁRIOS DA CONDENAÇÃO. OBSERVÂNCIA DO ART. 1.036, § 5.º, DO CPC/2015 E DOS ARTS. 256-E, II, E 256-I DO RISTJ. 1. Delimitação da controvérsia: (im)possibilidade da majoração, em grau recursal, da verba honorária estabelecida na instância recorrida, quando o recurso for provido total ou parcialmente, ainda que em relação apenas aos consectários da condenação. 2. Recurso especial afetado ao rito do art. 1.036 e seguintes do CPC/2015 (arts. 256-E, II, e 256-I do RISTJ). 3. Determinada a suspensão da tramitação apenas dos recursos especiais e agravos em recurso especial cujos objetos coincidam com a matéria afetada. 4. Acolhida a proposta de afetação do recurso especial como representativo da controvérsia para que seja julgado na Corte Especial" (Tema 1059).

Em dezembro de 2023, houve o julgamento do recurso especial repetitivo, tendo sido fixado o seguinte, relativo ao Tema 1059:

"A majoração dos honorários de sucumbência prevista no art. 85, § 11, do CPC pressupõe que o recurso tenha sido integralmente desprovido ou não conhecido pelo tribunal, monocraticamente ou pelo órgão colegiado competente. Não se aplica o art. 85, § 11, do CPC em caso de provimento total ou parcial do recurso, ainda que mínima a alteração do resultado do julgamento ou limitada a consectários da condenação".

O art. 85, § 3.º, estabelece regras específicas para fixação de honorários advocatícios nas demandas em que a Fazenda Pública for parte, incluindo execuções fiscais ou aquelas fundadas em título executivo extrajudicial (Enunciado n. 15 da ENFAM).

Quando cada litigante for em parte vencedor ou vencido, o juiz distribuirá reciprocamente entre eles os honorários e as despesas (CPC, art. 86 e parágrafo único). No CPC/73, em caso de sucumbência de ambos os litigantes, além da distribuição recíproca, os honorários advocatícios deveriam ser compensados. Assim, por exemplo, se autor e réu sofressem sucumbências aproximadamente de igual porte, haveria integral compensação e nenhum deles teria de pagar honorários ao adversário. Nesse sentido, havia sido editada a Súmula 306 do Superior Tribunal de Justiça. O CPC/2015 não mais permite a compensação de honorários advocatícios em caso de sucumbência recíproca. Assim, se cada uma das partes sucumbir parcialmente, o juiz a condenará a pagar honorários ao advogado do adversário, na proporção de sua sucumbência, sem que se compense com os honorários da parte contrária, revogada assim a Súmula 306 do STJ.

Por fim, se o vencido for beneficiário da justiça gratuita, o juiz o condenará nos honorários, mas suspenderá a execução por cinco anos, até que se prove que adquiriu condições de pagá-los, sem prejuízo de seu sustento. Passado esse prazo, extinguem-se as obrigações do beneficiário da gratuidade.

7.5. DA GRATUIDADE DA JUSTIÇA

Antes da edição do CPC atual, a gratuidade da justiça era regulada pela Lei n. 1.060/50, que foi quase inteiramente revogada pelo art. 1.072, III, do CPC. Foram revogados os arts. 2.º, 3.º, 4.º, 6.º, 7.º, 11, 12 e 17 da lei. Os demais permanecem em vigor. A revogação se deu porque a gratuidade da justiça passou a ser tratada nos arts. 98 a 102 do CPC.

O art. 98 atribui o direito à gratuidade da justiça **a toda pessoa natural ou jurídica, brasileira ou estrangeira, com insuficiência de recursos para pagar as custas, as despesas processuais e os honorários advocatícios**. Em relação às pessoas naturais, há uma presunção de veracidade da alegação de insuficiência de recursos, que só será afastada se houver nos autos elementos que evidenciem o contrário. Com relação às pessoas jurídicas, não há essa presunção, cumprindo-lhes provar a insuficiência econômica, necessária para o deferimento da gratuidade. Deve-se aplicar a Súmula 481 do Superior Tribunal de Justiça, que assim estabelece: "Faz jus ao benefício da justiça gratuita a pessoa jurídica com ou sem fins lucrativos que demonstrar sua impossibilidade de arcar com os encargos processuais". Cabe à pessoa jurídica demonstrar a impossibilidade financeira, não bastando simplesmente que a alegue, como ocorre com as pessoas naturais. E, mesmo em relação a essas, embora haja a mencionada presunção de veracidade, se o juiz entender que as circunstâncias são tais que indiquem que ela tem condições de suportar as despesas do processo, deverá dar a ela condições de fazer prova da alegada necessidade, indeferindo o benefício se a prova não for feita (art. 99, §§ 2.º e 3.º).

De observar-se que, conquanto a lei processual estabeleça os requisitos para o deferimento do benefício, ele não indica critérios objetivos específicos a serem observados. No entanto, não são raras as decisões que se valem de tais critérios, como aquelas que adotam os sugeridos pela Defensoria Pública, de limitar o benefício em favor das pessoas físicas àquelas que ganham até três salários mínimos. Dada a frequência de tais situações, o STJ afetou a questão, como o Tema 1178: "Definir se é legítima a adoção de critérios objetivos para aferição da hipossuficiência na apreciação do pedido de gratuidade de justiça formulado por pessoa natural, levando em conta as disposições dos arts. 98 e 99, § 2.º, do Código de Processo Civil".

1 ■ Das Partes e Seus Procuradores

A gratuidade da justiça compreende tudo aquilo que está enumerado nos incisos do art. 98, § 1.º, incluindo os emolumentos devidos a notários e registradores em decorrência da prática de atos de registro ou averbação, bem como atos notariais necessários para a efetivação de decisão judicial ou à continuidade do processo judicial no qual o benefício tenha sido concedido. Mas ao notário ou registrador é dado solicitar a revogação do benefício, se houver dúvida sobre o preenchimento do requisito, na forma do art. 98, § 8.º. **A gratuidade da justiça não afasta a responsabilidade do beneficiário pelo pagamento das multas impostas no curso do processo, como aquelas relativas à litigância de má-fé, ato atentatório à dignidade da justiça e às multas cominatórias ("astreintes").**

Se o beneficiário da gratuidade for sucumbente, o juiz o condenará no pagamento das custas, despesas e honorários advocatícios. Mas a condenação não poderá ser executada e ficará sob condição suspensiva durante o prazo de cinco anos, a contar do trânsito em julgado. Se nesse ínterim o credor demonstrar a alteração da situação econômica do devedor, que agora tem condições de arcar com as verbas de sucumbência a que foi condenado, o juiz determinará a execução delas. Mas, passados os **cinco anos** sem que isso ocorra, extinguem-se as obrigações.

A gratuidade da justiça pode ser requerida a qualquer momento no processo. Poderá ser requerida pelo autor na inicial, pelo réu na contestação e pelo terceiro quando solicitar seu ingresso. Portanto, na primeira manifestação de cada um deles no processo. Também pode ser requerida em recurso, ou, em qualquer outro momento do processo, caso em que o pedido será formulado por simples petição. Se ela for deferida, a parte contrária poderá apresentar **impugnação**, pedindo ao juiz que a revogue. Se ela foi requerida na inicial e deferida pelo juiz, a impugnação deve ser formulada como preliminar em contestação; se requerida na contestação, e deferida pelo juiz, deve ser impugnada na réplica; se requerida em recurso, deve ser impugnada nas contrarrazões. E se requerida por simples petição e deferida, poderá ser impugnada no prazo de 15 dias. A impugnação será sempre nos mesmos autos e **não suspenderá** o curso do processo. Caso haja a revogação, e o juiz entenda que houve má-fé, a parte não só terá de recolher as despesas que tiver deixado de adiantar, mas pagará até o décuplo de seu valor a título de multa, em benefício da Fazenda Pública estadual ou federal, conforme a ação corra pela justiça estadual ou federal.

Da decisão judicial que **indeferir ou revogar** o pedido de gratuidade, cabe agravo de instrumento (salvo se a questão for apreciada na sentença, caso em que caberá apelação). Se o recurso não for interposto, a matéria preclui, a menos que se evidencie a existência de novas circunstâncias fáticas que demonstrem a alteração da condição financeira da parte. Enquanto não houver decisão do relator sobre a questão, preliminarmente ao julgamento do recurso de agravo de instrumento, o recorrente fica dispensado do recolhimento das custas necessárias à continuidade do processo. E se a decisão de indeferimento ou revogação for mantida, ela será intimada a fazer o recolhimento em cinco dias. Da decisão que concede a gratuidade não cabe recurso, mas apenas a impugnação prevista no art. 100.

8. DOS PROCURADORES

O CPC trata dos procuradores no capítulo que compreende os arts. 103 a 107. Um dos pressupostos processuais de eficácia é a **capacidade postulatória** que, em regra, não é atributo das pessoas em geral. Quem não a tem precisa outorgar procuração a advogado legalmente habilitado, que o represente. Há casos excepcionais, porém, em que a lei atribui capacidade postulatória a pessoas que normalmente não a têm, àqueles que não são advogados, nem integrantes do Ministério Público. É o exemplo do *habeas corpus* e das ações no Juizado Especial Cível, até vinte salários mínimos.

Nos casos em que é indispensável a participação do advogado, será necessária a juntada de **procuração**, na forma do art. 104 do CPC. Sem ela, o advogado não será admitido a procurar em juízo salvo para, em nome da parte, intentar ação, a fim de evitar preclusão, decadência ou prescrição, bem como intervir em processo, para praticar atos urgentes, caso em que terá o prazo de quinze dias, prorrogável por mais quinze, para exibir o mandato em juízo. A petição inicial deverá vir acompanhada da procuração do advogado, que conterá os endereços dele, eletrônico e não eletrônico salvo se o requerente postular em causa própria, ou nos casos previstos no art. 104.

A falta de procuração nos casos em que é necessária implicará a **ineficácia (CPC, art. 104, § 2.º)**, respondendo o advogado por perdas e danos.

Não há necessidade de exibição de procuração por aqueles que ocupam cargos públicos como os da Defensoria Pública, Procuradoria do Estado ou Procuradoria de autarquia (Súmula 644 do STF).

Quanto aos núcleos de prática jurídica, a regra é de que apresentem procuração daqueles a quem representam, nos termos da Súmula 644 do Superior Tribunal de Justiça: "O núcleo de prática jurídica deve apresentar o instrumento de mandato quando constituído pelo réu hipossuficiente, salvo nas hipóteses em que é nomeado pelo juízo".

A procuração deverá indicar quais **os poderes que o outorgante concede ao procurador**. Eles podem ser gerais, para o foro, caso em que o advogado estará habilitado a praticar todos os atos do processo em geral, salvo aqueles que exigem **poderes específicos**, enumerados no art. 105 do CPC: receber citação inicial, confessar, reconhecer a procedência do pedido, transigir, desistir, renunciar ao direito sobre que se funda a ação, receber, dar quitação, firmar compromisso e assinar declaração de hipossuficiência econômica.

A procuração geral para o foro é chamada *ad judicia*, pode ser outorgada por **instrumento público ou particular**, como expressamente previsto no art. 105 do CPC, e pode ser assinada digitalmente com base em certificado emitido por Autoridade Certificadora credenciada, na forma da lei específica. Mesmo que a parte seja incapaz, a procuração pode ser outorgada por instrumento particular. Em caso de incapacidade absoluta, será assinada pelo representante legal, e de incapacidade relativa, pelo incapaz e por quem o assiste. A regra do art. 105 — por ser específica — prevalece sobre a geral do art. 654 do CC, que só permite a outorga de procuração por instrumento particular pelas pessoas capazes, exigindo que ela seja pública quando outorgada por incapazes.

Não há mais necessidade de reconhecimento de firma na procuração. O pleno do Superior Tribunal de Justiça, por acórdão unânime, decidiu: "O art. 38 (atual art. 105),

1 ▣ Das Partes e Seus Procuradores 173

CPC, com a redação dada pela Lei n. 8.952/94, dispensa o reconhecimento de firma nas procurações empregadas nos autos do processo, tanto em relação aos poderes gerais para o foro (cláusula *ad judicia*), quanto em relação aos poderes especiais (*et extra*) previstos nesse dispositivo. Em outras palavras, a dispensa do reconhecimento de firma está autorizada por lei quando a procuração *ad judicia et extra* é utilizada em autos do processo judicial" (*RF* 359/252).

Quando o advogado postula em causa própria, a procuração é desnecessária, mas a ele compete declarar, na petição inicial ou contestação, o endereço, o seu número de inscrição na OAB e o nome da sociedade de advogados da qual participa, para o recebimento de intimações, comunicando qualquer alteração (CPC, art. 106).

As prerrogativas e deveres dos advogados estão enumerados na Lei n. 8.906/94, que regula, de forma geral, a profissão. As primeiras são indicadas no art. 7.º, enquanto as proibições, no art. 34, sendo **a advocacia considerada uma das funções essenciais à justiça, pela Constituição Federal**.

9. DA SUCESSÃO DAS PARTES E DOS PROCURADORES

A sucessão das partes ou de seus procuradores, que pode ocorrer por ato *inter vivos* ou *mortis causa,* vem regulada nos arts. 108 a 112 do CPC.

Os arts. 109 e 110 tratam da sucessão de partes, o primeiro por ato *inter vivos* e o segundo em caso de morte. Os arts. 111 e 112 tratam da alteração de procurador, seja por vontade da parte, seja por vontade do próprio advogado.

A sucessão por ato *inter vivos* ocorrerá nas hipóteses de alienação de coisa litigiosa, que, por sua importância, será estudada em item próprio.

9.1. DA ALIENAÇÃO DA COISA OU DO DIREITO LITIGIOSO

Vem regulamentada no art. 109. Desde o momento em que ocorre a **citação válida**, a coisa, ou o direito disputado pelos litigantes, passa a ser **litigioso**. E continuará sendo até a conclusão definitiva do processo, até o trânsito em julgado. Nem por isso ele se torna indisponível, pois se assim fosse, a eventual longa duração do processo poderia trazer, para aquele que tem razão, graves prejuízos decorrentes de sua desvalorização.

Mas, se o processo ainda não está concluído, não se pode ter ainda certeza a respeito de quem tenha razão, o que traz dificuldades.

O *caput* do art. 109 formula a regra fundamental a respeito da alienação de coisa ou direito litigioso: **a legitimidade das partes não se altera**; conquanto tenha havido a alienação, o processo continua correndo com as **partes originárias**. Por exemplo: se A ajuíza ação reivindicatória em face de B, que tem atualmente o bem consigo, o fato de ele alienar a coisa, transferindo-lhe a posse, não altera a sua condição de réu. No entanto, o § 1.º do art. 109 permite que, **se houver anuência da parte contrária, poderá haver a sucessão do alienante ou cedente, pelo adquirente ou cessionário**. Do contrário, ele permanecerá como parte: o alienante continuará figurando no processo, em nome próprio, não mais postulando ou defendendo um direito que alega ser seu, mas que já transferiu ao terceiro, por força da alienação. Em outros termos, postulará em nome próprio, mas em defesa de um direito alheio. Nesse caso, estar-se-á diante de uma hipótese de **legitimidade extraordinária** ou substituição processual, ou seja, haverá verdadeira substituição processual quando, apesar da alienação da coisa litigiosa, as partes permanecerem as mesmas, porque então se terá o alienante em nome próprio, na defesa de interesse que já transferiu ao adquirente. Antes da alienação, o alienante era legitimado ordinário, tornando-se extraordinário só depois. Como não tem mais consigo a coisa ou o direito litigioso, ele figurará como substituto processual do adquirente, que assume a condição de substituído. Por isso, e pelas razões expostas no *item 3.5.4.1.3.3*, Capítulo 4, do Livro II, o substituído pode ingressar como **assistente litisconsorcial**. Mas, ingressando ou não, **sofrerá os efeitos da sentença**, na forma do art. 109, § 3.º. Além disso, se o alienante for derrotado, a alienação da coisa ou do direito litigioso será considerada **fraude à execução**, nos termos do art. 792, I, do CPC, quando sobre a coisa ou direito pender **ação fundada em direito real ou com pretensão reipersecutória**; mais um motivo para que a alienação seja ineficaz perante a parte contrária. Mas, para isso, é preciso que o alienante seja derrotado, pois, se sair vitorioso, a alienação será plenamente eficaz.

Mas, mesmo em caso de derrota, o que haverá será **apenas ineficácia, e não nulidade ou anulabilidade**.

9.2. A SUCESSÃO EM CASO DE MORTE

Vem regulada no art. 110 do CPC. As partes, em caso de falecimento, serão sucedidas pelo **espólio ou pelos herdeiros**. Pelo espólio, quando a ação tiver cunho patrimonial e ainda não tiver havido partilha definitiva de bens. E pelos herdeiros, quando a ação não tiver cunho patrimonial, mas pessoal (por exemplo, as ações de investigação de paternidade), ou quando já tiver sido ultimada a partilha.

Pode ocorrer, porém, que a morte de uma das partes implique a extinção do processo, sem resolução de mérito, como ocorre em ações de caráter personalíssimo, como as de separação e divórcio. Desde o momento da morte da parte, o processo ficará suspenso, até a sucessão processual. Se não houver dúvida sobre quem sejam os sucessores, ela se fará desde logo, nos próprios autos. Se houver dúvida, será necessário recorrer à habilitação, na forma do art. 313, §§ 1.º e 2.º, do CPC.

9.3. SUCESSÃO DE PROCURADORES

Nos dois últimos itens, tratamos da sucessão da parte, por ato *inter vivos* ou *mortis causa*. Os arts. 111 e 112 do CPC, por sua vez, cuidam da **sucessão dos procuradores**, que pode ocorrer por vontade da parte ou do próprio procurador.

A parte pode, a qualquer tempo, substituir o advogado, revogando-lhe o mandado e constituindo um novo, que assuma o patrocínio da causa. Se a parte outorga procuração a um novo advogado, sem fazer qualquer ressalva quanto aos poderes do anterior, entende-se que a primeira procuração foi revogada. Se a parte revogar a procuração anterior, sem constituir novo advogado, o juiz conceder-lhe-á prazo para regularizar a representação, na forma do art. 76, aplicando as sanções ali previstas para os casos de omissão.

Também pode haver, a qualquer tempo, **renúncia** do advogado ao mandato. Não precisa ser fundamentada, mas incumbe ao advogado provar que **cientificou** o mandante a fim de que este nomeie substituto. A tarefa compete ao advogado e não ao juiz ou aos auxiliares da justiça. Mesmo depois que ela for feita, o advogado continua, nos dez dias seguintes, a representar o mandante, desde que necessário para lhe evitar prejuízo. Por exemplo, se o advogado renuncia quando já está correndo prazo para interpor recurso, não poderá deixar de praticar o ato, se verificar que não haverá tempo hábil para que o mandante contrate outro que o possa fazer. Se, antes de ultimados os dez dias, a parte contratar novo advogado, o anterior se eximirá de suas funções.

Enquanto não provar que notificou o mandante, o advogado continuará representando-o. Mas, provada a cientificação, e ultrapassados os dez dias, o advogado não representa mais o mandante, cabendo a este regularizar a sua representação, na forma e sob as penas do art. 76 do CPC.

10. QUESTÕES

2

DO LITISCONSÓRCIO

1. INTRODUÇÃO

O litisconsórcio é a **pluralidade de partes** no polo ativo, no passivo, ou em ambos, do mesmo processo. Daí falar-se, respectivamente, em litisconsórcio ativo, passivo e misto (ou bilateral). Haverá um único processo, com mais de um autor ou de um réu. Trata-se de fenômeno bastante comum no processo civil, que ocorre talvez na maior parte dos processos.

2. JUSTIFICATIVA

São duas as razões fundamentais para que a lei autorize e, de certa forma, estimule e facilite a formação do litisconsórcio: **a economia processual e a harmonização dos julgados**. É inequívoco que, do ponto de vista econômico, é mais vantajoso que haja um processo só, com uma única instrução e uma só sentença, abrangendo mais de um autor ou mais de um réu, do que vários processos.

Mas a razão principal é mesmo a harmonização dos julgados. Para que se forme o litisconsórcio, é preciso que os vários autores ou réus tenham, pelo menos, afinidades por um ponto comum, estejam em situação semelhante. Ora, se fossem propostas várias ações individuais, haveria o risco de que cada qual fosse distribuída a um diferente juízo. Com o que, haveria juízes diferentes julgando situações que têm semelhança, com o risco de resultados conflitantes, risco evitado com o litisconsórcio, em que haverá um só processo e sentença única.

3. LITISCONSÓRCIO MULTITUDINÁRIO

O CPC de 1973 não fazia nenhuma restrição quanto ao número de litisconsortes num ou noutro polo da ação, nem dava ao juiz poderes para reduzir o número de participantes, mesmo no caso em que o reputasse excessivo. Em razão disso, alguns abusos acabaram ocorrendo, com milhares de pessoas que se agrupavam para propor uma única demanda, ou em que uma só pessoa demandava contra centenas ou milhares. O litisconsórcio acabava tendo a sua finalidade desvirtuada, pois o que tinha sido criado para facilitar acabava ensejando a formação de processos infindáveis, que se arrastavam por tempo intolerável.

Foi então que o legislador editou a Lei n. 8.952, de 13 de dezembro de 1994, que acrescentou ao art. 46 um parágrafo único, com a seguinte redação: "O juiz poderá limitar o litisconsórcio quanto ao número de litigantes, quando este comprometer a rápida solução do litígio ou dificultar a defesa. O pedido de limitação interrompe o prazo para resposta, que recomeça da intimação da decisão".

O CPC atual manteve a regra no art. 113, § 1.º: "O juiz poderá limitar o litisconsórcio facultativo quanto ao número de litigantes na fase de conhecimento, na liquidação de sentença ou na execução, quando este comprometer a rápida solução do litígio ou dificultar a defesa ou o cumprimento de sentença".

Esse dispositivo não preestabelece o número máximo de litigantes que poderá integrar os polos da ação. Andou bem o legislador em não o fazer, porque tal número poderá variar de caso para caso: haverá aqueles em que a matéria discutida é só de direito, e em que os litisconsortes estão em situação idêntica, caso em que se poderá admitir um número maior; e aqueles em que ou há controvérsia sobre matéria fática, ou a situação dos litisconsortes é tal que não permite a aglutinação de um número muito grande de pessoas. Assim, caberá ao juiz examinar, caso a caso, qual o número de litigantes que entende ser razoável para permanecer no polo ativo ou passivo.

Verificando o juiz que o número é tal que ultrapassa o razoável, poderá limitar o número de litigantes. A lei não esclarece de que forma isso será feito, mas há de ser por meio do **desmembramento do processo**. O originário, em que há o litisconsórcio multitudinário, dará origem a outros processos menores. Não haverá exclusão de ninguém do polo ativo ou do passivo, mas a divisão do processo maior em processos menores. Não seria admissível que o juiz, por exemplo, escolhesse alguns litisconsortes para mantê-los no processo e determinasse a extinção em relação aos demais.

3.1. REQUISITOS PARA QUE HAJA O DESMEMBRAMENTO

São dois: **que o litisconsórcio seja facultativo e não necessário**. Este, como o nome sugere, exige a presença de todos para que o processo possa ter regular seguimento, o que torna impossível dividi-lo.

Além disso, uma das três situações seguintes há de estar presente: **que o número seja tal que comprometa a rápida solução do litígio; que dificulte a defesa ou ainda que dificulte o cumprimento de sentença**. Ao determinar o desmembramento, o juiz deverá fundamentar a sua decisão em uma dessas três circunstâncias. Um dos princípios constitucionais do processo civil é o da duração razoável do processo. Um número excessivo de participantes, sobretudo no polo passivo, pode trazer demoras inaceitáveis. Se a demanda for ajuizada, por exemplo, em face de um grande número de réus, haverá delongas para concluir o ciclo citatório, sendo que o prazo de contestação para todos só passa a fluir depois que todos estiverem citados.

Também haverá desmembramento quando houver dificuldade de defesa. É o que ocorrerá, por exemplo, se muitos autores, cada qual em uma situação particular, ajuizarem demanda em face de um único réu. Citado, ele terá de se defender no prazo de quinze dias, o que pode ser insuficiente para que consiga examinar a situação de cada autor, munindo-se do necessário para apresentar defesa específica.

Por fim, se o juiz verificar que o número excessivo de participantes poderá trazer dificuldades ou embaraços ao cumprimento da sentença, também estará autorizado a proceder ao desmembramento.

2 ◼ Do Litisconsórcio

3.2. QUESTÕES PRÁTICAS SOBRE O DESMEMBRAMENTO

A lei não estabelece quantos litisconsortes podem, no máximo, ocupar os polos da ação. Caberá ao juiz, **no caso concreto**, decidir por um número tal que não comprometa a rapidez, nem prejudique a defesa. Ele mandará desmembrar o processo originário em tantos quantos bastem para que, em cada um dos processos resultantes, o número de litisconsortes não ultrapasse o razoável. Por exemplo: uma demanda proposta por quinhentos autores. O juiz entende que o número razoável não poderia ultrapassar cinquenta. Cumpre-lhe então determinar o desmembramento do processo originário em outros dez.

O juiz concederá prazo ao autor para apresentar tantas vias da inicial quantos forem os processos resultantes do desmembramento, isolando em cada uma quais os litisconsortes que comporão os polos em cada um deles. **Todos os processos resultantes permanecerão no mesmo juízo**, não sendo aceitável que sejam redistribuídos para outras varas.

O desmembramento pode ser requerido pelo réu ou determinado de ofício pelo juízo. Só não pode ser requerido pelo próprio autor, uma vez que foi ele quem propôs a ação e formou o litisconsórcio. Parece-nos que não se pode recusar ao juiz o poder de determiná-lo de ofício, porque cumpre-lhe valer pela rápida solução do litígio e pela observância do direito de defesa, matérias de ordem pública.

3.3. O DESMEMBRAMENTO REQUERIDO PELO RÉU

Qualquer dos réus pode postular o desmembramento do processo, por petição dirigida ao juiz, se este já não o tiver determinado de ofício.

O prazo para tal requerimento é o da resposta. Não convém que o réu que o formule já conteste a ação, porque uma das causas é o prejuízo do direito de defesa. Já contestar seria enfraquecer os próprios argumentos.

Além disso, o § 2.º do art. 113 do CPC deixa expresso que esse requerimento, deferido ou não, **interrompe o prazo de resposta**: mesmo não deferido, o réu receberá de volta, na íntegra, o seu prazo.

O pedido tem eficácia interruptiva *ex lege*, que decorre da lei, não cabendo ao juiz afastá-la, sob o argumento de que foi feito de má-fé, para ganhar tempo. O juiz pode aplicar ao réu as penas da litigância de má-fé, mas não afastar a eficácia interruptiva, que vigora desde o instante em que o pedido é protocolado em juízo.

A lei estabelece que o prazo de resposta volte a correr desde a data em que for publicada a decisão judicial que apreciar o pedido de desmembramento. O prazo é devolvido por inteiro. No entanto, caso o juiz defira o desmembramento, será necessário que se formem, primeiro, os processos resultantes, para que, então, os réus que ficaram em cada qual sejam intimados e possam oferecer a sua resposta.

3.4. RECURSO EM CASO DE DESMEMBRAMENTO

Contra a decisão judicial que aprecia o pedido de desmembramento, o recurso cabível será o **agravo de instrumento (art. 1.015, VII e VIII)**.

4. CLASSIFICAÇÃO DO LITISCONSÓRCIO

Conquanto possa haver numerosas classificações, há duas que se destacam pela sua importância: **a que leva em conta a obrigatoriedade ou não de sua constituição; e a que considera como poderá ser o resultado final, em relação aos litisconsortes**.

Quanto à obrigatoriedade de formação, o litisconsórcio poderá ser **facultativo ou necessário**, conforme tenha havido ou não opção do autor entre formá-lo ou não. Quanto ao resultado final, o litisconsórcio poderá ser **simples ou unitário**. Simples, quando for possível que os resultados sejam diferentes para os litisconsortes; e unitário quando houver de ser o mesmo, não se podendo admitir, nem mesmo em abstrato, que possam ser diferentes.

4.1. LITISCONSÓRCIO NECESSÁRIO

É aquele cuja **formação é obrigatória**. O processo não pode prosseguir e o juiz não pode julgar validamente, se não estiverem presentes todos os litisconsortes necessários.

São duas as razões para que exista. A primeira é a existência de **lei impondo a sua formação**. Há hipóteses em que o legislador obriga a participação de todos, no polo ativo ou passivo da demanda. Por exemplo, na ação de usucapião: é preciso, de acordo com o art. 246, § 3.º, do CPC, que sejam citados, além da pessoa em cujo nome o imóvel estiver registrado, todos os confrontantes e terceiros interessados. Outro exemplo é o do polo passivo das ações que versem sobre direito real em bens imóveis, nas quais, como visto no *item 5.5, supra*, exige-se a citação de ambos os cônjuges.

Os casos em que o litisconsórcio é necessário por força de lei não trazem grandes dificuldades. Basta que se conheça a lei para identificá-los.

Mas há uma segunda hipótese de necessariedade, mesmo não havendo lei que imponha a sua formação: quando, no processo, discute-se **uma relação jurídica de direito material que seja unitária — isto é, única e incindível — que tenha mais um titular**.

O direito material prevê relações jurídicas dessa espécie. Uma delas, por exemplo, é o casamento. O matrimônio é uma relação única e incindível. Não se quer dizer com isso que não possa ser desfeita. Por incindível, deve-se entender a relação que não pode ser desconstituída para um, sem que o seja para o outro, como ocorre no casamento. Não é possível que o juiz, por exemplo, decrete uma separação apenas para um dos cônjuges: ou ambos estarão separados, ou permanecerão casados. Além disso, o casamento forçosamente tem sempre dois titulares: o marido e a mulher.

Outro exemplo é o dos contratos. Quando há o acordo de vontades de duas ou mais pessoas, haverá um contrato, relação incindível, que tem sempre mais de um titular. A relação é incindível, porque, por exemplo, não é possível desfazer a compra e venda apenas para o comprador ou para o vendedor. Desfeito o negócio, ambos serão atingidos, afetados, porque a relação diz respeito aos dois.

Em todas as demandas em que se busca desconstituir, ou, de qualquer forma, atingir relações jurídicas dessa espécie, haverá necessidade de participação de todos aqueles a quem tal relação jurídica diz respeito, porque todos serão atingidos.

2 ■ Do Litisconsórcio   181

Se o Ministério Público ajuíza ação declaratória de nulidade de casamento, haverá a necessidade de citação de ambos os cônjuges, que serão atingidos. É desnecessário que a lei imponha o litisconsórcio nesses casos, porque a relação jurídica é de tal ordem que impõe a participação de todos os envolvidos. Da mesma forma, é impossível anular um contrato, sem que todos os contratantes participem do processo.

Portanto, o litisconsórcio poderá ser necessário quando **a lei imponha a sua formação, ou quando a lide for unitária**.

Quando o litisconsórcio for necessário por força da natureza da relação jurídica, quando ela for uma e indivisível, **será também unitário:** a sentença terá de ser a mesma para os litisconsortes.

Quando o litisconsórcio é necessário por força de lei, **poderá ser simples ou unitário**. Será simples, se for necessário exclusivamente por força de lei, nos casos em que, no processo, não se discutam relações unas e indivisíveis. É o que ocorre, por exemplo, nas ações de usucapião, em que há necessidade de citação de todos os confrontantes, mas a sentença pode acolher integralmente o pedido em relação a alguns, e não em relação a outros.

Mas será unitário se, além de haver lei impondo a sua formação, no processo se discutirem relações unas e incindíveis. É o que ocorre, por exemplo, nas ações de dissolução e liquidação de sociedade comercial, em que o art. 601 determina a citação da pessoa jurídica e de todos os sócios. É certo que há lei impondo a sua formação. Mas, além disso, a natureza da relação jurídica impõe a citação de todos, porque a dissolução da sociedade afetará a todos, não podendo a empresa ser dissolvida para uns, sem que o seja para os outros. Nesse caso, o litisconsórcio será necessário e unitário. Em síntese:

	SIMPLES	UNITÁRIO
LITISCONSÓRCIO NECESSÁRIO	■ O litisconsórcio será necessário e simples quando for necessário exclusivamente por força de lei, sem que no processo se discutam relações jurídicas unas e indivisíveis. Exemplo: ação de usucapião.	■ O litisconsórcio será necessário e unitário quando o processo versar sobre relação una, incindível e com vários titulares, caso em que todos terão de participar, e o resultado terá de ser o mesmo para todos.

4.2. LITISCONSÓRCIO FACULTATIVO

É aquele cuja formação é opcional: no momento da propositura da demanda, o autor tinha a opção entre formá-lo ou não.

4.2.1. O problema do litisconsórcio facultativo e unitário

Questão das mais complexas é a da formação de um litisconsórcio facultativo unitário. Como vimos no *item 4.1*, quando há unitariedade de lide, o processo versa sobre relação jurídica una, incindível e com mais de um titular, há necessidade de participação de todos, do que resulta que o litisconsórcio será necessário e unitário.

Como regra quase absoluta, pode-se concluir que **quando há unitariedade de lide, o litisconsórcio será também necessário**, como nos exemplos já mencionados da nulidade de casamento ou anulação de contrato.

Mas em uma única situação será possível que o litisconsórcio, apesar de unitário, seja facultativo. Como seria isso possível se a unitariedade de lide pressupõe relação jurídica incindível com vários titulares? Como é possível que o litisconsórcio seja opcional, se o processo versa sobre uma relação desse tipo? É possível que uma relação jurídica com vários titulares possa ser postulada ou defendida por apenas um deles, ou por apenas alguns? Não no campo da legitimidade ordinária, em que uma relação com vários titulares só poderá ser defendida por todos. Mas, sim, no campo da **legitimidade extraordinária**. É possível que a lei autorize que, conquanto uma coisa ou direito tenha vários titulares, possa ser defendido em juízo por apenas um deles. Haverá legitimidade extraordinária, porque aquele que for a juízo estará defendendo a sua parcela naquela coisa ou direito e a parcela dos demais. No campo da legitimidade extraordinária, há a opção: a coisa ou direito que tem vários titulares pode ser defendida por apenas um, por alguns, ou por todos. Se for defendida por mais de um, haverá um litisconsórcio que é unitário, mas facultativo.

É o que ocorre, por exemplo, nas **ações possessórias ou reivindicatórias de bens em condomínio**. O art. 1.314, *caput*, do Código Civil permite que, conquanto a coisa seja uma e tenha vários titulares, as ações possam ser ajuizadas por apenas um dos cotitulares. Se isso ocorrer, não haverá litisconsórcio. Mas se os vários titulares optarem por propor juntos, haverá litisconsórcio que é unitário, porque o bem é um só e tem vários donos, mas facultativo, porque a sua formação não era obrigatória.

Isso só é possível nos casos de legitimidade extraordinária, porque, na ordinária, a coisa ou direito com vários titulares teria de ser, obrigatoriamente, postulada ou defendida por todos, caso em que o litisconsórcio seria unitário, mas necessário.

Em síntese, se há unitariedade de lide, o litisconsórcio será necessário e unitário, nas hipóteses de legitimidade ordinária; mas será unitário e facultativo, nos casos de legitimidade extraordinária.

	LEGITIMIDADE ORDINÁRIA	LEGITIMIDADE EXTRAORDINÁRIA
UNITARIEDADE DE LIDE (PROCESSOS QUE VERSAM SOBRE COISAS OU DIREITOS QUE SÃO UNOS, INCINDÍVEIS E COM VÁRIOS TITULARES)	◼ No campo da legitimidade ordinária, haverá a formação de um litisconsórcio necessário — porque a relação pertence a todos — e unitário, porque, sendo incindível, a sentença tem de ser igual para todos os litisconsortes. São exemplos: as ações declaratórias de nulidade de casamento, de dissolução de sociedade e anulação de contrato. Como a legitimidade ordinária é a regra, o mais comum é que a unitariedade de lide gere litisconsórcio necessário e unitário.	◼ Como, nesse caso, há lei autorizando que a coisa ou direito, conquanto uno, incindível e com vários titulares, possa ser defendido por só um, surge a opção. Defendê-la individualmente, caso em que não haverá litisconsórcio; ou defendê-la em grupo, caso em que haverá a formação de um litisconsórcio facultativo e unitário. Essa combinação é excepcional, e só existe no plano da legitimidade extraordinária. O exemplo mais importante é o das ações possessórias e reivindicatórias de bens em condomínio, que podem ser ajuizadas por qualquer dos condôminos.

4.2.2. O litisconsórcio facultativo simples

No item anterior, vimos a rara hipótese de litisconsórcio facultativo, mas unitário. Na imensa maioria dos casos o facultativo é **simples**, ou seja, não apenas a formação será opcional, mas a sentença poderá ser diferente para os litisconsortes.

As hipóteses de formação do litisconsórcio facultativo simples estão enumeradas nos três incisos do art. 113 do CPC. Há alguma controvérsia quanto à do inciso I, em que se poderia alegar que é de litisconsórcio unitário, mas não parece ser assim, como se verá nos itens seguintes, em que se examinará isoladamente cada um dos incisos.

4.2.2.1. Comunhão de direitos e obrigações relativamente à lide

É a hipótese mais controvertida. A comunhão é uma forma mais intensa de conexão, na qual existe uma relação jurídica que pertence a mais de um titular. **A comunhão é, portanto, a cotitularidade**.

É preciso fazer uma distinção: há casos em ela gerará litisconsórcio necessário. Sempre que duas ou mais pessoas forem cotitulares de uma mesma coisa ou direito, uno e incindível, o litisconsórcio será necessário e unitário, salvo no campo da legitimidade extraordinária, em que será facultativo e unitário.

Mas existem casos em que há comunhão de direitos e obrigações sobre coisas ou direitos que **não são incindíveis**. É o que ocorre, por exemplo, com o fenômeno da **solidariedade:** duas ou mais pessoas são codevedoras solidárias da mesma dívida, que pode ser integralmente cobrada de qualquer um.

A dívida é una, mas não incindível ou indivisível, porque é possível cada credor cobrar — se o preferir — apenas a sua quota-parte, e não tudo. Se a relação jurídica é una, mas divisível ou cindível, e pertence a mais de um titular, haverá comunhão, mas o litisconsórcio será facultativo e simples. É a hipótese de que trata o art. 113, I, do CPC.

Havendo solidariedade, o credor poderá ajuizar ação em face de cada devedor isoladamente, ou em face de todos em conjunto, caso em que o litisconsórcio será facultativo simples.

Preciosa, nesse sentido, a lição de Thereza Alvim, grande estudiosa do tema: "exemplificativamente, se é cobrada dívida de dois devedores solidários, a decisão do judiciário, pela natureza dessa relação jurídica, não terá que ser uma, não deverá haver uma só solução ao pedido. Pode dar-se pela procedência da ação, em relação a um, e improcedência, quanto ao outro, que pode ter pago. Aliás, aqui está o autor fazendo dois pedidos, pois as causas de pedir são iguais, o contrato; mas as próximas são constituídas pelo inadimplemento de cada um. Sendo dois os pedidos, apesar da aparência de um só — o crédito — as soluções podem ser diversas"[1].

4.2.2.2. Conexão

Duas ou mais pessoas podem litigar em conjunto, no polo ativo ou passivo, quando estiverem em **situações conexas:** houver identidade de objeto (pedido) ou de causa de pedir.

---

[1] Thereza Alvim, *O direito processual de estar em juízo*, p. 128.

É o que ocorre, por exemplo, quando um mesmo acidente de trânsito provoca numerosas vítimas. Cada qual poderá ajuizar a sua própria ação indenizatória. Mas haverá liame suficiente para litigarem em conjunto, uma vez que todos os pedidos têm a mesma causa de pedir, pois estão fundados no mesmo acidente. Formar-se-á um litisconsórcio facultativo, porque as vítimas poderiam litigar individualmente, e simples, porque a sentença pode ser diferente (por exemplo, pode ocorrer que alguns provem danos e outros não, caso em que a sentença será de procedência para os primeiros e de improcedência para os últimos).

4.2.2.3. Afinidade de questões por um ponto comum de fato ou de direito

A hipótese do art. 113, III, demonstra a intenção do legislador de facilitar a formação do litisconsórcio, autorizando-a ainda que entre os litigantes exista uma relação mais tênue do que a conexão.

Pressupõe que eles, sejam ativos ou passivos, estejam em **situações parecidas, próximas, que guardam alguma similitude**.

Como o legislador valeu-se de uma expressão vaga, como "afinidade", caberá ao juiz examinar, em cada caso concreto, se há semelhança suficiente, que justifique que os litigantes sejam agrupados.

Por exemplo: um proprietário de imóveis ajuíza ação de reparação de danos em face de dois vizinhos diferentes que, ao fazerem reformas nos seus apartamentos, acabam causando danos ao autor do pedido. Os fatos são diferentes, porque as reformas são distintas. Mas a situação pode ser considerada semelhante, afinal os danos são todos provocados por reformas em apartamentos vizinhos. O juiz, ao examinar o caso, verificará se há afinidade bastante, que permita o agrupamento.

Dá-se o nome de **litisconsórcio "impróprio"** àquele que se forma quando há apenas afinidade por um ponto comum de fato ou de direito.

4.3. LITISCONSÓRCIO UNITÁRIO

É aquele em que a sentença forçosamente há de ser a mesma para todos os litisconsortes, sendo juridicamente impossível que venha a ser diferente. Só existe quando, no processo, discute-se uma relação jurídica una e incindível, como o contrato e o casamento, que não pode desconstituir-se para um dos participantes, e não para outro. Em regra, quando o litisconsórcio é unitário será também necessário, já que todos os titulares da relação terão de participar, pois serão afetados pela sentença. Só haverá litisconsórcio facultativo e unitário nas hipóteses de legitimidade extraordinária, como já explanado no *item 4.2.1, supra*.

4.4. LITISCONSÓRCIO SIMPLES

É aquele em que existe a possibilidade de a sentença ser diferente para os litisconsortes. Não é preciso que venha efetivamente a ser diferente, bastando que exista tal possibilidade. Para tanto, **é necessário que, no processo, não se discutam relações unas e incindíveis, porque são essas que geram a unitariedade**. O litisconsórcio

2 ◾ Do Litisconsórcio

pode ser simples e necessário, quando a sua formação for obrigatória exclusivamente por força de lei, ou simples e facultativo, nas já mencionadas hipóteses do art. 113 do CPC.

4.5. DAS DIVERSAS COMBINAÇÕES POSSÍVEIS

Vimos que as duas classificações fundamentais do litisconsórcio são as que levam em conta a obrigatoriedade da formação (necessário ou facultativo) e o resultado final para os litigantes (unitário ou simples).

O quadro abaixo contém um resumo das quatro combinações possíveis:

LITISCONSÓRCIO	SIMPLES	UNITÁRIO
NECESSÁRIO	◾ O litisconsórcio será necessário e simples quando a sua formação for obrigatória exclusivamente por força de lei, como ocorre nas ações de usucapião. Se a lei determinar a sua formação, mas, além disso, o processo versar sobre relação jurídica una e incindível, o litisconsórcio será necessário e unitário, como nas ações de dissolução da sociedade.	◾ O litisconsórcio será necessário e unitário quando o processo versar sobre coisa ou relação jurídica una e incindível, que tenha vários titulares. Mas desde que se esteja no campo da legitimidade ordinária, porque, se for extraordinária, o litisconsórcio será facultativo e unitário. Exemplos de litisconsórcios necessários e unitários são as ações de nulidade de casamento, ajuizadas pelo Ministério Público, e as ações de anulação de contrato.
FACULTATIVO	◾ O litisconsórcio será facultativo e simples nas hipóteses dos incisos do art. 113: comunhão, conexão e afinidade por um ponto comum. No caso de comunhão ou cotitularidade, o litisconsórcio será facultativo e simples se a coisa ou relação jurídica for una, mas cindível, como ocorre na solidariedade, porque, se for incindível, haverá unitariedade.	◾ É a hipótese mais rara. Pressupõe que o processo verse sobre relação jurídica una e incindível, com mais de um titular, mas que exista lei que autorize a sua postulação ou defesa em juízo por apenas um dos titulares, o que só ocorre quando se está no campo da legitimidade extraordinária. Se a lei faculta que a coisa ou direito seja defendido só por um dos titulares, se eles se agruparem para o fazer, o litisconsórcio será facultativo e unitário.

5. MOMENTO DE FORMAÇÃO DO LITISCONSÓRCIO

Quando o litisconsórcio é facultativo, a sua formação depende da vontade do autor ou autores. Havia a opção de que ele não se formasse, mas o autor preferiu litigar em conjunto, ativa ou passivamente.

O único controle que o juiz exercerá, ao receber a petição inicial, será o de verificar se, efetivamente, havia liame suficiente entre os litigantes, para a formação do litisconsórcio: o mínimo de ligação que se admite é a afinidade por um ponto comum de fato ou de direito (art. 113, III, do CPC). Se a ligação for mais tênue, e não houver nem mesmo afinidade, o juiz mandará excluir um dos litigantes ou, se não for possível, indeferirá a inicial.

Se, depois da citação do réu, o autor quiser incluir algum litisconsorte facultativo que até então não participava, será necessária a anuência do citado, mas desde que o processo ainda não tenha sido saneado, após o que não é mais possível a inclusão, nem mesmo com o consentimento.

Quando o litisconsórcio é necessário, não há opção do autor entre formá-lo ou não: **o autor deverá incluir todos no polo ativo ou passivo**. Se não o fizer, o juiz conceder--lhe-á um prazo para que emende a inicial, incluindo o faltante, sob pena de indeferimento.

Pode ocorrer que o juiz não perceba a falta de imediato. Quando o perceber, determinará a inclusão, a qualquer momento do processo, decretando-se a **nulidade** de todos os atos processuais dos quais o litisconsorte necessário não teve a oportunidade de participar.

Há casos, por fim, em que o litisconsórcio só se formará posteriormente, no curso do processo. Por exemplo, quando uma das partes falecer, e tiver de ser sucedida por seus herdeiros, ou quando a sua formação depender da vontade do réu, como ocorre nas hipóteses de chamamento ao processo e de denunciação da lide (os arts. 127 e 128 do CPC consideram denunciante e denunciado como litisconsortes).

6. PROBLEMAS RELACIONADOS AO LITISCONSÓRCIO NECESSÁRIO

6.1. INTRODUÇÃO

Depois de examinarmos as várias classificações do litisconsórcio e as combinações possíveis, cumpre enfrentar duas questões de grande relevância, que surgirão no litisconsórcio necessário. A primeira diz respeito às consequências processuais de não haver a participação de todos no processo; e a segunda, à sua formação, sobretudo no polo ativo. Cada uma delas será examinada nos itens seguintes.

6.2. DAS CONSEQUÊNCIAS DA AUSÊNCIA, NO PROCESSO, DE UM LITISCONSORTE NECESSÁRIO

Enquanto o processo está em curso, verificando o juiz que há um litisconsorte necessário ausente, **mandará incluí-lo**. Se o processo estiver em fase avançada, tal determinação implicará a nulidade de todos os atos processuais até então praticados, sem a participação do litisconsorte necessário.

Pode ocorrer que seja proferida sentença ou decisão interlocutória de mérito, e que transite em julgado, embora algum deles tenha estado ausente. Nesse caso, a solução é dada pelo art. 115, I e II, do CPC: a decisão será nula, quando deveria ser uniforme em relação a todos que deveriam ter integrado o processo, ou ineficaz, nos outros casos, apenas em relação a todos os que não foram citados. Em síntese, será preciso verificar se o litisconsórcio necessário em que um dos litisconsortes faltou era unitário ou simples. Se unitário, a falta de um implicará a nulidade da decisão para todos, já que não pode haver desfechos diferentes para eles, pois a lide é única. Se o litisconsórcio necessário era simples, a sentença será ineficaz para os que não foram citados, mas válida para os que foram citados no processo.

6.3. A FORMAÇÃO DO LITISCONSÓRCIO NECESSÁRIO

Cumpre ao autor, ao propor a demanda, incluir, no polo ativo ou no passivo, todos os litisconsortes necessários, dada a obrigatoriedade da participação de todos, sob pena de inexistência da futura sentença.

Mas poderão surgir problemas. No polo passivo, as dificuldades serão pequenas: se o autor se esquecer de algum deles, o juiz, a quem compete fiscalizar a regularidade do processo, **determinará a emenda da inicial, para a inclusão do faltante, sob pena de indeferimento da inicial**.

Haverá complicações maiores, no caso do litisconsórcio necessário ativo. Para que ele se forme voluntariamente, é indispensável que todos estejam dispostos a demandar, a propor a ação, caso em que bastará que se agrupem e proponham a demanda em conjunto, com o que estará satisfeita a exigência do litisconsórcio necessário.

O problema surgirá se um deles não estiver disposto a acompanhar os demais, seja porque não quer ingressar em juízo, seja porque não está disposto a arcar com as custas e despesas do processo, seja especialmente porque acha que os demais litisconsortes ativos não têm razão, e que a demanda a ser proposta está fadada ao insucesso. Ocorre que, sendo o litisconsórcio necessário, o juiz só pode receber a petição inicial se todos estiverem integrando o polo ativo.

Surgem, então, importantes divergências doutrinárias a respeito do tema, que podem ser resumidas em duas correntes fundamentais:

a) a dos que entendem que, como ninguém é obrigado a demandar contra a vontade, não existe mecanismo para forçar o que não deseja ir a juízo; se um dos litisconsortes necessários não quiser fazê-lo, a demanda estará inviabilizada, ainda que todos os demais estejam dispostos. Essa corrente prestigia o princípio **da liberdade de demandar**;

b) a dos que entendem que se deve prestigiar o direito de **acesso à justiça**, ainda que em detrimento da liberdade de demandar. Para essa corrente, é possível compelir o autor a participar da demanda, ainda que contra a vontade. Mas apresenta-se de imediato um problema prático: como obrigar aquele que não quer a ingressar em juízo contra a vontade? Para os defensores dessa corrente, só haveria uma maneira: solicitar ao juiz que determine a **citação do litisconsorte ativo renitente**, para que passe a integrar o processo. Ele, comparecendo ou não, assumiria a condição de parte, satisfazendo-se com isso a exigência do litisconsórcio necessário. A maioria dos defensores dessa corrente entende que, citado, o litisconsorte ativo **poderá optar entre figurar no polo ativo, partilhando dos interesses dos demais litisconsortes, ou no polo passivo, quando não estiver de acordo com o postulado por eles**. Afinal, a exigência de participação estaria satisfeita tanto se o litisconsorte estiver no polo ativo quanto no passivo.

Um exemplo prático ajuda a ilustrar as questões aqui suscitadas. Imagine-se que duas pessoas adquiram, conjuntamente, um bem indivisível, que tenha um defeito oculto. O direito material autoriza o adquirente da coisa defeituosa a postular a resolução do contrato (ação redibitória) ou o abatimento no preço (*quanti minoris*).

Imagine-se que um dos adquirentes não queira mais a coisa, por causa do defeito, e decida resolver o contrato, ajuizando ação redibitória.

Como são dois os compradores, seria necessário que a ação fosse proposta por ambos, em face do vendedor. Não é possível que seja proposta por um deles, sem o outro.

Se ambos estiverem de acordo com a resolução, bastará que ajuízem juntos a demanda. Mais complicado será se um quiser propor a demanda e o outro não. Para os defensores da segunda corrente, o comprador que não queira mais a coisa ajuizará a ação e pedirá ao juízo que, antes de mandar citar o réu, mande citar o litisconsorte necessário, o outro comprador, cabendo a este assumir uma de duas posições possíveis. Poderá compor o polo ativo, uma vez que pode querer também a resolução do contrato — caso em que poderá **aditar a inicial**, de cuja elaboração não participou, para sanar algum vício ou afastar alguma deficiência que ela contenha —, ou participar do polo passivo, se não quiser a resolução, seja porque entende que a coisa não tem vício nenhum, seja porque não quer resolver o contrato, mas postular, por exemplo, o abatimento no preço. Se optar pelo polo passivo, poderá apresentar **contestação**. A exigência do litisconsórcio necessário terá sido respeitada, porque todos os litisconsortes estarão no processo, **ainda que não no mesmo polo**.

Pode, ainda, haver a possibilidade de o litisconsorte necessário citado não comparecer, nem para figurar no polo ativo, nem no passivo. Ainda assim a exigência estará satisfeita, porque **basta a citação do ausente, não sendo indispensável que ele efetivamente compareça**. Nesse caso, o ausente sofrerá os efeitos da sentença, mas não responderá pelas verbas de sucumbência, já que não participou.

Parece-nos que a segunda corrente satisfaz melhor a garantia do acesso de todos à justiça, não sendo razoável que o daqueles que queiram demandar possa ficar obstado, às vezes, por mero capricho.

Se o litisconsorte necessário ativo ausente não puder ser localizado, far-se-á a sua **citação por edital**. Não havendo comparecimento, será indispensável a nomeação de curador especial, que defenda os seus interesses. Ainda que se trate de litisconsórcio ativo, tal nomeação se faz necessária, pois a citação foi ficta e o citando sofrerá os efeitos do processo.

7. O REGIME DO LITISCONSÓRCIO

O regime diz respeito aos efeitos que os atos ou omissões de um dos litisconsortes terão sobre os demais: se um litisconsorte poderá ser beneficiado ou prejudicado por ação ou omissão não praticada diretamente por ele, mas por outro.

O primeiro passo é apurar **se o litisconsórcio é unitário ou simples**. É essa a classificação decisiva para o regime, porque se simples, o resultado pode ser diferente para os litisconsortes, e, em princípio, os **atos praticados por um não afetam os outros**. A regra é a da independência. Mas se o litisconsórcio é unitário, como o resultado há de ser o mesmo para todos, os atos que beneficiarem um dos litisconsortes haverão de favorecer a todos, pois, do contrário, o resultado acabaria sendo diferente, o que é juridicamente impossível. Os litisconsortes necessários estão **vinculados entre si, por um regime de interdependência**.

Mas apurar qual o tipo de litisconsórcio — simples ou unitário — é apenas o primeiro passo para a identificação do regime, sendo ainda necessárias outras verificações, como se verá nos itens seguintes.

7.1. REGIME NO LITISCONSÓRCIO SIMPLES

Em princípio, como os resultados podem ser diferentes, o regime é o **da autonomia**, e os atos de cada litisconsorte não favorecem nem prejudicam os demais. Mas isso não basta. É indispensável examinar qual o conteúdo do ato processual praticado.

Imagine-se, por exemplo, que a vítima de um acidente de trânsito ajuíze uma demanda com pedido indenizatório, em face da pessoa que dirigia o veículo causador do fato e da que figura no departamento de trânsito como proprietária. Haverá um litisconsórcio simples, pois a sentença pode ser diferente (por exemplo, se a pessoa tida por proprietária demonstra que, na data do acidente, já havia vendido o veículo, a sentença para ela será de improcedência, ao passo que, para a pessoa que dirigia o veículo, a sentença pode ser de procedência).

Os réus são citados, e só a pessoa cujo nome figura no departamento de trânsito apresenta contestação, alegando que na data do acidente já tinha alienado o veículo e feito a entrega (o que transfere propriedade de bens móveis no Brasil é a **tradição**). Se tal alegação for acolhida, a pessoa que dirigia o veículo e permaneceu revel não será beneficiada, porque a defesa tem cunho pessoal, específico, particular: diz respeito tão-somente a quem é atribuída a propriedade. Ainda que o motorista tivesse contestado, não poderia ter suscitado, em sua defesa, a mesma questão, porque esta não lhe diz respeito.

Imaginemos a mesma situação, supondo, porém, que a pessoa tida por proprietária conteste alegando culpa exclusiva da vítima ou inexistência de dano. Se tal defesa for acolhida, acabará beneficiando também o corréu que dirigia. É que a defesa é **comum, geral, poderia ter sido invocada também pelo corréu, se ele tivesse contestado**. Não é possível que o juiz, na mesma sentença, reconheça a culpa exclusiva da vítima ou a inexistência de dano e condene o corréu a indenizar, só porque ele não contestou. Se isso ocorresse, a sentença padeceria de grave incoerência.

Portanto, se o litisconsórcio é simples, embora em princípio o regime seja o da autonomia, é indispensável verificar o que está sendo alegado: **se for tema comum, o ato praticado por um dos litisconsortes acabará beneficiando os demais; se for específico, apenas aquele que o praticou**.

7.2. LITISCONSÓRCIO UNITÁRIO

Se o resultado obrigatoriamente tem de ser o mesmo para todos, o regime não pode ser o da autonomia. Os atos praticados por um têm de beneficiar a todos. Do contrário, o resultado acabaria sendo diferente. Mas é preciso levar em conta o tipo de ato que é praticado pelo litisconsorte. Há aqueles que são **benéficos ou vantajosos** para quem os pratica. A contestação ou recurso, por exemplo. Também há os que são praticados em **detrimento dos próprios interesses**, como a confissão, a renúncia, o reconhecimento jurídico do pedido, entre outros.

Se o ato praticado por um litisconsorte unitário é vantajoso, todos os litisconsortes serão beneficiados: se só um contestou, e a tese apresentada na resposta foi acolhida, todos serão favorecidos; se apenas um recorrer, e o recurso for provido, haverá a reforma da decisão em favor de todos.

Mas se o ato praticado pelo litisconsorte não for dessa natureza, mas desfavorável aos seus interesses, não é possível que os demais sejam prejudicados. Não seria justo nem razoável que o fossem por atos que não praticaram.

No litisconsórcio unitário, o processo versa sobre uma relação jurídica única e indivisível, com mais de um titular. Ora, se só um confessar algo, ou renunciar, isso não poderá afetar os demais. Se o resultado há de ser o mesmo para todos, porque a relação é uma e incindível, aquilo que não pode prejudicar os demais não poderá prejudicar nem mesmo o autor do ato desvantajoso. Afinal, se prejudicasse uns e não outros, o resultado acabaria sendo diferente. Portanto, o ato desvantajoso que não seja praticado por todos **será absolutamente ineficaz** e deverá ser desconsiderado pelo juiz, na decisão.

Em síntese, no litisconsórcio unitário, ou o ato praticado por um ou alguns se estenderá para todos ou não valerá para ninguém, nem mesmo para quem o praticou. Valerá para todos, se for benéfico, favorável aos interesses dos litisconsortes, e não valerá para ninguém, se for prejudicial. Esse é o regime da unitariedade.

7.3. ESQUEMA DO REGIME DO LITISCONSÓRCIO

LITISCONSÓRCIO	SIMPLES	UNITÁRIO
REGRA	▣ Em princípio, como a sentença pode ser diferente para os litisconsortes, o regime é o da autonomia ou independência: os atos praticados por um não beneficiam os demais.	▣ Como no litisconsórcio unitário discute-se no processo uma relação jurídica una e incindível, tendo o resultado de ser o mesmo para todos, os atos praticados por um dos litisconsortes beneficiam a todos.
PARTICULARIDADES	▣ Apesar da autonomia, é preciso verificar qual o teor do ato praticado, para verificar que tipo de alegação foi feita pelo litisconsorte, pois, se for comum, do interesse geral, acabará beneficiando também os demais, já que não se pode acolher matérias comuns em relação a uns e não a outros, sob pena de a sentença ficar incoerente.	▣ É preciso distinguir que tipo de ato foi realizado pelo litisconsorte unitário. Se foi vantajoso, perpetrado em defesa dos próprios interessados, como a apresentação de resposta ou recurso, todos serão beneficiados. Mas se praticado em detrimento dos próprios interesses, como a confissão, a renúncia ou o reconhecimento do pedido, o ato será ineficaz, não prejudicando nem mesmo quem o praticou.

8. OS LITISCONSORTES COM PROCURADORES DIFERENTES

É possível que os litisconsortes, ativos ou passivos, constituam o mesmo procurador, ou procuradores diferentes. No segundo caso, terão todos os prazos processuais para se manifestar nos autos **em dobro**, por força do art. 229 do CPC, desde que não integrantes do mesmo escritório e que o processo não seja eletrônico, pois nesses casos o prazo será simples. Além disso, cada um terá o direito de promover o andamento do processo, sendo necessária a intimação de todos os procuradores, a respeito dos atos processuais (CPC, art. 118). Isso independe do regime, valendo tanto para o simples quanto para o unitário. Mesmo no unitário, os litisconsortes podem ter advogados diferentes, e todos deverão ser intimados.

9. QUESTÕES

3
DA INTERVENÇÃO DE TERCEIROS

1. INTRODUÇÃO

O Código de Processo Civil trata de numerosas hipóteses de terceiros que podem ingressar no processo em andamento. São terceiros aqueles que não figuram como partes: autores (as pessoas que formulam a pretensão em juízo) e réus (aqueles em face de quem tal pretensão é formulada). Há casos em que, por força da intervenção, aquele que até então era terceiro adquire a condição de parte. E casos em que o terceiro adquire a condição de auxiliar da parte ou do juízo. **Seja como for, a intervenção implicará que aquele que não figurava até então no processo passe a figurar**. Em qualquer caso, porém, só se justifica a intervenção do terceiro que possa, em razão do processo em andamento, ter sua esfera jurídica atingida pela decisão judicial. Não se admite ingresso de um terceiro absolutamente alheio ao processo, cujos interesses não possam, de qualquer maneira, ser afetados. Ressalva-se a posição do *amicus curiae*, cujo papel será o de manifestar-se sobre questão jurídica relevante, específica ou que possa ter grande repercussão social.

As dificuldades relativas ao tema decorrem da multiplicidade de espécies, cada qual com suas características e peculiaridades. São cinco as formas de intervenção expressamente previstas no CPC: a assistência, a denunciação da lide, o chamamento ao processo, o incidente de desconsideração da personalidade jurídica e o *amicus curiae*. O recurso de terceiro prejudicado, que alguns incluem entre as formas de intervenção, não constitui forma autônoma, mas uma assistência, na fase recursal. Todas as formas podem ser agrupadas em duas categorias, as de intervenção **voluntária** e **provocada**.

2. INTERVENÇÃO DE TERCEIROS VOLUNTÁRIA E PROVOCADA

A classificação em uma ou outra dessas categorias depende da **iniciativa do ingresso** do terceiro no processo. Há situações em que ela cabe ao próprio terceiro, é ele quem a manifesta. São os casos de **intervenção voluntária**, dos quais o exemplo por excelência é a assistência. Mas há hipóteses em que a iniciativa não vem do terceiro, mas de uma das partes, que pede ao juiz que convoque o terceiro. Nesses casos, a intervenção é **provocada**. Os exemplos são: a denunciação da lide, o chamamento ao processo e o incidente de desconsideração da personalidade jurídica. A intervenção do *amicus curiae*, dadas as suas peculiaridades, pode ser determinada de ofício pelo juiz, a requerimento das partes ou ocorrer por iniciativa do próprio terceiro.

3. QUANDO O TERCEIRO TRANSFORMA-SE EM PARTE

Há casos de intervenção em que o terceiro, desde o momento em que admitido no processo, adquirirá a condição de parte. É o que ocorre na denunciação da lide e no chamamento ao processo.

Há situações, porém, em que ele atuará como um **auxiliar de uma das partes**. É o que ocorre na assistência. Mas é preciso estabelecer uma distinção entre a simples e a litisconsorcial, pois, como se demonstrará no item específico, o assistente litisconsorcial adquire a condição de verdadeiro litisconsorte ulterior. Portanto, só o assistente simples não se transformará em parte, mas em auxiliar dela.

Na desconsideração da personalidade jurídica, estender-se-á a responsabilidade patrimonial ao sócio (ou à pessoa jurídica, no caso da desconsideração inversa). Caso, na fase de execução, a penhora venha a alcançar os bens do sócio, ele adquirirá a condição de executado, podendo valer-se dos meios de impugnação a este atribuídos. Mas do simples deferimento da desconsideração não resulta de imediato que ao sócio seja dada a condição de parte. Apenas se permitirá que, no momento oportuno, a execução alcance os seus bens quando, então, ele adquirirá tal qualidade. Fica ressalvada a hipótese do art. 134, § 2.º, em que a desconsideração é requerida já na inicial. Nesse caso, o sócio ou a pessoa jurídica figurará como réu, desde logo, caso em que não haverá intervenção de terceiros, mas verdadeira demanda ajuizada pelo credor contra o sócio ou a pessoa jurídica, para que a eles seja estendida a responsabilidade.

A posição do *amicus curiae* não será de parte nem de auxiliar dela, mas de auxiliar do juízo, tanto que caberá ao juiz ou relator, na decisão que solicitar ou admitir a intervenção, definir os poderes dele.

4. INTERVENÇÃO DE TERCEIROS E A AMPLIAÇÃO DOS LIMITES OBJETIVOS DA LIDE

Dentre as várias hipóteses de intervenção há aquelas que ampliam os limites objetivos da lide, isto é, os limites do julgamento judicial, porque implicam a formulação de pretensões, que o juiz deverá examinar. São os casos em que a intervenção de terceiros adquire natureza de **verdadeira ação**, ajuizada por uma das partes contra o terceiro, como ocorre na denunciação da lide. Nela, o juiz, além de examinar, na sentença, os pedidos originários, terá de analisar também os formulados em face do terceiro, relativos ao direito de regresso. Já no chamamento ao processo haverá apenas ampliação subjetiva, porquanto a pretensão inicial não muda. Apenas o fiador ou devedor originalmente demandado traz para o processo o afiançado ou os demais devedores solidários, para que também respondam pelo mesmo débito. O chamamento ao processo não constitui ação de regresso. Os chamados ingressarão no polo passivo, na condição de litisconsortes ulteriores, respondendo à mesma pretensão que o autor havia dirigido contra o réu originário.

Na assistência e no *amicus curiae*, não há ampliação objetiva. Na primeira, o terceiro intervém apenas como auxiliar da parte (na assistência litisconsorcial, pode haver ampliação dos limites subjetivos da lide, já que o assistente é verdadeiro litisconsorte ulterior, mas não dos limites objetivos, já que ele não formula nenhuma pretensão que já não esteja posta em juízo). No *amicus curiae*, o terceiro intervém sublocação. As relações são distintas: os participantes da locação não são os da sublocação, e as condições contratuais, como prazos e valor dos alugueres, podem ser muito distintas. Mas são interligadas, porque não pode haver sublocação sem que exista prévia locação, e se esta desaparecer aquela também se extinguirá. Quem pode ingressar como assistente simples é o terceiro que, **não sendo o titular da relação jurídica que está sendo discutida em juízo, é titular de uma relação com ela interligada**. Por isso, poderá sofrer os efeitos da sentença que, decidindo sobre uma relação, repercutirá sobre todas as outras que com ela guardam prejudicialidade.

7.1.2.2. Exemplos de terceiros que podem ingressar como assistentes simples

Um dos casos mais comuns foi mencionado no capítulo anterior. O sublocatário pode ingressar como assistente simples do locatário nas ações de despejo. Ele, que não participa da ação de despejo — já que esta versa sobre a locação e não sobre a sublocação — tem interesse jurídico em que a sentença seja favorável ao locatário, porque, se desfavorável, o despejo será decretado; rompida a locação, a sublocação também o será, porque são interligadas. O sublocatário não é o titular da relação jurídica discutida no processo (locação), mas mantém com uma das partes (o locatário) uma relação jurídica interligada com aquela (sublocação).

Outro exemplo: sempre haverá a possibilidade de ingresso de um terceiro como assistente simples quando ele mantém com uma das partes relação jurídica tal que, se o assistido for derrotado, **terá direito de regresso contra ele**. É o que ocorre, por exemplo, quando há um contrato de seguro. É certo que, se o réu de uma ação indenizatória tiver seguro, poderá valer-se da denunciação da lide, para já exercer tal direito nos próprios autos. Mas a denunciação é provocada, e pode ocorrer que o segurado não a faça, optando por, em caso de derrota, ajuizar ação autônoma de regresso em face da seguradora. Nesse caso, a seguradora, a quem interessa a vitória do segurado exatamente para que não se constitua o direito ao regresso, pode ingressar como assistente simples do segurado. Ela tem interesse jurídico em que a sentença seja favorável ao segurado. A existência ou não do direito de regresso depende do que ficar decidido no processo principal, pois, se o segurado não for condenado, não haverá o que cobrar da seguradora. Há, portanto, **relação de prejudicialidade** entre a ação indenizatória e o direito de regresso contra a seguradora, razão pela qual ela pode ingressar como assistente simples.

Para simplificar, pode-se dizer que o interesse jurídico depende de três circunstâncias:

a) que o terceiro tenha uma relação jurídica com uma das partes;

b) que essa relação seja diferente da que está sendo discutida no processo, pois se for a mesma ele deveria figurar como litisconsorte, e não como assistente;

c) que essa relação jurídica possa ser afetada reflexamente pelo resultado do processo.

Nos dois exemplos anteriores, esses três requisitos estão preenchidos. O sublocatário tem relação jurídica com o locatário, réu da ação de despejo: a sublocação. Ela é diferente da que é objeto do processo (a sublocação e a locação, conquanto contratos interligados, não se confundem). Por fim, a sublocação poderá ser afetada pelo que ficar decidido no processo principal, pois, em caso de procedência, a locação se extinguirá e, reflexamente, também desaparecerá a sublocação. O resultado da ação de despejo guarda relação de prejudicialidade com a sublocação, cuja continuidade depende de uma sentença de improcedência.

No exemplo da ação indenizatória por acidente de trânsito, a seguradora tem relação jurídica com o segurado, diferente daquela que se discute no processo. Tal relação consiste no contrato de seguro que garante ao segurado direito de regresso, caso venha a ser condenado. O resultado da ação indenizatória repercutirá na existência ou não do direito de regresso contra a seguradora, ou seja, a procedência ou improcedência da ação resultará na possibilidade ou não de cobrar da seguradora, na via de regresso.

7.1.2.3. O interesse jurídico não se confunde com o meramente econômico

Há casos em que o interesse do terceiro é meramente econômico, e não jurídico, o que o impede de ingressar como assistente simples. Um exemplo ajudará a elucidar a diferença: imagine-se que o terceiro seja credor de alguém que figura como parte em ação indenizatória. Se ele for credor do autor, terá interesse em que a sentença seja de procedência, porque isso tornará o seu devedor mais rico, com mais condições de pagar a dívida; se o terceiro for credor do réu, torcerá pela sentença de improcedência, pois do contrário o réu terá um empobrecimento, correndo até o risco de tornar-se insolvente.

Esse tipo de interesse não é jurídico, mas apenas econômico. O crédito do terceiro com uma das partes não correrá nenhum risco, e continuará existindo tanto em caso de procedência como de improcedência. É certo que o devedor, se perder, poderá sofrer uma redução patrimonial, e até tornar-se insolvente. Mas o afetado não é a relação jurídica da parte com o terceiro (a dívida), mas o patrimônio do devedor. A dívida permanece intacta. Em síntese, não há relação de prejudicialidade entre o processo em andamento e a relação jurídica que a parte tem com o terceiro, requisito indispensável do interesse jurídico.

7.1.3. A assistência litisconsorcial

A segunda forma de assistência é a litisconsorcial. **Trata-se de forma de intervenção atribuída ao titular ou cotitular da relação jurídica que está sendo discutida em juízo**. Só existe no âmbito da **legitimidade extraordinária**, pois só assim é possível que terceiro seja titular ou cotitular de relação jurídica discutida em juízo. No campo da legitimidade ordinária, o titular potencial da relação jurídica teria de figurar como parte.

No *item 3.5.4.1.3*, Capítulo 4, do Livro II, *supra*, ao tratarmos da legitimidade extraordinária, tivemos oportunidade de demonstrar que há uma dissociação: aquele que figura como parte não é o titular exclusivo do direito alegado, mas o substituto processual; e o titular ou cotitular do direito discutido em juízo, o substituído processual, não figura como parte. No entanto, ele será atingido pela coisa julgada material, havendo sentença de mérito. O legislador criou o mecanismo da assistência litisconsorcial, para permitir que o substituído, que em tese será atingido pela coisa julgada, possa ingressar no processo.

7.1.3.1. *Exemplos de assistência litisconsorcial*

Pode haver assistência litisconsorcial sempre que houver legitimidade extraordinária: **quem pode ingressar como assistente é o substituído processual**. No condomínio e na alienação de coisa litigiosa, por exemplo. Se um bem pertence a vários proprietários, qualquer deles tem legitimidade para, isoladamente, propor ação reivindicatória ou possessória contra aqueles que tenham a coisa consigo indevidamente. Aquele que a propuser o fará em defesa não apenas de sua fração ideal, mas do bem todo. Será, portanto, legitimado extraordinário no que se refere às frações ideais dos outros condôminos que, se não ingressaram conjuntamente, serão substituídos processuais. Se decidirem ingressar depois de ajuizada a demanda, poderão fazê-lo como assistentes litisconsorciais. Na alienação de coisa litigiosa, como se mantém a legitimidade das partes originárias, o alienante ficará como substituto processual do adquirente, que é quem tem o bem consigo. Mas o adquirente poderá ingressar como assistente litisconsorcial.

7.1.3.2. *A assistência litisconsorcial como litisconsórcio ulterior*

Quando há legitimidade extraordinária concorrente, como ocorre com as ações reivindicatórias ou possessórias de bens em condomínio, que podem ser ajuizadas por apenas um dos titulares, por mais de um ou por todos, poderão ocorrer três possíveis situações. Para entendê-las, é preciso lembrar que o bem é um só, embora pertença a vários donos:

a) A ação pode ser ajuizada por apenas um dos condôminos e pode assim permanecer até o final. Como o objeto litigioso será todo o imóvel, a coisa julgada material, em caso de sentença de mérito, estender-se-á a todos os condôminos, não só àquele que propôs a ação, **dada a sua condição de substituídos processuais**.

b) A ação poderá ser ajuizada por todos os condôminos em conjunto, ou por alguns deles, caso em que haverá um **litisconsórcio facultativo unitário**. Todos — os que ajuizaram a ação e os que não o fizeram — serão atingidos pela coisa julgada. Os que não ingressaram e quiserem ingressar depois poderão fazê-lo, caso em que não serão mais chamados litisconsortes, mas assistentes litisconsorciais.

c) A ação pode ser ajuizada só por um dos cotitulares, mas se os demais quiserem ingressar depois, poderão fazê-lo sempre, a qualquer tempo, na condição de assistentes litisconsorciais.

Dessas possibilidades resulta uma conclusão: **o assistente litisconsorcial, em havendo legitimidade extraordinária concorrente, nada mais é que litisconsorte facultativo unitário ulterior:** se mais de um cotitular ingressar com a demanda, haverá o litisconsórcio facultativo unitário. Se só um ingressar, e os demais o fizerem posteriormente, serão chamados assistentes litisconsorciais (só não são chamadas litisconsortes porque ingressaram ulteriormente).

Como se verá adiante, o assistente litisconsorcial, desde o momento em que ingressar, tem poderes e é tratado como verdadeiro litisconsorte unitário.

7.1.4. Poderes do assistente simples no processo

Para compreendê-los, é preciso lembrar que **o assistente simples não é o potencial titular da relação jurídica que está sendo discutida em juízo, mas de uma relação jurídica com uma das partes, que mantém com a primeira uma relação de prejudicialidade**. A sua atuação é subordinada à do assistido: **pode praticar todos os atos processuais que não contrariem a vontade do assistido**. Essa posição fica evidenciada nos arts. 121 e 122 do CPC, que se referem, ambos, à assistência simples. O primeiro qualifica o assistente de "auxiliar da parte", atribuindo-lhe os mesmos poderes e ônus dela. Mas, dada a sua condição de auxiliar, só pode praticar os atos para os quais não haja vedação expressa da parte. E a parte pode reconhecer a procedência do pedido, desistir da ação ou transigir sobre direitos controvertidos, mesmo sem a anuência do assistente.

Para que ele possa praticar os atos que deseja no processo, não é preciso autorização expressa da parte. **No silêncio, ele pode realizá-los**, desde que compatíveis com a sua condição de assistente. **Mas a parte principal tem o poder de vedar ao assistente a prática dos atos que não queira que ele realize**; se isso ocorrer, o assistente não o poderá fazer. É relativamente raro que isso aconteça, porque, como o assistente deseja que o assistido vença, em regra, os atos por ele praticados são bem-vindos.

Pode o assistente simples, não havendo vedação do assistido:

a) apresentar contestação em favor do réu que for revel, caso em que passará a ser considerado seu substituto processual (CPC, art. 121, parágrafo único). Para que isso ocorra, é indispensável que ele ingresse ainda no prazo de contestação. Mas, nessa circunstância, como poderia ele saber que o réu ficará revel? Na dúvida, ele pode apresentar contestação, e se o réu também o fizer, a do assistente ficará como coadjuvante da dele. Na sua contestação, o assistente poderá apresentar todas as defesas (objeções e exceções) que poderiam ser apresentadas pelo próprio assistido;

b) apresentar arguição de impedimento;

c) apresentar réplica, se o autor a quem assiste não o fizer;

d) juntar novos documentos pertinentes ao esclarecimento dos fatos;

e) requerer provas e participar da sua produção, arrolando testemunhas, formulando quesitos ou complementando os apresentados pela parte e participando das audiências, nas quais poderá formular reperguntas e requerer contradita das testemunhas do adversário;

f) interpor recurso, salvo se a parte principal tiver renunciado a esse direito, manifestando o desejo de não recorrer.

O art. 121, parágrafo único, estabelece que, sempre que o assistido for revel ou, de qualquer forma, omisso, o assistente será considerado **substituto processual**. No CPC anterior, em caso de revelia, a lei o considerava gestor de negócios, o que lhe impunha numerosas obrigações, estabelecidas nos arts. 861 a 875 do Código Civil. Agora, o assistente será considerado substituto, não só em caso de revelia, mas sempre que o assistido for omisso. Parece-nos, porém, que o termo "substituto" foi empregado para deixar claro que **o assistente pratica o ato no lugar do assistido, fazendo as vezes dele, mas sem que haja verdadeira legitimidade extraordinária ou substituição processual**.

3 ■ Da Intervenção de Terceiros   201

Não existe legitimidade extraordinária no caso, pois se houvesse o terceiro, deveria ser assistente litisconsorcial, e não simples. O assistente é substituto porque, na ausência ou omissão do réu revel, ele o substitui na prática dos atos processuais. Mesmo que o assistente simples tenha atuado como "substituto", ele sofrerá as consequências processuais próprias do assistente simples, isto é, a justiça da decisão. Se houvesse verdadeira legitimidade extraordinária ou substituição processual, a assistência deveria ser litisconsorcial, e o assistente sofreria os efeitos da coisa julgada. Portanto, a substituição deve ser entendida apenas no sentido de que o assistente faz as vezes do assistido, sem haver, no entanto, legitimidade extraordinária.

Mas o assistente simples não pode:

a) praticar qualquer ato de disposição de direito, já que não é dele a relação de direito material que se discute. Isso afasta a possibilidade de ele renunciar ao direito em que se funda a ação, reconhecer o pedido ou transigir. Também não pode desistir da ação, embora possa desistir de recurso que tenha interposto;

b) se opor a atos de disposição feitos pelo assistido, nos termos do art. 122 do CPC;

c) arguir incompetência relativa ou suspeição. A incompetência relativa só pode ser suscitada pelo réu, e se não o for, no prazo legal, tornar-se-á preclusa. Só a ele cabe decidir se prefere que a ação continue correndo onde está ou que seja remetida para o foro competente. O mesmo vale para a suspeição do juiz, dado o caráter subjetivo da questão, podendo a parte, apesar dela, preferir que a demanda continue sendo conduzida pelo mesmo magistrado;

d) reconvir. O art. 343 aduz expressamente que a reconvenção pode ser apresentada pelo réu. Por isso, o assistente não pode dela se valer.

7.1.5. Poderes do assistente litisconsorcial

Vimos no *item 7.1.3.2, supra*, que a assistência litisconsorcial só existe no campo da legitimidade extraordinária, pois só o substituído processual pode assumir a condição de assistente. Também vimos que, nos casos de legitimidade extraordinária concorrente, aquele que ingressa como assistente litisconsorcial poderia, se quisesse, ter proposto a ação junto com os demais cotitulares do direito alegado. Por isso, a condição do assistente litisconsorcial é a de um litisconsorte facultativo unitário ulterior: **ele tem os mesmos poderes que o litisconsorte unitário, com a ressalva de que, tendo ingressado com o processo já em curso, passará a atuar no estado em que o processo se encontra**.

O regime aplicável a ele é o mesmo do litisconsórcio unitário. **A sua participação não é subordinada ao assistido**, que não tem poderes de veto, como no caso da assistência simples. Aplica-se o regime da unitariedade: o assistente litisconsorcial pode praticar isoladamente os atos que sejam benéficos, e o benefício se estenderá à parte. Mas os atos desfavoráveis serão ineficazes até mesmo em relação a ele, salvo se praticados em conjunto pelos assistidos e pelo assistente litisconsorcial. Não se aplica o art. 122 do CPC ao assistente litisconsorcial, mas somente ao simples. Desde que haja a intervenção do primeiro no processo, a parte assistida não pode mais renunciar ao direito, reconhecer o pedido, transigir ou mesmo desistir da ação, sem que haja concordância do assistente litisconsorcial, que é cotitular da relação jurídica una e incindível, discutida no processo.

Como o assistente litisconsorcial é tratado como verdadeiro litisconsorte unitário, desde o seu ingresso, ele e o assistido passarão a ter **prazos em dobro**, caso os procuradores sejam diferentes, pertencentes a escritórios distintos, e desde que não se trate de processo eletrônico (CPC, art. 229).

7.1.6. O assistente e os honorários advocatícios

Ao assistente simples e litisconsorcial, aplica-se a regra do art. 94 do CPC: "Se o assistido for vencido, o assistente será condenado ao pagamento das custas em proporção à atividade que houver exercido no processo". Essa é a regra a respeito das custas. Quanto aos honorários, a solução dada ao assistente litisconsorcial será a mesma dada às partes, cabendo lembrar que, desde a sua admissão, ele é tratado como litisconsorte facultativo unitário ulterior. Já o assistente simples não será condenado a pagar honorários advocatícios, nem fará jus a recebê-los, já que ele é mero auxiliar da parte.

7.1.7. O assistente litisconsorcial e a coisa julgada material

Só pode ingressar como assistente litisconsorcial aquele que tenha a condição de substituído processual, sendo titular ou cotitular da relação jurídica material alegada e discutida no processo. Proferida sentença de mérito e não cabendo mais recurso, haverá **coisa julgada não apenas para as partes**, **mas também para o assistente litisconsorcial**.

Tomemos mais uma vez o exemplo das ações reivindicatórias ou possessórias de bens em condomínio. Ainda que ajuizadas por só um dos cotitulares, a demanda versará sobre todo bem, sobre a fração ideal daquele que figura como autor e dos demais condôminos. Por isso, todos serão atingidos pela coisa julgada. Se os demais quiserem, poderão ingressar como assistentes litisconsorciais, mas, ingressando ou não, para todos haverá coisa julgada material.

Aquele que pode ingressar como assistente litisconsorcial sofrerá os efeitos da coisa julgada material, intervindo ou não. Mesmo que opte por ficar fora, será afetado, porque tem a qualidade de substituído processual.

7.1.8. O assistente simples e a justiça da decisão

A coisa julgada material não pode se estender ao assistente simples, porque ele não é titular da relação de direito material discutida em juízo, mas de outra, que com ela tem relação de interdependência. Não pode, portanto, ser atingido diretamente pelos efeitos da sentença e pela imunização desses efeitos, mas tão-somente de maneira reflexa, indireta e mediata.

Diz o art. 123 do CPC: "Transitada em julgado a sentença, no processo em que interveio o assistente, este não poderá, em processo posterior, discutir a justiça da decisão, salvo se provar que: I — pelo estado em que recebeu o processo, ou pelas declarações e pelos atos do assistido, foi impedido de produzir provas suscetíveis de influir na

3 ◼ Da Intervenção de Terceiros   203

sentença; II — desconhecia a existência de alegações ou de provas, das quais o assistido, por dolo ou culpa, não se valeu".

O dispositivo faz referência **à justiça da decisão**. É o que o assistente simples suportará, e não a coisa julgada material.

Em que consiste a justiça da decisão? Tal como a coisa julgada, na imutabilidade, mas não dos efeitos da sentença, sim da sua **fundamentação**, que não poderá ser rediscutida pelo assistente simples, em nenhum outro processo.

Aquele que ingressa em juízo formula sempre uma ou mais pretensões. Ao proferir a sua sentença, o juiz examinará os fundamentos de fato e de direito do pedido e os fundamentos da defesa, após o que acolherá, ou desacolherá, no todo ou em parte, os pedidos formulados.

É no dispositivo da sentença que o juiz decide se a pretensão do autor será ou não acolhida: se ele condenará, constituirá ou desconstituirá uma relação jurídica ou declarará a sua existência ou inexistência, ou se, ao contrário, não acolherá os pedidos, julgando-os improcedentes. A coisa julgada material é a imunização dos efeitos da sentença, isto é, a impossibilidade de rediscutir em outro processo o que foi decidido naquele. A coisa julgada impede que as mesmas partes rediscutam o mesmo objeto, isto é, o **mesmo pedido fundado nos mesmos fatos**. Só sofrerão os efeitos da coisa julgada as pessoas que podem ser atingidas pelos efeitos diretos da sentença, isto é, da condenação, da constituição ou declaração. Por isso, o assistente simples não será afetado pela coisa julgada material. Esta, porém, não se estende aos fundamentos, como deixam expressos o art. 504 e seus incisos do CPC.

Aquele que interveio como assistente simples sofrerá uma consequência que não atinge as partes: **não poderá mais discutir os fundamentos da sentença proferida no processo em que ele participou. Enquanto para as partes fica imutável o que foi decidido no dispositivo, para o assistente simples, não pode mais ser discutida a fundamentação**.

Um exemplo ajudará a esclarecer. Imagine-se que alguém seja vítima de acidente de trânsito e ajuíze ação contra o potencial culpado. Este tem contrato de seguro, mas não faz a denunciação da lide à seguradora, porque está confiante de que sua culpa não será reconhecida, e ciente de que, se for, poderá ajuizar ação autônoma em face dela.

A seguradora, que tem interesse jurídico em que a sentença seja de improcedência, para que não possa ser demandada em regresso pelo segurado, intervém como assistente simples. Se a sentença vier a ser mesmo de improcedência, e o assistido sair vitorioso, não haverá a futura ação de regresso.

Mas interessa-nos a hipótese de o segurado ser condenado, apesar do auxílio recebido da seguradora. Para que o juiz julgue procedente o pedido e condene o réu como causador do acidente, é preciso que ele tenha reconhecido, na fundamentação, que houve um acidente do qual resultaram danos e que a culpa foi do réu. Tais questões — relacionadas à verdade dos fatos que embasaram a sentença — não poderão mais ser rediscutidas pela seguradora, em outro processo. Assim, condenado o segurado, será ajuizada por ele a ação de regresso. Nela, a seguradora não poderá mais rediscutir que houve o acidente do qual resultaram danos e que a culpa foi do segurado, porque isso já foi estabelecido como verdade no processo anterior, havendo a imutabilidade da justiça da

204 Direito Processual Civil Esquematizado — *Marcus Vinicius Rios Gonçalves*

decisão. A seguradora só poderá discutir outras questões, suscitando, por exemplo, a limitação de cobertura para aquele tipo de dano, ou o inadimplemento dos prêmios, que implicou a extinção do contrato.

7.1.9. Casos em que a justiça da decisão não se tornará imutável para o assistente simples

Preocupou-se o legislador com as consequências do processo em relação ao assistente simples. Para que ele as sofra é preciso, em primeiro lugar, **que efetivamente tenha sido admitido nessa condição no processo**. Essa observação, que parece óbvia, é fundamental, porque o assistente litisconsorcial é atingido pelos efeitos da coisa julgada, **intervindo ou não**. Diversamente, o simples só será atingido se efetivamente intervier.

Além disso, é preciso que, de alguma forma, possa ter tido a oportunidade de influir no resultado, de participar efetivamente do processo. Isso porque há três situações em que, conquanto tenha intervindo, não terá podido influenciar o resultado. São aquelas previstas nos incisos do art. 123:

1) pode ocorrer que ingresse em fase tão avançada do processo, que nada mais possa fazer;

2) que tenha sua atuação cerceada pelo assistido, uma vez que a intervenção do assistente simples é subordinada, podendo aquele vedar-lhe a prática de atos ou produção de provas que interfiram no resultado;

3) quando o assistente desconhecia alegações ou provas de que o assistido, por culpa ou dolo, não se valeu.

Será na futura ação de regresso, envolvendo assistente e assistido, que este poderá invocar a justiça da decisão, para obstar que aquele rediscuta fundamentos já decididos.

7.1.10. O ingresso do assistente

O assistente simples e o litisconsorcial podem ingressar a qualquer tempo no processo, enquanto ainda não tiver havido o trânsito em julgado da sentença. Para tanto, devem formular um requerimento dirigido ao juiz, que ouvirá as partes. O art. 120 do CPC dispõe que, "não havendo impugnação no prazo de quinze dias, o pedido do assistente será deferido, salvo se for caso de rejeição liminar". É preciso que estejam presentes os requisitos, seja da assistência simples, seja da litisconsorcial. Não basta a inexistência de impugnação, sendo indispensável que o juiz verifique o cabimento da assistência. A impugnação, que pode ser apresentada por qualquer das partes, só será acolhida se demonstrar ao juiz que não estão presentes os requisitos para a admissão do terceiro. **Não podem as partes simplesmente recusar o ingresso**, quando eles estiverem presentes. Havendo impugnação fundamentada, fundada na inexistência de interesse jurídico do terceiro, o juiz decidirá o incidente, mas sem suspender o andamento do processo e sem determinar a autuação em apenso. Da decisão cabe agravo de instrumento, nos termos do art. 1.015, IX, do CPC.

7.2. DENUNCIAÇÃO DA LIDE

7.2.1. Introdução

São três as características fundamentais da denunciação da lide:

a) É forma de intervenção de terceiros, **que pode ser provocada tanto pelo autor quanto pelo réu**, diversamente do chamamento ao processo, que só pode ser requerido pelo réu.

b) Tem natureza jurídica de ação, mas não implica a formação de um processo autônomo. Haverá um processo único para a ação e a denunciação. Esta amplia o objeto do processo. O juiz, na sentença, terá de decidir não apenas a lide principal, mas a secundária. Por exemplo: em ação de acidente de trânsito, em que há denunciação à seguradora, o juiz decidirá sobre a responsabilidade pelo acidente, e a da seguradora em reembolsar o segurado.

c) Todas as hipóteses de denunciação são associadas ao direito de regresso. Ela permite que o titular desse direito já o exerça nos mesmos autos em que tem a possibilidade de ser condenado, o que favorece a economia processual.

7.2.2. Hipóteses de cabimento

7.2.2.1. Risco de evicção

É a hipótese do art. 125, I, do CPC. A denunciação deve ser feita ao "alienante imediato, no processo relativo à coisa cujo domínio foi transferido ao denunciante, a fim de que possa exercer os direitos que da evicção lhe resultam".

A evicção, fenômeno civil relacionado aos contratos onerosos, ocorre quando o adquirente de um bem perde a propriedade ou posse da coisa adquirida, atribuída a terceiro. O exemplo mais comum é o que decorre da aquisição *a non domino*, feita a quem não era o proprietário da coisa.

Aquele que alega ser o verdadeiro dono pode ajuizar ação para reaver o bem, que está com o adquirente. Se ele for condenado a restituí-lo, terá sofrido evicção, com a perda da propriedade ou posse da coisa adquirida, pela qual pagou. **O adquirente tem direito de regresso contra o alienante, para reaver o dinheiro que pagou pela coisa da qual ficou privado, já que foi reconhecido que o terceiro era o verdadeiro dono.**

A evicção tem sempre três personagens: alienante, adquirente, e terceiro, que se arvora na condição de verdadeiro titular.

Imaginemos que A seja o terceiro, B o adquirente e C o alienante.

O terceiro, que se intitula proprietário, ajuizará ação para reaver o bem em face do adquirente, que é quem o tem consigo. Citado, o adquirente estará correndo risco de evicção, porque, se procedente a reivindicatória, terá de restituir o bem. Para que, caso a evicção se consume, ele possa, no mesmo processo, **exercer o direito de regresso contra o alienante, que terá de restituir o dinheiro, fará a ele a denunciação da lide**.

Ela é requerida quando a evicção ainda não ocorreu, mas há risco de que ocorra. Há duas possibilidades: a reivindicatória pode ser acolhida, caso em que o juiz decidirá se B tem ou não direito de regresso em face de C, julgando a denunciação da lide; e pode não o ser, caso em que a denunciação ficará prejudicada, porque a evicção não se consumou. Restará ao juiz **julgá-la extinta sem resolução de mérito**, por falta de interesse superveniente, já que, com a improcedência do pedido principal, o da denunciação perdeu o objeto.

Outro exemplo servirá para demonstrar que a denunciação da lide pode ser requerida também pelo autor.

Imagine-se que A tenha adquirido um imóvel de B. Ao tentar nele ingressar, descobre que está ocupado por C. O adquirente deverá ajuizar ação reivindicatória em face do terceiro. Mas há sempre um risco de que a sentença venha a ser de improcedência (por exemplo, se o ocupante comprova que ingressou na coisa a tempo suficiente para adquiri-la por usucapião, caso em que se terá tornado o novo proprietário). Se isso ocorrer, o adquirente terá sofrido evicção, pois ficará sem o bem e sem o dinheiro. Para poder exercer o direito de regresso, pode, já na petição inicial, fazer a denunciação da lide ao alienante.

Se a ação principal for julgada improcedente, o adquirente A terá sofrido evicção, pois não conseguirá ingressar no imóvel comprado. Terá direito de reaver o que pagou do vendedor, o que será decidido pelo juiz na denunciação da lide. Se a ação for julgada procedente, A não sofrerá evicção, e a denunciação ficará prejudicada, restando ao juiz julgá-la extinta sem resolução de mérito.

7.2.2.2. Direito de regresso decorrente de lei ou contrato

É a hipótese do inciso II do art. 125 que autoriza a denunciação àquele que estiver **obrigado, pela lei ou pelo contrato, a indenizar em ação regressiva o prejuízo de quem for vencido no processo**.

É tão ampla que nem haveria necessidade do inciso I, que poderia ser por ela abrangido; afinal, na evicção há direito de regresso decorrente de lei. São vários os contratos que asseguram direito de regresso. Provavelmente o mais comum é o de **seguro**. E são também comuns os casos em que ele decorre de lei, como a responsabilidade civil

3 ■ Da Intervenção de Terceiros 207

do patrão que tem direito de regresso contra o empregado causador do dano; ou do Estado, que tem direito de regresso em face do funcionário público que tenha, por culpa, causado dano a terceiros.

Há, a respeito do inciso II, questão bastante controvertida da possibilidade de, por meio da denunciação, serem introduzidas **questões novas**, que não são objeto de discussão no processo principal e que podem exigir a produção de provas que não seriam necessárias se ela não existisse.

A dúvida provém de que, para parte da doutrina e da jurisprudência, não seria razoável que, por conta da denunciação, destinada a apurar a existência ou não de direito de regresso entre denunciante e denunciado, o processo acabasse por sofrer retardo, em detrimento da parte contrária, a quem a questão do regresso não diz respeito.

A denunciação amplia o objeto do processo, pois traz ao menos uma questão nova, que não se discutia na lide principal: a existência do direito de regresso. Mas há casos em que ele decorre diretamente do contrato ou da lei, sem exigir a prova de fatos novos, como ocorre, por exemplo, quando há contrato de seguro.

Apesar de profunda controvérsia doutrinária a respeito, **o Superior Tribunal de Justiça tem decidido que a denunciação da lide não pode prejudicar o adversário do denunciante, introduzindo fatos novos que não constituíam o fundamento da demanda principal e que exigiriam instrução que, sem ela, não seria necessária no processo principal**. É o que foi decidido no REsp 89.1998, publicado no *DJe* de 1.º.12.2008, em que foi relator o Min. Luiz Fux e o REsp 76.6705, publicado no *DJe* de 18.12.2006, Rel. Min. Humberto Gomes de Barros.

Mais recentemente, esse entendimento foi confirmado no REsp 1.635.636, Rel. Min. Nancy Andrighi, de 24 de março de 2017:

"2. O art. 70, III, do CPC/73 prevê que a denunciação da lide é obrigatória 'àquele que estiver obrigado, pela lei ou pelo contrato, a indenizar, em ação regressiva, o prejuízo do que perder a demanda'. 3. Depreende-se do mencionado comando legal que a denunciação da lide, nesta hipótese, restringe-se às ações de garantia, isto é, àquelas em que se discute a obrigação **legal ou contratual** do denunciado em garantir o resultado da demanda, indenizando o garantido em caso de derrota. 4. Não é cabível, portanto, a denunciação da lide quando se pretende pura e simplesmente, transferir responsabilidade pelo evento danoso (AgRg no REsp 1.316.868/DF, 3.ª Turma, *DJe* 12.05.2016; REsp 903.258/RS, 4.ª Turma, *DJe* 17.11.2011; e REsp 302.205/RJ, 3.ª Turma, *DJ* 04.02.2002). Afinal, por direito de regresso, autorizador da denunciação da lide com base no art. 70, III, do CPC/73, deve-se entender aquele fundado em garantia própria, o qual não se confunde com o mero direito genérico de regresso, isto é, fundado em garantia imprópria".

Ou:

"DIREITO PROCESSUAL CIVIL. CABIMENTO DE DENUNCIAÇÃO DA LIDE. Não cabe a denunciação da lide prevista no art. 70, III, do CPC quando demandar a análise de fato diverso dos envolvidos na ação principal. Conforme entendimento doutrinário e da jurisprudência do STJ, não é admissível a denunciação da lide embasada no art. 70, III, do CPC quando introduzir fundamento novo à causa, estranho ao processo principal, apto a provocar uma lide paralela, a exigir ampla dilação probatória, o que tumultuaria a lide originária, indo de encontro aos princípios da celeridade e economia processuais, que essa modalidade de intervenção de terceiros busca atender. Precedentes citados: EREsp 681.881/SP, Corte Especial, *DJe* 07.11.2011; AgRg no REsp 1.330.926/MA, Quarta Turma, *DJe* 21.11.2013; AgRg no Ag 1.213.458/MG, Segunda Turma, *DJe* 30.09.2010; REsp 1.164.229/RJ, Terceira Turma, *DJe* 1.º.09.2010" (**REsp 701.868/PR, 4.ª T., Rel. Min. Raul Araújo, j. 11.02.2014**).

7.2.2.2.1. *A denunciação da lide da Fazenda Pública ao funcionário*

A Constituição Federal, art. 37, § 6.º, atribui **responsabilidade objetiva** às pessoas jurídicas de direito público ou de direito privado, prestadoras de serviço público, pelos danos que seus agentes, nessa qualidade, causem a terceiros. Mas assegura direito de regresso contra o responsável, nos casos de dolo ou culpa.

Há, pois, direito de regresso decorrente de lei. Mas a denunciação da Fazenda ao funcionário pode introduzir no processo uma questão que não era objeto de discussão, **a culpa ou dolo do funcionário**, pois a responsabilidade na lide principal é objetiva, e na secundária, subjetiva.

Como visto no item anterior, predomina no Superior Tribunal de Justiça o entendimento de que não cabe a denunciação quando introduz fundamento fático novo, que exige instrução. Quando se trata, porém, de denunciação da lide da Fazenda ao funcionário, a questão não está pacificada, havendo ainda divergências quanto à admissibilidade. Mas o que se pacificou no Superior Tribunal de Justiça é que, se as instâncias comuns tiverem indeferido a denunciação da lide, **não se anulará a sentença ou o acórdão, porque isso acabaria trazendo ainda mais prejuízos à economia processual**. É o que foi decidido no EREsp 313.886/RN, cuja relatora, Min. Eliana Calmon, faz uma detida análise da questão, fazendo numerosas alusões aos entendimentos daquela Corte. Nesse acórdão, a relatora posiciona-se pelo descabimento da denunciação da lide ao funcionário quando introduzir discussão fática nova a respeito da culpa deste, admite a existência de entendimento contrário e conclui que não se há de anular a sentença ou o acórdão, por ter sido a denunciação indeferida nas instâncias inferiores.

A denunciação deverá ser deferida ao funcionário, **se não introduzir tais questões novas**, que destoem daquilo que já vinha sendo discutido na lide principal. Pode ocorrer, por exemplo, que a ação proposta pelo particular contra a Fazenda já esteja fundada em culpa. Isto é, que o particular, podendo valer-se da responsabilidade objetiva do Estado, prefira fundar o seu pedido na culpa do funcionário. Se esse for o caso, a denunciação da lide nada trará de novo, e deverá ser deferida.

7.2.3. É a denunciação da lide obrigatória?

Na vigência do CPC de 1973 havia dúvidas sobre a obrigatoriedade da denunciação da lide, sobretudo na hipótese da evicção, diante da redação do art. 456 do Código Civil que parecia considerá-la obrigatória. Mas já vinha predominando o entendimento de que **nem mesmo no caso de evicção ela deveria ser obrigatória**, e que a parte que deixasse de fazer a denunciação da lide não perderia, por sua omissão, o direito de regresso, **podendo sempre exercê-lo em ação autônoma**.

3 ◼ Da Intervenção de Terceiros

O CPC atual revogou o art. 456 do Código Civil (art. 1.072, II), e para afastar qualquer dúvida, deixou expresso que a parte que não fizer a denunciação, ou não puder fazê-la, ou a tiver indeferida, poderá exercer o direito de regresso em ação autônoma. É o que dispõe o art. 125, § 1.º: "O direito regressivo será exercido por ação autônoma quando a denunciação da lide for indeferida, deixar de ser promovida ou não for permitida".

7.2.4. A posição do denunciado frente ao adversário do denunciante

Quando há denunciação, surgem duas relações jurídicas distintas: a do autor e do réu e a do denunciante e do denunciado. **Não existe relação jurídica direta entre o denunciado e o adversário do denunciante**.

Imagine-se, por exemplo, que o proprietário de um bem ajuíze ação em face do adquirente, que tem consigo a posse, e que este faça a denunciação da lide ao alienante. Inexiste relação jurídica direta entre o primeiro e o alienante.

Por essa razão, causou grande controvérsia a redação dos arts. 74 e 75, I, do CPC de 1973, que correspondem aos atuais arts. 127 e 128, I: com a citação do denunciado, ele assumirá a posição **do litisconsorte do denunciante, frente à parte contrária**.

Nelson Nery Junior e Rosa Nery, em comentário ao art. 74 do CPC de 1973, concluem: "Embora a norma fale em litisconsórcio, o denunciado é assistente simples (CPC 50) do denunciante. Primeiro porque não tem relação jurídica com o adversário do denunciante, não podendo ser litisconsorte, pois lhe faltaria legitimidade para a causa; segundo porque tem interesse jurídico em que o denunciante vença a demanda, para que se desobrigue de indenizá-lo em regresso"[1].

Quando há direito de regresso e a parte prefere não fazer a denunciação, deixando para buscá-lo em ação autônoma, o terceiro contra quem tal direito poderá ser exercido tem **interesse jurídico em que a sentença seja favorável àquele a quem tal direito compete**. Portanto, pode requerer o seu ingresso na condição de assistente simples.

No entanto, se houver a denunciação da lide, o denunciado figurará como litisconsorte do denunciante, diz a lei. Por essa razão, o Superior Tribunal de Justiça tem decidido **que há verdadeiro litisconsórcio, e não assistência simples**.

Nesse sentido, o acórdão no REsp 1.065.437, publicado no *DJE* de 2 de abril de 2009, cuja relatora foi a Min. Eliana Calmon. E o acórdão no REsp 686.762, publicado no *DJE* de 18 de dezembro de 2006, cujo relator foi o Min. Castro Filho, no qual ficou decidido: "Processo Civil — Recurso Especial — ação de reparação de danos materiais. Denunciação da lide da seguradora. Aceitação da denunciação e contestação de mérito. Condenação direta e solidária da seguradora. Cabimento. Precedentes".

As consequências principais que decorrem desse entendimento do STJ são que, havendo verdadeiro litisconsórcio, como denunciante e denunciado terão advogados diferentes (já que figuram em polos opostos na lide secundária), **os prazos para eles, desde o comparecimento do denunciado, passarão a ser em dobro (art. 229 do CPC)**.

---

[1] Nelson e Rosa Nery, *Código de Processo Civil comentado*, p. 292.

Além disso, se a denunciação tiver sido feita pelo réu, em caso de procedência haverá **condenação direta do denunciante e do denunciado, podendo o credor executar diretamente este último (art. 128, parágrafo único)**.

Se a vítima demandou o causador do acidente e este denunciou a seguradora, em caso de procedência haverá condenação de ambos ao ressarcimento, de sorte que o autor poderá cobrar diretamente da seguradora.

No caso de seguro, a vítima do acidente não pode demandar exclusivamente a seguradora do causador do acidente, pois não mantém relação jurídica com ela. Nesse sentido, a Súmula 529 do Superior Tribunal de Justiça, interpretada *a contrario sensu*, permite que a vítima promova a ação conjuntamente contra o causador e sua seguradora, ou apenas contra o causador, que poderá fazer a denunciação à seguradora. Nessa última hipótese, se a seguradora denunciada aceitar a denunciação ou contestar o pedido do autor, pode ser condenada, direta e solidariamente, junto com o segurado, ao pagamento da indenização devida à vítima, nos limites contratados na apólice (Súmula 537 do STJ).

A 3.ª Turma do Superior Tribunal de Justiça, em acórdão relativo a processo em que havia denunciação da lide, reconheceu a possibilidade de o denunciado reconvir, tanto frente ao denunciante, quando à parte contrária. Da ementa do V. acórdão, que se transcreve apenas parcialmente, consta:

> "4. A denunciação da lide é uma ação de regresso na qual o denunciado assume a posição de réu. Assim, a ele se aplica o art. 343 do CPC, que autoriza o réu a apresentar reconvenção, seja em face do denunciante ou do autor da ação principal, desde que conexa com a lide incidental ou com o fundamento de defesa nela apresentado. Além disso, a reconvenção proposta pelo denunciado deverá ser examinada independentemente do desfecho das demandas principal e incidental (denunciação da lide), devido à sua natureza jurídica de ação e à sua autonomia em relação à lide na qual é proposta (art. 343, § 2.º, do CPC)" (REsp 2.106.846/SP (2023/0158295-8), Rel. Min. Nancy Andrigui, j. 5-3-2024).

7.2.5. Procedimento da denunciação da lide

A denunciação da lide pode ser requerida **pelo réu e pelo autor**, e o procedimento variará num caso e noutro. Nos itens seguintes, serão estudados os procedimentos em cada um dos casos.

7.2.5.1. *Quando requerida pelo réu*

O réu, citado, deve requerer a denunciação da lide **na contestação** (CPC, art. 126), sendo indispensável que indique **quais os fundamentos de fato e de direito em que baseia o direito de regresso e qual o pedido**. Não há necessidade de atribuição de valor da causa.

O deferimento não depende do consentimento da parte contrária, nem do denunciado, mas de o juiz verificar que, em tese, **estão presentes as situações autorizadoras de direito de regresso**.

Deferida, o juiz ordenará que o denunciado seja **citado**. Cumpre ao denunciante providenciar o necessário para que tal citação ocorra no prazo de trinta dias (art. 126 c.c. art. 131). Se o prazo for ultrapassado por culpa do denunciante, a denunciação ficará sem efeito, prosseguindo-se apenas em face dele. Mas se o atraso ocorrer por fato alheio a sua vontade, ele não poderá ser prejudicado.

O denunciado poderá apresentar **contestação**. Como, desde o comparecimento, assume a qualidade de litisconsorte, poderá impugnar os fatos alegados pelo autor na petição inicial, complementando aquilo que já fora alegado pelo réu. Além disso, pode impugnar o objeto da denunciação propriamente dita, negando a existência do direito de regresso. Se o denunciado for revel, o denunciante pode deixar de prosseguir com sua defesa, eventualmente oferecida, e abster-se de recorrer, restringindo sua atuação à ação regressiva. E se o denunciado confessar os fatos alegados pelo autor na ação principal, o denunciante poderá prosseguir com sua defesa ou, aderindo a tal reconhecimento, pedir apenas a procedência da ação de regresso.

Ao final, **o juiz proferirá sentença conjunta, na qual julgará ambas as ações**. Em caso de procedência da lide principal, e condenação do réu denunciante, decidirá se ele tem ou não direito de regresso contra o denunciado. Em caso de improcedência do pedido na lide principal, a denunciação ficará prejudicada, e o juiz a julgará extinta sem resolução de mérito.

7.2.5.2. Quando requerida pelo autor

O autor também pode requerer a denunciação da lide quando, temendo os prejuízos decorrentes de uma eventual improcedência, queira, no mesmo processo, exercer direito de regresso contra o terceiro, que tem obrigação de responder por tais prejuízos.

A denunciação será requerida pelo autor na **petição inicial**. Ele exporá os fatos e fundamentos jurídicos e formulará o seu pedido contra o réu, postulando o seu acolhimento. Mas, para a hipótese de eventual improcedência, já fará a denunciação da lide, postulando que o juiz condene o denunciado ao ressarcimento dos prejuízos que dela advierem.

Se o juiz deferir a denunciação, mandará primeiro citar o denunciado e depois o réu, porque, na condição de litisconsorte do autor, na lide principal, aquele terá o direito de **acrescentar novos argumentos à inicial** (CPC, art. 127).

Há aqui uma situação muito particular. Como sempre ocorre quando há denunciação, haverá duas ações e um só processo.

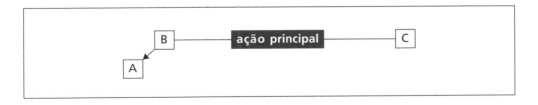

O denunciado A é concomitantemente réu da denunciação da lide, apresentada por B, e litisconsorte de B na lide principal em face de C.

Assim, no mesmo processo ele é simultaneamente réu (da denunciação) e coautor (da ação principal).

Por isso, citado, poderá **acrescentar novos argumentos à inicial** (na condição de coautor da lide principal, que não participou da elaboração dessa peça) e oferecer **contestação** à lide secundária.

O juiz, ao final, proferirá sentença única que, se de procedência, implicará a extinção sem resolução de mérito da denunciação.

7.2.6. Denunciação da lide sucessiva

É possível que, feita a denunciação e citado o denunciado, este também entenda ter direito de regresso em face de outro, e queira, no mesmo processo, fazer uma nova denunciação da lide. Há casos em que existe direito de regresso sucessivo. Por isso, coloca-se a questão da possibilidade de, no mesmo processo, haver denunciações sucessivas.

O art. 73 do CPC de 1973, apesar da redação confusa, autorizava o seu deferimento, quando o juiz verificasse a existência de direitos de regresso sucessivos.

O CPC atual admite uma única denunciação sucessiva. Isto é, permite que, feita pelo autor ou réu a denunciação, o denunciado, por sua vez, requeira a denunciação sucessiva. Mas o denunciado sucessivo não poderá fazer nova denunciação, devendo buscar eventual direito de regresso em ação autônoma (art. 125, § 2.º).

7.2.6.1. Vedação da denunciação per saltum

Como a denunciação da lide tem por função permitir que se postule, no mesmo processo, direito de regresso das partes em face de terceiro, nos casos em que há denunciação sucessiva, não se admite que seja feita por salto: aquele que a faz tem de dirigi-la ao terceiro com quem tenha relação direta, da qual resulta o direito de regresso.

O Código Civil, no art. 456, *caput*, estabelecia que "para poder exercitar o direito que da evicção lhe resulta, o adquirente notificará do litígio o alienante imediato, ou qualquer dos anteriores, como e quando lhe determinarem as leis do processo".

Esse dispositivo autorizava a denunciação **por saltos**, quando o alienante preferisse dirigi-la não à pessoa de quem comprou (alienante imediato), mas aos anteriores.

Imaginemos que A vendesse um terreno a B, que o vendesse a C, que o repassasse a D. Ora, se o bem não pertencia a A, mas a E, toda a cadeia de transferências seria inválida. Se E ajuizasse ação reivindicatória em face de D, que é quem estava com o bem, a lei civil permitia que fizesse a denunciação da lide ao alienante imediato C, ou a qualquer dos anteriores (B ou A).

Mas o CPC revogou o art. 456 do Código Civil (art. 1.072, II). Com isso, suprimiu-se o dispositivo que autorizava a denunciação por saltos. **A lei atual admite, assim, uma única denunciação sucessiva, e sem saltos.** No exemplo do parágrafo anterior, então, se E ajuizar ação reivindicatória em face de D, este poderá fazer a denunciação da lide a C, que por sua vez poderá fazer a denunciação sucessiva a B. Mas a cadeia de sucessão deve parar aí, não se podendo admitir nova denunciação de B para A. Se B quiser exercer direito de regresso contra A, terá de valer-se de ação autônoma. Além disso, não se admitirá que D faça a denunciação diretamente a B, porque, com a revogação do art. 456 do Código Civil, veda-se que ela seja feita por saltos.

3 ◾ Da Intervenção de Terceiros

7.2.7. Os honorários advocatícios na denunciação da lide

A distribuição dos honorários advocatícios, quando há denunciação da lide, pode trazer questões de difícil solução.

Se a ação principal e a denunciação foram ambas julgadas procedentes, a solução será a seguinte: se não tiver havido resistência do denunciado à denunciação, o juiz condenará o réu denunciante a pagar **os honorários advocatícios ao autor e condenará o denunciado a ressarcir ao denunciante o que ele despendeu a título de honorários na lide principal, sem a fixação de novos honorários advocatícios para a denunciação**. Mas se o denunciado tiver resistido à denunciação, além de ressarcir ao denunciante os honorários da lide principal, **será condenado a pagar, ao denunciante, honorários referentes à denunciação**.

Mais complexa é a situação quando o denunciante sai vitorioso e a denunciação é extinta sem resolução de mérito. O vencido na ação principal pagará honorários ao vencedor denunciante. Mas este precisará pagar honorários ao denunciado? Ou é o vencido na lide principal quem os pagará também ao denunciado?

O art. 129, parágrafo único, dá a solução: "Se o denunciante for vencedor, a ação de denunciação não terá o seu pedido examinado, sem prejuízo da condenação do denunciante ao pagamento das verbas de sucumbência em favor do denunciado".

7.3. CHAMAMENTO AO PROCESSO

7.3.1. Introdução

É forma de intervenção de terceiros por meio da qual o **réu fiador ou devedor solidário, originariamente demandado, trará para compor o polo passivo, em litisconsórcio com ele, o afiançado ou os demais devedores solidários**.

A diferença fundamental entre o chamamento ao processo e a denunciação da lide, afora o fato de aquele caber apenas nos casos de fiança e solidariedade, é que, nesta, ao menos como regra, não há relação jurídica direta entre o denunciado e o adversário do denunciante, como visto no *item 7.2.4, supra*. A denunciação constitui verdadeira ação do denunciante contra o denunciado. A ação aforada contra denunciante jamais poderia ter sido aforada direta e exclusivamente contra o denunciado.

No chamamento ao processo existe tal relação direta entre os chamados e o autor da ação: a proposta contra o chamante poderia igualmente ter sido proposta contra os chamados, como se demonstrará no item seguinte.

O chamamento ao processo é **sempre facultativo**, e mesmo que o réu não o faça, poderá reaver dos demais coobrigados a parte que lhes cabe, em ação autônoma.

7.3.2. Posição dos chamados ao processo

Por meio do chamamento, o réu traz ao processo outros réus, **contra os quais o autor não demandou originariamente**. Haverá um **litisconsórcio passivo**, cuja formação é ulterior, determinado pela manifestação do réu, que chama o devedor principal ou os codevedores solidários.

A posição dos chamados é a de litisconsortes do réu originário. **Em caso de procedência, todos serão condenados a pagar ao autor.** É o que se depreende da leitura do art. 132 do CPC. Aquele que, na fase executiva, satisfizer a dívida, **sub-rogar-se-á nos direitos do credor** e poderá, na mesma execução, exigi-la por inteiro do devedor principal (no caso de fiança) ou cobrar a cota de cada um dos codevedores, na proporção que lhes tocar (no caso de solidariedade).

Na vigência do CPC anterior não havia unanimidade da doutrina, no que concernia à posição do chamado. Havia importante corrente que se impressionava com o fato de que, quando os réus traziam os chamados para o polo passivo da mesma relação, forçavam o autor a demandar contra quem não havia sido incluído, originariamente, no polo passivo. Isso acabava por prejudicar o **direito de opção** que o credor tinha, nas hipóteses de solidariedade, de escolher contra qual dos devedores iria promover a cobrança integral da dívida.

Tal corrente sustentava que os chamados não ingressavam como litisconsortes no polo passivo, na mesma posição do réu originário. O chamamento consistiria em verdadeira ação de regresso do chamante contra os chamados, formando-se uma outra relação entre eles, dentro do mesmo processo. Isto é, haveria no mesmo processo duas relações diferentes: entre o autor e o réu chamante, e entre este e os chamados, para o exercício do direito de regresso, tal como ocorre na denunciação da lide. Se acolhida essa teoria, o juiz, em caso de procedência, condenaria o réu a pagar ao credor, e os chamados a ressarcir o chamante, integralmente no caso de fiança, ou pelas respectivas cotas, no caso de solidariedade.

A redação dos arts. 131 e 132 do CPC não deixa nenhuma dúvida. **Os chamados aos processos figuram como litisconsortes. O chamamento não é uma ação de regresso do chamante contra os chamados, mas um meio pelo qual o afiançado ou demais devedores solidários passam a integrar o polo passivo**, em litisconsórcio com o réu originário, por iniciativa deste. Em caso de procedência, todos serão condenados e poderão ser executados, e aquele que pagar pode se voltar, nos mesmos autos, contra o devedor principal ou os codevedores solidários.

Não há razão para que o autor reclame da inclusão de outros réus no polo passivo, já que, em caso de procedência, terá à sua disposição não apenas o patrimônio do réu originário, mas o dos chamados. E se ele não queria demandar um dos codevedores, por razões pessoais, basta que na fase executiva, postule apenas a penhora de bens dos demais. O direito de escolher de quem cobrar, inerente à solidariedade, será exercido pelo credor não na fase cognitiva, **mas na fase executiva**, se ele assim o desejar.

Como todos são condenados, em caso de procedência, o credor poderá promover a execução em face de quem ele desejar: do réu originário ou de qualquer outro. Aquele que pagar se sub-rogará nos direitos do credor e poderá, nos mesmos autos, recobrar a parte que cabe aos demais devedores, ou até a integralidade do débito, no caso de fiança.

O litisconsórcio entre o chamante e os chamados é **facultativo e simples**. Facultativo porque é sempre opcional: o fiador ou devedor solidário pode preferir recobrar o débito ou a quota-parte dos demais em ação autônoma. Não há obrigatoriedade de chamamento, e o réu não perde o direito de regresso por não o requerer. Simples porque, nos casos de fiança e solidariedade, há sempre a possibilidade de que a sentença possa

3 ■ Da Intervenção de Terceiros   215

ser diferente para os réus. Por exemplo: é possível que a fiança seja nula, mas o débito seja válido, caso em que a sentença será de improcedência para o fiador e procedência para o devedor. E no caso de solidariedade, também é possível que um dos devedores comprove, por exemplo, que o contrato é inválido tão-somente em relação a ele, mas válido para os demais.

7.3.3. Hipóteses de cabimento

O art. 130 do CPC enumera as hipóteses do chamamento ao processo em três incisos:

■ o primeiro cuida do chamamento feito **pelo fiador demandado ao devedor principal**;

■ o segundo, da possibilidade de, havendo mais de um fiador, **aquele que for demandado sozinho chamar ao processo os demais**;

■ o terceiro versa sobre a solidariedade, quando o autor houver demandado apenas um ou alguns dos devedores solidários, **que poderão chamar ao processo os demais**.

Cada uma dessas hipóteses merece um exame específico.

7.3.3.1. *O chamamento do fiador demandado ao devedor principal*

A fiança é um contrato por meio do qual alguém, que não é devedor, **assume a responsabilidade pelo pagamento de uma dívida**. Se ela não for paga, o fiador responde com seus bens perante o credor. Mas como a dívida não é dele, feito o pagamento terá direito de ser ressarcido pelo devedor. Por isso, sendo demandado poderá chamá-lo ao processo.

O chamamento ao processo do devedor principal pelo fiador traz uma série de questões importantes. A primeira é de saber se, em processo de conhecimento, o credor pode demandar direta e exclusivamente o fiador. Tal questão é interessante porque, em regra, nos contratos de fiança, o fiador tem o **benefício de ordem**, que lhe permite exigir que primeiro sejam excutidos os bens do devedor principal para, só se não forem suficientes, serem atingidos os do fiador.

7.3.3.1.1. *É possível ajuizar ação de cobrança apenas em face do fiador?*

Mesmo que haja benefício de ordem, é possível ajuizar a ação de cobrança apenas em face do fiador porque, sendo ele citado, poderá chamar ao processo o devedor principal, com o que se formará um litisconsórcio passivo entre ambos. Em caso de procedência da demanda, os dois serão condenados, mas na fase executiva, se o oficial de justiça quiser penhorar os seus bens, o fiador pode exigir que, primeiro, sejam excutidos os do devedor principal. Para tanto, é preciso que ele indique bens do devedor que possam ser penhorados.

O benefício de ordem é direito do fiador exercitável somente na **fase executiva**, porque diz respeito à prioridade de penhora de bens. Consiste no direito de que primeiro sejam excutidos os bens do devedor principal e só quando esgotados esses, os do fiador.

Mas, para que ele possa exercer tal benefício na fase executiva, **é indispensável que tenha feito o chamamento ao processo do devedor principal**. Afinal, o fiador só poderá exigir que primeiro sejam excutidos os bens do devedor se este também tiver sido condenado.

A falta de oportuno chamamento do devedor implica a **perda do benefício de ordem** pelo fiador, mas não a do direito de regresso, que poderá sempre ser exercido em ação autônoma.

O Código Civil, art. 828, I, permite ao fiador renunciar ao benefício de ordem, o que ocorre na grande maioria dos contratos atualmente celebrados. Mesmo assim, é interessante que o fiador demandado faça o chamamento do devedor, pois poderá, se satisfizer o débito, **sub-rogar-se nos direitos do credor e prosseguir na execução contra o devedor principal para reaver o que pagou**.

Mas, se é possível ao credor ajuizar ação de cobrança unicamente em face do fiador com benefício de ordem, já que este pode chamar ao processo o devedor principal, o mesmo não ocorre na execução por título extrajudicial.

Às vezes, a dívida está representada por título, e o credor, em vez de ajuizar ação de cobrança, deve ajuizar execução. Ele só poderá fazê-lo direta e exclusivamente contra o fiador se este tiver renunciado ao benefício de ordem. Pois, se o fiador tiver tal benefício, não se admitirá a execução, porque ele não terá como exercê-lo, **já que não cabe chamamento ao processo em execução**.

Portanto, só é possível demandar unicamente o fiador, em execução, se ele tiver renunciado ao benefício. Do contrário, a execução terá de incluir no polo passivo o devedor principal, sob pena de indeferimento da inicial.

7.3.3.2. O chamamento feito por um dos fiadores aos demais

Estabelece o art. 130, II, do CPC que é admissível o chamamento ao processo dos outros fiadores, quando para a ação for citado apenas um deles. Essa hipótese não traz novidade e esse inciso poderia ter sido suprimido, porque quando há mais de um fiador, **o regime entre eles é o da solidariedade**, consoante dispõe o art. 829 do Código Civil: "A fiança conjuntamente prestada a um só débito por mais de uma pessoa importa o compromisso de solidariedade entre elas, se declaradamente não se reservarem o benefício de divisão". Assim, a hipótese recai na do inciso III, que trata da solidariedade.

Questão interessante é a da possibilidade de o fiador demandado exclusivamente poder chamar ao processo o devedor principal, com fulcro no inciso I, e os demais devedores solidários, com base no inciso II. A resposta só pode ser afirmativa, pois o fiador tem o direito de chamar ao processo tanto o devedor quanto os cofiadores. Na fase executiva, se os fiadores tiverem benefício de ordem poderão exigir que sejam primeiro excutidos os bens do devedor principal; e o fiador que pagar poderá, nos mesmos autos, reembolsar-se integralmente do devedor.

7.3.3.3. O chamamento em caso de solidariedade

Estabelece o art. 130, III, que é admissível o chamamento ao processo de todos os devedores solidários, quando o credor exigir de um ou de alguns deles, parcial ou totalmente, a dívida comum.

3 ◼ Da Intervenção de Terceiros

A solidariedade passiva caracteriza-se por atribuir ao credor **a possibilidade de cobrar integralmente o crédito de qualquer dos devedores solidários**, podendo demandar apenas um, mais de um ou todos. Se ajuizar a ação apenas em face de um ou alguns, os demais poderão ser chamados ao processo. Em caso de procedência, todos serão condenados, e o credor poderá requerer a penhora de bens de qualquer um deles, o que preserva o seu direito de escolher, entre todos, sobre qual deve recair a execução. Aquele que pagar integralmente a dívida sub-rogar-se-á nos direitos do credor, e poderá cobrar a quota-parte que seria devida pelos demais devedores solidários.

O devedor demandado não está obrigado a chamar ao processo todos os outros, podendo escolher mais um ou alguns. No entanto, os que forem chamados poderão, por sua vez, promover novo chamamento dos faltantes, pois, tal como ocorre com a denunciação da lide, há possibilidade de chamamentos sucessivos.

7.3.3.4. *Uma nova modalidade de chamamento (art. 1.698 do Código Civil)*

O art. 1.698 do Código Civil previu uma **nova forma de chamamento ao processo**, que não se pode encaixar em nenhuma das previstas no CPC. Trata-se do chamamento ao processo que **aquele que deve alimentos em primeiro lugar faz aos demais devedores**, que concorrem em grau imediato, quando não tiver recursos para fazer frente à integralidade do débito.

O dever de prestar alimentos é **divisível**, cada devedor responde por sua quota--parte. Inexiste solidariedade entre eles: se alguém carece de alimentos e tem vários filhos em condições de prestá-los, não pode pretender cobrar integralmente de apenas um. Só poderá cobrar deste a parte que lhe cabe, proporcional ao número dos filhos.

Além disso, não havendo devedores de mesmo grau capazes de suportar integralmente a obrigação, o art. 1.698 do CC atribui a obrigação aos de grau imediato, observada a ordem do art. 1.697.

A lei civil permite que o devedor demandado em alimentos chame ao processo os **coobrigados de mesmo grau ou os de grau imediato**. Se, por exemplo, o credor tem vários filhos em condições de prestá-los e ajuíza a ação apenas em face de um deles, este chamará ao processo os outros. Parece-nos desnecessário que o filho demandado não tenha condições de suportar integralmente o débito. Mesmo que ele o tenha, pode chamar os demais, porque também respondem, como o primeiro, pelo pagamento do débito alimentar, não sendo razoável que um só o suporte integralmente, enquanto há outros com as mesmas condições.

Mas o chamamento também cabe quando, tendo demandado o devedor de grau mais próximo, este não tiver condições de responder pela integralidade do débito. Há uma diferença em relação à hipótese anterior: naquela, era desnecessário que o demandado não estivesse em condições de arcar com a integralidade da dívida, porque os chamados eram codevedores de mesmo grau. Quando o chamado não for codevedor de mesmo grau, mas de grau mais distante, **só caberá o chamamento fundado na falta de condições do chamante para suportar a integralidade da dívida**. E ele terá o ônus de prová-lo, sob pena de ser o único condenado.

Essa forma de chamamento permite ao réu trazer os coobrigados de mesmo grau ou do grau imediato para fazer frente ao débito de alimentos. No curso do processo, o juiz examinará a condição de cada um e verificará, na conformidade da lei civil, quem deve suportá-lo e em que proporção. Sem isso, haveria o risco de o credor não receber, na integralidade, os alimentos de que necessita. Se, por exemplo, o autor da ação demandou apenas um dos filhos e este prova que há outros também em condições, não tendo sido feito o chamamento, o juiz só condenará o réu na proporção que lhe cabe. Mas se for feito a todos os coobrigados, o juiz poderá condená-los, com o que o autor será beneficiado, recebendo não apenas uma quota, mas a integralidade dos alimentos de que necessita.

O chamamento nessa hipótese não amplia apenas os limites subjetivos da lide, mas **também os objetivos**, permitindo eventualmente ao juiz emitir uma condenação de montante maior do que aquele que emitiria se o réu originário não o fizesse.

Se a ação for ajuizada em face do devedor mais distante, quando há um mais próximo que esteja em condições de pagá-los, não caberá o chamamento, sendo caso de improcedência da ação, porque os mais distantes só devem quando os mais próximos não têm condições. Por isso, só é possível ajuizar ação de alimentos em face dos avós, por exemplo, quando se provar que os pais não têm condições de prestá-los. Não nos parece que haja necessidade de prova pré-constituída da falta de condições dos pais, podendo tal prova ser feita no curso do processo. Mas, sem ela, o juiz deverá dar pela improcedência da demanda.

7.3.4. Procedimento do chamamento ao processo

O art. 131 determina que o chamamento ao processo seja requerido pelo réu na contestação, devendo a citação ser promovida no prazo de 30 dias, sob pena de ficar sem efeito. Com a citação do chamado, forma-se o litisconsórcio no polo passivo. Havendo advogados diferentes, os prazos serão em dobro (CPC, art. 229).

O litisconsórcio será **facultativo simples**. Caberia perguntar se o autor pode desistir da ação em relação a um dos chamados. Parece-nos que não, pois não foi ele quem os incluiu no polo passivo, mas sim o chamante. Com relação a este poderá haver desistência, cuja homologação dependerá de seu consentimento se já tiver havido resposta, mas não com relação aos chamados.

7.4. DO INCIDENTE DE DESCONSIDERAÇÃO DA PERSONALIDADE JURÍDICA

7.4.1. Introdução

Há muito, a regra da autonomia patrimonial das pessoas jurídicas vem admitindo restrições, sobretudo nos casos em que ela é utilizada como instrumento para a prática de fraudes e abusos de direito, em detrimento dos credores. A teoria da desconsideração da personalidade jurídica (*disregard doctrine*), que autoriza o juiz a estender, em determinadas situações, a responsabilidade patrimonial pelos débitos da empresa aos sócios, sem que haja a dissolução ou desconstituição da personalidade jurídica, vem sendo acolhida em nossa doutrina desde o final dos anos 1960, sobretudo a partir dos estudos de Rubens Requião. Como não havia previsão legal para aplicá-la no âmbito do direito privado, de início os tribunais se valeram do art. 135 do Código Tributário Nacional.

Posteriormente, o Código de Defesa do Consumidor passou a autorizá-la expressamente no art. 28 e seus parágrafos quando "em detrimento do consumidor, houver abuso de direito, excesso de poder, infração da lei, fato ou ato ilícito ou violação dos estatutos ou contrato social", bem como nos casos de "falência, estado de insolvência, encerramento ou inatividade da pessoa jurídica provocados por má administração" ou ainda "sempre que a sua personalidade for, de alguma forma, obstáculo ao ressarcimento de prejuízos causados aos consumidores". O Código Civil no art. 50 dispôs que "Em caso de abuso da personalidade jurídica, caracterizado pelo desvio de finalidade ou pela confusão patrimonial, pode o juiz a requerimento da parte, ou do Ministério Público quando lhe couber intervir no processo, desconsiderá-la para que os efeitos de certas e determinadas relações de obrigações sejam estendidos aos bens particulares dos administradores ou sócios da pessoa jurídica beneficiados direta ou indiretamente pelo abuso".

Compete ao direito material estabelecer quais são as exigências para que se possa aplicar a desconsideração da personalidade jurídica. No âmbito civil, essas exigências estão no art. 50 do CC e seus parágrafos, que foram acrescentados pela Lei n. 13.874/2019; e no âmbito consumerista, no art. 28 do Código de Defesa do Consumidor.

Além da desconsideração **comum**, há ainda a **inversa**. Na comum, a responsabilidade patrimonial pelas dívidas da empresa é estendida aos sócios; na inversa, a responsabilidade pelas dívidas dos sócios é estendida à empresa. No primeiro caso, embora a dívida seja da pessoa jurídica, o sócio passa a responder judicialmente pelo débito com seu patrimônio pessoal; no segundo, conquanto o débito seja do sócio, será possível alcançar bens da empresa, a quem a responsabilidade é estendida. O incidente também deve ser observado em caso de desconsideração indireta e expansiva da personalidade jurídica (nesse sentido, o Enunciado n. 11 da I Jornada de Direito Processual Civil da Justiça Federal). Assim, haverá necessidade de instauração do incidente quando, por exemplo, se queira atingir o patrimônio de empresa controladora por negócios jurídicos realizados por empresas coligadas, que funcionam como uma espécie de *longa manus* daquelas; ou para estender a responsabilidade patrimonial a sócios ocultos, que se valem de sócios aparentes (os chamados "laranjas") para fugir da responsabilidade.

7.4.2. Débito e responsabilidade

Para que se possa compreender bem o fenômeno da desconsideração da personalidade jurídica é importante lembrar a distinção que o direito das obrigações estabelece entre **débito e responsabilidade** (*Schuld* e *Haftung*). Tem o débito aquele que efetivamente contraiu a obrigação. Por exemplo, o subscritor do contrato ou do título de crédito. Tem a responsabilidade aquele que responde judicialmente com seus bens pelo cumprimento da obrigação. Na grande maioria dos casos, quem tem o débito também tem a responsabilidade. Mas as duas coisas nem sempre coincidem: aquele que contraiu obrigação decorrente de dívida de jogo tem o débito, mas não a responsabilidade, pois não é possível acioná-lo judicialmente para que responda por ela com seu patrimônio; já o fiador não tem o débito, mas assume, por força do contrato de fiança, a responsabilidade pelo pagamento, caso o devedor não o honre na data convencionada. Quando há a desconsideração da personalidade jurídica, o devedor é a empresa. É ela que deve ser acionada para cumprimento da obrigação; mas, se verificados os requisitos legais,

220 Direito Processual Civil Esquematizado   *Marcus Vinicius Rios Gonçalves*

estabelecidos pelo direito material, o juiz poderá estender a responsabilidade patrimonial aos seus sócios, autorizando que seus bens pessoais sejam alcançados para fazer frente ao débito (no caso da desconsideração inversa, o devedor é o sócio, mas a empresa passa a ser responsável, com seus bens, pelo pagamento).

Quando desconsidera a personalidade jurídica, o juiz não transforma o sócio em codevedor, mas estende a responsabilidade patrimonial a ele, permitindo que seus bens sejam atingidos para fazer frente ao débito, que continua sendo da empresa. É preciso que se distingam, então, duas relações distintas: a do credor com a empresa, que é uma relação credor-devedor; e a do credor com o sócio, após a desconsideração, que é uma relação credor-responsável, cujos bens podem ser alcançados para pagamento da dívida.

7.4.3. A desconsideração como incidente

Não havia, até a edição do CPC atual, um regramento a respeito de como se proceder, no âmbito processual à desconsideração da personalidade jurídica. Uma vez que a lei material a autorizava, entendia-se que o juiz tinha poderes para determiná-la, mas a lei processual não previa um procedimento específico para isso.

Na ação promovida pelo credor contra a pessoa jurídica, na qual se promovia a cobrança do débito, o sócio não era parte. Afinal, não era ele o devedor. Em regra, quando se chegava à fase de execução e não se lograva encontrar bens, o credor postulava a desconsideração, trazendo ao conhecimento do juiz as circunstâncias que permitiam concluir pela existência das situações do art. 50 do Código Civil ou do art. 28 do Código de Defesa do Consumidor. De início, nos processos mais antigos, não havia propriamente um contraditório e não se ouvia o sócio, já que ele não integrava o processo. Se o juiz entendesse que havia indícios suficientes dos requisitos, ele desconsiderava a personalidade jurídica da empresa e estendia a responsabilidade patrimonial ao sócio, **sem que este integrasse a relação processual**. Restava a ele defender-se opondo **embargos de terceiro**, nos quais tentaria demonstrar que os requisitos da desconsideração não estavam preenchidos e que por isso a responsabilidade não poderia ter sido estendida a ele. O contraditório era observado nos embargos de terceiro, onde se dava ao sócio a oportunidade de provar o necessário para afastar a constrição sobre os seus bens.

Mais tarde, a jurisprudência e a doutrina passaram a sustentar que não seria possível alcançar bens do sócio sem que houvesse um contraditório no processo em que a desconsideração era decretada. Com isso, passou-se a entender que o sócio, a quem a responsabilidade patrimonial foi estendida, **deveria passar a integrar a lide**, para a qual deveria ser citado, tendo oportunidade de apresentar **embargos à execução**. Haveria já a possibilidade de contraditório na própria ação ajuizada em face da empresa. Mas em regra era um contraditório exercido **após o deferimento da desconsideração**.

Com o incidente previsto nos arts. 133 e ss. do CPC, passa-se a exigir um contraditório prévio, anterior à desconsideração, que constitui forma de intervenção de terceiro porque o sócio, que até então não figurava na relação processual, passa a integrá-la, **não na condição de codevedor, mas de responsável patrimonial**, como já mencionado.

3 ■ Da Intervenção de Terceiros   221

Além do incidente, o art. 134, § 2.º, prevê a possibilidade de que a desconsideração seja requerida na petição inicial, caso em que o sócio será incluído no polo passivo da ação e será citado para oferecer contestação, a respeito da pretensão à desconsideração.

Conclui-se, assim, que a desconsideração pode ser postulada em **caráter incidental**, isto é, no curso do processo ajuizado em face do devedor, ou em **caráter principal**, em que a desconsideração é requerida como pretensão inicial, paralela à de cobrança e na qual o sócio figura desde logo como réu. Cada uma dessas hipóteses será examinada separadamente nos itens subsequentes.

7.4.4. O incidente de desconsideração da personalidade jurídica

7.4.4.1. Introdução

Pressupõe que já esteja em curso ação ajuizada pelo credor em face do devedor, isto é, da pessoa jurídica. É nessa hipótese que haverá intervenção de terceiros, pois há um processo em curso do qual o sócio não participava e do qual passará a participar, caso a desconsideração seja deferida. A hipótese é de intervenção de terceiros **provocada e não voluntária**, já que não será o sócio a requerer o seu ingresso, mas o credor ou o Ministério Público, nos casos em que intervenha a requerê-lo. O CPC se refere a incidente de desconsideração. Mas determina que o sócio seja citado. Parece-nos, assim, que mesmo quando a desconsideração seja requerida em caráter incidental, haverá **verdadeira ação incidente**. Não há como trazer o terceiro sem que ele seja acionado e citado para o processo, ainda que em caráter incidental, no bojo da ação anteriormente ajuizada, tal como ocorre, por exemplo, com a denunciação da lide.

7.4.4.2. Procedimento

O juiz não pode decretar a desconsideração de ofício. O incidente é instaurado a requerimento da parte ou do Ministério Público. Como o art. 133, *caput*, não restringe, o Ministério Público poderá requerer a desconsideração tanto nos casos em que figure como parte autora como nos casos em que intervenha na condição de fiscal da lei. É indispensável, porém, que se trate de processo em que haja a sua intervenção.

Algumas figuras de intervenção de terceiros (denunciação e chamamento) são próprias do processo de conhecimento. O incidente de desconsideração, conforme o art. 134, *caput*, é cabível em todas as fases do processo de conhecimento, no cumprimento de sentença e na execução fundada em título extrajudicial. A sua instauração, seja em que fase for, deverá ser comunicada ao distribuidor para as anotações devidas.

Ao suscitar o incidente, a parte ou o Ministério Público devem indicar quais os fundamentos, de fato e de direito, em que se funda o pedido de desconsideração. São os fundamentos estabelecidos pela lei material, isto é, pelos arts. 50 do Código Civil e 28 do CDC. Se o requerimento não os indicar, o juiz deverá dar oportunidade para que o vício seja sanado, sob pena de indeferir de plano o incidente. Se o receber, determinará a suspensão do processo, que ficará paralisado até a decisão do incidente.

O processo deverá ficar suspenso desde o momento em que a parte ou o Ministério Público **protocolar** o pedido de desconsideração. Se o juiz o indeferir de plano, há de se considerar que, pelo menos entre o protocolo e a intimação da decisão do juiz que o indeferiu, o processo terá ficado suspenso, tal como acontecia com as exceções rituais na vigência do Código de 1973.

A suspensão perdurará até que o incidente seja decidido. Mas, proferida a decisão, o processo retoma o curso, ainda que venha a ser interposto recurso pelo prejudicado. A suspensão não se estende, portanto, para depois que o incidente for decidido, ressalvada a hipótese de ao recurso interposto (agravo de instrumento) ser deferido efeito suspensivo pelo relator.

Instaurado o incidente, o juiz determinará a **citação do sócio** (na desconsideração direta) ou da pessoa jurídica (na inversa), para que se manifestem no prazo de 15 dias. O incidente assegura contraditório prévio, permitindo que o sócio ou a pessoa jurídica apresentem as suas alegações e procurem demonstrar que não estão presentes os requisitos da lei material para a desconsideração. Além da manifestação do sócio, o pedido de desconsideração poderá ser impugnado, na desconsideração direta, também pela pessoa jurídica, como tem reconhecido o Superior Tribunal de Justiça. Embora as partes do incidente sejam o suscitante e o sócio (no caso da desconsideração direta), a pessoa jurídica poderá manifestar-se, postulando o não acolhimento do incidente. Pelas mesmas razões, na desconsideração inversa, embora as partes sejam o suscitante e a pessoa jurídica, o sócio poderá manifestar-se, postulando o indeferimento do pedido. Nesse sentido, o REsp 1.208.852.

O juiz poderá determinar as provas necessárias para que suscitante e suscitado comprovem as suas alegações. Concluída a instrução, ele decidirá o incidente, **que será resolvido por decisão interlocutória, contra a qual poderá ser interposto recurso de agravo de instrumento (art. 1.015, IV, do CPC)**.

Como o incidente pode ser instaurado em qualquer fase do processo de conhecimento, é de se admitir que o seja mesmo que o processo se encontre em grau de recurso, caso em que caberá ao relator processar o incidente, cujo procedimento será igual ao daquele suscitado em primeiro grau. Apenas, da decisão interlocutória unilateral do relator que o decidir, o recurso cabível não será o agravo de instrumento, mas o agravo interno (art. 136, parágrafo único).

7.4.4.3. Decisão que resolve o incidente

O incidente é resolvido por decisão interlocutória. Dada a vedação do *bis in idem*, caso o juiz desacolha o pedido, não será possível formulá-lo em outra fase do processo **com os mesmos fundamentos e argumentos do pedido anterior, rejeitados pelo juiz**. Mas não haverá óbice que novo pedido seja formulado, desde que fundado em **fatos novos**, não apresentados e decididos no incidente anterior. Por exemplo, pode ocorrer que, na fase de conhecimento, o autor postule a desconsideração da personalidade jurídica, mas o juiz a rejeite, considerando que a empresa continua funcionando e que não há indícios de abuso ou má-fé. Mais tarde, o pedido poderá ser novamente formulado, desde que com novos fundamentos. Pode ser, v.g., que depois do julgamento do pedido anterior a empresa tenha irregularmente fechado as portas, ou tenha se iniciado um processo de confusão patrimonial com os sócios que, apurado, dará ensejo à desconsideração. Se o juiz desacolher a pretensão, o suscitante será condenado a ressarcir eventuais despesas a que tenha dado causa e os honorários advocatícios do suscitado.

3 ■ Da Intervenção de Terceiros

Se o juiz acolher o pedido de desconsideração, **o sócio não será transformado em codevedor, não se transformará em litisconsorte passivo da pessoa jurídica**. Mas, quando se chegar à fase executiva (se o requerimento tiver sido formulado em fase anterior), caso se constate que a empresa não tem recursos para cumprir a obrigação, será dado ao credor solicitar a **penhora de bens do sócio**, a quem foi anteriormente estendida a responsabilidade patrimonial. Realizada a penhora, o sócio poderá valer-se dos meios de defesa próprios da execução, seja a impugnação, quando se tratar de cumprimento de sentença, sejam os embargos de devedor. Se não tiver havido prévio incidente, o juiz não deverá estender a responsabilidade patrimonial ao sócio, devendo indeferir eventual pedido de que bens dos sócios ou da pessoa jurídica (no caso da desconstituição inversa) venham a ser constritos (art. 795, § 4.º).

Mesmo que a desconsideração, direta ou inversa, seja deferida, pode o sócio exigir que **antes sejam excutidos os bens da sociedade para só então serem atingidos os dele** (art. 795, § 1.º). A mesma regra aplica-se no caso de desconsideração inversa. Mas, para que ele exerça esse direito, é preciso que indique bens da sociedade, situados na mesma Comarca, livres e desembargados, suficientes para pagamento do débito (art. 795, § 2.º). Como o sócio não é codevedor, mas responsável, se ele pagar a dívida, poderá executar a sociedade nos mesmos autos (art. 795, § 3.º). Em virtude dessas regras, se o juiz desconsiderar a personalidade jurídica da empresa na fase de conhecimento e se até a fase de cumprimento de sentença a sociedade amealhar patrimônio suficiente para fazer frente ao débito, bastará ao sócio que nomeie à penhora os bens desse patrimônio, exigindo que eles sejam penhorados antes dos seus.

Estabelece ainda o art. 137 do CPC que, "Acolhido o pedido de desconsideração, a alienação ou a oneração de bens, havidos em fraude de execução, será ineficaz em relação ao requerente". A redação não é das melhores, já que o artigo não deixa claro de quem seriam os bens havidos em fraude. Parece-nos que o dispositivo deve ser interpretado no sentido de que somente após a desconsideração da personalidade jurídica é que a alienação de bens do responsável patrimonial (sócio, no caso da desconsideração direta ou pessoa jurídica no caso da inversa) poderá ser havido em fraude à execução. Mas não bastará a desconsideração para que tal ocorra, sendo ainda necessária a prova de má-fé do adquirente, observada a Súmula 375 do Superior Tribunal de Justiça.

7.4.5. A desconsideração da personalidade jurídica requerida na inicial (art. 134, § 2.º)

O autor poderá requerer a desconsideração da personalidade jurídica não como incidente, mas na própria petição inicial, caso em que não haverá intervenção de terceiros, pois o sócio (ou pessoa jurídica no caso da desconsideração inversa) será incluído como réu na petição inicial e figurará como parte, e não como terceiro interveniente.

Sendo essa a opção do autor, ele não deve incluir o sócio na condição de codevedor. A inicial deve deixar claro que o débito é da empresa e que a pretensão de cobrança está direcionada contra ela. **O que se pretende em relação ao sócio não é a sua condenação ao pagamento do débito, mas o reconhecimento de que ele é responsável patrimonial**, uma vez que estão preenchidos os requisitos do direito material para a desconsideração da personalidade jurídica. Serão dois os pedidos formulados na inicial: **o**

224 Direito Processual Civil Esquematizado   *Marcus Vinicius Rios Gonçalves*

condenatório, de cobrança, dirigido contra o devedor; e o de **extensão da responsabilidade patrimonial**, direcionado contra o sócio e fundado no preenchimento dos requisitos do art. 50 do Código Civil ou do art. 28 do CDC. Se o autor direcionar o pedido de cobrança contra a empresa e o sócio, embora o débito só tenha sido contraído pela primeira, o juiz deverá determinar a emenda da inicial, e se esta não for feita, deverá extinguir o processo em relação ao sócio, por ilegitimidade de parte.

O sócio será citado, na condição de corréu, para oferecer resposta no prazo de 15 dias (observado o art. 229 do CPC). Em sua contestação, deverá defender-se do pedido contra ele direcionado, isto é, o de extensão da responsabilidade patrimonial pelo débito da empresa.

Caso a desconsideração seja requerida na inicial, o processo não ficará suspenso e o juiz decidirá se cabe ou não a desconsideração na própria sentença. Se ele acolher o pedido de cobrança, condenará a sociedade ao pagamento do débito; e se acolher o pedido de desconsideração, estenderá a responsabilidade patrimonial ao sócio, cujos bens poderão ser penhorados na fase executiva, observadas as restrições do art. 795 do CPC, acima mencionadas, inclusive o benefício de ordem. Nesse caso, o recurso a ser utilizado pelo sócio, caso a desconsideração seja deferida, não será o agravo de instrumento, mas a **apelação**.

7.5. DO *AMICUS CURIAE*

7.5.1. Introdução

Entre as hipóteses de intervenção de terceiros, foi incluída a do *amicus curiae*. Antes da edição do CPC, já havia hipóteses, em nosso ordenamento jurídico, em que esse terceiro poderia intervir. O art. 543-A, § 3.º, do CPC de 1973 previa, por exemplo, a possibilidade de manifestação de terceiros na análise da repercussão geral pelo Supremo Tribunal Federal. A Lei que regulamenta as ações declaratórias de constitucionalidade e a lei que trata das ações diretas de inconstitucionalidade preveem tal possibilidade. Mas eram hipóteses específicas, em que havia expressa previsão legal autorizando a manifestação desse terceiro.

A novidade introduzida pelo CPC foi **a possibilidade genérica de admissão** dessa forma de intervenção de terceiros, desde que preenchidos os requisitos estabelecidos no *caput* do art. 138. Sem prejuízo dessa autorização geral, o CPC prevê especificamente a intervenção do *amicus curiae* em hipóteses específicas, como no incidente de arguição de inconstitucionalidade (art. 950, § 3.º), no incidente de resolução de demandas repetitivas (art. 983, § 1.º), na análise de repercussão geral (art. 1.035, § 4.º) e na análise de recursos repetitivos (art. 1.038, II).

A intervenção do *amicus curiae* é peculiar, porque **ele não intervém nem como parte, nem como auxiliar da parte, mas como verdadeiro auxiliar do juízo**.

7.5.2. Conceito

O *amicus curiae* é o terceiro que, conquanto não tenha interesse jurídico próprio, que possa ser atingido pelo desfecho da demanda em andamento, como tem o assistente simples, **representa um interesse institucional**, que convém seja manifestado no

3 ◼ Da Intervenção de Terceiros

processo para que, eventualmente, possa ser considerado quando do julgamento. Como ensina Cassio Scarpinella Bueno, "O que enseja a intervenção desse 'terceiro' em processo alheio é a circunstância de ser ele, de acordo com o direito material, um legítimo portador de um 'interesse institucional', assim entendido aquele interesse que ultrapassa a esfera jurídica de um indivíduo e que, por isso mesmo, é um interesse metaindividual. Um tal 'interesse institucional' autoriza o ingresso do 'amicus curiae' em processo alheio para que a decisão a ser proferida pelo magistrado leve adequada e suficientemente em consideração as informações disponíveis sobre os impactos e os contornos do que lhe foi apresentado para discussão"[2]. Nesse sentido, o *amicus curiae* funciona como um auxiliar do juízo porque, nas causas de maior relevância ou de maior impacto, ou que possam ter repercussão social, **permitirá que o Judiciário tenha melhores condições de decidir**, levando em consideração a manifestação dele, que figura como porta-voz de interesses institucionais, e não apenas de interesses individuais das partes.

O *amicus curiae* poderá ser uma **pessoa, um órgão ou entidade, que não tem interesse próprio na causa**, mas cujos interesses institucionais poderão ser afetados. Convém, pois, que seja ouvido, para que a decisão, proferida num litígio específico, não acabe afetando interesses gerais, que não puderam ser captados ou percebidos pelo julgador. É preciso que o terceiro tenha interesse na controvérsia, mas não o interesse jurídico que autoriza a assistência simples, e que exige relação jurídica com uma das partes, que possa ser afetada pela decisão. Seu papel é ser porta-voz de um interesse institucional, de cunho mais geral, que convém seja ouvido para que o julgamento possa ser aprimorado. Desse rápido contorno resultam os requisitos para que seja admitida a sua intervenção.

7.5.3. Requisitos para intervenção

Os requisitos genéricos são fixados pelo art. 138 do CPC e estão intimamente relacionados com o papel que o *amicus curiae* desempenha.

Os requisitos relativos ao tipo de demanda na qual ele poderá intervir são:

a) a relevância da matéria: a lei faz uso de termo vago, que se assemelha àquele exigido para que haja repercussão geral. O art. 1.035, § 5.º, reconhece a repercussão geral das causas que tenham relevância do ponto de vista econômico, político, social ou jurídico. A primeira hipótese que justifica a intervenção do *amicus curiae* é justamente a relevância, que pode ser também econômica, política, social ou jurídica. O que sobreleva é que a questão discutida **transcenda o mero interesse individual** das partes, para que se justifique a manifestação de um terceiro, que é portador de um interesse institucional;

b) a especificidade do tema objeto da demanda: é possível que o objeto da demanda exija conhecimentos particulares, específicos, que justifiquem a intervenção do *amicus curiae*. Aqui também ele intervirá como portador de um interesse institucional, quando a questão discutida, ainda que específica, transcenda o interesse das partes, sem o que não se justifica a intervenção;

---

[2] Cassio Scarpinella Bueno, *Partes e terceiros no processo civil brasileiro*, p. 204.

226 Direito Processual Civil Esquematizado   *Marcus Vinicius Rios Gonçalves*

c) a repercussão social da controvérsia: Essa hipótese mantém vinculação com as anteriores, sobretudo com a primeira, já que não pode ser considerada irrelevante uma controvérsia que tenha repercussão social. É preciso que essa repercussão mobilize um interesse institucional, do qual o *amicus curiae* seja portador.

Os requisitos relativos ao terceiro que intervenha como *amicus curiae* são:

a) que seja terceiro, não se podendo admitir quem a qualquer título já integra a lide;

b) pessoa natural ou jurídica, órgão ou entidade especializada: o art. 138, *caput*, afasta qualquer dúvida que pudesse ainda haver a respeito da possibilidade de a pessoa natural ser admitida como *amicus curiae*;

c) a representatividade adequada: é preciso que fique evidenciado o interesse institucional, do qual o *amicus curiae* seja portador, e a relação desse interesse com o objeto do processo.

7.5.4. Procedimento da intervenção

As particularidades do *amicus curiae* e de sua posição no processo explicam porque se trata da **única forma de intervenção de terceiros que pode ser determinada pelo juiz ou tribunal de ofício**. As outras, examinadas anteriormente, ou eram provocadas por alguma das partes, ou decorriam de requerimento voluntário do próprio terceiro. A intervenção do *amicus curiae* pode ser determinada de ofício. Mas também pode ser requerida pelas partes ou pelo próprio terceiro, que queira intervir nessa qualidade, demonstrando que preenche os requisitos do art. 138, *caput*. Deferida a intervenção, o que se fará por decisão irrecorrível do juiz ou do relator, o terceiro será intimado a manifestar-se no prazo de 15 dias.

A participação do *amicus curiae* consistirá basicamente em emitir uma manifestação, opinar sobre a matéria que é objeto do processo em que ele foi admitido. A manifestação não é, propriamente, no sentido de que o juízo acolha ou desacolha a ação. Ele opinará sobre a questão jurídica, suas repercussões e sua relação com o interesse institucional do qual ele é portador.

A intervenção do *amicus curiae* não poderá provocar nenhuma alteração de competência. Ainda que se trate de órgão ou entidade federal que intervenha em processo de competência da justiça estadual, a competência não se deslocará. Também não cabe a ele praticar atos processuais, além daquele relativo à sua manifestação. Por isso, ao contrário de um assistente simples que pode praticar, em regra, quase todos os atos processuais próprios das partes, desde que elas não se oponham, a intervenção do *amicus curiae* é restrita. É certo que o art. 138, § 2.º, estabelece que cabe ao juiz definir os poderes do *amicus curiae*. Mas essa disposição há de observar a posição dele no processo. O que o juiz definirá é a atuação dele no que concerne à sua manifestação, podendo delimitá-la ou estabelecer regras sobre a forma pela qual essa manifestação se dará. A lei lhe atribui a faculdade de recorrer apenas em duas situações: a) para opor embargos de declaração, isto é, não para manifestar inconformismo, mas apenas para solicitar integração, correção ou aclaramento da decisão; b) ou para insurgir-se contra a decisão que julgar o incidente de resolução de demandas repetitivas. Fora dessas duas hipóteses, ele não tem legitimidade recursal.

3 ▪ Da Intervenção de Terceiros

8. PANORAMA GERAL DAS DIVERSAS ESPÉCIES DE INTERVENÇÃO

TIPOS DE INTERVENÇÃO	ASSISTÊNCIA	INCIDENTE DE DESCONSIDERAÇÃO DA PERSONALIDADE JURÍDICA	AMICUS CURIAE	DENUNCIAÇÃO DA LIDE	CHAMAMENTO AO PROCESSO
QUEM PODE REQUERER	▪ A simples, o terceiro que tenha interesse jurídico na causa. A litisconsorcial, o substituído processual.	▪ Deve ser requerida pela parte ou pelo Ministério Público. O requerimento é feito pelo credor que queira estender a responsabilidade patrimonial a sócio, no caso de desconsideração direta ou pessoa jurídica, no caso da inversa.	▪ A terceiro que, não sendo titular de interesse próprio, discutido no processo, mas seja portador de um interesse institucional, poderá manifestar-se, trazendo ao julgador informações relativas à questão jurídica discutida, no sentido de se aprimorar o julgamento.	▪ O autor e o réu que tenham direito de regresso e que o queiram exercer no mesmo processo.	▪ O réu fiador ou devedor solidário.
A INICIATIVA DA INTERVENÇÃO	▪ É sempre do terceiro, que espontaneamente requer o seu ingresso em processo alheio.	▪ Forma de intervenção de terceiros provocada.	▪ Pode ser determinada de ofício pelo juiz, requerida por qualquer das partes, ou determinada a pedido do próprio terceiro.	▪ Intervenção provocada pelo autor ou pelo réu.	▪ Intervenção provocada pelo réu.
CABIMENTO	▪ Há duas formas de assistência: a simples e a litisconsorcial. A primeira cabe quando o terceiro tem relação jurídica com uma das partes, distinta daquela que está sendo discutida, mas que poderá ser afetada pela decisão. Em suma, quando o terceiro tem interesse jurídico. A litisconsorcial cabe quando há legitimidade extraordinária, pois quem pode figurar como tal é o substituído.	▪ Tem natureza de ação incidente, embora a lei se refira a ele como incidente. Cabe em qualquer fase do processo de conhecimento, no cumprimento de sentença ou em execução por título extrajudicial quando, preenchidas as exigências do direito material, a parte ou o Ministério Público quiserem estender a responsabilidade patrimonial por dívida a sócio ou pessoa jurídica, em decorrência do uso abusivo de pessoa jurídica para prejudicar credores.	▪ Cabe em razão da relevância da matéria discutida, da especificidade do tema objeto da demanda ou da repercussão social da controvérsia, quando se queira aprimorar o julgamento, colhendo manifestação de portador de interesse institucional, com representatividade adequada.	▪ Tem natureza da ação e serve para o exercício do direito de regresso, nos casos de risco de evicção e quando houver direito de regresso decorrente de lei ou de contrato.	▪ Cabe quando o credor demanda apenas o fiador, que chama ao processo o devedor principal; ou apenas um deles, que chamará ao processo os demais; ou um dos devedores solidários, que fará o chamamento dos restantes. Cabe, ainda, na hipótese do art. 1.698 do Código Civil, em que o devedor de alimentos pode acionar os coobrigados ou devedores imediatos.

TIPOS DE INTERVENÇÃO	ASSISTÊNCIA	INCIDENTE DE DESCONSIDERAÇÃO DA PERSONALIDADE JURÍDICA	AMICUS CURIAE	DENUNCIAÇÃO DA LIDE	CHAMAMENTO AO PROCESSO
EFEITOS	▪ O assistente simples que for admitido será atingido pela justiça da decisão, salvo se ingressar em fase tão avançada ou tiver a sua atuação de tal forma cerceada, que não puder influir no resultado. Aquele que pode intervir como assistente litisconsorcial será atingido pela coisa julgada, intervindo ou não.	▪ Acolhido o incidente, haverá a possibilidade de, na execução, ser atingida a esfera patrimonial do sócio ou da pessoa jurídica, a quem foi estendida a responsabilidade.	▪ O *amicus curiae* emitirá uma manifestação ou opinará a respeito da questão jurídica posta em juízo e da repercussão sobre o interesse institucional de que ele é portador para que o julgador tenha mais elementos sobre o tema no momento de julgar.	▪ Se a denunciação da lide é feita pelo réu, em caso de procedência, cumprirá ao juiz verificar se ele tinha ou não direito de regresso em face do denunciado. Mas, em caso de improcedência, a denunciação ficará prejudicada e deverá ser extinta sem resolução de mérito. Se requerida pelo autor, caso a ação principal seja procedente, a denunciação ficará prejudicada.	▪ Em caso de procedência, chamante e chamado serão condenados. Na fase executiva, o credor poderá cobrar de qualquer um deles, salvo se se tratar de fiador com benefício de ordem, que pode exigir primeiro a excussão de bens do devedor principal. O que pagar integralmente a dívida, sub-roga-se nos direitos do credor.
PARTICULA-RIDADES	▪ O assistente simples não é titular da relação discutida em juízo, mas de uma relação com ela interligada. Por isso, não tem os mesmos poderes que a parte, já que esta pode vetar os atos do assistente que não lhe convenham. Já o assistente litisconsorcial é verdadeiro litisconsorte facultativo unitário ulterior, tendo os mesmos poderes que o litisconsorte unitário. Apenas passa a integrar o processo na fase em que se encontra quando do seu ingresso.	▪ Não pode haver confusão entre o objeto da ação e o objeto do pedido de desconsideração. As pretensões são distintas. O acolhimento da desconsideração não transforma o sócio ou a pessoa jurídica em codevedores, mas apenas estende a eles a responsabilidade patrimonial, o que significa que, se na fase de execução, não forem encontrados bens do devedor para fazer frente ao débito, o juiz poderá autorizar a penhora de bens do sócio ou da empresa responsabilizada.	▪ É forma de intervenção de terceiros muito particular, porque o terceiro não figurará como parte nem como auxiliar da parte, mas como auxiliar do juízo. Por isso, sua intervenção fica limitada à emissão de manifestação ou opinião sobre determinada questão jurídica que lhe é apresentada.	▪ Tem predominado o entendimento de que não cabe a denunciação da lide quando ela introduza um fundamento fático novo, que exija a produção de provas que não seriam necessárias sem a denunciação. Afinal, ela não pode prejudicar o adversário do denunciante, a quem o direito de regresso não diz respeito. Por isso, tem-se indeferido a denunciação da Fazenda ao funcionário público, quando aquela estiver fundada em responsabilidade objetiva e esta apontar culpa do funcionário, que exija provas.	▪ Havia importante controvérsia a respeito da posição dos chamados ao processo, pois há corrente doutrinária que sustenta que eles não figurariam como litisconsortes, mas formariam uma nova relação, desta feita entre os chamantes e os chamados. Tal corrente, conquanto respeitável, não foi acolhida pelo nosso ordenamento jurídico, tendo em vista o art. 131, que estabelece que os chamados serão litisconsortes do chamante.

TIPOS DE INTERVENÇÃO	ASSISTÊNCIA	INCIDENTE DE DESCONSIDERAÇÃO DA PERSONALIDADE JURÍDICA	AMICUS CURIAE	DENUNCIAÇÃO DA LIDE	CHAMAMENTO AO PROCESSO
PROCEDIMENTO	▪ A assistência pode ser requerida em qualquer fase de processo e grau de jurisdição, mas o assistente tomará o processo no estado em que se encontra. O juiz ouvirá as partes e se houver impugnação, no prazo de quinze dias, decidirá o incidente, sem suspensão do processo.	▪ A desconsideração pode ser requerida já na inicial. Mas nesse caso não haverá intervenção de terceiro, mas ação contra o sócio ou pessoa jurídica, para que o juiz lhes reconheça a responsabilidade. Quando se tratar de intervenção, o sócio ou pessoa jurídica deverá ser citado, para manifestar-se e requerer as provas cabíveis no prazo de 15 dias. O juiz colherá as provas que entender necessárias e decidirá o incidente. Contra a decisão cabe agravo de instrumento.	▪ O juiz de ofício ou a requerimento das partes ou do terceiro admitirá a intervenção por decisão irrecorrível e intimará o *amicus curiae* a manifestar-se, definindo os seus poderes. O *amicus curiae* não pode recorrer, exceto para opor embargos de declaração, ou contra decisão que julgar incidente de resolução de demandas repetitivas.	▪ Feita pelo réu, deve ser apresentada no prazo de contestação. O juiz mandará citar o denunciado que poderá apresentar contestação. Formar-se-á um litisconsórcio em face da parte contrária (embora exista corrente que defenda a existência de assistência simples). Ao final, será proferida sentença conjunta. Se for feita pelo autor, deve ser requerida na inicial. O juiz mandará citar o denunciado, que poderá acrescentar novos argumentos à inicial (pedido principal) e contestar a denunciação.	▪ É sempre requerido pelo réu, no prazo de resposta, entre o chamante e os chamados, formar-se um litisconsórcio facultativo simples. O chamamento não é obrigatório e o réu que não o fizer poderá cobrar o que lhe é devido em ação autônoma. No entanto, sem o chamamento, o fiador perde o benefício de ordem.

9. QUESTÕES

4

DA INTERVENÇÃO DO MINISTÉRIO PÚBLICO NO PROCESSO CIVIL

1. INTRODUÇÃO

O Ministério Público foi incluído na CF entre as **funções essenciais à justiça**, incumbido da defesa da ordem pública, do regime democrático e dos interesses sociais e individuais indisponíveis (art. 127).

O § 1.º do art. 127 da CF consagra como seus princípios institucionais a:

- **unidade**;
- **indivisibilidade**;
- **independência funcional**.

Apesar de uno e indivisível, exerce a sua função por numerosos órgãos, que abrangem o MP Federal, o MP do Trabalho, o MP militar, o MP do Distrito Federal e dos Territórios e os MPs Estaduais.

O art. 129 da CF enumera quais são as suas atribuições constitucionais. Para nós, interessa a intervenção do Ministério Público no processo civil, regulamentada pelos arts. 177 a 181 do CPC.

Os arts. 177 e 178 mostram que ele pode atuar em um processo em duas qualidades: **como parte ou fiscal da ordem jurídica**. Cada uma delas será examinada nos itens seguintes.

2. O MINISTÉRIO PÚBLICO COMO PARTE

O membro do Ministério Público tem capacidade postulatória e pode propor ações no âmbito de suas atribuições. O art. 129, III, da CF autoriza o *Parquet* a "promover o inquérito civil e a ação civil pública, para a proteção do patrimônio público e social, do meio ambiente e de outros interesses difusos e coletivos".

As ações que versam sobre tais interesses estão no âmbito direto de atribuição do Ministério Público. Não há necessidade de lei que o autorize, porque a atribuição decorre diretamente da Constituição Federal. No âmbito da defesa do consumidor, a legitimidade ativa do Ministério Público para a defesa dos interesses difusos, coletivos e individuais homogêneos é reconhecida, ainda quando se trate de prestação de serviços públicos, nos termos da Súmula 601 do STJ.

A legitimidade para a propositura de ações coletivas vem regulamentada em especial na Lei da Ação Civil Pública (Lei n. 7.347/94) e no Código de Defesa do

Consumidor (Lei n. 8.078/90). E ações individuais, ou que versem sobre interesses disponíveis? Poderia o Ministério Público ajuizá-las? Por exemplo: poderia propor a ação civil *ex delicto*, prevista no art. 68 do Código de Processo Penal, para postular indenização em favor da vítima de delito que seja pobre?

O Supremo Tribunal Federal decidiu que a atribuição para propor ação civil *ex delicto* foi transferida, pela CF, para a Defensoria Pública. Contudo, onde ela ainda não existir, ou quando a sua atuação ainda não for suficiente para dar conta dos casos, o Ministério Público continuará legitimado.

Nesse sentido: "Legitimidade 'ad causam' — Ação civil de reparação de danos 'ex delicto' — Interposição pelo Ministério Público — Admissibilidade se o órgão da Defensoria Pública não foi implementado nos moldes do art. 134, da CF e LC 80/94 — Vigência do art. 68 do CPP enquanto não viabilizada pela transferência constitucional de atribuições" (*RT* 755/169). No mesmo sentido *RT* 804/178.

Mas mesmo depois da promulgação da CF de 1988, leis especiais outorgaram legitimidade ao MP para o ajuizamento de ações individuais, como a Lei n. 8.560/92, que lhe permite propor, na qualidade de legitimado extraordinário, ações de investigação de paternidade. Não há inconstitucionalidade, porque o art. 129, IX, da CF permite que a lei lhe confira outras atribuições, desde que compatíveis com a sua finalidade. Além da investigação de paternidade, ele tem legitimidade para postular nulidade de casamento (CC, art. 1.549), extinção de fundação (art. 69), nulidade de ato simulado em prejuízo de norma de ordem pública (CC, art. 168) e suspensão e destituição do poder familiar (CC, art. 1.637). E o Superior Tribunal de Justiça reconhece a legitimidade do Ministério Público para o ajuizamento de ação de alimentos em favor de incapazes:

> "DIREITO PROCESSUAL CIVIL. LEGITIMIDADE DO MINISTÉRIO PÚBLICO PARA AJUIZAR AÇÃO DE ALIMENTOS EM PROVEITO DE CRIANÇA OU ADOLESCENTE. RECURSO REPETITIVO (ART. 543-C DO CPC E RES. 8/2008-STJ).
>
> O Ministério Público tem legitimidade ativa para ajuizar ação de alimentos em proveito de criança ou adolescente, independentemente do exercício do poder familiar dos pais, ou de o infante se encontrar nas situações de risco descritas no art. 98 do Estatuto da Criança e do Adolescente (ECA), ou de quaisquer outros questionamentos acerca da existência ou eficiência da Defensoria Pública na comarca" (REsp 1.265.821/BA e REsp 1.327.471/MT, 2.ª Seção, Rel. Min. Luis Felipe Salomão, julgados em 14.05.2014).

A questão pacificou-se com a edição da Súmula 594 do STJ, que estabelece: "O Ministério Público tem legitimidade ativa para ajuizar ação de alimentos em proveito de criança ou adolescente independentemente do exercício do poder familiar dos pais, ou do fato de o menor se encontrar nas situações de risco descritas no art. 98 do Estatuto da Criança e do Adolescente, ou de quaisquer outros questionamentos acerca da existência ou eficiência da Defensoria Pública na comarca".

2.1. O MINISTÉRIO PÚBLICO COMO PARTE E OS HONORÁRIOS ADVOCATÍCIOS

Há controvérsia quanto à possibilidade de haver condenação da Fazenda Pública em honorários de sucumbência, quando o Ministério Público for vencido. Parece-nos que, conquanto respeitáveis as opiniões contrárias, **nem o Ministério Público nem a Fazenda respondem por honorários advocatícios, quando aquele for vencido nas ações coletivas que propuser.** É o que tem decidido o Superior Tribunal de Justiça, ressalvada a hipótese de litigância de má-fé, diante do que dispõem os arts. 17, 18 e 19 da Lei da Ação Civil Pública. Nesse sentido, REsp 403.599/PR, Rel. Min. Eliana Calmon, REsp 261.593/SP, Rel. Min. Garcia Vieira. Mais recentemente, o acórdão no AgRg no Ag 1.304.896/MG, Rel. Min. Mauro Campbell Marques, julgado em 22 de março de 2011, com ampla indicação de precedentes. No caso de ações individuais, que se processam na forma do CPC, o Ministério Público também não responderá no caso de ser vencido, mas será aplicável o art. 181 do CPC: "O membro do Ministério Público será civil e regressivamente responsável quando agir com dolo ou fraude no exercício de suas atribuições".

Em contrapartida, e observada a simetria entre os litigantes, **se vencedor o Ministério Público, também não receberá honorários advocatícios**.

3. O MINISTÉRIO PÚBLICO COMO FISCAL DA ORDEM JURÍDICA

A outra qualidade em que o Ministério Público pode intervir no Processo Civil é a de **fiscal da ordem jurídica**.

O art. 178 do CPC enumera em três incisos, em um rol apenas exemplificativo, quais são as hipóteses:

■ **Quando houver interesse público ou social.** O interesse público a que alude o dispositivo não se confunde com o interesse de pessoa jurídica de direito público. A qualificação de um interesse como público deve levar em conta a sua natureza, e não apenas o seu titular. Por interesse público deve-se entender todo aquele que esteja no âmbito das atribuições constitucionais do Ministério Público, elencadas no art. 129 da CF, bem como eventuais outros que, no caso concreto, possam demonstrar que a relevância da questão discutida justifique a sua participação. Por isso, o parágrafo único do art. 178 estabelece que a participação da Fazenda Pública, por si só, não configura hipótese de intervenção do Ministério Público.

■ **Quando houver interesse de incapazes.** Não importa se a incapacidade é absoluta ou relativa. Também não é necessário que já tenha sido declarada por sentença: caso se verifique que pessoa, apesar de maior, aparenta não estar em condições de gerir seus interesses, apresentando indícios de incapacidade, a intervenção far-se-á necessária. Também não há necessidade de que o incapaz seja parte — autor ou réu — bastando que seus interesses possam ser atingidos, como ocorre quando a parte é o espólio, mas entre os herdeiros há incapazes.

■ **Nas ações que envolvam litígios coletivos pela posse da terra rural e urbana.** O dispositivo encontra correspondência com o art. 565, § 2.º, que trata das ações possessórias em que há litígio coletivo pela posse de imóvel rural. Nessas ações, o Ministério Público deve intervir. No CPC de 1973, tal exigência existia apenas quando o litígio versasse sobre imóvel rural. O CPC atual estendeu a exigência também para o litígio sobre imóvel urbano.

Um exame dessas hipóteses permite distinguir duas categorias: aquelas em que a intervenção ministerial é justificada pelo objeto discutido no processo; e aquelas em que o é pela qualidade de uma das partes. **Por isso, parcela da doutrina faz a distinção entre a intervenção ministerial como efetivo fiscal da ordem jurídica, o que ocorreria na primeira e terceira hipótese; e como auxiliar da parte, o que ocorreria na segunda.**

Quando fiscal da ordem jurídica, a atuação do Ministério Público será absolutamente imparcial, pois a sua preocupação será a defesa da lei, ou do interesse público ou social que subjaz ao objeto do processo.

No segundo caso, na intervenção em razão da qualidade da parte, a posição do Ministério Público é um pouco mais complicada. Cumpre-lhe verificar se o incapaz está sendo defendido adequadamente, cabendo-lhe tomar as providências para assegurar a igualdade (isonomia) entre o litigante incapaz e os demais litigantes. **Mas isso não vai ao ponto de o Ministério Público ter-se de manifestar em favor dos interesses do incapaz, quando verificar que eles contrariem a lei, ou que o direito que ele invoca não existe.**

O Superior Tribunal de Justiça tem decidido que "a atuação do Ministério Público não está subordinada aos interesses dos incapazes, sendo que não se pode falar em nulidade quando a manifestação do 'Parquet' é contrária ao interesse dos menores, pois o seu dever é manifestar-se segundo o direito" (*RT* 807/266).

3.1. CONSEQUÊNCIAS DA FALTA DE INTERVENÇÃO DO MINISTÉRIO PÚBLICO COMO FISCAL DA ORDEM JURÍDICA

Quando for obrigatória a intervenção do Ministério Público como fiscal da ordem jurídica e ele não for intimado, **haverá nulidade do processo**, que ensejará até mesmo o ajuizamento de ação rescisória (art. 967, III, *a*, do CPC).

Mas é preciso fazer uma distinção. Quando ele intervém em razão do objeto do processo, há presunção absoluta de prejuízo e será reconhecida a nulidade, na forma do art. 279 do CPC. Mas se a intervenção era justificada em razão da qualidade da parte, a **nulidade ficará condicionada a que ela tenha sofrido algum tipo de prejuízo**. Não se declarará a nulidade, se a parte em razão da qual o *Parquet* deveria ter intervindo for vitoriosa. Nesse sentido, "não se declara a nulidade, por falta de audiência do MP, se o interesse dos menores se acha preservado, posto que vitoriosos na demanda" (REsp 26.898-2/SP, Rel. Dias Trindade, *DJU* 30.10.1992).

4. ASPECTOS PROCESSUAIS DA INTERVENÇÃO DO MINISTÉRIO PÚBLICO

O Ministério Público tem prazo em dobro para manifestar-se nos autos (art. 180, *caput*, do CPC), salvo nos casos em que a lei estabelecer, de forma expressa, prazo próprio para a manifestação (art. 180, § 2.º). Essa prerrogativa independe da qualidade em que ele intervenha: seja parte ou fiscal da ordem jurídica, há o benefício do prazo maior. A intimação do órgão do *Parquet* é sempre **pessoal**, devendo-se observar o disposto no art. 270, parágrafo único, do CPC.

Quando intervém como fiscal da ordem jurídica, ele terá vista dos autos depois das partes, podendo produzir provas, requerer as medidas processuais pertinentes e recorrer (CPC, art. 179).

5. PROCEDIMENTO DA INTERVENÇÃO MINISTERIAL

Só haverá necessidade de atuação de um membro do *Parquet* no processo, ainda que haja várias causas de intervenção. Se a ação foi proposta por ele, não há necessidade de que outro membro atue como fiscal da ordem jurídica. Tampouco de atuação de dois promotores se houver dois incapazes, cada qual num dos polos da ação.

Quando não seja ele que proponha a ação, cumpre ao juiz, verificando a necessidade de intervenção ministerial, abrir-lhe vista para que se manifeste. O promotor pode deixar de manifestar-se, alegando que não tem interesse no processo e que não estão presentes os requisitos para a sua intervenção. Caso o juiz não se conforme, poderá, valendo-se do art. 28 do CPP, determinar a remessa dos autos ao Procurador-Geral de Justiça, a quem caberá decidir se há ou não interesse. Se entender que há, designará outro promotor, para que se manifeste; se entender que não, o Ministério Público não intervirá naquele processo, mas não poderá requerer, posteriormente, eventual nulidade por sua não participação.

Pode ocorrer o contrário: que o promotor queira intervir, peticione ao juiz para que o autorize, e o juiz indefira, argumentando que não há interesse. Cumpre ao promotor, inconformado, recorrer dessa decisão, cabendo ao órgão *ad quem* dar a solução.

6. QUESTÕES

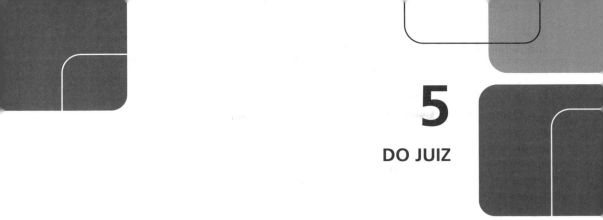

5
DO JUIZ

1. INTRODUÇÃO

O CPC dedica os arts. 139 a 148 ao juiz, tratando dos seus poderes, deveres e responsabilidades. Cuida, ainda, da **suspeição e do impedimento**.

O juiz não se confunde com o juízo. Este é o órgão jurisdicional competente para julgar determinada causa, enquanto aquele é a pessoa a quem é atribuída a função jurisdicional. Há juízos que são integrados por dois ou mais juízes, e um mesmo juiz pode, eventualmente, exercer suas funções — ao menos temporariamente — em mais de um juízo.

Cumpre ao juiz dirigir o processo. No exercício dessa função, deve agir com impessoalidade e imparcialidade, estabelecendo a comunicação necessária com os demais sujeitos, o autor e o réu. Será o juiz quem, depois de verificar as questões preliminares, **decidirá o pedido, ponderando as informações trazidas pelas partes**. Ao fazê-lo, deve agir de maneira substancialmente imparcial, aplicando a lei ao caso concreto, para solucionar o conflito de interesses.

A condução do processo não é feita de acordo com critérios de conveniência e oportunidade do juiz. **Não há discricionariedade judicial:** cumpre-lhe, com o apoio de seus auxiliares, fazer executar as regras da lei processual.

A imparcialidade é garantia do jurisdicionado e decorrência do princípio do juiz natural, que impede que as partes possam escolher o juiz da causa. Este deve ser identificado de acordo com **regras previamente existentes no ordenamento jurídico**.

Além da garantia do juiz natural, o CPC enuncia hipóteses em que o juiz da causa será impedido ou suspeito (arts. 144 e 145). O afastamento do juiz em tais condições é medida eminentemente preventiva, que visa assegurar que ele se mantenha equidistante dos litigantes. Não terá isenção de ânimo o juiz que tiver vínculos objetivos ou subjetivos com um dos litigantes, seus advogados, ou cujos próprios interesses possam ser afetados pela solução da demanda. A lei distingue entre impedimento e suspeição porque reconhece a existência de dois níveis de potencial perda de imparcialidade. **No impedimento, a participação do juiz é vedada, porque é mais intensa ou mais direta a sua ligação com o processo, havendo um risco maior de perda de parcialidade**; na suspeição, conquanto conveniente que ele se afaste, o risco é menor, razão pela qual, ainda que presentes as hipóteses, **se nenhuma das partes reclamar e o juiz de ofício não pedir a sua substituição, o processo será por ele julgado**, sem que, com isso, se verifiquem nulidades processuais.

2. IMPEDIMENTO DO JUIZ

O impedimento, mais do que a suspeição, traz risco grave à imparcialidade do juiz, que conduz o processo. Por isso, verificadas as hipóteses, deve se afastar, transferindo **de ofício** a condução do processo a outro. Se não o fizer, as partes poderão requerer tal substituição. Se ninguém o fizer, e o processo prosseguir, sendo prolatada sentença, haverá **nulidade absoluta, que ensejará a propositura de ação rescisória**, nos termos do art. 966, II, do CPC. O impedimento é, pois, uma objeção processual, que deve ser conhecida de ofício e a qualquer tempo e que impõe a substituição do juiz naquele processo em que o problema se verifica. O impedimento, tal como a suspeição, refere-se sempre à atuação do juiz **em determinado processo**. Seu reconhecimento implica o afastamento daquele processo, não dos demais.

As causas de impedimento são sempre objetivas, e, portanto, de mais fácil demonstração do que as de suspeição, de cunho pessoal, nem sempre de fácil constatação ou demonstração.

Tanto as causas de impedimento quanto as de suspeição aplicam-se a juízes singulares ou de órgãos colegiados, em qualquer instância.

As causas de impedimento são:

■ Ter intervindo como mandatário da parte, oficiado como perito, funcionado como órgão do Ministério Público ou prestado depoimento como testemunha.

■ Ter participado dele em outro grau de jurisdição, nele proferindo decisão.

■ No processo, funcionar, como defensor público, advogado ou membro do Ministério Público o seu cônjuge ou companheiro ou qualquer parente seu, consanguíneo ou afim, em linha reta, ou na linha colateral até o terceiro grau, inclusive. Nesse caso, o impedimento do juiz só se dará quando o defensor público, o advogado ou o membro do Ministério Público já estiverem atuando na causa. Caso contrário, se o juiz estiver na condução do processo anteriormente, quem ficará impedido de participar dele será o advogado, o defensor público ou o membro do Ministério Público.

■ Figurar como parte no processo o próprio juiz, seu cônjuge ou companheiro, parente, consanguíneo ou afim, em linha reta ou na colateral até o terceiro grau, inclusive.

■ Figurar o juiz como sócio ou membro de direção ou de administração de pessoa jurídica parte no processo.

■ Ser herdeiro presuntivo, donatário ou empregador de qualquer das partes.

■ Figurar como parte instituição de ensino com a qual tenha relação de emprego ou decorrente de contrato de prestação de serviço.

■ Figurar como parte cliente do escritório de advogado de seu cônjuge, companheiro ou parente, consanguíneo ou afim, em linha reta ou colateral, até terceiro grau, inclusive, mesmo que patrocinado por advogado de outro escritório (essa hipótese foi declarada inconstitucional pelo STF, no julgamento da ADI 5.953. Isso não significa que o julgador esteja autorizado a decidir causa em que algum parente seu atue como advogado, já que persiste a vedação do art. 144, inciso III e § 3.º, do CPC. O que se decidiu foi para considerar inválida uma norma que já não era aplicada, por inviável, que estendia o impedimento a causas patrocinadas por outros advogados do escritório em que tais parentes trabalham, já que isso exige do julgador conhecer, de antemão, todos os clientes do escritório em que atuam seus parentes.

■ Promover ação contra a parte ou seu advogado.

Todas essas hipóteses são comprováveis por documento e facilmente constatáveis. Se o juiz não reconhecer de ofício o impedimento, qualquer das partes poderá suscitá-lo por meio de petição, que será remetida à instância superior, a quem caberá decidir e fixar o momento a partir do qual o juiz não poderia ter atuado. **Os atos decisórios praticados por juiz impedido serão nulos, independentemente de prova de prejuízo.**

3. SUSPEIÇÃO

A suspeição põe em risco a imparcialidade do juiz, mas com menos gravidade do que o impedimento. Por isso, se o processo for conduzido por um juiz suspeito, **sem que ele o reconheça nem as partes reclamem, não haverá vício ou nulidade**. Ao contrário do impedimento, que exige que o juiz se afaste da causa, sob pena de nulidade absoluta e até mesmo ação rescisória, a suspeição não impõe tal exigência, nem caberá ação rescisória nela fundada.

Presentes as hipóteses de suspeição, **o juiz pode tomar a iniciativa de pedir a sua substituição no processo, e, se não o fizer, qualquer das partes pode, por meio de petição, invocar a suspeição e formular o pedido, que será apreciado pela superior instância**. Reconhecida a suspeição, os atos praticados pelo juiz quando já presentes as suas causas serão reputados nulos.

As causas de suspeição estão previstas no art. 145 do CPC. A suspeição reputa-se fundada quando:

■ o juiz for amigo íntimo ou inimigo de qualquer das partes ou seus advogados;

■ alguma das partes for credora ou devedora do juiz, de seu cônjuge ou companheiro ou de parentes destes, em linha reta ou colateral até o terceiro grau, inclusive;

■ receber presentes de pessoas com interesse na causa antes ou depois de iniciado o processo, aconselhar alguma das partes acerca do objeto da causa ou subministrar meios para atender às despesas do litígio;

■ ele for interessado no julgamento da causa em favor de uma das partes;

■ por razões de foro íntimo.

Em todas essas hipóteses há o risco de que o juiz não consiga manter a imparcialidade. Mas o perigo é menor do que nos casos de impedimento. Nestes, é vedado ao juiz permanecer na condução do processo, e se ele o fizer, haverá nulidade alegável até em ação rescisória. Na suspeição, como o risco é menor, se nenhuma das partes suscitar a suspeição e se o juiz de ofício não tomar a iniciativa de transferir a condução do processo ao seu substituto, não haverá nulidade. Se o juiz não toma a iniciativa, cumpre às partes avaliar se confiam em que ele mantenha a sua imparcialidade, apesar da suspeição, ou se não confiam, caso em que deverão suscitá-la. Não o fazendo no prazo de quinze dias, a contar da data em que têm ciência dos fatos geradores, a matéria tornar-se-á preclusa para elas, que não mais poderão reclamar do juiz, **o que não impede que ele, não se sentindo à vontade na condução do processo, possa de ofício dar-se por suspeito e pedir a sua substituição**.

Caso as partes suscitem o impedimento ou suspeição, o juiz pode espontaneamente afastar-se. Se não o fizer, apresentará as suas razões e enviará a exceção à Superior Instância, para que a aprecie.

4. INCIDENTE DE IMPEDIMENTO E SUSPEIÇÃO

Como visto no item acima, as causas de impedimento são muito mais graves que as de suspeição. Ambas podem ser reconhecidas de ofício pelo juiz, mas **somente o impedimento gerará nulidade absoluta, capaz de ensejar posterior ajuizamento de ação rescisória**.

O impedimento não preclui nem para as partes, nem para o juiz, podendo ser alegado a qualquer tempo; já a suspeição, se não alegada no prazo, preclui para as partes, mas não para o juiz, que de ofício e a qualquer tempo poderá reconhecê-la.

É preciso distinguir: o impedimento pode ser alegado a qualquer tempo, mas o incidente de impedimento deve ser suscitado por petição apresentada no prazo de quinze dias, a contar da ciência de sua causa. Ultrapassado esse prazo, o impedimento ainda pode ser alegado, mas não mais como incidente em separado, que pode suspender o processo, caso o relator lhe atribua esse efeito.

A arguição de suspeição e de impedimento pode ser **feita tanto pelo autor quanto pelo réu**. A petição será dirigida ao juiz da causa e deverá ser fundamentada, com a indicação das razões pelas quais a parte entende que o juiz não é imparcial. Ela poderá ser instruída com documentos e conter rol de testemunhas. Deve indicar com clareza qual o juiz impedido ou suspeito, **uma vez que a parcialidade não é do juízo, mas de determinado juiz**. Tem prevalecido o entendimento de que não há necessidade de procuração com poderes especiais, para que o advogado possa suscitá-la.

A peculiaridade desse incidente é que o suscitado não será **a parte contrária, mas o próprio juiz da causa**. O adversário do suscitante no processo nem sequer se manifesta.

Apresentada a petição, o juiz da causa poderá adotar uma entre duas posturas possíveis: reconhecer a causa de impedimento ou suspeição, passando a condução do processo ao seu substituto automático, caso em que a petição não será remetida à apreciação da instância superior, não cabendo recurso **da decisão do juiz que se reconheceu impedido ou suspeito**; ou, então, negar a causa de impedimento ou suspeição que lhe é imputada. Nesse caso, mandará autuar a petição, apresentará as razões de sua negativa, no prazo de quinze dias, instruindo a sua manifestação com eventuais documentos e rol de testemunhas. Em seguida, enviará o incidente para órgão de superior instância competente para o seu julgamento. **Não cabe ao próprio juiz da causa decidir da sua imparcialidade, mas ao órgão do Tribunal ao qual está subordinado.** No Estado de São Paulo, isso compete à Câmara Especial do Tribunal de Justiça.

5 ■ Do Juiz   241

Uma das condutas descritas anteriormente terá de ser tomada; o juiz não pode, por exemplo, indeferir a inicial da arguição — ainda que por intempestividade ou desobediência à forma legal — porque não é ele quem a julga.

No Tribunal, o relator declarará se recebe o incidente com ou sem efeito suspensivo. Diante dos termos do art. 146, § 2.º, I, que diz que o processo voltará a correr se for negado efeito suspensivo, depreende-se que, desde o protocolo da petição em que se arguiu o impedimento ou suspeição, o processo terá ficado suspenso e assim permanecerá se o efeito suspensivo for deferido. Mas, se o relator negar efeito suspensivo, o processo, que desde a apresentação da petição estava suspenso, voltará a correr.

O órgão julgador, verificando que a alegação é improcedente, rejeitá-la-á. Se procedente, a acolherá e determinará a substituição do juiz, condenando-o ao pagamento das custas do incidente, desde que se trate de impedimento ou de manifesta suspeição. Caberá a esse mesmo órgão deliberar sobre o momento a partir do qual o juiz não podia mais ter atuado, decretando a nulidade dos atos praticados pelo juiz impedido ou suspeito. Havendo necessidade, antes de decidir, o Tribunal poderá colher as provas necessárias, designando audiência para ouvir as testemunhas arroladas.

Da decisão do Tribunal que acolher o incidente, caberá recurso do juiz, e da que não o acolher, caberá eventual recurso da parte. Se o fato causador do impedimento ou suspeição só vier à luz depois de prolatada a sentença, a medida adequada será recorrer dela, suscitando a sua nulidade, por ter sido proferida por juiz parcial. Mas se tiver já transitado em julgado, restará apenas, na hipótese de impedimento, propor ação rescisória.

5. PODERES E DEVERES DO JUIZ

O primeiro dos poderes-deveres atribuídos ao juiz é o da **direção do processo**. No exercício desse mister, não poderá agir a seu talante, cumprindo-lhe respeitar as diretrizes constitucionais e do próprio CPC.

O art. 139 enumera os cuidados que o juiz deve observar:

■ **Assegurar às partes igualdade de tratamento:** trata-se de corolário do princípio constitucional da isonomia na esfera do processo civil. A igualdade a que se refere a lei **não é apenas a formal, mas a substancial**. Por isso, o juiz não sacrificará a sua imparcialidade se, percebendo que uma das partes é mais fraca, ou não pode arcar com as despesas necessárias para a contratação de tantos advogados, ou que estes sejam tão especializados quanto os da parte contrária, tolerar certas imperfeições ou insuficiências, buscando com isso permitir que as partes lutem em paridade. Isso não significa que o juiz deva privilegiar uma das partes em detrimento da outra, mas tão-somente **levar em conta as diferenças econômicas, sociais e culturais, em busca de um equilíbrio não apenas formal, mas real**.

Além de a Constituição Federal impor ao legislador que observe o princípio da igualdade, quando da elaboração das leis, impõe também ao julgador que, no processo civil, promova a paridade dos litigantes.

■ **Velar pela duração razoável do processo:** esse preceito, que antes tinha estatura processual, foi elevado à categoria constitucional, pelo art. 5.º, LXXVIII, da

CF. Para respeitá-lo, deve o juiz, antes de tudo, cumprir os prazos que a lei lhe impõe. Conquanto sejam prazos impróprios, é dever funcional do juiz velar para que, salvo circunstâncias excepcionais, eles sejam respeitados. O mesmo zelo deve ser exigido dos seus auxiliares. Além disso, na condução do processo, cumpre-lhe impedir que aqueles que participam tentem se valer de medidas protelatórias, criar incidentes desnecessários ou requerer provas inúteis.

■ **Prevenir ou reprimir qualquer ato contrário à dignidade da justiça e indeferir postulações meramente protelatórias:** a busca da efetividade do processo fez com que o legislador munisse o juiz de uma variada gama de poderes destinados a prevenir ou reprimir os atos abusivos ou de má-fé que possam ser perpetrados no curso do processo. Entre eles, podem-se mencionar os indicados nos arts. 77, 80, 772 e 774 do CPC.

Deve, ainda, obstar a que as partes utilizem o processo com finalidades impróprias ou ilícitas, e a **colusão, que é o conluio entre as partes que visam utilizar o processo para fins ilícitos.** Se perceber que isso ocorre, deve tomar providências que frustrem os objetivos dos litigantes, aplicando-lhes a punição cabível (CPC, art. 142).

■ **Determinar todas as medidas indutivas, coercitivas, mandamentais ou sub-rogatórias necessárias para assegurar o cumprimento da ordem judicial, inclusive nas ações que tenham por objeto prestação pecuniária:** trata-se de poder atribuído ao juiz, destinado a que ele torne efetivo o cumprimento de suas decisões. A lei mune o juiz de poderes para impor a realização dos atos por ele determinados e das ordens dele emanadas. Embora o juiz possa se valer desse dispositivo em qualquer tipo de processo, já que em todos eles podem ser emitidas ordens ou determinações para cumprimento das partes, o dispositivo é de fundamental relevância nos processos de pretensão condenatória, seja na fase cognitiva, seja na fase de cumprimento de sentença e nas execuções. Os arts. 536, § 1.º, e 538, § 3.º, ambos do CPC, formulam um rol, meramente exemplificativo, das medidas coercitivas e sub-rogatórias que o juiz pode impor, para tornar efetivo o cumprimento de obrigação de fazer, não fazer ou entregar coisa: entre outras, multa, busca e apreensão, remoção de pessoas e coisas, desfazimento de obras e o impedimento de atividade nociva, podendo, caso necessário, requisitar o auxílio de força policial. Além disso, o art. 77, IV, impõe a todos os que participam do processo a obrigação de cumprir com exatidão as decisões jurisdicionais, de natureza provisória ou final, e não criar embaraços à sua efetivação, sob pena de praticar ato atentatório à dignidade da justiça, que permitirá ao juiz impor as sanções previstas no § 2.º do art. 77. O art. 139, IV, determina que as medidas estabelecidas para a efetivação das ordens judiciais se apliquem também às obrigações que tenham por objeto a prestação pecuniária, isto é, as obrigações por quantia. Como a lei não faz nenhuma ressalva, parece-nos que todas as medidas coercitivas ou sub-rogatórias previstas para as obrigações de fazer ou não fazer estendem-se às obrigações por quantia, inclusive a relativa ao pagamento de multa diária ("astreintes"), o que, de maneira geral, não era admitido na legislação anterior. Porém, a imposição de meios coercitivos, como a multa, nas obrigações por quantia deverá ser de aplicação excepcional ou subsidiária, quando os meios de sub-rogação não foram eficazes. Se o devedor tiver bens, o cumprimento da obrigação continuará sendo feito, primacialmente, com o arresto e a penhora deles para oportuna expropriação e pagamento do credor. Apenas nos casos em que os meios de sub-rogação não se mostrarem eficazes, porque o devedor oculta maliciosamente os bens ou causa embaraços ou dificuldades à sua constrição, o juiz poderá valer-se dos meios de coerção. Não faz sentido o juiz deles valer-se quando ficar evidenciado que o executado não oculta ou sonega bens, mas apenas não os possui.

Da leitura do art. 139, IV, resulta que a lei muniu o juiz de poderes para valer-se não apenas das medidas executivas típicas, expressamente previstas em lei, mas também de quaisquer outras, que se mostrem efetivas, para alcançar o resultado pretendido. Mas a esse poder deve contrapor-se a necessidade de observar o princípio da proporcionalidade e da razoabilidade.

A questão da constitucionalidade do dispositivo legal foi enfrentada pelo Supremo Tribunal Federal, na Ação Direta de Inconstitucionalidade n. 5.941 — Distrito Federal, em que se questionou, do ponto de vista constitucional, a possibilidade de medidas como suspensão do direito de dirigir, apreensão de passaporte e proibição de participação em concursos públicos e licitações.

A ação foi julgada improcedente, com a conclusão de que não se pode, de maneira genérica, considerar-se inconstitucional a previsão de tais medidas coercitivas. Por sua importância, transcreve-se a ementa do acórdão, cujo relator foi o Min. Luiz Fux, tendo o julgamento ocorrido em 2 de fevereiro de 2023:

"AÇÃO DIRETA DE INCONSTITUCIONALIDADE. OS ARTIGOS 139, IV; 380, PARÁGRAFO ÚNICO; 400, PARÁGRAFO ÚNICO; 403, PARÁGRAFO ÚNICO; 536, *CAPUT* E § 1.º E 773, TODOS DO CÓDIGO DE PROCESSO CIVIL. MEDIDAS COERCITIVAS, INDUTIVAS OU SUB-ROGATÓRIAS. ATIPICIDADE DOS MEIOS EXECUTIVOS. PEDIDO DE DECLARAÇÃO DE INCONSTITUCIONALIDADE, SEM REDUÇÃO DE TEXTO, PARA AFASTAR, EM QUALQUER HIPÓTESE, A POSSIBILIDADE DE IMPOSIÇÃO JUDICIAL DE MEDIDAS COERCITIVAS, INDUTIVAS OU SUB-ROGATÓRIAS CONSISTENTES EM SUSPENSÃO DO DIREITO DE DIRIGIR, APREENSÃO DE PASSAPORTE E PROIBIÇÃO DE PARTICIPAÇÃO EM CONCURSOS PÚBLICOS OU EM LICITAÇÕES. AUSÊNCIA DE VIOLAÇÃO À PROPORCIONALIDADE. MEDIDAS QUE VISAM A TUTELAR AS GARANTIAS DE ACESSO À JUSTIÇA E DE EFETIVIDADE E RAZOÁVEL DURAÇÃO DO PROCESSO. INEXISTÊNCIA DE VIOLAÇÃO ABSTRATA E APRIORÍSTICA DA DIGNIDADE DO DEVEDOR. AÇÃO CONHECIDA E JULGADA IMPROCEDENTE. 1. O acesso à justiça reclama tutela judicial tempestiva, específica e efetiva sob o ângulo da sua realização prática. 2. A morosidade e inefetividade das decisões judiciais são lesivas a toda a sociedade, porquanto, para além dos efeitos diretos sobre as partes do processo, são repartidos pela coletividade os custos decorrentes da manutenção da estrutura institucional do Poder Judiciário, da movimentação da sua máquina e da prestação de assistência jurídica integral e gratuita aos que comprovarem insuficiência de recursos. 3. A efetividade e celeridade das decisões judiciais constitui uma das linhas mestras do processo civil contemporâneo, como se infere da inclusão, no texto constitucional, da garantia expressa da razoável duração do processo (art. 5.º, LXXVIII, após a Emenda Constitucional n. 45/2004) e da positivação, pelo Novo Código de Processo Civil, do direito das partes 'de obter em prazo razoável a solução integral do mérito, incluída a atividade satisfativa' (grifei). 4. A execução ou satisfação daquilo que devido representa verdadeiro gargalo na prestação jurisdicional brasileira, mercê de os estímulos gerados pela legislação não terem logrado suplantar o cenário prevalente, marcado pela desconformidade geral e pela busca por medidas protelatórias e subterfúgios que permitem ao devedor se evadir de suas obrigações. 5. Os poderes do juiz no processo, por conseguinte, incluem 'determinar todas as medidas indutivas, coercitivas, mandamentais ou subrogatórias necessárias para assegurar o cumprimento de ordem judicial, inclusive nas ações que tenham por objeto prestação pecuniária' (art. 139, IV), obedecidos o devido processo legal, a proporcionalidade, a eficiência, e, notadamente, a sistemática positivada no próprio NCPC, cuja leitura deve ser contextualizada e razoável à luz do texto legal. 6. A amplitude semântica das cláusulas gerais permite ao intérprete/aplicador maior liberdade na concretização da *fattispecie* — o que, evidentemente, não o isenta do dever de motivação e de observar os direitos fundamentais e as demais normas do ordenamento jurídico e, em especial, o princípio da proporcionalidade. 7. A significação de um mandamento normativo é alcançada quando se agrega, à filtragem constitucional, a interpretação sistemática da legislação infraconstitucional — do contrário, de nada aproveitaria a edição de códigos, microssistemas, leis interpretativas, meta-normas e cláusulas gerais. Essa assertiva assume ainda maior relevância diante do Direito codificado: o intérprete não pode permanecer indiferente ao esforço sistematizador inerente à elaboração de um código, mercê de se exigir do Legislador a repetição, *ad nauseam*, de preceitos normativos já explanados em títulos, capítulos e seções anteriores. 8. A correção da proporcionalidade das medidas executivas impostas pelo Poder Judiciário reside no sistema recursal consagrado pelo NCPC. 9. A flexibilização da tipicidade dos meios executivos visa a dar concreção à dimensão dialética do processo, porquanto o dever de buscar efetividade e razoável duração do processo é imputável não apenas ao Estado-juiz, mas, igualmente, às partes. 10. O Poder Judiciário deve gozar de instrumentos de *enforcement* e *accountability* do comportamento esperado das partes, evitando que situações antijurídicas sejam perpetuadas a despeito da existência de ordens judiciais e em razão da violação dos deveres de cooperação e boa-fé das partes — o que não se confunde com a punição a devedores que não detêm meios de adimplir suas obrigações. 11. A variabilidade e dinamicidade dos cenários com os quais as Cortes podem se deparar (e.g. tutelas ao meio ambiente, à probidade administrativa, à dignidade do credor que demanda prestação essencial à sua subsistência, ao erário e patrimônio públicos), torna impossível dizer, *a priori*, qual o valor jurídico a ter precedência, de modo que se impõe estabelecer o emprego do raciocínio ponderativo para verificar, no caso concreto, o escopo e a proporcionalidade da medida executiva, vis-à-vis a liberdade e autonomia da parte devedora. 12. *In casu*, o argumento da eventual possibilidade teórica de restrição irrazoável da liberdade do cidadão, por meio da aplicação das medidas de apreensão de carteira nacional de habilitação e/ou suspensão do direito de dirigir, apreensão de passaporte, proibição de participação em concurso público e proibição de participação em licitação pública, é imprestável a sustentar, só por si, a inconstitucionalidade desses meios executivos, máxime porque a sua adequação, necessidade e proporcionalidade em sentido estrito apenas ficará clara à luz das peculiaridades e provas existentes nos autos. 13. A excessiva demora e ineficiência do cumprimento das decisões judiciais, sob a perspectiva da análise econômica do direito, é um dos fatores integrantes do processo decisório de escolha racional realizado pelo agente quando deparado com os incentivos atinentes à propositura de uma ação, à interposição de um recurso, à celebração de um acordo e à resistência a uma execução. Num cenário de inefetividade generalizada das decisões judiciais, é possível que o devedor não tenha incentivos para colaborar na relação processual, mas, ao contrário, seja motivado a adotar medidas protelatórias, contexto em que, longe de apresentar estímulos para a atuação proba, célere e cooperativa das partes no processo, a legislação (e sua respectiva aplicação pelos julgadores) estará promovendo incentivos perversos, com maiores *payoffs* apontando para o descumprimento das determinações exaradas pelo Poder Judiciário. 14. A efetividade no cumprimento das ordens judiciais, destarte, não serve apenas para beneficiar o credor que logra obter seu pagamento ao fim do processo, mas incentiva, adicionalmente, uma postura cooperativa dos litigantes durante todas as fases processuais, contribuindo, inclusive, para a redução da quantidade e duração dos litígios. 15. *In casu*, não se pode concluir pela inconstitucionalidade de toda e qualquer hipótese de aplicação dos meios atípicos indicados na inicial, mercê de este entendimento, levado ao extremo, rechaçar quaisquer espaços de discricionariedade judicial e inviabilizar, inclusive, o exercício da jurisdição, enquanto atividade eminentemente criativa que é. Inviável, pois, pretender, apriorística e abstratamente, retirar determinadas medidas do leque de ferramentas disponíveis ao magistrado para fazer valer o provimento jurisdicional. 16. Ação direta de inconstitucionalidade CONHECIDA e, no mérito, julgada IMPROCEDENTE".

Parece-nos que a decisão da Suprema Corte, conquanto reconheça a constitucionalidade das medidas de coerção, sobretudo as de suspensão de dirigir, apreensão de passaporte e vedação de participação em concursos e licitações, não autoriza que elas sejam decretadas em quaisquer circunstâncias, cabendo ao juiz, no caso concreto, verificar--lhes a adequação e o cabimento.

Nesse sentido, afiguram-se razoáveis as decisões, inclusive do Superior Tribunal de Justiça, nas quais estabelecem que a medida deve guardar relação com o objeto pretendido, mantendo com ele algum tipo de correlação. Não parece razoável, assim, a prática de, no intuito de alcançar o cumprimento de obrigação patrimonial, determinar-se a cassação do passaporte do devedor, ou a retenção de sua carteira de habilitação, ressalvada a hipótese de eventual peculiaridade do caso concreto. Nesse sentido, é significativa a decisão tomada pelo C. Superior Tribunal de Justiça no RHC 97.876/SP, de 16 de maio de 2018, Rel. Min. Luis Felipe Salomão, no qual se decidiu pelo descabimento da apreensão de passaporte como meio de coerção para pagamento de dívida:

"No caso dos autos, observada a máxima vênia, quanto à suspensão do passaporte do executado/paciente, tenho por necessária a concessão da ordem, com determinação de restituição do documento a seu titular, por considerar a medida coercitiva ilegal e arbitrária, uma vez que restringiu o direito fundamental de ir e vir de forma desproporcional e não razoável. Com efeito, não é difícil reconhecer que a apreensão do passaporte enseja embaraço à liberdade de locomoção do titular, que deve ser plena, e, enquanto medida executiva atípica, não prescinde, como afirmado, da demonstração de sua absoluta necessidade e utilidade, sob pena de atingir indevidamente direito fundamental de índole constitucional (art. 5.º, incisos XV e LIV). Nessa senda, ainda que a sistemática do código de 2015 tenha admitido a imposição de medidas coercitivas atípicas, não se pode perder de vista que a base estrutural do ordenamento jurídico é a Constituição Federal, que resguarda de maneira absoluta o direito de ir e vir, em seu art. 5.º, XV. Não bastasse isso, como antes assinalado, o próprio diploma processual civil de 2015 cuidou de dizer que, na aplicação do direito, o juiz não terá em mira apenas a eficiência do processo, mas também os fins sociais e as exigências do bem comum, devendo ainda resguardar e promover a dignidade da pessoa humana, observando a proporcionalidade, a razoabilidade e a legalidade. Destarte, o fato de o legislador, quando da redação do art. 139, IV, dispor que o juiz poderá determinar todas as medidas indutivas, coercitivas, mandamentais ou sub-rogatórias, não pode significar franquia à determinação de medidas capazes de alcançar a liberdade pessoal do devedor, de forma desarrazoada, considerado o sistema jurídico em sua totalidade. Assim, entendo que a decisão judicial que, no âmbito de ação de cobrança de duplicata, determina a suspensão do passaporte do devedor e, diretamente, impede o deslocamento do atingido, viola os princípios constitucionais da liberdade de locomoção e da legalidade, independentemente da extensão desse impedimento. Na verdade, segundo penso, considerando-se que a medida executiva significa restrição de direito fundamental de caráter constitucional, sua viabilidade condiciona-se à previsão legal específica, tal qual se verifica em âmbito penal, firme, ademais, no que dispõe o inciso XV do artigo 5.º da Constituição Federal, segundo o qual 'é livre a locomoção no território nacional em tempo de paz, podendo qualquer pessoa, nos termos da lei, nele entrar, permanecer ou dele sair com seus bens'. A meu juízo, raciocínio diverso pode conduzir à aceitação de que medidas coercitivas, que por natureza voltam-se ao 'convencimento' do coagido ao cumprimento da obrigação que lhe compete, sejam transformadas em medidas punitivas, sancionatórias, impostas ao executado pelos descumprimentos, embaraços e indignidades cometidas no curso do processo. Nesse passo, cumpre ressaltar que, no caso dos autos, não foi observado o contraditório no ponto, nem tampouco a decisão que implementou a medida executiva atípica apresentou qualquer fundamentação à grave restrição de direito do executado".

Com relação à apreensão de CNH, decidiu o C. Superior Tribunal de Justiça, no mesmo V. Acórdão, pelo descabimento do HC, já que a medida não implicava em risco de ir e vir, mas com a observação de que:

"Noutro ponto, no que respeita à determinação judicial de suspensão da carteira de habilitação nacional, anoto que a jurisprudência do STJ já se posicionou no sentido de que referida medida não ocasiona ofensa ao direito de ir e vir do paciente, portanto, neste ponto o *writ* não poderia mesmo ser conhecido. Isso porque, inquestionavelmente, com a decretação da medida, segue o detentor da habilitação com capacidade de ir e vir, para todo e qualquer lugar, desde que não o faça como condutor do veículo. De fato, entender essa questão de forma diferente significaria dizer que todos aqueles que não detém a habilitação para dirigir estariam constrangidos em sua locomoção. Com efeito, e ao contrário do passaporte, ninguém pode se considerar privado de ir a qualquer lugar por não ser habilitado à condução de veículo ou mesmo por o ser, mas não poder se utilizar dessa habilidade. É fato que a retenção deste documento tem potencial para causar embaraços consideráveis a qualquer pessoa e, a alguns determinados grupos, ainda de forma mais drástica, caso de profissionais, que tem na condução de veículos a fonte de sustento. É fato também que, se detectada esta condição particular, no entanto, a possibilidade de impugnação da decisão é certa, todavia por via diversa do *habeas corpus*, porque sua razão não será a coação ilegal ou arbitrária ao direito de locomoção, mas inadequação de outra natureza".

Em ações de investigação de paternidade, decidiu o C. Superior Tribunal de Justiça que, conquanto não se possa obrigar o investigado "debaixo de vara" a submeter-se à colheita de material para exame genético, é possível determinar-se a aplicação de medidas coercitivas, indutivas e mandamentais previstas no art. 139, IV, com a finalidade de compeli-lo, especialmente quando a presunção estabelecida na Súmula 301 do STJ se revelar insuficiente para a solução da controvérsia. Nesse sentido:

O juiz deve adotar todas as medidas indutivas, mandamentais e coercitivas, como autoriza o art. 139, IV, do CPC, com vistas a refrear a renitência de quem deve fornecer o material para exame de DNA, especialmente quando a presunção contida na Súmula 301 do STJ se revelar insuficiente para resolver a controvérsia. O propósito da presente reclamação é definir se a sentença que extinguiu o processo sem resolução de mérito, sob fundamento de que deveria ser respeitada a coisa julgada formada em anterior ação investigatória de paternidade, afrontou a autoridade de decisão proferida por esta Corte na ocasião do julgamento do REsp 1.632.750/SP. Na referida decisão, determinou-se a apuração de eventual fraude no exame de DNA realizado na primeira ação investigatória e a realização de novo exame para a apuração de eventual existência de vínculo biológico entre as partes. O acórdão desta Corte concluiu que o documento apresentado pela parte configurava prova indiciária da alegada fraude ocorrida em anterior exame de DNA e, em razão disso, determinou a reabertura da fase instrutória. Dessa forma, não pode a sentença, valendo-se apenas daquele documento, extrair conclusão diversa, no sentido de não ser ele suficiente para a comprovação da fraude, sob pena de afronta à autoridade da decisão proferida pelo Superior Tribunal de Justiça. Determinado pelo STJ que fosse realizado novo exame de DNA para apuração da existência de vínculo biológico entre as partes, não pode a sentença, somente com base na ausência das pessoas que deveriam fornecer o material biológico, concluir pelo restabelecimento da coisa julgada que se formou na primeira ação investigatória (e que foi afastada por esta Corte), e tampouco concluir pela inaplicabilidade da presunção contida na Súmula 301 do STJ, sem que sejam empreendidas todas as providências necessárias para a adequada e exauriente elucidação da matéria fática. A impossibilidade de condução do investigado "debaixo de vara" para a coleta de material genético necessário ao exame de DNA não implica a impossibilidade de adoção das medidas indutivas, coercitivas e mandamentais autorizadas pelo art. 139, IV, do CPC, com o propósito de dobrar a sua renitência, que deverão ser adotadas, sobretudo, nas hipóteses em que não se possa desde logo aplicar a presunção contida na Súmula 301 do STJ, ou quando se observar postura anticooperativa de que resulte o *non liquet* instrutório em desfavor de quem adota postura cooperativa. Por fim, aplicam-se aos terceiros que possam fornecer material genético para a realização do novo exame de DNA as mesmas diretrizes anteriormente formuladas, pois, a despeito de não serem legitimados passivos para responder à ação investigatória (legitimação *ad processum*), são eles legitimados para a prática de determinados e específicos atos processuais (legitimação *ad actum*), observando-se, por analogia, o procedimento em contraditório delineado nos arts. 401 a 404 do CPC, que, inclusive, preveem a possibilidade de adoção de medidas indutivas, coercitivas, sub-rogatórias ou mandamentais ao terceiro que se encontra na posse de documento ou coisa que deva ser exibida (Rcl 37.521/SP, Rel. Min. Nancy Andrighi, 2.ª Seção, por unanimidade, j. em 13.05.2020, *DJe* 05.06.2020).

248 Direito Processual Civil Esquematizado   *Marcus Vinicius Rios Gonçalves*

■ **Promover, a qualquer tempo, a autocomposição, preferencialmente com auxílio de conciliadores e mediadores judiciais:** o estímulo à conciliação é objetivo permanente do legislador, que a percebe como solução mais satisfatória para o litígio, em que o grau de pacificação é mais elevado. O estímulo à autocomposição foi elevado à norma fundamental do processo, e o art. 3.º, §§ 2.º e 3.º, do CPC impõe ao Estado que, sempre que possível, a promova, e aos juízes, advogados, defensores públicos e membros do Ministério Público que a estimulem. Por isso, são numerosas as oportunidades que a lei propicia para que ela ocorra. Há a audiência inicial, realizada antes da resposta do réu. No início de todas as demais audiências, o juiz tenta a conciliação. Além dessas, o juiz pode, a qualquer tempo, convocar as partes, quando perceber que há possibilidade de acordo. Na audiência, deve tentar aparar as dificuldades e encaminhar a solução para o acordo. O CPC regula ainda a atuação dos conciliadores e mediadores, que atuarão na audiência inicial de tentativa de conciliação.

■ **Dilatar os prazos processuais e alterar a ordem de produção dos meios de prova, adequando-os às necessidades do conflito de modo a conferir maior efetividade à tutela do direito:** a dilação só pode ser determinada antes do encerramento do prazo regular. O art. 190 do CPC autoriza as partes a estabelecer, nos processos em que se admite autocomposição, mudanças no procedimento, para ajustá-lo às especificidades da causa e a convencionar sobre seus ônus, poderes, deveres processuais e suas faculdades, antes ou durante o processo. Trata-se da possibilidade de flexibilização do procedimento, por negociação processual realizada pelas partes, importante novidade instituída pelo CPC atual, já que o anterior, de maneira geral, não o permitia, sob o argumento de que, sendo o procedimento matéria de ordem pública, sobre ele não poderia haver negociação. A flexibilização dessa regra evidencia-se também no poder que a lei atribui ao juiz de dilatar prazos processuais, desde que ainda não vencidos, e proceder à alteração da ordem de produção dos meios de prova. O poder atribuído ao juiz de promover alterações no procedimento é bastante mais restrito do que o das partes, por negociação processual. Não há discricionariedade do juiz. A dilatação de prazos e a inversão da ordem das provas só se justificam quando adequadas às necessidades do conflito, de modo a conferir maior efetividade à tutela do direito. Assim, quando o juiz as determina, ele deve fundamentá-las, expondo as razões que o levaram a fazê-las, e em que medida elas conferem a maior efetividade do direito. Se houver acordo entre as partes a respeito da modificação, nem será necessária a justificação, já que a alteração aí decorrerá da negociação processual (art. 190). **O juiz pode apenas dilatar, jamais reduzir prazos.** A redução só é possível com a anuência das partes, nos termos do art. 222, § 1.º. Ao promover a dilação, o juiz deve sempre respeitar os princípios fundamentais do processo, sobretudo o da isonomia. Por isso, não pode promover a dilação em benefício de uma das partes em detrimento de outra. A razão da dilação do prazo é apenas dar maior efetividade do direito. O mesmo vale em relação à alteração da ordem das provas. O Enunciado n. 13 da I Jornada de Direito Processual Civil da Justiça Federal entende que esse dispositivo autoriza o juiz a deslocar para o futuro, também, o termo inicial do prazo.

5 ■ Do Juiz

■ Exercer o poder de polícia, requisitando, quando necessário, força policial, além da segurança interna dos fóruns e tribunais: cumpre ao juiz velar para que os trabalhos judiciários se realizem de maneira segura, tomando as providências necessárias para tanto.

■ Determinar o comparecimento pessoal das partes, para inquiri-las sobre os fatos da causa, hipótese em que não incidirá a pena de confesso. Trata-se do interrogatório da parte. É um meio de prova, de caráter complementar, no qual o juiz ouve as partes, para delas obter esclarecimentos a respeito de fatos que permaneçam confusos ou obscuros.

Não se confunde com o depoimento pessoal, por várias razões:

DEPOIMENTO PESSOAL	INTERROGATÓRIO
■ É sempre requerido pela parte contrária.	■ É determinado pelo juiz, de ofício ou a requerimento das partes.
■ É prestado na audiência de instrução e julgamento, para a qual a parte é intimada sob pena de confissão.	■ Pode ser determinado pelo juiz a qualquer tempo.
■ Tem por finalidade principal obter, do adversário, a confissão a respeito de fatos contrários aos seus interesses.	■ Tem finalidade complementar, sendo determinado pelo juiz para obter, das partes, informações a respeito de fatos que permanecem confusos ou obscuros. Por isso, é mais comum que se realize ao final da instrução, quando ainda restarem dúvidas ao juiz.

O juiz designará a data para o interrogatório da parte e a intimará para a audiência. Não poderá haver condução coercitiva, em caso de recusa, pois ela não tem obrigação de comparecer. **Tampouco haverá pena de confesso, prevista exclusivamente para a recusa em prestar depoimento pessoal.**

No entanto, como o interrogatório serve para que o juiz possa obter esclarecimentos de fatos ainda obscuros, a ausência da parte poderá prejudicá-la, já que o juiz possivelmente não considerará provado o fato, tudo de acordo com o princípio do livre convencimento motivado.

Os advogados de ambas as partes e o Ministério Público, nos casos em que intervenha, serão intimados para participar e poderão formular perguntas.

Determinar o suprimento de pressupostos processuais e o saneamento de outros vícios processuais: ao juiz cabe fiscalizar para que o processo tenha regular andamento. Trata-se da função ordinatória que lhe é atribuída e que deve ser exercida ao longo de todo o processo. Ainda que haja uma fase processual específica para tanto, a qualquer tempo que o juiz verifique que há vício sanável, ou que falta algum pressuposto de validade ou eficácia, deverá determinar as providências necessárias para corrigi-lo ou supri-lo, independentemente de provocação das partes.

Quando se deparar com diversas demandas individuais repetitivas, oficiar o Ministério Público, a Defensoria Pública e, na medida do possível, outros legitimados a que se referem o art. 5.º da Lei n. 7.347, de 24 de julho de 1985, e o art. 82 da Lei n. 8.078, de 11 de setembro de 1990, para, se for o caso, promover a

propositura da ação coletiva respectiva: é notória a preocupação do legislador, derivada da necessidade de observar os princípios da isonomia, da segurança jurídica e da duração razoável do processo, em evitar a multiplicidade de ações individuais, que versem sobre a mesma questão jurídica e das quais possa resultar conflitância de julgamentos. Uma das soluções é o julgamento de casos repetitivos, previsto no art. 928 do CPC, quando houver o incidente de resolução de demandas repetitivas e o julgamento de recurso especial e extraordinário repetitivos. A lei atribui ao juiz e ao relator o poder de suscitar o incidente de resolução de demandas repetitivas (art. 977, I). Nesses casos, não haverá propriamente ação coletiva, mas o julgamento de questão repetitiva, a que a lei atribui eficácia vinculante sobre todos os processos que versarem sobre a mesma questão jurídica. O juiz ainda terá o poder de oficiar ao Ministério Público ou à Defensoria Pública, bem como a outros legitimados, na medida do possível, para que verifiquem a possibilidade do ajuizamento da ação coletiva sobre a questão discutida em processos que são objeto de diversas demandas individuais. Foi vetada a possibilidade de conversão de ação individual em ação coletiva, que era prevista no art. 333. Mas ao juiz continua sendo atribuída a possibilidade de assumir uma postura ativa e dar conhecimento aos legitimados da existência de uma situação que possa dar ensejo ao ajuizamento da ação coletiva, com o que se estará ele velando pela observância dos princípios processuais da igualdade, segurança jurídica e duração razoável do processo.

5.1. A VEDAÇÃO AO *NON LIQUET*

Há casos em que, apesar de esgotadas as possibilidades, o juiz não conseguiu apurar a verdade dos fatos, necessária para promover o julgamento. O art. 370 do CPC assegura-lhe o poder de, havendo outras possibilidades de apuração dos fatos, determinar provas de ofício. Apesar disso, é possível que eles não sejam aclarados. Ainda assim, **o juiz não poderá eximir-se de sentenciar, pois o art. 373 do CPC fornece regras técnicas de julgamento, aplicáveis quando a verdade não aparece**.

Também não se exime o juiz de proceder ao julgamento alegando que a lei é omissa, e que há lacuna ou obscuridade. O art. 140 do CPC determina que o juiz não se exima de julgar alegando lacuna ou obscuridade do ordenamento jurídico, devendo valer-se do disposto no art. 4.º da Lei de Introdução às Normas do Direito Brasileiro, que manda, em caso de lacuna, aplicar-se a analogia, os costumes e os princípios gerais do direito.

5.2. EXCEPCIONALMENTE ADMITE-SE JULGAMENTO POR EQUIDADE

O art. 4.º da Lei de Introdução estabelece uma ordem a ser observada pelo juiz, ao proferir o julgamento: primeiro devem ser observadas as normas legais, e, na falta ou insuficiência, as formas de integração (analogia, costumes e princípios gerais). **Mas há casos excepcionais em que a lei autoriza o juiz a julgar com base na equidade** (CPC, art. 140, parágrafo único), que consiste em um sentimento de justiça, de moderação e igualdade, e não com base em critérios estritamente legais. Para tanto, é preciso expressa previsão. Podem ser citados os seguintes exemplos:

■ fixação do valor de multas diárias, para o cumprimento de obrigações impostas pelas decisões judiciais;

■ redução equitativa do valor da indenização, nas ações de reparação de danos, quando manifesta a desproporção entre a culpa do agente e os danos resultantes do ato ilícito (CC, art. 944);

■ a fixação do montante da condenação do incapaz, quando seus pais ou responsável não tiverem condições econômicas para tanto (CC, art. 928);

■ a fixação dos honorários advocatícios, nas causas de valor inestimável ou quando irrisório o proveito econômico ou quando o valor da causa for muito baixo (art. 85, § 8.º, do CPC).

5.3. A NECESSIDADE DE RESPEITAR OS LIMITES DA LIDE (O PRINCÍPIO DA DEMANDA)

Sendo o Judiciário inerte, **cumpre ao autor, ao propor a ação, fixar os limites objetivos e subjetivos da lide** (no capítulo da intervenção de terceiros foi vista a possibilidade de o réu eventualmente ampliar tais limites). Não pode o juiz ultrapassá-los, sendo-lhe defeso conhecer de questões, não suscitadas, a cujo respeito a lei exige a iniciativa da parte.

Ao apresentar a petição inicial, o autor definirá quais são os elementos da ação, as partes, o pedido e a causa de pedir (o direito e, sobretudo, os fatos em que a causa se embasa). O juiz, sob pena de sua sentença ser *extra petita* ou *ultra petita* deve ater-se a tais elementos, pois são eles que definem e identificam a ação. **Se ultrapassá-los, estará julgando algo diferente do que foi proposto**.

Quando o autor formula o pedido, deve indicar quais são os fatos em que ele se embasa, a causa de pedir. O juiz não pode julgar com base em outra, ainda que se trate de matéria de ordem pública. Por exemplo: o art. 168, parágrafo único, do CC permite ao juiz conhecer de nulidades, de ofício. E o art. 167 considera nulo o negócio jurídico simulado.

Mas, se o autor ingressar com ação declaratória de nulidade com fulcro em outro fato, o juiz não pode julgá-la procedente com base na simulação, porque esta não foi alçada à condição de causa de pedir. Se o fizer, estará julgando ação diferente da que foi proposta.

Porém, há questões discutidas no processo que não se erigem em causas de pedir, e que não servem para identificar a ação. Elas podem ser de ordem pública ou não; se o forem, o juiz poderá conhecê-las de ofício (como ocorre, por exemplo, com a prescrição, a decadência, a falta de condições da ação ou de pressupostos processuais); do contrário, só se a parte as alegar.

5.4. OUTROS PODERES E DEVERES

Os arts. 370 e 371 do CPC tratam, respectivamente, **dos poderes do juiz para determinar as provas que entenda necessárias e para valorá-las na formação de sua convicção**. Sobre o tema, ver Livro I, Capítulo 3, *itens 3.2.4 e 3.4*, respectivamente.

6. RESPONSABILIDADE DO JUIZ

Vem regulamentada no CPC, art. 143: "O juiz responderá, civil e regressivamente, por perdas e danos quando: I — no exercício de suas funções proceder com dolo ou fraude; II — recusar, omitir ou retardar, sem justo motivo, providência que deva ordenar de ofício, ou a requerimento da parte". O parágrafo único acrescenta: "As hipóteses previstas no n. II somente serão verificadas depois que a parte requerer ao juiz que determine a providência e o requerimento não for apreciado no prazo de 10 dias".

Em regra, o juiz não responde pessoalmente pelos danos decorrentes da atividade judiciária. A responsabilidade será do Estado, nos termos do art. 5.º, LXXV, da CF.

Mas nos casos previstos no art. 143, a responsabilidade será pessoal do juiz, podendo a parte prejudicada demandá-lo diretamente, ou aforar a ação em face do Estado, que em via de regresso, demandará o juiz, para ressarcir-se dos prejuízos por ele ocasionados.

Quando, por ato judicial danoso, foram causados prejuízos indevidos, **será preciso verificar se houve dolo (ou culpa grave, que àquele se equipara) ou fraude, seja por ato comissivo ou omissivo**. Em caso negativo, quando muito poder-se-á acionar o Estado, nunca o juiz; em caso afirmativo, haverá responsabilidade solidária do Estado e do juiz, podendo a parte prejudicada acionar qualquer deles. Se acionar o Estado, este poderá ajuizar ação de regresso contra o magistrado.

7. QUESTÕES

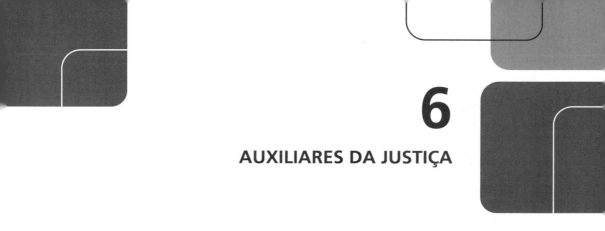

6
AUXILIARES DA JUSTIÇA

1. INTRODUÇÃO

O juiz não conseguiria desempenhar a contento suas atividades se não contasse com a colaboração de auxiliares, que lhe dão o apoio necessário, e agem sob sua ordem e comando.

Eles não exercem atividade jurisdicional, exclusiva do juiz, **mas colaboram com a função judiciária**. Alguns o fazem em caráter permanente, como os funcionários; outros em caráter eventual, como peritos, intérpretes e depositários.

2. QUEM SÃO?

O art. 149 apresenta em rol **apenas exemplificativo** de auxiliares da justiça: "São auxiliares da justiça, além de outros, cujas atribuições sejam determinadas pelas normas de organização judiciária, o escrivão, o chefe de secretaria, o oficial de justiça, o perito, o depositário, o administrador, o intérprete, o tradutor, o mediador, o conciliador judicial, o partidor, o distribuidor, o contabilista e o regulador de avarias".

O escrivão é o incumbido da direção do cartório, competindo-lhe ordenar os trabalhos e comandar as tarefas dos escreventes e demais funcionários. A ele ou ao chefe de secretaria incumbem as tarefas enumeradas no art. 152 do CPC. Os autos dos processos ficam sob sua guarda e responsabilidade (salvo as hipóteses previstas em lei).

Os oficiais de justiça têm suas tarefas elencadas no art. 154. São elas, em especial, a de fazer citações, prisões, penhoras, arrestos e outras diligências, além de executar ordens dos juízes e cumprir os mandados de que são encarregados. A essas funções, foi acrescentada a de, nas execuções civis, promover a avaliação dos bens penhorados, salvo quando não tenham condições técnicas para fazê-lo.

Ao perito cumpre a tarefa de assistir o juiz, quando houver necessidade de prova de fatos que dependam de **conhecimentos técnicos ou científicos**. São escolhidos entre os profissionais legalmente habilitados e os órgãos técnicos ou científicos, inscritos em cadastro mantido pelo tribunal ao qual o juiz está vinculado. Se não houver, na localidade, quem preencha tais requisitos, o juiz os nomeará livremente, observado o que está determinado no art. 156, § 5.º.

O depositário e o administrador são os responsáveis pela guarda e conservação dos bens arrestados, penhorados, sequestrados ou arrecadados, sendo responsáveis pelos danos que, por culpa ou dolo, provocarem.

254 Direito Processual Civil Esquematizado   *Marcus Vinicius Rios Gonçalves*

O intérprete e o tradutor são aqueles que auxiliam o juiz quando há necessidade de analisar documentos estrangeiros ou vertê-los para o vernáculo. Também quando é preciso traduzir a linguagem dos surdos-mudos.

3. DOS CONCILIADORES E MEDIADORES

3.1. INTRODUÇÃO

O CPC dá excepcional importância à solução consensual dos conflitos. O art. 3.º, que integra o capítulo das normas fundamentais do processo civil, depois de reproduzir o disposto no art. 5.º, XXXV, da Constituição Federal, determinando que "Não se excluirá da apreciação jurisdicional lesão ou ameaça a direito", estabelece que "O Estado promoverá, sempre que possível, a solução consensual dos conflitos" (§ 2.º) e que "A conciliação, a mediação e outros métodos de solução consensual de conflitos deverão ser estimulados por juízes, advogados, defensores públicos e membros do Ministério Público, inclusive no curso do processo judicial" (§ 3.º).

Esses dispositivos vão muito além daquilo que previa o art. 125, IV, do Código de Processo Civil de 1973, de que competia ao juiz tentar, a qualquer tempo, conciliar as partes. **A lei atual coloca a solução consensual como um objetivo a ser alcançado, dentro do possível, com o estímulo do Estado e daqueles que atuam no processo.**

O Conselho Nacional de Justiça já havia editado a Resolução n. 125/2010, cujo art. 1.º, parágrafo único, assim estabelece: "Aos órgãos judiciários incumbe oferecer mecanismos de soluções de controvérsias, em especial os chamados meios consensuais, como a mediação e a conciliação, bem assim prestar atendimento e orientação ao cidadão. Nas hipóteses em que este atendimento de cidadania não for imediatamente implantado, esses serviços devem ser gradativamente ofertados no prazo de 12 (doze) meses".

Dentre outras, há duas providências determinadas pelo legislador, que visam diretamente facilitar e favorecer a autocomposição. A primeira delas é a instituição de uma audiência de tentativa de conciliação já no início do procedimento comum, antes que o réu tenha oportunidade de oferecer resposta, pois, depois dela, pode haver um recrudescimento do conflito, que dificultará a conciliação. A audiência antes da resposta do réu, logo no início do procedimento, pode encontrar um campo mais favorável à conciliação do que a audiência na fase de saneamento do processo, prevista no art. 331 do CPC de 1973.

A segunda é a inclusão de mediadores e conciliadores como auxiliares da justiça. A ideia é que eles possam ter mais sucesso que o juiz e demais participantes do processo na busca de autocomposição, por duas razões. Primeiro, porque o vínculo que eles têm com o processo permite-lhes atuar com mais liberdade e flexibilidade do que o juiz nessa busca. O julgador sabe que, caso a solução consensual não se realize, terá de promover o julgamento dos pedidos. Por isso, muitas vezes teme que a formulação de sugestões ou a insistência em possível conciliação possa comprometer a sua imparcialidade. O mediador e o conciliador terão mais liberdade, pois não serão os julgadores do processo. **A segunda razão é que será exigido deles uma capacitação específica para figurarem como auxiliares da justiça.** Eles devem receber um preparo adequado para que saibam como estimular e favorecer a autocomposição e que os capacite a perceber as expectativas e frustrações das partes, bem como a conhecer as técnicas que permitam

6 ■ Auxiliares da Justiça

encontrar uma solução que possa satisfazer aos envolvidos, ou fornecer-lhes subsídios para que eles próprios possam encontrá-la. Essa capacitação, para os mediadores judiciais, é estabelecida no art. 11 da Lei n. 13.140, de 26 de junho de 2015.

3.2. CENTROS JUDICIÁRIOS DE SOLUÇÃO CONSENSUAL DE CONFLITOS

Determina o art. 165, *caput*, do CPC que os tribunais criarão centros judiciários de solução consensual de conflitos, a quem competirão duas tarefas essenciais: a de realizar as sessões e audiências de conciliação e mediação; e a de desenvolver programas destinados a auxiliar, orientar e estimular a autocomposição.

O art. 334 determina ao juiz que, ao receber a inicial, verificando que não é caso de improcedência de plano, designe audiência de tentativa de conciliação ou mediação, com antecedência mínima de 30 dias, devendo o réu ser citado.

Essa audiência não será realizada pelo juiz, na sala de audiências, **mas pelos conciliadores ou mediadores, nos centros judiciários de solução consensual de conflitos, que serão criados pelos tribunais**. A redação peremptória do art. 165, *caput*, não deixa dúvida quanto à obrigatoriedade imposta aos tribunais de que criem tais centros. Sem eles, não haverá como realizar adequadamente a audiência inicial do procedimento comum. Onde houver mais de uma vara, caberá ao Centro, que deverá ocupar espaço próprio, realizar todas as audiências do art. 334, para todos os juízos.

A composição e a organização desses centros deverão ser definidas pelo respectivo tribunal, observadas as normas do CNJ. A Resolução n. 125/2010 do CNJ, no art. 8.º, com a redação dada pela Emenda 1, de 2013, já regulamenta a implantação dos Centros Judiciários de solução de conflitos, formulando as diretrizes gerais que deverão ser observadas pelos tribunais estaduais e federais.

3.3. CONCILIAÇÃO E MEDIAÇÃO

O art. 165, §§ 2.º e 3.º, esclarece a atuação do conciliador e do mediador. **O primeiro atua preferencialmente em casos em que não houver vínculo anterior entre as partes; e o segundo, quando houver esse vínculo**. É ele que determinará a atuação de mediador ou de conciliador.

Algum tipo de vínculo sempre haverá entre os litigantes, ainda que se trate de vínculo decorrente do litígio. Mas o mediador intervirá quando já havia vínculo anterior ao conflito. A ligação, o liame entre os envolvidos, não é exclusivamente relacionado ao litígio e já existia anteriormente.

Em um conflito decorrente de acidente de trânsito, justifica-se a atuação do conciliador, porque inexiste vínculo anterior entre os envolvidos no acidente. E possivelmente deixará de existir quando o conflito for solucionado. O mesmo em relação aos litígios decorrentes de descumprimento de um contrato.

Diferente é a situação quando o litígio versar sobre questões familiares, sejam referentes a cônjuges e companheiros, sejam relativas a parentes. Nesse caso, já havia um vínculo anterior dos envolvidos, e é de se esperar que ele persista, depois que o conflito for solucionado. O mesmo ocorre nas questões envolvendo direito de vizinhança, em que há uma relação prévia entre os envolvidos, a decorrente da vizinhança, que poderá persistir após a resolução do conflito.

A mediação é adequada para vínculos de caráter mais permanente ou ao menos mais prolongados, e a conciliação para vínculos que decorrem do litígio propriamente, e não tem caráter de permanência.

Poderá haver casos de dúvida, que pertençam a uma zona cinzenta. Mas a própria lei facilita a solução do problema, ao aduzir que tanto a atuação do conciliador quanto a do mediador ocorrerão **preferencialmente** — e não exclusivamente — nas hipóteses por ela enumeradas. Assim, nos casos de dúvida, atuará o conciliador ou o mediador, sem que disso advenha qualquer vício ou nulidade.

3.4. ATUAÇÃO DO CONCILIADOR E DO MEDIADOR

Como cada um deles atua em situação diversa, examinada no capítulo anterior, cumpre a cada qual uma forma específica de atuação. Uma vez que o conciliador atua em situações em que inexiste vínculo prévio, **poderá sugerir soluções** para o litígio, vedada qualquer forma de constrangimento ou intimidação para que as partes conciliem. Se as próprias partes não conseguirem encontrar uma solução, o conciliador fará sugestões e verificará pela reação e pela manifestação dos envolvidos, se vai ou não se aproximando uma possível autocomposição. Se perceber que determinada via encontra frontal resistência de um dos litigantes, pode formular sugestão que caminhe por outra via. Se as pretensões estão muito distantes, pode apresentar uma formulação intermediária, em que cada lado cede um pouco, até se chegar à conciliação. **Mas jamais poderá valer-se de intimidação ou de constrangimento**. Ainda que as partes não encontrem, por si, a solução do litígio, a iniciativa poderá vir do conciliador, que poderá apresentar proposta que se mostre conveniente e à qual os litigantes venham a aderir.

O papel do mediador é mais complexo. Ele lida com situações de relações permanentes, em que frequentemente há vínculos afetivos ou emocionais. São relações que possivelmente irão persistir mesmo após a solução do litígio. Por isso, sua atuação será **a de auxiliar os interessados a compreender as questões e os interesses em conflito, de modo que eles possam, pelo restabelecimento da comunicação, identificar, por si próprios, soluções consensuais que gerem benefícios mútuos** (art. 165, § 3.º, e art. 4.º, § 2.º, da Lei n. 13.140/2015). O papel do mediador não é formular sugestões ou propostas, que possam ser acatadas pelos envolvidos, porque se parte do princípio de que isso talvez possa solucionar um embaraço pontual, mas não o conflito. Mais do que uma solução consensual, o mediador deverá buscar, dentro do possível, uma reconciliação, ou uma pacificação ou apaziguamento, para que a relação, que tem caráter permanente ou prolongado, possa ser retomada sem obstáculos ou embaraços. É por meio da compreensão dos interesses em conflito e do restabelecimento da comunicação entre os envolvidos que o mediador poderá tentar fazer prevalecer e permanecer o vínculo. A Lei n. 13.140, de 26 de junho de 2015, regulamentou a mediação extrajudicial e judicial.

Tanto o conciliador quanto o mediador poderão aplicar técnicas negociais, com o objetivo de proporcionar ambiente favorável à autocomposição (art. 165, § 2.º).

Sempre que recomendável, deverá haver a designação de mais de um conciliador ou mediador (art. 168, § 3.º). Eventualmente, por exemplo, pode ocorrer que o litígio envolva questões multidisciplinares, relativas a temas variados, que justificam a participação de mais de um conciliador ou mediador.

3.5. PRINCÍPIOS QUE REGULAM A CONCILIAÇÃO E A MEDIAÇÃO

O art. 166 do CPC enumera quais os princípios que informam a conciliação e a mediação. São eles os da independência, da imparcialidade, da autonomia da vontade, da confidencialidade, da oralidade, da informalidade e da decisão informada. Esses princípios são repetidos no art. 2.º da Lei n. 13.140/2015, que regulamentou a mediação.

E eles repetem em boa parte aqueles já estipulados no Código de Ética de mediadores e conciliadores, que consta do anexo III da Resolução n. 125/2010 do Conselho Nacional de Justiça. O art. 1.º do Código de Ética estipula:

"São princípios fundamentais que regem a atuação de conciliadores e mediadores judiciais: confidencialidade, decisão informada, competência, imparcialidade, independência e autonomia, respeito à ordem pública e às leis vigentes, empoderamento e validação.

I — Confidencialidade — dever de manter sigilo sobre todas as informações obtidas na sessão, salvo autorização expressa das partes, violação à ordem pública ou às leis vigentes, não podendo ser testemunha do caso, nem atuar como advogado dos envolvidos, em qualquer hipótese;

II — Decisão informada — dever de manter o jurisdicionado plenamente informado quanto aos seus direitos e ao contexto fático no qual está inserido;

III — Competência — dever de possuir qualificação que o habilite à atuação judicial, com capacitação na forma desta Resolução, observada a reciclagem periódica obrigatória para formação continuada;

IV — Imparcialidade — dever de agir com ausência de favoritismo, preferência ou preconceito, assegurando que valores e conceitos pessoais não interfiram no resultado do trabalho, compreendendo a realidade dos envolvidos no conflito e jamais aceitando qualquer espécie de favor ou presente;

V — Independência e autonomia — dever de atuar com liberdade, sem sofrer qualquer pressão interna ou externa, sendo permitido recusar, suspender ou interromper a sessão se ausentes as condições necessárias para seu bom desenvolvimento, tampouco havendo dever de redigir acordo ilegal ou inexequível;

VI — Respeito à ordem pública e às leis vigentes — dever de velar para que eventual acordo entre os envolvidos não viole a ordem pública, nem contrarie as leis vigentes;

VII — Empoderamento — dever de estimular os interessados a aprenderem a melhor resolverem seus conflitos futuros em função da experiência de justiça vivenciada na autocomposição;

VIII — Validação — dever de estimular os interessados perceberem-se reciprocamente como serem humanos merecedores de atenção e respeito".

O Código de Ética não menciona os princípios da autonomia de vontade, da informalidade e da oralidade, citados no art. 166.

Para que haja a solução consensual, é preciso que as partes tenham a vontade livre e desembaraçada e que possam emiti-la de forma não viciosa. Sendo a autocomposição uma forma de transação, exige-se para a sua efetivação o mesmo que se exige para a celebração dos acordos de vontade em geral. E entre tais exigências está a de que a vontade possa ser emitida livremente, sem vícios. Daí a preocupação do legislador em que

258 Direito Processual Civil Esquematizado · Marcus Vinicius Rios Gonçalves

não haja constrangimento ou intimidação por parte dos conciliadores ou mediadores. O princípio da autonomia da vontade aplica-se, inclusive, à definição das regras procedimentais a serem observadas pela conciliação e mediação (art. 166, § 4.º) e permite às partes escolher, de comum acordo, o conciliador, mediador ou câmara privada de conciliação e de mediação (art. 168).

Além disso, deve-se observar o princípio da informalidade e oralidade. As negociações, sugestões e discussões havidas no Centro são feitas oralmente, sem regras formais ou cerimoniais, que poderiam constranger os participantes. Não há prévia fórmula legal a ser observada.

O Enunciado n. 56 da ENFAM, em observância ao princípio da confidencialidade, estabelece que "nas atas das sessões de conciliação e mediação, somente serão registradas as informações expressamente autorizadas por todas as partes".

3.6. RECRUTAMENTO DOS CONCILIADORES E MEDIADORES

O art. 167 do CPC cuida do recrutamento de conciliadores e mediadores. **Não se exige que sejam advogados, nem que tenham bacharelado em direito.** Afinal, não se exigirá do conciliador ou mediador conhecimentos jurídicos. O que se exige dele é que tenha capacitação mínima, obtida com um curso ministrado por entidade credenciada, cujo currículo terá os seus parâmetros definidos pelo Conselho Nacional de Justiça em conjunto com o Ministério da Justiça (no caso dos mediadores, a capacitação vem explicitada no art. 11 da Lei n. 13.140/2015). É de se esperar que essa capacitação forneça àquelas que a obtenham os subsídios necessários para melhor desempenhar o mister a que se destinam. É possível que o currículo englobe técnicas negociais, alguns conhecimentos mínimos de direito e até mesmo de psicologia. Obtido o certificado de capacitação, o interessado deverá obter o seu **cadastramento** como conciliador ou mediador, por meio de inscrição no cadastro nacional e no cadastro de tribunal de justiça ou tribunal regional federal. São dois, portanto, os cadastros nos quais ele deverá se inscrever. O Enunciado n. 57 da ENFAM estabelece que "o cadastro dos conciliadores, mediadores e câmaras privadas deve ser realizado nos núcleos estaduais ou regionais de conciliação (Núcleos Permanentes de Métodos Consensuais de Solução de Conflitos — NUPEMEC), que atuarão como órgãos de gestão do sistema de autocomposição".

O requisito mínimo indispensável para a obtenção do registro é a capacitação. Mas nada impede que, conforme o afluxo de interessados, o registro possa ser precedido de concurso, no qual serão selecionados os mais capacitados.

Com a efetivação do registro, o Tribunal de Justiça (ou TRF) enviará à comarca, seção ou subseção judiciária o nome dos cadastrados para ali atuarem, com todos os dados necessários para a sua identificação. O nome de todos os conciliadores e mediadores que atuarão em cada comarca, seção ou subseção constará de uma lista. A atuação dos incluídos na lista deverá observar o princípio da igualdade dentro da mesma área de atuação.

Caso o conciliador ou mediador seja advogado, ele e a sociedade de advogados a que pertence (Enunciado n. 60 da ENFAM) ficarão impedidos de exercer a advocacia nos juízos em que desempenhem as suas funções. A razão é impedir que atuem

6 ■ Auxiliares da Justiça

em causas que foram ou sejam patrocinadas por eles. Mas o impedimento há de se restringir apenas aos juízos em que eles desempenhem suas funções. Se o conciliador ou mediador atua no Centro de Solução Consensual de Conflitos, ele ficará impedido de advogar em todas as Varas da Comarca que enviem processos para o Centro, para a realização das audiências de tentativa de conciliação. Mas nada impede que atue como advogado em outras comarcas ou seções judiciárias, ou até mesmo na própria comarca, desde que em juízos em que não desempenham suas funções. Por exemplo, nada impede que eles atuem como advogados na área criminal.

O art. 167, § 6.º, prevê, ainda, a possibilidade de criação de um quadro próprio de conciliadores e mediadores, a ser preenchido por concurso público, devendo-se observar, neste caso, as regras gerais que regulam os auxiliares da justiça.

3.7. ESCOLHA DO CONCILIADOR E MEDIADOR

O art. 168 faculta às partes, de comum acordo, escolher o conciliador ou o mediador. Trata-se de mais uma manifestação do princípio da autonomia da vontade, que regula a conciliação e a mediação. Para isso, é preciso que haja consenso entre os litigantes. Do contrário, a escolha será feita de acordo com o estabelecido nos arts. 167, § 2.º, e 168, § 2.º. O conciliador ou mediador escolhido pelas partes não precisa estar cadastrado no tribunal.

3.8. REMUNERAÇÃO

O art. 169 estabelece que o conciliador e o mediador fazem jus à remuneração, conforme tabela fixada pelos tribunais, observados os parâmetros estabelecidos pelo Conselho Nacional de Justiça. Mas não diz a quem competirá o seu pagamento. O art. 13 da Lei n. 13.140/2015 atribui a remuneração do mediador às partes, assegurada a gratuidade da justiça aos necessitados. Diante da similitude de situações, a mesma regra deve ser aplicada ao conciliador.

Fica ressalvada possibilidade de que a mediação e a conciliação sejam realizadas como trabalho voluntário, observada a legislação pertinente e a regulamentação do tribunal (art. 169, § 1.º).

3.9. IMPEDIMENTOS DO CONCILIADOR E DO MEDIADOR

O art. 170 trata do impedimento do conciliador ou do mediador, mas não enumera quais são as razões que os tornam impedidos. Diante disso, devem ser a eles aplicadas as mesmas causas de impedimento do juiz, previstas no art. 144 do CPC, que sejam pertinentes a suas atividades. O dispositivo legal não fala em suspeição, mas apenas em impedimento. Mas o art. 173, II, não deixa dúvida de que, também nos casos de suspeição (art. 145), o conciliador ou mediador deverá ser afastado, já que, se não o fizer, se atuar nessas circunstâncias, deverá ser excluído do cadastro. **A atividade deles exige imparcialidade**, e verificadas as causas de impedimento ou suspeição, eles deverão ser substituídos.

A atuação do conciliador ou do mediador em determinado processo o torna impedido, por um ano, a contar da última audiência em que atuou, de assessorar, representar

260 Direito Processual Civil Esquematizado

ou patrocinar qualquer das partes (art. 172). A mesma restrição estende-se à sociedade de advogados da qual ele participa. A razão é impedir que eles se valham das suas funções para captação de clientela.

3.10. RESPONSABILIZAÇÃO DO CONCILIADOR OU MEDIADOR

A lei os pune com a exclusão do cadastro, caso ajam com dolo ou culpa na condução da conciliação ou da mediação sob sua responsabilidade, ou caso violem o devedor de confidencialidade, estabelecido no art. 166, §§ 1.º e 2.º. A aplicação da sanção dependerá de prévio processo administrativo, em que os fatos serão apurados.

Essas são as faltas mais graves, que ensejam a exclusão do cadastrado. Mas, além delas, poderão ocorrer faltas menos graves, decorrentes de atuação inadequada, a serem também apuradas em procedimento administrativo, pelo juiz do processo ou pelo juiz coordenador do centro de conciliação ou mediação. Caso apurada a conduta inadequada, a pena será de até 180 dias de afastamento, a ser aplicada em decisão fundamentada.

3.11. SOLUÇÃO CONSENSUAL DE CONFLITOS NO ÂMBITO ADMINISTRATIVO

O art. 174 prevê que a União, os Estados, o Distrito Federal e os Municípios criem câmaras de mediação e conciliação para a solução consensual de conflitos no âmbito administrativo. Entre outras atribuições, caberá a elas dirimir conflitos envolvendo órgãos e entidades da administração pública, avaliar a admissibilidade dos pedidos de resolução de conflitos por meio de conciliação, no âmbito da administração pública, e promover, quando couber, a celebração de termo de ajustamento de conduta.

O dispositivo, embora inserido no CPC, tem apenas reflexos indiretos sobre o Processo Civil. Os conflitos a que ele se refere são administrativos. Mas a sua resolução na esfera administrativa poderá impedir que se transformem em processos judiciais.

Os arts. 32 e seguintes da Lei n. 13.140/2015 regulamentam as câmaras de mediação e conciliação no âmbito do poder público.

LIVRO IV
DOS ATOS PROCESSUAIS

NATUREZA E ESPÉCIES

1. INTRODUÇÃO

O processo consiste em uma sucessão de atos que se encadeiam logicamente e que visam alcançar o provimento jurisdicional.

São atos processuais os atos humanos realizados no processo. Não se confundem com os fatos processuais, que são acontecimentos naturais, que podem ter grande relevância ou repercussão no processo, **mas que não dependem de condutas humanas**. Por exemplo: a morte de uma das partes é um fato processual de grande relevância. Da mesma forma, uma catástrofe natural, que provoque o desaparecimento dos autos. Podem ainda ser consideradas fatos processuais as condutas humanas que não têm nenhuma relação com o processo, mas que sobre ele repercutem, como uma greve ou uma guerra, que prejudiquem o funcionamento forense.

Os atos processuais devem ser praticados em conformidade com o que determina a lei. Esta preestabelece a sequência em que eles devem ser realizados e, em regra, a forma que devem obedecer. O processo é público, e, em princípio, não pode haver disposição do juiz ou da parte a respeito da sequência e da forma dos atos processuais. No entanto, o CPC flexibiliza essa regra, em especial no art. 190, ao permitir que, nos processos em que se admite a autocomposição, as partes capazes possam estipular mudanças no procedimento e convencionar sobre os seus ônus, poderes, faculdades e deveres processuais, antes ou depois do processo, com o controle do juiz. **A disponibilidade do direito material repercutirá numa possível flexibilização do procedimento, pelas partes capazes.** Em capítulo próprio, será examinada a negociação processual e a possibilidade de flexibilização do procedimento.

2. CONCEITO DE ATO PROCESSUAL

Pode ser definido como **a conduta humana voluntária que tem relevância para o processo**. Isso afasta os atos irrelevantes e os que não se relacionem com o processo. Os atos processuais distinguem-se dos atos jurídicos em geral em razão de sua ligação com um processo e a repercussão que têm sobre ele. Não se confundem com os fatos processuais, conforme visto no item anterior.

3. OMISSÕES PROCESSUALMENTE RELEVANTES

Os atos pressupõem atividade comissiva. **Mas as omissões podem ser de grande relevância para o processo civil**, porque a lei pode prever importantes consequências processuais. A omissão só será processualmente relevante quando a lei determina a prática de determinado ato e impõe consequências para a sua não realização. Assim, a omissão quanto ao ônus de oferecer contestação trará graves consequências processuais para o réu.

4. CLASSIFICAÇÃO DOS ATOS PROCESSUAIS

São várias as maneiras pelas quais se pode classificar um ato processual. Cada qual leva em consideração determinado critério. O CPC utiliza a classificação que leva em conta o sujeito, distinguindo entre atos das partes e atos judiciais.

4.1. ATOS DAS PARTES

De acordo com o art. 200 do CPC, **os atos das partes consistem em declarações unilaterais ou bilaterais de vontade**.

Os atos unilaterais são os mais comuns no processo: correspondem àqueles que a parte pratica sem necessitar da anuência da parte contrária. Por excelência, são os de postulação, como a petição inicial do autor e a contestação do réu, e os demais requerimentos que poderão fazer no curso do processo, como a apresentação de réplica, o requerimento de provas, a interposição de recursos.

O exemplo mais comum de ato bilateral é a transação, que provocará a extinção do processo, com resolução de mérito.

Para que o ato seja jurídico-processual, é preciso que produza efeitos no processo, consistentes na constituição, modificação ou extinção de direitos processuais (CPC, art. 200).

4.2. PRONUNCIAMENTOS DO JUIZ

São enumerados no art. 203 do CPC: **sentença, decisão interlocutória e despachos**. Esses são os pronunciamentos. Além deles, o juiz pratica outros atos no curso do processo, como o interrogatório das partes, a colheita de depoimentos, a inspeção judicial e outros atos materiais. Mas só os mencionados no art. 203 podem ser considerados **pronunciamentos judiciais**. Os demais são apenas atos materiais.

4.2.1. Sentenças

De acordo com o CPC, art. 203, § 1.º, "ressalvadas as disposições expressas dos procedimentos especiais, sentença é o pronunciamento por meio do qual o juiz, com fundamento nos arts. 485 e 487, põe fim à fase cognitiva do procedimento comum, bem como extingue a execução".

O art. 485 trata da extinção do processo sem resolução de mérito. As hipóteses, se verificadas, porão fim ao processo. Já o art. 487 cuida de situações em que há resolução de mérito, quando, em caso de procedência, não se porá fim ao processo, mas à fase cognitiva em que a sentença foi proferida, prosseguindo-se oportunamente com a fase de cumprimento de sentença.

O conceito de sentença formulado pela lei vale-se de seu possível conteúdo (arts. 485 e 487), mas é determinado, sobretudo, pela **aptidão de pôr fim ao processo, ou à**

1 ◼ Natureza e Espécies

sua fase cognitiva. O conteúdo do pronunciamento não é determinante, pois, com a admissão do julgamento antecipado parcial do mérito, haverá também decisões interlocutórias de mérito. Mas elas não poderão ser confundidas com a sentença, porque, sendo interlocutórias, são proferidas no curso do processo, sem pôr-lhe fim e sem encerrar a fase cognitiva. **O prazo para o juiz proferir sentença é de 30 dias (art. 226, III, do CPC).**

O art. 204 ainda menciona, entre os pronunciamentos judiciais, os **acórdãos**, atribuindo essa denominação aos julgamentos dos Tribunais. São decisões proferidas por órgão colegiado.

4.2.2. Decisões interlocutórias

Além das sentenças, o juiz profere outro tipo de ato, que tem conteúdo decisório. Distingue-se das sentenças por seu caráter interlocutório, pelo fato de ser proferido no decurso de um processo, sem aptidão para finalizá-lo. E sem, ainda, pôr fim à fase de conhecimento em primeiro grau de jurisdição. São as decisões interlocutórias.

Diferem dos despachos porque **estes não têm conteúdo decisório e não podem trazer nenhum prejuízo ou gravame às partes**. Se o ato judicial for capaz de provocar prejuízo e não puser fim ao processo ou à fase de conhecimento, será decisão interlocutória, e não despacho. O prazo para que o juiz profira decisões interlocutórias é de 10 dias.

4.2.3. Despachos de mero expediente

São aqueles que servem para impulsionar o processo, mas não tem conteúdo decisório, **sendo inaptos para trazer prejuízos às partes**. Se o juiz abre vista a elas, se dá ciência de um documento juntado aos autos, se determina o cumprimento do acórdão ou se concede prazo para que as partes indiquem quais provas pretendem produzir, haverá despacho, contra o qual não caberá recurso, porque não há interesse para a interposição.

Mas um ato judicial que normalmente seria despacho pode assumir a condição de decisão, se dele puder advir prejuízo. Por exemplo: a remessa dos autos ao contador em regra é despacho. Mas, se o juiz determiná-la para instituir uma liquidação por cálculo do contador, que não mais existe, retardando com isso o início da execução, o prejudicado poderá agravar. O prazo para que o juiz profira despachos no processo é de cinco dias.

5. FLEXIBILIZAÇÃO DO PROCEDIMENTO E NEGOCIAÇÃO PROCESSUAL

O CPC de 1973 era bastante tímido ao atribuir poderes às partes de influir sobre os atos processuais, sobre o procedimento e sobre seus poderes, faculdades e deveres processuais. Admitia-se a convenção sobre o ônus da prova (art. 333, parágrafo único), sobre a suspensão temporária do processo e sobre o adiamento de audiência. Mas eram situações específicas, expressamente previstas. O poder de disposição das partes dizia mais respeito ao direito material discutido do que aos atos processuais e procedimentais. **A publicização do processo apresentava-se como óbice para que** se permitisse às partes negociar sobre o processo, de forma geral e aberta. O CPC atual modificou esse panorama e ampliou muito os poderes das partes a esse respeito. Foi mantida a possibilidade de convenção sobre a distribuição do ônus da prova (art. 373, § 3.º), sobre a suspensão do processo (art. 313, II) e adiamento de audiência (art. 362, I). Mas, além dessas hipóteses específicas de negociações processuais típicas, que constituíam um rol legal *numerus clausus*, tornou-se lícito às partes plenamente capazes, quando a causa versar sobre direitos que admitam autocomposição, **estipular mudanças no procedimento para ajustá-lo às especificidades da causa e convencionar sobre os seus ônus, poderes, faculdades e deveres processuais, antes ou durante o processo (art. 190).** Trata-se de grande inovação, que autoriza as partes capazes, em cláusula aberta e geral, a influir diretamente sobre o procedimento e o prazo. Assim, ao lado das hipóteses de negociação típica instituiu a lei a cláusula que autoriza negociações atípicas. Para que não haja abusos, **o juiz, de ofício ou a requerimento, controlará as convenções processuais**, recusando-lhes aplicação em caso de nulidade, inserção abusiva em contrato de adesão ou quando alguma parte se encontre em situação de vulnerabilidade. A respeito do tema, a Escola Nacional de Formação e Aperfeiçoamento de Magistrados (ENFAM) emitiu dois enunciados cujo conteúdo pode orientar a aplicação do art. 190. São os Enunciados n. 36 e 37. O primeiro dispõe: "A regra do art. 190 do CPC/2015 não autoriza às partes a celebração de negócios jurídicos processuais atípicos que afetem poderes e deveres do juiz, tais como os que: a) limitem seus poderes de instrução ou de sanção à litigância ímproba; b) subtraiam do Estado/juiz o controle da legitimidade das partes ou do ingresso de *amicus curiae*; c) introduzam novas hipóteses de recorribilidade, de rescisória ou de sustentação oral não previstas em lei; d) estipulem o julgamento do conflito com base em lei diversa da nacional vigente; e e) estabeleçam prioridade de julgamento não prevista em lei". O Enunciado n. 37 estabelece: "São nulas, por ilicitude do objeto, as convenções processuais que violem as garantias constitucionais do processo, tais como as que: a) autorizem o uso de prova ilícita; b) limitem a publicidade do processo para além das hipóteses expressamente previstas em lei; c) modifiquem o regime de competência absoluta; e d) dispensem o dever de motivação". Esses dois enunciados são bastantes para demonstrar a dificuldade maior que decorre da aplicação do art. 190: estabelecer aquilo que pode e aquilo que não pode ser objeto de negociação. Os dois enunciados supramencionados podem servir de norte: não é possível negociar sobre poderes e deveres do juiz ou do Tribunal, nem sobre atos processuais que repercutam sobre eles. Tampouco será possível negociação que viole, direta ou indiretamente, as garantias constitucionais dos litigantes. Por exemplo: em princípio, será possível que as partes negociem sobre prazos, podendo dilatá-los ou reduzi-los. Mas o juiz não autorizará a negociação se a redução for tal que prejudique o pleno exercício do contraditório ou do direito de defesa ou se a ampliação trouxer embaraços à duração razoável do processo.

O C. Superior Tribunal de Justiça, em julgamento a respeito do tema, estabeleceu que os negócios processuais não podem dispor sobre as funções desempenhadas pelo juiz no processo:

1 ▣ Natureza e Espécies

"RECURSO ESPECIAL. PROCESSO CIVIL. LIBERDADE NEGOCIAL CONDICIO-NADA AOS FUNDAMENTOS CONSTITUCIONAIS. CPC/2015. NEGÓCIO JURÍDI-CO PROCESSUAL. FLEXIBILIZAÇÃO DO RITO PROCEDIMENTAL. REQUISITOS E LIMITES. IMPOSSIBILIDADE DE DISPOSIÇÃO SOBRE AS FUNÇÕES DESEM-PENHADAS PELO JUIZ. 1. A liberdade negocial deriva do princípio constitucional da liberdade individual e da livre iniciativa, fundamento da República, e, como toda garantia constitucional, estará sempre condicionada ao respeito à dignidade humana e sujeita às limitações impostas pelo Estado Democrático de Direito, estruturado para assegurar o exercício dos direitos sociais e individuais e a Justiça. 2. O CPC/2015 formalizou a adoção da teoria dos negócios jurídicos processuais, conferindo flexibilização procedimental ao processo, com vistas à promoção efetiva do direito material discutido. Apesar de essen-cialmente constituído pelo autorregramento das vontades particulares, o negócio jurídico processual atua no exercício do múnus público da jurisdição. 3. São requisitos do negócio jurídico processual: a) versar a causa sobre direitos que admitam autocomposição; b) se-rem partes plenamente capazes; c) limitar-se aos ônus, poderes, faculdades e deveres pro-cessuais das partes; d) tratar de situação jurídica individualizada e concreta. 4. O negócio jurídico processual não se sujeita a um juízo de conveniência pelo juiz, que fará apenas a verificação de sua legalidade, pronunciando-se nos casos de nulidade ou de inserção abu-siva em contrato de adesão ou ainda quando alguma parte se encontrar em manifesta situ-ação de vulnerabilidade. 5. A modificação do procedimento convencionada entre as par-tes por meio do negócio jurídico sujeita-se a limites, dentre os quais ressai o requisito negativo de não dispor sobre a situação jurídica do magistrado. As funções desempenha-das pelo juiz no processo são inerentes ao exercício da jurisdição e à garantia do devido processo legal, sendo vedado às partes sobre elas dispor. 6. Recurso especial não provido" (REsp 1.810.444/SP, Rel. Min. Luis Felipe Salomão, j. 23.02.2021).

O art. 191, de influência francesa, estabelece que, "de comum acordo, o juiz e as partes podem fixar calendário para a prática dos atos processuais, quando for o caso", acrescentando o § 1.º que "O calendário vincula as partes e o juiz, e os prazos nele pre-vistos somente serão modificados em casos excepcionais, devidamente justificados". O CPC dá, portanto, real validade ao princípio dispositivo, permitindo que, nos processos em que seja lícita a autocomposição, **as partes negociem não apenas sobre o direito material discutido, mas também sobre o próprio procedimento**, estabelecendo con-venções sobre ônus, poderes, faculdades e deveres processuais. Isso pode ocorrer antes ou durante o processo. Pode, por exemplo, ser estabelecido por contrato, cabendo ao juiz controlar a validade da convenção, na forma do parágrafo único do art. 190. A institui-ção do calendário é altamente vantajosa, por tornar desnecessárias as intimações no processo, já que os litigantes saberão de antemão as datas em que se realizarão os atos processuais. De acordo com o Enunciado n. 17 da I Jornada de Processo Civil da Justiça Federal, não haveria óbice a que a Fazenda Pública celebre convenção processual, nos termos do art. 190 do CPC.

Outro exemplo do poder de influência das partes no procedimento ocorre na fase de saneamento do processo. Estabelece o art. 357, § 2.º, que "As partes podem apresentar ao juiz, para homologação, delimitação consensual das questões de fato e de direito a que se referem os incisos II e IV (isto é, os fatos sobre os quais recairá atividade proba-tória ou as questões de direito relevantes para a decisão de mérito); se homologada, a delimitação vincula as partes e o juiz". Amplia-se o poder de disposição das partes, mas sempre com a fiscalização e o controle judicial. Trata-se de mais uma aplicação do **princípio da cooperação** entre os sujeitos do processo, para que ele tenha um desenvolvimento mais eficiente.

Além disso, os arts. 168 e 471 permitem às partes escolher, de comum acordo, o conciliador, o mediador ou a câmara privada de conciliação ou mediação, que pode nem mesmo estar cadastrado no tribunal, bem como escolher o perito, indicando-o mediante requerimento conjunto ao juiz. A perícia consensual substitui, para todos os efeitos, a que seria realizada por perito nomeado pelo juiz (art. 471, § 3.º).

2
FORMA E REQUISITOS

1. FORMA DOS ATOS PROCESSUAIS

A forma é o aspecto exterior pelo qual os atos processuais se apresentam. Como regra, acolheu-se entre nós o princípio da **liberdade das formas**, estabelecido no CPC, art. 188: "Os atos e os termos processuais independem de forma determinada, salvo quando a lei expressamente a exigir, considerando-se válidos os que, realizados de outro modo, lhe preencham a finalidade essencial".

Esse artigo contém duas regras importantes: a de que, salvo lei em contrário, a forma é livre; e a de que, mesmo quando há forma determinada por lei, o ato será válido se, tendo sido praticado por outro meio, alcançar a sua finalidade essencial. O processo não é um fim em si mesmo, mas um **instrumento do direito substancial**. Quando a lei determina que o ato seja realizado de determinada forma, não tem em vista a formalidade ou solenidade em si, mas o alcance de determinado fim; se atingido por outro meio, ficará afastada qualquer nulidade.

Por exemplo: a lei determina que o réu seja citado e estabelece a forma pela qual isso deve ocorrer. Se for desrespeitada, mas o réu comparecer e apresentar contestação, não haverá nulidade, porque o objetivo do ato — dar ciência ao réu da existência do processo, permitindo-lhe que se defenda — terá sido alcançado.

1.1. O PROCESSO ELETRÔNICO

A busca pela efetividade e duração razoável do processo deu ensejo ao uso de meios eletrônicos e de informatização do processo.

A Lei n. 11.280/2006 já havia acrescentado ao art. 154 do CPC de 1973 um parágrafo, autorizando os tribunais, no âmbito da respectiva jurisdição, a disciplinar a prática e a comunicação oficial dos atos processuais por meios eletrônicos, atendidos os requisitos de autenticidade, integralidade, validade jurídica e interoperabilidade da Infraestrutura de Chaves Públicas Brasileira — ICP — Brasil.

Mas a informatização do processo judicial foi regulamentada pela **Lei n. 11.419/2006**, que tratou dos meios eletrônicos, da transmissão eletrônica e da assinatura eletrônica.

O art. 2.º autoriza o envio de petições, de recursos e a prática de atos processuais em geral por meio eletrônico, com a utilização da **assinatura digital**, baseada em certificado digital emitido pela autoridade certificadora; ou mediante cadastro do usuário no Poder Judiciário, que permita a identificação do interessado. O uso dos meios eletrônicos nos processos continua disciplinado por essa lei, mas o CPC, nos arts. 193 a 199, formula os princípios e regras gerais que devem ser observados.

O art. 193 autoriza que os atos processuais sejam praticados, total ou parcialmente, por meio digital, na forma da lei. Os sistemas de automação processual deverão respeitar o princípio da publicidade dos atos, o acesso e a participação das partes e seus procuradores, a garantia da disponibilidade, a independência da plataforma computacional e a acessibilidade e interoperabilidade dos sistemas, serviços, dados e informações que o Poder Judiciário administre no exercício de suas funções.

Nesses sistemas, todos os atos de comunicação processual — como a citação, intimações, notificações — serão feitas por meio eletrônico, na forma da lei.

Os arts. 8.º a 13 da Lei n. 11.419/2006 regulamentam o uso de meios eletrônicos e digitais.

1.2. COMUNICAÇÃO ELETRÔNICA DOS ATOS PROCESSUAIS

Mesmo que o processo não seja eletrônico, é possível que os tribunais façam uso do **Diário da Justiça Eletrônico**, disponibilizado nos sítios da rede mundial de computadores, para publicação dos atos judiciais e administrativos próprios e dos órgãos a eles subordinados.

Poderão ser feitas as intimações, dirigidas aos advogados das partes, pelo **Diário da Justiça Eletrônico**, caso em que a publicação só se considera feita no primeiro dia útil subsequente ao da disponibilização da informação no *Diário de Justiça*, passando a correr o prazo no primeiro dia útil posterior.

Caso a parte ou seu advogado se cadastre na forma do art. 2.º da Lei n. 11.419/2006, será dispensada a publicação no órgão oficial, inclusive eletrônico, porque as intimações serão feitas em portal próprio, considerando-se realizadas na data em que se efetivar a consulta eletrônica ao teor da intimação, o que deverá ser certificado nos autos. Mas a consulta deverá ser feita no prazo de dez dias corridos, contados da data do envio, sob pena de considerar-se automaticamente realizada ao final desse prazo.

Se o processo for eletrônico, as citações, intimações e notificações, inclusive da Fazenda Pública, serão feitas por meio eletrônico. Haverá dificuldades, quando o ato for dirigido não ao advogado, mas à parte, como ocorre com a citação. Só será possível a utilização de meio eletrônico se o destinatário tiver se cadastrado na forma do art. 2.º da Lei. Não sendo viável, a citação será feita pelo modo convencional.

O art. 7.º determina que as cartas precatórias, rogatórias, de ordem e, de modo geral, todas as comunicações oficiais que transitem entre órgão do Poder Judiciário, bem como entre os deste e os dos demais Poderes, serão feitas preferencialmente por meio eletrônico.

O art. 246, §§ 1.º, 2.º e 5.º, do CPC estabelece que a citação das pessoas jurídicas públicas e privadas, bem como da União, dos Estados, do Distrito Federal, dos Municípios, das entidades de administração indireta, e das microempresas e empresas de pequeno porte que não possuírem endereço cadastrado no Redesim será feita preferencialmente por meio eletrônico, no Portal Eletrônico, regulamentado pela Resolução CNJ n. 234/2016. Para que isso se viabilize, elas são obrigadas a manter cadastro nos sistemas de processo em autos eletrônicos, para efeito de recebimento de citações e intimações.

2 ◼ Forma e Requisitos

O art. 1.051, por sua vez, determina que, para cumprimento do disposto no art. 246, § 1.º, as empresas públicas ou privadas se cadastrem no prazo de 30 dias, a contar da data de inscrição do ato constitutivo da pessoa jurídica, perante o juízo onde tenham sede ou filial. A lei não soluciona a questão relativa às empresas que já tenham feito a inscrição de seus atos constitutivos antes da entrada em vigor da lei. À míngua de melhores esclarecimentos, deve-se entender que, para elas, **o prazo de 30 dias correrá da data da entrada em vigor do CPC**. A exigência é imposta somente às pessoas jurídicas, não às físicas, nem às microempresas ou empresas de pequeno porte. Vale lembrar que a citação por meio eletrônico das pessoas físicas e das microempresas e empresas de pequeno porte com endereço cadastrado no Redesim será feita por meio de envio de *e-mail* ao endereço eletrônico, cujo recebimento deverá ser confirmado no prazo de três dias úteis pelo destinatário, na forma do art. 246, *caput* e § 1.º-A, do CPC.

2. REQUISITOS DOS ATOS PROCESSUAIS

Existem requisitos que a lei estabelece para a validade dos atos processuais. Cumpre-nos, neste capítulo, estudar quais são os gerais, pois os específicos serão examinados oportunamente, à medida que forem estudados os vários atos de que o processo se compõe.

2.1. REQUISITOS GERAIS QUANTO AO MODO DOS ATOS PROCESSUAIS

◼ que sejam redigidos em **vernáculo** (CPC, art. 192). Eventuais documentos em língua estrangeira só poderão ser juntados se acompanhados de versão para a língua portuguesa tramitada por via diplomática ou pela autoridade central, ou firmada por tradutor juramentado;

◼ os atos orais devem ser praticados também em língua portuguesa. Se o juiz quiser ouvir uma das partes ou uma testemunha que não conheçam o português, terá que nomear um **intérprete**, necessário também em relação àqueles que fazem uso da linguagem mímica dos surdos-mudos;

◼ os atos e os termos do processo serão assinados pelas pessoas que neles intervierem. Mas se não quiserem ou não puderem firmá-los o escrivão ou chefe de secretaria certificará a ocorrência;

◼ se o processo for total ou parcialmente eletrônico, os atos processuais praticados na presença do juiz poderão ser produzidos e armazenados de modo integralmente digital em arquivo eletrônico inviolável, na forma da lei, mediante registro em termo assinado pelo juiz e pelo escrivão ou chefe de secretaria, bem como pelos advogados das partes;

◼ os atos poderão ser datilografados, por via mecânica ou por computador. Admite-se o uso da taquigrafia, estenotipia ou qualquer outro método idôneo, em qualquer juízo ou tribunal. Mas essa possibilidade fica restrita aos atos judiciais, não aos das partes. No Juizado Especial Cível, admite-se a gravação fonográfica para documentar a audiência;

◼ são vedados os espaços em branco, nos atos e termos do processo, salvo se inutilizados; as emendas ou rasuras devem ser ressalvadas. Tudo para evitar fraudes ou utilização indevida de espaços em branco (CPC, art. 211).

272 Direito Processual Civil Esquematizado · *Marcus Vinicius Rios Gonçalves*

2.1.1. Publicidade dos atos processuais

A publicidade do processo e dos atos processuais é garantida pela CF (art. 5.º, LX) e regulamentada pelo art. 189 do CPC, já comentado no Livro I, Capítulo 3, *item 2.8*, *supra*.

Quando o processo correr em segredo de justiça, só poderá ser consultado **pelas partes, seus advogados, terceiros intervenientes admitidos no processo e pelo Ministério Público**. Por isso, os atos de comunicação do processo (intimações e publicações de editais) serão cifrados, e o nome das partes não aparecerá na íntegra, mas abreviado. O terceiro que demonstrar interesse jurídico e que não tenha intervindo no processo poderá requerer ao juiz certidão do dispositivo da sentença, bem como de inventário e de partilha resultantes de divórcio ou separação.

O desrespeito ao sigilo que obriga a todos os participantes do processo poderá acarretar sanções administrativas e eventualmente civis ao culpado, mas **não nulidade processual**.

2.2. REQUISITOS GERAIS QUANTO AO LUGAR

Os atos processuais são praticados, em regra, na sede do juízo (CPC, art. 217); mas nem sempre, havendo numerosas exceções, como:

■ os atos de inquirição de pessoas que, em homenagem ao cargo que ocupam, podem ser ouvidas em sua residência ou local em que exercem suas funções (CPC, art. 454);

■ os atos que têm de ser praticados por carta;

■ os atos relativos à testemunha que, em razão de dificuldades de movimento ou locomoção, tem de ser ouvida em seu domicílio.

2.3. REQUISITOS GERAIS QUANTO AO TEMPO

Os atos processuais devem ser praticados em um determinado prazo, em regra, sob pena de preclusão. Não há preclusão para que o juiz pratique os atos do processo e emita os pronunciamentos que lhe incumbem, **mas, se desrespeitado o fixado por lei, ele ficará sujeito a sanções administrativas (prazos impróprios)**. O art. 235 indica o procedimento a ser tomado pela parte, pelo Ministério Público ou pela Defensoria Pública, em caso de atraso injustificado do juiz.

O tempo no processo pode ser examinado por dois ângulos: o referente ao momento, à ocasião do dia, do mês e do ano em que os atos podem ser praticados; e os prazos que os participantes do processo deverão observar.

2.3.1. Ocasião para a prática dos atos processuais

Os atos processuais devem ser praticados nos **dias úteis**, que não são feriados. De acordo com o CPC, art. 216, são feriados os sábados e domingos e os dias declarados tais por lei, que incluem 1.º de janeiro, 21 de abril, 1.º de maio, 7 de setembro, 12 de outubro, 2 de novembro, 15 de novembro e 25 de dezembro. São feriados forenses o dia 8 de dezembro (Dia da Justiça), a terça-feira de Carnaval e a Sexta-Feira Santa, bem

2 ▪ Forma e Requisitos

como os dias em que não haja expediente forense. Há ainda feriados específicos da Justiça Federal, feriados estaduais e municipais.

Durante o dia, os atos processuais podem ser realizados das **6h00 às 20h00**, mas o art. 212 do CPC estabelece algumas exceções: quando, iniciados antes do limite do horário, não puderem ser concluídos e o adiamento puder ser prejudicial; ou quando tratar-se de citação, intimação e penhora, que poderão realizar-se durante as férias forenses onde houver, em dias não úteis, ou fora do horário normal, independentemente de autorização judicial.

As leis de organização judiciária, de âmbito estadual, têm autonomia para estabelecer horários do fechamento do protocolo, o que terá grande relevância sobre os prazos processuais em autos não eletrônicos, já que a petição ou manifestação da parte deve ser protocolada até a última hora do último dia do prazo. Em São Paulo, o protocolo fecha às 19h00, e as petições em autos não eletrônicos têm de ser apresentadas até essa hora. A prática eletrônica do ato processual pode ocorrer em qualquer horário até as 24h00 do último dia do prazo. Os atos externos — como citações e intimações — poderão estender-se até as 20h00, ou até mais tarde, nas hipóteses do art. 212, § 1.º.

2.3.2. Férias forenses

A Emenda Constitucional n. 45 acrescentou à Constituição Federal dispositivo (art. 93, XII) que **extinguiu a possibilidade de férias coletivas nos juízos e tribunais de segundo grau**. Com isso, desapareceram as férias coletivas nesses órgãos, razão pela qual não tem eficácia o disposto nos arts. 214 e 215, ambos do CPC, naquilo que diz respeito a férias, em relação aos processos que tramitam nessas instâncias.

Mas pode haver férias forenses nos tribunais superiores, período no qual não são praticados atos processuais (CPC, art. 214). Essa regra, porém, não é absoluta, pois existem certos atos que podem ser praticados durante as férias e alguns processos que, nesse período, correm regularmente, não se suspendendo pela superveniência delas.

É preciso distinguir então entre aqueles processos que correm ou não durante as férias. Mesmo nestes, há alguns atos excepcionais, os de urgência, que a lei autoriza sejam praticados, apesar de suspenso o processo. Os atos que, em qualquer tipo de processo, podem ser praticados nas férias são os mencionados no art. 212, § 2.º (citações, intimações e penhoras), e as tutelas de urgência. E os processos que não se suspendem com a superveniência das férias são os de jurisdição voluntária; os necessários para a conservação de direitos, quando puderem ser prejudicados pelo adiamento; as ações de alimentos e os processos de nomeação ou remoção de tutor e curador; e os demais processos que a lei determinar (art. 215).

2.3.3. Prazos processuais

Para que o processo não se eternize, a lei estabelece um prazo para que os atos processuais sejam praticados. Por prazo entende-se **a quantidade de tempo que deve mediar entre dois atos**.

Quando a lei determina que o prazo para contestação é de quinze dias a contar da data da juntada aos autos do mandado de citação, estabelece o prazo para a prática do ato. Se for desrespeitado, o ato será intempestivo.

274 Direito Processual Civil Esquematizado   *Marcus Vinicius Rios Gonçalves*

2.3.3.1. Tipos de prazos processuais

2.3.3.1.1. Prazos próprios e impróprios

Os prazos podem ser próprios (também chamados preclusivos) ou impróprios. Os das partes (incluindo do Ministério Público quando atua nessa condição) e dos terceiros intervenientes, em regra, **são próprios, têm que ser respeitados, sob pena de preclusão temporal, de perda da faculdade processual de praticar aquele ato**. Nesse sentido, o art. 223 do CPC: "Decorrido o prazo, extingue-se o direito de praticar ou de emendar o ato processual, independentemente de declaração judicial, ficando assegurado, porém, à parte provar que o não realizou por justa causa".

Mas alguns atos das partes e seus advogados não serão preclusivos. Por exemplo: o de formular quesitos e indicar assistentes técnicos no prazo de quinze dias, quando for determinada prova pericial, pois há numerosas decisões do STJ que permitem a apresentação até o início dos trabalhos periciais; o de restituir os autos, retirados do cartório; o de indicar bens que possam ser penhorados.

Os prazos do juiz, de seus auxiliares e do Ministério Público, quando atua como fiscal da ordem jurídica, **são impróprios, não implicam a perda da faculdade, nem o desaparecimento da obrigação de praticar o ato, mesmo depois de superados**. O juiz não se exime de sentenciar, nem o Promotor de Justiça de se manifestar, porque foi ultrapassado o prazo previsto em lei. Da mesma forma, em relação aos auxiliares do juízo. Mas se o Promotor de Justiça, ainda que fiscal da ordem jurídica, quiser recorrer, deve fazê-lo no prazo, sob pena de preclusão, já que o prazo de recurso é sempre próprio.

2.3.3.1.2. Prazos dilatórios e peremptórios

Tradicionalmente, costumava-se distinguir entre prazos peremptórios e dilatórios, sendo os primeiros aqueles cogentes, que não podiam ser modificados pela vontade das partes, e os segundos aqueles **que podiam ser alterados por convenção das partes**, desde que a alteração fosse requerida antes de eles vencerem e estivesse fundada em motivo legítimo, caso em que o juiz deveria fixar o dia de vencimento da prorrogação, respeitada a convenção.

Mas essa distinção tem pouca utilidade no sistema do CPC atual, diante do que dispõem os arts. 190 e 191, que não fazem nenhuma distinção entre prazos peremptórios ou dilatórios, permitindo que, por convenção, nos processos que admitem autocomposição, as partes capazes estipulem mudanças no procedimento e convencionem sobre os seus ônus, poderes, faculdades e deveres processuais, podendo as partes, de comum acordo com o juiz, fixar um calendário para a prática de atos processuais quando for o caso.

Não havendo nenhuma restrição ao poder de convenção das partes, exceto aquele estabelecido no parágrafo único do art. 190, **mesmo os prazos anteriormente considerados peremptórios estarão sujeitos à alteração, por vontade das partes, sob a fiscalização do juiz**. Com isso, desaparece a utilidade da distinção entre prazos peremptórios e dilatórios, que era fundada exclusivamente na possibilidade de haver convenção das partes para modificá-los. Como a lei não restringe esse poder em nenhum tipo de prazo, a distinção perdeu o sentido.

2 ■ Forma e Requisitos 275

Na legislação anterior, essa classificação se justificava porque, dada a natureza pública do processo, era limitado o poder das partes de alterar prazos. Aqueles instituídos para comodidade dos litigantes poderiam ser alterados por eles, convencionalmente; os que eram estabelecidos para melhor andamento do processo eram cogentes e inderrogáveis. O CPC atual, ainda que continue atribuindo natureza pública ao processo, não impede a convenção das partes sobre o procedimento e a negociação processual, desde que o processo admita autocomposição. Por isso, todos os prazos no processo atual podem ser objeto de alteração por convenção das partes, desde que haja controle judicial.

Sem a convenção das partes, o juiz tem poderes apenas para dilatar prazos processuais, adequando-os às necessidades do conflito de modo a conferir maior efetividade à tutela do direito (art. 139, VI). Afora essa hipótese, em que a dilação decorre da necessidade do processo, só é dado ao juiz aumentar o prazo, por até dois meses, nas comarcas, seções ou subseções judiciárias, onde for difícil o transporte (art. 222). O juiz pode também, sem a anuência das partes, reduzir os prazos meramente dilatórios. Os peremptórios, só se houver concordância da parte (art. 222, § 1.º), sendo essa a única situação em que ainda permanece útil a distinção entre esses dois tipos de prazo.

2.3.4. Contagem de prazo

A contagem de prazo pode ser feita por anos, meses, dias, horas ou minutos: o prazo da ação rescisória é de dois anos; as partes podem convencionar a suspensão do processo por até seis meses; o de contestação é de quinze dias; para que a intimação das partes as obrigue ao comparecimento, é preciso que seja feita com 48 horas de antecedência; e o prazo para as partes manifestaram-se, nas alegações finais apresentadas em audiência, é de vinte minutos.

Os prazos são fixados por lei; na omissão desta, pelo juiz. **Se não houver nem lei nem determinação judicial, o prazo será de cinco dias (CPC, art. 218, § 3.º)**. Também pode ser fixado pelas próprias partes, por convenção, nos termos do art. 190 e 191 do CPC.

Na contagem do prazo, exclui-se o dia do começo e inclui-se o do vencimento, computando-se, na contagem do prazo em dias, apenas os dias úteis (art. 219). Por exemplo: se o réu é citado para contestar em quinze dias, o prazo corre da juntada aos autos do mandado de citação, porém a contagem não começa no dia da juntada, mas no primeiro dia útil subsequente. O prazo será contado de maneira contínua, excluindo-se os dias não úteis, e se concluirá no final do expediente forense do 15.º dia do prazo, considerados apenas os dias úteis. Os que não o forem deverão ser excluídos do cômputo. Se a intimação for feita pelo *Diário Oficial*, o prazo começará a correr no primeiro dia útil seguinte à publicação. Se for eletrônico, a publicação considera-se feita no primeiro dia útil subsequente à disponibilização da informação (art. 4.º, § 3.º, da Lei n. 11.419/2006).

O termo inicial da contagem dos prazos é estabelecido no art. 231 do CPC. Salvo disposição em sentido diverso, a contagem do prazo terá como termo inicial:

"I — a data de juntada aos autos do aviso de recebimento, quando a citação ou a intimação for pelo correio;

II — a data de juntada aos autos do mandado cumprido, quando a citação ou a intimação for por oficial de justiça;

III — a data de ocorrência da citação ou da intimação, quando ela se der por ato do escrivão ou do chefe de secretaria;

IV — o dia útil seguinte ao fim da dilação assinada pelo juiz, quando a citação ou a intimação for por edital;

V — o dia útil seguinte à consulta ao teor da citação ou da intimação ou ao término do prazo para que a consulta se dê, quando a citação ou a intimação for eletrônica;

VI — a data de juntada do comunicado de que trata o art. 232 ou, não havendo esse, a data de juntada da carta aos autos de origem devidamente cumprida, quando a citação ou a intimação se realizar em cumprimento de carta;

VII — a data de publicação, quando a intimação se der pelo Diário da Justiça impresso ou eletrônico;

VIII — o dia da carga, quando a intimação se der por meio da retirada dos autos, em carga, do cartório ou da secretaria.

IX — o quinto dia útil seguinte à confirmação, na forma prevista na mensagem de citação, do recebimento da citação realizada por meio eletrônico".

O inciso IX foi acrescentado ao art. 231 pela Lei n. 14.195/2021. **É preciso não confundir as hipóteses do inciso V com a do inciso IX**. Como será mais bem esclarecido no capítulo relativo à citação, com a edição da lei acima indicada, passaram a existir **duas formas de citação eletrônica** em nosso ordenamento jurídico, ambas preferenciais sobre as demais espécies de citação: aquela feita por meio do **portal eletrônico**, tratada pela Lei n. 11.419/2006, e aquela feita por envio de *e-mail* **ao citando**, cadastrado em banco de dados do Poder Judiciário, tratada pela Lei n. 14.195/2021. A primeira será a forma de citação eletrônica das pessoas jurídicas de direito público e de direito privado, incluindo as microempresas e empresas de pequeno porte, sem endereço cadastrado no Redesim; a segunda, a forma de citação eletrônica das pessoas naturais e das microempresas e empresas de pequena forma inscritas no Redesim. O portal eletrônico, a que alude a Lei n. 11.419/2006, já foi regulamentado pelo CNJ, por meio da Resolução n. 234/2016 (em São Paulo é utilizado o portal pelo sistema SAJ); já o banco de dados a que alude a Lei n. 14.195/2021 ainda depende de regulamentação do CNJ.

O inciso V do art. 231 refere-se à citação ou intimação eletrônica feita pelo portal já regulamentado. De acordo com o art. 5.º, § 3.º, da Lei n. 11.419/2006, a consulta ao portal deverá ser feita em até 10 dias corridos contados da data do envio da intimação, sob pena de considerar-se a intimação automaticamente realizada na data do término desse prazo. Isso significa que o destinatário da citação ou intimação não precisa confirmar o seu recebimento. O prazo fluirá a partir do momento em que ele consultar a citação ou intimação em portal próprio. Se, no entanto, não houver consulta do citando, **findo o prazo de 10 dias corridos, reputa-se realizada a citação ou intimação**, e, no dia útil seguinte ao final do término do prazo de consulta, o prazo para a prática do ato processual terá início.

Já o inciso IX do art. 231 refere-se à citação ou intimação por *e-mail*, que é enviada ao endereço eletrônico do citando, na forma do art. 246, *caput*, do CPC. Nessa hipótese, a citação só se aperfeiçoa se o citando confirma o recebimento no prazo de três dias úteis, contados do recebimento da citação eletrônica. Não havendo essa confirmação, a citação reputar-se-á não realizada, e terá de ser feita pelos meios convencionais, previstos nos incisos do art. 246, § 1.º-A, do CPC. Caso haja a confirmação no prazo de três dias, a citação por *e-mail* reputar-se-á realizada, e o prazo para a prática do ato processual começará a contar depois de cinco dias úteis da confirmação. Assim, feita a confirmação, é necessário aguardar o transcurso de cinco dias úteis. No dia útil subsequente ao término desse prazo, terá início o prazo para a prática do ato processual.

2.3.5. Suspensão e interrupção do prazo

Distingue-se a suspensão da interrupção de prazo porque, na primeira, ele fica paralisado, mas volta a correr do ponto em que parou, quando incidiu a causa suspensiva. Já a interrupção provoca o retorno do prazo à estaca zero, como se nada tivesse corrido até então.

Iniciada a contagem, o prazo não será suspenso, salvo a existência das hipóteses previstas no art. 313, I a VIII, do CPC, ou se houver algum obstáculo que impeça a parte de se manifestar, como, por exemplo, a retirada dos autos pelo adversário, a remessa deles ao contador, o movimento grevista que paralisa as atividades forenses. Mas não tem sido admitida como causa de suspensão a falha no serviço de remessa de intimações ao advogado pelo respectivo órgão ou entidade de classe.

As causas interruptivas são raras, podendo ser mencionadas duas: quando o réu requer o desmembramento do processo, em virtude de litisconsórcio multitudinário; e quando as partes opõem embargos de declaração.

2.3.6. Alguns benefícios de prazo

2.3.6.1. *Ministério Público, Fazenda Pública e Defensoria Pública*

O Ministério Público (art. 180, *caput*), a Fazenda Pública (art. 183) e a Defensoria Pública (art. 186) gozarão de prazo em dobro para manifestar-se nos autos. Esse dispositivo não ofende o princípio constitucional da isonomia, porque a quantidade de processos em que atuam é maior do que a comum, razão pela qual fazem jus a um prazo maior, para contestar e responder.

A Fazenda Pública, a que a lei se refere, abrange todas as pessoas jurídicas de direito público: União, Estados, Municípios, Distrito Federal, autarquias e fundações públicas.

Não têm privilégio de prazo as empresas públicas e as sociedades de economia mista, pessoas jurídicas de natureza privada.

O Ministério Público tem o prazo maior, tanto na condição de parte como na de fiscal da ordem jurídica.

Também têm privilégio de prazo os escritórios de prática jurídica das faculdades de Direito reconhecidas na forma da lei e as entidades que prestam assistência jurídica gratuita em razão de convênios firmados com a Defensoria Pública (art. 186, § 3.º). Na vigência do CPC/73, o benefício só era reconhecido em favor dos Centros Acadêmicos de universidades públicas, mas, diante dos termos do CPC/2015, o benefício deverá ser concedido também às universidades particulares, desde que reconhecidas na forma da lei.

2.3.6.2. Litisconsortes com advogados diferentes

Quando houver litisconsortes que tenham diferentes procuradores, **todos os prazos legais ser-lhe-ão contados em dobro:** para contestar, recorrer, contrarrazoar e falar nos autos em geral.

É preciso que os procuradores sejam diferentes e que não pertençam ao mesmo escritório de advocacia (art. 229). A dobra de prazo não se aplica aos processos de autos eletrônicos (art. 229, § 2.º).

Ainda que os litisconsortes tenham, cada qual, vários advogados, o prazo será simples se houver um que seja comum a todos.

Questão relevante é a relacionada ao prazo de contestação, quando, citados os litisconsortes, não é ainda possível saber se todos contratarão advogados e se serão os mesmos.

Já na vigência do CPC/73 vinha prevalecendo o entendimento de que se houvesse dois réus e um deles permanecesse revel ainda assim o outro teria prazo em dobro para contestar, porque não tinha como saber se o corréu contrataria ou não advogado. Nesse sentido:

"Não me parece razoável que a parte, já sabedora de que atuará com advogado próprio, tenha de aguardar a defesa da outra — se existirá ou não — para que possa fruir do prazo em dobro, correndo o risco de, se o litisconsorte for revel, ter sua peça de defesa inadmitida por intempestiva" (RSTJ, REsp 683.956, 4.ª Turma, Rel. Min. Aldir Passarinho).

Essa solução foi expressamente adotada pelo art. 229, § 1.º, do CPC/2015. O prazo de contestação será sempre em dobro, ainda que o corréu permaneça revel. No entanto, se, havendo dois réus e apenas um deles contestar, daí em diante cessa a contagem em dobro.

Não há necessidade de pedir ao juiz a dobra de prazo, que será decorrência automática da contratação de advogados distintos pelos litisconsortes.

Tem-se entendido que, se a constituição do advogado diferente ocorreu no curso do prazo, só correrá em dobro o restante. Assim, se o advogado novo for constituído no 10.º dia de um prazo de quinze, somente os cinco faltantes serão dobrados.

Importante, ainda, a Súmula 641 do STF: "Não se conta em dobro o prazo para recorrer, quando só um dos litisconsortes haja sucumbido".

Tem prevalecido o entendimento **de que o art. 229 do CPC não se aplica aos Juizados Especiais Cíveis**, porque é incompatível com a celeridade que se exige do procedimento. Nesse sentido, aplica-se o Enunciado n. 123 do Fórum Nacional dos Juizados Especiais.

2.3.6.2.1. Aplicação cumulativa de mais de uma causa de dobra

Imagine-se que determinado processo tenha dois réus e que um deles seja a Fazenda Pública. Qual seria o prazo para manifestar-se nos autos? Se aplicarmos conjuntamente os arts. 183 e 229, ele seria multiplicado por quatro. Mas não é assim: se estão presentes as hipóteses de aplicação do art. 183 e do art. 229, o juiz só aplicará uma delas. Portanto, apenas duplicará o prazo.

2 ■ Forma e Requisitos 279

2.3.6.3. O art. 5.º, § 5.º, da Lei n. 1.060/50

Os beneficiários da Justiça Gratuita não têm prazo especial em geral. Mas, quando patrocinados por órgãos públicos da assistência judiciária, como a Defensoria Pública e a Procuradoria do Estado, **passam a ter em dobro todos os prazos para falar nos autos**. Não há ofensa à isonomia, porque tais órgãos atuam em grande quantidade de processos, o que justifica o benefício.

Equiparam-se, para os fins de dobra do prazo, aos órgãos públicos os escritórios de prática jurídica das faculdades de Direito reconhecidas na forma da lei (públicas ou privadas) e as entidades que prestam serviço de assistência judiciária gratuita em razão de convênios firmados com a Defensoria Pública.

2.4. PRECLUSÃO

É mecanismo de grande importância para o andamento do processo, que, sem ele, se eternizaria.

Consiste na perda de uma faculdade processual por:

- ■ não ter sido exercida no tempo devido (preclusão temporal);
- ■ incompatibilidade com um ato anteriormente praticado (preclusão lógica);
- ■ já ter sido exercida anteriormente (preclusão consumativa).

2.4.1. Preclusão temporal

Os prazos próprios são aqueles que, se não respeitados, implicam a perda da faculdade de praticar o ato processual. Haverá a preclusão temporal para aquele que não contestou ou não recorreu no prazo estabelecido em lei.

2.4.2. Preclusão lógica

Consiste na perda da faculdade processual de praticar um ato que seja logicamente incompatível com outro realizado anteriormente. Por exemplo, se a parte aquiesceu com a sentença e cumpriu o que foi nela determinado, não poderá mais recorrer (CPC, art. 1.000).

2.4.3. Preclusão consumativa

O ato que já foi praticado pela parte ou pelo interveniente não poderá ser renovado. Se o réu já contestou, ainda que antes do 15.º dia, não poderá apresentar novos argumentos de defesa, porque já terá exaurido sua faculdade. O mesmo em relação à apresentação de recurso: se já recorreu, ainda que antes do término do prazo, não poderá oferecer novo recurso ou novos argumentos ao primeiro.

2.4.4. Preclusão pro judicato

Conquanto os prazos judiciais sejam impróprios, para que o processo possa alcançar o seu final, é preciso que também **os atos do juiz fiquem sujeitos à preclusão**. Não se trata de preclusão temporal, mas da impossibilidade de decidir novamente aquilo que já foi examinado. Não há a perda de uma faculdade processual, mas vedação de reexame daquilo que já foi decidido anteriormente, ou de proferir decisões incompatíveis com as anteriores.

O tema é de difícil sistematização, porque, no curso do processo, o juiz profere numerosas decisões, sobre os mais variados assuntos de direito material e processual. **Nem todas estarão sujeitas à preclusão** *pro judicato*.

O juiz não pode voltar atrás nas que:

- deferem a produção de provas;
- concedem medidas de urgência;
- decidem matérias que não são de ordem pública, como as referentes a nulidades relativas.

Mas, mesmo nelas, o juiz poderá modificar a decisão anterior, se sobrevierem fatos novos, que justifiquem a alteração. E se a decisão foi objeto de agravo de instrumento, pode exercer o juízo de retratação, enquanto ele não for julgado.

Há outras decisões que, mesmo sem recurso e sem fato novo, podem ser alteradas pelo juiz. Não estão sujeitas, portanto, à preclusão *pro judicato*.

Podem ser citadas:

- aquelas que examinam matéria de ordem pública, como falta de condições da ação e pressupostos processuais, requisitos de admissibilidade dos recursos;
- aquelas em que há indeferimento de provas, porque, por força do art. 370 do CPC, o juiz pode, a qualquer tempo, de ofício, determinar as provas necessárias ao seu convencimento.

3. ESQUEMA DOS ATOS PROCESSUAIS QUANTO AOS REQUISITOS

QUANTO AO MODO	QUANTO AO LUGAR	QUANTO AO TEMPO
1 — Os atos escritos devem ser redigidos em vernáculo. 2 — Os orais também devem ser em português. 3 — Os atos são públicos, exceto nos casos de segredo de justiça (CPC, art. 189).	Os atos processuais são, em regra, praticados nas dependências do Fórum, mas em situações excepcionais podem ser praticados fora, como as audiências nas hipóteses do art. 454 do CPC.	1 — Os atos processuais devem ser praticados na ocasião apropriada, durante o expediente forense, em dias úteis (ressalvadas as hipóteses do CPC, art. 212, § 2.º). 2 — Devem ainda ser praticados no prazo, mas é preciso distinguir entre os próprios, geralmente dirigidos às partes, cuja desobediência implica preclusão temporal; e os impróprios, que são os do juiz, dos auxiliares da justiça e do Ministério Público fiscal da lei, cuja desobediência pode ensejar sanções administrativas, mas não a impossibilidade de realizar o ato.

4. INVALIDADE DO ATO PROCESSUAL

O sistema de invalidades do processo não se confunde com o do direito material. As categorias de atos nulos e anuláveis, estudadas no Direito Civil, não são adequadas para o processo civil.

Para compreendê-las, é preciso ter em mente que o processo civil não é um fim em si mesmo, mas um instrumento para tornar efetivos os direitos materiais. Além disso, é um conjunto de atos que se sucedem no tempo, tendo existência que pode ser bastante prolongada.

Quando a lei exige que um ato processual tenha determinada forma, ou que seja praticado de determinado modo, ou em certo tempo ou lugar, e as exigências legais são desrespeitadas, cumpre verificar se o ato será, em razão dos vícios que o acomete, apto para alcançar as finalidades para que ele foi realizado.

Os vícios que podem atingir o ato processual podem classificar-se em três categorias: as meras irregularidades; as nulidades — que podem ser relativas ou absolutas; e a ineficácia.

4.1. ATOS MERAMENTE IRREGULARES

São aqueles que desobedecem a uma formalidade não relevante para a sua validade. Exemplo: a existência de rasuras, que não tragam dúvida sobre a autenticidade do ato.

4.2. NULIDADES PROCESSUAIS

Ocorre quando o ato é praticado sem a observância de um requisito de validade. Distingue-se da irregularidade, porque esta não provoca nenhuma consequência; e da ineficácia porque, **a partir de determinado momento, será também sanada**. No curso do processo, se o juiz detectar alguma nulidade, determinará a correção, ordenando, se necessário, que o ato processual contaminado e os a ele interligados sejam refeitos. Encerrado o processo, haverá ainda a possibilidade de, por meio de ação rescisória, reclamar de algumas nulidades. Mas, findo o prazo da rescisória, a nulidade será sanada. **A ineficácia, por sua vez, não se sana nunca pelo simples transcurso do tempo, podendo ser arguida a qualquer tempo**.

O ato nulo produzirá efeitos e consequências processuais até que o juiz reconheça o vício e declare a nulidade: **enquanto isso, continuará eficaz**.

Só podem ser qualificados de nulos os atos do juiz e dos seus auxiliares. Os das partes não o são propriamente: apenas, se não preencherem os requisitos legais, não produzirão os efeitos que visavam alcançar.

Assim, se o réu apresentar contestação que não obedeça às exigências legais, o juiz não a considerará nula, mas não apresentada, deixando de produzir os efeitos almejados. O ato será ineficaz.

A lei não enumera quais são as nulidades. Mas, de forma genérica, aduz que serão nulos os atos que não respeitam determinado requisito legal. São exemplos:

282 Direito Processual Civil Esquematizado   *Marcus Vinicius Rios Gonçalves*

- as decisões prolatadas por juízes impedidos ou por juízos absolutamente incompetentes;
- a falta de intervenção do Ministério Público, quando obrigatória;
- a citação realizada sem obediência às formalidades legais;
- a sentença que não observe a forma prescrita em lei.

4.3. NULIDADES ABSOLUTAS OU RELATIVAS

Em ambas, há inobservância de forma prescrita em lei. **A diferença é que, na absoluta, a forma terá sido imposta em observância ao interesse público, e na relativa, aos das próprias partes**.

Disso resultam diferentes consequências:

- só a nulidade absoluta pode ser decretada, de ofício, pelo juiz; a relativa tem que ser alegada pela parte a quem interessa;
- a relativa preclui, se não alegada na primeira oportunidade; a absoluta não, podendo ser conhecida a qualquer tempo no curso do processo (salvo recurso especial ou extraordinário, que exigem prequestionamento) e, eventualmente, até mesmo depois do seu encerramento, por meio de ação rescisória. Até as nulidades absolutas precluirão em determinado momento, o do encerramento do processo (ou da possibilidade de interpor os recursos ordinários) ou, quando muito, o da ação rescisória; **mas a relativa precluirá se não alegada na primeira oportunidade**;
- a nulidade relativa só pode ser arguida por quem tenha interesse, por ter sofrido algum prejuízo em decorrência do ato; **a absoluta pode ser arguida por qualquer dos participantes do processo, ainda que não sofra prejuízo**, já que pode ser conhecida até mesmo de ofício. Mas também essa regra tem exceções. Há casos de nulidades absolutas que só poderão ser invocadas por aqueles que tiveram prejuízo. É o caso das decorrentes da falta de intervenção do Ministério Público, quando atua como auxiliar da parte, ou do curador especial, quando atua em favor de um dos litigantes. Entende-se que só poderá ser alegada se a parte em favor de quem intervém o Ministério Público ou o curador especial tiver sucumbido. Se não tiver sofrido prejuízo, inexistirá a nulidade.

4.4. COMO DISTINGUIR ENTRE NULIDADE ABSOLUTA E RELATIVA?

Não é fácil, **porque a distinção não decorre de texto de lei, mas de criação doutrinária e jurisprudencial**. Quando a nulidade é cominada por lei, quase sempre é absoluta. São exemplos: os atos praticados por juízo absolutamente incompetente ou juiz impedido; a falta de intervenção do Ministério Público ou do curador especial, quando necessária. Há ainda nulidades absolutas que não decorrem de cominação legal, mas do sistema. Será nula a sentença proferida sem que o juiz tenha ouvido a parte sobre um documento juntado aos autos pelo adversário, fundamental para a decisão, porque isso fere o princípio constitucional do contraditório.

São exemplos de nulidade relativa os atos praticados por juiz suspeito, ou em que haja incompetência relativa do juízo.

Em suma: **será preciso verificar se a forma prevista em lei e não respeitada decorria de norma cogente, estatuída em prol do interesse público, ou de norma não cogente, estabelecida em vista do interesse das partes**.

4.5. AS NULIDADES E A INSTRUMENTALIDADE DAS FORMAS

Como o processo não é um fim em si, mas um instrumento, não haverá nenhum vício no ato processual — nem nulidade de qualquer tipo, nem ineficácia — que alcançou o resultado para o qual foi previsto. É o que diz o art. 277 do CPC, que consagra o **princípio da instrumentalidade das formas**.

A forma só é necessária para assegurar que o ato alcance a finalidade. Se isso ocorrer por outro meio, inexistirá vício: se o réu foi citado de maneira incorreta, ou nem foi citado, mas compareceu e se defendeu, o juiz não declarará nulo ou inexistente o processo.

Do princípio da instrumentalidade das formas resulta que não se declarará a nulidade — seja absoluta ou relativa — se não houver prejuízo. Mas, na relativa, o prejuízo há de ser para algum dos litigantes, que deve demonstrá-lo; ao passo que na absoluta, o prejuízo é presumido e pode dizer respeito não só ao litigante, mas ao desenvolvimento do processo ou à aplicação da jurisdição.

Mas o que torna o assunto complexo é que haverá casos de nulidade, mesmo absoluta, que só poderão ser declarados se houver prejuízo para os litigantes, como ocorre nos já mencionados casos de intervenção do Ministério Público como auxiliar da parte, ou do curador especial como representante ou defensor de algum deles.

4.6. O EFEITO EXPANSIVO DAS NULIDADES

O processo pressupõe um conjunto de atos encadeados, que se sucedem no tempo. **Alguns atos processuais estão interligados a outros que o antecedem**. A nulidade de um pode prejudicar a dos posteriores que dele dependam, mas não prejudicará os que com ele não guardam relação. É o que dispõe o art. 281 do CPC: "Anulado o ato, consideram-se de nenhum efeito todos os subsequentes, que dele dependem; todavia, a nulidade de uma parte do ato não prejudicará as outras, que dela sejam independentes".

Declarada a nulidade, o juiz invalidará os atos subsequentes que dele dependem, preservando aqueles que não estejam relacionados.

Do texto da lei, extraem-se três consequências fundamentais:

1) A nulidade de um ato não pode atingir os que lhe são antecedentes, mas apenas os posteriores.

2) Só serão atingidos os atos posteriores que sejam dependentes daquele cuja nulidade foi declarada.

3) A nulidade de um ato ou de uma parte do processo não afetará os atos ou partes que deles sejam independentes.

Há atos processuais dos quais todos os posteriores são dependentes: é o caso da citação. Se ela for nula, tudo em seguida também será. Mas existem outros atos que podem ser isolados, cuja nulidade não prejudicará nenhum ato subsequente ou afetará apenas uma parte do processo. Se o juiz nomeia um perito impedido, haverá nulidade apenas da prova pericial, mas não de atos que não tenham relação com a perícia.

Se for realizado um ato processual complexo, composto por vários atos individuais, a nulidade de uns não afetará a de outros, que guardem autonomia em relação àqueles. Por exemplo: na audiência de instrução e julgamento são praticados vários atos processuais; é possível que a nulidade de um não prejudique o outro: o juiz preservará aquilo que puder, somente mandando repetir o que for contaminado pela nulidade declarada.

Por isso, manda o art. 282 que "ao pronunciar a nulidade, o juiz declarará que atos são atingidos e ordenará as providências necessárias, a fim de que sejam repetidos, ou retificados".

4.7. REGULARIZAÇÃO DO PROCESSO

Se a nulidade ocorre no curso do processo, o juiz tomará as providências necessárias para saná-la. Sendo relativa, cumpre à parte prejudicada argui-la na primeira oportunidade, sob pena de preclusão. Sendo absoluta, cumpre ao juiz declará-la, de ofício ou a requerimento do interessado, determinando a retificação ou a repetição do ato viciado, bem como dos subsequentes com ele interligados, observados os parágrafos do art. 282.

Se o processo se concluir sem que a nulidade absoluta tenha sido detectada, cumprirá verificar se há ainda possibilidade de ajuizamento da ação rescisória, o que ocorrerá nas hipóteses do art. 966 do CPC.

4.8. OS ATOS PROCESSUAIS INEFICAZES

Além das irregularidades e das nulidades, tem-se admitido (embora não de forma unânime) a existência de uma terceira categoria de vícios, que podem macular o processo: **a ineficácia**. Daí a doutrina fazer a distinção entre pressupostos processuais de eficácia e de validade.

O que os distingue é que só a falta dos primeiros gerará um vício que não se sana pelo simples transcurso do tempo. A nulidade pode ser alegada no curso do processo e até mesmo depois do seu encerramento, mas há um limite: o fim do prazo da ação rescisória. A ineficácia, que é jurídica, e não fática, também pode ser alegada no curso do processo, caso em que o juiz determinará as providências necessárias para saná-la. Mas se o processo se encerrar sem que o vício seja detectado, qualquer interessado poderá postular ao juízo que o declare. Só depois dessa declaração é que ela deixará de produzir efeitos. Como visto no Livro II, Capítulo 6, *item 7.3.3*, a providência judicial a ser tomada em caso de nulidade absoluta quando o processo já está concluído (ação rescisória) é diferente da que deve ser tomada em caso de ineficácia (ação declaratória — *querela nullitatis insanabilis*).

2 ■ Forma e Requisitos

4.9. ESQUEMA GERAL DAS INVALIDADES DO PROCESSO

TIPO DE VÍCIO	QUANDO OCORRE	CONSEQUÊNCIAS	RECONHECIMENTO E REGULARIZAÇÃO
ATOS MERAMENTE IRREGULARES	■ Decorrem da inobservância de formalidade não relevante.	■ Nenhuma.	■ Desnecessários.
NULIDADES RELATIVAS	■ Inobservância de forma estabelecida em benefício de uma das partes.	■ Deve ser alegada pelo prejudicado na primeira oportunidade, sob pena de preclusão. Só será declarada se trouxer prejuízo para o litigante que a alegar.	■ O reconhecimento depende de alegação pela parte prejudicada e implicará retificação ou renovação do ato.
NULIDADES ABSOLUTAS	■ Inobservância de forma estabelecida em razão do interesse público.	■ Pode ser conhecida de ofício no curso do processo e não preclui, exceto depois de transcorrido *in albis* o prazo da ação rescisória.	■ Se o juiz, de ofício ou a requerimento, reconhecer a nulidade, determinará que o ato viciado e os subsequentes dele dependentes sejam renovados. Depois de encerrado o processo, poderá caber ação rescisória, no prazo de dois anos.
INEFICÁCIA	■ Inobservância de forma essencial, estrutural, que constitua pressuposto processual de eficácia.	■ Pode ser conhecida no curso do processo e não preclui nunca, podendo ser alegada a qualquer tempo.	■ Verificado o vício no curso do processo, o juiz determinará o necessário para saná-lo, mandando que o ato viciado e os subsequentes sejam renovados. Se o processo estiver concluído, poderá ser alegado em ação declaratória de ineficácia, impugnação ao cumprimento de sentença ou em embargos à execução.

3
DA COMUNICAÇÃO DOS ATOS PROCESSUAIS

1. INTRODUÇÃO

Há duas espécies de comunicação de atos processuais: **a que se estabelece entre juízos; e a que se estabelece entre juízos e partes**. Estas últimas são a citação e as intimações, tratadas no *item 6, infra*. Nos *itens 2 a 5*, serão examinadas brevemente as formas de comunicação entre juízos, tratadas nos arts. 236, § 1.º, 237 e 260 a 268 do CPC.

A comunicação se faz necessária porque determinados atos judiciais exigem a colaboração de outros juízos, já que têm de ser praticados em outra comarca ou país.

A Lei n. 11.419/2006 trata da comunicação eletrônica dos atos processuais. O art. 7.º estabelece que "as cartas precatórias, rogatórias ou de ordem, e, de um modo geral, todas as comunicações oficiais que transitem entre órgãos do Poder Judiciário, bem como entre os deste e os dos demais Poderes, serão feitas preferentemente por meio eletrônico". A mesma determinação é dada pelo art. 263 do CPC. Não sendo possível a sua utilização, as cartas serão emitidas pelos meios convencionais.

O meio de comunicação entre os órgãos do Judiciário são as cartas, **transmitidas pelos meios eletrônicos (preferencialmente) ou pelos meios convencionais**. Elas podem ser de quatro espécies, conforme o órgão para o qual for dirigida a solicitação:

- rogatória, se dirigida à autoridade judiciária estrangeira;
- de ordem, quando dirigida a um juiz subordinado ao tribunal que a emitiu;
- precatória, para que o órgão jurisdicional brasileiro pratique ou determine o cumprimento, na área de sua competência territorial, de ato relativo a pedido de cooperação judiciária formulado por órgão jurisdicional de competência territorial diversa;
- arbitral, para que órgão do Poder Judiciário pratique ou determine o cumprimento, na área de sua competência territorial, de ato objeto de pedido de cooperação judiciária formulado por juízo arbitral, inclusive os que importem efetivação de tutela provisória.

2. CARTA ROGATÓRIA

É o pedido de cooperação entre órgão jurisdicional brasileiro e órgão jurisdicional estrangeiro, seja para comunicação processual, seja para prática de atos relacionados à instrução processual ou cumprimento de decisão interlocutória estrangeira devidamente homologada pelo STJ. Não se presta ao cumprimento de sentença, para o que é necessário requerer a homologação da sentença brasileira condenatória no país estrangeiro onde estão os bens. As rogatórias vindas do exterior devem processar-se na forma do art. 36 do CPC e receber o *exequatur* do STJ, na forma do art. 961 do CPC.

3. CARTA DE ORDEM

É a emitida por um tribunal a órgão jurisdicional **a ele vinculado**, seja para colheita de provas, seja para atos de execução, ou para a prática de qualquer outro ato que houver de se realizar fora dos limites territoriais do local de sua sede.

4. CARTA PRECATÓRIA

É a mais comum das formas de comunicação entre **juízos que não têm relação de subordinação entre si**. Quem a expede é o juízo deprecante; e quem a recebe, o deprecado. É utilizada entre todos os tipos de juízos, não importando a que justiça pertençam, nem a que unidade da Federação.

São usadas para comunicação processual, como citação e intimação de pessoas que residem noutra Comarca; para a colheita de provas, como ouvida de testemunhas que residem fora ou perícia sobre bens e coisas situadas em outro juízo; e para a realização de atos de apreensão judicial noutra Comarca.

Conquanto expedida entre juízos que não têm relação de subordinação, **o juízo deprecado é obrigado a cumprir a solicitação contida na carta**, salvo nas hipóteses do art. 267 do CPC.

5. CARTA ARBITRAL

A cooperação nacional entre os órgãos jurisdicionais abrange o juízo arbitral, que pode requerer ao Poder Judiciário que pratique ou determine o cumprimento de ato relativo a essa cooperação. Frequentemente, o juízo arbitral não terá como tornar efetivas as suas determinações, nem como impor o cumprimento das ordens dele emanadas, senão com a cooperação do Judiciário, que será solicitada por meio da carta arbitral.

6. CITAÇÕES E INTIMAÇÕES

6.1. INTRODUÇÃO

Verificando que a petição inicial está em termos, o juiz determinará a citação do réu, executado ou interessado. Trata-se de ato de comunicação fundamental, **por meio do qual eles tomam conhecimento da existência do processo e têm a primeira oportunidade de manifestar-se e defender-se**.

6.2. CONCEITO

Citação é o ato pelo qual são convocados o réu, o executado ou o interessado para integrar a relação processual. Só a partir dela, a relação processual se completa: é pressuposto processual de eficácia, como já visto. É tal a sua importância que o legislador optou por conceituá-la (no art. 238, *caput*), o que não faz, em regra, com os demais

3 ■ Da Comunicação dos Atos Processuais

289

atos do processo. Ao incluir no conceito a alusão ao réu, executado ou interessado, a lei quis abranger os procedimentos de **jurisdição tanto contenciosa como voluntária**, uma vez que em ambos a citação é indispensável.

Sempre que houver processo, seja ele de conhecimento ou de execução, há necessidade de citação. Não há mais nos cumprimentos de sentença, porque estas deixaram de implicar a formação de um novo processo, havendo apenas uma fase subsequente à de conhecimento.

A citação deverá ser efetivada em até 45 dias a partir da propositura da ação. É o que determina o art. 238, parágrafo único, do CPC, introduzido pela Lei n. 14.195/2021. Trata-se, à evidência, de prazo impróprio, cabendo ao juízo cuidar para que ele seja observado.

6.3. FORMALIDADES E INSTRUMENTALIDADE

Como ato fundamental do processo, a citação há de ser feita na forma e com as formalidades determinadas por lei. O descumprimento dos requisitos formais poderá invalidar o ato, tornando necessária a sua repetição. Mas, se apesar do vício ou da falta de citação, o réu comparecer, **o ato terá alcançado a sua finalidade, não sendo necessário realizá-lo ou repeti-lo**. É o que dispõe o art. 239, § 1.º, do CPC: "O comparecimento espontâneo do réu ou do executado supre a falta ou nulidade da citação, fluindo a partir desta data o prazo para apresentação de contestação ou de embargos à execução". Esse dispositivo indica o alcance do **princípio da instrumentalidade** das formas. Estas não constituem um fim em si, nem uma exigência incontornável. Se o ato processual alcançar a sua finalidade, qualquer vício reputar-se-á sanado.

6.4. CITAÇÃO DIRETA E INDIRETA

A direta é a feita na pessoa do réu ou de seu representante legal; a indireta, a feita na pessoa de um terceiro, que tem poderes de recebê-la com efeito vinculante em relação ao réu.

A regra em nosso ordenamento é a da citação direta, como resulta da leitura do art. 242 do CPC. Quando o citando for pessoa física maior e capaz, a citação será dirigida a ele; quando for pessoa jurídica ou incapaz, a citação será dirigida ao seu representante legal. Se absolutamente incapaz, exclusivamente aos representantes legais; se relativamente incapaz, será **bifronte**, deverá ser feita tanto ao incapaz quanto ao representante legal. Se o réu for pessoa jurídica, a citação será feita ao representante legal, conforme estabelecerem os seus estatutos. Se estes forem omissos, os representantes serão os seus diretores. Se a pessoa jurídica for de direito público, a citação far-se-á na forma do art. 242, § 3.º, perante o órgão da advocacia pública responsável por sua representação judicial.

A citação indireta é aquela feita na pessoa de procurador legalmente habilitado ou de terceiro que, por força de lei ou contrato, tenha poderes para recebê-la, vinculando o réu.

O procurador legalmente habilitado pode ser o próprio advogado constituído, ou qualquer outra pessoa a quem o réu atribua poderes para receber a citação em seu nome. É preciso que do instrumento de mandato constem **poderes específicos** para

290 Direito Processual Civil Esquematizado   *Marcus Vinicius Rios Gonçalves*

que o procurador o faça. Em caso de ausência do réu, aplicar-se-á o disposto no CPC, art. 242, § 1.º.

A respeito das pessoas jurídicas, tem-se entendido que a citação será válida se recebida por pessoa que se apresenta como **gerente ou administrador** e recebe a contrafé sem negar essa qualidade, uma vez que ela aparenta ter poderes, ainda que não os tenha efetivamente. E, quando a citação é feita por carta, entende-se que basta a entrega no estabelecimento comercial da empresa citanda, ainda que o aviso de recebimento não seja assinado pela pessoa dotada de poderes para receber a citação, mas seja apenas responsável pelo recebimento da correspondência. Nesse sentido, dispõe o art. 248, § 2.º: "Sendo o citando pessoa jurídica, será válida a entrega do mandado a pessoa com poderes de gerência geral ou de administração ou, ainda, a funcionário responsável pelo recebimento de correspondências". Mas essa tolerância tem-se restringido a pessoas jurídicas. Se a citação é destinada a pessoas físicas, o aviso de recebimento deve vir **assinado por elas**, sob pena de invalidade do ato (Súmula 429 do STJ).

Outra hipótese de citação indireta é a estabelecida no art. 248, § 4.º, que dispõe: "Nos condomínios edilícios ou loteamentos com controle de acesso, será válida a entrega do mandado feita a funcionário da portaria responsável pelo recebimento de correspondência que, entretanto, poderá recusar o recebimento, se declarar, por escrito, sob as penas da lei, que o destinatário da correspondência está ausente".

6.5. OPORTUNIDADE DA CITAÇÃO

De acordo com o CPC, art. 243, a citação far-se-á **em qualquer lugar em que se encontre o réu, executado ou interessado**. No entanto, o art. 244 estabelece uma série de restrições que deverão ser observadas, salvo quando houver risco de perecimento de direito. Não se fará a citação a quem estiver participando de qualquer ato de culto religioso; ao cônjuge, companheiro ou a qualquer parente do morto, consanguíneo ou afim, em linha reta, ou na linha colateral em segundo grau, no dia do falecimento e nos sete dias seguintes; aos noivos nos três primeiros dias depois do casamento; e aos doentes, enquanto grave o seu estado.

Se o oficial de justiça verificar que o réu é mentalmente incapaz ou está impossibilitado de receber a citação, descreverá e certificará minuciosamente a ocorrência, caso em que o juiz nomeará um médico para o examinar. O laudo deverá ser apresentado em cinco dias, e, se for reconhecida a impossibilidade, o juiz dará ao citando um **curador**, na pessoa de quem a citação será realizada. O exame será dispensado se pessoa da família apresentar declaração do médico do citando atestando a incapacidade dele. A Lei n. 13.146/2015, de 6 de julho de 2015, estabelece que a deficiência não afeta a capacidade das pessoas (art. 6.º). Mas, diante da relevância do ato de citação, parece-nos que continua em vigor o disposto no art. 245 do CPC. É possível que, mesmo considerado capaz por lei, o deficiente ou enfermo mental não tenha efetiva compreensão do conteúdo e das consequências da citação, caso em que, para protegê-lo, a lei processual manda que sejam tomadas as providências acima mencionadas.

Não se trata de interdição, que depende de processo autônomo, em que o citando tem oportunidade de defender-se. Por isso, o curador terá a sua atuação restrita à causa em que foi nomeado. Diante da incapacidade constatada, o juiz deverá abrir vista ao Ministério Público.

6.6. ESPÉCIES DE CITAÇÃO

De acordo com o art. 246 do CPC, e seus parágrafos, a citação pode realizar-se por cinco modos: **por meio eletrônico, pelo correio, por oficial de justiça, pelo escrivão ou chefe de secretaria, se o citando comparecer em cartório, ou por edital, sendo a primeira a forma de citação preferencial**. Dentre essas, existem formas de citação real e ficta. São fictas aquelas que se realizam por **edital**, bem como por mandado, quando realizada **com hora certa**, porque o réu, executado ou interessado se oculta. As demais são reais. Essa distinção é importante, porque, quando a citação é ficta e o réu revel, há necessidade de nomeação de curador especial para defendê-lo, o que não é necessário na citação real. Nos itens seguintes, serão examinadas as diversas espécies de citação, à exceção daquela feita pelo escrivão ou chefe de secretaria, quando o citando comparecer em cartório, já que essa hipótese dispensa maiores esclarecimentos.

6.6.1. Citação por meio eletrônico

É a forma prioritária de citação, tanto de pessoas jurídicas quanto de pessoas físicas, nos termos do art. 246, *caput*, do CPC.

A Lei n. 11.419/2006 já havia tratado da citação por meio eletrônico, a ser realizada em portal próprio, no qual os citandos deveriam se cadastrar. Foi editada, porém, a Lei n. 14.195/2021, que criou uma nova espécie de citação eletrônica, a ser realizada em endereço eletrônico (por *e-mail*), que os citados devem cadastrar em um banco de dados do Poder Judiciário.

A edição da nova lei poderia criar a impressão de que, agora, a citação eletrônica deveria ser feita apenas pela nova sistemática (*e-mail*), ficando prejudicada a anterior forma de citação eletrônica, por meio do portal próprio. Mas não nos parece ter sido essa a intenção do legislador, de substituir por um novo o anterior meio de citação eletrônica. **A ideia, ao contrário, é de que coexistam as duas formas de citação eletrônica, cada qual dirigida, preferencialmente, a determinados citandos**. Tanto assim que, quando se consulta o art. 231 do CPC, que trata do termo inicial do prazo para a prática de determinados atos processuais, verifica-se que ele distingue o início do prazo, quando a citação ou intimação é feita pelo portal e quando é feita por *e-mail*. No primeiro caso, o prazo para a prática do ato processual corre a partir do primeiro dia útil seguinte à consulta ao portal, ou do transcurso do prazo de dez dias corridos para que tal consulta fosse realizada (art. 231, V). Ao passo que, na hipótese de citação ou intimação por *e-mail*, o prazo tem início no dia útil subsequente ao quinto dia útil seguinte à confirmação do recebimento da citação (art. 231, IX). À evidência, só faz sentido a alusão a esses distintos termos iniciais da contagem de prazo se mantidas as duas formas de citação eletrônica: a que já existia anteriormente e a que foi introduzida pela Lei n. 14.195/2021.

Assim, cada uma dessas duas espécies de citação por meio eletrônico será examinada em separado.

292 Direito Processual Civil Esquematizado   *Marcus Vinicius Rios Gonçalves*

6.6.1.1. *Citação por meio eletrônico via portal próprio (Lei n. 11.419/2006)*

O processo eletrônico foi introduzido em nosso ordenamento jurídico pela Lei n. 11.419/2006. De acordo com o art. 9.º dessa Lei, nessa espécie de processo todas as citações serão feitas por meio eletrônico. Mas, quando, por motivo técnico, isso for inviável, far-se-á pelos meios convencionais.

A citação por meio eletrônico pressupõe que o réu esteja **credenciado** pelo Poder Judiciário, na forma do art. 2.º e seus parágrafos da Lei n. 11.419/2006, em portal próprio.

Essa espécie de citação é feita através de um portal próprio, que foi regulamentado pelo CNJ, por meio da Resolução n. 234/2016 (no Estado de São Paulo vem sendo utilizado o portal próprio do sistema SAJ).

Essa forma de citação eletrônica é aquela pela qual deve ser feita, preferencialmente, a citação das **empresas públicas e privadas (art. 246, § 1º), bem como da União, Estados, Distrito Federal, Municípios e entidades da administração indireta (art. 246, § 2º)**. Também é a forma de citação preferencial das **microempresas e empresas de pequeno porte, quando não possuírem endereço eletrônico cadastrado no Redesim**. Por fim, é também a forma de citação e intimação preferencial do **Ministério Público, da Defensoria Pública e das Procuradorias-Gerais do Estado**. São esses os destinatários da citação eletrônica por meio de portal próprio, já regulamentado e que vem funcionando regularmente. Tal forma de citação vem tratada no art. 246, § 1.º, do CPC e na Lei n. 11.419/2006.

Nessa espécie de citação por meio eletrônico, o citando deve se cadastrar no portal próprio, regulamentado pelo CNJ (por meio da Resolução n. 455/2022, o Conselho Nacional de Justiça instituiu o Portal de Serviços do Poder Judiciário, regulamentando o Diário da Justiça Nacional e o Domicílio Judicial Eletrônico, criados pela Resolução CNJ n. 234/2016), sendo obrigatório o cadastramento das pessoas jurídicas de direito público e de direito privado (uma das críticas que sempre foi dirigida à Lei n. 11.419/2006 foi que ela não previu sanções específicas para a falta de cadastramento, o que fez com que houvesse pequena adesão pelas pessoas jurídicas de direito privado). A Lei n. 14.195/2021 acrescentou o inciso VII ao art. 77 do CPC, passando a considerar a omissão no cadastramento ou na atualização das informações como litigância de má-fé, com as sanções correspondentes.

Essa forma de citação eletrônica, por meio do portal próprio, é bastante eficiente. Uma vez que o citando tenha se cadastrado, ela será feita por consulta ao portal. A sua efetivação ocorrerá, mesmo que o citando não confirme o recebimento. Ela se aperfeiçoará: a) **a partir da consulta do citando ao portal**, o que pode ser conferido no próprio portal; ou, b) não havendo consulta ao portal, **desde que tenham transcorrido dez dias corridos, desde a data em que a citação foi enviada**. Assim, havendo consulta, a citação estará efetivada desde então; não havendo consulta, ela reputar-se-á realizada, uma vez transcorridos dez dias corridos desde o envio da citação (art. 5.º, § 3.º, da Lei n. 11.419/2006). Portanto, como já mencionado, essa espécie de citação se consumará, haja ou não consulta do réu ao portal. Ele sabe que tem que fazer a consulta e, se não fizer em dez dias corridos, a citação reputar-se-á realizada.

3 ◼ Da Comunicação dos Atos Processuais 293

Feita a citação por esse meio, em portal próprio, o prazo para a prática do ato processual correrá do dia útil seguinte à consulta ou ao término dos dez dias corridos que o citando tinha para consultar o portal.

A citação eletrônica não será cabível nas hipóteses do art. 247 do CPC, que será examinado no *item 6.6.3, infra*.

6.6.1.2. Citação por meio eletrônico enviada a endereço cadastrado em banco de dados (citação eletrônica por e-mail)

É a nova forma de citação eletrônica, criada pela Lei n. 14.195/2021, e que vem tratada no art. 246, *caput* e § 1.º-A, do CPC. Difere da forma anterior, porque **é feita através de *e-mail* enviado ao citando, no endereço eletrônico por ele cadastrado em banco de dados do Poder Judiciário**.

O CNJ, na Resolução n. 455/2022, criou o Portal de Serviços do Poder Judiciário e regulamentou o Domicílio judicial Eletrônico, estabelecendo, em seu art. 18, que: "A citação por meio eletrônico será realizada exclusivamente pelo Domicílio Judicial Eletrônico, nos termos do art. 246 do CPC, com exceção da citação por Edital, a ser realizada via DJEN". Ocorre que, ao menos por ora, o Domicílio Judicial Eletrônico ainda não foi implementando, A Portaria n. 29 daquele Órgão, datada de 9 de fevereiro de 2023, estabeleceu os requisitos técnicos mínimos exigidos para a transmissão eletrônica dos atos processuais destinados ao Domicílio Judicial Eletrônico, determinando que os órgãos do Poder Judiciário, à exceção do Supremo Tribunal Federal, disporão do prazo de 90 (noventa) dias para adequar seus sistemas processuais eletrônicos, de modo a viabilizar a utilização do Domicílio Judicial Eletrônico. No entanto, a Portaria n. 129 do CNJ, datada de 12 de maio de 2023, prorrogou por 90 dias esse prazo.

A citação eletrônica, por meio do Domicílio Judicial Eletrônico, quando implementado, será **a forma de citação preferencial das pessoas físicas e das microempresas e empresas de pequeno porte que estejam cadastradas no Redesim**, cujas informações serão compartilhadas com o Poder Judiciário. As pessoas jurídicas de direito privado serão citadas preferencialmente pela forma descrita no item anterior, por meio de portal próprio. Porém, parece-nos que, não tendo a pessoa jurídica se cadastrado no portal, mas tendo cadastrado endereço eletrônico no banco de dados, ela pode ser citada por *e-mail*.

Os potenciais citandos por *e-mail* devem se cadastrar e manter atualizadas as suas informações no banco de dados a ser regulamentado pelo CNJ, sob pena de litigância de má-fé, nos termos do art. 77, VII, do CPC.

Feito o cadastro do citando no mencionado banco de dados, o cartório, no prazo de dois dias úteis, a contar da decisão que determinou a citação, enviará a citação (ou intimação) eletrônica para o endereço indicado. O prazo de dois dias úteis, dirigido ao cartório, é evidentemente impróprio, podendo o seu descumprimento, se injustificado, dar ensejo a sanções administrativas, mas não processuais.

O *e-mail* de citação deve observar as exigências do art. 246, § 4.º, do CPC, vale dizer, deve ser acompanhado das orientações para realização da confirmação de recebimento e de código identificador que permitirá a sua identificação na página eletrônica do órgão judicial citante.

A particularidade da citação por *e-mail* é que não basta o seu envio para que ela se repute realizada. Para tanto, **é necessário que o destinatário da citação confirme o recebimento no prazo de três dias úteis** (muito diferentemente do que ocorre na citação feita por portal próprio, tratado no item anterior, que se reputa realizada havendo ou não consulta ao portal).

Uma vez que ocorra a confirmação no prazo, a citação reputar-se-á realizada, passando a correr o prazo para a prática do ato processual no primeiro dia útil subsequente ao transcurso do prazo de cinco dias úteis a contar da confirmação, nos termos do art. 231, IX, do CPC. Assim, feita a confirmação pelo destinatário, passa a correr o prazo de cinco dias úteis. Findo esse prazo, no dia útil seguinte, tem início o prazo para a prática do ato processual.

Não tendo havido confirmação do recebimento pelo destinatário no prazo legal, reputa-se não realizada a citação por *e-mail*, sendo necessária, então, a realização da citação pelos meios convencionais (correio, oficial de justiça, escrivão ou chefe de secretaria quando o citando comparece no cartório ou por edital).

Essa solução poderia levar à impressão de que bastaria ao citando não acusar o recebimento da citação por *e-mail* para torná-la sem efeito, ganhando, com isso, tempo. De fato, o citando poderá agir dessa forma. No entanto, se ele assim o fizer, deixando de confirmar o recebimento da citação, uma vez citado agora pelos meios convencionais, ele terá de justificar, na primeira oportunidade que tiver de falar nos autos, a não confirmação. Se não tiver havido justa causa para ele deixar de confirmar o recebimento no prazo de três dias úteis, o juiz considerará que houve a prática de ato atentatório à dignidade da justiça, sujeitando-o ao pagamento de multa de até 5% do valor causa.

A citação eletrônica não será cabível nas hipóteses do art. 247 do CPC, que será examinado no *item 6.6.3, infra*.

Por fim, diante do que consta no art. 18 da Resolução n. 455/2022, do Conselho Nacional de Justiça, o qual estabelece que a citação eletrônica se fará no Domicílio Judicial Eletrônico do citando, não nos parece admissível, por ora, que a citação se aperfeiçoe por WhatsApp, a despeito de haver decisões que a reconhecem.

6.6.2. Citação pelo correio

A citação será feita por carta, que deverá ser encaminhada com **aviso de recebimento (Súmula 429 do STJ)**. Na ação monitória, a citação pode ser feita por carta (admite-se, também, a citação com hora certa e por edital nessas ações — STJ, Súmula 282).

O prazo de resposta fluirá da **data da juntada aos autos do aviso devidamente firmado pelo destinatário da citação, salvo disposição em contrário. O prazo de contestação, no procedimento comum, corre, no entanto, a partir das datas estabelecidas nos incisos do art. 335**, isto é, da audiência de tentativa de conciliação ou da data em que o réu protocola o pedido de cancelamento dessa audiência, já tendo o autor manifestado desinteresse na sua realização, na petição inicial. O prazo correrá da juntada do AR apenas quando, por se tratar de processo que não admite a autocomposição, a audiência não for designada. Caso seja pessoa física, a citação só valerá se o aviso de recebimento tiver sido por ele firmado. Caso seja pessoa jurídica, se entregue a pessoa

3 ■ Da Comunicação dos Atos Processuais

com poderes de gerência geral ou de administração ou a funcionário responsável pelo recebimento da correspondência (CPC, art. 248, § 2.º). A carta deve ser acompanhada de cópia da petição inicial e deverá observar todos os demais requisitos do art. 250.

A citação pelo correio não será cabível nas hipóteses do art. 247 do CPC, que será examinado no *item 6.6.3, infra*.

6.6.3. Hipóteses em que não cabe a citação por meio eletrônico e por correio

O art. 247 do CPC traz cinco hipóteses em que não será admissível a citação, seja por meio eletrônico, seja por correio. Delas, há três que não trazem maior dificuldade: nas ações de estado, observado o disposto no art. 695, § 3.º (inciso I); quando o citando for incapaz (inciso II); e quando o autor, justificadamente, o requerer de outra forma (inciso V). Nessas hipóteses, a citação deverá ser realizada por mandado, pelo escrivão ou chefe de secretaria, ou por edital.

Os incisos III e IV, no entanto, podem trazer alguma dificuldade de interpretação e merecem ser analisados.

O inciso III se refere à hipótese de o citando ser pessoa jurídica de direito público. Esse dispositivo pode trazer alguma perplexidade, ante o que consta do art. 246, §§ 1.º e 5.º, do CPC, que justamente determinam que as pessoas jurídicas de direito público sejam citadas pela via eletrônica. A única forma possível de se compreender esse dispositivo é lembrar que há duas formas de citação eletrônica: pelo portal e por *e-mail*. A vedação contida no inciso III do art. 247 é à citação por *e-mail* ou por correio às pessoas jurídicas de direito público, que devem preferencialmente ser citadas por meio eletrônico, mas pelo portal próprio. Assim, a alusão feita pelo inciso III a meio eletrônico está restrita à citação por *e-mail* (vedada às pessoas jurídicas de direito público, mas não às de direito privado, que, como já mencionado, também poderão ser citadas por *e-mail* se tiverem cadastrado seus endereços eletrônicos no banco de dados do Poder Judiciário).

O inciso IV refere-se à hipótese de o citando residir em local não atendido pela entrega domiciliar de correspondência. À evidência, a vedação aqui é à citação pelo correio, e não por correio eletrônico (*e-mail*).

6.6.4. Citação por mandado

É a feita por oficial de justiça, nas hipóteses previstas no CPC ou em lei; por exemplo, quando presentes as hipóteses dos incisos do art. 247, em que a citação eletrônica ou pelo correio não se realiza (entre elas, está a de que o autor, justificadamente, requeira a citação por oficial de justiça). O oficial procurará o citando e, onde o encontrar, fará a citação, lendo-lhe o mandado e entregando-lhe a contrafé. O oficial certificará se o réu recebeu ou recusou a contrafé e colherá a sua assinatura no mandado, certificando em caso de recusa.

O mandado deverá cumprir os requisitos exigidos pelo art. 250 do CPC. O prazo para resposta, do qual o réu terá sido advertido, começa a fluir da data da juntada aos autos do mandado de citação cumprido, salvo disposição em sentido diverso (art. 231, II), como nas hipóteses do art. 335, I e II. Se houver vários citandos, o prazo para todos só começa a correr da **data da juntada do último mandado de citação cumprido** (CPC, art. 231, § 1.º).

Caso o citando resida em outra comarca, a citação por mandado depende da expedição de carta precatória, porque terá de ser cumprida por oficial de justiça que não é subordinado ao juiz da causa, mas ao juiz da comarca em que o citando estiver domiciliado. Ficam ressalvadas as comarcas contíguas, de fácil comunicação ou situadas na mesma região metropolitana, caso em que a precatória será desnecessária.

6.6.4.1. Citação com hora certa

É uma espécie de citação por mandado, que deve ser utilizada quando o citando, tendo sido procurado por duas vezes pelo oficial de justiça em seu domicílio ou residência, não for encontrado, **havendo suspeita de ocultação**.

Não basta que o citando não tenha sido encontrado nas numerosas vezes em que procurado. Às vezes, ele não é encontrado porque está viajando, ou trabalha e passa a maior parte do tempo fora de casa. É indispensável que o oficial suspeite de ocultação, depois de tê-lo efetivamente procurado por duas vezes, devendo consignar na certidão os dias e horários em que realizou as diligências. A lei não formula regras a respeito dessas duas vezes, que podem ter ocorrido no mesmo dia ou em dias diferentes. Mas é preciso que o citando tenha sido procurado nos horários em que costuma encontrar-se no local.

Devem constar da certidão do oficial de justiça que faz a citação com hora certa as **ocasiões em que procurou o citando e as razões pelas quais suspeitou da ocultação**. São, pois, dois os requisitos para a citação com hora certa:

- as duas tentativas infrutíferas anteriores;
- suspeita de ocultação.

A suspeita deve ser do oficial de justiça, não cabendo ao juiz determinar-lhe que faça a citação com hora certa quando tal suspeita não existe.

Para que se aperfeiçoe, o oficial intimará qualquer pessoa da família ou, em sua falta, qualquer vizinho de que, no dia útil imediato, voltará, a fim de efetuar a citação na hora que designar. No dia e hora marcados, comparecerá ao domicílio do citando e, se ele não estiver presente, procurará informar-se das razões da ausência, dando por feita a citação, caso verifique que houve a ocultação, ainda que em outra comarca, seção ou subseção judiciárias. O oficial fará uma certidão do ocorrido e deixará a contrafé com a pessoa da família ou com qualquer vizinho, declarando-lhe o nome. Em seguida, o escrivão ou chefe de secretaria enviará carta, telegrama ou radiograma ao citando, dando-lhe de tudo ciência. **A expedição da carta é requisito para a validade da citação com hora certa, mas não o recebimento pelo citando**.

O prazo para contestação será contado da data da juntada aos autos do mandado de citação com hora certa (salvo disposição em contrário, como a do art. 335, I e II), e não da juntada do aviso de recebimento da carta de cientificação.

Como a citação é ficta, porque não recebida diretamente pelo citando, haverá necessidade de **nomeação de curador especial**, se o réu ficar revel.

6.6.5. Citação por edital

É forma de citação ficta que se aperfeiçoa com a publicação de editais. Como eles são públicos e devem receber ampla divulgação, presume-se que o citando deles tenha tomado conhecimento. **Cabe em todos os tipos de processo**, desde que preenchidos os requisitos do art. 256, o que inclui os processos de execução e ações monitórias.

O art. 256 do CPC enumera as situações em que o juiz deferirá a citação por edital:

■ **Quando desconhecido ou incerto o citando:** o autor da demanda deve ser sempre identificado. Mas não o réu. Por exemplo: é possível que uma pessoa queira efetuar o pagamento de um cheque, por consignação, sem saber quem é o seu atual portador, porque o título circulou. A ação será dirigida contra tal detentor, não identificado. Como não se conhece o destinatário da citação nem é possível localizá-lo, será deferido o edital.

Há casos em que o citando não é identificado ou qualificado, mas a citação pessoal é possível. Imagine-se, por exemplo, que alguém tenha um imóvel invadido por um terceiro, cuja identidade é desconhecida. O autor proporá a ação sem identificar ou qualificar o invasor, mas a citação poderá ser pessoal, porque o oficial de justiça pode ir ao local e cumprir o mandado. **Somente se a citação por mandado se inviabilizar é que será deferida a publicação do edital**.

■ **Quando ignorado, incerto ou inacessível o lugar em que se encontrar o citando:** essa é a causa mais comum da citação por edital, a impossibilidade de localizar o réu. O § 1.º do art. 256 equipara a local inacessível o país que recusar o cumprimento de carta rogatória.

A redação do art. 257, I, parece estabelecer que, para o deferimento da citação por edital, bastaria a afirmação do autor, ou a certidão do oficial de justiça, informando a presença das circunstâncias autorizadoras. Mas não é assim. É necessário conciliar esse dispositivo com o art. 256, § 3.º: **o juiz só deferirá a citação por edital quando o citando tenha sido procurado, sem êxito, em todos os endereços constantes dos autos, e quando houverem sido esgotadas as possibilidades de localizá-lo**. Ela há de ser sempre excepcional, e, antes de deferi-la, o juiz deve avaliar se não há alguma maneira de conseguir que a citação seja feita por carta ou por oficial de justiça.

Quando o local da citação for inacessível, a notícia da citação do réu será divulgada por rádio, se na comarca houver emissora de radiodifusão.

Nos casos expressos em lei: há casos em que a lei determina que as citações se façam por edital, como nas ações de usucapião, aos terceiros interessados e nas demais hipóteses mencionadas no art. 259.

O edital será publicado na rede mundial de computadores, no sítio do respectivo tribunal e na plataforma de editais do Conselho Nacional de Justiça, o que deverá ser certificado nos autos. Além disso, o juiz pode determinar também a publicação em jornal local de ampla circulação ou por outros meios, consideradas as peculiaridades da comarca, seção ou subseção judiciárias.

O juiz fixará o prazo do edital, que pode variar entre 20 e 60 dias, a contar da publicação. Se houver mais de uma, o prazo correrá da primeira. Vencido o prazo do edital, a partir do primeiro dia útil subsequente fluirá o prazo de resposta do réu, salvo

298 Direito Processual Civil Esquematizado   *Marcus Vinicius Rios Gonçalves*

disposição em sentido diverso. Caso ele fique revel, haverá necessidade de nomeação de **curador especial, já que a citação é ficta, o que deverá constar do edital**.

6.7. EFEITOS DA CITAÇÃO

6.7.1. Introdução

Como ato processual fundamental que é, a citação produz numerosos efeitos. O primeiro deles é o de **completar a relação processual, com a integração do citando**. A relação processual se **triangulariza** a partir da citação.

Mas esse não é o único efeito produzido. O art. 240 do CPC enumera alguns outros, que terão grande importância, tanto do ponto de vista processual quanto do material. Cada um deles será estudado nos itens seguintes. Mas, para que se verifiquem, é indispensável que a citação seja **válida, ainda que ordenada por juízo incompetente**. A inválida não os produz.

6.7.2. Litispendência

A citação válida **induz litispendência**, o que é relevante quando houver a propositura de ações idênticas, em juízos diferentes. Uma delas haverá de ser extinta sem resolução de mérito, por força do disposto no art. 485, V, do CPC. Para se decidir qual, é preciso verificar em qual delas se verificou a primeira citação válida. Esta prevalecerá, a outra será extinta.

6.7.3. Coisa litigiosa

A **citação válida faz litigiosa a coisa**, o que traz consequências importantes para o processo. A aplicação dos arts. 109 e 792, I e IV, do CPC a pressupõe: só há fraude à execução depois que o devedor, citado, aliena o bem discutido na ação real; ou quando vende bens de seu patrimônio, tornando-se insolvente. Se a alienação ocorrer antes da citação válida do devedor, poderá haver fraude contra credores, mas não à execução.

6.7.4. A constituição do devedor em mora

É **efeito material, e não processual, da citação válida**. As consequências da mora são aquelas previstas pelo Código Civil.

A **citação só constituirá o devedor em mora se ele já não o estiver anteriormente**. Nas obrigações com termo certo de vencimento, ela se constitui de pleno direito pelo transcurso do prazo estabelecido para cumprimento, sem necessidade de notificação ou interpelação do devedor (mora *ex re*). Nesse caso, quando ele for citado, já estará em mora, porque a obrigação não foi cumprida na data prevista. Se a obrigação não tem termo certo de vencimento, a mora depende de prévia notificação (mora *ex persona)*. Sem a prévia notificação, o devedor só estará em mora depois de citado.

Nas obrigações por ato ilícito, o devedor estará em mora desde a data do evento danoso, nos termos da Súmula 54 do STJ: "Os juros moratórios fluem a partir do evento danoso, em caso de responsabilidade extracontratual".

3 ◼ Da Comunicação dos Atos Processuais 299

A data em que o devedor incorre em mora é relevante, entre outras coisas, para a fixação dos juros de mora. Não havendo mora anterior, os juros moratórios só serão devidos a partir da citação. Mas, se o devedor já estiver em mora antes, os juros serão devidos desde então.

6.7.5. Interrupção da prescrição e despacho que ordena a citação

O art. 240, § 1.º, não atribui à citação o efeito de interromper a prescrição, mas ao despacho que a ordena. A prescrição é a perda da pretensão, não exercida dentro do prazo estabelecido em lei. **Mais que um efeito processual, a interrupção é efeito material do despacho que ordena a citação** e se justifica porque a prescrição pressupõe a inércia do titular da pretensão. Ora, se dentro do prazo estabelecido em lei o titular ajuíza ação e a inicial é recebida, determinando-se a citação, deixa de haver inércia e o prazo é interrompido.

Como efeito material, a prescrição é quase inteiramente regulada pelo Código Civil, cujo art. 202, I, em consonância com o CPC, atribui ao despacho que ordena a citação a eficácia interruptiva da prescrição. Mas o CPC acrescenta que a eficácia interruptiva retroage à propositura da ação.

Mas, para que isso ocorra, é preciso que o autor tome as providências necessárias, no prazo de 10 dias, para que a citação se viabilize, a contar do despacho que a ordenar. Se a citação não se viabilizar, porque o autor negligenciou tomar as providências necessárias nesse prazo, o **despacho que ordenou a citação ainda assim interromperá a prescrição, mas não retroagirá à data da propositura da demanda**. Mas, se ela se inviabilizar por fatores alheios ao autor, como os exclusivamente imputáveis ao serviço judiciário, ele não poderá ser prejudicado e a interrupção retroagirá mesmo assim. Nesse sentido, o art. 240, § 3.º, do CPC e a Súmula 106 do STJ: "Proposta a ação no prazo fixado para o seu exercício a demora na citação, por motivos inerentes ao mecanismo da Justiça, não justifica o acolhimento da arguição de prescrição ou decadência".

A citação interromperá a prescrição **ainda que o processo venha a ser julgado extinto sem resolução de mérito, salvo nas hipóteses do art. 485, II e III**. No CC de 1916, havia controvérsia a respeito, uma vez que o art. 175 dizia que a citação não teria esse efeito, quando perempta a instância ou a ação. Como o novo Código Civil não repete esse dispositivo, entende-se que o despacho que determinar a citação sempre interromperá a prescrição, mesmo que o processo venha a ser extinto, a menos que o seja por abandono ou inércia do autor.

O despacho que ordena a citação também impede que se verifique o prazo decadencial, com eficácia retroativa à data da propositura da demanda. Para que haja decadência, é indispensável que o direito potestativo não seja exercido no prazo legal. Se o foi, a propositura da demanda afasta a decadência. Daí o art. 240, § 4.º, estabelecer que "o efeito retroativo a que se refere o § 1.º aplica-se à decadência e aos demais prazos extintivos previstos em lei".

EFEITOS DA CITAÇÃO (ART. 240 DO CPC)			
Induzir litispendência	**Fazer litigiosa a coisa**	**Interromper a prescrição**	**Constituir o devedor em mora**
◾ Quando houver duas ou mais causas idênticas em curso, diz-se que há litispendência. Apenas um processo prosseguirá, e os demais deverão ser extintos sem resolução de mérito (art. 485, V, do CPC). O que prevalecerá será aquele em que primeiro tiver havido a citação válida.	◾ Somente após a citação válida, o bem objeto do litígio poderá ser chamado coisa litigiosa, o que tem grande relevância para os fins dos arts. 109 e 792 do CPC. Só haverá fraude à execução quando houver alienação de coisa litigiosa em ação real imobiliária, ou quando houver alienação de bem capaz de reduzir o devedor à insolvência, depois que este já tiver sido citado.	◾ Não é propriamente efeito da citação, mas do despacho que a ordena, ainda que proferido por juízo incompetente. Mas, desde que o autor em 10 dias tome as providências para que a citação se viabilize, a eficácia interruptiva retroage à data da propositura da demanda (art. 240, § 1.º, do CPC). O mesmo ocorre em relação aos demais prazos extintivos, inclusive ao de decadência.	◾ Mesmo que ordenada por juízo incompetente, a citação válida constitui o devedor em mora. Porém, desde que ele já não o esteja antes, o que ocorrerá se a obrigação for a termo e o prazo já estiver vencido; ou se não for a termo, mas o devedor tiver sido cientificado. A partir da constituição em mora, incidem os juros moratórios.

6.8. INTIMAÇÃO

6.8.1. Introdução

Tal como a citação, a intimação também é conceituada pelo legislador, no art. 269: "Intimação é o ato pelo qual se dá ciência a alguém dos atos e dos termos do processo".

Distingue-se da citação, em vários aspectos. Esta é sempre dirigida ao réu, executado ou ao interessado, ao passo que a **intimação pode ser dirigida a qualquer das partes, seus advogados, auxiliares da justiça (peritos, depositários, testemunhas) ou a terceiros, a quem cumpre realizar determinado ato no processo**.

E, enquanto a citação serve para dar ciência da existência do processo ao citando, chamado especificamente para integrar a relação processual, a intimação serve para dar ciência, a alguém, de qualquer ato ou termo no curso do processo, para que faça ou deixe de fazer alguma coisa.

Há ainda outra diferença: a citação é feita pessoalmente ao citando (ou ao seu representante, em caso de incapacidade, ou ao seu procurador). Já a intimação é, em regra, **dirigida ao advogado** das partes, preferencialmente por via eletrônica, ou mediante publicação no órgão oficial de imprensa, salvo quando a lei exigir que seja pessoal, como ocorre, por exemplo, com a dirigida ao autor para dar andamento ao feito em cinco dias, sob pena de extinção sem resolução de mérito, ou com a dirigida às partes para prestar depoimento pessoal, sob pena de confissão. As intimações, em suma, são dirigidas ao advogado para a prática de atos que exijam capacidade postulatória; e são dirigidas às partes, quando há determinação judicial para que elas, pessoalmente, façam ou deixem de fazer algo.

Estando o processo pendente, as intimações são efetuadas, de ofício, pelos auxiliares da justiça (CPC, art. 271). O art. 269, § 1.º, autoriza, no entanto, que a intimação do advogado de uma parte seja feita pelo advogado da parte contrária, pelo

3 ■ Da Comunicação dos Atos Processuais 301

correio, caso em que deverá ser juntada aos autos cópia do ofício de intimação e do aviso de recebimento.

6.8.2. Formas de intimação

A intimação pode ser feita:

■ por meio eletrônico;

■ pela publicação no *Diário Oficial*;

■ pelo correio;

■ por mandado, inclusive com hora certa em caso de ocultação;

■ por edital;

6.8.3. A intimação por meio eletrônico

É a forma preferencial de intimação, desde que sua efetivação seja possível, observado o disposto na Lei n. 11.419/2006. As pessoas jurídicas públicas ou privadas, o Ministério Público, a Defensoria Pública e a Advocacia Pública deverão manter cadastro junto ao Poder Judiciário, que deverá ser aberto no prazo estabelecido nos arts. 1.050 e 1.051, para que possam receber as intimações por via eletrônica, mediante a utilização de portal próprio, caso em que será dispensada a publicação no *Diário Oficial Eletrônico* (art. 5.º). Nesse caso, quando a intimação é feita em portal próprio, ela se considerará realizada no dia da consulta, que deverá ser feita nos dez dias corridos subsequentes à data do envio da intimação. Transcorrido *in albis* esses dez dias corridos, a intimação reputar-se-á realizada, ainda que não tenha havido consulta, e o prazo processual começará a correr, na forma do art. 231, V, do CPC.

6.8.4. Intimação pelo "Diário Oficial"

Quando não for possível a intimação pela via eletrônica, a intimação pelo *Diário Oficial* é, em regra, a maneira pela qual são intimados os advogados, nas comarcas servidas por ele (arts. 272 e 273 do CPC).

A publicação conterá o nome das partes e seus advogados. O das partes não será publicado, havendo apenas a indicação das iniciais, **se o processo correr em segredo de justiça**.

Havendo mais de um advogado, basta que a intimação seja dirigida a um só deles. Se não houver requerimento a respeito, poderá ser dirigida a qualquer um; se houver a indicação do nome do advogado a quem as intimações devem ser dirigidas, isso deverá ser respeitado, sob pena de nulidade.

Considera-se feita a intimação **na data da publicação no *Diário Oficial***. Mas, se este for eletrônico, aplica-se o disposto no art. 4.º, §§ 3.º e 4.º, da Lei n. 11.419/2006: "Considera-se como data da publicação o primeiro dia útil seguinte ao da disponibilização da informação no *Diário da Justiça Eletrônico*" e "Os prazos processuais terão início no primeiro dia útil que seguir ao considerado como data da publicação".

302 Direito Processual Civil Esquematizado   *Marcus Vinicius Rios Gonçalves*

A intimação considerar-se-á feita com a publicação no *Diário Oficial*, mesmo que eventuais órgãos de classe ou agências credenciadas falhem na comunicação aos advogados a elas ligados.

6.8.5. Intimação pelo correio

Não dispondo a lei de outro modo, a **intimação das partes, de seus representantes legais** e advogados será feita pelo correio (CPC, art. 274). A dos advogados só se fará pelo correio em situações excepcionais, como na hipótese de a comarca não ser servida pelo *Diário Oficial*. É também a forma de intimação prioritária de auxiliares da justiça, como peritos e testemunhas. A carta deve ser expedida com aviso de recebimento. A intimação presumir-se-á válida se dirigida ao endereço constante dos autos, ainda que não recebida pessoalmente pelo destinatário, se a modificação temporária ou definitiva de endereço não tiver sido comunicada ao juízo, fluindo os prazos a partir da juntada aos autos do comprovante de entrega no primeiro endereço.

6.8.6. Intimação por mandado

O art. 275 restringe a citação por mandado apenas à hipótese em que a eletrônica ou por correio tenham-se frustrado. Mas tem-se estendido o seu cabimento também à hipótese em que a parte que requereu a intimação prefira, justificadamente, que ela se realize assim. O oficial de justiça deverá cumprir os requisitos do art. 239, § 1.º. Se houver suspeita de ocultação do intimando, após duas tentativas do oficial de justiça, será admissível a intimação com hora certa, realizada da mesma forma que a citação.

6.8.7. Intimação por edital

Foi prevista pelo legislador (art. 275, § 2.º), e deve ser admitida quando o intimando não puder ser identificado ou localizado.

4
DISTRIBUIÇÃO E REGISTRO

1. INTRODUÇÃO

Onde houver mais de um juízo competente para o conhecimento de determinada ação, haverá distribuição (CPC, art. 284); a partir dela, considera-se prevento o juízo (CPC, art. 59).

Há dois tipos de distribuição: a **por dependência**, que cabe nas hipóteses do art. 286 do CPC; e a livre, que caberá sempre que não existir razão para a dependência.

2. HIPÓTESES DE DISTRIBUIÇÃO POR DEPENDÊNCIA

Estão previstas nos três incisos do art. 286 do CPC. As causas serão distribuídas por dependência:

- "quando se relacionarem, por conexão ou continência, com outra já ajuizada".

Justifica-se para que os processos tenham seguimento unificado e o juiz possa proferir uma só sentença, evitando decisões conflitantes. A reconvenção e as intervenções de terceiro serão anotadas pelo distribuidor, por determinação do juiz;

- "quando, tendo sido extinto o processo, sem resolução de mérito, for reiterado o pedido, ainda que em litisconsórcio com outros autores ou que sejam parcialmente alterados os réus da demanda".

A finalidade é pôr fim à possibilidade de ação idêntica à anterior, cujo processo tenha sido extinto sem resolução de mérito, ser reiterada perante outro juízo. Em caso de extinção sem exame de mérito, há possibilidade de renovação da ação, pois inexiste coisa julgada material. Não se admite apenas o *bis in idem*, a repropositura de demanda idêntica, sem que sejam solucionados os vícios e problemas que ensejaram a extinção do primeiro processo. Do contrário, o autor poderia repropor infinitas vezes a mesma ação, sem nenhuma alteração, no esforço de encontrar algum juiz que, com convicção diferente dos anteriores, pudesse apreciar o mérito. Para evitar o problema, **a lei determina que, havendo reiteração de ação, a distribuição será feita por dependência ao mesmo juízo**.

O dispositivo coíbe hábito censurável de desistir de ações quando o juiz denegava liminar, para simplesmente repropô-la perante outro juízo, que talvez pudesse conceder a tutela de urgência negada.

A distribuição por dependência far-se-á sempre que o processo anterior for extinto sem resolução de mérito, o que ocorrerá em todas as hipóteses do art. 485 do CPC.

Para evitar tentativas de burla, a lei determina a incidência do dispositivo ainda que o autor original volte a juízo em litisconsórcio com outros autores ou que sejam parcialmente alterados os réus. Porém, se houver mudança completa de autores ou de réus, bem como modificação do pedido ou da causa de pedir, **não haverá reiteração de ações, mas a propositura de uma nova**, diferente das anteriores, que poderá ser distribuída livremente.

É preciso interpretar adequadamente o art. 286, II. O texto só alude à reiteração do pedido, sem qualquer alusão à causa de pedir. Parece-nos, porém, que só se exigirá a distribuição por dependência se houver reiteração de ações, o que exige não só a identidade de partes e pedido, mas de causa de pedir;

■ "quando houver ajuizamento de ações nos termos do art. 55, § 3.º, ao juízo prevento".

Esse inciso trata de processos em que há risco de decisões conflitantes ou contraditórias caso sejam decididos separadamente, mesmo sem conexão entre eles.

Nos casos em que a lei determina a distribuição por dependência, **a competência do juízo prevento será absoluta**. Se a ação for distribuída para outro juízo, cumprirá a este, de ofício, dar-se por incompetente e determinar a remessa para o prevento.

Feita a distribuição, que deverá cumprir as exigências dos arts. 287 e 290 do CPC, o processo será registrado.

LIVRO V
DA TUTELA PROVISÓRIA

DISPOSIÇÕES GERAIS

1. INTRODUÇÃO

O CPC dedica o Livro V da Parte Geral à tutela provisória. Para que não houvesse dúvida a respeito do significado dessa expressão, o legislador definiu sua extensão no art. 294: "A tutela provisória pode fundamentar-se em urgência ou evidência". O parágrafo único acrescenta: "A tutela provisória de urgência, cautelar ou antecipada, pode ser concedida em caráter antecedente ou incidental". **A expressão "tutela provisória" passou a expressar, na atual sistemática, um conjunto de tutelas diferenciadas, que podem ser postuladas nos processos de conhecimento e de execução, e que podem estar fundadas tanto na urgência quanto na evidência. As tutelas de urgência, por sua vez, podem ter tanto natureza satisfativa quanto cautelar.** Designa, portanto, o gênero, do qual a tutela de urgência, satisfativa ou cautelar, e a tutela da evidência, são espécies.

2. O TRATAMENTO CONJUNTO

De maneira mais sistemática que na legislação anterior, o CPC trata da tutela provisória, suas espécies, características e procedimento, em um livro único. Nem poderia fazê-lo de forma diferente, porquanto, ainda que persistam as diferenças entre tutelas satisfativas e cautelares, e ainda que as tutelas diferenciadas possam estar fundadas em urgência ou evidência, todas constituem **espécies do mesmo gênero**. Os pontos comuns entre elas são tais que justificam o tratamento unificado. E, diferentemente do que ocorria no sistema anterior, do CPC de 1973, não há mais a possibilidade de processo cautelar autônomo. As tutelas provisórias — tanto de urgência, satisfativas ou cautelares, quanto da evidência — jamais implicarão a formação de um processo autônomo. Com isso, desapareceu a razão para o CPC tratar, em livro próprio, do processo cautelar, que deixou de existir. Atualmente, o deferimento de tutelas provisórias dar-se-á sempre em processos de conhecimento ou de execução, seja em caráter antecedente, seja incidentalmente.

O Livro V da Parte Geral autoriza o juiz, desde que preenchidos os requisitos, a conceder tutelas provisórias, nos processos de conhecimento ou de execução, genericamente. Mas há procedimentos especiais que preveem a concessão de tutelas provisórias próprias, específicas, típicas daqueles procedimentos, com requisitos próprios, que não se confundem com os da tutela provisória genérica do Livro V da Parte Geral. É o caso das liminares proferidas nas ações possessórias de força nova, que têm cunho

308 Direito Processual Civil Esquematizado   *Marcus Vinicius Rios Gonçalves*

satisfativo e requisitos próprios — inicial suficientemente instruída a respeito dos requisitos do art. 561 do CPC. Ou nas ações de alimentos, de procedimento especial, regidas pela Lei n. 5.478/68.

3. BREVE EVOLUÇÃO DOS INSTITUTOS

A disciplina das tutelas cautelares no CPC de 1973 foi saudada como inovadora e portadora de grandes avanços. Admitia-se a existência de três grandes espécies de provimentos jurisdicionais: o de conhecimento, destinado a dar ao julgador os subsídios necessários para que pudesse emitir o julgamento, pronunciando a lei do caso concreto; o de execução, voltado para a satisfação do direito do credor, quando o devedor não cumpria voluntariamente a obrigação consubstanciada em título executivo; e o cautelar, sempre acessório, destinado a proteger os outros dois tipos de provimento ameaçados pela demora do processo. A cada um deles correspondia um tipo de processo, e ao cautelar era dedicado o Livro III. Os pensamentos analítico e científico subjacentes ao CPC exigiam que para cada tipo de provimento correspondesse um tipo de processo. Por isso, se um dos litigantes necessitasse de uma medida de cunho cautelar, não podia postulá-la — na sistemática original do CPC de 1973 — no processo de conhecimento, mas devia ajuizar um processo cautelar, de caráter preparatório ou incidental, autônomo em relação ao processo principal, de conhecimento ou de execução. Nesse momento inicial de vigência do CPC revogado, não havia a possibilidade de deferimento genérico de tutelas provisórias satisfativas. Havia, sim, alguns procedimentos especiais que previam a concessão de medidas satisfativas em caráter liminar, como as ações possessórias, nunciação de obra, embargos de terceiro etc. Mas, fora dessas ações, inexistia previsão para o deferimento de medidas satisfativas genéricas.

Grande inovação foi introduzida em nosso ordenamento jurídico pela Lei n. 8.952/94, que deu nova redação ao art. 273 do CPC. Dentre as inúmeras pequenas reformas pelas quais passou o CPC de 1973 durante o seu período de vigência, talvez tenha sido essa a de maior impacto. Com ela, passou-se a admitir a possibilidade de deferimento de tutelas antecipadas genéricas, em praticamente todos os tipos de processos e procedimentos, desde que preenchidos os requisitos gerais estabelecidos naquele dispositivo.

Desde então, passaram a coexistir em nosso ordenamento dois tipos de tutelas diferenciadas, a cautelar e a antecipada (satisfativa). Esse convívio entre as duas espécies nem sempre foi muito tranquilo: de início, pareceu fundamental distinguir uma da outra, e houve casos de decisões judiciais que negaram uma medida de urgência apenas porque o requerente denominou-a de antecipada, quando ela tinha natureza cautelar, ou vice-versa. **A razão para tamanho esforço de distinção só podia ser que, de início, o deferimento de medidas cautelares exigia o ajuizamento de um processo cautelar autônomo, próprio, já que era esse o lugar adequado, o *habitat* natural das providências acautelatórias;** ao passo que as tutelas satisfativas eram postuladas já no bojo do processo principal, sem necessidade de ajuizamento de processo autônomo.

Essa situação seria rapidamente modificada com a edição da Lei n. 10.444/2002, que deu nova redação ao § 7.º do art. 273. A inovação foi fundamental, porque permitia ao juiz, ainda que tivesse sido postulada a tutela antecipada, conceder — se entendesse mais apropriado — uma tutela cautelar, no bojo do processo principal. Instituía-se, assim, a fungibilidade entre os dois tipos de tutela diferenciada e dava-se ao juiz maiores condições de deferir a medida que fosse a mais adequada para arredar uma situação de perigo no caso concreto que lhe era submetido.

Mas, se as tutelas eram fungíveis entre si, e se agora o juiz estava autorizado a conceder medidas cautelares dentro do processo principal, sem necessidade de processo autônomo, **desaparecia a razão de ser e a utilidade desse tipo de processo**. Por outras palavras, em princípio, o ajuizamento do processo cautelar só se justificava porque as medidas cautelares não podiam ser determinadas no processo principal; a partir do momento em que puderam, por força de inovação legislativa, o processo cautelar não mais se sustentava. Mesmo assim, enquanto vigorou o CPC de 1973, os juízes admitiam o ajuizamento de processos cautelares autônomos, sobretudo em caráter preparatório, quando o processo principal ainda não fora aforado.

Sensível a essas mudanças, **o legislador atual se deu conta de que não se justificava mais a persistência do processo cautelar em nosso ordenamento jurídico**. Permanece, à evidência, a tutela cautelar, como uma das espécies de tutela provisória de urgência, mas não o processo cautelar. Mesmo nos casos em que ela é deferida em caráter antecedente, não haverá um processo cautelar autônomo, mas um momento antecedente do processo principal.

Apenas para concluir esse breve esboço, embora o CPC atual mantenha a distinção entre tutela antecipada e cautelar, passou a disciplá-las em conjunto, como espécies do mesmo gênero. **No sistema atual, nem era preciso considerá-las fungíveis**, já que ambas passaram a compor o gênero único das tutelas provisórias de urgência, ficando o juiz autorizado a conceder a medida que entender mais adequada no caso concreto (art. 297 do CPC).

4. O EXAME DA TUTELA PROVISÓRIA

A tutela provisória será examinada em quatro capítulos: neste primeiro, são apresentadas as disposições gerais relativas à tutela provisória; no segundo, a tutela de urgência; no terceiro, a tutela da evidência; e, no quarto, os procedimentos da tutela cautelar e da tutela antecipada de urgência, requeridas em caráter antecedente.

5. CONCEITO E CLASSIFICAÇÕES

5.1. CONCEITO

O CPC não formula — nem competiria a ele fazê-lo — um conceito de tutela provisória. Mas o art. 294, bem como o seu parágrafo único, ao enumerar as diferentes naturezas que ela pode ter, e as razões pelas quais pode ser concedida, permite ao intérprete formular a sua conceituação. É inequívoco que ela é uma espécie de **tutela diferenciada, em que a cognição do juiz não é exauriente, mas sumária, fundada ou em verossimilhança ou em evidência, razão pela qual terá natureza provisória**, podendo ser, a qualquer tempo, revogada ou modificada. Sua finalidade é ou afastar o perigo a que está sujeita a tutela jurisdicional definitiva, o que ela alcança ou por meio da antecipação dos efeitos da sentença, ou pela adoção de uma medida protetiva, assecurativa, que visa não satisfazer, mas preservar o provimento final, ou redistribuir os ônus da demora na solução do processo, quando o direito tutelado for evidente.

Feitas essas considerações, seria possível conceituá-la como **a tutela diferenciada, emitida em cognição superficial e caráter provisório, que satisfaz antecipadamente ou assegura e protege uma ou mais pretensões formuladas, e que pode ser deferida em situação de urgência ou nos casos da evidência.**

5.2. A TUTELA PROVISÓRIA E A EFETIVIDADE DO PROCESSO

As tutelas provisórias cumprem a função de dar **maior efetividade ao processo**. Talvez a maior reclamação sobre funcionamento do Judiciário seja a da morosidade da justiça, que inegavelmente acaba trazendo maiores prejuízos àquele que tem menos condições econômicas e menores possibilidades de suportar o longo transcurso do processo até o resultado final.

A tutela provisória garante e assegura o provimento final e permite uma melhor distribuição dos ônus da demora, possibilitando que o juiz **conceda antes aquilo que só concederia ao final ou determine as medidas necessárias para assegurar e garantir a eficácia do provimento principal. Pode estar fundada em urgência ou evidência.** Sem ela, o ônus da demora seria sempre do autor, podendo o réu sentir-se estimulado a fazer uso dos mais diversos mecanismos para retardar o desfecho do processo.

A rigor, o fundamento da tutela provisória, ao menos nos casos de urgência, poderia ser buscado no texto constitucional, uma vez que o art. 5.º, XXXV, determina que a lei não exclua da apreciação do Poder Judiciário lesão ou ameaça de lesão. Ora, para que essa regra se torne efetiva, é preciso que o Judiciário também possa arredar eventual perigo ou ameaça que, em razão da demora no processo, o provimento jurisdicional possa sofrer.

5.3. CLASSIFICAÇÕES

A tutela provisória pode ser classificada pela sua natureza, fundamentação ou momento em que requerida. Conforme a natureza, pode ser antecipada ou cautelar; quanto à fundamentação, de urgência ou da evidência; e quanto ao momento de concessão, antecedente ou incidental. Cada uma dessas classificações será examinada em seguida.

5.3.1. Tutelas provisórias antecipada e cautelar

Ainda que hoje em dia se tenham atenuado as razões que obrigavam ao estabelecimento de limites muito estritos entre os dois tipos de tutela provisória, a diferença entre elas persiste. É o CPC, art. 294, parágrafo único, que alude às duas naturezas da tutela provisória de urgência. **A satisfatividade é o critério mais útil para distinguir a tutela antecipada da cautelar.** As duas são provisórias e têm requisitos muito assemelhados, relacionados à urgência. Mas somente a **primeira tem natureza satisfativa**, permitindo ao juiz que já defira os efeitos que, sem ela, só poderia conceder no final. Na cautelar, o juiz não defere, ainda, os efeitos pedidos, mas apenas determina **uma medida**

protetiva, assecurativa, que preserva o direito do autor, em risco pela demora no processo.

Tanto a tutela antecipada quanto a cautelar podem ser úteis para afastar uma situação de perigo de prejuízo irreparável ou de difícil reparação. Mas diferem quanto à maneira pela qual alcançam esse resultado: enquanto a primeira afasta o perigo atendendo ao que foi postulado, a segunda o afasta tomando alguma providência de proteção.

Imagine-se, por exemplo, que o autor corra um grave risco de não receber determinado valor. A tutela satisfativa lhe concederá a possibilidade de, desde logo, promover a execução do valor, em caráter provisório, alcançando-se os efeitos almejados, que normalmente só seriam obtidos com a sentença condenatória.

Já por meio de tutela cautelar, o autor pode arrestar bens do devedor, preservando-os em mãos de um depositário para, quando obtiver sentença condenatória e não houver recurso com efeito suspensivo, poder executar a quantia que lhe é devida. A tutela cautelar não antecipa os efeitos da sentença, mas determina uma providência que protege o provimento, cujos efeitos serão alcançados ao final.

Tanto a tutela satisfativa quanto a cautelar devem manter correspondência com a pretensão final, mas de formas diferentes. A primeira, por conceder, antes, aquilo que só seria concedido ao final; a segunda, por determinar providências que não satisfazem ainda a pretensão, mas viabilizam que, quando isso ocorrer, os efeitos decorrentes do provimento ainda sejam úteis para o credor.

5.3.1.1.   *Tutela provisória antecipada — a satisfatividade em caráter provisório*

O que há de mais característico na tutela antecipada é que ela, antecipadamente, **satisfaz, no todo ou em parte, a pretensão formulada pelo autor, concedendo-lhe os efeitos ou consequências jurídicas que ele visou obter com o ajuizamento da ação**. Se postulou a condenação, o juiz, antecipando a tutela, permitirá ao credor obter aquilo que da condenação lhe resultaria. Por isso, o juiz não pode concedê-la com efeitos que ultrapassem a extensão do provimento final, ou que tenham natureza diferente da deste. Por exemplo: não pode o juiz, em ação declaratória, conceder tutela antecipada condenatória.

Se a tutela antecipada fosse total e tivesse caráter definitivo, e não provisório, o autor ficaria plenamente satisfeito. A sua pretensão teria sido alcançada. Isso não ocorre porque **ela é sempre provisória** e precisa ser substituída por um provimento definitivo. Por isso, a efetivação da tutela antecipada observará as normas referentes ao cumprimento provisório de sentença, no que couber (CPC, art. 297, parágrafo único).

5.3.1.2.   *Tutela provisória cautelar — em que consiste?*

A tutela provisória cautelar não satisfaz, no todo ou em parte, a pretensão do autor. **O juiz não concede, já, o que só seria deferido ao final, mas determina providências de resguardo, proteção e preservação dos direitos em litígio**.

Imagine-se que o autor proponha em face do réu uma ação de reintegração de posse. Se o juiz concedê-la liminarmente, a medida será de antecipação satisfativa, já que o autor obterá aquilo que constitui a sua pretensão. Há coincidência entre o que foi pedido e o que foi deferido de imediato.

Já se, no curso do processo, verifica-se que o bem está correndo um risco de perecimento, porque o réu não toma os cuidados necessários, o autor pode postular o sequestro cautelar, com entrega a um depositário, que ficará responsável pela sua preservação e manutenção até o final do litígio. O sequestro não atende, ainda, à pretensão do autor, que não se verá reintegrado na posse da coisa, deferida ao depositário, mas é uma providência protetiva, acautelatória, cuja função é afastar um risco de que, até que o processo chegue ao final, a coisa pereça.

Outro exemplo: o autor ajuíza ação de cobrança e postula tutela antecipada, pois tem necessidade imediata do dinheiro e teme que, mais adiante, o réu dilapide o seu patrimônio. O deferimento da medida autorizará o autor a promover o necessário para receber o dinheiro. Ele poderá promover o cumprimento provisório da sentença.

Mas se ele não pretende receber o dinheiro já, e sim ao final, temendo, no entanto, que o réu se desfaça dos seus bens, bastar-lhe-á requerer o arresto, para que bens do devedor, suficientes para fazer frente ao débito, sejam preservados, com a nomeação de um depositário que deles cuidará. Em regra, para distinguir a tutela cautelar da satisfativa, basta comparar a medida deferida com a pretensão formulada pelo autor na inicial. **Se há coincidência entre as duas, haverá tutela satisfativa; se não, se a medida apenas protege, preserva o direito, sem antecipar os efeitos da futura sentença, será cautelar**.

No entanto, nem sempre será fácil tal distinção, e ao juiz caberá decidir e definir qual a tutela provisória mais adequada para cada caso concreto, na forma do art. 297, *caput*, do CPC.

5.3.2. Tutelas provisórias de urgência e da evidência

Essa é a classificação que leva em conta os fundamentos pelos quais o juiz pode deferir a tutela provisória. Ao concedê-la, ele deverá fundamentar a decisão na urgência ou evidência. A tutela será de urgência quando houver "elementos que evidenciem a probabilidade do direito e o perigo de dano ou o risco ao resultado útil do processo" (CPC, art. 300, *caput*). Os requisitos são o *fumus boni juris*, isto é, a probabilidade do direito, e o *periculum in mora*, isto é, risco de que sem a medida o litigante possa sofrer perigo de prejuízo irreparável ou de difícil reparação. De que forma o perigo poderá ser arredado? Ou pela satisfação antecipada do direito, ou pelo deferimento de medida protetiva.

Mas há também a possibilidade de a tutela provisória estar fundada em evidência, caso em que ela será sempre satisfativa. É o legislador quem define quais são as situações consideradas indispensáveis para que o juiz defira a tutela da evidência. Elas estão enumeradas nos quatro incisos do art. 311 do CPC, e são muito diferentes daquelas exigidas na tutela de urgência. **A da evidência não tem por fim afastar um perigo, e será deferida mesmo que ele não exista.** Para compreender a sua finalidade, é preciso lembrar que é normalmente o autor quem sofre com a demora no processo, pois é ele quem formula a pretensão, que permanece não atendida até o final (ou até determinada fase). Cabe ao autor, em regra, suportar os ônus da demora. **A tutela da evidência inverte esse ônus**, seja quando o réu age de forma abusiva ou com intuito protelatório, seja quando o direito cuja proteção o autor postula revista-se da evidência, o que ocorre nas hipóteses dos incisos II e IV do art. 311, seja, ainda, quando se tratar de pedido reipersecutório fundado em prova documental adequada de contrato de depósito.

Os dois tipos de tutela serão examinados com mais vagar no capítulo próprio.

5.3.3. Tutelas provisórias de urgência antecedentes e incidentais

Em nenhuma hipótese haverá a formação de processo autônomo para a concessão de tutela provisória. Não existem mais os processos cautelares preparatórios ou incidentes, regulados no Livro III do CPC de 1973. O processo cautelar preparatório era aquele ajuizado antes do principal, e o incidental, o ajuizado na pendência dele, ambos como processos autônomos.

Nada disso ocorre no atual sistema. Como visto, a tutela provisória pode fundar-se em urgência ou evidência. **A tutela da evidência será sempre incidental, nunca antecedente. Mas a de urgência poderá ser incidental ou antecedente.** Em relação à incidental, não haverá nenhuma dificuldade: como o processo principal já foi ajuizado, a medida será requerida no seu bojo quando se apresentar uma situação de urgência. A tutela antecedente é aquela formulada antes que o pedido principal tenha sido apresentado ou, ao menos, antes que ele tenha sido apresentado com a argumentação completa. No caso da tutela cautelar requerida em caráter antecedente, o autor formulará o pedido cautelar antes de apresentar o principal. Ao requerê-la, deverá apenas indicar qual será a pretensão principal, expondo de maneira sumária o direito que se visa assegurar. Efetivada a tutela cautelar, deverá ser apresentado, no mesmo processo, e dentro de 30 dias, o pedido principal. Não há, pois, um processo antecedente a outro, mas um pedido antecedente ao outro no mesmo processo.

A tutela antecipada também pode ser deferida em caráter antecedente, na forma do art. 303 do CPC. O autor formulará apenas o pedido de antecipação, apresentando uma exposição sumária da lide, do direito que se busca realizar e o perigo de dano ou risco ao resultado útil do processo. Concedida a tutela antecipada, a inicial deverá ser aditada para complementação da argumentação, juntada de novos documentos e confirmação do pedido de tutela final, em 15 dias, ou outro prazo maior que o órgão jurisdicional fixar.

O procedimento das tutelas antecipadas deferidas em caráter antecedente será examinado em capítulo próprio.

5.3.4. As combinações possíveis entre as diversas classificações

Já foi visto que há três classificações fundamentais das tutelas provisórias: quanto à natureza, à fundamentação e ao momento de concessão. Cumpre verificar quais as **possíveis combinações entre essas classificações**. Por exemplo, é possível que, verificada uma situação de urgência, sejam deferidas tanto as tutelas cautelares quanto as antecipadas; já em caso da evidência, a tutela haverá de ser sempre antecipada, nunca cautelar. Na edição anterior desta obra, sustentamos a possibilidade de que a tutela da evidência poderia ser deferida com natureza antecipada ou cautelar. Mas, uma vez que ela não pressupõe situação de perigo, rendemo-nos ao entendimento de que não caberia medida acautelatória fundada na evidência. Assim, a tutela de urgência poderá ser cautelar ou antecipada; a da evidência, sempre antecipada. Tanto as

314 Direito Processual Civil Esquematizado   *Marcus Vinicius Rios Gonçalves*

tutelas de urgência antecipadas quanto cautelares podem ser deferidas em caráter antecedente ou incidental. Já as tutelas da evidência somente poderão ser deferidas em caráter incidente, nunca em caráter antecedente. Afinal, o que justifica a concessão de tutela antecedente ao pedido principal é sempre a urgência. É o que se depreende da leitura dos arts. 303, *caput*, e 305, *caput*. O primeiro trata da tutela antecipada antecedente e exige que a urgência seja contemporânea à propositura da ação; o segundo, da cautelar antecedente, exige a descrição do perigo na demora. É necessário, portanto, que haja uma situação de urgência.

6. CARACTERÍSTICAS

6.1. TUTELAS PROVISÓRIAS E LIMINARES

A expressão "liminar" traduz a ideia de algo que é concedido *ab initio*, no limiar inicial do processo. A sua origem é latina (*liminare* — da soleira), e o seu significado está associado a algo que é posto à entrada, no início, como aquilo que antecede alguma **coisa**.

Não há dúvidas de que as tutelas provisórias de urgência — antecipada ou cautelar — podem ser concedidas liminarmente, no início, no limiar do processo. Também as da evidência, ressalvadas as hipóteses do art. 311, I e IV, do CPC, isto é, a de tutela da evidência por abuso do direito de defesa ou manifesto intuito protelatório da parte, e a da concedida em caso de petição inicial instruída com prova documental suficiente dos fatos constitutivos do direito do autor, a que o réu não oponha prova capaz de gerar dúvida razoável, situações que só poderão ficar caracterizadas depois que o réu tiver sido citado e comparecido aos autos.

A possibilidade de concessão de tutelas provisórias em caráter liminar, com fundamento em urgência, está expressamente prevista no art. 300, § 2.º, do CPC, e com fundamento em evidência, ressalvadas as hipóteses já mencionadas, no art. 311, parágrafo único. **Nos casos de urgência, ainda, mais do que em caráter liminar, a tutela provisória pode ser concedida em caráter antecedente**, isto é, antes mesmo de que tenha sido formulado o pedido principal, ou antes de que ele tenha sido formulado já com a fundamentação completa, como se vê dos arts. 303 e 305 do CPC.

Em síntese, em casos de urgência, a tutela provisória pode ser deferida em caráter antecedente ou, já no processo principal, em caráter liminar, antes que tenha sido citado o réu. Já em caso da evidência, a tutela não poderá ser antecedente, mas poderá ser liminar, nas hipóteses do art. 311, II e III. Já nas hipóteses do art. 311, I e IV, ela só poderá ser deferida depois da citação e comparecimento do réu.

Além disso, ainda que não tenham sido deferidas em caráter liminar, elas podem ser concedidas a qualquer tempo, mesmo na fase de sentença, e até mesmo depois dela. Ainda assim, serão anteriores à solução final, definitiva do processo.

A expressão "liminar" nada revela sobre a natureza da medida concedida, que pode ser cautelar ou satisfativa, dependendo da relação que guarde com o provimento final.

Alerta-se ainda para o fato de que o seu emprego tem sido fonte de alguns equívocos. O Código de Processo Civil usa a expressão liminar para se referir às tutelas provisórias deferidas no início do processo, antes da resposta do réu. Mas encontra-se na

1 ▣ Disposições Gerais

doutrina e na jurisprudência usos mais abrangentes dessa expressão, para fazer referência a todo tipo de tutela provisória concedida ao longo do processo, ainda que em momento mais avançado. Além disso, com esse nome, podem ser deferidas tutelas antecipadas ou cautelares. Por isso, se hoje alguém diz que obteve uma liminar, fica difícil entender o que foi conseguido, e em que fase do processo. É melhor que se mencione a obtenção de uma tutela cautelar ou antecipada, indicando-se a fase do processo em que ela foi deferida, o que afastará qualquer dúvida.

De qualquer sorte, a legislação reserva as expressões "liminar" ou "liminarmente" para as medidas que tenham sido deferidas *ab initio*, antes do comparecimento do réu.

6.2. SUMARIEDADE DA COGNIÇÃO

A cognição, na lição de Kazuo Watanabe, pode ser examinada em dois aspectos: extensão e profundidade. O primeiro diz respeito à existência de limites quanto às questões que podem ser apreciadas no processo; o segundo, ao grau de certeza, com que o juiz profere a sua decisão.

Do ponto de vista da extensão, a cognição é plena nas tutelas provisórias, porque não há restrições quanto às matérias cognoscíveis pelo juiz. O CPC atribui a ele poder geral de deferir a medida que considerar adequada para a sua efetivação.

Do ponto de vista da profundidade, **a cognição do juiz é superficial, porque ele não decide com base na certeza da existência do direito — o que seria incompatível com a urgência exigida — mas em mera verossimilhança, plausibilidade do alegado**.

Mesmo nos casos de tutela da evidência, ainda que haja indícios mais fortes da existência do direito, que permitam ao juiz conceder a medida independentemente da presença de perigo, a cognição é ainda superficial, porque não embasada na certeza da existência do direito.

Ao proferir a decisão, o juiz não dirá se o direito invocado existe ou não. Basta, para o deferimento da medida, que se convença da boa aparência do direito alegado, ou da existência de uma das situações da evidência — que não se confunde com a certeza, só alcançada com a emissão do provimento final.

Às vezes, a situação é tal que o juiz defere a medida sem ouvir a parte contrária, o que basta para mostrar que o faz sem ter ainda todos os elementos para a sua convicção.

A sumariedade da cognição não diz respeito tão-somente ao direito (*fumus boni juris*), mas à própria existência do perigo. Não é necessário que o juiz tenha a certeza da ameaça, do risco de lesão irreparável, bastando que esteja convencido da possibilidade de que o dano venha a ocorrer.

6.3. PROVISORIEDADE

As decisões proferidas em cognição superficial **não são definitivas, porque o juiz nem sempre terá ouvido todos os litigantes e colhido todas as provas para emitir o seu pronunciamento**.

Dadas a natureza e as finalidades da tutela provisória, **é possível, a qualquer tempo, que o juiz reveja a anterior decisão que a examinou, seja concedendo o que antes havia denegado, seja revogando a medida anteriormente concedida**. É o que estabelece o art. 296, *caput*, do CPC: "A tutela provisória conserva sua eficácia na pendência do processo, mas pode, a qualquer tempo, ser revogada ou modificada". O juiz esclarecerá qual a circunstância fática que, alterada, justifica o reexame. Não lhe é possível alterar a decisão anterior apenas por ter mudado de opinião. É indispensável que tenham ocorrido **alterações fáticas** — o perigo que não existia anteriormente manifestou-se, ou o que antes havia desapareceu, por exemplo — para que o juiz possa justificar a mudança na sua decisão.

Nisso, não se distinguem as tutelas antecipadas das cautelares, de urgência ou da evidência. Todas são examinadas em cognição superficial e terão de ser sempre substituídas por um provimento definitivo.

A tutela provisória perdura e conserva sua eficácia no curso do processo enquanto não for revogada ou substituída pela tutela definitiva. Não está sujeita à preclusão nem à coisa julgada material, como as decisões proferidas em cognição exauriente, após o juiz ter formado em definitivo a sua convicção.

6.4. REVOGAÇÃO, MODIFICAÇÃO E CESSAÇÃO DE EFICÁCIA

A eficácia da tutela provisória é a sua aptidão para produzir efeitos. Ao deferi-la, o juiz emite um comando satisfativo ou cautelar, de caráter provisório, que conservará a sua eficácia na pendência do processo, a menos que ela seja revogada ou que cesse essa eficácia. A simples suspensão do processo não provoca a revogação ou a cessação da eficácia, a menos que haja decisão judicial em contrário, nos termos do art. 296, parágrafo único, do CPC. As causas de suspensão do processo são aquelas enumeradas no art. 313.

O CPC alude à possibilidade de revogação e de cessação de eficácia das tutelas provisórias. A rigor, quando a medida é revogada, ela, por óbvio, também deixa de produzir efeitos, de sorte que a revogação poderia ser incluída genericamente no conceito de cessação de eficácia, em sentido amplo.

A lei processual, no entanto, estabelece diferença entre a revogação e a cessação de eficácia: a primeira pressuporia uma nova decisão judicial, fundada na vinda aos autos de novos fatos ou novas circunstâncias, que levem à conclusão de que a decisão anterior não pode persistir. As tutelas provisórias podem ser revogadas, como está expressamente previsto no art. 296, *caput*, do CPC: "A tutela provisória conserva sua eficácia na pendência do processo, mas pode, a qualquer tempo, ser revogada ou modificada". A revogação deve ser fundamentada, conforme determinado pelo art. 298 do CPC e pelo art. 93, IX, da CF.

A revogação ou modificação pressupõe alteração nas circunstâncias fáticas que a justifique. Se houver agravo de instrumento, o juiz poderá retratar-se, mesmo sem alteração fática, já que esse recurso é dotado de juízo de retratação. Fora isso, o juiz pode modificar ou revogar sua decisão se novos elementos de convicção forem trazidos aos autos. Por exemplo, deferida a medida sem a ouvida do réu, quando ele oferecer resposta, o juiz, verificando que a coisa não era como o autor a havia descrito na inicial, poderá alterar sua decisão. No curso do processo, o conhecimento do juiz a respeito dos fatos vai aumentando, e pode levá-lo à conclusão de que a medida concedida não se sustenta ou é imprópria.

Diante do que dispõe o art. 296 do CPC, **a alteração ou revogação da liminar não depende de requerimento da parte, podendo ser promovida de ofício pelo juiz, a quem cabe o poder geral de decisão, e a fiscalização para que não haja prejuízos irreparáveis para nenhum dos lados**.

A perda da eficácia consiste ou em sanção imposta ao autor que, tendo obtido a tutela, não tomou providências a seu cargo, necessárias para mantê-la, ou como consequência natural da extinção do processo ou da improcedência do pedido principal.

A cessação de eficácia como sanção por descumprimento de providências será examinada em capítulo próprio.

Em caso de procedência do pedido, não haverá cessação da eficácia da medida, mas a sua substituição pelo provimento definitivo. A tutela manter-se-á eficaz ainda que haja recurso, pois ele não tem efeito suspensivo (art. 1.012, V, do CPC). **Mas, em caso de improcedência ou de extinção do processo sem resolução de mérito, será tornada ineficaz, já que, tendo sido proferida em exame superficial, não pode subsistir a uma decisão definitiva, em cognição exauriente.** Mesmo que o juiz não o diga expressamente na sentença, as tutelas provisórias perderão eficácia em caso de improcedência ou de extinção.

Parece-nos que, excepcionalmente, o juiz pode determinar que elas subsistam, apesar da improcedência ou extinção, enquanto pender recurso contra a sentença. Por exemplo, quando a improcedência for contrária à jurisprudência dominante dos tribunais, caso em que haverá forte possibilidade de acolhimento do recurso, e da perda de eficácia da medida puder resultar prejuízo irreparável.

6.5. TUTELA PROVISÓRIA ANTECIPADA NÃO SE CONFUNDE COM O JULGAMENTO ANTECIPADO DO MÉRITO

A tutela provisória antecipada não pode ser confundida com o julgamento antecipado do mérito. **A primeira é uma espécie de tutela diferenciada, proferida em cognição sumária e em caráter provisório.** Ainda que sua eficácia possa perdurar durante o processo, ela precisa ser substituída pelo provimento final, que, este sim, terá caráter definitivo e se revestirá da autoridade da coisa julgada material. **Já o segundo constitui verdadeiro julgamento, proferido em cognição exauriente e que se revestirá da autoridade da coisa julgada material**, a partir do momento em que não haja mais recursos pendentes. É antecipado porque proferido sem necessidade de abrir-se a fase de instrução do processo, ou porque o réu é revel, ou porque não há necessidade de outras provas (CPC, art. 355).

Pelo regime do CPC de 1973, o mérito só poderia ser examinado em sentença, nunca antes. Admitia-se, excepcionalmente, a existência de decisões interlocutórias que envolviam matéria de mérito, como as relativas ao afastamento da prescrição ou decadência, matérias que eram mais propriamente qualificadas como preliminares de mérito do que propriamente mérito.

Atualmente, na forma do art. 356 do CPC, o juiz poderá julgar parcialmente o mérito — por decisão interlocutória que desafia agravo de instrumento — quando um ou mais pedidos formulados ou parcela deles mostrar-se incontroverso ou estiver em condições de imediato julgamento.

As hipóteses dos arts. 355 e 356 são de verdadeiro julgamento antecipado. Na primeira, haverá sentença e, na segunda, decisão interlocutória de mérito, proferida em caráter exauriente e que, não havendo mais recurso pendente, **tornar-se-ão definitivas**. **Nenhuma dessas situações pode ser confundida com tutela antecipada, em que a cognição é superficial, e o caráter é provisório.**

A possibilidade de julgamento antecipado parcial do mérito constitui uma das maiores novidades do CPC atual, já que no anterior o mérito só poderia ser examinado em sentença, ato final do processo ou da fase cognitiva. Por essa razão, no CPC anterior, as hipóteses de incontrovérsia de um dos pedidos autorizavam apenas a concessão de tutela antecipada, nunca o julgamento antecipado, pois o exame do mérito não podia ser cindido. **No atual, a incontrovérsia de um dos pedidos, ou de parte dele, autoriza o julgamento antecipado, de caráter definitivo (art. 356, I).**

6.6. PODER GERAL DO JUIZ DE CONCEDER TUTELAS PROVISÓRIAS

O art. 297, *caput*, do CPC é de enorme importância. **Ele dá ao juiz o poder de determinar as medidas que considerar adequadas para a efetivação da tutela provisória.** A redação é um tanto ambígua, mas parece-nos que esse dispositivo deve ser aplicado em dois sentidos. O primeiro deles é o de dar ao juiz a possibilidade de conceder a medida que lhe parecer a mais adequada para o caso concreto. E o segundo, o de permitir a ele determinar toda e qualquer providência necessária para que a medida por ele deferida se concretize, afastando-se, assim, eventuais obstáculos que possam dificultar ou impedir a sua efetivação.

É no primeiro desses sentidos que o dispositivo merece uma análise mais detalhada. Já o art. 798 do CPC de 1973 atribuía ao juiz o chamado "poder-dever" de cautela, autorizando-o a conceder não só as medidas cautelares expressamente enumeradas na lei, chamadas por isso de "cautelares nominadas", mas qualquer outra medida cautelar que, embora não prevista em lei, pudesse ser adequada para afastar a situação de perigo ou de urgência.

O CPC atual avançou em relação ao anterior, atribuindo ao juiz um **"poder-dever"** de conceder a medida adequada, seja ela cautelar ou satisfativa. O juiz, então, tem, no caso concreto, esse poder-dever de examinar qual a providência — satisfativa ou cautelar — que se mostre a mais eficaz, a mais adequada para o caso concreto, problema que se colocará apenas nas hipóteses de urgência, porque, nas da evidência, a tutela terá sempre natureza satisfativa (antecipada).

Além disso, o legislador entendeu desnecessário — como de fato é — enumerar determinadas medidas cautelares, tratando delas especificamente, como fazia o legislador anterior. Não há mais procedimentos diferenciados para as cautelares nominadas ou inominadas. O art. 301 menciona algumas medidas cautelares específicas, dando-lhes nomes próprios, mas não lhes atribui requisitos nem estabelece procedimentos

1 ■ Disposições Gerais

319

diferenciados em relação às demais tutelas provisórias de urgência. Afinal, se o juiz tem o "poder-dever geral" que lhe autoriza a conceder a tutela mais adequada, não havia razão para que a lei tratasse especificamente de determinadas medidas. O poder geral se justifica ante a impossibilidade de a lei antever todas as situações possíveis, e imaginar de antemão as medidas adequadas. Transfere-se, assim, ao juiz a possibilidade de, no caso concreto, determinar a providência adequada.

O poder geral do juiz **não significa discricionariedade** na concessão da medida, porque ele não se vale dos critérios de conveniência e oportunidade, como faria o administrador. Ele deve observar qual a mais apropriada para proteger o direito que será discutido no processo principal, que assegure o afastamento do risco com mais presteza e segurança. **Poderá haver alguma subjetividade na avaliação de qual a medida mais adequada, mas isso não se confunde com discricionariedade**.

Quando o art. 297 do CPC dá ao juiz o poder geral de deferir a medida adequada, permite que ele conceda providência diversa daquela postulada pelo litigante. Não há adstrição do juiz ao pedido de tutela provisória pela parte, o que significa que **nenhum vício haverá em conceder-se medida de natureza diferente da que foi postulada**. Ainda que o autor postule tutela satisfativa, o juiz pode conceder tutela cautelar e vice--versa, fundamentando a sua decisão para demonstrar que a providência determinada é a mais adequada. Mas ele só poderá determinar tutela provisória que guarde relação de referibilidade com a pretensão principal. Afinal, esta vincula o juiz, que não pode desbordar dos limites da ação proposta, sob pena de proferir julgamento *extra petita* ou *ultra petita*. Se a medida tiver natureza satisfativa, deverá corresponder, no todo ou em parte, à pretensão formulada na inicial, e se tiver natureza cautelar, deverá ser útil para proteção do provimento final.

Mas, preservada a referibilidade, o juiz deferirá a medida que lhe parecer mais adequada.

6.6.1. Faz sentido falar-se em fungibilidade das tutelas provisórias?

Quando a Lei n. 8.952/94, dando nova redação ao art. 273 do CPC de 1973, autorizou o juiz a conceder tutelas antecipadas satisfativas, em caráter genérico, no Brasil, houve grande esforço da doutrina em estabelecer limites claros entre elas e as cautelares. Isso se justificava naquele momento porque a nossa legislação só autorizava tutelas cautelares em processo próprio, não no bojo de processos de conhecimento ou de execução. Era fundamental que se distinguisse com precisão a tutela satisfativa da cautelar, porque a primeira poderia ser deferida incidentemente no processo de conhecimento, ao passo que a segunda exigia o ajuizamento de um processo cautelar autônomo.

Mais tarde, estabeleceu-se a fungibilidade entre os dois tipos de tutela, com o que se autorizou o juiz a conceder medida de natureza cautelar quando havia sido requerida medida satisfativa e vice-versa. Com isso, persistiu a diferença de natureza entre as duas medidas, mas mitigou-se o rigor na separação entre elas. A fungibilidade ampliou o poder-dever do juiz. Se ele já tinha o poder geral de cautela, que lhe permitia deferir a cautelar que fosse a mais adequada, agora ele podia também deferir medida de natureza diversa da postulada.

O CPC atual vai além. Ele não dá ao juiz, como fazia o CPC anterior, um poder geral de cautela, mas o "poder-dever" geral de deferir a tutela provisória — cautelar ou satisfativa — mais adequada.

Como no Código anterior só havia previsão de poder geral de cautela, foi necessário estabelecer-se a fungibilidade entre as cautelares e as medidas satisfativas, para que o juiz pudesse, então, definir a medida mais adequada a ser concedida.

O Código atual dá ao juiz não um poder geral de cautela, **mas o poder geral para concessão de tutelas provisórias, isto é, de deferir, em caso de urgência, a medida — cautelar ou satisfativa — mais apropriada, com o que se tornou despiciendo falar em fungibilidade**. O poder geral já permite ao juiz conceder a medida pertinente, seja ela de que natureza for.

6.6.2. Faz sentido falar-se em tutelas nominadas e inominadas?

A distinção entre tutelas nominadas e inominadas fazia sentido no CPC de 1973, porque ele tratava especificamente de algumas medidas cautelares, como arresto, sequestro, busca e apreensão etc., estabelecendo especificamente os seus requisitos peculiares e seu processamento. Além disso, atribuía ao juiz o poder geral de cautela, permitindo que ele concedesse qualquer outra medida que lhe parecesse adequada. Por isso, as que eram especificamente tratadas pela lei eram as nominadas; as outras, que o juiz podia conceder, mas que não tinham previsão e tratamento específico, eram as inominadas.

Além disso, não estabeleceu requisitos especiais ou diferentes para a concessão de nenhuma espécie de tutela provisória, além daqueles necessários para caracterizar as situações de urgência ou da evidência. **Embora o art. 301 aluda a determinadas medidas com nome próprio, elas não têm requisitos ou regime distinto das tutelas não nominadas.**

Não haverá erro se o litigante denominar a medida por ele postulada como, por exemplo, arresto ou sequestro, que correspondem a determinadas providências mencionadas no art. 301. Elas não exigirão requisitos específicos, mas apenas os requisitos gerais das tutelas provisórias.

6.7. TIPOS DE PROCESSO EM QUE CABE TUTELA PROVISÓRIA

As tutelas provisórias estão previstas no Livro V da Parte Geral do CPC, que estabelece regras aplicáveis aos processos em geral, de conhecimento ou de execução. Nos processos de conhecimento, os provimentos podem ser condenatórios, declaratórios e constitutivos.

Em princípio, elas podem ser deferidas em qualquer tipo de processo, seja ele de conhecimento, seja de execução. Eventualmente, é possível haver incompatibilidade entre determinado tipo de tutela provisória e o tipo de processo em que ela é postulada, pois elas abrangem tanto as medidas satisfativas quanto as cautelares, fundadas tanto em urgência quanto em evidência. Pode ocorrer que determinado tipo de tutela provisória seja incompatível com o tipo de pretensão formulada no processo. Por exemplo, em regra, não faz sentido postular tutelas da evidência em processo de execução, já instruído com título certo, líquido e exigível. Mas é possível, nesse tipo de processo, postular tutelas de urgência.

No processo de conhecimento, é possível haver a concessão da medida, independentemente do tipo de procedimento, que poderá ser especial ou comum. Mesmo **nas ações de procedimento especial, em que há previsão de liminares específicas**, que têm natureza de antecipação de tutela, mas dependem de requisitos próprios, a tutela provisória genérica pode ser deferida. Os melhores exemplos são as ações de alimentos, de procedimento especial; e as possessórias, de força nova. A lei processual prevê liminar própria, cuja finalidade é antecipar os efeitos da sentença, mas que depende de requisitos específicos: no caso dos alimentos, a prova pré-constituída do parentesco; e na possessória, o esbulho, turbação ou ameaça há menos de um ano e dia.

Mas os requisitos dessas medidas específicas não se confundem com os das tutelas provisórias genéricas, previstas no Livro V da Parte Geral do CPC. Nada impede, por exemplo, que o autor ajuíze uma ação possessória de força nova e não consiga obter a liminar, por não ter ficado demonstrado, com a inicial ou em audiência de justificação, a perda da posse há menos de dia. Mas se, no curso do processo, surgir uma situação de urgência, ele poderá postular a concessão não mais da tutela específica, mas da genérica, seja a de cunho satisfativo, seja a de cunho cautelar.

Afinal, os requisitos são diferentes: pode ser que o autor não preencha aqueles exigidos para a obtenção da liminar própria, típica daquele procedimento especial, mas preencha os da tutela provisória genérica, de urgência ou da evidência.

Não há controvérsia quanto à possibilidade de tutelas provisórias **nas ações em que a pretensão é condenatória**, tanto de pagar como de fazer, não fazer ou entregar coisa.

Também nas ações constitutivas ou desconstitutivas, desde que a pretensão seja compatível com a provisoriedade da medida. Por exemplo: não é possível antecipação de caráter satisfativo em ação de divórcio ou separação judicial, porque não se admite que alguém possa mudar de estado civil em caráter provisório. Mas admite-se a cautelar, já que não há óbice a que seja deferida medida de cunho protetivo ou assecuratório do provimento.

Muito se discute sobre a possibilidade de deferimento de tutela provisória satisfativa nas ações declaratórias, porque elas têm por finalidade afastar uma incerteza jurídica. O juiz declara a existência ou inexistência de uma relação jurídica, ou a falsidade ou veracidade de um documento, pondo fim às dúvidas a respeito. Dado o caráter provisório da tutela, poder-se-ia argumentar que ela, quando satisfativa, é incompatível com a pretensão declaratória, de atribuir certeza a questão a respeito da qual pairava dúvida. Para os que assim pensam, a tutela provisória satisfativa de pretensão declaratória serviria para trazer **uma certeza de natureza apenas provisória, do que resultaria um paradoxo**.

Mas o que se antecipa não é propriamente a declaração, mas os seus efeitos. O juiz não pode antecipar a tutela para declarar que uma dívida é inexigível, já que não existe inexigibilidade provisória. **Mas pode antecipar os efeitos de uma futura declaração de inexigibilidade, determinando, por exemplo, que o nome do devedor**

seja tirado dos cadastros de inadimplentes, ou que o protesto contra ele lavrado fique suspenso.

Inequívoco que a tutela provisória cautelar cabe em todo tipo de processo de conhecimento.

6.7.1. Caberia a tutela provisória em execução?

Não há dúvida de que pode haver o deferimento de tutela provisória cautelar em processo de execução, uma vez que pode ser necessária providência acautelatória para afastar uma situação de risco ou de perigo.

Também é possível conceber, em hipóteses excepcionais, **que o juízo possa antecipar providência satisfativa, como até mesmo a expropriação de bens, que só poderia ser tomada mais adiante, em casos de urgência, quando houver perigo de prejuízo irreparável**.

Cândido Dinamarco esclarece: "Entre os atos pertinentes ao processo executivo, existem ainda as 'medidas urgentes' (cautelares ou antecipatórias de tutela jurisdicional), que o juiz determinará e serão efetivadas por ato de um auxiliar da justiça. É o caso do arresto a ser realizado incidentalmente ao processo de execução (CPC, arts. 653 ou 813) ou de alguma medida destinada à imediata fruição do bem pelo credor, a ser concedida quando presentes os requisitos estabelecidos no art. 273 do Código de Processo Civil"[1].

Por fim, parece-nos que, em princípio, não deve caber a tutela da evidência em processos de execução. Afinal, para que o processamento da execução seja deferido, é preciso que esteja embasada em título executivo dotado dos requisitos de certeza, liquidez e exigibilidade. Não se justifica, nesse contexto, o deferimento de medida fundada em evidência.

6.8. COMPETÊNCIA

A regra geral de competência para o deferimento de tutelas provisórias é dada pelo art. 299 do Código de Processo Civil: "A tutela provisória será requerida ao juízo da causa e, quando antecedente, ao juízo competente para conhecer do pedido principal". Mas quando se tratar de ação de competência originária de tribunal e nos recursos, "a tutela provisória será requerida ao órgão jurisdicional competente para apreciar o mérito" (art. 299, parágrafo único, do CPC).

A tutela provisória pode ser requerida em qualquer fase do processo principal, desde antes do seu ajuizamento (salvo a tutela da evidência) até o trânsito em julgado. Mas, se o órgão *a quo* já proferiu o julgamento, e houve recurso para o órgão *ad quem*, **a este será requerida a medida**. Se há apelação, a competência será do Tribunal a quem competirá julgá-la; se recurso especial ou extraordinário, do STJ ou do STF. Com o julgamento, terá se esgotado a função jurisdicional do órgão *a quo*.

Para que a competência passe a ser do órgão *ad quem*, não é preciso que o recurso já tenha subido, **bastando que tenha sido interposto**. Pode ocorrer que os autos ainda

---

[1] Cândido Rangel Dinamarco, *Instituições de direito processual civil*, v. IV, p. 68.

1 ■ Disposições Gerais

323

estejam no órgão *a quo*, quando o requerimento é apresentado no órgão *ad quem*, o que obrigará o interessado a instruir convenientemente o pedido de tutela provisória, para que ela possa ser apreciada.

Interposto recurso, bastará ao interessado que requeira a tutela provisória por petição dirigida ao relator, acompanhada das cópias necessárias, para que ele possa apreciar o pedido.

6.8.1. A possibilidade de a tutela provisória de urgência ser examinada por juízo incompetente

Em princípio, o juízo que se reconhece absolutamente incompetente não pode proferir nenhuma decisão no processo, exceto aquela em que se declara incompetente, e determina a remessa dos autos ao competente. **Mas, em casos de urgência extrema, essa decisão pode ser fatal para o direito do litigante, pois qualquer demora pode implicar prejuízo irreparável.**

Haverá um confronto entre dois valores jurídicos: um, estritamente processual, da observância das regras de competência absoluta; e outro relativo ao direito de proteção ao provimento jurisdicional.

Nesse confronto, o juízo incompetente, ainda que se reconhecendo como tal, **poderá determinar a providência urgente, necessária para afastar o risco imediato, determinando em seguida a remessa dos autos ao juízo competente, a quem caberá dar prosseguimento ao processo, podendo inclusive revogar a decisão anterior**.

Imagine-se que uma pessoa requeira uma tutela provisória, porque sua inscrição para realizar determinada prova de ingresso em universidade ou concurso público não foi deferida; e que a prova se realize naquele mesmo dia, ou no dia seguinte. A remessa dos autos ao juízo competente, sem apreciação da tutela de urgência, implicará o perecimento do eventual direito do autor.

O juízo poderá conceder a liminar, determinando que ele possa fazer a prova, com o que o risco estará afastado, antes de remeter os autos ao juízo competente. Mas essa possibilidade deve ficar restrita às hipóteses em que o juiz verifique que não houve má-fé, e nas quais a urgência seja tal que não possa aguardar a remessa ao juízo competente.

2
TUTELAS DE URGÊNCIA

1. INTRODUÇÃO

Como já visto, as tutelas provisórias só podem ter dois fundamentos: a urgência e a evidência. Neste capítulo, serão examinados os requisitos e o processamento das tutelas de urgência.

2. REQUISITOS

2.1. REQUERIMENTO

O primeiro requisito para que haja o deferimento da tutela de urgência é o **requerimento da parte**. O CPC não previu a possibilidade de que a medida seja deferida de ofício. A omissão do Código é significativa porque, no projeto aprovado pelo Senado e enviado à Câmara, havia a previsão expressa de concessão de ofício, no seu art. 277: "Em casos excepcionais ou expressamente autorizados por lei, o juiz poderá conceder medidas de urgência de ofício". Esse dispositivo foi excluído na Câmara dos Deputados, e o CPC foi aprovado sem fazer alusão ao deferimento de ofício.

Diante do silêncio da lei, haveria atualmente a possibilidade de serem deferidas de ofício tutelas de urgência? **Parece-nos que a regra é de que não**. O princípio da demanda exige que haja requerimento da parte. Mas, uma vez que também não há proibição na lei, permanece a controvérsia que já existia na vigência do CPC anterior.

No CPC de 1973, o art. 273, *caput*, autorizava a concessão de tutelas antecipadas satisfativas, a requerimento do autor. A lei era expressa em exigir o prévio requerimento. Já o art. 797, que tratava das cautelares, parecia autorizar o deferimento de medidas dessa natureza, sem a ouvida das partes, somente em casos excepcionais ou expressamente autorizados por lei. A divergência que havia na doutrina, na vigência do CPC de 1973, permanece atual, uma vez que o Código não autorizou a concessão de tutelas provisórias de ofício, mas também não o vedou expressamente, nem exigiu prévio requerimento.

A respeito da concessão de ofício, Cássio Scarpinella Bueno entende que, "à luz do 'modelo constitucional do processo civil', a resposta mais afinada é a positiva. Se o juiz, analisando o caso concreto, constata, diante de si, tudo o que a lei reputa suficiente para a antecipação dos efeitos da tutela jurisdicional, à exceção do pedido, não será isso que o impedirá de realizar o valor 'efetividade', máxime nos casos em que a situação fática envolver a urgência da prestação da tutela jurisdicional (art. 273, I), e em que a necessidade da antecipação demonstrar-se desde a análise da petição inicial"[1].

Em sentido oposto, a lição de Nelson e Rosa Nery: "É vedado ao juiz conceder 'ex officio' a antecipação da tutela, como decorre do texto expresso do CPC 273, 'caput'. Somente diante de pedido expresso do autor é que pode o juiz conceder a medida"[2].

Esse segundo entendimento foi o que obteve adesão majoritária da doutrina e da jurisprudência. Parece-nos que o sistema atual permite chegarmos à mesma conclusão a que já havíamos chegado no CPC anterior: se o processo versar sobre interesses disponíveis, não haverá como conceder, de ofício, a antecipação da tutela, ficando o requerimento ao alvedrio do autor. Mas se versar sobre interesse indisponível, e houver risco de prejuízo irreparável ou de difícil reparação, o juiz poderá, excepcionalmente, concedê-la.

Quando o Ministério Público for autor da ação, nenhuma dificuldade haverá quanto à possibilidade de que ele requeira a medida. Mais controvertida será a situação, quando ele o requerer na condição de fiscal da ordem jurídica. Se o processo tem a intervenção do Ministério Público, é porque a condição da parte ou o tipo de interesse discutido no processo é de ordem tal que recomenda um cuidado especial. Por isso, parece-nos que, **na defesa dos interesses em razão dos quais intervém, o Ministério Público poderá postular a medida**.

2.2. ELEMENTOS QUE EVIDENCIEM A PROBABILIDADE DO DIREITO

A redação do CPC atual é mais cuidadosa do que a do art. 273, *caput*, do CPC anterior, que aludia à "prova inequívoca" e à "verossimilhança". A crítica que se fazia a essa redação é que a expressão "prova inequívoca" traduziria a ideia de uma prova definitiva, feita em cognição aprofundada, ao passo que a "verossimilhança" transmitiria a ideia de algo examinado em cognição superficial.

O CPC atual exige elementos de convicção que evidenciem a probabilidade do direito. **As evidências exigidas não são da existência ou da realidade do direito postulado, mas da sua probabilidade.**

O legislador preferiu falar em "probabilidade" em vez de "plausibilidade". A rigor, as duas expressões poderiam ser distinguidas, já que algo plausível não é o mesmo que algo provável. Se determinada circunstância é plausível, isso significa que não será de se surpreender se ela de fato for confirmada, se de fato existir; se for provável, causará alguma perplexidade o fato de ela não existir, de não se verificar. Isso nos levaria, pois, à conclusão de que a probabilidade seria um tanto mais exigente que a plausibilidade: nenhuma delas coincide com a certeza, mas a primeira está mais próxima dela que a segunda. Mas, feitas essas considerações, não nos parece que seja possível estabelecer, com clareza e no caso concreto, os lindes entre o juízo de probabilidade e o de plausibilidade. Em ambos os casos, a cognição é superficial, e o que se exige é sempre que haja a "fumaça do bom direito", o *fumus boni juris*.

---

[1] Cássio Scarpinella Bueno, *Curso sistematizado de direito processual civil*. São Paulo: Saraiva, 2009, v. V, p. 11.

[2] Nelson e Rosa Nery, *Código de Processo Civil comentado*, art. 273, nota 6.

O que é fundamental para o juiz conceder a medida, seja satisfativa ou cautelar, é que se convença de que as alegações são plausíveis, verossímeis, prováveis.

É preciso que o requerente aparente ser o titular do direito que está sob ameaça, e que esse direito aparente merecer proteção. A cognição é sempre sumária, feita com base em mera probabilidade, plausibilidade. A efetiva existência do direito sob ameaça será decidida ao final, em cognição exauriente.

O juiz tem de estar convencido, senão da existência do direito ameaçado, ao menos de sua probabilidade. É preciso que ele tenha aparência de verdade.

A urgência e a intensidade da ameaça podem, muitas vezes, repercutir sobre o requisito da probabilidade. O exame pode ser mais ou menos rigoroso, dependendo do grau de urgência, e da intensidade da ameaça.

Por exemplo: em casos de urgência extrema, é possível que o juiz conceda a medida sem ouvir o réu, antes mesmo que ele seja citado. Os elementos que terá para avaliar serão menores que aqueles que poderão ser obtidos se houver tempo para que o réu seja citado e possa manifestar-se.

O juiz deve valer-se do princípio da proporcionalidade, sopesando as consequências que advirão do deferimento ou do indeferimento da medida. Tanto um quanto outro podem trazer prejuízos irreparáveis ou de difícil reparação. Por isso, o grau de verossimilhança e a proporcionalidade serão bons orientadores, na apreciação da tutela.

O juiz não a deverá conceder em caso de inverossimilhança, mas poderá fazê-lo, ainda que o grau de verossimilhança não seja muito elevado, desde que conclua que o não deferimento inviabilizará a efetivação do direito, caso ele venha a ser reconhecido.

O *fumus boni juris* não pode ser examinado isoladamente, mas depende da situação de perigo e dos valores jurídicos em disputa (proporcionalidade). Conquanto não possa afastar o requisito da verossimilhança, o juiz pode, eventualmente, atenuá-lo, quando a urgência e os bens jurídicos discutidos o recomendarem.

2.3. O PERIGO DE DANO OU O RISCO AO RESULTADO ÚTIL DO PROCESSO (*PERICULUM IN MORA*)

É o requisito que caracteriza as tutelas de urgência. As da evidência exigem outros requisitos, entre os quais não se encontra a urgência. As de urgência **só poderão ser deferidas se houver perigo de dano ou risco ao resultado útil do processo**. Sem alegação, em abstrato, da existência de perigo, não há interesse nesse tipo de tutela; e sem a verificação em concreto, o juiz não a concederá.

Mas é indispensável ter sempre em vista que a cognição é superficial, exatamente por conta da própria urgência, que não permite um exame aprofundado dos fatos. Ao concluir pela situação de urgência, também o juiz terá se valido da cognição superficial: não é preciso que tenha absoluta certeza da ameaça, do perigo, bastando que sejam possíveis. É preciso, porém, haver **receio fundado**. O juiz não concederá a medida quando houver um risco improvável, remoto, ou que resulte de temores subjetivos. É preciso uma situação objetiva de risco, atual ou iminente.

O perigo pode derivar de ação ou de omissão do réu. Há casos em que, conquanto possa ser originado de fato natural, cumpre ao réu afastá-lo ou minorá-lo, e se ele não o faz, deixando, por negligência, que o risco persista, o autor poderá valer-se da tutela de urgência.

2.4. A NÃO IRREVERSIBILIDADE DOS EFEITOS DA TUTELA DE URGÊNCIA ANTECIPADA

Um dos requisitos para a concessão da tutela de urgência antecipada **é que os seus efeitos não sejam irreversíveis (art. 300, § 3.º)**. A irreversibilidade não é do provimento, já que este, em princípio, sempre poderá ser revertido, **mas dos efeitos que ele produz**.

Não é fácil determinar quando o provimento é ou não irreversível. Em princípio, seria reversível aquele que, **em caso de posterior revogação ou cessação de eficácia, não impeça as partes de serem repostas ao** *status quo ante*.

Mas há situações complexas: às vezes, a volta à situação anterior não é impossível, mas muito difícil. Por exemplo: impor ao réu o pagamento de determinada quantia é reversível, porque a quantia pode ser reposta; mas a reposição pode ser, no caso concreto, muito difícil, se o autor não tiver condições econômicas para fazê-la.

Haverá, ainda, irreversibilidade quando as partes não puderem ser repostas ao *status quo ante*, embora possa haver conversão em perdas e danos.

Não sendo reversíveis os efeitos do provimento, o juiz não deve deferir a tutela antecipada. Mas é preciso considerar que, às vezes, haverá o que Athos Gusmão Carneiro chama de **"irreversibilidade recíproca"**: "Com certa frequência, o pressuposto da irreversibilidade ficará 'superado' ante a constatação da 'recíproca irreversibilidade'. Concedida a antecipação de tutela, e efetivada, cria-se situação irreversível em favor do autor; denegada, a situação será irreversível em prol do demandado"[3].

A solução será o juiz **valer-se do princípio da proporcionalidade, determinando a proteção do interesse mais relevante, e afastando o risco mais grave**.

A irreversibilidade deve ser levada em conta tanto para negar quanto para conceder a tutela. Se a concessão gerar situação irreversível, e a denegação não, o juiz deve denegá-la; se a denegação gerar situação irreversível, e a concessão não, o juiz deve concedê--la; mas se ambas gerarem situação irreversível, a solução será aplicar o princípio da proporcionalidade.

O Enunciado n. 25 da ENFAM dispõe que "a vedação da concessão de tutela de urgência cujos efeitos possam ser irreversíveis (art. 300, § 3.º, do CPC/2015) pode ser afastada no caso concreto com base na garantia do acesso à Justiça (art. 5.º, XXXV, da CRFB)".

2.5. TUTELAS DE URGÊNCIA E PROPORCIONALIDADE

Ao deferir uma tutela provisória de urgência, o juiz objetiva afastar um perigo iminente de dano ou risco ao resultado útil do processo. Ao fazê-lo, pode ocasionar um dano para o réu, que se verá obrigado a cumprir a determinação antes que se torne definitiva.

---

[3] Athos Gusmão Carneiro, *Da antecipação de tutela*. 6. ed. Rio de Janeiro: Forense, p. 87.

2 ▪ Tutelas de Urgência 329

A medida é deferida em cognição sumária, quando o juiz ainda não tem todos os elementos para decidir quem tem razão. A lei toma alguns cuidados, exigindo os elementos que evidenciem a probabilidade do direito, e o receio fundado de dano.

Além de examiná-los, **deve o juiz comparar os danos que poderão ocorrer caso ele conceda a tutela e caso não a faça**. Essa comparação deve ajudá-lo na hora de decidir, embora não seja o único critério.

O juiz levará em consideração eventual desproporção entre os danos que poderão advir do deferimento ou do indeferimento da medida. **Deve cotejar ainda os valores jurídicos que estão em risco, num caso ou noutro**. Se o deferimento pode afastar um risco à vida do autor, embora seja capaz de trazer prejuízo patrimonial ao réu, o juiz deve levar essa circunstância em consideração, junto com os demais requisitos da tutela.

2.6. CAUÇÃO

A possibilidade de o juiz condicionar o deferimento da tutela de urgência à prestação de caução idônea vem prevista no art. 300, § 1.º, do CPC. A caução é contracautela, cuja finalidade é evidente: caso a medida venha a ser revogada ou perca a eficácia, servirá para garantir o ressarcimento de eventuais danos. Como a medida é deferida em cognição superficial, sem que o juiz tenha ainda todos os elementos para proferir uma decisão definitiva, ele pode sentir-se mais seguro se o autor prestar caução.

Em qualquer caso de deferimento de tutela de urgência e em qualquer fase do processo em que a medida seja concedida, o juiz poderá fixá-la, pois ela é sempre apreciada em cognição sumária e pode, ao afastar o perigo aos direitos do autor, trazer danos ao réu.

O art. 300, § 1.º, é expresso em ressalvar a hipótese de a parte estar impossibilitada de prestar a caução, por ser economicamente hipossuficiente. Nesse caso, o juiz não a exigirá — dada a inviabilidade de que ela seja prestada. Deve, porém, cuidar de examinar o requerimento de tutela levando em conta o princípio da proporcionalidade, considerando as consequências que podem advir do deferimento da medida, e aquelas que decorreriam do indeferimento. Somente essa avaliação poderá dar ao juiz a segurança de deferir a medida, dispensando a caução, quando não é possível à parte prestá-la.

2.7. RESPONSABILIDADE CIVIL DO REQUERENTE

O legislador preocupou-se com os danos que o réu pode sofrer como consequência do cumprimento das tutelas de urgência.

O dispositivo que trata do assunto é o art. 302 do CPC, **que atribui responsabilidade objetiva ao autor** pelos danos que ocasionar, tanto em caso de tutela cautelar como satisfativa. Ao postular a tutela, ele assume o risco de obter uma medida em cognição sumária, que pode trazer danos ao réu e ser revogada ou perder eficácia a qualquer tempo.

O dispositivo estabelece: "Independentemente da reparação por dano processual, a parte responde pelo prejuízo que a efetivação da tutela de urgência causar à parte adversa, se: I — a sentença lhe for desfavorável; II — obtida liminarmente a tutela em caráter antecedente, não fornecer os meios necessários para a citação do requerido no prazo de cinco dias; III — ocorrer a cessação da eficácia da medida, em qualquer hipótese legal; IV — o juiz acolher a alegação de decadência ou prescrição da pretensão do autor". E o § 1.º acrescenta: "A indenização será liquidada nos autos em que a medida tiver sido concedida, sempre que possível".

Sempre que a tutela de urgência não prevalecer, os danos serão liquidados nos próprios autos (salvo eventual impossibilidade), e por eles a parte responderá objetivamente. Ao promover a liquidação, a parte adversa deverá comprová-los, demonstrando sua extensão. Pode ocorrer que não tenha havido dano nenhum, caso em que nada haverá a indenizar.

Não há necessidade de que, em contestação, o réu postule a reparação, já que essa pretensão é implícita.

O art. 302 ressalva a possibilidade de incidência cumulativa de indenização por dano processual, em caso de litigância de má-fé, como previsto no art. 79.

lexão mais aprofundada sobre o tema nos levou à con[...]

Mas [...]cia acautelatória pressupõe sempre uma hipótese de urg[...] contrária, já que [...]ria, quando deferida com fundamento na evidência, só p[...]rtanto, a tute-[...]tecipada, de natureza satisfativa, nunca de natureza cautelar.[...]r caráter de

COGNIÇÃO SUMÁRIA E CARÁTER PROVISÓRIO

A tutela da evidência é sempre deferida em cognição sumária [pr]ovisório. Portanto, precisará ser sempre substituída pelo provimento d[...] [q]uatro hipóteses previstas nos incisos do art. 311 do CPC, há a possibilida[de] venha a ser revogada. Na primeira, o abuso do direito de defesa ou o manif[...] protelatório do réu pode justificar a medida, mas não é suficiente para demo[...] ao final, o autor será o vencedor. É possível que o réu abuse ou tente protelar o [...] e que o juiz, ao final, reconheça que o autor não tem razão, e julgue improce[...] pretensão. O mesmo pode ocorrer nos três outros incisos. É possível que o juiz d[...] tutela da evidência quando as alegações de fato puderem ser comprovadas apenas [docu]mentalmente e haja tese firmada em julgamento repetitivo ou súmula vinculante, e [...] mais tarde, se verifique que os documentos que embasaram a decisão provisória e[...] falsos, ou até mesmo que haja alteração no julgamento repetitivo ou na súmula vin[cu]lante, ou que a questão *sub judice* não coincida exatamente com o objeto da súmula [...] do recurso repetitivo.

Em síntese: a tutela da evidência não é definitiva e pode ser revogada ou modifica-da a qualquer tempo.

4. REQUISITOS

4.1. REQUERIMENTO

Tal como a tutela de urgência, a da evidência não deve ser deferida de ofício, mas depende do requerimento da parte (ver Capítulo 2, *item 2.1, supra*). Parece-nos que, com mais razão ainda do que na tutela de urgência, a da evidência depende de requerimento, porque aqui não existe perigo de prejuízo, não se justificando, pois, que o juiz conceda a medida se ela não tiver sido requerida.

4.2. QUE ESTEJAM PRESENTES AS HIPÓTESES PREVISTAS NO ART. 311 E SEUS INCISOS DO CPC

Coube ao legislador enumerar as hipóteses que autorizam o deferimento da tutela da evidência. Ele o fez nos quatro incisos do art. 311, em rol taxativo. **A tutela da evidência só pode estar fundada em uma dessas quatro hipóteses**, que o juiz, ao fundamentar a sua decisão, deverá indicar. Não são hipóteses cumulativas, pois basta que qualquer delas esteja presente para que a medida seja deferida.

4.2.1. Abuso de direito de defesa ou o manifesto propósito protelatório da parte

A primeira hipótese de tutela provisória da evidência é a decorrente **do abuso do direito de defesa ou do manifesto propósito protelatório da parte**. O juiz a concede

3 ▣ Tutela da Evidência

quando, no curso do processo, **a conduta da parte é tal que permita inferir que está protelando o julgamento, ou buscando auferir vantagens indevidas, pelo decurso do tempo**. Nesse caso, a tutela tem caráter repressivo: **visa sancionar a atitude abusiva, de má-fé, de abuso da parte**. Se o juiz constata que ela se aproveita para fazer recair o ônus da demora do processo exclusivamente sobre o adversário, concede a tutela como forma de redistribuir esse ônus. Concedida a medida em favor do autor, por exemplo, passará a ser do interesse do réu que o processo tenha rápida solução.

O requisito ficará caracterizado quando o réu suscita defesas ou argumentos inconsistentes apenas para ganhar tempo, ou incidentes protelatórios, para retardar o julgamento. Se a matéria é só de direito, e a defesa é manifestamente protelatória, nem será caso de tutela da evidência, mas de julgamento antecipado da lide. Entretanto, quando o julgamento não é, ainda, possível, porque há necessidade de provas, ela poderá ser concedida. O deferimento está condicionado a que o réu seja citado e compareça ao processo, o que impede que ela seja concedida liminarmente.

4.2.2. Alegações de fato que podem ser comprovadas documentalmente havendo tese firmada em julgamento de casos repetitivos ou em súmula vinculante

Essa e a do inciso IV são as hipóteses em que mais propriamente se pode falar em evidência, já que se pode verificar, em momento em que ainda não é possível o julgamento do mérito, que não é justo ou razoável que o autor continue arcando com os ônus da demora do processo, **pois os elementos dos autos trazem um forte grau de probabilidade de que o seu direito venha a ser reconhecido**. São dois os requisitos cumulativos: que havendo questão de fato, ela já possa ser comprovada apenas por documentos; e que a questão de direito seja objeto de tese firmada em julgamento de casos repetitivos ou em súmula vinculante. Tais circunstâncias, se verificadas, darão ao juiz uma forte convicção de procedência da pretensão do autor. Se o processo estiver em condições de julgamento, porque o réu já foi citado e teve oportunidade de se defender, não será caso de tutela provisória, mas de julgamento antecipado, total ou parcial, do mérito, na forma do art. 355 ou 356 do CPC. Contudo, não sendo possível, ainda, o julgamento, por conta da necessidade de observar-se o contraditório e porque é preciso que o processo alcance o momento oportuno, o juiz poderá deferir a tutela da evidência que, mesmo nessa hipótese, tem caráter provisório, pois emitida ainda em cognição superficial, quando o réu provavelmente não terá tido oportunidade de manifestar-se.

Os Enunciados n. 30 e 31 da ENFAM tratam da tutela da evidência deferida com fundamento no art. 311, II, do CPC. O primeiro dispõe que "É possível a concessão de tutela da evidência prevista no art. 311, II, do CPC/2015 quando a pretensão autoral estiver de acordo com orientação firmada pelo Supremo Tribunal Federal em sede de controle abstrato de constitucionalidade ou com tese prevista em súmula dos tribunais, independentemente de caráter vinculante"; e o segundo que "A concessão da tutela da evidência prevista no art. 311, II, do CPC/2015 independe do trânsito em julgado da decisão paradigma". Já o Enunciado n. 48 da I Jornada de Direito Processual Civil da Justiça Federal estabelece que "É admissível a tutela provisória da

334 Direito Processual Civil Esquematizado   *Marcus Vinicius Rios Gonçalves*

evidência, prevista no art. 311, II, do CPC, também em caso de teses firmadas em repercussão geral ou em súmulas dos tribunais superiores".

4.2.3. Pedido reipersecutório fundado em prova documental adequada do contrato de depósito

O CPC de 1973 previa a ação de depósito, de procedimento especial, cuja finalidade era a restituição das coisas dadas em depósito, que deveriam ser instruídas com a prova literal do contrato. O atual não cuida especificamente dessa ação. Isso não significa que ela tenha deixado de existir, mas apenas que deixou de ser elencada entre as de procedimento especial, passando a observar o procedimento comum. No entanto, sendo a inicial instruída com prova documental adequada do contrato de depósito, o juiz deferirá a tutela da evidência que, nesse caso, terá um conteúdo específico, qual seja, **a ordem de entrega do objeto custodiado, sob cominação de multa**. O Enunciado n. 29 da ENFAM dispõe que "para a concessão da tutela da evidência prevista no art. 311, III, do CPC/2015, o pedido reipersecutório deve ser fundado em prova documental do contrato de depósito e também da mora".

4.2.4. Petição inicial instruída com prova documental suficiente dos fatos constitutivos do direito do autor, a que o réu não oponha prova capaz de gerar dúvida razoável

Nessa hipótese, também se manifesta a evidência do direito do autor, que se traduz pelo preenchimento de dois requisitos cumulativos: **que os fatos constitutivos do direito do autor estejam suficientemente documentados, e que o réu não oponha prova capaz de gerar dúvida razoável**. Aqui também se vale o legislador de critérios de proporcionalidade. Não é razoável que o autor tenha de suportar eventuais ônus derivados da demora do processo, se os fatos que embasam a sua pretensão estão suficientemente documentados e o réu não opôs prova capaz de gerar dúvida razoável. Mas a evidência não se confunde com a certeza. Se os fatos que constituem os fundamentos do pedido do autor puderem ser comprovados apenas por documentos, que foram juntados, e não restar nenhuma dúvida nem houver provas que elidam esses documentos, o caso não será de tutela da evidência, e sim de julgamento antecipado, total ou parcial.

A tutela da evidência pressupõe uma situação tal em que a probabilidade do direito do autor é elevada, pois ele comprovou o alegado por documentos, e o réu não trouxe dúvida razoável. Mas pressupõe, também, que, em tese, com o prosseguimento do processo, essa situação possa, ainda que com pouca probabilidade, ser revertida ou alterada, pois, do contrário, a decisão do juiz não deve ter natureza provisória, e sim definitiva. Em casos, por exemplo, em que o juiz esteja fortemente convencido da probabilidade do direito do autor, pois na contestação o réu não opôs provas razoáveis, mas não esteja ainda em condições de proceder ao julgamento, porque ainda é preciso dar ao réu a oportunidade de outras provas, na fase de instrução ele poderá valer-se da medida.

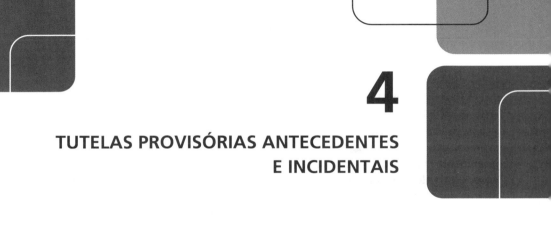

4

TUTELAS PROVISÓRIAS ANTECEDENTES E INCIDENTAIS

1. O MOMENTO PARA A CONCESSÃO DA TUTELA PROVISÓRIA

As tutelas provisórias ou serão de urgência, ou da evidência. As da evidência jamais serão antecedentes, isto é, não poderão ser deferidas enquanto não tiver sido formulado o pedido principal, de forma completa. **O CPC só prevê a possibilidade de tutelas antecedentes de urgência, sejam elas cautelares ou satisfativas.** Assim, elas podem ser antecedentes ou incidentais; já as da evidência serão sempre incidentais.

2. AS TUTELAS PROVISÓRIAS INCIDENTAIS

O autor pode formular o requerimento de tutela provisória na petição inicial, e o juiz pode concedê-la desde logo, sem ouvir a parte contrária. Tanto a tutela provisória de urgência quanto a da evidência podem ser deferidas liminarmente, exceto as da evidência fundadas em abuso do direito de defesa, ou propósito protelatório da parte, ou quando a petição inicial for instruída com prova documental suficiente dos fatos constitutivos do direito do autor, a que o réu não oponha prova capaz de gerar dúvida razoável. Essas hipóteses pressupõem que o réu já tenha comparecido aos autos, e que já tenha havido citação, o que exclui o deferimento liminar. Nesses casos, o autor formulará a pretensão não na inicial, mas quando ficar caracterizado o abuso do direito de defesa ou o propósito protelatório, ou quando o réu deixar de opor prova capaz de gerar dúvida razoável à pretensão inicial, instruída com prova documental suficiente dos fatos. **Nas hipóteses do art. 311, II e III, do CPC, a tutela pode ser deferida liminarmente, desde que haja requerimento na inicial.**

Quando se tratar de tutela de urgência, o deferimento da liminar, de plano, sem a ouvida do réu, deve ficar restrito às hipóteses em que se possa constatar, sem dificuldades, a verossimilhança do alegado e a extrema urgência, quando **ou não haja tempo hábil para ouvir o réu, ou disso possa resultar perigo para a eficácia da medida**.

A tutela provisória ainda pode ser concedida em outras fases, ao longo do processo, quando a urgência ou a evidência só se manifeste em fase mais avançada.

A tutela incidental independe do pagamento de custas, nos termos do art. 295 do CPC.

2.1. TUTELA PROVISÓRIA NA FASE DE SENTENÇA?

Como, ao proferir sentença, o juiz examina a pretensão do autor em caráter definitivo, caberia indagar se, nesse momento, ele ainda poderia conceder tutela provisória.

É preciso verificar se eventual apelação teria ou não efeito suspensivo. Se não, a sentença produzirá efeitos desde logo e não haverá interesse na medida. Se sim, como o julgamento do recurso pode ser demorado, **o juiz poderá concedê-la, o que, nesse caso, equivalerá a afastar o efeito suspensivo, permitindo que a sentença produza efeitos de imediato**.

Haverá interesse na tutela provisória enquanto a sentença ou o acórdão não puderem produzir efeitos, pela existência de recurso com efeito suspensivo; quando não houver mais, a medida será impossível.

Recomenda-se, porém, que o juiz a conceda não no bojo da sentença, mas em decisão separada, pois isso facilitará a interposição de recurso pela parte prejudicada.

Se ele a concede dentro da sentença, por força do princípio da singularidade, a parte prejudicada terá de interpor apelação, não agravo de instrumento. Porém, ela não é dotada de efeito suspensivo, conforme art. 1.012, V, do CPC, e o réu terá de requerer ao Tribunal ou ao relator a concessão desse efeito, na forma do art. 1.012, § 3.º, o que poderá trazer alguma dificuldade.

É mais conveniente que o juiz conceda a tutela provisória em decisão apartada, ainda que simultaneamente com a sentença, **pois com isso autorizará ao réu o uso do agravo de instrumento, no qual poderá postular, ao relator, efeito suspensivo**.

A tutela provisória pode ser requerida mesmo depois da interposição de recurso, caso em que caberá ao relator apreciá-la.

3. A TUTELA PROVISÓRIA ANTECEDENTE

A tutela de urgência, antecipada ou cautelar, pode ser deferida em caráter antecedente, isto é, antes que tenha sido formulado o pedido principal, ou antes que ele tenha sido formulado acompanhado de todos os argumentos e documentos necessários. Só a situação de urgência, jamais a da evidência, justifica a concessão em caráter antecedente.

3.1. COMPETÊNCIA

A competência para examinar a tutela provisória antecedente, seja antecipada ou cautelar, é a do juízo competente para conhecer do pedido principal (art. 299 do CPC).

Se o pedido antecedente for ajuizado perante o foro incompetente para julgar a ação principal, cumprirá verificar se a incompetência é absoluta ou relativa.

A incompetência absoluta do juízo para o julgamento do pedido principal implicará o da tutela provisória antecedente, cabendo a remessa de ofício ao juízo competente; já a incompetência relativa não poderá ser conhecida de ofício, cabendo ao réu suscitá-la na contestação; se não o fizer, haverá prorrogação, e o juízo originariamente incompetente, tornar-se-á competente. No caso da tutela antecipada antecedente, a contestação só será apresentada depois de formulado o pedido principal; mas no

4 ◼ Tutelas Provisórias Antecedentes e Incidentais

da tutela cautelar antecedente, o réu será citado para, em cinco dias, contestar a pretensão cautelar. A não alegação da incompetência relativa nessa contestação prorroga a competência para o julgamento do pedido principal? Ou, ainda, é possível que a alegação seja oferecida na contestação ao processo principal?

A reclamação sobre incompetência relativa deve ser feita pelo réu na primeira oportunidade, sob pena de prorrogação. Uma vez que a incompetência relativa é matéria do interesse exclusivo das partes, e que não é de ordem pública, a falta de manifestação na primeira oportunidade revela a anuência do réu quanto à escolha do autor. **Por essas razões, a falta de alegação já na contestação à pretensão cautelar implicará prorrogação.** Nesse sentido, o REsp 489.485/ES, publicado em *RSTJ* 194/373, Rel. Min. Carlos Alberto Menezes Direito:

> "Competência territorial. Foro de eleição. Prorrogação. Cautelar de protesto e ação de indenização. 1. Se o réu não opuser a exceção declinatória na cautelar de protesto, fica a competência prorrogada para a ação principal indenizatória, sendo intempestiva a exceção quando da contestação desta última. 2 — Recurso especial conhecido e desprovido".

Havendo mais de um juízo competente para o pedido principal, o ajuizamento do pedido de tutela provisória antecedente gerará a prevenção. Imagine-se que a ação principal deva ser proposta perante o Foro Central da Capital de São Paulo, onde há numerosos juízos. A pretensão antecedente será distribuída livremente para qualquer deles, já que todos são competentes, mas o juízo para o qual foi distribuída tornar-se-á prevento para o pedido principal.

3.2. PROCESSO ÚNICO

Ainda que a tutela provisória seja antecedente, jamais haverá a formação de um processo autônomo ou apartado. Formulado o pedido cautelar, ou antecipado em caráter antecedente, dever-se-á oportunamente apresentar o pedido principal, ou aditar o já apresentado, complementando-se a argumentação e juntando-se novos documentos, tudo nos mesmos autos.

Tanto no caso da tutela cautelar quanto no da antecipada, as custas já deverão ser pagas de início, não havendo novas custas quando for apresentado ou aditado o pedido principal.

3.3. TUTELA DE URGÊNCIA ANTECEDENTE DE NATUREZA ANTECIPADA

O art. 303 do CPC autoriza a apresentação de requerimento de tutela de urgência antecipada antes que seja apresentado o pedido de tutela final de maneira completa. Para tanto, é preciso que haja **situação de urgência, contemporânea à formulação do pedido de antecipação**.

O autor deverá apenas requerer a tutela antecipada, limitando-se a fazer a indicação da tutela final, para que o juiz possa verificar se há correspondência entre uma e outra. Além disso, deverá haver a exposição sumária da lide, do direito que se busca realizar e do perigo de dano ou do risco ao resultado útil do processo. Nesse momento, não é preciso apresentar o pedido final com todos os seus argumentos, nem acompanhado de

340 Direito Processual Civil Esquematizado   *Marcus Vinicius Rios Gonçalves*

toda a documentação necessária para instruí-lo. Basta a indicação da pretensão final e do necessário para a obtenção da medida, isto é, dos elementos que permitam verificar a probabilidade do direito e do perigo na demora da prestação jurisdicional. O autor deverá, ainda, indicar, nesse momento inicial, o valor da causa, que deverá corresponder ao do pedido final (CPC, art. 303, § 4.º). Por fim, o último cuidado que o autor deve tomar ao postular a tutela antecipada antecedente é **alertar o juiz de que pretende se valer do benefício previsto no** *caput* **do art. 303**. Isto é, de que o pedido formulado é apenas o de antecipação de tutela, e que oportunamente haverá o aditamento, com a apresentação de novos argumentos e documentos. Sem esse, haveria casos em que o juiz ficaria em dúvida se a inicial apresentada já contém a pretensão final ou apenas a pretensão à antecipação de tutela.

Apresentado o pedido, o juiz decidirá se há ou não elementos para o deferimento da medida. Se não houver, ele determinará a emenda da petição inicial em cinco dias, sob pena de indeferimento da inicial e extinção do processo sem resolução do mérito (art. 303, § 6.º). Isso porque não se justifica o processamento da pretensão antecedente, se não houver elementos para o deferimento da liminar. **Se não existir o aditamento, ou se, mesmo depois dele, não houver elementos para a concessão da liminar, o juiz extinguirá o processo sem resolução de mérito.** Nada impede que, oportunamente, seja ajuizada ação definitiva, e que nela seja postulada medida provisória em caráter incidente.

3.3.1. O deferimento da tutela provisória antecipada antecedente

Caso a medida seja deferida, o autor também terá de aditar a inicial, no prazo de 15 dias ou em prazo maior que o juiz fixar. A lei permite ao juiz ampliar o prazo de 15 dias fixado pela norma, mas não reduzi-lo. Nesse prazo, o autor complementará o pedido que havia sido esboçado originalmente. Esse é o momento para que ele, confirmando o pedido final, que, até então, só havia indicado, **complete a sua argumentação, apresentando todas as razões de fato e de direito que tenha para o acolhimento da sua pretensão, bem como juntando eventuais novos documentos** que ainda não haviam sido apresentados. Por novos documentos devem ser entendidos aqueles não apresentados em juízo pelo autor, não necessariamente os que tenham surgido após a formulação do pedido antecedente; basta que não tenham sido apresentados anteriormente. A inicial é aditada, para que haja complementação não só da argumentação, mas da documentação.

3.3.1.1. Citação do réu

É fundamental que o réu seja citado de imediato após o deferimento da tutela antecipada antecedente, para que dela tome ciência, e possa fluir o prazo para interposição de agravo de instrumento. Como se verá a seguir, a interposição de recurso contra essa decisão poderá ter consequências fundamentais sobre a medida já deferida pelo juiz. Com a citação do réu, que será cientificado da tutela antecipada, passará a correr para ele apenas o prazo de recurso; não correrá ainda o prazo de contestação, porque o pedido nem sequer terá sido aditado e complementado pelo autor, que, como visto, terá

4 ■ Tutelas Provisórias Antecedentes e Incidentais   341

prazo de 15 dias ou mais para fazê-lo. Na verdade, apresentado o aditamento, a contestação deverá ser apresentada no prazo estabelecido no art. 335 do CPC.

3.3.1.2. *A estabilidade da tutela antecipada concedida em caráter antecedente*

Em relação à tutela antecipada antecedente, **a conduta das partes — tanto do autor quanto do réu — repercutirá sobre o prosseguimento do processo e sobre a estabilidade da medida**.

O autor, ao apresentar a petição inicial, contendo o requerimento de tutela antecipada antecedente, poderá deixar claro que a sua intenção é dar prosseguimento ao processo até que se chegue a uma solução definitiva, em cognição exauriente. É direito dele manifestar-se nesse sentido, deixando claro que, independentemente do comportamento do réu, pretende obter uma sentença definitiva, sem correr o risco de passar pelos percalços de um eventual processo futuro, para reversão da estabilidade (art. 304, § 2.º). Se o autor assim se manifestou na inicial, deferida a tutela antecipada antecedente, o processo prosseguirá, independentemente do comportamento do réu. Será necessário, no entanto, que o autor adite a petição inicial, no prazo de 15 dias, ou outro maior que o juiz lhe conceder, complementando-a na forma já mencionada, sob pena de extinção do processo sem resolução de mérito, nos termos do art. 303, § 2.º, do CPC. Nessa hipótese, não se aplicará a sistemática da estabilidade, porque o autor já deixou claro *ab initio* que deseja o prosseguimento do processo até a prolação da sentença.

Se, no entanto, o autor não tiver manifestado o interesse no prosseguimento do processo até a solução final, deferida a tutela antecipada antecedente, será preciso verificar se o réu interpôs ou não recurso (ou apresentou qualquer outra forma de impugnação) contra a medida. Se o tiver feito, o processo terá regular seguimento, cabendo ao autor aditar a inicial para que possa prosseguir regularmente. Parece-nos que, se o réu recorreu da tutela provisória e o autor não aditar a inicial, o processo terá de ser extinto (art. 303, § 2.º), com a revogação da liminar, contra a qual o recurso havia sido interposto. Com a revogação, o julgamento do recurso ficará prejudicado. Mas, tendo havido recurso, e sendo regularmente aditada a inicial, não haverá falar-se em estabilidade, devendo apenas haver o prosseguimento do processo até os seus ulteriores termos, seja qual for o resultado que o julgamento do recurso venha a ter. Nesse sentido, o Enunciado n. 28 da ENFAM, "admitido o recurso interposto na forma do art. 304 do CPC/2015, converte-se o rito antecedente em principal para apreciação definitiva do mérito da causa, independentemente do provimento ou não do referido recurso".

Mas, se o autor não manifestou, na inicial, o interesse no prosseguimento do processo até o final julgamento, e o réu não recorreu da tutela provisória, o processo será extinto sem resolução de mérito, e ela tornar-se-á estável. Para que possa falar em estabilidade, portanto, é necessário que não tenha havido oposição de nenhuma das partes: do autor que, na inicial, não manifestou o interesse no prosseguimento do processo; e do réu, que não recorreu do deferimento da tutela antecipada. Nesse sentido, dispõe o art. 304 do CC: "A tutela antecipada satisfativa, concedida nos termos do art. 303, torna-se estável se da decisão que a conceder não for interposto o respectivo recurso".

A estabilidade, instituída pelo art. 304 do CPC, para a hipótese de o processo ser extinto, quando não tenha havido recurso contra o deferimento da tutela antecipada satisfativa, constitui das maiores novidades do atual sistema das tutelas provisórias, e foi incorporada ao nosso ordenamento por influência do sistema processual francês, com a finalidade de tentar solucionar mais rapidamente o conflito, quando não há oposição do réu à tutela concedida em caráter antecedente.

Como o réu não recorreu, o processo será extinto, mas a tutela satisfativa continuará em vigor, estável, não podendo mais ser revogada de imediato pelo juiz. Ela sobrevive à extinção do processo e continua produzindo efeitos enquanto qualquer das partes não promover ação objetivando revogá-la ou torná-la definitiva.

Uma leitura mais literal do art. 304 do CPC poderia trazer a impressão de que, apenas com a interposição do agravo de instrumento contra a decisão que deferiu a tutela antecipada, o processo poderia ter prosseguimento, evitando-se a estabilização da medida. Porém, tem prevalecido o entendimento de que não só a interposição do recurso, mas a apresentação de qualquer forma de impugnação ao pedido tem o mesmo efeito. Assim, se o réu não recorre, mas antecipa-se e apresenta desde logo contestação, não se poderá falar em estabilização. Nesse sentido, decidiu o Superior Tribunal de Justiça no REsp 1.760.966-SP, de 4 de dezembro de 2018, Rel. Min. Marco Aurélio Belizze:

"A tutela antecipada, concedida nos termos do art. 303 do CPC/2015, torna-se estável somente se não houver qualquer tipo de impugnação pela parte contrária. Inicialmente cumpre salientar que uma das grandes novidades trazidas pelo novo diploma processual civil é a possibilidade de estabilização da tutela antecipada requerida em caráter antecedente, disciplinada no referido art. 303. Nos termos do art. 304 do CPC/2015, não havendo recurso do deferimento da tutela antecipada requerida em caráter antecedente, a referida decisão será estabilizada e o processo será extinto, sem resolução do mérito. O referido instituto, que foi inspirado no *référé* do Direito francês, serve para abarcar aquelas situações em que as partes se contentam com a simples tutela antecipada, não havendo necessidade, portanto, de se prosseguir com o processo até uma decisão final (sentença). Em outras palavras, o autor fica satisfeito com a simples antecipação dos efeitos da tutela satisfativa e o réu não possui interesse em prosseguir no processo e discutir o direito alegado na inicial. A ideia central do instituto, portanto, é que, após a concessão da tutela antecipada em caráter antecedente, nem o autor e nem o réu tenham interesse no prosseguimento do feito, isto é, não queiram uma decisão com cognição exauriente do Poder Judiciário, apta a produzir coisa julgada material. Por essa razão é que, conquanto o *caput* do art. 304 do CPC/2015 determine que 'a tutela antecipada, concedida nos termos do art. 303, torna-se estável se da decisão que a conceder não for interposto o respectivo recurso', a leitura que deve ser feita do dispositivo legal, tomando como base uma interpretação sistemática e teleológica do instituto, **é que a estabilização somente ocorrerá se não houver qualquer tipo de impugnação pela parte contrária.** Sem embargo de posições em sentido contrário, o referido dispositivo legal disse menos do que pretendia dizer, razão pela qual a interpretação extensiva mostra-se mais adequada ao instituto, notadamente em virtude da finalidade buscada com a estabilização da tutela antecipada. **Nessa perspectiva, caso a parte não interponha o recurso de agravo de instrumento contra a decisão que defere a tutela antecipada requerida em caráter antecedente, mas, por exemplo, se antecipa e apresenta contestação refutando os argumentos trazidos na inicial e pleiteando a improcedência do pedido, evidentemente não ocorrerá a estabilização da tutela. Ora, não se revela razoável entender que, mesmo o réu tendo oferecido contestação ou** algum outro tipo de manifestação pleiteando o prosseguimento do feito, a despeito de não ter recorrido da decisão concessiva da tutela, a estabilização ocorreria de qualquer forma. Com efeito, admitir essa situação estimularia a interposição de agravos de instrumento, sobrecarregando desnecessariamente os Tribunais, quando bastaria uma simples manifestação do réu afirmando possuir interesse no prosseguimento do feito, resistindo, assim, à pretensão do autor, a despeito de se conformar com a decisão que deferiu os efeitos da tutela antecipada".

De observar-se, no entanto, que, em decisão pouco posterior a acima mencionado, o Superior Tribunal de Justiça entendeu de forma diversa, no sentido de que apenas o recurso contra o deferido da medida impediria a sua estabilidade, não bastando a contestação:

"PROCESSUAL CIVIL. ESTABILIZAÇÃO DA TUTELA ANTECIPADA CONCEDIDA EM CARÁTER ANTECEDENTE. ARTS. 303 E 304 DO CÓDIGO DE PROCESSO CIVIL DE 2015. NÃO INTERPOSIÇÃO DE AGRAVO DE INSTRUMENTO. PRECLUSÃO. APRESENTAÇÃO DE CONTESTAÇÃO. IRRELEVÂNCIA. I — Nos termos do disposto no art. 304 do Código de Processo Civil de 2015, a tutela antecipada, deferida em caráter antecedente (art. 303), estabilizar-se-á, quando não interposto o respectivo recurso. II — Os meios de defesa possuem finalidades específicas: a contestação demonstra resistência em relação à tutela exauriente, enquanto o agravo de instrumento possibilita a revisão da decisão proferida em cognição sumária. Institutos inconfundíveis. III — A ausência de impugnação da decisão mediante a qual deferida a antecipação da tutela em caráter antecedente, tornará, indubitavelmente, preclusa a possibilidade de sua revisão. IV — A apresentação de contestação não tem o condão de afastar a preclusão decorrente da não utilização do instrumento processual adequado — o agravo de instrumento. V — Recurso especial provido" (REsp 1.797.365/RS, Rel. Min. Sérgio Kukina, Rel. para acórdão Min. Regina Helena Costa, Órgão Julgador T1 — Primeira Turma STJ, j. 03.10.2019).

A estabilidade não será a primeira situação em que a eficácia de uma medida judicial fica na dependência de haver oposição ou não da parte contrária. Algo semelhante, *mutatis mutandis*, acontece com a ação monitória em que o juiz expedirá mandado de pagamento, ou entrega de coisa, ou de cumprimento de obrigação de fazer ou não fazer que, apenas se não houver oposição da parte contrária por meio de embargos, converter-se-á de pleno direito em título executivo judicial.

A tutela antecipada antecedente não adquire, ao menos nos dois anos iniciais, caráter de definitividade, e não se reveste da autoridade da coisa julgada material, mas adquire estabilidade, o que significa que o juiz não poderá mais revogá-la ou fazer cessar-lhe a eficácia livremente. Para tanto, será necessário que as partes ajam na conformidade do art. 304, § 2.º, do CPC, dentro do prazo de dois anos, exigências que serão examinadas nos itens seguintes.

3.3.1.3. *As providências para rever, reformar ou invalidar a tutela antecipada estável*

A estabilidade pressupõe que tenha sido extinto, sem resolução de mérito, o processo em que deferida a antecipação, mas sem que o réu tenha agravado da tutela provisória antecipada. A medida, deferida em cognição sumária, será eficaz e poderá ser efetivada na forma de cumprimento provisório de sentença (art. 297, parágrafo único, do CPC). Mas ela ainda não terá se tornado definitiva. **A estabilidade não se confunde com a definitividade, e uma medida estável não estará revestida da autoridade da coisa julgada material** (art. 304, § 6.º). Porém, ela impede o juiz de, a qualquer tempo, revogar, modificar ou invalidar a medida, como ocorre quando há processo em curso.

Para que ela possa ser revista, reformada ou invalidada é preciso que qualquer das partes demande a outra com o intuito de fazê-lo. A estabilidade só pode ser alterada por decisão de mérito proferida em demanda de uma parte contra a outra.

Imagine-se que o credor tenha obtido tutela antecipada, em caráter antecedente, em que o juiz já lhe tenha concedido o direito de receber determinado valor. Se a medida se torna estável, ela continuará produzindo efeitos, o que permitirá ao credor promover o seu cumprimento provisório. Para que ela seja revista, reformada ou invalidada, é preciso que o credor demande o devedor ou vice-versa. O credor pode demandar o devedor promovendo a cobrança definitiva da dívida, caso em que, havendo o acolhimento do pedido, a tutela antecipada será substituída pelo provimento definitivo, proferido em cognição exauriente; ou o devedor pode demandar o credor, propondo uma ação declaratória de que a dívida não existe, ou foi extinta, e postular com isso a invalidação da tutela anteriormente concedida.

O prazo para que qualquer das partes tome a iniciativa é de dois anos, nos termos do art. 304, § 5.º: "O direito de rever, reformar ou invalidar a tutela antecipada, previsto no § 2.º deste artigo, extingue-se após dois anos, contados da ciência da decisão que extinguiu o processo, nos termos do § 1.º'". O prazo, que é **decadencial**, não corre do deferimento nem da ciência do deferimento da medida, mas da ciência da extinção do processo, sem a qual não há falar-se em estabilidade. Ultrapassados os dois anos, a estabilidade converte-se em definitividade, e a efetivação da medida não se fará mais como cumprimento provisório, mas como cumprimento definitivo de sentença.

3.3.1.4. Finalidade da estabilidade

A principal finalidade é possibilitar ao interessado a satisfação da sua pretensão, sem a instauração de um processo de cognição exauriente, quando o adversário não se opõe, pela via recursal, à medida deferida. Obtida a tutela antecipada antecedente, o autor terá conseguido a satisfação total ou parcial de sua pretensão, ainda que em caráter não definitivo. E, se o prazo de dois anos for superado, a medida tornar-se-á definitiva, sem os percalços de um processo judicial de cognição exauriente.

Teme-se apenas que, tal como aconteceu com a ação monitória, que acabou não tendo a utilidade esperada, porque o devedor quase sempre opõe-se ao mandado por meio de embargos, ocorra o mesmo com a tutela satisfativa antecedente, e que a estabilidade, em vez de desestimular o ajuizamento de ações, incentive a interposição de recursos de agravo de instrumento, com a finalidade de evitá-la.

3.3.1.5. Dificuldades em relação à estabilidade

A estabilidade poderá ensejar alguns problemas de difícil resolução. Há, por exemplo, a possibilidade de que a tutela antecipada antecedente seja concedida contra mais de um réu. Se o autor não aditar a inicial e nenhum dos réus interpuser agravo, a medida tornar-se-á estável para todos eles. A situação torna-se mais complexa se apenas um réu interpuser recurso.

O ato praticado por um dos litisconsortes repercutirá sobre os demais? Como ficará a estabilidade? A solução há de ser dada observando-se o regime do litisconsórcio. Se ele for unitário, o ato benéfico praticado por um aproveita a todos. Portanto, o agravo interposto por um dos litisconsortes passivos impedirá a estabilidade em relação a todos; diversamente, se o litisconsórcio for simples, o regime será o da autonomia, e só haverá estabilidade em relação aos réus que não tenham recorrido. Para os que recorreram, não estará preenchido o requisito indispensável para sua configuração.

Questão complexa é a da tutela satisfativa antecedente contra a Fazenda Pública. Poderá haver estabilidade sem a remessa necessária? E, ainda que se admita tal possibilidade, passados os dois anos, a decisão tornar-se-á definitiva, permitindo a execução definitiva do título judicial, sem a remessa necessária? É certo que, quando a tutela antecipada é deferida em caráter incidental, ela se torna eficaz e pode dar ensejo ao cumprimento provisório, ainda que não haja o reexame. Mas, quando deferida em caráter incidente, a medida não se torna estável, podendo ser revogada ou perder a eficácia. Além disso, a sentença que acolhe o pedido e confirma a tutela antecipada contra a Fazenda tem de passar pela remessa necessária.

Parece-nos que não há óbice a que seja deferida a tutela provisória contra a Fazenda Pública e que ela adquira estabilidade, uma vez que esta não se confunde com a coisa julgada, podendo a Fazenda, se assim o desejar, tomar as providências necessárias para rever, reformar ou invalidar a tutela estável. Nesse sentido, o Enunciado n. 582 do Fórum Permanente de Processualistas: "Cabe estabilização da tutela antecipada antecedente contra a Fazenda Pública".

O Enunciado n. 27 da ENFAM dispõe que "não é cabível ação rescisória contra decisão estabilizada na forma do art. 304 do CPC/2015".

3.4. TUTELA PROVISÓRIA ANTECEDENTE DE NATUREZA CAUTELAR

3.4.1. Considerações gerais

Nos itens anteriores, examinou-se a possibilidade de, havendo urgência, ser concedida a tutela antecipada em caráter antecedente, antes que o pedido seja apresentado com todos os argumentos e acompanhado de todos os documentos necessários a instruí-lo.

Mas também é possível requerer-se a concessão de tutela provisória cautelar em caráter antecedente, observando-se o procedimento estabelecido nos arts. 305 e ss. O procedimento é diferente daquele previsto para tutela antecipada antecedente. **Faz-se necessário, pois, verificar qual o tipo de tutela antecedente se postula**: se antecipada, o procedimento é o dos arts. 303 e 304 do CPC; se cautelar, dos arts. 305 e ss. Por essa razão, o art. 305, parágrafo único, estabelece que, se for formulado pedido cautelar antecedente, e o juiz concluir que esse pedido tem natureza antecipada, deverá ser observado o disposto no art. 303, e vice-versa.

346 Direito Processual Civil Esquematizado   *Marcus Vinicius Rios Gonçalves*

3.4.2. Procedimento

Ainda que formulado em caráter antecedente, **o pedido de tutela provisória cautelar jamais formará um processo autônomo**. A acessoriedade da pretensão cautelar exigirá a oportuna formulação da pretensão principal, mas nos mesmos autos, constituindo um processo único. Haverá, portanto, uma fase antecedente, em que se discutirá a pretensão cautelar, e uma fase posterior, relativa à pretensão principal, tudo nos mesmos autos, e em um processo único.

3.4.2.1. A petição inicial

O art. 305 do CPC enumera os requisitos da petição inicial. Ele deve ser interpretado em conjunto com o art. 319, que trata das petições iniciais em geral. Deve haver a indicação das partes e do juízo para o qual é dirigida, do pedido cautelar com suas especificações, do valor da causa e das eventuais provas com que o autor queira demonstrar seu direito.

3.4.2.1.1. A indicação da autoridade judiciária para a qual é dirigida e das partes

São requisitos comuns a todas as petições iniciais. Quanto à indicação das partes, interessa saber se precisa haver exata coincidência entre as do pedido cautelar antecedente e as do pedido principal.

Não necessariamente. É possível que no pedido principal figurem pessoas que não participaram do pedido cautelar, por não estarem diretamente relacionadas à situação de risco. Por exemplo: o credor formula pedido principal de cobrança contra vários devedores, mas postula, em caráter antecedente, o arresto cautelar de bens de apenas um deles, que esteja dilapidando o seu patrimônio.

Se a pretensão principal versar a respeito de direito real sobre bens imóveis, e houver pedido cautelar para que o bem imóvel seja constrito, haverá necessidade de outorga uxória ou marital, salvo a hipótese de casamento celebrado no regime de separação absoluta de bens.

A regra geral de competência é a do art. 299 do CPC: "A tutela provisória será requerida ao juízo da causa, e quando antecedente, ao juízo competente para conhecer do pedido principal".

3.4.2.1.2. Lide e seus fundamentos

O art. 305 faz referência à "lide e seu fundamento". A lei não se refere aqui à lide cautelar, mas à lide principal e aos fundamentos desta.

A necessidade de indicá-los, na inicial da cautelar antecedente, **decorre da referibilidade que esta há de manter com a pretensão principal**. A tutela cautelar é deferida para proteger o provimento principal. Se o autor não o indicasse, o juiz não teria como saber o que está sob risco, e se a medida postulada é ou não adequada para afastá-lo.

Esse requisito, como é natural, só é exigido para as cautelares antecedentes, pois nas incidentais a ação já está proposta.

4 ■ Tutelas Provisórias Antecedentes e Incidentais

A indicação da lide principal, feita na inicial cautelar antecedente, vincula o autor? Ou ele pode formular pretensão principal diferente daquela que foi indicada?

Em regra, a indicação tem efeito vinculante, porque foi com base nela que o juiz examinou a tutela cautelar e a sua relação de acessoriedade e referibilidade para com o principal, tendo o réu se defendido levando em conta a pretensão que o autor disse que apresentaria em juízo. Assim, se ele formular pretensão diferente da que foi indicada, a tutela cautelar concedida perderá a eficácia.

No entanto, devem ser toleradas pequenas alterações, que não modifiquem a natureza ou o objeto da pretensão, desde que se verifique que não houve má-fé, isto é, que não houve a intenção de prejudicar o direito de defesa do réu.

Para que o requisito seja satisfeito, basta a indicação sumária da lide principal e dos fundamentos fáticos que embasam a pretensão, de forma a permitir ao juiz saber qual provimento jurisdicional deverá ser protegido. Quando da formulação do pedido principal, a causa de pedir também poderá ser aditada, complementando-se o que já fora trazido na inicial cautelar antecedente (CPC, art. 308, § 2.º).

3.4.2.1.3. A pretensão e a causa de pedir da pretensão cautelar antecedente

O art. 305 do CPC determina que o autor faça a **exposição sumária do direito que se objetiva assegurar e do perigo na demora da prestação da tutela jurisdicional**. Em síntese, que ele indique o *fumus boni juris* e o *periculum in mora*, que embasam a sua pretensão cautelar.

Além de indicar qual a ação principal e os seus fundamentos, ele deve explicitar qual a pretensão cautelar, isto é, qual o tipo de tutela cautelar pretendida, e quais os fundamentos que a embasam.

O juiz não fica adstrito à concessão da tutela postulada, uma vez que o poder geral de concessão de tutelas provisórias o autoriza a conceder a medida mais adequada para afastar o perigo, ainda que não corresponda à postulada.

A existência do *fumus boni juris* (elementos que evidenciem a probabilidade do direito) e do *periculum in mora (perigo de dano ou o risco ao resultado útil do processo)* em concreto constituirão **a causa de pedir da pretensão cautelar**. São os requisitos da tutela de urgência em geral, estabelecidos no art. 300 do CPC. Quando da formulação da pretensão principal, o autor, se caso, aditará a causa de pedir, expondo, desta feita, os fundamentos de fato e de direito da pretensão principal.

A referência à "exposição sumária" feita no dispositivo legal diz respeito à sumariedade da cognição que o juiz deverá empregar para examinar esses requisitos. O juiz não concederá a tutela cautelar em cognição exauriente e definitiva, mas sumária e provisória.

3.4.2.1.4. Valor da causa

Conquanto o art. 305 não o indique expressamente, é indispensável que o autor atribua valor à causa, ao formular o pedido de tutela cautelar antecedente. Como a pretensão cautelar e a principal formarão um processo único, ao apresentar o pedido cautelar o autor já deverá atribuir valor à causa, condizente com o benefício econômico correspondente ao pedido principal, e recolher as custas a ele relativas. Posteriormente, quando da formulação do pedido principal, não haverá adiantamento de novas custas, nos termos do art. 308, *caput*, do CPC.

3.4.2.2. A liminar

Formulado o pedido cautelar antecedente, o juiz pode conceder a tutela provisória liminarmente ou após justificação prévia, nos termos do art. 300, § 2.º.

A medida pode ser deferida de imediato, no início do processo, mesmo antes que o réu tenha sido citado. Isso em circunstâncias excepcionais, de urgência extrema, ou quando a citação do réu puder tornar ineficaz a medida.

Pode ser designada audiência de justificação para o juiz colher elementos a respeito do *fumus boni juris* e do *periculum in mora*. Se houver risco de que o réu, tomando conhecimento do processo, possa tornar ineficaz a medida, a audiência de justificação se realizará sem a citação.

A sua finalidade é permitir ao autor produzir as provas para a obtenção da liminar.

A tutela cautelar sem ouvida do réu traz um risco, já que se terá apenas uma versão dos fatos. Por isso, para que o juiz se sinta mais seguro, o art. 300, § 1.º, do CPC permite que se fixe **caução, real ou fidejussória**, com o objetivo de ressarcir os danos que o requerido possa vir a sofrer, a ser prestada pelo autor. A caução não dispensa o exame dos requisitos autorizadores da tutela, o *fumus boni juris* e o *periculum in mora*.

Ela não é obrigatória, cabendo ao juiz examinar, no caso concreto, se é caso ou não de fixá-la. **Não há propriamente discricionariedade, mas certo grau de subjetividade no exame**.

Ela funciona como uma espécie de **contracautela**, para minorar os prejuízos que o réu possa vir a sofrer, sobretudo quando a medida é concedida antes que ele seja ouvido.

3.4.2.3. Citação do réu

O juiz fará o exame de admissibilidade da inicial, determinando as emendas necessárias. Se tudo estiver em ordem, mandará que o réu seja citado, sendo admissíveis todas as formas de citação previstas em lei.

Ela produz todos os efeitos do art. 240 do CPC, incluindo a interrupção do prazo de prescrição (operada com o despacho que a ordena, e que retroagirá à data da propositura da ação) e a litigiosidade da coisa.

3.4.2.4. Resposta do réu

O réu será citado para oferecer contestação e indicar as provas que pretende produzir no prazo de cinco dias (art. 306 do CPC). Aplicam-se os arts. 180 e 183 do CPC, havendo duplicação quando o réu for a Fazenda Pública ou o Ministério Público, ou quando houver litisconsórcio passivo, com advogados distintos, desde que o processo não seja eletrônico. Também haverá dobra se o réu for assistido por órgão público de assistência judiciária.

4 ◼ Tutelas Provisórias Antecedentes e Incidentais

Na contestação, o réu deve concentrar todos os seus argumentos de defesa. Além das questões preliminares do art. 337 do CPC, ele pode negar a existência do *fumus boni juris* e do *periculum in mora*. Não será, ainda, o momento de discutir a existência do direito material, o que será feito na contestação ao pedido principal.

A falta de contestação implicará revelia do réu e presunção de veracidade dos fatos narrados na inicial, salvo nas hipóteses em que a lei exclui esse efeito. O juiz poderá, então, julgar antecipadamente a lide cautelar.

Apresentada a contestação, o processo seguirá o procedimento comum. O juiz verificará se há ou não necessidade de provas e determinará as que considerar necessárias. É admissível a prova pericial quando se verificar que é indispensável para a apuração do *fumus boni juris* ou do *periculum in mora*. Se houver necessidade de prova oral, o juiz designará audiência de instrução e julgamento.

3.4.2.5. *Formulação do pedido principal*

O processamento da tutela cautelar requerida em caráter antecedente não apresenta diferenças marcantes em relação à ação cautelar preparatória do CPC de 1973. Mas há um aspecto que as distingue: no Código anterior, a cautelar preparatória constituía uma ação autônoma, que precedia o ajuizamento da ação principal. Havia duas ações, que formavam dois processos distintos, que deviam ser apensados. Havia, pois, duas relações processuais e, ainda que o mais comum fosse o processamento e o julgamento conjunto de ambas, havia dois processos.

No CPC atual não é assim. **Não haverá dois processos, mas dois pedidos dentro de um processo só.** O autor formulará, de início, por meio de petição inicial, o pedido cautelar antecedente. O réu será citado para responder a ele e, se caso, o juiz colherá provas e decidirá. Mas, a partir do momento em que deferida e efetivada a tutela cautelar, o autor deverá formular, na mesma relação processual e no prazo de 30 dias, o pedido principal. Tal pedido será encartado nos mesmos autos em que formulado o pedido cautelar, e não dependerá do adiantamento de novas custas.

Apresentado o pedido principal, não haverá necessidade de nova citação do réu. Ele já foi citado quando da apresentação do pedido cautelar antecedente. Formulado o pedido principal, o juiz designará audiência de tentativa de conciliação ou de mediação, na forma do art. 334 do CPC, e intimará as partes para comparecimento, intimação que será feita na pessoa dos advogados ou pessoalmente, sem nova citação. Se o réu não tiver respondido ao pedido cautelar antecedente, ele será revel. Mesmo assim, parece-nos que o juiz deva designar a audiência de tentativa de conciliação e intimá-lo pessoalmente, já que, sendo revel, ele possivelmente não terá constituído advogado. O prazo de contestação do réu ao pedido principal será contado na forma do art. 335 do CPC. A revelia do réu na fase cautelar não implicará idêntica consequência em relação ao pedido principal. Ele não será novamente citado, mas deverá ser intimado, ainda que pessoalmente, e só será revel, em relação à pretensão principal, se também não contestá-la.

As consequências do não ajuizamento do pedido principal em trinta dias serão examinadas no capítulo seguinte.

350 Direito Processual Civil Esquematizado   *Marcus Vinicius Rios Gonçalves*

3.4.2.6. Eficácia da tutela cautelar

A tutela cautelar é sempre provisória, destinada a perdurar por algum tempo, nunca definitivamente. Os arts. 296 e 309 trazem regras importantes a respeito da duração da sua eficácia.

O art. 296 estabelece que, a qualquer tempo, as tutelas provisórias podem ser revogadas ou modificadas, o que pressupõe alguma alteração fática, ou que venha aos autos algum fato novo, que justifique a mudança.

Mas, além da revogação ou modificação das tutelas provisórias em geral, pode haver a perda da eficácia da tutela cautelar, nas hipóteses estabelecidas no art. 309 do CPC, que **consiste em sanção imposta ao autor que, tendo obtido a tutela, não tomou providências a seu cargo, ou então na consequência natural da extinção ou improcedência do pedido principal**.

Em caso de procedência, não haverá cessação da eficácia da cautelar, mas a sua substituição pelo provimento definitivo.

A regra é de que a tutela cautelar conserve a sua eficácia durante a pendência do processo principal. Mas o art. 309 estabelece situações em que haverá a cessação da eficácia. Cada uma delas será examinada nos itens subsequentes.

3.4.2.6.1. Perda de eficácia quando não deduzido o pedido principal no prazo de trinta dias

O art. 309, I, estabelece que cessa a eficácia da tutela concedida em caráter antecedente se o autor não deduzir o pedido principal no prazo legal, que é de trinta dias. O art. 308 determina que, efetivada a tutela cautelar, o pedido principal terá de ser formulado pelo autor no prazo de trinta dias. **O pedido a que se refere o dispositivo é o principal, de conhecimento ou de execução.** As tutelas cautelares são sempre acessórias e têm por fim proteger o provimento postulado no processo principal. Ora, se a lei não fixasse prazo, o autor poderia retardar indevidamente a apresentação do pedido principal ou até não o propor. A tutela cautelar implica coerção ou restrição dos direitos do réu, que não podem ficar à mercê da boa vontade do autor em apresentar o pedido principal. O prazo concedido pela lei é suficiente para que ele o elabore e reúna os elementos necessários.

Como a finalidade do dispositivo é impedir que o réu fique sofrendo coerção ou restrição por tempo indeterminado, **o prazo de trinta dias só começa a correr a partir do momento em que a medida é executada, e não da data em que o juiz profere a decisão, ou em que as partes são intimadas**. Enquanto não executada a medida, o réu não sofre nenhum tipo de restrição ou prejuízo. Se o juiz defere uma tutela cautelar de arresto, o prazo só começa a fluir no momento em que ele se efetivar, com a apreensão dos bens pelo oficial de justiça e a entrega a um depositário.

Se o pedido principal for formulado após o prazo de trinta dias, nem por isso o juiz deverá indeferi-lo. A perda do prazo não impedirá a apresentação do pedido principal, mas implicará a perda de eficácia da tutela cautelar, que o juiz pronunciará de ofício, determinando a cessação dos efeitos da medida.

4 ■ Tutelas Provisórias Antecedentes e Incidentais

Se ela for concedida liminarmente, o prazo correrá quando for executada. Se não deferida liminarmente, não correrá. Só mais tarde passará a correr o prazo de trinta dias, que, sendo processual, só incluirá os dias úteis.

Ultrapassado o prazo sem apresentação do pedido principal, além de a liminar perder a eficácia, o juiz deverá extinguir o processo, sem resolução de mérito, já que continua aplicável a Súmula 482 do Superior Tribunal de Justiça, editada na vigência do CPC de 1973: "A falta de ajuizamento da ação principal no prazo do art. 806 do CPC acarreta a perda de eficácia da liminar deferida e a extinção do processo cautelar". No CPC atual, a falta de apresentação do pedido principal, no prazo estabelecido no art. 308, permitirá ao juiz extinguir o processo que se formou com a apresentação da tutela cautelar antecedente, além de implicar a perda de eficácia da liminar.

3.4.2.6.2. Perda de eficácia por falta de execução dentro de trinta dias

Esta hipótese não se confunde com a do item anterior, que trata da apresentação do pedido principal em trinta dias depois da execução da medida. Esta trata **da execução da medida nos trinta dias subsequentes à intimação da decisão concessiva**.

O prazo não é propriamente para que o autor execute a medida, o que não cabe a ele, mas ao oficial de justiça. Porém, é preciso que ele tome determinadas atitudes, imprescindíveis para que ela possa ser executada, como, por exemplo, recolher as diligências do oficial de justiça.

Não haverá cessação de eficácia se, no prazo, o autor tomou todas as providências ao seu alcance para que a medida fosse cumprida, tendo o prazo sido ultrapassado por fatos alheios à sua vontade, como eventual inércia do próprio oficial de justiça.

3.4.2.6.3. Perda de eficácia quando o juiz declara extinto o processo principal, com ou sem resolução de mérito

Quando a sentença é de procedência, e há recurso, **a eficácia da medida persiste até que o provimento principal passe a produzir efeitos por si, dispensando a tutela provisória**. Já se a sentença é de improcedência ou de extinção sem resolução de mérito, a tutela cautelar não subsistirá, ainda que haja recurso pendente. Se no processo principal, em cognição exauriente, o juiz conclui que o autor não tem razão, a medida não pode subsistir.

3.4.2.7. Decisão

Ainda que o pedido de tutela cautelar tenha sido formulado em caráter antecedente, e que tenha sido deferido após a contestação do réu e eventual colheita de provas, o ato judicial que a defere será sempre **decisão interlocutória**, já que o processo precisa prosseguir, com a formulação do pedido principal. Não haverá sentença, como havia nas ações cautelares preparatórias, ajuizadas na vigência do CPC de 1973, mas apenas decisão interlocutória, contra a qual poderá ser interposto o recurso de agravo de instrumento, nos termos do art. 1.015, I, do CPC.

4. O ART. 301 DO CPC E A ENUMERAÇÃO DE ALGUMAS TUTELAS CAUTELARES NOMINADAS

O CPC não enumera, como fazia o Código anterior, cautelares específicas ou nominadas, às quais atribuía um procedimento diferente daquele estabelecido para as cautelares inominadas. Quando a tutela cautelar for requerida em caráter incidente, bastará requerê-la nos autos do processo em curso; quando antecedente, deverá observar o procedimento dos arts. 305 e ss. do CPC.

Mas, ao tratar da efetivação das tutelas cautelares, o art. 301 faz referência ao arresto, sequestro, arrolamento de bens, registro de protesto contra alienação de bem, acrescentando ainda que elas podem ser efetivadas por qualquer outra medida idônea para a asseguração de direito. Esse dispositivo legal mantém, portanto, a distinção entre cautelares nominadas e inominadas, embora de pouca relevância, uma vez que, seja qual for a forma de efetivação, o procedimento será sempre o mesmo. De qualquer maneira, é importante conhecer as formas mais comuns de efetivação das tutelas cautelares, enumeradas no art. 301.

4.1. O ARRESTO

Consiste na providência destinada a preservar bens do devedor, como garantia de uma futura penhora e expropriação de bens, quando ele ameaça dilapidar o seu patrimônio e tornar-se insolvente.

Não se confunde com o arresto, previsto no art. 830 do CPC, denominado arresto executivo. Este não tem natureza cautelar, pois não é providência acessória nem tutela de urgência, mas incidente da execução, que cabe quando o devedor não é localizado, mas o oficial de justiça consegue encontrar bens penhoráveis. A penhora não pode ainda ser realizada, porque pressupõe que o devedor já tenha sido citado. Como ato preparatório da penhora, o oficial de justiça arrestará os bens, que permanecerão com o depositário até que o devedor possa ser citado, pessoal ou fictamente; quando, então, o arresto converter-se-á de pleno direito em penhora.

O arresto cautelar também poderá se converter em penhora se o pedido principal for de execução ou de conhecimento, que já esteja em fase de cumprimento de sentença. **Mas não é um incidente da execução, e sim medida cautelar**, que exige os requisitos gerais do *fumus boni juris* e o *periculum in mora*.

O perigo que o pressupõe é o de que o devedor, no curso do processo, dilapide o seu patrimônio, vindo a tornar-se insolvente, em prejuízo da futura execução.

A tutela cautelar de arresto pode ser requerida em caráter antecedente ou incidente ao processo principal, **pressupondo uma dívida em dinheiro, ou que possa se converter em dinheiro**. Se a obrigação é de entrega de coisa, e o objeto do litígio corre risco, a providência cautelar adequada é o sequestro.

O arresto se caracteriza pela constrição de um ou mais bens do devedor, suficientes para, em futura execução por quantia, assegurar o pagamento da dívida. **Difere do sequestro, porque a constrição não tem por objeto bem determinado sobre o qual recai o litígio, mas bens não previamente determinados do patrimônio do devedor, que tenham valor econômico, e sobre os quais futuramente possa recair a penhora.**

4 ■ Tutelas Provisórias Antecedentes e Incidentais

Como o arresto converter-se-á oportunamente em penhora, **é possível arrestar todos os bens que podem ser penhorados**. Ficam excluídos aqueles indicados no rol do art. 833 do CPC e na Lei n. 8.009/90.

Podem ser objeto de arresto bens móveis ou imóveis, corpóreos ou incorpóreos, desde que tenham valor econômico e possam ser alienados.

Ao deferi-lo, o juiz deverá limitá-lo àqueles que sejam suficientes para a garantia da dívida. Por isso, o arresto pode recair sobre um ou sobre vários bens, dependendo do valor deles e do débito.

4.2. SEQUESTRO

O sequestro é medida cautelar de constrição de bens determinados e específicos, discutidos em processo judicial, que correm o risco de perecer ou de danificar-se.

Difere do arresto, porque neste o autor não postula a constrição de um bem determinado, objeto de litígio, mas de bens suficientes para a garantia da dívida. **O risco diz respeito a uma futura execução por quantia, em que o interesse do credor não está voltado para um bem determinado, mas para bens de valor econômico que garantam a dívida**; já no sequestro, o perigo é ligado a uma futura **execução para entrega de coisa certa**, em que determinado bem, objeto do litígio, corre risco de perecer ou ser danificado. O sequestro não tem relação com uma dívida em dinheiro, mas com um litígio sobre determinado bem.

Por isso, só o arresto, no momento oportuno, converter-se-á em penhora, fase do procedimento das execuções por quantia; o sequestro não, já que a penhora não faz parte do procedimento das execuções para entrega de coisa.

Há, no entanto, numerosos pontos comuns: tanto no arresto como no sequestro há uma constrição de bens, entregues ao depositário encarregado de preservá-los ou para uma futura expropriação e conversão em dinheiro, no primeiro; ou para futura entrega ao autor, no segundo.

Ambas são providências cautelares, condicionadas à demonstração do *fumus boni juris* e do *periculum in mora*. No sequestro, o *fumus* decorrerá da existência de indícios de que o autor tenha direito a um bem determinado, seja por ser o seu proprietário, seja por ter direito à posse; e o *periculum*, da existência de risco à integridade do bem.

O sequestro pode recair tanto sobre bens móveis quanto imóveis.

4.3. ARROLAMENTO DE BENS

É medida cautelar que se funda no receio de extravio ou de dissipação de bens.

Consiste na sua enumeração, para que se possam conhecer quais aqueles que integravam o patrimônio da parte contrária no momento em que a medida foi requerida, e na sua entrega a um depositário, que zelará pela sua conservação.

Não basta a enumeração dos bens, pois é indispensável o depositário. Não se confunde com outras medidas cautelares destinadas à preservação dos bens. Difere do sequestro, porque neste não se busca enumerá-los, mas preservar apenas um bem determinado, que é objeto de litígio entre as partes. Buscam-se a conservação e preservação de um bem específico, objeto da disputa entre os litigantes, indicado na inicial.

Difere também do arresto, destinado a preservar bens que sirvam para a garantia de determinada dívida. Ele não recai sobre uma universalidade, como o arrolamento, mas apenas sobre bens necessários para a garantia do débito. Pode até ser que um baste, desde que suficiente para fazer frente à obrigação.

O arrolamento tem outra função: promover uma enumeração de bens que o autor da medida ainda não conhece. Está entre as suas finalidades permitir ao interessado conhecer quantos e quais são: ele sempre objetiva uma universalidade, seja um patrimônio, seja uma herança.

Se duas pessoas litigam sobre a propriedade ou posse de um bem, e uma delas teme que a outra desapareça com ele, ou não o conserve adequadamente, deve requerer o sequestro; se um credor percebe que seu devedor está dilapidando o seu patrimônio, de maneira tal que esteja em risco de tornar-se insolvente, deve postular o arresto.

Mas, se um herdeiro teme que o inventariante se desfaça indevidamente de qualquer bem da herança, ou se um dos cônjuges, durante a separação, quer que fique retratado o patrimônio comum para uma futura partilha, e que os bens sejam preservados, a medida adequada será o arrolamento.

É possível requerê-lo todos aqueles que tenham interesse na conservação dos bens, o que pode resultar de direito já constituído ou que deva ser declarado em ação própria. Não só o direito já reconhecido, mas a expectativa de direito, subordinada à condição ou ao termo, pode ensejá-lo (art. 130 do CC).

4.4. REGISTRO DO PROTESTO CONTRA A ALIENAÇÃO DE BENS

Muito se discutiu, na vigência do CPC de 1973, sobre a possibilidade de o juiz mandar registrar no Cartório de Registro de Imóveis o protesto contra a alienação de bens, para que todos que tenham interesse em adquiri-lo tomem conhecimento da medida. Tal registro extrapolaria os limites do protesto, estabelecendo uma restrição indevida ao vendedor. A jurisprudência era dividida mesmo no Superior Tribunal de Justiça, mas, nos Embargos de Divergência no REsp 440.837-RS, de agosto de 2006, prevaleceu o entendimento de que o registro deve ser admitido para prevenir eventuais terceiros adquirentes do bem. O CPC atual não deixa dúvidas a respeito, ao considerar o registro do protesto contra a alienação de bens uma das formas de efetivação das tutelas cautelares.

5. QUESTÕES

LIVRO VI

FORMAÇÃO, SUSPENSÃO E EXTINÇÃO DO PROCESSO CIVIL

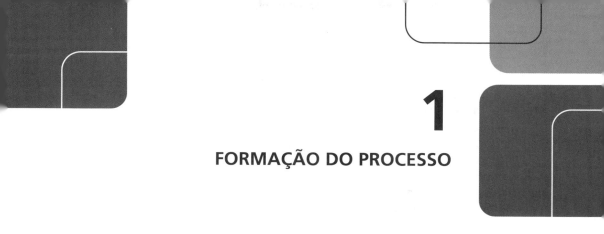

1 FORMAÇÃO DO PROCESSO

1. A PROPOSITURA DA DEMANDA — INICIATIVA DA PARTE

O processo civil começa por iniciativa da parte, uma vez que a jurisdição é inerte. Ao apresentar a petição inicial, o autor fixará os limites objetivos e subjetivos da lide, indicando qual a sua pretensão, em face de quem ela é dirigida, e quais os fundamentos de fato e de direito que devem motivar o acolhimento.

Haverá a propositura da ação quando a petição inicial for protocolada, nos termos do art. 312 do CPC.

Proposta a ação, não se sabe ainda se o processo será viável. O juiz examinará a petição inicial para verificar se está ou não em termos e se tem ou não condições de ser recebida. Se detectar algum vício que possa ser sanado, concederá ao autor 15 dias para que o corrija. Mas se a inicial estiver em termos, determinará que o réu seja citado. Só então a relação processual estará completa, e a propositura da ação produzirá efeitos em relação ao réu.

Não se confundem os momentos da propositura da demanda, o do despacho que ordena a citação e a citação propriamente dita. Cada um deles provocará um conjunto de consequências processuais relevantes.

A partir da propositura da demanda, já existe litispendência. Essa palavra está empregada aqui no sentido de **lide pendente**, que produz, como principal consequência, a atuação do juiz e o impulso oficial no desenvolvimento do processo. Desde a propositura, o juiz se incumbirá de zelar pelo desenvolvimento do processo (o termo "litispendência" pode ser usado, ainda, como proibição de que, estando em curso o processo referente a determinada ação, outra idêntica seja proposta. Nesse sentido, é a citação válida que induz litispendência; prevalecerá o processo da ação em que ocorreu a primeira citação válida, devendo o outro ser extinto sem resolução de mérito). Outro exemplo de efeito da litispendência é a interrupção da prescrição: o art. 240, § 1.º, estabelece que é o despacho que ordena a citação válida que a provoca. Mas, se feita no tempo estabelecido pela lei, sua eficácia interruptiva retroage à data da propositura da demanda (art. 240, § 1.º).

O despacho que ordena a citação interrompe a prescrição, ainda que ordenado por juízo incompetente. Ao proferi-lo, o juiz, implicitamente, está recebendo a petição inicial, o que pressupõe que ela esteja em ordem.

Mas é para a citação do réu que a lei processual reserva a maior gama de efeitos e consequências processuais. O art. 240, *caput*, enumera alguns: a citação válida induz litispendência, faz litigiosa a coisa e constitui o devedor em mora. É também a partir dela que a alienação de bens capazes de reduzir o devedor à insolvência pode ser considerada em fraude à execução.

Além disso, a partir da citação, ocorre a estabilização da demanda, porque o autor não poderá mais alterar o pedido ou a causa de pedir, senão com o consentimento do réu. Até a citação, a possibilidade de aditamento da inicial e de alteração da ação proposta é livre, e independe do consentimento do adversário. Depois dela, a alteração depende da anuência deste, ficando-lhe assegurada a possibilidade de manifestação no prazo mínimo de 15 dias, sobre as alterações implementadas, facultado o requerimento de prova suplementar (art. 329, II, do CPC). Após o saneamento, nenhuma alteração da ação proposta poderá ser admitida, mesmo que haja consentimento do réu.

2. O IMPULSO OFICIAL

O art. 2.º consagra a regra de que, **depois da propositura da demanda, o processo se desenvolverá por impulso oficial, cumprindo ao juiz zelar para que tenha andamento e se desenvolva até atingir o seu desfecho**.

Quando o ato processual depende de iniciativa do autor, o juiz aguardará que ele tome as providências. Se não o fizer, e o processo ficar paralisado, determinará que seja intimado para dar andamento ao feito em cinco dias, sob pena de extinção sem resolução de mérito (o Superior Tribunal de Justiça tem exigido que a extinção seja requerida pelo réu, nos termos da Súmula 240, não podendo o juiz promovê-la, de ofício. Se o réu não o requerer, o processo ficará paralisado por um ano, e só então o juiz poderá decretar-lhe a extinção, na forma do art. 485, II, do CPC).

Afora as hipóteses em que o andamento do processo depende de ato a ser realizado pelo autor, cumpre ao juiz e a seus auxiliares dar-lhe prosseguimento, na forma da lei, impulsionando-o até o final.

2
SUSPENSÃO DO PROCESSO

1. INTRODUÇÃO

O art. 313 do CPC enumera as causas de suspensão do processo. Há algumas que são aplicáveis a todos os tipos, como as previstas nos incisos I a III, VI, IX e X; outras são próprias do processo de conhecimento (incisos IV e V). As próprias ao processo de execução vêm tratadas no art. 921, e serão estudadas no capítulo correspondente.

Enquanto o processo estiver suspenso, não serão praticados atos processuais, senão aqueles urgentes, necessários para a preservação dos direitos das partes, a fim de evitar danos irreparáveis, salvo no caso de arguição de impedimento e de suspeição, em que as tutelas e a urgência serão requeridas não ao próprio juiz, mas ao seu substituto legal, nos termos do art. 146, § 3.º.

São causas de suspensão do processo previstas no art. 313:

1.1. MORTE OU PERDA DA CAPACIDADE PROCESSUAL DE QUALQUER DAS PARTES, DE SEU REPRESENTANTE LEGAL OU PROCURADOR

Desde o momento da morte ou da perda de capacidade, o processo se considera suspenso, **independentemente de determinação judicial. A suspensão é automática** e se os fatos só vierem ao conhecimento do julgador posteriormente, terá efeitos *ex tunc*, sendo nulos todos os atos praticados nesse ínterim. Nesse sentido, STJ, Corte Especial, ED no REsp 270.191, Rel. Min. Peçanha Martins, *DJU* 20.09.2004, p. 175.

Em caso de morte da parte, o processo seguirá quando houver a sucessão pelo seu espólio ou herdeiros. Em caso de perda de capacidade processual ou morte de representante legal ou advogado, o juiz fixará prazo para regularização (art. 76 do CPC). A suspensão deverá observar o disposto no art. 313, §§ 1.º, 2.º e 3.º.

1.2. CONVENÇÃO DAS PARTES

Não poderá ultrapassar o prazo de seis meses. Havendo concordância das partes, o juiz não pode indeferir o requerimento.

1.3. ARGUIÇÃO DE SUSPEIÇÃO OU IMPEDIMENTO DO JUIZ

Desde a apresentação da arguição, o processo ficará suspenso e assim permanecerá até que haja decisão do relator do incidente, no Tribunal, a respeito dos efeitos em que ele o recebe. Se o receber no efeito suspensivo, o processo continuará suspenso e só

360 Direito Processual Civil Esquematizado   *Marcus Vinicius Rios Gonçalves*

voltará a correr depois que a arguição for julgada. Se receber a arguição sem efeito suspensivo, o processo voltará a correr.

1.4. ADMISSÃO DE INCIDENTE DE RESOLUÇÃO DE DEMANDAS REPETITIVAS

Trata-se do incidente regulado nos arts. 976 e ss. do CPC, que será admitido quando houver efetiva repetição de processos que contenham controvérsia sobre a mesma questão jurídica, com risco de ofensa ao princípio da isonomia ou segurança jurídica. Nos termos do art. 982, II, admitido o incidente, o relator suspenderá os processos pendentes, individuais ou coletivos, que tramitam no Estado ou na região em que o incidente corre. A suspensão abrangerá os processos que versem sobre a mesma questão jurídica. Caso haja necessidade, a tutela provisória será requerida ao juízo onde tramita o processo suspenso. Além disso, é possível a qualquer interessado solicitar ao STF ou STJ a suspensão de todos os processos individuais ou coletivos que versem sobre a mesma questão jurídica, em todo o território nacional (art. 982, § 3.º).

1.5. SENTENÇA DE MÉRITO QUE DEPENDE DO JULGAMENTO DE OUTRO PROCESSO, OU DA DECLARAÇÃO DE EXISTÊNCIA OU INEXISTÊNCIA DE RELAÇÃO JURÍDICA QUE CONSTITUA O OBJETO PRINCIPAL DE OUTRO PROCESSO PENDENTE OU QUE SÓ POSSA SER PROFERIDA APÓS A VERIFICAÇÃO DE FATO, OU DA PRODUÇÃO DE CERTA PROVA, REQUISITADA A OUTRO JUÍZO

O dispositivo alude a dois tipos de **relação de prejudicialidade:** a externa, quando a sentença depende do julgamento de outro processo; e a interna, quando depende da verificação de fato ou produção de prova, requisitada a outro juízo. A prejudicialidade externa, em regra, torna conexas as ações, o que permite a reunião para julgamento conjunto. Mas ela nem sempre será possível, pois cada uma das ações pode estar vinculada a determinado juízo, por regras de competência absoluta. Para que não haja decisões conflitantes, suspende-se uma até que a outra seja julgada.

Tem prevalecido o entendimento de que, mesmo na hipótese de prejudicialidade externa, **a suspensão não pode ultrapassar o prazo de um ano** a que alude o art. 313, § 4.º.

1.6. FORÇA MAIOR

São os fatos imprevistos e inevitáveis, que impedem o prosseguimento do processo: as greves, as catástrofes naturais, as guerras e as revoluções.

1.7. DISCUSSÃO EM JUÍZO DE QUESTÃO DECORRENTE DE ACIDENTE E FATOS DA NAVEGAÇÃO DE COMPETÊNCIA DO TRIBUNAL MARÍTIMO

O Tribunal Marítimo é um órgão administrativo, vinculado ao Ministério da Marinha e regulamentado pela Lei n. 2.180/54. De acordo com o art. 1.º da lei, ele é órgão auxiliar do Poder Judiciário, que tem por atribuição julgar os acidentes e fatos das navegações marítima, fluvial e lacustre e as questões relacionadas com tais atividades, especificadas na referida Lei.

2 ■ Suspensão do Processo 361

Quando há acidente ou fato de navegação, o processo deverá ficar suspenso, aguardando a apuração pelo Tribunal Marítimo. Mas as conclusões dele não vinculam o Poder Judiciário, que não está impedido de concluir de forma diversa daquilo que foi decidido pelo Tribunal Marítimo. Foi vetado o art. 515, X, do CPC, que considerava título executivo judicial o acórdão do Tribunal Marítimo quando do julgamento de acidentes e fatos da navegação. A razão do veto foi que o Tribunal é órgão administrativo, e a sua decisão não pode subtrair a questão do exame do Judiciário.

1.8. DEMAIS CASOS PREVISTOS EM LEI

Há outros exemplos de suspensão do processo. São eles: a instauração do incidente de desconsideração da personalidade jurídica (art. 134, § 3.º); a dúvida quanto à sanidade mental do citando (CPC, art. 245 e parágrafos); a existência de processo crime versando sobre fato delituoso discutido também no juízo cível, caso em que é facultado ao juiz suspender o julgamento deste até a solução daquele (art. 315 do CPC).

1.9. PARTO OU CONCESSÃO DE ADOÇÃO, QUANDO A ADVOGADA RESPONSÁVEL PELO PROCESSO CONSTITUIR A ÚNICA PATRONA DA CAUSA

Trata-se de hipótese introduzida pela Lei n. 13.363/2016. O prazo de suspensão do processo será de 30 dias, a contar do parto ou da concessão da adoção, que deverão ser comprovados mediante apresentação de certidão de nascimento ou documento similar que comprove a realização do parto, ou de termo judicial que tenha concedido a adoção, desde que haja notificação ao cliente. Se houver outros advogados responsáveis, não haverá suspensão.

1.10. ADVOGADO RESPONSÁVEL PELO PROCESSO TORNAR-SE PAI, QUANDO CONSTITUIR O ÚNICO PATRONO DA CAUSA

Essa hipótese também foi introduzida pela Lei n. 13.363/2016. O prazo de suspensão será de oito dias, a contar do parto ou da concessão da adoção, comprovados na forma indicada no item anterior.

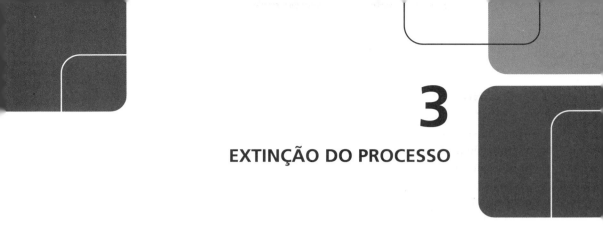

3
EXTINÇÃO DO PROCESSO

1. INTRODUÇÃO

A extinção do processo ou da fase de conhecimento se dá com a prolação da sentença.

As sentenças que resolvem o mérito, e têm natureza condenatória, deixaram de pôr fim ao processo, pois, não havendo cumprimento voluntário da obrigação, prossegue-se com a fase de cumprimento de sentença. O que anteriormente era chamado de processo de conhecimento passou a ser fase de conhecimento; e o subsequente processo de execução passou a ser fase de execução.

Mas se a sentença condenatória deixou de pôr fim ao processo, não deixou de pôr fim à fase de conhecimento em primeiro grau, razão pela qual não é impróprio incluí-la em capítulo referente à extinção do processo. **Conquanto não encerre o processo, encerra a fase cognitiva em primeira instância.** Quando a sentença for de extinção sem resolução de mérito, de improcedência ou de procedência, mas sem que haja condenação, porá fim ao processo. Mas, mesmo nesses casos, será possível haver uma fase de execução relacionada à cobrança das verbas de sucumbência impostas na sentença.

2. EXTINÇÃO DO PROCESSO SEM RESOLUÇÃO DE MÉRITO

As hipóteses vêm tratadas no art. 485 do CPC e serão examinadas nos itens seguintes. Quando há extinção sem resolução de mérito, não há óbice a que a ação seja reproposta, mas, nas hipóteses de litispendência e dos incisos I, IV, VI e VII do art. 485, a propositura de nova ação depende da correção do vício que deu ensejo à extinção do processo anterior.

2.1. QUANDO O JUIZ INDEFERIR A PETIÇÃO INICIAL

Esse item remete ao art. 330, que enumera as causas de indeferimento. Todas elas implicarão a extinção do processo sem resolução de mérito e podem ser reconhecidas pelo juiz de ofício, antes que o réu tenha sido citado. **O indeferimento da inicial pressupõe que o juiz nem sequer tenha determinado a citação do réu.** Quando a extinção do processo ocorrer mais tarde, depois da citação, em razão de qualquer outra das causas do art. 485, não haverá propriamente indeferimento da inicial. Também não pode ser considerada como tal a sentença de improcedência de plano, proferida na forma do art. 332 do CPC, já que ela extingue o processo com resolução de mérito.

2.2. QUANDO FIQUE PARADO POR MAIS DE UM ANO POR NEGLIGÊNCIA DAS PARTES

Para que o processo seja extinto nessa hipótese, é indispensável que o juiz determine a intimação pessoal da parte **a que dê andamento ao feito, em cinco dias**. Somente depois de transcorrida *in albis*, poderá ocorrer a extinção.

Essa hipótese é relativamente rara, uma vez que, de acordo com o inciso III, se o autor abandonar a causa por mais de trinta dias, e, intimado pessoalmente, não praticar o ato ou a diligência que lhe cabe, o juiz já poderá dar o processo por extinto. Mas isso exige prévio requerimento do réu, nos termos da Súmula 240 do Superior Tribunal de Justiça. Pode ocorrer que o autor abandone o processo, mas o réu não requeira a extinção. O processo ficará paralisado, porque o juiz não poderá extingui-lo de ofício. **Ultrapassado um ano, a extinção poderá ser decretada, mesmo que o réu não a requeira**.

2.3. QUANDO, POR NÃO PROMOVER OS ATOS E DILIGÊNCIAS QUE LHE COMPETE, O AUTOR ABANDONAR A CAUSA POR MAIS DE TRINTA DIAS

É indispensável a **prévia intimação pessoal do autor para que, em cinco dias, dê andamento ao feito**, sob pena de extinção. Mesmo que o autor permaneça inerte, o juiz só estará autorizado a extinguir o processo se o réu o solicitar. É o que dispõe a Súmula 240 do STJ: "A extinção do processo, por abandono de causa pelo autor, depende de requerimento do réu".

A *ratio* dessa súmula é não permitir que o autor possa obter a extinção do processo porque não o quer mais, sem que haja o consentimento do réu. Para que haja desistência, depois que o réu já se manifestou, é preciso que ele consinta. Ora, o autor a quem não mais interesse o andamento do processo poderia, em vez de desistir, abandoná-lo, o que levaria à extinção do processo sem que o réu consentisse. Por causa disso, o STJ, por meio da súmula, exige prévio requerimento do réu para a extinção. Se o réu ainda não tiver apresentado resposta, **desnecessário o seu requerimento para a extinção do processo, pelo juiz**.

A intimação do autor deve ser pessoal, por carta, mandado ou edital, se ele estiver desaparecido.

2.4. QUANDO VERIFICAR A AUSÊNCIA DE PRESSUPOSTOS DE CONSTITUIÇÃO E DESENVOLVIMENTO VÁLIDO E REGULAR DO PROCESSO

Esse dispositivo trata dos pressupostos processuais de validade, aos quais se poderia acrescentar os de eficácia. **São matérias que podem ser conhecidas de ofício**. A falta de qualquer deles deverá ser sanada, quando possível. Por exemplo, se falta a uma das partes capacidade processual ou postulatória, o juiz fixará prazo para regularização. Não sanado o vício, extinguirá o processo sem resolução de mérito.

Nem sempre a falta de pressuposto processual gerará a extinção. Há situações em que provocará a nulidade dos atos processuais já realizados e a necessidade de repeti-los, mas não a extinção. Por exemplo, caso se constate que o juízo é incompetente ou o juiz impedido, os autos serão remetidos para o competente e imparcial, que, se necessário, determinará a repetição dos atos. Mas não a extinção do processo. Em regra, os pressupostos processuais cuja falta enseja a extinção do processo são os relacionados às partes, sobretudo ao autor, a quem interessa o prosseguimento.

2.5. QUANDO O JUIZ RECONHECER A EXISTÊNCIA DE PEREMPÇÃO, LITISPENDÊNCIA E COISA JULGADA

São os pressupostos processuais negativos, que devem ser examinados de ofício pelo juiz. A litispendência e a coisa julgada têm em comum a existência de outra ação idêntica (com os mesmos três elementos): na primeira, tal ação ainda está em andamento e, na segunda, já foi definitivamente julgada.

A perempção é a perda do direito de ação, imposta a quem, por três vezes anteriores, deu causa à extinção do processo por abandono.

O CPC, art. 486, autoriza àquele cujo processo foi extinto sem resolução de mérito a repropositura da mesma ação. Mas, para isso, o vício que ensejou a primeira extinção deve ter sido sanado (§ 1.º). No caso da litispendência, somente com a prova de que ela deixou de existir será admitida a nova ação. No caso da perempção e da coisa julgada, o vício será permanente, o que obstará a repropositura, excetuado, quanto a esta última, a possibilidade de que tenha sido desconstituída por ação rescisória ou ação declaratória de ineficácia.

2.6. QUANDO VERIFICAR A AUSÊNCIA DE LEGITIMIDADE E DO INTERESSE PROCESSUAL

O acolhimento da teoria abstratista eclética traduz ação **como direito a uma resposta de mérito**. Mas condicionado: o juiz só emitirá o provimento de mérito se preenchidas as condições da ação, o que ele deve examinar de ofício. Antes do mérito, ele verificará duas ordens de questões preliminares: **os pressupostos processuais e as condições de ação**. A sua falta pode levar à extinção do processo.

2.7. QUANDO HOUVER CONVENÇÃO DE ARBITRAGEM OU QUANDO O JUÍZO ARBITRAL RECONHECER SUA COMPETÊNCIA

Vem prevista no art. 1.º da Lei n. 9.307/96, que autoriza as pessoas capazes a convencionar a arbitragem para dirimir conflitos relacionados a interesses patrimoniais disponíveis. **A convenção de arbitragem é também um pressuposto processual negativo**, porque impede às partes o acesso ao Judiciário, diante do que foi convencionado. Da existência de convenção de arbitragem, o juízo não poderá conhecer de ofício.

2.8. QUANDO HOUVER DESISTÊNCIA DA AÇÃO

O autor pode desistir da ação proposta. Ao fazê-lo, estará postulando a extinção do processo, sem exame do mérito. **Não se confunde com a renúncia**, em que o autor abre mão do direito material discutido, e o juiz extingue o processo com julgamento de mérito.

A desistência pode ser requerida e homologada até a prolação de sentença em primeira instância. Depois, não mais, como decidiu o Supremo Tribunal Federal no RE 163.976-1/MG, *DJU* 16.04.1996, e, mais recentemente, o Superior Tribunal de Justiça no REsp 1.115.161/RS, de 5 de março de 2010, Rel. Min. Luiz Fux.

Se ela for manifestada depois de oferecida contestação, a sua homologação dependerá da **anuência** do réu, conforme art. 485, § 4.º. Se o réu não a ofereceu, tornando-se revel, desnecessário o consentimento. O consentimento do réu se justifica porque, depois da resposta, ele pode querer que o juiz examine as suas razões e profira sentença de mérito, com o que a decisão tornar-se-á definitiva, vedada a reiteração, que não seria obstada pela simples desistência. Mas o réu, ao manifestar eventual discordância, deverá fundamentá-la, expondo as suas razões. **Se apenas silenciar, ou manifestar discordância sem nenhum fundamento, ou com algum que não seja razoável, o juiz homologará a desistência**.

Havendo litisconsórcio passivo, a desistência dependerá da anuência de todos os que tiverem apresentado contestação. Se houver desistência em relação a apenas um dos réus, só este precisará consentir, desde que já tenha respondido. Nesse caso, a desistência repercutirá sobre o prazo de resposta do corréu, conforme CPC, art. 335, § 2.º. Quando há mais de um réu, o prazo de contestação para todos eles só flui do instante em que todos estiverem citados (CPC, art. 231, § 1.º). Pode ocorrer que um tenha sido citado, e esteja aguardando a citação dos demais, para que seu prazo de resposta possa fluir. Se o autor desistir da ação em relação aos demais, o citado deverá ser intimado para que o seu prazo corra.

Há uma hipótese legal em que a desistência da ação, mesmo depois da contestação, independe da anuência do réu. Trata-se daquela prevista no art. 1.040, § 1.º, do CPC, quando a ação, em curso no primeiro grau de jurisdição, versar sobre questão jurídica afetada para o julgamento de recurso repetitivo. Se o autor propuser uma ação versando sobre determinada questão, idêntica àquela que é objeto do recurso paradigma, resolvida a questão em sentido contrário ao proposto pelo interessado, poderá ele desistir da ação, agora fadada ao insucesso, independentemente de consentimento do réu. Caso a desistência ocorra antes da contestação, o autor ficará isento de custas e honorários de sucumbência. Caso ocorra depois, eles serão devidos.

2.9. QUANDO A AÇÃO FOR CONSIDERADA INTRANSMISSÍVEL POR DISPOSIÇÃO LEGAL

Existem ações de caráter personalíssimo, que não podem ser transmitidas aos herdeiros ou sucessores da parte, em caso de falecimento. As ações de separação judicial e divórcio são exemplos: com o falecimento de qualquer dos cônjuges, o processo será extinto, sem resolução de mérito, de ofício pelo juiz. Outro é a interdição, quando ocorre o falecimento do interditando. Não estão entre as ações intransmissíveis aquelas em que se busca indenização por dano moral. O direito à indenização transmite-se aos herdeiros ou sucessores, que têm legitimidade para iniciar ou prosseguir na ação já ajuizada. A questão pacificou-se com a edição da Súmula 642 do STJ: "O direito à indenização por danos morais transmite-se com o falecimento do titular, possuindo os herdeiros da vítima legitimidade ativa para ajuizar ou prosseguir a ação indenizatória".

3 ■ Extinção do Processo   367

2.10. NOS DEMAIS CASOS PRESCRITOS EM LEI

A lei pode prever outras hipóteses de extinção sem resolução de mérito. São exemplos: a inércia do autor em promover a citação de litisconsorte necessário, ou em promover a substituição do seu representante legal ou do seu advogado, em caso de falecimento.

3. CONSEQUÊNCIAS DA EXTINÇÃO DO PROCESSO SEM RESOLUÇÃO DE MÉRITO

3.1. A REITERAÇÃO DE AÇÕES

As sentenças de extinção sem resolução de mérito fazem apenas **coisa julgada formal**, não material. Por isso, não impedem a reiteração de demandas, por força do que dispõe expressamente o art. 486, *caput*. No caso de extinção por litispendência, indeferimento da inicial, falta de pressupostos processuais e de condições da ação (interesse e legitimidade), e existência de compromisso arbitral, não se poderia admitir a simples reiteração sem que o vício que ensejou a extinção anterior tenha sido solucionado, sob pena de haver mero *bis in idem*. Assim, se houver reproposi-tura da ação, a inicial só será recebida se o juiz verificar que o vício que levou à extinção anterior foi sanado (art. 486, § 1.º). Do contrário, a inicial será indeferida de plano por haver mero *bis in idem*. Se a ação foi proposta em determinado juízo, que extinguiu o processo sem resolução de mérito pelas razões acima (do que a parte poderá ter recorrido), não seria razoável admitir que ela pudesse tentar a sorte em outro juízo, simplesmente repondo a ação, sem nenhuma alteração. O art. 286, II, do CPC determina que, em caso de reiteração, a distribuição seja feita por dependência. A apreciação ficará a cargo do mesmo juízo que anteriormente profe-riu a sentença extintiva. Por isso, se nos afigura correta a lição de Nelson e Rosa Nery: "Como a sentença de extinção do processo sem julgamento de mérito não faz coisa julgada material, a lide objeto daquele processo não foi julgada, razão pela qual pode ser reproposta a ação. A repropositura não é admitida de forma automá-tica, devendo implementar-se o requisito faltante que ocasionou a extinção. Por exemplo: processo extinto por ilegitimidade de parte somente admite repropositura, se sobrevier circunstância que implemente essa condição da ação faltante no pro-cesso anterior. Do contrário, a repropositura pura e simples, sem essa observância, acarretaria nova extinção do processo sem julgamento de mérito por falta de inte-resse processual"[1].

3.2. A CESSAÇÃO DA LITISPENDÊNCIA

Extinto o processo, e não havendo recurso, **cessará a litispendência**, com todas as consequências daí decorrentes: a coisa disputada deixa de ser litigiosa, o juízo deixa de ser prevento, a alienação de bens capaz de reduzir o devedor à insolvência deixa de ser fraude à execução.

---

[1] Nelson e Rosa Nery, *Código de Processo Civil comentado*, p. 681.

368 Direito Processual Civil Esquematizado · Marcus Vinicius Rios Gonçalves

3.3. A INTERRUPÇÃO DA PRESCRIÇÃO

O despacho que ordena a citação, ainda que proferido por juízo incompetente, interrompe a prescrição, nos termos do CPC, art. 240, § 1.º. Na vigência do CC de 1916, controvertia-se se esse efeito persistia quando o processo era extinto sem resolução de mérito, sobretudo quando era proveniente de inércia e de abandono do autor. No CC revogado, havia um dispositivo — o art. 175 — que parecia afastar a eficácia interruptiva nesses casos **(perempção de instância)**.

O CC de 2002 não contém norma semelhante: em princípio, **a interrupção da prescrição ocorrerá sempre, quando o juiz ordenar a citação do réu, ainda que o juízo seja incompetente**, ainda que o processo venha a ser extinto sem resolução de mérito. Ressalva-se, no entanto, a hipótese de extinção com fulcro no art. 485, II e III, isto é, por inércia ou abandono do autor. Nessa situação, a jurisprudência prevalecente, inclusive do Superior Tribunal de Justiça, afasta a eficácia interruptiva do despacho que ordena a citação. **Nesse sentido:** "A **citação válida** interrompe o prazo (Lei dos Recursos Repetitivos) prescricional, ainda que promovida em **processo** posteriormente **extinto** sem julgamento do **mérito**, salvo se o fundamento legal da extinção for o previsto no art. 267, incisos II e III, do Código de **Processo** Civil (atual art. 485, II e III). Precedentes. 5. Recurso especial provido" (REsp 1.181.619/RS, Rel. Min Castro Meira, julgado em 08.06.2010).

Embora o CPC atual tenha atribuído ao despacho que ordena a citação, e não à citação válida, o condão de interromper a prescrição, a solução dada pelo V. Acórdão prevalece: se o processo é extinto sem resolução de mérito, por abandono ou inércia do autor (art. 485, II e III), a eficácia interruptiva do despacho que ordenou a citação não prevalece. Mas só nessas hipóteses; nas demais, ainda que venha a ser extinto sem exame do mérito, a interrupção persiste.

3.4. A POSSIBILIDADE DE RETRATAÇÃO, CASO HAJA APELAÇÃO

Toda vez que o juiz extinguir o processo sem resolução de mérito e houver apelação, ele pode, no prazo de cinco dias, retratar-se. É o que dispõe o art. 485, § 3.º, do CPC. Essa possibilidade independe do fundamento em que se embasa a extinção, bastando que seja sem resolução de mérito. Se o juiz mantiver a sentença, intimará a parte contrária a oferecer contrarrazões e determinará a remessa oportuna dos autos ao órgão *ad quem*. Se o juiz se retratar, ou ele determinará a continuação do processo do ponto em que estava, quando foi proferida a sentença meramente extintiva, se ainda não houver nos autos elementos bastantes para que ele julgue o mérito; ou então, no lugar da sentença extintiva, proferirá sentença definitiva, de mérito, se já encontrar nos autos os elementos necessários para fazê-lo. Especificamente, no caso da extinção por indeferimento da inicial, o procedimento a ser observado é o do art. 331 do CPC, em que há necessidade de citação do réu para oferecer contestação.

Quando há julgamento de mérito, é preciso distinguir. Se tiver havido sentença de improcedência liminar, nas hipóteses do art. 332, a apelação permitirá ao juiz retratar-se. Se houver o julgamento antecipado parcial de mérito, o que ocorrerá nas hipóteses do art. 356, o juiz decidirá um ou mais pedidos, em caráter definitivo, por decisão interlocutória, contra a qual caberá agravo de instrumento, sempre dotado de juízo de retratação.

Mas, havendo sentença com resolução de mérito (excetuada a hipótese do art. 332), não haverá possibilidade de retratação.

4. DA RESOLUÇÃO DE MÉRITO

4.1. INTRODUÇÃO

Aquele que vai a juízo formula uma pretensão. Ao fazê-lo, dá início a um processo que poderá ter dois tipos possíveis de desfecho: a extinção sem resolução de mérito, examinada nos itens anteriores, e a **resolução de mérito** que, ou porá fim ao processo (naqueles em que não houver condenação, seja por força de improcedência, seja pela natureza do provimento postulado, que pode ser meramente declaratório ou constitutivo), ou, havendo **condenação, não porá fim ao processo, mas à fase de conhecimento**.

A rigor, só se poderia falar em resolução de mérito quando o juiz **examina o pedido**, acolhendo-o ou rejeitando-o. Portanto, quando profere sentença de procedência ou de improcedência. Mas há outras espécies de sentença consideradas pelo legislador como mérito, conquanto o juiz não examine propriamente o pedido. São, às vezes, chamadas **"falsas sentenças de mérito"**. Foram consideradas entre as de mérito pelo legislador apenas **para que se revistam da autoridade da coisa julgada material**, adquirindo a condição de definitivas.

As hipóteses de resolução de mérito estão previstas no art. 487 do CPC e se verificam:

4.2. QUANDO O JUIZ ACOLHER OU REJEITAR O PEDIDO DO AUTOR DA AÇÃO OU RECONVENÇÃO

É a sentença de mérito por excelência; o juiz, depois de examinar as questões preliminares, relacionadas aos pressupostos processuais e às condições de ação, julgará o pedido.

4.3. QUANDO O JUIZ PRONUNCIAR, DE OFÍCIO OU A REQUERIMENTO, A DE-CADÊNCIA OU A PRESCRIÇÃO

Ambas podem ser reconhecidas **de ofício**, e causam o indeferimento da inicial, se o juiz as detecta de início. Se não reconhecidas desde logo, podem ser pronunciadas a qualquer tempo, salvo em recursos especial e extraordinário, que pressupõem prequestionamento. Mas antes de pronunciá-las, deve o juiz cumprir o determinado no art. 10 do CPC.

Cumpre ao Direito Civil estabelecer a distinção entre prescrição e decadência, e quais os prazos de uma e outra.

4.4. QUANDO O JUIZ HOMOLOGAR RECONHECIMENTO DA PROCEDÊNCIA DO PEDIDO FORMULADO NA AÇÃO OU RECONVENÇÃO

Pressupõe que o direito discutido no processo seja **disponível**, e que o réu tenha poderes para fazê-lo. O juiz acolherá o pedido, proferindo sentença definitiva, já que o reconhecimento versará não sobre matéria processual, mas sobre o direito substancial discutido.

4.5. QUANDO O JUIZ HOMOLOGAR TRANSAÇÃO

A transação também pressupõe **direitos e interesses disponíveis**. É negócio jurídico civil, bilateral, em que as partes, por concessões recíprocas, acordam sobre a questão discutida. Vale desde que haja acordo de vontade entre elas, e pressupõe o preenchimento dos requisitos gerais dos negócios jurídicos: partes capazes, objeto lícito e forma prescrita ou não defesa em lei.

A força obrigatória da transação não depende da homologação judicial, mas da manifestação bilateral de vontades. A homologação servirá apenas para encerrar o processo. Por isso, mesmo que o acordo não esteja homologado, aqueles que o firmaram não podem voltar atrás unilateralmente. Pode haver um distrato, um novo acordo de vontades que altere ou extinga o anterior.

Caso a transação imponha obrigação a um dos contratantes, não cumprida voluntariamente, dar-se-á início à fase de execução: a sentença homologatória não terá posto fim ao processo, mas tão-somente à **fase de cognição**, sucedida pela de execução.

A transação pode ser celebrada em qualquer fase do processo, mesmo depois da sentença, ainda que tenha transitado em julgado, ou já na fase de execução. **Não haverá ofensa à coisa julgada material**, porque a sentença regulava uma situação de conflito. Desde que verse sobre direito disponível, as partes, de comum acordo, podem regular a situação de outra maneira, por meio da transação.

Se a transação for parcial, o processo prosseguirá quanto ao restante. O objeto da transação pode ultrapassar o objeto litigioso: o art. 515, II, do CPC, considera título executivo judicial a sentença homologatória de autocomposição judicial, sem nenhuma ressalva quanto ao seu objeto.

4.6. QUANDO O JUIZ HOMOLOGAR A RENÚNCIA À PRETENSÃO FORMULADA NA AÇÃO OU RECONVENÇÃO

A situação assemelha-se à do reconhecimento jurídico do pedido, com a diferença de que a renúncia é do autor. Também atinge o **direito material**, e pressupõe que ele seja disponível.

5. QUESTÕES

LIVRO VII
DO PROCESSO E DO PROCEDIMENTO

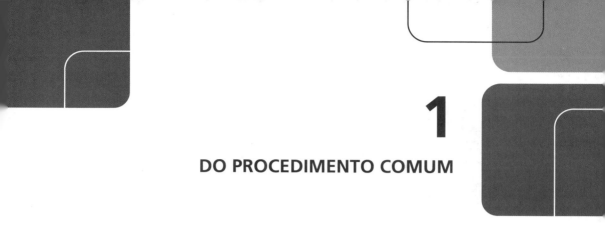

DO PROCEDIMENTO COMUM

1. INTRODUÇÃO

Os procedimentos podem ser **comuns ou especiais**. O comum segue sempre o mesmo padrão; os especiais o são cada um a sua maneira. O CPC, no Livro I, Título I, da Parte Especial, cuida do procedimento comum. No mesmo livro, Título III, cuida dos numerosos procedimentos especiais, estabelecendo o que cada qual tem de peculiar.

Os processos que observarão o procedimento comum são identificados **por exclusão:** todos aqueles para os quais a lei não tenha previsto o especial.

No presente capítulo, será estudado o procedimento comum, que adquire especial relevância por força do que dispõe o art. 318, parágrafo único, do CPC: "O procedimento comum aplica-se subsidiariamente aos demais procedimentos especiais e ao processo de execução".

O CPC trata do procedimento comum a partir do art. 319, dividindo-o em quatro fases: a postulatória, na qual o autor formula sua pretensão por meio da petição inicial e o réu apresenta a sua resposta; a ordinatória, em que o juiz saneia o processo e aprecia os requerimentos de provas formulados pelas partes; a instrutória, em que são produzidas as provas necessárias ao convencimento do juiz; e a decisória.

Isso não significa que, em cada uma das fases, sejam praticados apenas atos processuais do tipo que lhes dá o nome. A classificação leva em conta apenas o tipo de ato **predominante**. Por exemplo, em qualquer das quatro fases, não apenas na última, o juiz proferirá decisões interlocutórias. Há possibilidade de atos instrutórios, como a juntada de documentos, em qualquer fase. E o juiz, a quem cumpre fiscalizar o bom andamento do processo, poderá a todo tempo determinar atos de saneamento, de regularização de eventuais vícios ou deficiências. Nos capítulos seguintes será estudada cada uma das fases do procedimento comum.

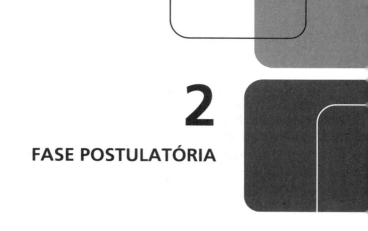

2
FASE POSTULATÓRIA

1. PETIÇÃO INICIAL

1.1. INTRODUÇÃO

É o ato que dá início ao processo, e define os contornos subjetivo e objetivo da lide, dos quais o juiz não poderá desbordar. É por meio dela que será possível apurar os elementos identificadores da ação: as partes, o pedido e a causa de pedir.

Daí a sua importância para o processo e a necessidade de um exame particularmente acurado pelo juiz, antes de determinar a citação do réu, uma vez que até então será possível eventual correção ou emenda, o que, depois da resposta do réu, dependerá de seu consentimento.

1.2. REQUISITOS DA PETIÇÃO INICIAL

Vêm enumerados nos arts. 319 e 320 do CPC. O primeiro indica quais são os requisitos intrínsecos da própria petição inicial; o segundo diz respeito a eventuais documentos que devam necessariamente acompanhá-la. De acordo com o art. 319, a petição inicial deverá indicar:

1.2.1. O juízo a que é dirigida

Como ela contém um requerimento dirigido ao Poder Judiciário, e como este é composto por inúmeros órgãos, entre os quais é dividida a competência, o autor deve indicar para quem a sua petição é dirigida. **Um eventual erro não ensejará o indeferimento da inicial**, mas tão-somente a remessa da inicial ao correto destinatário.

1.2.2. Os nomes, os prenomes, o estado civil, a existência de união estável, a profissão, o número de inscrição no Cadastro de Pessoas Físicas ou no Cadastro Nacional de Pessoa Jurídica, o endereço eletrônico, o domicílio e a residência do autor e do réu

A indicação e a qualificação são indispensáveis para que as partes sejam identificadas. Nenhuma dificuldade existirá em relação ao autor, mas é possível que o réu, no momento da propositura, não esteja identificado ou seja incerto. Isso não impedirá o recebimento da inicial caso o juiz verifique que não há meios para tal identificação.

376 Direito Processual Civil Esquematizado   *Marcus Vinicius Rios Gonçalves*

A citação será, então, feita por edital, na forma do CPC, art. 256, I. É o que ocorre, por exemplo, nas ações possessórias quando há grandes invasões de terra, em que nem sempre será possível identificar e qualificar os invasores, caso em que a citação deverá observar o disposto no art. 554, § 1.º, do CPC.

Os nomes e prenomes servirão para identificar as partes. O estado civil e a existência de união estável, além de auxiliar a identificação poderão ter relevância naquelas ações em que se exige outorga uxória. A inscrição no cadastro também facilitará a identificação, seja da pessoa física, seja da jurídica. E os endereços são relevantes para que possam ser localizadas, quando da necessidade da comunicação pessoal dos atos processuais.

Quando a parte for pessoa jurídica, a inicial deverá fornecer os elementos necessários para a sua identificação.

1.2.3. O fato e os fundamentos jurídicos do pedido

O autor deve indicar quais são os fatos e os fundamentos jurídicos em que se embasa o pedido, a causa de pedir. Esse é um dos requisitos de maior importância da petição inicial, sobretudo a **descrição dos fatos**, que, constituindo um dos elementos da ação, **vincula o julgamento (teoria da substanciação)**. O juiz não pode se afastar dos fatos declinados na inicial, sob pena de a sentença ser *extra petita*. A causa de pedir e o pedido formulados darão os limites objetivos da lide, dentro dos quais deverá ser dado o provimento jurisdicional.

Por isso, os fatos devem ser descritos com clareza e manter correspondência com a pretensão inicial. É causa de inépcia da petição inicial a falta de causa de pedir, ou de correspondência entre ela e o pedido (CPC, art. 330, § 1.º). Além dos fatos, o autor deve indicar qual o direito aplicável ao caso posto à apreciação do juiz. **Não é necessária a indicação do dispositivo legal, mas das regras gerais e abstratas das quais se pretende extrair a consequência jurídica postulada**. A indicação do direito aplicável não vincula o juiz, que conhece o direito (*jura novit curia*) e pode valer-se de regras diferentes daquelas apontadas na petição inicial. Por isso, pode haver alguma tolerância do juízo em relação a isso na inicial, mas não em relação aos fatos, que devem ser descritos com toda a precisão e clareza necessárias para que o juiz possa compreendê-los.

1.2.4. O pedido com as suas especificações

É a pretensão que o autor leva à apreciação do juiz. É desnecessário realçar a sua importância, já que, sendo um dos três elementos da ação, forma, com a causa de pedir e as partes, o núcleo central da petição inicial.

É preciso que o autor indique com clareza o **pedido imediato**, o tipo de provimento jurisdicional (condenatório, constitutivo, declaratório) e o **mediato** (bem da vida almejado). Ambos vincularão o juiz, já que servem para identificar a ação. O julgador não poderá conceder nem um provimento jurisdicional, nem um bem da vida, distintos daqueles postulados na inicial.

Daí a necessidade de que seja indicado com clareza e de que mantenha correlação lógica com a causa de pedir. A atividade judiciária é silogística: o juiz, ao proferir o julgamento, examinará a premissa maior (as regras gerais e abstratas do ordenamento

2 ■ Fase Postulatória

jurídico, os fundamentos jurídicos) e a premissa menor (os fatos), para então extrair delas as consequências jurídicas (pedido). Por isso, **é preciso que na petição inicial, o autor indique os fatos, o direito e o pedido, que deve decorrer logicamente da aplicação do direito ao fato concreto levado ao seu conhecimento**.

A importância do pedido é tal que o CPC dedicou-lhe uma seção própria (Seção II, Capítulo II, Título I, Livro I, da Parte Especial) na qual são examinadas as possibilidades de pedido genérico, implícito e de cumulação de pedidos.

1.2.5. O valor da causa

A toda causa será atribuído um valor certo, ainda que ela não tenha conteúdo econômico imediatamente aferível (CPC, art. 291).

Tal atribuição terá grande relevância para o processo, pois repercutirá sobre:

a) a competência, pois o valor da causa é critério para fixação do juízo;

b) o procedimento: pois influi, por exemplo, sobre o âmbito de atuação do juizado especial cível;

c) no cálculo das custas e do preparo, que podem ter por base o valor da causa;

d) nos recursos em execução fiscal, conforme a Lei n. 6.830/80;

e) na possibilidade de o inventário ser substituído por arrolamento sumário (CPC, art. 664, *caput*).

Todas as demandas — o que inclui reconvenções, oposições e embargos de devedor — devem indicar o valor da causa.

1.2.5.1. Qual deve ser o valor da causa?

Deve corresponder ao **conteúdo econômico** do que está sendo postulado, e não daquilo que é efetivamente devido. Com frequência, o réu o impugna sob o argumento de que o valor pretendido é excessivo e que o autor não faz jus a tal montante. Mas o que cabe ao juiz avaliar, se houver impugnação na contestação, é o conteúdo econômico da pretensão formulada, **sem qualquer juízo de valor a respeito de ela ser ou não devida**. Do contrário, o juiz teria de antecipar o exame do mérito, decidindo-o já nessa fase.

Mas não se pode perder de vista a lealdade e a boa-fé processual. Às vezes, o autor postula, por exemplo, indenização por danos morais, estimando o valor em montante excessivo, ao mesmo tempo em que pede justiça gratuita para eximir-se do recolhimento das custas iniciais e do pagamento das verbas de sucumbência.

O juiz poderá determinar a redução equitativa do valor da causa, se verificar que, fixada em montante excessivo, pode prejudicar o exercício de alguma faculdade processual pelo réu, que depende do recolhimento de custas calculadas com base no seu valor. É o que foi decidido pelo STJ — 3.ª Turma, REsp 784.986, Rel. Min. Nancy Andrighi.

O valor da causa não repercute sobre os limites objetivos da lide. Se o autor postula um montante e atribui valor à causa menor, ainda que isso passe despercebido e o valor seja mantido, o juiz na sentença não ficará limitado a este, mas ao que foi pedido.

1.2.5.1.1. Critérios para a fixação do valor da causa

O art. 292 do CPC fornece alguns critérios para fixação do valor da causa. Em regra, deve corresponder ao conteúdo econômico da demanda. Naquelas que não têm conteúdo econômico, a fixação será feita por estimativa do autor.

Os incisos I, VI, VII e VIII do art. 292 cuidam do valor da causa nas ações de cobrança de dívida: deverá corresponder à soma monetariamente corrigida do principal, dos juros de mora vencidos e de outras penalidades, se houver, até a propositura da ação. Se houver cumulação de pedidos, os valores deverão ser somados; se os pedidos forem alternativos, corresponderá ao de maior valor; e se houver pedido principal e subsidiário, corresponderá ao do primeiro. Quando o pedido for genérico, o valor da causa deve ser estimado pelo autor, que cuidará para que mantenha proporcionalidade com o conteúdo econômico da pretensão. O § 1.º acrescenta que, se forem postuladas prestações vencidas e vincendas, o valor da causa consistirá na soma de umas e outras, sendo o valor das vincendas igual a uma prestação anual, se a obrigação for por tempo indeterminado ou por tempo superior a um ano; e, se por tempo inferior, será igual à soma das prestações.

O inciso II trata das ações que tenham por objeto a existência, a validade, o cumprimento, a modificação, a resolução, a resilição ou rescisão de ato jurídico, nas quais o valor da causa deve corresponder ao do ato ou ao de sua parte controvertida.

O inciso V determina que, nas ações indenizatórias, inclusive as fundadas em dano moral, o valor da causa deva corresponder ao valor pretendido.

Quando a ação for de alimentos, o valor deve corresponder a 12 prestações mensais pedidas pelo autor; e quando a ação for de divisão, demarcação e reivindicação, o valor será o da avalição da área ou do bem objeto do pedido.

1.2.5.2. Controle judicial do valor da causa

O art. 293 do CPC autoriza o réu a impugnar o valor da causa, **em preliminar de contestação**. Além disso, o juiz, **de ofício**, poderá determinar a correção, tanto que o art. 337, § 5.º, estabelece que, dentre as matérias alegáveis em preliminar, o juiz só não pode conhecer de ofício a convenção de arbitragem e a incompetência relativa. As demais, incluindo incorreção no valor da causa, ele deve conhecer de ofício. O juiz deve fazer esse controle, pois o autor pode:

■ ter desrespeitado algum dos critérios fixados em lei;
■ ter atribuído valor à causa em montante incompatível com o conteúdo econômico da demanda, que possa repercutir sobre a competência ou procedimento a ser observado.

1.2.6. As provas com que o autor pretende demonstrar a verdade dos fatos alegados

Como na petição inicial o autor ainda não tem condições de saber o que será controvertido pelo réu, há certa tolerância quanto a este requisito da inicial. Entende-se que a sua omissão não é razão para indeferi-la, nem impede que oportunamente sejam requeridas provas pelo autor.

1.2.7. A opção do autor pela realização ou não de audiência de conciliação ou mediação

Não se trata, propriamente, de um requisito da inicial, mas da oportunidade que o autor tem de manifestar desinteresse na audiência inicial de tentativa de conciliação, que se realiza no procedimento comum, antes da contestação do réu. Essa audiência deve, obrigatoriamente, ser designada, salvo se o processo for daqueles que não admite autocomposição, ou se ambas as partes manifestarem desinteresse na sua realização. A inicial é a oportunidade que o autor tem para manifestá-lo. **Mas ainda que ele o faça, o juiz deve designá-la, pois somente se o réu também o fizer, ela será cancelada.** Ele deve fazê-lo por petição, apresentada com 10 dias de antecedência, contados da data marcada para a audiência. Se o autor silenciar a respeito de sua opção, presume-se que ele concorda com a realização, já que ela só não será marcada se o desinteresse for expressamente manifestado por ambas as partes (art. 334, § 2.º).

1.2.8. Documentos

O art. 320 do CPC estabelece que a petição inicial será instruída com os documentos indispensáveis à propositura da ação. **Os que não o forem podem ser juntados a qualquer tempo**, na forma do art. 435 do CPC. Mas os indispensáveis devem ser juntados desde logo. Por exemplo, em ação de separação judicial, é indispensável juntar a certidão de casamento; em ação reivindicatória de imóveis, a certidão de propriedade; em ação de alimentos de procedimento especial, a prova da paternidade ou do parentesco; em ação de anulação de contrato escrito, o contrato.

Se o documento não estiver em poder do autor, caber-lhe-á requerer ao juiz que ordene ao réu ou ao terceiro a sua exibição (CPC, arts. 396 a 404).

Com a inicial, o autor juntará ainda **a procuração e o comprovante de recolhimento das custas judiciais**, salvo eventual requerimento de justiça gratuita.

1.2.9. Deficiências da petição inicial e possibilidade de correção

Ao verificar que a inicial não preenche os requisitos dos arts. 319 e 320 do CPC, ou que apresenta defeitos ou irregularidades capazes de dificultar o julgamento de mérito, o juiz determinará que o autor a emende, ou a complete, no prazo de quinze dias, indicando com precisão o que deve ser corrigido ou completado. Não a pode indeferir, desde logo, se existe a possibilidade de o vício ou irregularidade serem sanados pelo autor. Daí a necessidade de que o juiz faça uma leitura atenta, antes de recebê-la, uma vez que **depois da citação do réu é defeso ao autor modificar o pedido ou a causa de pedir, sem o consentimento dele** (CPC, art. 329, II).

Mas tem-se admitido, mesmo depois da contestação, o aditamento da inicial, do qual não resulte alteração do pedido ou causa de pedir, mas que sirva apenas para o esclarecimento de alguma dúvida ou o afastamento de algum defeito, que dificultava a sua compreensão.

380 Direito Processual Civil Esquematizado — *Marcus Vinicius Rios Gonçalves*

O prazo para emenda da inicial não é preclusivo: se o autor a emendar depois dos quinze dias, o juiz receberá a emenda, salvo se tiver proferido a sentença de indeferimento. Se necessário, poderá determinar outra emenda, até que todos os esclarecimentos sejam prestados.

1.3. PEDIDO

1.3.1. Introdução

O pedido é um dos requisitos da petição inicial, mencionado no art. 319 do CPC. É tal a sua importância que o CPC dedica uma seção especial a ele, que inclui os arts. 322 a 329. Nos itens seguintes, serão examinadas algumas situações particulares relacionadas ao pedido.

1.3.2. Pedido certo e pedido genérico

O art. 322 e o art. 324 do CPC determinam que o pedido seja certo e determinado.

Certo é aquele que permite a identificação do bem da vida pretendido (*an*). E determinado é aquele que indica a quantidade postulada (*quantum*).

Excepcionalmente, porém, o pedido poderá ser genérico, isto é, certo, mas não determinado. O autor indica o **bem da vida pretendido, mas não a quantidade**.

Permite-se a formulação de pedido genérico:

■ **Nas ações universais**, que versam sobre uma universalidade de fato ou de direito. De acordo com o art. 90 do CC, "constitui universalidade de fato a pluralidade de bens singulares que, pertinentes à mesma pessoa, tenham destinação unitária". São exemplos, um rebanho ou uma coleção de obras de arte ou de livros. E, segundo o art. 91, "constitui universalidade de direito o complexo de relações jurídicas, de uma pessoa, dotadas de valor econômico". São exemplos a herança e o patrimônio. Justifica-se a permissão de pedidos genéricos nesse caso, porque o autor pode não ter condições de individuar os bens que integram a universalidade.

■ **Quando não for possível determinar, desde logo, as consequências do ato ou fato ilícito.** Nas ações de indenização por ato ou fato ilícito, frequentemente não é possível, no momento da propositura da demanda, indicar com precisão todas as consequências que a vítima terá sofrido. Por exemplo: às vezes, não se sabe se ela poderá se recuperar de uma lesão corporal ou se desta resultará incapacidade, nem se esta será permanente ou temporária. Admite-se, nessa circunstância, que o autor formule pedido genérico.

Tem-se invocado este inciso nas ações de indenização por dano moral, para permitir ao autor formular pedido genérico. Não nos parece que isso deva ser admitido, porque se o autor não indicar o quanto pretende receber, o juiz não terá parâmetros para, em caso de procedência, fixar o montante da condenação. Por isso, deve o autor indicar, na inicial, o valor que pretende a título de indenização (o que vem reforçado pelo disposto no art. 292, V, do CPC), embora, para fins de sucumbência, o Superior Tribunal de Justiça determine que o valor postulado por ele seja considerado mera estimativa (Súmula 326 do STJ: "Na ação de indenização por dano moral, a condenação em montante inferior ao postulado na inicial não implica sucumbência recíproca").

■ **Quando a determinação do valor da condenação depender de ato que deva ser praticado pelo réu.** É o que ocorre, por exemplo, nas ações de exigir contas, em que, só depois que ele as prestar, se poderá verificar se há saldo em favor do autor.

1.3.3. Pedido implícito

Os pedidos são, em regra, interpretados restritivamente; não se considera incluído aquilo que não tenha sido expressamente postulado.

Mas há alguns pedidos que se reputam **implícitos**. O art. 322, § 1.º, menciona os juros legais, a correção monetária e as verbas de sucumbência, inclusive os honorários advocatícios. Os juros de mora incluem-se na liquidação, ainda que tenha sido omisso o pedido e a condenação (Súmula 254 do STF). Também se reputa implícito o pedido de incidência de correção monetária, que não é acréscimo, mas atualização do valor nominal da moeda. O pedido de condenação do réu ao pagamento das custas, despesas e honorários advocatícios também (Súmula 256 do STF). Porém, se a decisão transitada em julgado for omissa a respeito dos honorários sucumbenciais, não será possível executá-los (Súmula 453 do STJ). Por fim, considerar-se-ão incluídas no pedido, independentemente de requerimento expresso, **as prestações sucessivas a que se refere o art. 323 do CPC, o que abrange as que vencerem enquanto durar a obrigação, se não forem pagas no curso do processo**.

1.3.4. Cumulação de pedidos

O art. 327 do CPC autoriza a cumulação de pedidos, em um único processo. É a chamada **cumulação objetiva**, que se distingue da subjetiva, em que há mais de um autor ou de um réu (litisconsórcio).

Há controvérsia doutrinária a respeito do cúmulo objetivo, que para uns implica verdadeira cumulação de ações em um único processo e para outros constitui apenas cumulação de vários pedidos ou pretensões, em uma única ação e processo.

Para Nelson e Rosa Nery, tanto a cumulação objetiva quanto a subjetiva implicam cumulação de ações em um único processo. Nesse sentido, em comentários ao art. 327 do CPC, concluem: "É o conjunto de ações cumuladas, em cúmulo objetivo ou subjetivo. Podem existir várias ações num único processo, como ocorre no caso sob análise. A norma deixa clara essa ideia, quando permite a cumulação de ações, num único processo"[1].

Diferente é a opinião de Cássio Scarpinella, para quem, havendo cumulação de pedidos, haverá um só processo e apenas uma ação: "Também não há mais de uma 'ação' neste caso. O que há é uma só ação — um só rompimento da inércia da jurisdição pelo autor —, embora ele o faça cumulando, como a lei lhe permite, mais de um pedido de tutela jurisdicional"[2].

---

[1] Nelson e Rosa Nery, *Código de Processo Civil comentado*, p. 559, nota 4 ao art. 292.

[2] Cássio Scarpinella Bueno, *Curso sistematizado*, op. cit., v. 2, t. I, p. 80.

382 Direito Processual Civil Esquematizado — *Marcus Vinicius Rios Gonçalves*

A divergência parece mais terminológica: caso se considere cada pretensão posta em juízo uma ação, havendo cumulação de pedidos, haverá várias ações; se a ação for considerada aquilo que rompe a inércia da jurisdição, haverá uma só.

Mas **não há controvérsia quanto ao fato de que o processo é único**, e que única será a sentença, na qual todas as pretensões haverão de ser examinadas.

Interessa-nos, agora, o estudo da cumulação objetiva, já que o litisconsórcio foi tratado em capítulo próprio.

1.3.5. Diversas espécies de cumulação

A doutrina costuma fazer a distinção entre a cumulação em que o autor pretende do juiz que acolha todos os pedidos; e em que, conquanto o autor formule várias pretensões, pretende que acolha apenas uma. A primeira espécie é denominada **cumulação própria**, que pode ser de dois tipos: simples ou sucessiva; e a segunda é a **imprópria**, que pode ser alternativa ou subsidiária (eventual). A rigor, na imprópria não há exatamente cumulação (daí a denominação imprópria), porque o que se pede ao juiz é que acolha apenas um dos pedidos formulados.

1.3.5.1. Cumulação simples

É aquela em que o **autor formula vários pedidos, postulando que todos sejam acolhidos pelo juiz**. É dessa espécie que trata o art. 327, *caput*, do CPC quando prevê a possibilidade de cumulação de vários pedidos no mesmo processo. O que a distingue da cumulação sucessiva é que os pedidos formulados não dependem uns dos outros, isto é, não há relação de prejudicialidade entre uns e outros, sendo possível que o juiz acolha alguns e não os demais.

O *caput* do art. 327 dispõe que **não há necessidade de que os pedidos sejam conexos**. É possível que o credor cumule dois ou mais pedidos de cobrança contra o mesmo réu no mesmo processo, ainda que as dívidas sejam independentes entre si e não guardem nenhuma relação umas com as outras, o que se justifica pela economia processual. Conquanto desnecessária a conexão, é preciso que os pedidos sejam **compatíveis entre si, que o juízo seja competente para conhecê-los todos e que o procedimento para todos seja o mesmo, ou, quando não, que todos possam processar-se pelo comum** (CPC, art. 327, §§ 1.º e 2.º).

1.3.5.2. Cumulação sucessiva

É aquela em que o autor formula dois ou mais pedidos em relação ao mesmo réu, buscando êxito em todos. No entanto, **o acolhimento de uns depende do acolhimento de outros, já que as pretensões guardam entre si relação de prejudicialidade**. É o que ocorre, por exemplo, nas ações de investigação de paternidade cumulada com alimentos, em que a segunda depende da primeira. Na cumulação sucessiva, há conexão entre os pedidos, o que é dispensado na simples.

2 ■ Fase Postulatória

1.3.5.3. *Cumulação alternativa*

É aquela em que o autor formula mais de um pedido, mas pede ao juiz **o acolhimento de apenas um, sem manifestar preferência por este ou aquele**. O acolhimento de um dos pedidos exclui o dos demais: é uma coisa **ou** outra, e não uma coisa e outra, como na cumulação própria. Cumprirá ao juiz verificar, em caso de procedência, qual dos pedidos deve ser acolhido. O art. 325 trata do tema: "O pedido será alternativo, quando, pela natureza da obrigação, o devedor puder cumprir a prestação de mais de um modo". Essas são as obrigações alternativas. Mas haverá ainda cumulação alternativa quando determinado litígio puder ser solucionado por mais de um modo. É possível, por exemplo, que, não tendo o fornecedor de serviços atuado a contento, o consumidor postule ou o refazimento ou a indenização.

É preciso verificar se a lei não atribui ao réu o direito de optar entre o cumprimento por uma ou outra forma, caso em que o autor não poderá fazê-lo.

1.3.5.4. *Cumulação eventual ou subsidiária*

Assemelha-se à alternativa porque o autor formula mais de um pedido, com a pretensão de que só um deles seja acolhido, mas distingue-se dela porque **o autor manifesta a sua preferência por um, podendo-se dizer que há o pedido principal e o subsidiário**, que só deverá ser examinado se o primeiro não puder ser acolhido. Se o juiz acolher o principal, o autor não poderá recorrer; mas se acolher o subsidiário, sim, pois terá sucumbindo, uma vez que a pretensão preferencial não foi acolhida.

1.3.6. Cumulação de fundamentos

Além da cumulação de pedidos, admite-se a de fundamentos, caso em que haverá **duas ou mais causas de pedir**. É possível, por exemplo, que o autor funde a sua pretensão a anular um contrato na incapacidade de um dos participantes e na existência de um vício de consentimento.

Se cada um dos fundamentos for, por si só, suficiente para o acolhimento do pedido, **basta que um deles fique provado para que o juiz profira sentença de procedência**. Mas para que julgue improcedente, é preciso que afaste todos os fundamentos invocados. Ou seja, quando houver a cumulação de fundamentos, basta ao autor que demonstre um deles para que o pedido seja acolhido; mas, para que seja rejeitado, é preciso que todos sejam afastados.

1.3.7. Requisitos para a cumulação

Há requisitos que a lei impõe para alguns tipos de cumulação. São os mencionados no art. 327, §§ 1.º e 2.º, do CPC:

■ **Que os pedidos sejam compatíveis entre si:** só é necessário para as cumulações próprias, simples e sucessivas, em que se pretende que o juiz acolha todos os pedidos. Mas não na imprópria, em que o acolhimento de um exclui o dos demais.

Caso a cumulação seja própria e o autor formule pedidos incompatíveis entre si, o juiz concederá prazo para que ele opte por um ou outro, sob pena de indeferimento da inicial.

384 Direito Processual Civil Esquematizado   *Marcus Vinicius Rios Gonçalves*

■ **Que o mesmo juízo seja competente para todos os pedidos:** indispensável para todas as espécies de cumulação. Como o autor pretende que o juiz acolha todas as pretensões, ou pelo menos alguma delas, o juiz tem de ser competente para todas. Em caso de incompetência absoluta para alguma das pretensões, ele indeferirá o pedido para o qual é incompetente, cabendo à parte postulá-la perante o juízo competente. Na hipótese de incompetência relativa, se houver a modificação, por prorrogação, conexão, continência ou derrogação, o juiz poderá examinar todos os pedidos.

■ **Que seja adequado para todos os pedidos o tipo de procedimento:** como haverá um único processo, é preciso que o procedimento seja adequado para todos os pedidos. O § 2.º do art. 327 autoriza a cumulação se, conquanto os procedimentos sejam diferentes, o autor adotar o **comum para todos eles. Isso não impedirá o emprego das técnicas processuais diferenciadas previstas nos procedimentos especiais a que se sujeitam um ou mais pedidos cumulados, que não forem incompatíveis com as disposições sobre o procedimento comum.** Por exemplo: uma ação de resolução de contrato, de procedimento comum, poderá ser cumulada com uma ação possessória de força nova, de rito especial. E isso não impedirá o deferimento de eventual liminar, já que ela não é incompatível com o procedimento comum.

Cabe ao juiz, **de ofício**, verificar os requisitos mencionados. Não sendo possível a cumulação, o juiz verificará se é caso de indeferir a petição inicial, ou de reduzir os limites objetivos da lide, determinando o prosseguimento apenas de um ou alguns dos pedidos formulados.

1.4. INDEFERIMENTO DA INICIAL

A primeira atuação do juiz no processo é o juízo de admissibilidade da petição inicial. Haverá três alternativas: pode encontrá-la em termos, caso em que determinará o prosseguimento com a citação do réu (ou até com o julgamento imediato, nas hipóteses do art. 332); pode constatar a necessidade de algum esclarecimento, ou a solução de algum defeito ou omissão, caso em que concederá prazo ao autor para emendá-la, indicando o que precisa ser completado ou corrigido; pode verificar que há um vício insanável, ou que não foi sanado pelo autor, no prazo que lhe foi concedido, caso em que proferirá sentença de indeferimento da inicial. Essa última é a que nos interessa, no presente item.

O art. 330 do CPC trata do tema, apresentando numerosas hipóteses de indeferimento.

No curso do processo, e a qualquer tempo, o juiz pode, constatada a existência de alguma das hipóteses do art. 485, extinguir o processo sem resolução de mérito. Mas a expressão **"indeferimento de inicial" deve ficar reservada à hipótese em que o juiz põe fim ao processo antes de determinar que o réu seja citado**, no momento em que faz os primeiros exames de admissibilidade.

As hipóteses do art. 330, de indeferimento da inicial, resultam todas na extinção do processo sem resolução de mérito. As hipóteses são as seguintes:

■ Inépcia: é a inaptidão da inicial para produzir os resultados almejados, **seja por falta de pedidos seja por falta de fundamentação**. O § 1.º do art. 330 considera inepta a inicial quando não contiver pedido ou causa de pedir; o pedido for indeterminado, ressalvadas as hipóteses legais em que se permite o pedido genérico; da narração dos fatos não decorrer logicamente a conclusão; ou contiver pedidos incompatíveis entre si.

■ Quando a parte for manifestamente ilegítima. O "manifestamente" foi utilizado pelo legislador para expressar que a ilegitimidade de parte há de ser indubitável, podendo ser detectada *prima facie* no exame da inicial.

■ Quando ao autor carecer de interesse processual. Essa hipótese, somada à anterior, completa o quadro relacionado às condições da ação, cuja falta, se detectável desde logo, ensejará o indeferimento da inicial, e se constatada *a posteriori*, levará à extinção sem resolução de mérito.

■ Quando, postulando em causa própria, o advogado não cumprir as determinações do art. 106, e quando o autor não emendar a inicial, na forma do art. 321.

1.4.1. Peculiaridades da apelação interposta contra a sentença que indeferiu a inicial

O ato judicial que indefere a petição inicial é a **sentença**, por força do que dispõe o art. 485, I, do CPC. Contra ela o recurso adequado será o de **apelação**, que se processará na forma estabelecida no CPC, art. 331: "Indeferida a petição inicial, o autor poderá apelar, facultado ao juiz, no prazo de 5 (cinco) dias, retratar-se".

Trata-se de apelação dotada de **efeito regressivo**, em que o juiz tem a possibilidade de, ponderando os argumentos apresentados pelo autor no recurso, reconsiderar a sua decisão e determinar a citação do réu. Sempre que houver extinção sem resolução de mérito, a apelação terá esse efeito, com a particularidade de que no caso do indeferimento da inicial o réu ainda não foi citado, **e precisará sê-lo, para oferecer contrarrazões e acompanhar o recurso**.

Se o juiz a reconsiderar, a sentença de indeferimento da inicial ficará sem efeito e será determinada a citação do réu; do contrário, mantida a sentença, será o réu citado para responder ao recurso. Caso ele seja provido, o prazo para contestação do réu começará a correr da intimação do retorno dos autos, observado o disposto no art. 334. Em outros termos, em regra, com o retorno dos autos, o juiz designará audiência prévia de tentativa de conciliação, e só depois de sua realização é que fluirá o prazo de contestação. O prazo só correrá efetivamente da intimação do retorno dos autos se a audiência não for designada, nos casos em que o processo não admite autocomposição.

1.5. O JUÍZO DE ADMISSIBILIDADE POSITIVO

1.5.1. Introdução

Quando o juiz verificar que a inicial preenche todos os requisitos, determinará a citação do réu, para que este possa ser integrado ao processo. Mas há uma situação especial em que, recebida a inicial, o juiz passará de imediato ao julgamento, sem a citação. Trata-se do art. 332, que autoriza o juiz a proferir sentença de total improcedência, nos casos nele previstos.

1.5.2. A improcedência liminar (art. 332)

Em mais um esforço dirigido à efetividade do processo, a Lei n. 11.277/2006 acrescentou ao CPC de 1973 o art. 285-A, que assim estabelecia: "Quando a matéria controvertida for unicamente de direito e no juízo já houver sido proferida sentença de total improcedência em outros casos idênticos, poderá ser dispensada a citação e proferida sentença, reproduzindo-se o teor da anteriormente prolatada".

A autorização concedida ao juiz nesse dispositivo era inédita, pois pela primeira vez permitia que ele julgasse o pedido do autor inteiramente improcedente, sem a citação do réu. Havia uma verdadeira sentença de mérito, proferida sem que o réu fosse chamado a manifestar-se. No entanto, esse dispositivo mereceu, enquanto vigorou, duras críticas dos processualistas, pois as causas de improcedência de plano estavam associadas a julgamentos anteriores proferidos pelo mesmo juízo, sem preocupação se tais decisões estavam ou não em consonância com a jurisprudência dos Tribunais Superiores. Essa solução não favorecia a isonomia dos litigantes em juízo, nem a uniformização da jurisprudência. Afinal, dois litigantes que ajuizassem ações versando sobre a mesma questão jurídica, em juízos diferentes, poderiam obter resultados absolutamente díspares, porque se um dos juízos, em casos anteriores semelhantes, já tivesse dado pela total improcedência, poderia fazê-lo dispensando a citação do réu nos casos novos. E o outro juízo poderia ter entendimento diverso sobre a questão jurídica, decidindo de forma diferente, caso em que teria de determinar a prévia citação do réu. Em síntese, a solução do CPC de 1973 **prestigiava a jurisprudência do próprio juízo**, a solução por ele dada à mesma questão jurídica em processos anteriores. Atento a essas críticas, o CPC atual manteve a possibilidade de o juiz julgar liminarmente improcedente o pedido, mas modificou os requisitos para que ele possa fazê-lo. As causas de improcedência de plano estão previstas no art. 332. O juiz julgará liminarmente improcedente o pedido que contrariar enunciado de súmula do Supremo Tribunal Federal ou do Superior Tribunal de Justiça, acórdão proferido pelo Supremo Tribunal Federal ou Superior Tribunal de Justiça em julgamento de recursos repetitivos, entendimento firmado em incidente de resolução de demandas repetitivas ou de assunção de competência ou enunciado de súmula de tribunal de justiça sobre direito local (e, embora a lei não o diga expressamente, também nos casos em que o pedido contrariar decisão do STF em controle concentrado de constitucionalidade). E também quando verificar, desde logo, a ocorrência da prescrição ou decadência. **As hipóteses de improcedência liminar não estão mais associadas aos precedentes do próprio juízo, mas à existência de entendimento pacificado sobre a questão de direito em que se funda o pedido**, nas hipóteses supramencionadas. A solução dada pelo art. 332 favorece o princípio da isonomia e segurança jurídica, pois determina que todos os juízes julguem liminarmente improcedentes as pretensões, desde que presentes as hipóteses acima, todas elas — exceto a de prescrição e decadência — associadas à jurisprudência pacificada dos órgãos superiores. As hipóteses dos incisos I, II e III do art. 332 mantêm coerência com as hipóteses do art. 927, II, III e IV, consideradas como de jurisprudência vinculante (devendo-se incluir também a hipótese do art. 927, I).

Preenchidos os requisitos, o juiz deverá julgar liminarmente improcedente a pretensão, mas não sem antes cumprir o disposto nos arts. 10 e 11 do CPC. É certo que o art. 487, parágrafo único, ressalva a hipótese do art. 332, § 1.º, permitindo que o juiz profira sentença de improcedência liminar sem ouvir as partes. De fato, não haverá como ouvir o réu, que nem sequer estará citado. Entretanto, parece-nos que terá de ouvir o autor, para que este não seja surpreendido com o reconhecimento da prescrição ou decadência, sem ter tido oportunidade de demonstrar ao juiz que ela não ocorreu.

1.5.2.1. Requisitos para a improcedência liminar

São os seguintes:

■ **Que a causa dispense a fase instrutória**. A incidência do art. 332 pressupõe a existência de súmula ou julgamento repetitivo, o que pressupõe controvérsia apenas sobre matéria jurídica, já que essa é a que se pode repetir em uma multiplicidade de processos. Não matérias de fato, que são sempre específicas e próprias de cada processo. Ao dizer que poderá haver julgamento de improcedência liminar nas causas que dispensem instrução, o que o legislador quis dizer é que a questão de mérito deverá ser exclusivamente de direito. Trata-se da mesma situação que autorizaria o julgamento antecipado da lide, nas hipóteses do art. 355, I, do CPC. A pretensão deve estar fundada em uma questão estritamente jurídica, por exemplo, na ação para declarar a inexigibilidade de um tributo, reputado inconstitucional. A questão de mérito é a constitucionalidade ou não do tributo, o que não envolve o exame de fatos. O juiz só deverá aplicar o art. 332 se a dispensa da fase instrutória puder ser verificada *ab initio*. Se houver alguma questão fática que possa tornar-se controvertida, o juiz não deverá valer-se do art. 332 e deverá mandar citar o réu. Se, após a resposta, não houver necessidade de instrução, ele então promoverá o julgamento antecipado do mérito. Mas o julgamento liminar pressupõe que a questão de mérito seja só de direito, única situação em que, de plano, é possível verificar a desnecessidade da fase de instrução. Fica ressalvada a hipótese de prescrição e decadência, casos em que o processo pode versar sobre questão de fato. Contudo, aí a pretensão ou o direito já estarão extintos, pelo transcurso *in albis* do prazo prescricional ou decadencial. Nessa hipótese, e apenas nela, a existência de questão de fato que poderia tornar-se controvertida não impedirá a improcedência liminar do pedido.

■ **Que esteja presente qualquer uma das hipóteses do art. 332, I a IV, ou a do art. 332, § 1.º**. A aplicação do art. 332 do CPC se limita às hipóteses de total improcedência. Nem poderia ser de outra forma: só assim se poderia dispensar a citação do réu, que não sofre nenhum prejuízo. Antes, só terá benefícios, pois obterá uma sentença inteiramente favorável sem nenhum ônus ou despesa, pois nem sequer terá de apresentar contestação. Se o caso não for de total, mas de parcial improcedência, a citação será indispensável.

Não há nenhuma inconstitucionalidade na dispensa da citação do réu, na hipótese do art. 332. É certo que não haverá contraditório, mas disso não resultará prejuízo.

A aplicação do dispositivo atribui ao juiz a possibilidade de julgar mais rapidamente processos que versam sobre determinada questão jurídica que, por sua repetição e multiplicidade, deram ensejo à edição de súmula ou ao julgamento repetitivo. São conhecidas as situações em que determinadas teses jurídicas dão ensejo a uma

388 Direito Processual Civil Esquematizado   *Marcus Vinicius Rios Gonçalves*

multiplicação de processos, nos quais se discute a mesma questão de direito. Para acelerar-lhes o julgamento é que o novo dispositivo foi introduzido.

Ao proferir a sentença de improcedência de plano, o juiz deverá fundamentá-la, indicando em qual dos incisos do art. 332 ela se funda e demonstrando que o caso sob julgamento se ajusta àquela estabelecida na súmula ou no julgamento repetitivo (art. 489, V). Se não o fizer, a sentença será considerada não fundamentada, dando ensejo à interposição de embargos de declaração.

1.5.2.2. Aplicação obrigatória ou facultativa?

A redação do art. 285-A do CPC de 1973 apenas permitia ao juiz dispensar a citação do réu e proferir de plano a sentença de total improcedência. Mas isso **se ele assim o desejasse**. Se não, poderia mandar citar o réu e, no momento oportuno, proferir o julgamento antecipado da lide.

O CPC atual, no art. 332, *caput*, faz uso do imperativo: nos casos por ele previstos, o juiz **julgará** liminarmente o pedido. Diante dos termos da lei, não resta dúvida sobre o caráter cogente do dispositivo. Verificadas as hipóteses dos incisos e do § 1.º do art. 332, o juiz deverá julgar liminarmente improcedente o pedido. Nenhuma nulidade, no entanto, haverá se o juiz não aplicar o dispositivo e mandar citar ao réu.

1.5.2.3. A improcedência liminar parcial do pedido

O art. 356 do CPC permite o julgamento antecipado parcial do mérito se um dos pedidos ou parte deles mostrar-se incontroverso ou estiver em condições de imediato julgamento. Diante disso, não haverá óbice a que o juiz se valha da mesma regra para **prolatar a improcedência liminar parcial do pedido**, desde que, havendo cumulação de pedidos na inicial, em relação a alguns deles, estejam presentes as hipóteses do art. 332. É possível que, na inicial, o autor cumule dois pedidos: um deles versa sobre questão exclusivamente de direito, e a respeito dela já existe súmula ou julgamento repetitivo; o outro versa sobre questão de fato, ou questão de direito não sumulada nem decidida em julgamento repetitivo. Nada obsta que o juiz, de plano, julgue improcedente o primeiro pedido e determine o prosseguimento do processo e a citação do réu em relação ao segundo. Não haverá sentença de improcedência liminar, mas decisão interlocutória de improcedência liminar, contra a qual caberá agravo de instrumento.

1.5.2.4. Se o autor apelar?

Da decisão interlocutória que julgar liminarmente improcedente um dos pedidos, cabe agravo de instrumento, na forma do art. 1.015, II, do CPC. Da sentença de total improcedência, cabe recurso de apelação, pelo autor. Esse recurso terá efeito regressivo, com a possibilidade de o juiz retratar-se no prazo de cinco dias, tornando sem efeito a sentença proferida, para determinar a citação do réu. Esse é o único caso em que o juiz poderá retratar-se de uma sentença de mérito. Das sentenças de extinção sem resolução de mérito, o juiz, havendo apelação, poderá sempre retratar-se.

Caso não haja a retratação, o réu será citado para apresentar contrarrazões. Se houver retratação, ele será citado para apresentar contestação.

2 ■ Fase Postulatória

Com a subida do recurso, o Tribunal poderá:

■ **manter a sentença de total improcedência**, quando verificar que o juiz tinha razão ao proferi-la. O acórdão condenará o autor ao pagamento de honorários advocatícios dos quais ele estaria dispensado se não tivesse recorrido, pois o réu nem sequer teria comparecido aos autos;

■ **verificar que não era hipótese de aplicação do art. 332**, seja porque ausentes as hipóteses previstas no dispositivo, seja porque o processo não é daqueles que dispensa instrução, caso em que o Tribunal **anulará a sentença** e determinará o retorno dos autos à primeira instância para que o réu tenha oportunidade de contestar, prosseguindo-se daí por diante.

1.5.2.5. Se o autor não apelar?

A sentença de total improcedência transitará em julgado, sem que o réu tenha sido, ao menos, citado. Por isso, é importante que o juiz determine a sua **intimação**, para que dela possa tomar conhecimento (art. 332, § 2.º).

2. DA AUDIÊNCIA DE TENTATIVA DE CONCILIAÇÃO

É fase indispensável nos processos de procedimento comum. A sua designação no começo funda-se na ideia de que, após o oferecimento da resposta, o conflito poderá recrudescer, tornando mais difícil a conciliação das partes. A busca pela solução consensual dos conflitos vem prevista como norma fundamental do processo civil, no art. 3.º, §§ 2.º e 3.º, do CPC. A eventual conciliação nessa fase ainda inicial do processo se ajusta ao **princípio econômico**, já que o poupará de avançar a fases mais adiantadas.

Desde que a inicial tenha preenchido os requisitos de admissibilidade e não seja caso de improcedência de plano, o juiz designará audiência de conciliação ou mediação, na qual atuará necessariamente, onde houver, o conciliador ou mediador. **Ela será realizada nos centros judiciários de solução consensual de conflitos, previstos no art. 165,** *caput*, e será designada com antecedência mínima de trinta dias. O réu deverá ser citado com pelo menos 20 dias de antecedência. O juiz só a dispensará em duas hipóteses: **quando não for possível a autocomposição ou quando ambas as partes manifestarem, expressamente, o seu desinteresse na composição**. O autor deverá fazê-lo na inicial e o réu com no mínimo dez dias de antecedência, contados da data marcada para a audiência.

Mesmo que o autor, na inicial, manifeste expressamente desinteresse, o juiz terá de designá-la porque ela ainda assim se realizará, exceto se, com pelo menos 10 dias de antecedência o réu também manifestar o desinteresse. Quando ele o fizer, a audiência já estará designada. Com a manifestação, ela será cancelada, mas desde que seja feita com a antecedência necessária. Nesse sentido, estabelece o Enunciado n. 61 da ENFAM: "Somente a recusa expressa de ambas as partes impedirá a realização da audiência de conciliação ou mediação prevista no art. 334 do CPC/2015, não sendo a manifestação de desinteresse externada por uma das partes justificativa para afastar a multa de que trata o art. 334, par. 8.º".

Designada a data, **o comparecimento das partes é obrigatório**. A ausência delas implicará ato atentatório à dignidade da justiça, incorrendo o ausente em multa de até

2% da vantagem econômica pretendida, que reverterá em favor da União ou do Estado. A parte poderá, se não puder ou não quiser comparecer, constituir um representante por meio de procuração específica, com poderes para negociar e transigir, mas que não se confundirá, em princípio, com o advogado. As partes devem comparecer à audiência acompanhadas de seus advogados ou de Defensor Público. A ausência destes, no entanto, não implica ato atentatório, nem impede que se tente a conciliação, que é ato jurídico material, para o qual a presença de advogado não é indispensável. Parece-nos que, por procuração específica, a parte pode constituir como seu representante, com poderes para transigir, o próprio advogado. Nesse caso, o advogado figuraria como representante constituído da parte para participar da audiência, hipótese em que se dispensaria o comparecimento pessoal dela. De qualquer sorte, a ausência do autor não poderá ter por consequência a extinção do processo, sem resolução de mérito, assim como a do réu não poderá implicar revelia. Nesse sentido:

> "Como se vê, o Código de Processo Civil previu sanção específica para o caso de ausência injustificada da parte ou de seu representante em audiência de conciliação, a saber, a aplicação de multa de até 2% do valor da causa ou da vantagem econômica pretendida, de modo que não há como se realizar interpretação extensiva a esse respeito, pois, caso o legislador quisesse considerar tal conduta da parte como hipótese de abandono do feito, certamente o teria feito de forma expressa. Dessa forma, a extinção do feito, na forma como fora decretada pelo magistrado sentenciante, além de não estar amparada legalmente, mostra-se uma medida excessivamente rigorosa e prejudicial ao autor, devendo, portanto, ser afastada" (Apelação Cível n. 1001779-64.2018.8.26.0576, de 15 de agosto de 2019, Rel. Des. Pedro Alcântara da Silva Leme Filho).

O juiz não dispensará a audiência, salvo nos casos em que a lei o permita. Afora essas situações, **ela é de realização obrigatória**. No entanto, a falta de designação não dará ensejo à nulidade do processo, uma vez que da omissão não decorrerá prejuízo às partes, especialmente porque a qualquer tempo as partes podem transigir. Nesse sentido já vinha decidido o C. Superior Tribunal de Justiça a respeito da audiência do art. 331 do CPC/1973, devendo a mesma solução prevalecer em relação à audiência do art. 334 do CPC atual:

> "não importa nulidade do processo a não realização da audiência de conciliação, uma vez que a norma contida no art. 331 do CPC visa a dar maior agilidade ao processo, e as partes podem transigir a qualquer momento" (STJ — AgRg no AREsp n. 409.397/MG — Rel. Min. Sidnei Benetti, 3.ª Turma, j. em 19.08.2014).

3. RESPOSTA DO RÉU

3.1. INTRODUÇÃO

A segunda etapa da fase postulatória é a da apresentação da resposta pelo réu. Essa fase presta-se a que ambos os litigantes — autor e réu — **tenham oportunidade de manifestar-se, apresentar a sua versão dos fatos e formular eventuais pretensões ao juízo.**

2 ■ Fase Postulatória

De acordo com o art. 238 do CPC, o réu, executado ou interessado é citado para integrar a relação processual. Ao fazê-lo, poderá apresentar dois tipos de resposta: a contestação e a reconvenção, que serão estudadas nos próximos itens.

3.2. AS FORMAS DE RESPOSTA

O réu pode apenas defender-se das alegações e das pretensões contidas na petição inicial. A peça de defesa por excelência é a **contestação**. Mas pode não se limitar a defender-se e contra-atacar, por meio de uma ação incidente autônoma, em que dirige pretensões contra o autor, apresentada na contestação, denominada **reconvenção**. Ou, ainda, provocar a **intervenção de terceiros**, por denunciação da lide ou chamamento ao processo.

Contudo, não pode mais valer-se da ação declaratória incidental, das exceções rituais e da impugnação ao valor da causa, formas de resposta previstas no CPC de 1973 e extintas no CPC atual.

3.3. PRAZO DE CONTESTAÇÃO NO PROCEDIMENTO COMUM

O prazo de contestação no procedimento comum é de **quinze dias**, conforme dispõe o art. 335 do CPC: "O réu poderá oferecer contestação, por petição, no prazo de 15 dias (...)". O prazo da reconvenção é o mesmo, já que ela é apresentada na contestação.

O prazo corre a partir da audiência de tentativa de conciliação. Caso ela não se realize por vontade das partes, corre a partir da data em que o réu protocola a petição, manifestando desinteresse. Caso não seja designada audiência, porque o processo não admite autocomposição, o prazo correrá tendo por termo inicial as datas indicadas no art. 231 do CPC, e variará conforme o tipo de citação que tenha ocorrido no processo.

No caso de não ser designada audiência de tentativa de conciliação, havendo mais de um réu, **o prazo para todos só correrá a partir da última consulta, feita ao portal eletrônico ou da juntada aos autos do último aviso de recebimento ou mandado cumprido**. É o que dispõe o art. 231, § 1.º, do CPC: "Quando houver mais de um réu, o dia do começo do prazo para contestar corresponderá à última das datas a que se referem os incisos I a VI do *caput*". Por isso, enquanto todos os réus não tiverem ainda sido citados, o prazo de nenhum deles começa a correr. Se um foi citado antes, poderá aguardar a citação dos demais, para só então apresentar a sua contestação. Isso explica a razão pela qual, se um dos réus estiver citado e houver posterior desistência da ação em relação aos que ainda não estiverem citados, **aquele deverá ser intimado, para que o prazo de resposta flua**. O art. 345, § 2.º, não deixa dúvidas: "Quando ocorrer a hipótese do art. 334, § 4.º, inciso II, havendo litisconsórcio passivo, e o autor desistir da ação em relação ao réu ainda não citado, o prazo para resposta correrá da data de intimação da decisão que homologar a desistência". Isso para que o réu citado não seja surpreendido enquanto aguarda a citação dos demais. Se for realizada audiência de tentativa de conciliação, para a qual todos os réus terão de ser citados, o prazo para todos começa a partir da audiência. Mas, tendo havido manifestação de desinteresse pelo autor na inicial e por todos os réus, em litisconsórcio passivo, a audiência não se realizará (art. 334, § 6.º), e o termo inicial do prazo para cada um dos réus será a data da apresentação de seu respectivo pedido de cancelamento da audiência (art. 335, § 1.°). Vale lembrar que, havendo litisconsórcio, a audiência só não se realizará se houver manifestação de desinteresse por todos os litisconsortes. Se apenas por alguns, a audiência será realizada, todos deverão comparecer, e o prazo de contestação para todos os réus fluirá a partir dela. Somente se todos os litisconsortes, ativos e passivos, manifestarem desinteresse a audiência não se realizará, e o prazo de contestação para cada um dos réus correrá do protocolo da respectiva manifestação de desinteresse. O prazo de resposta será duplicado se o réu for a Fazenda Pública ou o Ministério Público (arts. 183 e 180); se houver no polo passivo litisconsortes com advogados diferentes, de escritórios distintos, desde que não se trate de processo eletrônico (art. 229) ou se o réu for defendido por órgão público de assistência judiciária, como a Defensoria Pública ou a Procuradoria do Estado (art. 5.°, § 5.°, da Lei n. 1.060/50 e art. 186 do CPC), será também dobrado.

Dentro do prazo, a resposta deve ser protocolada em Cartório, não bastando que seja despachada pelo juiz: se o réu despacha no último dia do prazo e só protocola a contestação no dia seguinte, haverá intempestividade.

3.4. DA CONTESTAÇÃO

3.4.1. Introdução

É, por excelência, a **peça de defesa** do réu, por meio da qual ele pode se contrapor ao pedido inicial. Nela, **concentrará todos os argumentos de resistência à pretensão formulada pelo autor**, salvo aqueles que devem ser objeto de incidente próprio.

Entre os quatro institutos fundamentais do processo civil figuram a ação e a exceção, o direito de formular pretensões em juízo e o de defender-se e resistir às pretensões alheias. Se a petição inicial é a peça que veicula o direito de ação, a contestação é a que se contrapõe àquela, ao apresentar a resistência, a defesa do réu.

Ao apresentá-la, ele formula a pretensão de ver o pedido inicial desacolhido, no todo ou em parte, apresentando os argumentos e fundamentos que servirão para convencer o juiz. Daí que a pretensão contida na contestação é sempre **declaratória negativa**, de que o juiz declare que o autor não tem razão, desacolhendo o pedido.

A contestação não amplia os limites objetivos da lide, aquilo que o juiz terá de decidir no dispositivo da sentença. Tampouco o que nela contém serve para identificar a ação, pois tanto o pedido quanto a causa de pedir são definidos e determinados na petição inicial. Somente os fundamentos de fato e de direito que embasam o pedido inicial constituem a causa de pedir, **não os fundamentos da defesa**, o que é de grande relevância para a identificação das ações e terá importantes consequências em relação aos fenômenos da litispendência e da coisa julgada.

Entretanto, a contestação **amplia a cognição do juiz**, uma vez que, na sentença, ele terá de examinar não apenas os fundamentos da pretensão inicial, mas os de defesa.

A regra é de que na contestação o réu não possa formular pedidos contra o autor, exceto o de que as pretensões dele sejam desacolhidas. Se quiser apresentar pedidos de outra natureza, terá de valer-se da reconvenção. Mas há ações — denominadas dúplices — em que o réu pode valer-se de contestação não só para defender-se, mas também para formular pretensões em face do autor, sem que haja a necessidade da reconvenção.

3.4.2. Conteúdo da contestação

O art. 336 do CPC estabelece que "incumbe ao réu alegar, na contestação, toda a matéria de defesa, expondo as razões de fato e de direito, com que impugna o pedido do autor e especificando as provas que pretende produzir".

Esse dispositivo consagra o **princípio da eventualidade**, em relação ao direito de defesa: cumpre ao réu, na própria contestação, apresentar todas as razões que possam levar ao desacolhimento do pedido, ainda que não sejam compatíveis entre si. Pode, por exemplo, apresentar vários fundamentos de defesa, em ordem sucessiva para, caso o juízo eventualmente não acolha os primeiros, possa aceitar os últimos. Todas as razões de defesa devem, em suma, estar **concentradas** na contestação, uma vez que o réu não terá outra oportunidade de alegá-las. É preciso, porém, lembrar que as defesas podem ser classificadas em duas categorias: as de ordem pública, que poderiam ser conhecidas de ofício, e que não precluem, se não alegadas na primeira oportunidade **(objeções)**; e as que não são de ordem pública, e que precluirão, se não alegadas **(exceções)**.

O réu deverá apresentar, em sua defesa, tanto umas quanto outras. Mas com a ressalva de que uma omissão em relação às exceções as tornará preclusas, o que não ocorre com as objeções, que poderão ser alegadas mais tarde, pois poderiam até mesmo ser conhecidas de ofício. **A omissão do réu em relação às objeções não implica preclusão**.

3.4.2.1. Espécies de defesa que poderão ser apresentadas

As defesas podem ser classificadas em três categorias:

- **processuais, cujo acolhimento implique extinção do processo sem resolução de mérito** (por exemplo, a falta de condições da ação ou pressupostos processuais);
- **processuais, que não impliquem extinção do processo**, mas a sua dilação (como a incompetência do juízo ou o impedimento do juiz, que, se acolhidos, determinarão a remessa dos autos a outro juízo ou juiz);
- **defesas substanciais ou de mérito**.

Antes de apreciar as defesas de mérito, o juiz precisa examinar as processuais, por isso mesmo, chamadas preliminares.

3.4.2.2. Preliminares

O art. 337 do CPC enumera as **preliminares**, questões que devem ser apreciadas pelo juiz antes do passar ao exame do mérito. São as defesas de cunho processual, que podem ser de duas espécies: as de acolhimento que implique a extinção do processo; ou as de acolhimento que resulte apenas em sua dilação.

Como exemplos da primeira espécie, citados no art. 337: a inépcia da petição inicial, a perempção, a litispendência, a coisa julgada, a convenção de arbitragem e a carência da ação; como exemplos da segunda: a inexistência ou nulidade de citação (que não implicará a extinção do processo, mas a necessidade de fazer ou renovar a citação), a incompetência absoluta e a relativa, a conexão, a incorreção do valor da causa, a incapacidade da parte, o defeito de representação ou a falta de autorização (que só causarão a extinção do processo se não regularizadas no prazo fixado pelo juiz) e a indevida concessão do benefício da gratuidade da justiça.

O rol do art. 337 não é taxativo. Há outras defesas processuais que não foram mencionadas, como a falta do recolhimento de custas e o descumprimento do art. 486, § 2.º, do CPC.

As preliminares, à exceção da incompetência relativa e do compromisso arbitral, devem ser conhecidas pelo juiz **de ofício**. Por isso, não precluem, ainda que não alegadas na contestação.

Três das matérias enumeradas no art. 337, entre as preliminares que o réu deve alegar em contestação, eram antes do atual CPC alegáveis por via de incidentes processuais. A incompetência relativa deveria ser alegada por exceção ritual, o erro na atribuição do valor da causa deveria ser alegado pelo incidente de impugnação ao valor da causa e o erro na concessão da gratuidade da justiça também por incidente próprio. Esses incidentes desapareceram, e agora tais questões devem ser suscitadas na própria contestação, em preliminar.

Alegada qualquer das preliminares do art. 337 em contestação, o autor será ouvido em réplica, no prazo de 15 dias.

3.4.2.3. *Alegação de incompetência absoluta ou relativa*

Caso o réu alegue, como preliminar, a incompetência do juízo, seja ela absoluta, seja relativa, **ele poderá apresentar a contestação no foro de seu próprio domicílio**, o que deverá ser comunicado ao juiz da causa de imediato, se possível por meio eletrônico. Se houver mais de um juízo no foro de domicílio do réu, a contestação será distribuída para um deles. A distribuição será por dependência para o juízo ao qual foi distribuída a precatória de citação do réu, se a citação for feita por precatória. O juízo para onde foi distribuída, livremente ou por dependência, a contestação do réu, tornar-se-á prevento, se for reconhecida a competência do foro de seu domicílio.

Se o réu alegar a incompetência, absoluta ou relativa do juízo onde corre o processo, a audiência de tentativa de conciliação será suspensa até que a questão seja definida, após a qual será designada nova data.

A incompetência absoluta deve ser arguida como preliminar de contestação, mas, como constitui matéria de ordem pública, eventual equívoco ou demora das partes em alegá-la não implicará preclusão. Nos termos do art. 64, § 1.º, a incompetência absoluta pode ser alegada a qualquer tempo ou grau de jurisdição e deve ser declarada de ofício. Já a incompetência relativa tem de ser alegada como preliminar em contestação, sob pena de preclusão.

Alegadas em contestação, o juiz ouvirá o autor em réplica, no prazo de 15 dias. Se a incompetência absoluta for alegada em outra oportunidade, o juiz ouvirá a parte contrária. Em ambos os casos, ele decidirá imediatamente em seguida a questão da competência, determinando a remessa dos autos ao juízo competente, se acolher a alegação. A incompetência relativa poderá ser alegada pelo Ministério Público nas causas em que atuar. Como a lei não faz ressalva, entende-se que ele poderá fazê-lo **mesmo quando atue como fiscal da ordem jurídica**, caso em que não apresentará propriamente contestação, mas se manifestará depois das partes. Nesse caso, caberá a ele alegar a incompetência relativa na primeira oportunidade que tiver para falar nos autos.

Acolhida a alegação de incompetência, as decisões proferidas pelos juízos incompetentes conservarão sua eficácia até que outra seja proferida pelo juízo competente, se for o caso. Caberá, assim, ao juízo competente decidir se ratifica a decisão anterior ou se profere outra no lugar. Enquanto não for proferida outra, a decisão anterior permanece eficaz (art. 64, § 4.º, do CPC).

3.4.2.4. A preliminar de ilegitimidade de parte e a substituição do réu

Os arts. 338 e 339 do CPC trazem importante regra, que flexibiliza, em parte, o princípio da estabilidade da demanda. O art. 329 veda que, depois da citação do réu, haja alteração do pedido ou da causa de pedir, a menos que haja o consentimento do réu. E, depois do saneamento, nem mesmo com esse consentimento. Embora o dispositivo mencione apenas o pedido e a causa de pedir, também não será possível, ressalvadas as hipóteses em que a lei expressamente o admite modificar as partes, que devem permanecer as mesmas.

O art. 338, porém, permite **a substituição do réu, sempre que ele alegar ser parte ilegítima ou não ser o responsável pelo dano**. No CPC de 1973, não havia, de forma genérica, essa possibilidade. O que existia era uma figura de intervenção de terceiros, denominada nomeação à autoria, por meio da qual o réu que fosse mero detentor ou que tivesse praticado ato lesivo por ordem ou em cumprimento de instrução de terceiros, nomeasse a autoria o proprietário ou possuidor, no primeiro caso, ou o responsável pela ordem, no segundo. Já se criticava a inclusão da nomeação à autoria entre as espécies de intervenção de terceiro porque, sendo ela deferida, o que havia era a substituição do réu que era parte ilegítima, pelo verdadeiro legitimado.

A nomeação à autoria foi substituída por um mecanismo mais amplo e eficiente de correção do polo passivo no CPC atual, previsto nos arts. 338 e 339. A sua amplitude é muito maior do que na lei antiga, na qual a nomeação só cabia em casos restritos. No atual, o mecanismo do art. 338 aplica-se sempre que o réu alegar **que é parte ilegítima ou que não é o responsável pelo prejuízo invocado**. Nesse caso, o autor será ouvido, **podendo requerer, no prazo de 15 dias, o aditamento da inicial com a substituição do réu originário pelo indicado na contestação**, pagando ao advogado dele honorários advocatícios entre 3% e 5% do valor da causa (art. 338 do CPC). Para que isso se viabilize, manda a lei que o réu indique o nome do sujeito passivo da relação jurídica discutida, sempre que tiver conhecimento, sob pena de arcar com as despesas processuais e prejuízos que causar ao autor pela falta de indicação. Aceita a indicação, o autor procederá à alteração da inicial para substituir o réu. O novo mecanismo tem amplitude muito maior do que a nomeação à autoria, pois permite a regularização do polo passivo em qualquer caso de ilegitimidade, e não apenas nos casos em que a nomeação era cabível, previstos nos arts. 62 e 63 do CPC de 1973.

3.4.2.4.1. Procedimento

O réu que, ao contestar a ação, arguir a preliminar de ilegitimidade de parte deverá, sempre que tiver conhecimento, indicar quem é o verdadeiro legitimado, isto é, o sujeito passivo da relação jurídica discutida. Cabe a ele indicar, nomear aquele que é o verdadeiro responsável, o sujeito passivo da relação.

Essa pessoa pode ser e é, frequentemente, o empregador do réu ou pessoa que lhe dirige ordens ou comandos. Como, sem obrigatoriedade, o réu talvez preferisse não fazer a indicação, o art. 339 do CPC estabelece que ele **arque com as despesas processuais e indenize o autor pelos prejuízos decorrentes da falta de indicação.** A mesma solução há de ser dada se ele indicar, de má-fé, pessoa diversa do sujeito passivo da relação jurídica discutida. Não é lícito ao réu deixar de fazer a indicação, a menos que não tenha conhecimento de quem é o responsável; se não o fizer, responderá por perdas e danos decorrentes da extinção do processo sem resolução de mérito, já que o polo passivo não será corrigido.

3.4.2.4.2. A necessidade de aditamento da inicial

A arguição de ilegitimidade de parte com a indicação do verdadeiro legitimado poderá implicar **alteração do polo passivo, com a substituição do réu originário por outro**. No entanto, como compete ao autor decidir em face de quem ele quer demandar, seria impossível deferi-la, sem que ele consentisse e promovesse o aditamento da inicial.

O juiz, feita a indicação, **ouvirá o autor que, se com ela concordar, deverá aditar a inicial no prazo de 15 dias, substituindo o réu originário equivocadamente demandado pelo verdadeiro legitimado**. O autor, ouvido sobre a contestação, poderá tomar uma de três atitudes possíveis: aditar a inicial, discordar da indicação ou apenas silenciar.

No primeiro caso, o juiz, acolhendo o aditamento, determinará a exclusão do réu originário, que será substituído pelo novo réu. Como ele teve de apresentar contestação, o juízo condenará o autor a pagar honorários advocatícios de 3% a 5% do valor da causa ou, se este for irrisório, em quantia fixada equitativamente.

Se o autor disser que não concorda, ou simplesmente silenciar, deixando de aditar a inicial, o processo prosseguirá contra o réu originário, e o juiz, no momento oportuno, terá de apreciar a alegação de ilegitimidade de parte, extinguindo o processo sem resolução de mérito, se a acolher.

A decisão sobre aditar ou não a inicial é do autor, que nem precisará fundamentá-la. Basta que, no prazo de 15 dias, não adite a inicial, para que a indicação fique sem efeito, prosseguindo-se contra o réu originário.

2 ■ Fase Postulatória

Para que ocorra a substituição, não há necessidade de anuência ou concordância do novo réu, que substituirá o anterior. Se ele entender que não tem a qualidade que lhe foi atribuída pelo réu originário, deverá alegá-lo em contestação.

O art. 339, § 2.º, autoriza o autor a aditar a inicial, no prazo de 15 dias, não para substituir o réu originário pelo novo, mas para, mantendo o primeiro, incluir o segundo, como litisconsorte passivo. Essa solução faz sentido se o autor tiver dúvida a respeito de quem é o sujeito passivo da relação jurídica discutida ou se verificar que ela tem por titulares o réu originário e o indicado.

3.4.2.5. Defesa substancial ou de mérito

Depois de arguir eventuais preliminares, o réu apresentará, na mesma peça, a sua defesa de fundo, de mérito, que pode ser de dois tipos: **direta ou indireta**.

A defesa direta é aquela que nega os fatos que o autor descreve na inicial, ou os efeitos que deles pretende retirar; a indireta é aquela em que o réu, embora não negando os fatos da inicial, apresenta outros que modifiquem, extingam ou impeçam os efeitos postulados pelo autor.

Por exemplo: em ação de indenização por acidente de trânsito, haverá defesa direta se o réu negar que houve o acidente, ou que ele ocorreu na forma descrita na petição inicial; haverá defesa indireta se o réu reconhecer que houve o fato na forma narrada, mas alegar que já pagou, que houve prescrição da pretensão indenizatória, ou que as partes já transigiram sobre a questão.

A alegação de prescrição e decadência constitui defesa substancial indireta, cujo exame deve **preceder ao das demais defesas substanciais**, pois, se acolhida, implicará a extinção do processo com resolução de mérito, sem necessidade de apreciação das demais alegações. Por isso, há quem as denomine **"preliminares de mérito"**.

3.4.2.6. Impugnação específica e genérica

O réu tem o **ônus de impugnar especificamente os fatos narrados na petição inicial, sob pena de presumirem-se verdadeiros**. Cada fato constitutivo do direito do autor deve ser impugnado pelo réu. É o que dispõe o art. 341 do CPC: "incumbe também ao réu manifestar-se precisamente sobre as alegações de fato constantes da petição inicial, presumindo-se verdadeiras as não impugnadas (...)".

Todavia, há exceções à regra do ônus da impugnação especificada. O parágrafo único do art. 341, parágrafo único, estabelece que tal ônus **não se aplica ao advogado dativo, ao curador especial e ao defensor público**. Estes podem contestar por negativa geral, sem impugnar especificamente os fatos, tornando-os ainda assim controvertidos, sem presunção de veracidade.

Por exemplo: se o curador especial contesta por negativa geral, por falta de elementos para a contestação especificada, o réu, **conquanto revel, não sofrerá o efeito da revelia** consistente na presunção de veracidade dos fatos alegados na petição inicial.

398 Direito Processual Civil Esquematizado   *Marcus Vinicius Rios Gonçalves*

3.4.2.7. Indicação de provas e documentos

O art. 336 determina que compete ao réu não só alegar todas as matérias de defesa, na contestação, mas ainda especificar as provas que pretende produzir. Trata-se de ônus equivalente ao imposto ao autor na petição inicial.

Mas tem havido tolerância quanto ao cumprimento desse requisito, sobretudo porque, se o réu alega fatos impeditivos, extintivos ou modificativos do direito do autor, caberá a este oferecer réplica, e só então eles se tornarão controvertidos. Seria temerário exigir do réu que, já na contestação, pudesse precisar todas as provas necessárias para a demonstração daquilo que alegou. Por isso, entende-se que **a falta de protesto por provas não implica a perda de oportunidade para requerê--las posteriormente**.

A contestação, tal como a inicial, deve vir acompanhada dos documentos essenciais que comprovem as alegações. Trata-se de exigência do art. 434 do CPC que, no entanto, tem sido interpretado com largueza. O juiz não deixará de receber a contestação, nem mandará desentranhá-la se já juntada aos autos, apenas porque desacompanhada de documentos comprobatórios. Ela permanecerá nos autos e os documentos poderão ser juntados posteriormente, desde que deles se dê ciência à parte contrária (arts. 435 e 437, § 1.º, do CPC). **Se não juntados, o juiz apenas considerará não provados os fatos, que por meio deles seriam demonstrados**.

3.4.2.8. Defesas que podem ser apresentadas depois da contestação

O princípio da concentração da defesa exige do réu que alegue, na contestação, tudo aquilo que sirva para resistir à pretensão inicial. A contestação é o contraposto da petição inicial: nesta, o autor deve formular todos os pedidos e apresentar os respectivos fundamentos; naquela, o réu deve oferecer todas as defesas que tiver.

Mas o art. 342 do CPC apresenta algumas alegações que o réu pode apresentar *a posteriori*. São as:

■ **relativas a direito superveniente:** essa hipótese relaciona-se com a do art. 493, que determina ao juiz que leve em consideração, ao prolatar a sentença, os fatos e o direito superveniente. Por isso, conquanto o inciso fale apenas em direito superveniente, deve-se estender a possibilidade de alegação posterior também aos fatos, uma vez que o art. 493 é expresso;

■ **que competir ao juiz conhecer de ofício:** as objeções processuais, defesas que digam respeito a matérias de **ordem pública**. Em regra, as defesas processuais (entre as quais as preliminares, mencionadas no art. 337, com exceção da incompetência relativa e do compromisso arbitral). Não se sujeitam à preclusão, se não alegadas na primeira oportunidade. Mas há também defesas substanciais, que podem ser conhecidas de ofício, como **a prescrição e a decadência**;

■ **por expressa autorização legal, puderem ser formuladas em qualquer tempo ou juízo:** essa hipótese coincide, ao menos em parte, com a anterior, pois as matérias que o réu, por autorização legal, pode apresentar depois são as de ordem pública, não sujeitas à preclusão.

CONTESTAÇÃO		
Características	**Prazo**	**Conteúdo**
■ Peça de defesa por excelência, deve veicular toda a defesa do réu. É a peça que se contrapõe à petição inicial, servindo para que o réu resista à pretensão do autor. Pelo princípio da eventualidade, todas as defesas, ainda que não compatíveis entre si, devem figurar na contestação.	■ No procedimento comum, a contestação deve ser apresentada no prazo de quinze dias. Se o réu for Ministério Público, Fazenda Pública, Defensoria Pública ou litisconsortes com advogados diferentes, de escritórios distintos, não sendo o processo digital, o prazo será em dobro.	■ Deve conter as defesas processuais (preliminares que, em regra, poderiam ser conhecidas de ofício, exceto a incompetência relativa e o compromisso arbitral). E também as defesas substanciais ou de mérito, que se classificam em diretas ou indiretas. As diretas são aquelas que negam os fatos em que se baseia o pedido do autor; e as indiretas são aquelas que, conquanto não negando os fatos, apresentam outros impeditivos, extintivos ou modificativos do direito do autor.

3.5. RECONVENÇÃO

3.5.1. Introdução

Além da contestação, o réu poderá valer-se da reconvenção, que dela se distingue por **não constituir um mecanismo de defesa, mas de contra-ataque**.

Em regra, na contestação o réu não pode formular pretensões em face do autor, salvo a de que os pedidos por este formulados sejam julgados improcedentes. A exceção são as ações dúplices, nas quais a lei o autoriza a fazê-lo.

Afora as ações dúplices, **se o réu quiser formular pretensões em face do autor, terá de valer-se da reconvenção**. A contestação não amplia os limites objetivos da lide: o juiz se limitará a apreciar os pedidos formulados pelo autor, acolhendo-os ou não. Na reconvenção, sim: o juiz terá de decidir não apenas os pedidos do autor mas também os apresentados pelo réu, na reconvenção.

Não cabe reconvenção, portanto, apenas para que o réu postule a improcedência do pedido inicial, uma vez que isso não exige ação autônoma, bastando a contestação. A reconvenção pressupõe que o réu queira algo mais do autor, que não se satisfaça com a mera improcedência, e queira formular pretensões em face dele.

O que justifica a reconvenção é a economia e maior eficiência do processo, pois as pretensões de ambos os litigantes serão julgadas de uma só vez. Mas também — e sobretudo — a possibilidade de se afastar o risco de decisões conflitantes. Afinal, a pretensão formulada pelo réu tem de ser conexa com a do autor ou com os fundamentos de defesa. Sem a possibilidade de reconvir, o réu teria de valer-se de processo autônomo, julgado por outro juiz. E se juízes diferentes julgam pretensões conexas, há sempre o perigo de resultados incompatíveis.

3.5.2. Natureza da reconvenção

A reconvenção é uma nova ação, pois aciona o judiciário a proferir uma resposta às pretensões formuladas pelo réu. A peculiaridade reside em que **não forma um novo processo**. A ação principal e a reconvenção terão um processamento conjunto e serão julgadas por uma só sentença. Haverá duas ações em um único processo. O réu que tenha pretensões contra o autor não precisa valer-se da reconvenção, podendo, se quiser, ajuizar nova demanda independente, que formará um processo autônomo. E, às vezes, terá de fazê-lo, quando as suas pretensões não forem conexas com a ação principal ou com os fundamentos de defesa (art. 343). Mas, mesmo que o forem, o réu poderá optar por ajuizar ação própria, criando com isso um processo autônomo; com a ressalva de que, verificando-se a conexidade entre as duas ações, será determinada a reunião dos processos, na forma do art. 55, § 1.º, do CPC.

Uma vez que a reconvenção não cria um novo processo, se o juiz indeferi-la de plano, não estará proferindo sentença, pois não porá fim ao processo ou à fase condenatória. **O ato será decisão interlocutória.**

A pretensão do réu reconvinte em face do autor reconvindo pode ser de natureza condenatória, constitutiva ou declaratória. Não é necessário que seja da mesma natureza que a formulada pelo autor. É possível reconvenção condenatória em ação declaratória e vice-versa, por exemplo.

3.5.3. Independência da reconvenção

Conquanto ação e reconvenção processem-se em conjunto, para que possam ser julgadas juntamente, há relativa independência entre elas. O art. 343, § 2.º, estabelece que: "A desistência da ação, ou a ocorrência de causa extintiva que impeça o exame de seu mérito não obsta ao prosseguimento do processo quanto à reconvenção", o que se justifica por ser uma nova ação. O réu dificilmente faria uso da reconvenção se o prosseguimento ou o desfecho desta ficasse condicionado ao da ação original.

Afora as hipóteses de extinção sem resolução de mérito, a ação e a reconvenção serão ambas julgadas por uma só sentença. Mas há ainda a possibilidade de o juiz acolher a prescrição ou a decadência da pretensão formulada na ação original, extinguindo-a com resolução de mérito, e determinar o prosseguimento da reconvenção, ou vice-versa.

3.5.4. Processos e procedimentos em que cabe a reconvenção

A reconvenção é própria do processo de conhecimento e não cabe em processos de execução.

Dentre os de conhecimento, só nos de jurisdição contenciosa; nos de jurisdição voluntária, não.

Os procedimentos especiais podem ser de dois tipos: os que, com a apresentação de resposta do réu, passam a ser comuns; e os que permanecem especiais, mesmo depois da resposta, isto é, que têm peculiaridades ao longo de todo o curso. Só cabe reconvenção nas do primeiro tipo, como, por exemplo, nas monitórias, em que, oferecida a resposta, segue-se o procedimento comum. Nesse sentido, a Súmula 292 do STJ: "A reconvenção é cabível na ação monitória, após a conversão do procedimento em ordinário".

Não cabe reconvenção em embargos de devedor, nem nos processos de liquidação, mas sim em ação rescisória, desde que a pretensão do réu seja desconstituir a mesma sentença ou acórdão, embora por fundamentos diversos.

Por fim, não cabe reconvenção nas ações que corram no Juizado Especial Cível, uma vez que ela não se coaduna com a presteza do rito. Mas o art. 31 da Lei n. 9.099/95 admite que o réu formule, em sua contestação, pedido contraposto ao do autor.

3.5.5. Prazo

O art. 343 é expresso: "Na contestação, é lícito ao réu propor reconvenção (...)".

Não basta que a reconvenção seja apresentada no prazo de contestação. **É preciso que seja oferecida na contestação**. Portanto, se o réu contestar sem reconvir, não poderá mais fazê-lo, porque terá havido **preclusão consumativa**. E vice-versa.

Mas isso não significa que o réu precise contestar para reconvir (art. 343, § 6.º). É possível a reconvenção sem que o réu conteste, caso em que deverá ser apresentada no prazo que o réu teria para contestar. O que a lei manda é que, se o réu desejar apresentar as duas coisas, ele o faça simultaneamente, porque se apresentar apenas uma sem a outra, haverá preclusão consumativa.

Se o réu não contestar, mas reconvir, não será revel, porque terá comparecido ao processo, e se manifestado. Portanto, deverá ser intimado de todos os atos processuais subsequentes. Mas serão presumidos os fatos narrados na petição inicial? Depende. Se, ao reconvir, **ele apresentou fundamentos incompatíveis com os do pedido inicial, estes não se presumirão verdadeiros. Contudo, naquilo em que não houver tal incompatibilidade, haverá a presunção**.

Se o prazo da contestação é ampliado, como nas hipóteses em que ela é apresentada pelo Ministério Público, Fazenda Pública, Defensoria Pública ou litisconsortes com advogados diferentes, de escritórios distintos, não sendo o processo eletrônico, isso repercute também no prazo de reconvenção, já que esta é apresentada com aquela.

3.5.6. Peça única

O art. 343 não deixa dúvida de que contestação e reconvenção, quando o réu quiser valer-se das duas, serão apresentadas em peça única. No CPC de 1973 deveriam ser apresentadas simultaneamente, mas em peças separadas. No entanto, a jurisprudência majoritária orientava-se no sentido de que, se viessem em uma peça única, haveria mera irregularidade, e a reconvenção poderia ser recebida e processada como tal, desde que na peça única fosse indicado o necessário para que ela fosse identificada, isto é, as pretensões do réu em face do autor e os respectivos fundamentos. Nesse sentido, *RT* 806/139. Por essa razão, parece-nos que, com o novo CPC, embora a peça haja de ser única, a apresentação de contestação e reconvenção simultaneamente, mas em peças separadas, haverá de ser considerada mera irregularidade, que não impedirá o conhecimento e processamento desta.

3.5.7. Requisitos da reconvenção

A reconvenção — nova ação que é — exige o preenchimento das condições comuns a todas elas. E os pressupostos processuais: os mesmos requisitos que seriam exigidos se a reconvenção assumisse a forma de ação e de processo autônomos deverão ser observados por quem a apresenta.

Mas há requisitos específicos, necessários para a sua admissibilidade, que serão estudados em um item específico.

3.5.7.1. Conexidade

Estabelece o art. 343, *caput*, que "na contestação, é lícito ao réu propor reconvenção para manifestar pretensão própria, conexa com a ação principal ou com o fundamento da defesa". A reconvenção está ligada à economia processual e ao afastamento do risco de decisões conflitantes: isso pressupõe a conexidade exigida pelo art. 343, pois não se justificaria o processamento, a instrução e o julgamento conjuntos se ela não existisse.

A conexão vem tratada no art. 55 e ss. do CPC e pressupõe que duas ou mais ações tenham o mesmo pedido ou a mesma causa de pedir.

O art. 343 admite que a conexão se dê entre a reconvenção e a ação principal, ou entre aquela e os fundamentos da defesa.

Caberá reconvenção se o pedido ou a causa de pedir apresentados pelo réu reconvinte estiverem relacionados com os da ação principal. Por exemplo: em ação declaratória de inexigibilidade de título de crédito, o réu pode reconvir pedindo a condenação do autor ao pagamento da dívida. Há conexão, porque o objeto das duas ações está relacionado à mesma dívida. Ou, então, um dos cônjuges pode pedir a separação judicial por culpa do outro, e este reconvir, postulando a separação por culpa do primeiro. Cabe reconvenção porque o pedido nela formulado é também o de separação, como o da ação principal.

Mas a reconvenção também será admitida se houver conexão com os fundamentos da defesa, isto é, se o seu pedido ou causa de pedir estiverem relacionados **com os fundamentos da contestação, com as razões de fato e de direito expostas pelo réu, para justificar que o pedido inicial seja desacolhido.**

Por exemplo: se o réu, em contestação, alegar que o valor já tinha sido pago, e que a nova cobrança era indevida, poderá reconvir, pedindo a condenação do autor a pagar em dobro o que cobrou, na forma do art. 940 do CC. Tanto a defesa quanto o pedido de condenação estarão fundados na cobrança indevida daquilo que foi pago.

3.5.7.2. Competência

Para que caiba reconvenção, é preciso que **o mesmo juízo tenha competência para julgar o pedido principal e o reconvencional**. Não será admitida se o juízo for incompetente para o julgamento da reconvenção, desde que a incompetência seja absoluta. A relativa não autoriza o indeferimento da reconvenção, que pressupõe a conexidade, causa de modificação de competência. Por força da conexidade, o juiz poderá julgar a ação principal e a reconvencional.

3.5.7.3. Compatibilidade de procedimentos

Como a ação e a reconvenção terão um só processo e serão julgadas conjuntamente, **é preciso que tenham procedimentos compatíveis**. Não cabe reconvenção em procedimento especial, a menos que este siga pelo comum, com a resposta. Assim, só caberá reconvenção se ela também seguir o procedimento comum ou procedimento que possa converter-se nele.

3.5.8. A reconvenção em caso de legitimidade extraordinária

Há casos em que o autor propõe a ação na condição de legitimado extraordinário, em defesa não de direito próprio, mas de direito alheio. Ele será o substituto processual e o titular do direito será o substituído. Para que o réu possa reconvir, ele precisa formular pretensão conexa com o fundamento da ação principal ou com os fundamentos de defesa. Mas a pretensão formulada na inicial, embora apresentada pelo substituto, diz respeito ao substituído. Para que haja conexão, é preciso que, na reconvenção, a pretensão apresentada pelo réu também seja relativa ao substituído. No entanto, determina o art. 343, § 5.º, que a reconvenção seja formulada contra o autor, também na qualidade de substituto processual. Para isso, é preciso que o autor também possa figurar como substituto na defesa dos direitos do substituído frente à pretensão apresentada pelo reconvinte. Em suma: havendo substituição processual na lide originária, caberá reconvenção se o autor reconvindo também puder figurar como substituto processual na defesa dos direitos do substituído frente à pretensão apresentada pelo reconvinte, isto é, **quando o autor, substituto processual na lide originária, também puder ser substituto processual na reconvenção.**

3.5.9. Reconvenção e os limites subjetivos da demanda

Na vigência do CPC de 1973, havia controvérsia doutrinária sobre a possibilidade de a reconvenção ampliar os limites subjetivos da demanda, trazendo para o processo pessoas que até então nele não figuravam. Mas já predominava o entendimento de que a ampliação era possível e que, além do réu, **uma pessoa estranha ao processo reconvenha em face do autor; e que o réu reconvenha em face do autor e de uma terceira pessoa que não figurava no processo.**

O CPC atual permite expressamente que isso ocorra, no art. 343, §§ 3.º e 4.º.

É preciso que, na reconvenção, o polo ativo seja ocupado por um dos réus e o polo passivo, por um dos autores. Mas não é necessário que, nem no polo ativo, nem no passivo, figurem apenas uns e outros. A economia processual e o risco de decisões conflitantes justificam a possibilidade de ampliação subjetiva, com **a inclusão de pessoas que não figuravam originariamente.** Nem se alegue que isso poderia implicar retardamento do processo originário, pois, não sendo possível a reconvenção, o réu irá propor ação autônoma que, dada a conexidade, acabará sendo reunida à primeira, do que resultará igual demora.

As possibilidades, portanto, são as seguintes:

■ que, havendo vários réus, apenas um deles ajuíze reconvenção, em face de um ou de mais de um dos autores;

■ que havendo um só réu e vários autores, a reconvenção seja dirigida por aquele, em face de apenas um ou alguns destes;

■ que o réu, ou os réus, associem-se a um terceiro que não figurava no processo para formular o pedido reconvencional;

■ que o réu formule a reconvenção em face do autor e de outras pessoas que não figurem no processo.

O que não se admite é que a reconvenção seja formulada somente por quem não é réu, ou somente em face de quem não é autor.

3.5.10. Procedimento da reconvenção

Ao apresentar a reconvenção, na contestação, o reconvinte deve cumprir o disposto no art. 319 do CPC, indicando as partes, o pedido com suas especificações, os fatos e fundamentos jurídicos que o embasam, o valor da causa e o pedido de intimação do autor, para que, querendo, conteste a reconvenção. O juiz fará um exame de admissibilidade. Se a reconvenção for recebida, mandará processar a respectiva anotação pelo distribuidor (art. 286, parágrafo único).

Como a reconvenção sempre correrá pelo procedimento comum, **o juiz mandará intimar o autor a, querendo, oferecer resposta no prazo de quinze dias**. A intimação é feita na pessoa do advogado do autor, por meio de publicação no *Diário Oficial*: sua natureza é de **verdadeira citação**, uma vez que a reconvenção tem natureza de ação e serve para veicular uma nova pretensão, do réu em face do autor. Por isso, ela produz efeitos de citação, como constituir o devedor em mora, induzir litispendência e fazer litigiosa a coisa. E o despacho que a ordena interrompe a prescrição.

Quando, porém, no polo passivo da reconvenção, for incluído alguém que até então não figurava, haverá necessidade de promover-lhe citação, pois ele não terá advogado constituído.

O prazo de contestação à reconvenção deverá observar o disposto nos arts. 180, 183 e 229 do CPC. Assim, se a Fazenda Pública ou o Ministério Público figurarem no polo ativo da ação principal, terão prazo em dobro para contestar a reconvenção. E, se houver litisconsortes com advogados diferentes, de escritórios distintos, os prazos também serão em dobro, salvo se o processo for eletrônico.

O reconvindo, além de contestar a reconvenção, poderá oferecer nova reconvenção. Tem-se admitido a possibilidade de **reconvenções sucessivas**. Por exemplo: A ajuíza ação de cobrança em face de B. O réu contesta, alegando compensação entre aquela dívida e uma outra, proveniente de contrato celebrado entre eles, e reconvém, cobrando diferenças em seu favor, decorrentes da compensação. O autor pode oferecer, então, uma segunda reconvenção, postulando a anulação do contrato, gerador do débito em que se funda a primeira reconvenção. Também é possível que, ao contestar a reconvenção, o autor formule pedido de denunciação da lide ou chamamento ao processo.

A falta de contestação à reconvenção pode ou não gerar os efeitos da revelia. É preciso distinguir: se o que foi alegado na reconvenção é incompatível com os fundamentos de fato e de direito da petição inicial, não haverá presunção de veracidade. Mas se o pedido reconvencional for conexo, por exemplo, com os fundamentos da defesa, e estes não forem rebatidos pelo autor, nem em réplica, nem em contestação à reconvenção, haverá a presunção.

A instrução e o julgamento da ação originária e da reconvenção serão feitas em conjunto.

3.5.11. Reconvenção e ações de natureza dúplice

Algumas ações, por força de lei, têm natureza dúplice, pois permitem que o réu formule pretensões novas em face do autor, sem precisar reconvir. São exemplos as possessórias, as que correm no Juizado Especial Cível, as de exigir contas e a renovatória.

Nas ações dúplices, os pedidos formulados na contestação não implicam nova ação. Haverá uma só e um só processo; porém, tal como ocorre na reconvenção, **os pedidos contrapostos passam a gozar de autonomia, em relação aos principais:** havendo desistência ou extinção, sem resolução de mérito, das pretensões iniciais, o processo prosseguirá em relação aos pedidos formulados na contestação.

4. REVELIA

4.1. INTRODUÇÃO

O capítulo anterior foi dedicado às várias formas de resposta que o réu pode apresentar. No presente, serão examinadas as consequências da omissão do réu em oferecê-las.

Desde que citado, o réu, executado ou interessado passou a integrar a relação processual (art. 238 do CPC).

O réu tem o ônus de se defender. Não está obrigado a fazê-lo, pois pode optar por permanecer em silêncio. O juiz não o forçará a apresentar contestação, se não o desejar. Mas a falta dela poderá trazer consequências gravosas, contrárias aos seus interesses. Por isso, quando citado, ele é advertido das consequências que advirão da sua omissão (art. 250, II, do CPC).

Ao apresentar a petição inicial, o autor dará a sua versão dos fatos, que embasam a pretensão. O juiz não os conhece e dará oportunidade ao réu para apresentar a versão dele. Em sua resposta, poderá negar os fatos alegados pelo autor (defesa direta) ou admiti-los, apresentando fatos modificativos, impeditivos ou extintivos do direito do autor. Nesse último caso, este terá chance de se manifestar novamente, a respeito dos fatos alegados (réplica).

Há necessidade de que o juiz ouça ambas as partes, dando-lhes igual atenção. Se os fatos se tornam controvertidos e há necessidade de provas, ele determinará a instrução.

Haverá revelia se o réu, citado, não apresentar contestação. **O revel é aquele que permaneceu inerte, ou então aquele que ofereceu contestação, mas fora de prazo**. Ou, ainda, aquele que apresenta contestação, mas sem impugnar os fatos narrados na petição inicial pelo autor. Em contrapartida, não será revel o réu que, citado, deixa de oferecer contestação, mas apresenta reconvenção, cujos fundamentos não sejam compatíveis com os da pretensão inicial. Também será revel o réu que comparecer aos autos, constituindo advogado, se este não apresentar contestação.

4.2. REVELIA E CONTUMÁCIA

A revelia é a omissão do réu, que não se contrapõe ao pedido formulado na inicial. Já a contumácia é a inércia de qualquer das partes, que deixa de praticar um ato processual que era ônus seu. Só o réu pode ser revel; jamais o autor. Mas contumaz pode ser qualquer das partes. **A revelia é uma espécie do gênero contumácia, específica para a hipótese de o réu não apresentar defesa.**

4.3. EFEITOS DA REVELIA

A revelia é a condição do réu que não apresentou contestação. Dela poder-lhe-ão advir duas consequências de grande importância: **a presunção de veracidade dos fatos narrados na petição inicial e a desnecessidade de sua intimação para os demais atos do processo**.

Por isso, contestar no prazo e impugnar especificamente os fatos que fundamentam a pretensão inicial é um ônus do réu. O seu descumprimento poderá levá-lo a suportar consequências processuais gravosas.

Mas não se pode confundir a revelia, isto é, o estado processual daquele que não apresentou contestação, com os efeitos dela decorrentes, porque há casos em que a própria lei exime o revel das consequências.

Os dispositivos legais que tratam das consequências da revelia são os arts. 341 e 344, relacionados à presunção de veracidade, e o art. 346, relativo à desnecessidade de intimação para os demais atos do processo, e à fluência dos prazos, para ele, a partir da publicação do ato decisório no órgão oficial.

4.3.1. Presunção de veracidade dos fatos

Na petição inicial, o autor exporá os fatos em que se fundamenta o pedido. A descrição dos fatos é indispensável, pois constituirá o elemento principal da causa de pedir e servirá para identificar a ação.

Cumpre ao réu contrapor-se a eles, manifestando-se precisamente. Não basta que o faça de maneira genérica. **O ônus do réu é de que impugne especificamente, precisamente, os fatos narrados na petição inicial. Os que não forem impugnados presumir-se-ão verdadeiros**.

Ora, se o réu é revel, não apresentou contestação válida, o juiz, em princípio, há de presumir verdadeiros todos os fatos narrados na petição inicial, e, se estes forem suficientes para o acolhimento do pedido, estará autorizado a julgar de imediato, conforme art. 355, II, do CPC. O art. 344 estabelece que, "se o réu não contestar a ação, será considerado revel e presumir-se-ão verdadeiras as alegações de fato formuladas pelo autor".

Necessária a seguinte distinção: o réu revel é aquele que não contestou de forma válida, não impugnando nenhum dos fatos narrados na inicial, que, salvo as exceções legais, presumir-se-ão verdadeiros. Há possibilidade de o réu não ser revel, por ter apresentado contestação, mas sem impugnar especificamente alguns dos fatos, caso em que somente estes serão reputados verdadeiros e dispensarão a produção de provas a seu respeito; ou não se contrapor aos fatos narrados na petição inicial de forma direta, negando-os, mas de forma indireta, apresentando fatos modificativos, extintivos ou impeditivos do direito do autor.

Sendo a presunção de veracidade dos fatos consequência assaz gravosa, o juiz deve aplicá-la com cuidado. **Tal presunção não é absoluta, mas relativa, e sofre atenuações, que devem ser observadas**.

Ela só pode dizer respeito aos fatos, nunca ao direito: fará o juiz, em princípio, concluir que eles ocorreram na forma como o autor os narrou, mas não o obrigará a extrair as consequências jurídicas pretendidas por ele.

Disso decorre que **a falta de contestação não levará sempre e automaticamente à procedência do pedido do autor**. Há casos, por exemplo, em que a questão de mérito é exclusivamente de direito, e a falta de contestação não repercutirá diretamente no resultado.

Além disso, é preciso que os fatos sejam verossímeis, possam merecer a credibilidade do juiz e não estejam em contradição com a prova constante dos autos. Ele não poderá, ao formar sua convicção, dar por verdadeiros os que contrariam o senso comum, ou que são inverossímeis.

Em síntese, só dará por verdadeiros os fatos que não contrariarem a sua convicção, como expressamente dispõe o art. 20 da Lei n. 9.099/95, que pode ser aplicado aos processos em geral.

Além disso, conquanto o réu não tenha apresentado contestação, pode ter, de alguma outra maneira, tornado controvertidos os fatos. É possível, por exemplo, que tenha reconvindo, com fundamentos incompatíveis com os da petição inicial. Se isso ocorrer, não haverá a presunção de veracidade dos fatos que tenham sido contrariados.

Se, em caso de revelia, o juiz deixar de considerar verdadeiros um ou alguns dos fatos, deverá expor as razões de sua convicção de forma fundamentada.

4.3.1.1. *Hipóteses de exclusão legal da presunção de veracidade*

Além de relativa a presunção, há hipóteses — nos arts. 341 e 345 do CPC — em que a lei a afasta expressamente.

Cada uma delas será estudada nos itens subsequentes.

4.3.1.1.1. *Pluralidade de réus, quando um deles contesta a ação*

Essa causa de exclusão está prevista no art. 345, I, do CPC. A redação do dispositivo poderia levar à falsa impressão de que, em qualquer espécie de litisconsórcio, a contestação apresentada por um dos réus poderia ser aproveitada pelos demais. Mas não é assim. Há dois regimes de litisconsórcio: o da independência entre os litisconsortes, em que os atos praticados por um deles não beneficiam os demais; e o da vinculação, em que, ainda que realizado por apenas um, o ato processual beneficiará a todos os demais.

Em princípio, no litisconsórcio simples, em que o julgamento pode ser diferente para os vários réus, o regime é o da independência, e a contestação de um não aproveitará aos demais; já no unitário, o regime é o da vinculação, e basta que um conteste para que todos sejam beneficiados. Mas, no litisconsórcio simples, é necessário fazer uma distinção, lembrando que só se presumirão verdadeiros os fatos que não forem controvertidos.

Há fatos que têm **cunho genérico** e dizem respeito a todos os réus. Se apenas um deles contestar, contrariando-os, a presunção de veracidade será afastada em relação a todos, porque o fato terá se tornado controvertido. Mas é possível que haja um fato **específico**, que diga respeito tão-somente a um dos réus. E se só este contestar, os demais não serão beneficiados.

Por exemplo: uma ação de reparação de danos por acidente de trânsito, ajuizada em face do suposto proprietário do veículo e da pessoa que o dirigia no momento do acidente. Se só o suposto proprietário contestar a ação, alegando a inexistência de dano ou de culpa de quem dirigia o seu veículo, o juiz não poderá presumir a existência do dano ou da culpa em relação ao corréu, que ficou revel, porque conquanto ele não tenha contestado, os fatos foram controvertidos por quem contestou. Mas, se ele apenas impugnar a sua condição de proprietário, sem impugnar os demais fatos, estes se presumirão verdadeiros em relação àquele que não contestou.

Portanto, não haverá presunção de veracidade quando: **a) houver contestação de um litisconsorte unitário; b) houver contestação de um litisconsorte simples, que alegue fato comum, que também diga respeito ao revel.**

4.3.1.1.2. Litígio que versa sobre interesse indisponível

A hipótese vem tratada no art. 345, II, do CPC: se da revelia pudesse resultar a presunção de veracidade dos fatos, estaria aberta a via para que o réu pudesse dispor de direitos, ainda que indisponíveis, deixando de apresentar contestação. Afinal, **por meio da sua omissão, poderia alcançar resultado equivalente ao que obteria com o reconhecimento jurídico do pedido.**

Não há vedação a que, em processos que versem sobre litígios dessa natureza, o réu seja revel. **A restrição é à presunção de veracidade dos fatos, decorrente da revelia.**

São indisponíveis, em regra, os direitos extrapatrimoniais ou públicos, sobre os quais não se admite confissão. E são disponíveis os direitos patrimoniais e privados, sobre os quais se pode transigir.

Há controvérsia sobre a aplicação da presunção nas ações de separação judicial e naquelas em que a ré é a Fazenda Pública.

Parece-nos que, em relação à separação judicial, é preciso distinguir. Há aspectos da separação que são disponíveis, como os relativos às causas da dissolução da sociedade conjugal; e há aspectos indisponíveis, como os que dizem respeito à guarda e educação dos filhos. Só haverá revelia em relação àquilo que disser respeito aos aspectos disponíveis. É o que ficou decidido nos acórdãos publicados em *RSTJ* 124/273 e *RT* 672/199.

Quanto à Fazenda Pública, prevalece o entendimento de que não se aplicam os efeitos da revelia, mas com ressalvas. Como ficou decidido no REsp 635.996/SP, publicado no *DJU* de 17 de dezembro de 2007, Rel. Min. Castro Meira: "A não aplicação dos efeitos da revelia à Fazenda Pública não pode servir como um escudo para que os entes públicos deixem de impugnar os argumentos da parte contrária, não produzam as

2 ■ Fase Postulatória

409

provas necessárias na fase de instrução e, apesar disso, busquem reverter as decisões em sede recursal. Precedentes: REsp 541.239/DF, Rel. Min. Luiz Fux, *DJ* 05.05.2006 e REsp 624.922/SC, Rel. Carlos Alberto Menezes Direito, *DJU* de 07.11.2005".

4.3.1.1.3. A petição inicial desacompanhada de instrumento público que a lei considere indispensável à prova do ato

A hipótese vem mencionada no art. 345, III, e no art. 341, II, do CPC. O juiz não poderá presumir verdadeiros atos jurídicos **que só podem ser provados por documentos**, como, entre outros, os contratos de venda de bens imóveis, que dependem de escritura pública, da própria substância do negócio. Por isso, o art. 406 do CPC estabelece que "quando a lei exigir instrumento público, como da substância do ato, nenhuma outra prova, por mais especial que seja, pode suprir-lhe a falta".

Sem o instrumento público, a existência do negócio que o exige não poderá ser demonstrada, porque ele não terá se aperfeiçoado.

4.3.1.1.4. Alegação de fato inverossímil ou em contradição com a prova constante dos autos

É a hipótese do art. 345, IV, já examinada no *item 4.3.1, supra*.

4.3.1.2. Hipóteses em que não há presunção de veracidade ainda que não haja impugnação especificada dos fatos narrados na inicial

Nos itens anteriores, foram examinadas as hipóteses em que, mesmo não tendo o réu apresentado contestação, não se presumiam verdadeiros os fatos narrados na inicial. São as situações tratadas no art. 345 do CPC.

O art. 341 e seu parágrafo único versam sobre a necessidade de que a contestação impugne de forma precisa, específica, os fatos narrados na inicial e sobre a presunção de veracidade daqueles que não forem contrariados. Os ônus impostos nos arts. 341 e 344 são semelhantes: se o réu não contestar, presumir-se-ão verdadeiros todos os fatos narrados na inicial, já que nada terá sido contrariado (salvo as exceções do art. 345). Se o réu contestar, mas impugnar especificamente somente alguns fatos, os demais se presumirão verdadeiros, ressalvadas as exceções do art. 341 e incisos e seu parágrafo único.

O primeiro e o segundo incisos do art. 341 tratam de fatos que não admitem confissão, ou que só podem ser provados por instrumento que a lei considere da substância do ato. Trata-se das mesmas situações já examinadas nos itens anteriores.

O terceiro inciso alude aos fatos que estiverem em contradição com a defesa, considerada em seu conjunto. Às vezes, o réu deixa de impugnar especificamente um fato, mas a resposta apresentada, seja em contestação, seja em reconvenção, o contraria. A rigor, esse inciso seria dispensável, já que o fato que está em confronto com a defesa como um todo é controvertido e não incontroverso.

Por fim, o parágrafo único alude a determinados entes que estão dispensados do ônus de impugnação específica dos fatos, o que será examinado no item seguinte.

4.3.1.2.1. Entes que não têm o ônus da impugnação especificada

O art. 341, parágrafo único, do CPC estabelece que "o ônus da impugnação especificada dos fatos não se aplica ao defensor público, ao advogado dativo e ao curador especial". Esses entes poderão apresentar contestação por negativa geral, o que será suficiente para afastar a presunção de veracidade dos fatos narrados na inicial.

A razão para o benefício é a dificuldade que eles poderiam enfrentar, se obrigados à impugnação específica. O curador especial, nomeado em favor do réu revel citado fictamente, por exemplo, dificilmente terá condições de conhecer os fatos, já que, em regra, não tem contato com o réu. Na mesma situação podem estar o defensor dativo e o defensor público.

4.3.2. Desnecessidade de intimação do revel

Da revelia decorrem dois efeitos principais: a presunção de veracidade, examinada nos itens anteriores, e a desnecessidade de intimação do revel.

Prevê o art. 346 do CPC que "Os prazos contra o revel que não tenha patrono nos autos fluirão da data de publicação do ato decisório no órgão oficial". O parágrafo único acrescenta que "O revel poderá intervir no processo em qualquer fase, recebendo-o no estado em que se encontrar".

Se o revel não tem advogado, com a publicação no órgão oficial só será intimado o advogado da parte contrária. **Mesmo assim, o prazo para o revel começa a correr**. Portanto, para ele, os prazos correm independentemente de intimação. Para isso, **não basta a revelia do réu, sendo imprescindível que ele não tenha patrono nos autos**. Pode ocorrer que ele tenha constituído advogado que não tenha apresentado contestação, ou o tenha feito fora do prazo. Haverá revelia, mas o réu continuará sendo intimado, por meio do seu advogado, dos demais atos do processo.

Pela mesma razão, se o réu constituir advogado posteriormente, a partir de então passará a ser intimado.

Mas, sendo revel e não tendo advogado constituído, os prazos correrão para ele **independentemente de intimação**, pois demonstrou desinteresse pelo processo. No entanto, concluída a fase de conhecimento e iniciada a de cumprimento de sentença, o devedor que não tiver advogado constituído nos autos deverá ser intimado por carta com aviso de recebimento, nos termos do art. 513, § 2.º, II, do CPC.

O revel poderá a qualquer tempo ingressar no processo e participar dos atos processuais que se realizem daí em diante, passando a ser intimado desde que constitua advogado. **A dispensa de intimação decorrente da revelia não é definitiva, podendo o réu, a qualquer tempo, participar**.

Essa é a razão da Súmula 231 do Supremo Tribunal Federal: "O revel, em processo cível, pode produzir provas, desde que compareça em tempo oportuno".

4.3.3. Revelia em processo de execução e em tutela cautelar antecedente

No processo de execução não se pode falar em revelia porque o réu não é citado para apresentar contestação, controvertendo os fatos narrados na inicial, mas para pagar, entregar alguma coisa, fazer ou deixar de fazer algo. O juiz, na execução, não proferirá sentença de mérito, mas, verificando que há título executivo, determinará as providências executivas postuladas, contra as quais o devedor poderá opor-se, por meio da ação autônoma de embargos.

Quando houver requerimento de tutela provisória cautelar antecedente, o réu será citado para no prazo de cinco dias contestar o pedido. Se não o fizer, será revel, e disso advirão as mesmas consequências que no processo de conhecimento. É o que diz o art. 307 do CPC: "Não sendo contestado o pedido, os fatos alegados pelo autor presumir-se-ão aceitos pelo réu como ocorridos, caso em que o juiz decidirá dentro de 5 (cinco) dias".

5. QUESTÕES

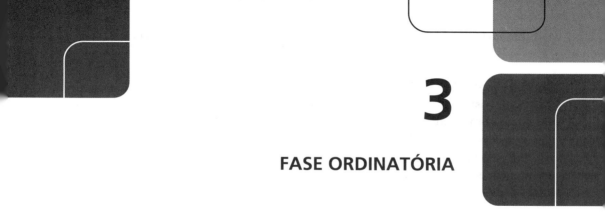

3
FASE ORDINATÓRIA

1. INTRODUÇÃO

Concluída a fase postulatória, com o término do prazo de contestação (se houver reconvenção, com o término do prazo de resposta a ela) terá início a segunda fase do processo de conhecimento, que é a **ordinatória**.

Nesse momento, de acordo com o art. 347 do CPC, os autos deverão vir conclusos ao juiz para que verifique qual providência tomar em prosseguimento.

São várias as possibilidades:

- se o réu não oferecer resposta e a revelia produzir os seus efeitos, deverá julgar antecipadamente o mérito, na forma do art. 355, II, do CPC;
- se o réu não oferecer resposta e a revelia não produzir os seus efeitos, o juiz determinará as provas necessárias para a apuração dos fatos. Para tanto, determinará que o autor especifique as provas que pretende produzir. Ao réu, apesar de revel, que se fizer representar nos autos a tempo de praticar os atos processuais indispensáveis, é lícito produzir provas contrapostas às alegações do autor;
- se o réu contestar, alegando fatos impeditivos, extintivos ou modificativos do direito do autor, este terá prazo de quinze dias para réplica;
- se o réu contestar, alegando qualquer das preliminares enumeradas no art. 337, o autor terá prazo de quinze dias para manifestar-se, e o juiz, verificando alguma irregularidade ou nulidade sanável, mandará supri-la no prazo de até trinta dias;
- se o réu contestar, sem alegar os fatos acima mencionados, e a questão de mérito for exclusivamente de direito, ou, sendo de direito e fato, não houver necessidade de produção de provas em audiência, o juiz promoverá o julgamento antecipado do mérito (art. 355, I, do CPC);
- se verificar que um ou mais dos pedidos, ou parcela deles, mostra-se incontroverso ou está em condições de imediato julgamento, promoverá o julgamento antecipado parcial do mérito, determinando o prosseguimento do processo em relação aos demais pedidos (art. 356);
- se o réu contestar e não for o caso de julgamento antecipado do mérito, o juiz proferirá decisão de saneamento e organização do processo, na forma do art. 357 do CPC.

Cada uma dessas hipóteses será examinada nos itens subsequentes.

2. A REVELIA E O JULGAMENTO ANTECIPADO DO MÉRITO

Como visto no capítulo anterior, a revelia pode ou não gerar a presunção de veracidade dos fatos narrados na petição inicial. Tendo transcorrido *in albis* o prazo de resposta, o juiz deverá verificá-lo.

Em caso afirmativo, não havendo controvérsia sobre os fatos, **proferirá desde logo a sentença, em julgamento antecipado do mérito** (art. 355, II, do CPC). Não havendo a presunção (hipóteses do art. 345 do CPC), determinará que o autor especifique as provas necessárias para formar a sua convicção. O art. 348 estabelece que, "se o réu não contestar a ação, o juiz, verificando a inocorrência do efeito da revelia previsto no art. 344, ordenará que o autor especifique as provas que pretenda produzir na audiência, se ainda não as tiver indicado". Se não são aplicáveis os efeitos da revelia, todos os fatos narrados na inicial reputar-se-ão controvertidos, cabendo ao autor prová-los. Se o réu revel comparecer a tempo aos autos, fazendo-se representar por advogado, poderá também produzir provas, contrapondo-se às alegações do autor. Como não contestou, não poderá produzir provas de eventuais fatos impeditivos, extintivos ou modificativos do direito do autor, porque, sendo revel, não os terá alegado. Entretanto, desde que compareça em tempo hábil, poderá produzir provas contrárias aos fatos alegados pelo autor, isto é, aos fatos constitutivos do direito deste (art. 349).

Além das provas requeridas pelo autor, o juiz pode determinar outras, que entenda proveitosas (art. 370 do CPC).

3. RÉPLICA

Quando o réu apresentar contestação, o juiz verificará a necessidade de dar ao autor nova oportunidade de se manifestar, o que ocorre quando ele alega preliminares do art. 337, ou apresenta fatos impeditivos, extintivos ou modificativos do direito do autor. São as hipóteses previstas nos arts. 350 e 351 do CPC.

O que justifica a réplica é a exigência do contraditório, pois, nas hipóteses mencionadas, o réu traz ao processo questões novas, sobre as quais o autor não teve ainda oportunidade de falar: no caso das preliminares, questões processuais que poderão levar à extinção do processo sem resolução do mérito; no das defesas indiretas, fatos novos, contra os quais o autor poderá se contrapor.

Essa oportunidade o autor deverá exercer no prazo de quinze dias, a contar da data em que intimado da contestação.

Nem sempre o juiz dará ao autor a possibilidade de réplica: se o réu tiver se limitado, na contestação, a negar os fatos narrados na inicial, ela será desnecessária.

O conteúdo da réplica deverá ficar restrito às preliminares e aos fatos extintivos, impeditivos ou modificativos do direito do autor alegados na contestação.

Não há previsão legal de tréplica. Depois da réplica, o juiz não dará nova oportunidade de manifestação ao réu, porque o autor não pode nela inovar, formulando novos pedidos ou causas de pedir. Mas, excepcionalmente, poderá mandar ouvir o réu, ainda uma vez, se, na réplica, o autor juntar documentos novos ou suscitar questões processuais que ainda não tinham sido arguidas.

Os dois artigos que tratam da réplica — o 350 e o 351 — autorizam o autor à produção de prova: se ela tornar controvertidas quaisquer das matérias alegadas nos dois dispositivos e a controvérsia não puder ser dirimida por prova documental, **o juiz abrirá a fase de instrução, autorizando todos os tipos de prova necessários**.

4. REGULARIZAÇÃO

O art. 352 do CPC determina que "verificando a existência de irregularidades ou de vícios sanáveis, o juiz determinará sua correção em prazo nunca superior a trinta dias".

Ao longo de todo o processo, o juiz exerce função fiscalizadora e saneadora. O dispositivo poderia trazer a impressão falsa de que só após a contestação do réu o juiz poderia determinar o saneamento de eventuais vícios, mas, sempre que eles forem constatados, deverá fazê-lo.

Contudo, concluída a fase postulatória, a intervenção saneadora é especialmente importante, porque o processo chega a um ponto decisivo em que **ou o juiz já estará apto para julgar, ou verificará a necessidade de provas e as determinará** — em qualquer dos casos, exige-se que o processo esteja regular. É importante, ainda, porque a decisão saneadora estabilizará definitivamente a demanda. **O art. 329, II, veda, em qualquer circunstância, a alteração do pedido ou da causa de pedir após o saneamento do processo**.

Se houver vício ou irregularidade insanável, o juiz extinguirá o processo sem resolução de mérito. Se sanável, determinará as providências necessárias. Seria impossível enumerar aqui todas as possibilidades. Há vícios que se sanam pela intervenção judicial tão-somente; há outros que dependem da atuação de uma das partes. Por exemplo, constatando o juízo que é absolutamente incompetente, bastará que remeta os autos ao juízo competente; verificando que falta a procuração do advogado de uma das partes, concederá prazo para regularização. Pode ocorrer que a solução do vício exija que o processo retroaja à fase anterior. Por exemplo, se o juiz constatar que há vício de citação de um dos réus, ou que falta um litisconsorte necessário, que precisa ser citado.

5. ESPECIFICAÇÃO DE PROVAS

O Código de Processo Civil só alude à especificação das provas no art. 348, **quando o réu não contesta, mas a revelia não produz o efeito de fazer presumir verdadeiros os fatos narrados na inicial**.

Mesmo quando o réu contesta, têm sido comuns, na prática, os casos em que o juiz, antes de proferir a decisão de saneamento ou organização do processo, determina às partes que especifiquem provas. Anteriormente, as partes ainda não sabiam quais os fatos controvertidos: o autor, porque ainda não havia contestação; e o réu, porque ainda não tinha sido dada ao autor a possibilidade de réplica. Por isso, os protestos de provas na inicial e na contestação são frequentemente genéricos. As partes costumam manifestar interesse em todas as provas autorizadas em direito.

Mas, uma vez que a lei não impõe a especificação de provas, exceto na hipótese do art. 348, o juiz poderá, salvo nesse caso, dispensá-la, determinando, ele mesmo, após leitura atenta dos autos, as provas necessárias para formar a sua convicção. Se não a dispensar, as partes deverão informar as provas que pretendem produzir, esclarecendo a necessidade de cada uma. **A especificação não vincula nem as partes, nem o juiz:** ainda que uma das partes tenha requerido o julgamento antecipado, caso o juiz venha marcar audiência de instrução e julgamento, poderá requerer, no prazo legal, prova oral.

O juiz poderá indeferir as provas desnecessárias, bem como determinar aquelas que, embora não requeridas, possam contribuir para a sua convicção.

6. JULGAMENTO CONFORME O ESTADO DO PROCESSO

Sanadas eventuais irregularidades, o juiz, depois de ler as manifestações das partes, terá de verificar se o processo ou ao menos um ou alguns dos pedidos estão ou não em condições de serem julgados desde logo. Há casos em que, concluída a fase postulatória e saneados eventuais vícios, todos os elementos necessários para o julgamento, seja de todos os pedidos, seja de alguns deles, estarão nos autos; e há outros em que há necessidade de produção de provas.

Quando ele julga todos os pedidos logo após a conclusão da fase postulatória, sem abrir a fase instrutória, diz-se que há o julgamento antecipado do mérito. Quando, nessa fase, julga não todos, mas um ou alguns dos pedidos, ou parcela deles, haverá julgamento antecipado parcial de mérito.

Há quatro possibilidades:

■ de que o juiz extinga o processo, nas hipóteses dos arts. 485 e 487, II e III, *a*, *b* e *c*;
■ de que promova o julgamento antecipado do mérito;
■ de que promova o julgamento antecipado parcial do mérito;
■ de que, verificando a necessidade de provas, determine a abertura da fase de instrução, depois de proferir a decisão de saneamento e organização do processo.

Cada uma será examinada em item separado.

6.1. EXTINÇÃO DO PROCESSO

Vem mencionada no art. 354 do CPC: "Ocorrendo qualquer das hipóteses previstas nos arts. 485 e 487, incisos II e III, o juiz proferirá sentença".

Os dispositivos mencionados abrangem a extinção sem resolução de mérito (art. 485), e a resolução de mérito, quando o juiz não aprecia o pedido das partes (no caso das chamadas "falsas sentenças de mérito"). São as hipóteses de renúncia do direito, transação, reconhecimento jurídico do pedido ou reconhecimento de prescrição ou decadência.

O disposto no art. 354 poderia trazer a falsa impressão de que, somente na fase ordinatória, o juiz poderia sentenciar o processo, com fulcro nas causas mencionadas. Mas não é assim: **ele o fará sempre que essas causas se apresentarem**. Se com a apresentação da inicial verificar que falta uma das condições da ação, determinará o seu indeferimento, com fulcro no art. 485, I, ou, se na fase de instrução houver transação ou reconhecimento do pedido, os homologará e extinguirá o processo, com resolução de mérito.

3 ■ Fase Ordinatória

Portanto, a aplicação do art. 354 não está restrita a essa fase do processo, mas se estende a qualquer uma em que as causas de extinção se apresentem.

6.2. JULGAMENTO ANTECIPADO DO MÉRITO

Concluída a fase postulatória, cumprirá ao juiz verificar se já há nos autos elementos suficientes para o julgamento integral do mérito, para o julgamento parcial, ou se há necessidade de produção de provas em audiência.

No primeiro caso, promoverá o **julgamento antecipado do mérito**, que pressupõe a desnecessidade de outras provas, sem proferir decisão saneadora, necessária apenas para a abertura da fase de instrução.

A expressão "julgamento antecipado do mérito" fica restrita à hipótese em que o juiz examine o pedido do autor, proferindo sentença de procedência ou de improcedência (art. 487, I, do CPC).

Há duas situações em que caberá o julgamento antecipado. Nelas, como não há necessidade de instrução, passa-se diretamente da fase postulatória e ordinatória para a decisória, sem que, entre elas, haja a fase instrutória. As hipóteses são:

■ quando o réu não contestar e a revelia fizer presumir verdadeiros os fatos narrados na inicial (art. 355, II, do CPC);

■ quando não houver necessidade de produção de outras provas (art. 355, I).

No primeiro caso, as provas são desnecessárias em razão da **presunção de veracidade decorrente da revelia**. O juiz estará habilitado a julgar, uma vez que, ante a falta de contestação, os fatos resultaram incontroversos.

Na segunda hipótese, ou a controvérsia recai apenas sobre questão de direito e sobre as consequências jurídicas que se quer extrair dela, caso em que, quando muito, **se poderá exigir a prova documental da vigência de lei estrangeira ou de legislação estadual, municipal ou consuetudinária (art. 376 do CPC),** ou sobre fatos, mas que não precisarão ser comprovados (por exemplo, porque são notórios ou presumidos) ou que poderão sê-lo por documentos.

Há, em nosso ordenamento, uma hipótese em que o julgamento de mérito será ainda mais antecipado do que nas do art. 355 do CPC. Trata-se da improcedência liminar, prevista nas hipóteses do art. 332, em que o juiz julgará o pedido totalmente improcedente, sem nem mesmo mandar citar o réu. **Tal situação não se confunde com as do art. 355, que pressupõem que o réu já tenha sido citado**.

Proferido o julgamento antecipado do art. 355, a parte inconformada poderá apelar, suscitando no recurso, entre outras coisas, eventual cerceamento de defesa, por não lhe ter sido dada a possibilidade de produção de provas.

6.3. JULGAMENTO ANTECIPADO PARCIAL DO MÉRITO

Concluída a fase postulatória, pode acontecer que não seja possível promover o julgamento imediato de todos os pedidos, mas que alguns deles estejam em condições de julgamento. O CPC autoriza o juiz a proferir o julgamento de mérito parcial, de um ou alguns dos pedidos, ou parte deles, sem pôr fim ao processo ou à fase de

418 Direito Processual Civil Esquematizado · *Marcus Vinicius Rios Gonçalves*

conhecimento, que devem prosseguir porque os demais pedidos ou parte deles precisam ser instruídos. Essa possibilidade não existia no CPC anterior, que não admitia a cisão do julgamento do mérito. Todos os pedidos, na lei anterior, deviam ser julgados ao mesmo tempo na sentença, ainda que no curso do processo um deles ficasse incontroverso ou não necessitasse de outras provas. Em caso de incontrovérsia, o juiz apenas podia conceder tutela antecipada.

O CPC atual permite que o julgamento do mérito seja cindido em momentos diferentes. Estabelece o art. 356 que o juiz decidirá parcialmente o mérito quando um ou mais dos pedidos formulados ou parcela deles mostrar-se incontroverso ou estiver em condições de imediato julgamento, nos termos do art. 355. Imagine-se, por exemplo, que o autor formule duas pretensões na petição inicial. O réu, em contestação, impugna apenas os fatos em que se funda uma delas, tornando necessária a produção de provas, sem impugnar a outra. O juiz decidirá parcialmente o mérito, julgando a pretensão incontroversa, por decisão interlocutória, e determinará o prosseguimento do processo para a produção de provas em relação à outra pretensão. **O processo só terá uma sentença, já que ela é o ato que lhe põe fim ou encerra a fase de conhecimento. Todavia, o mérito poderá ser apreciado não apenas na sentença, mas em decisões de mérito, proferidas em caráter interlocutório.** Serão decisões interlocutórias de mérito as que, no curso do processo e antes da sentença, julgarem parcialmente as pretensões formuladas. A decisão pode dizer respeito a algumas dessas pretensões, quando houver cumulação, ou a parcela de uma delas. Esse julgamento antecipado parcial de mérito é feito por decisão interlocutória e não sentença, **e o recurso cabível será o de agravo de instrumento (art. 1.015, II)**. Mas é feito em caráter definitivo e em cognição exauriente.

Proferido o julgamento parcial, a parte poderá liquidar ou executar desde logo a obrigação reconhecida. Se houver agravo, e enquanto houver recurso pendente, a execução será provisória; se não, será definitiva. O art. 515, I, inclui entre os títulos judiciais a decisão proferida no processo civil que reconhecer a exigibilidade do cumprimento de obrigação, seja essa decisão interlocutória, seja sentença. Interposto o agravo, haverá sempre a possibilidade de retratação da decisão de mérito. Em razão da possibilidade de um dos pedidos ou parte dele ser julgado antes da sentença, por decisão interlocutória de mérito, o art. 502 denomina coisa julgada material a autoridade que **torna imutável e indiscutível a decisão de mérito** (decisão aqui em sentido amplo, abrangendo sentenças e decisões interlocutórias) não mais sujeitas a recurso, e o art. 503 estabelece que a decisão que julga total ou parcialmente o mérito tem força de lei nos limites da questão principal expressamente decidida.

É também por essa razão que o CPC prevê o cabimento de ação rescisória contra decisão de mérito (expressão que abrange as sentenças e decisões interlocutórias de mérito). O prazo para exercer o direito à rescisão continua sendo de dois anos, mas a contar do trânsito em julgado da última decisão proferida no processo. Portanto, se houver mais de uma decisão de mérito, os dois anos não contarão do trânsito em julgado de cada uma delas, mas da última (art. 975).

Questão das mais interessantes é a relativa à possibilidade de julgamento antecipado parcial do mérito, com aplicação do art. 356 do CPC, na fase recursal. Imagine-se, por exemplo, que o autor tenha formulado, na petição inicial, dois pedidos, e que ambos tenham sido acolhidos pela sentença, com interposição de recurso pelo réu, postulando a reforma do julgado em relação a ambos. O Tribunal entende que um dos pedidos demandava produção de provas, e que a causa não estava suficientemente instruída a respeito dele; mas que a pretensão recursal em relação ao outro pedido já poderia ser apreciada desde logo, estando a causa madura para julgamento. Surge então a questão de saber se o Tribunal deveria anular toda a sentença, devolvendo os autos para a produção das provas necessárias; ou se poderia já julgar parcialmente o mérito, em relação ao pedido que está suficientemente instruído, anulando-se apenas o capítulo da sentença não instruído convenientemente, com o retorno dos autos à origem, apenas em relação a ele. Outra situação que tem ocorrido com bastante frequência: são formulados dois ou mais pedidos na inicial, e um deles versa sobre questão que foi afetada pelos Tribunais Superiores, em recurso extraordinário ou especial repetitivo, ou repercussão geral, com determinação de suspensão dos casos em curso. Assim, estando o recurso de apelação suspenso em relação a um dos pedidos, pode o Tribunal desde logo julgar o recurso em relação aos demais pedidos, que não estão suspensos? O Superior Tribunal de Justiça pronunciou-se de maneira favorável à aplicação da técnica do julgamento antecipado parcial de mérito, na fase recursal, desde que os pedidos que são objeto do recurso sejam independentes e autônomos entre si. Ou, havendo um pedido único, que ele seja decomponível. Nesse sentido:

"CIVIL E PROCESSUAL CIVIL. RECURSO ESPECIAL. AÇÃO DE COMPENSAÇÃO POR DANOS MATERIAIS, MORAIS E ESTÉTICOS. ACIDENTE DE TRÂNSITO. JULGAMENTO ANTECIPADO PARCIAL DO MÉRITO PELOS TRIBUNAIS. POSSIBILIDADE. CAUSA EXCLUSIVA DA VÍTIMA OU CONCORRÊNCIA DE CAUSAS. REEXAME DE PROVAS. IMPOSSIBILIDADE. VALOR DA INDENIZAÇÃO. EXCESSIVIDADE NÃO CONSTATADA. JUROS DE MORA. RESPONSABILIDADE EXTRACONTRATUAL. EVENTO DANOSO. COMPLEMENTAÇÃO DE PROVAS PELO TRIBUNAL. VIABILIDADE. REDIMENSIONAMENTO DA SUCUMBÊNCIA. SÚMULA 7. HONORÁRIOS ADVOCATÍCIOS NA DECISÃO PARCIAL DE MÉRITO. CABIMENTO. JULGAMENTO: CPC/2015. 1. Ação de compensação de danos materiais e extrapatrimoniais ajuizada em 13.07.2011, da qual foram extraídos os presentes recursos especiais interpostos em 21.03.2019 e 28.03.2019 e conclusos ao gabinete em 20.11.2019. 2. O propósito recursal é dizer sobre a) a possibilidade de o Tribunal, no julgamento de recurso de apelação, valer-se da norma inserta no art. 356 do CPC/2015, b) a causa do evento danoso e a comprovação dos danos materiais, c) o cabimento da revisão da indenização por danos extrapatrimoniais, d) o termo inicial dos juros de mora incidentes sobre o valor da indenização, e) a possibilidade de a Corte local determinar a complementação das provas, f) a ocorrência de sucumbência recíproca e g) a viabilidade de condenar o vencido ao pagamento de honorários advocatícios quando da prolação de decisão parcial do mérito. 3. O art. 356 do CPC/2015 prevê, de forma clara, as situações em que o juiz deverá proceder ao julgamento antecipado parcial do mérito. Esse preceito legal representa, portanto, o abandono do dogma da unicidade da sentença. Na prática, significa dizer que o mérito da causa poderá ser cindido e examinado em duas ou mais decisões prolatadas no curso do processo. Não há dúvidas de que a decisão interlocutória que julga parcialmente o mérito da demanda é proferida com base em cognição exauriente e ao transitar em julgado, produz coisa julgada material (art. 356, § 3.º, do CPC/2015). 4. No entanto, o julgador apenas poderá valer-se dessa técnica, caso haja cumulação de pedidos e estes sejam autônomos e independentes ou, tendo sido deduzido um único pedido, esse seja decomponível. Além disso, é imprescindível que se esteja diante de uma das situações descritas no art. 356 do CPC/2015. Presentes tais requisitos, não há óbice para que os tribunais apliquem a técnica do julgamento antecipado parcial do mérito. Tal possibilidade encontra alicerce na teoria da causa madura, no fato de que a anulação dos atos processuais é a *ultima ratio*, no confinamento da nulidade (art. 281 do CPC/2015, segunda parte) e em princípios que orientam o processo civil, nomeadamente, da razoável duração do processo, da eficiência e da economia processual. 5. A alteração da conclusão alcançada pela Corte de origem, no sentido de que o acidente de trânsito foi causado exclusivamente pelo preposto da segunda recorrente e que houve comprovação dos danos materiais, demandaria o revolvimento do acervo fático-probatório, o que é obstado pela Súmula 7/STJ. 6. A jurisprudência do STJ é pacífica no sentido de que a modificação do valor fixado a título de danos morais e estéticos somente é permitida quando a quantia estipulada for irrisória ou exagerada. Na hipótese, o montante fixado não se revela excessivo. Ainda, o fato de haver precedentes nos quais a indenização foi arbitrada em patamar inferior não é suficiente para justificar a redução da verba. Isso porque, em cada hipótese, é necessário ponderar as peculiaridades. 7. Nos termos da Súmula 54/STJ, em hipóteses de responsabilidade extracontratual, os juros moratórios devem incidir desde a data do evento danoso. 8. Os arts. 932, inc. I e 938, § 3.º, do CPC/2015, autorizam a complementação da prova pelos Tribunais. Na mesma linha, a jurisprudência desta Corte Superior é uníssona quanto à faculdade do juiz de determinar a complementação da instrução processual, tanto em primeiro como em segundo grau de jurisdição. Precedentes. 9. Não é possível a apreciação da existência de sucumbência mínima ou recíproca, e a fixação do respectivo *quantum*, por demandar incursão no suporte fático da demanda (Súmula 7/STJ). Precedentes. 10. É verdade que os arts. 85, *caput* e 90, *caput*, do CPC/2015, referem-se exclusivamente à sentença. Nada obstante, o próprio § 1.º, do art. 90, determina que se a renúncia, a desistência, ou o reconhecimento for parcial, as despesas e os honorários serão proporcionais à parcela reconhecida, à qual se renunciou ou da qual se desistiu. Ademais, a decisão que julga antecipadamente parcela do mérito, com fundamento no art. 487 do CPC/2015, tem conteúdo de sentença e há grande probabilidade de que essa decisão transite em julgado antes da sentença final, a qual irá julgar os demais pedidos ou parcelas do pedido. Dessa forma, caso a decisão que analisou parcialmente o mérito tenha sido omissa, o advogado não poderá postular que os honorários sejam fixados na futura sentença, mas terá que propor a ação autônoma prevista no art. 85, § 18, do CPC/2015. Assim, a decisão antecipada parcial do mérito deve fixar honorários em favor do patrono da parte vencedora, tendo por base a parcela da pretensão decidida antecipadamente. Vale dizer, os honorários advocatícios deverão ser proporcionais ao pedido ou parcela do pedido julgado nos termos do art. 356 do CPC/2015. 11. Recurso especial de Nobre Seguradora do Brasil S/A conhecido e desprovido e recurso especial de Expresso Maringá Ltda parcialmente conhecido e, nessa extensão, desprovido" (REsp 1.845.542/PR, Rel. Min. Nancy Andrighi, j. 11.05.2021).

7. SANEAMENTO E ORGANIZAÇÃO DO PROCESSO

Não sendo caso de julgamento antecipado, total ou parcial do mérito, e tomadas as providências preliminares, o juiz proferirá decisão de saneamento e organização do processo. Como já houve a audiência de conciliação ou mediação, em regra não será designada nova audiência para conciliação e saneamento do processo. **O saneamento e**

3 ■ Fase Ordinatória

a organização do processo devem ser feitos por decisão interlocutória, na qual o juiz resolverá as questões processuais pendentes, se houver; delimitará as questões de fato sobre as quais recairá a atividade probatória, especificando os meios de prova admitidos; definirá a distribuição do ônus da prova, delimitará as questões de direito relevantes para a decisão de mérito e designará, se necessário, audiência de instrução e julgamento. Mas se a causa apresentar complexidade em matéria de fato ou de direito, o juiz deverá designar audiência para o saneamento do processo, **em cooperação com as partes.** Trata-se de mais uma aplicação do princípio da cooperação. A finalidade dela é permitir que o juiz, se for o caso, convide as partes **a integrar ou esclarecer as suas alegações, trazendo-lhe maiores elementos para que possa promover o saneamento e a organização do processo**, decidindo sobre as questões controvertidas e sobre as provas necessárias. A ideia é que haja uma cooperação e atuação conjunta dos sujeitos do processo e que sejam prestados os esclarecimentos necessários para que ele possa ter um desenvolvimento mais adequado. Proferida a decisão saneadora, as partes têm o direito de pedir esclarecimentos ou solicitar ajustes, no prazo comum de cinco dias, findo o qual a decisão se **torna estável**. Em princípio, contra ela não cabe agravo de instrumento, salvo se decidir algumas das questões constantes do rol estabelecido no art. 1.015 do CPC (por exemplo, se o juiz promover a redistribuição do ônus da prova — art. 1.015, XI —, ou excluir um litisconsorte — art. 1.015, VII). Por isso, nos termos do art. 1.009, § 1.º, ela não fica acobertada pela preclusão, e as questões por ela resolvidas poderão ser suscitadas como preliminar de apelação (salvo se o juiz, no saneamento, decidir algum dos temas elencados no art. 1.015, quando então o prejudicado deverá agravar, sob pena de preclusão). Dentro em cinco dias da intimação da decisão saneadora, as partes podem pedir ao juiz esclarecimentos ou solicitar ajustes, que ele estará autorizado a fazer. Depois do prazo, a decisão se torna estável, o que significa que, embora não preclusa, não poderá ser alterada pelo juiz, só podendo ser reexaminada pelo órgão *ad quem*, se suscitada como preliminar de apelação ou nas contrarrazões.

Ocorre, na fase de saneamento e organização do processo, mais um exemplo do poder de influência das partes no procedimento. Estabelece o art. 357, § 2.º, que "As partes podem apresentar ao juiz, para homologação, delimitação consensual das questões de fato e de direito a que se referem os incisos II e IV (isto é, os fatos sobre os quais recairá atividade probatória ou as questões de direito relevantes para a decisão de mérito); se homologada, a delimitação vincula as partes e o juiz". Amplia-se o poder de disposição das partes, mas sempre com a fiscalização e o controle judicial. Trata-se de mais uma aplicação do princípio da cooperação dos sujeitos do processo para que ele tenha um desenvolvimento mais eficiente.

Ao promover o saneamento, o juiz deliberará sobre as **provas necessárias para a instrução do processo**. Se autorizar a prova testemunhal, já designará data para a audiência de instrução e julgamento, concedendo às partes o prazo não superior a 15 dias para arrolar testemunhas (se for designada a audiência para saneamento e organização do processo, na hipótese do art. 357, § 3.º, o rol de testemunhas já deve ser levado pelas partes à audiência), no máximo 10, sendo três, no máximo, para a prova de cada fato. O juiz poderá, ainda, limitar o número de testemunhas, levando em conta a complexidade da causa e os fatos a serem demonstrados. Se determinar perícia, deverá observar o disposto no art. 465 e, se possível, fixar calendário para a sua realização.

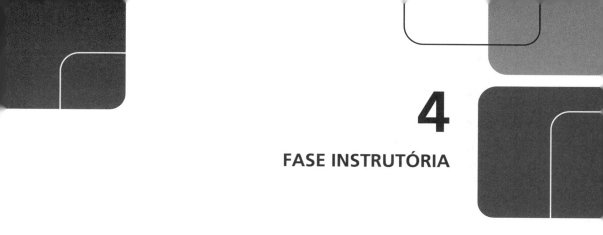

4
FASE INSTRUTÓRIA

1. INTRODUÇÃO

Na petição inicial, o autor precisa expor os fundamentos de fato e de direito que embasam o seu pedido (causa de pedir). Com a apresentação da contestação, o réu poderá tornar controvertidos os fatos ou apenas as consequências jurídicas que o autor pretende deles extrair.

Em suma, a controvérsia pode ser exclusivamente de direito, ou também de fato. No primeiro caso, não há necessidade de provas (exceto os casos excepcionais do art. 376, em que o juiz pode exigir a comprovação da vigência e do teor do direito municipal, estadual, estrangeiro ou consuetudinário). Mas se houver fatos controvertidos, ele dará às partes a oportunidade de comprová-los.

> Provas são os meios utilizados para formar o convencimento do juiz a respeito de fatos controvertidos que tenham relevância para o processo.

2. NATUREZA JURÍDICA DAS PROVAS

É tradicional e antiga a controvérsia a respeito da natureza jurídica das normas sobre provas. A lei substancial trata, em alguns dispositivos, da forma dos negócios jurídicos, **que podem servir tanto como solenidade indispensável à sua constituição (forma *ad solemnitatem*) quanto para provar-lhes a celebração (forma *ad probationem*)**.

Parece-nos que a lei substancial não trata propriamente da questão das provas, mas das formas dos negócios jurídicos. Nos casos em que a lei diz que o contrato, para ter-se por celebrado precisa respeitar determinada forma, somente a comprovação de que esta foi obedecida servirá para demonstrar-lhe a existência. É isso o que diz o art. 406 do CPC, ao estabelecer que quando a lei exigir o instrumento público como da essência do negócio, não se admitirá nenhuma outra prova para suprir-lhe a falta. Mas o problema da prova é aqui reflexo, ou indireto: **não se admite outra prova porque sem a obediência àquela forma o negócio não se terá celebrado**. Nesse sentido, a lição de Hermenegildo de Souza Rego, para quem as formas *ad solemnitatem* refogem ao tema da prova e estão associadas ao da própria formação do negócio jurídico.

A disciplina das provas hoje é, acertadamente, feita pelo Código de Processo Civil, que as considera como **formas de convencimento do juiz, a respeito de fatos controvertidos**. Daí resulta a conclusão de que deva prevalecer o caráter processual das normas jurídicas que tratam das provas.

3. CLASSIFICAÇÃO DAS PROVAS

a) Quanto ao objeto podem ser diretas ou indiretas:

■ **diretas:** aquelas que se ligam diretamente ao fato que se pretende demonstrar, como o recibo ao pagamento ou o instrumento ao contrato;

■ **indiretas:** aquelas que não se prestam a demonstrar diretamente o fato a ser provado, mas algum outro fato a ele ligado e que, por meio de induções ou raciocínios, poderá levar à conclusão desejada. Exemplo: testemunhas que declaram estar o litigante viajando, em determinada data, e em razão disso não podendo ser ele o autor da conduta lesiva.

b) Quanto ao sujeito a prova pode ser pessoal ou real:

■ **prova pessoal** é aquela prestada por uma pessoa a respeito de um fato, como a ouvida de testemunhas ou o depoimento pessoal das partes;

■ **prova real** é a obtida pelo exame de determinada coisa, como a inspeção judicial ou perícia feita sobre ela.

c) Quanto à forma, pode ser oral ou escrita:

■ **oral** é a colhida verbalmente, como os depoimentos das partes e das testemunhas;

■ **escrita** é a que vem redigida, como os documentos e perícias.

4. OBJETO DA PROVA

O objeto da prova são os fatos controvertidos relevantes para o julgamento do processo.

Para que o juiz profira o julgamento, é preciso que forme sua convicção a respeito dos fatos e do direito controvertidos. Para que se convença do direito, não é preciso que as partes apresentem provas, porque ele o conhece (*jura novit curia*), salvo as hipóteses do art. 376, em que pode exigi-las quanto à vigência de direito estadual, municipal, estrangeiro ou consuetudinário, o que será feito por meio de certidões ou pareceres de juristas estrangeiros ou locais.

5. FATOS QUE NÃO PRECISAM SER COMPROVADOS

No item anterior, foi visto que somente os fatos relevantes para a causa precisam ser comprovados. Assim, dispensam prova aqueles que não terão nenhuma repercussão no desfecho do processo e os irrelevantes.

Mas mesmo entre os fatos relevantes, há alguns que não precisam ser comprovados. O art. 374 do CPC os enumera:

FATOS NOTÓRIOS	■ São aqueles do conhecimento geral da comunidade em que o processo tramita. Não é preciso que sejam de conhecimento global, bastando que sejam sabidos pelas pessoas da região. Por exemplo: que no Rio de Janeiro há grande afluxo de turistas estrangeiros, ou que, em determinadas épocas, a crise econômica assolou o país ou determinada região.

OS AFIRMADOS POR UMA DAS PARTES E CONFESSADOS PELA OUTRA	◼ O que foi confessado pela parte contrária, seja expressamente, seja por falta de impugnação específica, não se tornou controvertido e apenas sobre o que há controvérsia exige-se prova. Pressupõe-se que o fato admita confissão.
OS ADMITIDOS NO PROCESSO COMO INCONTROVERSOS	◼ Essa hipótese assemelha-se à anterior, porque pressupõe também a incontrovérsia, que dispensa a instrução. Aqui há um consenso entre os litigantes a respeito de determinado fato.
EM CUJO FATOR MILITA PRESUNÇÃO LEGAL DE EXISTÊNCIA OU DE VERACIDADE	◼ Há dois tipos de presunção que podem ser estabelecidas por lei: a absoluta (*juris et de jure*) e a relativa (*juris tantum*). Se houver a primeira, nenhuma prova se admitirá que seja contrária ao fato alegado; se for a segunda, aquele que alegou o fato não precisará comprová-lo, mas o seu adversário poderá fazer prova contrária. A revelia é um exemplo em que há presunção relativa dos fatos alegados na petição inicial.

6. PRESUNÇÕES E INDÍCIOS

No item anterior, foi visto que não há necessidade de provar os fatos, ainda que relevantes, a respeito dos quais milite presunção legal de existência ou veracidade.

As presunções podem ser divididas em duas categorias:

◼ **as legais**, que podem ser relativas ou absolutas, conforme admitam ou não prova em contrário, como visto no item anterior;

◼ as que decorrem da observação do que normalmente acontece, chamadas **presunções simples ou *hominis***, como a de culpa daquele que, dirigindo um veículo, colide contra a traseira do carro que segue à frente.

As presunções, que pertencem ao tema da dispensa de provas, não se confundem com os **indícios, que são começos de prova**. São sinais indicativos da existência ou veracidade de um fato, mas que, por si sós, seriam insuficientes para prová-lo. No entanto, somados a outras circunstâncias ou a outros indícios, podem fazê-lo.

PRESUNÇÕES	INDÍCIOS
◼ São pressuposições da existência ou veracidade de um fato, estabelecidas por lei, ou como decorrência da observação do que ocorre normalmente. Havendo presunção, dispensa-se a produção da prova. As decorrentes de lei podem ser relativas ou absolutas, conforme admitam ou não prova em contrário.	◼ São sinais indicativos da existência ou veracidade de determinado fato que, por si sós, não são suficientes para demonstrá-lo. No entanto, somados a outras circunstâncias ou indícios, podem fazê-lo.

6.1. PRESUNÇÕES SIMPLES OU *HOMINIS*

Vêm mencionadas no art. 375 do CPC, que autoriza o juiz a decidir com **base nas regras de experiência comum, que resultam da observação do que normalmente acontece e das regras de experiência**.

Têm aplicação subsidiária na falta de normas jurídicas particulares que tratem do assunto. Constituem o corpo de conhecimento que resulta da experiência e do senso comum. Incluem, além disso, conhecimentos específicos que são acessíveis às pessoas em geral, como os relativos a fatos históricos, ou, por exemplo, a cálculos aritméticos, que dispensem conhecimento especializado.

7. PROVA DE FATO NEGATIVO

É tradicional no direito a afirmação de que os fatos negativos não podem ser provados, mas apenas os afirmativos. Só seria possível demonstrar a existência de um fato, e não o contrário, razão pela qual os fatos negativos não precisam ser provados (*negatio non sunt probanda*).

Por exemplo: é condição da usucapião especial que o possuidor não tenha nenhum outro imóvel, urbano ou rural, no País. Não lhe seria possível fazer tal prova, o que exigiria certidões negativas de todos os cartórios de registro de imóveis no Brasil. Mas o adversário do possuidor pode provar que ele tem algum imóvel, juntando a certidão do cartório correspondente.

Mas há fatos negativos que podem ser provados: é possível que eu prove não ter imóveis em determinada circunscrição imobiliária, ou que não fui a determinada festa, porque estava em outro local, ou que não viajei em determinado período, pois estive trabalhando.

Não se pode exigir prova dos fatos negativos quando eles forem imprecisos: não é possível provar que uma pessoa não tenha nenhum outro imóvel, ou que nunca tenha ido a uma festa, ou que nunca tenha viajado; mas é possível a prova de que não tenha imóvel em determinada circunscrição, ou não tenha ido a uma festa específica, ou feito certa viagem.

8. O JUIZ E A PRODUÇÃO DA PROVA

A prova é destinada a convencer o juiz, a respeito dos fatos controvertidos. Ele é o destinatário da prova. Por isso, sua participação na fase instrutória não deve ficar relegada a um segundo plano, de mero espectador das provas requeridas e produzidas pelas partes: cumpre-lhe decidir quais as necessárias ou úteis para esclarecer os fatos obscuros. Mas ele nem sempre terá condições de saber que provas são viáveis. Por exemplo: se há testemunhas do fato, se existe algum documento que possa comprová-lo. **Por isso, a produção de provas deverá resultar de atuação conjunta das partes e do juiz**. Cumpre àquelas, na petição inicial, contestação, fase ordinatória e fase instrutória requerer as provas por meio das quais pretendam convencer o juiz. E a este decidir quais são efetivamente necessárias e quais podem ser dispensadas, podendo determinar prova que não tenha sido requerida, ou indeferir prova postulada, cuja realização não lhe pareça necessária.

O art. 370 do Código de Processo Civil atribui ao juiz poderes para, de ofício, determinar as provas necessárias. Ele deve valer-se desse poder para esclarecer os fatos relevantes para o julgamento da causa. **É dever do juiz proferir a melhor sentença possível, e, para isso, é indispensável que os fatos sejam aclarados**. Se as partes não requereram ou produziram provas suficientes, e o juiz verifica que há outras que, realizadas, poderão esclarecer os fatos, permitindo-lhe julgar com mais confiança, deve determiná-las, ainda que o processo verse sobre interesse disponível.

A **disponibilidade do direito não afasta a exigência, válida para todos os processos e de interesse público, de que o juiz realize sempre o melhor julgamento possível**.

Há casos em que, ainda que todas as provas tenham se esgotado, os fatos não se aclararam. A lei apresenta regras de julgamento, que devem ser aplicadas para que o juiz, apesar disso, possa sentenciar, obrigação da qual ele não se exime: **são as regras do ônus da prova**, aplicáveis apenas se os fatos não foram elucidados, e não há outras provas. Se houver outra que possa trazer luz sobre o ocorrido, o juiz deve determiná-la, ainda que não tenha sido requerida por nenhum dos litigantes.

Ao fazê-lo, o juiz não perderá a imparcialidade. Antes, mostrar-se-á devotado ao seu ofício, e diligente na busca da verdade real. O princípio dispositivo é mitigado no que concerne à produção de provas: sendo possível, o juiz deve buscar a verdade real, determinando de ofício as provas necessárias à formação do seu convencimento.

9. ÔNUS DA PROVA

O juiz não se exime de sentenciar, alegando que os fatos não foram esclarecidos. Não há possibilidade do *non liquet*, em que ele se recusa a julgar, aduzindo que não conseguiu formar a sua convicção.

Há casos em que, esgotadas as provas possíveis, os fatos não ficaram suficientemente esclarecidos. A situação não é incomum: há fatos controvertidos, a respeito dos quais cada litigante tem uma versão e dos quais não há provas, pois ninguém os presenciou ou documentou. Porém, o juiz precisa decidir.

A lei processual formula uma série de regras aplicáveis somente na hipótese de, no momento do julgamento, os fatos não terem ficado suficientemente esclarecidos. São as regras do ônus da prova, **cuja função é indicar qual dos litigantes sofrerá as consequências negativas advindas da falta de comprovação**.

Se o juiz, concluída a instrução, formou o seu convencimento sobre os fatos, não terá necessidade de socorrer-se delas. Bastará extrair as consequências jurídicas pertinentes ao caso. Não aclarados os fatos, o juiz, para poder sentenciar, verificará a quem cabia o ônus de prová-los: será esse o litigante que sofrerá as consequências negativas da falta ou insuficiência de provas.

A aplicação das regras do ônus da prova deve ficar reservada à hipótese de terem sido esgotadas as possibilidades de aclaramento dos fatos. Se ainda houver prova que o auxilie, deverá o juiz mandar produzi-la, de ofício, na forma do art. 370 do CPC. As regras do ônus da prova vêm formuladas no art. 373 do CPC.

9.1. A PROVA COMO ÔNUS

As partes não são obrigadas a produzir provas a respeito do que alegarem. Elas terão o ônus de fazê-lo. **O ônus distingue-se da obrigação, porque esta é a atividade que uma pessoa faz em benefício da outra**. O devedor, por exemplo, tem a obrigação de pagar ao credor. **O ônus é a atividade que a pessoa desempenha em favor de si mesma, e não da parte contrária**. O litigante tem o ônus de contestar, o que lhe trará o benefício de tornar controvertidos os fatos; sem isso, sofrerá a consequência desfavorável decorrente da sua omissão.

Quem tem o ônus da prova é aquele que sofrerá as consequências negativas que advirão da ausência daquela prova no processo.

A prova é uma espécie de ônus reflexo, decorrente de um ônus primário, que é o de alegar. Cada uma das partes tem o ônus de apresentar a sua versão dos fatos: o autor o fará na petição inicial, e o réu, na contestação. Aqueles que se tornaram controvertidos precisarão ser comprovados, em regra, por quem os alegou: ao menos em geral, ao autor cumprirá provar os fatos constitutivos de seu direito; e ao réu os fatos extintivos, impeditivos ou modificativos do direito do autor (CPC, art. 373).

9.2. ÔNUS DA PROVA — ASPECTO SUBJETIVO E OBJETIVO

As regras do ônus da prova podem ser examinadas em dois aspectos: **subjetivo e objetivo**.

Do ponto de vista objetivo, elas são regras de julgamento, dirigidas ao juiz da causa, que devem orientá-lo ao proferir sentença, na hipótese de os fatos não terem ficado suficientemente esclarecidos. Não devem ser utilizadas em qualquer circunstância, mas apenas na de terem sido esgotadas as possibilidades de elucidação dos fatos controvertidos. Ao aplicá-las, o juiz imporá àquele que tinha o ônus de provar as consequências negativas da insuficiência ou falta de provas.

Como decorrência do aspecto objetivo, deflui o subjetivo. A lei, ao estabelecer quem sofrerá as consequências negativas decorrentes da falta de provas, **norteará os litigantes a respeito daquilo que compete a cada um deles demonstrar**. Quando o art. 373 estabelece que cumpre ao autor a prova dos fatos constitutivos de seu direito, diz, ao mesmo tempo, ao juiz e ao autor, quem sofrerá as consequências negativas da falta de prova desses fatos.

O juiz as aplicará ao proferir o julgamento; e o autor se orientará, no curso do processo, sobretudo na fase instrutória, com a consciência de que cabe a ele essa prova.

Os aspectos objetivo e subjetivo do ônus da prova são indissociáveis: ao indicar como o juiz deverá se orientar no julgamento, em caso de falta de provas, a lei também indica como cada uma das partes deve comportar-se a respeito da instrução. **Os ônus da prova, conquanto regras de julgamento, interessam diretamente às partes, que sofrerão as consequências negativas ou positivas da sua distribuição.**

9.3. DISTRIBUIÇÃO DO ÔNUS DA PROVA

O art. 373 do CPC dispõe que:

- ▪ cumpre ao autor a prova dos fatos constitutivos do seu direito;
- ▪ cumpre ao réu a prova da existência de fato impeditivo, modificativo ou extintivo do direito do autor.

Essas duas regras podem ser condensadas em uma única, assim resumida:

O ônus da prova, em regra, cabe a quem alega determinado fato.

Isso vale não apenas para as partes, mas para todos aqueles que intervenham no processo.

9.4. A DISTRIBUIÇÃO DIVERSA DO ÔNUS DA PROVA

No item anterior, foram indicadas as regras do ônus da prova.

> Mas, pode haver a inversão, que consiste na modificação da regra natural de distribuição dos ônus da prova.

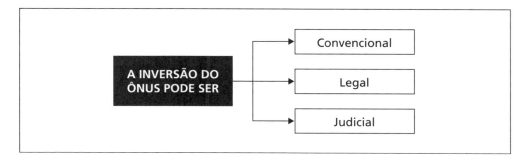

Essa classificação leva em conta a causa da inversão, **se a vontade dos litigantes, determinação legal ou judicial**.

Ela terá relevância tanto para as partes quanto para o juiz e repercutirá no aspecto subjetivo e objetivo do ônus da prova.

Do ponto de vista objetivo, se o juiz verificar, na sentença, que determinado fato não ficou comprovado, carreará as consequências negativas não para o litigante a quem elas seriam normalmente atribuídas, **mas ao seu adversário**. Do ponto de vista subjetivo, o autor não terá mais de provar os fatos constitutivos de seu direito, cumprindo ao réu fazer prova contrária; e o réu não terá mais o ônus de provar os fatos extintivos, modificativos ou impeditivos do direito do autor, cabendo ao autor a prova contrária.

Cada uma das hipóteses de inversão será examinada em itens separados.

9.4.1. Inversão convencional

Podem as partes, por convenção, alterar as regras naturais de distribuição do ônus da prova? O art. 373, § 3.º, do CPC o autoriza, ao estabelecer que a distribuição diversa do ônus da prova também pode ocorrer, salvo quando: "I — recair sobre direito indisponível da parte; II — tornar excessivamente difícil a uma parte o exercício do direito".

Se o dispositivo impede a inversão nos casos a que alude, por exclusão a autoriza nos demais casos. Se o processo versa sobre interesse disponível, no qual as partes podem renunciar aos seus direitos, reconhecer juridicamente o pedido do adversário ou transigir, não há óbice a que convencionem a modificação do ônus.

A primeira condição é que o processo verse sobre **interesse disponível**, porque inverter o ônus da prova consiste em uma forma de disposição.

Além disso, é indispensável que não torne a uma das partes excessivamente difícil o exercício do direito. Do contrário, a fase instrutória tornar-se-ia praticamente inútil, dada a dificuldade de o interessado provar os fatos a respeito dos quais recai o ônus que lhe foi atribuído. A parte pode até mesmo renunciar ou reconhecer o pedido; mas não pode promover a inversão de forma a dificultar em demasia a prova de um fato, o que obrigaria o juiz a abrir a fase instrutória, embora já saiba de antemão que o fato não pode ser provado, ou só o pode com muita dificuldade. Isso implicaria transtornos que não se coadunam com a natureza pública do processo.

O Código de Defesa do Consumidor **veda expressamente a inversão do ônus da prova em detrimento do consumidor** (art. 51, VI).

Nos casos em que for permitida, a convenção sobre o ônus da prova pode ser celebrada antes ou durante o processo.

9.4.2. Inversão legal

A lei brasileira estabelece numerosos casos de presunção. Ao fazê-lo, torna dispensável a prova do fato alegado, que se presume verdadeiro, podendo ou não admitir prova contrária, conforme o grau de intensidade da presunção. **Há aquelas que admitem prova contrária — são as presunções relativas; e as que não a admitem — presunções absolutas**.

No *item 6* deste capítulo, foi visto que as presunções podem decorrer de lei ou da observação do que normalmente acontece. No primeiro caso, serão legais; no segundo, simples ou *hominis*.

Havendo presunção legal ou simples, a parte fica dispensada de provar o fato cuja existência ou veracidade é presumida.

Também a presunção simples encontra amparo legal, uma vez que o art. 375 do CPC estabelece: "O juiz aplicará as regras de experiência comum subministradas pela observação do que ordinariamente acontece e ainda as regras de experiência técnica, ressalvado, quanto a estas, o exame pericial".

Alguns exemplos ajudarão a esclarecer de que forma as presunções invertem o ônus da prova.

O art. 37, § 6.º, da Constituição Federal estabelece a presunção de culpa das pessoas jurídicas de direito público e de direito privado prestadoras de serviço público pelos danos que, no exercício de suas atividades, causarem a terceiros.

Em regra, a vítima de danos que ajuíza ação postulando o ressarcimento tem o ônus de provar a culpa do réu, fato constitutivo do seu direito (art. 373 do CPC). Mas se o réu for uma das pessoas jurídicas mencionadas no dispositivo constitucional, a culpa será presumida, o autor ficará dispensado de prová-la, incumbindo àquela a prova contrária, de que o acidente deu-se por caso fortuito, força maior, culpa da vítima ou de terceiro. Há uma presunção legal que redunda em inversão do ônus da prova.

Outro exemplo: a vítima de um acidente ajuíza ação de ressarcimento contra o causador, aduzindo que houve colisão traseira. Ora, as regras de experiência comum indicam que a colisão traseira é, quase sempre, provocada porque o veículo que está atrás não manteve a distância mínima ou não atentou para o fluxo dos veículos à frente. Ainda que a lei nada mencione, as regras de experiência (presunção simples ou *hominis*) fazem concluir que a culpa é daquele que colidiu na traseira, cumprindo a este demonstrar o contrário (por exemplo, que houve uma marcha à ré do carro da frente).

9.4.3. Inversão judicial

Pode ocorrer em duas hipóteses: **a)** quando houver lei que a autorize. Não se confunde com a inversão legal, pois não decorre direta e automaticamente da lei. Ela apenas atribui ao juiz o poder de determiná-la, nos casos concretos, desde que verificadas determinadas circunstâncias. **Distingue-se da presunção legal, em que a lei preestabelece os requisitos, não dando ao juiz nenhuma margem de avaliação; na judicial, a lei condiciona a inversão a que, a critério do juiz, estejam presentes determinadas circunstâncias; b)** em razão das peculiaridades da causa relacionadas à impossibilidade ou à excessiva dificuldade de cumprir o encargo nos termos do *caput* do art. 373 ou à maior facilidade de obtenção de prova, caso em que o juiz redistribuirá o ônus por decisão fundamentada. Nessa segunda hipótese, o legislador acolheu a regra da dinâmica do ônus da prova, que poderá ser alterado se, com a aplicação da regra geral, o juiz verificar que a prova ficou excessivamente difícil para quem normalmente teria o ônus, ou excessivamente fácil para a parte contrária. **Trata-se da aplicação da regra de que o ônus deve ser atribuído a quem manifestamente tenha mais facilidade de obter ou produzir a prova.** Se pela regra geral do *caput* o juiz verificar que o ônus será atribuído a quem terá muita dificuldade de dele se desincumbir, ou perceber que a parte contrária terá maior facilidade de obtenção da prova, ele redistribuirá dinamicamente o ônus. Ao fazê-lo, porém, ele deverá **fundamentar a sua decisão** para que haja o controle dos fundamentos em que ela se embasou. O juiz, então, deverá indicar o motivo por que a prova seria impossível ou excessivamente difícil para a parte que, em princípio, tinha o ônus, ou mais fácil para quem não o tinha, de forma a propiciar a alteração. Não haverá discricionariedade do juiz, que deverá observar estritamente os requisitos do art. 373 e seus parágrafos.

O exemplo mais importante de inversão judicial autorizada por lei é o do art. 6.º, VIII, do Código do Consumidor, que assegura, entre os direitos básicos do consumidor: "a facilitação da defesa de seus direitos, inclusive com a inversão do ônus da prova, a seu favor, no processo civil, quando, a critério do juiz, for verossímil a alegação ou quando for hipossuficiente, segundo as regras ordinárias da experiência".

São duas as hipóteses que autorizam a inversão. Basta que uma delas esteja presente para que o juiz a autorize:

- **Quando for verossímil a alegação:** o Código do Consumidor busca a facilitação da defesa dos direitos do consumidor. Para tanto, estabelece que o juiz pode considerar provado um fato não em um juízo de certeza, mas de verossimilhança ou de probabilidade. Cumprirá ao juiz, no caso concreto, examinar se isso é suficiente para formar-lhe o convencimento, dispensando, então, a prova do fato plausível.

- **Quando o consumidor for hipossuficiente:** há dois tipos de hipossuficiência e ambas podem levar à inversão. A **econômica**, quando o consumidor tiver dificuldade de comprovar o alegado por força de dificuldades materiais, que o impedem, por exemplo, de se defender adequadamente ou de conseguir as provas necessárias; e a **técnica**, quando a comprovação de fatos relacionados à coisa fornecida ou ao serviço prestado demande conhecimento técnico de que o consumidor não dispõe, mas que pode ser facilmente obtido pelo fornecedor, **que conhece os aspectos técnicos do produto ou serviço que colocou no mercado.**

9.4.4. O problema do momento em que o juiz deverá promover a inversão do ônus

Nos casos de inversão convencional e legal, a dificuldade não se coloca. Os litigantes saberão desde logo que há a inversão, seja porque transigiram a respeito, seja porque existe lei estabelecendo a presunção em favor de um deles.

Mas a inversão judicial pode trazer alguns problemas, porque depende de uma decisão judicial, que pode ou não a deferir.

Como visto, o ônus da prova tem um aspecto subjetivo, uma vez que orienta as partes, serve de norte **para que elas saibam quem sofrerá as consequências negativas, caso os fatos não sejam elucidados**.

Ora, se o juiz só fizesse a inversão do ônus na sentença, o litigante prejudicado por ela seria surpreendido. Ele poderia ter deixado de produzir provas na fase de instrução, sabendo que o ônus era do adversário. **Com a inversão na sentença, ele terá sido prejudicado, sem ter tido a oportunidade de requerer e produzir as provas que, se tivesse sabido de antemão, teria postulado.**

Por isso, embora o ônus da prova seja, antes de qualquer coisa, regra de julgamento, caberá ao juiz na decisão de saneamento e organização do processo definir a sua distribuição, observado o art. 373, cabendo agravo de instrumento não apenas contra a decisão que redistribuir, mas também contra a que não acolher o pedido de redistribuição do ônus da prova, formulado com fulcro no art. 373, § 1.º, do CPC (art. 1.015, XI). Com isso, evita-se ofensa ao princípio do contraditório e eventual cerceamento de defesa daquele que ficaria prejudicado com a alteração do ônus, já que **a questão será apreciada em momento processual tal que permita àquele a quem o ônus for carreado socorrer-se das provas necessárias**.

As consequências da falta de provas do fato só serão aplicadas na sentença, mas o juiz, ao redistribuir o ônus, fará com que as partes, de antemão, saibam a quem elas serão carreadas, para que possam diligenciar no sentido de obtê-las.

9.4.5. A inversão do ônus da prova e a responsabilidade com as despesas

As regras do ônus da prova, fixadas no art. 373 do CPC são dirigidas, principalmente, ao juiz; sua função é possibilitar o julgamento, ainda que os fatos não tenham ficado suficientemente esclarecidos, orientando, ainda que reflexamente, o comportamento das partes.

Os arts. 82 e 95 do CPC tratam da responsabilidade pelas despesas que a produção das provas pode causar. **A regra é de que o vencido as suporte, mas há as que precisam ser antecipadas**, quando não se sabe quem serão os vencedores e vencidos. **Manda a lei que seja quem requereu a prova; se tiver sido o Ministério Público fiscal da ordem jurídica ou houver, de ofício, sido determinada pelo juiz, cumprirá ao autor antecipá-las (art. 82)**, salvo quando se tratar de prova pericial, caso em que, se determinada de ofício ou a requerimento de ambas as partes os valores a serem antecipados, deverão ser rateados (art. 95). Quando o Ministério Público é autor, como nas ações civis públicas, por exemplo, tem-se entendido que cumpre a ele, na forma da Súmula 232 do STJ.

Têm sido frequentes, na prática, os casos em que um dos litigantes não postula, propriamente, a inversão do ônus da prova, mas da responsabilidade pela antecipação das despesas com a sua produção, alegando ou que uma coisa se confunde com a outra, ou que uma coisa decorre da outra.

Conquanto ainda haja grande controvérsia doutrinária e jurisprudencial a respeito, **tem prevalecido o entendimento de que a inversão do ônus da prova não se confunde com a da responsabilidade pela antecipação dessas despesas**.

Já foi decidido que, pelo Superior Tribunal de Justiça no REsp 1.073.688, Rel. Min. Teori A. Zavascki, publicado em *DJU* de 20 de maio de 2009, que:

"PROCESSUAL CIVIL E ADMINISTRATIVO. SISTEMA FINANCEIRO DE HABITAÇÃO. COBERTURA PELO FCVS. **INVERSÃO** DO ÔNUS DA PROVA. ART. 6.º, VIII, DA LEI N. 8.078/90. ADIANTAMENTO DAS **DESPESAS PROCESSUAIS**. 1. 'A simples **inversão** do ônus da prova, no sistema do Código de Defesa do Consumidor, não gera a obrigação de custear as **despesas** com a perícia, embora sofra a parte ré as consequências decorrentes de sua não produção. (...) O deferimento da **inversão** do ônus da prova e da assistência judiciária, pelo princípio da ponderação, impõe que seja beneficiado o consumidor, com o que não cabe a orientação jurisprudencial sobre o custeio da prova pericial nos termos da Lei n. 1.060/50' (REsp 639.534, 2.ª Seção, Min. Menezes Direito, *DJ* de 13.02.2006). Precedentes das Turmas da 1.ª e 2.ª Seções. 2. Recurso especial provido".

Como deixa claro o acórdão, a inversão do ônus não gera a responsabilidade pela antecipação de despesas. Mas pode fazer com que a prova, que seria requerida por um dos litigantes, passe a sê-lo pelo adversário a quem o ônus foi carreado, com o que cumprirá a este antecipá-las.

10. HIERARQUIA DAS PROVAS

Entre os princípios fundamentais do processo civil referentes às provas, destaca-se o da persuasão racional, ou livre convencimento fundamentado, consagrado no art. 371 do CPC. (Esse dispositivo menciona que o juiz apreciará a prova constante dos autos. O artigo equivalente do CPC/73 dizia que o juiz apreciará livremente a prova. Não nos parece que a supressão do advérbio "livremente" justifique a alteração do nome do princípio, uma vez que, desde que com fundamento na prova colhida, o juiz formará livremente o seu convencimento, fundamentando a sua decisão.) O juiz as aprecia livremente, devendo apresentar os motivos que o levaram à decisão. Como regra, a lei processual não estabelece hierarquia entre as provas: **em princípio, nenhuma tem valor superior à outra, cabendo ao juiz sopesá-las ao formar o seu convencimento**.

Não se acolheu entre nós o princípio da prova legal, segundo o qual cada uma tem um valor previamente fixado por lei, cabendo ao juiz decidir de acordo com isso, sem sopesá-la. A adoção desse princípio implicaria restrição completa ao do livre convencimento, uma vez que o juiz não teria possibilidade de avaliar as provas colhidas, previamente ponderadas pelo legislador. Não poderia, por exemplo, julgar com base em prova testemunhal, desconsiderando as conclusões da pericial, se a lei dissesse que esta deve sobrepor-se àquela; ao passo que no sistema da persuasão racional, ele as avaliará livremente.

Existem resquícios, em nosso ordenamento, do sistema de prova legal: o art. 406, por exemplo, dá valor absoluto ao instrumento público, como prova do ato cuja celebração o exige. Mas mais do que prova, o instrumento público é necessário para a própria formação e constituição do negócio jurídico, cuja existência se pretende demonstrar.

O sistema da persuasão racional — acolhido entre nós — é intermediário entre o da prova legal, já mencionado, e o da convicção íntima, pelo qual o juiz teria liberdade absoluta para avaliar as provas, sem necessidade de nem mesmo fundamentar a sua decisão: o que valeria é a sua impressão pessoal, sendo desnecessário que indique quais as provas que a sustentam. O juiz poderia julgar apenas com base na ciência privada ou na opinião que tem dos fatos. O Tribunal do Júri é o único exemplo, em nosso sistema, da adoção do princípio da convicção íntima.

O sistema da persuasão racional exige que o juiz indique as razões pelas quais formou o seu convencimento, expondo fundamentos e provas que o sustentam. Conquanto haja o livre convencimento, é preciso que seja motivado e racional, amparado nos elementos dos autos e que deles resulte como consequência lógica.

11. PROVAS ILÍCITAS

A Constituição Federal, no art. 5.º, LVI, **veda a utilização de provas obtidas por meios ilícitos, sem fazer nenhuma ressalva**. O art. 369 do CPC, por sua vez, estabelece que "As partes têm o direito de empregar todos os meios legais, bem como os moralmente legítimos ainda que não especificados neste Código, para provar a verdade dos fatos, em que se funda o pedido ou a defesa e influir eficazmente na convicção do juiz". *A contrario sensu*, são vedadas a provas ilegais ou moralmente ilegítimas.

A ilicitude da prova pode decorrer de duas causas: da **obtenção por meios indevidos** (exs.: emprego de violência ou grave ameaça, tortura, entre outras); **e do meio empregado para a demonstração do fato** (exs.: as interceptações telefônicas, a violação de sigilo bancário, sem autorização judicial, a violação de sigilo de correspondência).

A proibição da prova ilícita suscita importantes questões: se é ou não absoluta, se admite mitigações, decorrentes do princípio da proporcionalidade; se atinge tão-somente a própria prova, ou se também macula as dela derivadas (teoria dos frutos da árvore contaminada).

Embora haja enormes controvérsias doutrinárias a respeito, existe posição firmada do Supremo Tribunal Federal de que **a prova obtida por meios ilícitos e as provas dela derivadas não podem ser admitidas no processo, salvo por razões de legítima defesa**.

Houve a adoção da teoria dos frutos da árvore contaminada: **a ilicitude de uma prova impedirá que não só ela, mas também as provas dela derivadas, sejam utilizadas**. Por exemplo, se forem apreendidos ilicitamente livros de contabilidade de uma empresa, uma perícia que venha a ser realizada neles também não poderá ser empregada.

A teoria da proporcionalidade, desenvolvida, sobretudo, pelo direito alemão, autoriza a utilização da prova ilícita, **quando os bens jurídicos que se pretende proteger são mais elevados do que aqueles que se pretende preservar com a vedação**. Assim, se a prova foi colhida com violação ao direito de intimidade, mas serve para preservar, por exemplo, a vida ou a saúde da coletividade, seria autorizada.

Embora não acolhido, entre nós, o princípio da proporcionalidade, tem-se admitido a utilização da prova ilícita, quando obtida para legítima defesa, própria ou de terceiro: a interceptação telefônica de uma ligação feita por sequestrador, por exemplo.

11.1. A GRAVAÇÃO E A INTERCEPTAÇÃO TELEFÔNICA

A gravação telefônica é feita por um dos participantes da conversa, ao passo que a interceptação é feita por um terceiro, que não a protagonizava. A gravação pode ser validamente utilizada como prova, mesmo sem o consentimento do outro participante. Se um dos protagonistas grava uma conversa que tem com outro ao telefone, a gravação pode ser por ele utilizada como prova, ainda que o outro não consinta. Não há violação ao direito de intimidade porque foi feita por um dos participantes.

Diferente é a interceptação, em que há afronta ao direito de intimidade: a conversa está sendo gravada sem o conhecimento e o consentimento dos envolvidos. Não pode ser usada como prova, salvo nos casos especiais previstos em lei.

No Brasil, **a interceptação só poderá ser usada como prova quando autorizada pelo juiz para instrução em processo-crime**. É o que estabelece o art. 5.º, XII, da CF, regulamentado pela Lei n. 9.296/96, que trata da interceptação telefônica por ordem judicial para instrução processual penal. (A E. 3.ª Turma do Superior Tribunal de Justiça admitiu, em caráter excepcional, a utilização de interceptação telefônica em processo civil, envolvendo direito de família, quando não havia alternativa, e em situação em que havia grave risco a um menor — ver, a respeito, o HC 203.405 do STJ.)

12. PRODUÇÃO ANTECIPADA DE PROVAS

12.1. INTRODUÇÃO

É uma ação autônoma, que pode ter natureza preparatória ou incidental e que visa antecipar a produção de determinada prova, realizando-a em momento anterior àquele em que normalmente seria produzida. Trata-se do exercício do direito autônomo à prova, de natureza satisfativa, exercido em procedimento de jurisdição voluntária. Não tem, como no CPC de 1973, natureza de ação cautelar, ajuizada sempre em razão de risco de a prova perecer. O risco é uma das justificativas da antecipação da prova, mas não a única. A antecipação pode ser deferida para viabilizar a autocomposição ou outro meio adequado de solução do conflito, ou para permitir ao interessado que tenha prévio conhecimento dos fatos, que possa justificar ou evitar o ajuizamento da ação. Poderá ser aforada no curso de processo já ajuizado, em fase anterior àquela na qual normalmente a prova seria produzida, ou antes do ajuizamento do processo, quando terá a natureza de procedimento preparatório.

436 Direito Processual Civil Esquematizado   *Marcus Vinicius Rios Gonçalves*

Em regra, as provas são produzidas depois de concluída a fase postulatória e a ordinatória. Isto é, depois que o réu foi citado ofereceu contestação, que o juiz determinou as providências preliminares, verificou que não é caso de julgamento antecipado e saneou o processo, abrindo-se a fase de instrução.

Há três razões para que a prova seja antecipada:

■ **o temor de que se perca**. É a causa mais comum de antecipação. Teme-se, por exemplo, que uma testemunha não possa ser ouvida no momento oportuno, seja porque vai se mudar para local distante, seja porque está muito doente ou muito idosa. Teme o autor que pretende reformar o imóvel em que habita que, no momento oportuno, a prova pericial fique prejudicada, diante da alteração do local. Pode ser realizada uma vistoria *ad perpetuam rei memoriam*, que retratará a situação do imóvel antes da reforma;

■ **prova suscetível de viabilizar a autocomposição ou outro meio de solução de conflito**. Já foi mencionado que o CPC estimula a autocomposição e outras formas alternativas de solução do conflito, a ponto de tratar delas entre as suas normas fundamentais (art. 3.º, § 3.º). Pode ocorrer que, somente com a colheita de determinada prova, as partes possam tentar conciliar-se, uma vez que só por meio dela poderão ter mais conhecimento do que de fato ocorreu, ou das consequências de determinado fato. Assim, a prova pode servir para definir de forma mais evidente e precisa os contornos do conflito de interesse, viabilizando a autocomposição. Ela também fornecerá maiores elementos ao conciliador e ao mediador para tentarem sugerir uma solução consensual, ou para conduzir as partes a que a encontrem;

■ **o prévio conhecimento dos fatos que possa justificar ou evitar o ajuizamento de ação.** Há casos em que a antecipação servirá para colheita de elementos necessários ao ajuizamento da demanda. Sem ela, o autor terá dificuldade para ajuizar a ação. Por exemplo: ele pretende postular indenização porque houve um vazamento, que trouxe graves danos para o seu apartamento. Porém, não sabe ainda qual foi a causa, nem onde se originou, se na coluna central do prédio, caso em que a responsabilidade será do condomínio, ou se no encanamento do imóvel superior, caso em que a ação deverá ser dirigida contra o seu titular. A antecipação da prova servirá para que colha elementos necessários para uma eventual ação, fornecendo informações ao interessado para que decida se deve ou não ajuizá-la.

Só na primeira dessas situações a produção antecipada de provas dependerá do perigo da demora. Nas demais não servirá para afastar um risco, mas para fornecer uma informação, um esclarecimento. Ela servirá para colher elementos para a eventual propositura da ação, independentemente de urgência.

12.2. TIPOS DE PROVAS QUE PODEM SER ANTECIPADAS

Não há nenhuma restrição à antecipação das provas. Ela pode ter por objeto qualquer meio de prova, seja oral ou pericial. Ressalva-se, porém, a prova documental, já que, se o interessado quiser que determinado documento seja apresentado, deverá valer-se da ação de exibição de documento (ver *item 14.4.2, infra*).

O **depoimento pessoal da parte**, a respeito de algum fato que possa ser relevante para o desfecho do processo, também pode ser antecipado. É certo que se a ação ainda não foi aforada, nem há contestação, não será possível saber quais os fatos controvertidos a ensejar confissão. Mas sempre será possível saber quais fatos são relevantes para a causa, e uma das partes pode ter interesse em colher o depoimento da outra, quando houver perigo de que, oportunamente, essa prova não possa ser colhida, ou quando isso possa esclarecer os fatos relacionados ao conflito.

Não há óbice a que seja antecipada a inspeção judicial, quando houver necessidade de que o juiz verifique, com os próprios olhos, a situação atual de determinado bem.

O arrolamento de bens, quando tiver por finalidade apenas a documentação e não a prática de atos de apreensão, também pode ser deferido como antecipação de prova.

12.3. PROCEDIMENTO

A produção antecipada de provas é ação autônoma e pode ter caráter preparatório, quando ainda não ajuizada a ação; ou caráter incidental, se já há ação, que ainda não alcançou a fase de instrução. Só não haverá interesse se o processo principal já estiver nessa fase. Ao se mencionar que ela pode ter caráter preparatório, não se quer dizer com isso que, deferida e acolhida a antecipação e realizada a prova, haverá necessidade de ajuizamento de uma ação principal. Entre as finalidades da antecipação está justamente a de viabilizar a autocomposição, ou evitar, por meio de um melhor esclarecimento dos fatos, o ajuizamento da ação. A expressão "procedimento preparatório" deve ser entendida aqui em sentido amplo: ela pode servir para preparar uma eventual autocomposição, ou preparar a decisão dos interessados a respeito da propositura ou não de eventual ação.

Quando incidental, ela pode ser requerida tanto pelo autor quanto pelo réu da ação. **O autor da ação principal pode ser requerido da antecipação de provas e vice-versa.** Por exemplo: em ação de indenização proposta por A contra B, o réu tem necessidade de antecipar a ouvida de uma testemunha, ou uma prova pericial. Requererá, então, a antecipação, em face do autor da ação.

12.3.1. Petição em que se requer a antecipação

A petição inicial em que o interessado requerer a antecipação da prova deve indicar a justificativa para que ela seja deferida.

Deve haver certa liberalidade do juízo na avaliação da justificativa, já que a antecipação da prova não traz prejuízos ou coerção para a parte contrária. Isso não significa que ele pode deferir a medida, sem razão para tanto; no entanto, deve ser tolerante no exame dos requisitos.

Além da justificativa, o requerente mencionará com precisão os fatos sobre que há de recair a prova. Sem isso, o juiz não teria, por exemplo, como questionar a testemunha ou a parte, porque não saberá quais os fatos relevantes para a causa, e o perito não saberia que aspectos técnicos investigar.

438 Direito Processual Civil Esquematizado

12.3.2. Competência

O art. 381, § 3.º, afasta a controvérsia que havia na vigência do CPC anterior a respeito da aptidão da ação de produção antecipada de provas para prevenir o juízo. O dispositivo acolhe a lição da Súmula 263 do extinto Tribunal Federal de Recursos: "A produção antecipada de provas, por si só, não previne a competência para a ação principal". De fato, ele dispõe que "A produção antecipada da prova não previne a competência do juízo para a ação que venha a ser proposta". Como a medida não exige ação principal, nem mesmo a indicação da lide e seus fundamentos, não haveria razão para que seu ajuizamento prevenisse a competência.

A regra geral de competência da antecipação de prova é dada pelo art. 381, § 2.º, do CPC: "A produção antecipada de prova é da competência do juízo do foro onde esta deve ser produzida ou do foro de domicílio do réu".

O art. 381, § 4.º, estabelece a competência subsidiária da Justiça Estadual para colheita antecipada de provas em processos dos quais participem a União, suas entidades autárquicas ou empresa pública federal, se na localidade não houver vara federal. Mas isso não significa que a mesma autorização se estenda para a ação principal, para a qual a Justiça Estadual só terá competência subsidiária nos casos expressamente previstos na Constituição Federal.

12.3.3. Sequência do procedimento

Ao receber a petição inicial, o juiz, se a entender justificada, determinará a antecipação da prova e a citação dos interessados para acompanhá-la. **A citação deve se aperfeiçoar antes que a produção da prova tenha início.**

Serão citados todos aqueles que, de qualquer forma, possam ter interesse, seja porque venham a participar de futura ação como partes ou intervenientes, seja porque figurem já no processo principal, seja porque a prova possa ser útil para uma autocomposição da qual eles participem. Sem a citação para participação, a prova não pode ser usada contra eles por causa do princípio do contraditório. Se uma das partes pretende valer-se da denunciação da lide no processo principal, convém que a informe na antecipação preventiva, para que o futuro denunciado seja incluído e possa participar da prova, que só assim poderá ser eficaz em relação a ele.

A citação dos interessados será determinada a requerimento do réu ou de ofício pelo juiz. A razão do dispositivo é permitir ao juiz determinar a inclusão de eventuais interessados na prova que possam não ter sido mencionados pelo requerente. A citação só se fará necessária quando a antecipação de prova tiver caráter contencioso, pois em determinadas circunstâncias pode não o ter. Por exemplo: quando não há nenhum conflito de interesses, mas se tem interesse em obter a comprovação de determinado fato. É possível, por exemplo, que duas pessoas, querendo compor-se, mas sem elementos a respeito da extensão de determinados danos sobre os quais a composição possa versar, ingressem juntas em juízo e conjuntamente peçam a antecipação da prova, com a finalidade de que a composição se viabilize. Nesse caso, não haverá citação.

Deferidas a antecipação de prova e a citação do interessado nos casos em que forem necessárias, se a prova for oral, o citando será intimado da data da audiência, para que possa comparecer; e se for pericial, terá oportunidade de formular quesitos e indicar assistente técnico que acompanhe a produção da prova. Se a prova consistir em inspeção judicial, será intimado para acompanhá-la.

O art. 382, § 4.º, do CPC não permite defesa no procedimento de antecipação da prova. Diante dos termos peremptórios da lei, tem-se a impressão de que não se poderia nem mesmo impugnar a justificativa apresentada para antecipação. Parece-nos, no entanto, que isso se poderá fazer, já que não há aí propriamente uma defesa, mas a indicação de que faltam os requisitos autorizadores do deferimento da medida. É comum que o requerido queira já se defender de uma futura e eventual ação principal, aduzindo, por exemplo, que não é culpado pelos danos, ou que o contrato celebrado com o autor não tem a extensão que este lhe quer dar. **Não é esse o momento apropriado para fazê-lo, já que, na ação de antecipação, o juiz não se pronunciará sobre os fatos e sobre as consequências deles decorrentes, mas tão-somente sobre a necessidade de antecipação da prova e sobre a regularidade de sua realização.**

Apesar da vedação de defesa, o réu poderá arguir a incompetência do juízo, ou o impedimento e a suspeição do juiz, já que isso repercutirá sobre a própria validade das provas colhidas.

Diante da limitação do direito de defesa, caso o requerente desista da ação de antecipação, a homologação independerá do consentimento do réu.

A audiência, a prova pericial e a inspeção judicial far-se-ão na forma prevista no CPC, sem nenhuma peculiaridade. Além da prova deferida originariamente, outras provas, desde que relacionadas ao mesmo fato, também poderão ser produzidas no mesmo procedimento, em caráter antecipado, desde que isso não acarrete excessiva demora na conclusão do procedimento (art. 382, § 3.º, do CPC).

Ao final, verificando o juiz que a prova foi colhida regularmente, apenas a homologará, não cabendo recurso de seu pronunciamento. Caberá recurso de apelação apenas nos casos em que ele indeferir totalmente a antecipação de prova requerida. Se ele a indeferir parcialmente, não caberá agravo de instrumento, já que a hipótese não se insere naquelas mencionadas no art. 1.015.

Após a homologação, os autos permanecerão em cartório durante um mês, sendo lícito aos interessados solicitar as certidões que quiserem (art. 383 do CPC). **Não há prazo para a propositura de eventual ação principal: a prova continuará eficaz mesmo depois de transcorrido o prazo de um mês.**

13. MEIOS DE PROVA

Os meios de prova são os mecanismos **que podem ser usados no processo para investigação e demonstração dos fatos.** São os tipos genéricos de provas que se admitem no processo. Não se confundem com as **fontes de prova que são os elementos específicos, concretos, que servem para a comprovação de um fato em determinado processo.**

Um exemplo ajudará a clarificar a diferença: a prova testemunhal é um meio de prova; determinada testemunha, que tenha presenciado um fato relevante para o processo é uma fonte de prova. Deve haver uma correlação direta entre uma fonte e um meio de prova. Uma informação só poderá ser obtida de uma fonte se isso se enquadrar entre os meios de prova.

A respeito destes, vigora a regra geral do art. 369 do CPC, que tem grande relevância, por sua generalidade:

"As partes têm o direito de empregar todos os meios legais, bem como os moralmente legítimos, ainda que não especificados neste Código, para provar a verdade dos fatos em que se funda o pedido ou a defesa e influir eficazmente na convicção do juiz".

São meios de prova:

- A confissão.
- A ata notarial.
- O depoimento pessoal das partes.
- A prova testemunhal.
- A prova documental.
- A prova pericial.
- A inspeção judicial.

Esse rol não pode ser considerado taxativo, diante do caráter genérico do art. 369. Além dos meios acima elencados, qualquer outro será admitido, desde que não viole a lei ou a moral.

14. DA PROVA DOCUMENTAL

14.1. INTRODUÇÃO

A prova documental tem se tornado cada vez mais comum, diante da tendência moderna de documentar todas as relações jurídicas, ainda que a lei não exija forma escrita. Quando ela o exige, o documento deixa de ser apenas um mecanismo de prova e se torna da essência do próprio negócio jurídico, que não pode ser provado por outras maneiras. É o que ocorre na hipótese do art. 406 do CPC.

Afora essas situações, em que o documento é da essência do negócio, **a prova documental é apenas um meio de prova, que, conquanto muito prestigiado, não pode ser considerado, *a priori*, como de maior valor do que os outros**. Não se acolheu no Brasil o princípio da prova legal, em que o legislador prefixa o valor de cada uma, retirando do juiz o poder de apreciá-las consoante a sua livre convicção. Entre nós, foi acatado o princípio do livre convencimento motivado, e a prova documental deve ser examinada em conjunto com as demais, podendo o juiz preteri-la, caso se convença, por outros meios, que o documento não retrata a realidade.

Feitas essas considerações, é forçoso admitir que a prova documental tem sido o meio preferido entre os contratantes para demonstrar a existência de um negócio jurídico. São raros os contratos celebrados verbalmente — ainda que a lei o autorize.

4 ■ Fase Instrutória

14.2. CONCEITO DE DOCUMENTO

A ideia de documento sugere, em um primeiro momento, a de prova escrita, de um conjunto de palavras e expressões que usam o papel como suporte. Mas não se restringe a isso, e abrange outras formas de representação material, como a mecânica, a fotográfica, a cinematográfica, a fonográfica e outras (CPC, art. 422). Além dessas, pode-se acrescentar o documento eletrônico, disciplinado pela Lei n. 11.419/2006.

O que há de comum entre todos esses meios, para que possamos qualificá-los de documentos? **O fato de utilizarem um suporte material, que não precisa ser necessariamente o papel, mas que deverá ser anexado aos autos para apreciação do juiz**. Esse suporte pode ter as mais variadas formas: fotografias, gravações eletrônicas, CDs ou DVDs, filmagens. O que distingue a prova documental das demais é que **ela constitui sempre uma fonte de prova passiva**, a informação que ela contém pode ser obtida da coisa em si, sem que haja necessidade de ser extraída pelo juiz, ou por quem quer que seja. É diferente do que ocorre, por exemplo, com a prova testemunhal e com a pericial, em que há necessidade de participação do juiz e das partes.

14.3. CLASSIFICAÇÃO DOS DOCUMENTOS

São várias as formas pelas quais os documentos podem ser classificados. É possível usar como critérios de distinção autoria, conteúdo e forma.

14.3.1. Quanto à autoria

Os documentos podem ser **autógrafos ou heterógrafos**. Os primeiros são produzidos pelo próprio autor da declaração de vontade nele contida. Contém, portanto, uma declaração de próprio punho, daquele que emite a sua vontade; já os segundos são aqueles redigidos por outrem, que não o autor da declaração de vontade.

Um contrato particular é geralmente autógrafo, porque redigido e assinado pelos próprios contratantes; já uma escritura pública é um documento heterógrafo, porque redigida por um tabelião, que dela faz constar a vontade dos declarantes.

Ainda quanto à autoria, os documentos podem ser **públicos ou privados**, conforme expedidos por funcionários públicos em geral (art. 405 do CPC) ou por particulares.

14.3.2. Quanto ao conteúdo

Os documentos podem ser **narrativos ou dispositivos**. Os primeiros são aqueles que contêm declarações referentes a um fato, do qual o subscritor tem conhecimento. Os segundos contêm uma declaração de vontade e se prestam a constituir, extinguir ou modificar as relações jurídicas. Os contratos são exemplos de documentos dispositivos.

14.3.3. Quanto à forma

Os documentos podem ser **solenes**, quando exigirem forma especial para sua validade, como as escrituras públicas nos contratos de compra e venda de imóveis, ou **não solenes**, quando não exigem forma especial.

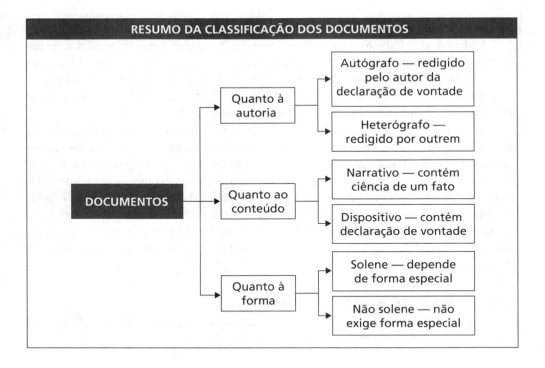

14.4. EXIBIÇÃO DE DOCUMENTO OU COISA

Nem sempre o documento que se pretende usar como prova está em poder do interessado. **Há casos em que está com o adversário, ou com terceiro. Em determinados casos, a lei concede à parte interessada o poder de exigir daquele que tem consigo o documento que o apresente em juízo, seja ele a parte contrária, seja alguém de fora do processo.**

Há duas maneiras pelas quais se pode conseguir a vinda dos documentos aos autos: a requisição judicial e a exibição de documento.

14.4.1. A requisição judicial (CPC, art. 438)

Será cabível quando o documento estiver em poder de repartições públicas, obrigadas a cumprir a ordem do juiz de que o apresentem.

De acordo com o art. 438 do CPC, o juiz "requisitará às repartições públicas em qualquer tempo ou grau de jurisdição: I — as certidões necessárias à prova das alegações das partes; II — os procedimentos administrativos nas causas em que forem interessados a União, os Estados, os Municípios, ou as respectivas entidades da administração indireta".

A requisição será feita pelo juiz **de ofício ou a requerimento da parte interessada no documento**, sempre que este for relevante para a apuração dos fatos e não puder ser obtido sem a intervenção judicial.

4 ◼ Fase Instrutória

As requisições judiciais têm sido cada vez mais usadas nos processos em geral, seja para a obtenção de documentos, seja de informações relevantes, como o endereço do réu ou de alguma testemunha fundamental, ou a existência de bens ou contas bancárias do devedor, que permitam tornar eficaz a execução.

Conquanto o art. 438 aluda apenas as repartições públicas, nada impede que as requisições sejam dirigidas às entidades particulares, que terão de cumpri-las. Por exemplo, as de prontuários médicos a hospitais, ainda que particulares, ou a órgãos de proteção de crédito.

14.4.2. Da exibição de documentos

O CPC prevê mecanismo pelo qual é possível que um dos litigantes exija do outro, ou de terceiro, a apresentação de documentos que estejam em poder deles. Ele tem por fim obrigar aquele que detém o documento — seja parte ou terceiro — a apresentá-lo.

Só existirá o procedimento da exibição do documento, previsto nos arts. 396 e ss., se for requerido por uma das partes, esteja o documento em poder da outra ou de terceiro. **O juiz pode, de ofício, determinar a apresentação de documentos em juízo. Mas não se estará diante do procedimento de exibição**.

A circunstância de o documento estar em mãos do adversário ou de terceiro fará diferença, quando do julgamento do incidente, porque, de acordo com a lei, **o adversário não tem, em regra, o dever de apresentar o documento que tenha consigo, mas tão-somente o ônus de fazê-lo, se o juiz o determinar**. É o que resulta da leitura do art. 400 do CPC: "Ao decidir o pedido, o juiz admitirá como verdadeiros os fatos que, por meio do documento ou da coisa, a parte pretendia provar". Apenas excepcionalmente, quando o juiz entender necessário, poderá adotar medidas indutivas, coercitivas, mandamentais ou sub-rogatórias para que o documento seja exigido pela parte (art. 400, parágrafo único). Mas em geral, quando a exibição é determinada a ela, a não apresentação implicará apenas na admissão de veracidade dos fatos que por meio do documento ou coisa se queria demonstrar.

Se o juiz determinar a exibição de documento a um dos litigantes, este não estará propriamente obrigado a apresentá-lo (ressalvada a hipótese de o juiz entender que a apresentação é indispensável, prevista no art. 400, parágrafo único, do CPC), mas se não o fizer, sofrerá as consequências negativas da sua omissão: os fatos que se pretendia comprovar por meio dos documentos sonegados reputar-se-ão verdadeiros.

Mas, se o documento estiver em mãos de terceiro, terá este sempre a obrigação de cumprir a determinação judicial de apresentá-los, e não somente o ônus. O descumprimento implicará desobediência e o juiz tomará as providências necessárias para que a sua ordem seja cumprida. O art. 403, parágrafo único, estabelece as medidas que podem ser tomadas em caso de desrespeito, pelo terceiro, da determinação judicial.

Diante das distinções acima mencionadas, é preciso examinar, em capítulos separados, a exibição dirigida em face da parte e em face de terceiro.

Antes, porém, é necessário observar que o incidente de exibição de documento ou coisa, tratado nos arts. 396 a 404 do CPC, pressupõe que já tenha sido instaurado o processo. Mas é possível que a exibição seja requerida anteriormente, como verdadeira ação autônoma de exibição de documentos, que não tem natureza de ação cautelar (no

CPC/73 ela vinha tratada entre as ações cautelares), mas de ação de exibição, em que o réu será citado para, querendo, apresentar o documento ou oferecer contestação no prazo de 15 dias. O pedido de exibição pode estar fundado nas mesmas hipóteses em que seria possível requerer a produção antecipada de provas (art. 381, I a III), mas não se tratará de verdadeira antecipação de provas, já que o réu será citado não apenas para acompanhar a produção de determinada prova, mas para exibir o documento, podendo ele contestar a sua obrigação de fazê-lo. Nos itens seguintes, será estudada a exibição incidente, que pressupõe processo já instaurado, e que terá natureza de mero incidente processual, se dirigida contra a parte contrária, ou de verdadeira ação incidente, se dirigida contra terceiro.

14.4.2.1. *Exibição dirigida em face da parte*

A exibição será requerida pela parte interessada — **autor ou réu** — em petição que individualizará, da maneira mais completa possível, o documento ou a coisa, ou a categoria de documentos ou de coisas buscados, para que o adversário possa defender-se ou entregá-los, se entender que é o caso.

É indispensável que o autor do incidente esclareça a **finalidade da prova**, indicando os fatos que se relacionam ao documento ou coisa, ou com suas categorias, porque, caso o juiz o acolha, e ele não seja apresentado, haverá a **presunção de veracidade dos fatos que com ele se pretendia comprovar**.

Por fim, é fundamental que se esclareçam as circunstâncias em que o requerente se funda para afirmar que o **documento ou coisa existe, ainda que a referência seja a categoria de documentos ou de coisas, e se acha em poder do adversário**. Para o acolhimento do incidente, é indispensável que fique demonstrada a posse do documento pelo adversário. O juiz não pode determinar que alguém apresente um documento que não possui.

Não cumpridas as exigências mencionadas, previstas no art. 397 do CPC, o juiz indeferirá de plano o incidente. Do contrário, mandará intimar o requerido para, querendo, oferecer **resposta no prazo de cinco dias**.

Este poderá tomar uma entre várias atitudes. Poderá:

■ apresentar o documento solicitado, caso em que o incidente será encerrado;

■ oferecer resposta, no prazo de cinco dias. São duas as defesas de que poderá valer-se: **a de que não tem o documento consigo, ou de que não está obrigado a apresentá-lo, podendo escusar-se**. Se negar a posse, o juiz "permitirá que o requerente prove, por qualquer meio, que a declaração não corresponde à verdade" (art. 398 do CPC). O ônus da prova, como evidencia o dispositivo legal, é do requerente. O requerido pode ainda escusar-se de apresentar o documento, nas hipóteses do art. 404 do CPC, quando concernente a negócios da própria vida da família; a sua apresentação puder violar dever de honra; a publicidade do documento redundar em desonra à parte ou a terceiro, bem como a seus parentes consanguíneos ou afins até o terceiro grau; ou lhes representar perigo de ação penal; se a exibição acarretar a divulgação de fatos, a cujo respeito, por estado ou profissão, deva guardar segredo; se subsistirem outros motivos graves que, segundo o prudente arbítrio do juiz, justifiquem a recusa da exibição; ou houver disposição legal que justifique a recusa. Mas a escusa não será admitida nas hipóteses do art. 399, se o requerido tiver obrigação legal de exibir; se ele aludiu ao documento ou à coisa, no processo, com o intuito de constituir prova; ou se o documento, por seu conteúdo, for comum às partes;

■ silenciar, deixando transcorrer *in albis* o prazo de cinco dias, caso em que o juiz presumirá a posse do requerido e a inexistência de causas de recusa.

Em qualquer das situações supramencionadas, o juiz julgará o incidente, acolhendo-o ou rejeitando-o. No primeiro caso, admitirá como verdadeiros os fatos que, por meio do documento ou da coisa, a parte pretendia provar (art. 400 do CPC). Excepcionalmente, quando entender necessário, o juiz ainda pode impor medidas indutivas, coercitivas, mandamentais ou sub-rogatórias para que o documento seja exibido (art. 400, parágrafo único). A presunção de veracidade decorrente da omissão **não deverá ser tida por absoluta**, mas apenas relativa, não podendo admitir-se como verdadeiros os fatos que sejam contrariados por outros elementos de convicção dos autos.

Como a exibição dirigida contra a parte contrária tem natureza de mero incidente, a solução será dada por decisão interlocutória, contra a qual o recurso adequado será o de agravo de instrumento (art. 1.015, VI).

14.4.2.2. *Exibição requerida em face de terceiro*

Se o documento estiver em poder de terceiro, o juiz pode determinar a sua apresentação **de ofício, ou a requerimento de qualquer das partes**.

Se for a requerimento, não constituirá um mero incidente (nem poderia, pois o terceiro não é parte no processo originário), **mas terá a natureza de uma nova ação incidente**.

Disso decorrem importantes consequências. Como o requerimento tem natureza de ação (*actio exhibendum*), deverão ser observados os requisitos da petição inicial, previstos nos arts. 319 e 320 do CPC. O terceiro figurará como réu da ação incidente. Por isso, não basta que seja intimado a responder, devendo ser **citado**, como determina o art. 401, para oferecer resposta no prazo de quinze dias.

Ao defender-se, poderá apresentar as mesmas alegações que o adversário poderia oferecer, se o pedido de exibição fosse oferecido contra ele, mencionadas no item anterior: que não tem o documento ou a coisa consigo, ou que estão presentes as causas de escusa, previstas no art. 404 do CPC.

O juiz, se houver necessidade de provas, designará audiência, na qual poderá ouvir as partes, e eventuais testemunhas, e, em seguida, proferirá decisão (art. 402), contra a qual caberá agravo de instrumento (art. 1.015, VI). O art. 403, parágrafo único, do CPC enumera as consequências imputáveis ao terceiro que não cumpre a determinação judicial de apresentar os documentos: o juiz concederá prazo de cinco dias para que os apresente em cartório ou em outro lugar designado; se a ordem for descumprida, será emitido mandado de apreensão, com requisição de força policial se necessário, sem prejuízo de responsabilidade por crime de desobediência. Além disso, imporá ao terceiro pagamento de multa, sem prejuízo de outras medidas indutivas, coercitivas, mandamentais ou sub-rogatórias para assegurar a efetivação da sua decisão.

14.4.2.3. Esquema da exibição de documento

REQUISIÇÃO	EXIBIÇÃO CONTRA A PARTE	EXIBIÇÃO CONTRA TERCEIRO
◾ É a determinação, feita pelo juiz, às repartições públicas, para que apresentem em juízo documentos relevantes para o processo. Vem tratada no art. 438 do CPC. Admite-se que o juiz ainda possa requisitar documentos de entidades particulares, como, por exemplo, prontuários médicos de internações hospitalares.	◾ A exibição é sempre requerida por uma das partes. O suscitante deverá precisar o documento, o fato que se pretende provar por seu intermédio e as razões pelas quais se supõe que ele esteja com o suscitado. O juiz o ouvirá em cinco dias. Ele poderá apresentar o documento, oferecer escusa nos casos autorizados por lei, ou demonstrar que não o tem consigo. Se acolhido o incidente (por decisão interlocutória), o juiz considerará provados os fatos que com ele se pretendia demonstrar e, excepcionalmente, imporá medidas coercitivas ou de outra natureza, nos termos do art. 400, parágrafo único, do CPC.	◾ É sempre suscitada pela parte, e será dirigida contra terceiro se for este que tiver em seu poder o documento. Tem natureza de ação autônoma incidente, uma vez que o terceiro não integra o processo originário. Por isso, ele será citado para contestar em quinze dias (art. 401). O terceiro poderá negar a obrigação de apresentar o documento ou a sua posse, caso em que, se necessário, o juiz designará audiência e julgará, por decisão interlocutória, podendo condenar o réu a apresentar os documentos, sob pena de busca e apreensão e outras medidas coercitivas, sem prejuízo de responsabilidade criminal.

14.5. FORÇA PROBANTE DOS DOCUMENTOS

O CPC trata da força probante dos documentos em subseção que se estende dos arts. 405 a 429. Diante do princípio do livre convencimento motivado, o juiz deve considerar a prova documental em conjunto com as demais, salvo na hipótese em que a escritura pública seja da essência do negócio (CPC, art. 406). Mas o que provam os documentos juntados aos autos? A lei processual, para responder a essa pergunta, distingue entre os **públicos e os particulares**.

De acordo com o art. 405 do CPC, os documentos públicos fazem prova "não só da sua formação, mas também dos fatos que o escrivão, o chefe de secretaria, o tabelião, ou o servidor declarar que ocorreram em sua presença". Isto é, de sua própria regularidade formal e da regularidade na sua formação, mas não da veracidade de seu conteúdo.

Por exemplo, um boletim de ocorrência, documento público, faz prova de que o particular compareceu à Delegacia de Polícia ou ao Posto Policial e prestou as declarações ali contidas, mas não que os fatos ocorreram na forma por ele declarada. Nesse sentido: "O boletim de ocorrência faz com que, em princípio, se tenha como provado que as declarações dele constantes foram efetivamente prestadas, mas não que seu conteúdo corresponde à verdade. O art. 364 (atual 405) do CPC não estabelece a presunção *juris tantum* da veracidade das declarações prestadas ao agente público, de modo a inverter o ônus da prova" (STJ, *RT* 726/206).

A eficácia probante dos documentos particulares vem tratada no art. 408 do CPC: "As declarações constantes do documento particular, escrito e assinado, ou somente assinado, presumem-se verdadeiras em relação ao signatário". Mas a presunção é **relativa, pois cede se o subscritor comprovar, por exemplo, que não o assinou livremente**.

4 ■ Fase Instrutória

14.6. EFICÁCIA DAS REPRODUÇÕES

A respeito da força probante das reproduções, é preciso distinguir quatro espécies de documentos: os públicos, os particulares, as peças do processo e os digitalizados.

■ Sobre as cópias de documentos públicos, dispõe o art. 425, III, do CPC, que fazem a mesma prova que os originais: "As reproduções de documentos públicos, desde que autenticadas por oficial público ou conferidas em cartório, com os respectivos originais".

■ A regra a respeito dos documentos particulares vem estabelecida no art. 424, que assim dispõe: "A cópia de documento particular tem o mesmo valor probante que o original, cabendo ao escrivão, intimadas as partes, proceder à conferência e certificar a conformidade entre a cópia e o original". O Superior Tribunal de Justiça tem decidido que, se o documento particular está autenticado, tem a mesma força probante que o original; se não está, o seu valor dependerá de eventual impugnação do adversário. Se este não a apresentar, presumir-se-á a autenticidade. Nesse sentido, *RSTJ* 87/310.

■ O art. 425, IV, do CPC trata das cópias de peças do processo, aduzindo que fazem a mesma prova que os originais, "as cópias reprográficas de peças do próprio processo judicial declaradas autênticas pelo próprio advogado sob sua responsabilidade pessoal, se não lhes for impugnada a autenticidade".

■ Por fim, o art. 425, VI, atribui o mesmo valor que ao original "às reproduções digitalizadas de qualquer documento, público ou particular, quando juntadas aos autos pelos órgãos de Justiça e seus auxiliares, pelo Ministério Público e seus auxiliares, pela Defensoria Pública e seus auxiliares, pelas procuradorias, pelas repartições públicas em geral e por advogados, ressalvada a alegação motivada e fundamentada de adulteração".

14.7. A ARGUIÇÃO DE FALSIDADE DOCUMENTAL

Vem disciplinada nos arts. 430 a 433 do CPC que atribuem às partes a possibilidade de suscitar a falsidade de documento contra elas produzido, na contestação, na réplica ou no prazo de 15 dias, contado a partir da intimação da juntada do documento aos autos. Uma vez arguida a falsidade do documento, ela será resolvida como questão incidente, portanto sem força de coisa julgada material. Mas a lei prevê a possibilidade de o interessado requerer que a falsidade seja decidida como questão principal, caso em que a sua finalidade será obter a declaração judicial, **com força de coisa julgada**, da falsidade de documento juntado aos autos. No primeiro caso, a questão da falsidade será examinada na fundamentação da sentença; no segundo, no seu dispositivo.

14.7.1. Natureza jurídica da arguição de falsidade

Quando suscitada apenas como questão incidental, a falsidade será decidida como tal, e a arguição constituirá um mero incidente processual, sem natureza da ação autônoma. Já quando a questão da falsidade for suscitada como questão principal, conquanto ainda possa haver alguma controvérsia doutrinária ou jurisprudencial, predomina amplamente o entendimento de que **terá natureza de verdadeira ação incidente, de cunho declaratório**. Embora a ação declaratória incidental tenha sido extinta pelo CPC atual, o incidente de falsidade documental, quando a falsidade é suscitada como questão

448 Direito Processual Civil Esquematizado   *Marcus Vinicius Rios Gonçalves*

principal, constitui um último resquício dessa espécie de mecanismo. Seu objetivo é obter do juízo uma declaração definitiva sobre a falsidade ou autenticidade do documento. O art. 19, II, do CPC autoriza o ajuizamento das ações declaratórias com essa finalidade.

Ajuizado, nesse caso, o incidente, haverá uma nova ação, mas de natureza incidente, **que não implica a formação de um novo processo**.

14.7.2. A arguição em caráter incidental, a arguição como questão principal e as ações declaratórias autônomas de falsidade

É preciso fazer uma distinção importante. A parte contra quem o documento foi produzido pode arguir a sua falsidade, no curso do processo, sem requerer que seja decidida como questão principal. Por exemplo: em sua contestação, o réu poderá qualificar de falso um documento juntado com a inicial, apenas como questão incidental, isto é, como uma questão que deve ser apreciada pelo juiz apenas incidentalmente, na fundamentação da sentença, não no seu dispositivo.

Se a questão for relevante, o juiz poderá determinar as provas necessárias para apurar a falsidade ou autenticidade do documento, mas a questão só será decidida *incidenter tantum*, **sem força de coisa julgada**.

Diferentemente, se a parte se valer do incidente, requerendo que a questão seja decidida como principal, caso em que o juiz **declarará, no mesmo processo e com força de coisa julgada, a falsidade ou autenticidade do documento, o que figurará no dispositivo da sentença**.

Por fim, há ainda a possibilidade de a parte interessada valer-se de uma ação autônoma de declaração de falsidade, com fulcro no art. 19, II, do CPC: haverá uma nova ação e um novo processo. Distingue-se do incidente, porque este não forma um novo processo, prestando-se a declarar falsidade ou autenticidade de um documento juntado a um processo em curso, para nele servir de prova dos fatos.

14.7.3. O objeto da arguição de falsidade

Podem ser objeto de arguição de falsidade **os documentos públicos e os particulares, juntados aos autos**. De acordo com o art. 427 do CPC, a falsidade pode consistir em formar documento não verdadeiro, ou em alterar documento verdadeiro.

Existe grande controvérsia a respeito do tipo de falsidade que pode ser objeto do incidente, se só a material ou também a ideológica. A material é a que diz respeito ao suporte material do documento e a ideológica, ao seu conteúdo.

Como o art. 432 do CPC estabelece que, não havendo a sua retirada, nem o reconhecimento da falsidade, será determinada prova pericial, **tem predominado o entendimento de que somente a falsidade material pode ser discutida, já que só ela pode ser apurada por perícia**. A falsidade do conteúdo do documento não pode ser constatada, em regra, por prova técnica, mas por outros meios, o que afasta a possibilidade do incidente.

Há, no entanto, numerosos acórdãos do Superior Tribunal de Justiça que têm admitido o incidente de falsidade ideológica, mas não de maneira generalizada. Em regra, o permitem quando o conteúdo do documento é meramente narrativo, e não constitutivo de situações jurídicas. Nesse sentido, o AgRg 204.657, Rel. Min. Sálvio de Figueiredo. E, mais recentemente, o AgRg no REsp 1.024.640/DF, j. 16.12.2008, Rel. Min. Massami Uyeda, no qual ficou decidido:

> "Esta Corte assentou que, na via do incidente de falsidade documental, somente se poderá reconhecer o falso ideológico quando tal não importar desconstituição de situação jurídica. Nesse sentido, confira-se:
> 'INCIDENTE DE FALSIDADE IDEOLÓGICA. (...)
> I — A jurisprudência da egrégia Segunda Seção tem admitido o incidente de falsidade ideológica, quando o documento tiver caráter declaratório e o seu reconhecimento não implicar desconstituição de situação jurídica.' (AgRg no Ag 354.529/MT, 3.ª Turma, Rel. Min. Castro Filho, *DJ* 03.06.2002). E, ainda: Ag 989.512/MS, Rel. Min. Sidnei Beneti, *DJ* 09.05.2008; REsp 579.215/DF, Rel. Min. César Asfor Rocha, *DJ* 04.12.2006; REsp 167.726/SP, 3.ª Turma, Rel. Min. Carlos Alberto Menezes Direito, *DJ* 18.10.1999.
> *In casu*, a ora recorrente busca, por meio do incidente de falsidade, o reconhecimento de que o recibo apresentado pelos agravados foi fruto de uma simulação e, por conseguinte, a declaração de nulidade do negócio. Para tanto, ele requer 'a quebra do sigilo bancário do emitente do cheque a que faz referência o recibo, a expedição de ofícios aos cartórios a fim de esclarecer os imóveis dados em pagamento e realização de audiência para colher depoimento pessoal dos signatários do recibo cuja falsidade se investiga' (fl. 427). Como se vê, a intenção do recorrente é a desconstituição de situação jurídica por meio do reconhecimento de uma falsidade ideológica, o que, à luz do entendimento acima (acompanhado pela Corte *a quo*), não é viável".

Como se vê, os acórdãos que admitem o reconhecimento da falsidade ideológica ressalvam que o incidente não se presta ao reconhecimento de vício de vontade ou vício social, isto é, de defeitos relativos à declaração de vontade, que podem gerar a nulidade ou anulabilidade do negócio jurídico, na forma da lei civil, mas não a declaração de falsidade. As decisões que admitem o incidente de falsidade ideológica o restringem apenas a eventual narrativa contida no documento, não a declaração de vontade constitutiva de ato jurídico.

As decisões que autorizam tais incidentes, fundados em falsidade ideológica, baseiam-se na permissão, concedida pelo art. 431, parte final, do CPC, de que outras provas, além da pericial, sejam produzidas.

14.7.4. Procedimento do incidente de arguição de falsidade

De acordo com o art. 430 do CPC, se o documento tiver sido juntado com a petição inicial, o réu formulará o incidente no prazo de contestação; se for juntado na contestação, o autor o apresentará na réplica; e se for juntado posteriormente, em quinze dias, a contar da intimação da juntada, feita à parte contra quem foi produzido.

O prazo é preclusivo. Se ultrapassado, a parte interessada não mais poderá aforá-lo. Nada impede, porém, que o juiz, desconfiando da autenticidade do documento, deixe de utilizá-lo incidentemente na formação do seu convencimento, apresentando justificativa para sua conclusão, mas sem declarar a falsidade com força de coisa julgada. Nada obsta, ainda, a que o interessado se valha de ação autônoma de declaração de falsidade.

O incidente correrá nos mesmos autos do processo da ação originária e será suscitado por petição dirigida ao juiz da causa, na qual o suscitante arguirá o documento de falso, expondo os motivos em que funda a sua pretensão e os meios com que provará o alegado. Nessa petição, o interessado deverá informar se pretende que a questão seja apreciada *principaliter*. Se não o fizer, ela será examinada apenas incidentalmente.

O juiz poderá indeferir de plano a arguição, se, por exemplo, verificar que não foram preenchidos os requisitos de admissibilidade, que é intempestivo, ou que o tipo de falsidade não permite a declaração incidental.

Se não o fizer, intimará o suscitado para manifestar-se **no prazo de quinze dias**. O suscitado pode concordar em retirá-lo dos autos, reconhecendo-lhe a falsidade, caso em que, será dispensado o exame pericial, e o juiz julgará extinto o incidente.

Se ele for impugnado, o juiz ordenará a realização de prova pericial. Apesar dos termos peremptórios do art. 432 do CPC, parece-nos que o incidente pode admitir outros tipos de provas (tanto que a parte final do art. 431 determina que o suscitante informe as provas que pretende produzir), e que, em determinados casos, pode até ser dispensada a perícia, quando se verificar que, por outro meio mais eficiente, a falsidade pode ser comprovada.

A arguição de falsidade em caráter principal que, a nosso ver, constitui o único resquício, no CPC atual, da antiga ação declaratória incidental, será examinada no dispositivo da sentença. Além das pretensões formuladas na inicial e na reconvenção, o dispositivo conterá ainda a decisão do juiz sobre eventual falsidade do documento. Sobre ela incidirá a autoridade da coisa julgada material, o que impedirá que a questão seja rediscutida em qualquer outro processo.

14.8. PRODUÇÃO DA PROVA DOCUMENTAL

O tema vem tratado nos arts. 434 a 438 do CPC. O primeiro desses dispositivos determina que as partes apresentem os documentos **com a petição inicial e a contestação**. O segundo acrescenta que, posteriormente, poderão ser juntados novos documentos, desde que para fazer prova de fatos supervenientes, ou para contrapô-los aos que foram juntados aos autos.

Ambos poderiam levar à conclusão de que a lei não permite a juntada de documentos novos, após a fase postulatória, salvo se referentes a fatos supervenientes. Mas a eles tem sido dada interpretação muito mais elástica. O Superior Tribunal de Justiça tem decidido que os documentos que devem ser juntados com a inicial **são apenas os indispensáveis para a propositura da demanda, uma vez que, sem eles, o juiz nem sequer a receberia**. Por exemplo, a certidão imobiliária, nas ações reivindicatórias de bens imóveis.

Outros documentos, que não esses, **podem ser juntados a qualquer tempo, mesmo em fase recursal, cabendo ao juiz apenas dar ciência ao adversário, permitindo-lhe que se manifeste no prazo de quinze dias.**

15. A ATA NOTARIAL

Entre os meios de prova, o legislador incluiu expressamente a ata notarial. Dispõe o art. 384 que "A existência e o modo de existir de algum fato podem ser atestados ou documentados, a requerimento do interessado, mediante ata lavrada por tabelião". Da ata poderão constar dados representados por imagem ou sons gravados em arquivos eletrônicos.

A ata notarial é o documento lavrado por tabelião público, que goza de fé pública e que atesta a existência ou o modo de existir de algum fato. Para que o tabelião possa atestá-lo, é necessário que ele tenha conhecimento do fato. Por isso, será necessário que ele o verifique, o acompanhe ou o presencie. Ao fazê-lo, deverá descrever o fato, apresentando as circunstâncias e o modo em que ele ocorreu, com as informações necessárias para que o fato seja esclarecido. A ata notarial não é a atestação de uma declaração de vontade, como são as escrituras públicas, mas de um fato cuja existência ou forma de existir é apreensível pelos sentidos (pela visão, pela audição, pelo tato etc.).

Ela não é produzida em juízo, mas extrajudicialmente, com a atuação de um tabelião. No entanto, como ele goza de **fé pública, presume-se a veracidade daquilo que ele, por meio dos sentidos, constatou a respeito da existência e do modo de existir dos fatos**.

Já antes da entrada em vigor do CPC atual, a ata notarial vinha sendo utilizada por aqueles que pretendiam documentar um fato, valendo-se da ata como prova, o que era admissível porque, tal como agora, também na legislação anterior vigorava o princípio da atipicidade dos meios de prova. Eram comuns, assim, as situações em que o tabelião era chamado para atestar determinado acontecimento, como a realização de uma assembleia condominial ou societária, ou para verificar a situação de determinado bem.

16. PROVA PERICIAL

16.1. INTRODUÇÃO

> Prova pericial é o meio adequado para a comprovação de fatos cuja apuração depende de conhecimentos técnicos, que exigem o auxílio de profissionais especializados.

No curso do processo, podem surgir fatos controvertidos, cujo esclarecimento exija **conhecimentos especializados**. Por exemplo, de medicina, de engenharia, de contabilidade, entre outros.

Quando isso ocorrer, tornar-se-á necessária a nomeação do perito, profissional que detém o conhecimento técnico necessário. O juiz, ainda que o detenha, não pode utilizá-lo para apuração dos fatos. Afinal, é necessário que as partes tenham oportunidade de participar da produção da prova, formulando ao perito suas questões e as dúvidas pertinentes ao caso.

16.2. ESPÉCIES DE PERÍCIA

De acordo com o art. 464 do CPC, a perícia consiste em exame, vistoria ou avaliação:

452 Direito Processual Civil Esquematizado   *Marcus Vinicius Rios Gonçalves*

■ O exame consiste na análise ou observação de **pessoas ou coisas**, para delas extrair as informações desejadas. O perito médico examinará a pessoa, para verificar se ficou incapacitada, em virtude de acidente que sofreu, por exemplo.

■ A vistoria é a análise de **bens imóveis**, que objetiva constatar se eles foram ou estão danificados.

■ A avaliação é a **atribuição de valor a determinado bem**.

16.3. ADMISSIBILIDADE DA PROVA PERICIAL

Só será determinada perícia quando houver um fato controvertido, cuja apuração depende de conhecimento técnico ou científico (art. 156 do CPC).

O art. 464, § 1.º, enumera as hipóteses em que o juiz deverá indeferi-la:

■ a prova do fato não depender do conhecimento especial de técnico. Há certos conhecimentos que são gerais e que fazem parte do repertório das pessoas comuns, como os básicos de matemática ou de biologia. Quando apenas esse tipo de conhecimento for exigido, a perícia não será cabível. Mas, se houver necessidade de noções que fogem ao comum das pessoas, o juiz nomeará o perito, ainda que ele próprio detenha tais conhecimentos;

■ for desnecessária em vista de outras provas produzidas. A perícia é frequentemente de realização demorada e onerosa. Se os fatos puderem ser provados por outros meios, o juiz deverá preferi-los;

■ a verificação for impraticável. Há casos em que a perícia não se viabiliza, ou porque a pessoa ou coisa a ser examinada está inacessível, ou porque os conhecimentos técnicos que seriam necessários não estão à disposição da ciência da época.

A primeira hipótese suscita a interessante questão relacionada às consequências da recusa, por uma das partes, de submeter-se a exame ou inspeção. O tema é relevante, porque não há como coagir alguém a, contra a sua vontade, submeter-se a exame físico ou médico, como ficou decidido pelo Supremo Tribunal Federal (STF — Pleno, HC 71.373/RS, Rel. Min. Marco Aurélio). **Mas, se a submissão ao exame não pode ser considerada uma obrigação, deve ao menos ser considerada um ônus**, pois quem se recusar sofre as consequências negativas da sua omissão. Os arts. 231 e 232 do Código Civil tratam do tema. O primeiro estabelece que "aquele que se nega a submeter-se a exame médico necessário não poderá aproveitar-se de sua recusa" e o segundo dispõe que "a recusa à perícia médica ordenada pelo juiz poderá suprir a prova que se pretendia obter como exame".

Ambos mostram que da recusa pode-se extrair uma **presunção de veracidade do fato que se queria demonstrar, por intermédio da perícia**. Mas apenas relativa, podendo ser afastada pelo exame do contexto e das circunstâncias em que a recusa se deu, e em consonância com as demais provas colhidas.

Os dois dispositivos do Código Civil ganharam reforço com a Lei n. 12.004, de 29 de julho de 2009, que acrescentou o art. 2.º-A à Lei n. 8.560/92, assim dispondo: "Na ação de investigação de paternidade, todos os meios legais, bem como os moralmente legítimos, serão hábeis para provar a verdade dos fatos. Parágrafo único.

A recusa do réu em se submeter ao exame de código genético — DNA gerará a presunção da paternidade, a ser apreciada em conjunto com o contexto probatório". Esse dispositivo nada mais fez do que cristalizar o que a jurisprudência há muito vinha estabelecendo.

16.4. O PERITO

16.4.1. Requisitos para a nomeação

O perito é um dos auxiliares da justiça, que assistirão o juiz, quando a prova depender de conhecimento técnico ou científico.

Os requisitos para a sua nomeação são:

■ **que se trate de profissional legalmente habilitado ou órgão técnico ou científico;**

■ que esteja devidamente inscrito em cadastro mantido pelo tribunal ao qual o juiz está vinculado. Caso não haja nenhum profissional ou órgão cadastrado, a nomeação é de livre escolha do juiz, mas deverá recair sobre profissional ou órgão técnico ou científico comprovadamente detentor do conhecimento necessário à realização da perícia;

■ que estejam ausentes as causas de impedimento ou suspensão, que são as mesmas aplicáveis aos juízes (arts. 144 e 145).

Permite-se, ainda, que as partes capazes, de comum acordo, e desde que o processo permita a autocomposição, escolham o perito, indicando-o mediante requerimento.

16.4.2. Deveres do perito

De acordo com o art. 157, "o perito tem o dever de cumprir o ofício, no prazo que lhe designar o juiz, empregando toda a sua diligência, podendo, todavia, escusar-se do encargo alegando motivo legítimo". A escusa deverá ser apresentada em quinze dias, a contar da data em que tem ciência de sua nomeação, salvo impedimento superveniente. Se o perito deixar transcorrer *in albis* o prazo, reputar-se-á renunciado o direito de alegar a escusa. Ele pode escusar-se nos casos de impedimento ou suspeição, que são os mesmos que se aplicam ao juiz. Ou por outra razão fundamentada, como por exemplo, se não detiver os conhecimentos técnicos exigíveis para o bom desempenho da função. Havendo impedimento ou suspeição, se ele não se escusar, qualquer interessado poderá suscitá-lo (art. 148, III), caso em que se observará o procedimento do art. 148, §§ 1.º e 2.º: o incidente será processado em apenso, sem suspensão do processo, ouvindo-se o perito no prazo de quinze dias. Se necessário, o juiz autorizará provas e em seguida decidirá.

O art. 158 apresenta as sanções aplicáveis ao perito que, por dolo ou culpa, prestar informações inverídicas. Além das sanções penais cabíveis, ele ficará inabilitado por dois a cinco anos de atuar em outras causas, sem prejuízo de outras sanções previstas em lei, devendo o juiz comunicar o fato ao respectivo órgão de classe, para a adoção das medidas cabíveis.

454 Direito Processual Civil Esquematizado   *Marcus Vinicius Rios Gonçalves*

Além disso, o art. 468 prevê a possibilidade de substituição do perito, quando ele carecer do conhecimento necessário, ou sem motivo legítimo deixar de cumprir o encargo, no prazo que foi estabelecido. Nesta última hipótese, o juiz comunicará a ocorrência à corporação profissional a que ele pertence e poderá aplicar multa, na forma do § 1.º do art. 468.

O perito deve limitar-se a esclarecer as questões técnicas que interessem à causa, e que lhe sejam submetidas, não podendo enveredar por questões jurídicas, nem emitir opinião sobre o julgamento. O seu papel é apenas o de fornecer subsídios técnicos para que o juiz possa melhor decidir.

16.4.3. Poderes do perito

A lei processual mune o perito de poderes que são necessários para o exercício de sua função e que estão resumidos no art. 473, § 3.º, do CPC: "Para o desempenho de sua função, o perito e os assistentes técnicos podem valer-se de todos os meios necessários, ouvindo testemunhas, obtendo informações, solicitando documentos que estejam em poder da parte, de terceiros ou repartições públicas, bem como instruir o laudo com planilhas, mapas, plantas, desenhos, fotografias e outros elementos necessários ao esclarecimento do objeto da perícia".

Como o perito, por si, não tem poderes de requisição, se for necessário algum documento, solicitará que o juiz o requisite.

16.4.4. Nomeação de mais de um perito

O art. 475 afastou qualquer dúvida quanto à possibilidade de nomeação de mais de um perito, quando a apuração dos fatos exigir conhecimentos técnicos relacionados a mais de uma área de especialização: "Tratando-se de perícia complexa, que abranja mais de uma área de conhecimento especializado, o juiz poderá nomear mais de um perito e a parte indicar mais de um assistente técnico".

16.4.5. Assistentes técnicos

Determinada a perícia, e nomeado o perito, as partes poderão, no prazo de quinze dias, indicar assistentes técnicos. **Sua função é assisti-las na prova pericial, acompanhando a produção e apresentando um parecer, a respeito das questões técnicas que são objeto da prova**.

O assistente técnico, ao contrário do perito, não é da confiança do juízo, mas das partes, sendo por elas contratado. **Por isso, não está sujeito às causas de impedimento e de suspeição**.

Ao apresentar o seu parecer, ele pode concordar com o laudo, ou divergir, em manifestação fundamentada na qual buscará demonstrar os equívocos cometidos. Sobre as críticas, o juiz poderá ouvir o perito, que poderá manter ou não as suas conclusões.

Para o exercício de suas funções, o assistente tem os mesmos poderes que o perito (CPC, art. 473, § 3.º). Além disso, o perito deve assegurar a eles o acesso e o acompanhamento das diligências e dos exames que realizar, com prévia comunicação, comprovada nos autos, com antecedência mínima de cinco dias.

4 ◘ Fase Instrutória

16.4.6. O papel do juiz na prova pericial

O juiz nomeia o perito de sua confiança, que detém os conhecimentos especializados para a produção da prova. Além disso, preside e fiscaliza a atuação dele, podendo solicitar esclarecimentos e formular indagações a respeito dos pontos controvertidos. Ao determinar a prova, deve ainda delimitar a respeito do que ela versará, isto é, qual a questão técnica controvertida, sobre a qual o perito prestará esclarecimentos. Deve ainda fixar o prazo para a apresentação do laudo, fazendo-o cumprir.

Cumpre-lhe ainda fiscalizar a atuação das partes, indeferindo quesitos impertinentes, e vedando que elas, de alguma forma, possam atrapalhar a atuação do perito.

Por fim, cabe-lhe verificar se ele prestou a contento os esclarecimentos, podendo substituí-lo a qualquer tempo, e determinar a realização de outra perícia, quando necessário.

16.4.7. O procedimento da prova pericial

Ela pode ser determinada a requerimento das partes, do Ministério Público, ou de ofício pelo juiz. Ele nomeará o perito, e concederá às partes e ao Ministério Público o prazo de **quinze dias para formular quesitos e indicar assistentes técnicos**. Ele próprio poderá complementar os formulados, se entender necessário algum esclarecimento. Em regra, a determinação de perícia é feita na decisão saneadora, quando o juiz já nomeia o perito e toma as providências determinadas pelo art. 465, fixando, se possível, calendário para a realização da prova.

Os quesitos são as indagações que as partes formulam ao perito. Cumpre ao juiz fiscalizá-los, indeferindo os impertinentes, que não tenham relevância ou que extrapolem os limites técnicos especializados.

O prazo de quinze dias estabelecido por lei **não tem sido considerado, pela jurisprudência, preclusivo**. Há inúmeras decisões do Superior Tribunal de Justiça considerando que, enquanto ainda não iniciada a prova pericial, as partes podem ainda formular quesitos, complementar os já formulados, indicar ou substituir os assistentes técnicos.

Após a entrega do laudo, as partes, o Ministério Público e o juiz poderão solicitar esclarecimentos e formular quesitos suplementares ao perito. Sempre que forem apresentados por uma das partes, o juiz dará ciência à outra (art. 469 do CPC).

A lei não fixa prazo para a apresentação do laudo, deixando a tarefa ao juiz, conforme seu prudente arbítrio, conforme a complexidade das questões suscitadas. Cumpre ao perito respeitar o prazo fixado, podendo, no entanto, solicitar, por uma vez, prorrogação, que será concedida se a demora decorrer de motivo justificado, pela metade do prazo originalmente fixado (CPC, art. 476).

O art. 477 do CPC determina que o laudo seja entregue com, pelo menos, vinte dias de antecedência da audiência de instrução e julgamento. Isso mostra que a perícia é sempre realizada antes dela, pois as partes poderão formular requerimento de ouvida do perito na audiência, para eventuais esclarecimentos sobre o laudo (art. 477, § 3.º).

Na prática, no entanto, tem sido mais comum que os juízes só designem audiência de instrução e julgamento depois de concluída a prova pericial, pois as possibilidades de atraso podem fazer com que a audiência originalmente marcada fique prejudicada.

456 Direito Processual Civil Esquematizado   *Marcus Vinicius Rios Gonçalves*

Cumpre ao juiz, portanto, designá-la com, pelo menos, vinte dias de distância da apresentação do laudo.

Caso as partes queiram ouvir o perito, ou os assistentes técnicos, em audiência, devem requerê-lo ao juiz, apresentando as questões que lhes serão submetidas. **As partes não podem formular, na audiência, questionamentos que não tenham sido previamente apresentados:** como a prova versa sobre questões técnicas, o perito e os assistentes podem ter necessidade de se preparar. Por essa razão, o art. 477, § 4.º, determina que eles sejam intimados dos quesitos e da data da audiência com, pelo menos, dez dias de antecedência.

Para que as partes e seus assistentes possam acompanhar a produção da prova, o art. 474 determina que eles sejam **intimados** da data e do local designados pelo juiz ou indicados pelo perito para início da produção da prova.

Apresentado o laudo, as partes serão intimadas e terão o prazo comum de quinze dias para manifestar-se sobre ele e para apresentar os pareceres de seus assistentes técnicos. Estes não são intimados, cabendo às partes comunicar-lhes o início do prazo.

Diante do princípio do livre convencimento motivado, **o juiz não fica adstrito ao laudo, podendo julgar de acordo com outros elementos de convicção**.

Se a coisa ou pessoa a ser examinada estiver em outra comarca, a prova pericial será realizada por carta precatória, podendo o juiz deprecante solicitar ao deprecado que nomeie o perito incumbido da tarefa.

16.4.8. Segunda perícia

Se a perícia não for suficientemente esclarecedora, o juiz poderá determinar, de ofício ou a requerimento das partes, a realização de uma segunda, que terá por objeto os mesmos fatos sobre os quais recaiu a primeira, e que servirá para corrigir eventuais omissões ou inexatidões.

16.4.9. Perícia simplificada

O art. 464, § 2.º, buscou acelerar o andamento do processo, trazendo importante novidade: "De ofício ou a requerimento das partes, o juiz poderá, em substituição à perícia, determinar a produção de prova técnica simplificada, quando o ponto controvertido for de menor complexidade".

Essa prova técnica simplificada difere da comum porque não haverá apresentação de laudo, mas apenas a inquirição do especialista, pelo juiz, sobre o ponto controvertido da causa que demanda especial conhecimento científico ou técnico. Dessa inquirição as partes participarão, podendo formular indagações e solicitar esclarecimentos.

16.4.10. Despesas com a perícia

A prova pericial é, em regra, onerosa. A qual das partes as despesas devem ser carreadas? A regra é que o vencido as suporte, inclusive os honorários do perito e do assistente técnico da parte contrária. É o que estabelece o art. 82, § 2.º, do CPC: "A sentença condenará o vencido a pagar ao vencedor as despesas que antecipou".

4 ■ Fase Instrutória

Com frequência, há necessidade de que os honorários do perito sejam, ao menos em parte, antecipados, uma vez que há despesas com a realização da prova. Ora, a quem caberá tal antecipação, uma vez que não se sabe, antes da sentença, quem será o vencido e o vencedor? A resposta é dada pelo art. 95 do CPC: "Cada parte adiantará a remuneração do assistente técnico que houver indicado sendo a do perito adiantada pela parte que houver requerido a perícia ou rateada quando a perícia for determinada de ofício ou a requerimento de ambas as partes". **Aquele que antecipou poderá reaver do vencido o que despendeu, se ao final sair vencedor**.

O valor dos honorários será fixado pelo juiz, após a apresentação de proposta do perito, no prazo de 5 dias. Sobre a estimativa serão ouvidas as partes; em seguida, o juiz fixará o valor que lhe parecer adequado. O juiz poderá determinar a antecipação de até 50% dos honorários fixados, devendo o remanescente ser pago no final, depois da entrega do laudo e prestados os esclarecimentos necessários. Se a parte que solicitou a prova não os recolher, o juiz considerará prejudicada a perícia. **Não há razão para que julgue extinto o processo: a falta do recolhimento repercute apenas sobre a perícia, não sobre o processo todo**.

Se não foram recolhidos os honorários fixados por decisão judicial, será expedida certidão em favor do perito, que valerá como título executivo judicial (CPC, art. 515, V).

Um problema de difícil solução ocorrerá quando a parte que requerer a perícia for beneficiária da justiça gratuita. Em casos assim, não haverá antecipação dos honorários: se ela afinal sair vencedora, o valor dos honorários poderá ser cobrado do vencido; mas se este for o beneficiário, como fará o perito para receber os seus honorários? Quando possível, tem sido determinado que a perícia seja realizada por integrantes de órgãos públicos que prestem assistência judiciária gratuita (como o IMESC), para que o problema seja evitado.

17. INSPEÇÃO JUDICIAL

17.1. INTRODUÇÃO

É um meio típico de prova, tratado nos arts. 481 a 484 do CPC. **Consiste no exame feito direta e pessoalmente pelo juiz, em pessoas ou coisas, com a finalidade de aclarar fatos que interessam à causa**. Difere de outros tipos de prova, porque o juiz não obtém a informação desejada de forma indireta, por meio de outras pessoas ou de um perito dotado de conhecimentos técnicos, mas diretamente, pelo exame imediato da coisa, sem intermediários.

17.2. PROCEDIMENTO

A inspeção judicial pode ser feita **em qualquer fase do processo, de ofício ou a requerimento das partes, e terá por objeto o exame de pessoas ou de coisas**, com o intuito de esclarecer o juiz a respeito de um fato que tenha relevância para o julgamento.

O mais comum é que o juiz faça a inspeção quando, produzidas as provas, persista em seu espírito alguma dúvida, que possa ser esclarecida pelo exame direito da coisa ou da pessoa. Daí se dizer, com frequência, que a inspeção **tem natureza complementar**, servindo para auxiliar na convicção do juiz, quando as outras provas não tiverem sido suficientemente esclarecedoras. Mas não é necessário que ela seja determinada apenas no final, depois das outras provas, podendo o juiz marcá-la a qualquer tempo, sobretudo quando isso possa dispensar outros meios mais onerosos.

O art. 482 do CPC autoriza que o juiz, na inspeção, seja assistido por um ou mais peritos. Isso não altera a natureza da prova, nem a faz confundir-se com a pericial: nesta, é o perito quem examina as pessoas ou coisas, e por seu intermédio as informações são prestadas ao juiz; na inspeção, o exame é feito diretamente por este, sem intermediários. Os peritos que o acompanham servirão apenas para assisti-lo, auxiliá-lo com eventuais informações técnicas, a respeito da coisa ou da pessoa, que estará sendo examinada *ictu oculi*, pelo próprio magistrado.

O juiz designará a data e o local em que a inspeção será realizada, para que as partes possam acompanhá-la, prestando esclarecimentos e fazendo as observações que reputem de interesse para a causa. A coisa ou pessoa poderá ser apresentada em juízo, para que o juiz a examine; ou ele poderá deslocar-se até onde estão, nas hipóteses do art. 483 do CPC.

Concluída a diligência, será lavrado auto circunstanciado, que mencionará tudo o que for de interesse para o julgamento da causa (CPC, art. 484).

18. PROVA TESTEMUNHAL

18.1. INTRODUÇÃO

É um dos meios de prova mais comumente utilizados. **Consiste na inquirição, em audiência, de pessoas estranhas ao processo, a respeito dos fatos relevantes para o julgamento**.

Com alguma frequência, a prova testemunhal tem sido criticada, sob o fundamento de que a memória humana é falha e que circunstâncias de ordem emocional ou psicológica podem influenciar a visão ou as lembranças das testemunhas. Os críticos sugerem que a ela seja dado um valor menor que às outras provas.

Mas ela continua sendo fundamental, e, à exceção de eventuais ressalvas legais (arts. 406, 443 e 444), não há razão para considerá-la de menor valor. O juiz dará à prova testemunhal o valor que merecer, em cotejo com os demais elementos de convicção, observado o livre convencimento motivado.

É possível, por exemplo, que, ouvidas várias testemunhas, o juiz se baseie no depoimento de apenas uma ou de algumas delas, que lhe parecerem mais verossímeis e em harmonia com os demais elementos de convicção.

18.2. ADMISSIBILIDADE E VALOR DA PROVA TESTEMUNHAL

Ela só será admitida para a comprovação de fatos controvertidos, que tenham relevância para o julgamento. Nisso, não se encontra nenhuma novidade, já que a mesma regra aplica-se a todos os tipos de provas. Não se podem ouvir testemunhas a respeito de questões jurídicas ou técnicas, nem sobre fatos que não sejam controvertidos.

4 ▪ Fase Instrutória

O art. 442 do CPC estabelece a regra a respeito da admissibilidade: "A prova testemunhal é sempre admissível, não dispondo a lei de modo diverso". Esse dispositivo traduz a regra da admissibilidade genérica, mas autoriza a lei a estabelecer restrições.

O art. 443 apresenta duas: quando o fato sobre o qual a testemunha seria inquirida já estiver provado por documento ou confissão da parte; ou quando só por documentos ou por exame pericial puder ser provado.

Questão de grande relevância é a relativa à comprovação da existência e conteúdo dos negócios jurídicos. Há os que, para sua celebração, não exigem forma escrita e podem ser celebrados sem a observância de forma específica (contratos não solenes). E há os que exigem forma escrita, como o de fiança (CC, art. 819), o de depósito voluntário (CC, art. 646) e o de seguro (art. 758), por exemplo.

O art. 227, *caput*, do CC só autorizava o uso de prova exclusivamente testemunhal para negócios jurídicos de até dez salários mínimos, e essa regra estava em consonância com o disposto no art. 401 do CPC de 1973. Mas o art. 227, *caput*, do CC e o art. 401 do CPC de 1973 foram revogados. Permanece em vigor o art. 227, parágrafo único, do CC: "Qualquer que seja o valor do negócio jurídico, a prova testemunhal é admissível como subsidiária ou complementar da prova por escrito". Esse dispositivo está em consonância com o art. 444 do CPC atual: "Nos casos em que lei exigir prova escrita da obrigação, é admissível a prova testemunhal quando houver começo de prova por escrito, emanado da parte contra a qual se pretende produzir a prova". E o art. 445 autoriza expressamente a prova testemunhal quando o credor não pode ou não podia, moral ou materialmente, obter a prova escrita da obrigação, em casos como o de parentesco, de depósito necessário ou de hospedagem em hotel ou em razão das práticas comerciais do local onde contraída a obrigação.

Desses dispositivos extrai-se que:

a) se o contrato só pode ser celebrado por **escritura pública**, que é da substância do negócio, nenhuma outra prova pode ser admitida (art. 406);

b) se o contrato pode ser celebrado por qualquer forma, inclusive verbal, **a prova testemunhal pode ser usada sem restrições**, independentemente do valor do negócio;

c) se o contrato exige forma escrita, a prova testemunhal pode ser utilizada, desde que haja **começo de prova por escrito**, emanado da parte contra a qual se pretende produzir a prova (art. 444) ou quando o credor não podia, moral ou materialmente, obter a prova escrita da obrigação, nas hipóteses do art. 445.

O começo de prova escrita a que se refere o art. 444 há de ser, diante dos termos peremptórios da lei, documento escrito, não podendo ser substituído por fotografias ou gravações. E deve ter sido produzido pelo adversário e trazer indícios da existência do contrato. Se for um documento que, por si só, basta para comprová-lo, nem será necessária a prova testemunhal. Mas se trouxer apenas indícios, poderá ser complementado por ela. O disposto nos arts. 444 e 445 do CPC estende-se ao pagamento e à remissão da dívida.

A prova testemunhal não poderá ser utilizada para comprovar a existência daqueles contratos que exigem instrumento público, como da substância do ato (art.

460 Direito Processual Civil Esquematizado   *Marcus Vinicius Rios Gonçalves*

406); mas poderá, para comprovar simulação em contrato e vícios de consentimento (CPC, art. 446).

18.3. A TESTEMUNHA

É a pessoa que comparece a juízo, para prestar informações a respeito dos fatos relevantes para o julgamento.

Somente as **pessoas físicas** podem ser testemunhas, nunca as jurídicas. É preciso que sejam alheias ao processo. As partes podem ser ouvidas em depoimento pessoal ou interrogatório, nunca como testemunhas.

Elas serão ouvidas diretamente em audiência presidida pelo juiz da causa, salvo nas hipóteses do art. 453 do CPC, e terão o dever de colaborar com o juízo, prestando informações verdadeiras.

18.3.1. Restrições à ouvida de testemunhas

Em princípio, qualquer pessoa pode ser ouvida como testemunha, não se exigindo nenhuma qualificação especial. Há, no entanto, três circunstâncias que obstam a sua ouvida: **a incapacidade, o impedimento e a suspeição**.

O art. 447 do CPC enumera quando essas circunstâncias estão presentes. De acordo com o § 1.º, são incapazes de testemunhar:

- o interdito por enfermidade ou deficiência mental;
- o que, acometido por enfermidade ou retardamento mental, ao tempo em que ocorreram os fatos, não podia discerni-los; ou, ao tempo em que deve depor, não está habilitado a transmitir as percepções;
- o que tiver menos de dezesseis anos;
- o cego e o surdo, quando a ciência do fato depender dos sentidos que lhes faltam.

Nos dois primeiros casos, faltará à testemunha o discernimento para discorrer sobre os fatos. No terceiro, a maturidade necessária, e no quarto, a aptidão para ter informações a respeito dos fatos. A capacidade para ser testemunha, que se inicia aos dezesseis anos, **não coincide com a capacidade civil geral**, que só se torna plena aos dezoito. A exigência dos dezesseis anos é à data do depoimento em juízo, não na dos fatos a respeito dos quais se deve testemunhar. O art. 447, § 1.º, do CPC está em consonância com o disposto no art. 228 do Código Civil. A Lei n. 13.146, de 6 de julho de 2015, acrescentou, porém, ao dispositivo do Código Civil um § 2.º, que assim estabelece: "A pessoa com deficiência poderá testemunhar em igualdade de condições com as demais pessoas, sendo-lhe assegurado todos os recursos de tecnologia assistida". Entende-se, assim, que, se for possível, deve-se assegurar ao deficiente o direito de ser ouvido como testemunha, com a utilização dos recursos necessários. Mas para isso é preciso que ele tenha condições de prestar informações a respeito dos fatos que interessam ao processo. Se, em razão da deficiência, ou falta de discernimento, ele não as tiver, parece-nos que a incapacidade persistirá.

Os impedidos de depor estão enumerados no art. 447, § 2.º. As causas de impedimento são objetivas e estão associadas **à participação no processo, em qualquer qualidade, ou à relação direta com algum dos participantes**. Os impedidos são:

■ o cônjuge, o companheiro, o ascendente e o descendente em qualquer grau, ou colateral, até o terceiro grau, de alguma das partes, por consanguinidade ou afinidade, salvo se o exigir o interesse público, ou, tratando-se de causa relativa ao estado da pessoa, não se puder obter de outro modo a prova, que o juiz repute necessária ao julgamento do mérito;

■ o que é parte na causa;

■ o que intervém em nome de uma parte, como o tutor, o representante legal das pessoas jurídicas, o juiz, o advogado e outros, que assistam ou tenham assistido às partes.

O juiz que tenha conhecimento direto dos fatos da causa, antes de impedido de testemunhar, está impedido de julgar, devendo transferir a condução do processo para o seu substituto automático, caso em que poderá ser ouvido como testemunha. Quando, na condução do processo, for arrolado como testemunha, deverá proceder na forma do art. 452 do CPC: **se efetivamente tiver ciência do ocorrido, dar-se-á por impedido, caso em que será defeso à parte, que o incluiu no rol, desistir de seu depoimento; se nada souber, mandará excluir o seu nome**.

As hipóteses de suspeição estão previstas no art. 447, § 2.º:

■ o inimigo da parte, ou o seu amigo íntimo;

■ o que tiver interesse no litígio.

As hipóteses têm certo grau de subjetividade, cumprindo ao juiz examinar o caso concreto. A simples amizade ou a mera desavença não é suficiente para tornar suspeita a testemunha, exigindo-se que uma e outra sejam de tal ordem que possam comprometer a isenção das declarações.

O interesse no litígio pode provir das mais variadas razões. Pode ocorrer, por exemplo, que a testemunha esteja litigando com uma das partes, em causa semelhante; ou que possa vir a ser demandada em via de regresso. Com frequência, testemunhas são contraditadas como suspeitas, por manterem com uma das partes relação de emprego. **Mas isso, por si só, não é suficiente para torná-la suspeita**, sendo indispensável que se constate, no caso concreto, a existência de uma circunstância que possa afastar a sua isenção.

18.3.2. Da possibilidade de ouvir testemunhas suspeitas e impedidas

O art. 447, § 4.º, traz importante disposição a respeito da ouvida das testemunhas: "Sendo necessário, pode o juiz admitir o depoimento das menores, impedidas ou suspeitas". E o § 5.º acrescenta: "Os depoimentos referidos no § 4.º serão prestados independentemente de compromisso (art. 415) e o juiz lhes atribuirá o valor que possam merecer".

462 Direito Processual Civil Esquematizado   *Marcus Vinicius Rios Gonçalves*

Há casos em que o juiz pode, apesar das causas de impedimento ou suspeição, ouvir uma testemunha, seja porque ela presenciou diretamente os fatos, seja porque não há outra que deles tenha conhecimento. Ele avaliará essa prova no caso concreto, cotejando-a com os demais elementos de convicção e verificando, no contato com a testemunha, a verossimilhança de suas alegações.

18.3.3. A contradita

Antes do início do depoimento, a testemunha é **qualificada**, na forma do art. 457 do CPC. O juiz indagará se ela tem relações de parentesco com a parte, ou interesse no objeto do processo.

Nessa ocasião, que precede o depoimento, a parte pode contraditar a testemunha, **arguindo-lhe a incapacidade, o impedimento ou a suspeição**. Quem pode suscitar a contradita é a parte contrária a que arrolou a testemunha.

Ao apresentá-la, oferecerá as razões pelas quais entende que a testemunha não pode ser ouvida. A contradita deverá ser sempre fundamentada, sob pena de ser indeferida de plano.

Sobre os fatos alegados, o juiz indagará a própria testemunha. Se esta os negar, o juiz dará ao suscitante a possibilidade de comprovar o alegado, com documentos ou testemunhas, até três, apresentadas no ato e inquiridas em separado.

Por essa razão é sempre indispensável que a testemunha, ainda que seja trazida independentemente de intimação, **seja arrolada com antecedência e devidamente qualificada**. Afinal, a parte contrária tem o direito de conhecer-lhe o nome e qualificação de antemão, para poder contraditá-la e trazer eventuais testemunhas (até três) ou documentos que comprovem as causas de incapacidade, impedimento ou suspeição.

A lei não exige que a parte que arrolou a testemunha seja ouvida na contradita, mas o princípio constitucional do contraditório recomenda que isso ocorra, sobretudo quando há necessidade de instrução do incidente.

O juiz só admitirá a contradita **se a testemunha ainda não foi advertida nem começou a depor**. Depois disso, será intempestiva.

Ouvida a testemunha sobre o alegado e colhidas as eventuais provas, o juiz decidirá. Se a testemunha confirmar os fatos ou a contradita ficar demonstrada, o juiz dispensará o depoimento, ou então o colherá na forma do art. 447, § 5.º, do CPC.

18.3.4. Direitos e deveres das testemunhas

A lei considera o depoimento prestado pela testemunha como **serviço público** (art. 463). Por isso, ela não pode, quando sujeita ao regime da legislação trabalhista, sofrer perda de salário nem desconto no tempo de serviço, por comparecer à audiência. Se necessário, ser-lhe-á dado um atestado de comparecimento, para que possa apresentar ao empregador. Além disso, pode ressarcir-se das despesas que teve para o comparecimento, cabendo à parte que arrolou pagá-las logo que arbitradas, ou depositar o valor em cartório, no prazo de três dias, na forma do art. 462 do CPC.

Os deveres das testemunhas são três:

■ Comparecer na data para a qual foi intimada. Ela deve comparecer para ser ouvida em audiência perante o juiz da causa, salvo nas hipóteses do art. 453 do CPC: a) quando prestar depoimento antecipadamente, nos casos de produção antecipada de provas; quando residir em outra comarca ou país, em que será ouvida por carta; quando, por doença ou outro motivo relevante, estiver impossibilitada de comparecer a juízo, caso em que, se possível, o juiz poderá deslocar-se até o lugar em que ela está ou designar lugar para ouvi-la (art. 449, parágrafo único; b) nas hipóteses do art. 454. Esse dispositivo enumera as pessoas que, em razão do cargo ou função que ocupam, têm o direito de ser inquiridos em sua residência, ou onde exercem a sua função, caso em que o juiz lhes solicitará que designem dia, hora e local em que poderão ser ouvidas, remetendo-lhes cópia da petição inicial e da defesa da parte que a tenha arrolado como testemunha.

Além das pessoas indicadas no art. 454, também os juízes de direito e promotores de justiça têm a prerrogativa de indicar dia, hora e local para sua ouvida, conforme as respectivas leis orgânicas.

Caso a testemunha, intimada a comparecer, não o faça, o juiz determinará a **condução coercitiva**, condenando-a ao pagamento das custas decorrentes do adiamento, sem prejuízo de eventual sanção penal por desobediência.

■ Prestar depoimento, não podendo recusar-se a falar. O art. 458, parágrafo único, esclarece que o juiz, ao início do depoimento, advertirá a testemunha das sanções penais imputáveis a quem prestar declaração falsa, e a quem calar ou ocultar a verdade. O art. 448 enumera as hipóteses em que a testemunha pode escusar-se. Ela não é obrigada a depor sobre fatos que lhe acarretem grave dano, bem como ao seu cônjuge, companheiro e aos seus parentes, consanguíneos ou afins, em linha reta, ou na colateral até o terceiro grau; ou a cujo respeito, por estado ou profissão, deva guardar sigilo. São exemplos de sigilo profissional os do sacerdote, do advogado a respeito do que lhe contou o cliente; do médico ou do psicólogo, a respeito do que lhe informou o paciente.

A testemunha deve prestar as suas declarações — oralmente, não por escrito — que devem versar sobre os fatos relevantes para a causa. **Não pode emitir opiniões pessoais sobre a causa, ou sobre a matéria jurídica discutida.** Mas nada impede que o juiz a questione a respeito das suas impressões dos fatos, como, por exemplo, se a parte parecia embriagada ou se aparentava nervosismo.

■ Dizer a verdade. Antes de iniciar o depoimento, a testemunha prestará compromisso, devendo o juiz adverti-la das penas do falso testemunho (art. 458). A obrigação existe ainda que o juiz, por um lapso, esqueça-se de tomá-lo e de fazer a advertência, já que a omissão constitui **mera irregularidade.** Se a testemunha for menor de dezoito anos, o juiz não a advertirá pelo crime de falso testemunho (art. 342 do CP), mas de ato infracional, que poderá sujeitá-la às medidas do Estatuto da Criança e do Adolescente.

18.3.5. Produção de prova testemunhal

18.3.5.1. *Requerimento da prova*

A prova testemunhal deve ser requerida pelo autor na inicial, e pelo réu, na contestação. **Mas eventual omissão não torna preclusa a possibilidade de requerê-la oportunamente.**

Afinal, só depois da resposta do réu o autor poderá saber os fatos que se tornaram controvertidos e se a prova testemunhal é necessária.

Após a resposta do réu, ou o juiz julgará antecipadamente o mérito, ou saneará o processo, abrindo a fase instrutória e determinando as provas necessárias. Se houver deferimento de prova oral, designará audiência de instrução e julgamento.

18.3.5.2. O arrolamento das testemunhas

As testemunhas devem ser arroladas pelas partes. Para que o juiz defira a prova, não é necessário que elas já estejam arroladas e especificadas. Basta que ele verifique que é pertinente.

Ao proferir a decisão saneadora e de organização do processo, o juiz, caso verifique a necessidade de prova oral, designará a audiência de instrução **e fixará o prazo comum no qual as partes deverão arrolar suas testemunhas, prazo que será de até 15 dias. Pode ser menor, mas não maior do que quinze dias**.

Mas se a causa for complexa e o juiz designar audiência para promover o saneamento do processo em cooperação com as partes (art. 357, § 3.º), elas já deverão levar o rol de testemunhas para a audiência (art. 357, § 5.º). Os prazos estabelecidos no art. 357, §§ 4.º e 5.º, são preclusivos e devem ser observados, **ainda que a testemunha compareça independentemente de intimação**, pois é preciso que a parte contrária conheça o seu nome e qualificação para, querendo, oferecer contradita.

Ao arrolar a testemunha, a parte deve qualificá-la, apresentando o seu nome, profissão, o estado civil, a idade, o número de inscrição no Cadastro de Pessoas Físicas, o registro de identidade e o endereço completo da residência e local de trabalho, para que possa ser identificada. No entanto, tem-se entendido que a falta de um ou mais elementos da qualificação constitui mera irregularidade, não constituindo óbice para que seja ouvida, salvo se ficar comprovado prejuízo.

18.3.5.3. Substituição das testemunhas

Depois de arroladas, as testemunhas só podem ser substituídas em caso de falecimento, enfermidade que as incapacite de depor, ou mudança de residência ou local de trabalho, que impeça a localização (art. 451 do CPC).

Mas a jurisprudência tem ampliado a possibilidade, **permitindo que qualquer testemunha seja substituída, desde que dentro do prazo para arrolá-la**. Assim, se uma das partes apresenta o rol antes do prazo, pode livremente substituir as suas testemunhas, desde que o faça antes de ele se findar.

18.3.5.4. Número de testemunhas

O art. 357, § 6.º, do CPC **limita o número de testemunhas a dez**, sendo, no máximo, três para cada fato.

Além das arroladas, o juiz pode determinar, de ofício, ou a requerimento da parte, a inquirição de outras, **que tenham sido referidas no depoimento das partes ou das testemunhas**.

4 ■ Fase Instrutória

18.3.5.5. Acareação

O art. 461, II, do CPC autoriza ao juiz determinar, de ofício ou a requerimento das partes, "a acareação de duas ou mais testemunhas ou de algumas delas com a parte, quando, sobre fato determinado, que possa influir na decisão da causa, divergirem as suas declarações".

Aqueles que prestaram os depoimentos divergentes serão colocados frente a frente e indagados a respeito da divergência ocorrida; o juiz pode advertir novamente as testemunhas das penas do falso testemunho. Em seguida, indagará se os depoentes mantêm as suas declarações, ou se têm retificação a fazer. De tudo, será lavrado termo. A acareação pode ser realizada por videoconferência ou por outro recurso tecnológico de transmissão de sons e imagens em tempo real.

18.3.5.6. Intimação das testemunhas

A parte que arrola a testemunha **pode comprometer-se a levá-la à audiência independentemente de intimação. Isso não a dispensa de arrolá-la no prazo fixado em lei.** Mas, se ela faltar, **reputa-se que a parte desistiu de ouvi-la**, salvo se demonstrar que a ausência decorreu de caso fortuito ou força maior.

Se a parte que a arrolou não se comprometer a levar a testemunha, esta deverá ser intimada. **Cabe ao advogado da parte informar ou intimar a testemunha por ele arrolada** do dia, hora e local da audiência, por carta com aviso de recebimento, dispensando-se a intimação judicial. Para comprovação de que a intimação foi realizada, o advogado deverá juntar aos autos cópia da correspondência de intimação e do aviso de recebimento com antecedência de, pelo menos, três dias da data da audiência, sob pena de considerar-se que houve desistência de sua inquirição.

A intimação só será feita pela via judicial quando: a) frustrada a intimação pelo advogado; b) a parte demonstrar a sua necessidade; c) figurar do rol servidor público ou militar; d) a testemunha for arrolada pelo Ministério Público ou Defensoria Pública; ou e) for daquelas que devem ser ouvidas em sua residência ou onde exercerem sua função (art. 454).

18.3.5.7. Inquirição das testemunhas

A inquirição é feita em audiência perante o juiz da causa, salvo nas hipóteses do art. 453 do CPC. As perguntas serão feitas **diretamente** pelas partes (e pelo Ministério Público, quando fiscal da ordem jurídica), começando pela parte que arrolou a testemunha. O juiz não admitirá as que possam induzir a resposta, ou não tiverem relação com a questão de fato objeto da atividade probatória ou importarem repetição de outra já respondida, velando para que as testemunhas sejam tratadas com urbanidade e impedindo que lhe sejam dirigidas perguntas ou considerações impertinentes, capciosas ou vexatórias. Antes ou depois das perguntas feitas pelas partes, o juiz poderá inquirir a testemunha, formulando-lhe as indagações que entende relevantes para a formação de seu convencimento.

As testemunhas serão inquiridas, **separada e sucessivamente, primeiro as do autor e depois as do réu, providenciando-se para que umas não ouçam o depoimento das outras**. Se as partes concordarem, a ordem poderá ser invertida.

Depois da qualificação, resolvidas eventuais contraditas e tomado o compromisso, passar-se-á à inquirição das testemunhas, na forma supramencionada.

O depoimento será reduzido a termo ou gravado (art. 460). Quando reduzido a termo será assinado pelo juiz, pelo depoente e pelos procuradores.

No caso de processo eletrônico, deve-se observar o disposto nos §§ 1.º e 2.º do art. 209 do CPC e na legislação específica.

Se a testemunha residir em comarca, seção ou subseção judiciária, diferente daquela em que corre o processo, a ouvida será feita por precatória. Mas o art. 453, § 1.º, permite que seja feita por videoconferência ou outro recurso tecnológico de transmissão e recepção de sons e imagens em tempo real, o que pode ocorrer, inclusive, durante a audiência de instrução e julgamento.

19. DEPOIMENTO PESSOAL

19.1. INTRODUÇÃO

É um meio de prova, pelo qual o juiz, a requerimento de uma das partes, colhe as declarações do adversário dela, com a finalidade de obter informações a respeito de fatos relevantes para o processo.

Só quem pode prestá-lo são as partes, os autores e os réus, jamais um terceiro. E só quem poderá requerê-lo é a parte contrária. **Ninguém pode requerer o próprio depoimento pessoal, mas somente o do adversário**. O juiz pode, a qualquer momento, ouvir, de ofício às partes. **Porém não haverá depoimento pessoal, mas interrogatório**.

A finalidade do depoimento pessoal é fazer com que a parte preste informações a respeito de fatos, que possam contrariar os seus interesses. **É obter a confissão a respeito de fatos relevantes para a causa**, o reconhecimento de fatos que contrariem as suas pretensões. Por essa razão é que só o adversário pode requerê-lo.

Mas o juiz, ao examinar as declarações prestadas no depoimento pessoal, deve considerá-las em conjunto. Não pode levar em conta apenas aquilo que a parte confessou, mas as informações todas que foram prestadas, dando-lhes o valor que possam merecer.

19.2. QUEM PODE REQUERÊ-LO E PRESTÁ-LO

O art. 385 do CPC manteve a impropriedade do art. 343 da lei anterior, ao permitir que o depoimento pessoal seja determinado de ofício. **O depoimento pessoal sempre dependerá do requerimento do adversário**. O que pode ser determinado de ofício é o interrogatório, que não se confunde com o depoimento pessoal; as diferenças serão examinadas em capítulo próprio.

Tem-se admitido que, além do adversário, possa o **Ministério Público, na condição de fiscal da ordem jurídica**, requerê-lo.

4 ■ Fase Instrutória

Quem o presta é sempre pessoa física que figura como parte no processo. Se for pessoa jurídica, o depoimento será prestado **por seus representantes legais**.

Discute-se sobre a possibilidade de o depoimento pessoal ser prestado por procurador, e não pela parte propriamente dita. Embora haja controvérsia, tem prevalecido o entendimento de que isso é possível, desde que tenha **poderes especiais para confessar**, finalidade precípua do depoimento.

Também se admite que deponham em nome da pessoa jurídica prepostos por ela indicados, desde que tenham poderes para confessar e conhecimento dos fatos. De nada adiantaria ouvir os representantes legais de uma empresa se estes não participaram dos fatos que têm interesse para o deslinde da causa, sendo de admitir-se a ouvida de funcionários e prepostos que efetivamente possam prestar esclarecimentos úteis.

Se a parte for absolutamente incapaz, o depoimento será prestado por seu representante legal; se relativamente incapaz, por ele mesmo.

19.3. PENA DE CONFISSÃO

A finalidade principal do depoimento pessoal é a confissão da parte a respeito de fatos que contrariem os seus interesses. Por isso, o art. 385, § 1.º, do CPC estabelece que ela deverá ser **intimada pessoalmente** para a audiência, sob pena de confesso, que será aplicada caso ela não compareça ou, comparecendo, se recuse a depor.

A presunção de veracidade decorrente da confissão é relativa, e deverá ser considerada em conjunto com os demais elementos de convicção.

O art. 388 do CPC dispensa a parte de depor sobre: a) fatos criminosos ou torpes que lhe forem imputados; b) fatos a cujo respeito, por estado ou profissão, deva guardar sigilo; ou c) acerca dos quais não possa responder sem desonra própria, de seu cônjuge, de seu companheiro ou de parente em grau sucessível. Mas essas hipóteses não se aplicam às ações de estado e família.

19.4. PROCEDIMENTO

Havendo o requerimento de depoimento pessoal, que pode ser feito na inicial, na contestação ou no momento de especificação de provas, o juiz determinará a intimação da parte, na forma do art. 385, § 1.º, do CPC, sob pena de confissão.

O depoimento pessoal é colhido diretamente pelo juiz (não há inquirição direta, como na prova testemunhal, não nos parecendo acertado, *data venia*, o Enunciado n. 33 da I Jornada de Direito Processual Civil da Justiça Federal, que admite a inquirição direta), em audiência de instrução e julgamento, salvo nas hipóteses do art. 453 que, conquanto versem sobre a prova testemunhal, aplicam-se também a ele.

Se forem requeridos os depoimentos de ambas as partes, primeiro serão ouvidos os autores e depois os réus. Aquele que ainda não depôs não pode assistir ao depoimento da outra parte. **Enquanto o autor estiver depondo, o réu deverá aguardar fora do recinto em que se realiza a audiência**. Mas isso se o réu for depor em seguida. Caso ele não vá prestar depoimento, desnecessária a sua retirada. Também desnecessário que o autor que já depôs saia da sala, enquanto o réu depõe.

Depois de o juiz formular as suas perguntas à parte, terão possibilidade de fazê-lo o **advogado da parte contrária e o Ministério Público. Não há oportunidade de reperguntas do advogado do próprio depoente**.

Ao prestar o depoimento, as partes responderão oralmente às perguntas formuladas, não podendo apresentar as respostas por escrito. A lei faculta apenas a consulta a notas breves, com finalidade de complementar os esclarecimentos.

20. INTERROGATÓRIO DAS PARTES

20.1. INTRODUÇÃO

É um meio de prova, de caráter complementar, no qual o juiz ouve as partes, para delas obter esclarecimentos a respeito de fatos que permaneçam confusos ou obscuros. É expressamente autorizado pelo art. 139, VIII, do CPC.

Não se confunde com o depoimento pessoal, por várias razões:

DEPOIMENTO PESSOAL	INTERROGATÓRIO
▣ É sempre requerido pela parte contrária.	▣ É determinado pelo juiz, de ofício ou a requerimento das partes.
▣ É prestado na audiência de instrução e julgamento, para a qual a parte é intimada sob pena de confissão.	▣ Pode ser determinado pelo juiz a qualquer tempo.
▣ Tem por finalidade principal obter, do adversário, a confissão a respeito de fatos contrários aos seus interesses.	▣ Tem finalidade complementar, sendo determinado pelo juiz para obter, das partes, informações a respeito de fatos que permanecem confusos ou obscuros. Por isso, é mais comum que se realize ao final da instrução, quando ainda restarem dúvidas ao juiz.

20.2. PROCEDIMENTO

O juiz designará a data para o interrogatório da parte e a intimará para a audiência. Não **haverá pena de confesso, prevista exclusivamente para a recusa em prestar depoimento pessoal**.

No entanto, como o interrogatório serve para que o juiz possa obter esclarecimentos de fatos ainda obscuros, a ausência da parte poderá prejudicá-la, já que o juiz possivelmente não considerará provado o fato, tudo de acordo com o princípio do livre convencimento motivado.

Os advogados de ambas as partes e o Ministério Público, nos casos em que intervenha, serão intimados para participar e poderão formular perguntas.

21. CONFISSÃO

21.1. INTRODUÇÃO

Confissão é a declaração da parte que reconhece como verdadeiros fatos que são contrários ao seu próprio interesse e favoráveis aos do adversário.

4 ■ Fase Instrutória

Existe acesa controvérsia na doutrina a respeito da natureza da confissão, se seria ou não meio de prova. **Parece-nos que ela não pode ser considerada como tal, já que não constitui mecanismo para que as partes obtenham informações a respeito de fatos relevantes para o processo.** Ela é declaração unilateral da parte, e pode, eventualmente, tornar dispensáveis as provas de determinado fato.

Embora não seja uma declaração de vontade, mas de ciência de um fato, a lei a considera negócio jurídico, permitindo que seja anulada, na forma do art. 393 do CPC.

A confissão só pode ter por objeto **fatos, jamais as consequências jurídicas que deles possam advir**, e que serão extraídas pelo juiz. Cumpre-lhe dar a ela o valor que possa merecer, em conformidade com as demais provas colhidas e com o princípio do livre convencimento. Não se pode negar que a confissão costuma ter forte influência na convicção do juiz, já que prestada por alguém cujos interesses são por ela contrariados.

Não se confunde a confissão com a renúncia ao direito ou com o reconhecimento jurídico do pedido, já que estes envolvem não apenas os fatos controvertidos, mas o direito discutido. A renúncia e o reconhecimento implicam a extinção do processo com resolução de mérito, ao passo que a confissão é só mais um elemento, para que o juiz forme a sua convicção e profira sentença.

21.2. ESPÉCIES DE CONFISSÃO

São duas as principais classificações da confissão.

Pode ser **judicial ou extrajudicial**. A judicial é a confissão feita, por qualquer meio, **no curso do processo**. Pode ser escrita ou oral, durante o depoimento pessoal. A escrita pode ser feita em qualquer manifestação no curso do processo, como a contestação, réplica ou petição juntada aos autos.

A confissão judicial ainda pode ser de duas espécies:

■ Espontânea: apresentada pela parte fora do depoimento pessoal, em manifestação por ela apresentada no processo.

■ Provocada: que se faz em depoimento pessoal, quando a parte responde às perguntas formuladas.

A extrajudicial é **feita fora do processo**, e precisará ser comprovada, seja por documentos, seja por testemunhas. Pode ser feita por escrito ou verbalmente, caso em que só terá eficácia quando a lei não exija prova literal.

Além disso, pode ser expressa ou ficta:

■ A expressa é manifestada pela parte, por escrito ou verbalmente.

■ A ficta é sempre consequência de omissão da parte, que ou não apresentou contestação, ou não compareceu à audiência para a qual foi intimada para prestar depoimento pessoal, ou compareceu, mas se recusou a prestá-lo.

21.3. EFICÁCIA DA CONFISSÃO

A consequência principal da confissão é mencionada no art. 374, II, do CPC: "Não dependem de prova os fatos afirmados por uma parte e confessados pela parte contrária". Essa regra deve ser interpretada em consonância com o princípio do livre convencimento motivado. **O juiz não está obrigado a dar valor absoluto à confissão, devendo cotejá-la com os demais elementos de convicção.** A presunção de veracidade dos fatos dela decorrente é **relativa, não absoluta.** Não se há de considerá-la, como antes, superior a todas as outras provas, "a rainha das provas". O princípio do livre convencimento motivado exige que seja confrontada com os demais elementos.

Há algumas restrições à eficácia da confissão. Entre elas:

■ **Não se admite confissão em juízo de fatos relativos a direitos indisponíveis** (art. 392). Essa regra está em consonância com a que afasta a presunção de verdade decorrente da revelia, quando o processo versar sobre esse tipo de interesse (art. 345, II). Permitir a confissão seria autorizar que o litigante dispusesse dos direitos que não são disponíveis. Por isso, ainda que haja confissão, o juiz não considerará os fatos incontroversos, determinando as provas necessárias para demonstrá-lo.

■ **A confissão não supre a exigência da apresentação de instrumento público**, para comprovar a existência de negócio jurídico que o exige, como de sua substância (CPC, art. 406). Ele é indispensável para que o negócio se repute celebrado.

■ **Quando houver litisconsórcio, a confissão de um não poderá prejudicar os demais.** Se o litisconsórcio for simples, a confissão será eficaz em relação ao próprio confitente, mas não em relação aos demais; se for unitário, nem mesmo para ele, pois o resultado terá de ser o mesmo para todos.

■ **Nas ações que versarem sobre bens imóveis, a confissão de um dos cônjuges ou companheiros não valerá sem a do outro, salvo no regime da separação absoluta de bens** (art. 391, parágrafo único).

21.4. PERDA DE EFICÁCIA DA CONFISSÃO

O art. 393 considera irrevogável a confissão, mas permite que ela seja anulada, caso decorra de erro de fato ou de coação. Esse dispositivo está em consonância com o art. 214 do Código Civil, que também alude apenas a erro e coação. Mas parece-nos que cabe anulação ainda em caso de dolo, que nada mais é do que uma espécie de erro provocado.

A anulação deve ser obtida em ação própria, proposta **exclusivamente pelo confitente.** Se ele já a tiver proposto e falecer no curso do processo, a ação será transferida a seus herdeiros. Mas se ele falecer antes da propositura, os herdeiros não terão legitimidade (art. 393, parágrafo único, do CPC).

21.5. INDIVISIBILIDADE DA CONFISSÃO

É decorrência do art. 395 do CPC: "A confissão é, em regra, indivisível, não podendo a parte, que a quiser invocar como prova, aceitá-la no tópico que a beneficiar e rejeitá-la no que lhe for desfavorável, porém cindir-se-á quando o confitente a ela aduzir fatos novos, capazes de constituir fundamento de defesa de direito material ou de reconvenção".

A indivisibilidade implica que, se a parte confessar fatos contrários aos seus interesses e, ao mesmo tempo, se pronunciar sobre fatos que lhe são favoráveis, o juiz não possa considerar isoladamente apenas os primeiros, **mas o conjunto das declarações**.

O ato de confissão deve ser considerado como um todo. O que for desfavorável ao confitente deve ser apreciado em consonância com as suas outras alegações.

Poderá haver cisão se a parte aduzir fatos novos que constituam fundamento de defesa. Por exemplo: se o réu, em sua contestação, confessar que contraiu a dívida, mas aduzir que houve compensação, a existência do débito será incontroversa, mas a compensação deverá ser provada.

22. AUDIÊNCIA DE INSTRUÇÃO E JULGAMENTO

22.1. INTRODUÇÃO

A última etapa do processo de conhecimento se concluirá com a audiência de instrução e julgamento, **necessária quando houver prova oral**. Se não houver necessidade de ouvir o perito, colher depoimentos pessoais ou ouvir testemunhas, a audiência será dispensada.

Nela, antes da prova oral e do julgamento, se fará **nova tentativa de conciliação**. Em seguida, o juiz ouvirá o perito e os assistentes técnicos, se as partes tiverem requerido esclarecimentos e apresentado, com a antecedência necessária, os quesitos para serem respondidos; em seguida, colherá os depoimentos pessoais requeridos, e ouvirá as testemunhas arroladas.

Por fim, encerrada a instrução, concederá oportunidade para que as partes se manifestem, em alegações finais, e proferirá sentença.

É nessa audiência, portanto, que será colhida toda a prova oral, não havendo outra oportunidade, ressalvadas as hipóteses do art. 453 do CPC.

A audiência é considerada um ato processual complexo, em razão dos numerosos atos que são praticados durante o seu desenrolar.

22.2. PROCEDIMENTO DA AUDIÊNCIA DE INSTRUÇÃO E JULGAMENTO

O juiz, verificando a necessidade de prova oral, designará data para a audiência, determinando que sejam intimados os advogados e as testemunhas. As partes não são pessoalmente intimadas, a menos que os adversários tenham requerido o seu depoimento pessoal, na forma do art. 385, § 1.º.

Não tendo sido requerido o depoimento pessoal, e tendo o advogado poderes para transigir, nem é necessária a presença da parte.

A audiência é pública e deverá ser realizada de portas abertas (art. 358 do CPC), ficando ressalvadas as hipóteses legais, dentre as quais as de segredo de justiça, nas quais ela só poderá ser acompanhada pelas partes, pelos seus procuradores e pelo Ministério Público, quando este intervém.

O juiz tem o poder de polícia, cabendo-lhe manter a ordem e o decoro na audiência. Para tanto, pode determinar que se retirem da sala os que não se comportarem adequadamente, requisitando, se necessário, força policial.

No dia e hora designados, o juiz declarará aberta a audiência e mandará apregoar as partes e seus advogados. Se houver intervenção do Ministério Público, este também deverá ser avisado. Em seguida, serão praticados os atos processuais, que serão examinados nos itens seguintes.

22.2.1. Tentativa de conciliação

Ressalvada a hipótese de o processo versar sobre interesses indisponíveis, o juiz tentará mais uma vez a conciliação. Tendo sido designada anteriormente a audiência de conciliação e mediação, ela já terá sido tentada, mas é preciso que o juiz a proponha mais uma vez, pois as partes podem, nessa fase, estar mais abertas à solução consensual.

Mesmo que os advogados estejam ausentes, a conciliação deve ser tentada, porque, como negócio jurídico civil, pode ser celebrada sem a participação deles, bastando que as partes sejam capazes.

Da mesma forma, se as partes estiverem ausentes, mas comparecerem advogados com poderes de transigir, a conciliação será tentada.

22.2.2. Prova oral

A função primordial da audiência de instrução e julgamento é a colheita de prova oral, que se iniciará desde logo, caso a tentativa de conciliação resulte infrutífera. Há uma sequência a ser observada pelo juiz. Podem-se distinguir três etapas: **a ouvida do perito e dos assistentes técnicos; a colheita dos depoimentos pessoais das partes; e a ouvida das testemunhas.**

22.2.2.1. A ouvida do perito e dos assistentes técnicos

As partes, caso ainda tenham alguma dúvida a respeito das conclusões do laudo pericial, podem pedir ao juiz que, na audiência de instrução e julgamento, ouça o perito e os assistentes técnicos.

O procedimento é o previsto no art. 477, §§ 3.º e 4.º, do CPC. **O perito só é obrigado a responder aos quesitos que lhe tenham sido previamente apresentados, com antecedência de, pelo menos, dez dias da audiência.**

22.2.2.2. Depoimentos pessoais

Depois de ouvidos o perito e os assistentes técnicos, o juiz colherá os depoimentos pessoais que tiverem sido requeridos, primeiro do autor, depois do réu. A respeito do procedimento de colheita dos depoimentos pessoais, ver *item 19, supra*.

22.2.2.3. Ouvida das testemunhas

Somente depois de colhidos os depoimentos pessoais, o juiz ouvirá as testemunhas (ver *item 18, supra*), primeiro as do autor, na ordem que este desejar, e depois as do réu,

4 ■ Fase Instrutória

também conforme a ordem que ele solicitar. As partes podem desistir da ouvida de uma ou de todas as testemunhas arroladas, **não havendo necessidade de consentimento do adversário**. Se possível, o juiz deverá ouvir todas as testemunhas em uma única ocasião, preservando a sua incomunicabilidade. Por isso, têm sido comuns as audiências adiadas porque uma ou mais de uma testemunha estão ausentes, embora outras tivessem comparecido, **para que não haja cisão da prova**.

Mas haverá casos em que não será possível ouvir todas as testemunhas na mesma ocasião, seja porque uma precisa ser ouvida antecipadamente ou por carta (art. 453 do CPC), seja porque o número é tal que não é possível concluir a audiência no mesmo dia. Disso não advirá nenhuma nulidade para o processo, devendo o juiz marcar data próxima para concluí-la (CPC, art. 365, parágrafo único). Se faltar perito ou testemunha, havendo concordância das partes, o juiz ouvirá os presentes e marcará data próxima para ouvir os faltantes, cindindo a realização da audiência. Se não houver concordância, ele não ouvirá nem mesmo os presentes e designará data próxima para ouvir peritos e testemunhas de uma só vez, para que não se dê a cisão.

22.2.3. Debates

Finda a colheita de prova oral, o juiz dará a palavra às partes, para que apresentem alegações finais orais, na própria audiência. Primeiro falará o advogado do autor, depois o do réu, e por fim, o Ministério Público, que intervenha na condição de fiscal da ordem jurídica. O prazo para a manifestação de cada um é de vinte minutos, que podem ser prorrogados por mais dez, a critério do juiz (CPC, art. 364).

Havendo litisconsórcio, o prazo inicial e de prorrogação será um só para todos e deverá ser divido entre eles, salvo se ficar convencionado de modo diverso.

Se a causa apresentar questões complexas de fato ou de direito, os debates poderão ser substituídos por memoriais, que serão apresentados pelo autor, pelo réu e pelo Ministério Público, nos casos em que intervenha, em prazos sucessivos de 15 dias, assegurada a vista dos autos.

22.2.4. Sentença

Apresentadas as alegações finais orais, o juiz poderá, na própria audiência, proferir a sentença, razão pela qual é denominada "de instrução e **julgamento**". Se, porém, ele não estiver em condições de fazê-lo de imediato, poderá determinar que os autos venham conclusos para julgamento, devendo sentenciar no prazo de trinta dias. Caso a sentença seja proferida na audiência, as partes sairão intimadas, passando a correr o prazo de apelação; do contrário, serão intimadas pela imprensa.

22.2.5. Decisões proferidas na audiência

A audiência é ato complexo, em que são praticados diferentes atos. É comum que o juiz profira, antes da sentença, decisões interlocutórias, a respeito de questões que surgem no seu curso. Por exemplo, contraditas das testemunhas, requerimentos das partes, pedidos de adiamento, e outros.

474 Direito Processual Civil Esquematizado   *Marcus Vinicius Rios Gonçalves*

Se tais decisões forem daquelas que comportam agravo de instrumento (art. 1.015), contra elas a parte prejudicada deverá interpor o recurso, sob pena de preclusão. Se não, a questão só poderá ser reexaminada pelo Tribunal, se suscitada como preliminar nas razões ou nas contrarrazões de apelação.

22.2.6. Termo de audiência

Todos os principais acontecimentos da audiência deverão constar de um termo, que será lavrado pelo escrivão sob ditado do juiz (CPC, art. 367). Do termo constarão, em resumo, os principais fatos ocorridos, quem compareceu e quem esteve ausente, se foi ouvido o perito, se foram colhidos depoimentos pessoais e ouvidas testemunhas e outros atos relevantes. Além disso, constarão por extenso as decisões proferidas e a sentença, caso dada no ato.

O termo de audiência deverá ser assinado pelo juiz, pelo Ministério Público, pelos advogados e pelo escrivão. Não há necessidade de que as partes o assinem, salvo se houver ato de disposição para cuja prática os advogados não tenham poderes. Em seguida, será encartado aos autos. Quando eles forem eletrônicos, observar-se-ão as normas do CPC, da legislação específica e as normas internas dos tribunais.

22.3. ADIAMENTO DA AUDIÊNCIA

A possibilidade de adiamento da audiência vem prevista no art. 362 do CPC, que a admite em três situações:

■ **por convenção das partes**, o que só será admissível uma vez;

■ **por atraso injustificado de seu início em tempo superior a 30 minutos do horário marcado.** Só se justifica o adiamento quando o atraso não for justificado;

■ **se não puder comparecer, por motivo justificado, qualquer pessoa que dela deve necessariamente participar. O dispositivo abrange o perito, as partes, as testemunhas ou os advogados.** São variados os motivos que podem justificar a ausência na audiência, como problemas de saúde, viagem inadiável marcada anteriormente, a necessidade de o advogado comparecer, na mesma data, a outra audiência, marcada anteriormente, não havendo, naquele processo, nenhum outro advogado que possa substituí-lo. O impedimento deve ser comprovado até a abertura da audiência (CPC, art. 362, § 2.º), sob pena de ser realizada a instrução. Essa exigência, no entanto, só poderá ser atendida quando a causa de adiamento tiver se verificada com antecedência. Há casos em que não será possível alertar o juiz antes do início, como, por exemplo, o de um mal súbito que acomete o advogado a caminho do Fórum. Em casos assim, a justificativa poderá ser **posterior e a instrução, se tiver se realizado, terá de ser renovada**. A situação poderá se complicar se o juiz, na audiência, proferir sentença, caso em que o advogado ausente terá de apelar, pedindo a nulidade da audiência e da sentença.

Se a parte ou o advogado não comparecerem, nem justificarem a sua ausência, haverá alguma sanção? Se a parte tiver sido intimada para depoimento pessoal, haverá a pena de confesso, já examinada. Do contrário, a sua ausência não traz nenhuma consequência, uma vez que a sua presença só é necessária para a tentativa de conciliação — e pode ser suprida se o advogado tiver poderes para transigir — e para o depoimento pessoal. Apesar disso, **é direito da parte, se o desejar, assistir à audiência, de forma que, se houver algum motivo justificado para o não comparecimento, poderá postular o seu adiamento.**

A ausência injustificada do advogado pode fazer com o que o juiz **dispense a produção das provas requeridas pela parte defendida por ele, aplicando-se a mesma regra ao Ministério Público ou Defensor Público** (CPC, art. 362, § 2.º). Não haverá extinção do processo, nem aplicação de efeitos da revelia, mas apenas a dispensa das provas, que ainda assim é apenas **facultada ao juiz**. Ele poderá colhê-las, se o preferir, apesar da ausência do advogado, se isso o ajudar a elucidar os fatos.

A ausência do perito e das testemunhas ensejará o adiamento, se a parte que requereu insistir em que sejam ouvidos. Não havendo razão fundada para a ausência, o juiz determinará a condução coercitiva e que o ausente arque com as despesas decorrentes do adiamento.

O rol de hipóteses de adiamento do art. 362 não é taxativo, e podem existir outras causas, como a não observância do prazo mínimo de vinte dias de antecedência entre a entrega do laudo pericial e a sua realização.

23. QUESTÕES

5
FASE DECISÓRIA

1. SENTENÇA

1.1. INTRODUÇÃO

De acordo com o art. 203, § 1.º, do CPC, "Ressalvadas as disposições expressas dos procedimentos especiais, sentença é o pronunciamento por meio do qual o juiz, com fundamento nos arts. 485 e 487, põe fim à fase cognitiva do procedimento comum, bem como extingue a execução". O legislador, ao formular essa definição, valeu-se tanto do conteúdo do pronunciamento judicial quanto de sua aptidão para pôr fim ao processo.

O CPC de 1973, na redação originária, definia sentença como o ato que punha fim ao processo (art. 162, § 1.º), o que constituiu importante inovação em relação ao CPC de 1939, que a conceituava pelo conteúdo. A novidade foi saudada por doutrinadores e operadores do direito, pois eliminava as antigas dificuldades e controvérsias: **bastava verificar se o ato tinha ou não aptidão para encerrar o processo, em primeiro grau de jurisdição**. Em caso afirmativo, era qualificado como sentença.

A sistemática originária do CPC de 1973 também se pautava por considerar o processo de conhecimento, em que havia sentença condenatória, e o de execução subsequente como processos autônomos e distintos. O réu era citado para um e outro.

A Lei n. 11.232/2005 modificou o sistema originário, ao estabelecer que **o processo, desde a apresentação da petição inicial até a satisfação do credor, era um só**. Deixou de haver um processo autônomo e independente de execução de sentença condenatória. O que antes constituía o processo de conhecimento e o posterior de execução, foi substituído por um único processo, com fases distintas, nas quais se pode identificar a cognitiva e a executiva, apelidado pela doutrina de **"processo sincrético", por conter em seu bojo frases processuais de natureza distinta**. Com isso, o réu passou a ser citado uma vez só.

Por força dessas modificações, o legislador viu-se obrigado a modificar o conceito de sentença, do art. 162, § 1.º. Ela não podia mais ser definida sempre como o ato que punha fim ao processo, pois, sendo condenatória, este havia de prosseguir, com a fase executiva, de cumprimento de sentença.

O mencionado dispositivo passou a conceituar sentença da seguinte maneira: "A sentença é o ato do juiz que implica alguma das situações previstas nos arts. 267 e 269 desta lei".

Ela tornou a ser definida **por seu conteúdo, e não mais pela sua aptidão de pôr fim ao processo**, o que, de imediato, gerou intensa controvérsia doutrinária.

O CPC atual, embora mantendo a alusão ao conteúdo do pronunciamento judicial, que deve estar fundado nos arts. 485 e 487 (quando não há ou há resolução de mérito, respectivamente), torna a definir a sentença por sua **aptidão de pôr fim ou ao processo ou à fase de conhecimento** em primeiro grau de jurisdição. Isso certamente facilitará a identificação desse tipo de pronunciamento judicial, já que só pode haver um encerramento do processo ou da fase cognitiva.

1.2. A CONCEITUAÇÃO ATUAL DE SENTENÇA

Ainda na vigência do CPC de 1973, apesar das reformas introduzidas pela Lei n. 11.232/2005, que passou a definir sentença exclusivamente pelo seu conteúdo, a maior da parte da doutrina continuava entendendo que um pronunciamento judicial só poderia ser qualificado como tal se encerrasse o processo ou a fase de conhecimento.

O CPC atual valeu-se da conjugação dos dois critérios para defini-la. Ela é o pronunciamento judicial que se identifica:

a) por seu conteúdo, que deve estar em consonância com o disposto nos arts. 485 e 487 do CPC;

b) por sua aptidão ou de pôr fim ao processo, nos casos de extinção sem resolução de mérito ou em que não há necessidade de execução ou ainda nos processos de execução por título extrajudicial; **ou à fase cognitiva**, nos casos de sentença condenatória, que exige subsequente execução.

Há outros pronunciamentos judiciais no sistema atual, nos quais o juiz pode resolver o mérito, que não têm natureza de sentença. Ao proferir o julgamento antecipado parcial de mérito, ele examinará, em cognição exauriente e com força definitiva, um ou alguns dos pedidos, ou parte deles, que seja incontroverso ou que não dependa de outras provas. Mas se, ao fazê-lo, o juiz não puser fim ao processo, nem à fase de conhecimento, porque há necessidade de que prossiga em razão dos demais pedidos, o pronunciamento terá natureza de decisão interlocutória de mérito, a desafiar a interposição de agravo de instrumento, não de sentença. Só haverá sentença se o pronunciamento estiver fundado nos arts. 485 e 487 do CPC e puser fim ao processo ou à fase de conhecimento.

Correta, mais uma vez, a lição de Nelson e Rosa Nery: "O pronunciamento do juiz só será sentença se a) contiver uma das matérias previstas no CPC 485 ou 487 (CPC 203, § 1.º) e, cumulativamente, b) extinguir a fase cognitiva do processo comum ou a execução (CPC 203, § 1.º), porque se o pronunciamento de natureza decisória for proferido no curso do processo comum ou de execução, isto é, sem que se lhe coloque termo, deverá ser definido como decisão interlocutória (...)".

1.3. ESPÉCIES DE SENTENÇA

O art. 203, § 1.º, do CPC, ao indicar os conteúdos possíveis de uma sentença, permite distinguir duas espécies: **as que extinguem o processo sem resolução de mérito**

5 ◼ Fase Decisória

(hipóteses do art. 485) e aquelas em que o juiz resolve o mérito, pondo fim ao processo ou à fase cognitiva (art. 487).

O mérito é a pretensão posta em juízo. Há casos em que o processo há de ser extinto sem que o juiz a aprecie. Ele se limitará a pôr fim ao processo, sem examiná-la, caso em que a sentença será chamada **terminativa** (art. 485).

E há casos em que ele resolve o mérito, caso em que a sentença será **definitiva** (art. 487).

A distinção é de grande relevância, pois **só as últimas se revestem da autoridade da coisa julgada material e podem ser objeto de ação rescisória**. **Não há diferença entre as duas espécies de sentença, no que concerne ao tipo de recurso adequado: contra ambas caberá a apelação.**

A rigor, só haveria sentença de mérito nos casos de acolhimento ou rejeição do pedido do autor (art. 487, I, do CPC). No entanto, o legislador também considerou como sentença definitiva aquela em que o réu reconhece a procedência do pedido, a que homologa transação; aquela em que o juiz reconhece a prescrição ou decadência, e a dada quando o autor renuncia ao direito em que se funda a ação.

Embora nestas últimas não haja propriamente exame do pedido, o legislador as considerou como de mérito, para que pudessem tornar-se definitivas, revestidas da autoridade da coisa julgada material. Daí alguns doutrinadores as considerarem **"falsas sentenças de mérito"**.

1.4. REQUISITOS ESSENCIAIS DA SENTENÇA

A sentença, seja a de extinção sem resolução de mérito, seja a que resolve o mérito, deve observar determinados requisitos essenciais, enumerados no art. 489 do CPC. São três, examinados nos itens seguintes.

1.4.1. Relatório

Antes de passar à exposição dos fundamentos e à decisão propriamente dita, o juiz fará um **relatório, que deverá conter os nomes das partes, a identificação do caso, com a suma do pedido e da contestação, bem como o registro das principais ocorrências havidas no andamento do processo.**

Trata-se de exigência que visa assegurar que ele tenha tomado conhecimento do que há de relevante para o julgamento, garantia do devido processo legal, que deverá ser observada sob pena de nulidade.

1.4.2. Motivação

A sentença deverá ser fundamentada, como manda o art. 93, IX, da Constituição Federal. **O juiz deve expor as razões pelas quais acolhe ou rejeita o pedido formulado na petição inicial, apreciando os seus fundamentos de fato e de direito (causas de pedir) e os da defesa.**

O que foi decidido como motivação não faz coisa julgada material e pode ser rediscutido em outros processos.

A falta de fundamentação, no entanto, tornará nula a sentença, cabendo ao juiz pronunciar-se sobre todas as questões essenciais que possam repercutir sobre o resultado, sob pena de ser *citra petita*.

O § 1.º do art. 489 do CPC de 2015 enumera, em seis incisos, hipóteses em que não se considera fundamentada não apenas a sentença, mas qualquer decisão judicial. A solução do legislador foi bastante engenhosa, pois seria difícil indicar quais as exigências para que a decisão se considerasse fundamentada, sendo mais fácil enumerar quando ela não será reputada como tal. São elas:

1) A decisão que se limitar à indicação, à reprodução ou à paráfrase de ato normativo, sem explicar sua relação com a causa ou a questão decidida: será preciso que o juiz, ao aplicar a lei ou ato normativo ao caso concreto, esclareça a pertinência da sua aplicação. Ao proferir a sentença, o juiz desenvolve um raciocínio silogístico, pois parte de uma premissa maior (o que dispõe o ordenamento jurídico) para uma premissa menor (o caso concreto) para poder extrair a conclusão. É preciso que a sentença indique com clareza em que medida aquela norma invocada pode funcionar como premissa maior, aplicável ao caso concreto *sub judice*.

2) A decisão que empregar conceitos jurídicos indeterminados, sem explicar o motivo concreto de sua incidência no caso: o mesmo que na situação anterior. É preciso que fique claro àquele que lê a sentença ou a decisão a razão pela qual determinado conceito jurídico foi invocado e de que forma se aplica ao caso concreto.

3) A decisão que invocar motivos que se prestariam a justificar qualquer outra decisão: o juiz examina um caso concreto que lhe foi submetido. Não pode ser considerada como fundamentada uma decisão que se vale de um molde ou modelo genérico, que possa servir não apenas para aquela situação concreta, mas de forma geral. É preciso que o juiz fundamente sua decisão de maneira específica para o caso em que ela foi proferida. Fórmulas genéricas do tipo "foram preenchidos os requisitos", sem a indicação concreta das razões pelas quais o juiz assim o considera, não são admissíveis.

4) A decisão que não enfrentar todos os argumentos deduzidos no processo capazes de, em tese, infirmar a conclusão adotada pelo julgador: nem sempre será necessário que o juiz se pronuncie sobre todas as causas de pedir e fundamentos de defesa. Se uma das causas de pedir ficar desde logo demonstrada e for, por si só, suficiente para o acolhimento do pedido, o juiz proferirá sentença de procedência, sem precisar examinar as demais. Por exemplo: se alguém postula a anulação de contrato porque firmado por incapaz sem assistência, e porque foi coagido a assiná-lo, haverá um só pedido, mas duas causas de pedir, cada qual suficiente, por si só, para o acolhimento do pedido. Se uma ficar demonstrada desde logo, o juiz poderá julgar, sem examinar as demais; o mesmo em relação aos fundamentos da defesa: se um só ficar provado, e for suficiente para levar à improcedência do pedido, o juiz poderá sentenciar, afastando a pretensão inicial, sem examinar os demais. **O que não é possível é o juiz rejeitar a pretensão do autor, sem examinar todos os fundamentos de fato e de direito por ele invocados; ou acolher, sem examinar todos os fundamentos da defesa.**

Também não há necessidade de examinar questões de somenos, que não guardam relação com as pretensões formuladas, ou que nenhuma repercussão terão sobre o resultado final, já que elas não podem ser consideradas capazes de infirmar a conclusão do julgador.

A sentença deverá apreciar todas as **questões preliminares** que ainda não tenham sido examinadas, bem como as **prejudiciais**. As preliminares são aquelas de cujo deslinde depende o julgamento do mérito ou a extinção sem exame do mérito. São as matérias enumeradas no art. 337 do CPC. Por exemplo, a falta de condições da ação ou de pressupostos processuais. As prejudiciais são aquelas cujo deslinde repercute no acolhimento ou na rejeição do pedido, por exemplo, a paternidade, nas ações de alimentos.

Cumpre ao juiz atentar para que a fundamentação mantenha estreita correlação com o dispositivo. A atividade judicial é silogística: aplicação da lei ao fato concreto, extraindo disso as consequências adequadas. **O dispositivo deve ser decorrência lógica da fundamentação.**

A ENFAM editou dois enunciados a respeito do art. 489, § 1.º, IV. O Enunciado n. 12 dispõe: "Não ofende a norma extraível do inciso IV do § 1.º do art. 489 do CPC/2015 a decisão que deixar de apreciar questões cujo exame tenha ficado prejudicado em razão da análise anterior de questão subordinada". E o Enunciado n. 13 estabelece: "O art. 489, § 1.º, IV, do CPC/2015 não obriga o juiz a enfrentar os fundamentos jurídicos invocados pela parte, quando já tenham sido enfrentados na formação dos precedentes obrigatórios".

5) A decisão que se limitar a invocar precedente ou enunciado de súmula, sem identificar seus fundamentos determinantes nem demonstrar que o caso sob julgamento se ajusta àqueles fundamentos: da mesma forma que é preciso que o juiz, ao aplicar determinado ato normativo (*item 1*, *supra*), esclareça a pertinência daquela regra em relação ao caso concreto, ele deverá fazê-lo quando invoca precedente ou enunciado de súmula. É preciso que o julgador explique ao leitor por que o precedente ou a súmula podem ser aplicados naquele caso concreto que ele está julgando. A respeito dessa hipótese, o Enunciado n. 11 da ENFAM dispõe: "Os precedentes a que se referem os incisos V e VI do § 1.º do art. 489 do CPC/2015 são apenas os mencionados no art. 927 e no inciso IV do art. 932". E o Enunciado n. 9 estabelece: "É ônus da parte, para os fins do disposto no art. 489, § 1.º, V e VI do CPC/2015, identificar os fundamentos determinantes ou demonstrar a existência de distinção no caso em julgamento ou a superação do entendimento, sempre que invocar jurisprudência, precedente ou enunciado de súmula".

6) A decisão que deixar de seguir enunciado de súmula, jurisprudência ou precedente invocado pela parte, sem demonstrar a existência de distinção no caso em julgamento ou a superação do entendimento: essa hipótese pressupõe que uma das partes invoque súmula, jurisprudência ou precedente e que o juiz não os aplique. Ele deve justificar a razão de não os aplicar, demonstrando que não se ajustam ao caso concreto que está decidindo. Mas a redação do dispositivo merece crítica, já que o juiz pode deixar de acolher jurisprudência ou precedente invocado pela parte, por discordar da solução adotada, a menos que se trate de precedente vinculante. Só nesse caso é que o juiz, para deixar de aplicá-lo, terá de demonstrar a distinção no caso em julgamento ou a superação do entendimento.

O art. 489, § 1.º, do CPC alude à necessidade de, na sentença, concluindo pela existência de colidência de normas, o juiz justifique o objeto e os critérios gerais da ponderação efetuada, enunciando as razões que autorizam a interferência na norma afastada e as premissas fáticas que fundamentam a conclusão. O dispositivo parece ter sido influenciado pela Teoria da Ponderação dos Princípios, do jurista alemão Robert Alexy, embora verse especificamente sobre colidência de normas e não de princípios. A ideia é de que, havendo conflito de normas, o juiz esclarece as razões pelas quais fez prevalecer uma delas em detrimento da outra, indicando ainda as premissas básicas em que se fundou a sua conclusão.

A respeito da incidência do dispositivo, confira-se importante precedente do Superior Tribunal de Justiça:

"Em síntese, propõe-se que sejam fixados os seguintes entendimentos a respeito do tema: a) o § 2.º do art. 489 do CPC/2015 estabelece balizas para a aplicação da técnica da ponderação visando a assegurar a racionalidade e a controlabilidade da decisão judicial, sem revogar outros critérios de resolução de antinomias, tais como os apresentados na Lei de Introdução às Normas do Direito Brasileiro; b) apenas se configura a nulidade por violação do § 2.º do art. 489 do CPC/2015 na hipótese de ausência ou flagrante deficiência da justificação do objeto, dos critérios gerais da ponderação realizada e das premissas fáticas e jurídicas que embasaram a conclusão, ou seja, quando não for possível depreender dos fundamentos da decisão o motivo pelo qual a ponderação foi necessária para solucionar o caso concreto e de que forma se estruturou o juízo valorativo do aplicador; c) o exame da validade/nulidade da decisão que aplicar a técnica da ponderação deve considerar o disposto nos arts. 282 e 489, § 3.º, do CPC/2015, segundo os quais a decisão judicial constitui um todo unitário a ser interpretado a partir da conjugação de todos os seus elementos e em conformidade com o princípio da boa-fé, não se pronunciando a nulidade quando não houver prejuízo à parte que alega ou quando o mérito puder ser decidido a favor da parte a quem aproveite; d) em recurso especial, a pretensão de revisão do mérito da ponderação efetuada pelo Tribunal de origem pressupõe que se trate de matéria infraconstitucional, além da indicação, nas razões recursais, das normas conflitantes e das teses que embasam a sustentada violação/negativa de vigência da legislação federal; e) tratando-se de decisão fundamentada eminentemente na ponderação entre normas ou princípios constitucionais, não cabe ao STJ apreciar a correção do entendimento firmado pelo Tribunal de origem, sob pena de usurpação de competência do Supremo Tribunal Federal" (STJ, REsp 1.765.579/SP, 3.ª Turma, Rel. Min. Ricardo Villas Bôas Cueva, j. 05.02.2019).

1.4.3. Dispositivo

É a parte final da sentença, em que o juiz decide se acolhe, rejeita o pedido ou se extingue o processo, sem examiná-lo.

É a conclusão do silogismo judicial, em que se examina se a pretensão formulada pelo autor na petição inicial pode ou não ser apreciada e, em caso afirmativo, se pode ou não ser acolhida.

5 ■ Fase Decisória

483

Todos os pedidos formulados na petição inicial (e na contestação, nos casos de ação dúplice ou na reconvenção) devem ser examinados pelo juiz, sob pena de a sentença ser *citra petita*. Se houver mais de uma ação, embora único o processo, a sentença, também única, deverá examinar todas as pretensões formuladas. **É o que ocorrerá havendo reconvenção e denunciação da lide, por exemplo.**

Em contrapartida, o juiz não pode examinar pretensões não formuladas.

Ao promover o julgamento, **deve ficar adstrito à ação que foi proposta**, observando as partes, as causas de pedir e os pedidos, elementos identificadores da ação.

Sob pena de a sentença ser *extra* ou *ultra petita*, não pode conceder pretensões em relação a pessoas que não foram parte; nem fundamentar a sua pretensão em causas de pedir não formuladas ou conceder algo diferente ou a mais do que foi postulado.

Além disso, é preciso que haja coerência entre o dispositivo e a fundamentação.

Somente o dispositivo da sentença de mérito se revestirá da autoridade da coisa julgada material.

O art. 491 do CPC estabelece que nas ações relativas à obrigação por quantia, ainda que o pedido formulado seja genérico, o juiz definirá desde logo a extensão da obrigação, o índice de correção monetária, a taxa de juros, o termo inicial de ambos e a periodicidade da capitalização de juros, se for o caso, salvo se não for possível determinar de modo definitivo o montante devido ou se a apuração do valor devido depender da produção de prova de realização demorada ou excessivamente dispendiosa, assim reconhecida na sentença.

A Súmula 318 do Superior Tribunal de Justiça estabelece: "Formulado pedido certo e determinado, somente o autor tem interesse recursal em arguir o vício da sentença ilíquida".

Diante do que dispõe o art. 503, § 1.º, do CPC, também será decidida no dispositivo da sentença a questão prejudicial, apreciada incidentemente, desde que preenchidos os requisitos do art. 503, § 1.º, I, II e III, do CPC. Essa decisão terá força de coisa julgada material.

1.5. A PREFERÊNCIA PELA RESOLUÇÃO DE MÉRITO QUANDO POSSÍVEL (ART. 488)

O processo terá alcançado sua finalidade principal se o juiz puder resolver o mérito, proferindo seja sentença de acolhimento ou rejeição da pretensão posta em juízo, seja qualquer outra das sentenças previstas no art. 487. Nesse caso, a sentença será definitiva e terá força de coisa julgada material. Se o processo tiver de ser extinto sem resolução de mérito, nas hipóteses do art. 485, ele não terá atingido a sua finalidade última. A sentença será meramente terminativa, sem força de coisa julgada material.

O art. 488 do CPC, valendo-se do princípio da instrumentalidade das formas, estabelece que "Desde que possível, o juiz resolverá o mérito sempre que a decisão for favorável à parte a quem aproveitaria eventual pronunciamento nos termos do art. 485". Se o juiz teria de acolher uma preliminar arguida pelo réu na contestação, daquelas enumeradas no art. 337, que levam à extinção sem resolução de mérito, mas percebe que, não fosse a preliminar, seria possível julgar o mérito, pois já há nos autos todos os elementos para tanto, e a sentença seria de improcedência (portanto, uma sentença favorável ao réu, a quem aproveitaria o acolhimento da preliminar), o juiz prolatará a sentença de mérito. **Afinal, se ele já sabe que o pedido não pode ser acolhido, melhor que já profira sentença definitiva, que examine a questão de fundo.** Com isso, o processo alcançará o seu objetivo final, o que não ocorreria com a mera extinção sem resolução de mérito. A regra do art. 488 guarda estreita relação com a do art. 282, § 2.º, também fundada no princípio da instrumentalidade das formas e da economia processual: "Quando puder decidir o mérito a favor da parte a quem aproveite a decretação da nulidade, o juiz não a pronunciará nem mandará repetir o ato ou suprir-lhe a falta".

1.6. AS SENTENÇAS DE IMPROCEDÊNCIA LIMINAR

São aquelas sentenças de mérito proferidas antes da citação do réu, nas hipóteses enumeradas no art. 332 do CPC. Sobre o assunto, ver o Livro VII, Capítulo 2, *item 1.5.2, supra.*

1.7. OPORTUNIDADES EM QUE A SENTENÇA PODERÁ SER PROFERIDA

Em que fase do processo uma sentença pode ser proferida? **É preciso verificar de que tipo de sentença se trata.** As terminativas podem ser proferidas **a qualquer tempo,** bastando que o juiz verifique que não há condições de prosseguir, pois o pedido não poderá ser apreciado. Pode ser que ele o perceba desde logo e indefira a petição inicial; ou em qualquer outra fase, quando o vício que impede o prosseguimento se evidencie.

Quanto às sentenças de mérito, é preciso distinguir aquelas em que o juiz acolhe ou rejeita o pedido (art. 487, I, do CPC) das demais (art. 487, II e III).

Ele proferirá sentença com resolução de mérito por reconhecimento jurídico do pedido ou por renúncia ao direito em que se funda a ação, quando o réu ou o autor assim dispuser, o que pode ocorrer em qualquer momento. A transação, que põe fim ao processo com resolução de mérito, também pode ocorrer a qualquer tempo e será homologada assim que comunicada ao juízo. O reconhecimento de prescrição e decadência pode ser feito desde a data da propositura da demanda. Se o ocorrer *ab initio* ensejará a improcedência liminar da pretensão. Se ocorrer mais tarde, levará à extinção com resolução de mérito.

Já as sentenças de acolhimento ou rejeição do pedido podem ser proferidas em quatro oportunidades distintas:

- ■ **de início,** antes que o réu seja citado, nas hipóteses do art. 332 do CPC;
- ■ nos casos de revelia, em que haja presunção de veracidade dos fatos alegados na inicial, **desde o momento em que ela tenha se configurado** (julgamento antecipado do mérito — art. 355, II, do CPC);
- ■ **após a contestação ou a réplica do autor,** quando não houver necessidade de outras provas (julgamento antecipado do mérito — art. 355, I, do CPC);
- ■ **após a conclusão da fase de instrução,** depois de as partes apresentarem suas alegações finais, na audiência de instrução e julgamento, nos casos em que houver necessidade de provas a respeito dos fatos controvertidos.

1.8. DEFEITOS DA SENTENÇA

A sentença é um dos atos do processo, e, como tal, deve preencher os requisitos de validade e de eficácia.

No Livro IV, Capítulo 2, *item 4*, *supra*, foram estudados os defeitos dos atos processuais em geral. Eles podem ser **nulos ou ineficazes, conforme a gravidade do vício**. E as nulidades podem ser absolutas ou relativas. Os mesmos defeitos dos atos processuais, em geral, podem também afetar as sentenças, não sendo necessário repetir aqui o que ficou dito a respeito.

Mas há alguns defeitos que são típicos, específicos das sentenças, e merecem ser examinados.

Há os **defeitos estruturais, como a falta ou deficiência do relatório, da fundamentação ou do dispositivo**. Em regra, disso decorrerá a sua nulidade, mas a ausência completa do exame de uma das pretensões gerará a ineficácia parcial, ao menos no que concerne ao que não foi examinado.

Parece-nos que, se o autor formula vários pedidos e o juiz se esquece de examinar um deles, havendo o trânsito em julgado, não será propriamente o caso de ação rescisória, **mas de nova ação para reformular a pretensão não apreciada**. Afinal, só há coisa julgada em relação àquilo que foi examinado em caráter definitivo. O que nem sequer chegou a ser apreciado, não pode gerá-la, cumprindo ao interessado formular novamente o pedido.

Também será viciosa a sentença quando não houver estrita correlação entre as pretensões postas em juízo e aquilo que se decidiu. O juiz, por força do princípio da inércia, fica adstrito a julgar as pretensões postas em juízo, observados os fundamentos de fato indicados na inicial e respeitadas as partes. Ele só pode julgar a ação que foi proposta. Se a sentença não mantiver essa correlação, poderá haver nulidade. **A sentença pode ser *extra petita*, *ultra petita* ou *citra petita***.

1.8.1. Sentença extra petita

É aquela em que o **juiz julga ação diferente da que foi proposta, sem respeitar as partes, a causa de pedir ou pedido, tais como apresentados na petição inicial**. Dispõe o *caput* do art. 492: "É vedado ao juiz proferir decisão de natureza diversa da pedida (...) ou em objeto diverso do que lhe foi demandado". **O juiz só pode inovar em relação aos fundamentos jurídicos do pedido, já que ele os conhece (*jura novit curia*), mas não em relação aos fáticos, nem em relação aos pedidos**.

Se o fizer, a sentença será *extra petita*. Há grande discussão a respeito do tipo de vício que a acomete, se nulidade absoluta ou ineficácia. Para aqueles que admitem esta última, a diferença seria que o vício não se sana nem mesmo com o transcurso *in albis* do prazo da ação rescisória, ao passo que naquela, ultrapassado o prazo, o vício teria sido sanado.

A questão é controvertida, embora **prevaleça o entendimento de que haverá nulidade, sanável por ação rescisória, caso haja o trânsito em julgado. Há, no entanto, forte corrente doutrinária que sustenta a ineficácia de sentença, que padecerá de um vício insanável**.

486 Direito Processual Civil Esquematizado   *Marcus Vinicius Rios Gonçalves*

Há casos, excepcionais, em que a lei autoriza o juiz a conceder algo que não corresponde exatamente àquilo que foi pedido, sem que sua sentença possa ser considerada *extra petita*. Nas ações possessórias, consideradas fungíveis pelo art. 554 do CPC, permite-se que o juiz defira um remédio possessório diferente daquele que foi postulado. O art. 497 do CPC também o autoriza a, se não for possível o cumprimento específico das obrigações de fazer ou não fazer, conceder providência que assegure o resultado prático equivalente ao do adimplemento.

Mas essas hipóteses são excepcionais: a regra determina que ele se atenha à pretensão formulada.

1.8.2. Sentença ultra petita

É aquela em que o juiz julga a pretensão posta em juízo, mas condena o réu em quantidade superior à pedida. O art. 492 do CPC veda que ele o faça.

O vício é menos grave que o anterior, porque o juiz proferiu sentença da natureza que foi pedida e concedeu o objeto postulado. Apenas o fez em quantidade superior. Por isso, se houver recurso, não haverá necessidade de o tribunal declará-la nula, bastando-lhe que reduza a condenação aos limites do que foi postulado. Se houver trânsito em julgado, caberá ação rescisória, cujo objeto será apenas desconstituir a sentença, naquilo que ela contenha de excessivo.

1.8.3. Sentença infra ou citra petita

Não há uniformidade de nomenclatura a respeito. Por sentença *infra* ou *citra petita* denominamos **aquela em que o juiz deixa de apreciar uma das pretensões postas em juízo, não aprecia um dos pedidos, quando houver cumulação**.

Cumpre ao juiz, ao proferir a sua sentença, examinar todas as pretensões formuladas pelo autor, na inicial, e pelo réu, em reconvenção ou na própria contestação, nas ações de natureza dúplice.

Se não o fizer, quais serão as providências que o prejudicado deve tomar? São várias as possibilidades. A providência mais adequada será opor embargos de declaração, nos quais se pedirá ao juiz que supra a omissão e se pronuncie a respeito da pretensão, sanando o vício.

Se o prejudicado não opuser embargos de declaração, mas apelação, invocando a omissão da sentença, o tribunal poderá:

a) anulá-la, e determinar a restituição dos autos à instância de origem, para que profira outra, desta feita completa, se não puder desde logo examinar o pedido;

b) julgar o pedido não apreciado, em vez de anular a sentença, desde que todos os elementos para tanto estejam nos autos (art. 1.013, III).

Se não houver interposição de recurso, e a sentença transitar em julgado, surgirá um problema. Qual a providência adequada a ser tomada pelo interessado, que deseja que o pedido a respeito do qual a sentença foi omissa seja apreciado?

Parece-nos, como já dito, que não será caso de ação rescisória, que serve para rescindir o que foi decidido, e não para que se decida o que não foi. Tampouco parece ser necessário ajuizar ação declaratória de ineficácia. O correto será o interessado ajuizar nova ação, reapresentando o pedido não apreciado.

Embora as expressões *infra* e *citra* tenham sido usadas como sinônimas, há aqueles que as distinguem, denominando *infra* a sentença que condenou o réu em quantia inferior à que foi postulada, o que não gera nenhuma nulidade, porque o juiz pode fazê-lo, se achar que a pretensão inicial é apenas parcialmente procedente.

1.9. POSSIBILIDADE DE CORREÇÃO DA SENTENÇA

O tema vem tratado no art. 494 do CPC, que contém duas regras fundamentais:

▣ **depois que o juiz publica a sentença, ela não mais pode ser alterada**. A publicação a que se refere a lei não é aquela feita no *Diário Oficial*, para intimação das partes, mas em cartório, quando restitui os autos, com sentença. E, quando ela é proferida em audiência de instrução e julgamento, à medida que vai ditando ao escrevente;

▣ a de que, mesmo depois de publicada, **a sentença poderá ser alterada quando**:

a) houver necessidade de lhe corrigir, de ofício ou a requerimento da parte, **inexatidões materiais, ou lhe retificar erros de cálculo**.

Há sentenças que contêm erros materiais evidentes — equívocos no nome das partes, inversão manifesta da condenação nas verbas de sucumbência, erro na indicação de um artigo de lei, equívocos datilográficos — ou erros de conta. Esses vícios podem ser corrigidos de ofício ou a requerimento das partes, e a qualquer tempo, independentemente da interposição de recurso. Podem ser sanados mesmo depois do trânsito em julgado, sem necessidade de ação rescisória ou qualquer outra medida.

Essa forma de correção não suspende nem interrompe o prazo para interposição de outros recursos. Nada impede que esse tipo de erro seja objeto ainda de embargos de declaração, que, embora desnecessários, poderão ser utilizados.

b) forem opostos embargos de declaração. É o recurso adequado quando a sentença padecer de erro material, omissão, contradição ou obscuridade. Ao saná-los, pode ocorrer que o juiz altere a sentença. Mas não se admite que eles sejam usados para modificar a sentença, sem que ela padeça dos vícios supramencionados, para que o juiz possa reapreciar a prova ou reavaliar as questões de mérito.

Esses são os mecanismos para que a sentença possa ser corrigida ou alterada pelo próprio juiz que a prolatou. Há outros mecanismos que permitem que ela seja corrigida ou alterada por órgão distinto, como os recursos em geral e a ação rescisória.

1.10. EFEITOS DA SENTENÇA

A coisa julgada não é um efeito da sentença, mas uma qualidade desses efeitos. Denominam-se "efeitos" as consequências jurídicas que da sentença podem advir e que dependerão do tipo de tutela postulada pelo autor, pois a sentença deve ficar adstrita a tal pretensão.

Pode-se dizer que há três tipos de tutela nos processos de conhecimento: **a declaratória, a constitutiva e a condenatória**. Pontes de Miranda acrescenta mais duas espécies, a mandamental e a executiva *lato sensu* que não podem ser consideradas categorias autônomas, mas subespécies de tutela condenatória. Cada uma delas será examinada em apartado, nos itens seguintes.

1.10.1. Tutela declaratória

É aquela em que a pretensão do autor se limita **a que o juiz declare a existência ou inexistência de uma relação jurídica, ou a autenticidade ou falsidade de um documento (CPC, art. 19)**.

Com razão se diz que, em todas as sentenças, ainda que condenatórias ou constitutivas, há sempre certo conteúdo declaratório, porque é preciso, antes de tudo, que o juiz declare quem tem razão.

Mas a ação será declaratória quando a pretensão do autor **se limitar ao pedido de declaração**. Nos demais tipos, conquanto haja algum conteúdo declaratório, o juiz vai além, impondo uma condenação ou constituindo uma relação jurídica.

A tutela declaratória tem por finalidade afastar uma crise de incerteza. Há dúvida entre os litigantes quanto à existência ou inexistência de uma relação, ou sobre a autenticidade ou falsidade de um documento: ao proferir sentença, o juiz apenas decidirá se a relação existe ou não e se o documento é verdadeiro ou falso, afastando a dúvida que gerava insegurança.

O juiz não imporá obrigações aos contendores, não criará uma relação jurídica que até então não existia, nem desconstituirá uma relação que havia.

A tutela declaratória não produz nenhuma modificação, nem de uma situação fática, nem de uma relação jurídica. O que ela faz é solucionar uma incerteza, uma dúvida.

Um exemplo são as ações de investigação de paternidade. Não é a sentença que vai criar a relação de paternidade, pois ela já existe. Ela apenas vai decidir, havendo dúvida, se o réu é ou não o pai do autor, declarando-o.

A declaração não pode ter como objeto fatos. Não é possível, por exemplo, ajuizar ação declaratória com a finalidade de solucionar dúvida se determinada pessoa esteve ou não em determinado lugar. O seu objeto limita-se às já mencionadas hipóteses do art. 19 do CPC. Mas o 20 traz regra importante: "É admissível a ação meramente declaratória, ainda que tenha ocorrido violação do direito".

Por exemplo: uma dívida, que não foi paga pelo réu. O credor poderia ajuizar ação de cobrança, de conteúdo condenatório. Mas o dispositivo legal reconhece interesse em que ele ajuíze apenas ação declaratória, caso haja dúvida sobre a existência da relação de crédito-débito. Pode ser que o credor não queira, por ora, a condenação do devedor, mas apenas que sejam afastadas as dúvidas sobre a existência da dívida.

Proferida sentença declaratória, apenas não se poderá mais negar que o débito existe. Mas o credor não terá título executivo, não promoverá a execução do débito, o que dependerá do ajuizamento da ação condenatória.

Uma vez que a tutela declaratória não cria relações jurídicas, mas apenas declara se elas existem ou não, **a sua eficácia é *ex tunc***. Por exemplo: na hipótese já citada, declarada a paternidade, a eficácia retroagirá ao nascimento do autor.

5 ■ Fase Decisória

Todas as sentenças de improcedência são declaratórias negativas, declaram que o autor não tinha razão em sua pretensão.

1.10.2. Tutela constitutiva

É aquela que tem por objeto a constituição ou desconstituição de relações jurídicas. Não se limitam a declarar se uma relação jurídica existe, como no item anterior, mas visam alterar as relações jurídicas indesejadas.

Haverá interesse para postulá-la se o autor quiser constituir ou desconstituir uma relação jurídica, sem o consentimento do réu.

As sentenças podem ser constitutivas positivas ou negativas, também chamadas desconstitutivas, conforme visem criar relações até então inexistentes ou desfazer as que até então existiam.

As sentenças constitutivas têm eficácia *ex nunc*, produzem efeitos a partir de então, do momento em que se tornam definitivas, sem eficácia retroativa. Assim, em ação de divórcio, o casamento considerar-se-á desfeito somente após a sentença, com trânsito em julgado.

Elas não precisam ser executadas, já que produzem efeitos por si mesmas.

1.10.3. Tutela condenatória

A sentença condenatória impõe ao réu uma obrigação, consubstanciada em título executivo judicial. A partir dela abre-se ao autor a possibilidade de valer-se de uma sanção executiva para obter o seu cumprimento. **Ela é aquela que impõe uma obrigação que precisa ser cumprida**. As demais sentenças, quando declaram ou constituem relações jurídicas, não impõem obrigações, nem exigem medidas de cumprimento, já que se efetivam por si mesmas.

Ao proferi-la, o juiz declara que o autor tem razão e constitui o título executivo em seu favor, concedendo-lhe a possibilidade de valer-se de meios executivos para fazer cumprir a obrigação imposta.

Ao contrário das demais, **ela exige uma atividade do devedor para alcançar a sua finalidade**: exige que ele a cumpra. Se não o fizer voluntariamente, a lei mune o credor para fazê-la cumprir e tornar concreto o seu comando.

As sentenças condenatórias **têm eficácia *ex tunc*, pois retroagem à data da propositura da ação**. Em regra, a execução só poderá ter início a partir do momento em que se tornem definitivas, mas a eficácia retroage à data da propositura, tanto que os juros de mora são devidos desde a citação, se o devedor não tiver sido constituído em mora anteriormente.

Os arts. 497 e 498 do CPC estabelecem que, nas condenações em obrigação de fazer, não fazer ou de entrega de coisa, a tutela será, em regra, **específica**, concedido ao credor exatamente aquilo de que ficou privado, por força da ação ou omissão do devedor; ou medida que assegure a ele resultado prático equivalente ao do adimplemento.

A lei busca dar ao juiz mecanismos para tornar efetivas as determinações judiciais, que devem atribuir ao credor exatamente aquilo que ele obteria se o devedor

490 Direito Processual Civil Esquematizado   *Marcus Vinicius Rios Gonçalves*

cumprisse a sua obrigação (ou, pelo menos, algo equivalente, ou que traga resultados próximos). Daí o art. 536, § 1.º, fazer alusão a numerosos meios de coerção para impor o cumprimento.

A conversão em perdas e danos fica restrita às hipóteses em que não for possível o cumprimento específico, ou quando o credor preferir.

1.10.3.1. *Tutela mandamental*

Não constitui categoria autônoma, mas uma subespécie das tutelas condenatórias. A sentença mandamental é aquela em que o juiz emite uma ordem, um comando, que deve ser cumprido pelo réu. Cabe à lei estabelecer as sanções aplicáveis para o descumprimento da ordem e os mecanismos de que o juiz pode se utilizar para torná-la efetiva. São exemplos as sentenças proferidas em mandado de segurança e nas ações que tenham por objeto obrigações de fazer, não fazer ou entregar coisa (arts. 497 e 498 do CPC).

1.10.3.2. *Tutelas executivas* lato sensu

Também são espécies de tutela condenatória, que se distinguem por prescindirem de uma fase de execução. Se a obrigação não for cumprida pelo devedor, o Estado tomará as providências necessárias para que o seja, independentemente dele. É o que ocorre nas ações de despejo ou nas possessórias, em que o juiz determina a retomada de bem. Ele determinará a expedição de mandado de despejo ou de reintegração de posse, sem necessidade de instauração de fase executiva, nem do uso de meios de coerção.

1.11. A SENTENÇA QUE CONDENA À DECLARAÇÃO DE UMA EMISSÃO DE VONTADE

O art. 501 trata das sentenças proferidas nos processos em que a pretensão do autor é de que o réu emita uma declaração de vontade, que ele se recusa a lançar.

Imagine-se que o réu tenha se comprometido a, passado algum tempo ou verificadas determinadas circunstâncias, celebrar com o autor um contrato, ou emitir uma declaração. Cumprido o termo ou as condições impostas, o réu se recusa a prestar a declaração prometida.

Para a satisfação específica da pretensão, a lei determina que **a sentença, sendo possível, produzirá os mesmos efeitos que a declaração de vontade não emitida ou que o contrato não firmado**.

Se o réu se compromete, por exemplo, a transferir ao autor um veículo, e, na ocasião aprazada, não assina o termo, o autor poderá postular judicialmente que o juiz profira sentença que produza os mesmos efeitos, isto é, que promova a transferência postulada.

A situação é muito frequente nos contratos de compromisso de compra e venda, em que, com o pagamento da última parcela, o compromissário comprador tem o direito de obter do promitente vendedor a escritura pública do imóvel adquirido. Feitos os pagamentos, o vendedor nega-se a outorgar a escritura. Cumpre ao comprador ajuizar a ação de adjudicação compulsória, na qual, provando a existência do compromisso e o pagamento de todas as prestações, obterá do juiz uma sentença que substituirá a escritura pública negada, produzindo os mesmos efeitos, inclusive o de permitir o registro no Cartório de Registro de Imóveis.

Mas é preciso que fique demonstrado que o adquirente cumpriu a sua prestação.

1.12. SENTENÇA CONDICIONAL?

O art. 492, parágrafo único, exclui a possibilidade de o juiz proferir sentença condicional, quando aduz que "a decisão deve ser certa (...)". Esse dispositivo mantém correspondência com o *caput* do art. 322, que determina que o pedido também seja certo.

No entanto, **admite-se que a sentença possa decidir relação jurídica condicional**, que depende da verificação de evento futuro e incerto.

Não se confunde sentença condicional, em que a procedência ou improcedência do pedido fica condicionada à verificação de evento futuro e incerto, com sentença que decide relação jurídica condicional. Nesta, o juiz acolherá ou rejeitará o pedido, mas a execução dependerá do implemento da condição.

Imagine-se um contrato, em que o devedor se compromete a entregar ao autor os peixes que caírem em sua rede, em determinado período. O juiz pode reconhecer o direito do autor de haver os peixes já pescados e os que venham a ser pescados nos meses subsequentes. É evidente que a entrega destes últimos ficará condicionada a que o resultado da pesca seja favorável, devendo aplicar-se o art. 514 do CPC, que condiciona o início da execução à prova de que a condição se verificou.

1.13. OS CAPÍTULOS DA SENTENÇA

A sentença forma um todo, um conjunto único. Porém, é possível decompô-la em capítulos, cada qual contendo o julgamento de uma pretensão distinta. É essa a conceituação dos capítulos da sentença formulada por Cândido Rangel Dinamarco, para quem os capítulos são "as partes em que ideologicamente se decompõe o decisório de uma sentença ou acórdão, cada uma delas contendo o julgamento de uma pretensão distinta".

Uma sentença pode examinar numerosas pretensões. O autor pode formular mais de uma contra o réu; ou pode haver mais de um autor, cada qual com uma pretensão em relação ao réu; ou mais de um réu, contra o qual cada autor tem uma pretensão. Pode ainda haver pretensões em reconvenção, denunciação da lide, chamamento ao processo etc. O juiz, na sentença única que profere, examinará todas elas.

Mesmo quando há um único autor contra um único réu, sem pedidos cumulados, a sentença deverá examinar a pretensão principal e a verba de sucumbência.

A possibilidade de considerar a sentença decomponível em capítulos pode repercutir sobre inúmeras questões. Por exemplo, sobre a das nulidades. **Se ela for considerada um todo único, vício que a macule comprometerá o todo. Mas, se for possível decompô-la em capítulos, eventual vício que afete um deles não prejudicará os demais.**

Será possível então recorrer apenas daquele capítulo determinado; ou, em caso de trânsito em julgado, postular a rescisão parcial da sentença.

A teoria dos capítulos da sentença permite analisá-la com mais clareza e mapear melhor os eventuais vícios. Mas isso não faz com que o processo tenha mais de uma sentença; ela será sempre uma só, dada a sua aptidão de pôr fim ao processo ou à fase condenatória. **O fato de poder ser decomposta em capítulos não implica perda de sua unicidade.**

É a teoria dos capítulos que permite preservar uma sentença, transitada em julgada, na qual o juiz tenha deixado de apreciar uma das pretensões. Aquilo que ele apreciou é válido e será preservado; a omissão quanto ao restante não contamina o que foi validamente apreciado, cabendo ao interessado ajuizar nova demanda, reiterando o pedido a respeito do qual não houve pronunciamento.

O mais importante nessa teoria não é que a sentença contenha numerosos capítulos, **mas que eles possam ser considerados autônomos, estanques, para fins de recursos, ação rescisória, nulidades etc.**

1.14. A SENTENÇA E OS FATOS SUPERVENIENTES

O art. 493 do CPC contém norma importante: "Se, depois da propositura da ação, algum fato constitutivo, modificativo ou extintivo do direito influir no julgamento do mérito, caberá ao juiz tomá-lo em consideração, de ofício ou a requerimento da parte, no momento de proferir a sentença".

Um exemplo poderá ajudar a esclarecer a aplicação do art. 493. O CPC determina que, no julgamento das ações possessórias, o juiz conceda ao autor a medida possessória mais adequada para o caso concreto. Pode ocorrer que, no curso da ação, o tipo de agressão à posse se altere: o que antes era ameaça ou turbação se convola em esbulho. Compete ao juiz, no momento da sentença, de ofício ou a requerimento do autor, levar em consideração as alterações fáticas supervenientes, concedendo a medida judicial mais adequada.

Da mesma forma, eventuais alterações legislativas, que possam ser aplicadas desde logo, devem ser consideradas pelo juiz, com a observação das ressalvas constitucionais de que a lei nova não pode retroagir em detrimento do ato jurídico perfeito e dos direitos adquiridos.

1.15. EFEITOS SECUNDÁRIOS DA SENTENÇA

Nos itens anteriores, foram examinados os efeitos principais da sentença: condenatórios, constitutivos ou declaratórios.

Mas dela podem decorrer outras consequências, não diretamente relacionadas à pretensão formulada.

Por exemplo, em caso de improcedência, as liminares concedidas em favor do autor no curso do processo serão revogadas, ainda que não tenha havido manifestação expressa do juiz a respeito, uma vez que aquilo que foi decidido em caráter provisório não pode subsistir ao definitivo. Haverá revogação, ainda que seja apresentada apelação com efeito suspensivo, já que a suspensão afeta apenas o cumprimento ou execução da tutela concedida, mas não os efeitos reflexos, como os relativos às liminares.

5 ■ Fase Decisória   493

Outro efeito reflexo é **a condenação do vencido nas verbas de sucumbência**; ou a fixação do termo inicial para a incidência de correção monetária sobre o valor fixado a título de indenização por danos morais, nos termos da Súmula 362 do STJ (que a determina a partir do arbitramento do valor, o que normalmente ocorre na sentença).

Outro efeito secundário é a hipoteca judiciária, examinada no próximo item.

1.15.1. Hipoteca judiciária

Vem prevista no art. 495 do CPC: "A decisão que condenar o réu ao pagamento de prestação consistente em dinheiro e a que determinar a conversão de prestação de fazer, de não fazer ou de dar coisa em prestação pecuniária valerão como título constitutivo de hipoteca judiciária.

Trata-se de efeito decorrente não apenas de sentença, mas de decisão de mérito condenatória, nos casos em que houver julgamento antecipado parcial de mérito.

A hipoteca é um direito real de garantia, e tem por finalidade atribuir ao credor hipotecário direito de preferência sobre o produto da excussão do bem gravado. Normalmente, é fruto de convenção, mas pode ser também judicial ou legal. **A prevista como efeito secundário das sentenças condenatórias é a judicial**, que tem sido pouquíssimo usada.

São seus pressupostos:

■ **que haja sentença ou decisão condenatória em dinheiro ou em obrigação que se converta em prestação pecuniária**, ainda que a condenação seja genérica, esteja pendente recurso dotado de efeito suspensivo ou esteja pendente arresto de bens do devedor, ou ainda quando o credor possa promover o cumprimento provisório da decisão; a sentença de improcedência, em princípio, não gera direito à hipoteca judiciária, mas ela pode ser constituída para assegurar o pagamento da verba de sucumbência em que o autor vencido tenha sido condenado;

■ **que haja o registro, na forma da Lei de Registros Públicos**. A hipoteca é direito real, e, como recai sobre imóveis, só se considera constituída com o registro no Cartório de Registro de Imóveis. Só assim ela adquire eficácia *erga omnes*.

A hipoteca judiciária será registrada no Oficial de Registro de Imóveis independentemente de ordem judicial, bastando que o interessado apresente ao Oficial cópia da sentença condenatória. Feito o registro, a parte comunicará o juízo no prazo de 15 dias, e este intimará a parte contrária, para que dele tome conhecimento. A hipoteca judiciária, depois de registrada, estabelece o direito de preferência do credor que a obteve sobre os demais credores.

2. COISA JULGADA

2.1. INTRODUÇÃO

A coisa julgada é mencionada na Constituição Federal como um dos direitos e garantias fundamentais. O art. 5.º, XXXVI, estabelece que a lei não poderá retroagir, em prejuízo dela.

Essa garantia decorre da necessidade de que as decisões judiciais não possam mais ser alteradas, a partir de um determinado ponto. Do contrário, **a segurança jurídica sofreria grave ameaça**. É função do Poder Judiciário solucionar os conflitos de interesse, buscando a pacificação social. Ora, se a solução pudesse ser eternamente questionada e revisada, a paz ficaria definitivamente prejudicada.

A função da coisa julgada é assegurar que os efeitos decorrentes das decisões judiciais não possam mais ser modificados, se tornem definitivos. É fenômeno diretamente associado à segurança jurídica, quando o conflito ou a controvérsia é definitivamente solucionado.

2.2. A COISA JULGADA NÃO É EFEITO DA SENTENÇA

A sentença produz numerosos efeitos. Pode condenar o réu, constituindo um título executivo; constituir ou desconstituir uma relação jurídica ou declarar algo, afastando uma incerteza que existia entre os litigantes. E, ainda, produzir efeitos secundários, já examinados.

Ora, **a coisa julgada não é um dos efeitos da sentença, mas uma qualidade deles: a sua imutabilidade e indiscutibilidade**. Foi a partir dos estudos de Liebman que se delineou com maior clareza a distinção entre a eficácia da sentença e a imutabilidade de seus efeitos.

O trânsito em julgado está associado à impossibilidade de novos recursos contra a decisão, o que faz com que ela se torne definitiva, não podendo mais ser modificada. Há casos em que ela já produz efeitos, pode ser executada, mas não há ainda o trânsito em julgado, pois eventuais recursos ainda pendentes não são dotados de eficácia suspensiva. **A eficácia da decisão ou sentença não está necessariamente condicionada ao trânsito em julgado, mas à inexistência de recursos dotados de efeito suspensivo.**

2.3. AS FORMAS DE MANIFESTAÇÃO DA COISA JULGADA

É comum que se diga que há duas espécies de coisa julgada: a formal e a material. Mas isso não é tecnicamente exato, **porque ela é um fenômeno único**. A material e a formal não são propriamente dois tipos, espécies de coisa julgada, **mas duas formas de manifestação do mesmo fenômeno. A formal é a imutabilidade dos efeitos da sentença no próprio processo em que foi proferida; e a material, a imutabilidade dos efeitos da decisão de mérito em qualquer outro processo**. Nos itens seguintes serão examinadas essas duas manifestações.

2.3.1. A coisa julgada formal

É a manifestação da coisa julgada no próprio processo em que a sentença ou o acórdão foi proferido. É fenômeno interno ao processo a impossibilidade de modificar-se a sentença ou acórdão, quando já não caibam mais recursos, seja porque foram esgotadas as possibilidades recursais, seja porque o recurso adequado não foi interposto no prazo legal.

Todas as sentenças e acórdãos, em determinado momento, tornar-se-ão imutáveis, pois é limitado o estoque de recursos no ordenamento jurídico. Chegará o momento em

5 ◼ Fase Decisória

que eles se esgotarão: todo processo há de ter um fim. Quando isso ocorrer, e não couberem mais recursos, ou porque se esgotaram, ou porque transcorreu o prazo de interposição, haverá a coisa julgada formal.

Ela guarda semelhança com a preclusão, tanto que alguns a denominam "preclusão máxima". A preclusão também consiste na impossibilidade de modificação do ato judicial, contra o qual não caibam mais recursos. A diferença é que a coisa julgada pressupõe o encerramento do processo. Nenhuma outra modificação poderá ser feita, e o que ficou decidido não será mais discutido naquele processo, que já se encerrou. **Mas o aspecto formal da coisa julgada não esclarece sobre a possibilidade de repropositura de idêntica ação, porquanto se restringe ao processo em que a sentença ou acórdão foi proferido.**

Todos os tipos de sentença, as que resolvem o mérito e as que extinguem o processo sem examiná-lo, ficam sujeitas à coisa julgada formal, seja no âmbito da jurisdição voluntária, seja no da contenciosa.

2.3.2. A coisa julgada material

A coisa julgada pode ainda manifestar-se por um outro aspecto, que a doutrina denomina coisa julgada material. **Consiste não mais na impossibilidade de modificação da decisão no processo em que foi proferida, mas na projeção externa dos seus efeitos, que impede que a mesma questão, já decidida em caráter definitivo, volte a ser discutida em outro processo.** É, sobretudo, essa manifestação da coisa julgada que se presta a trazer segurança jurídica aos litigantes, aos quais não basta apenas que o processo se encerre, mas que a questão litigiosa seja definitivamente dirimida, não podendo mais ser discutida, em nenhum outro processo, assegurada a pacificação do conflito. De outro modo, a todo o momento os litigantes poderiam tornar à questão, e as decisões judiciais pouco valor teriam. A vedação a que se rediscuta o objeto litigioso exige que tenha havido decisão judicial a respeito da pretensão posta em juízo, pois, se o juiz extinguiu o processo sem resolução de mérito, a renovação da demanda não implicará rediscussão do que foi decidido, mas nova tentativa de obter do Judiciário um exame do pedido. **A coisa julgada material pressupõe decisão de mérito, que aprecie a pretensão posta em juízo, favorável ou desfavoravelmente ao autor.** O exame do mérito pode ser feito na sentença, mas também em decisão interlocutória, por meio da qual o juiz promova o julgamento antecipado parcial de mérito. Ambas terão força de coisa julgada material, depois de esgotados os recursos cabíveis. Daí o art. 502 do CPC definir a coisa julgada material como a autoridade que torna imutável e indiscutível a decisão de mérito não mais sujeita a recurso. A expressão "decisão de mérito" é usada em sentido amplo, abrangendo as decisões interlocutórias, as sentenças e os acórdãos que examinem os pedidos.

A coisa julgada material impede que seja renovada a mesma ação que, por isso mesmo, precisa ser identificada. Nisso, ela guarda estreita relação com o fenômeno da litispendência, que também pressupõe duas ações idênticas, mas em curso, ao passo que, na coisa julgada, uma delas já foi julgada em caráter definitivo.

A compreensão do tema pressupõe que se conheça e se saiba identificar, com clareza, os elementos da ação: partes, causa de pedir e pedido. **A coisa julgada material** constitui óbice à nova ação, que tenha os mesmos três elementos que a anterior, já julgada. A alteração de qualquer das partes, autor ou réu, dos fatos em que se fundamenta o pedido e do objeto da ação, tanto o imediato (provimento jurisdicional postulado) quanto o mediato (bem da vida), modifica a ação e a afasta.

2.4. OS TIPOS DE DECISÃO QUE SE REVESTEM DA AUTORIDADE DA COISA JULGADA

Todas as sentenças ou acórdãos tornar-se-ão imutáveis nos processos em que foram proferidos, quando não houver mais a possibilidade de recurso. **Todos estão sujeitos à coisa julgada formal**.

Mas nem todas as decisões impedirão a renovação de idêntica ação, nem todas estão sujeitas à coisa julgada material.

A primeira condição é que a decisão, seja interlocutória, seja sentença, seja acórdão, tenha examinado o mérito: só as decisões definitivas, nunca as de extinção sem resolução de mérito, meramente terminativas, fazem coisa julgada material.

Além disso, ela diz respeito ao processo de conhecimento, pois só nele o juiz profere decisão ou sentença decidindo, de vez, a pretensão. **Não há falar-se em coisa julgada material da sentença que encerra o processo de execução, porque ela não é de mérito**. O mérito na execução consiste na pretensão em obter satisfação a um direito, não uma sentença. A sua função, na execução, é apenas dar por terminado o processo, sem dar uma resposta à pretensão posta em juízo.

Também não há coisa julgada material nas decisões que apreciam tutelas provisórias, já que elas não resolvem o mérito.

2.4.1. Coisa julgada rebus sic stantibus

A expressão *rebus sic stantibus* traduz a ideia de as coisas permanecerem iguais, idênticas. Em regra, havendo coisa julgada material, não é mais possível rediscutir a questão já definitivamente julgada.

Mas há certas situações, expressamente previstas em lei, em que **a imutabilidade dos efeitos da decisão só persiste enquanto a situação fática que a ensejou permanecer a mesma**, ficando autorizada a modificação, desde que haja alteração fática superveniente.

Os exemplos mais esclarecedores são as ações de alimentos, e as indenizatórias por ato ilícito, em que há fixação de pensão alimentícia de cunho indenizatório (art. 533, § 3.º, do CPC). A regulamentação do direito material é de ordem tal a impedir que a questão fique definitivamente julgada, uma vez que o valor da pensão está sempre condicionado à capacidade do devedor, e à necessidade do credor, podendo ser revisto sempre que uma ou outra se alterarem. Diante disso, a coisa julgada deve adaptar-se, adquirindo o caráter *rebus sic stantibus*.

A sentença que examina a pretensão a alimentos é definitiva, enquanto não sobrevier alteração fática, que justifique a sua revisão. A todo tempo, mesmo depois da sentença definitiva, há possibilidade de rediscutir e rever o valor, desde que haja alteração fática. Não é possível modificá-la, mantidas as circunstâncias originárias.

O art. 505, I, do CPC estende essa solução às demais situações em que haja relações jurídicas continuativas: "Nenhum juiz decidirá novamente as questões já decididas, relativas à mesma lide, salvo se, tratando-se de relação jurídica de trato continuado, sobreveio modificação no estado de fato ou de direito; caso em que poderá a parte pedir a revisão do que foi estatuído na sentença".

2.4.2. Coisa julgada secundum eventum litis

A coisa julgada material pressupõe decisão de mérito, seja de procedência ou de improcedência. Mas há casos em que o legislador a exclui, conforme o fundamento utilizado pelo juiz, ainda que ele tenha examinado a pretensão posta em juízo.

Os exemplos mais relevantes são os da ação civil pública e da ação popular, em que não haverá coisa julgada material, quando houver improcedência por insuficiência de provas (art. 16 da Lei n. 7.347/85 e art. 18 da Lei n. 4.717/65); mas haverá, se houver sentença de procedência, ou de improcedência por qualquer outro fundamento, que não a insuficiência ou deficiência de provas.

2.5. LIMITES OBJETIVOS DA COISA JULGADA

Consiste no problema de identificar o que efetivamente não pode mais ser discutido em outros processos. A princípio, a coisa julgada é qualidade dos efeitos da decisão de mérito. É o que decorre do disposto no art. 502 do CPC.

Mas nem todo o conteúdo da decisão tornar-se-á indiscutível, mas tão-somente aquilo que ficar decidido a respeito da pretensão formulada.

A sentença tem três partes: o relatório, a fundamentação e o dispositivo. É neste que o juiz acolhe ou rejeita a pretensão, e só isso ficará acobertado pela autoridade da coisa julgada material. O mesmo vale em relação às decisões interlocutórias: apenas o comando que delas emerge a respeito da pretensão formulada, isto é, a parte dispositiva da decisão interlocutória de mérito, será alcançada, pela coisa julgada.

A fundamentação e a verdade dos fatos, estabelecida como fundamento da sentença, não.

O art. 504 do CPC dispõe que não fazem coisa julgada:

■ os motivos, ainda que importantes para determinar o alcance da parte dispositiva da sentença;
■ a verdade dos fatos, estabelecida como fundamento da sentença.

As duas hipóteses são repetitivas. Ambas dizem respeito àquilo que contém a fundamentação da sentença. Por mais relevantes que as questões examinadas sejam para a apreciação do pedido, não ficam acobertadas pela coisa julgada material. Essa é uma das maiores dificuldades que, às vezes, se tem para a compreensão do tema: a possibilidade de, em outro processo, se rediscutir aquilo que o juiz examinou na fundamentação da sua sentença.

Entretanto, o CPC contém uma importante inovação a respeito dos limites objetivos da coisa julgada. Na legislação anterior, ela não recaía sobre a questão prejudicial, decidida incidentemente no processo. Para que a questão prejudicial fosse decidida com

498 Direito Processual Civil Esquematizado · Marcus Vinicius Rios Gonçalves

força de coisa julgada material e em caráter definitivo, era preciso que qualquer das partes ajuizasse ação declaratória incidental. No CPC atual, as questões prejudiciais poderão ser decididas com força de coisa julgada material, desde que preenchidos determinados requisitos, que serão examinados no item seguinte.

2.5.1. A coisa julgada e as questões prejudiciais

Antes do mérito, o juiz deve examinar duas ordens de questões antecedentes, chamadas prévias. **São elas as preliminares e as prejudiciais.**

As preliminares são as questões processuais, cujo acolhimento impede o exame do mérito. São aquelas enumeradas no art. 337 do CPC.

Já as questões prejudiciais são os pontos controvertidos cujo deslinde repercutirá sobre o julgamento de mérito. Por exemplo: em ação de alimentos, de procedimento comum, a paternidade, desde que controvertida, é prejudicial; se o juiz, na fundamentação da sentença, entender que o réu é pai do autor, a sentença possivelmente será de procedência; se entender que não, será certamente de improcedência.

O acolhimento de uma preliminar impede o julgamento de mérito. Já o exame da questão prejudicial não impede, mas repercute sobre o teor da decisão, podendo levar ao acolhimento ou à rejeição dos pedidos formulados.

A questão prejudicial não constitui o mérito da demanda. No entanto, para que o juiz possa decidir o mérito, ele terá de, previamente, passar pela questão prejudicial, e o que concluir repercutirá no resultado.

Ela é uma espécie de premissa sobre a qual assenta o julgamento, pois versa sobre a existência ou inexistência de relação jurídica que subordina o que será decidido a respeito da questão principal. É apreciada incidentemente no processo. No exemplo da ação de alimentos, de procedimento comum, para o juiz decidir no dispositivo se condena o réu ou não ao pagamento de pensão, terá de enfrentar na fundamentação a questão prejudicial da paternidade.

No CPC de 1973, as questões prejudiciais não eram alcançadas pela autoridade da coisa julgada material, a menos que qualquer das partes ajuizasse ação declaratória incidente, cuja finalidade era fazer com que aquilo que seria apreciado como prejudicial passasse a constituir questão de mérito, a ser apreciada não na fundamentação, mas no dispositivo da sentença. O CPC atual estende a coisa julgada às questões prejudiciais, independentemente do ajuizamento da ação declaratória incidental. Desde que preenchidos determinados requisitos, **automaticamente a coisa julgada se estenderá àquilo que constitui questão prejudicial**. Essa é a razão para a ação declaratória incidental ter sido excluída do CPC atual: ela não é mais necessária, perdeu a razão de ser, pois as questões prejudiciais serão decididas com força de coisa julgada material automaticamente. No exemplo da ação de alimentos, ele declarará a paternidade do réu em relação ao autor, com força de coisa julgada material. A questão prejudicial, embora decidida incidentalmente, é julgada em caráter definitivo.

Ao proferir a sentença, o juiz deverá observar uma ordem no exame das questões suscitadas: ele deve, antes do exame do mérito, apreciar as preliminares. Conforme o que resultar desse exame, o mérito nem será apreciado e o processo será extinto. Contudo, se as preliminares forem afastadas, o juiz passará ao mérito, e, ao fazê-lo na fundamentação da sentença poderá surgir questão prejudicial, isto é, questão controvertida de cujo deslinde depende o resultado final, como a questão da paternidade nas ações de alimentos, em que ela é contestada. Essas são as prejudiciais, sobre as quais poderá recair a autoridade da coisa julgada material.

A incidência do art. 503, § 1.º, do CPC, que autoriza, preenchidos os requisitos a serem examinados no item seguinte, à extensão da coisa julgada a questão prejudicial só se aplica aos processos iniciados já na vigência do CPC/2015, nos termos do disposto no art. 1.054. Nesse sentido, decidiu o Superior Tribunal de Justiça:

"RECURSO ESPECIAL. PROCESSUAL CIVIL. APLICAÇÃO DO CPC/15. **AÇÃO DE-CLARATÓRIA INCIDENTAL** À **AÇÃO** DE **COBRANÇA** DE **DÉBITOS CONDO-MINIAIS**. ART. 1.054 DO CPC/15. APLICAÇÃO DAS REGRAS DE CABIMENTO DA **AÇÃO DECLARATÓRIA INCIDENTAL** PREVISTAS NO CPC/73 (ARTS. 5.º, 325 e 470 DO CPC/73) EM DEMANDAS AJUIZADAS ANTES DA VIGÊNCIA DO CPC/15. **AÇÃO** DE **DECLARATÓRIA INCIDENTAL**. OBJETIVO. JULGAMENTO. QUES-TÃO PREJUDICIAL REFERENTE À RELAÇÃO JURÍDICA CUJA EXISTÊNCIA OU INEXISTÊNCIA DEPENDA A **AÇÃO** PRINCIPAL. DECLARAÇÃO DE CRITÉRIO DE **COBRANÇA** DE DÉBITO CONDOMINIAL NÃO VISA DECLARAR A EXIS-TÊNCIA OU INEXISTÊNCIA DE RELAÇÃO JURÍDICA ENTRE O CONDÔMINO E O CONDOMÍNIO. 1. **Ação** de **declaratória incidental** à **ação** de **cobrança** de **débitos condominiais** ajuizada em 01.04.2009. Autos conclusos para esta Relatora em 19.02.2018. Julgamento sob a égide do CPC/15. 2. O CPC/15 suprimiu os dispositivos referentes ao cabimento da **ação declaratória incidental** constantes no CPC/73 (arts. 5.º, 325 e 470, todos, do CPC/73), entretanto — ao discorrer sobre o tema coisa julgada — dispôs no art. 503, § 1.º, do CPC/15 que haverá a formação de coisa julgada material sobre questão prejudicial desde que atendidos requisitos específicos previstos na legislação. O art. 1.054 do CPC/15, contudo, dispõe expressamente que a nova técnica processual referente à análise das questões prejudiciais — apenas — será aplicada nas ações ajuizadas após a vigência do CPC/15 (ocorrida em 18.03.2016, consoante o art. 1.045 do CPC/15). (...)." (REsp 1.723.570/MG, Rel. Min. Nancy Andrighi, j. 01.09.2020).

2.5.1.1. Requisitos para que a questão prejudicial seja decidida com força de coisa julgada

Nem sempre a questão prejudicial será decidida em caráter definitivo. Para tanto, é necessário que sejam preenchidos determinados requisitos, que serão examinados nos itens abaixo:

2.5.1.1.1. Que o réu ofereça contestação

Uma questão só será prejudicial se for controvertida, e, para tanto, é indispensável que o réu tenha oferecido contestação. O art. 503, II, esclarece que só haverá coisa julgada se a respeito da questão controvertida tiver havido contraditório prévio e efetivo, não se aplicando em caso de revelia.

2.5.1.1.2. Que da resolução da questão prejudicial dependa o exame de mérito

Essa é uma exigência desnecessária, já que é da essência da questão prejudicial que o exame de mérito dependa dela. Se não depender, a questão não é prejudicial.

2.5.1.1.3. Que o juízo seja competente para conhecê-la

O juízo pode ser competente para decidir a questão prejudicial *incidenter tantum*, sem força de coisa julgada material. Entretanto, para que a decida com força de coisa julgada, é preciso que seja competente para examiná-la, como se a questão prejudicial fosse mesmo questão de mérito. Esse requisito também era exigido no CPC de 1973 para as ações declaratórias incidentais. Elas foram extintas, mas se continua exigindo que, para o juiz decidir questão prejudicial com força de coisa julgada material, ele seja competente para examiná-la.

Se o juízo for incompetente, mas a incompetência for relativa, não haverá óbice, pois esta pode ser modificada por força da conexão que há entre a questão prejudicial e a principal. Contudo, se a incompetência for absoluta, a questão prejudicial não poderá ser decidida com força de coisa julgada material.

2.5.1.1.4. Que a questão seja expressamente examinada

A questão prejudicial precisa ser expressamente examinada pelo juiz, que deverá concluir pela existência ou inexistência da relação jurídica que constitui a prejudicial. No exemplo supracitado da ação de alimentos de procedimento comum, em que a paternidade surge como questão prejudicial, o juiz precisará decidi-la expressamente, esclarecendo na sentença se existe ou não a relação jurídica de paternidade. Surge então o problema de saber se a questão prejudicial, que preenche todos os requisitos para ser decidida com força de coisa julgada material, deve ser decidida na fundamentação ou no dispositivo da sentença. Parece-nos que melhor será **que o juiz a decida no dispositivo, para deixar claro que a está examinando expressamente e que sobre ela recairá a autoridade da coisa julgada material**, afastando-a da mera fundamentação e da verdade dos fatos, que não fazem coisa julgada material.

2.5.1.1.5. Que não haja restrições probatórias ou limitações à cognição que impeçam o aprofundamento da análise da questão prejudicial

A decisão do juiz a respeito da questão prejudicial só pode ser definitiva se feita em cognição ampla e exauriente, isto é, sem restrições a qualquer tipo de prova, permitindo ao juiz que se aprofunde na análise da questão. As questões decididas em caráter provisório, em cognição limitada ou superficial não receberão solução definitiva.

2.5.2. A eficácia preclusiva da coisa julgada

A coisa julgada material impede que aquilo que foi decidido no dispositivo da decisão ou sentença venha a ser rediscutido em outros processos. O art. 508 do CPC contém importante regra, que dá a extensão daquilo que não mais poderá ser rediscutido: "Transitada em julgado a decisão de mérito, considerar-se-ão deduzidas e repelidas todas as alegações e as defesas, que a parte poderia opor tanto ao acolhimento quanto à rejeição do pedido". Isto é, **reputar-se-ão apreciadas não apenas as matérias deduzidas, mas as dedutíveis pelas partes**.

5 ■ Fase Decisória   501

Na petição inicial, o autor tem de fundamentar o seu pedido, apresentando os fatos em que se baseia. O fato que motiva a pretensão constitui a causa de pedir, um dos elementos da ação.

A decisão que rejeita o pedido, fundado em determinado fato, não pode mais ser rediscutida, depois do trânsito em julgado. Mas é possível formular o mesmo pedido, com fundamento em outro fato, distinto daquele anterior, pois, sendo a causa de pedir distinta, não haverá reiteração de ações, mas uma nova. Por exemplo: se uma pessoa propuser ação reivindicatória, aduzindo que é titular do bem porque o usucapiu, o fundamento de fato em que se baseia o pedido é a propriedade decorrente da usucapião. Se o juiz julgar improcedente o pedido, não haverá empecilho para que, tempos depois, o autor formule a mesma pretensão, contra o mesmo invasor, aduzindo que agora adquiriu o bem, pois o fato que agora a sustenta é a propriedade decorrente da aquisição do bem.

Mas, mantida a mesma causa de pedir, e os demais elementos, reputam-se afastados todos os argumentos que o autor poderia trazer para convencer o juiz a acolher a sua pretensão.

Os fatos que o réu apresentar para fundamentar o seu pedido de que a pretensão inicial seja desacolhida não constituem um dos elementos da ação. São elementos identificadores da ação os fatos em que se baseia a pretensão do autor, mas não aqueles em que a defesa está fundada. **Por isso, caso acolhida a pretensão do autor, reputam-se repelidas todas as defesas que o réu apresentou, como as que ele poderia ter deduzido e não o fez**.

Por exemplo: em ação de cobrança, o réu defende-se alegando que fez o pagamento. O juiz repele a alegação e julga procedente a demanda, condenando-o. Ele não poderá, mais tarde, ajuizar ação declaratória de inexistência do débito, por força de compensação, pois sendo esta matéria de defesa, reputa-se repelida ainda que o réu não a tenha deduzido.

2.5.3. A coisa julgada e a justiça da decisão

Coisa julgada e justiça da decisão são coisas diferentes, embora ambas estejam relacionas à imutabilidade daquilo que ficou definido na decisão.

A primeira é a imutabilidade do que ficou decidido no dispositivo. As partes são afetadas pela coisa julgada, não podendo mais rediscutir a decisão judicial em nenhum outro processo; **a justiça da decisão é a imutabilidade do que ficou decidido na fundamentação da sentença**, que não alcança as partes, conforme art. 504 do CPC.

A justiça da decisão está associada ao assistente simples, terceiro que ingressa no processo porque tem interesse jurídico em que a sentença seja favorável a uma das partes. Ele não é, ao final, alcançado pela coisa julgada material, porque não é dele a relação jurídica que se discute o processo. Mas, nos termos do art. 123 do CPC, não poderá mais rediscutir, em processos futuros, a justiça da decisão, aquilo que o juiz tenha decidido na fundamentação da sentença, no processo em que ele interveio.

2.6. LIMITES SUBJETIVOS DA COISA JULGADA

Dizem respeito às pessoas para quem a sentença torna-se indiscutível. É clássica a afirmação de que "a coisa julgada faz lei entre as partes", assertiva que encontra respaldo no art. 506 do CPC: "A sentença faz coisa julgada às partes entre as quais é dada, não prejudicando terceiros". Tal como escrita a regra, a coisa julgada poderá beneficiar terceiros, mas não prejudicá-los. No Código de 1973, a vedação era de que a coisa julgada prejudicasse e beneficiasse terceiros.

Trata-se da adoção da coisa julgada *in utilibus*. Um exemplo é dado pelo art. 274, do Código Civil: "O julgamento contrário a um dos credores solidários não atinge os demais mas o julgamento favorável aproveita-lhes, sem prejuízo de exceção pessoal que o devedor tenha direito de invocar em relação a qualquer deles". Assim, proferida sentença favorável a um dos credores solidários, todos, inclusive os que não participaram do processo, serão beneficiados. Mas a extensão da coisa julgada não alcança os devedores, ainda que solidários, que não tenham sido incluídos no polo passivo. A decisão favorece os demais credores solidários, mas não alcança devedores que não tenha sido demandados.

A regra fundamental foi e continua sendo que a coisa julgada alcança as partes, mas não terceiros (embora eventualmente possa beneficiá-los, como no exemplo acima). São várias as razões: ela impede a repropositura da mesma demanda, e isso só ocorrerá se as partes forem as mesmas, pois elas são elementos identificadores da ação; não seria possível, sob pena de ofensa ao princípio do devido processo legal e do contraditório, que alguém não pudesse mais discutir uma decisão judicial sem ter tomado parte no processo em que ela foi proferida.

Imagine-se que um empregado praticou um ilícito do qual resultaram danos para alguém. Houve processo criminal, e ele foi condenado. A vítima então propõe ação de reparação de danos, na esfera civil, não contra ele, mas contra o patrão, invocando a regra de que este responde pelos danos que aquele, no exercício de suas atividades, ocasionar. Poderia o patrão, na ação civil, rediscutir a questão da culpa do empregado, já condenado na esfera criminal?

A resposta há de ser afirmativa, por força dos limites subjetivos da coisa julgada: **o patrão não foi parte no processo criminal**. Não teve oportunidade, portanto, de se manifestar, apresentar argumentos e provas. A culpa só terá se tornado indiscutível para o empregado, mas o patrão poderá, em ação civil, rediscuti-la. Se isso não fosse possível, haveria grave ofensa ao princípio constitucional do contraditório.

As partes a que se refere o art. 506 do CPC abrangem o autor, o réu, o denunciado, o chamado ao processo, mas não o assistente simples. O assistente litisconsorcial será examinado no próximo item.

2.6.1. A coisa julgada e a legitimidade extraordinária

Na legitimidade extraordinária, aquele que figura como parte não é o titular do direito alegado. Conquanto esteja em juízo em nome próprio, postula ou defende direito alheio, daí falar-se em substituição processual.

O substituído não é parte, pois não figura como autor ou réu (há quem lhe atribua a condição de parte material, já que, embora não figure em juízo, é dele o direito que está sendo discutido; mas no processo, ele não figura). Por isso, havendo decisão de mérito, será atingido diretamente pelos seus efeitos.

Haverá coisa julgada tanto para o substituto quanto para o substituído, embora este não tenha sido parte.

Por exemplo: dois ou mais proprietários de um imóvel em condomínio. Cada qual pode, sozinho, reivindicar a coisa toda, não só a sua fração ideal, mas a dos demais. Proferida decisão de mérito, serão atingidos pela coisa julgada material o autor da ação e os demais condôminos, já que as suas frações ideais eram também objeto da reivindicatória. Não será possível que, em caso de improcedência, os condôminos que não figuraram no processo originário proponham nova reivindicatória.

Uma vez que o substituído será atingido pela coisa julgada, a lei faculta-lhe o ingresso como assistente litisconsorcial.

2.7. MECANISMOS PELOS QUAIS SE PODE AFASTAR A COISA JULGADA

A coisa julgada material impede a rediscussão daquilo que ficou decidido em caráter definitivo. Mas o CPC prevê mecanismos pelos quais se pode afastá-la, seja desconstituindo-a, seja declarando-lhe a inexistência.

Tais mecanismos são:

- ■ ação rescisória, prevista no art. 966 do CPC;
- ■ a impugnação ao cumprimento de sentença, quando o objeto for desconstituir ou declarar ineficaz o título;
- ■ a ação declaratória de ineficácia (*querela nullitatis insanabilis*).

Tais mecanismos são examinados em itens próprios. Antes, no entanto, convém tratar da possibilidade de a coisa julgada ser relativizada.

2.8. RELATIVIZAÇÃO DA COISA JULGADA

Um dos grandes dogmas do processo civil foi sempre o da coisa julgada. São conhecidas as frases: "coisa julgada transforma o certo no errado", ou "faz existente o inexistente".

Durante dois anos a contar do trânsito em julgado da última decisão proferida no processo, há possibilidade de ajuizamento da ação rescisória, quando ainda é possível desconstituí-la. Mas, ultrapassado esse prazo, não haveria mais como afastá-la, nem mesmo naquelas situações em que manifesto o equívoco na decisão judicial, ou evidentes os danos que poderiam dele decorrer.

Esse dogma, que durante muitos anos permaneceu intacável, tem sofrido alguns abalos nos últimos anos. Não se discute que o fenômeno da coisa julgada deve ser preservado e que, sem ele, haveria grave comprometimento da função pacificadora das decisões judiciais. **Mas isso não afasta o risco de, por meio da coisa julgada, poderem ser eternizadas situações tão nocivas, ou ainda mais, que aquelas que adviriam da rediscussão posterior da decisão.**

Por isso, já há alguns anos, por força das lições, sobretudo do Ministro José Augusto Delgado e de Humberto Theodoro Junior, às quais foram acrescentados novos argumentos por Cândido Rangel Dinamarco, tem-se falado na **relativização da coisa julgada**.

504 Direito Processual Civil Esquematizado — *Marcus Vinicius Rios Gonçalves*

Trata-se da possibilidade de, em situações excepcionais, afastar a coisa julga-da, mesmo que já tenha sido ultrapassado o prazo de rescisória.

O fundamento teórico é a existência de direitos e garantias fundamentais tão ou mais importantes do que a coisa julgada, que não poderia prevalecer se confrontada com eles.

Como ensina Cândido Dinamarco: "Não há uma garantia sequer, nem mesmo a coisa julgada, que conduza invariavelmente e de modo absoluto à renegação das demais ou dos valores que elas representam. Afirmar o valor da segurança jurídica (ou certeza) não pode implicar desprezo ao da unidade federativa, ao da dignidade humana e intangibilidade do corpo etc... É imperioso equilibrar com harmonia as duas exigências divergentes, transigindo razoavelmente quanto a certos valores em nome da segurança jurídica, mas abrindo-se mão desta sempre que sua prevalência seja capaz de sacrificar o insacrificável".

Dois exemplos podem ilustrar situações em que a coisa julgada deverá ser afastada, ainda que ultrapassado o caso da ação rescisória.

- ▣ o das ações de investigação de paternidade, quando posterior realização de exa-me científico de material genético comprova que o resultado do processo não retra-ta a verdade dos fatos. Se, de um lado, há o direito à segurança jurídica, de outro, há o direito individual das pessoas de figurarem como filhos ou pais de quem efe-tivamente o são. Nesse caso, mesmo que já ultrapassado o prazo da ação rescisória, será possível rediscutir a questão;
- ▣ outro exemplo, conhecido entre nós, é das indenizações a que foi condenada a Fazenda Pública, em relação a imóveis desapropriados, tendo sido constatada a superestimação dos valores, do que decorreria prejuízo aos cofres públicos.

Esses são apenas alguns exemplos. Haverá outros que, tendo havido flagrante erro no julgamento, **possam trazer prejuízos a valores constitucionalmente garantidos, de importância tão grande ou maior do que a segurança jurídica**, o que deverá ser examinado em cada caso concreto.

Parece-nos que os remédios jurídicos mais adequados para afastar a coisa julgada nesses casos serão a **ação rescisória**, que, verificadas as condições já mencionadas, poderá ser ajuizada mesmo depois do prazo normal de dois anos; ou a **ação declaratória de ineficácia da sentença ou acórdão**.

3. DA AÇÃO RESCISÓRIA

3.1. INTRODUÇÃO

Esgotados os recursos, a sentença transita em julgado. Não é mais possível rediscuti-la nos mesmos autos, pois haverá coisa julgada formal, que afeta todas as sentenças, terminativas ou definitivas. Se o julgamento for de mérito, haverá também a coisa jul-gada material sobre todas as decisões de mérito, que projeta seus efeitos fora do proces-so e impede que as partes rediscutam em qualquer outro aquilo que tenha sido decidido sobre os pedidos.

Em casos excepcionais, porém, a lei permite a **utilização de ação autônoma de impugnação, cuja finalidade é desconstituir a decisão de mérito transitada em julgado**. Nela, ainda é possível postular a reapreciação daquilo que foi decidido em caráter definitivo. Trata-se da ação rescisória.

Não se trata de um recurso, pois pressupõe que todos já se tenham esgotado. Exige que tenha havido o trânsito em julgado da decisão de mérito. **Consiste em uma ação cuja finalidade é desfazer o julgamento já tornado definitivo**.

Ela não cabe em qualquer circunstância. O art. 966 enumera as hipóteses de cabimento. Pode-se dizer, de maneira geral, que **é o veículo adequado para suscitar nulidades absolutas que contaminaram o processo ou a decisão**. O rescindido é a decisão (*rectius*, o seu dispositivo). Mas, como o processo se caracteriza por ser uma sequência de atos interligados e coordenados, que se sucedem no tempo e visam ao provimento jurisdicional, a existência de um vício no seu curso pode contaminar todos os atos subsequentes e, por conseguinte, a decisão de mérito.

A rescisória só servirá para desconstituí-la quando o vício de que ela ou o processo padecem persistir mesmo depois do trânsito em julgado. Há nulidades que não sobrevivem ao final do processo. Quando ele se encerra, elas se sanam. Por exemplo: se o processo for conduzido por um juiz suspeito, cumpre às partes reclamar, arguindo a suspeição; ou ela é acolhida, o que ensejará o refazimento dos atos decisórios, se necessário, ou não é acolhida, ou nem mesmo suscitada, caso em que o vício desaparece.

Quando o vício é daqueles que desaparecem quando o processo se encerra, não cabe a ação rescisória. Ela exige que a nulidade seja absoluta, que se prolongue para além do processo.

3.2. OUTROS MECANISMOS DE IMPUGNAÇÃO DAS SENTENÇAS TRANSITADAS EM JULGADO

3.2.1. Ações anulatórias ou declaratórias de nulidade (art. 966, § 4.º, do CPC)

Há dois outros mecanismos, além da rescisória, pelos quais se pode impugnar uma sentença transitada em julgado. Um deles é a ação anulatória ou declaratória de nulidade, prevista no art. 966, § 4.º, do CPC que cabe contra os atos de disposição de direitos, praticados pelas partes ou por outros participantes do processo e homologados pelo juízo, bem como os atos homologatórios praticados no curso da execução. **Sempre que a sentença for apenas de homologação, como ocorre quando há acordo entre os litigantes, a ação rescisória não será o mecanismo adequado para impugnação, mas as ações anulatórias ou declaratórias de nulidade, previstas para os atos jurídicos em geral**.

O que torna obrigatória a transação não é a homologação judicial, mas o acordo de vontades. A sentença é proferida apenas para extinguir o processo, mas não é ela que confere obrigatoriedade ao acordo. Por isso, **o que deve ser rescindido não é a sentença, mas o ato de disposição de direito homologado**. Ou seja, o objeto da rescisão é a transação, ou ato de disposição dos litigantes. Como a transação ou disposição é negócio jurídico civil, **a rescisão opera-se na forma da lei civil, que prevê hipóteses de**

nulidade ou anulabilidade dos atos jurídicos em geral. Em caso de nulidade, caberá a ação declaratória, e em caso de anulabilidade, ação anulatória.

São elas as adequadas para impugnar acordo em separação consensual, partilha de bens ou a transação.

3.2.1.1. *Decisões que reconhecem prescrição e decadência*

Elas põem fim ao processo, com resolução de mérito; no entanto, não julgam a pretensão do autor. Por isso, são chamadas falsas sentenças de mérito: a lei as considera de mérito para que possam revestir-se da coisa julgada material.

A cassação de tais decisões, depois do trânsito em julgado, exige ação rescisória, e não a anulatória ou declaratória, porque estas só cabem quando a intervenção do juízo é meramente homologatória, sem conteúdo decisório. O reconhecimento da prescrição ou da decadência decorre de um pronunciamento judicial, em que o juízo verifica os prazos e examina a existência de causa suspensiva ou interruptiva. **Não há apenas manifestação de vontade das partes, mas efetiva decisão judicial**. Daí o cabimento da rescisória.

3.2.2. Ações declaratórias de ineficácia

A ação rescisória cabe quando o processo ou a decisão contiver uma nulidade absoluta. Superado o prazo, o vício que os contamina estaria sanado, **pois até as nulidades absolutas têm um limite para serem alegadas**.

Mas tem-se admitido uma categoria de vícios mais graves, que não se sanariam nem com o transcurso *in albis* do prazo das ações rescisórias. Os processos e as decisões que os contenham **seriam ineficazes**. Não se trata de inexistência física ou material, pois a sentença foi proferida e pode estar produzindo efeitos, mas de ineficácia decorrente de um vício insanável, o que enseja não a ação rescisória, **mas a declaratória de ineficácia, a *querela nullitatis insanabilis***, que, diferentemente daquela, não tem prazo. É proposta em primeiro grau de jurisdição, e não no tribunal, como a rescisória.

Como não há unanimidade doutrinária sobre a admissão da ação declaratória, nem sobre os atos ineficazes, o Superior Tribunal de Justiça tem admitido certa fungibilidade entre as duas ações, isto é, tem autorizado o ajuizamento da rescisória, mesmo naquelas situações em que se poderia concluir pela falta de um pressuposto processual de eficácia, desde que ajuizada dentro do prazo decadencial.

3.3. OUTRAS SITUAÇÕES EM QUE NÃO CABE A RESCISÓRIA

Além das situações mencionadas, em que a ação adequada para cassar a sentença é a anulatória, a declaratória de nulidade (art. 966, § 4.º) ou a *querela nullitatis insanabilis*, há outras situações em que não será possível a ação rescisória, **porque não há coisa julgada material**.

É o caso das **sentenças meramente extintivas**, que põe fim ao processo, sem resolução de mérito. Há falta de interesse para a rescisória, porque não há coisa julgada e a demanda pode ser reproposta.

5 ∎ Fase Decisória

Mais complexa é a questão do cabimento da rescisória nas ações de alimentos. A sentença que julga o pedido decide **relação continuativa**, que se prolonga no tempo. Por isso, está sujeita a modificações, alteradas as circunstâncias fáticas que ensejaram a fixação originária dos alimentos. Há a todo tempo a possibilidade de postular-se a revisão ou exoneração dos alimentos, desde que ocorra algum fato que o justifique. Daí dizer-se que a coisa julgada é *rebus sic stantibus*, que persiste enquanto permaneceram as condições que ensejaram a fixação dos alimentos originariamente. Em princípio, não seria de admitir-se a rescisória, já que a sentença pode ser revista. Contudo, há um caso em que não há como afastá-la: se não ocorrer nenhuma modificação dos fatos — o que impediria a propositura da revisão —, mas a sentença originária tiver sido proferida com um vício ou em alguma das circunstâncias do art. 966 do CPC.

Não cabe ação rescisória contra **as sentenças que julgarem as ações civis públicas improcedentes por insuficiência de provas**, ou **improcedentes as ações populares**, porque nesses casos não há coisa julgada material (são hipóteses de coisa julgada *secundum eventum litis*).

Tampouco contra sentenças **que extinguem a execução**, já que não são sentenças de mérito, mas se limitam a dá-la por finda.

Também não cabe ação rescisória das decisões, das sentenças e dos acórdãos proferidos no Juizado Especial Cível, por força do disposto no art. 59 da Lei n. 9.099/95.

3.4. AÇÃO RESCISÓRIA CONTRA DECISÃO INTERLOCUTÓRIA DE MÉRITO

Como já foi visto, o CPC autoriza que o mérito seja julgado não apenas na sentença, mas também em decisão interlocutória, no caso de julgamento antecipado parcial (art. 356), quando um ou alguns dos pedidos, ou parte deles, tenham ficado incontroversos ou estejam em condições de serem apreciados. Essas decisões interlocutórias de mérito, esgotados os recursos, são alcançadas pela autoridade da coisa julgada material. Por isso, o art. 966 prevê o cabimento da ação rescisória contra elas, referindo-se a "decisão" em sentido amplo, abrangendo as decisões interlocutórias, as sentenças e os acórdãos.

3.4.1. Ação rescisória contra decisões que não são de mérito

Como visto, só cabe ação rescisória contra decisões de mérito, porque só elas fazem coisa julgada material. No entanto, há duas exceções previstas em lei, tratadas no art. 966, § 2.º: "Nas hipóteses previstas nos incisos do 'caput', será rescindível a decisão transitada em julgado que, embora não seja de mérito, impeça: I — nova propositura da demanda; ou II — admissibilidade do recurso correspondente".

Para entendê-las, é preciso lembrar que o juiz pode proferir uma sentença de extinção sem resolução de mérito, sem força de coisa julgada material, mas que impede a repropositura da mesma ação. São as hipóteses previstas no art. 486, § 1.º, e também as de coisa julgada ou perempção. Diante da vedação à repropositura, admite-se a ação rescisória, que também será cabível contra a decisão que impeça a admissibilidade de recurso pendente.

Para que se compreenda essa segunda exceção, tome-se um exemplo: o Tribunal não admitiu a apelação por intempestividade ou falta de preparo. Com isso, a sentença transitou em julgado. Caberia ação rescisória contra a decisão que negou seguimento ao recurso ou não o conheceu? A resposta, em princípio, seria negativa, porque, se o recurso não foi admitido ou conhecido, prevaleceu a sentença de primeiro grau e a rescisória só poderia ter por objeto a sentença, e não a decisão de inadmissão do recurso. No entanto, pode ser que a sentença não contenha nenhum dos vícios elencados no art. 966, que não seja possível encaixá-la em nenhuma das hipóteses de cabimento. É possível que o vício esteja não na sentença (ou decisão interlocutória de mérito), mas na decisão que indeferiu ou não conheceu do recurso. Pode ser que a sentença não esteja fundada em erro de fato, mas a decisão que não admitiu o recurso, sim, porque o considerou intempestivo ou sem preparo quando não o era. Não há outra solução senão admitir a rescisória não da decisão de mérito, mas da decisão interlocutória que não admitiu o recurso, **permitindo-se agora que o recurso seja processado e a sentença reexaminada pelo Tribunal**. Antes mesmo da entrada em vigor do CPC atual, o Superior Tribunal de Justiça já vinha admitindo a rescisória, em situações como essas. Nesse sentido:

"Precedentes da Corte considerando admissível a rescisória quando não conhecido o recurso por intempestividade, autorizam o mesmo entendimento em caso de não conhecimento da apelação por deserção" (STJ — 3.ª Turma, REsp 636.251, Rel. Min. Menezes Direito).

Ou ainda:

"Comprovada a tempestividade do recurso por certidão, cujo conteúdo foi admitido pelo réu, caracteriza-se o erro de fato, autorizando a rescisão do julgado" (*RSTJ* — 3.ª Turma, REsp 122.413).

3.5. JUÍZO RESCINDENTE E JUÍZO RESCISÓRIO

O art. 974 do CPC, ao estabelecer que "julgando procedente o pedido, o tribunal rescindirá a decisão, proferirá, se for o caso, novo julgamento (...)", aponta para a existência de dois momentos: **o juízo rescindente, aquele em que o órgão julgador rescinde a decisão impugnada; e o juízo rescisório, em que, se for o caso, procede-se a novo julgamento**.

Por meio do juízo rescindente, o órgão julgador vai desconstituir aquilo que, da decisão de mérito, foi alcançado pela coisa julgada material: **o dispositivo da decisão de mérito, já transitada em julgado**. Não podem ser objeto de ação rescisória as outras partes da decisão ou sentença, elencadas no art. 504 do CPC (os motivos e a verdade dos fatos; em síntese, a fundamentação). Não havendo coisa julgada sobre elas, não existe interesse para a rescisória. Só o dispositivo é que se torna imutável e pode ser objeto dela.

O juízo rescisório pressupõe que tenha sido acolhida, ao menos em parte, a pretensão rescindente. Afinal, se nenhuma parte do dispositivo tiver sido desconstituída, não haverá razão para uma nova decisão. Se apenas uma parte for desconstituída, o novo julgamento referir-se-á tão-somente a ela; se todo o julgamento anterior for desconstituído, o órgão julgador promoverá novo julgamento, que abrangerá integralmente os limites objetivos e subjetivos da lide originária, mas que deles não poderá desbordar. **Os limites do novo julgamento na ação rescisória são os limites da lide originária. Ainda que a decisão rescindida seja uma sentença, o tribunal que julgar a ação rescisória terá competência para promover o novo julgamento, em substituição ao anterior.**

3.6. NATUREZA JURÍDICA DA AÇÃO RESCISÓRIA

A sua natureza primordial é desconstitutiva. Isso porque toda ação rescisória tem de ter o juízo rescindente, o pedido de desconstituição total ou parcial do julgamento anterior transitado em julgado. Mas, além dele, quando for o caso, a rescisória poderá ter também o juízo rescisório, em que o tribunal proferirá novo julgamento da questão anteriormente decidida. O juízo rescisório pode ter qualquer tipo de natureza: condenatória, constitutiva ou declaratória. E, sendo condenatória, pode ainda ter natureza mandamental ou executiva *lato sensu*.

3.7. REQUISITOS DE ADMISSIBILIDADE

A ação rescisória vem tratada no art. 966 do CPC, que enumera variados requisitos de admissibilidade, que poderiam ser agrupados em duas grandes categorias: os comuns a todas as ações, como o preenchimento das condições da ação rescisória — interesse e legitimidade; e os requisitos específicos. Cada um deles será objeto de um item específico.

3.7.1. As condições da ação rescisória

3.7.1.1. O interesse

Só tem interesse em propô-la aquele que puder auferir algum proveito da rescisão, alguma melhora de sua situação, caso o julgamento anterior seja rescindido e outro seja proferido em seu lugar.

Para isso, é preciso que o autor da ação rescisória não tenha obtido o melhor resultado possível no processo cujo julgamento se quer rescindir. Flávio Yarshell ensina que "é também a partir do que foi julgado no dispositivo da sentença que se determina o interesse de agir na ação rescisória, havendo grande afinidade desse tema com o do interesse recursal: o que justifica a impugnação, de um modo geral, é o julgamento desfavorável e cuja modificação possa levar, por alguma forma, a situação mais favorável do que aquela imposta à parte 'sucumbente'"[1].

É possível que ambos os litigantes tenham interesse em ajuizá-la, havendo sucumbência recíproca. E ambos poderão postular a rescisão com o mesmo fundamento. Assim, por exemplo, se a sentença é *extra petita*, tanto o autor quanto o réu podem requerer a rescisão por essa razão.

---

[1] Flávio Yarshell, *Ação rescisória*, p. 129.

3.7.1.2. O trânsito em julgado como condição indispensável para o ajuizamento da ação rescisória

Enquanto não há trânsito em julgado, a decisão deverá ser impugnada por meio do recurso adequado. Só quando não for mais possível a interposição do recurso, após o trânsito, surgirá o interesse de agir para a ação rescisória.

Mas não é necessário que se tenham esgotado todos os recursos possíveis, enquanto o processo ainda estava pendente, bastando que ele tenha se encerrado, exaurindo-se, por preclusão, as oportunidades para recorrer.

É possível a rescisória de uma sentença, ainda que contra ela, no prazo apropriado, não tenha sido interposto recurso nenhum. Basta apenas que tenha havido o trânsito em julgado. Sem ele, falta interesse de agir, porque por meio dos recursos ainda é possível obter a cassação da decisão.

Mas Flávio Yarshell lembra que "partindo-se da premissa de que o julgamento de mérito é passível de decomposição em capítulos, e suposto que esses capítulos guardem autonomia entre si, é perfeitamente possível admitir a propositura de ação rescisória ainda na pendência da relação processual em que originalmente editada a decisão rescindenda. A preclusão desta, portanto, não coincide necessariamente com a extinção do processo em que editada"[2].

Tal hipótese pressupõe que tenha havido recurso parcial, que um capítulo da sentença seja objeto do recurso e outro não. **Sendo autônomos, o segundo transitará em julgado e permitirá, desde logo, o ajuizamento da ação rescisória.**

Não haverá interesse para a ação rescisória se as partes, por força de negócio jurídico superveniente, modificaram a situação jurídica decorrente da sentença. Como, em regra, ela regula situações que dizem respeito a direitos disponíveis, nada impede que as partes, depois dela e mesmo do trânsito em julgado, transijam, **caso em que a relação jurídica passará a ser regulada pelo acordo, e não mais pela sentença.**

Como o julgamento de mérito pode ser cindido, já que o juiz pode, em julgamento antecipado parcial, apreciar um dos pedidos e deixar para apreciar os demais na sentença, a parte poderá ajuizar ação rescisória apenas contra a decisão interlocutória de mérito já transitada em julgado, ainda que o processo prossiga para o exame dos demais pedidos. Mas, se quiser, poderá aguardar a sentença e o exame das pretensões restantes, porque o direito à rescisória só se extingue depois de dois anos a contar do trânsito em julgado da **última decisão** proferida no processo (art. 975).

3.7.2. A legitimidade

Vem estabelecida no art. 967 do CPC: "Tem legitimidade para propor a ação rescisória: I — quem foi parte no processo ou o seu sucessor a título universal ou singular; II — o terceiro juridicamente interessado; III — o Ministério Público: a) se não foi ouvido no processo, em que lhe era obrigatória a intervenção; b) quando a decisão rescindenda é o efeito de simulação ou de colusão das partes, a fim de fraudar a lei; c) em

---

[2] Flávio Yarshell, *Ação rescisória*, p. 132.

outros casos em que se imponha sua atuação; IV — aquele que não foi ouvido no processo em que lhe era obrigatória a intervenção".

Cada um merece exame em item específico:

3.7.2.1. Quem foi parte no processo ou o seu sucessor a título universal ou singular

As partes são os principais legitimados da ação rescisória. Por partes entende-se o autor e o réu da ação originária e aqueles que, em razão de intervenção de terceiros, assumiram essa qualidade. É o caso do denunciado e dos chamados ao processo. Nessas duas hipóteses, a intervenção de terceiro adquire natureza de verdadeira ação. O denunciado e os chamados figurarão como litisconsortes do denunciante e do chamante.

As partes da ação rescisória não ocuparão necessariamente os mesmos polos que ocuparam na ação originária: **é possível que o autor da rescisória tenha figurado como réu desta, e vice-versa**.

Salvo a hipótese de que o dispositivo da decisão possa ser cindido em capítulos autônomos, haverá necessidade de citação de todos aqueles que figuraram no polo oposto, na ação originária. Se o réu desta for o autor da rescisória, no polo passivo deverá incluir todos os autores, porque eles serão atingidos pela desconstituição da sentença; a menos que pretenda tão-somente a desconstituição de um capítulo autônomo, que diga respeito só a um dos autores, caso em que só ele será incluído.

Quanto aos sucessores, não há nenhuma novidade. Em caso de falecimento, alienação ou cessão dos direitos decorrentes da decisão, a rescisória será proposta pelos ou em face dos sucessores.

3.7.2.2. A legitimidade do terceiro juridicamente prejudicado

O terceiro que tem interesse jurídico é aquele que poderia ter ingressado no processo, na qualidade de assistente.

Há dois tipos de assistência: a simples e a litisconsorcial. Na simples, o terceiro não é titular da relação jurídica discutida em juízo, mas de relação a ela interligada ou conexa. Por isso, o assistente simples não é atingido pela coisa julgada material, o que, em princípio, afastaria o seu interesse para ingressar com a ação rescisória.

Mas se a sentença lhe for desfavorável, será atingido pela justiça da decisão, que, conquanto não se confunda com a coisa julgada, impede que as questões decididas na fundamentação da sentença sejam reexaminadas em outros processos. Ou seja, em relação ao assistente simples, **a sentença projeta seus efeitos para fora do processo, não sob a forma de imutabilidade decorrente da coisa julgada, mas da justiça da decisão** (CPC, art. 123). Por isso, parece-nos que terá interesse e legitimidade para a rescisória. Em contrapartida, se o terceiro interessado não ingressou como assistente simples, não é atingido pela justiça da decisão e não tem interesse em ajuizá-la.

Aquele que poderia ingressar como assistente litisconsorcial será alcançado pela coisa julgada, ingressando ou não, razão pela qual estará legitimado a propor a ação rescisória.

3.7.2.3. O Ministério Público

O art. 967, III, letras *a, b* e *c,* enumera as hipóteses de legitimidade do Ministério Público: se não foi ouvido no processo, em que lhe era obrigatória a intervenção; quando a decisão rescindenda é o efeito de simulação ou colusão das partes, a fim de fraudar a lei, ou em outros casos em que se imponha sua atuação.

Elas referem-se à situação em que ele não atuou como parte, pois se foi autor ou réu poderá valer-se do art. 967, I. Não o tendo sido, poderá ajuizar a rescisória em razão de nulidade do processo, exatamente por sua não intervenção, nos casos em que ela é obrigatória; e mesmo quando a sua participação como fiscal da ordem jurídica não era necessária, mas verifica-se que houve simulação ou colusão, **que as partes se uniram para obter, por meio do processo, um resultado ilegal ou fraudulento. Por fim, poderá ajuizá-la também nos outros casos em que a lei imponha sua atuação.** Já foi decidido, por exemplo, que "o MP também está legitimado a pedir a rescisão de sentença em que há comprometimento de interesses públicos indisponíveis" (*RSTJ* 98/23).

Em todos os casos, deverão figurar no polo passivo da rescisória os autores e réus da ação originária, já que todos serão afetados.

3.7.2.4. Aquele que não foi ouvido no processo em que lhe era obrigatória a intervenção

Há casos em que a lei determina a intervenção obrigatória de determinadas pessoas ou entes no processo. É o caso, por exemplo, do curador especial em favor do réu revel citado fictamente ou do réu revel preso. Se eles não forem ouvidos e o juiz proferir decisão de mérito desfavorável ao curatelado, eles estarão legitimados a propor ação rescisória.

3.8. HIPÓTESES DE CABIMENTO (CPC, ART. 966)

O art. 966 enumera os fundamentos em que deve se embasar a ação rescisória. O rol é taxativo e não comporta ampliações, nem utilização da analogia, para hipóteses não expressamente previstas. Nos próximos itens, cada uma das situações será examinada separadamente.

3.8.1. Prevaricação, concussão ou corrupção do juiz prolator da decisão

A prevaricação é o ato de "retardar ou deixar de praticar, indevidamente, ato de ofício, ou praticá-lo contra disposição expressa de lei, para satisfazer interesse ou sentimento pessoal" (CP, art. 319). A concussão consiste em "exigir, para si ou para outrem, direta ou indiretamente, ainda que fora da função ou antes de assumi-la, mas em razão dela, vantagem indevida" (CP, art. 316). E a corrupção passiva em "solicitar ou receber, para si ou para outrem, direta ou indiretamente, ainda que fora da função ou antes de assumi-la, mas em razão dela, vantagem indevida, ou aceitar a promessa de tal vantagem" (art. 317).

Não é preciso que o juiz tenha sido condenado em processo crime. A existência do ilícito pode ser demonstrada na própria rescisória. Não haverá incompatibilidade entre sentença penal absolutória e a procedência da ação rescisória por esse

5 ■ Fase Decisória   513

fundamento. Mas, se o juiz tiver sido condenado na esfera criminal, o ilícito não mais poderá ser rediscutido na rescisória.

Se for perpetrado por juiz integrante de órgão colegiado, a rescisória só será acolhida se o voto dele afetou o resultado.

3.8.2. Impedimento do juiz ou incompetência absoluta do juízo

Para que o processo e a decisão sejam válidos é preciso que o juízo seja competente e o juiz imparcial. Mas só haverá nulidade em caso de incompetência absoluta ou de impedimento, pois se a incompetência foi relativa ou o juiz suspeito, o vício terá se sanado no curso do processo. **A rescisória será admitida, ainda que a nulidade não tenha sido suscitada no seu curso**.

Se o juiz impedido participou do julgamento em órgão colegiado, a rescisória será cabível se o seu voto repercutiu sobre o julgamento, se o influenciou. Se foi voto isolado, cuja alteração não afetaria o resultado, não há razão para cogitar da rescisão.

Se, no julgamento da rescisória, for reconhecida a incompetência absoluta do juízo ou Tribunal que prolatou a decisão, haverá a cassação da decisão por eles proferida, com a determinação de remessa dos autos ao juízo ou Tribunal competente. Parece-nos que, nessa hipótese, não haverá a possibilidade de se proceder ao juízo rescisório, desde logo, porque cumprirá que, primeiro, haja a decisão do órgão competente.

3.8.3. Sentença que resulta de dolo ou coação da parte vencedora em detrimento da parte vencida, ou de simulação ou colusão entre as partes, a fim de fraudar a lei

Haverá dolo da parte vencedora quando ela engana o juiz ou a parte contrária para influenciar o resultado do julgamento, e coação quando ela incute no adversário fundado temor de dano iminente e considerável à sua pessoa, à sua família ou a seus bens. **Para que possa ensejar a rescisória, é preciso que isso tenha sido determinante para o resultado e que aquele que violou o dever de lealdade e boa-fé, ou fazendo uso de ardis para induzir a erro o adversário, ou fazendo uso da coação, tenha saído vitorioso**.

Barbosa Moreira formula os seguintes exemplos: "o autor obstou a que o réu tomasse conhecimento real da propositura da ação, ou de qualquer modo o levou a ficar revel; o litigante vitorioso criou empecilhos, de caso pensado, à produção de prova que sabia vantajosa para o adversário, subtraiu ou inutilizou documento por este junto aos autos. Não basta a simples afirmação de fato inverídico, sem má-fé, nem o silêncio acerca de fato desfavorável relevante, nem a abstenção de produzir prova capaz de beneficiar a parte contrária"[3].

Acolhido o pedido de rescisão da decisão, cumprirá ao órgão julgador verificar se já é possível formular o juízo rescisório, proferindo nova decisão, que substitua a primeira, o que nem sempre ocorrerá: por exemplo, se o dolo ou coação foi usado para impedir que o réu tomasse conhecimento real da ação, será necessário que o processo

---

3   Barbosa Moreira, *Comentários ao CPC*, 4. ed., Rio de Janeiro, Forense, 1989, v. 5, p. 147-148.

retome da fase de citação, prosseguindo a partir daí. Se o dolo ou coação foi usado para obstar a produção de provas, o processo reiniciará a partir dessa fase.

A colusão é o conluio entre as partes, que utilizam o processo para fins ilícitos. Vem tratada no art. 142 do CPC: "Convencendo-se, pelas circunstâncias, de que autor e réu se serviram do processo para praticar ato simulado ou conseguir fim vedado por lei, o juiz proferirá decisão que impeça os objetivos das partes, aplicando, de ofício, as penalidades da litigância de má-fé". Imagine-se, por exemplo, que alguém queira fugir da obrigação de pagar seus credores, e se conluie com um amigo para que ajuíze ação como credor preferencial, para ter prioridade no recebimento. O juiz, descoberta a colusão, extinguirá o processo sem resolução de mérito.

Se ele não conseguiu obstar a colusão, **qualquer prejudicado ou o Ministério Público poderão ajuizar a rescisória. Mas não as partes**, por faltar-lhes interesse, já que eram envolvidas na fraude.

Em regra, não haverá juízo rescisório, porque bastará que o órgão julgador casse a sentença, sem que profira outra no lugar.

A simulação ocorre quando uma das partes se valer dos expedientes enumerados no art. 167, §§ 1.º e 2.º, do Código Civil, aplicando-se a ela as mesmas regras da colusão.

3.8.4. Decisão que ofender a coisa julgada

Não pode haver novo pronunciamento judicial sobre pretensão já examinada por decisão transitada em julgado e acobertada pela autoridade da coisa julgada material. Nem mesmo a lei pode retroagir para prejudicá-la. Por isso, uma nova decisão, que reforme o decidido pela anterior, poderá ser rescindida. Se ela reafirmar a anterior, o problema, em princípio, não se colocará, pois não haverá ofensa à coisa julgada.

É bastante controversa a questão de qual das decisões deva prevalecer, **caso não haja rescisão da segunda**. Vicente Greco Filho suscita interessante questão: "(...) o da validade da sentença proferida com ofensa à coisa julgada e que não foi rescindida porque se passaram os dois anos de decadência da ação rescisória". A solução dada por ele é: "Não rescindida, a despeito de ofender a coisa julgada, a segunda sentença terá eficácia como título autônomo, mesmo que seja contraditória com a primeira sentença. Portanto, será executada, sem que o juiz da execução possa evitar a sua eficácia, porque o trânsito em julgado da segunda impede que se discuta a sua validade"[4]. Essa opinião é partilhada, entre outros, por Flávio Yarshell[5].

Não nos parece, porém, que seja a melhor solução: **em caso de coisas julgadas antagônicas, há de prevalecer a primeira, pois a segunda foi prolatada quando já havia decisão definitiva a respeito**. Essa é a solução sugerida por Nelson e Rosa Nery: "Ultrapassado o prazo do CPC 495 e havendo conflito entre duas coisas julgadas

---

[4] Vicente Greco Filho, *Direito processual civil*, v. 2, p. 408.

[5] Flávio Yarshell, *Ação rescisória*, p. 317.

antagônicas, prevalece a primeira sobre a segunda, porque esta foi proferida com ofensa àquela (CPC 471)"[6].

Situação interessante de rescisória por ofensa ao inciso IV do art. 966 é do acórdão prolatado em apelação intempestiva. Se já havia sido ultrapassado o prazo de recurso, a sentença estava transitada em julgado. Se o acórdão o apreciou, ofende a coisa julgada e enseja a rescisória.

Outra situação é a da sentença penal condenatória, posterior à sentença civil de improcedência transitada em julgado. Não há conflito de coisas julgadas, porque as pretensões e as partes são diferentes nas duas ações. Entretanto, haverá a questão da possibilidade de executar a primeira apesar da segunda. **A questão é bastante controvertida, mas parece-nos que, enquanto não for rescindida a sentença civil, não será possível promover a execução civil da sentença penal condenatória.**

3.8.5. Violar manifestamente norma jurídica

Não se admite a rescisão por injustiça da sentença ou por inadequado exame das provas. É indispensável que haja afronta direta e induvidosa à norma jurídica (ou a princípio geral do direito), de natureza constitucional ou infraconstitucional.

A ofensa pode ser à norma material (*error in judicando*) ou à norma processual (*erro in procedendo*), o que, em regra, terá influência decisiva sobre o juízo rescisório. Se o erro foi de julgamento, será, em princípio, possível que o órgão julgador já profira a nova decisão, em substituição à anterior; mas se o erro for processual, haverá necessidade de que o processo originário seja retomado no ponto em que foi perpetrado o erro capaz de influir no julgamento. **Caberá rescisória se o *error in procedendo* for cometido na própria decisão, ou em fase anterior, desde que sobre ela repercuta.** Por exemplo, no indeferimento de provas que a lei autorizava e que poderiam ter influído no resultado.

Não se considera violação manifesta da norma jurídica a decisão que deu a ela uma interpretação razoável, ainda que não predominante, ou ainda que divergente de outras dadas pela doutrina e jurisprudência. Nesse sentido, a Súmula 343 do STF: "Não cabe ação rescisória por ofensa a literal disposição de lei, quando a decisão rescindenda se tiver baseado em texto legal de interpretação controvertida nos tribunais". **É preciso que a decisão seja incompatível com a norma jurídica, não podendo haver coexistência lógica das duas.**

Mas caberá a ação rescisória, se a decisão não der ao texto de lei interpretação razoável, isto é, der uma interpretação que absolutamente não se conforma com o texto literal da lei ou com o seu espírito. Nesse sentido, já foi decidido: "O que o art. 485, V, do CPC, (atual art. 966, V) reclama para a procedência da rescisória é que o julgado rescindendo, ao aplicar determinada norma na decisão da causa (portanto, ao fazer incidir sobre o litígio norma legal escrita), tenha violado seu sentido, seu propósito: sentido e propósito que, como não pode deixar de ser, admitem e até mesmo impõem variada compreensão do conteúdo do imperativo legal, ao longo do tempo e ao sabor de

---

[6] Nelson e Rosa Nery, *CPC comentado*, 10. ed., p. 699.

circunstâncias diversas da ordem social, que a jurisprudência não pode simplesmente ignorar ou mesmo negligenciar" (*RSTJ* 27/247).

Vale lembrar que a norma afrontada tinha de estar em vigor no momento em que a decisão foi proferida. **Não cabe rescisória se a decisão é incompatível com lei superveniente, embora estivesse em consonância com a lei vigente à época de sua prolação.**

Também se exige que a afronta à lei tenha influenciado o julgamento, pois, do contrário, faltará interesse para postular a rescisão.

Cabe, ainda, ação rescisória, com fulcro nesse inciso, contra decisão baseada em enunciado de súmula ou acórdão proferido em julgamento de casos repetitivos que não tenha considerado a existência de distinção entre a questão discutida no processo e o padrão decisório que lhe deu fundamento, cabendo ao autor, sob pena de inépcia, demonstrar a distinção entre a situação fática *sub judice* e aquela usada como padrão (art. 966, § 5.º).

3.8.6. Se fundar em prova cuja falsidade tenha sido apurada em processo criminal ou seja demonstrada na própria ação rescisória

É indispensável que a prova falsa tenha sido determinante do resultado, que este não possa subsistir sem ela. Se o julgamento está fundado em vários elementos ou provas variadas, e a falsidade de uma delas não seja decisiva para o resultado, não haverá razão para a rescisória.

A lei processual **não distingue entre falsidade material e ideológica**. Considera-se irrelevante que ela pudesse ter sido detectada no processo de conhecimento no qual foi proferida a sentença que se quer rescindir.

A falsidade pode dizer respeito a todos os tipos de prova — documental, pericial ou testemunhal — e sua apuração será feita em processo criminal, ou na própria ação rescisória. Se no primeiro, a sentença que reconhecer a falsidade deverá estar transitada em julgada, o que torna a hipótese rara, diante do prazo de dois anos. Mas, mesmo que seja absolutória, a falsidade poderá ser demonstrada na rescisória.

Formulado o juízo rescindente, caberá ao órgão julgador verificar se já é possível promover outro julgamento, em substituição ao primeiro, afastada a prova cuja falsidade se apurou. Haverá situações em que não será possível. Por exemplo, se o juiz julgou antecipadamente o mérito, considerando desnecessárias outras provas, já que havia prova documental suficiente. Apurada falsidade, pode tornar-se necessária a abertura de instrução, o que impedirá o juízo rescisório.

3.8.7. Depois do trânsito em julgado, o autor obtiver prova nova, cuja existência ignorava, ou de que não pôde fazer uso, capaz, por si só, de lhe assegurar pronunciamento favorável

O autor, a que alude o dispositivo legal, não é o da ação originária, cuja decisão se pretende rescindir, mas o da própria rescisória, que pode ter figurado como autor ou réu daquela.

5 ■ Fase Decisória

A prova nova não é aquela cuja constituição operou-se após a decisão transitada em julgado, **mas cuja existência, embora anterior, era ignorada pelo autor da ação rescisória, ou de que ele não pôde fazer uso, por circunstâncias alheias à sua vontade**. Se deixou de ser apresentada por culpa da parte, que agiu com desídia ou negligência, porque ela era acessível, não cabe a rescisória. É preciso ainda que o documento **seja tal que possa assegurar, por si só, pronunciamento favorável**. Nesse sentido:

> "(...) 7. O vício redibitório previsto no art. 966, VII, do CPC/2015 não se faz presente nos autos, pois não houve demonstração de que o documento indicado como novo, apesar de preexistente à coisa julgada, era ignorado pelo interessado ou de impossível obtenção para utilização no processo que formou o julgado ora rescindendo" (STJ, Ação Rescisória n. 5.196/RJ, Rel. Min. Mauro Campbell Marques, j. 14.12.2022).

3.8.8. Fundada em erro de fato, verificável do exame dos autos

De acordo com os parágrafos do art. 966, **haverá erro quando a decisão admitir um fato inexistente, ou quando considerar inexistente um fato efetivamente ocorrido**. Para que caiba a rescisória, é indispensável que o fato não represente ponto controvertido, sobre o qual o juiz deveria ter se pronunciado.

É indispensável que ele possa ser verificável do exame dos autos. Não se admite, na ação rescisória fundada no inciso VIII, sejam produzidas novas provas do erro. Este já deve estar comprovado de plano.

A rescisória fundada em erro de fato não autoriza ao órgão julgador que reexamine as provas dos autos para verificar se a decisão foi ou não a mais adequada: "O erro autorizador da rescisória é aquele decorrente da desatenção ou omissão do julgador quanto à prova, não, pois, o decorrente do acerto ou desacerto do julgado em decorrência da apreciação dela" (*Bol. AASP* 1678/Supl., p. 6).

Só cabe a rescisória se a existência ou inexistência do fato não tiver sido expressamente apreciada pela decisão. Se o juiz, no julgamento, concluiu pela existência, ou inexistência do fato, equivocadamente, isso não enseja a rescisória. O que a enseja é o erro que passou despercebido do juiz, seja quando ele não reconheceu na decisão um fato que, de acordo com os elementos dos autos, comprovadamente ocorrera; ou quando reconheceu um fato que, de acordo com os mesmos elementos, comprovadamente não ocorrera.

É preciso que **o juiz não tenha se pronunciado e levado em conta elementos dos autos por si sós suficientes para comprovar que um fato que ele considerou existente não ocorreu, ou vice-versa**.

3.9. PROCEDIMENTO DA AÇÃO RESCISÓRIA

3.9.1. Competência

A ação rescisória de sentença deve ser proposta perante o Tribunal que teria competência para julgar recursos contra ela; se de acórdão, a competência será do mesmo Tribunal que o proferiu, mas o julgamento será feito por um órgão mais amplo. Por exemplo: para rescindir acórdão proferido por três desembargadores, a ação rescisória deverá ser julgada por turma composta de cinco; se o acórdão foi proferido por cinco, a rescisória será julgada por sete.

3.9.2. Petição inicial

A petição inicial deve conter os requisitos do art. 319 do CPC e indicar os três elementos da ação: as partes, o pedido e a causa de pedir.

Ao formular o pedido, o autor poderá **cumular a pretensão ao "juízo rescindente" e ao "juízo rescisório", se caso**. Nem sempre será o caso de cumulação das duas coisas. Haverá aqueles em que bastará rescindir o julgado, sem necessidade de proferir outro em substituição, como no caso de segunda sentença proferida quando já havia outra anterior, transitada em julgado; há outros, ainda, em que o juízo rescisório não poderá ser feito pelo mesmo órgão que fez o rescindente, como no caso da rescisão por incompetência absoluta do juízo.

Mas, como ensina Flávio Yarshell, "conquanto a lei diga que ao autor compete, na elaboração da petição inicial, cumular ao pedido de desconstituição o de novo julgamento da causa, é de se reputar como implícito o pedido relativo ao chamado juízo rescisório, na exata medida da procedência do juízo rescindente. Não haveria sentido em se desconstituir a decisão de mérito e, a pretexto de que não teria havido pedido de novo julgamento, o tribunal interromper aí seu julgamento"[7]. **O pedido do juízo rescisório está implícito no do juízo rescindente**, quando for o caso, apesar da redação do art. 968, I, do CPC.

A rescisão pode englobar a decisão toda, ou apenas um dos seus capítulos, caso em que somente estes serão substituídos pela nova decisão.

A causa de pedir deve corresponder a uma ou mais das hipóteses do art. 966.

3.9.3. Caução

O art. 968, II, obriga o autor a "depositar a importância de 5% sobre o valor da causa, que se converterá em multa, caso a ação seja, por unanimidade de votos, declarada inadmissível ou julgada improcedente". Sem o depósito, a inicial será indeferida.

Essa exigência torna relevante a fixação do valor da causa, que deverá corresponder ao proveito econômico que se obterá com a desconstituição do provimento judicial. É possível, mas nem sempre certo, que coincida com o valor da causa antecedente, com o acréscimo de correção monetária. Se o interessado pretender rescindir integralmente uma sentença condenatória, o valor da rescisória coincidirá com o da condenação corrigida. Mas, se quiser rescindir apenas a parte referente aos honorários advocatícios fixados na sentença, o valor deverá ser o deles.

Caso a rescisória venha a ser julgada procedente, o dinheiro será restituído ao autor. Também haverá restituição se o resultado lhe for desfavorável, mas não por unanimidade de votos. No entanto, não haverá restituição em caso de desistência ou de extinção por abandono.

---

[7] Flávio Yarshell, *Ação rescisória*, p. 634.

5 ◼ Fase Decisória   519

Quando o autor for o Ministério Público, pessoa jurídica de direito público, Defensoria Pública ou beneficiário da justiça gratuita, não haverá necessidade de caução. A Súmula 175 do STJ estabelece: "Descabe o depósito prévio nas ações rescisórias propostas pelo INSS". Tal solução estende-se às demais autarquias e pessoas jurídicas de direito público.

O depósito prévio de 5% não pode ultrapassar 1.000 salários mínimos.

3.9.4. Indeferimento da inicial

O art. 968, § 3.º, do CPC autoriza o indeferimento da inicial nas mesmas situações em que isso ocorre nos outros processos (CPC, art. 330). **Também haverá o indeferimento se não for recolhida a caução exigida pelo art. 968, II, do CPC.**

O relator tem poderes para indeferir a inicial, cabendo agravo interno para o órgão que seria o competente para julgar a ação. Nesse sentido, é a decisão publicada em *RSTJ* 148/511. Discute-se sobre a possibilidade de algum recurso contra o indeferimento da inicial pela Turma. Parece-nos que não, já que não cabe apelação, porque não houve sentença, mas acórdão, pois se trata de ação de competência originária do tribunal. E o agravo interno só cabe quando houver decisão monocrática do relator.

Além de indeferir a inicial, o tribunal também pode proferir a improcedência liminar, desde que presentes as hipóteses do art. 332 do CPC.

3.9.5. Tutela provisória

O art. 969 passou a regulamentar expressamente o assunto, ao determinar que "a propositura da ação rescisória não impede o cumprimento da decisão rescindenda, ressalvada a concessão de tutela provisória".

A concessão da tutela provisória há de ser excepcional, uma vez que há decisão transitada em julgado.

Para o deferimento da tutela de urgência é indispensável **a plausibilidade do pedido de rescisão e o risco de prejuízo irreparável ou de difícil reparação, caso o cumprimento da decisão não seja suspenso.** Cumpre ao relator da ação rescisória apreciar o pedido de liminar. Caso deferida a tutela antecipada antecedente, não haverá a estabilização (nesse sentido, Enunciado n. 43 da I Jornada de Direito Processual Civil da Justiça Federal).

3.9.6. Citação e defesa

Estando em termos a inicial, o relator determinará a **citação** dos réus, assinalando-lhes o prazo nunca inferior a quinze nem superior a trinta dias para, querendo, apresentar resposta. Questão altamente controversa é a da aplicação dos arts. 180, 183, 186 e 229 do CPC, que determinam a duplicação do prazo quando os réus forem o Ministério Público, a Fazenda Pública, a Defensoria Pública, ou litisconsortes com advogados diferentes de escritórios distintos, em processo que não seja eletrônico. A redação do art. 970 dá a impressão de que não se aplicam, pois o dispositivo já concede ao juiz certo arbítrio na fixação do prazo, facultando-lhe ampliá-lo, conforme o caso, até trinta dias. Mas o STF, por sua primeira turma, decidiu que o art. 188 (atual 180) é aplicável à ação rescisória, sob o fundamento de que o prazo do art. 970 é legal, e não judicial (STF, 1.ª Turma, RE 94.960-7/RJ, Rel. Min. Rafael Mayer).

Não há peculiaridade quanto à citação, que poderá ser feita pelos meios previstos em lei. **Se os réus forem revéis, não haverá a presunção de veracidade decorrente da revelia, uma vez que já existe sentença transitada em julgado**. Ainda que o réu não conteste, o autor não se exime do ônus de comprovar as hipóteses do art. 966.

Admite-se a reconvenção, desde que presentes os requisitos do art. 343 do CPC. É possível, por exemplo, que uma das partes ajuíze a rescisória para desconstituir os capítulos da sentença que lhe foram desfavoráveis e que seu adversário reconvenha, postulando a desconstituição dos demais.

Apresentada ou não a resposta, o processo seguirá pelo procedimento comum. Se houver necessidade de provas, o órgão julgador poderá delegar a competência para colhê-la ao órgão que proferiu a decisão rescindenda, com prazo de um a três meses para a devolução dos autos.

Concluída a instrução, será aberta vista, sucessivamente, ao autor e ao réu pelo prazo de dez dias, para razões finais. Em seguida, os autos irão ao relator, procedendo-se ao julgamento (CPC, art. 973).

3.9.7. A intervenção do Ministério Público

O Ministério Público só intervirá na ação rescisória como fiscal da ordem jurídica quando preenchidos os requisitos da sua intervenção, estabelecidos no art. 178 do CPC (art. 967, parágrafo único).

3.9.8. O julgamento

Depois de colhidas as manifestações das partes e do Ministério Público, quando for o caso de sua intervenção, a ação rescisória será julgada, na forma do art. 974 do CPC. Cumprirá ao tribunal, em caso de procedência, rescindir a decisão (juízo rescindente) e, se for o caso, promover o novo julgamento (juízo rescisório). A caução será restituída ao autor. Também o será, caso haja improcedência, ou a rescisória seja considerada inadmissível, mas não por unanimidade de votos. Se a improcedência ou rejeição for unânime, o autor perderá em favor do réu a caução, a título de multa, nos termos do art. 968, II, do CPC.

Quando o resultado da ação rescisória for a rescisão da decisão por votação não unânime, **o julgamento deverá prosseguir, com a inclusão de novos julgadores em número suficiente para uma potencial reversão do resultado**, em sessão a ser designada, se não for possível o prosseguimento na mesma sessão. Trata-se da técnica de julgamento implementada pelo art. 942 do CPC, que se estende às ações rescisórias (art. 942, § 3.º, I).

3.9.9. O juízo rescisório — a quem cabe fazer

O julgamento da ação rescisória pode ser dividido em dois momentos: aquele em que o tribunal verificará se é caso de rescindir a decisão; e o posterior, que depende do

5 ■ Fase Decisória   521

acolhimento do primeiro, **em que se decidirá se é caso de promover o novo julgamento, passando-se a ele, em caso afirmativo**.

A rescisória pode ter por objeto decisão interlocutória, sentença ou acórdão, que sejam, em regra, de mérito. Se contra a decisão ou sentença não foi interposto recurso, ou os recursos interpostos nem foram conhecidos, é ela que transita em julgado, e a rescisão será dela; se foi interposto recurso, conhecido, o acórdão a substituirá, tenha ele mantido ou reformado a decisão de primeiro grau. Por isso, é ele que transita em julgado e será objeto de rescisão.

Cumpre ao órgão julgador da ação rescisória proferir o novo julgamento quando for o caso, isto é, quando isso for necessário e possível.

Por exemplo: quando ela tem por fundamento a existência de coisa julgada, em processo anterior (art. 966, IV), rescindida a sentença, não será proferida outra. Da mesma forma, sendo objeto da rescisória a incompetência absoluta será preciso verificar se tal incompetência é do tribunal que prolatou o acórdão (no processo originário), caso em que o órgão julgador da rescisória, depois de rescindir o acórdão, enviará os autos ao tribunal competente; ou se é do juízo de primeiro grau, caso em que, após a rescisão da sentença, remeterá os autos ao juízo de primeiro grau competente, para que profira nova decisão.

A competência para proferir o juízo rescisório é do mesmo órgão que fez o juízo rescindente, não importando que a rescisão seja de sentença ou de acórdão.

Rescindida a decisão não será o juízo que a prolatou quem proferirá outra no seu lugar, mas o Tribunal que a rescindiu. Não há ofensa ao duplo grau de jurisdição, pois se está diante de um caso de competência originária do tribunal.

Ficam ressalvados os casos de rescisão por incompetência, em que haverá necessidade de remessa ao Tribunal ou juízo competentes.

3.9.10. Cabe recurso do acórdão que julgar a rescisória?

Se ele padecer de erro material, obscuridade, omissão ou contradição, cabem embargos de declaração; e eventual recurso extraordinário ou especial, nos casos dos arts. 102, III, e 105, III, da CF.

3.9.11. E rescisória de rescisória?

Se a ação rescisória for julgada pelo mérito, e o acórdão padecer de algum dos vícios enumerados no art. 966 do CPC, será possível ajuizar rescisória da rescisória. Um exemplo: pode ocorrer que, por em equívoco, o Tribunal reconheça a existência de decadência e julgue a rescisória extinta, com resolução de mérito. Mais tarde, se verifique que houve erro na contagem do prazo. Será possível rescindir o acórdão proferido na primeira rescisória.

3.10. PRAZO

O art. 975 do CPC estabelece que "o direito à rescisão se extingue em dois anos contados do trânsito em julgado da última decisão proferida no processo". A Súmula 401 do Superior Tribunal de Justiça acrescenta que "o prazo decadencial da ação rescisória só se inicia quando não for cabível qualquer recurso do último pronunciamento judicial".

O prazo se justifica por razões de segurança jurídica: não seria razoável que, por tempo indefinido, se pudesse desconstituir decisão transitada em julgado.

Há duas exceções ao prazo de dois anos a contar do trânsito em julgado da última decisão: a hipótese do art. 966, VII, em que o prazo será contado da data da descoberta da prova nova, observado o prazo máximo de cinco anos contado do trânsito em julgado da última decisão proferida no processo; e a hipótese de simulação ou colusão, em que o prazo da rescisória para o terceiro prejudicado e para o Ministério Público, que não interveio no processo, correrá a partir do momento em que ambos têm ciência da simulação ou colusão.

O prazo do art. 975 tem natureza decadencial, pois a ação é desconstitutiva dos julgados anteriores. Aplica-se a regra geral do art. 240, § 4.º, do CPC: o despacho que ordena a citação interrompe o prazo, mas, se esta for feita dentro do período estabelecido em lei, a eficácia interruptiva retroage à data da propositura da ação. Também retroage se houver atraso na citação, por fato que não possa ser imputado ao autor.

Apesar de o prazo ser decadencial, ele se prorroga até o primeiro dia útil subsequente, quando expirar durante o período de férias, recesso, ou cair em feriado ou em dia que não haja expediente forense (art. 975, § 1.º).

O termo inicial é o trânsito em julgado da última decisão proferida no processo. Quando o recurso for conhecido, o acórdão substitui a sentença e ele é que será rescindido. Assim, o prazo começará a partir do dia seguinte ao último dia que as partes tinham para interpor outros recursos contra ele.

Se o recurso não for admitido ou conhecido, o que transita em julgado é a sentença (ou decisão interlocutória de mérito). Por essa razão, seria de contar-se o trânsito em julgado desde o momento em que se verificou a causa que tornou o recurso inadmissível. Por exemplo: se era intempestivo, desde o término do prazo legal para interposição; se não foi recolhido o preparo, desde o momento em que se tornou deserto.

No entanto, a aplicação desse princípio poderia trazer graves problemas, pois, às vezes, o Tribunal poderia levar mais de dois anos para proferir o acórdão. Se este for de não conhecimento — e considerando que o recurso não admitido equivale a não interposto — o trânsito em julgado retroagiria mais de dois anos, o que impediria a parte prejudicada de valer-se da rescisória.

Por essa razão, o Superior Tribunal de Justiça já vinha decidindo: "Segundo entendimento que veio a prevalecer no Tribunal, o termo inicial para o prazo decadencial da ação rescisória é o primeiro dia após o trânsito em julgado da última decisão proferida no processo, salvo se se provar que o recurso foi interposto por má-fé do recorrente" (*RSTJ* 102/330). Mesmo que o recurso não seja conhecido, o termo inicial do prazo da rescisória não retroagirá, mas será contado depois do trânsito em julgado da última decisão, salvo demonstrada má-fé. É o que estabelece a já mencionada Súmula 401 do STJ. Essa solução foi expressamente acolhida pelo art. 975, *caput*, do CPC, que ainda solucionou outra questão, relevante no CPC atual. O julgamento do mérito pode ser cindido, nos casos em que houver o julgamento antecipado parcial, previsto no art. 356. O juiz pode proferir decisão interlocutória de mérito, julgando um ou alguns dos pedidos, ou parcela deles, em caráter definitivo, no curso do processo, determinando o seu prosseguimento em relação aos demais pedidos. Se não houver agravo de instrumento contra a decisão interlocutória de mérito, ela transitará em julgado. A coisa julgada material será cindida, constituindo-se em etapas. Primeiro, transitará a decisão interlocutória de mérito e, posteriormente, a sentença.

Caso isso ocorra, o prazo para a ação rescisória será de dois anos do trânsito em julgado da última decisão proferida no processo, e não do trânsito em julgado de cada uma das decisões de mérito proferidas no seu curso. Mesmo que o juiz profira uma decisão interlocutória de mérito e que ela transite em julgado, somente quando o processo se encerrar, com o trânsito em julgado da última decisão nele proferida, é que fluirá o prazo da ação rescisória.

Caso o prazo se encerre em dia não útil, haverá prorrogação para o primeiro dia útil subsequente, como decidiu o C. Superior Tribunal de Justiça no Recurso Especial n. 1.112.864, Rel. Min. Laurita Vaz, ao qual foi dada eficácia de recurso repetitivo:

> "RECURSO ESPECIAL REPRESENTATIVO DA CONTROVÉRSIA. ART. 543-C DO CPC. PROCESSUAL CIVIL. AÇÃO RESCISÓRIA. TERMO 'A QUO'. DATA DO TRÂNSITO EM JULGADO DA DECISÃO RESCINDENDA. TERMO FINAL EM DIA NÃO ÚTIL. PRORROGAÇÃO. POSSIBILIDADE. RECURSO PROVIDO. 1. O termo 'a quo' para o ajuizamento da ação rescisória coincide com a data do trânsito em julgado da decisão rescindenda. O trânsito em julgado, por sua vez, se dá no dia imediatamente subsequente ao último dia do prazo para o recurso em tese cabível. 2. O termo final do prazo para o ajuizamento da ação rescisória, embora decadencial, prorroga-se para o primeiro dia útil subsequente, se recair em dia de não funcionamento da secretaria do Juízo competente. Precedentes. 3. 'Em se tratando de prazos, o intérprete, sempre que possível, deve orientar-se pela exegese mais liberal, atento às tendências do processo civil contemporâneo — calcado nos princípios da efetividade e da instrumentalidade — e à advertência da doutrina de que as sutilezas da lei nunca devem servir para impedir o exercício de um direito' (REsp 11.834/PB, Rel. Min. Sálvio de Figueiredo Teixeira, 4.ª Turma, julgado em 17.12.1991, *DJ* 30.03.1992). 4. Recurso especial provido, para determinar ao Tribunal de origem que, ultrapassada a questão referente à tempestividade da ação rescisória, prossiga no julgamento do feito, como entender de direito. Observância do disposto no art. 543-C, § 7.º, do Código de Processo Civil, c.c. os arts. 5.º, inciso II, e 6.º, da Resolução 08/2008".

4. QUESTÕES

LIVRO VIII
DOS PROCEDIMENTOS ESPECIAIS

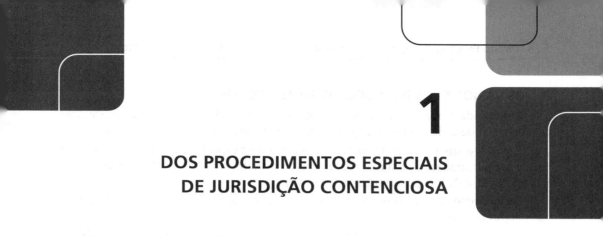

1

DOS PROCEDIMENTOS ESPECIAIS DE JURISDIÇÃO CONTENCIOSA

1. INTRODUÇÃO

O sistema adotado pelo legislador foi o de tratar especificamente apenas dos procedimentos especiais. Se a lei não o tratar como especial, é porque o procedimento será comum, devendo seguir as regras gerais estabelecidas no Livro I, Título I, da Parte Especial.

O CPC atual, de forma mais técnica que o de 1973, não trata dos procedimentos especiais em Livro próprio, mas como um Título específico do Livro do Processo de Conhecimento e Cumprimento de Sentença (Título III do Livro I da Parte Especial). A solução é mais correta do que a do Código anterior, porque os procedimentos especiais são apenas **tipos diferenciados de procedimento, e não de processo**. O tema dos procedimentos especiais deve compor o Livro relativo ao processo de conhecimento, já que este pode ter procedimento comum ou procedimentos especiais. O comum vem tratado no Título I do Livro I da Parte Especial, e os especiais, no Título III do mesmo Livro.

2. POR QUE ALGUNS PROCEDIMENTOS SÃO ESPECIAIS E OUTROS NÃO?

A razão pela qual a lei estabelece que determinados procedimentos sejam especiais e outros não **é de natureza material, e não processual**. O que se leva em conta é o direito material que se discutirá nos processos, plasmando-se o procedimento de forma tal a melhor atender às suas exigências.

Por exemplo: a lei civil estabelece que o possuidor esbulhado ou turbado na posse, há menos de ano e dia, tem o direito de ser reintegrado ou mantido na posse desde logo. Para atender a esse preceito do Direito Civil, o CPC estabelece a possibilidade de o juiz conceder liminares, de plano ou após a audiência de justificação, nas ações possessórias de força nova, tornando o procedimento especial.

O mesmo ocorre com a consignação em pagamento. As peculiaridades do procedimento decorrem de o devedor oferecer o pagamento ao credor, que se recusa a recebê-lo. Ou então, de haver dúvida fundada a respeito de quem seja o verdadeiro credor. Em cada caso, a lei processual determinará peculiaridades procedimentais, correspondentes às exigências do direito material. **As regras do procedimento comum aplicam-se subsidiariamente aos processos de procedimento especial**.

3. OS VÁRIOS TIPOS DE PROCEDIMENTOS ESPECIAIS

Como cada procedimento especial tem a sua peculiaridade, a legislação processual tem de tratar de cada um deles, expressamente, indicando-lhes as especificidades.

É possível distinguir procedimentos inteiramente especiais, que se processam de forma completamente distinta do procedimento comum; e há os que são especiais apenas no início, e depois prosseguem pelo comum.

Por exemplo: nas ações de exigir contas e de inventário, o procedimento distingue-se inteiramente do comum.

Já nas ações possessórias de força nova, a única particularidade é a concessão de liminar, com ou sem audiência de justificação, na fase inicial do processo. Ultrapassada essa fase, o procedimento torna-se comum.

Também é preciso distinguir entre **os procedimentos de jurisdição contenciosa e voluntária**. São processos de jurisdição contenciosa aqueles que servem para o juiz afastar uma crise de certeza, para dizer quem tem razão, se o autor ou o réu. Já a voluntária é aquela que serve para que o juiz tome algumas providências necessárias para a proteção de um ou ambos os sujeitos da relação processual.

Enquanto, na primeira, busca-se uma sentença que obrigue a parte contrária, na segunda, busca-se uma situação que valha para o próprio proponente da demanda, sendo possível que a sentença beneficie as duas partes. Em capítulo próprio, serão examinadas as características específicas da jurisdição voluntária e as principais diferenças em relação à contenciosa.

4. UMA SELEÇÃO DOS PROCESSOS DE PROCEDIMENTOS ESPECIAIS DE JURISDIÇÃO CONTENCIOSA

O CPC contém regulamentação de numerosos processos de procedimento especial. O exame de todos fugiria ao propósito da presente obra, que tem por fim auxiliar os que se preparam para aprovação em concursos públicos.

Pareceu-nos conveniente selecionar aqueles que são objeto do maior número de questionamentos nos exames, ou que, com mais frequência, se apresentam nas lides forenses.

Nos itens subsequentes, serão examinados os procedimentos especiais das ações de consignação em pagamento, de exigir contas, possessórias, de dissolução parcial de sociedade, inventário e partilha, embargos de terceiro, oposição, as ações de família e monitórias.

Serão, ainda, examinados alguns aspectos da arbitragem e do procedimento no Juizado Especial Cível. De cada um deles, será feito um exame resumido, sobretudo daquilo que cada qual tem de peculiar.

5. DA CONSIGNAÇÃO EM PAGAMENTO

5.1. INTRODUÇÃO

A consignação é um mecanismo previsto na lei civil, de que pode se valer o devedor que queira desonerar-se e que esteja em dificuldades para o fazer, seja porque o credor

1 ◼ Dos Procedimentos Especiais de Jurisdição Contenciosa

recusa-se a receber ou dar quitação, seja porque está em local inacessível ou ignorado, seja ainda porque existem dúvidas fundadas a respeito de quem deve legitimamente receber o pagamento.

As hipóteses de consignação foram previstas no art. 335 do CC. São elas:

◼ a recusa do credor em receber ou dar quitação. A recusa pode provir de ato comissivo ou omissivo. Pode ocorrer, por exemplo, que o devedor procure o credor para pagar, e este se recuse a receber, alegando que o depósito é insuficiente, ou qualquer outro motivo. Pode ainda ocorrer que a obrigação seja quesível, isto é, que seja do credor a obrigação de vir buscar o pagamento em mãos do devedor. Caso ele se omita, o devedor terá interesse em requerer a consignação. Essas hipóteses correspondem às dos incisos I e II, do art. 335, do CC: "I — se o credor não puder, ou, sem justa causa, recusar receber o pagamento, ou dar quitação, na forma devida; II — se o credor não for, nem mandar receber a coisa no lugar, tempo e condição devidos";

◼ a impossibilidade de o credor receber, porque é incapaz, desconhecido, declarado ausente, ou por residir em lugar incerto ou de acesso difícil ou perigoso;

◼ a dúvida a respeito de quem deva legitimamente receber;

◼ a existência de litígio sobre o objeto do pagamento.

Esse rol do art. 335 não é taxativo. Pode-se dizer que a consignação será possível sempre que o devedor quiser pagar e houver algum óbice para que o faça.

5.2. DOIS TIPOS DE AÇÃO DE CONSIGNAÇÃO

A lei processual trata de dois tipos diferentes de procedimento nas ações de consignação em pagamento. Um para as hipóteses em que se sabe quem é o credor, mas não se consegue fazer o pagamento, porque ele não aceita receber ou dar quitação; ou não vai buscar o pagamento, embora seja sua tarefa; ou está em local inacessível ou desconhecido. Outro, quando houver dúvida sobre a quem deve ser feito o pagamento.

Ambos exigem que o autor deposite o valor oferecido. Mas, no primeiro, não existe litígio senão entre o devedor e o credor; já no segundo, pode surgir uma disputa entre os dois ou mais credores potenciais, em relação aos quais existe dúvida sobre quem deva levantar o dinheiro. Por isso, o procedimento da consignação, em caso de dúvida sobre quem seja o credor, terá importantes diferenças em relação à consignação comum, que serão examinadas oportunamente.

5.3. QUAIS OS BENS QUE PODEM SER CONSIGNADOS?

A consignação será feita com o depósito, **judicial ou extrajudicial, de dinheiro ou de outro bem qualquer, que seja objeto da obrigação, podendo ser móvel ou imóvel**. É possível que o pagamento seja feito por consignação, quando a obrigação é de pagamento ou de entrega de coisa certa, móvel ou imóvel, por exemplo, na consignação das chaves de um imóvel, que o devedor pretende restituir e o credor se recusa a receber.

Somente as obrigações de fazer ou não fazer é que não podem ser extintas por consignação.

5.4. ATÉ QUANDO É POSSÍVEL REQUERER A CONSIGNAÇÃO EM PAGAMENTO?

A consignação em pagamento cabe quando **há mora do credor, provocada pela recusa em receber o pagamento (ou dar quitação) ou pela omissão em ir buscar o pagamento, quando isso lhe competir**.

É preciso distinguir obrigações quesíveis (*quérable*) ou portáveis (*portable*). A primeira é aquela em que incumbe ao credor mandar receber no tempo, lugar e condições devidos, e ele não faz; a segunda é aquela em que a iniciativa é do devedor, que deve procurar o credor, no tempo, lugar e condições devidos, para efetuar o pagamento. **Salvo previsão contratual em contrário, as obrigações são quesíveis**.

O devedor tem o direito de liberar-se da obrigação. Se a dívida é quesível e o credor não o procura para receber, na forma convencionada, haverá a possibilidade de consignar o pagamento. Se a obrigação é portável, ele só poderá consignar se, tendo buscado o credor para fazer o pagamento, não conseguiu, seja porque houve recusa, seja porque ele está em local desconhecido ou inacessível.

Há casos em que o devedor **em mora** deseja livrar-se da obrigação e procura o credor, para finalmente efetivar o pagamento, ainda que com atraso.

Pode o credor licitamente recusá-lo, alegando que o devedor está em mora? Havendo tal recusa, pode o devedor liberar-se, por meio da consignação?

Mesmo em mora, o devedor poderá consignar. É preciso que ofereça ao credor o valor da dívida, acrescido dos encargos decorrentes de sua mora, como juros, correção monetária e eventual multa contratual. Se assim for, o credor não pode recusar o pagamento, salvo em duas hipóteses:

■ **se ele não for mais útil ao credor**. Por exemplo: o devedor comprometeu-se a entregar ao credor vários folhetos de publicidade para determinado evento. O material não foi entregue no prazo. Não caberá a consignação, se na data em que for feita a oferta, o evento já tiver sido realizado, pois terá perdido a utilidade para o credor;

■ **quando ele já tiver ajuizado ação em decorrência da mora**. Por exemplo: não cabe mais a consignação se o devedor não pagou prestação de um contrato e o credor já ajuizou ação de rescisão desse contrato. No entanto, é preciso fazer a ressalva de que, em alguns tipos específicos de ação, permite-se a purgação da mora, com o pagamento feito no próprio processo. Por exemplo, nas ações de despejo por falta de pagamento.

5.5. É POSSÍVEL, EM AÇÕES DE CONSIGNAÇÃO, DISCUTIR A VALIDADE DE CLÁUSULAS CONTRATUAIS?

Com frequência, o devedor oferece um valor em pagamento que o credor se recusa a aceitar, alegando que não é suficiente, porque não respeita as cláusulas do contrato que fixam juros, correção monetária ou multa.

O devedor alega que tais cláusulas são nulas. Surgem, então, no curso da consignação, discussões a respeito da legalidade ou validade de cláusulas contratuais.

1 ■ Dos Procedimentos Especiais de Jurisdição Contenciosa   531

A ação de consignação não tem por fim declarar nulidade de cláusula contratual, **mas nela pode haver o reconhecimento *incidenter tantum* de um abuso contratual, capaz de repercutir sobre o *quantum debeatur*.**

Por essa razão, tem-se admitido que, no curso da consignação, se discuta a validade ou licitude de cláusulas contratuais, em caráter incidente.

5.6. PROCEDIMENTO

São dois os tipos de ação de consignação em pagamento: a fundada na recusa em receber, cabível quando presentes as hipóteses do art. 335, I a III, do CC, e a fundada na dúvida sobre a titularidade do crédito (art. 335, IV e V). A estes, pode acrescentar-se um terceiro tipo, que é a consignação de alugueres, prevista na Lei n. 8.245/91. Cada uma delas será examinada em item próprio.

5.6.1. Consignação fundada na recusa em receber

5.6.1.1. Competência

Variará conforme a natureza da dívida. **Sendo portável, a ação deve ser proposta no foro de domicílio do réu, e, se quesível, no domicílio do devedor-autor.** A razão é simples: se portável, o devedor deve buscar o credor para fazer o pagamento. Portanto, a competência será do domicílio deste; e, se quesível, é o credor que tem de buscar o pagamento com o devedor.

Em ambas as hipóteses, **a competência é relativa**, e pode ser derrogada quando as partes instituírem outro foro de pagamento, que não os de seus domicílios, ou quando houver eleição de foro.

5.6.1.2. Legitimidade

Tem legitimidade ativa quem pode fazer o pagamento. O principal legitimado é o devedor; se tiver falecido, o espólio, enquanto não tiver havido a partilha, ou os herdeiros, depois dela.

O pagamento também pode ser feito por terceiro interessado, ou por terceiro não interessado, desde que o faça por conta e em nome do devedor. Tal autorização é dada pelo art. 304 e parágrafo único, do CC. O legitimado passivo é aquele que pode receber e dar quitação: o credor, seus sucessores ou herdeiros.

5.6.1.3. O depósito

A consignação pressupõe que o devedor **ofereça ao credor determinada quantia ou bem**, para o cumprimento de sua obrigação. É necessário que ele efetive o depósito do dinheiro ou da coisa oferecida.

Na redação originária do CPC de 1973, havia uma audiência inicial, chamada audiência de oblação, que o juiz designava para que o credor viesse receber o pagamento. Se o aceitasse, a consignação era extinta.

Hoje, não há mais tal audiência, cumprindo ao autor efetuar o depósito. Se o objeto da consignação for pagamento em dinheiro, o depósito pode ser judicial ou extrajudicial; se for determinada coisa, só cabe o depósito judicial.

5.6.1.3.1. Depósito extrajudicial

Só pode ter por objeto obrigações em dinheiro. É opção do devedor, que, antes de ingressar em juízo, **pode depositar o valor em estabelecimento bancário situado no lugar do pagamento, em conta com correção monetária, cientificando o credor por carta com aviso de recepção**. Recebida a carta, o credor tem prazo de dez dias para manifestar a sua recusa (art. 539, § 1.º, do CPC). O prazo de dez dias conta-se da data de retorno do aviso de recebimento.

A recusa deve ser manifestada por escrito ao estabelecimento bancário em que o depósito foi efetivado. Embora haja alguma controvérsia, prevalece o entendimento **de que deve ser fundada**, cumprindo ao credor expor as razões pelas quais não o aceita.

Não havendo recusa no prazo, **reputa-se o devedor liberado da obrigação**, ficando o dinheiro depositado à disposição do credor. Não terá havido ação de consignação em pagamento, mas apenas consignação extrajudicial.

Quando houver recusa, manifestada no prazo, o devedor ou qualquer legitimado **deverá ajuizar a ação de consignação no prazo de um mês**, instruindo a petição inicial com a prova do depósito e da recusa. O prazo corre da data em que o devedor toma conhecimento da recusa do credor.

Caso a ação não seja proposta no prazo, o depósito fica sem efeito, e poderá ser levantado pelo devedor. Isso não impede que ele, oportunamente, proponha ação de consignação. O devedor não perde esse direito, por não o ter feito, no prazo de um mês. **Mas a eficácia liberatória só existirá a partir do novo depósito**, não do anterior. Não é possível, no entanto, que o autor faça nova consignação extrajudicial, do mesmo valor, se ele já foi recusado pelo credor anteriormente. Havendo recusa, a solução é a consignação judicial.

Proposta a ação no prazo de um mês, o devedor estará livre das consequências da mora, como, por exemplo, os juros, salvo se ela for julgada improcedente.

5.6.1.4. Petição inicial

Deve preencher os requisitos do art. 319 do CPC, sendo fundamental que o autor indique a quantia ou a coisa oferecida. Se for montante em dinheiro, deve indicar como chegou a ele, declinando os encargos acrescidos, o tempo, o modo e as condições de pagamento.

Na petição inicial, o autor requererá o depósito do valor ou da coisa, no prazo de cinco dias. Caso tenha depositado extrajudicialmente o valor, instruirá a inicial com o respectivo comprovante.

Nada impede que, em vez de requerer o prazo para o depósito, o autor já o comprove, no momento do ajuizamento da ação. **Caso esteja em mora, deve depositar o valor do débito, com todos os encargos.**

1 ■ Dos Procedimentos Especiais de Jurisdição Contenciosa 533

Não há óbice à cumulação de outros pedidos aos de consignação, como, por exemplo, de reparação de danos, porque, após o depósito inicial, a ação corre pelo procedimento comum.

Havendo prestações sucessivas, consignada a primeira, o devedor poderá continuar a consignar as demais, à medida que se forem vencendo, no curso do processo, em até cinco dias, contados da data do vencimento (CPC, art. 541).

Há controvérsia sobre até quando as parcelas periódicas podem ser consignadas no mesmo processo, se até a sentença ou até o trânsito em julgado.

Ainda há controvérsia no Superior Tribunal de Justiça, mas na maioria das seções prevalece o entendimento de que **pode haver a consignação até o trânsito em julgado**. Esse é o entendimento que tem prevalecido, embora pareça-nos aplicável à consignação comum o art. 67, III, da Lei do Inquilinato, que permite a consignação das parcelas vencidas tão-somente até a sentença. É certo que esse dispositivo diz respeito somente às consignações de alugueres, mas a mesma regra deve ser aplicada, a nosso ver, às consignações comuns.

O art. 543 do CPC trata da hipótese de a coisa objeto da obrigação ser indeterminada: "Se o objeto da prestação for coisa indeterminada e a escolha couber ao credor, será este citado para exercer o direito dentro de cinco dias, se outro prazo não constar de lei ou do contrato, ou para aceitar que o devedor a faça, devendo o juiz, ao despachar a petição inicial, fixar lugar, dia e hora em que se fará a entrega, sob pena de depósito".

5.6.1.4.1. Recebimento da inicial e citação do réu

Para que seja determinada a citação do réu, é preciso que o autor tenha feito o depósito da coisa ou valor devidos. Se não o tiver feito nem no momento da propositura da ação, o juiz lhe dará cinco dias para fazer. **A omissão implica extinção do processo sem resolução de mérito**, pois não há consignação sem a oferta e o depósito daquilo que o devedor entender devido.

O réu é citado para receber o valor ou a coisa depositada, ou para oferecer contestação.

Nas hipóteses em que a consignação é requerida porque o credor é desconhecido, a citação será feita necessariamente por edital.

Se o credor aceitar o valor ou coisa que foi depositada, haverá reconhecimento jurídico do pedido, e o juiz extinguirá o processo com resolução de mérito, condenando o réu ao pagamento de custas e honorários advocatícios.

5.6.1.4.2. Contestação

Caso o réu não aceite a oferta, o prazo para oferecer contestação é de quinze dias. O art. 544 enumera as principais matérias que o réu pode alegar em contestação. Ele pode dizer que: "I — não houve recusa ou mora em receber a quantia ou a coisa devida; II — foi justa a recusa; III — o depósito não se efetuou no prazo ou no lugar do pagamento; IV — o depósito não é integral". O parágrafo único acrescenta que, no caso do inciso IV, a alegação só será admissível se o réu indicar o montante que entende devido.

Esse rol não é taxativo. O réu pode alegar as matérias preliminares enumeradas no art. 337 do CPC. E, no mérito, qualquer fato extintivo, modificativo ou impeditivo do direito do autor.

Cada um dos incisos do art. 544 merece um exame mais aprofundado:

I — Não houve recusa ou mora em receber a quantia ou a coisa devida. Isto é, que não há *mora credendi*, caso em que incumbirá ao devedor o ônus de prová-la.

II — Que a recusa foi justa. São vários os motivos que podem embasar esse tipo de defesa. O réu pode, por exemplo, negar a sua qualidade de credor, afirmando não existir entre ele o autor a relação de direito material que ensejaria o pagamento; pode ainda alegar que já recebeu o pagamento, ou que a dívida que o devedor pretende pagar foi extinta, por novação, ou por compensação; ou pode alegar que a dívida não está vencida. A recusa por insuficiência de depósito é tratada em inciso específico, o IV.

III — Que o depósito não se efetuou no prazo ou no lugar do pagamento. Esse tipo de alegação só servirá como defesa do credor se o objeto da obrigação tiver perdido a utilidade para ele, ou se este já tiver ajuizado ação para demandar o devedor pela dívida que este pretende pagar. Não estando presentes essas circunstâncias, o credor não pode recusar o pagamento do devedor, mesmo em mora, desde que acompanhado de correção monetária, juros de mora fixados no contrato ou, na omissão, os juros legais, e a multa convencionada.

IV — O depósito não é integral. Essa é a causa mais comum de recusa do credor em receber o pagamento. Ao apresentar contestação, é indispensável que ele indique qual o valor que entende devido, sob pena de sua defesa não ser conhecida pelo juiz. Por isso, é preciso que, na inicial, o autor indique, de forma discriminada, como chegou ao montante que pretende depositar, permitindo ao credor conferir os cálculos, e apresentar sua resposta, demonstrando-lhe a insuficiência. Quando for essa a alegação do credor em sua contestação, o procedimento da consignação sofrerá uma variação, devendo ser observado o disposto no art. 545 do CPC, que será examinado em item apartado.

Admite-se a reconvenção em ação de consignação em pagamento. Não há óbice procedimental já que, feito o depósito, a consignação seguirá o procedimento comum. Em caso de alegação de insuficiência de depósito, a consignação será dúplice, o que tornará desnecessário ao réu reconvir para postular eventual diferença. Mas a reconvenção poderá ser apresentada para que o réu formule outras pretensões, que não a de condenação ao pagamento do saldo.

5.6.1.4.2.1. A insuficiência do depósito

Quando a defesa está fundada na insuficiência do depósito, surgem algumas particularidades procedimentais que merecem um exame mais aprofundado. **A primeira é a exigência de que o réu indique o valor que entende devido, sob pena de o juiz não conhecer a sua alegação.**

Mas o art. 545 do CPC traz outras peculiaridades. O autor, intimado para manifestar-se sobre a alegação de insuficiência, **poderá completar o depósito no prazo de dez**

1 ■ Dos Procedimentos Especiais de Jurisdição Contenciosa 535

dias, salvo quando o saldo corresponder à prestação cujo inadimplemento acarrete a rescisão do contrato.

Em regra, após a contestação, o autor não pode modificar a sua pretensão. Mas nas consignações, ele pode complementar a oferta a inicial, depositando o saldo apontado pelo credor.

Se isso ocorrer, o juiz julgará procedente a consignação e liberará o devedor. **Mas carreará os ônus da sucumbência — custas e honorários advocatícios — ao autor-devedor**, já que o valor por ele oferecido inicialmente era mesmo insuficiente, tendo, ao final, sido deferida a liberação pelo valor reclamado pelo credor.

Outra peculiaridade da consignação em que a defesa estiver fundada na insuficiência do depósito é que ela terá **caráter dúplice**.

O art. 545, § 2.º, do CPC estabelece: "A sentença que concluir pela insuficiência do depósito determinará, sempre que possível, o montante devido e valerá como título executivo, facultado ao credor promover-lhe o cumprimento nos mesmos autos, após liquidação, se necessária". A redação do dispositivo deixa claro que o juiz só condenará o autor ao pagamento do saldo se for possível, no curso do processo, seja na fase de conhecimento, seja na fase de liquidação, determinar qual é o montante devido.

Quando a única defesa do réu for a insuficiência do depósito, o juiz poderá, desde logo, autorizar o levantamento da quantia ou coisa depositada, com a consequente liberação parcial do autor, caso em que o processo prosseguirá quanto à parcela controvertida (CPC, art. 545, § 1.º).

5.6.1.4.3. *Fase instrutória e decisória*

Não há particularidades quanto à instrução nas ações consignatórias, podendo o juiz determinar, de ofício ou a requerimento das partes, todas as provas necessárias à formação de seu convencimento.

Julgada procedente a consignação, o juiz declarará extinta a obrigação, condenando o réu ao pagamento das custas e honorários advocatícios. O juiz ainda autorizará ao réu o levantamento da coisa ou valor depositado, descontando-se aquilo que for devido ao autor, em razão de custas e honorários.

Se o juiz julgar improcedente a ação, o depósito inicial não terá efeito liberatório e poderá ser levantado pelo autor, salvo nos casos de insuficiência, em que o réu poderá levantá-lo, havendo liberação parcial.

A sentença que acolhe a consignação é meramente declaratória, pois se limita a declarar a extinção da obrigação, e de seus efeitos reflexos, desde o momento em que o depósito tiver sido efetivado. Nos casos de insuficiência de depósito, ela terá natureza declaratória, no que se refere à extinção parcial do débito, e caráter condenatório, quanto ao saldo remanescente que puder ser apurado.

5.6.2. *Consignação fundada em dúvida quanto à titularidade do crédito*

É aquela fundada nos incisos IV e V do art. 335 do CC. Não há recusa do credor em receber, mas, sim, dúvida a respeito de quem tenha essa qualidade.

A razão é afastar o risco de pagar à pessoa errada, com o que não se obterá o efeito liberatório da obrigação.

Dada a peculiaridade de circunstâncias, o procedimento dessa consignação será diferente. Para que caiba, **é preciso que a dúvida seja razoável, séria, fundada**. Mas não que os dois ou mais potenciais credores tenham se apresentado, exigindo o pagamento. É possível que haja dúvida fundada sobre a qualidade do credor, ainda que nenhum deles, ou apenas um, tenha se apresentado como tal.

Por exemplo: com o falecimento do credor, podem surgir dúvidas a respeito de quem seja o legítimo sucessor; ou podem surgir questões decorrentes de uma cláusula obscura ou mal redigida em um contrato, que não permita identificar a quem deva ser dirigido o pagamento.

5.6.2.1. Procedimento

5.6.2.1.1. Petição inicial

A ação será ajuizada **em face de todos aqueles que tenham a possibilidade de ser reconhecidos como credores**. Na petição inicial, o autor exporá as razões pelas quais tem dúvidas a respeito de a quem deva ser feito o pagamento. Conquanto ela precise ser séria e fundada, **o juiz deve ter tolerância, uma vez que o devedor não pode correr o risco de pagar mal**, sob pena de ter de fazê-lo novamente. Ele receberá a inicial, ainda que o risco de equívoco seja pequeno, pois só o fato de ele existir já justifica a consignação. Somente em caso de inexistência de dúvida, quando a titularidade do crédito for evidente e indiscutível, ele indeferirá a inicial.

Havendo, entre os potenciais credores, litígio judicial a respeito da titularidade do crédito, a consignação se justifica com ainda mais razão. O art. 334 do CC estabelece que "o devedor de obrigação litigiosa exonerar-se-á mediante consignação, mas, se pagar a qualquer dos pretendidos credores, tendo conhecimento do litígio, assumirá o risco do pagamento".

5.6.2.2. Depósito e citação

Se o autor não efetuar o depósito da quantia ou coisa já de início, o juiz determinará que o faça em cinco dias.

Somente depois, será determinada a citação dos réus. Se o depósito não for feito, o processo será extinto sem resolução de mérito.

5.6.2.3. As diversas posturas que os réus podem assumir

O art. 548 do CPC traça um panorama das várias possibilidades, conforme as posturas que os réus venham a assumir. Pode ocorrer que:

■ **nenhum deles compareça a juízo.** A lei determina que o depósito converter-se--á em arrecadação de coisas vagas, aplicando-se, a partir daí, o procedimento do art. 746 do CPC;

1 ■ Dos Procedimentos Especiais de Jurisdição Contenciosa 537

■ **apenas um dos potenciais credores compareça reclamando a coisa para si.**
Nesse caso, o juiz decidirá de plano, salvo quando a revelia não produzir efeitos, em relação aos demais. Como só um apareceu, e os demais ficaram revéis, o juiz presumirá que o verdadeiro credor é aquele que manifestou interesse pela quantia ou coisa depositada. O juiz dará sentença, reconhecendo-lhe o direito de levantá-las. Pode ocorrer que esse credor reclame da insuficiência do depósito, caso em que, se o autor não o complementar no prazo de dez dias, a sentença, além de reconhecer àquele o direito ao levantamento, decidirá se o depósito era ou não suficiente. Não o sendo, haverá liberação apenas parcial, e o juiz, se possível, condenará o autor ao pagamento do saldo, na forma do art. 545, § 2.º, do CPC;

■ **dois ou mais dos potenciais credores apareçam, postulando o levantamento da quantia ou coisa depositada.** De acordo com o art. 548, o juiz declarará efetuado o depósito e extinta a obrigação, continuando o processo unicamente entre os presuntivos credores, caso em que se observará o procedimento comum.

Para que o juiz libere o devedor, é preciso que o depósito seja suficiente. Do contrário, o autor será instado a complementá-lo no prazo de dez dias. Se o valor for insuficiente e não houver complementação, o juiz declarará efetuado em parte o pagamento, e liberará o devedor apenas em parte, de sua obrigação, condenando-o a pagar o saldo remanescente. No entanto, antes que haja o levantamento e a execução do saldo, haverá necessidade de prosseguimento entre os credores, para que o juiz decida a qual deles caberá fazê-lo.

Sendo suficiente o depósito, a liberação do devedor será completa. Mas existe grande divergência doutrinária e jurisprudencial a respeito da natureza do ato judicial que declara efetuado o depósito e extinta a obrigação.

Ovídio Baptista da Silva e Adroaldo Furtado Fabrício sustentam que esse ato tem natureza de **decisão interlocutória**, sob o fundamento de que o que segue não é um novo processo, mas continuação do anterior. Para eles, o recurso adequado seria o de agravo. Já Antonio Carlos Marcato sustenta que o ato teria natureza de **sentença**, sendo, então, apelável.

A dificuldade se agrava porque, no regime do CPC atual, o agravo de instrumento é de cabimento restrito, pois a sua admissibilidade está condicionada à existência de uma das hipóteses do art. 1.015 do CPC.

O que não se pode admitir é que a extinção da obrigação e exclusão do devedor possam ser consideradas irrecorríveis. Ou bem se considera que, apesar do prosseguimento do processo, o pronunciamento tem natureza de sentença; ou que é decisão interlocutória, admitindo-se o agravo de instrumento, por aplicação do art. 1.015, II, do CPC.

Parece-nos que, como o processo tem de prosseguir em primeira instância, para que se apure quem é credor, **melhor que o ato seja considerado decisão interlocutória e o recurso interposto seja o de agravo de instrumento**, embora, diante da dúvida objetiva, dada a controvérsia doutrinária e jurisprudencial, seja aplicável o princípio da fungibilidade. Com a declaração de que houve o pagamento, e a consequente liberação do devedor, haverá a fixação de honorários advocatícios, em favor dele. O juiz autorizará o devedor (ou o seu advogado) a levantá-los, abatendo-os do valor depositado. O valor ficará desfalcado. Mas, com o prosseguimento do processo, e a

538 Direito Processual Civil Esquematizado   *Marcus Vinicius Rios Gonçalves*

apuração de quem é o verdadeiro credor, este também fará jus a honorários, devendo o juiz condenar o seu adversário a repor o que foi abatido e a pagar os honorários devidos ao verdadeiro credor.

5.6.2.4. A segunda fase

Quando dois ou mais credores comparecerem reclamando o depósito, o juiz extinguirá a obrigação do devedor, e o excluirá, **prosseguindo-se apenas entre eles, para que se decida a quem compete o levantamento**.

Essa segunda fase nem sempre será necessária. Pode ocorrer que, apesar de dois ou mais credores reclamarem o depósito, seja possível, desde logo, identificar qual é o verdadeiro credor, sem necessidade de outras provas. **O juiz proferirá sentença, na qual não apenas liberará o devedor, como identificará a quem compete o levantamento.**

Também não haverá segunda fase quando já houver, entre os credores, litígio judicial a respeito da titularidade do crédito, caso em que, excluído o devedor, o juiz determinará que se aguarde o resultado do processo em curso, para que fique apurado a quem compete o levantamento.

Só haverá a segunda fase quando houver necessidade de provas a respeito da qualidade de credor. Se esta envolver apenas matéria de direito, ou matéria de fato que não dependa de outras provas, o juiz dispensará a fase subsequente.

Quando isso não for possível, o juiz, após a exclusão do devedor, determinará o prosseguimento entre os credores, pelo rito comum, com a produção das provas necessárias para a solução.

5.6.3. Consignação de alugueres

Além das duas já examinadas, há uma terceira espécie de ação, cujo procedimento se distingue dos demais: **a ação de consignação em pagamento de alugueres**, regulada nos arts. 67 e ss. da Lei do Inquilinato.

O procedimento se assemelha ao da consignação comum, mas há algumas particularidades que o distinguem. São elas:

■ Na consignação comum, se o autor não tiver feito o depósito extrajudicial, nem fizer o judicial quando da propositura da demanda, o juiz determinará que ele o faça em cinco dias. Somente depois do depósito, determinará que o réu seja citado; na consignação de alugueres, estando em termos a petição inicial, **o juiz, no mesmo despacho, ordena a citação do réu, e determina o depósito do valor oferecido, no prazo de 24 horas**.

■ Na consignação de alugueres, como a prestação é periódica, o autor depositará os que se forem vencendo no curso do processo, tal como na consignação comum. Mas naquela, a lei é expressa: **o limite dos depósitos é a sentença** (art. 67, III, da Lei do Inquilinato), ao passo que na consignação comum não há previsão legal, prevalecendo o entendimento de que poderá ser feita até o trânsito em julgado. Além disso, na de alugueres, o depósito deve ser efetuado na data do vencimento, ao passo que na comum, até cinco dias depois.

1 ▪ Dos Procedimentos Especiais de Jurisdição Contenciosa

▪ Não há autorização expressa da lei para que se faça a consignação dos alugueres extrajudicialmente. Parece-nos que não haverá óbice para que o devedor o faça, **já que, naquilo que a Lei do Inquilinato for omissa, será aplicável o procedimento da consignação comum**. O Enunciado n. 41 do extinto Segundo Tribunal de Alçada Civil de São Paulo estabelece: "O depósito bancário, a que alude o art. 890 do CPC (atual art. 539) é instrumento de direito material e também se presta à exoneração de obrigações oriundas dos contratos de locação".

▪ Quando houver alegação de insuficiência de depósito, o autor poderá complementá-lo **no prazo de cinco dias, e não de dez, como na consignação comum** (art. 67, VII, da Lei n. 8.245/91), acrescido de multa de 10% sobre o valor da diferença. Haverá essa possibilidade mesmo que o réu credor ofereça reconvenção, postulando o despejo e a condenação ao pagamento do saldo.

▪ Se o valor for insuficiente, **o juiz não poderá, na consignação de alugueres, condenar o autor ao pagamento do restante**, porque o art. 545, § 2.º, do CPC não se aplica. A situação é regida pelo art. 67, VI, da Lei do Inquilinato. O réu, se quiser a condenação do autor ao pagamento das diferenças, terá de reconvir, caso em que também poderá postular o despejo.

▪ Em caso de o réu não contestar a consignação de alugueres, ou de receber os valores oferecidos, o juiz o condenará a pagar honorários advocatícios de 20%. Na consignação comum, não há honorários prefixados.

6. DA AÇÃO DE EXIGIR CONTAS

6.1. INTRODUÇÃO

Existem relações jurídicas das quais resulta a obrigação de um dos envolvidos prestar contas a outrem.

Isso ocorre quando, por força dessa relação, um deles administra negócios ou interesses alheios, a qualquer título. Aquele que o faz deve prestar contas, apresentar a indicação pormenorizada e detalhada de todos os itens de crédito e débito de sua gestão, para que se possa verificar se, ao final, há saldo credor ou devedor.

A prestação de contas serve para aclarar o resultado da gestão, permitindo que se verifique se há saldo em favor de alguém. Quem administra negócios ou bens alheios pode receber valores que devem ser entregues ao titular, e fazer despesas, que devem por este ser repostas. Só por meio dela será possível verificar se há saldo em favor de algum dos envolvidos.

Não se admite a prestação de contas se não há necessidade de aclaramento. Quando já é possível saber se há saldo credor ou devedor, sem a prestação de contas, não há interesse na ação, bastando que aquele que tem crédito a seu favor ajuíze ação de cobrança, ou aquele que tem débito ajuíze ação de consignação em pagamento.

Também não se admite a ação para postular revisão de cláusula contratual, como já foi decidido pelo STJ, no REsp 1.497.831, Rel. Min. Paulo de Tarso Sanseverino, ao qual foi dada eficácia de recurso especial repetitivo, e que transitou em julgado em 28 de junho de 2017:

Ante o exposto, proponho a consolidação das seguintes teses para os fins do art. 543-C do CPC nos seguintes termos: — Impossibilidade de revisão de cláusulas contratuais em ação de prestação de contas; — Limitação da cognição judicial na ação de prestação de contas ao conteúdo das cláusulas pactuadas no respectivo contrato.

6.2. ALGUNS EXEMPLOS DE RELAÇÕES DAS QUAIS RESULTA A OBRIGAÇÃO DE PRESTAR CONTAS

A lei brasileira enumera situações das quais resulta a obrigação de prestar contas. No Código Civil, podem ser mencionadas:

■ a obrigação do tutor e do curador, pela gestão de bens e negócios do tutelado ou curatelado (art. 1.756);

■ a do sucessor provisório, em relação aos bens dos ausentes (art. 22, *caput*);

■ a do inventariante e do testamenteiro, por sua gestão à frente do espólio (arts. 2.020 e 1.980);

■ a do mandatário frente ao mandante (art. 668);

■ a do cônjuge, a quem foi deferida a guarda unilateral dos filhos, podendo o outro cônjuge exigir contas (art. 1.583, § 5.º).

No Código de Processo Civil:

■ a do administrador da massa na insolvência;

■ a do administrador de empresas, estabelecimentos e outros bens, que tenham sido penhorados;

■ a do imóvel ou empresa no usufruto executivo;

■ a do curador da herança jacente;

■ eventualmente, do depositário.

No Direito Comercial:

■ nos contratos de sociedade, pois qualquer sócio pode pedir aos demais que prestem contas da sua administração da sociedade;

■ nos contratos de comissão e mandato mercantil;

■ o administrador da falência, que deve prestar contas de sua gestão.

Algumas situações específicas:

■ as instituições financeiras devem prestar contas dos valores depositados aos titulares dos depósitos. A Súmula 259 do STJ: "A ação de prestação de contas pode ser proposta pelo titular da corrente bancária". O envio de extratos mensais não afasta essa obrigação, pois o correntista pode discordar dos lançamentos e exigir as contas;

■ o consorciado pode exigir contas da administradora, ainda que o grupo esteja inadimplente e o consórcio ainda não esteja encerrado;

1 ◼ Dos Procedimentos Especiais de Jurisdição Contenciosa 541

◼ no condomínio em edifícios, o condomínio, representado pelo síndico, pode exigir contas da Administradora. Já o síndico deve prestar contas à Assembleia Geral e ao Conselho Consultivo. Só se ele não o fizer, e não forem tomadas providências, é que a ação poderá ser ajuizada pelos condôminos, individualmente;

◼ o advogado deve prestar contas ao cliente, já que é mandatário deste.

6.3. NATUREZA DÚPLICE

Característica da ação de exigir contas é a sua natureza dúplice. O art. 552 do CPC estabelece que "A sentença apurará o saldo e constituirá título executivo judicial". Mas pode haver saldo credor tanto em favor do autor da ação quanto do réu. **Na sentença, o juiz pode reconhecer saldo em favor deste, sem que ele o postule**. Reconhecido, o saldo poderá ser executado, seja em favor do autor ou do réu.

A prestação de contas é exemplo de ação **intrinsecamente dúplice**. Nas que não o são, o réu não pode formular, na própria contestação, pretensão em face do autor (salvo a de que o juiz julgue improcedente o pedido). Se o réu quiser formulá-la, deverá valer-se da reconvenção.

O que caracteriza as ações dúplices é a possibilidade de o réu formular a sua pretensão na própria contestação, sem necessidade de reconvir. Mas dentre elas, é possível identificar duas categorias. Há aquelas em que é preciso que o réu, na contestação, formule pretensão contra o autor. Por exemplo: as ações possessórias. O réu pode formular pedido contra o autor na contestação. Mas pode não formular, caso em que o juiz só examinará a pretensão do autor. **Mas há as intrinsecamente dúplices, como a prestação de contas, em que o juiz pode reconhecer crédito em favor do réu, e condenar o autor a pagá-lo, independentemente de pedido**. Na pretensão à prestação de contas, está ínsita a noção de que, aquele contra quem for reconhecido o saldo, deve pagá-lo, independentemente de ser autor ou réu.

6.4. A AÇÃO DE EXIGIR CONTAS E A DE PRESTÁ-LAS

Havendo uma relação jurídica da qual resulte a obrigação de prestar contas, e tendo a ação natureza dúplice, **há legitimidade tanto daquele que as tem de prestar como daquele que pode exigi-las**.

Há duas ações diferentes: para exigir contas e para dá-las. Imagine-se que, durante algum tempo, A administrou bens de B. B pode exigir de A que preste contas; e A pode ajuizar ação para prestar a B as contas, liberando-se da obrigação de prestá-las.

Para que haja interesse, é preciso que:

◼ aquele que tem obrigação de prestar contas se recuse a fazê-lo;

◼ ou aquele a quem as contas devem ser prestadas se recuse a recebê-las;

◼ que haja divergência sobre a existência e o montante do saldo apontado nas contas prestadas.

Havendo acordo sobre a obrigação de prestar contas, e sobre o valor do saldo credor ou devedor, as contas podem ser prestadas extrajudicialmente.

542 Direito Processual Civil Esquematizado   *Marcus Vinicius Rios Gonçalves*

Embora se admitam tanto as ações de exigir contas quanto as de dar contas, apenas as primeiras terão procedimento especial (art. 550 e ss.). As de dar contas, uma vez que não vêm tratadas especificamente no Título III do Livro I da Parte Especial, correrão pelo procedimento comum.

6.5. PROCEDIMENTO DA AÇÃO DE EXIGIR CONTAS

Vem tratado no art. 550 do CPC. A ação é **proposta por aquele cujos bens foram administrados por outrem**.

O que caracteriza o seu procedimento é a existência, em regra, de duas fases: a primeira, para que o juiz decida sobre a existência ou não da obrigação de o réu prestar contas. Se o juiz decidir que não, o processo encerra-se nessa fase; mas se decidir que sim, haverá uma segunda, que servirá para que o réu preste as contas, e o juiz possa avaliar se o fez corretamente, reconhecendo a existência de saldo credor ou devedor.

6.5.1. Primeira fase

A petição inicial deve preencher os requisitos do art. 319 do CPC, cuidando o autor de expor com clareza as razões pelas quais tem o direito de exigir contas do réu, e instruindo-a com os documentos comprobatórios de seu direito. Na inicial, ele pedirá ao juiz que mande citar o réu para, no prazo de 15 dias, apresentá-las ou contestar a ação.

Citado, o réu poderá ter uma entre várias condutas possíveis:

■ **pode reconhecer a obrigação de prestar contas, e já as apresentar**, caso em que o juiz considerará superada a primeira fase e passará, desde logo, à segunda. O juiz ouvirá o autor sobre as contas prestadas, no prazo de 15 dias, e determinará as provas necessárias, podendo, se preciso, designar audiência de instrução e julgamento. Ao final, proferirá sentença, na qual decidirá se há saldo em favor de alguma das partes;

■ **pode permanecer inerte**, sem contestar nem prestar as contas solicitadas, caso em que o juiz, aplicando ao réu os efeitos da revelia, julgará antecipadamente o mérito, determinando que o réu preste ao autor as contas solicitadas, no prazo de 15 dias, sob pena de não lhe ser lícito impugnar as que o autor apresentar;

■ **pode apresentar resposta.** Na contestação, o principal fundamento será a inexistência da obrigação de prestar contas, seja porque a relação que havia entre as partes não a impõe, seja porque as contas já foram prestadas extrajudicialmente. O juiz determinará as provas necessárias e, ao final, proferirá sentença. Caso seja de procedência, o réu será condenado a prestar contas em 15 dias, sob pena de não lhe ser lícito impugnar as que o autor apresentar. O réu poderá valer-se de reconvenção, desde que o objeto desta não seja o reconhecimento de saldo em seu favor, já que para tanto não há necessidade de reconvir, dada a natureza dúplice da ação. Mas a reconvenção pode ter outra finalidade. Por exemplo: o autor postula que o réu seja condenado a prestar contas em razão de um contrato, e o réu reconvém para obter a declaração de nulidade deste;

■ **pode o réu contestar, negando a obrigação de prestar contas, mas, ao mesmo tempo, já apresentá-las.** O processo passará desde logo à segunda fase, seguindo-

-se o procedimento do § 2.º do art. 550. Ao apresentar as contas, o réu reconheceu a obrigação, cumprindo apenas verificar se elas estão corretas e se há saldo em favor dos litigantes.

6.5.2. Da decisão que encerra a primeira fase da ação de exigir contas

Como o pronunciamento judicial que condena o réu a prestar contas não põe fim ao processo, marcando apenas a passagem para a segunda fase, o art. 550, § 5.º, refere-se a ele como "decisão". Trata-se de decisão interlocutória de mérito, já que o juiz decide, por meio dela, se o réu deve ou não contas ao autor, determinando que ele as preste. O recurso cabível será o de agravo de instrumento, com fundamento no art. 1.015, II, do CPC. Há controvérsias sobre o momento oportuno para a condenação em honorários advocatícios, em caso de procedência.

Nesse sentido:

"RECURSO ESPECIAL. PROCESSUAL CIVIL. AÇÃO DE EXIGIR CONTAS. PRIMEIRA FASE. PEDIDO INICIAL JULGADO PROCEDENTE. TERMO INICIAL DO PRAZO PARA O RÉU PRESTAR AS CONTAS. INTIMAÇÃO DA DECISÃO. RECURSO ESPECIAL DESPROVIDO. 1. A controvérsia posta no presente recurso especial está em definir o termo inicial do prazo de 15 (quinze) dias, previsto no art. 550, § 5.º, do CPC/2015, para o réu cumprir a condenação da primeira fase do procedimento de exigir contas. 2. Na vigência do CPC/1973, prevalecia a orientação de que a contagem do prazo de 48 (quarenta e oito) horas, que se abria ao réu para cumprir a obrigação de prestar contas, devia ser feita a partir do trânsito em julgado da sentença, independentemente de citação ou intimação pessoal. 2.1. O fundamento principal da referida tese era de que, nos termos do art. 915, § 2.º, CPC/1973, o ato que condena o réu a prestar contas possui a natureza de sentença, impugnável por meio de apelação, dotada de efeito suspensivo. 3. À luz do atual Código de Processo Civil, o pronunciamento que julga procedente a primeira fase da ação de exigir contas tem natureza jurídica de decisão interlocutória de mérito, recorrível por meio de agravo de instrumento. Precedente. 4. Por essa razão, a contagem do prazo previsto no art. 550, § 5.º, do CPC/2015 começa a fluir automaticamente a partir da intimação do réu, na pessoa do seu advogado, acerca da respectiva decisão, porquanto o recurso cabível contra o *decisum*, em regra, não tem efeito suspensivo (art. 995 do CPC/2015). 5. Em relação à forma da intimação da decisão que julga procedente a primeira fase do procedimento de exigir contas, a jurisprudência desta Corte firmou-se no sentido de que deve ser realizada na pessoa do patrono do demandado, sendo desnecessária a intimação pessoal do réu, ante a ausência de amparo legal. 6. Recurso especial conhecido e desprovido" (REsp 1.847.194, Rel. Min. Marco Aurélio Bellizze, j. 16.03.2021).

Ao proferir a decisão condenando o réu a prestar contas, o juiz o condenará ao pagamento de honorários. Se ele as prestar, e o autor aceitá-las, não haverá a fixação de novos honorários, correspondentes à segunda fase. Mas, se nesta surgir controvérsia — do que pode resultar a necessidade de provas, como a pericial e a testemunhal — novos honorários deverão ser fixados. Pode ocorrer, por exemplo, que o réu seja condenado na primeira fase a pagar honorários, porque se recusou a fazê-lo. Mas que, na segunda fase, ele as preste assim que intimado, e que o autor as impugne, reputando-as incorretas. Serão determinadas as provas necessárias e, se o juiz verificar que a razão estava com o réu, será o autor condenado em honorários.

6.5.3. Segunda fase da ação de exigir contas

Tendo o réu sido condenado a prestar contas, passar-se-á à segunda fase, **na qual ele será intimado para o fazer, em 15 dias, sob pena de não poder impugnar as que forem apresentadas pelo autor**.

O réu poderá tomar duas atitudes possíveis:

■ **apresentar as contas**, caso em que a segunda fase processar-se-á na forma do art. 550, § 2.º, do CPC: o autor será ouvido em quinze dias. Se quiser impugná-las, deverá fazê-lo de maneira específica e fundamentada, referindo-se expressamente àqueles lançamentos com os quais não concorda. Feito isso, o juiz determinará as provas necessárias e, ao final, julgará. Mas é preciso que as contas sejam prestadas na forma do art. 551 do CPC. Se o réu apresentar contas, sem obedecer à forma exigida por lei, o juiz não as considerará prestadas. Não é necessário que elas sejam apresentadas sob forma mercantil, como exigia o CPC de 1973. Mas é preciso que o sejam de forma adequada, especificando-se as receitas e os investimentos, se houver. Caso o autor apresente as contas, porque o réu não as apresentou no prazo estabelecido pelo juiz, ele também deverá fazê-lo de forma adequada, já instruídas com os documentos justificativos, especificando-se as receitas, a aplicação das despesas e os investimentos, se houver;

■ **não prestar as contas**, caso em que se procederá na forma do art. 550, § 6.º, 2.ª parte do CPC: o autor as apresentará no prazo de quinze dias, e elas serão julgadas ao prudente arbítrio do juiz, que poderá determinar, se necessário, exame pericial contábil. O réu omisso perde o direito de apresentar contas e de impugnar as que o autor apresentar. Mas isso não significa que o juiz vá acolher as do autor. É preciso examiná-las e, se necessário, determinar as provas para formar a sua convicção. **Não pode o juiz permitir que o autor se valha da proibição de o réu impugná--las, para perpetrar abusos, cobrando mais do que é devido**. Na dúvida, o juiz determinará a realização de exame pericial contábil.

Se o réu não prestar contas, e o autor também não as apresentar, o processo não terá como prosseguir. Cumpre ao juiz intimar o autor para que dê andamento ao feito, sob pena de extinção sem resolução de mérito.

6.6. FORMA PELA QUAL AS CONTAS DEVEM SER PRESTADAS

As contas, tanto as apresentadas pelo réu quanto pelo autor, devem observar a forma prevista no art. 551, *caput* e § 2.º, conforme mencionado no item anterior.

A razão é permitir àquele a quem as contas devem ser prestadas que possa examiná-las e indicar equívocos.

As contas devem vir acompanhadas dos documentos comprobatórios. Se houver a indicação de gastos, é indispensável que sejam comprovados com os recibos ou notas fiscais correspondentes.

1 ◼ Dos Procedimentos Especiais de Jurisdição Contenciosa 545

Se aquele que deve prestar contas não as apresenta dessa maneira, o juiz as considerará não prestadas.

6.7. PRESTAÇÃO DE CONTAS POR DEPENDÊNCIA

Vem tratada no art. 553 do CPC: "As contas do inventariante, do tutor, do curador, do depositário e de outro qualquer administrador serão prestadas em apenso aos autos do processo em que tiver sido nomeado". E o parágrafo único acrescenta que "Se qualquer dos referidos no *caput* for condenado a pagar o saldo e não o fizer no prazo legal, o juiz poderá destituí-lo, sequestrar os bens sob sua guarda, glosar o prêmio ou a gratificação a que teria direito e determinar as medidas executivas necessárias à recomposição do prejuízo".

A peculiaridade é que as pessoas indicadas administram bens alheios por determinação judicial e devem prestar contas de sua gestão.

Não haverá ação autônoma, mas um incidente em apenso. **A determinação para que as contas sejam prestadas pode ser do próprio juiz, de ofício ou a requerimento do Ministério Público.**

Como se trata de mero incidente, as contas não serão julgadas por sentença, mas decisão interlocutória agravável. Verificada a existência de saldo a ser pago pelo administrador, ele o fará sob pena de incorrer nas sanções do art. 553, parágrafo único, do CPC.

Esse incidente não impede que eventuais interessados possam se valer da ação autônoma de exigir contas contra o administrador. Ainda que o juiz tenha, por exemplo, determinado que o inventariante preste contas de sua gestão, no inventário, um dos herdeiros, ou qualquer outro interessado, pode ajuizar ação autônoma, que seguirá os procedimentos mencionados nos itens anteriores.

7. AÇÕES POSSESSÓRIAS

7.1. INTRODUÇÃO

7.1.1. A proteção possessória

A lei brasileira confere proteção à posse, permitindo que o possuidor a defenda de eventuais agressões de duas maneiras: **pela autotutela e pela heterotutela (ações possessórias)**.

A autotutela vem tratada no art. 1.210, § 1.º, do CC: "O possuidor turbado, ou esbulhado, poderá manter-se ou restituir-se por sua própria força, contanto que o faça logo; os atos de defesa, ou de desforço, não podem ir além do indispensável à manutenção ou restituição da posse".

Esse mecanismo de defesa, conquanto de grande interesse, foge ao âmbito de nossos estudos, já que feito sem a instauração de processo, e sem a intervenção do Judiciário.

O que os interessa são as ações possessórias e seu procedimento (heterotutela), examinados no item seguinte.

7.1.2. As ações possessórias

São três as ações ou interditos possessórios, previstos em nosso ordenamento jurídico: **a ação de reintegração de posse, a de manutenção de posse e o interdito proibitório**. O que as caracteriza é a pretensão do autor, de recuperar, conservar ou proteger a posse, objeto de agressões ou ameaças.

A ação, para ser qualificada de possessória, **tem de estar fundada na posse do autor, que foi, está sendo, ou encontra-se em vias de ser agredida**. Não interessa se o bem é de propriedade dele, mas se ele tem ou teve posse, e se ela lhe foi tirada de forma indevida.

Para uma melhor compreensão das ações possessórias, cumpre compará-las com outras que, conquanto afins, não têm a mesma natureza.

7.1.2.1. Outras ações, que não podem ser confundidas com as possessórias

7.1.2.1.1. Ação de imissão de posse

O nome poderia levar o leitor a pensar que se trata de ação possessória. **Mas não é: a ação é petitória, fundada não na posse, mas na propriedade**.

A ação de imissão de posse é aquela **atribuída ao adquirente de um bem, que tenha se tornado seu proprietário, para ingressar na posse pela primeira vez, quando o alienante não lhe entrega a coisa**. Essa ação nunca poderia ter natureza possessória, porque o seu autor não tem nem nunca teve posse. O seu objetivo é obtê-la pela primeira vez, quando se obtém a propriedade da coisa. Aquele que compra um bem tem o direito de o ter consigo. Se o vendedor não o entrega, a ação adequada não será possessória, porque o adquirente não quer a coisa para si por ser um possuidor esbulhado ou turbado, mas por ter adquirido a propriedade e ser o novo dono da coisa.

Mas, às vezes, no contrato de alienação de bens, as partes fazem constar uma cláusula especial, pela qual, por meio daquele instrumento, o vendedor transfere ao comprador não só a propriedade, mas a posse do bem. Com isso, o comprador tornar-se-á possuidor, ainda que não apreenda a coisa. **A sua posse é decorrência da cláusula contratual, que se chama** *constituti*. Havendo recusa do vendedor em entregar a coisa, o comprador poderá valer-se da ação possessória, já que pela cláusula *constituti* houve transferência da posse, e se o vendedor não a entregar, ficará configurado o esbulho. **Mas só se houver a cláusula**. Sem ela, o comprador só terá a propriedade tendo que se valer da ação de imissão de posse, que nada mais é que uma **espécie de ação reivindicatória**, de ação do proprietário para, com fundamento no domínio, haver a posse do bem.

A vantagem da ação possessória sobre a imissão de posse é que a primeira, preenchidos os requisitos, permitirá ao juiz conceder liminar específica.

7.1.2.1.2. Ação reivindicatória

Tanto o proprietário, privado injustamente do bem, quanto o possuidor esbulhado têm o direito de reavê-lo. O proprietário, por força do disposto no art. 1.228 do CC, que lhe dá o direito de reaver a coisa do poder de quem injustamente a possua ou

1 ■ Dos Procedimentos Especiais de Jurisdição Contenciosa

detenha. O segundo, porque a posse é protegida por lei, e não pode ser tirada do possuidor de forma indevida, ilícita.

Imagine-se, por exemplo, que A seja proprietário de um bem, e B, o seu possuidor, que o tenha consigo sem autorização do dono. O proprietário pode ajuizar ação reivindicatória para reavê-lo e, se provar a sua condição, terá êxito. **Mas nem mesmo ele (muito menos outras pessoas) pode tomar a coisa do possuidor, indevidamente, com emprego de violência, clandestinidade ou precariedade**. Se isso ocorrer, o possuidor merecerá a proteção possessória, até mesmo contra o proprietário, que tomou a coisa à força.

A ação reivindicatória é a que tem o proprietário para, com base em seu direito, reaver a posse da coisa, que está indevidamente com o terceiro; a ação possessória é a ação que tem o possuidor cuja posse está sendo agredida ou ameaçada. O fundamento da primeira é o direito de propriedade e o direito de sequela do proprietário, que lhe permite buscar a coisa em mãos de quem quer que com ela esteja indevidamente; o fundamento da possessória é o direito do possuidor de manter a posse, impedindo que ela lhe seja tirada por meios indevidos. A posse pode ser tirada do possuidor apenas por meios lícitos, como pelo ajuizamento de ação reivindicatória pelo dono. Mas não por esbulho, turbação ou ameaça, caso em que o possuidor poderá defender-se pela autotutela e pelas ações possessórias até mesmo contra o dono.

7.1.2.1.3.   Ação de nunciação de obra nova

Conquanto pressuponha que o autor seja proprietário ou possuidor do bem, **a nunciação de obra nova não é possessória, porque não tem por finalidade proteger a posse**. Sua função é permitir àquele que tem posse ou propriedade impedir a construção de obra nova em imóveis vizinhos; ou ao condômino, que impeça que o coproprietário altere a coisa comum.

7.1.2.1.4.   Embargos de terceiro

É a ação que mais se aproxima das possessórias. Sua função é permitir ao terceiro, que não é parte do processo, recuperar a coisa objeto de constrição judicial. Não é possessória porque pode ser ajuizada não apenas pelo possuidor, mas também pelo proprietário, e visa proteger o terceiro, não propriamente de esbulho, turbação ou ameaça, mas de apreensão judicial indevida.

7.1.3.   Os três interditos possessórios

As ações possessórias são também chamadas **interditos possessórios**. São elas: a reintegração de posse, a manutenção de posse e o interdito proibitório, cabíveis quando houver, respectivamente, esbulho, turbação ou ameaça. O que permite identificar qual a adequada é o tipo de agressão que a posse sofreu.

É preciso identificar cada um desses tipos:

■ **esbulho**: pressupõe que a vítima seja desapossada do bem, que o perca para o autor da agressão. É o que ocorre quando há uma invasão e o possuidor é expulso da coisa;

- **turbação:** pressupõe a prática de atos materiais concretos de agressão à posse, mas sem desapossamento da vítima. Por exemplo: o agressor destrói o muro do imóvel da vítima; ou ingressa frequentemente, para subtrair frutas ou objetos de dentro do imóvel;
- **ameaça:** não há atos materiais concretos, mas o agressor manifesta a intenção de consumar a agressão. Se ele vai até a divisa do imóvel, e ali se posta, armado, com outras pessoas, dando a entender que vai invadir, há ameaça.

Mas nem sempre nos casos concretos será fácil identificar quando há esbulho, turbação ou ameaça. Há casos que ficam em uma zona cinzenta, que alguns podem classificar de uma maneira, e outros de forma distinta.

Imagine-se que o agressor invadiu o terreno da vítima e a desapossou de uma pequena parte, permitindo que permanecesse no restante: haverá esbulho ou turbação? Ou que uma pessoa se poste na entrada de um imóvel, e ameace as pessoas que queiram ingressar. Haverá apenas ameaça? Mas, se ela for de tal ordem que nem o proprietário consiga entrar, não haverá esbulho?

A lei material não foi precisa, nem estabeleceu com exatidão os limites distintivos entre as diversas formas de agressão. Por essa razão, e para evitar eventuais prejuízos à vítima, no momento de escolher a ação adequada, **a lei considerou as três ações possessórias fungíveis entre si, permitindo que o juiz conceda uma forma de proteção possessória diferente da que foi postulada, sem que a sua sentença seja *extra petita*.**

7.2. PECULIARIDADES DAS AÇÕES POSSESSÓRIAS

Antes de examinarmos o procedimento especial das ações possessórias de força nova, convém conhecer algumas de suas peculiaridades, úteis para distingui-las de outras ações. Elas são exclusivas das três ações possessórias anteriormente mencionadas. São elas:

7.2.1. Fungibilidade

Vem expressamente prevista no art. 554 do CPC: "A propositura de uma ação possessória em vez de outra não obstará a que o juiz conheça do pedido e outorgue a proteção legal correspondente àquela, cujos pressupostos estejam provados".

Em outras ocasiões, vemos que a lei processual se vale da fungibilidade para evitar prejuízo aos litigantes, em situações nas quais pode haver dúvida sobre qual a providência adequada.

Por exemplo, nos recursos, quando existe controvérsia a respeito da natureza da decisão recorrida; ou nas tutelas provisórias, quando o juiz verifica que a providência postulada não é a que assegure melhor a proteção ao postulante.

Diante da possível dúvida sobre a natureza da agressão à posse, o legislador houve por bem considerar fungíveis as ações possessórias.

Ao fazê-lo, flexibilizou o princípio da adstrição do juiz ao pedido, permitindo que conceda medida diversa da postulada.

Em duas circunstâncias a fungibilidade poderá ser utilizada:

1 ■ Dos Procedimentos Especiais de Jurisdição Contenciosa 549

■ quando a parte qualificar a agressão de determinada maneira (por exemplo, como turbação), postulando a proteção correspondente, e o juiz considerar que a qualificação adequada é outra (por exemplo, esbulho). Ainda que tenha sido pedida a manutenção de posse, o juiz concederá a reintegração na posse, sem necessidade que a inicial seja aditada. E sua sentença não será considerada *extra* ou *ultra petita*;

■ quando, no curso do processo, um tipo de agressão transformar-se em outro. Por exemplo: no momento da propositura, havia apenas uma ameaça, ou uma turbação. Mas, depois de ajuizada, o réu perpetra o esbulho. Não haverá necessidade de alterar o pedido, podendo o juiz conceder a proteção possessória adequada à nova circunstância.

7.2.2. A cumulação de pedidos

O art. 327 do CPC autoriza, genericamente, a cumulação de pedidos nos processos em geral, desde que sejam compatíveis entre si, que o juízo tenha competência para julgar todos e que os procedimentos sejam os mesmos.

Ainda quando haja diferenças de procedimento, admite-se a cumulação desde que o autor observe, em relação a todos, o comum, quando possível.

Uma importante particularidade das ações possessórias é a que vem consignada no art. 555 do CPC: "É lícito ao autor cumular ao pedido possessório o de: I — condenação em perdas e danos; II — indenização dos frutos". Além disso, dispõe o parágrafo único que o autor pode requerer a imposição de medida necessária e adequada para evitar nova turbação ou esbulho e para cumprir-se a tutela provisória ou final.

O que há de peculiar é que haverá cumulação sem prejuízo do procedimento especial, sem que o autor possa postular a liminar possessória.

Também outros pedidos podem ser, em princípio, cumulados, desde que se observe o procedimento comum. Isso, *a priori*, também não obsta o emprego de técnicas processuais diferenciadas, desde que não haja incompatibilidade com o procedimento comum (art. 327, § 2.º, do CPC).

Os pedidos que podem ser cumulados são:

■ **Reparação de danos.** Da agressão à posse podem decorrer prejuízos. O invasor é capaz, por exemplo, de provocar destruição e danos à coisa. E pode impedir o possuidor de usá-la, e retirar os frutos que ela produz. Pode haver lucros cessantes e danos emergentes.

■ **Indenização dos frutos.** Se o réu tiver mantido a posse com boa-fé, ele tornará seus os frutos colhidos. Mas, se for possuidor de má-fé, terá que restituí-los todos (se não for possível a restituição, deve-se pagar o equivalente em dinheiro) e indenizar aqueles frutos que, por sua culpa, se perderam. O autor pode, na inicial, postular esse ressarcimento.

■ **Imposição de medida para evitar novas agressões à posse ou para compelir ao cumprimento da tutela provisória ou final.** A medida, por excelência, é a **multa cominatória**. É instrumento de prevenção. O autor pede ao juiz que fixe uma multa suficientemente elevada para atemorizar o réu de, no futuro, tentar novas agressões à posse. Há controvérsia se, havendo nova agressão, a multa pode ser executada no mesmo processo em que foi fixada, ou se há necessidade de ajuizamento de um novo, para que se prove a nova agressão. Parece-nos que, ao fixar a multa, o juiz decide relação condicional, tal como permite o art. 514 do CPC. O réu incorrerá em multa caso promova nova agressão. Não há necessidade de nova ação, bastando ao autor que, na forma do citado artigo, faça a comprovação do novo ataque à sua posse, para que possa executar a multa.

Parece-nos que não é necessária nova ação, nem mesmo para expulsar o invasor, após a segunda agressão à posse. Ele terá descumprido a sentença anterior, que reconheceu a melhor posse do autor, bastando a esse que postule ao juiz o revigoramento do mandado de reintegração de posse, sem prejuízo da multa.

A multa cominatória é o pedido principal nas ações de interdito proibitório, cujo caráter é sempre preventivo, já que só há uma ameaça. Nas demais possessórias, a multa ou qualquer outra medida coercitiva não é o pedido principal, mas pode ser postulada cumulativamente.

7.2.3. Natureza dúplice

O art. 556 do CPC estabelece que "É lícito ao réu, na contestação, alegando que foi ofendido em sua posse, demandar a proteção possessória e a indenização pelos prejuízos resultantes da turbação ou do esbulho cometido pelo autor".

Esse dispositivo atribui, às possessórias, caráter dúplice, pois autoriza o réu a formular pedidos contra o autor, na contestação, sem reconvir.

Pode ocorrer, por exemplo, que as divisas entre dois imóveis não estejam muito claras. O autor acha que está sendo esbulhado, e o réu, por sua vez, pensa que é o autor quem está desrespeitando as divisas.

Proposta a ação, o réu, na contestação, pode alegar que é a vítima, e postular ao juiz que conceda a ele a reintegração de posse.

O réu poderá cumular, na contestação, os pedidos indicados no art. 555, o possessório, o de reparação de danos, o de indenização de frutos e a aplicação de medida coercitiva, para evitar novas agressões à posse ou compelir ao cumprimento da tutela final. Só não pode pedir liminar, já que o procedimento só permite que seja postulada pelo autor.

Sobre os pedidos formulados na contestação, o juiz ouvirá o autor e, na sentença, os examinará todos.

Em razão da natureza dúplice, em regra não caberá reconvenção nas ações possessórias, já que ela será desnecessária. **Mas não se pode afastá-la quando o réu formular contra o autor algum pedido, que preencha os requisitos do art. 343 do CPC, mas não esteja entre aqueles do art. 555.** Por exemplo: o réu pode reconvir para postular rescisão ou anulação de contrato.

7.2.4. Exceção de domínio

Exceção é expressão utilizada para se referir à defesa. **A exceção de domínio consiste na possibilidade de o réu defender-se, com êxito, na ação possessória, alegando a qualidade de proprietário do bem.**

1 ◼ Dos Procedimentos Especiais de Jurisdição Contenciosa   551

Uma vez que a ação é possessória, poderia o juiz julgá-la decidindo com fulcro na propriedade, em vez de ater-se à questão da posse?

Em princípio, não haveria dificuldade nessa questão, pois posse e propriedade são coisas diferentes, e a primeira pode ser protegida até mesmo contra a segunda, se o proprietário se vale de meios indevidos ou ilícitos, para retirar a coisa do possuidor.

Mas a exceção de domínio tornou-se tema complexo por força do art. 505 do Código Civil de 1916, cuja redação era bastante confusa: "Não obsta à manutenção ou reintegração na posse, a alegação de domínio, ou de outro direito sobre a coisa. Não se deve, entretanto, julgar a posse em favor daquele a quem evidentemente não pertencer o domínio".

As duas partes do dispositivo mostravam-se em franca contradição: enquanto a primeira dizia que a possessória deve ser julgada exclusivamente com base na posse, não interessando a questão do domínio, a segunda dizia que a ação não poderia ser julgada a favor de quem não fosse o proprietário. Afinal, a questão da propriedade interessava ou não para o julgamento da possessória?

Depois de muita discussão, **pacificou-se a jurisprudência no sentido de que, em princípio, o juiz deveria ater-se à posse, não interessando quem era o proprietário.** Apenas em um caso era possível julgar com base na propriedade. Era aquele indicado na Súmula 487 do Supremo Tribunal Federal: "Será deferida a posse a quem, evidentemente, tiver o domínio, se com base neste for ela disputada".

Se a ação for possessória, **mas ambas as partes — autor e réu — invocarem a sua condição de proprietários, o juiz poderá julgá-la em favor de quem demonstrar tal qualidade.** Ou seja: a possessória decide-se apenas com base na posse, salvo se ambas as partes arvorarem-se em proprietárias, caso em que o juiz decidirá em favor de quem comprovar melhor seu direito.

Essa discussão só fazia sentido por causa da segunda parte do art. 505 do CC de 1916, que autorizava a discussão dominial no bojo da ação possessória.

O novo Código Civil, no art. 1.210, § 2.º, dispõe: "Não obsta à manutenção ou reintegração na posse a alegação de propriedade, ou de outro direito sobre a coisa". A lei não traz exceção à regra, **e não permite mais, em nenhuma hipótese, que nas ações possessórias se alegue ou se discuta propriedade, ou que o juiz julgue com base nela.**

Não há mais em nosso ordenamento jurídico, em nenhuma circunstância, a exceção de domínio, e o réu não pode, com sucesso, defender-se invocando a sua condição de proprietário. O juiz deverá ater-se à posse, sem pronunciar-se a respeito da propriedade. **Está revogada, portanto, a Súmula 487 do STF.**

7.2.5. Impossibilidade de, no curso das possessórias, ser intentada ação de reconhecimento de domínio

Dispõe o art. 557 do CPC: "Na pendência de ação possessória é vedado, tanto ao autor quanto ao réu, propor ação de reconhecimento do domínio, exceto se a pretensão for deduzida em face de terceira pessoa". **Esse dispositivo mostra a preocupação do legislador em manter estanques o juízo petitório e o possessório.**

552 Direito Processual Civil Esquematizado   *Marcus Vinicius Rios Gonçalves*

Se uma das partes pudesse ajuizar ação dominial contra a outra, versando sobre o mesmo bem sobre o qual pende a ação possessória, haveria necessidade de reunião de ações, por conexidade, e a propriedade acabaria interferindo no juízo possessório.

Por isso, na pendência da ação possessória — **portanto, desde o seu ajuizamento até o trânsito em julgado — não se admite ação de reconhecimento de domínio, envolvendo as mesmas partes**.

A proibição é temporária: concluída a ação possessória, aquele que quiser propor ação dominial poderá fazê-lo. Mas, se o fizer pendente a possessória, o processo será extinto sem resolução de mérito, por falta de pressuposto processual negativo, o que poderá ser conhecido pelo juiz de ofício.

Não há inconstitucionalidade na vedação legal, porque o proprietário não fica privado, em definitivo, de seu acesso à justiça, mas somente enquanto tramita a ação possessória.

Um exemplo pode aclarar a situação. Imagine-se que A seja possuidor de um bem, e B, o seu proprietário.

Se B quiser reaver o bem, deverá ajuizar em face de A ação reivindicatória que, se acolhida, obrigará à restituição. Mas, se B, em vez disso, for até o imóvel e tomá-lo à força, ou de forma clandestina, A poderá ajuizar contra ele ação possessória, porque B, embora proprietário, perpetrou esbulho.

Não adianta B alegar em defesa a sua condição de dono, já que não mais se admite a exceção de domínio no Brasil. Ele não poderá ainda ajuizar ação reivindicatória contra A, enquanto a possessória estiver pendente. Comprovado o esbulho, o juiz acolherá a possessória e mandará B restituir o bem a A. Só então, B poderá ajuizar, em face de A, ação reivindicatória para reaver a coisa por meios legítimos.

A vedação a que, nas ações possessórias, se discuta a questão dominial não se aplica, no entanto, aos entes públicos que intervenham em ações possessórias entre particulares, como resulta da súmula 637 do C. Superior Tribunal de Justiça: "o ente público detém legitimidade e interesse para intervir, incidentalmente, na ação possessória entre particulares, podendo deduzir qualquer matéria defensiva, inclusive, se for o caso, o domínio".

7.3. PROCEDIMENTO DAS AÇÕES POSSESSÓRIAS

7.3.1. Os dois tipos de procedimento

Existem dois tipos de ação possessória: **a de força nova e a de força velha**. O que as distingue é o procedimento, o que fica evidenciado pelo art. 558 do CPC: "Regem o procedimento de manutenção e reintegração de posse as normas da Seção II deste Capítulo, quando a ação for proposta dentro de ano e dia da turbação ou do esbulho afirmado na petição inicial". O parágrafo único acrescenta: "Passado o prazo referido no 'caput', será comum o procedimento, não perdendo, contudo, o caráter possessório".

A ação de força nova é aquela intentada dentro do prazo de ano e dia, a contar da data do esbulho ou da turbação. O que a caracteriza é o procedimento especial, em

1 ■ Dos Procedimentos Especiais de Jurisdição Contenciosa

que há a possibilidade de **liminar própria**, com requisitos específicos. Se o autor propuser a ação depois de ano e dia, ela observará o procedimento comum.

A posse obtida indevidamente, com violência, clandestinidade, precariedade, ou outro meio ilícito, continua injusta mesmo depois do prazo de ano e dia. A vítima do esbulho ou turbação poderá valer-se com sucesso da possessória mesmo depois desse prazo; porém, a ação intentada não terá procedimento especial, mas comum. O transcurso desse prazo não tem relevância na qualificação da posse, e sim no procedimento da ação possessória.

No caso da violência ou clandestinidade, o prazo de ano e dia corre da cessação de uma e outra, porque só então o invasor adquirirá a posse, nos termos do art. 1.208 do CC. Antes disso, terá apenas detenção. No caso da precariedade, o prazo corre do momento em que o esbulhador evidencia a sua mudança de ânimo em relação à coisa, por não reconhecer mais a obrigação de restituí-la.

Proposta até um ano e um dia depois, a ação seguirá o procedimento especial, tenha por objeto bem móvel ou imóvel; passado o prazo, o procedimento será o comum.

O procedimento especial, examinado nos itens seguintes, **só tem de particular a fase de liminar, que pode ser deferida de plano ou após a audiência de justificação**. Ultrapassada essa fase, prosseguir-se-á pelo procedimento comum.

7.3.2. Procedimento especial

Será observado nas ações possessórias de força nova, ajuizadas até um ano e dia após a agressão à posse.

O que o torna especial é a fase inicial, com a possibilidade de deferimento de liminar, que pode ser concedida de plano ou após a audiência de justificação. Com a autorização, dada pelo art. 297 do CPC, para concessão de tutelas antecipadas em geral, caberia indagar se não teriam desaparecido as diferenças entre a possessória de força nova e a de força velha, já que em ambas é possível o juiz deferir a medida possessória requerida desde logo. A resposta é negativa: **as diferenças persistem, porque a liminar deferida na ação possessória de força nova, conquanto antecipe a providência possessória postulada, tem requisitos muito diferentes da tutela antecipada genérica prevista na Parte Geral**.

Esta exige a verificação de elementos que evidenciem a probabilidade do direito e perigo de dano ou risco ao resultado útil do processo. Sem esses requisitos, será negada. Como se exige risco de dano, essa medida é considerada tutela de urgência. Já a liminar possessória **não exige perigo nem urgência, mas somente que o autor demonstre, em cognição sumária, que tinha a posse e foi esbulhado ou turbado, há menos de ano e dia**.

Por isso, o que torna peculiar o procedimento da ação possessória não é propriamente a liminar, mas a possibilidade de que seja deferida com requisitos específicos, que não se confundem com os requisitos gerais das tutelas antecipadas.

Nos itens seguintes, serão examinados alguns dos aspectos mais importantes do procedimento especial das ações possessórias.

554 Direito Processual Civil Esquematizado · *Marcus Vinicius Rios Gonçalves*

7.3.2.1. Competência

Se a ação possessória tiver por objeto bem móvel, a competência será do domicílio do réu (art. 46 do CPC); se tiver por objeto bem imóvel, a competência será a do foro de situação da coisa (art. 47, § 2.º).

Para fins de outorga uxória, as possessórias são **tratadas como ações pessoais**, que dispensam a autorização do cônjuge ou companheiro, exigida nas ações reais imobiliárias.

Mas, para fins de competência, **elas são tratadas como reais**, pois seguem a regra das ações reais imobiliárias, devendo ser propostas no foro de situação da coisa. **Trata--se de competência absoluta**.

Essas conclusões valem tanto nas ações de força nova como de força velha.

7.3.2.2. Legitimidade ativa

Quem pode promover ação possessória é **o possuidor que alega ter sido esbulhado**, turbado ou ameaçado. O proprietário não terá legitimidade, a menos que também seja possuidor.

Em caso de morte, a legitimidade passará a seus herdeiros e sucessores, a quem a posse se transmite de pleno direito (art. 1.207 do CC). Mas a ação possessória poderá ser ajuizada tanto pelo espólio (caso não tenha ainda havido partilha de bens), representado pelo inventariante, **quanto pelos herdeiros individualmente**.

Em caso de sucessão entre vivos, por cessão dos direitos possessórios, o cessionário terá legitimidade para defender a posse, já que a ele é facultado unir a sua posse à de seu antecessor (art. 1.289, 2.ª parte).

A ação possessória poderá ser ajuizada por qualquer tipo de possuidor: direto ou indireto, natural ou civil, justo ou injusto.

Para que se compreenda porque até o possuidor injusto pode propor ação possessória, é indispensável recordar o caráter relativo da injustiça da posse. Por exemplo: se A é esbulhado por B, a posse de B é injusta em relação a A. Mas se, posteriormente, C tentar tomar a coisa à força de B, agora a posse de B será justa em relação a C. Por isso, B poderá ajuizar com sucesso ação possessória em face de C, ainda que, em relação a A, a posse dele seja injusta.

7.3.2.3. Legitimidade passiva

É daquele que perpetrou a agressão à posse, a quem se imputa a qualidade de autor do esbulho, turbação ou ameaça. Se tiver falecido, do espólio ou herdeiros.

Se tiver havido transferência a terceiros, a vítima só poderá valer-se da ação possessória com sucesso, se eles tiverem recebido a coisa **de má-fé**. É o que o art. 1.212 do CC estabelece: "O possuidor pode intentar a ação de esbulho, ou a de indenização, contra o terceiro, que recebeu a coisa esbulhada sabendo que o era".

Se o esbulhador transfere a posse da coisa a um terceiro de boa-fé, que a recebeu ignorando o vício que a contaminava, a vítima do esbulho não poderá ajuizar a ação possessória com sucesso. Se ela for proprietária, deverá valer-se da ação reivindicatória

1 ◼ Dos Procedimentos Especiais de Jurisdição Contenciosa   555

contra o terceiro de boa-fé, mas, se tiver apenas posse, não conseguirá reavê-la. Poderá somente postular reparação de danos em face do esbulhador.

Se o autor da agressão à posse for incapaz, a ação será ajuizada contra os seus pais ou responsável.

7.3.2.3.1. Cabe ação possessória contra a Fazenda Pública?

A resposta é afirmativa, **desde que a Fazenda tenha-se apossado indevidamente de bens alheios**. Mas há duas ressalvas:

◼ o art. 562, parágrafo único, estabelece: "Contra as pessoas jurídicas de direito público não será deferida a manutenção ou a reintegração liminar sem prévia audiência dos respectivos representantes judiciais". Esse dispositivo não veda a concessão de liminares contra a Fazenda, mas exige que primeiro se ouçam os representantes judiciais, pelas razões que serão expostas em seguida;

◼ a Fazenda Pública pode dar à área ocupada uma finalidade pública, construindo no local, por exemplo, uma escola, um hospital ou uma repartição. Nesse caso, por força do princípio da supremacia do interesse público, **o possuidor e o proprietário perderão a coisa, mas serão ressarcidos pelos prejuízos que sofreram**. Tais prejuízos poderão ser cobrados pelo proprietário, na chamada "desapropriação indireta", ou pelo possuidor, já que também a posse tem valor econômico.

Além disso, reconhece-se aos entes públicos interesse em intervir nas ações possessórias entre particulares, podendo deduzir qualquer matéria defensiva, incluindo a propriedade. Nesse sentido, a súmula 637 do C. Superior Tribunal de Justiça, que assim estabelece: "o ente público detém legitimidade e interesse para intervir, incidentalmente, na ação possessória entre particulares, podendo deduzir qualquer matéria defensiva, inclusive, se for o caso, o domínio". A súmula afasta a aplicação, aos entes públicos que intervenham em possessórias entre particulares, do disposto no art. 557 do CPC, que veda a alegação de domínio na pendência da ação possessória.

7.3.2.3.2. O que fazer quando há muitos invasores, que não podem ser identificados?

São notórios os casos de invasões perpetradas por grande número de pessoas, cuja identidade é desconhecida da vítima. Se não puder ser apurada, a ação poderá ser proposta **contra todos indistintamente, sem que se identifique um a um**. O art. 554, § 1.º, manda que, no caso de figurar, no polo passivo, um grande número de pessoas, seja feita a citação **pessoal dos que forem encontrados no local e, por edital, a citação dos demais**. O oficial de justiça procurará os ocupantes no local por uma vez, citando-se por edital os que não forem encontrados. Determina-se ainda que o juiz dê ampla publicidade sobre a existência da ação e dos respectivos prazos processuais, podendo valer-se, para tanto, de anúncios em jornal ou rádio locais, da publicação de cartazes na região do conflito e de outros meios (art. 554, §§ 1.º e 3.º). Nos casos de grandes invasões, deverá haver intimação do Ministério Público e, havendo pessoas em situação de hipossuficiência econômica, também da Defensoria Pública.

556 Direito Processual Civil Esquematizado   *Marcus Vinicius Rios Gonçalves*

7.3.2.4. Petição inicial

Não há peculiaridades na petição inicial da possessória, que deve preencher todos os requisitos do art. 319 do CPC.

Os maiores cuidados que o autor deve ter são o de **indicar com precisão o bem** objeto da pretensão para que, em caso de acolhimento do pedido, seja possível cumprir o mandado de reintegração ou manutenção de posse.

Além disso, precisará descrever com clareza em que consiste ou consistia a sua posse, e de que maneira se verificou o esbulho, turbação ou ameaça. Afinal, essas informações são indispensáveis por constituírem o pedido e os seus respectivos fundamentos.

O valor da causa deve ser o do bem reclamado.

7.3.2.5. Liminar

É o que torna especial o procedimento das possessórias de força nova. Consiste na possibilidade de o juiz **determinar, de plano, a reintegração ou a manutenção de posse. Ou ainda fixar de plano a multa preventiva, no interdito proibitório**.

Ela tem natureza de verdadeira tutela antecipada, já que concede no início do processo aquilo que só seria concedido ao final. Não é a tutela antecipada genérica da Parte Geral do CPC, cujos requisitos já foram examinados. **Mas específica, própria das ações de força nova**.

Os seus requisitos são enumerados no art. 561 do CPC: "Incumbe ao autor provar: I — a sua posse; II — a turbação ou o esbulho praticado pelo réu; III — a data da turbação ou do esbulho; IV — a continuação da posse, embora turbada, na ação de manutenção, ou a perda da posse, na ação de reintegração".

Ela não é tutela de urgência, porque não exige risco de dano irreparável ou de difícil reparação. Decorre do direito material, que dá ao titular da posse, esbulhado há até ano e dia, o direito de reaver a coisa de imediato, independentemente da existência de perigo.

O juiz examinará os requisitos do art. 561 em cognição sumária, porque o réu, quando da liminar, não terá tido oportunidade de manifestar-se e apresentar a sua versão.

7.3.2.6. Quando pode ser deferida a liminar?

A liminar típica das ações possessórias é deferida sempre antes da ouvida do réu, **antes que tenha tido oportunidade de oferecer resposta**.

Pode ser deferida:

■ **de plano**, assim que apresentada a inicial, desde que esteja de tal forma instruída que o juiz, em cognição sumária, se convença do preenchimento dos requisitos do art. 561 do CPC. **A liminar será dada antes que o réu seja citado.** O prazo de contestação, de 15 dias, correrá da data da juntada aos autos do mandado de citação devidamente cumprido. Diante do disposto especificamente no art. 564 do CPC, não se realiza, na ação possessória de força nova, audiência preliminar de tentativa de conciliação, e o prazo de contestação começará, não havendo audiência de justificação de posse, da

1 ■ Dos Procedimentos Especiais de Jurisdição Contenciosa 557

juntada aos autos do aviso de recebimento ou do mandado de citação cumpridos. Não é muito comum que a liminar seja deferida de plano, porque, tendo a posse aspectos fáticos, nem sempre é possível, com a inicial, trazer todos os elementos para o convencimento do juiz;

■ **após a audiência de justificação.** Se o juiz quiser maiores esclarecimentos para apreciar a liminar, será designada audiência de justificação. Sua finalidade é **dar ao autor a oportunidade de produzir provas dos requisitos da medida**. Com frequência, somente com prova oral se poderá apurar, ainda em cognição sumária, se o autor tem ou teve mesmo a posse, e se houve o esbulho ou a turbação há até ano e dia.

7.3.2.6.1. Pode a audiência de justificação ser designada de ofício?

Não havendo elementos suficientes para o deferimento de plano da liminar, o juiz designará audiência de justificação. Mas, para isso, é preciso que tenha havido requerimento do autor, ou a audiência pode ser determinada de ofício? Se não houver elementos suficientes e o autor não a tiver requerido, deve o juiz indeferir a liminar?

Há controvérsia doutrinária a respeito. Mas prevalece, e com razão, o entendimento de que, se houve o requerimento de liminar, **está implícito o pedido de que o juiz, caso não a conceda de plano, designe audiência de justificação**. Ainda que o autor não a peça expressamente, o juiz poderá designá-la, sem que sua decisão seja *extra petita*. Nesse sentido, o acórdão no AgRG no Ag 113.817/SP, Rel. Min. Massami Uyeda, *DJU* 12.06.2009.

7.3.2.6.2. Procedimento da audiência de justificação

Designada audiência, o juiz determinará a citação do réu, intimando-o da data marcada. **Não é lícito que ela se realize sem que o réu tenha sido citado**, pois, conquanto ele não possa produzir provas, tem o direito de acompanhá-las. Se necessário, a citação será feita por edital ou com hora certa.

Conquanto o réu seja citado antes da audiência, o prazo de resposta ainda não estará correndo, pois passará a fluir do momento em que ele tiver ciência da decisão a respeito da liminar.

A liminar é sempre examinada sem a ouvida do réu, ainda que tenha sido designada audiência de justificação. Por isso, a sua participação é limitada. Ele pode apenas participar da ouvida das testemunhas do autor, **mas não pode arrolar as suas**. Isso não ofende o princípio constitucional do contraditório, porque oportunamente o réu será ouvido, e terá toda oportunidade de manifestar-se. Haverá contraditório diferido.

Só o autor poderá arrolar testemunhas, já que a função da audiência é dar-lhe oportunidade de produzir provas para a liminar. Essa audiência não se confunde com a de instrução e julgamento, na fase de instrução, na qual o juiz colherá tanto as provas orais requeridas pelo autor quanto pelo réu.

O réu poderá assistir à audiência e, desde que acompanhado de advogado, participar da ouvida das testemunhas do autor, seja formulando perguntas, seja oferecendo contradita. Não há óbice a que, nessa audiência, apresente documentos, que possam esclarecer alguma circunstância importante. Por exemplo, a realização de

558 Direito Processual Civil Esquematizado   *Marcus Vinicius Rios Gonçalves*

benfeitorias necessárias e úteis na coisa, enquanto possuidor de boa-fé, o que lhe daria o direito de retenção.

Nessa audiência, presentes as partes, o juiz tentará a conciliação. Se não tiver sucesso, ouvirá as testemunhas do autor e apreciará a liminar, ou na própria audiência, ou no prazo de dez dias.

7.3.2.6.3. O prazo de resposta do réu, quando há audiência de justificação

Designada audiência, o réu será citado, porém o prazo de resposta não fluirá da juntada aos autos do mandado devidamente cumprido, **mas da intimação do réu sobre a decisão que apreciou a liminar, concedendo-a ou denegando-a**. Há regra específica, que deve prevalecer sobre a geral: o art. 564, parágrafo único, determina que a contagem se inicie da data em que o réu é intimado da decisão sobre a liminar.

Se o juiz proferir essa decisão na própria audiência de justificação, o réu sairá ciente e o seu prazo fluirá a partir de então. Se decidir no prazo de dez dias, só a partir da intimação o prazo passará a fluir. Se o réu já tiver advogado, ela será feita pela imprensa. Do contrário, terá de ser pessoal.

7.3.2.6.4. A decisão que concede a liminar e os meios de impugnação

A liminar é apreciada em decisão interlocutória. O juiz deverá fundamentá-la. O recurso adequado será o agravo de instrumento (art. 1.015, I, do CPC). Caso a medida seja deferida, o réu poderá postular ao relator que conceda efeito suspensivo; caso seja denegada, caberá ao autor pedir o efeito ativo.

Interposto o agravo, o juiz sempre poderá fazer o juízo de retratação. Mas **poderá modificar a sua decisão mesmo sem ele, desde que venham aos autos novos elementos, considerados tais aqueles que até então não constavam dos autos**.

7.3.2.7. A contestação do réu

O prazo para contestação será de quinze dias, a partir da juntada do aviso de recebimento ou mandado de citação cumprido, quando não houver justificação prévia; ou a partir da intimação do réu a respeito da decisão sobre a liminar, se a audiência tiver sido realizada.

A reconvenção é admissível. Mas, dada a natureza dúplice das possessórias, ela só caberá para que o réu formule pretensões distintas daquelas enumeradas no art. 555 do CPC. Porém, admite-se para que o réu, por exemplo, peça a resolução ou a anulação de um contrato.

7.3.2.8. O restante do procedimento

A única particularidade do procedimento especial é a fase inicial, até a contestação. A partir dela, o procedimento será o comum. Em caso de acolhimento do pedido, o juiz determinará a expedição de mandado de reintegração ou manutenção de posse, já que a sentença é executiva *lato sensu*.

1 ■ Dos Procedimentos Especiais de Jurisdição Contenciosa

7.3.2.9. A retenção por benfeitorias

Uma questão tormentosa é a do exercício, pelo réu, do direito de retenção por benfeitorias, nas ações possessórias. Nas execuções para entrega de coisa em geral, fundadas em título extrajudicial (arts. 806 e ss. do CPC), o direito de retenção por benfeitorias deve ser alegado em embargos, na forma do art. 917, IV, do CPC. Mas quando se trata de ação possessória, haverá cumprimento da sentença, sem oportunidade de apresentação de embargos.

Por essa razão, **o réu deve, na própria contestação, alegar que fez benfeitorias necessárias ou úteis, e postular o ressarcimento correspondente, sob pena de não ver reconhecido o seu direito de reter a coisa**. Não há necessidade de reconvenção, dada a natureza dúplice da ação possessória.

Tem prevalecido, inclusive no Superior Tribunal de Justiça, o entendimento de que, sob pena de preclusão, o direito de retenção tem de ter sido reconhecido na fase de conhecimento, pois, não havendo fase executiva subsequente, mas apenas expedição de mandado possessório, não haverá outra oportunidade para que o réu o alegue. Nesse sentido, o REsp 649.296/DF, publicado no *DJE* de 6 de novembro de 2006, Rel. Min. César Asfor Rocha.

O réu terá dificuldade para invocar o seu direito de retenção se a reintegração de posse for deferida liminarmente. Afinal, a liminar é sempre deferida sem a ouvida dele, sem que ele tenha oportunidade de se defender e de invocar o direito de retenção.

Ele terá de, o mais rápido possível, agravar de instrumento, pedindo a concessão de efeito suspensivo, sob o argumento de que, cumprida a liminar, sofrerá prejuízo irreparável, pois perderá o direito de retenção; ou peticionar ao juiz, pedindo a suspensão ou revogação da liminar, trazendo um novo elemento, qual seja, a realização das benfeitorias capazes de assegurar o direito de retenção.

A respeito dos bens públicos, o Superior Tribunal de Justiça editou a Súmula 619, que assim estabelece: **"A ocupação indevida de bem público configura mera detenção, de natureza precária, insuscetível de retenção ou indenização por acessões e benfeitorias"**.

7.3.2.10. Litígio coletivo pela posse de imóvel

O CPC tratou, em dois dispositivos específicos, das ações possessórias que envolvam litígios coletivos pela posse do imóvel. Trata-se do arts. 554, § 1.º, e 565. Por litígio coletivo, deve-se entender aquele que envolve um grande número de pessoas, que podem figurar tanto no polo ativo quanto no polo passivo, embora esta última hipótese seja a mais comum. No *item 7.3.2.3.2, supra*, já foi examinada a questão da citação nos processos em que grande número de pessoas figure no polo passivo. O problema é solucionado pelos §§ 1.º a 3.º do art. 554.

Com relação ao procedimento, quando a possessória versar sobre litígio coletivo pela posse de imóvel, seja rural, seja urbano, e o esbulho ou turbação tiver ocorrido há mais de ano e dia, o juiz, antes de apreciar o pedido de concessão de medida liminar, designará audiência de mediação, a realizar-se em até trinta dias, com a intimação do Ministério Público para dela participar, podendo ainda intimar os órgãos responsáveis pelas políticas agrária e urbana da União, do Estado ou do Distrito Federal, e do Município onde se situe a área objeto do litígio, a fim de se manifestarem sobre o seu interesse na causa e a existência de possibilidade de solução para o conflito possessório (CPC, art. 565). A liminar a que se refere esse dispositivo só pode ser a tutela provisória genérica, regulada pelos arts. 300 e ss., uma vez que, depois de passado ano e dia, não cabe mais a liminar específica das ações possessórias.

Se a possessória for de força nova, a liminar será apreciada na forma comum, estabelecida no art. 562, isto é, de plano ou após a audiência de justificação. Porém, se já tiver passado mais de ano e dia, e for requerida liminar genérica, dever-se-ão cumprir as exigências do art. 565: a apreciação da medida será forçosamente precedida não de audiência de justificação, mas de mediação. Também será designada essa audiência de mediação se, embora deferida a liminar, ela não tiver sido executada no prazo de um ano, a contar da data da distribuição. Aqui, a mediação não precederá o deferimento da liminar, mas a sua execução. A ideia é que, se os invasores, em grande número, já estiverem estabelecidos na área há mais de um ano e dia, se tente, antes do deferimento ou da execução da medida, a solução consensual do litígio, com a intervenção do Ministério Público e eventual manifestação dos órgãos públicos responsáveis pela política agrária, além da Defensoria Pública, se houver beneficiários da justiça gratuita.

7.3.2.11. Interdito proibitório

O interdito proibitório é o tipo adequado de ação possessória quando ainda não houve agressão à posse, **mas tão-somente ameaça**; tem certas peculiaridades que o distinguem das demais, pois seu caráter é preventivo, não repressivo. O autor não pedirá ao juiz a expedição de mandado possessório, mas a fixação de uma multa, suficientemente amedrontadora, que desanime o réu de perpetrar a agressão que ele ameaça realizar.

A ameaça que dá ensejo ao interdito proibitório é a **séria, que provoque temor fundado de agressão injusta à posse**. Por isso, cumpre ao autor descrevê-la, na inicial, com precisão.

O procedimento do interdito proibitório, quando a ameaça tenha ocorrido há menos de ano e dia, é o das ações de força nova. O juiz poderá conceder a liminar, de plano ou após a audiência de justificação. A diferença é que a liminar não será para reprimir alguma agressão realizada, mas para fixar a multa na qual o réu incorrerá caso transforme a ameaça em ação.

Deferida a liminar, caso o réu cometa a turbação ou o esbulho, haverá duas consequências: por força do princípio da fungibilidade, o juiz, ao final, concederá ao autor a reintegração ou manutenção de posse; e o réu incorrerá na multa, que poderá ser executada nos mesmos autos, observando-se as regras do art. 537, § 3.º, do CPC que, conquanto verse sobre as *astreintes*, pode ser aplicado, por analogia, à multa cominatória do interdito proibitório.

8. DA AÇÃO DE DISSOLUÇÃO PARCIAL DE SOCIEDADE

8.1. INTRODUÇÃO

O CPC/2015 introduz um novo procedimento especial, relacionado às ações de dissolução parcial de sociedade. O CPC/1973 não tratava do tema, embora o art. 1.218,

1 ■ Dos Procedimentos Especiais de Jurisdição Contenciosa   561

VII, mantivesse em vigor os dispositivos do CPC/1939, que cuidavam da dissolução e liquidação de sociedade (arts. 655 a 674).

Esses dispositivos do CPC/1939, ainda em vigor antes da edição do CPC/2015, não tratavam do procedimento da dissolução da sociedade civil ou mercantil, mas da dissolução total, que implicava a extinção da pessoa jurídica. Previa-se um procedimento em duas fases: na primeira, discutia-se a dissolução da sociedade e, caso ela viesse a ser declarada ou decretada, passava-se à segunda fase, de liquidação e apuração de haveres.

O CPC atual trata da dissolução parcial, **em que não haverá a extinção da sociedade, mas a sua resolução parcial, com a saída de um ou mais sócios, mantendo-se, no entanto, a pessoa jurídica**. O nome "dissolução parcial" tem sido criticado pela doutrina justamente por essa razão: a empresa não se dissolve, mantém-se. Além disso, o nome não coincide com aquele usado pela lei material. Os arts. 1.028 e ss. do CC não falam em dissolução, mas em resolução da sociedade em relação a um sócio.

São três as causas que podem dar ensejo à resolução parcial, de acordo com a lei civil: **a morte do sócio (CC, art. 1.028); a sua retirada, nos casos previstos em lei ou em contrato, além da retirada voluntária (CC, art. 1.029); e a sua exclusão judicial**, mediante a iniciativa da maioria dos demais sócios, em caso de falta grave no cumprimento de suas obrigações ou, ainda, por incapacidade financeira (CC, art. 1.030).

A ação de dissolução parcial, prevista no CPC, será a utilizada em qualquer uma dessas três hipóteses de resolução. No entanto, a iniciativa e o procedimento variarão conforme se trate de resolução por morte, por vontade do sócio ou por exclusão pela maioria.

8.2. PROCEDIMENTO

A ação de dissolução parcial de sociedade, conforme as circunstâncias, poderá ter apenas **uma ou duas fases**, consoante o tipo de pretensão manifesta quando do ajuizamento da ação. Ela pode ter por finalidade a resolução da sociedade em relação ao sócio e a apuração de haveres ou somente a resolução ou a apuração de haveres. Haverá casos, por exemplo, em que a resolução é decidida extrajudicialmente, mas surge controvérsia a respeito dos haveres, que poderá ser dirimida judicialmente ou, ao contrário, que a resolução deva ser judicial, por força de determinação contratual, mas a apuração de haveres possa ser feita consensualmente; ou que as duas coisas devam ser feitas em juízo. Essas possibilidades estarão presentes, seja nos casos de morte, seja nos de exclusão, ou ainda nas hipóteses de retirada ou recesso. Assim, conquanto o CPC se refira à ação como de dissolução parcial de sociedade, pode ser que a pretensão formulada em juízo se limite à ação de apuração de haveres. Essa é mais uma razão pela qual se tem criticado o nome atribuído pela lei à ação.

A iniciativa da dissolução parcial de sociedade variará conforme a **causa da resolução**. Nos termos do art. 600 do CPC, a ação pode ser proposta:

"I — pelo espólio do sócio falecido, quando a totalidade dos sucessores não ingressar na sociedade; II — pelos sucessores, após concluída a partilha do sócio falecido; III — pela sociedade, se os sócios sobreviventes não admitirem o ingresso do espólio ou dos sucessores do falecido na sociedade, quando esse direito decorrer do contrato social; IV —

pelo sócio que exerceu o direito de retirada ou recesso, se não tiver sido providenciada, pelos demais sócios, a alteração contratual consensual formalizando o desligamento, depois de transcorridos 10 (dez) dias do exercício do direito; V — pela sociedade, nos casos em que a lei não autoriza a exclusão extrajudicial; ou VI — pelo sócio excluído".

Quando a pretensão for exclusivamente a de apuração de haveres, a iniciativa pode ser do cônjuge ou companheiro do sócio, cujo casamento, união estável ou convivência terminou, e cujos haveres são pagos à conta da quota social titulada por este sócio.

Quanto ao polo passivo da ação, deverá ser observado o art. 601 do CPC, que dispõe: "Os sócios e a sociedade serão citados para, no prazo de 15 (quinze) dias, concordar com o pedido ou apresentar contestação". O parágrafo único acrescenta: "A sociedade não será citada se todos os seus sócios o forem, mas ficará sujeita aos efeitos da decisão e à coisa julgada". A redação é das mais confusas. O *caput* determina a citação dos sócios e da sociedade, parecendo estabelecer um litisconsórcio necessário entre eles. Mas o parágrafo único afasta essa conclusão, ao dispensar a citação da sociedade. Parece-nos que haverá sempre a necessidade de citação de todos os sócios, o que instituirá, entre eles, um litisconsórcio necessário. Citados todos os sócios, será facultativa a citação da sociedade. Porém, mesmo que ela não seja citada, a sentença e a coisa julgada estenderão a ela os seus efeitos. Como não pode haver confusão entre a pessoa jurídica e a pessoa dos sócios, o art. 601, parágrafo único, cria mais uma hipótese de legitimidade extraordinária, em que os sócios serão os substitutos processuais da sociedade.

A solução dada pelo art. 601 e seu parágrafo único já era aquela determinada pelo Superior Tribunal de Justiça, antes mesmo da vigência do atual Código de Processo Civil. Nesse sentido: "Dúvida não há na jurisprudência da Corte sobre a necessidade de citação de todos os sócios remanescentes como litisconsortes passivos necessários na ação de dissolução de sociedade. Embora grasse controvérsia entre as Turmas que compõem a Seção de Direito Privado desta Corte, a Terceira Turma tem assentado que não tem a sociedade por quotas de responsabilidade limitada qualidade de litisconsorte passivo necessário, podendo, todavia, integrar o feito se assim o desejar" (STJ, 3.ª Turma, REsp 735.207, *RT* 854:150).

A citação dos sócios e, eventualmente, da sociedade é para que eles, no prazo de quinze dias, concordem com o pedido de resolução parcial ou contestem. Caso haja concordância unânime, o juiz decretará a dissolução parcial, passando-se à fase de liquidação, sem que haja condenação em honorários advocatícios de nenhuma das partes, rateando-se as custas na proporção das quotas sociais.

Se houver contestação, a ação seguirá pelo procedimento comum. Ao determinar a dissolução parcial da sociedade e a apuração de haveres, o juiz fixará a data da resolução da sociedade, em conformidade com o disposto no art. 605 do CPC, definirá o critério de apuração dos haveres à vista do disposto no contrato social e nomeará perito, determinando à sociedade e aos sócios remanescentes que depositem a parte incontroversa dos valores devidos, que poderá ser levantado desde logo pelo ex-sócio.

Depois de apurados, os haveres do sócio retirante serão pagos na conformidade do que dispuser o contrato social ou, no silêncio deste, nos termos do § 2.º do art. 1.031 do Código Civil.

1 ■ Dos Procedimentos Especiais de Jurisdição Contenciosa

9. DO INVENTÁRIO E DA PARTILHA

9.1. INTRODUÇÃO

Com a morte, termina a personalidade civil do homem, tem início a sua sucessão e ocorre a transmissão aos seus herdeiros, legítimos ou testamentários, dos bens.

Por força do **princípio da *saisine*** (CC, art. 1.784), essa transmissão opera-se no momento do falecimento. Mesmo assim, é preciso fazer o inventário e a posterior partilha dos bens, para que a situação fique regularizada.

O patrimônio do *de cujus* — o que inclui os seus ativos e passivos — comporá uma massa indivisa, que receberá o nome de **espólio**. Ele não tem personalidade jurídica, mas a lei lhe atribui capacidade de ser parte. Trata-se de um daqueles entes despersonalizados aos quais a lei permite que figurem em juízo (art. 75, VII, do CPC).

Enquanto não houver a partilha, o espólio figurará como parte em todas as ações de cunho patrimonial, que versem sobre os interesses de massa.

A finalidade do inventário é a apuração do acervo de bens, direitos e obrigações da massa, a identificação dos herdeiros e da parte cabente a cada um para que, recolhidos os tributos, os bens possam ser partilhados entre eles.

9.2. CASOS EM QUE O INVENTÁRIO PODE SER FEITO POR ESCRITURA PÚBLICA, DISPENSANDO-SE O INVENTÁRIO JUDICIAL

O objeto de nosso estudo é o processo civil. Interessa-nos o **inventário judicial**, indispensável quando houver testamento ou interessado incapaz. Ou quando não houver consenso entre os interessados.

O art. 610, § 1.º, do CPC autoriza que o inventário e a partilha sejam feitos sem a instauração de processo, por escritura pública, **desde que todos os interessados estejam de acordo, e não haja incapazes nem testamento**.

De observar-se que a Resolução n. 35, do Conselho Nacional de Justiça, em seu art. 12-A, introduzido pela Resolução n. 571, de 21 de agosto de 2024, autoriza o inventário mesmo que haja herdeiros incapazes, desde que preenchidos determinados requisitos. Assim:

> "**Art. 12-A.** O inventário poderá ser realizado por escritura pública, ainda que inclua interessado menor ou incapaz, desde que o pagamento do seu quinhão hereditário ou de sua meação ocorra em parte ideal em cada um dos bens inventariados e haja manifestação favorável do Ministério Público.
>
> § 1.º Na hipótese do *caput* deste artigo é vedada a prática de atos de disposição relativos aos bens ou direitos do interessado menor ou incapaz.
>
> § 2.º Havendo nascituro do autor da herança, para a lavratura nos termos do *caput*, aguardar-se-á o registro de seu nascimento com a indicação da parentalidade, ou a comprovação de não ter nascido com vida.
>
> § 3.º A eficácia da escritura pública do inventário com interessado menor ou incapaz dependerá da manifestação favorável do Ministério Público, devendo o tabelião de notas encaminhar o expediente ao respectivo representante.
>
> § 4.º Em caso de impugnação pelo Ministério Público ou terceiro interessado, o procedimento deverá ser submetido à apreciação do juízo competente".

Além disso, o art. 12-B da mesma Resolução n. 35, do Conselho Nacional de Justiça, introduzida pela Resolução n. 579, de 17 de maio de 2024, autoriza o inventário extrajudicial ainda que haja testamento, desde que preenchidos determinados requisitos. Assim:

> **"Art. 12-B.** É autorizado o inventário e a partilha consensuais promovidos extrajudicialmente por escritura pública, ainda que o autor da herança tenha deixando testamento, desde que obedecidos os seguintes requisitos:
>
> I — os interessados estejam todos representados por advogado devidamente habilitado;
>
> II — exista expressa autorização do juízo sucessório competente em ação de abertura e cumprimento de testamento válido e eficaz, em sentença transitada em julgado;
>
> III — todos os interessados sejam capazes e concordes;
>
> IV — no caso de haver interessados menores ou incapazes, sejam também observadas as exigências do art. 12-A desta Resolução;
>
> V — nos casos de testamento invalidado, revogado, rompido ou caduco, a invalidade ou ineficácia tenha sido reconhecida por sentença judicial transitada em julgado na ação de abertura e cumprimento de testamento.
>
> § 1.º Formulado o pedido de escritura pública de inventário e partilha nas hipóteses deste artigo, deve ser apresentada, junto com o pedido, a certidão do testamento e, constatada a existência de disposição reconhecendo filho ou qualquer outra declaração irrevogável, a lavratura de escritura pública de inventário e partilha ficará vedada e o inventário deverá ser feito obrigatoriamente pela via judicial.
>
> § 2.º Sempre que o tabelião tiver dúvidas quanto ao cabimento da escritura de inventário e partilha consensual, deverá suscitá-la ao juízo competente em matéria de registros públicos".

Mesmo que o inventário e a partilha sejam feitos por escritura, é indispensável que todos estejam assistidos por advogado ou defensor público, que pode ser comum ou não, nos termos do § 2.º do art. 610. Sem isso, o tabelião não lavrará a escritura.

Nos próximos itens, será examinado o procedimento do inventário judicial, já que o extrajudicial foge ao âmbito de nossos interesses.

9.3. INVENTÁRIO

> O inventário consiste na enumeração e descrição de todos os bens e obrigações que integram a herança, para que oportunamente possa haver a adjudicação ou partilha aos sucessores.

A expressão "inventariar" traz consigo a noção de enumerar, arrolar, elencar. É para isso mesmo que o inventário servirá: no momento da morte, abre-se a sucessão. É preciso descrever, então, tudo o que integra o patrimônio do morto, sejam ativos ou passivos, sejam direitos ou obrigações.

No inventário, será feita a descrição do monte-mor: nele devem ser incluídos não só os ativos e passivos que integram a herança, **mas também a meação do cônjuge**, uma vez que, nesse momento inicial, ainda não é possível distinguir o que compõe uma coisa e outra. O monte-mor será composto da herança propriamente dita, isto é, dos ativos e passivos deixados pelo morto, e de eventual meação do cônjuge.

1 ■ Dos Procedimentos Especiais de Jurisdição Contenciosa

No inventário, será oportunamente identificado o que faz parte da herança, e o que faz parte da meação, pois só aquela passará aos herdeiros e sucessores, permanecendo esta com o cônjuge supérstite. **O imposto de transmissão** *mortis causa* **só incidirá sobre a herança, pois só esta passará aos herdeiros**.

9.3.1. Natureza

O inventário é **processo de conhecimento, de jurisdição contenciosa e procedimento especial**, destinado a catalogar o patrimônio deixado por alguém que morreu, indicando ainda quem são seus herdeiros ou sucessores. Será apurado o quinhão que caberá a cada sucessor, quando for realizada a partilha, e o que deve ser atribuído a eventuais credores e cessionários.

9.3.2. Finalidades do inventário

Entre as finalidades do inventário, é possível enumerar:

■ elencar e enumerar os bens, direitos e obrigações deixados pelo *de cujus*;

■ isolar quais bens integram a herança, e quais a meação;

■ elencar quem são os herdeiros e legatários do *de cujus*;

■ verificar se a herança tem força suficiente para o pagamento das dívidas, já que os herdeiros só respondem pelas do falecido nos limites da força dessa herança;

■ estabelecer como serão feitos os pagamentos das dívidas do espólio;

■ estabelecer como será feita a partilha, e que quinhão será atribuído a cada um dos sucessores;

■ permitir a regularização dos imóveis perante o Cartório de Registro de Imóveis, com a expedição de formal de partilha ou carta de adjudicação, que deverá ser levada a registro. Sem ele, o imóvel continuará em nome do *de cujus*, o que impedirá os herdeiros de vendê-lo, conquanto desde a morte já sejam proprietários;

■ permitir a regularização dos aspectos tributários, com o pagamento dos tributos pertinentes;

■ permitir que os interesses dos incapazes sejam fiscalizados pelo Ministério Público;

■ permitir que as disposições de última vontade do *de cujus* sejam respeitadas e cumpridas.

Essas são as principais funções do inventário. Não se inclui entre elas a atribuição de propriedade dos bens da herança aos sucessores, já que a transmissão ocorre no momento da morte. **O inventário não é atributivo ou constitutivo da propriedade, mas servirá para declarar qual a parte cabente a cada herdeiro**.

9.3.3. Inventário negativo

O inventário tem cunho estritamente patrimonial e sua função está adstrita a regularizar a transmissão do patrimônio do *de cujus* aos seus sucessores. Se ele não deixa nenhum patrimônio, em princípio não haveria que se falar em inventário.

566 Direito Processual Civil Esquematizado　　　*Marcus Vinicius Rios Gonçalves*

No entanto, doutrina e jurisprudência têm admitido a possibilidade de promover-se o **inventário negativo**, que não tem previsão legal. Sua finalidade é permitir aos herdeiros e sucessores demonstrar que o *de cujus* **faleceu sem deixar nenhum bem**, o que pode ser de grande relevância para que sejam afastados eventuais credores. As dívidas do *de cujus* não podem ultrapassar as forças de herança: é possível que todos os bens por ele deixados sejam consumidos no pagamento de seus débitos. Se ainda assim restarem dívidas, o patrimônio pessoal dos herdeiros não responderá por elas. Por isso, pode interessar-lhes demonstrar que o *de cujus* não deixou bem nenhum e que eles, sucessores, nada receberam, para, com isso, desobrigarem-se frente aos credores.

Também pode ser útil o inventário negativo para que o viúvo ou viúva possam contrair novas núpcias, sem incorrer nas restrições do art. 1.523, I, do CC.

O inventário negativo será processado no mesmo foro e juízo em que se processaria o comum. O interessado pedirá que o juiz tome suas declarações por termo, que conterá seu nome, qualificação, último domicílio do *de cujus*, dia, hora e local do falecimento e todas as informações a respeito de cônjuge supérstite e herdeiros. O interessado declarará, ainda, que o falecido não deixou bens a inventariar.

O juiz ouvirá o Ministério Público, se houver interesse de incapazes, e a Fazenda Pública. Não havendo impugnação, julgará de plano. Se necessário, podem ser ouvidas testemunhas, que atestarão a inexistência dos bens, caso ela se torne controvertida.

9.3.4. Bens que não precisam ser inventariados

São aqueles mencionados na Lei n. 6.858, de 24 de novembro de 1980. O art. 1.º, *caput*, da lei estabelece: "Os valores devidos pelos empregadores aos empregados e os montantes das contas individuais do Fundo de Garantia por Tempo de Serviço e do Fundo de Participação PIS — Pasep, não recebidos em vida pelos respectivos titulares, serão pagos, em cotas iguais, aos dependentes habilitados perante a Previdência Social ou na forma da legislação específica dos servidores civis e militares e, na sua falta, aos sucessores previstos na lei civil, indicados em alvará judicial, independentemente de inventário ou arrolamento".

E o art. 2.º: "O disposto nesta lei se aplica às restituições relativas ao imposto de renda e outros tributos, recolhidos por pessoa física, e, não existindo outros bens sujeitos a inventário, aos saldos bancários e de contas de caderneta de poupança e fundos de investimento de valor até 500 (quinhentas) Obrigações Reajustáveis do Tesouro Nacional".

Os bens aqui indicados podem ser levantados por simples alvará judicial, independentemente de inventário. A competência é da Justiça Estadual, nos termos da Súmula 161 do STJ.

9.4. INVENTÁRIO E PARTILHA

Se o inventário serve para enumerar os bens que compõem o acervo hereditário, a partilha presta-se a atribuir a cada herdeiro o quinhão que lhe corresponde. As finalidades são diferentes: pode haver inventário sem partilha. Só haverá partilha se houver mais de um herdeiro. Do contrário, a ele serão adjudicados todos os bens.

1 ■ Dos Procedimentos Especiais de Jurisdição Contenciosa

567

Mas ela não significa, ainda, a efetiva divisão dos bens, com a correspondente extinção do condomínio. **Havendo mais de um herdeiro, a partilha atribuirá a cada qual um quinhão, sobre os bens da herança, que pode consistir em uma fração ideal do bem**. Imagine-se, por exemplo, que o *de cujus* tenha deixado dois imóveis e dois herdeiros. Em regra, a partilha implicará a atribuição, a cada um dos herdeiros, de metade ideal sobre os dois terrenos. Se eles quiserem dividir a herança de forma diferente, poderão fazê-lo, desde que maiores e capazes, e de acordo com a forma da partilha. Do contrário, cada qual ficará com metade ideal das coisas comuns, constituindo-se sobre elas um condomínio cuja extinção pode ser requerida a qualquer tempo, seja pela divisão da coisa comum, quando divisível, seja pela alienação judicial, quando indivisível.

9.5. PROCEDIMENTO DO INVENTÁRIO

O procedimento do inventário é bastante peculiar, dadas as exigências do direito material. Como há possibilidade de sérias divergências entre os herdeiros, optou o legislador por considerá-lo procedimento **de jurisdição contenciosa**, e não voluntária.

Entre as principais peculiaridades do inventário, podem ser citadas:

■ a inexistência de autor ou réu, de contestação e de produção de provas;
■ a conclusão do processo, que não é feita por sentença de procedência ou de improcedência;
■ as questões de alta indagação, que não são resolvidas no processo, mas remetidas para a via própria.

9.5.1. Três tipos de procedimento

Existem três tipos de procedimento do inventário: **o tradicional**, tratado nos arts. 610 a 658 do CPC; **o arrolamento sumário**, na forma do art. 659, quando todos os herdeiros forem maiores e capazes, e estiverem concordes entre si, seja qual for o valor dos bens; **e o arrolamento comum**, na forma do art. 664, que será observado quando os bens inventariados forem de baixo valor, até 1.000 salários mínimos, independentemente da existência de herdeiros incapazes ou da divergência entre os interessados.

Ao arrolamento sumário e ao comum aplicam-se supletivamente as regras do inventário tradicional. As particularidades de cada um serão examinadas em capítulo próprio.

9.5.2. Competência

Os inventários e partilha de bens situados no Brasil são de competência exclusiva da justiça brasileira, por força do art. 23, II, do CPC, **o que veda a homologação pelo STJ de sentença estrangeira sobre o assunto**.

A competência para processar os inventários e partilhas é dada pelo art. 48 do CPC: "O foro de domicílio do autor da herança, no Brasil, é o competente para o inventário, a partilha, a arrecadação, o cumprimento de disposições de última vontade, a impugnação ou anulação de partilha extrajudicial e para todas as ações em que o espólio for réu, ainda que o óbito tenha ocorrido no estrangeiro. Parágrafo único. Se o autor da herança não possuía domicílio certo, é competente: I — O foro de situação dos bens imóveis;

II — havendo bens imóveis em foros diferentes, qualquer destes; III — não havendo bens imóveis, o foro do local de qualquer dos bens do espólio".

Como se trata de critério territorial, a competência é relativa.

Se o autor da herança possuía vários domicílios certos, a competência será do foro de qualquer um deles, a ser definida por prevenção.

A parte final do *caput* do art. 48 mostra que o juízo do inventário será competente para processar todas as ações em que o espólio for réu. Tal juízo atrairá as ações de interesse da massa, formando o chamado **"juízo universal do inventário"**. No entanto, não serão atraídas as ações em que o espólio for o autor, as de alta indagação, e ainda as vinculadas aos seus foros ou juízos por regras de competência absoluta, como as ações reais sobre bens imóveis.

9.5.3. Prazo para a abertura

O CPC, no art. 611, estabelece prazo para que o inventário seja aberto: "O processo de inventário e de partilha deve ser instaurado dentro de 2 (dois) meses a contar da abertura da sucessão, ultimando-se nos 12 meses subsequentes, podendo o juiz prorrogar esses prazos, de ofício ou a requerimento de parte".

Com isso, alterou-se o prazo de trinta dias, previsto no art. 1.796 do CC, devendo prevalecer o de dois meses.

Não havendo a abertura de inventário no prazo, as partes ficam sujeitas à multa, que pode ser estabelecida em lei estadual. Nesse sentido, a Súmula 542 do STF: "Não é inconstitucional a multa instituída pelo Estado-Membro, como sanção pelo retardamento do início ou da ultimação do inventário". No Estado de São Paulo, ela é de 10%, se o atraso for superior a sessenta dias, e de 20%, se ultrapassar 180 dias (Leis estaduais n. 9.591/66 e 10.705/2000).

9.5.4. Legitimidade para a abertura do inventário

A legitimidade para requerer a abertura do inventário vem tratada nos arts. 615 e 616 do CPC. Há um legitimado prioritário e legitimados concorrentes.

O legitimado prioritário é a pessoa que estiver na posse e administração do espólio, por essa razão, considerado seu administrador provisório.

Além dele, têm legitimidade concorrente: o cônjuge ou companheiro supérstite; o herdeiro; o legatário; o testamenteiro; o cessionário do herdeiro ou do legatário; o credor do herdeiro, do legatário ou do autor da herança; o Ministério Público, havendo herdeiros incapazes; a Fazenda Pública, quando tiver interesse; e o administrador judicial da falência do herdeiro, do legatário, do autor da herança, ou do cônjuge ou companheiro supérstite. O CPC atual não prevê mais a possibilidade de abertura de inventário de ofício, pelo juiz, como previa a lei anterior.

9.5.5. Petição inicial

A abertura do inventário será requerida por petição, subscrita por advogado. Nela, o requerente comunicará o falecimento, comprovado com a juntada da certidão de óbito, e postulará a abertura do inventário e a nomeação de inventariante. O requerente deve, ainda, comprovar a sua legitimidade, juntando a documentação necessária.

1 ■ Dos Procedimentos Especiais de Jurisdição Contenciosa 569

A inicial será distribuída, onde houver mais de uma vara, autuada e registrada. Em seguida, encaminhada ao juiz, que, verificando que está em termos, **nomeará inventariante**, que deverá prestar compromisso de bem e fielmente desempenhar a função, no prazo de cinco dias, conforme art. 617, parágrafo único, do CPC.

9.5.6. Administrador provisório

O inventário não é aberto no momento da morte do *de cujus*. Há sempre um tempo, a mediar desde o óbito. Nesse ínterim, já existe espólio, mas não inventariante, já que o inventário não foi instaurado. O art. 613 do CPC estabelece que: "até que o inventariante preste o compromisso, continuará o espólio na posse do administrador provisório". E o art. 614: "O administrador provisório representa ativa e passivamente o espólio, é obrigado a trazer ao acervo os frutos que desde a abertura da sucessão percebeu, tem direito ao reembolso das despesas necessárias e úteis que fez e responde pelo dano a que, por dolo ou culpa, der causa".

O administrador provisório não é nomeado pelo juiz, mas identificado de acordo com o art. 1.797 do CC, que atribui a função, sucessivamente, ao cônjuge ou companheiro, se com o outro convivia ao tempo da abertura da sucessão; ao herdeiro que estiver na posse e administração dos bens e, se houver mais de um nessas condições, ao mais velho; ao testamenteiro e à pessoa de confiança do juiz, na falta ou escusa das indicadas anteriormente ou quando tiverem sido afastadas por motivo grave levado ao conhecimento do juiz.

9.5.7. Inventariante

Aberto o inventário, o juiz nomeará inventariante, que passará a exercer as suas atribuições após prestar compromisso. Ele substitui o administrador provisório, que até então estava incumbido de zelar pelo espólio e administrar os bens. Não há nenhum óbice a que aquele que já vinha exercendo a função de administrador provisório seja nomeado inventariante.

O art. 617 do CPC estabelece a ordem sucessiva das pessoas que serão nomeadas inventariantes pelo juiz: o cônjuge ou companheiro sobrevivente, desde que estivesse convivendo com o outro ao tempo da morte deste; o herdeiro que se achar na posse e administração do espólio, se não houver cônjuge supérstite ou este não puder ser nomeado; qualquer herdeiro, quando nenhum deles estiver na posse e na administração dos bens; o herdeiro menor, por seu representante legal; o testamenteiro, se lhe tiver sido confiada a administração do espólio ou se toda a herança estiver distribuída em legados o cessionário do herdeiro ou do legatário; o inventariante judicial, se houver, e pessoa estranha idônea, quando não houver inventariante judicial.

Nomeado, o inventariante prestará compromisso em cinco dias, salvo quando se tratar de arrolamento.

9.5.8. Atribuições do inventariante

São várias as atribuições do inventariante, enumeradas no art. 618 do CPC:

■ representar o espólio ativa e passivamente, em juízo ou fora dele, observando-se, quanto ao dativo, o disposto no art. 75, § 1.º. **O espólio não tem personalidade**

jurídica, mas tem capacidade de ser parte, e figurará em todas as ações que versarem sobre interesses patrimoniais da massa de bens, até que haja a partilha. Em juízo, tanto ativa como passivamente, ele será representado pelo inventariante, salvo quando dativo, caso em que a representação será atribuída a todos os herdeiros;

■ administrar o espólio, velando-lhe os bens como se fossem seus. Nesse mister, cumpre-lhe, em nome do espólio, ajuizar as ações judiciais necessárias para a preservação dos bens da massa, bem como defender os bens em juízo. Cumpre-lhe, ainda, comunicar ao juiz as circunstâncias em que eles possam ficar sob risco, cabendo-lhe tomar as providências necessárias para afastá-lo;

■ prestar as primeiras e últimas declarações pessoalmente ou por procurador com poderes especiais;

■ juntar aos autos certidão de testamento, se houver;

■ exibir em cartório, a qualquer tempo, para exame das partes, os documentos relativos ao espólio;

■ trazer à colação os bens recebidos pelo herdeiro ausente, renunciante ou excluído;

■ prestar contas de sua gestão ao deixar o cargo ou sempre que o juiz lhe determinar. Essa obrigação decorre da condição de administrador atribuída ao inventariante. Ele não é o titular dos bens da massa, mas fica incumbido de administrá-los durante a sua gestão. E aquele que administra bens alheios fica obrigado a prestar contas, quando então será apurado se o inventariante tem valores a receber ou a restituir. Essa prestação de contas, a que se refere o art. 618, VII, do CPC, não constitui a ação autônoma de prestação de contas, mas um incidente do próprio inventário, processado na forma do art. 553 do CPC.

Nada impede que os herdeiros, havendo controvérsia sobre a atuação do inventariante, se valham da ação de prestação de contas, que não se processará como incidente do inventário, mas como ação autônoma de procedimento especial.

As atribuições do art. 618 decorrem de lei, e independem de autorização judicial e da prévia ouvida dos interessados.

Mas o art. 619 do CPC enumera quatro incumbências do inventariante que diferem das anteriores porque pressupõem autorização judicial, após a ouvida dos interessados:

■ alienar bens de qualquer espécie;

■ transigir em juízo ou fora dele;

■ pagar dívidas do espólio;

■ fazer as despesas necessárias para a conservação e o melhoramento dos bens do espólio.

9.5.9. Remoção e destituição do inventariante

O inventariante perderá o cargo quando for removido ou destituído. A remoção ocorrerá como punição ao inventariante que não cumprir a contento as suas funções, deixando de praticar ato que lhe incumbia. Já a destituição se verificará não em razão de culpa, mas em decorrência de um fato externo ao processo, não ligado ao

1 ■ Dos Procedimentos Especiais de Jurisdição Contenciosa 571

exercício da função, mas que impede o inventariante de a continuar exercendo. Por exemplo: se ficar gravemente doente, ou se for condenado criminalmente.

O art. 622 do CPC enumera as hipóteses de remoção, que pode ser determinada de ofício ou a requerimento. Todas estão atreladas ao mau desempenho das funções pelo inventariante, que, por culpa ou dolo, não se desincumbe a contento de suas tarefas. **O rol legal não pode ser considerado taxativo**. Não há dispositivo que enumere as hipóteses de destituição, que ocorrerá sempre que o inventariante não puder continuar no cargo, por razões alheias a este.

Quando a remoção não for decretada de ofício, mas a requerimento, formar-se-á um incidente de remoção, que correrá em apenso ao inventário, e poderá ser suscitado por qualquer interessado. O inventariante será intimado para defender-se, no prazo de quinze dias, e produzir provas.

Em seguida, o juiz decidirá. Se determinar a remoção, nomeará outro em substituição, cabendo ao removido cumprir o estabelecido no art. 625 do CPC.

A remoção também pode ser determinada a requerimento do Ministério Público, nos casos em que ele intervenha no processo de inventário.

A decisão que aprecia o pedido de remoção é interlocutória, cabendo agravo de instrumento (art. 1.015, parágrafo único, do CPC).

9.5.10. Primeiras declarações

Entre as atribuições do inventariante está a **de prestar as primeiras declarações**. Para tanto, ele tem o prazo de vinte dias, a contar da data em que presta o compromisso. O art. 620 do CPC enumera o que elas devem conter. Das primeiras declarações, lavrar-se-á termo circunstanciado, que será assinado pelo juiz, escrivão e inventariante.

Pode ocorrer que todas as informações já tenham constado da petição em que se requereu a abertura do inventário, caso em que bastará ao inventariante ratificá-las.

Resumidamente, **as primeiras declarações fornecerão informações sobre o morto, sobre o cônjuge ou companheiro e o regime de bens, sobre os herdeiros e sua qualidade, bem como sobre todos os bens que compõem o espólio**.

Elas devem ser apresentadas de forma clara e precisa. Se houver obscuridade ou equívoco, o juiz determinará que sejam sanados.

Caso o cônjuge, companheiro, herdeiro ou legatário tenha consigo algum bem não arrolado, deverá informar ao juízo, sob pena de ficar configurada a **sonegação** (CC, arts. 1.992 e ss.), com a consequente perda do direito que o omisso tinha sobre o bem. A imposição da pena, porém, depende de ação própria.

9.5.11. Citações

De acordo com o art. 626 do CPC: "Feitas as primeiras declarações, o juiz mandará citar, para os termos do inventário e da partilha, o cônjuge, o companheiro, os herdeiros e os legatários e intimar a Fazenda Pública, o Ministério Público, se houver herdeiro incapaz ou ausente, e o testamenteiro, se houver testamento". A citação será feita na forma do art. 626, § 1.º, do CPC.

Controvertida a necessidade de citação dos cônjuges e companheiros dos herdeiros. Como o inventário é ação pessoal e não real, a ele não se aplica o art. 73, § 1.º, do CPC. **Por isso, não há necessidade de citação dos cônjuges dos herdeiros**.

Mas haverá necessidade de participação do cônjuge ou companheiro toda vez que, no inventário, houver disposição de bens. O direito à sucessão aberta é bem imóvel por determinação legal, nos termos do art. 80, II, do CC. Assim, se houver cessão ou renúncia total ou parcial do direito à herança, é preciso outorga uxória. Esta também se fará necessária se a partilha for feita de modo diferente do previsto em lei, ou se houver alienação de bens. Ficam ressalvadas as hipóteses em que o regime for o da separação absoluta de bens.

A Fazenda Pública será intimada, já que ela tem interesse decorrente da incidência dos impostos de transmissão *causa mortis*.

O Ministério Público só participará se houver incapazes.

9.5.12. Impugnações

Somente depois de concluídas todas as citações **correrá o prazo comum de quinze dias, para que os citados possam impugnar as primeiras declarações**, apresentadas pelo inventariante. De acordo com o art. 627 do CPC, cabe às partes: arguir erros, omissões e sonegação de bens; reclamar contra a nomeação de inventariante; ou contestar a qualidade de quem foi incluído no título de herdeiro.

Caso acolha a impugnação, o juiz mandará retificar as primeiras declarações. Se ela versar sobre a nomeação do inventariante, o juiz o substituirá. Contra a decisão que julga qualquer das impugnações, cabe agravo de instrumento.

Mas, se tratar de matéria de alta indagação, como, por exemplo, referente à condição de herdeiro não reconhecido que demande provas, que não documentais, **o juiz remeterá as partes às vias ordinárias** e sobrestará, até o julgamento da ação, a entrega do quinhão que na partilha couber ao herdeiro admitido.

Quando a matéria referente à condição de herdeiro não demandar provas ou demandar apenas provas documentais, o juiz decidirá nos próprios autos do inventário.

O art. 628 do CPC permite ainda que a impugnação seja apresentada por aquele que não foi incluído, e que se julga preterido. Antes da partilha, ele requererá a sua admissão no inventário. O juiz ouvirá as partes no prazo de quinze dias, e decidirá. Se verificar que a decisão envolve questão que exige prova que não a documental, remeterá o requerente para as vias ordinárias, mandando reservar, em poder do inventariante, o quinhão do herdeiro excluído até que se decida o litígio.

9.5.13. Avaliações

Superada a fase de impugnação, passar-se-á **à fase de avaliação dos bens do espólio**. O juiz nomeará um perito, se na comarca não houver avaliador judicial (CPC, art. 630).

A avaliação de bens tem duas finalidades principais: permitir o cálculo dos impostos, que tem por base de cálculo o valor dos bens; verificar a correção da partilha, para que nenhum sucessor fique prejudicado.

1 ■ Dos Procedimentos Especiais de Jurisdição Contenciosa

Por essa razão, a avaliação poderá ser dispensada quando:

■ todos os herdeiros forem maiores e capazes e estiverem de acordo com o valor dos bens atribuído nas primeiras declarações, havendo concordância expressa da Fazenda;

■ tiver havido informação do Fisco a respeito do valor dos bens, sem impugnação;

■ havendo concordância expressa da Fazenda, a partilha seja feita com a instituição de condomínio sobre os bens, respeitada a fração ideal de cada um dos herdeiros, já que, assim, não há risco de que algum deles seja prejudicado.

O perito ou avaliador apresentará o laudo, e os interessados poderão apresentar impugnações que o juiz decidirá, mandando fazer nova avaliação se a primeira contiver vícios.

9.5.14. Últimas declarações

Depois de concluída a fase de avaliações, **será lavrado o termo de últimas declarações**, cuja finalidade é permitir que o inventariante tenha a oportunidade de completar, emendar ou corrigir as primeiras. Se não houver nada a corrigir ou a acrescentar, bastará que as ratifique.

Prestadas as últimas declarações, as partes serão ouvidas no prazo comum de quinze dias. Havendo impugnações, o juiz as decidirá, determinando as correções necessárias.

Com as últimas declarações, estará concluída a fase do inventário.

9.5.15. Impostos

Depois de prestadas as últimas declarações, será feito o cálculo dos impostos *mortis causa* e *inter vivos*.

O primeiro tem por fato gerador a transmissão dos bens da herança em decorrência da morte ou da doação de bens do espólio. **A base de cálculo é o valor dos bens na data da sua avaliação, e a alíquota deve ser a vigente na data da abertura da sucessão, nos termos das Súmulas 112 e 113 do STF**. A base de cálculo abrangerá todos os bens, móveis ou imóveis, da herança, mas não incluirá a meação do cônjuge ou companheiro supérstite, já que esta não integra a herança. No Estado de São Paulo, esse imposto é regulado pela Lei n. 10.992/2001, e a sua alíquota é de 4% do valor de avaliação dos bens na data da abertura da sucessão.

O imposto *inter vivos* só será devido se houver transmissão onerosa de bens imóveis. Não incide, portanto, sobre a doação, sobre a qual recai o imposto *causa mortis*. Será devido, se, por exemplo, forem atribuídos ao meeiro ou a algum dos herdeiros bens imóveis que ultrapassem a quota que lhe seria devida por força de lei.

Se o *de cujus* tinha alienado o imóvel por compromisso de compra e venda ainda não quitado, incide a Súmula 590 do Supremo Tribunal Federal: "Calcula-se o imposto de transmissão 'causa mortis' sobre o saldo credor da promessa de compra e venda de imóvel, no momento da abertura da sucessão do promitente vendedor".

Havendo renúncia à herança, o renunciante não pagará o imposto *causa mortis*, **só devido por aqueles a quem a herança for atribuída**. Mas se houver renúncia translativa, quando o herdeiro recebe a herança mas a cede a terceiros, haverá incidência de dois tributos: o *causa mortis*, decorrente do recebimento, e o *inter vivos*, derivado da cessão posterior.

O cálculo do valor do tributo é feito pelo contador, e sobre ele as partes se manifestarão no prazo de cinco dias. Em seguida, será ouvida a Fazenda Pública e o juiz decidirá sobre o montante, em decisão sujeita a agravo de instrumento.

9.5.16. Colações

A colação consiste **no ato pelo qual os descendentes que concorrem à sucessão de ascendente comum são obrigados a conferir as doações e dotes que receberam em vida**, sob pena de sonegados, com a finalidade de igualar suas legítimas e a do cônjuge sobrevivente. Vem regulada nos arts. 2.002 e 2.003 do CC.

Os ascendentes podem fazer doações a seus descendentes. Mas isso é considerado **adiantamento de legítima** (CC, art. 544), como se o antecessor estivesse antecipando ao sucessor a entrega de bens da herança. Com o falecimento, será necessário que aquele que as recebeu em vida do autor da herança traga os bens à colação, para que sejam abatidos de sua parte, igualando-se os quinhões.

É possível, no entanto, que o doador dispense o descendente de trazer os bens doados à colação, desde que isso não prejudique a legítima dos herdeiros necessários, isto é, desde que os bens doados caibam dentro da parte disponível da herança. Se a dispensa não tiver sido expressamente consignada no ato de doação, o donatário deve trazer os bens à colação, sob pena de sonegação, ainda que eles caibam na parte disponível. O art. 2.003, parágrafo único, do CC estabelece que, se ao tempo da abertura da sucessão, o bem doado já não mais existir, a colação será feita em espécie, pelo valor do bem ao tempo da liberalidade. Esse dispositivo, que tem merecido críticas, revogou o art. 1.014, parágrafo único, do CPC de 1973, que determinava que o valor dos bens colacionados deveria ser considerado na data da abertura da sucessão. **Mas o art. 639, parágrafo único, do CPC atual restabeleceu a regra anterior, dispondo que o valor para conferência será o dos bens na data da abertura da sucessão.**

O art. 2.008 do CC e o art. 640 do CPC obrigam até mesmo aquele que renunciou à herança ou foi dela excluído trazer os bens que lhe foram doados à colação. **Mas ele deve repor apenas a parte inoficiosa, que ultrapassa o disponível**. O § 1.º do art. 640 do CPC esclarece: "É lícito ao donatário escolher, dentre os bens doados, tantos quantos bastem para perfazer a legítima e a metade disponível, entrando na partilha o excedente para ser dividido entre os demais herdeiros". E o § 2.º acrescenta: "Se a parte inoficiosa da doação recair sobre bem imóvel, que não comporte divisão cômoda, o juiz determinará que sobre ela se proceda a licitação entre os herdeiros". Por fim, o § 3.º estabelece que: "O donatário poderá concorrer na licitação referida no § 2.º e, em igualdade de condições terá preferência sobre os herdeiros".

Os arts. 2.010 e 2.011 do CC dispensam alguns bens da colação, como os gastos ordinários do ascendente com o descendente, enquanto menor, na sua educação, estudos, sustento, vestuário, tratamento nas enfermidades, enxoval, despesas de casamento,

1 ■ Dos Procedimentos Especiais de Jurisdição Contenciosa

ou as feitas no interesse de sua defesa em processo crime. São dispensadas de colação ainda as doações remuneratórias.

9.5.16.1. Procedimento das colações

Caso o herdeiro negue o recebimento dos bens ou a obrigação de conferir, o juiz ouvirá as partes em quinze dias, e decidirá à vista das alegações e provas produzidas (CPC, art. 641). Não acolhida a negativa do herdeiro, o juiz mandará que, em quinze dias, ele proceda à conferência, sob pena de sequestro dos bens. Caso não os tenha mais consigo, mandará imputar seu valor no quinhão que lhe couber.

Se a matéria exigir dilação probatória diversa da documental, o juiz remeterá as partes para as vias ordinárias, mas o herdeiro não receberá o seu quinhão senão depois de prestar caução correspondente ao valor dos bens não colacionados.

Qualquer herdeiro pode reclamar, do beneficiado, a colação dos bens que recebeu, sob pena de ação de sonegados.

9.5.17. Pagamento das dívidas

É outro incidente que pode ocorrer no inventário, quando o falecido tiver deixado dívidas. **O espólio responde pelas dívidas até que haja a efetivação da partilha, caso em que a obrigação passará aos herdeiros, respeitadas as forças da herança**.

Na fase de inventário, serão declaradas as dívidas deixadas pelo *de cujus*, que deverão ser pagas pelo espólio, de sorte que a partilha recaia apenas sobre o patrimônio remanescente.

Quando a dívida já estiver vencida e for exigível, o credor pode habilitá-la no próprio inventário. Ele comprovará a existência do débito e o seu valor. **O pagamento será feito respeitando-se a prelação, se o passivo for superior ao ativo**.

A petição do credor, que deve vir acompanhada da prova literal da dívida, deve ser distribuída e autuada em apenso aos autos do inventário. Sobre ela, o juiz ouvirá as partes. Se houver concordância, determinará que seja separado da herança dinheiro suficiente para o pagamento, e, se não houver dinheiro, que sejam expropriados bens suficientes para tanto, se o credor não preferir adjudicar os bens.

O ato que julga a habilitação de crédito tem natureza de sentença, e deve ser objeto de apelação.

Caso algum dos interessados impugne habilitação, o juiz remeterá o credor para as vias ordinárias e, desde que a impugnação não esteja fundada em pagamento, determinará que sejam reservados bens em poder do inventariante, suficientes para a solução do débito. Para que eles permaneçam reservados, é preciso que o credor ajuíze ação de cobrança no prazo de trinta dias. Sem isso, a reserva perderá a eficácia (art. 668, I, do CPC e art. 1.997, § 2.º, do CC).

Se a dívida não estiver vencida, o credor pode pedir ao juízo a reserva de bens, que permanecerá eficaz pelo mesmo prazo. Mas este só começará a correr a partir do vencimento.

O procedimento de habilitação no inventário é facultativo, já que o credor pode optar, desde logo, por promover a ação de cobrança.

576 Direito Processual Civil Esquematizado · *Marcus Vinicius Rios Gonçalves*

Para o pagamento das dívidas, **será consumida primeiro a parte dos herdeiros**, pois os legados têm preferência. Somente se insuficiente se poderão consumir os bens legados.

9.6. DA PARTILHA

9.6.1. Introdução

A partilha tem início depois de concluída a fase de inventário, apurados quais os bens que efetivamente compõem a herança, os herdeiros, e o quinhão que cabe a cada um.

Consiste na distribuição de bens entre os sucessores. **Pressupõe a existência de mais de um herdeiro, pois, se houver um só, os bens serão adjudicados ao sucessor único**.

Os herdeiros não se tornam proprietários dos bens da herança somente após a partilha, que não é atributiva de propriedade. Por força do princípio da *saisine*, eles são coproprietários dos bens da herança, desde a morte. Mas, por meio da partilha, será declarado o que cabe a cada um deles.

Antes da partilha, é preciso identificar o que é herança e o que é meação, fazer o pagamento dos credores e trazer à colação os bens que tenham sido doados aos descendentes em vida. Com isso, será apurado o monte partível, objeto de distribuição entre os herdeiros. A respeito, ver *item 8.4, supra*.

9.6.2. Espécies de partilha

Nas hipóteses do art. 610, § 1.º, do CPC, **o inventário e a partilha podem ser feitos por escritura pública, sem intervenção do Judiciário**.

Mesmo que o inventário tenha sido feito judicialmente, os interessados poderão promover a partilha extrajudicial, desde que maiores e capazes, e estejam de acordo. É o que dispõe o art. 2.015 do CC: "Se os herdeiros forem capazes, poderão fazer partilha amigável, por escritura pública, termo nos autos do inventário, ou escrito particular, homologado pelo juiz". A respeito, no entanto, deve-se observar o disposto na Resolução n. 571 do CNJ.

A partilha amigável, quando judicial, deve ser homologada pelo juiz (CPC, art. 659) e pode ser anulada em caso de vício de consentimento, na forma do art. 657 do CPC.

Se houver incapazes (observadas as ressalvas da Resolução n. 571 do CNJ), ou existir desacordo entre os herdeiros, a partilha será sempre judicial (CC, art. 2.016).

O art. 2.018 do CC ainda traz a possibilidade de a partilha perfazer-se por vontade dos ascendentes, seja por ato entre vivos, seja por disposição de última vontade. Frequentemente, buscando evitar divergências entre seus herdeiros após a sua morte, o titular já transfere a propriedade de seus bens a eles, dividindo-os quando ainda vivo. Isso normalmente é feito por doação, com reserva do necessário para a própria subsistência. Será preciso, nesse caso, que se respeite a legítima dos herdeiros necessários. O autor da herança pode preferir, ainda, dispor da forma pela qual os bens serão partilhados, por meio de testamento, estabelecendo qual o quinhão que deverá caber a cada um. Tais disposições deverão ser respeitadas, contanto que não violem a legítima dos herdeiros necessários.

1 ■ Dos Procedimentos Especiais de Jurisdição Contenciosa

9.6.3. Procedimento da partilha

O Código Civil trata da partilha a partir do art. 2.013, e o CPC, a partir do art. 647.

Depois de feito o pagamento dos credores, e apurado o conjunto de bens que deverá ser partilhado, **o juiz concederá às partes o prazo de quinze dias para formular o seu pedido de quinhão. Em seguida, proferirá decisão de deliberação sobre a partilha**, resolvendo o pedido das partes e designando o quinhão de cada um (CPC, art. 647). Esse pronunciamento tem natureza de decisão interlocutória, suscetível de agravo de instrumento. Pode ser que o autor da herança tenha deixado, por testamento, a forma pela qual os seus bens serão partilhados, caso em que a sua vontade será respeitada, salvo se o valor dos bens não corresponder às quotas estabelecidas (art. 2.014 do CPC).

Depois da deliberação sobre a partilha, os autos serão enviados ao partidor, para que elabore um esboço, de acordo com o que juiz decidiu, observando as dívidas atendidas, a meação do cônjuge, a parte disponível e os quinhões hereditários, a começar do herdeiro mais velho. Sobre o esboço, as partes terão prazo comum de cinco dias para falar.

Na partilha, não é necessário que sejam atribuídas frações ideais de todos os bens da herança a todos os herdeiros, estabelecendo-se um condomínio geral. Se possível, **a partilha será feita de modo a atribuir a cada um dos herdeiros bens no valor correspondente à sua quota, evitando-se o condomínio**. Mas o juiz deve observar sempre, quanto ao valor, natureza e qualidade dos bens, a maior igualdade possível. A partilha deve tentar, ainda, prevenir litígios futuros e, sempre que possível, ser feita da maneira mais cômoda aos coerdeiros, cônjuges ou companheiros.

Talvez os bens não possam ser divididos, e não caibam na meação ou no quinhão dos herdeiros, isto é, o seu valor ultrapassa a parte que caiba a cada um. Nesse caso, proceder-se-á na forma do art. 2.019 do CC: "Os bens insuscetíveis de divisão cômoda, que não couberem na meação do cônjuge sobrevivente ou no quinhão de um só herdeiro, serão vendidos judicialmente, partilhando-se o valor apurado, a não ser que haja acordo para serem adjudicados a todos. § 1.º: Não se fará a venda judicial se o cônjuge sobrevivente ou um ou mais herdeiros requererem lhes seja adjudicado o bem, repondo aos outros, em dinheiro, a diferença, após avaliação atualizada. § 2.º: Se a adjudicação for requerida por mais de um herdeiro, observar-se-á o processo de licitação".

Depois de as partes manifestarem-se sobre o esboço de partilha, feito o pagamento de imposto *mortis causa*, o juiz julgará a partilha por sentença, contra a qual cabe apelação. O art. 654 do CPC estabelece que a existência de dívida para com a Fazenda Pública não impedirá o julgamento da partilha, desde que o seu pagamento esteja devidamente garantido.

É preciso fazer uma distinção entre a sentença que homologa a partilha, quando há acordo entre todos os herdeiros, e a que a julga, havendo divergência. A primeira é meramente homologatória e pode ser desconstituída por ação anulatória, não rescisória, como determina o art. 966, § 4.º, do CPC. O prazo de anulação é decadencial de um ano, nos termos do art. 2.027, parágrafo único, do CC. O prazo corre da data em que há o acordo entre os herdeiros a respeito da partilha.

Quando não houver acordo, a sentença não será apenas homologatória, mas julgará efetivamente a partilha. **Havendo trânsito em julgado, só poderá ser desconstituída por ação rescisória, no prazo de dois anos**, nas hipóteses do art. 658 do CPC.

A legitimidade para ajuizar tanto a ação anulatória como a rescisória é de qualquer interessado, o que abrange os herdeiros, o cônjuge ou companheiro supérstite, e outros, como cessionários, credores e até o cônjuge do herdeiro, que não tenha concedido outorga uxória, nos casos em que é necessária.

Depois do trânsito em julgado, a partilha ainda pode ser emendada, nas hipóteses do art. 656 do CPC.

Com o trânsito em julgado da sentença que julga a partilha, ou que determina a adjudicação de todos os bens a único herdeiro, desaparece o espólio e cessam as funções do inventariante. A partir daí, todas as ações patrimoniais que digam respeito aos interesses que eram do *de cujus* deverão ser dirigidas contra os herdeiros.

9.6.4. Formal de partilha

Depois do trânsito em julgado da sentença que julga a partilha, **será expedido o formal de partilha** (se não tiver havido partilha, mas apenas adjudicação a um único herdeiro, será expedida a carta de adjudicação).

O formal indicará os bens que cada herdeiro receberá. Dele, devem constar as peças indicadas no art. 655 do CPC. Se houver bens imóveis, os interessados poderão levar o formal para registro no Cartório de Registro de Imóveis, com o que passarão a figurar em nome do herdeiro beneficiado, e não mais em nome do *de cujus*.

9.6.5. Sobrepartilha

Foi prevista no art. 669 do CPC, como mecanismo de partilha de bens, após o julgamento da partilha originária. Os bens que devem ser sobrepartilhados são: os sonegados; os que integram a herança, mas que só foram descobertos depois da partilha; os litigiosos, assim como os de liquidação difícil ou morosa e os situados em lugar remoto da sede do juízo em que se processa o inventário.

O procedimento da sobrepartilha será o do inventário e partilha, e correrá nos mesmos autos.

9.7. INVENTÁRIO CONJUNTO

Foi previsto no art. 672 do CPC: "É lícita a cumulação de inventários para a partilha de heranças de pessoas diversas quando houver: I — identidade de pessoas entre as quais devem ser repartidos os bens; II — heranças deixadas pelos dois cônjuges ou companheiros: III — dependência de uma das partilhas em relação à outra". No caso do inciso III, se a dependência for parcial, por haver outros bens, o juiz poderá determinar a tramitação separada, se melhor convier ao interesse das partes ou à celeridade processual. Presentes as hipóteses do art. 672, as duas heranças serão cumulativamente inventariadas e partilhadas, o que se justifica em razão da economia processual. Haverá um só inventariante. Se o segundo inventário for ajuizado depois do primeiro, haverá distribuição por dependência.

1 ▣ Dos Procedimentos Especiais de Jurisdição Contenciosa

9.8. ARROLAMENTO

É forma simplificada de inventário, prevista para a hipótese de os bens do espólio serem de pequeno valor, até o limite de 1.000 salários mínimos. Esse valor não pode ser ultrapassado pelos bens do espólio, isto é, da herança que será partilhada, excluída, portanto a meação do cônjuge.

Não há necessidade de acordo entre os interessados, nem é preciso que sejam todos maiores ou capazes. Basta que valor não ultrapasse o teto previsto em lei.

Não se confunde com o arrolamento sumário, forma ainda mais simplificada, que pressupõe interessados maiores e capazes, concordes com a partilha de bens, independentemente de seu valor.

O procedimento de arrolamento não é faculdade das partes: verificado que o valor não ultrapassa o montante mencionado, **a adoção será cogente**.

O arrolamento vem previsto no art. 664 do CPC.

9.8.1. Procedimento do arrolamento

É bastante simplificado. O art. 664 traça as regras principais, mas, havendo omissão legal, será aplicável, **supletivamente, o procedimento do inventário comum**.

Pode ser requerido pelos mesmos legitimados ao inventário, enumerados nos arts. 615 e 616 do CPC, que deverão instruir a inicial, com os mesmos documentos.

O juiz nomeará inventariante, que não precisará prestar compromisso.

Nos termos do art. 664, *caput*, do CPC, cabe-lhe apresentar, com suas declarações, a atribuição do valor dos bens do espólio e o plano de partilha.

Se houver algum herdeiro não representado nos autos, será indispensável citá-lo. Os interessados e o Ministério Público, quando intervir, poderão impugnar a estimativa, caso em que o juiz nomeará um avaliador, que apresentará o laudo em dez dias. Antes da partilha, será providenciado o recolhimento do "imposto *mortis causa*", o que deverá ser comprovado com a juntada aos autos de certidão negativa de tributos.

Se houver necessidade, o juiz designará audiência. **Em seguida, deliberará sobre a partilha, em decisão interlocutória agravável** (há acórdãos que entendem que se trata de mero despacho. Parece-nos, porém, que não se pode negar conteúdo decisório a tal ato judicial).

9.9. ARROLAMENTO SUMÁRIO

Não se confunde com o examinado no item anterior. Enquanto aquele constituía forma simplificada, a ser adotada quando o valor dos bens é pequeno, este constitui forma ainda mais simplificada, **a ser observada quando todos os herdeiros forem maiores e capazes, e estiverem de acordo**. A rigor, não haveria necessidade de ingresso em juízo, já que preenchidos tais requisitos, o inventário e a partilha podem ser feitos por escritura pública. Mas os interessados podem preferir a via judicial, caso em que se valerão do arrolamento sumário. **O valor dos bens é irrelevante, bastando que haja acordo entre os herdeiros, e que eles sejam todos capazes**.

9.9.1. Procedimento do arrolamento sumário

A abertura deve ser requerida, em conjunto, por todos os herdeiros, ou por apenas um, com o consentimento dos demais, **o que tornará dispensável a citação, pois estarão todos representados nos autos**. Se algum herdeiro for incapaz ou estiver desaparecido, haverá inventário comum. Havendo herdeiros capazes, será preciso que os cônjuges também outorguem procuração, já que a partilha amigável tem caráter negocial e exige a outorga uxória, ressalvado o regime da separação absoluta de bens.

Na inicial, será postulada a nomeação do inventariante que os herdeiros designarem. Serão indicados e qualificados os herdeiros e os bens do espólio, e já se apresentará a forma pela qual os bens serão partilhados, a respeito da qual existe o consenso entre as partes. Não será necessário avaliar os bens, já que inexistirá impugnação. Mas a Fazenda Pública não fica adstrita ao valor dos bens que foi atribuído pelos herdeiros, podendo cobrar eventual diferença por lançamento tributário. Por isso, dispõe o art. 662, *caput*, do CPC: "No arrolamento, não serão conhecidas ou apreciadas questões relativas ao lançamento, ao pagamento ou à quitação de taxas judiciárias e de tributos incidentes sobre a transmissão da propriedade dos bens do espólio". E o § 2.º acrescenta: "O imposto de transmissão será objeto de lançamento administrativo, conforme dispuser a legislação tributária, não ficando as autoridades fazendárias adstritas aos valores dos bens do espólio atribuídos pelos herdeiros". **Por isso, a Fazenda Pública não precisa ser citada, bastando que seja intimada da sentença homologatória, para tomar as providências e cobrar o que entender devido**.

A respeito do recolhimento do ITCMD no arrolamento sumário, o Superior Tribunal de Justiça decidiu, em precedente vinculante (Tema 1074): "No arrolamento sumário, a homologação da partilha ou da adjudicação, bem como a expedição do formal de partilha e da carta de adjudicação, não se condicionam ao prévio recolhimento do imposto de transmissão *causa mortis*, devendo ser comprovado, todavia, o pagamento dos tributos relativos aos bens do espólio e às suas rendas, a teor dos arts. 659, § 2.º, do CPC/2015, e 192 do CTN.

A existência de testamento não impede o arrolamento sumário, desde que respeitadas as vontades do testador. Nesse caso, haverá intervenção do Ministério Público, que será intimado dos atos do processo.

O art. 663 do CPC estabelece: "A existência de credores do espólio não impedirá a homologação da partilha ou adjudicação, se forem reservados bens suficientes para o pagamento da dívida. Parágrafo único. A reserva de bens será realizada pelo valor estimado pelas partes, salvo se o credor, regularmente notificado, impugnar a estimativa, caso em que se promoverá a avaliação dos bens a serem reservados".

10. DOS EMBARGOS DE TERCEIRO

10.1. INTRODUÇÃO

No capítulo das ações possessórias, vimos que quando o possuidor é esbulhado, turbado ou ameaçado em sua posse, poderá valer-se do interdito apropriado, para reaver a posse da coisa, ou fazer cessar a agressão ou ameaça.

1 ◼ Dos Procedimentos Especiais de Jurisdição Contenciosa   581

Há casos em que a agressão indevida provém de um ato de apreensão judicial que indevidamente recai sobre bem de quem não é parte no processo. A medida adequada para que o proprietário ou possuidor do bem faça cessar a constrição indevida não será a ação possessória, mas os embargos de terceiro.

> Os embargos de terceiro são a ação atribuída àquele que não é parte, para fazer cessar a constrição judicial que indevidamente recaiu sobre bens do qual é proprietário ou possuidor.

Distinguem-se das ações possessórias em dois aspectos: **podem ser ajuizados não só pelo possuidor, mas também pelo proprietário; e têm por finalidade afastar não esbulho, turbação ou ameaça, mas apreensão judicial, indevida porque recai sobre bem de quem não é parte**.

Os embargos de terceiro estão sempre associados a uma outra ação, na qual foi determinada a apreensão indevida.

A parte não pode valer-se dos embargos de terceiro, pois, figurando no processo, deve usar outros mecanismos processuais para afastar a constrição. Pode recorrer da decisão que a determinou ou, nas execuções civis, valer-se dos embargos ou da impugnação.

O terceiro, por sua vez, terá de valer-se dos embargos, **que têm natureza de ação autônoma**, se quiser afastar a constrição.

Também não se confundem os embargos de terceiro com a oposição, tratada no *item 10, infra.*

10.2. REQUISITOS ESPECÍFICOS DE ADMISSIBILIDADE

Os embargos de terceiro têm natureza de ação e implicam a formação de um novo processo. Por isso, devem preencher os pressupostos processuais e condições da ação, comuns a todos os processos e ações em geral. Além disso, possuem requisitos específicos. São eles:

10.2.1. Que haja um ato de apreensão judicial

Só cabem embargos de terceiro com a finalidade de desconstituir um ato de apreensão judicial ou afastar ameaça de que ele ocorra (CPC, art. 674). Se a perda da posse decorre de outro tipo de causa, proveniente de ato de particular ou da Fazenda Pública, a ação adequada será a possessória. São atos de apreensão, entre outros: a penhora, depósito, arresto, sequestro, alienação judicial, arrecadação, arrolamento, inventário e partilha.

Não é necessário que a apreensão já esteja consumada, **pois admitem-se embargos de terceiro preventivos, quando haja ameaça de que o ato de apreensão judicial se consume**. Por exemplo: basta que o exequente indique à penhora bens de terceiro para que os embargos possam ser opostos, mesmo que ela não tenha sido efetivada.

Por essa razão, eles estarão sempre relacionados a outro processo, no qual foi feita ou determinada a apreensão do bem. Pode tratar-se de qualquer tipo de processo, de conhecimento, execução ou tutela provisória, antecedente ou incidente, desde que haja a apreensão.

582 Direito Processual Civil Esquematizado

10.2.2. Quesejam interpostos por quem invoque a condição de proprietário ou possuidor

Só tem legitimidade para opor **embargos de terceiro aquele que não figura como parte no processo em que a apreensão ocorreu ou foi determinada**. E que alegue ser proprietário ou possuidor do bem.

De acordo com o art. 674, § 1.º, do CPC, **os embargos podem ser de terceiro proprietário, inclusive fiduciário, ou apenas de terceiro possuidor**.

O compromissário comprador também poderá opor os embargos de terceiro. De início, exigia-se que o compromisso de compra e venda estivesse registrado. Nesse sentido, a Súmula 621 do STF: "Não enseja embargos de terceiro à penhora a promessa de compra e venda não inscrita no registro de imóveis".

Posteriormente, essa súmula deixou de ser aplicada. A jurisprudência passou a prestigiar o compromisso, ainda que não registrado, e o Superior Tribunal de Justiça editou a Súmula 84: "É admissível a oposição de embargos de terceiro fundados em alegação de posse advinda do compromisso de compra e venda de imóvel, ainda que desprovido de registro".

Não se justificava que os embargos ficassem restritos à hipótese de compromisso registrado porque eles podem ser opostos tanto pelo proprietário como pelo possuidor. Ora, o compromissário sem registro pode não ser titular de direito real sobre a coisa, mas sendo possuidor, pode valer-se dos embargos.

A redação do § 1.º do art. 674 afasta qualquer dúvida sobre a possibilidade de que o proprietário fiduciário, isto é, daquele a quem foi transferida a propriedade como garantia de uma dívida, em alienação fiduciária em garantia, possa valer-se também dos embargos.

10.2.3. Que o embargante seja terceiro

Aqueles que figuram como partes no processo em que houve a apreensão do bem não podem se valer dos embargos. **Só quem é terceiro pode fazê-lo**. Mas o art. 674, § 2.º, contém hipóteses que ampliam o conceito de terceiro. Ele estabelece: "Considera-se terceiro, para ajuizamento dos embargos: I — o cônjuge ou companheiro, quando defende a posse de bens próprios ou de sua meação, ressalvado o disposto no art. 843; II — o adquirente de bens cuja constrição decorreu de decisão que declara a ineficácia da alienação realizada em fraude à execução; III — quem sofre constrição judicial de seus bens por força de desconsideração da personalidade jurídica, de cujo incidente não fez parte; IV — o credor com garantia real para obter a expropriação judicial do objeto de direito real de garantia, caso não tenha sido intimado, nos termos legais dos atos expropriatórios respectivos".

Cada uma dessas hipóteses será analisada separadamente.

10.2.4. Que a apreensão seja indevida

Os embargos de terceiro só serão acolhidos se a apreensão for indevida. Para tanto, é preciso não apenas a condição de terceiro, **mas que não seja responsável pelo pagamento da dívida**.

1 ◫ Dos Procedimentos Especiais de Jurisdição Contenciosa 583

No Livro IX, Capítulo 1, *item 11* e seus subitens, vê-se que, nas execuções, a penhora pode licitamente recair sobre bens de quem não é parte, mas tem responsabilidade patrimonial pelo pagamento das dívidas.

Os principais casos de extensão de responsabilidade patrimonial a terceiros são os dos incisos I, II e III, do art. 674, analisados em seguida.

10.2.4.1. *Embargos de terceiro do cônjuge ou companheiro*

O cônjuge ou companheiro, seja qual for o regime de casamento ou o instituído para a união estável, **responde pelo pagamento das dívidas contraídas pelo outro, desde que tenham revertido em proveito do casal**. Ainda que a execução tenha sido dirigida tão-somente contra o cônjuge ou companheiro que firmou o título executivo, a penhora poderá recair sobre bens do outro. A situação é muito particular, **porque a jurisprudência tem autorizado que o cônjuge ou companheiro que não é parte utilize tanto embargos à execução como embargos de terceiro, dependendo do que pretenda alegar**. Poderá opor embargos de devedor para discutir a dívida, alegando fatos extintivos, impeditivos e modificativos do débito. Ainda não sendo parte, tem interesse em defender o patrimônio do outro, tanto que, havendo penhora de imóveis, precisa ser intimado.

Além disso, pode opor embargos de terceiro **quando pretender livrar da constrição a sua meação, ou seus bens próprios, que tenham sido atingidos** (CPC, art. 674, § 2.º, I). Para que tenha êxito, é preciso que demonstre não ter responsabilidade patrimonial pela dívida, que não reverteu em proveito do casal ou dos filhos, mas tão-somente do cônjuge ou companheiro que a contraiu. **O ônus será do embargante, já que presume-se que as dívidas contraídas por um sempre revertem em proveito do outro, seja qual for o regime de bens**.

É condição de acolhimento dos embargos que o cônjuge ou companheiro, mesmo sendo terceiro, prove que a apreensão não poderia ter recaído sobre os seus bens, sendo indevida.

É preciso verificar então o seguinte:

◼ se a execução foi dirigida contra os dois, marido e mulher, ou ambos os companheiros, porque há título executivo contra os dois, o mecanismo de defesa será, para ambos, os embargos de devedor (ou a impugnação, quando se tratar de cumprimento de sentença). Nenhum deles poderá valer-se de embargos de terceiro, já que ambos são partes;

◼ se a execução é dirigida só contra um, porque só ele integra o título executivo, o executado só poderá valer-se dos embargos de devedor. Já o seu cônjuge ou companheiro poderá ajuizar embargos de devedor, se quiser discutir o débito; ou dos embargos de terceiro, se quiser afastar a penhora sobre a sua meação ou seus bens próprios, caso em que, para ter êxito, precisará demonstrar que a dívida não reverteu em proveito do casal ou dos filhos, mas somente daquele que a contraiu. Esse cônjuge ou companheiro, embora intimado da penhora sobre bens imóveis, não se transforma em parte, e poderá valer-se dos embargos de terceiro, como deixa claro a Súmula 134 do STJ: "Embora intimado da penhora em imóvel do casal, o cônjuge do executado pode opor embargos de terceiro para defesa de sua meação".

584 Direito Processual Civil Esquematizado   *Marcus Vinicius Rios Gonçalves*

Diante da complexidade do assunto, **tem-se admitido uma certa fungibilidade entre os embargos opostos pelo cônjuge ou companheiro**, podendo o juiz receber os embargos de devedor como embargos de terceiro e vice-versa.

Pode ocorrer que a penhora recaia sobre bem indivisível do casal, e que um dos cônjuges consiga livrar a sua meação. Como seria difícil encontrar arrematante de uma fração ideal do bem, autoriza-se que ele inteiro vá à hasta pública, e que do produto da venda seja restituído ao cônjuge ou companheiro a parte em dinheiro correspondente à sua meação.

Nesse sentido, dispõe expressamente o art. 843 do CPC: a meação do cônjuge ou companheiro recai não propriamente sobre o bem, mas sobre o produto de sua alienação judicial.

10.2.4.2. Embargos de terceiro em caso de penhora de bens dos sócios

Nas execuções contra as pessoas jurídicas, a penhora só pode recair sobre os bens dela, e não dos sócios, que não figuram como parte. Mas, desde que verificadas as hipóteses do art. 50 do CC ou do art. 28 do CDC, **o juiz pode desconsiderar a personalidade jurídica da empresa** e estender a responsabilidade patrimonial aos bens pessoais dos sócios, que poderão ser atingidos. Para que isso ocorra, é preciso que o credor se valha do procedimento estabelecido nos arts. 133 e ss. Se o fizer, e o juiz resolver o incidente, decretando a desconsideração, a responsabilidade patrimonial aos sócios se estenderá. Se na fase executiva não forem encontrados bens suficientes, o juiz autorizará a constrição de bens dos sócios que, tendo sido incluídos por força do incidente, não poderão se valer dos embargos de terceiros, mas dos meios de defesa próprios da execução (embargos ou cumprimento de sentença). Mas se o juiz estender a responsabilidade patrimonial ao sócio e determinar a constrição de bens dele, sem que tenha havido o prévio incidente de desconsideração da personalidade jurídica, **o sócio poderá valer-se de embargos de terceiro**. O mesmo vale em relação aos bens da empresa, na execução promovida contra o sócio, quando há a desconsideração inversa.

10.2.4.3. Embargos de terceiro do adquirente em fraude à execução

A fraude à execução, se reconhecida, implica ineficácia da alienação, o que permite ao credor requerer a penhora do bem em mãos do adquirente, embora a execução não seja dirigida contra ele, mas contra o alienante.

Se o adquirente quiser negar a fraude e, com isso, afastar a constrição, deverá valer-se de embargos de terceiro, já que ele não é parte na execução.

Para configurar fraude à execução, é preciso que a alienação tenha ocorrido depois da citação do devedor. Além disso, é preciso que se observe o determinado na Súmula 375 do STJ, que condiciona o reconhecimento da fraude a que tenha havido o registro da penhora, ou prova da má-fé do adquirente. Mais precisamente, se o bem alienado for daqueles sujeitos a registro, a presunção de má-fé só existirá se a averbação, seja da penhora, seja da certidão expedida na forma do art. 828 do CPC, tiver sido feita. Já quando se tratar de bem não sujeito a registro, cabe ao terceiro adquirente comprovar que tomou as cautelas necessárias para a aquisição, na forma do disposto no art. 792, § 2.º, do CPC, para demonstrar que agiu de boa-fé.

Na execução, o juiz verificará, em cognição não exauriente, se estão preenchidos os requisitos da fraude. Em caso afirmativo, determinará a penhora do bem alienado, o que é feito sem a ouvida do adquirente, que não é parte na execução. Se ele quiser, no entanto, afastar a constrição, reputando-a indevida e questionar o reconhecimento da fraude, poderá fazê-lo em embargos de terceiro. Por isso, determina o art. 792, § 4.º, do CPC, que o terceiro adquirente deverá ser intimado, antes da declaração da fraude, para, querendo, opor embargos de terceiro. A intimação não é para que o adquirente integre a execução, e nela se manifeste ou defenda, mas para que, querendo, oponha embargos de terceiro. O dispositivo fixa o prazo de 15 dias para que ele o faça, e o Enunciado n. 54 da ENFAM atribui a esse prazo caráter preclusivo. Não nos parece, porém, ser essa a melhor solução. Não é razoável que o terceiro adquirente tenha prazo menor para opor os embargos, devendo ser respeitado o prazo geral, estabelecido no art. 675, *caput*, do CPC.

Mas tão-somente a fraude à execução poderá ser discutida. A fraude contra credores não, como evidencia a Súmula 195 do STJ: "Em embargos de terceiro não se anula o ato jurídico, por fraude contra credores".

10.2.4.4. *Os embargos de terceiro do credor com garantia real não intimado*

Nas execuções, os credores com garantia real são intimados tanto da penhora quanto da expropriação dos bens gravados (CPC, arts. 799, I, e 889), para que possam exercer direito de preferência, pois o crédito com garantia real é preferencial. Eles terão prioridade para levantar o valor da arrematação de bens. Quando caberão, então, os embargos de terceiro a que alude o art. 674, IV, do CPC?

Quando **não tiver sido intimado da alienação judicial, com pelo menos cinco dias de antecedência (art. 889)**. Nesse caso, a alienação não será realizada, mas o credor não poderá opor-se a que outra seja designada, desde que, desta feita, seja intimado com a antecedência necessária.

10.3. PRAZO

O prazo de embargos de terceiro vem estabelecido no art. 675 do CPC: "Os embargos podem ser opostos a qualquer tempo no processo de conhecimento enquanto não transitada em julgado a sentença e, no cumprimento de sentença ou no processo de execução, até cinco dias depois da adjudicação, da alienação por iniciativa particular ou da arrematação, mas sempre antes da assinatura da respectiva carta".

Se a apreensão ocorrer em razão de tutela provisória antecedente, será sempre preciso que haja a formulação do pedido principal definitivo, que pode ser de conhecimento ou de execução. E o prazo para os embargos de terceiro será determinado pelo disposto no art. 675: se a tutela antecede o pedido principal cognitivo, até o trânsito em julgado da sentença que o aprecia; se um pedido de execução, até cinco dias depois da adjudicação, alienação particular ou arrematação, desde que não assinada a respectiva carta.

No caso de embargos de terceiro do adquirente de bens em fraude à execução, estabelece o art. 792, § 4.º, do CPC prazo de 15 dias, a contar da intimação dele, determinada no processo em que houve a constrição. Sobre esse prazo, ver *item 9.2.4.3, supra.*

10.4. PROCEDIMENTO

10.4.1. Competência

Os embargos de terceiro **são distribuídos por dependência** ao juízo em que corre o processo no qual foi determinada a apreensão do bem. Trata-se de regra de competência funcional (absoluta).

Mesmo que o processo já esteja em grau de recurso, haverá distribuição por dependência, para o juízo de primeiro grau onde o processo correu, e onde foi proferida sentença.

Mas e se a apreensão tiver sido feita por carta precatória? A competência para processar e julgar os embargos será do juízo deprecante ou do juízo deprecado? Depende. Se a precatória já determinava a apreensão de um bem determinado, e o juízo deprecado se limitou a executar a solicitação, ou então se ela já tiver sido devolvida no momento da interposição dos embargos, a competência será do juízo deprecante; mas se a precatória era **para que o juízo deprecado penhorasse os bens do réu que fossem localizados na Comarca, sem indicação de quais seriam tais bens**, e a carta não tiver sido devolvida, a competência será do juízo deprecado. É o que dispõe o art. 676, parágrafo único, do CPC.

Se os embargos de terceiro forem opostos pela ou contra a União, suas autarquias ou empresas públicas, a competência será da Justiça Federal. Se a apreensão tiver sido determinada em processo que corre perante a Justiça Estadual, a competência será deslocada para a Justiça Federal.

10.4.2. São os embargos de terceiro apensados ao processo onde houve a apreensão?

Não. O art. 676 do CPC esclarece que "Os embargos serão distribuídos por dependência ao juízo que ordenou a constrição e autuados em apartado". Não há razão para o apensamento, pois os embargos de terceiro serão aforados em primeira instância mesmo que o processo já esteja em fase de recurso.

10.4.3. Legitimidade

O polo ativo dos embargos será ocupado pelo terceiro que se arrogue na condição de proprietário ou possuidor do bem constrito. Já o polo passivo será, **em regra, ocupado apenas pelo sujeito a quem a constrição aproveita, geralmente o autor do processo em que ocorreu a apreensão do bem**. Mas haverá **litisconsórcio no polo passivo entre o autor e o réu da ação em que houve a apreensão do bem, quando** for do réu a indicação do bem para constrição judicial (art. 677, § 4.º, do CPC).

Por exemplo, nas execuções em que o devedor indica a penhora de determinado bem, que se verifica pertencer ao terceiro. Nesse caso, figurarão no polo passivo tanto o exequente quanto o executado.

10.4.4. Petição inicial

Vem tratada no art. 677, *caput*, do CPC: "Na petição inicial, o embargante fará a prova sumária de sua posse ou de seu domínio e da qualidade de terceiro, oferecendo documentos e rol de testemunhas".

1 ◼ Dos Procedimentos Especiais de Jurisdição Contenciosa 587

A única particularidade é o rol de testemunhas, caso haja requerimento de audiência preliminar. Tal como nas ações possessórias, o autor deve fazer uma comprovação, ainda que sumária, de sua condição de proprietário ou possuidor. A de proprietário, quando o bem for imóvel, é mais fácil, bastando, em regra, a juntada de documentos. Mas a de possuidor pode requerer prova testemunhal, para o que será designada audiência prévia de justificação.

O rol a que alude a inicial **não é relacionado à audiência de instrução e julgamento**, para a qual ambas as partes poderão arrolar testemunhas, na forma e no prazo estabelecidos para o procedimento comum, mas à de justificação.

O autor deve ainda instruir a inicial com todas as provas que tiver de sua posse ou propriedade e da sua qualidade de terceiro.

Elas servirão apenas para a obtenção da liminar, que poderá ser requerida pelo autor, na forma do art. 678 do CPC. Mesmo que, nessa fase inicial, não fique provada a posse do autor, o juiz receberá a inicial, mas negará a liminar.

10.4.5. A liminar

O autor, na inicial, pode pedir ao juiz a sua manutenção ou reintegração provisória na posse do bem. Com a apreensão judicial, o embargante terá perdido a posse do bem, ou sofrido turbação. Para que o juiz conceda a liminar, basta que, em cognição sumária, **fique demonstrada a posse ou propriedade do embargante e a sua qualidade de terceiro**. Por isso, é preciso que ele instrua a inicial com todos os elementos que possam convencer o juiz de sua posse. A liminar pode ser deferida de plano, se o juiz ficar convencido, pelos elementos trazidos com a inicial. Mas ele pode, não se sentindo ainda suficientemente esclarecido, designar audiência preliminar, na forma do art. 677, § 1.º, do CPC.

Ela presta-se a dar oportunidade ao autor de produzir as provas necessárias para a liminar, assemelhando-se em tudo à audiência de justificação nas ações possessórias. O réu será citado, e poderá participar, formulando perguntas ou contraditando as testemunhas do autor. Mas não poderá requerer provas, já que essa audiência não tem essa finalidade.

Se necessário, o juiz poderá condicionar a liminar à prestação de caução pelo requerente, para assegurar o embargado de eventuais prejuízos, caso os embargos sejam julgados improcedentes. Mas o juiz a dispensará se o requerente for hipossuficiente.

10.4.6. A suspensão das medidas constritivas

O juiz, se reconhecer provado o domínio ou a posse do embargante, determinará a suspensão das medidas constritivas sobre os bens litigiosos objeto dos embargos. Se versarem sobre todos os bens, as medidas de constrição ficarão todas suspensas. Se apenas sobre alguns deles, apenas as que a eles se referirem se suspenderão. Trata-se de preceito cogente, a ser observado pelo juiz. Mas, se os embargos forem indeferidos liminarmente, não chega a haver a suspensão. Esta, se deferida, perdura até o julgamento, embora possa ser revogada se no curso dos embargos surgirem fatos novos, que justifiquem a modificação do convencimento do juiz.

588 Direito Processual Civil Esquematizado   *Marcus Vinicius Rios Gonçalves*

Caso o processo principal esteja no tribunal, o juiz não terá poderes para suspender a constrição, cabendo-lhe apenas comunicar ao relator a interposição dos embargos, para que ele o faça.

10.4.7. Citação

Conquanto os embargos de terceiro estejam sempre atrelados a outro processo, e sejam, em regra, dirigidos contra o autor da ação principal, será necessário citar o embargado, porque eles têm a natureza jurídica de nova ação. A citação poderá ser feita por qualquer dos meios previstos no CPC. No entanto, por força do § 3.º do art. 677 do CPC, se o embargado tiver advogado no processo principal, **não haverá citação pessoal, mas por intermédio de seu advogado**. Não bastará a mera intimação do advogado pela imprensa, sendo necessária a citação. No entanto, ela será dirigida ao advogado, em situação idêntica à que ocorre na oposição, conforme art. 683, parágrafo único, do CPC.

10.4.8. Resposta do réu

O prazo de contestação é de quinze dias (CPC, art. 679). Havendo litisconsortes com advogados diferentes, de escritórios distintos, e não sendo o processo digital, o prazo dobra.

Não se admite reconvenção, já que a finalidade dos embargos é tão-somente determinar o fim da constrição judicial no processo principal.

A falta de contestação implicará na aplicação, aos embargados, dos efeitos da revelia.

10.4.9. Após a resposta

O procedimento será o comum. O juiz verificará se há ou não necessidade de provas. Se não houver, promoverá o julgamento antecipado; se houver, determinará as necessárias, e depois julgará.

Com a procedência dos embargos, o juiz determinará que cesse a constrição judicial determinada no processo principal.

11. DA OPOSIÇÃO

11.1. INTRODUÇÃO

No CPC de 1973, a oposição figurava entre as espécies de intervenção de terceiros. O Senado Federal chegou a excluí-la do projeto do CPC atual, mas ela foi reintroduzida na Câmara dos Deputados, não mais como espécie de intervenção de terceiros, mas como ação autônoma, tratada nos arts. 682 e ss.

A oposição consiste em **nova ação**, que o terceiro ajuíza em face das partes originárias do processo. Pressupõe que o terceiro formule pretensão sobre o mesmo objeto já disputado entre as partes.

1 ■ Dos Procedimentos Especiais de Jurisdição Contenciosa

11.2. CABIMENTO

A oposição é ação em que terceiro deduz uma pretensão que coincide com aquela posta em juízo entre o autor e o réu da demanda principal. **O terceiro pretende obter o mesmo bem ou vantagem que já era objeto da disputa inicial**. Pressupõe, pois, um objeto litigioso, e, para tanto, é necessário que o réu da ação principal já tenha sido citado: de acordo com o art. 240 do CPC, é a citação válida que faz litigiosa a coisa. **A possibilidade de o terceiro valer-se da oposição se estende até a sentença (CPC, art. 682)**.

O terceiro tentará demonstrar ao juízo que o bem ou vantagem não deve ser atribuído nem ao autor, nem ao réu da ação originária, que ele é o verdadeiro titular de um ou outra, e que a ele devem ser atribuídos.

Por exemplo: imagine-se que A ajuíze em face de B uma ação possessória de um imóvel. Para tanto, precisará dizer que tem mais direito que o réu a essa posse; o réu se defenderá, alegando que lhe cabe manter a coisa consigo. A posse do imóvel será o objeto litigioso. Haverá oposição se um terceiro, C, for a juízo para sustentar que a melhor posse não é nem de A, nem de B, mas dele, C, e que o juiz deve afastar a pretensão dos dois primeiros, acolhendo tão-somente a sua.

Como o terceiro, para ter êxito na oposição, precisa demonstrar que a sua pretensão merece melhor acolhida que a do autor e a do réu da ação originária, os disputantes da coisa, será necessário que inclua a ambos no polo passivo.

Haverá, portanto, sempre um **litisconsórcio necessário no polo passivo da oposição, composto pelos autores e réus da ação originária**.

Como a oposição é nova ação, quando recebida, passarão a existir duas ações que deverão ser julgadas pelo juiz: a originária, entre A e B, e a oposição, entre C, de um lado, e A e B, de outro, como litisconsortes necessários.

Mas a pretensão formulada pelo opoente em relação a cada um dos opostos nem sempre será a mesma. Tomemos o exemplo mencionado, em que A e B disputam um bem. Conquanto ambos queiram a posse da coisa para si, a situação de cada um é diferente, porque B já tem a coisa consigo, e sua pretensão consiste em mantê-la em definitivo, ao passo que a pretensão de A é a de reaver a posse que perdeu.

Se C quer a coisa para si, é preciso formular, em relação a B, que tem a coisa, uma pretensão condenatória, pedir que ele seja condenado a entregá-la; já em relação a A, a pretensão não terá essa natureza, porque A não tem a posse, mas apenas uma pretensão a ela. O que C pedirá em relação a A é que o juiz declare que ele não tem direito à coisa.

11.3. A RELAÇÃO DE PREJUDICIALIDADE ENTRE A OPOSIÇÃO E A AÇÃO ORIGINÁRIA

Uma característica fundamental da oposição é que **ela guarda relação de prejudicialidade com a ação originária**, pois o seu resultado influenciará o da ação principal. A razão é simples: o opoente exerce uma pretensão sobre o mesmo bem ou vantagem que era o objeto de disputa entre as partes originárias. Por isso, quando o juiz acolhe a oposição, atribuindo a coisa ao terceiro, declarará que o autor da ação originária não tinha direito a ela. Ou seja, a procedência da oposição implica a improcedência da ação inicial.

O juiz pode julgar procedente a oposição e improcedente a ação originária, caso em que a posse deverá ser entregue ao opoente; pode julgar improcedente a oposição e procedente a ação originária, caso em que a coisa deverá ser entregue ao autor dessa ação; e, por fim, tanto a oposição quanto a ação podem ser julgadas improcedentes, caso em que o direito à posse será do réu, que já a tinha consigo.

Mas não será possível que a oposição e a ação sejam julgadas, ambas, inteiramente procedentes. É admissível, por exemplo, que as duas sejam julgadas parcialmente procedentes, como na hipótese de o opoente e o autor da ação principal serem donos, cada qual, de uma parte ou fração ideal da coisa.

11.4. A OPOSIÇÃO NÃO SE CONFUNDE COM OS EMBARGOS DE TERCEIRO

Não há como confundir a oposição com os embargos de terceiro. **Nestes, um terceiro vai a juízo para postular que seja desconstituída a apreensão de um bem que foi indevidamente realizada, porque a coisa lhe pertencia, e não às partes.** Nos embargos, o terceiro não entra na disputa pela coisa litigiosa, mas quer tão-somente liberar um bem indevidamente apreendido. Não há relação de prejudicialidade entre os embargos e a ação em que o bem foi apreendido, diferentemente do que ocorre na oposição.

Um exemplo ajudará. Imagine-se que A ajuíze ação possessória em face de B, a respeito de determinado imóvel. Se C for a juízo para dizer que a posse não deve ficar nem com A, nem com B, mas com ele, haverá oposição, porque o terceiro quer a mesma coisa que já era objeto da disputa. Se acolhida a oposição, a possessória será improcedente. Imagine-se, agora, que, nessa mesma ação, o juiz conceda liminar, e o oficial de justiça, ao cumpri-la, acabe apreendendo, por equívoco, não apenas o terreno disputado, mas uma parte do terreno vizinho, que pertence a C e que não era objeto da disputa. Caberá a C valer-se dos embargos de terceiro para obter a liberação do bem.

11.5. OPOSIÇÃO APRESENTADA ANTES OU DEPOIS DA AUDIÊNCIA DE INSTRUÇÃO

No CPC de 1973, existiam dois tipos de oposição, com procedimentos distintos: a interventiva e a autônoma. A adoção de uma ou de outra dependia apenas do momento em que ela era apresentada. A oposição pressupõe que exista ação em curso, na qual o réu já tenha sido citado, e só cabe até que haja a prolação de sentença, como estabelece expressamente o art. 682 do CPC. **Seria interventiva a oposição quando apresentada antes da audiência de instrução, no processo principal, e autônoma, após o início da audiência, isto é, quando o processo principal já estivesse em fase mais avançada**.

A diferença entre as duas formas de oposição era a seguinte: conquanto ela fosse sempre uma nova ação, se interventiva, não haveria um novo processo. A ação e a oposição **correriam simultaneamente em um processo único**, que seria julgado por uma única sentença. Já a oposição autônoma **implicaria a formação de um novo processo, distinto do anterior**. Em suma, na interventiva, havia duas ações, mas um único processo; na autônoma, duas ações e dois processos.

O CPC atual pôs fim à duplicidade de procedimentos da oposição. Ela e a ação principal correrão sempre simultaneamente, e serão julgadas em conjunto. É o que se

1 ■ Dos Procedimentos Especiais de Jurisdição Contenciosa

depreende da leitura do art. 685 e seus parágrafos, cuja redação não é das mais claras. Se a oposição for aforada antes do início da audiência de instrução e julgamento, ela tramitará simultaneamente à ação originária, sendo julgada pela mesma sentença. Haverá, portanto, uma única instrução e uma sentença única. Se aforada depois, haverá duas possibilidades: ou o juiz prossegue na audiência já iniciada na ação principal, concluindo-a e só então suspendendo o processo, caso em que não haverá unicidade de instrução, pois, oportunamente, será preciso realizar outra audiência da qual participe o opoente, que terá oportunidade de arrolar suas testemunhas; ou o juiz suspende o processo antes, para que a instrução possa ser conjunta e realizar-se uma única vez, valendo para ambas as ações. No primeiro caso, haverá duas audiências, mas uma única sentença. No segundo, uma audiência e uma sentença. O que desaparece, no CPC atual, é a possibilidade, que havia no CPC anterior, de que a lide principal e a oposição sejam julgadas por sentenças diferentes, o que ocorria porque o processo da ação principal não podia ficar suspenso por mais de 90 dias, e, às vezes, o processo de oposição levava mais tempo para alcançar a mesma fase. O Código atual não limita o prazo de suspensão, que será o necessário para que a oposição, ainda que iniciada tardiamente, possa alcançar o mesmo estágio da ação principal, e o juiz sempre profira sentença conjunta.

O art. 686, ao dispor que, cabendo ao juiz proceder o julgamento, simultaneamente, da ação originária e da oposição, desta conhecerá em primeiro lugar, pode dar a impressão de que ele teria a possibilidade de não fazer o julgamento simultâneo. Mas não parece ser essa a melhor interpretação, diante do que consta no art. 685. O art. 686 deve ser interpretado no sentido de que o julgamento é sempre simultâneo, cabendo ao juiz conhecer primeiro da oposição.

Seja apresentada antes ou depois do início da audiência de instrução, a oposição será distribuída por dependência e autuada em apenso. A inicial deve preencher os requisitos dos arts. 319 e 320 do CPC. O juiz determinará a citação dos opostos, que são os autores e os réus da ação. Apesar do litisconsórcio, em que os procuradores serão diferentes, já que atuam em polos opostos na ação principal, o prazo de contestação é de quinze dias. Não se aplica o art. 229 do CPC por força da regra específica do art. 683, parágrafo único, que prevalece sobre a regra geral. Mas, como tal dispositivo é específico para contestação (resposta do réu), o prazo dos opostos será em dobro para os demais atos.

11.6. PROCESSOS EM QUE CABE A OPOSIÇÃO

Só cabe oposição em processo de conhecimento, de procedimento comum ou de procedimento especial que se converta em comum após a citação do réu. Não cabe em processos de execução, ou de conhecimento que tenha procedimento especial e que assim prossiga após a citação.

12. DAS AÇÕES DE FAMÍLIA

12.1. INTRODUÇÃO

Trata-se de ação introduzida pelo atual CPC, pois no anterior não havia um procedimento especial genérico para as ações de família. As peculiaridades desse

592 Direito Processual Civil Esquematizado   *Marcus Vinicius Rios Gonçalves*

procedimento revelam uma particular preocupação do legislador em relação à **solução consensual da controvérsia**. Se ela já está presente no CPC de maneira geral, havendo norma fundamental a respeito (art. 3.º, §§ 2.º e 3.º), nas ações de família, é redobrada.

12.2. CABIMENTO

O procedimento especial das ações de família, previsto nos arts. 693 e ss. do CPC, aplica-se aos processos **contenciosos** de divórcio, separação, reconhecimento e extinção de união estável, guarda, visitação e filiação. **Não se aplica aos procedimentos de jurisdição voluntária** de divórcio e separação consensuais, extinção consensual de união estável e alteração do regime de bens de patrimônio, que são regulados pelos arts. 731 a 734 do CPC.

O CPC manteve a ação de separação judicial, tanto sob a forma contenciosa quanto sob a forma consensual (arts. 693 e 731), afastando as dúvidas que havia a respeito, desde a edição da Emenda Constitucional n. 66/2010, que autorizou o divórcio direto sem prévia separação de fato.

O procedimento especial previsto nos arts. 693 e ss. não se aplica às ações de alimentos, pois estas continuam reguladas pela Lei n. 5.478/68, que prevalece sobre as normas do CPC, aplicáveis apenas subsidiariamente. Mas a lei especial só se aplica às ações de alimentos em que há prova pré-constituída da obrigação alimentar, isto é, prova prévia do parentesco, do casamento ou da união estável. Apenas o filho reconhecido pelo pai poderá valer-se do procedimento especial da Lei n. 5.478/68, que prevê a concessão liminar de alimentos provisórios. Se o filho não está reconhecido, o procedimento não poderá ser o da lei de alimentos, caso em que deverá ser observado o procedimento dos arts. 693 e ss. (art. 693, parágrafo único).

Também não se aplica o procedimento especial dos arts. 693 e ss. às ações que versarem sobre o interesse de criança e de adolescente, já que em relação a elas devem prevalecer as regras do Estatuto da Criança e do Adolescente, aplicando-se apenas supletivamente as normas deste Capítulo do Código de Processo Civil.

12.3. PROCEDIMENTO

São pequenas as diferenças em relação ao procedimento comum. O que há de especial no procedimento dessas ações **é a recomendação de que todos os esforços sejam empreendidos para a solução consensual da controvérsia**, devendo o juiz dispor do auxílio de profissionais de outras áreas de conhecimento para a mediação e conciliação. A requerimento das partes, o juiz pode determinar a suspensão do processo, enquanto se submetem a mediação extrajudicial ou a atendimento multidisciplinar.

Outra peculiaridade é que, designada audiência de conciliação e mediação, o réu será citado com antecedência de 15 dias (quando no procedimento comum, a citação deverá ser feita com antecedência de 20 dias), mas o mandado virá desacompanhado de cópia da petição inicial, assegurado a ele o direito de examinar seu conteúdo a qualquer tempo. A ideia é que, sem o conhecimento do que consta da inicial, o réu possa comparecer com o espírito desarmado para a audiência, o que poderia facilitar a conciliação. De qualquer sorte, diante da necessidade de observância do contraditório, fica assegurado a

1 ■ Dos Procedimentos Especiais de Jurisdição Contenciosa

ele o direito de, querendo, examinar o conteúdo da inicial a qualquer tempo, o que exigirá, se o processo não for eletrônico, que ele se desloque até o Ofício Judicial.

Realizada a audiência de mediação e conciliação sem que tenha havido acordo, o processo seguirá o procedimento comum, passando a fluir o prazo de contestação para o réu. A intervenção do Ministério Público só será necessária quando houver interesse de incapaz ou quando figurar como parte vítima de violência doméstica e familiar. A circunstância única de a ação versar sobre direito de família não induz à intervenção ministerial por si só.

Se a ação foi de guarda, antes de iniciada a audiência de mediação e conciliação de que trata o art. 695 do CPC, o juiz indagará às partes e ao Ministério Público se há risco de violência doméstica ou familiar, fixando o prazo de 5 (cinco) dias para a apresentação de prova ou de indícios pertinentes.

13. DA ARBITRAGEM

13.1. INTRODUÇÃO

A arbitragem é regida pela Lei n. 9.307, de 23 de setembro de 1996, que trouxe grandes novidades, modificando o seu panorama no Brasil. Essa lei sofreu importantes modificações com a edição da Lei n. 13.129, de 26 de maio de 2015, que autorizou a utilização da arbitragem pela administração pública direta e indireta, desde que versando sobre direitos patrimoniais disponíveis, e que regulamentou a concessão de tutela provisória nos procedimentos de arbitragem.

Antes da Lei n. 9.307/96, ela já existia no Brasil, mas era pouquíssimo utilizada, porque o laudo arbitral só se tornava eficaz depois de homologado pelo Poder Judiciário. Tratava-se, portanto, de uma arbitragem feita com a fiscalização do Judiciário, **pois só a partir da homologação o laudo tornava-se título executivo extrajudicial**.

A principal novidade da nova lei foi tornar dispensável a homologação das decisões arbitrais pelo Judiciário. O art. 31 da Lei n. 9.307/96 estabelece: "A sentença arbitral produz, entre as partes e seus sucessores, os mesmos efeitos da sentença proferida pelos órgãos do Poder Judiciário e, sendo condenatória, constitui título executivo". O CPC considera a arbitragem como manifestação de jurisdição (art. 3.º, § 1.º) e a sentença arbitral como título executivo judicial (art. 515, VII).

13.2. O QUE É ARBITRAGEM?

> Arbitragem é o acordo de vontades entre pessoas maiores e capazes que, preferindo não se submeter à decisão judicial, confiam a árbitros a solução de litígios, desde que relativos a direitos patrimoniais disponíveis.

Esse conceito evidencia alguns aspectos importantes: **a arbitragem pressupõe pessoas capazes de contratar e direitos disponíveis**. Elas podem, por acordo de vontade, subtrair determinadas questões da apreciação do Poder Judiciário, atribuindo a solução a árbitros. Não há aí nenhuma ilegalidade ou **inconstitucionalidade porque as partes podem dispor do direito**. Poderiam, por exemplo, renunciar ou transigir. Por essa razão, podem determinar que o litígio seja decidido pelo árbitro.

594 Direito Processual Civil Esquematizado   *Marcus Vinicius Rios Gonçalves*

13.3. A UTILIDADE DA ARBITRAGEM

A arbitragem aparece como forma alternativa de solução de conflitos de interesses, que prescinde da intervenção do Judiciário. Disso podem advir algumas vantagens. Por exemplo:

■ é notória a sobrecarga de processos nos juízos e tribunais e a multiplicidade de recursos que podem retardar o seu desfecho. A arbitragem poderá ter a vantagem de dar uma solução mais rápida às controvérsias;

■ às vezes, a questão controvertida é de natureza muito específica e exige um conhecimento técnico particular. As partes podem atribuir a solução a árbitros dotados dos conhecimentos exigidos. A questão seria dirimida pelo juiz, se submetida ao Judiciário, mas ele eventualmente teria de valer-se de peritos, que encareceriam ou retardariam a solução.

13.4. LIMITES DA ARBITRAGEM

O art. 1.º, *caput*, da Lei n. 9.307/96 esclarece: "As pessoas capazes de contratar poderão valer-se da arbitragem para dirimir litígios relativos a direitos patrimoniais disponíveis". Esse dispositivo estabelece uma limitação de ordem subjetiva e outra de ordem objetiva. A subjetiva: **somente as pessoas capazes podem valer-se da arbitragem**. Isso afasta a possibilidade de convencioná-la para dirimir conflitos envolvendo interesses de incapazes. Não será possível que o incapaz convencione a arbitragem, ainda que venha representado ou assistido. Poderão valer-se da arbitragem tanto a pessoa física quanto a jurídica, incluindo as da administração pública direta ou indireta (art. 1.º, § 1.º).

A objetiva: **só pode versar sobre direitos patrimoniais disponíveis**. Os direitos não patrimoniais, e os indisponíveis, não podem ser objeto de arbitragem, que fica afastada nas questões que envolvam o estado ou a capacidade das pessoas, os direitos da personalidade, alimentos, falência e registros públicos.

O art. 25 da lei estabelece: "Sobrevindo no curso da arbitragem controvérsia acerca de direitos indisponíveis e verificando-se que de sua existência, ou não, dependerá o julgamento, o árbitro ou o tribunal arbitral remeterá as partes à autoridade competente do Poder Judiciário, suspendendo o procedimento arbitral. Parágrafo único. Resolvida a questão prejudicial e juntada aos autos a sentença ou acórdão transitados em julgado, terá normal seguimento a arbitragem".

O Superior Tribunal de Justiça afastou as dúvidas quanto à aplicabilidade da Lei de Arbitragem a contratos celebrados antes da sua vigência, editando a Súmula 485, que assim estabelece: "A Lei de Arbitragem aplica-se aos contratos que contenham cláusula arbitral, ainda que celebrados antes da sua edição".

13.5. CONSTITUCIONALIDADE DA ARBITRAGEM

Desde a edição da Lei n. 9.307/96, surgiu grande controvérsia acerca da constitucionalidade da arbitragem, em razão da dispensa de homologação do Judiciário, para que a sentença arbitral adquira eficácia executiva.

O primeiro fundamento seria a ofensa ao art. 5.º, XXXV, da CF: "A lei não excluirá da apreciação do Poder Judiciário lesão ou ameaça a direito".

1 ◼ Dos Procedimentos Especiais de Jurisdição Contenciosa

Mas não há ofensa à Constituição, porque a arbitragem não é obrigatória, de sorte que a lei não exclui a questão da apreciação do Poder Judiciário. São as partes que preferem que a solução seja dada pelos árbitros. Além disso, as partes podem recorrer ao Judiciário para obter a declaração de nulidade da sentença arbitral, nos casos previstos no art. 32 da lei. É o que diz o art. 33, *caput*: "A parte interessada poderá pleitear ao órgão do Poder Judiciário competente a declaração da nulidade da sentença arbitral, nos casos previstos nesta lei".

Um segundo fundamento seria a violação ao princípio do Juiz natural, já que a questão seria decidida por um órgão de escolha dos próprios interessados. **Mas isso não ocorre, porque a arbitragem é instituída antes do conflito entre eles.**

O Supremo Tribunal Federal já decidiu a questão, em definitivo, no RE 5.206-7. Em sessão plenária, foi **declarada a constitucionalidade da lei** por maioria de votos, vencidos os Mins. Sepúlveda Pertence, Sydney Sanches, Néri da Silveira e Moreira Alves.

13.6. ESPÉCIES DE ARBITRAGEM

São duas as espécies de arbitragem previstas no art. 2.º da Lei n. 9.307/96: **de direito ou de equidade, a critério das partes**.

A arbitragem de direito **obriga os árbitros a decidirem de acordo com as normas que integram o ordenamento jurídico pátrio**. Para que a sentença arbitral seja válida, o árbitro deve fundamentá-la de acordo com as normas legais. O § 1.º do art. 2.º prevê que "poderão as partes escolher, livremente, as regras de direito que serão aplicadas na arbitragem, desde que não haja violação aos bons costumes e à ordem pública", e o § 2.º autoriza que a arbitragem se realize com base nos princípios gerais do direito, nos usos e costumes e nas regras internacionais de comércio.

A arbitragem de equidade é aquela que autoriza o árbitro a dar à controvérsia **a solução que lhe pareça mais justa, mais razoável, ainda que sem amparo no ordenamento jurídico**. Isso só é possível porque os direitos em disputa são patrimoniais e disponíveis.

A arbitragem que envolva a administração pública direta ou indireta será sempre de **direito**, não havendo a possibilidade de os interessados optarem pela de equidade. Além disso, deverão ser observados os princípios da publicidade.

13.7. DA CONVENÇÃO DE ARBITRAGEM E SEUS EFEITOS

O art. 3.º da lei estabelece que de duas maneiras as partes interessadas podem valer-se da arbitragem: **por meio da cláusula compromissória e do compromisso arbitral**. Cumpre diferenciá-las:

13.7.1. Cláusula compromissória

> Cláusula compromissória é o pacto pelo qual as partes se comprometem a submeter à arbitragem os litígios que possam surgir, relativamente a determinado contrato. É uma convenção pela qual as partes prometem, reciprocamente, submeter à arbitragem eventuais conflitos que possam surgir a respeito de determinado contrato.

Trata-se, portanto, de uma cláusula inserida em contrato. Por meio dela, fica preestabelecido que, **se vier a surgir um conflito, virá a ser resolvido pela arbitragem**. Da mesma forma que as partes podem convencionar o foro de eleição, caso a questão seja levada a juízo, podem também estabelecer, por cláusula, que os litígios sejam resolvidos por árbitros.

Sua principal característica é que ela é instituída **no momento da celebração do contrato, sendo, portanto, sempre preexistente ao litígio**.

Há algumas restrições: sendo cláusula, pressupõe contrato escrito, do qual ela conste expressamente. Se o contrato for de adesão, só valerá se a iniciativa da convenção for do aderente, ou se ele concordar, expressamente, por escrito, em documento anexo ou em negrito, com a assinatura ou visto especialmente para essa cláusula.

Não se admite esse tipo de cláusula em contrato regido pelo Código do Consumidor, diante da vedação expressa do art. 51, VII, da Lei n. 8.078/90.

13.7.2. Compromisso arbitral

> De acordo com o art. 9.º, *caput*, da Lei de Arbitragem, "O compromisso arbitral é a convenção através da qual as partes submetem um litígio à arbitragem de uma ou mais pessoas, podendo ser judicial ou extrajudicial".

Ele difere da cláusula compromissória, **porque pressupõe a convenção de arbitragem depois que o litígio está estabelecido**. O conflito já se apresentou e as partes optam por submetê-lo à apreciação de árbitros, em vez de levar o problema ao Judiciário.

A cláusula compromissória é cláusula de um contrato, no qual se prevê antecipadamente que, em caso de conflito, a solução será dada pela arbitragem. **O compromisso arbitral é a convenção entre os envolvidos em um conflito, para que a questão seja submetida aos árbitros**.

13.7.3. Efeitos da cláusula compromissória

Quando as partes estipulam, por meio da cláusula compromissória, que eventuais litígios serão resolvidos por arbitragem, se qualquer delas for a juízo para dirimi-lo, a parte contrária poderá, na contestação, arguir, como matéria preliminar, a existência da cláusula (art. 337, X, do CPC). **O § 5.º do art. 337 proíbe ao juiz conhecer de ofício da convenção de arbitragem**. Se uma das partes for a juízo e a outra não invocar a convenção, reputar-se-á que ambas **renunciaram tacitamente** à arbitragem, e que preferiram a solução judicial.

Caso, no entanto, o réu invoque a convenção e o juiz verifique que tem razão, julgará o processo **extinto sem resolução de mérito**, nos termos do art. 485, VII, do CPC.

Como a cláusula compromissória é apenas uma convenção, pela qual as partes se comprometem a, em caso de litígio, resolvê-lo por arbitragem, pode ser que ela não preveja a forma pela qual ela se fará, nem antecipe o nome dos árbitros.

Desde que se verifique o litígio, será preciso, então, concretizar a arbitragem, que, conquanto prevista, ainda não está regulamentada.

1 ■ Dos Procedimentos Especiais de Jurisdição Contenciosa

A lei (art. 7.º da Lei n. 9.307/96) previu a forma pela qual a arbitragem será instituída. Se houver consenso entre os litigantes, não haverá necessidade de recorrer ao Judiciário para que a arbitragem seja implantada. Do contrário, dever-se-á observar o procedimento daquele dispositivo.

O interessado ingressará em juízo e pedirá a citação do adversário para comparecer em juízo a fim de lavrar-se o compromisso. Para tanto, o juiz designará audiência.

Na inicial, o autor indicará, com precisão, o objeto da arbitragem, instruindo o pedido com o documento que contiver a cláusula compromissória.

Na audiência, o juiz tentará, inicialmente, conciliar as partes a respeito do litígio. Se não tiver êxito, tentará ao menos conciliá-las no que se refere à implantação da arbitragem, com a celebração do compromisso arbitral.

Se também não tiver sucesso nisso, o juiz, após ouvir o réu, na própria audiência, decidirá, ainda na audiência, ou no prazo de dez dias. Ao fazê-lo, **estabelecerá o conteúdo da arbitragem, respeitada a cláusula compromissória**. Se esta não indicar quem serão os árbitros, caberá ao juiz fazê-lo, ouvidas as partes. O juiz pode nomear um ou mais árbitros, conforme as circunstâncias.

Se o autor não comparecer à audiência, o processo será julgado extinto. Se o réu não comparecer, o juiz, ouvido o autor, decidirá.

A sentença que acolher o pedido valerá como compromisso arbitral.

13.7.4. *Conteúdo e efeitos do compromisso arbitral*

Diferentemente do que ocorre com a cláusula compromissória, estatuída quando ainda não há um litígio concreto, mas a mera possibilidade, o compromisso arbitral pressupõe já a desavença dos litigantes que, por convenção, decidem resolvê-lo sem a intervenção do Judiciário, por arbitragem.

O compromisso pode ser extrajudicial ou judicial. O judicial pressupõe que já exista processo em curso, que será extinto sem resolução de mérito em razão do compromisso (art. 485, VII). As partes o celebrarão por termo nos autos, perante o juízo ou tribunal onde tem curso a demanda.

O extrajudicial pode ser celebrado por escrito particular, assinado por duas testemunhas, ou por instrumento público.

O art. 10 da Lei n. 9.307/96 enumera aquilo que deve constar obrigatoriamente do compromisso: "I — o nome, profissão, estado civil e domicílio das partes; II — o nome, profissão e domicílio do árbitro ou dos árbitros, ou, se for o caso, a identificação da entidade à qual as partes delegaram a indicação dos árbitros; III — a matéria que será objeto da arbitragem; e IV — o lugar em que será proferida a sentença arbitral". E o art. 11 enumera aquilo que pode ainda ser acrescentado no compromisso, embora não seja obrigatório: "I — local, ou locais, onde se desenvolverá a arbitragem; II — a autorização para que o árbitro ou os árbitros julguem por equidade, se assim for convencionado pelas partes; III — o prazo para apresentação da sentença arbitral; IV — a indicação da lei nacional ou das regras corporativas aplicáveis à arbitragem, quando assim convencionarem as partes; V — a declaração da responsabilidade pelo pagamento dos honorários e das despesas com a arbitragem; VI — a fixação dos honorários do árbitro ou dos árbitros".

13.8. OS ÁRBITROS

Afora a hipótese de cláusula compromissória, em que o juiz pode se ver compelido a decidir sobre o conteúdo do compromisso e indicar os árbitros, eles são livremente escolhidos pelas partes, e **não há exigências legais a respeito de sua qualidade, exceto a de que sejam capazes**.

A regra vem estabelecida no art. 13 da Lei de Arbitragem: "Pode ser árbitro qualquer pessoa capaz e que tenha a confiança das partes".

Há, no entanto, algumas restrições, enumeradas no art. 14: "Estão impedidos de funcionar como árbitros as pessoas que tenham, com as partes ou com o litígio que lhes for submetido, algumas das relações que caracterizam os casos de impedimento ou suspeição de juízes, aplicando-se-lhes, no que couber, os mesmos deveres e responsabilidades, conforme previsto no Código de Processo Civil".

Cumpre ao próprio árbitro revelar as causas que possam trazer dúvidas a respeito de sua imparcialidade ou independência. Se não o fizer, as partes podem suscitá-las, na primeira oportunidade que tiverem de se manifestar, após a instituição da arbitragem (art. 20).

Essa exigência se justifica porque o árbitro, no desempenho de sua função, **deve proceder com imparcialidade, independência, competência, diligência e discrição**.

Também não há regras quanto ao número de árbitros. Pode ser apenas um ou mais de um. Mas para que não haja empate, a Lei determina que as partes os escolham em **número ímpar**. Se o número for par, ficam os próprios árbitros autorizados a nomear mais um. Se houver divergência entre eles, a nomeação será feita pelo juízo a quem competiria julgar o litígio, se não houve o compromisso, e o procedimento a ser observado é aquele mesmo do art. 7.º da Lei.

Quando houver a nomeação de vários árbitros, um dentre eles será eleito presidente. A votação é feita entre os próprios árbitros, e tomada por maioria.

O falecimento ou a impossibilidade de algum árbitro dar o voto extinguirá o compromisso, desde que as partes declarem, expressamente, não aceitar substituto. Sem essa cláusula, far-se-á a substituição, na forma prevista na convenção de arbitragem, ou, se ela for omissa e não houver acordo entre as partes, por decisão judicial, observado o procedimento dos arts. 7.º e 16 da Lei.

Dois aspectos são de grande relevância para que se compreenda o papel do árbitro:

> 1 — Enquanto estiver no exercício de suas funções, o árbitro é equiparado ao funcionário público, para os efeitos da legislação penal;
>
> 2 — "O árbitro é o juiz de fato e de direito, e a sentença que proferir não fica sujeita a recurso ou a homologação pelo Poder Judiciário" (art. 18 da Lei de Arbitragem).

13.9. O PROCEDIMENTO ARBITRAL

Vem estatuído a partir do art. 19 da Lei, cujo *caput* assim estabelece: "Considera-se instituída a arbitragem quando aceita a nomeação pelo árbitro, se for único, ou por todos, se forem vários".

1 ■ Dos Procedimentos Especiais de Jurisdição Contenciosa

Se os árbitros tiverem alguma dúvida sobre o estatuído na convenção, poderão exigir que a questão seja explicitada, com a elaboração de um adendo, juntamente com as partes, firmado por todos, que passará a fazer parte integrante da convenção.

A instituição da arbitragem interrompe a prescrição, retroagindo à data do requerimento de sua instauração, ainda que seja extinta a arbitragem por ausência de jurisdição.

Na primeira oportunidade que tiver após a instituição da arbitragem, a parte que pretender arguir questões relativas à competência, suspeição ou impedimento do árbitro ou dos árbitros, bem como nulidade, invalidade ou ineficácia da convenção, deverá fazê-lo.

Caso seja acolhida a suspeição ou impedimento, será providenciada a substituição do árbitro, na forma mencionada no art. 16 da Lei. Do contrário, a arbitragem terá que regular seguimento, mas, no momento oportuno, a parte interessada poderá suscitar a nulidade da sentença arbitral (art. 32, II) perante o Judiciário.

Se acolhida a alegação de incompetência, ou de nulidade ou invalidade da convenção, as partes serão remetidas ao órgão judiciário competente. Não acolhida, a arbitragem seguirá, mas aquele que se sentir prejudicado também poderá postular a nulidade da sentença perante o Judiciário (art. 32, I).

De acordo com o art. 21 da Lei, "a arbitragem obedecerá o procedimento estabelecido pelas partes na convenção de arbitragem, que poderá reportar-se às regras de um órgão arbitral institucional ou entidade especializada, facultando-se, ainda, às partes delegar ao próprio árbitro, ou ao tribunal arbitral, regular o procedimento".

Não é necessária a participação de advogado no procedimento de arbitragem. Mas nada impede que as partes possam constituir um para que as acompanhe.

Pode o árbitro colher o depoimento pessoal das partes, ouvir testemunhas e determinar a realização de perícia, quando entender necessário para proferir a sua decisão. Caso necessário, pode recorrer ao Judiciário para compelir testemunha a comparecer a audiência previamente designada. O mesmo vale para outras medidas coercitivas ou cautelares. Se a arbitragem já tiver sido instituída, a tutela cautelar ou de urgência deverá ser requerida ao próprio árbitro. Mas o art. 22-A da Lei n. 9.307/96, com a redação dada pela Lei n. 13.129/2005, permite a concessão de tutela cautelar ou de urgência antes mesmo da instituição da arbitragem, caso em que ela será requerida ao Poder Judiciário. Deferida e efetivada a medida, correrá o prazo de 30 dias para que seja requerida a instituição da arbitragem. O prazo corre da efetivação da decisão, e a não observância implicará a cessação de sua eficácia. Instituída a arbitragem, eventual alteração, modificação ou manutenção da medida deve ser determinada pelo árbitro.

Para que haja o cumprimento dos atos por ele estabelecidos, o árbitro poderá solicitar o auxílio do Poder Judiciário, com a expedição de carta arbitral.

13.10. SENTENÇA ARBITRAL

A solução do litígio será dada pelo árbitro, **por meio de sentença arbitral, que constituirá título executivo judicial**. O prazo para que a profira pode ser estabelecido pelas partes na convenção de arbitragem, mas no silêncio será de seis meses, contados da instituição da arbitragem ou substituição do árbitro. Quando houver mais de um árbitro, a decisão será tomada por maioria. E, não havendo voto majoritário, prevalecerá o voto do presidente do tribunal arbitral.

O art. 26 da Lei enumera os requisitos da sentença: "I — o relatório, que conterá o nome das partes e um resumo do litígio; II — os fundamentos da decisão, onde serão analisadas as questões de fato e de direito, mencionando-se, expressamente, se os árbitros julgaram por equidade; III — o dispositivo, em que os árbitros resolverão as questões que lhes forem submetidas e estabelecerão o prazo para o cumprimento da decisão, se for o caso; e IV — a data e lugar em que foi proferida". O art. 27 determina ainda que a sentença decida sobre a responsabilidade das partes acerca das custas e despesas com a arbitragem, bem como sobre a verba decorrente de litigância de má-fé, respeitadas as disposições da convenção, se houver.

Caso, no curso da arbitragem, as partes cheguem a um acordo quanto ao litígio, o árbitro ou tribunal arbitral poderá, a pedido das partes, declarar tal fato mediante sentença arbitral, que conterá os requisitos do art. 26.

Da sentença, as partes serão intimadas por via postal, ou qualquer outro meio de comunicação, mediante aviso de recebimento, ou, ainda, com sua entrega diretamente a elas, mediante recibo.

Não há recurso contra a sentença arbitral, mas, de acordo com o art. 30 da lei, "no prazo de cinco dias, a contar do recebimento da notificação ou ciência pessoal da sentença arbitral, salvo se outro prazo for acordado entre as partes, a parte interessada, mediante comunicação à outra parte, poderá solicitar ao árbitro ou ao tribunal arbitral que: I — corrija qualquer erro material da sentença arbitral; II — esclareça alguma obscuridade, dúvida ou contradição da sentença arbitral, ou se pronuncie sobre ponto omitido a respeito do qual devia manifestar-se a decisão. Parágrafo único. O árbitro ou o tribunal arbitral decidirá, no prazo de dez dias ou em prazo acordado pelas partes, aditará a sentença arbitral e notificará as partes na forma do art. 29".

A sentença arbitral terá os mesmos efeitos que a produzida pelo Poder Judiciário, inclusive o da coisa julgada material, constituindo ainda, se condenatória, título executivo judicial.

13.10.1. Nulidades da sentença arbitral

Conquanto não caibam recursos contra a sentença arbitral, **qualquer dos interessados poderá recorrer ao Judiciário para que declare a nulidade da sentença**, nas hipóteses do art. 32 da Lei. Será nula a sentença se: "I — for nula a convenção de arbitragem; II — emanou de quem não podia ser árbitro; III — não contiver os requisitos do art. 26 desta lei; IV — for proferida fora dos limites da convenção de arbitragem; VI — comprovado que foi proferida por prevaricação, concussão ou corrupção passiva; VII — proferida fora do prazo, respeitado o disposto no art. 12, inciso III, desta lei; e VIII — forem desrespeitados os princípios de que trata o art. 21, § 2.º, desta lei". Esse rol é taxativo, e o inciso V ("Não decidir todo o litígio submetido à arbitragem) foi revogado pela Lei n. 13.129/2015.

A ação declaratória de nulidade terá procedimento comum, e deve ser proposta no prazo decadencial de noventa dias a contar do recebimento, pelas partes, da notificação da sentença arbitral ou seu aditamento. Nas hipóteses dos incisos I, II,

1 ▪ Dos Procedimentos Especiais de Jurisdição Contenciosa

VI, VII e VIII anteriormente mencionados, a sentença apenas declarará a nulidade da sentença arbitral; nas demais hipóteses, ainda determinará que o árbitro ou tribunal arbitral profira outra, em substituição.

A decretação da nulidade também pode ser requerida em impugnação ao cumprimento de sentença, se houver execução judicial, nos termos do art. 33, § 3.º, da Lei n. 9.307/96.

14. PROCEDIMENTO MONITÓRIO

14.1. INTRODUÇÃO

A ação monitória vem tratada no CPC, arts. 700 e ss., tendo sido introduzida em nosso ordenamento jurídico pela Lei n. 9.079, de 1995. Antes disso, não era admitida.

A ideia da monitória é permitir **ao credor de uma obrigação de pagar, de entregar coisa, ou de obrigação de fazer ou não fazer, que esteja munido de prova escrita não dotada de força executiva, obter mais rapidamente o título executivo judicial, quando o devedor não oferecer resistência**.

No procedimento comum, quando o devedor não oferece resposta, o juiz, reconhecendo a revelia, profere sentença, condenando-o ao cumprimento da obrigação. A sentença pode ser objeto de recurso, e só quando contra ela não couber nenhum que seja dotado de efeito suspensivo, poderá ser executada.

Na monitória, a coisa se simplifica, porque se o réu não opuser resistência, **o mandado inicial converte-se em executivo**. Passa-se diretamente da fase de conhecimento para a de execução, sem necessidade de sentença ou qualquer tipo de decisão. O transcurso *in albis* do prazo de resposta do réu é bastante para que, de pleno direito, o mandado inicial se converta em executivo. Se o réu oferecer resistência, a monitória segue pelo procedimento comum, sendo necessária sentença que examine as alegações das partes.

14.2. ESPÉCIES DE PROCEDIMENTO MONITÓRIO

Há dois tipos de monitório: **o puro e o documental**. O primeiro dispensa o documento escrito, sem força executiva, que comprove a obrigação. Basta a alegação do autor, de que ela existe, e a omissão do réu, que não resiste à pretensão inicial, para que se passe da fase de conhecimento para a de execução.

Já o monitório documental é aquele que exige, para o ajuizamento da ação, **obrigação comprovada por documento escrito, sem força de título executivo**.

O nosso CPC acolheu tão-somente a monitória documental. Não foi adotado entre nós o monitório puro. Mas o art. 700, § 1.º, amplia o conceito de documento escrito para fins da monitória, considerando como tal a prova oral documentada, colhida antecipadamente na forma do art. 381 do CPC.

14.3. FACULTATIVIDADE DO PROCEDIMENTO MONITÓRIO

O credor da obrigação de pagar ou entregar coisa, seja ela fungível ou infungível, móvel ou imóvel, ou ainda de obrigação de fazer ou não fazer, que tenha documento escrito comprobatório da obrigação, pode valer-se da ação monitória, **mas não está obrigado a fazê-lo**. Pode preferir a ação condenatória, de procedimento comum. A ação monitória só é vantajosa quando o réu não resiste à pretensão inicial, pois, se oferecer embargos, se processará daí por diante pelo rito comum. A adoção do procedimento monitório é sempre facultativa.

14.4. NATUREZA DA AÇÃO MONITÓRIA

É tema dos mais controvertidos, tanto na doutrina quanto na jurisprudência. É possível classificar as diversas opiniões em duas principais: **para uns, a monitória é um novo tipo de processo, que não se encaixa nem como de conhecimento, nem de execução. Para outros, é apenas um novo tipo de procedimento especial**.

Para os primeiros, que se fundam na lição de Carnelutti, há um verdadeiro processo monitório, que não se encaixa em nenhuma das espécies de processos tradicionais. Seria uma nova espécie, intermediária entre o processo de conhecimento e o de execução. Ela começa como processo de conhecimento, mas não havendo resistência, sem sentença, passa para a fase de execução. Ela conteria, em seu bojo, as duas fases. Para os que sustentam esse entendimento, os embargos teriam a natureza de nova ação, de conhecimento, utilizada pelo devedor para defender-se, tal como os embargos de devedor, nas execuções por título extrajudicial.

Não nos parece que a monitória constitua um _tertium genus_, uma nova espécie de processo. A ideia de que contém uma fase de conhecimento e outra de execução não é bastante para justificar essa conclusão, uma vez que, desde a edição da Lei n. 11.232/2005, em todos os processos em que há sentença condenatória, haverá mesmo duas fases: a de conhecimento e a de execução, formando o "processo sincrético".

O que há de particular é que a passagem de uma fase à outra prescindirá de sentença, se não houver resistência do réu.

Parece-nos mais razoável considerar que há um **procedimento monitório, e não um processo monitório**. A desnecessidade de sentença, quando inexiste resistência do réu, diz respeito à estrutura do procedimento. Tanto que se ela for oferecida, o procedimento será o comum e se concluirá com uma sentença. E, mesmo não oferecida, haverá a constituição de um título executivo judicial, tal como ocorreria em uma ação condenatória comum, com a diferença de que esse título não será a sentença.

Enfim, **a ação monitória é uma ação de conhecimento, de procedimento especial**, porque, não havendo resistência do réu, constitui-se de pleno direito o título executivo judicial e passa-se à fase de execução, sem sentença. O que há de peculiar nesse tipo de processo de conhecimento, de natureza condenatória, é que o credor pode obter mais rapidamente o título executivo judicial, quando o réu não resistir à pretensão inicial.

A natureza que se atribua à monitória repercute sobre a dos embargos que o devedor apresenta, quando quer resistir à pretensão inicial: para aqueles que sustentam que se trata apenas de um processo de conhecimento de procedimento especial, os embargos **não teriam natureza de ação autônoma de defesa, mas de verdadeira resposta, contestação do réu**.

1 ◼ Dos Procedimentos Especiais de Jurisdição Contenciosa   **603**

14.5. REQUISITOS

Vêm enumerados no art. 700 do CPC: "A ação monitória pode ser proposta por aquele que afirmar, com base em prova escrita sem eficácia de título executivo, ter direito de exigir do devedor capaz: I — o pagamento de quantia em dinheiro; II — a entrega de coisa fungível ou infungível ou de bem móvel ou imóvel; III — o adimplemento de obrigação de fazer ou não fazer". Cada um desses requisitos será examinado em item específico.

14.5.1. *Documento escrito*

O CPC adotou a monitória documental, **que exige que a obrigação esteja comprovada por documento escrito, sem força de título executivo**. Sem ele, o autor será carecedor de ação, por ter-se valido da via processual inadequada. O art. 700, § 1.º, estende o conceito de prova escrita, para fins de ação monitória, à prova oral colhida antecipadamente, na forma do art. 381 do CPC.

É preciso que o documento seja idôneo para demonstrar, em uma análise inicial, a existência da obrigação. Da sua leitura, ela deve resultar provável. É preciso que o **documento seja escrito**, o que afasta a utilização de fotografias, gravações, fonogramas, entre outros. Podem ser utilizadas declarações ou confissões, em que o devedor reconhece a dívida, ou promete pagá-la.

Também servem como documentos escritos aqueles que foram títulos executivos extrajudiciais, mas perderam a sua eficácia, por prescrição. A Súmula 299 do STJ explicita que "é admissível a ação monitória fundada em cheque prescrito". Como, passado o prazo em que o cheque tem força executiva, e o prazo de dois anos da ação cambiária, não se pode mais cobrar o cheque, mas apenas a transação jurídica subjacente, da qual o cheque serve como prova documental, sempre nos pareceu indispensável que, após o prazo de prescrição da ação cambiária (dois anos após o cheque ter perdido a força executiva), fazia-se indispensável que o autor da monitória indicasse a causa da emissão do cheque, a relação jurídica que a embasou. No entanto, no Superior Tribunal de Justiça prevalece entendimento diverso, de que o cheque prescrito pode sempre embasar a ação monitória, independentemente da causa de emissão. Nesse sentido, a Súmula 531: "Em ação monitória fundada em cheque prescrito, ajuizada contra o emitente, é dispensável a menção ao negócio jurídico subjacente à emissão da cártula".

A monitória também pode fundar-se em outros títulos executivos extrajudiciais prescritos, como promissórias ou duplicatas aceitas, ou protestadas e acompanhadas de comprovante de entrega de mercadorias, que já tenham perdido a eficácia executiva.

Mas, tanto o cheque quanto a promissória, cuja executividade já prescreveu, só autorizam o ajuizamento da ação monitória no prazo de cinco anos, a contar da data da emissão do cheque ou do vencimento da nota promissória. É o que estabelecem as Súmulas 503 e 504 do Superior Tribunal de Justiça.

Durante algum tempo, discutiu-se sobre a eficácia executiva dos contratos de abertura de conta corrente, quando acompanhados dos extratos bancários. Para muitos, constituía título executivo, quando assinado por duas testemunhas. Mas ele não indicava o valor do débito. O que o mostrava eram os extratos, e esses são de emissão unilateral da instituição financeira. Por isso, e com razão, acabou prevalecendo o entendimento de que eles não são dotados de eficácia executiva, mas podem ensejar o ajuizamento da ação monitória. É o que estabelece a Súmula 233 do STJ: "O contrato de abertura de crédito, ainda que acompanhado de extrato da conta corrente, não é título executivo". E a Súmula 247: "O contrato de abertura de crédito em conta corrente, acompanhado do demonstrativo de débito, constitui documento hábil para o ajuizamento da ação monitória".

Como o documento há de ser tal que, **em um primeiro exame e sem a ouvida do réu, o juiz se convença da possibilidade de existência do crédito, é mais difícil que sejam aceitos aqueles emitidos unilateralmente pelo credor**, sem que deles conste alguma manifestação de anuência do devedor. Mas, conquanto difícil, não é impossível. Há documentos que, emitidos pelo credor, podem revestir-se de um grau mais elevado de veracidade, como a duplicata acompanhada da nota fiscal de venda da mercadoria ou da prestação de serviço. Se o título estiver protestado e vier acompanhado do recibo de entrega de mercadorias, terá eficácia executiva. Se não, poderá dar ensejo à ação monitória, já que a emissão de duplicata pressupõe uma série de cuidados, constituindo crime se feita sem lastro.

Os contratos bilaterais, como de prestação de serviços, podem embasar a ação monitória, desde que acompanhados de comprovação de que o serviço foi prestado. Nesse sentido, o acórdão do STJ no AgRg 732.004/DF, Rel. Min. Vasco Della Giustina (convocado), publicado no *DJe* de 23 de outubro de 2009.

Parece-nos que a monitória pode ser usada para cobrança de valores de cartão de crédito, desde que as despesas possam ser comprovadas pelos comprovantes de gastos, firmados pelo devedor.

14.5.2. Que os documentos não sejam dotados de eficácia executiva

Faltaria, em princípio, interesse de agir ao credor que propusesse a monitória **munido de título executivo**. Afinal, ela permitiria a ele obter mais rapidamente o título; se ele já o tem, deveria promover a execução. Pouco importa que o documento nunca tenha tido eficácia executiva, ou que tenha tido antes, mas perdido. O Superior Tribunal de Justiça, porém, já vinha decidindo que o credor, ainda que munido de título executivo extrajudicial, poderia valer-se da monitória para obter título judicial, como se vê do acórdão proferido no REsp 1.079.338, de 15 de março de 2010. Diante dos termos do art. 785 do CPC, essa solução deverá prevalecer. Assim, embora a monitória caiba, em princípio, para quem tenha documento escrito sem eficácia executiva, o credor munido de título executivo extrajudicial poderá também, preenchidos os demais requisitos, valer-se dessa ação para obter título judicial.

14.5.3. Obrigações de pagar, entregar coisa, ou de fazer e não fazer

O CPC atual ampliou as hipóteses de cabimento da ação monitória, porque o anterior só a admitia para as obrigações de pagar ou de entregar coisa móvel ou fungível. O atual a estendeu a todo tipo de obrigação, seja de pagar, seja de entregar coisa (tanto móvel quanto imóvel, fungível ou infungível), e às obrigações de fazer e não fazer. Como a sua finalidade é promover a constituição de título executivo, **a pretensão é**

1 ▪ Dos Procedimentos Especiais de Jurisdição Contenciosa

sempre condenatória, jamais declaratória ou constitutiva, já que a essas não segue nenhuma execução.

14.5.4. Devedor capaz

Entre os requisitos da ação monitória está o de que ela só pode ser dirigida contra o devedor capaz (art. 700, *caput*). Trata-se de exigência que não existia na legislação anterior, estabelecida para a proteção dos incapazes, dada a aptidão da ação monitória para converter-se, de pleno direito, em execução (cumprimento de sentença) quando não há o pagamento, nem embargos. Cabe à lei civil definir as hipóteses de incapacidade das pessoas naturais.

14.6. AÇÃO MONITÓRIA CONTRA A FAZENDA PÚBLICA?

Por muito tempo se controverteu a respeito da possibilidade de ação monitória contra a Fazenda Pública. Para muitos, seria inadmissível, por duas razões: na decisão inicial, expede-se mandado de pagamento; e não se poderia passar à fase executiva, sem duplo grau de jurisdição. E, na monitória, não havendo resistência, passa-se diretamente para a fase executiva.

Nenhum desses argumentos era convincente. O primeiro, porque a Fazenda Pública pode pagar voluntariamente, como faz quando satisfaz espontaneamente as suas obrigações. Ela não está obrigada a pagar somente após condenação judicial. E somente estas devem ser satisfeitas após a expedição dos precatórios, respeitada a ordem cronológica. Em regra, ela satisfaz suas obrigações voluntariamente. Somente em caso de resistência, será necessário recorrer ao judiciário. Ora, o pagamento na ação monitória é satisfação voluntária da obrigação, e independe de precatório, já que não há ainda nenhuma condenação judicial.

O segundo argumento também não convence, porque somente estão sujeitas a remessa necessária as sentenças proferidas contra a Fazenda, e não há sentença na ação monitória, quando o réu não oferece resistência.

A controvérsia não mais se sustenta nos dias de hoje, **desde a edição da Súmula 339** do Superior Tribunal de Justiça, que autorizava expressamente a monitória contra a Fazenda Pública. Atualmente, o art. 700, § 6.º, do CPC, afasta qualquer dúvida a respeito.

14.7. PROCEDIMENTO

14.7.1. Petição inicial

Não há peculiaridades importantes na petição inicial da ação monitória, que deve preencher os requisitos dos arts. 319 e 320 do CPC. O autor exporá os fundamentos de fato e de direito em que se funda a sua pretensão **e requererá a expedição de mandado de pagamento, de entrega de coisa, ou para execução de obrigação de fazer ou não fazer**. Além disso, ele indicará, conforme o caso, a importância devida, instruindo-a com memória de cálculo; ou com ou valor atual da coisa reclamada; ou ainda com o conteúdo patrimonial em discussão ou proveito econômico perseguido (art. 700, § 2.º).

606 Direito Processual Civil Esquematizado   *Marcus Vinicius Rios Gonçalves*

É fundamental que a inicial venha instruída com o documento escrito sem força executiva, que embasará a ação.

Não há diferenças de competência na monitória, que segue as regras gerais do CPC.

14.7.2. Decisão inicial

Ao examinar a petição inicial, o juiz verificará, além dos requisitos comuns a todas as ações, se o procedimento monitório é ou não admissível naquele caso concreto.

É preciso um cuidado especial, nessa decisão, que se limitará a verificar se estão presentes os requisitos de admissibilidade, sem se pronunciar ainda sobre a existência efetiva da obrigação. **O juiz não pode, examinando os documentos juntados com a inicial, concluir pela existência ou inexistência do crédito, pois estaria antecipando o julgamento**. O que deve verificar são os requisitos de admissibilidade, se há documento escrito que, em cognição sumária, evidencie a existência da obrigação. O juízo nesse momento é o **de mera plausibilidade, verossimilhança**. O recebimento da inicial se contenta com indícios da obrigação, consubstanciados no documento escrito. O juiz apenas verificará se o documento tem a aparência de veracidade, e se traz indicativos, evidências, da existência da obrigação mencionada na inicial.

Ao realizar esse exame, o juiz pode concluir que a inicial não está em termos, mas que tem um vício sanável, caso em que determinará a emenda, no prazo de quinze dias. Não nos parece razoável que o juiz deva, verificando que o documento juntado não atende às exigências da lei, indeferir a inicial de plano, pois o autor deve ter a oportunidade de, não sendo possível a monitória, adaptar a sua inicial ao procedimento comum.

Se a inicial contiver algum vício insanável, ou se o vício sanável não for corrigido no prazo, o juiz a indeferirá.

Se estiver em termos, determinará a expedição de mandado de pagamento, entrega da coisa ou cumprimento de obrigação de fazer ou não fazer, no prazo de quinze dias, dentro do qual o réu ainda deverá pagar honorários advocatícios de 5% do valor da causa. E também a citação do réu, dando-lhe ciência do prazo de quinze dias para os embargos. Do mandado constará, ainda, a advertência de que a falta deles implicará a conversão, de pleno direito, do mandado inicial em executivo. Em síntese, o réu deve tomar ciência das condutas que pode tomar, e das consequências de cada uma delas.

14.7.2.1. Necessidade de fundamentação

Em regra, nas ações de procedimento comum, o juiz não precisa fundamentar o recebimento da petição inicial, bastando que determine a citação do réu. A situação é diferente no procedimento monitório, porque, caso não haja resistência do réu, **é essa decisão que, de pleno direito, adquirirá eficácia de título executivo judicial**.

Assim, não basta que o juiz determine a expedição de mandado de pagamento e citação do réu, **sendo necessário fundamentar a sua decisão**. Ao fazê-lo, deve tomar cuidado: **limitar-se a examinar se há documento escrito sem força executiva que evidencie a existência do crédito. Não lhe cabe ainda decidir se o crédito existe**.

A posição do juiz é delicada porque, se o réu oferecer embargos, o processo seguirá pelo procedimento comum, e as questões suscitadas serão decididas por sentença. Será

1 ■ Dos Procedimentos Especiais de Jurisdição Contenciosa

ela o título executivo judicial. Mas, se o réu não os opuser, **será essa decisão inicial que se converterá de pleno direito em título executivo judicial**.

Ela não pode ser absolutamente desfundamentada, nem pode ser fundamentada como uma sentença, em cognição exauriente. A fundamentação deve ser dada em cognição superficial, e o juiz se limitará a examinar os requisitos de admissibilidade.

14.7.2.2. Natureza jurídica da decisão inicial

É tema bastante controvertido, pois depende da natureza que se atribua à própria ação monitória, o que também é tema de acesa discussão.

Para os que entendem que a monitória é um novo tipo de processo, um terceiro gênero, que não se confunde com de conhecimento, nem com o de execução, essa decisão inicial será interlocutória, pois desencadeia o processo monitório e a expedição de mandado de pagamento, cuja eficácia poderá ser suspensa pelos embargos. Se não o for, passar-se-á diretamente para a fase de execução, sem solução de continuidade.

Já para os que entendem que a monitória não é um novo tipo de processo, mas processo de conhecimento de procedimento especial, **a natureza dessa decisão inicial variará conforme a conduta tomada pelo réu, depois da citação**, porque o procedimento variará conforme ele resista, opondo embargos, ou não.

Se o réu resiste, essa decisão não terá eficácia de título executivo judicial. Será apenas uma decisão interlocutória que determinou a expedição de mandado de pagamento. Oferecidos os embargos, o processo seguirá pelo rito comum, e, ao final, o juiz proferirá sentença, que, **esta, sim, será o título judicial**. Mas se o réu não opuser embargos, **aquela decisão inicial converter-se-á de pleno direito em título executivo judicial**, e o mandado inicial, em mandado executivo. Tal decisão, conquanto não condene o autor, adquirirá a força de uma sentença condenatória ao pagamento do valor postulado, ou à entrega da coisa, ou à execução de obrigação de fazer ou não fazer.

À falta de embargos, **a decisão inicial converte-se em título executivo judicial, com força e eficácia de sentença, revestindo-se da autoridade da coisa julgada material, o que viabiliza até mesmo o ajuizamento de ação rescisória** (art. 701, § 3.º, do CPC).

14.7.2.3. Cabe recurso contra a decisão inicial?

A resposta é negativa, e isso independe da natureza que lhe é atribuída, **porque o CPC previu o mecanismo adequado para que o réu impugne o mandado inicial**. Não é o recurso, mas são os embargos. É por meio deles que o réu poderá apresentar as defesas que tiver, e afastar a pretensão do autor. O deferimento do mandado, por si só, não traz nenhum prejuízo ao réu, que pode impedir a sua eficácia por meio de embargos. Falta interesse, portanto, para que ele recorra.

14.7.3. É possível o deferimento de tutela provisória na monitória?

A especialidade do procedimento monitório não é incompatível com a tutela provisória, seja ela cautelar ou antecipada, seja de urgência ou de evidência, observadas as regras gerais dos arts. 294 e ss. do CPC.

608 Direito Processual Civil Esquematizado   *Marcus Vinicius Rios Gonçalves*

14.7.4. Citação do réu

Na decisão inicial, o juiz ordenará a expedição de mandado de pagamento, de entrega de coisa ou de execução de obrigação de fazer ou não fazer, **e a citação do réu**. Ao ser citado, ele tomará ciência do prazo de embargos, e das consequências da não apresentação.

Embora a lei se refira a "mandado", todos os meios de citação próprios do procedimento comum são admissíveis. A citação poderá ser feita por carta, por mandado (inclusive com hora certa) e pela via eletrônica.

Também admite-se a citação por edital, nos termos da Súmula 282 do STJ ("Cabe a citação por edital em ação monitória").

Havendo citação ficta, por edital ou com hora certa, haverá nomeação de curador especial, legitimado a opor embargos (como, a nosso ver, os embargos não têm natureza de ação incidental, mas de mera defesa do devedor, **o curador especial deverá apresentá-los ainda que por negativa geral**, como nas contestações comuns, quando não tiver outros elementos de defesa).

14.7.5. Das possíveis atitudes do réu e suas consequências sobre o procedimento monitório

O réu é citado para, em quinze dias, fazer o pagamento, entregar a coisa, cumprir a obrigação de fazer ou não fazer, ou oferecer embargos. A atitude que tomar, nesse prazo, será de grande relevância para o procedimento a ser observado. Nos itens seguintes, serão examinadas todas as variantes.

14.7.5.1. O cumprimento do mandado

O réu pode, no prazo de quinze dias, cumprir a obrigação, pagando honorários advocatícios de 5% do valor atribuído à causa, **caso em que o processo será extinto com resolução de mérito, por reconhecimento jurídico do pedido**. Como forma de estimulá-lo, o art. 701, § 1.º, estabelece que o réu será isento das custas processuais, se cumprir o mandado no prazo.

O réu ainda poderá valer-se, quando se tratar de obrigação em dinheiro, do disposto no art. 916 do CPC, isto é, poderá, no prazo dos embargos, reconhecer a existência do crédito e, depositando 30% de seu valor, solicitar o pagamento do restante em seis parcelas mensais, acrescidas de correção monetária e juros de 1% ao mês. O valor do débito, nesse caso, será acrescido dos honorários advocatícios de 5% do valor da causa e das custas processuais.

14.7.5.2. A omissão do réu

O réu pode deixar transcorrer o prazo de quinze dias *in albis*, sem cumprir o mandado nem apresentar defesa. Aplicar-se-á o art. 701, § 2.º, do CPC: "Constituir-se-á de pleno direito, o título executivo judicial, independentemente de qualquer formalidade, se não realizado o pagamento e não apresentados os embargos previstos no art. 702, observando-se, no que couber, o Título II do Livro I da Parte Especial". **Passar-se-á da fase de conhecimento à de execução, de pleno direito**. A decisão inicial, em que o juiz

1 ■ Dos Procedimentos Especiais de Jurisdição Contenciosa

determinou o processamento da monitória, transformar-se-á em título executivo judicial, e prosseguir-se-á sob a forma de cumprimento de sentença.

A grande vantagem do procedimento monitório é que, não existindo resistência do réu, é possível passar para a fase executiva, sem nenhum ato judicial intermediando uma fase e outra. **Por isso, não deve o juiz proferir nenhum tipo de sentença ou decisão interlocutória, determinando a conversão**. Se o fizer, estará afastando grande parte das vantagens da monitória. Não é preciso que ele "transforme" a fase de conhecimento em execução, ou converta uma coisa na outra, porque essa conversão faz-se de pleno direito, e não por intervenção judicial. Ultrapassado o prazo, ele apenas proferirá as determinações inerentes à fase de execução, observando os arts. 513 e ss. do CPC.

Quando a ação monitória for proposta contra a Fazenda Pública, caso ela não oponha embargos, deverá ser observado o art. 496 do CPC, isto é, deverá haver a remessa necessária dos autos ao Tribunal, que poderá rever a decisão inicial que determinou o processamento da monitória. Só depois da remessa haverá a constituição de pleno direito do título executivo judicial, podendo-se dar início à execução.

14.7.5.3. A resposta do réu

O réu tem prazo de 15 dias para o oferecimento de resposta. O mecanismo de defesa foi denominado pelo art. 702 **de embargos**, que têm o condão de suspender a eficácia do mandado inicial. Eles serão examinados nos itens seguintes.

Mas eles não constituem a única forma de resposta do réu. A Súmula 292 do Superior Tribunal de Justiça não deixa dúvida quanto à possibilidade de reconvenção: "A reconvenção é cabível na ação monitória, após a conversão do procedimento em ordinário". O art. 702, § 6.º, admite expressamente a reconvenção, vedando apenas a reconvenção à reconvenção.

O que torna o procedimento comum é a apresentação de embargos, pelo réu. Ocorre que a reconvenção tem que ser apresentada nos embargos. Assim, ela deve ser oferecida não propriamente depois da conversão do procedimento em comum, mas no momento mesmo em que, opostos os embargos, dá-se a conversão.

14.7.5.3.1. Dos embargos à monitória

A forma por excelência de defesa do réu na ação monitória são os embargos, nos termos do art. 702 do CPC. Conforme sejam ou não apresentados, o procedimento variará. Se apresentados, seguir-se-á na fase de conhecimento, pelo rito comum; se não, passar-se-á, de pleno direito, à fase de execução. Nos embargos, o réu poderá apresentar qualquer matéria passível de alegação como defesa no procedimento comum. Se o réu alegar que o autor pleiteia quantia superior à devida, cumprir-lhe-á declarar o montante que entende correto, sob pena de rejeição liminar dos embargos.

14.7.5.3.1.1. Natureza dos embargos à monitória

É questão muito controvertida, havendo, a respeito, opiniões divergentes. **Parece-nos que a decisão sobre a sua natureza será fortemente influenciada pela opinião que se tiver a respeito da própria ação monitória**.

As opiniões a respeito dos embargos podem ser resumidas a duas principais.

■ há os que consideram que **eles têm natureza de ação autônoma, de natureza incidental e cognitiva, que se presta a veicular a defesa do executado**. Teriam, assim, a mesma natureza que os embargos, na execução por título extrajudicial. Em regra, os que sustentam essa opinião são aqueles que atribuem à monitória a natureza de um novo tipo de processo. Entre outros, entendem dessa forma os eminentes Cândido Rangel Dinamarco, José Rogério Cruz e Tucci e Eduardo Talamini;

■ há os que consideram que eles **não têm natureza de ação autônoma, mas constituem verdadeira resposta do réu, como uma contestação**. Em regra, adotam essa solução aqueles que não veem a monitória como um novo tipo de processo, mas como processo de conhecimento, de procedimento especial. Sendo processo de conhecimento, a resposta do réu vem na forma de contestação, e não de ação autônoma, só necessária nos processos de execução. Partilham desse entendimento Nelson Nery Junior, Rosa Maria Nery, Sérgio Shimura, Carreira Alvim e Clito Fornaciari Junior.

Como sustentamos que não há um processo monitório, mas tão-somente um processo de conhecimento, de procedimento especial, **preferimos a segunda teoria, que considera os embargos mera resposta do réu, verdadeira contestação**. Os argumentos mais relevantes para o acolhimento dessa tese são:

■ sendo a ação monitória uma ação de conhecimento, a resposta do réu não precisa vir sob a forma de embargos. No processo de execução, o legislador adotou a solução dos embargos, para não misturar, em um processo só, atos de execução e de cognição;

■ o fato de o legislador ter se referido a embargos é irrelevante, porque nas execuções contra devedor insolvente ele também alude a embargos como mecanismo de defesa, na fase que precede a declaração (art. 755 do CPC de 1973), embora haja consenso quanto ao fato de essa defesa ter natureza de contestação;

■ a Súmula 292 do STJ, ao mencionar que cabe reconvenção depois que o procedimento converter-se para o comum, parece ter adotado também a segunda solução, já que, se os embargos tivessem natureza de ação autônoma, não se poderia falar em procedimento comum da monitória.

A questão sobre a natureza jurídica dos embargos monitórios não é irrelevante, pois dela podem advir numerosas questões concretas, como:

■ se eles têm natureza de ação, o prazo para oferecê-los, de quinze dias, não estará sujeito aos arts. 180, 183 e 229 do CPC, isto é, não se estenderá, quando o réu for Ministério Público, Fazenda Pública ou litisconsortes com advogados diferentes. Tais artigos determinam a ampliação do prazo de contestação ou de manifestação nos autos, mas não o prazo para ajuizar uma nova ação. **Já para os que sustentam que os embargos são mera resposta, os dispositivos mencionados serão aplicáveis**;

■ o curador especial, nos casos de citação ficta, **ficará obrigado a apresentar os embargos, ainda que por negativa geral, se os considerarmos apenas resposta**;

1 ◼ Dos Procedimentos Especiais de Jurisdição Contenciosa　　　**611**

se os considerarmos ação, o curador especial só os apresentará se tiver algo a alegar, já que não seria possível considerar embargos por negativa geral;

◼ se eles forem ação, o juiz julgará os embargos, e não a monitória, o que repercutirá na coisa julgada. Afinal, cada uma das defesas apresentadas será uma causa de pedir. Já se ela for apenas contestação, cada uma delas será um novo fundamento de defesa.

Não há reiteração de ações quando é alterada a causa de pedir. Mas, de acordo com o art. 508 do CPC, reputar-se-ão deduzidos e repelidos todos os fundamentos de defesa que o réu poderia opor à rejeição do pedido. Por exemplo, ajuizada monitória para cobrança de determinada quantia, se o réu defender-se alegando apenas pagamento, não poderá mais tarde apresentar outras defesas, como compensação ou transação, pois, com o trânsito em julgado, reputar-se-ão deduzidas e repelidas não só as defesas que apresentou como as que poderia ter apresentado. Mas, se os embargos forem considerados ação autônoma, cada defesa apresentada constituirá uma nova causa de pedir, que, se alterada, modifica a ação. Se o embargante alegar pagamento, e o juiz afastá-lo na sentença, não haverá óbice a que ele ajuíze ação declaratória autônoma, posteriormente, para alegar transação ou compensação, já que cada uma dessas defesas constituirá uma nova causa de pedir.

A solução que nos parece melhor, como já mencionado, **é considerar os embargos como mera contestação, com as consequências daí decorrentes, observadas as distinções mencionadas acima.**

14.7.5.3.1.2.　*E se os embargos forem apresentados fora de prazo?*

O prazo é de quinze dias, e a omissão implicará a transição da fase cognitiva para a executiva, de pleno direito. Mas e se o réu oferecer embargos fora de prazo?

Quando a resposta do réu é intempestiva, o juiz o reconhecerá em decisão fundamentada, **e considerará não opostos os embargos, com todas as consequências daí decorrentes.** Proferida essa decisão interlocutória, passar-se-á de pleno direito à fase de execução. O juiz não proferirá sentença, nem decisão convertendo o mandado monitório em executivo, já que isso se opera de pleno direito. A decisão será a de considerar intempestivos, e, portanto, não opostos os embargos, passando-se automaticamente à fase executiva.

14.7.5.3.1.3.　*Após a apresentação dos embargos*

O processo seguirá pelo procedimento comum. O juiz intimará o autor para manifestar-se sobre os embargos no prazo de 15 dias, determinará as providências preliminares e verificará se há ou não necessidade de provas. Em caso negativo, promoverá o julgamento antecipado; em caso afirmativo, saneará o processo, fixará os pontos controvertidos e determinará as provas necessárias.

Ao final, proferirá sentença, **julgando não os embargos, mas a monitória.** Em caso de procedência, ela será condenatória.

Contra a sentença que julga a ação monitória, o recurso é apelação, que se processará apenas no efeito devolutivo (art. 702, § 4.º). Faz-se a ressalva, no entanto, de que,

612 Direito Processual Civil Esquematizado   *Marcus Vinicius Rios Gonçalves*

para aqueles que entendem que os embargos têm natureza de nova ação, estes e não a monitória, serão julgados.

14.7.6. Da fase de cumprimento de sentença

A ação monitória objetiva sempre o pagamento em dinheiro, a entrega de coisa ou o cumprimento de obrigação de fazer ou não fazer. Não havendo cumprimento voluntário da obrigação, será necessário promover a execução por quantia, para entrega de coisa, ou de obrigação de fazer ou não fazer. Ela estará sempre fundada em título executivo judicial: se não houver embargos, a decisão inicial adquirirá força executiva, e valerá como título judicial. Se houver, o juiz os examinará e julgará a monitória, por sentença, que será o título executivo judicial.

O cumprimento de sentença observará as regras gerais do Título II do Livro I da Parte Especial, no que for cabível.

Por isso, na fase executiva, o executado que queira defender-se deverá opor impugnação — nunca embargos —, que só poderá versar sobre as matérias enumeradas no art. 525, § 1.º, do CPC.

Há importante corrente doutrinária que sustenta que o conteúdo da impugnação poderá variar, conforme tenham ou não havido embargos monitórios. Se eles não tiverem sido opostos, a fase de conhecimento ter-se-á convertido em fase executiva de pleno direito, e o título executivo será a decisão inicial. Nesse caso, as matérias alegáveis em impugnação não estariam limitadas àquelas do art. 525, § 1.º, do CPC, pois o executado, não tendo apresentado nenhuma defesa na fase inicial, poderia apresentar qualquer uma na fase executiva. Partilham desse entendimento, entre outros, José Rogério Cruz e Tucci e Nelson Nery Junior.

Não nos parece, no entanto, que esse entendimento, conquanto respeitável, possa ser acolhido. **Ainda que o réu não tenha resistido à pretensão monitória, ele teve oportunidade de o fazer**. Ele poderia ter oposto os embargos, e oferecido as defesas que tivesse. Se não o fez é porque não quis. Convertendo-se a fase cognitiva em executiva, ele não vai poder alegar na impugnação aquilo que deveria ter sido alegado nos embargos monitórios, e estará precluso.

Parece-nos que, na fase de execução, a impugnação estará limitada às matérias do art. 525, § 1.º, do CPC, tendo ou não sido apresentados embargos monitórios.

15. JUIZADOS ESPECIAIS CÍVEIS

15.1. INTRODUÇÃO

Os Juizados Especiais Cíveis **constituem mecanismo de facilitação do acesso à justiça, pois permitem que determinados litígios, que talvez não fossem levados ao Judiciário antes, possam sê-lo**.

Esse benefício proporcionado pelo Juizado, cujas informalidade e rapidez servem como estímulo àqueles que talvez não ingressassem no Judiciário, atenua em parte o problema da **litigiosidade contida**.

1 ■ Dos Procedimentos Especiais de Jurisdição Contenciosa

As dificuldades que normalmente acompanham o ingresso em juízo de determinadas pessoas, sobretudo de classes menos favorecidas, ou que tragam questões de menor valor, eram suficientes para desestimulá-las. Nem por isso o litígio não resolvido deixava de trazer insatisfações e problemas.

Com o Juizado, procurou-se a facilitação do acesso de determinados tipos de demanda, possibilitando a solução judicial de situações que normalmente não seriam resolvidas.

Não se pode dizer que a finalidade do Juizado Especial Cível foi reduzir o número de causas, desafogando o Judiciário; **seu objetivo principal é justamente permitir que certas demandas que jamais seriam propostas pudessem sê-lo**.

Para alcançar tal desiderato, o Juizado se vale de um procedimento muito simplificado, regido pela **informalidade, de custos muito menores e mais célere**. O êxito dos Juizados tem feito com que uma multidão de pessoas a eles acorra provocando eventuais demoras, que não são próprias ao seu procedimento; isso apenas prova a litigiosidade contida, a grande quantidade de litígios que antes, provavelmente, nem sequer seriam solucionados.

Na busca por seus objetivos, o Juizado deve exigir daqueles que nele atuam **uma nova mentalidade**, em que se busque a solução dos conflitos da forma mais informal e célere possível, sem prejudicar direitos dos litigantes.

15.2. FUNDAMENTO CONSTITUCIONAL E LEGAL

Os Juizados Especiais cíveis encontram o seu fundamento no art. 98 da CF, que assim estabelece: "A União, no Distrito Federal e nos Territórios, e os Estados criarão: I — juizados especiais, providos por juízes togados, ou togados e leigos, competentes para a conciliação, o julgamento e a execução de causas cíveis de menor complexidade e infrações penais de menor potencial ofensivo, mediante os procedimentos oral e sumaríssimo, permitidos, nas hipóteses previstas em lei, a transação e o julgamento de recursos por turmas de juízes de primeiro grau. Parágrafo único. Lei Federal disporá sobre a criação de juizados especiais no âmbito da Justiça Federal".

Para dar cumprimento à determinação constitucional, foram editadas as Leis ns. 9.099/95, 10.259/2001 e 12.153/2009, que tratam dos Juizados Cíveis Estaduais, Federais e Juizados Especiais da Fazenda Pública, respectivamente.

15.3. NATUREZA

Os juizados especiais **pertencem à jurisdição comum, estadual ou federal**. Como se sabe, o CPC previu a existência de dois tipos de processos: o de conhecimento e o de execução, com procedimentos próprios. Os processos de conhecimento podem ter procedimento comum e especial.

Muito se discutiu se nos Juizados haveria um novo tipo de processo, ou apenas um processo de conhecimento, de procedimento especial.

Parece-nos que **há um novo tipo de processo, com uma forma diferenciada de cognição**, no qual é possível encontrar processos de conhecimento, de procedimento especialíssimo, mais concentrado e célere, e de execução.

614 Direito Processual Civil Esquematizado   *Marcus Vinicius Rios Gonçalves*

Em todos eles, devem ser observados princípios típicos: uma oralidade muito maior, mais simplicidade, economia, informalidade e celeridade.

15.4. PRINCÍPIOS

Para que o Juizado Especial pudesse alcançar a sua finalidade, era necessário que fosse regido por princípios compatíveis com a facilitação do acesso à Justiça daqueles que o procuram. O sistema processual do Juizado é regulado por princípios próprios, enumerados no art. 2.º da Lei n. 9.099/95: "o processo orientar-se-á pelos critérios da oralidade, simplicidade, informalidade, economia processual e celeridade, buscando, sempre que possível, a conciliação ou transação". Os mesmos são válidos para o Juizado Federal e da Fazenda Pública.

Esses princípios devem ser harmonizados com **os princípios e garantias constitucionais**, já estudados, do devido processo legal, contraditório, isonomia, imparcialidade do juiz e publicidade, entre outros.

O bom funcionamento do Juizado depende, portanto, da harmonização dos princípios tradicionais do processo civil com os dele próprios: exige nova mentalidade, em que o informalismo deve se sobrepor às formas tradicionais, para que se alcance resultado mais eficaz e célere.

Como o Juizado Especial constitui um microssistema, as regras do CPC só poderão ser aplicadas supletivamente na omissão de normas próprias, e desde que não ofendam o sistema e os princípios dos juizados. Nesse sentido o Enunciado n. 161 do FONAJE.

Nos próximos itens, serão examinados os princípios mais importantes.

15.4.1. Princípio da oralidade

É incluído entre os princípios gerais do processo civil, nos quais, no entanto, perdeu o sentido e alcance original, pois pouco restou de efetiva oralidade: todos os atos realizados oralmente têm de ser reduzidos a termo. No processo comum, a oralidade acabou traduzindo não propriamente a prática oral dos atos do processo, mas a necessidade de que o juiz esteja sempre o mais próximo possível da colheita de provas. Daí o seu desdobramento nos subprincípios da imediação, identidade física do juiz e concentração.

No Juizado Especial, a oralidade é muito mais intensa, devendo ser observada com muito mais rigor. **Boa parte dos atos é oral, e apenas o essencial é reduzido a termo. O resto pode ficar gravado em fita magnética ou equivalente, conforme o art. 13, § 3.º, da Lei n. 9.099/95**.

São exemplos da efetiva oralidade tirados da Lei n. 9.099/95:

■ a inicial pode ser apresentada oralmente na Secretaria do Juizado (art. 14, *caput*);

■ o mandato ao advogado pode ser verbal, salvo se contiver poderes especiais (art. 9.º, § 3.º);

■ a contestação e o pedido contraposto também podem ser apresentados oralmente (art. 10);

■ a prova pericial não é admitida, mas é possível pedir ao juiz a inquirição de técnicos de sua confiança (art. 35);

1 ◻ Dos Procedimentos Especiais de Jurisdição Contenciosa 615

◼ a prova oral não é reduzida a escrito (art. 36), podendo ser gravada;

◼ os embargos de declaração podem ser opostos oralmente.

15.4.2. Princípios da informalidade e da simplicidade

Um dos problemas do processo tradicional é a multiplicidade de formas e solenidades, que redunda na morosidade do processo. É certo que mesmo no processo tradicional, há a instrumentalidade das formas, que impede a decretação de nulidades quando os atos alcançam a sua finalidade.

Mas no Juizado Especial **a busca é pela informalidade, pela simplicidade**. A instrumentalidade das formas é consagrada no art. 13, *caput*, da Lei n. 9.099/95: "Os atos processuais serão válidos sempre que preencherem as finalidades para as quais forem realizados, atendidos os critérios indicados no art. 2.º desta Lei". § 1.º: "Não se pronunciará qualquer nulidade sem que tenha havido prejuízo".

A simplicidade e informalidade do procedimento se evidenciam por uma **redução substancial de termos e escritos do processo**, com a adoção de mecanismos diferenciados, como gravações de vídeo, fitas magnéticas, e uso de equipamentos de informática. Há inúmeras simplificações na petição inicial, na citação, na resposta do réu, na colheita de provas, nos julgamentos e nos recursos.

Para as causas de valor de até vinte salários mínimos, no Juizado Especial Cível, a lei dispensa a intervenção de advogado, o que colabora para a simplificação do processo (no Juizado Federal e no Juizado Especial da Fazenda Pública, a presença do advogado é sempre facultativa, mesmo para causas que ultrapassem os vinte salários mínimos).

15.4.3. Economia processual

Esse não é um princípio apenas dos juizados especiais, mas do processo civil em geral, já que se há de tentar obter, sempre com o menor esforço possível, os resultados almejados. Mas nos juizados isso se acentua. Esse princípio está relacionado com os anteriores.

15.4.4. Celeridade

É certo que a Constituição Federal assegura a todos o direito a um processo de duração razoável, e que, também no processo comum, deve-se buscar o resultado da forma mais célere possível.

Mas, nos juizados especiais, **a celeridade é ainda mais destacada, pois está entre as suas finalidades dar uma solução mais rápida aos litígios em geral**.

A mentalidade deve estar voltada para que esse resultado seja alcançado, sem o desrespeito às garantias dos litigantes. Inegável que esse princípio está relacionado com os anteriores, pois da maior simplicidade, informalidade e economia, resultará maior celeridade.

Uma leitura cuidadosa da Lei n. 9.099/95 permite constatar que foram vedados aqueles incidentes que pudessem implicar em demora ou retardo do processo:

◼ não cabe reconvenção;

616 Direito Processual Civil Esquematizado · Marcus Vinicius Rios Gonçalves

■ não se admite intervenção de terceiros, ressalvado o incidente de desconsideração da personalidade jurídica (art. 1.062 do CPC);

■ não se admite prova pericial.

Além disso, a lei, como corolário da oralidade, determina forte concentração de atos, permitindo que tudo se realize em uma só audiência (art. 17 da Lei n. 9.099/95). Na de instrução e julgamento, o réu apresentará resposta, que pode conter pedido contraposto, o juiz solucionará os incidentes, colherá as provas e julgará. Não há remessa necessária das sentenças em que houver sucumbência da Fazenda Pública, tanto estadual quanto federal, e os atos de execução são também concentrados.

Daí a Constituição Federal, em seu art. 98, se referir ao procedimento como sumaríssimo.

15.5. COMPETÊNCIA

Como o Juizado Especial institui um novo tipo de processo, regulado pelos princípios da informalidade, simplicidade e celeridade, é facultado ao interessado procurá-lo, nas causas que forem de sua competência, ou optar pelo foro comum. **Mesmo nas causas para as quais o juizado tem competência, a parte interessada pode optar por propor a sua ação pelo sistema convencional**. Mas isso só vale para os juizados estaduais cíveis.

A Lei n. 10.259/2001, que trata dos juizados federais, dispõe, no art. 3.º, § 3.º: "No foro onde estiver instalada Vara do Juizado Especial, a sua competência é absoluta". Sempre nos pareceu que, apesar da dicção legal, ainda assim o aforamento da demanda perante o Juizado Federal deveria ser considerado facultativo, mas prevalece amplamente na jurisprudência, inclusive do Superior Tribunal de Justiça, o entendimento de que, nas causas de sua competência, a adoção do procedimento do Juizado Federal é obrigatória. Nesse sentido, o acórdão proferido nos embargos de declaração no conflito de competência n. 103.084, cuja relatora foi a Min. Eliana Calmon.

"Se houver um conflito de competência entre o Juizado Especial Federal e a Justiça Federal da mesma seção judiciária, o conflito será decidido pelo Tribunal Regional Federal". É o que dispõe a Súmula 428 do Superior Tribunal de Justiça: "Compete ao Tribunal Regional Federal decidir os conflitos de competência entre juizado especial federal e juízo federal da mesma seção judiciária", cancelada a Súmula 348, que atribuía a competência ao próprio STJ. Se o conflito for entre juizado e vara federal de seções judiciárias diferentes, a competência será do STJ".

Da mesma forma, no Juizado Especial da Fazenda Pública, que é estadual, e vem regulamentado pela Lei n. 12.153/2009, a competência é absoluta, como resulta do art. 2.º, § 4.º: "No foro onde estiver instalado Juizado Especial da Fazenda Pública, a sua competência é absoluta".

Aquele que quer propor ação perante o juizado deve examinar primeiro se o caso que tem em mãos o autoriza a fazê-lo e, em caso afirmativo, em qual dos juizados deve ela ser aforada.

1 ■ Dos Procedimentos Especiais de Jurisdição Contenciosa

Para indicar quais causas são de competência do juizado, o legislador valeu-se de três critérios: o valor da causa, a matéria e as pessoas. Entre os diversos juizados, no entanto, o critério prevalente é o territorial.

15.5.1. Competência do juizado em razão do valor da causa

Não há coincidência entre as leis que regulam o juizado especial civil, o juizado especial da Fazenda Pública e o federal, a respeito do valor da causa, como critério de competência. A primeira estabelece que são de competência do juizado as causas de valor **até quarenta salários mínimos** (art. 3.º, I, da Lei n. 9.099/95); a segunda e a terceira, as causas de **até sessenta salários mínimos** (art. 2.º, *caput*, da Lei n. 12.153/2009 e art. 3.º, *caput*, da Lei n. 10.259/2001).

O juizado terá competência nos valores mencionados, **independentemente de sua complexidade**. Podem existir causas de pequeno valor altamente complexas, mas isso não afasta a sua competência. O que a pode afastar é a eventual necessidade de prova técnica complexa, diante da inadmissibilidade de prova pericial.

O valor da causa deverá ser considerado no momento da propositura da demanda, sendo irrelevantes alterações supervenientes. Não há peculiaridades no que concerne à indicação do valor da causa no Juizado, devendo ser aplicadas supletivamente as regras do CPC.

Nos juizados especiais cíveis, o valor da causa será de suma importância, **porque se for até vinte salários mínimos, é dispensada a participação do advogado**. Somente naquelas entre vinte e quarenta salários mínimos tal participação é indispensável. **No Juizado Federal Cível, a participação do advogado é sempre facultativa, independentemente do valor da causa, como determina o art. 10 da lei que o regula**. Foi suscitada a inconstitucionalidade desse dispositivo, mas o pleno do STF, por maioria de votos, reconheceu-lhe a constitucionalidade (ADI 3.168, Rel. Min. Joaquim Barbosa, j. 08.06.2006).

A lei que regula o Juizado Especial da Fazenda Pública é omissa quanto à necessidade de advogado. Parece-nos, porém, que se ele é facultativo nas causas contra pessoas jurídicas de direito público federal, qualquer que seja o valor, também deverá ser nas causas contra as de direito público estadual, **dada a semelhança de situações, que recomenda o tratamento analógico**.

15.5.1.1. *A possibilidade de renúncia ao que exceda ao limite*

O interessado pode renunciar àquilo que exceda os limites de valor da competência, tanto no Juizado Estadual quanto no Federal. Ainda que seu crédito ultrapasse os limites legais, **pode recorrer ao juizado, desde que abra mão do excedente**.

No juizado cível, o interessado pode renunciar ao que exceda vinte salários mínimos, para poder promover a ação sem necessidade do advogado. A renúncia implica a perda do direito, o que impede o renunciante de postulá-lo posteriormente.

A questão mais controvertida é a que diz respeito à possibilidade de renúncia implícita, quando o autor propõe ação no juizado especial, de causa cujo valor ultrapasse a alçada. Estará ele implicitamente renunciando ao excedente?

618 | Direito Processual Civil Esquematizado | Marcus Vinicius Rios Gonçalves

Parece-nos que **a renúncia não se pode presumir, dadas as consequências gravosas que traz para a parte, com a perda do direito ao excedente**. Se o autor propuser ação de valor superior à alçada, o juiz deve primeiro ouvi-lo, para que esclareça se efetivamente está renunciando. Em caso negativo, indeferirá a inicial, porque o juizado não terá competência para a causa; em caso afirmativo, ficará explicitada a renúncia, e o processo prosseguirá, respeitados os limites de alçada.

15.5.1.2. *Breve casuística sobre a competência em razão do valor da causa*

O valor da causa deve ser considerado no momento da propositura da ação, e deve corresponder ao conteúdo econômico do pedido, o que inclui o principal corrigido e juros vencidos. Havendo cumulação, o valor da causa será o da soma dos pedidos formulados. Tal soma não poderá ultrapassar a alçada do juizado.

O art. 3.º, § 2.º, da Lei n. 10.259/2001, que trata dos juizados federais, dispõe que "quando a pretensão versar sobre obrigações vincendas, para fins de competência do Juizado Especial, a soma de doze parcelas não poderá exceder o valor referido no art. 3.º, 'caput'". A mesma regra vale para o Juizado da Fazenda Pública, por força do art. 2.º, § 2.º, da Lei n. 12.153/2009.

O valor do pedido contraposto também não poderá ultrapassar os limites da competência do juizado.

No entanto, **não há restrições para homologação de acordo entre as partes, ainda que o valor supere a alçada legal**, no Juizado Cível. Mas a mesma regra não vale para o juizado federal e da Fazenda Pública, nos quais até os acordos estão sujeitos ao limite.

Se a ação proposta é de indenização por dano moral, e o autor não formula pedido certo, eventual condenação não poderá ultrapassar os limites de alçada do juizado.

Quando houver litisconsórcio ativo facultativo, o valor da causa deverá ser considerado individualmente por autor, não importando se a soma ultrapassa o valor de alçada (nesse sentido, o Enunciado n. 2 do C. Superior Tribunal de Justiça a respeito dos Juizados Especiais).

15.5.2. Competência em razão da matéria

Tanto a lei que regula o Juizado Especial Cível quanto as que tratam do Federal e da Fazenda Pública estabelecem regras de competência em razão da matéria, seja reconhecendo-a para o julgamento de determinadas matérias, independentemente do valor da causa, seja excluindo-a, naqueles casos em que, por força do valor, o juizado seria competente. Assim, para que o estudo fique completo, é preciso distinguir os três juizados.

15.5.2.1. *Competência em razão da matéria nos Juizados Cíveis*

O art. 3.º, II, da Lei n. 9.099/95 atribui aos Juizados Cíveis competência para julgar as causas enumeradas no art. 275, II, do CPC de 1973, independentemente do valor da causa. Isto é, aquelas causas que, no CPC de 1973, **em razão da matéria, poderiam correr no foro comum, pelo procedimento sumário**. Nos termos do art. 1.063 do

1 ◼ Dos Procedimentos Especiais de Jurisdição Contenciosa

Código de Processo Civil, até a edição de lei específica, os juizados especiais cíveis continuam competentes para o julgamento das causas enumeradas no art. 275, II, da Lei n. 5.869, de 11 de janeiro de 1973 (CPC de 1973). São elas: a) Arrendamento rural e parceria agrícola: arrendamento rural é o "contrato agrário pelo qual uma pessoa se obriga a ceder a outra, por tempo determinado ou não, o uso ou gozo de imóvel rural, parte ou partes do mesmo, incluindo, ou não, outros bens, benfeitorias e/ou finalidades, com o objetivo de nele ser exercida atividade de exploração agrícola, pecuária, agroindustrial, extrativa ou mista, mediante certa retribuição ou aluguel, observados os limites percentuais da lei" (Decreto-Lei n. 59.566/66). O CPC alude também à parceria, restringindo-a à agrícola, embora existam também a pecuária e a agroindustrial. b) Cobrança de condomínio: embora em razão da matéria se pudesse admitir a propositura da ação no Juizado Especial, isso não será possível porque o art. 8.º da Lei n. 9.099/95 restringe o acesso ao Juizado a determinadas pessoas e entes, entre os quais os entes despersonalizados. Há restrição legal para que a entidade condominial figure como autora no juizado especial. c) Ressarcimento por danos em prédio urbano ou rústico: abrange todas as ações de responsabilidade civil envolvendo danos em imóveis, independentemente de sua localização. d) Ressarcimento por danos causados em acidente de veículo de via terrestre: trata-se de hipótese das mais comuns, dada a frequência com que tais acidentes se verificam. A expressão "veículo terrestre" abrange os carros, ônibus, caminhões, motocicletas, bicicletas, trens, bondes, metrô. **Ficam excluídos os veículos aéreos, e os de transporte marítimo, fluvial ou lacustre**. O inciso abrange todo o tipo de acidente com esse gênero de veículos, como colisões, abalroamentos, atropelamentos etc. e) Cobrança de seguro relativamente a danos causados em acidente de veículo: o seguro de vida é título executivo extrajudicial, nos termos do art. 784, VI, do CPC. Assim, em caso de morte decorrente de acidente de veículo, desnecessário o processo de conhecimento. Nos demais casos, ele será obrigatório, podendo o interessado propor a ação no Juizado Especial Cível. **O dispositivo não alude a veículo terrestre, mas aos veículos em geral, o que abrange os aéreos e marítimos**. A regra vale para seguros facultativos e obrigatórios e abrange todos os danos previstos na apólice, seja beneficiário o próprio segurado, seja terceiro. f) Cobrança de honorários de profissionais liberais: o dispositivo faz referência às ações de cobrança que tenham por objeto honorários de profissionais liberais, como advogados, médicos, dentistas, arquitetos, pintores, decoradores, fisioterapeutas etc. Aquele que não é profissional liberal, mas empregado, deve valer-se das vias trabalhistas adequadas para cobrar o que lhe for devido. Com relação ao advogado, o art. 24 da Lei n. 8.906/94 considera o contrato escrito que estipula os honorários como título executivo extrajudicial, o que dispensa processo de conhecimento. Mas, se não houver contrato escrito do qual conste o valor, **será necessário arbitrá-los, e, para tanto, o interessado poderá valer-se do juizado especial**. g) Revogação de doação: é tratada pelo CC nos arts. 555 a 564. Pode decorrer de ingratidão do donatário ou inexecução de encargo. As hipóteses de ingratidão estão previstas no CC, art. 557: se o donatário atentou contra a vida do doador ou cometeu crime de homicídio doloso contra ele; se cometeu contra ele ofensa física; se o injuriou gravemente ou o caluniou; ou se, podendo ministrá-los, recusou ao doador os alimentos de que este necessitava. O prazo para o ajuizamento da ação é de um ano, e a demanda só pode ser ajuizada pelo doador contra o donatário, nunca pelos seus herdeiros, ressalvada a hipótese de homicídio doloso, caso em que a ação poderá ser intentada por eles (art. 561 do CC). No entanto, os herdeiros podem prosseguir na ação intentada pelo doador contra o donatário. Nem todas as doações são revogáveis por ingratidão; as que não são estão enumeradas no art. 564 do CC. A doação onerosa pode ser revogada por inexecução do encargo, quando o donatário tiver incorrido em mora. h) Demais casos previstos em lei: o último inciso do art. 275, II, do CPC de 1973 abria a possibilidade de a lei criar outras hipóteses de matérias que autorizassem o procedimento sumário. Efetivamente, há, em leis especiais, numerosas hipóteses, entre as quais a ação de adjudicação compulsória, revisional de aluguel, usucapião especial e aquelas envolvendo representação comercial.

Além das hipóteses do art. 275, II, do CPC de 1973, enumeradas no parágrafo anterior, os incisos III e IV do art. 3.º da Lei n. 9.099/95 atribuem competência ao Juizado Especial para as ações de despejo para uso próprio, independentemente do valor da causa; e para as possessórias de bens imóveis, desde que o valor não ultrapasse os limites de alçada. As ações de despejo por denúncia vazia ou por falta de pagamento não poderão ser processadas no juizado, somente no foro comum, na forma da Lei n. 8.245/91.

Em contrapartida, há algumas matérias que afastam a competência do Juizado, ainda que o valor da causa seja inferior a quarenta salários mínimos. São aquelas enumeradas no art. 3.º, § 2.º, da lei: "Ficam excluídas da competência do Juizado Especial as causas de natureza alimentar, falimentar, fiscal e de interesse da Fazenda Pública, e também as relativas a acidente de trabalho, a resíduos, e ao estado e capacidade das pessoas, ainda que de cunho patrimonial".

Também não poderão correr perante o juizado **especial aquelas causas cujo procedimento seja especial, no qual a natureza da lide exija um procedimento próprio**. É o caso das ações demarcatórias, de divisão, de exigir contas, por exemplo.

15.5.2.2. Competência em razão da matéria nos Juizados Federais

O art. 3.º, § 1.º, I a IV, da Lei n. 10.259/2001 exclui determinadas matérias da competência do Juizado Federal, ainda que o valor da causa seja até sessenta salários mínimos: "Não se incluem na competência do Juizado Especial Cível as causas: I — referidas no art. 109, incisos II, III e XI da Constituição Federal, as ações de mandado de segurança, de desapropriação, de divisão e demarcação, populares, execuções fiscais e por improbidade administrativa e as demandas sobre direitos ou interesses difusos, coletivos ou individuais homogêneos; II — sobre bens imóveis da União, autarquias ou fundações públicas federais; III — para a anulação ou cancelamento de ato administrativo federal, salvo o de natureza previdenciária e o de lançamento fiscal; IV — que tenham como objeto a impugnação da pena de demissão imposta a servidores públicos civis ou de sanções disciplinares aplicadas a militares".

Afora essas exceções, a competência do Juizado Especial Federal é dada pelo art. 109 da CF/88, isto é, a mesma da Justiça Federal, respeitado o limite de alçada de sessenta salários mínimos, excluídas as hipóteses anteriormente mencionadas.

1 ■ Dos Procedimentos Especiais de Jurisdição Contenciosa 621

15.5.2.3. Competência em razão da matéria nos Juizados Especiais da Fazenda Pública

O art. 2.º, § 1.º, da Lei n. 12.153/2009 exclui da competência do Juizado Especial da Fazenda Pública algumas matérias, ainda que o valor da causa seja até sessenta salários mínimos: "Não se incluem na competência do Juizado Especial da Fazenda Pública: I — as ações de mandado de segurança, de desapropriação, de divisão e demarcação, populares, por improbidade administrativa, execuções fiscais e as demandas sobre direitos ou interesses difusos e coletivos; II — as causas sobre bens imóveis dos Estados, Distrito Federal, Territórios e Municípios, autarquias e fundações públicas a eles vinculadas; III — as causas que tenham como objeto a impugnação da pena de demissão imposta a servidores públicos civis ou sanções disciplinares aplicadas a militares".

15.5.3. Competência em razão das pessoas

15.5.3.1. No Juizado Estadual

O art. 8.º da Lei n. 9.099/95 estabelece restrições à competência do juizado estadual, em função da qualidade de parte que nele intervenha.

A primeira delas é que **só as pessoas físicas capazes podem propor ação perante o juizado especial, excluídos os cessionários de direito de pessoas jurídicas**. Além das pessoas físicas, podem também propor ação as microempresas e as empresas de pequeno porte, nos termos do art. 74 do Estatuto Nacional da Microempresa e da Empresa de Pequeno Porte (LC 123, de 14.12.2006).

Embora haja grande controvérsia a respeito, o Enunciado n. 9 do Fórum Permanente dos Juízes Coordenadores dos Juizados Cíveis e Criminais do Brasil autoriza a propositura da demanda por condomínio, nas ações de cobrança de despesas condominiais em atraso, tão-somente. Embora *de lege ferenda* seja recomendável que isso seja autorizado — havendo já projeto de lei a respeito —, **não nos parece que, diante do que consta da lei, o condomínio possa ajuizar ação de cobrança, perante o Juizado**, uma vez que a lei só autoriza as pessoas físicas capazes, e o condomínio não é pessoa física, mas ente despersonalizado, ao qual a lei atribui capacidade de ser parte (a questão perdeu grande parte de seu interesse, uma vez que as despesas condominiais ordinárias e extraordinárias, desde que documentalmente comprovadas, foram consideradas título executivo extrajudicial pelo CPC. De qualquer sorte, algum interesse ainda remanesce na questão, já que as despesas podem não estar comprovadas documentalmente). Da mesma forma, o Enunciado n. 148 do Fórum Permanente autoriza ao espólio propor ação, desde que não haja interesse de incapazes.

Nada impede, porém, **que pessoas jurídicas ou entes despersonalizados possam figurar no polo passivo da ação**. Se o fizerem, poderão apresentar pedido contraposto, nos termos do Enunciado n. 31 do Fórum Permanente.

Há, no entanto, algumas restrições a que determinadas pessoas ou entes, figurem como partes no Juizado, tanto no polo ativo quanto no passivo. São elas: as pessoas físicas incapazes, o preso, as pessoas jurídicas de direito público, as empresas públicas da União, a massa falida e o insolvente civil (art. 8.º, *caput*, da Lei n. 9.099/95). No entanto, admitem-se como rés as sociedades de economia mista.

622 Direito Processual Civil Esquematizado   *Marcus Vinicius Rios Gonçalves*

O art. 8.º, § 2.º, da Lei n. 9.099/95, que autorizava o maior de 18 anos a ingressar no juizado sem ser assistido, perdeu o objeto, já que o Código Civil de 2002 determina que, aos 18 anos, cessa a incapacidade civil.

15.5.3.2. No Juizado Federal

Podem ser autores as pessoas físicas e as microempresas e empresas de pequeno porte, hoje definidas pela Lei Complementar n. 123, de 14.12.2006, **e rés, a União, autarquias, fundações públicas e empresas públicas federais** (art. 6.º da Lei n. 10.259/2001).

Não há restrição de acesso, no polo ativo, aos incapazes e ao preso, como nos juizados estaduais. Havendo incapazes, será indispensável a intervenção do Ministério Público.

15.5.3.3. No Juizado Especial da Fazenda Pública

Podem ser autores as pessoas físicas e as microempresas e empresas de pequeno porte, assim definidas na Lei Complementar n. 123, de 14 de dezembro de 2006, valendo as mesmas considerações do item antecedente, **e réus, os Estados, o Distrito Federal, os Territórios e os Municípios, bem como autarquias, fundações e empresas públicas a eles vinculadas** (art. 5.º da Lei n. 12.153/2009).

15.5.4. Competência territorial entre juizados

O critério territorial é adotado para aferição de competência entre os juizados. Pressupõe que a causa possa ser aforada perante o juizado especial, na conformidade dos critérios anteriormente estudados, servindo para apurar em qual deles.

Nos Juizados Especiais Cíveis, as regras de competência estão previstas no art. 4.º da Lei n. 9.099/95: "É competente para as causas previstas nesta lei, o Juizado do foro: I — do domicílio do réu, ou, a critério do autor, do local onde aquele exerça atividades profissionais ou econômicas ou mantenha estabelecimento, filial, agência, sucursal ou escritório; II — do lugar onde a obrigação deva ser satisfeita; III — do domicílio do autor ou do local do ato ou fato, nas ações para reparação de dano de qualquer natureza. Parágrafo único. Em qualquer hipótese, poderá a ação ser proposta no foro previsto no inc. I deste artigo". A regra vale, mesmo que a ação verse sobre bens imóveis, não se aplicando no juizado a determinação de que tais ações corram no foro de situação do bem. Nos termos do Enunciado n. 89 do Fórum Permanente, a incompetência territorial pode ser conhecida de ofício, no sistema dos juizados especiais. **Como a Fazenda não tem foro privilegiado**, as mesmas regras de competência valem para o Juizado Especial da Fazenda Pública (art. 27 da Lei n. 12.153/90, que manda aplicar supletivamente, em caso de omissão, as regras da Lei n. 9.099/95).

Nos juizados federais, a regra de competência é dada pelo art. 109, § 2.º, da CF: "As causas intentadas contra a União poderão ser aforadas na seção judiciária em que for domiciliado o autor, naquela onde houver ocorrido o ato ou o fato que deu origem à demanda ou onde esteja situada a coisa, ou, ainda, no Distrito Federal". Os foros são concorrentes e a escolha fica a critério do autor.

1 ■ Dos Procedimentos Especiais de Jurisdição Contenciosa

15.5.5. Incompetência, conexão e continência

Verificando o juiz que o juizado especial não tem competência para julgar a ação proposta, extinguirá o processo sem resolução de mérito. **Não será o caso de remeter os autos à justiça comum, já que a petição inicial não tem as mesmas exigências formais que as dos procedimentos convencionais**.

Não há óbice à reunião de ações conexas que corram no Juizado, com o mesmo pedido ou a mesma causa de pedir, para que sejam instruídas e julgadas conjuntamente. **A reunião se fará no Juizado prevento**, observado o disposto no art. 59 do CPC. O mesmo vale em relação à continência (Enunciado n. 68 do Fórum Permanente).

15.6. LITISCONSÓRCIO E INTERVENÇÃO DE TERCEIROS

O art. 10 da Lei n. 9.099/95 é peremptório: "Não se admitirá, no processo, qualquer forma de intervenção de terceiros, nem a assistência. Admitir-se-á o litisconsórcio".

A razão para que a intervenção de terceiros seja vedada é que traria demoras incompatíveis com a celeridade dos processos nos juizados especiais.

Mas o art. 1.062 do CPC abre uma exceção, ao autorizar o incidente de desconsideração da personalidade jurídica nos processos de competência do Juizado Especial Cível.

O litisconsórcio pode ser ativo ou passivo, **mas exige que todos tenham possibilidade de figurar como partes, perante o juizado especial**.

O Ministério Público intervirá nos casos previstos em lei, o que ocorrerá com mais frequência nos juizados federais, já que nos estaduais o incapaz não pode ser parte, nem se pode propor ação para discutir o estado e a capacidade das pessoas.

15.7. O ADVOGADO NO JUIZADO ESPECIAL CÍVEL

A necessidade de intervenção do advogado exige o exame separado de cada espécie de Juizado.

Nos Cíveis, vigora a regra do art. 9.º da Lei n. 9.099/95: "Nas causas de valor até vinte salários mínimos, as partes comparecerão pessoalmente, podendo ser assistidas por advogado; nas de valor superior, a assistência é obrigatória". **O valor da causa será decisivo para verificar se a intervenção do advogado é facultativa ou obrigatória**.

Nos casos em que a assistência de advogado for facultativa, se uma das partes comparecer assistida, ou se o réu for pessoa jurídica ou firma individual, terá a outra parte, se quiser, **assistência judiciária prestada por órgão instituído junto ao Juizado Especial, na forma da lei local**. É o que estabelece o art. 9.º, § 1.º, da Lei n. 9.099/95.

Mas, de acordo com o Enunciado n. 36 do Fórum Permanente, a obrigatoriedade do advogado, nas causas de valor superior a vinte salários mínimos, só terá lugar a partir da fase de instrução, não sendo necessária para o ajuizamento da ação, nem para a fase de conciliação.

Quando a causa o recomendar, o juiz alertará as partes a respeito da conveniência da assistência do advogado. É o que poderá acontecer, por exemplo, se verificar que a questão jurídica é complexa, e que a parte pode ficar prejudicada se não for assistida.

624 Direito Processual Civil Esquematizado   *Marcus Vinicius Rios Gonçalves*

A parte que desejar a assistência de advogado será encaminhada à assistência judiciária, na forma do art. 56 da Lei n. 9.099/95.

Nas causas até vinte salários mínimos, se o réu apresentar pedido contraposto, cujo valor ultrapasse esse montante, e esteja entre vinte e quarenta salários mínimos, **tornar-se-á indispensável a assistência do advogado, para ambos os litigantes (Enunciado n. 27 do Fórum Permanente)**.

Em qualquer caso, a dispensa de advogado só diz respeito ao primeiro grau de jurisdição. **Havendo recurso, a assistência dele é sempre imprescindível**.

Nos Juizados Federais, tem-se reconhecido que a assistência de advogado é sempre facultativa, independentemente do valor da causa, por força do que estabelece o art. 10 da Lei n. 10.259/2001: "As partes poderão designar, por escrito, representantes para a causa, advogado ou não". Parágrafo único: "Os representantes judiciais da União, autarquias, fundações e empresas públicas federais, bem como os indicados na forma do 'caput' ficam autorizados a conciliar, transigir ou desistir, nos processos da competência dos Juizados Especiais Federais". A mesma regra vale, dada a analogia de situações, para o Juizado Especial da Fazenda Pública.

A constitucionalidade desse dispositivo foi questionada, pelo fato de a advocacia ser função essencial à justiça. Mas o Pleno do STF reconheceu-lhe a constitucionalidade, na ADI 3.168, Rel. Min. Joaquim Barbosa, j. 08.06.2006.

Nos juizados especiais em geral, o mandato outorgado ao advogado pode ser verbal, exceto se contiver poderes especiais, já que estes devem ser especificados por escrito (art. 9.º, § 3.º, da Lei n. 9.099/95).

15.8. DO JUIZ, DOS CONCILIADORES E DOS JUÍZES LEIGOS

Tanto nos juizados estaduais como nos federais, **a condução do processo e o julgamento são feitos por um juiz togado**, aprovado em concurso público de ingresso à magistratura. Ele é quem apreciará as provas e sentenciará.

O art. 7.º da Lei n. 9.099/95 trata dos conciliadores e juízes leigos como auxiliares da justiça. Os primeiros serão recrutados preferencialmente entre bacharéis em direito, e os segundos, entre advogados com mais de cinco anos de experiência. Enquanto atuarem como juízes leigos, os advogados recrutados não poderão exercer a advocacia perante os Juizados Especiais. Mas o Enunciado n. 40 do Fórum Permanente só os impede de atuar perante os Juizados em que funcionem, não nos demais. No Juizado Especial da Fazenda Pública também atuarão conciliadores e juízes leigos, sendo estes escolhidos entre advogados com mais de dois anos de experiência (art. 15, § 1.º, da Lei n. 12.153/2009).

Já nos Juizados Federais, não há juízes leigos, mas tão-somente conciliadores, que serão designados pelo juiz presidente, pelo período de dois anos, admitida a recondução.

A participação dos conciliadores ocorre na audiência de conciliação, presidida pelo juiz togado, pelo juiz leigo ou pelo próprio conciliador sob sua orientação.

A sua função é tentar compor as partes, obtendo uma solução amigável para o litígio. **Ele tenta, em contato com as partes anterior ao do juiz, resolver consensualmente os problemas**. Se obtiver êxito, reduzirá o acordo a termo, e o encaminhará à homologação do juiz.

1 ■ Dos Procedimentos Especiais de Jurisdição Contenciosa

Não pode o conciliador tomar nenhuma medida de conteúdo jurisdicional, como colher provas ou proferir decisões.

Já o juiz leigo poderá dirigir a instrução, sob a supervisão do juiz togado, conforme art. 37 da Lei n. 9.099/95. Se o fizer, proferirá sentença, que deverá ser submetida ao juiz togado, que poderá homologá-la, proferir outra em substituição ou, antes de se manifestar, determinar a realização de atos probatórios indispensáveis (art. 40 da Lei n. 9.099/95).

15.9. PROCEDIMENTO

15.9.1. Introdução

É muito mais concentrado do que os tradicionais. Começa com a petição inicial, que pode ser apresentada na Secretaria do Juizado, por escrito **ou verbalmente**. O réu é citado para comparecer à audiência de conciliação, conduzida por juiz togado ou leigo ou conciliador sob sua orientação. Nessa audiência, se tentará o acordo entre as partes. Caso o réu, citado, **não compareça, haverá revelia e o juiz julgará o processo**; caso o autor não compareça, **o processo será extinto sem resolução de mérito**.

Se não houver acordo, o juiz designará audiência de instrução e julgamento, da qual as partes sairão intimadas. Nela, o réu poderá apresentar contestação, com pedido contraposto, se o desejar. A contestação pode ser apresentada **por escrito ou verbalmente**.

Em seguida, serão colhidas as provas necessárias. A audiência e a instrução serão dirigidas pelo juiz togado, ou por juiz leigo, sob orientação daquele.

Colhidas as provas, será proferida a sentença.

O art. 27, *caput*, da Lei n. 9.099/95 determina que, finda a tentativa de conciliação, proceder-se-á imediatamente à instrução e julgamento, desde que não resulte prejuízo para a defesa. Mas só será possível realizá-los na audiência inicial **se houver a concordância de ambas as partes**. Do contrário, haverá cerceamento de defesa, já que, se houver testemunhas, elas precisarão ser intimadas, não sendo a parte obrigada a levá-las. Além disso, o réu tem que ter oportunidade de apresentar defesa, o que pode ser feito até a audiência de instrução e julgamento.

O melhor é que sejam mesmo designadas duas audiências: a de conciliação, e a de instrução e julgamento, podendo o réu apresentar sua contestação até a segunda.

Seja como for, ele terá de ser cientificado da ocasião em que deverá apresentá-la, e das consequências de não o fazer.

Tal como no CPC, de aplicação subsidiária, os prazos no Juizado só serão contados considerando-se os dias úteis. A controvérsia que se instaurou sobre essa questão assim que editado o CPC/2015 ficou superada com a edição da Lei n. 13.728/2018, que acrescentou o art. 12-A à Lei n. 9.099/95, com o seguinte teor: "Na contagem de prazo em dias, estabelecido por lei ou pelo juiz, para a prática de qualquer ato processual, inclusive para a interposição de recursos, computar-se-ão somente os dias úteis."

Nos itens seguintes, serão examinadas as diversas etapas do procedimento no juizado especial.

626 Direito Processual Civil Esquematizado   *Marcus Vinicius Rios Gonçalves*

15.9.2. Petição inicial

De acordo com o art. 14 da Lei n. 9.099/95, o processo começará com a petição inicial, que deverá ser apresentada, por escrito ou oralmente, à Secretaria do Juizado. O § 1.º estatui que a inicial indicará, em forma simples e linguagem acessível: "I — O nome, a qualificação e o endereço das partes; II — os fatos e os fundamentos, de forma sucinta; III — o objeto e seu valor".

A lei determina que a linguagem deverá ser simples e acessível, sobretudo quando o valor da causa for até vinte salários mínimos, em que será dispensado o advogado.

Não há necessidade de requerer a citação do réu, nem de formular requerimento de provas. **Mas é fundamental a atribuição de valor da causa,** tanto para verificar a competência do juizado como a necessidade, ou não, de intervenção de advogado.

Admite-se pedido genérico, quando não for possível determinar desde logo, a extensão da obrigação. Pode ainda haver pedidos alternativos ou cumulados, desde que conexos e que, nesta última hipótese, a soma dos valores não ultrapasse os limites de alçada do juizado.

Quando o pedido for feito oralmente, na Secretaria do Juizado, será reduzido a escrito, podendo ser utilizado o sistema de fichas ou formulários impressos (art. 14, § 3.º, da Lei n. 9.099/95).

Além do pedido, a inicial deve indicar os fundamentos. **Os mais relevantes são os de fato, porque os de direito o juiz conhece.** Como em determinados casos se admite que a pretensão seja formulada sem intermédio de advogado, deve haver grande tolerância a respeito dos fundamentos jurídicos, que podem até mesmo ser dispensados.

15.9.3. Recebimento e indeferimento da inicial

Há uma particularidade que merece atenção: no sistema tradicional do CPC, o juiz, antes de determinar a citação do réu, examina a inicial, determinando eventuais emendas e correções, sob pena de extinção do processo.

No juizado, registrado o pedido inicial, **independentemente de distribuição e atuação, a Secretaria do Juizado designará a sessão de conciliação, a realizar-se no prazo de quinze dias. Isso é feito antes que o juiz examine a petição inicial.**

Só haverá indeferimento e extinção do processo sem resolução de mérito, depois de tentada a conciliação. É o que dispõe o art. 51, I, da lei: "Extingue-se o processo sem julgamento do mérito quando inadmissível o procedimento instituído por esta lei ou seu prosseguimento, após a conciliação".

Se, na audiência de conciliação, o juiz verificar a necessidade, determinará a emenda da inicial. O réu, que já terá sido citado para a audiência de conciliação, deverá ser cientificado da emenda, para que até a audiência de instrução e julgamento possa apresentar resposta.

15.9.4. Tutelas provisórias

Muito se discutiu sobre a possibilidade de concessão de tutelas provisórias, antecipadas e cautelares, nos processos do juizado especial cível. Ora, se a função é permitir uma tutela mais célere, e com menos formalidades, não seria razoável negar-se a possibilidade de o juiz concedê-las, nos casos em que o CPC as autoriza.

1 ▪ Dos Procedimentos Especiais de Jurisdição Contenciosa   627

O Enunciado n. 26 do Fórum Permanente as autoriza expressamente, tanto as tutelas acautelatórias quanto antecipatórias. Mas não as requeridas em caráter antecedente, na forma dos arts. 303 e 310 do CPC (Enunciado n. 163 do FONAJE). Os requisitos são os mesmos que no processo tradicional. Contra a decisão que apreciá-las, ter-se-á de admitir o agravo de instrumento. É certo que a Lei n. 9.099/95 não o prevê, mas ele há de ser admitido nas hipóteses de urgência, pois, do contrário, haveria perigo de prejuízo irreparável.

15.9.5. O regime das custas

Não há custas, taxas ou despesas em primeiro grau de jurisdição. É o que dispõe o art. 54 da Lei n. 9.099/95: "O acesso ao Juizado Especial independerá, em primeiro grau de jurisdição, do pagamento de custas, taxas ou despesas". É que o juizado presta-se a tornar o Judiciário mais acessível aos interessados, sobretudo naquelas causas que possivelmente não seriam levadas a juízo em outras circunstâncias.

Por essa razão, **a sentença não condenará o vencido em custas e honorários advocatícios, ressalvados os casos de litigância de má-fé**, estabelecidos no art. 80 do CPC. O Enunciado n. 44 do Fórum Permanente esclarece: "No âmbito dos Juizados Especiais, não são devidas despesas para efeito do cumprimento de diligências, inclusive quando da expedição de cartas precatórias".

A dispensa de custas vale tanto para os processos de conhecimento como para os de execução.

Mas há um único caso em que haverá condenação em custas na primeira instância. Trata-se da hipótese do art. 51, I, da Lei n. 9.099/95, em que o processo é extinto sem resolução de mérito, quando o autor deixa de comparecer a qualquer das audiências do processo. O juiz o condenará nas custas (Enunciado n. 28 do Fórum Permanente), a menos que ele comprove que a ausência decorre de força maior, caso em que o juiz o poderá isentar (art. 51, § 2.º, da Lei). Mesmo nesse caso haverá somente a condenação em custas, não em honorários advocatícios, só devidos em caso de má-fé.

Se houver recurso, desaparece a isenção de custas e honorários. O recurso contra a sentença deve vir acompanhado de preparo, que compreenderá todas as despesas processuais, inclusive aquelas dispensadas em primeiro grau de jurisdição, salvo se o recorrente requerer e obtiver os benefícios da justiça gratuita (art. 54, parágrafo único, da lei). No Estado de São Paulo, esse preparo será composto das custas iniciais, de 4% do valor da causa, mais o preparo propriamente dito, de 2% do valor da condenação ou da causa, se não houver condenação, conforme disposto na Lei n. 11.608/2003.

Os honorários advocatícios serão impostos ao recorrente vencido, na proporção de 10 a 20% do valor da condenação, ou, não havendo condenação, do valor da causa.

Só haverá a imposição de verba de sucumbência se o vencido for o recorrente. Não se impõe o mesmo ônus ao recorrido vencido.

15.9.6. Citações e intimações

De acordo com o art. 18 da Lei n. 9.099/95, a citação no juizado **far-se-á por carta ou por mandado**. A carta deverá ser encaminhada com aviso de recebimento. Parece--nos que, quando o destinatário for pessoa física, a citação só se aperfeiçoará se o aviso

628 Direito Processual Civil Esquematizado   *Marcus Vinicius Rios Gonçalves*

for assinado por ela, até porque o art. 18, II, alude a "recebimento em mão própria". No entanto, o Enunciado n. 5 do Fórum Permanente estabelece que "A correspondência ou contrafé recebida no endereço da parte é eficaz para efeito de citação, desde que identificado o seu recebedor", o que, parece-nos, contraria o texto de lei.

Já quando o citando for pessoa jurídica ou firma individual, a citação se aperfeiçoará mediante entrega ao encarregado da recepção, que será obrigatoriamente identificado.

Somente quando necessário, a citação far-se-á por oficial de justiça, **independentemente de mandado ou carta precatória**. A citação por oficial é excepcional, e só cabe quando, por qualquer razão, for inviável por correio (por exemplo, se o local em que residir o citando não contar com esse serviço).

Se o oficial de justiça verificar que o réu está se ocultando, fará a citação com hora certa.

O Enunciado n. 35 do Fórum Permanente conclui que "É dispensável a expedição de carta precatória nos Juizados Especiais Cíveis, cumprindo-se os atos nas demais Comarcas mediante via postal, por ofício do juiz, fax, telefone ou qualquer outro meio idôneo de comunicação".

Não se admite a citação por edital, em nenhuma hipótese, no juizado especial cível. Se o réu não for localizado, o juiz extinguirá o processo sem resolução de mérito.

Nos Juizados Federais, a citação far-se-á na forma do art. 7.º da Lei n. 10.259/2001.

Ela deve conter cópia do pedido inicial, dia e hora para comparecimento do citando e advertência de que, não comparecendo este, considerar-se-ão verdadeiras as alegações iniciais, e será proferido julgamento de plano.

Além disso, "deverá constar da citação a advertência, em termos claros, da possibilidade de inversão do ônus da prova" (Enunciado n. 53 do Fórum Permanente).

As intimações far-se-ão da mesma forma que as citações, ou por qualquer outro meio idôneo.

Se, no curso do processo, as partes mudarem de endereço e não o comunicarem ao juízo, reputar-se-ão eficazes as intimações enviadas ao local anteriormente indicado.

15.9.7. Da revelia do réu

Nos processos tradicionais, haverá revelia do réu que não apresentar contestação. Nos Juizados Especiais, além dessa, há outra causa de revelia: **o não comparecimento do réu a qualquer uma das audiências, tanto a de conciliação quanto a de instrução e julgamento**. É o que estabelece o art. 20 da Lei n. 9.099/95: "Não comparecendo o demandado à sessão de conciliação ou à audiência de instrução e julgamento, reputar-se-ão verdadeiros os fatos alegados no pedido inicial, salvo se o contrário resultar da convicção do juiz". Há necessidade de comparecimento pessoal, **não bastando que ele se faça representar por advogado, ainda que este tenha poderes para transigir**. O Enunciado n. 20 do Fórum Permanente não deixa dúvidas, ao qualificar de obrigatório o comparecimento das partes à audiência, podendo a pessoa jurídica fazer-se representar por preposto. Se o **autor não comparecer pessoalmente a qualquer das**

1 ▪ Dos Procedimentos Especiais de Jurisdição Contenciosa

audiências, o juiz extinguirá o processo sem resolução de mérito; e se o réu não comparecer, será considerado revel.

Mesmo que o réu tenha apresentado resposta, a sua ausência em qualquer das audiências implicará revelia.

Por isso, é indispensável que, ao ser citado, tome conhecimento das consequências do seu não comparecimento.

Também haverá revelia se, sendo a causa de valor superior a vinte salários mínimos, o réu não apresentar contestação, escrita ou oral, subscrita por advogado, o que deverá ser feito até a audiência de instrução e julgamento. Se a causa for de valor até vinte salários mínimos, não há necessidade de contestação por advogado, e o juiz, na audiência de instrução e julgamento, apenas ouvirá o réu, que poderá apresentar a sua versão dos fatos.

15.9.8. Da audiência de conciliação

É de grande importância no procedimento do juizado, **e ocupa uma posição de preeminência, sendo realizada logo no início do procedimento**. Assim que for apresentado pedido inicial na Secretaria do Juizado, será, por ela, designada a "sessão de conciliação", no prazo de quinze dias, dentro dos quais o réu deverá ser citado.

A conciliação é tentada, portanto, antes que o réu tenha oportunidade de oferecer resposta, e antes mesmo que o juiz tenha examinado a inicial.

A conciliação é um objetivo primordial do juizado. Por isso, manda o art. 21 da Lei n. 9.099/95 que, "aberta a sessão, o juiz togado ou leigo esclarecerá as partes presentes sobre as vantagens da conciliação, mostrando-lhes os riscos e as consequências do litígio, especialmente quanto ao disposto no § 3.º do art. 3.º desta Lei". Será essa a oportunidade de o autor ser advertido quanto à eventual renúncia de seu crédito, naquilo que exceder os limites de alçada do juizado.

Esse dispositivo evidencia a necessidade de que **haja um empenho do juiz em obter a conciliação**. Cabe-lhe, no contato com as partes, tentar o acordo, mostrando-lhes as vantagens que este trará, e as desvantagens que podem decorrer do prosseguimento do processo. **Mas esse empenho não pode ir ao ponto de levar o juiz a comprometer a sua imparcialidade, ou antecipar a sua convicção**.

Dada a importância da conciliação, a lei determina que haja o comparecimento pessoal das partes, não bastando o de procurador munido de poderes para conciliar. A Lei n. 13.994/2020, no entanto, passou a autorizar a conciliação não presencial conduzida pelo Juizado mediante o emprego dos recursos tecnológicos disponíveis de transmissão de sons e imagens em tempo real, devendo o resultado da tentativa de conciliação ser reduzido a escrito com os anexos pertinentes. A ausência do autor, ou a recusa em participar da conciliação não presencial, implicará a extinção do processo sem resolução de mérito, e a do réu, a revelia, caso em que o juiz togado proferirá sentença. Mas, se qualquer das partes comprovar a impossibilidade de comparecimento, o juiz designará nova data, já que as sanções mencionadas ficam reservadas para a hipótese de ausência injustificada. A pessoa jurídica pode ser representada por preposto, que compareça munido de carta de preposição.

Essa audiência poderá ser conduzida pelo juiz togado ou leigo ou por concilia-dor sob sua orientação. A atuação do conciliador pode ser muito proveitosa, já que ele poderá ficar mais à vontade para dar sugestões e mediar o acordo, pois não será ele que proferirá a sentença. O juiz, muitas vezes, pode sentir-se tolhido em insistir no acordo, ou sugerir propostas, temendo perder a imparcialidade. Por essa razão, o Enunciado n. 6 do Fórum Permanente considera dispensável a participação do juiz togado ou leigo na sessão de conciliação, que poderá ser conduzida integralmente pelo conciliador, sob a orientação deles.

No Juizado Federal, os representantes da União, autarquias, fundações públicas e empresas públicas têm legitimidade para conciliar e transigir. O mesmo em relação aos Estados e Municípios, no Juizado da Fazenda Pública.

Obtida a conciliação, será reduzida a termo e **homologada pelo juiz togado**, passando a valer como título executivo judicial.

As partes que não conciliarem poderão, no entanto, optar por juízo arbitral, que será examinado no item seguinte.

Nessa audiência, diversas situações podem ocorrer:

- se o réu não for citado, a audiência não se realizará;
- se o réu for citado, e não comparecer, o juiz togado o considerará revel, e proferirá sentença;
- se o autor não comparecer, extinguirá o processo sem resolução de mérito;
- se ambos comparecerem e houver acordo, o juiz togado o homologará;
- se ambos comparecerem e não houver acordo, poderá haver a opção pelo juízo arbitral;
- não havendo acordo nem opção pelo juízo arbitral, o processo seguirá na forma do art. 27 da lei, com a designação de audiência de instrução e julgamento, na qual o réu terá a oportunidade de oferecer resposta.

15.9.9. A opção pelo juízo arbitral

Estabelece o art. 24, *caput*, da Lei n. 9.099/95 que, "não obtida a conciliação, as partes poderão optar, de comum acordo, pelo juízo arbitral, na forma prevista nesta lei". **Trata-se de um juízo arbitral que seguirá procedimento próprio, previsto na Lei do Juizado, e não o procedimento da Lei de Arbitragem.**

Para que ele se viabilize, as partes escolherão um árbitro. A partir daí, considerar-se-á instaurado o juízo arbitral, independentemente de compromisso do árbitro.

Se ele não estiver presente na sessão de conciliação, o juiz designará data para a audiência de instrução, para a qual o convocará.

Caberá ao árbitro conduzir o processo com os mesmos critérios do juiz, tendo a mesma liberdade que a lei concede a este, seja para determinar as provas necessárias e valorá-las livremente, seja para julgar da forma que entender mais justa e equânime, atendendo aos fins sociais da lei e às exigências do bem comum. A decisão do árbitro pode ser proferida por equidade. Mas o laudo arbitral, que será apresentado ao término da instrução, ou no prazo de cinco dias subsequentes, **deverá ser homologado pelo juiz, por sentença irrecorrível**.

1 ◼ Dos Procedimentos Especiais de Jurisdição Contenciosa   631

15.9.10. Audiência de instrução e julgamento

Será designada caso não haja acordo entre as partes, nem opção pelo juízo arbitral. O art. 27 autoriza que seja realizada imediatamente após a de conciliação, desde que não haja prejuízo à defesa. **Mas raramente isso será possível, porque quase sempre haverá prejuízo ao réu,** que não pode ser compelido a apresentar a sua resposta na sessão de conciliação, nem a trazer as suas testemunhas. Tampouco o autor deverá trazê-las nessa audiência.

O mais provável é que o juiz designe outra data para a audiência de instrução e julgamento, nos quinze dias subsequentes à de conciliação. É nessa audiência que o réu terá oportunidade de oferecer a sua resposta, se já não o tiver feito. Nas causas de valor superior a vinte salários mínimos, apresentará contestação, por advogado, sob pena de revelia. **Nas de valor até vinte, se estiver desacompanhado de advogado, o juiz ouvirá a sua versão dos fatos.**

O comparecimento pessoal das partes é sempre indispensável, mesmo nessa audiência de instrução. A ausência do autor implicará a extinção do processo sem resolução de mérito, e a do réu, a revelia, **ainda que ele já tenha apresentado resposta.** Não basta o comparecimento do advogado.

No início da audiência, o juiz tentará mais uma vez a conciliação entre as partes. Não sendo possível, dará oportunidade de resposta ao réu. Depois, serão ouvidas as partes, colhida a prova e, em seguida, proferida a sentença. Todas as provas são produzidas em audiência, não havendo necessidade de que sejam previamente requeridas.

Nela, o juiz resolverá todos os incidentes, como os relativos à competência do Juizado, valor da causa, preliminares suscitadas na resposta do réu, provas necessárias para formar a sua convicção e diligências requeridas.

15.9.10.1. Resposta do réu

15.9.10.1.1. Contestação

A contestação é apresentada na audiência de instrução e julgamento, depois de ter sido tentada a conciliação. Pode ser oferecida por escrito ou verbalmente, **e deve veicular todas as defesas que o réu tenha a apresentar, já que também no Juizado Especial vigora o princípio da eventualidade.** É na contestação que o réu alegará preliminares, e toda a defesa de mérito que tiver. Há também o ônus da impugnação especificada dos fatos, sob pena de presunção de veracidade. Mas o juiz deverá considerá-la em consonância com os princípios reguladores do juizado, tolerando eventuais deficiências, sobretudo quando a defesa não seja oferecida por advogado.

Nas causas de valor até vinte salários mínimos, o réu poderá defender-se sem necessidade de advogado. Poderá fazê-lo por escrito, apresentando os argumentos que queira antepor à pretensão inicial; ou oralmente. **Se oferecida verbalmente, pode ficar registrada apenas em fita magnética ou equivalente** (art. 13, § 3.º, da Lei n. 9.099/95). É essencial que haja algum registro, porque pode haver recurso, o que tornará necessário que o Colégio Recursal tenha conhecimento da versão do réu.

Se o valor da causa for superior a esse montante, a contestação terá de ser oferecida por advogado.

632 Direito Processual Civil Esquematizado   *Marcus Vinicius Rios Gonçalves*

15.9.10.1.1.1. Pedido contraposto

Uma das características dos procedimentos do juizado especial é que ao réu será dado formular, na contestação, **pedido contraposto, desde que o seu valor não ultrapasse os quarenta salários mínimos ou, ultrapassando, haja renúncia quanto ao excesso**. É indispensável que a matéria suscitada não seja daquelas excluídas da competência do Juizado. O pedido contraposto **deve estar fundado nos mesmos fatos em que se baseia o pedido inicial**.

Se o valor inicial da causa for de até vinte salários mínimos, **e o réu oferecer pedido contraposto de valor superior, será necessária a intervenção de advogado**.

Apresentada contestação com pedido contraposto, o autor poderá impugná-lo na própria audiência de instrução e julgamento. Mas pode requerer nova data, para ter prazo para oferecer resposta, sobretudo quando forem trazidos fatos ou documentos novos, já que ele não poderá ser instado a defender-se de pronto, sem um prazo para coletar outras informações ou provas.

De acordo com o art. 17, parágrafo único, da Lei n. 9.099/95, "havendo pedidos contrapostos, poderá ser dispensada a contestação formal". Mas isso se, ao apresentar o pedido contraposto, o réu se opuser aos fatos narrados na inicial.

Havendo desistência ou extinção da ação originária, fica prejudicado o pedido contraposto (Enunciado n. 173 do FONAJE).

15.9.10.1.2. Outras formas de resposta

Não cabe reconvenção, uma vez que eventuais pretensões do réu deverão ser objeto de pedido contraposto. **As arguições de suspeição e impedimento são admissíveis, devendo observar o procedimento do CPC**. A incompetência deve ser arguida na própria contestação.

15.9.10.2. Colheita de provas

Todos os meios de prova são admissíveis, como estabelece o art. 32 da Lei n. 9.099/95. No entanto, há certas peculiaridades que merecem exame:

■ **Não há necessidade de requerimento prévio de provas**. Nos procedimentos do CPC, conquanto as provas possam ser determinadas pelo juiz de ofício (art. 370 do CPC), as partes que as desejam produzir devem requerê-las com antecedência. Se pretendem ouvir testemunhas, devem arrolá-las no prazo, e, se pretendem perícia, devem solicitá-la ao juiz, seja na inicial ou contestação, seja quando instadas a especificar provas.

No juizado especial, o juiz também tem poderes de determinar provas de ofício. O art. 5.º da Lei dispõe: "O juiz dirigirá o processo com liberdade para determinar as provas a serem produzidas, para apreciá-las e para dar especial valor às regras de experiência comum ou técnica". Mas as partes que queiram produzir provas devem requerê-las na audiência de instrução e julgamento, quando o juiz deliberará sobre quais são pertinentes, indeferindo as que não o forem.

■ A prova documental pode ser trazida pelas partes, com a inicial ou com a resposta. **Não há óbice a que sejam juntados novos documentos no curso do processo**.

1 ■ Dos Procedimentos Especiais de Jurisdição Contenciosa 633

■ Na audiência, **o juiz pode ouvir as partes, se necessário**. Cada parte pode trazer até **três testemunhas, independentemente de arrolamento prévio ou intimação**. Se for necessária a intimação, a parte pode requerê-la à Secretaria do Juizado. Mas só se necessário, pois do contrário a própria parte trará a testemunha. Aquela que, intimada, não comparecer, poderá ser conduzida coercitivamente para a audiência. Se possível, a condução será feita de imediato; se impossível, o juiz designará nova data.

A colheita da prova será feita informalmente, sendo desnecessário cumprir as formalidades do CPC, e respeitar a ordem do art. 361. O registro dos depoimentos será feito em fita magnética, vídeo ou outro meio equivalente, mas não será reduzido a escrito. O art. 36 da Lei n. 9.099/95 dispõe: "A prova oral não será reduzida a escrito, devendo a sentença referir, no essencial, os informes trazidos nos depoimentos".

■ Não se admite a prova pericial no Juizado Especial Cível. Esse tipo de prova é sempre demorada, o que a torna incompatível com a celeridade que se espera. Havendo necessidade de prova técnica complexa, o juizado será incompetente para o julgamento do processo, que será extinto sem resolução de mérito.

No entanto, há soluções alternativas, mais consentâneas com a informalidade e celeridade que se exige dos juizados, tanto nos estaduais como nos federais.

No Especial Cível, se houver questões técnicas a serem dirimidas, o juiz pode ouvir um técnico de sua confiança, permitindo-se às partes a apresentação de parecer técnico. O juiz deliberará sobre a necessidade dessa prova na própria audiência de instrução. Se decidir pela pertinência, nomeará o técnico, que, se possível, será ouvido de imediato. Caso isso não seja possível, pela impossibilidade de trazer o técnico, ou pela necessidade de que ele se inteire dos fatos, o juiz designará para data próxima audiência em continuação.

Na audiência, as partes podem fazer perguntas, fazer comentários sobre as informações técnicas e pedir novos esclarecimentos. Além disso, podem trazer pareceres, sobre os quais será ouvida a parte contrária, e, eventualmente, o técnico de confiança do juiz.

No Juizado Federal e no da Fazenda Pública, o juiz nomeará, se for preciso, para realizar exame técnico necessário à conciliação ou ao julgamento da causa, pessoa habilitada, que apresentará laudo até cinco dias antes da audiência, independentemente de intimação das partes (art. 12, *caput*, da Lei n. 10.259/2001 e art. 10 da Lei n. 12.153/2009).

■ O juiz ainda pode, de ofício ou a requerimento das partes, realizar inspeção em pessoas ou coisas, ou determinar que pessoa de sua confiança o faça (art. 35, parágrafo único, da Lei n. 9.099/95).

■ **A instrução será conduzida por juiz togado, ou por juiz leigo, sob orientação daquele.**

15.9.10.3. *Sentença*

Concluída a instrução, o juiz proferirá a sentença. Não há previsão legal para que se façam debates, ou para que as partes apresentem alegações finais.

Se possível, o juiz a proferirá na própria audiência de instrução e julgamento. Mas, se não se sentir habilitado, **pode proferi-la no prazo de trinta dias, nos termos do art. 226, III, do CPC**.

Também no Juizado, as sentenças podem ser de extinção sem ou com resolução de mérito. As primeiras podem ser proferidas a qualquer momento no curso do processo, depois de tentada a conciliação, pois o juiz só examinará a petição inicial depois que ela for tentada, na audiência inicial. **As de mérito, somente na audiência de instrução e julgamento, depois que o réu tiver oportunidade de oferecer resposta**. Há, no entanto, uma hipótese em que ele poderá proferir sentença de mérito antes da resposta do réu, logo depois de tentada a conciliação: quando presentes as hipóteses do art. 332, I a IV e § 1.º, do CPC, que tratam da improcedência liminar do pedido e **se aplicam, supletivamente, aos juizados especiais**.

Do ponto de vista formal, há algumas peculiaridades na sentença: não há necessidade de relatório, bastando que o juiz faça um breve resumo dos fatos relevantes da audiência, referindo-se, no essencial, aos informes trazidos nos depoimentos. **Mas a fundamentação é indispensável, já que a Constituição Federal a exige em todas as decisões judiciais**. Nos termos do Enunciado n. 46 do Fórum Permanente, ela poderá ser proferida oralmente e registrada por qualquer meio, eletrônico ou digital, constando da ata apenas o dispositivo. Parece-nos que também ao Juizado Especial deva-se aplicar o art. 489, § 1.º, do CPC, que trata das hipóteses em que a sentença não se considerará fundamentada (nesse sentido o Enunciado n. 37 da I Jornada de Direito Processual Civil da Justiça Federal). Em sentido contrário, porém, a Súmula 47 da ENFAM, que dispõe: "O art. 489 do CPC/2015 não se aplica ao sistema de juizados especiais". No mesmo sentido, o Enunciado n. 162 do FONAJE: "Não se aplica ao Sistema dos Juizados Especiais a regra do art. 489 do CPC/2015 diante da expressa previsão contida no art. 38, *caput*, da Lei n. 9.099/95".

A sentença pode ser declaratória, constitutiva ou condenatória. Quando tiver por objeto obrigação de fazer ou não fazer, ou de entregar coisa, será mandamental, conforme art. 52, V, da Lei n. 9.099/95.

Um aspecto fundamental dos julgamentos é que **não estão vinculados ao princípio da legalidade estrita**: "O juiz adotará em cada caso a decisão que reputar mais justa e equânime, atendendo aos fins sociais da lei e às exigências do bem comum" (art. 6.º da Lei n. 9.099/95). **Portanto, o juiz pode julgar por equidade**. Mas isso não afasta a necessidade de que justifique a sua decisão, que deverá basear-se nos fatos trazidos pelas partes, sob pena de ser *extra petita*.

Tal poder, atribuído ao juiz, coaduna-se com a informalidade do juizado e com o anseio de uma solução rápida e eficaz.

Por essa mesma razão, **as sentenças haverão de ser sempre líquidas**, uma vez que não se admite nenhum tipo de liquidação no juizado especial, nem por arbitramento, nem de procedimento comum. Por isso, ainda que na inicial o autor formule pedido genérico, o juiz na sentença determinará o valor da condenação, que deve ser apurável de plano, por meros cálculos aritméticos.

O valor da condenação deve ficar sempre restrito aos limites do Juizado (art. 39), **sendo ineficaz aquilo que ultrapassar esse montante**. Se a sentença for homologatória de acordo, não há limites no Juizado Cível. No Federal e no da Fazenda Pública, até os acordos devem respeitar os limites da lei.

1 ■ Dos Procedimentos Especiais de Jurisdição Contenciosa   635

Não haverá remessa necessária das sentenças proferidas no Juizado Especial, mesmo que contra a Fazenda Pública da União, Estados e Municípios.

15.9.11. Coisa julgada material

Não há peculiaridades no que concerne à coisa julgada material. As sentenças de mérito, quando não mais suscetíveis de recurso, não podem mais ser discutidas, no mesmo processo (coisa julgada formal), ou em qualquer outro (coisa julgada material). Mas as de extinção sem resolução de mérito só ficam sujeitas à coisa julgada formal.

A informalidade e simplicidade do processo não afastam a coisa julgada material: **a cognição no juizado é exauriente, e as sentenças de mérito são definitivas**.

Não cabe ação rescisória nas causas sujeitas ao procedimento da Lei do Juizado Especial Cível (art. 59 da Lei n. 9.099/95).

15.9.12. Recursos

15.9.12.1. Recurso contra sentença (recurso inominado)

Contra a sentença caberá um recurso, para o qual a lei não deu nome, mas que guarda semelhança com a apelação. **Ele será sempre escrito, e deverá, seja qual for o valor da causa, ser subscrito por advogado**. Nos Juizados Cíveis e da Fazenda Pública, o recurso é admissível tanto contra a sentença definitiva (de mérito) como contra a extintiva. Já no Juizado Federal, só contra a sentença definitiva, nos termos do art. 5.º da Lei n. 10.259/2001: "Exceto nos casos do art. 4.º, somente será admitido recurso de sentença definitiva".

Contra a sentença homologatória de acordo ou de laudo arbitral não cabe recurso.

A competência para examiná-lo será do Colégio Recursal, órgão composto por três juízes togados, em exercício no primeiro grau de jurisdição, reunidos na sede do Juizado (dadas as particularidades do Juizado, não há como aplicar, por analogia, ao julgamento do recurso interposto contra a sentença, a técnica estabelecida no art. 942 do CPC). Não há ofensa ao princípio do duplo grau de jurisdição, porque o recurso é examinado por órgão distinto daquele que proferiu o julgamento.

O prazo para interposição não coincide com o da apelação no processo comum: **são dez dias, contados da data em que as partes tomam ciência da sentença**. Se esta for proferida na própria audiência, as partes saem intimadas; do contrário, haverá necessidade de intimação.

Há preparo, que deverá incluir o valor das custas iniciais, não recolhidas quando da propositura da ação, mais o preparo propriamente dito. O valor deverá ser indicado pelas leis de custas estaduais. Não há necessidade de que o recolhimento seja comprovado no momento da interposição do recurso, pois o art. 42, § 1.º, da Lei n. 9.099/95, **determina o recolhimento nas 48 horas seguintes à interposição, independentemente de nova intimação** (diante da existência de regra própria, não se aplica o disposto no art. 1.007 do CPC. Nesse sentido, o Enunciado n. 168 do FONAJE).

A falta de preparo implicará deserção. Apresentado o recurso, a parte contrária será intimada para oferecer contrarrazões, o que só poderá ser feito por advogado.

O recurso não tem efeito suspensivo. No entanto, em situações excepcionais, quando o juiz verificar que do cumprimento imediato da sentença pode resultar perigo de prejuízo irreparável ou de difícil reparação, **pode concedê-lo excepcionalmente**. Afora isso, o autor poderá promover a execução provisória da condenação.

Se necessário, pode a parte requerer a transcrição da gravação da fita magnética dos atos realizados, correndo por sua conta as custas correspondentes.

O julgamento, para o qual as partes serão intimadas, será feito na forma do art. 46 da Lei n. 9.099/95: "O julgamento em segunda instância constará apenas da ata, com a indicação suficiente do processo, fundamentação sucinta e parte dispositiva. Se a sentença for confirmada pelos próprios fundamentos, a súmula do julgamento servirá de acórdão".

De acordo com os Enunciados n. 102 e 103 do Fórum Permanente, o relator do recurso, nas turmas recursais, poderá valer-se do art. 932, III, IV e V, do CPC, isto é, em decisão unilateral, não conhecer de recurso inadmissível, prejudicado ou que não tenha impugnado especificamente os fundamentos da decisão recorrida; negar provimento a recurso contrário a súmula do Supremo Tribunal Federal, do Superior Tribunal de Justiça ou do próprio tribunal; a acórdão proferido pelo Supremo Tribunal Federal ou Superior Tribunal de Justiça em julgamento de recursos repetitivos ou a entendimento firmado em incidente de resolução de demandas repetitivas ou de assunção de competência; e, finalmente, dar provimento a recurso se a decisão recorrida for contrária a súmula do Supremo Tribunal Federal, do Superior Tribunal de Justiça ou do próprio tribunal, a acórdão proferido pelo Supremo Tribunal Federal ou Superior Tribunal de Justiça em julgamento de recursos repetitivos ou a entendimento firmado em incidente de resolução de demandas repetitivas ou de assunção de competência. Nesses casos, o prejudicado poderá apresentar agravo interno, no prazo de quinze dias, para a turma julgadora.

Diante da falta de previsão expressa, **não se admite recurso adesivo nos juizados especiais, conforme Enunciado n. 88 do Fórum Permanente**.

15.9.12.2. *Agravo de instrumento*

Não há previsão legal de agravo de instrumento contra as decisões interlocutórias no Juizado Especial Cível. As decisões proferidas no curso do processo são irrecorríveis. Em contrapartida, elas **não precluem**, o que significa que poderão ser rediscutidas, após a sentença, por meio do recurso contra ela interposto. Por isso, no recurso inominado contra a sentença, a parte prejudicada pode rediscutir não só aquilo que foi nela apreciado, como tudo que ficou decidido no processo, já que as decisões anteriores à sentença, sendo irrecorríveis, não terão ficado preclusas.

No entanto, apesar da falta de previsão, tem-se admitido o agravo de instrumento contra as decisões que apreciam as tutelas provisórias no Juizado Especial, pois a situação de urgência exige que, de imediato, o Colégio Recursal possa reexaminar o que foi decidido. Não seria razoável que só se pudesse recorrer contra decisões relativas à tutela provisória depois de proferida sentença. Além disso, cabe agravo interno contra as decisões unilaterais do relator, e agravo em recurso extraordinário.

1 ■ Dos Procedimentos Especiais de Jurisdição Contenciosa

Nos casos de urgência, o Colégio Recursal poderá atribuir efeito suspensivo ou ativo ao recurso inominado.

15.9.12.3. Embargos de declaração

Foram expressamente previstos, no art. 48 da Lei n. 9.099/95. Diferentemente daqueles interpostos nos processos tradicionais, **só cabem contra sentenças e acórdãos, não contra decisões interlocutórias**. As hipóteses de cabimento são as mesmas previstas no CPC: quando a sentença ou acórdão padecer dos vícios da obscuridade, contradição ou omissão, ou, ainda, quando contiver erro material.

O prazo também é o mesmo: **cinco dias**. Tal como ocorre no CPC, a interposição dos embargos de declaração interrompe o prazo para a interposição de outros recursos. Na redação originária da Lei n. 9.099/95, ela apenas suspendia esse prazo, mas o art. 1.065 do CPC alterou a redação do art. 50 da referida Lei.

Os embargos de declaração poderão ser **opostos oralmente**, o que, em regra, ocorre quando a sentença for proferida na própria audiência.

Quando a sentença ou acórdão contiverem apenas erros materiais, a correção poderá ser feita de ofício, independentemente de embargos de declaração, aplicando-se supletivamente o art. 494, I, do CPC.

15.9.12.4. Recurso especial e extraordinário

Não se admite recurso especial no juizado especial cível. O seu cabimento está restrito às hipóteses do art. 105, III, da CF, que exige, como condição *sine qua non*, que a decisão recorrida **tenha sido proferida em única ou última instância por Tribunal Regional Federal ou pelos Tribunais dos Estados ou do Distrito Federal e Territórios**. Ora, o acórdão, no juizado especial cível não é proferido por tribunal, mas pelos colégios recursais.

O mesmo não ocorre com os recursos extraordinários, já que o art. 102, III, da CF os admite contra **as causas decididas em única ou última instância**, não havendo necessidade de que seja por tribunal. Ora, as decisões do colégio recursal são de última instância, o que os torna admissíveis.

A Súmula 640 do STF afasta qualquer dúvida: "É cabível recurso extraordinário contra decisão proferida por juiz de primeiro grau nas causas de alçada, ou por turma recursal de juizado especial cível ou criminal".

15.9.13. A execução nos juizados especiais cíveis

A Lei n. 9.099/95 regula o procedimento das execuções e cumprimentos das sentenças proferidas no âmbito do juizado especial.

O art. 52 trata do cumprimento das sentenças proferidas no próprio juizado, isto é, das execuções fundadas em título judicial; e o art. 53, das execuções por título extrajudicial.

Em ambos os casos, pode-se dizer que a Lei n. 9.099/95 estabelece um regime próprio de execução, com numerosas peculiaridades. O regime do CPC, tanto para o

638   Direito Processual Civil Esquematizado   *Marcus Vinicius Rios Gonçalves*

cumprimento de sentença quanto para a execução por título extrajudicial, aplica-se supletivamente.

15.9.13.1. Cumprimento de sentença

Cumpre ao próprio Juizado Especial promover o cumprimento das sentenças por ele proferidas, observado o disposto no art. 52 da Lei e, supletivamente, o regime do CPC. Conquanto a Lei n. 9.099/95 seja muito anterior à Lei n. 11.232/2005 que, alterando a execução fundada em título judicial, passou a considerá-la apenas fase de cumprimento de sentença, sendo desnecessária nova citação, **já no Juizado Especial a execução de sentença não constituía um novo processo, mas tão-somente uma fase subsequente à cognitiva**. É o que se conclui da leitura do art. 52, § 4.º, da lei: "não cumprida voluntariamente a sentença transitada em julgado, e tendo havido solicitação do interessado, que poderá ser verbal, proceder-se-á desde logo à execução, dispensada nova citação".

O sistema de cumprimento de sentença no Juizado, conquanto tenha algumas peculiaridades, está em harmonia com o do CPC, pois em ambos não haverá um processo de execução, mas apenas uma fase de cumprimento de sentença.

O art. 523, § 1.º, do CPC prevê uma multa de 10% do débito, caso a obrigação de pagar não seja satisfeita no prazo de 15 dias. Embora não haja previsão de multa no regime do Juizado, o CPC aplica-se supletivamente. De acordo com o Enunciado n. 97 do Fórum Permanente, o devedor deverá fazer o pagamento do débito no prazo de 15 dias, sob pena de multa de 10%, ainda que com isso **o valor da execução ultrapasse os 40 salários mínimos**. No entanto, não haverá a fixação dos honorários advocatícios de 10% do débito, previstos no art. 523, § 1.º, segunda parte. Caso tenha dificuldades para efetuar o pagamento diretamente ao credor, ou este se recuse a recebê-lo, o devedor que queira eximir-se da multa deve depositá-lo no juízo de origem, mesmo que o processo ainda esteja em instância recursal.

Ultrapassado o prazo de quinze dias, o credor poderá, **ainda que oralmente**, requerer o início da execução, caso em que será expedido mandado de penhora, avaliação e intimação do executado. Ele se considerará intimado desde que o mandado seja entregue em seu endereço, o que será certificado circunstanciadamente, nos termos do Enunciado n. 38 do Fórum Permanente.

As principais peculiaridades do cumprimento de sentença, nos Juizados Especiais, são as seguintes:

■ O juiz poderá designar audiência de tentativa de conciliação, quando verificar que há possibilidade de acordo entre as partes (Enunciado n. 71 do Fórum Permanente). Ela não é obrigatória, e dependerá das circunstâncias do caso concreto, e da disposição manifestada pelas partes para uma eventual conciliação.

■ O mecanismo de defesa do devedor continua sendo os embargos, apresentados no prazo de quinze dias, a contar da intimação da penhora. É o que estabelece o Enunciado n. 142 do Fórum Permanente. **Não se aplica ao Juizado o art. 525 que autoriza o devedor a defender-se por meio de impugnação**. A defesa

1 ■ Dos Procedimentos Especiais de Jurisdição Contenciosa

será feita por embargos, que têm natureza de ação autônoma, e que serão julgados por sentença contra a qual o recurso cabível é o inominado, e não agravo de instrumento.

■ A cognição nos embargos é, no plano da extensão, limitada, isto é, o devedor só poderá defender-se alegando as matérias previstas no art. 52, IX, da Lei n. 9.099/95: falta ou nulidade de citação no processo, se ele correu à revelia; manifesto excesso de execução; erro de cálculo ou causa impeditiva, modificativa ou extintiva da obrigação, superveniente à sentença. Esse dispositivo prevalece sobre o art. 525, § 1.º, do CPC, nos termos do Enunciado n. 121 do Fórum Permanente.

■ A penhora é condição dos embargos, embora o CPC não mais a exija. Isso porque a Lei n. 9.099/95 contém dispositivo próprio, que continua a exigir a prévia penhora. Por isso, admitem-se, verificadas as hipóteses de cabimento, as objeções e exceções de pré-executividade.

■ Os embargos à execução poderão ser decididos por juiz leigo, observado o disposto no art. 40 da Lei n. 9.099/95 (Enunciado n. 52 do Fórum Permanente).

Com relação à fase expropriatória, aplica-se supletivamente o CPC. Se a execução for de obrigação de fazer ou não fazer, aplicar-se-á o disposto no art. 52, V, da Lei n. 9.099/95, e o juiz fixará multa diária para o caso de descumprimento da obrigação.

Nos Juizados Federais e da Fazenda Pública, a execução é especial e segue o procedimento do art. 17 da Lei n. 10.259/2001 e do art. 13 da Lei n. 12.153/2009.

15.9.13.2. *Execução por título extrajudicial*

Tem cabimento quando o valor do título for de até quarenta salários mínimos. O regime é o do art. 53 da Lei n. 9.099/95, aplicando-se supletivamente o CPC. O devedor é citado para pagar no prazo de três dias, sob pena de expedição de mandado de penhora e avaliação. As peculiaridades em relação à execução por título extrajudicial previstas no CPC são as seguintes:

■ O prazo para embargos não correrá a partir da citação, **mas a partir da intimação da penhora, que continua sendo indispensável para que eles possam ser apresentados**. O Enunciado n. 117 do Fórum Permanente e o art. 53, § 1.º, da Lei não deixam dúvidas de que, tanto na execução por título judicial quanto na por título extrajudicial, os embargos exigem a prévia segurança do juízo pela penhora.

■ Feita a penhora, é indispensável a designação de audiência de tentativa de conciliação. **Mas somente depois da penhora, e é nela que o devedor terá a oportunidade de, querendo, oferecer embargos**. Eles são oferecidos na audiência de conciliação, caso o acordo não saia, por escrito ou verbalmente, nos termos do art. 52, § 1.º, da Lei n. 9.099/95; não há limitação de matérias alegáveis.

■ Nessa audiência, o juiz buscará o meio mais rápido e eficaz para a solução do litígio, **dispensando, se possível, a alienação judicial**. Deve o conciliador propor, entre outras medidas cabíveis, o pagamento do débito a prazo ou a prestação, a dação em pagamento ou imediata adjudicação do bem penhorado (art. 53, § 2.º).

■ Caso não haja acordo, nem sejam apresentados embargos, ou eles sejam julgados improcedentes, qualquer das partes poderá requerer ao juiz uma das alternativas mencionadas no item anterior.

■ **Caso o executado não seja localizado ou não existam bens penhoráveis, o processo será imediatamente extinto, devolvendo-se os documentos ao autor**. Não se admite a citação por edital, nem a suspensão do processo por tempo indeterminado, até que o executado venha a adquirir bens. Nada impede que a execução volte a ser proposta, no Juizado Especial, caso o devedor apareça, ou sejam localizados bens.

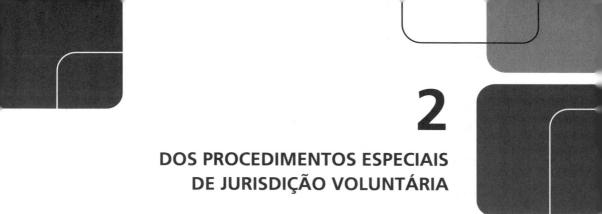

2
DOS PROCEDIMENTOS ESPECIAIS DE JURISDIÇÃO VOLUNTÁRIA

1. INTRODUÇÃO

O Título III do Livro I da Parte Especial do CPC trata, nos capítulos I a XIV, dos procedimentos especiais de jurisdição contenciosa, e, no capítulo XV, dos procedimentos especiais de jurisdição voluntária. Neste capítulo, serão examinadas a natureza e as principais características da jurisdição voluntária.

2. NATUREZA

A questão mais discutida a respeito da jurisdição voluntária é a da sua natureza, pois forte corrente doutrinária nega-lhe a qualidade de jurisdição, atribuindo-lhe a condição **de administração pública de interesses privados, cometida ao Poder Judiciário**. Pode-se dizer que tem prevalecido, entre nós, a corrente administrativista, que pressupõe que nesse tipo de jurisdição, o juiz não é chamado a solucionar um conflito de interesses.

Apesar disso, **mais modernamente, a tendência tem sido por considerá-la como verdadeira jurisdição**, entre outras razões, porque:

- administração é tutela de interesse público, e jurisdição voluntária, de interesse privado;
- também na jurisdição voluntária, em regra, **há uma situação conflituosa**, capaz de gerar insatisfação, que será solucionada pelo Judiciário. É verdade que nem sempre há interesses contrapostos, embora muitas vezes haja. Entre os casos de jurisdição voluntária, há aqueles em que o conflito é mais evidente, como no de alienação judicial da coisa comum, quando um dos condôminos quer extinguir o condomínio e outro não. Há casos em que não há propriamente litígio, como na separação consensual. Mas, mesmo nessa hipótese, **há insatisfação com uma situação, ou estado, que só pode ser resolvida com a intervenção do Judiciário**. Ainda que não haja confronto quanto ao desejo de separação, esta teve origem em uma divergência, uma situação de insatisfação dos cônjuges.

3. DISTINÇÕES ENTRE JURISDIÇÃO VOLUNTÁRIA E CONTENCIOSA

Apesar de a jurisdição voluntária poder ser considerada jurisdição, não há como confundi-la com a contenciosa. Entre as principais diferenças, podem ser apontadas:

642 Direito Processual Civil Esquematizado   *Marcus Vinicius Rios Gonçalves*

■ ela não serve para que o juiz diga quem tem razão, como nos processos de conhecimento de jurisdição contenciosa, **mas para que tome determinadas providências necessárias para a proteção de um ou de ambos os sujeitos da relação processual**;

■ na contenciosa, busca-se obter uma determinação que obrigue a parte contrária; na voluntária, **uma situação que valha para o próprio autor**. Ou seja, na primeira, a sentença que favorece uma das partes é dada em detrimento da outra; na segunda, é possível que beneficie ambas;

■ na contenciosa, o juiz resolve uma situação de confronto; na voluntária, uma situação conflituosa, cuja solução exige uma alteração das circunstâncias que só pode ser propiciada pelo Judiciário.

4. CARACTERÍSTICAS DA JURISDIÇÃO VOLUNTÁRIA

A jurisdição voluntária tem peculiaridades que merecem exame. São elas:

■ **não é apropriado falar em "partes"**, como nos processos de jurisdição contenciosa, mas em "interessados", pois conquanto pressuponha uma situação conflituosa, nem sempre exige que os litigantes estejam em confronto. Nem sempre a sentença que favorece um deles prejudica o outro, sendo possível que favoreça a ambos. O termo **"interessados"** exprime melhor a condição daqueles que vão a juízo, nos processos de jurisdição voluntária;

■ o procedimento, como regra geral, é mais sumário que o dos processos de jurisdição contenciosa;

■ o princípio da demanda é mitigado, pois o juiz pode, em muitos casos, **dar início aos processos de ofício**, como na abertura e cumprimento de testamentos e arrecadação de herança jacente;

■ **não se aplica o critério da legalidade estrita**, como estabelece o art. 723, parágrafo único, do CPC: "O juiz não é obrigado a observar o critério da legalidade estrita, podendo adotar em cada caso a solução que considerar mais conveniente ou oportuna";

■ **as sentenças definitivas não se revestem da autoridade da coisa julgada material**, como nos processos de jurisdição contenciosa, e podem ser modificadas se ocorrerem circunstâncias supervenientes que o justifique. A razão é que inexistem interesses contrapostos. Mas as modificações são condicionadas a circunstâncias supervenientes, que alterem o *status quo* em que a sentença originária foi proferida. Por exemplo: se alguém é interditado e comprova, posteriormente, que não é mais incapaz, poderá postular o levantamento da interdição. Mas, para tanto, é preciso que demonstre que não estão mais presentes as circunstâncias originais. No CPC de 1973, havia um dispositivo expresso, a respeito da inexistência da coisa julgada material nos procedimentos de jurisdição voluntária (art. 1.111), que não foi repetido no CPC atual. Isso poderia levar à conclusão de que, na nova lei, a coisa julgada material alcançaria até mesmo a jurisdição voluntária. Mas não nos parece que seja assim. Dada a sua natureza, as sentenças proferidas continuam não fazendo coisa julgada material, podendo haver alteração, se novas circunstâncias fáticas sobre-

2 ■ Dos Procedimentos Especiais de Jurisdição Voluntária

vierem. A questão, porém, não é pacífica, havendo forte corrente doutrinária que tem sustentado que, diante da omissão da lei, deve prevalecer a regra geral de que, havendo sentença de mérito, haverá coisa julgada material, mesmo no âmbito da jurisdição voluntária.

5. REGRAS GERAIS DO PROCEDIMENTO

O CPC, nos arts. 720 a 724, formula algumas regras gerais de procedimento, relativas à jurisdição voluntária. Elas serão aplicáveis, desde que não haja norma especial em contrário, pois, nos capítulos subsequentes, há previsão de alguns procedimentos específicos, com peculiaridades que devem ser observadas. Na ausência de tais disposições, prevalecem as regras gerais, que serão examinadas sucintamente.

5.1. LEGITIMIDADE

Em regra, o processo origina-se por iniciativa da parte. Mas há procedimentos que podem ser desencadeados pelo Ministério Público (interdição, por exemplo) ou **de ofício pelo juiz** (abertura e cumprimento de testamento e arrecadação de herança jacente, bens de ausentes ou coisas vagas).

5.2. PETIÇÃO INICIAL E CITAÇÃO

A inicial deve observar os requisitos do art. 319 do CPC e indicar com clareza a pretensão do autor e os fundamentos de fato e direito em que está fundada. **O valor da causa é indispensável** e deve corresponder ao conteúdo econômico da pretensão.

A citação será feita pelos meios comuns, previstos no CPC, e deverá abranger todos os interessados (CPC, art. 721).

As custas e despesas processuais são adiantadas pelo autor, mas rateadas entre os interessados (art. 88 do CPC).

5.3. INTERVENÇÃO DO MINISTÉRIO PÚBLICO

O Ministério Público não intervirá em todos os procedimentos de jurisdição voluntária, mas apenas naqueles em que estiverem presentes as hipóteses do art. 178 do CPC. Caso isso ocorra, ele será intimado a manifestar-se no prazo de 15 dias.

5.4. RESPOSTA

O réu interessado será citado para apresentar resposta no prazo de **quinze dias** (aplicáveis os arts. 180, 183 e 229 do CPC).

Não se pode, apropriadamente, denominar a resposta do réu como contestação, uma vez que não há interesses contrapostos. O réu apresentará sua manifestação, na qual poderá impugnar a pretensão inicial, e apresentar a sua versão dos fatos. Nessa resposta, pode arguir qualquer das preliminares do art. 337 do CPC, salvo a convenção de arbitragem, que não é admissível no regime da jurisdição voluntária. O acolhimento das preliminares pode implicar a extinção do processo, sem resolução de mérito.

644 Direito Processual Civil Esquematizado   *Marcus Vinicius Rios Gonçalves*

Além das preliminares, o réu pode discutir a pretensão do autor. A falta de resposta implica revelia, mas o seu principal efeito — o de presumir verdadeiros os fatos narrados na inicial — **fica atenuado, diante da adoção do princípio que dispensa a observância da legalidade estrita**.

Não cabe reconvenção, que pressuporia um confronto de interesses, que não existe.

5.5. INSTRUÇÃO E SENTENÇA

O procedimento é concentrado: oferecida a resposta, e ouvido o autor sobre preliminares suscitadas ou documentos novos, o juiz determinará as provas necessárias, de ofício ou a requerimento das partes, podendo designar audiência de instrução e julgamento se necessário.

Em seguida, proferirá sentença, na própria audiência ou no prazo de dez dias. A sentença não tem particularidades estruturais, devendo conter relatório, fundamentação e dispositivo. O que pode ser peculiar é o seu conteúdo, já que o juiz **não precisa se ater à legalidade estrita**, podendo dar ao caso a solução que repute mais conveniente, ainda que não corresponda à previsão legal.

Além disso, a sentença não faz coisa julgada material, podendo ser revista a qualquer tempo, desde que se tenham alterado as circunstâncias originárias.

5.6. RECURSOS

Não há peculiaridades concernentes aos recursos, nos procedimentos de jurisdição voluntária. Contra decisões interlocutórias, poderá caber agravo de instrumento, desde que presentes as hipóteses do art. 1.015 do CPC; contra a sentença, apelação. Qualquer interessado poderá valer-se dos embargos de declaração para suprir omissões, contradições ou obscuridades, ou para corrigir erro material. Também não há especificidades em relação aos demais recursos.

6. PEDIDOS QUE OBEDECEM AO PROCEDIMENTO EXAMINADO NOS ITENS ANTERIORES (5.1 A 5.6)

O art. 725 contém um rol de pedidos que obedecem ao procedimento geral de jurisdição voluntária, examinado nos itens seguintes. São eles: a emancipação; sub-rogação; alienação, arrendamento ou oneração de bens de crianças e adolescentes, de órfãos e de interditos; alienação, locação e administração de coisa comum; alienação de quinhão de coisa comum, a extinção de usufruto, quando não decorrer da morte do usufrutuário, do termo da sua duração ou da consolidação e do fideicomisso, quando decorrer de renúncia ou quando ocorrer antes do evento que caracteriza a condição resolutória, a expedição de alvará judicial e a homologação de autocomposição extrajudicial, de qualquer natureza ou valor.

Esse rol não é taxativo, havendo outros exemplos, que obedecem ao procedimento geral, examinado nos itens anteriores. Podem ser citados o suprimento judicial de outorga uxória (CPC, art. 74) e o suprimento do consentimento para casamento (CC, art. 1.519).

2 ■ Dos Procedimentos Especiais de Jurisdição Voluntária

A alienação judicial de bens comuns obedece ao procedimento geral, até a sentença que determina a alienação. Mas a fase subsequente, em que o bem é avaliado e alienado, deve observar, no que couber, o procedimento dos arts. 879 a 903 do CPC.

7. TRÊS PROCEDIMENTOS ESPECÍFICOS DE JURISDIÇÃO VOLUNTÁRIA

Os limites, a extensão e sobretudo a finalidade desta obra, que visa apresentar ao leitor os aspectos mais relevantes do processo civil, preparando-o para os concursos públicos em geral, não permitem examinar todos os procedimentos de jurisdição voluntária. Foi visto o procedimento geral, e serão examinados dois específicos, por serem mais relevantes e frequentes: os da separação, divórcio e extinção de união estável consensuais e da interdição.

7.1. DIVÓRCIO E SEPARAÇÃO CONSENSUAIS, EXTINÇÃO CONSENSUAL DE UNIÃO ESTÁVEL E ALTERAÇÃO DO REGIME DE BENS DO MATRIMÔNIO

7.1.1. Introdução

Desde a edição da Emenda Constitucional n. 66/2010, havia enorme controvérsia a respeito da persistência, em nosso ordenamento jurídico, da separação dos cônjuges. Havia forte corrente doutrinária que sustentava que a nova redação do art. 226, § 6.º, da CF fizera desaparecer o instituto da separação. O CPC não deixa dúvidas quanto à permanência da separação judicial, contenciosa ou consensual, regulando-lhes o procedimento nos arts. 693 e ss. e 731 e ss.

A separação consensual é o mecanismo pelo qual os cônjuges, de mútuo acordo, põem fim à sociedade conjugal, sem dissolverem o vínculo do casamento. Conquanto cessem os deveres e obrigações conjugais, não há possibilidade de novo matrimônio. A dissolução do casamento válido só ocorre com a morte de um dos cônjuges, ou com o divórcio.

A separação consensual pressupõe concordância deles quanto ao encerramento da sociedade conjugal, e aos termos em que ela se fará. Nenhum deles imputa culpa ao outro, nem lhe atribui a causa da separação. Nisso, a separação consensual distingue-se da judicial ou litigiosa, em que um dos cônjuges imputa ao outro a culpa.

A ação é pessoal e intransferível. Em caso de morte de um dos cônjuges, o processo será extinto, e não transmitido aos herdeiros ou sucessores. Não há mais interesse na separação consensual, já que, com a morte, estará dissolvido o vínculo matrimonial.

Os arts. 731 e ss. do CPC tratam dos procedimentos não apenas da separação consensual, mas também do divórcio consensual, em que se porá fim ao vínculo do casamento por vontade de ambos os cônjuges. O mesmo procedimento deve ser observado para a extinção consensual da união estável e para a alteração do regime do matrimônio, prevista no art. 1.639, § 2.º, do Código Civil.

7.1.2. Requisitos

Para que o juiz homologue o acordo de divórcio, separação, extinção de união estável ou alteração do regime do matrimônio é preciso que:

- ambos os cônjuges manifestem o consentimento, perante o juízo;
- ambos estejam de acordo com o término do casamento, da sociedade conjugal, da união estável ou com a alteração do regime;
- o acordo preserve adequadamente os interesses dos filhos ou de um dos cônjuges.

Com a Emenda n. 66/2010, desapareceu, a nosso ver, a exigência de que os cônjuges estejam casados há pelo menos um ano. A razão é que, como não se exige mais prazo mínimo para postulação do divórcio direto, não faria sentido que se continuasse exigindo para a separação.

7.1.3. Possibilidade de o divórcio, separação e extinção de união estável serem realizados extrajudicialmente

O art. 733 do CPC autoriza que o divórcio, a separação e a extinção de união estável consensuais sejam **realizados por escritura pública**, sem necessidade de homologação judicial.

É indispensável que o casal não tenha filhos menores ou incapazes, e que não haja nascituro, o que exigiria a fiscalização judicial e do Ministério Público. Na verdade, a Resolução n. 35 do CNJ, em seu art. 34, §§ 3.º e 4.º, autoriza o divórcio consensual por escritura mesmo que haja filhos menores, com as seguintes condições:

> "§ 2.º Havendo filhos comuns do casal menores ou incapazes, será permitida a lavratura da escritura pública de divórcio, desde que devidamente comprovada a prévia resolução judicial de todas as questões referentes à guarda, visitação e alimentos deles, o que deverá ficar consignado no corpo da escritura.
>
> § 3.º Na dúvida quanto às questões de interesse do menor ou do incapaz, o tabelião submeterá a questão à apreciação do juiz prolator da decisão".

Da escritura constarão declaração das partes de que estão cientes das consequências do divórcio, firmes no propósito de pôr fim à sociedade conjugal ou ao vínculo matrimonial, respectivamente, sem hesitação, com recusa de reconciliação e concordância com a regulamentação da guarda, da convivência familiar e dos alimentos dos filhos menores e/ou incapazes realizada em juízo.

Além disso, é preciso que ambos os cônjuges estejam **assistidos por advogado**, que pode ser comum, ou de cada um, cuja qualificação e assinatura constarão do ato notarial.

A escritura não será homologada em juízo, e constituirá título hábil para o registro civil e o registro de imóveis.

7.1.4. Procedimento do divórcio e separação consensuais e da extinção da união estável requerida em juízo

7.1.4.1. Petição inicial

O requerimento é formulado, em conjunto, por ambos os cônjuges ou companheiros. Não havendo acordo, a separação não poderá ser consensual. Por isso, na inicial, ambos manifestarão a sua concordância quanto aos termos do acordo.

2 ■ Dos Procedimentos Especiais de Jurisdição Voluntária

A inicial deve indicar os bens do casal, e a forma pela qual serão partilhados; o acordo relativo à guarda de filhos menores; o valor da contribuição para criar e educar os filhos e a pensão alimentícia que um cônjuge deverá pagar ao outro, que não possuir condições para sustentar-se. Indicará, ainda, se os cônjuges manterão o nome de casados ou voltarão a usar os de solteiros. No silêncio, presume-se que conservarão o de casados. Nada impede que, depois da homologação do acordo, aquele que optou por manter o nome de casado mude de ideia, e postule a alteração para o nome de solteiro, o que será deferido independentemente da anuência da parte contrária. Trata-se da única cláusula do acordo de separação que, após a homologação, **pode ser alterada unilateralmente**.

O art. 731, parágrafo único, do CPC faculta aos cônjuges relegar a partilha para outro momento, caso não haja consenso entre eles. **Eventual desacordo sobre ela não é empecilho a que seja homologada a separação**. Mas, mesmo que isso ocorra, é preciso que a inicial indique quais são os bens. Não há necessidade de que a partilha seja igual, mas o juiz poderá recusar a homologação, se verificar que o acordo não preserva suficientemente os interesses de algum dos cônjuges ou dos filhos.

O direito de visita aos filhos menores também pode ser regulado posteriormente.

A pensão alimentícia devida por um cônjuge ao outro deve ser fixada no acordo, sob pena de presumir-se a sua desnecessidade.

A inicial será acompanhada da certidão de casamento, e de eventual pacto antenupcial. Se houver filhos, das certidões de nascimento. E se houver bens, dos comprovantes de propriedade.

7.1.4.2. *Homologação*

Se a inicial estiver em termos, o juiz homologará o pedido e decretará o divórcio, a separação ou a extinção da união estável, sem necessidade de designação de prévia audiência de tentativa de conciliação, como havia no regime do CPC de 1973. Se houver filhos menores ou incapazes, ele ouvirá o Ministério Público antes de decidir. Se não os houver, será desnecessária a intervenção ministerial.

O juiz poderá indeferir a homologação, se verificar que não estão preenchidos os requisitos, ou que ela não preserva suficientemente os interesses dos filhos ou de um dos cônjuges. Da sentença que negar homologação, cabe recurso de apelação.

7.1.5. Alteração do regime de bens do casamento

É permitida pelo art. 1.639, § 2.º, do Código Civil e deverá ser formulada por requerimento conjunto de ambos os cônjuges. É necessário que eles fundamentem o pedido de alteração, já que o Código Civil o exige, e que fiquem preservados os direitos de terceiros. Não será deferida a alteração se, por exemplo, prejudicar eventuais direitos de credores.

Apresentado o pedido, o juiz ouvirá o Ministério Público e mandará publicar edital que divulgue a pretendida alteração do regime, somente podendo decidir após 30 dias da publicação. As partes podem propor ao juiz um meio alternativo de divulgação do pedido, a fim de resguardar interesses de terceiros.

A sentença que deferir a alteração será, após o trânsito em julgado, averbada, por mandado, no Registro Civil e de Imóveis, e, se qualquer dos cônjuges for empresário, no Registro Público de Empresas Mercantis e Atividades Afins.

7.2. DA INTERDIÇÃO

7.2.1. Introdução

A incapacidade civil das pessoas naturais cessa quando elas atingem a maioridade, aos dezoito anos. A partir de então, elas se tornam aptas a praticar, por si sós, todos os atos da vida civil, sem precisar ser representadas ou assistidas.

Pode ocorrer que, apesar de a pessoa ter alcançado a maioridade, **outras razões impeçam que ela tenha condições de gerir-se**. O art. 4.º do CC, com a redação dada pela Lei n. 13.146/2015, enumera as causas de incapacidade. A menoridade é uma delas, mas há outras, que podem atingir pessoas maiores.

Se a pessoa é maior, mas não é capaz, em razão de causa de incapacidade absoluta ou relativa, é necessário interditá-la, **porque há uma presunção de capacidade dos maiores, que precisa ser afastada**. Fica ressalvada a hipótese do índio, regulada pela Lei n. 6.001/73 (Estatuto do Índio). Ele não é interditado, mas fica sob tutela da União, até adaptar-se à civilização. O CPC trata do procedimento da interdição e da nomeação de curador nos arts. 747 a 758.

Como a finalidade é declarar a incapacidade, não há interesse para promover a interdição de menores de dezesseis anos, que já são absolutamente incapazes, e estão sob os cuidados dos pais ou tutores. Mas é possível a do menor entre dezesseis e dezoito anos, relativamente incapaz, para que se possa reconhecer a incapacidade absoluta, e para que nos atos da vida civil ele passe a ser representado, não apenas assistido.

7.2.2. Procedimento

O processo de interdição tem por finalidade **declarar a incapacidade, absoluta ou relativa, daquele que está privado do discernimento necessário para praticar sozinho os atos da vida social, ou exprimir a sua vontade**.

Na sentença que declarar a interdição, o juiz fixará os limites da incapacidade — se absoluta ou relativa — e os da curatela.

7.2.2.1. Competência

A competência é do foro de domicílio do interditando (regra de competência relativa). Se, nesse foro, houver vara de família, será ela a competente; se não, a ação processar-se-á em Vara Cível comum.

7.2.2.2. Legitimidade

Vem estabelecida no art. 747 do CPC: podem promovê-la o cônjuge ou companheiro, os parentes ou tutores, o representante da entidade em que se encontra abrigado o interditando e o Ministério Público. Mas a legitimidade deste último fica limitada aos

2 ◼ Dos Procedimentos Especiais de Jurisdição Voluntária   649

casos de deficiência mental ou intelectual (art. 1.769 do CC, com a redação dada pela Lei n. 13.146/2015) e de inexistência ou inércia dos demais legitimados; ou ainda se os demais legitimados forem também incapazes.

7.2.2.3. Petição inicial

Deve preencher os requisitos do art. 319 do CPC, cumprindo ao requerente provar a sua legitimidade para requerer a interdição, juntando os documentos que comprovem a relação com o interditando. A inicial deve especificar com clareza os fatos que demonstram a atribuição de incapacidade a ele, cabendo ao autor esclarecer por que ele não tem condições ou discernimento para administrar seus bens e, se for o caso, para praticar atos da vida civil. O autor deve ainda indicar na inicial o momento em que a incapacidade se revelou.

Além disso, a inicial deve vir acompanhada de laudo médico que comprove as alegações ou de informação sobre a impossibilidade de fazê-lo.

Caso haja urgência, o juiz poderá nomear curador provisório ao interditando para a prática de determinados atos.

7.2.2.4. Citação e entrevista do interditando; intimação do Ministério Público

Se a petição inicial estiver em termos, **o juiz designará data para entrevistar o interditando, determinando que ele seja citado e intimado para comparecer**. A entrevista é fundamental, pois permitirá ao juiz, em contato direto com o interditando, examiná-lo, tentar apurar o grau de seu discernimento, e extrair impressões a respeito de sua conduta, e de sua capacidade. Por isso, **é obrigatório**, a menos em casos excepcionais, quando o juiz verifique que é tal a condição do interditando que não é viável ouvi-lo. A simples impossibilidade de ele deslocar-se não é pretexto para a dispensa, devendo o juiz e o promotor se deslocarem até onde ele se encontra. A dispensa fica reservada a hipóteses realmente excepcionais, em que o interditando não tem nenhuma condição de ser ouvido. A entrevista pode ser acompanhada por especialista, e nela o juiz deverá indagar o interditando, de forma minuciosa, a respeito de sua vida, negócios, bens, vontades, preferências e laços familiares e afetivos, e sobre o que mais lhe parecer necessário para convencer-se a respeito de sua capacidade para a prática dos atos da vida civil.

As perguntas e respostas serão reduzidas a termo, para que se possa formar uma melhor impressão. A audiência se realiza antes do início do prazo que o interditando tem para impugnar o pedido. O autor não participa da entrevista, mas o Ministério Público deve ser intimado para participar.

Quando o *Parquet* não é o autor, funcionará como fiscal da ordem jurídica, em todos os processos de interdição, já que eles versam sobre a capacidade das pessoas.

7.2.2.5. Impugnação

No prazo de quinze dias após a entrevista, o interditando poderá, constituindo advogado, impugnar o pedido. Caso ele não o constitua, ser-lhe-á dado curador especial,

650 Direito Processual Civil Esquematizado · *Marcus Vinicius Rios Gonçalves*

caso em que seu cônjuge, companheiro ou qualquer parente sucessível poderá ingressar como assistente. O curador especial poderá, não havendo outros elementos nos autos, impugnar a pretensão por negativa geral.

A razão de todos esses cuidados legais é que a interdição pode ser utilizada para fins diversos daqueles para os quais foi prevista. Há casos em que é requerida não em razão de verdadeira incapacidade, mas para afastar alguém da gerência de seus negócios, em virtude de interesses inconfessáveis.

7.2.2.6. Provas

Decorrido o prazo de impugnação, o juiz determinará **prova pericial**, nomeando especialista que examine o interditando e verifique se ele é incapaz e em que grau. A perícia pode ser realizada por equipe composta por experts com formação multidisciplinar, quando necessário. As partes e o Ministério Público terão oportunidade de formular seus quesitos. A perícia indicará, de forma específica e, se for o caso, os atos para os quais haverá necessidade de curatela.

Além da prova pericial, o juiz pode determinar outras que entenda necessárias para formar o seu convencimento, podendo designar audiência de instrução e julgamento, quando houver necessidade de ouvir testemunhas.

No processo de interdição, vigora o princípio do livre convencimento motivado. Por isso, o juiz pode até mesmo afastar as conclusões do perito, desde que existam nos autos outros elementos de convicção.

A audiência de instrução e julgamento terá o mesmo procedimento que nos demais tipos de processo. Em princípio, no entanto, não será deferido o depoimento pessoal do interditando, que já foi interrogado pelo juiz anteriormente; mas nada impede que ele seja novamente convocado, de ofício, ou a requerimento dos interessados ou do Ministério Público, para prestar esclarecimentos, ou nos casos em que o juiz entender que é útil para formar o seu convencimento.

7.2.2.7. Sentença e recursos

Concluída a instrução, o juiz proferirá sentença. Não é ela que tornará o interditando incapaz. A incapacidade é determinada pela existência de alguma das causas previstas em lei, tanto **que ela tem natureza meramente declaratória**, pois se limita a declarar uma incapacidade que já existia.

O que a sentença faz é **afastar eventual dúvida a respeito da existência do estado de incapacidade**. Sem a interdição, aquele que negociar com o incapaz poderá invocar boa-fé, alegando que não tinha conhecimento da incapacidade, sobretudo quando ela não era notória. Já com a sentença de interdição, ninguém poderá alegar que a desconhecia. Por isso, é preciso que seja registrada no Oficial de Registro Civil de Pessoas Naturais e publicada na rede mundial de computadores, no sítio do tribunal a que estiver vinculado o juízo e na plataforma de editais do Conselho Nacional de Justiça, onde permanecerá por seis meses, e na imprensa local, bem como pelo órgão oficial por três vezes, com intervalo de dez dias, devendo constar do edital o nome do interditado, o do curador, a causa da interdição e os limites da curatela. Tais providências são indispensáveis para assegurar a publicidade da sentença e a sua eficácia *erga omnes*.

2 ■ Dos Procedimentos Especiais de Jurisdição Voluntária   651

A eficácia da sentença declaratória de interdição é *ex tunc*, retroagindo à data em que se manifestou a causa de incapacidade. Isso levaria à conclusão de que todos os negócios jurídicos celebrados depois disso, mas antes da sentença, seriam nulos ou anuláveis. Mas não é esse o entendimento que tem prevalecido, pois poderia trazer grave risco ao comércio e aos negócios em geral, prejudicando terceiros de boa-fé. A melhor solução é:

a) se já há sentença de interdição registrada, a incapacidade é presumida e dispensa provas, de forma que o terceiro que negociou com o incapaz não pode alegar boa-fé; **b)** se não há sentença de interdição, cumprirá demonstrar que o terceiro que negociou com o incapaz tinha condições de conhecer a incapacidade, seja porque era notória, seja porque poderia ser constatada com razoável diligência. Isto é, **é preciso provar que o terceiro estava de má-fé, pois a boa-fé é presumida. Sem essa prova, o negócio celebrado pelo incapaz persistirá**.

Na sentença, o juiz estabelecerá o grau de incapacidade e os limites da curatela, designando quem desempenhará a função de curador, respeitado o art. 755, § 1.º, do Código de Processo Civil, que determina que a nomeação recaia sobre quem melhor possa atender os interesses do curatelado. Contra a sentença, o recurso cabível será o de apelação, que se processará sem efeito suspensivo, nos termos do art. 1.012, VI, do CPC.

7.2.2.8. *Levantamento da interdição*

A qualquer tempo, será possível requerer o levantamento da interdição, desde que demonstre que cessou a causa de incapacidade. A legitimidade para formular o requerimento é atribuída ao próprio interditando, ao seu curador e ao Ministério Público. Conquanto o interditando seja incapaz, a lei lhe atribui ao menos a capacidade de requerer o levantamento da própria interdição.

O procedimento vem estabelecido no art. 756, §§ 1.º a 4.º, do CPC. O pedido será autuado em apenso aos autos do processo de interdição. O juiz nomeará perito ou equipe multidisciplinar para proceder a novo exame do interditando, e, se necessário, designará audiência de instrução e julgamento. Conquanto o dispositivo não o mencione, é possível e até recomendável que o juiz ouça o interditando, para melhor avaliar a sua situação.

Caso o pedido seja acolhido e a interdição levantada, a sentença será publicada, após o trânsito em julgado, na forma do art. 755, § 3.º, seguindo-se a averbação no Registro de Pessoas Naturais.

7.3. DA HERANÇA JACENTE

7.3.1. Introdução

Os bens daquele que faleceu, deixando herdeiros conhecidos, formam uma massa indivisa a que se dá o nome de *espólio*. Os daquele que morreu sem deixar nenhum herdeiro conhecido, seja legítimo, seja testamentário, constituem a *herança jacente*.

A jacência não significa que o *de cujus* não tinha herdeiros. Pode ocorrer que eles apareçam e se apresentem. Mas, como ensinam Sebastião Amorim e Euclides de

Oliveira, "constitui-se em fase provisória e temporária, de expectativa de surgimento de interessados na herança"[1].

Se as providências para localizar possíveis interessados não tiverem êxito, a herança tornar-se-á vacante, passando, depois de algum tempo, ao domínio do Município, do Distrito Federal ou da União, conforme estabelecido no art. 1.822 do Código Civil, que a atribui aos dois primeiros, se os bens arrecadados situarem-se nas respectivas circunscrições, e à União, se localizados em território federal.

Haverá também a vacância se todos os herdeiros chamados a suceder, sejam legítimos ou testamentários, renunciarem à sucessão.

O Código Civil dispõe, no art. 1.819: "Falecendo alguém sem deixar testamento nem herdeiro legítimo notoriamente conhecido, os bens da herança, depois de arrecadados, ficarão sob a guarda e administração de um curador, até a sua entrega ao sucessor devidamente habilitado ou à declaração de sua vacância".

7.3.2. Procedimento

Chegando ao conhecimento do juiz a existência da herança jacente, ele determinará a imediata arrecadação. Não há necessidade de requerimento escrito, podendo o juiz, de ofício, assim que tomar conhecimento do fato, determiná-la. Nada impede, no entanto, que haja requerimento de qualquer interessado ou do Ministério Público. A lei o permite como forma de proteger os bens da herança, como medida de cautela, já que não há nenhum interessado conhecido que zele pelos bens.

Por meio da arrecadação serão inventariados todos os bens deixados pelo *de cujus*, devendo ser descrito o estado e a situação em que se encontram. Em seguida, o juiz nomeará um curador, que ficará responsável pela guarda, administração e conservação dos bens.

A herança jacente, tal como o espólio, não tem personalidade jurídica, mas a lei processual lhe atribui capacidade para ser parte. Por isso, ela será a autora das ações necessárias para proteger os bens que a compõem. Em juízo, o curador representará a herança jacente e zelará pela guarda e conservação dos bens, até que eles sejam entregues ao sucessor, se este aparecer, ou aos entes públicos aos quais eles serão destinados, caso não haja herdeiros. Incumbe ao curador apresentar mensalmente ao juiz um balancete da receita e das despesas, e prestar contas da sua gestão.

Nos arts. 740 e 741, o CPC estabelece a forma pela qual se procederá à arrecadação. O juiz ordenará que o Oficial de Justiça, acompanhado do escrivão ou do chefe de secretaria e do curador, arrole os bens e descreva-os em auto circunstanciado. Se o próprio juiz não puder comparecer à casa do falecido, requisitará à autoridade policial que proceda à arrecadação e ao arrolamento dos bens, acompanhada de duas testemunhas, que assistirão às diligências. Se o curador não tiver sido nomeado, o juiz nomeará um depositário, que ficará provisoriamente com os bens. Os situados em outras comarcas serão arrecadados por carta precatória. Se, no curso da arrecadação, aparecer cônjuge, companheiro, herdeiro ou testamenteiro notoriamente reconhecido reclamando os bens, que

---

[1] Sebastião Amorim e Euclides de Oliveira, *Inventários*, cit., p. 203.

2 ■ Dos Procedimentos Especiais de Jurisdição Voluntária

comprove sua qualidade, o juiz, não havendo oposição motivada do curador, de qualquer interessado, do Ministério Público ou da Fazenda, não continuará o procedimento, ficando sem efeito o que já havia sido levado a cabo.

Depois da arrecadação, o juiz determinará a expedição de editais, cuja finalidade é tornar pública a existência da herança jacente, para que eventuais interessados apareçam e comprovem a qualidade de herdeiros. A publicação será feita na forma do art. 741, *caput*, do CPC. Eventuais sucessores poderão habilitar-se, bem como testamenteiro, e, se comprovadas as suas qualidades, o procedimento de herança jacente converter-se-á em inventário. Também os credores poderão habilitar-se, tal como ocorre no procedimento de inventário, para exigir o que lhe é devido, incumbindo ao curador manifestar-se sobre tais requerimentos, em defesa dos interesses da herança. O Ministério Público intervirá sempre nos procedimentos de herança jacente.

Pode o juiz autorizar a venda de bens, em situações especiais, em regra relacionadas ao risco de possíveis deteriorações, na forma do art. 742 do CPC.

Passado um ano da publicação do primeiro edital, não tendo havido nenhuma habilitação, ou não tendo sido acolhidas as que foram apresentadas, a herança será declarada vacante.

7.3.3. Herança vacante

A herança torna-se vacante se, ultimadas as diligências, não tiver havido êxito na localização de nenhum herdeiro. Também o será se todos aqueles que forem chamados a suceder renunciarem a ela (CC, art. 1.823). Com a declaração de vacância, os bens não são imediatamente entregues à Municipalidade, ou ao ente público destinatário. Nesse período é possível que apareçam herdeiros que, comprovando sua qualidade, façam jus aos bens. Há, no entanto, duas observações fundamentais: a primeira é que, se o interessado que se apresentou for um colateral, com a declaração de vacância ele terá perdido seus direitos à sucessão, na forma do art. 1.822, parágrafo único, do Código Civil. A segunda é que, depois de transitada em julgado a sentença de declaração de vacância, os herdeiros e os credores só poderão reclamar seu direito por ação direta, não bastando a mera habilitação, como na fase de jacência.

Questão tormentosa, que sempre provocou grandes discussões, é a da natureza da sentença que atribui os bens ao Município, se declaratória ou constitutiva. O Código Civil de 1916, no art. 1.603, V, incluía entre os herdeiros o Município, o Distrito Federal e a União. Isso fez com que alguns atribuíssem ao Município o *droit de saisine*, ou seja, embora houvesse que esperar cinco anos pelo surgimento de algum herdeiro, ultrapassado o prazo, o juiz, por sentença declaratória, atribuiria os bens ao Município, como se fosse o dono desde a morte. A partir daí, o bem seria público, o que impediria, entre outras coisas, que eventual ocupante pudesse postular usucapião, completado nesse interregno. A sentença teria eficácia *ex tunc*. Mas, ainda na vigência da lei civil anterior, prevalecia o entendimento de que o Município não é herdeiro, mas apenas o destinatário dos bens deixados por aquele que morreu sem herdeiros, tendo sido incluído no art. 1.603 por equívoco. Com isso, a ele não se aplicaria o princípio da *saisine*, sendo necessário o transcurso dos cinco anos para que a propriedade lhe seja transferida. Daí sua natureza constitutiva, com eficácia *ex nunc*. Como o Município só se torna dono após a sentença, se alguém conseguir completar o prazo de usucapião antes, tornar-se-á proprietário da coisa. Nada impede, porém, que a herança jacente, por seu curador, e o próprio Município (art. 130 do CC) tomem as providências necessárias para interromper o prazo de usucapião, ou para desalojar o ocupante indevido, evitando que o prazo se consume.

O Código Civil atual exclui o Município do rol de herdeiros, confirmando que a ele não se aplica o princípio da *saisine*.

8. QUESTÕES

QUESTÕES DE CONCURSOS
> http://uqr.to/1xsz2

LIVRO IX
DA EXECUÇÃO CIVIL

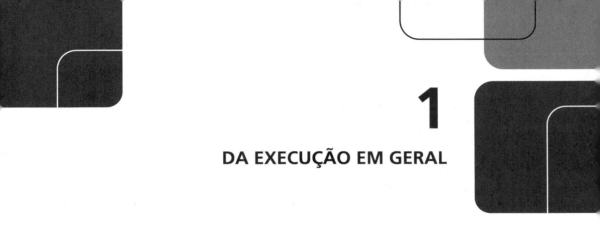

DA EXECUÇÃO EM GERAL

1. INTRODUÇÃO

O CPC dedica o Livro II da Parte Especial ao processo de execução. O Livro I havia sido dedicado ao processo de conhecimento. Desde a edição da Lei n. 11.232/2005, estabeleceu-se uma distinção fundamental entre dois tipos de execução: a fundada em título judicial, denominada cumprimento de sentença, que constitui, em regra, apenas uma fase subsequente ao processo de conhecimento, na qual tenha sido proferida sentença que reconhece a exigibilidade de uma obrigação; e a fundada em título executivo extrajudicial que, esta sim, implica a formação de um novo processo.

A execução civil faz-se, assim, em nosso ordenamento jurídico, por duas maneiras: como uma fase subsequente ao processo de conhecimento, na qual tenha sido proferida sentença que reconhece a exigibilidade de obrigação, não cumprida voluntariamente; ou como processo autônomo, quando fundada em título executivo extrajudicial.

O cumprimento de sentença vem tratado no Livro I da Parte Especial como uma fase subsequente ao processo de conhecimento; já o processo de execução vem tratado no Livro II. Assim, a rigor, o cumprimento de sentença deveria ser examinado dentro do livro relativo ao processo de conhecimento. Ocorre que o cumprimento de sentença não deixa de ser uma das formas de execução civil. Para melhor sistematização do tema, optou-se por tratar, neste Livro, tanto do processo de execução quanto do cumprimento de sentença, **pois os princípios e, em boa parte, as regras que os regem, são os mesmos**.

Salvo quando fundado em sentença arbitral, penal condenatória ou estrangeira, o cumprimento de sentença sempre será precedido de um processo civil de conhecimento.

O processo de conhecimento pode ser condenatório, constitutivo ou declaratório. Estes dois últimos, em regra, não dão ensejo à execução civil, porquanto a sentença cumpre-se automaticamente, sem nenhuma providência do réu. Só a sentença condenatória, em regra, dá ensejo à execução (ficam ressalvadas as sentenças declaratórias ou constitutivas em que se reconhece a exigibilidade do cumprimento de uma obrigação, como será melhor esclarecido no item 10.2.7.1, *infra*).

Antes da Lei n. 11.232/2005, o processo de conhecimento, de cunho condenatório e o de execução que lhe seguia **eram considerados dois processos distintos**, com funções diferentes. Isso exigia que o devedor fosse citado para o processo de conhecimento e depois, para o de execução. Após a lei, **os dois processos passaram a constituir duas**

fases distintas de um processo único. O anterior processo de conhecimento tornou-se fase cognitiva, e o antigo processo de execução por título judicial tornou-se fase que o legislador denominou de "cumprimento de sentença" (a expressão mais precisa seria "cumprimento de decisão", ante a possibilidade de decisão interlocutória de mérito, mas o legislador manteve a expressão originária), mas que não deixa de ser a fase de execução. Com isso, basta que o devedor seja citado uma única vez, na fase inicial do processo.

A rigor, a alteração foi mais de nomenclatura do que de estrutura. Tudo aquilo que acontecia antes, da petição inicial até a satisfação do julgado, continua se realizando, com muito poucas alterações. Apenas o que antes se denominava processo de execução passou a chamar-se fase, tornando despicienda nova citação. Esse processo único, que passou a conter duas fases, foi apelidado de **"sincrético"**, por ter fases distintas, com finalidades diferentes.

Quando se tratar de cumprimento de sentença arbitral, penal condenatória ou estrangeira, conquanto fundado em título judicial, continuará constituindo um novo processo, porque não há nenhum outro processo judicial civil anterior. No entanto, ainda que assim seja, as regras aplicáveis são as do cumprimento de sentença, pois o título é judicial. Ter-se-á, é verdade, um novo processo, no qual o executado será citado. Mas, a partir daí, serão aplicadas não as regras do Livro II da Parte Especial do CPC, mas as do cumprimento de sentença.

Já a execução de título extrajudicial **constitui um processo autônomo**, não precedido de nenhum anterior.

Pode-se dizer que:

■ têm natureza de processos autônomos as execuções fundadas em título extrajudicial e os cumprimentos de sentença arbitral, penal condenatória ou estrangeira;

■ não têm natureza de processo autônomo as execuções fundadas em título judicial, com as exceções supramencionadas.

Por essa razão é que se preferiu dar a este Livro o título de execução civil, em vez de "processo de execução".

2. COMO LOCALIZAR, NO CPC, OS DISPOSITIVOS QUE TRATAM DA EXECUÇÃO CIVIL

Há, como visto no item anterior, duas formas de execução civil: o cumprimento de sentença (que não forma novo processo, salvo nos casos de sentença arbitral, penal condenatória ou estrangeira) e a execução por título extrajudicial, que sempre resultará na formação de um novo processo.

O Livro II da Parte Especial aplica-se ao processo de execução por título extrajudicial.

O cumprimento de sentença é tratado no Livro I da Parte Especial, a partir do art. 513 do CPC.

O Livro II da Parte Especial continua a conter regras que não são apenas de natureza procedimental, mas que dizem respeito aos mecanismos da execução em geral, **e se**

1 ■ Da Execução em Geral 659

aplicam supletivamente ao cumprimento de sentença se não forem incompatíveis, nem contrariarem algum dos dispositivos específicos supramencionados.

3. O QUE É EXECUÇÃO?

A função do Poder Judiciário é solucionar os conflitos de interesses. Há alguns que, levados a juízo, se resolvem pelo simples pronunciamento judicial, sem necessidade, para a satisfação do titular do direito, de algum tipo de comportamento do obrigado. É o que ocorre quando o conflito **advém apenas da incerteza quanto à existência ou não de determinada relação jurídica**. Por exemplo: A pensa que B é seu pai, mas este não reconhece essa qualidade. A então propõe em face de B ação de investigação de paternidade, para que a dúvida seja sanada. O juiz colhe as provas e, ao final, profere sentença que, transitada em julgado, terá o condão de afastar a dúvida, sem a necessidade de qualquer conduta ou comportamento do réu. O efeito almejado advém da sentença em si. **O mesmo vale para os conflitos cuja solução depende tão-somente da constituição ou desconstituição de uma relação jurídica**. Se A celebra com B um contrato, porque foi coagido, bastará que postule judicialmente a sua anulação. Se o juiz acolher a pretensão, em definitivo, o contrato estará anulado, independentemente de qualquer conduta do réu. A satisfação advém do pronunciamento judicial.

Mas há casos em que ela depende de um comportamento, **de uma ação ou omissão do réu**. O titular da obrigação só se satisfará se o réu cumprir uma prestação, de fazer, não fazer, entregar coisa ou pagar.

Se o devedor da obrigação não a cumpre, o que fazer? O Estado, por meio da lei, mune o Poder Judiciário de poderes para impor o cumprimento, ainda que contra a vontade do devedor, no intuito de satisfazer o credor. Não fosse assim, o litígio só seria solucionado por meio da autotutela, o que não se admite nos Estados modernos.

Para que o Estado-juiz possa desencadear a sanção executiva, fazendo uso dos mecanismos previstos em lei para a satisfação da obrigação, é preciso que esta esteja dotada de um grau suficiente de certeza. Afinal, isso implicará que o Estado tome medidas que podem ser drásticas contra o devedor, invadindo, se necessário, o seu patrimônio para alcançar o resultado almejado.

Esse grau de certeza é dado pelo título executivo. A lei considera como tais **alguns documentos extrajudiciais**, produzidos sem a intervenção do Judiciário, mas aos quais se reconhece esse grau suficiente de certeza. Esses documentos permitirão a instauração do processo de execução. Na ausência deles, o titular da obrigação **deve ingressar em juízo com um processo de conhecimento para que o Judiciário reconheça a ele o direito de fazer cumprir a obrigação**. Se o fizer e o devedor não a satisfizer espontaneamente, terá início a fase de cumprimento da sentença (ou fase de execução).

O que distingue, portanto, o processo (ou fase) de conhecimento do processo (ou fase) de execução é, antes de tudo, a finalidade de um e de outro. **No primeiro, o que se busca é uma sentença, em que o juiz diga o direito, decidindo se a pretensão do autor deve ser acolhida em face do réu ou não**. No segundo, a finalidade é que **o juiz tome providências concretas, materiais, que tenham por objetivo a satisfação do titular do direito, consubstanciado em um título executivo**. No primeiro, o juiz resolve a dúvida, a incerteza, a respeito da pretensão do autor; no segundo, ele toma as providências necessárias para satisfação do credor, diante do inadimplemento do devedor.

4. INSTRUMENTOS DA SANÇÃO EXECUTIVA

Quando o devedor não cumpre espontaneamente a obrigação, de que meios pode se valer o Judiciário para promover a satisfação do credor?

Eles podem ser agrupados em duas categorias: **os de sub-rogação e os de coerção**. Os primeiros são aqueles em que **o Estado-juiz substitui o devedor no cumprimento**. Por exemplo: se ele não paga, o Estado apreende bens suficientes do seu patrimônio, e com o produto da excussão, paga o credor. Ou, uma vez que o devedor não entrega o bem que pertence ao credor, o Estado o tira do primeiro e entrega ao segundo. Ou, ainda, se o devedor não cumpre a obrigação de pintar um muro, o Estado autoriza a contratação de outro pintor, que o faça às expensas do devedor. Aquele pagamento, entrega de coisa ou serviço, que era para o devedor cumprir voluntariamente, mas não cumpre, o Estado realiza no seu lugar.

A outra técnica é a da coerção, que se distingue da anterior, porque visa não a que a prestação seja realizada pelo Estado, no lugar do devedor, mas que seja cumprida pelo próprio devedor. Para tanto, a lei mune o juiz de poderes para coagi-lo a cumprir aquilo que não queria espontaneamente, como, por exemplo, o de fixar multas diárias, que forcem o devedor.

Este último instrumento, conquanto possa ser utilizado para o cumprimento de todos os tipos de obrigação, é particularmente útil naquelas de **caráter personalíssimo**, que, por sua natureza, não podem ser objeto de sub-rogação. Por exemplo: se o devedor, pintor famoso, comprometeu-se a pintar um quadro para determinada exposição, o Estado não terá como substituí-lo no cumprimento da obrigação, dada a sua natureza pessoal, mas poderá impor uma multa, suficientemente amedrontadora, para cada dia de omissão, que pressione a vontade do devedor para que ele realize aquilo para que estava obrigado.

5. ESPÉCIES DE EXECUÇÃO

São várias as classificações da execução civil. Nos itens seguintes, serão examinadas as principais.

5.1. EXECUÇÃO MEDIATA E IMEDIATA

A primeira é aquela que se aperfeiçoa com a instauração de um processo, no qual o executado deve ser citado; a segunda, aquela que se realiza sem novo processo, como uma sequência natural da fase de conhecimento que lhe antecede. No Brasil, são imediatas as execuções por título judicial, salvo as fundadas em sentença arbitral, penal condenatória ou estrangeira.

5.2. EXECUÇÃO ESPECÍFICA

É aquela em que se busca a satisfação da pretensão do autor tal como estatuída no título executivo.

1 ∎ Da Execução em Geral   661

A efetividade da execução exige que, em caso de inadimplemento do devedor, o credor consiga alcançar resultado o mais próximo possível daquele que obteria caso a obrigação tivesse sido satisfeita espontaneamente. Se o devedor assumiu a obrigação de fazer, não fazer ou entregar coisa, a execução deve assegurar-lhe meios para exigir o cumprimento específico da obrigação, **reservando a conversão para perdas e danos apenas para a hipótese de o cumprimento específico tornar-se impossível, ou para quando o credor preferi-la**.

O art. 497 do CPC trata do cumprimento das sentenças que reconheçam a exigibilidade de obrigação de fazer ou não fazer. Determina que o juiz "conceda a tutela específica da obrigação" ou determine providências que "assegurem a obtenção da tutela pelo resultado prático equivalente". O art. 499 limita a conversão às perdas e danos às hipóteses de requerimento do autor (com a ressalva do parágrafo único, de que "nas hipóteses de responsabilidade contratual previstas nos arts. 441, 618 e 757 da Lei n. 10.406, de 10 de janeiro de 2002 (Código Civil), e de responsabilidade subsidiária e solidária, se requerida a conversão da obrigação em perdas e danos, o juiz concederá, primeiramente, a faculdade para o cumprimento da tutela específica), ou impossibilidade de tutela específica ou que assegure resultado equivalente. E o art. 536, § 1.º, atribui numerosos poderes ao juiz para fazer cumprir a tutela específica.

O art. 498, que trata do cumprimento das sentenças que reconheçam a obrigação de entrega da coisa, também determina a concessão de tutela específica, reiterando as mesmas disposições aplicáveis às obrigações de fazer ou não fazer.

Para a obtenção da tutela específica, o juiz pode valer-se dos instrumentos já mencionados de sub-rogação e de coerção, salvo se a obrigação for personalíssima, caso em que a sub-rogação se inviabiliza.

5.3. EXECUÇÃO POR TÍTULO JUDICIAL OU EXTRAJUDICIAL

Toda execução há de estar fundada em título executivo, que poderá ser judicial ou extrajudicial, conforme a sua origem. **São títulos judiciais aqueles previstos no art. 515, e extrajudiciais os previstos no art. 784**.

A distinção entre esses dois tipos de execução é fundamental, pois, em regra, a de título judicial é imediata, sem novo processo (salvo a fundada em sentença arbitral, estrangeira, penal condenatória) e a por título extrajudicial sempre implica a formação de processo autônomo.

5.4. CUMPRIMENTO DEFINITIVO OU PROVISÓRIO DE SENTENÇA

5.4.1. Hipóteses de cumprimento provisório

Essa é uma classificação que só diz respeito ao cumprimento de sentença, pois a execução de título extrajudicial é sempre definitiva. O cumprimento de sentença será provisório quando **fundado em decisão judicial não transitada em julgado** (decisão interlocutória de mérito, nos casos de julgamento antecipado parcial do mérito, sentença ou acórdão sobre os quais ainda pende recurso não provido de efeito suspensivo, conforme art. 520 do CPC) e também na efetivação de tutela provisória, nos termos do art. 297, parágrafo único. Afora essas hipóteses, o cumprimento de sentença será definitivo, ainda que haja agravo de instrumento pendente contra a decisão que julgou a impugnação.

A execução por título extrajudicial será sempre definitiva, nos termos da Súmula 317 do Superior Tribunal de Justiça. Ela o será mesmo se houver apelação pendente contra a sentença de extinção sem resolução de mérito ou de improcedência dos embargos. **Nessas situações, ainda há um risco de reversão do resultado, uma vez que existe recurso pendente. No entanto, o legislador optou por considerar a execução definitiva**.

Tanto na definitiva como na provisória, se houver reversão do julgado, e disso advierem prejuízos para o devedor, o credor responderá **objetivamente** pelos danos, que deverão ser por ele ressarcidos.

5.4.2. Diferenças entre cumprimento definitivo e provisório de sentença

O art. 520 do CPC dispõe que o cumprimento provisório far-se-á pelo mesmo modo que o definitivo, inclusive no que concerne à incidência de multa e honorários advocatícios, a que se refere o art. 523, § 1.º, do CPC. As diferenças são pequenas e decorrem de haver recurso pendente, o que torna sempre possível a reversão do julgado.

As principais peculiaridades do cumprimento provisório são:

■ **corre por conta e risco do credor, que assume a responsabilidade pela reversão do julgado, pois ainda há recurso pendente**. Caso a sentença seja reformada, cumprir-lhe-á ressarcir os danos que causou, o que prescinde de prova de culpa. Parece-nos que essa regra, embora venha tratada em dispositivo que regulamenta o cumprimento provisório de sentença, também poderá ser aplicada ao cumprimento definitivo e à execução por título extrajudicial, nos casos em que ainda haja possibilidade de reversão do julgado, como nos exemplos do item anterior;

■ caso haja a reversão, seja pela reforma ou pela anulação da sentença, **as partes serão repostas ao** *status quo ante*, e os danos serão liquidados nos mesmos autos;

■ o cumprimento provisório de sentença, tal como o definitivo, realiza-se nos autos em que o título foi constituído. Mas, como eles encontram-se no órgão *ad quem* para apreciação do recurso, se o processo não for eletrônico, há necessidade de novos autos, constituídos pela petição que dá início à fase de cumprimento de sentença, acompanhada das peças enumeradas no art. 522, parágrafo único;

■ no cumprimento provisório, o credor deve prestar caução, **mas apenas para o levantamento de depósito em dinheiro e a prática de atos que importem transferência de posse ou alienação de propriedade ou de outro direito real, ou dos quais possa resultar grave dano ao executado**. A caução deve ser suficiente e idônea, arbitrada de plano pelo juiz e prestada nos próprios autos (CPC, art. 520, IV). Controverte-se sobre a necessidade de requerimento do executado. Parece-nos que o juiz **a determinará de ofício quando se apresentarem as situações de risco, indicadas no dispositivo legal**. Ofertada a caução, o juiz ouvirá o devedor e decidirá em seguida.

1 ■ Da Execução em Geral   663

A finalidade é resguardar o executado de eventuais prejuízos, em caso de alteração ou anulação da sentença. Por isso, o juiz só a imporá para os atos que possam trazer efetivo prejuízo ao devedor, em razão de potencial irreversibilidade, como os mencionados acima. Não há necessidade de caução no início à execução, nem para proceder à penhora ou avaliação do bem.

Prestada, o credor poderá levantar dinheiro e promover a expropriação de bens. Mas caso a sentença seja modificada ou anulada, a caução garantirá o devedor dos prejuízos.

Há casos em que, apesar de provisório o cumprimento de sentença, o credor poderá praticar tais atos mesmo sem prestar caução. O legislador a dispensa quando a necessidade do credor for premente, ou a possibilidade de reversão do julgado for menos provável. A dispensa ocorrerá quando:

■ "o crédito for de natureza alimentar, independentemente de sua origem". Essa hipótese engloba **os alimentos do direito de família, decorrentes do casamento, união estável ou parentesco; e de ato ilícito**, como as pensões devidas aos herdeiros, em caso de morte, ou à vítima, em caso de incapacidade. O legislador dispensa a caução atendendo à necessidade do credor;

■ "o credor demonstrar situação de necessidade". Haverá situações em que o credor terá dificuldade de prestar a caução, embora fique evidenciada a necessidade de receber o valor que lhe é devido. O juiz, aplicando o princípio da proporcionalidade, sopesará o risco e dispensará a caução, se entender que a necessidade do credor exige o cumprimento da sentença, ainda que ele não tenha como prestar a caução;

■ "pender o agravo do art. 1.042", isto é, o agravo em recurso especial ou extraordinário, que cabe quando o Presidente ou Vice-Presidente do Tribunal de origem indeferir o recurso especial ou extraordinário, em juízo prévio de admissibilidade;

■ "a sentença a ser provisoriamente cumprida estiver em consonância com súmula do STF ou STJ ou em conformidade com acórdão proferido no julgamento de casos repetitivos".

Contudo, mesmo nesses casos, a exigência da caução será mantida se da dispensa puder resultar risco de grave dano de difícil ou incerta reparação.

CLASSIFICAÇÃO DAS EXECUÇÕES QUANTO AO FUNDAMENTO

	FUNDAMENTO	CARACTERÍSTICAS
EXECUÇÃO FUNDADA EM TÍTULO JUDICIAL (cumprimento de sentença)	■ Títulos executivos judiciais, isto é, emanados do Poder Judiciário, e enumerados no art. 515 do CPC.	■ Não formam um novo processo, mas apenas uma fase, razão pela qual dispensam a citação do réu, salvo se fundadas em sentença penal, arbitral ou estrangeira.
EXECUÇÃO FUNDADA EM TÍTULO EXTRAJUDICIAL	■ Títulos executivos extrajudiciais, documentos não provenientes do Judiciário, aos quais a lei atribui eficácia executiva. Estão enumerados no art. 784 do CPC.	■ Constituem um novo processo, em que o réu deverá ser citado.

664 Direito Processual Civil Esquematizado   *Marcus Vinicius Rios Gonçalves*

QUANTO AO CARÁTER

O cumprimento de sentença pode ser **definitivo** ou **provisório**, este último tratado nos arts. 520 a 522 do CPC. Pode ainda ser **autônomo**, quando cria um novo processo, ou **imediato**, quando constitui apenas uma fase, sem que haja novo processo.

	NATUREZA DA ATIVIDADE EXECUTIVA	REGRA
TÍTULO EXECUTIVO EXTRAJUDICIAL	◼ **Autônoma**, isto é, é prescindível o prévio processo de conhecimento, porque a lei outorga eficácia executiva a certos títulos, atribuindo-lhes a certeza necessária para desencadear o processo de execução.	◼ Execução **definitiva**.
TÍTULO EXECUTIVO JUDICIAL	◼ **Imediata**, sem processo autônomo, o que pressupõe prévia atividade cognitiva, sem a qual o direito não adquire a certeza necessária para que se possa invadir, coercitivamente, o patrimônio do devedor.	◼ Cumprimento **definitivo**: se a decisão de mérito, sentença ou acórdão já houver transitado em julgado. ◼ Cumprimento **provisório**: se a decisão, sentença ou acórdão tiver sido impugnado por recurso, sem efeito suspensivo; ou nos casos de efetivação de tutela provisória.

O QUE DISTINGUE O CUMPRIMENTO PROVISÓRIO DE SENTENÇA DO DEFINITIVO

Ambos se processam do mesmo modo, com a diferença de que o provisório corre por conta e risco do exequente, já que há sempre o risco de reforma. Por isso, nela se exige caução para os atos que importem levantamento de dinheiro, transferência de posse ou alienação de domínio ou que possam trazer grave dano ao executado. Mas, mesmo nesses casos, a caução poderá ser dispensada nas hipóteses do art. 521 do CPC.

QUANTO ÀS PRESTAÇÕES

	EXECUÇÃO IMEDIATA (FUNDADA EM TÍTULO EXECUTIVO JUDICIAL)	EXECUÇÃO AUTÔNOMA (FUNDADA EM TÍTULO EXECUTIVO EXTRAJUDICIAL)
◼ Obrigação de fazer ou não fazer	◼ Arts. 536 e 537	◼ Arts. 814 e seguintes do CPC
◼ Obrigação de entrega de coisa	◼ Art. 538	◼ Arts. 806 e seguintes
◼ Obrigação por quantia certa	◼ Arts. 523 a 527	◼ Art. 824

6. PRINCÍPIOS GERAIS DA EXECUÇÃO

Já foram examinados, no início deste Livro, os princípios gerais do processo civil. Cumpre estudar, agora, os peculiares à execução.

6.1. PRINCÍPIO DA AUTONOMIA

Antes das reformas de 2005, a execução, tanto de título judicial quanto extrajudicial, era sempre um processo autônomo. Com as alterações, apenas a segunda continua

1 ◼ Da Execução em Geral

665

implicando a constituição de um novo processo (com as ressalvas da execução de sentença arbitral, penal condenatória e estrangeira). O cumprimento de sentença não implica mais processo autônomo, mas uma fase subsequente. **Nem por isso perdeu autonomia, porquanto a fase executiva não se confunde com a cognitiva.** A autonomia persiste, se não com um processo novo, ao menos com o desencadeamento de uma nova fase processual.

6.2. PRINCÍPIO DA PATRIMONIALIDADE

A execução recai sobre o patrimônio do devedor, sobre os seus bens, não sobre sua pessoa. É o que dispõe o art. 789 do CPC: "O devedor responde com todos os seus bens presentes e futuros para o cumprimento de suas obrigações, salvo as restrições estabelecidas em lei".

Esse princípio é uma grande conquista, e já vai longe a época em que o inadimplemento podia gerar prisões, capturas ou torturas.

Atualmente, só há um caso de prisão civil em nosso ordenamento jurídico: **a do devedor de alimentos decorrentes do direito de família, isto é, de casamento, união estável e parentesco**.

Não subsiste mais a do depositário infiel, consoante decidiu o Supremo Tribunal Federal no RE 466.343, **tanto nos casos de alienação fiduciária em garantia quanto nos demais casos, incluindo o depositário judicial (esse entendimento converteu-se, depois, na Súmula Vinculante 25 do STF)**.

Outros meios de coerção, como a multa, a busca e apreensão e a tomada de bens não violam o princípio da patrimonialidade, já que dizem respeito aos bens do devedor, não à sua pessoa.

6.3. PRINCÍPIO DO EXATO ADIMPLEMENTO

O credor deve, dentro do possível, **obter o mesmo resultado que seria alcançado caso o devedor tivesse cumprido voluntariamente a obrigação**. A execução civil será mais eficiente se alcançar esse resultado, e a legislação tem aparelhado o juiz, permitindo-lhe a aplicação de meios de coerção e sub-rogação. **A execução deve ser específica, atribuindo ao credor exatamente aquilo a que faz jus**, como determinam os arts. 497 e 498 do CPC, que tratam da execução das obrigações de fazer, não fazer e entregar coisa, respectivamente.

Só em duas situações a obrigação específica será substituída pela de reparação de danos: quando o credor preferir, ou quando o cumprimento específico se tornar impossível. E a primeira hipótese, de preferência do credor, ainda sofre limitações, já que, nos termos do parágrafo único do art. 499, do CPC, introduzido pela Lei n. 14.833/2024, "nas hipóteses de responsabilidade contratual previstas nos arts. 441, 618 e 757 da Lei n. 10.406, de 10 de janeiro de 2002 (Código Civil), e de responsabilidade subsidiária e solidária, se requerida a conversão da obrigação em perdas e danos, o juiz concederá, primeiramente, a faculdade para o cumprimento da tutela específica". Assim, em observância ao princípio do exato adimplemento, mesmo que o credor prefira a conversão em perdas e danos, será dado ao devedor, nos casos previstos, a possibilidade de cumprir a obrigação tal como prevista no contrato.

666 Direito Processual Civil Esquematizado   *Marcus Vinicius Rios Gonçalves*

Esse princípio impõe, por outro lado, que a execução se limite àquilo que seja suficiente para o cumprimento da obrigação. O art. 831 do CPC estabelece: "A penhora deverá recair sobre tantos bens quantos bastem para o pagamento do principal atualizado, dos juros, das custas e dos honorários advocatícios".

Por isso, se, quando da excussão dos bens do devedor, o valor alcançado for suficiente para o pagamento integral do credor, o juiz suspenderá a expropriação dos restantes.

6.4. PRINCÍPIO DA DISPONIBILIDADE DO PROCESSO PELO CREDOR

A execução é feita a benefício do credor, para que possa satisfazer o seu crédito. **Ele pode desistir dela a qualquer tempo, sem necessidade de consentimento do devedor**. É o que dispõe o art. 775 do CPC: "O exequente tem o direito de desistir de toda a execução ou de apenas alguma medida executiva". Ela se distingue do processo de conhecimento, em que a desistência dependerá do consentimento do réu, quando ele já tenha oferecido contestação, o que se justifica porque este pode desejar um pronunciamento do juiz, que impeça o autor de voltar a juízo para rediscutir a questão.

Há um caso em que a desistência da execução demanda a anuência do devedor: **se houver impugnação ou embargos, que não versarem apenas sobre questões processuais**, mas matéria de fundo, caso em que o executado-embargante poderá desejar o pronunciamento do juiz a respeito.

Em síntese, a desistência é livre quando:

■ a execução não estiver impugnada ou embargada;

■ a impugnação ou os embargos opostos versarem sobre matéria processual.

Ao extinguir a execução, por desistência, o juiz condenará o credor ao pagamento das custas e honorários advocatícios.

6.5. PRINCÍPIO DA UTILIDADE

A execução só se justifica se trouxer alguma vantagem para o credor, pois a sua finalidade é trazer a satisfação total ou parcial do crédito. Não se justifica que não o faça, mas provoque apenas prejuízos ao devedor.

Por isso, o art. 836 do CPC deixa expresso: "Não se levará a efeito a penhora quando ficar evidente que o produto da execução dos bens encontrados será totalmente absorvido pelo pagamento das custas da execução".

Se os bens encontrados forem suficientes para fazer frente a alguma parte, ainda que pequena, do débito, a execução prosseguirá.

6.6. PRINCÍPIO DA MENOR ONEROSIDADE

Vem estabelecido no art. 805 do CPC: "Quando por vários meios o exequente puder promover a execução, o juiz mandará que se faça pelo modo menos gravoso para o executado".

Esse princípio precisa ser conjugado com os anteriores, do exato adimplemento e da patrimonialidade da execução. Ele não autoriza que o executado escolha sobre quais

1 ◼ Da Execução em Geral   667

bens a penhora deva recair, nem permite que se exima da obrigação. A escolha do bem penhorável é do credor, e o devedor não pode exigir a substituição senão por dinheiro.

Pode haver dois modos equivalentes para alcançar o resultado almejado pelo credor. Em casos assim, **há de prevalecer o menos gravoso ao devedor**. Por exemplo: pode ser que ele tenha dois bens imóveis próximos, de igual valor e liquidez, cada qual suficiente para garantia do débito. Não há razão para que o credor exija que a penhora recaia sobre um deles, só porque o devedor o utiliza para alguma finalidade. Ainda que a execução seja feita em benefício do credor, não se pode usá-la para impor ao devedor desnecessários incômodos, humilhações ou ofensas.

O juiz deve conduzir o processo em busca da satisfação do credor, sem ônus desnecessários ao devedor, cabendo a este quando invocar o art. 805, indicar outros meios mais eficazes e menos onerosos, sob pena de manutenção dos atos executivos já determinados.

6.7. PRINCÍPIO DO CONTRADITÓRIO

O contraditório não é um princípio específico da execução, mas do processo em geral. Chegou a existir controvérsia sobre sua incidência na execução civil, e havia quem sustentasse que, como o executado não oferece resposta no bojo da execução, mas por meio da ação autônoma de embargos, esse princípio estaria ausente.

Ainda que com mitigações, que se justificam pela natureza da execução, **o contraditório há de estar presente**. O executado deve ser citado (quando a execução for fundada em título extrajudicial) e intimado de todos os atos do processo, tendo oportunidade de manifestar-se, por meio de advogado. Quando há cálculos de liquidação, penhora e avaliação de bens, ou qualquer outro incidente processual, ele terá oportunidade de manifestar-se.

O executado ainda poderá apresentar defesa no bojo da execução, como as exceções e objeções de pré-executividade ou a impugnação, no cumprimento de sentença.

O art. 5.º, LV, da CF assegura o contraditório a todos os procedimentos jurisdicionais e administrativos. Como a execução civil tem natureza jurisdicional, ele há de ser observado.

7. ATOS EXECUTIVOS

Ainda que o processo em que haja reconhecimento da obrigação seja um só, desde a petição inicial até a satisfação do julgado, é preciso distinguir a fase cognitiva da executiva, porque naquela predominam os atos de cognição, e nesta os de execução, que são diferentes.

Os atos de cognição são aqueles realizados com a finalidade de dar elementos ao juiz para, ao final, proferir sentença de mérito, formulando a regra que regerá o caso concreto. O juiz, em regra, não tomará ainda providências concretas, materiais; depois de ouvir os litigantes, conhecerá as suas pretensões, colherá as provas necessárias e decidirá, afastando as dúvidas e, se for o caso, reconhecendo a obrigação.

668 Direito Processual Civil Esquematizado   *Marcus Vinicius Rios Gonçalves*

Quando a obrigação está consubstanciada em título executivo, judicial ou extrajudicial, terá início a execução, que, no primeiro caso, será apenas uma fase subsequente à cognitiva, e, no segundo, um novo processo.

A finalidade já não é mais afastar uma incerteza, esclarecendo-se com quem está a razão, **mas solucionar uma crise decorrente do inadimplemento do devedor em cumprir voluntariamente a obrigação que lhe foi imposta**.

Os atos executivos não são destinados a que o juiz diga o direito aplicável ao caso concreto, mas para que tome providências concretas, materiais, de alteração do mundo externo, que objetivam a satisfação do credor. Eles incluem apreensões e avaliações de bens, a sua excussão e o pagamento do credor, no caso de a obrigação ser por quantia. No das obrigações de fazer ou não fazer, ou de entrega de coisa, implicam a tomada de diversas medidas de coerção ou sub-rogação, destinadas a satisfazer o credor.

Esses atos executivos são sempre determinados pelo juiz, e, em geral, cumpridos pelos oficiais de justiça, como estabelece o art. 782 do CPC. Se necessário, poderá ser requisitada a força pública, nos termos dos arts. 782, § 2.º, e 846, § 2.º.

8. COMPETÊNCIA PARA A EXECUÇÃO CIVIL

O caráter jurisdicional da execução é inegável, pois o Judiciário substitui as partes na solução do conflito de interesses, que decorre de uma crise de inadimplemento. O executado, que devia cumprir a obrigação, não o faz, cabendo ao Juízo tomar as providências necessárias para que o exequente obtenha, dentro do possível, o mesmo resultado que decorreria do adimplemento voluntário.

Como o exercício da jurisdição está distribuído entre os numerosos órgãos que compõem o Poder Judiciário, é preciso examinar de quem é a competência para promover a execução. Há, sobre o tema, dois artigos fundamentais no CPC: o 516 e o 781.

O primeiro trata da competência para o cumprimento de sentença, e o segundo, para o processo de execução, fundada em título extrajudicial.

Também na execução civil, a competência pode ser absoluta ou relativa, consoante imposta ou não por norma de ordem pública. Só a violação às primeiras pode ser conhecida de ofício.

8.1. COMPETÊNCIA PARA PROCESSAR O CUMPRIMENTO DE SENTENÇA

As regras fundamentais de competência para o cumprimento de sentença estão dadas no art. 516:

I — se processará nos tribunais, nas causas de sua competência originária;

II — no juízo que decidiu a causa no primeiro grau de jurisdição;

III — no juízo cível competente, quando se tratar de sentença penal condenatória, de sentença arbitral ou de sentença estrangeira.

As duas primeiras hipóteses são de competência funcional, pois a execução civil está sempre atrelada a um processo de conhecimento que a antecedeu. Sendo absoluta, não pode ser modificada pelas partes, nem modificada por foro de eleição. No entanto, na hipótese do inciso II, a competência sofre importante flexibilização. O parágrafo

1 ■ Da Execução em Geral 669

único do art. 516 dispõe que: "Nas hipóteses dos incisos II e III, o exequente poderá optar pelo juízo do atual domicílio do executado, pelo juízo do local onde se encontram bens sujeitos à execução ou pelo juízo onde deva ser executada a obrigação de fazer ou de não fazer, casos em que a remessa dos autos do processo será solicitada ao juízo de origem". Tudo para tornar mais rápido o cumprimento da sentença, evitando, por exemplo, a expedição de precatórias e a prática de atos e diligências em outras comarcas.

Teria essa norma transformado a competência, na hipótese do inciso II, em relativa? Em caso afirmativo, as partes poderiam escolher qualquer foro para o processamento da ação. Aqui não. **A ação só pode correr em um dos juízos concorrentes previamente estabelecidos por lei, escolhidos não por contrato ou eleição, mas por opção do credor**. Se for proposta em outro juízo, que não um deles, ele, de ofício, dar-se-á por incompetente.

O credor que optar por um dos juízos concorrentes deverá requerer **o cumprimento da sentença no juízo escolhido**, que solicitará ao de origem a remessa dos autos. O juízo escolhido receberá a petição desacompanhada dos autos do processo, cumprindo-lhe verificar se é mesmo competente para o cumprimento da sentença. Em caso afirmativo, fará a solicitação ao juízo de origem, que os remeterá. Ao final, os autos serão arquivados no juízo onde correu a execução.

Se o juízo onde correu o processo de conhecimento não quiser remeter os autos, por entender que o solicitante não é competente, deverá suscitar conflito positivo de competência.

Para as execuções de **alimentos provenientes de direito de família** (não de ato ilícito), além dos foros concorrentes já mencionados, **o credor poderá optar pelo foro de seu próprio domicílio, ainda que a sentença tenha sido proferida em outro foro**. É o que dispõe o art. 528, § 9.º, do CPC.

Na hipótese do inciso III do art. 516, a competência não é funcional, porque não há nenhum prévio processo de conhecimento. No caso de sentença penal condenatória, cumprirá verificar qual é o juízo competente, de acordo com as regras gerais de competência dos arts. 46 e ss. do CPC. A competência será absoluta ou relativa, conforme a regra aplicável ao caso concreto. Por exemplo: quando se tratar de execução de sentença penal condenatória por acidente de trânsito, a vítima poderá propô-la no foro do seu domicílio ou no do local do acidente, conforme art. 53, V, do CPC.

Na execução de sentença arbitral, a competência será a do foro em que se realizou a arbitragem. Se o título for sentença estrangeira, homologada pelo STJ, a execução será processada perante a Justiça Federal de primeira instância, na forma do art. 109, X, da CF. A seção judiciária competente será apurada de acordo com as normas de competência da CF e do CPC.

8.2. COMPETÊNCIA PARA A EXECUÇÃO DE TÍTULO EXTRAJUDICIAL

A competência para o processo de execução de título extrajudicial é relativa e deve ser apurada de acordo com as regras gerais, estabelecidas no art. 781 do CPC.

É preciso verificar:

1) **Se há foro de eleição**, pois, tratando-se de competência relativa, as partes podem fixá-lo, o que deverá constar do título. É possível, por exemplo, que, em contrato de

670 Direito Processual Civil Esquematizado   *Marcus Vinicius Rios Gonçalves*

locação — título extrajudicial — conste o foro escolhido pelas partes para cobrança ou execução dos alugueres.

2) Se não houver eleição, deverá prevalecer a **regra geral de competência do foro do domicílio do executado ou o de situação dos bens sujeitos à execução**.

Essas regras valem também para a execução hipotecária, que não tem natureza real, mas pessoal: o que se executa é a dívida, ainda que venha garantida por um direito real.

Nas execuções fiscais, a competência é dada pelo art. 46, § 5.º, do CPC.

	COMPETÊNCIA
CUMPRIMENTO DE SENTENÇA	Regra: a execução processa-se no mesmo juízo que proferiu a sentença. Trata-se de regra de competência funcional e absoluta. No entanto, admitem-se duas alternativas: que ela seja ajuizada no domicílio do executado, ou no local em que se encontram os bens, caso em que o juízo que proferiu a sentença remeterá os autos ao juízo da execução. Se a obrigação for de fazer ou não fazer, o exequente ainda pode optar por requerer o cumprimento da sentença no local em que a obrigação deva ser realizada. A sentença penal condenatória processa-se nos juízos cíveis competentes. A sentença arbitral, no foro em que ocorreu o arbitramento; e a sentença estrangeira homologada pelo STJ, na Justiça Federal cível de 1.ª instância.
EXECUÇÃO POR TÍTULO EXECUTIVO EXTRAJUDICIAL	▪ São três as regras: a) se houver foro de eleição, a execução será nele proposta; b) se não houver, no do domicílio do executado ou de situação dos bens sujeitos à execução. ▪ Tais regras são de competência relativa.

9. DAS PARTES NA EXECUÇÃO

9.1. LEGITIMIDADE ATIVA

O CPC, no art. 778, enumera quem são os legitimados ativos para promover a execução:

9.1.1. O credor, a quem a lei confere título executivo

Esse é o legitimado ativo por excelência. É preciso que ele figure como tal no título executivo. **A legitimidade é ordinária**, pois ele estará em juízo em nome próprio, postulando direito próprio.

9.1.2. O sucessor mortis causa

O art. 778, II, do CPC inclui, entre os legitimados, "o espólio, os herdeiros ou os sucessores do credor, sempre que, por morte deste, lhes for transmitido o direito resultante do título executivo".

A legitimidade será ordinária, porque, com o falecimento do credor, o direito passou aos sucessores. Enquanto não tiver havido o trânsito em julgado da sentença

1 ▪ Da Execução em Geral   671

homologatória de partilha, a legitimidade será do espólio, representado pelo inventariante; após, o credor será sucedido pelos herdeiros.

Se o falecimento ocorrer no curso da execução, a sucessão processual far-se-á na forma do art. 110 do CPC, ou, se necessário, por habilitação, na forma dos arts. 687 e ss.

9.1.3. O cessionário

Além do sucessor *mortis causa*, também estarão legitimados **os cessionários, quando o direito resultante do título executivo lhes foi transferido por ato entre vivos** (art. 778, III). A legitimidade é **ordinária**, porque, com a cessão, ele tornou-se titular do direito, consubstanciado no título executivo.

Se ela ocorrer antes do ajuizamento da execução, cumprirá ao cessionário instruir a inicial com o título e com o documento comprobatório da cessão; e, se ocorrer depois, bastará ao cessionário, comprovando sua condição, requerer a substituição do exequente originário por ele, **sem necessidade do consentimento do devedor**, por força do art. 286 do Código Civil: "O credor pode ceder o seu crédito, se a isso não se opuser a natureza da obrigação, a lei, ou a convenção com o devedor; a cláusula proibitiva da cessão não poderá ser oposta ao cessionário de boa-fé, se não constar do instrumento da obrigação". O art. 109 do CPC não se aplica à cessão de crédito, na execução. O cedente poderá ser sucedido pelo cessionário, independentemente de consentimento do devedor. A questão ficou pacificada com a edição de precedente vinculante pelo C. Superior Tribunal de Justiça (REsp repetitivo 1.091.443/SP, Rel. Min. Maria Thereza de Assis Moura), no qual ficou decidido: "RECURSO ESPECIAL REPRESENTATIVO DE CONTROVÉRSIA. ART. 543-C DO CPC. PROCESSO CIVIL. CESSÃO DE CRÉDITO. EXECUÇÃO. PRECATÓRIO. SUCESSÃO PELO CESSIONÁRIO. INEXISTÊNCIA DE OPOSIÇÃO DO CEDENTE. ANUÊNCIA DO DEVEDOR. DESNECESSIDADE. APLICAÇÃO DO DISPOSTO NO ART. 567, II, DO CPC. EMENDA CONSTITUCIONAL N. 62/2009".

Diferente será a cessão de débito, que só valerá se feita com a anuência do credor.

9.1.4. O Ministério Público

O art. 778, I, do CPC autoriza o Ministério Público a promover a execução, nos casos prescritos em lei.

A legitimidade será sempre extraordinária, porque ele não postula interesse próprio, mas, em nome próprio, interesse alheio.

O Ministério Público pode ser autor de ações condenatórias, como autoriza o art. 177 do CPC.

Entre outras hipóteses, podem ser citadas:

▪ aquelas em que ele postula indenização civil em favor da vítima de crime ou seus herdeiros, que não tenham condições econômicas para fazê-lo (art. 68, do CPP). A legitimidade para esse tipo de ação passou a ser, em regra, da Defensoria Pública, mas onde ela não tiver sido criada, ele poderá promovê-la, postulando os direitos da vítima ou seus herdeiros até a fase executiva;

- as ações de reparação de danos decorrentes de lesão ao meio ambiente, previstas no art. 14, § 1.º, da Lei n. 6.938/81;

- as ações que versem sobre interesses difusos ou coletivos, na forma do art. 82 do Código do Consumidor;

- as ações populares, em que caberá ao Ministério Público promover a execução "caso decorridos sessenta dias da publicação da sentença condenatória, sem que o autor ou terceiro promova a respectiva execução" (art. 16 da Lei n. 4.717/65);

- a execução de condenações impostas pela Lei de Improbidade Administrativa, conforme art. 17 da Lei n. 8.429/92;

- a execução de título extrajudicial consistente no termo de ajustamento de conduta, firmado por ele com o causador do dano.

Há casos em que o Ministério Público, conquanto não proponha a execução, tem de atuar como **fiscal da ordem jurídica**. Por exemplo, se na execução estiverem presentes as hipóteses do art. 178 do CPC, como interesse de incapazes, ou público.

9.1.5. O sub-rogado

O art. 778, IV, do CPC atribuiu legitimidade para promover execução tanto ao sub-rogado legal como ao convencional. As hipóteses de sub-rogação legal e convencional estão nos arts. 346 e 347 do CC.

A sub-rogação a que se refere a lei processual é, segundo Clóvis Beviláqua, a transferência dos direitos do credor para aquele que solveu a obrigação ou emprestou o necessário para solvê-la.

Essa definição deixa claro **que a sub-rogação presta-se apenas para conceder legitimidade ativa àquele que paga; não há sub-rogação no polo passivo da execução**.

A legitimidade é ordinária porque aquele que paga, por sub-rogação torna-se o novo credor, assumindo a qualidade jurídica do seu antecessor.

9.1.6. Fiador sub-rogado

Um caso específico de sub-rogação é o do fiador, previsto no art. 831, *caput*, primeira parte, do CC: "O fiador que pagar integralmente a dívida fica sub-rogado nos direitos do credor". Por isso, o art. 794, § 2.º, autoriza **o fiador que paga a executar o afiançado nos autos do mesmo processo**.

9.1.7. O ofendido, ainda que não figure no título executivo

Entre os títulos executivos judiciais está a sentença penal condenatória transitada em julgado, proferida em ação penal ajuizada pelo Ministério Público (salvo nos casos de ação penal privada) em face do ofensor. A vítima não participa do processo crime, e não figura na sentença penal condenatória.

No entanto, **o CPC permite que ela promova a execução civil da indenização pelos danos que sofreu, após prévia liquidação, em regra de procedimento comum**.

1 ■ Da Execução em Geral

Outro exemplo é a da execução promovida pelo ofendido, de sentença proferida em ação coletiva pelos legitimados indicados na Lei da Ação Civil Pública. O ofendido não participa da ação coletiva, mas pode, oportunamente, promover a liquidação e execução dos danos que sofreu.

9.1.8. O advogado

O art. 23 da Lei n. 8.906/94 estabelece: "Os honorários incluídos na condenação, por arbitramento ou sucumbência, pertencem ao advogado, tendo este direito autônomo para executar a sentença nesta parte, podendo requerer que o precatório, quando necessário, seja expedido em seu favor".

O advogado tem legitimidade para, em nome próprio, executar os honorários advocatícios de sucumbência, fixados pelo juiz. Mas pode preferir que eles sejam incluídos no débito principal, e executados em conjunto, em nome da parte vitoriosa.

Há duas possibilidades:

■ **que tanto o principal como os honorários do advogado sejam executados em nome da parte:** o exequente será legitimado ordinário para a execução do principal, mas extraordinário, para a dos honorários do seu advogado;

■ **que o principal seja executado em nome da parte, e os honorários pelo advogado, em nome próprio**. Tanto a parte quanto o seu advogado serão legitimados ordinários, para a execução daquilo que lhes cabe.

9.2. LEGITIMIDADE PASSIVA

Os legitimados passivos vêm enumerados no art. 779 do CPC.

9.2.1. O devedor, reconhecido como tal no título executivo

Esse é o legitimado passivo primário, desde que figure como tal no título executivo. Se a execução é fundada em título judicial, é legitimado passivo aquele a quem foi imposta a condenação; se em título extrajudicial, o que figura no título como devedor.

9.2.2. O espólio, os herdeiros ou os sucessores do devedor

Trata-se da hipótese de sucessão *mortis causa*, aplicando-se as mesmas regras já examinadas no *item 9.1.2*, *supra*. Há uma particularidade: **a execução não pode ultrapassar as forças da herança**.

Se houver a extinção de pessoa jurídica, é preciso verificar se o patrimônio da empresa foi transferido para outra, caso em que esta assume o passivo; do contrário, os legitimados serão os sócios da empresa extinta.

9.2.3. O novo devedor, que assumiu, com o consentimento do credor, a obrigação resultante do título executivo

A assunção de débito exige prévia anuência do credor. Afinal, é o patrimônio do devedor que responde pela dívida, e o credor poderá não concordar que terceiro possa

674 Direito Processual Civil Esquematizado | *Marcus Vinicius Rios Gonçalves*

assumi-la, se tiver um patrimônio menor do que o do devedor originário. Tendo havido anuência do credor, a execução será proposta diretamente contra o novo devedor; se a cessão ocorrer no curso da execução, o devedor originário será substituído pelo novo.

9.2.4. O fiador do débito constante em título extrajudicial

O contrato de fiança é sempre acessório de uma obrigação principal. Se ela é dada como garantia de uma obrigação consubstanciada em título executivo extrajudicial, terá a mesma natureza. Por exemplo: o contrato de locação tem força executiva. **Se dele constar fiança, haverá título também contra o fiador, que poderá ser executado diretamente**.

Mas há aqui mais um detalhe: o fiador pode ter benefício de ordem, estabelecido no art. 827 do CC, o que lhe dá o direito de primeiro ver excutidos os bens do devedor, antes dos seus.

Se o fiador não renunciou a ele, só poderá ser executado se o devedor principal tiver sido incluído no polo passivo; do contrário, o fiador não teria como nomear bens dele à penhora, o que o impediria de exercer o benefício de ordem. **Se este existir, o fiador só pode ser executado em litisconsórcio com o devedor principal**.

Mas se ele tiver renunciado ao benefício, a execução poderá ser dirigida só contra o fiador, que não sofrerá nenhum prejuízo já que, pagando o débito, sub-rogar-se-á nos direitos do credor, e poderá executar o devedor nos mesmos autos (art. 794, § 2.º, do CPC).

Pode ocorrer que a fiança garanta um débito não consubstanciado em título executivo extrajudicial. **A ação de cobrança poderá ser ajuizada apenas em face do fiador, ainda que ele tenha o benefício de ordem**. Não haverá prejuízo, porque bastará que chame ao processo o devedor principal, na forma do art. 130, I, do CPC. Caso haja condenação, na fase executiva, o fiador poderá exigir que, primeiro, sejam excutidos os bens do devedor principal para só depois serem atingidos os seus. E, se o fiador, na fase executiva, satisfizer o débito, poderá exigi-lo, por inteiro, do devedor principal, nos mesmos autos (art. 132 do CPC).

9.2.5. O responsável titular do bem vinculado por garantia real ao pagamento do débito

Aquele que deu o bem em garantia real de uma dívida torna-se responsável, até o limite do valor do bem, pelo pagamento da dívida, ainda que não seja ele o devedor. A garantia real pode ser oferecida em razão de dívida própria ou de terceiro. Se for dada em garantia de dívida de terceiro, o titular do bem torna-se responsável pelo pagamento, respeitado o valor do bem.

9.2.6. O responsável tributário

Foi incluído no rol dos legitimados passivos à execução, no art. 779, VI, do CPC. Cumpre à legislação tributária definir quem são os responsáveis, as pessoas que responderão pelo pagamento do débito, caso o devedor principal não o faça.

1 ■ Da Execução em Geral

675

9.2.7. Avalista

É aquele que presta garantia do pagamento de título de crédito, caso o devedor principal não pague. O aval deve constar do título, geralmente com a assinatura do devedor no anverso, acompanhada de expressão que identifique o ato praticado.

Dada a autonomia do aval, a execução poderá ser dirigida tão-somente contra o avalista, não sendo necessária a inclusão do avalizado. Nada impede, porém, que se o inclua, caso em que haverá um litisconsórcio passivo na execução.

Se o avalista pagar a dívida, sub-rogar-se-á no crédito, e poderá reaver o que pagou, nos mesmos autos, voltando-se contra o avalizado.

9.2.8. O empregador pode ser executado com fundamento em sentença condenatória do empregado?

O patrão responde objetivamente pelos danos causados pelo empregado, no exercício de suas atividades. A vítima de danos pode ajuizar ação de ressarcimento contra o empregado, o empregador ou contra ambos, em litisconsórcio facultativo.

Mas se ajuizá-la só contra o empregado, a sentença só condenará a este. Só será possível executá-lo, não o empregador. **Para que este seja executado, é necessário que tenha sido demandado também, e que a sentença o tenha incluído na condenação.**

A mesma regra aplica-se às sentenças penais condenatórias. O empregado, no exercício de suas funções, pode cometer crime, do qual resultem danos. Havendo sentença penal condenatória transitada em julgado, será possível promover a execução, após prévia liquidação, contra o empregado condenado, mas não contra o empregador, que não integra o título executivo, nem recebeu condenação.

Será preciso promover ação de conhecimento contra o patrão, na qual este poderá, até mesmo, discutir a culpa do empregado, já que do processo criminal ele não participou.

9.3. LITISCONSÓRCIO NA EXECUÇÃO

Tanto no cumprimento de sentença quanto na execução por título extrajudicial será possível o litisconsórcio, ativo, passivo ou misto, dependendo do que conste do título.

Se no processo de conhecimento havia litisconsórcio, poderá também haver na execução. Se mais de um réu foi condenado, ela poderá dirigir-se contra todos; e se foi dada em benefício de mais de um autor, todos poderão promovê-la.

O mesmo ocorrerá se no título extrajudicial mais de uma pessoa figurar como credora ou devedora.

O litisconsórcio, na execução, será facultativo ou necessário, conforme a obrigação que conste do título. Sempre que for de pagamento, será facultativo, já que as quantias são sempre divisíveis. Ainda que a sentença condene dois ou mais réus, ou no título figurem dois ou mais devedores, o credor poderá promover a execução em face de apenas um.

Mas, se a obrigação imposta no título for de fazer ou não fazer, ou de entregar coisa, e tiver objeto indivisível, o litisconsórcio será necessário.

676 Direito Processual Civil Esquematizado   Marcus Vinicius Rios Gonçalves

9.4. INTERVENÇÃO DE TERCEIROS

Como já foi visto no Livro III, Capítulo 3, *item 6*, das formas de intervenção de terceiros previstas na Parte Geral do CPC, apenas a denunciação da lide e o chamamento ao processo não são admissíveis na execução. As demais formas de intervenção (incidente de desconsideração da personalidade jurídica, assistência e o *amicus curiae*) são possíveis.

Além disso, existem situações próprias da execução, em que se admitirá o ingresso de terceiro no processo, e que não se enquadram entre aquelas hipóteses previstas na Parte Geral.

Podem ser citados:

■ a adjudicação, requerida pelo credor com garantia real, pelos credores concorrentes, ou pelo cônjuge, descendentes ou ascendentes, na forma do art. 876, § 5.º;

■ a arrematação, feita em leilão judicial, por terceiro;

■ o concurso de preferências, quando credores preferenciais intervêm na execução para assegurar a prioridade de pagamento, em caso de alienação judicial do bem.

10. DOS REQUISITOS NECESSÁRIOS PARA A EXECUÇÃO

São dois os requisitos para que haja interesse do credor na execução: **o inadimplemento do devedor, e o título executivo, que assegure grau suficiente de certeza da existência da obrigação**. A falta de um deles implicará a carência da execução.

10.1. DO INADIMPLEMENTO DO DEVEDOR

Enquanto não caracterizado o inadimplemento, a execução não é necessária, **porquanto há a possibilidade de que, na data aprazada, ocorra a satisfação voluntária do débito**.

Haverá inadimplemento quando o devedor não cumpre a obrigação no tempo, local e forma convencionados. O Código Civil estabelece o modo de cumprimento das obrigações, cabendo ao devedor respeitá-lo. O art. 788 do CPC estabelece que "o credor não poderá iniciar a execução, ou nela prosseguir, se o devedor cumprir a obrigação, mas poderá recusar o recebimento da prestação se ela não corresponder ao direito ou à obrigação estabelecidos no título executivo, caso em que poderá requerer ao juiz a execução forçada, ressalvado ao devedor o direito de embargá-la".

Para que haja interesse na execução, não é preciso inadimplemento absoluto: basta a mora do devedor. Os civilistas fazem a distinção entre mora e inadimplemento absoluto: haverá mora quando o devedor não cumpre a obrigação na forma convencionada, mas ainda há possibilidade e utilidade de que ele a cumpra. Se o devedor atrasa o pagamento, haverá mora, porque ele ainda poderá pagar, com os acréscimos devidos, e a prestação terá utilidade para o credor; já no inadimplemento absoluto, o devedor não cumpriu a obrigação na forma convencionada, nem poderá mais cumprir, já que a prestação não tem mais utilidade para o credor, que poderá enjeitá-la e exigir a satisfação de perdas e danos. Haverá inadimplemento absoluto, por exemplo, do devedor que, tendo-se comprometido a entregar um vestido de noiva às vésperas do casamento, não cumpriu a obrigação.

1 ◾ Da Execução em Geral

Tanto no caso de mora quanto no de inadimplemento absoluto, será possível promover a execução.

10.1.1. Tempo no cumprimento das obrigações

As normas que regulam o inadimplemento são de direito material. Quanto ao tempo, cumpre verificar se a obrigação é a termo, isto é, tem data certa de vencimento ou não. Em caso afirmativo, o devedor incorre de pleno de direito em mora, assim que deixar passar o prazo de vencimento. Se o título indica a data do pagamento, no dia seguinte o devedor estará em mora, e a execução poderá ser aforada. Trata-se da mora *ex re*, vigorando o *dies interpellat pro homine*.

Se a obrigação não tem data certa de vencimento, será preciso notificar o devedor (mora *ex persona*). Excepcionalmente, há obrigações que têm termo certo de vencimento, mas que exigem, como condição da mora, prévia notificação ao devedor: é o caso dos contratos de compromisso de compra e venda de imóvel.

Se o devedor não tiver sido constituído em mora pelo vencimento do título ou pela notificação, ela só existirá a partir da citação (CPC, art. 240). Mas esta só poderá suprir a notificação, se a lei não exigir que seja prévia. É o que ocorre nos contratos de compromisso de compra e venda de imóvel, loteado ou não: exige-se, como condição da mora, que o devedor tenha sido previamente notificado. Para o recebimento da inicial é preciso que o credor demonstre que havia constituído o devedor previamente em mora.

Nas obrigações por atos ilícitos, o devedor estará em mora desde a data do fato, nos termos da Súmula 54 do STJ.

10.1.2. O lugar

As obrigações devem ser cumpridas no lugar convencionado. Na falta, prevalece o art. 327 do CC: "Efetuar-se-á o pagamento no domicílio do devedor, salvo se as partes convencionarem diversamente, ou se o contrário resultar da lei, da natureza da obrigação ou das circunstâncias".

A regra é que a obrigação seja cumprida no domicílio do devedor, cabendo ao credor procurá-lo para receber. Essas obrigações são chamadas **quesíveis (*querable*)**. Mas as partes podem convencionar, ou a lei determinar, ou, ainda, resultar da sua natureza ou das circunstâncias que a obrigação deva ser satisfeita no domicílio do credor, caso em que será chamada de **portável (*portable*)**.

10.1.3. Prova do pagamento

Compete sempre ao devedor, já que não se pode exigir do credor prova negativa. **Faz-se com a apresentação de recibo ou da devolução do título correspondente à obrigação**.

10.1.4. Obrigações líquidas

Só se pode falar em inadimplemento de uma obrigação líquida; do contrário, o pagamento é inviável.

678 Direito Processual Civil Esquematizado					*Marcus Vinicius Rios Gonçalves*

As obrigações contidas em título executivo extrajudicial têm de ser sempre líquidas, pois não se admite prévia liquidação. Esta só é possível em caso de sentença ilíquida, para apuração do *quantum debeatur*.

10.1.5. Obrigação condicional ou a termo

Termo é o evento futuro e certo, e condição é o futuro e incerto, do qual depende a eficácia da obrigação.

O art. 514 do CPC regula as obrigações sujeitas a termo ou condição: "Quando o juiz decidir relação jurídica sujeita a condição ou termo, o cumprimento da sentença dependerá de demonstração de que se realizou a condição ou de que ocorreu o termo".

10.1.6. Obrigações bilaterais

Contratos bilaterais são aqueles que impõem obrigações recíprocas para ambos os contratantes. A de um encontra a sua justificativa na do outro, como, por exemplo, nos contratos de compra e venda e locação.

O art. 476 do CC estabelece que, havendo contratos bilaterais de prestações simultâneas, **nenhum dos contratantes pode ingressar em juízo para exigir do outro a prestação prometida, sem que primeiro tenha cumprida a sua**. Se o fizer, o réu irá defender-se por meio da *exceptio non adimpleti contractus*.

A lei processual, dando operatividade a essa regra, dispõe, no art. 787, que "Se o devedor não for obrigado a satisfazer sua prestação, senão mediante a contraprestação do credor, este deverá provar que a adimpliu ao requerer a execução, sob pena de extinção do processo". E o parágrafo único acrescenta: "O executado poderá eximir-se da obrigação, depositando em juízo a prestação ou a coisa, caso em que o juiz não permitirá que o credor a receba, sem cumprir a contraprestação que lhe tocar".

São regras que traduzem, para a execução, a exceção de contrato não cumprido.

O credor, para dar início à execução de obrigação bilateral, precisa provar que cumpriu a sua prestação, nos termos do art. 798, I, *d*, do CPC.

Há decisões judiciais que exigem que a comprovação de adimplemento da obrigação, pelo exequente, conste do próprio título. Se houver necessidade de produção de provas, já que o adimplemento do credor não consta do título, este perderia a sua eficácia executiva, sendo necessário ajuizar um processo de conhecimento. Nesse sentido, *RSTJ* 47/287 e *RT* 707/166.

10.2. TÍTULO EXECUTIVO

10.2.1. Introdução

É requisito indispensável para qualquer execução. Discute-se sua natureza jurídica, havendo numerosas teorias, que podem ser agrupadas em três categorias:

■ **as que sustentam que o título é um documento que prova o débito**. Seu principal defensor foi Carnelutti, para quem a lei considera título executivo o único documento capaz de provar a existência do crédito, com segurança suficiente para permitir a execução. A principal finalidade do título seria provar, documentar a existência do crédito que se executa;

■ **as que o consideram como ato capaz de desencadear a sanção executiva**. É a acolhida por Enrico Tulio Liebman, para quem o título é ato constitutivo da concreta vontade sancionatória do Estado. Sua função não é documentar a existência do crédito, tanto que podem existir títulos sem que o crédito efetivamente exista, mas funcionar **como ato-chave capaz de desencadear a execução**. A sanção executiva não pressupõe a existência do crédito, mas a existência do título. O juiz deferirá a execução sem examinar se o crédito existe ou não, mas apenas se ela está ou não arrimada em título executivo. Este goza de autonomia em relação ao crédito, sendo, por si só, condição necessária e suficiente para o desencadeamento da sanção executiva;

■ **as que lhe atribuem natureza de ato e documento, simultaneamente**. Teoria sustentada, entre outros, por Satta, para quem não é suficiente considerar o título só como documento ou só como ato, sendo necessário conciliar as duas coisas. Para os seus adeptos, o título não pode ser desvinculado do crédito. **O título e o crédito devem ser considerados uma só coisa, com dois enfoques distintos**. Aquele seria o instrumento formal do crédito, o continente, do qual o crédito é o conteúdo. Não significa que o aforamento da execução esteja condicionado à efetiva existência do crédito. O título, por si só, é causa suficiente para o ajuizamento da execução, sendo sua razão direta e imediata. Mas é dada ao devedor a possibilidade de, na própria execução ou por embargos, demonstrar que o crédito não existe ou está extinto. Para o ajuizamento da execução basta o título, indicador em abstrato do crédito. Mas a sua existência, em concreto, só será verificada no curso da execução ou de eventuais embargos.

A primeira teoria não vê autonomia entre o título e o crédito, pressupondo que se há o primeiro, há o segundo. A segunda teoria, vê no título uma autonomia absoluta: o título vale como ato-chave da execução por si, independente da existência ou não do crédito. Por fim, a terceira vê o título como autônomo, já que basta para que se desencadeie a execução; mas não afasta a possibilidade de que, no seu curso, o devedor consiga eximir-se comprovando que, apesar do título, o crédito não existe ou está extinto. O título é abstrato, mas não a ponto de impedir qualquer indagação a respeito do crédito, que deverá ser suscitada pelos mecanismos procedimentais adequados. Ao deferir a execução, o juiz vai apenas examinar se há título e inadimplemento. No seu curso, a inexistência do crédito poderá ser suscitada e discutida pelas vias próprias.

A maior parte da doutrina brasileira tem adotado essa concepção do título executivo (entre outros, Costa Silva, Sérgio Shimura, Humberto Theodoro Junior e Araken de Assis).

10.2.2. Só a lei pode criar títulos executivos

Sendo o título o ato-documento que abre as portas à sanção executiva, **não é dado criá-lo, sem expressa previsão legal**. Cumpre ao legislador estabelecer quais são os títulos e o rol legal é taxativo (***numerus clausus***).

Além disso, aplica-se o **princípio da tipicidade**. Não basta que se enumerem os títulos: a lei ainda deve criar tipos, modelos legais, padrões, que devem ser respeitados, caso se queira criá-los. Uma promissória, um cheque ou uma sentença devem obedecer aos padrões estabelecidos pelo legislador.

10.2.3. Pluralidade de títulos

Pode ocorrer o cúmulo de execuções, em que **duas ou mais obrigações, representadas por títulos distintos são objeto do mesmo processo**. É necessário que sejam preenchidos os requisitos gerais da cumulação de pretensões, formulados nos incisos do art. 327, § 1.º, do CPC: que os pedidos sejam compatíveis, que seja competente o mesmo juízo e que o procedimento seja adequado para todas as pretensões. Tal possibilidade vem consignada no art. 780 do CPC: "O exequente pode cumular várias execuções, ainda que fundadas em títulos diferentes, quando o executado for o mesmo e desde que para todas elas seja competente o mesmo juízo e idêntico o procedimento". Por essa razão, não será possível a cumulação de execução por título extrajudicial e de cumprimento de sentença, dada a diversidade de procedimentos adotados.

São comuns os casos, por exemplo, de promissórias firmadas como garantia de pagamento de prestações distintas do mesmo contrato. Havendo mais de uma vencida, será caso de cumular as execuções.

Outra possibilidade é haver um mesmo crédito consubstanciado em dois ou mais títulos executivos. Por exemplo: uma confissão de dívida firmada por duas testemunhas e ainda garantida por uma promissória de mesmo valor. **Não há óbice a que uma mesma execução esteja fundada em dois ou mais títulos executivos**, nos termos da Súmula 27 do STJ: "Pode a execução fundar-se em mais de um título executivo extrajudicial relativo ao mesmo negócio". Caso algum deles seja inválido, a execução prosseguirá com fundamento no outro.

10.2.4. Cópia de título executivo?

Poderia a execução ser instruída não com o original, mas com cópia do título executivo, sendo ele o documento necessário para a aplicação da sanção executiva?

Em regra, a resposta é negativa, porque, embora a cópia autenticada possa fazer a mesma prova que o original, se o credor a utilizasse, poderia, em tese, ajuizar diferentes execuções, com base no mesmo título, instruindo cada qual com uma via. O problema se agrava quando o título for daqueles que circulam, como os de crédito. Bastaria a um credor tirar cópia autenticada de um cheque para poder ajuizar a execução, ainda que tenha feito o título circular, o que não se pode admitir.

Por questão de segurança jurídica é que se exige que a inicial da execução seja instruída com o original do título. Mas essa regra não é absoluta e cede quando se prova que o original não pode ser juntado por razões alheias à vontade do credor. Por exemplo, o cheque emitido pelo devedor está juntado aos autos de um inquérito policial ou de um processo criminal para apuração de crime de estelionato. O credor não poderá ficar privado de promover a execução enquanto tramita o processo crime e poderá instruir a execução civil com cópia do cheque e certidão comprovando que o título está juntado em outros autos.

1 ■ Da Execução em Geral   681

Também se admite a cópia do título em execução provisória quando os autos principais estão no órgão *ad quem*, aguardando o julgamento do recurso.

10.2.5. Requisitos do título executivo

Diz-se que o título executivo há de ser líquido, certo e exigível. Mas não é propriamente o título que tem de ter essas qualidades, **mas a obrigação que ele representa, como estabelece o art. 783** do CPC: "A execução para cobrança de crédito fundar-se-á sempre em título de obrigação certa, líquida e exigível". O art. 803, I, estabelece que "é nula a execução se o título executivo extrajudicial não corresponder a obrigação certa, líquida e exigível". Não se trata propriamente de nulidade, como indica o dispositivo, mas de **carência de execução**, já que faltará ao credor interesse de agir, quando a obrigação não tiver essas características. Como se trata de matéria de ordem pública, cumpre ao juiz, **de ofício**, examinar esses requisitos, **mas em abstrato, pois apesar de o título preenchê-los, pode o devedor demonstrar, em concreto, que o débito não existe ou foi extinto**.

10.2.5.1. *Certeza*

É a certeza em abstrato que deflui da existência do título representativo da dívida, não a certeza em concreto, já que o devedor pode, no curso da execução ou dos embargos, demonstrar que a dívida não existe ou já se extinguiu. Mas é preciso que o título **aponte, em abstrato, a existência do débito e esteja formalmente em ordem**, preenchendo todos os requisitos e indicando o credor e o devedor.

O conteúdo da obrigação pode não ser identificado de plano, mas deve ser identificável, pelo que consta do título, como ocorre nas obrigações alternativas ou de entrega de coisa incerta. **É preciso que dele deflua o *an debeatur*.**

10.2.5.2. *Liquidez*

A liquidez diz respeito ao *quantum debeatur*, à quantidade de bens que constitui o objeto da obrigação do devedor.

Há que se fazer a distinção entre títulos extrajudiciais e judiciais, pois os primeiros hão de ser sempre líquidos, ao passo que os segundos podem depender de prévia liquidação, que precederá a fase de cumprimento da sentença. Só existe liquidação de títulos judiciais.

Para que haja liquidez, é preciso que o *quantum debeatur* possa ser apurado **pela leitura do título ou por cálculos aritméticos baseados no que dele consta**. É preciso que já existam todos os elementos necessários para a apuração do valor.

Não perde a liquidez a obrigação se houve pagamento parcial ou se é preciso acrescentar encargos, como juros, correção monetária e multa, fixada no título, pois basta uma simples subtração ou adição para que se apure o montante.

Não será líquida a obrigação se o *quantum* **depender de fatores externos ao título**. Por exemplo: se o devedor se obriga a entregar uma parcela do faturamento da empresa em determinado ano, já que isso depende de prova.

682 Direito Processual Civil Esquematizado — Marcus Vinicius Rios Gonçalves

10.2.5.3. Exigibilidade

As obrigações a termo ou sob condição só se tornam exigíveis depois que estes se verificarem. Faltará interesse ao credor se o título ainda não estiver vencido, ou se a condição suspensiva não tiver se verificado.

10.2.6. Títulos executivos judiciais e extrajudiciais

A principal distinção entre os títulos é a referente à sua origem. A diferença se tornou ainda mais relevante após as reformas de 2005, pois se antes o procedimento da execução era sempre o mesmo, fosse o título judicial ou extrajudicial, hoje é distinto. Somente a fundada no segundo dará ensejo a um novo processo, ao passo que a fundada no primeiro implicará apenas uma fase subsequente de cumprimento de sentença.

O CPC enumera quais são os títulos judiciais no art. 515, e os extrajudiciais, no art. 784. O procedimento do cumprimento de sentença fundado nos primeiros vem estabelecido nos arts. 513 e ss., e o da execução fundada nos segundos, no Livro II da Parte Especial do CPC.

10.2.7. Títulos executivos judiciais

São aqueles previstos em lei (art. 515) **e produzidos no exercício da jurisdição**. Além dos indicados nesse dispositivo, é possível identificar, na lei, outros títulos judiciais, que serão indicados oportunamente. Mas vale lembrar que, dado o princípio da taxatividade, só a lei pode criá-los. São eles:

10.2.7.1. Decisões proferidas no processo civil que reconheçam a exigibilidade de obrigação de pagar quantia, de fazer, de não fazer ou de entregar coisa

Os títulos executivos judiciais por excelência são a decisão interlocutória de mérito, a sentença e o acórdão que reconheçam a exigibilidade de uma obrigação. O CPC/1973, em sua redação originária, considerava título a sentença civil condenatória. Estabelecia, portanto, uma restrição quanto à natureza da ação ajuizada, uma vez que exigia que houvesse condenação, o que só era possível nas ações e processos de natureza condenatória. Mas desde a edição da Lei n. 11.232/2005 (portanto já antes da entrada em vigor do NCPC), a redação originária acima aludida foi substituída por outra, que causou perplexidade. A nova redação não falava mais em sentença condenatória, mas em sentença que reconheça a existência de obrigação de fazer, não fazer, entregar coisa ou pagar quantia. O NCPC manteve essa redação, apenas substituindo "sentença" por "decisão", e "existência" por "exigibilidade". Não se fala mais em condenação, o que trouxe, desde logo, controvérsia a respeito da possibilidade de outras decisões, que não condenatórias, poderem ser executadas, desde que reconhecendo a exigibilidade de obrigação. Um exemplo: devedor contra quem foi emitida uma duplicata, protestada, ajuíza ação postulando a declaração de inexigibilidade da obrigação de pagar. A ação proposta é meramente declaratória e tem por fim declarar a inexigibilidade do débito. Colhidas as provas necessárias, o juiz conclui que a dívida existe, e que a pretensão declaratória é improcedente. Ao proferir a sentença, o juiz, concluindo pela improcedência da pretensão declaratória de inexigibilidade do débito, estará reconhecendo a sua exigibilidade. A sentença é meramente declaratória, mas reconheceu a exigibilidade da dívida. Poderia o réu promover a execução dele, cuja inexigibilidade era objeto da pretensão formulada, e que acabou julgada improcedente? A questão é de grande relevância, porque a nova redação do dispositivo legal parecia atribuir força executiva às decisões não mais em decorrência da natureza da ação ou da decisão proferida, mas em decorrência do seu conteúdo. De acordo com a nova redação, o mais importante não seria que a sentença ou decisão fosse condenatória, mas que reconhecesse a existência da dívida, para ser considerada título executivo. A controvérsia prolongou-se, dividindo doutrina e jurisprudência. Mas finalmente o Superior Tribunal de Justiça pronunciou-se a respeito, em Recurso Especial ao qual foi atribuída eficácia de recurso repetitivo (Tema 889, Recurso Especial 1.324.152/SP, Rel. Min. Luis Felipe Salomão). Consta da ementa do V. Acórdão proferido no julgamento:

"PROCESSO CIVIL. RECURSO ESPECIAL REPRESENTATIVO DA CONTROVÉRSIA. ART. 543-C DO CPC. EXEQUIBILIDADE DE SENTENÇAS NÃO CONDENATÓRIAS. ART. 475-N, I, DO CPC. 1. Para fins do art. 543-C do CPC, firma-se a seguinte tese: 'A sentença, qualquer que seja sua natureza, de procedência ou improcedência do pedido, constitui título executivo judicial, desde que estabeleça obrigação de pagar quantia, de fazer, não fazer ou entregar coisa, admitida sua prévia liquidação e execução nos próprios autos'".

No teor do V. Acórdão pode-se ler:

"Com efeito, a decisão de cunho condenatório sempre foi considerada o título executivo judicial por excelência, à evidência da norma inserta no revogado art. 584, I, do CPC [1973]:
'Art. 584. São títulos executivos judiciais: (Revogado pela Lei n. 11.232, de 2005) I — a **sentença condenatória** proferida no processo civil'".

A grande carga de executividade dessa espécie de decisão decorre do fato de que seu comando consubstancia efetiva manifestação judicial acerca da existência e validade da relação jurídica controvertida e da exigibilidade da pretensão que dela deriva, revestindo-a com o grau de certeza exigido pela lei quanto à obrigação inadimplida, em virtude da identificação de todos os elementos dessa relação jurídica. Às decisões de natureza declaratória, contudo, antes da vigência da Lei n. 11.232/2005, era negada a eficácia executiva, ainda que secundária, ao argumento de que elas se limitavam à declaração de certeza acerca da existência ou da inexistência de relação jurídica (art. 4.º do CPC) — o que constituiria o cerne da pretensão exercitada —, não se estendendo ao reconhecimento da existência de prestação a cargo do vencido. Diante disso, para fins de aferição da exequibilidade do provimento judicial, a utilização do critério da **natureza da decisão** não parece ser o melhor caminho, porquanto enseja polêmicas intermináveis e inócuas, que não oferecem contribuição no campo prático. Na verdade, o exame do **conteúdo** da decisão mostra-se método mais adequado à discriminação das sentenças passíveis de serem consideradas título executivo, bastando, para tanto, que ela contenha "a identificação integral de uma norma jurídica concreta, com prestação exigível de dar, fazer, não fazer ou pagar quantia" (ZAVASCKI, Teori Albino. *Processo de execução*. São Paulo: RT, 2004, p. 309). Nesse ponto, é relevante salientar que os referidos dispositivos legais não atribuem eficácia executiva a todas as sentenças declaratórias indiscriminadamente, mas apenas àquelas que, reconhecendo a existência da obrigação, contenham, em seu bojo, os pressupostos de certeza e exigibilidade (art. 586 do CPC), sendo certo que, na ausência de liquidez, é admitida a prévia liquidação, tal qual ocorre com o provimento condenatório."

Diante dos termos do V. Acórdão, conclui-se que o Superior Tribunal de Justiça reconheceu a exequibilidade de toda e qualquer decisão em que haja o reconhecimento da exigibilidade de obrigação, independentemente da natureza da ação ou da decisão proferida. Não é indispensável que ela seja condenatória, bastando que da leitura de seu conteúdo resulte o reconhecimento da exigibilidade da obrigação.

No sistema do CPC, o reconhecimento da obrigação pode ser feito por decisão interlocutória ou por sentença (ou acórdão), ambas constituindo título executivo judicial. Isso porque não há mais necessidade de que o mérito seja integralmente apreciado na sentença, pois o art. 356 autoriza o julgamento antecipado parcial do mérito. Se um ou alguns dos pedidos ou parte deles estiver em condições de julgamento, o juiz poderá já apreciá-los, determinando o prosseguimento do processo em relação aos demais. Nesse caso, a decisão interlocutória de mérito que reconhece a obrigação constituirá título executivo judicial.

Para que a decisão ou sentença civil seja título executivo, não é preciso que tenha transitado em julgado, bastando que não esteja pendente nenhum recurso dotado de efeito suspensivo. Ainda que haja algum recurso pendente, se este não tiver efeito suspensivo, ela poderá ser executada, **embora o cumprimento seja provisório**.

Conforme o tipo de obrigação reconhecida, haverá diferentes procedimentos de cumprimento de sentença. Se a obrigação for de fazer, o cumprimento deverá observar o disposto nos arts. 536 e 537, e se for de entrega de coisa, o do art. 538. Já se for de pagamento, o procedimento será o previsto nos arts. 523 e ss. do CPC, sendo necessária prévia liquidação, se a sentença for ilíquida.

10.2.7.2. *Decisão homologatória de autocomposição judicial*

A sentença que homologa autocomposição judicial, em processo já instaurado, será título executivo, ainda que verse sobre matéria não posta em juízo e envolva terceiros que não participam do processo. Com a homologação, haverá resolução de mérito, nos termos do art. 487, III, *b*, do CPC. O juiz, ao homologar o acordo, limitar-se-á a examinar os seus aspectos formais. **Entretanto, a decisão homologatória só terá eficácia executiva se o acordo reconhecer alguma obrigação a ser cumprida pelos litigantes.**

Também será título executivo a sentença que resolver o mérito em caso de reconhecimento jurídico do pedido (art. 487, III, *a*, do CPC), desde que tal pedido envolva a pretensão do autor a que o réu realize uma prestação.

10.2.7.3. *Decisão homologatória de autocomposição extrajudicial de qualquer natureza*

Dentre os procedimentos de jurisdição voluntária, foi prevista a homologação de autocomposição extrajudicial, de qualquer natureza ou valor (art. 725, VIII, do CPC).

1 ▪ Da Execução em Geral

Aqueles que celebram autocomposição extrajudicial, seja ela qual for, podem levá-la à homologação judicial, observado o procedimento dos arts. 719 e ss., valendo a decisão ou sentença homologatória como título executivo judicial.

Não é preciso, para homologação, que o acordo seja assinado por testemunhas, bastando que esteja formalmente em ordem. Desde que imponha aos celebrantes alguma prestação, valerá como título executivo judicial.

10.2.7.4. Formal e certidão de partilha

Nos processos de inventário e arrolamento, o juiz definirá, ao final, a forma pela qual os bens deixados pelo autor da herança serão partilhados entre os sucessores. Após o julgamento da partilha, será expedido um formal ou certidão, que indicará os bens cabentes a cada um. O art. 515, IV, do CPC se refere a formal ou certidão: a regra é que seja expedido um formal, que poderá ser substituído por certidão na hipótese do art. 655, parágrafo único, do CPC, isto é, quando o quinhão hereditário não exceder cinco vezes o salário mínimo vigente.

A eficácia executiva do formal ou certidão de partilha será restrita ao inventariante, aos herdeiros e sucessores, a título universal ou singular. Eventuais credores do falecido deverão valer-se de prévio processo de conhecimento para obter título executivo, salvo se já estiverem munidos de título extrajudicial.

10.2.7.5. Créditos de auxiliares da justiça aprovados por decisão judicial

São títulos executivos judiciais os créditos dos auxiliares da justiça aprovados por decisão judicial. Os auxiliares abrangem, entre outros, os serventuários da justiça, o perito, o intérprete ou tradutor.

O CPC atual corrigiu o equívoco do anterior, que considerava tais créditos como títulos extrajudiciais, o que não se justificava já que a sua eficácia dependia de aprovação por decisão judicial.

10.2.7.6. Sentença penal condenatória transitada em julgado

Para que a sentença penal possa ser executada, é indispensável que tenha transitado em julgado, diferentemente do que ocorre com a cível. Por força do princípio da presunção de inocência, ela não produzirá efeitos, enquanto pendente recurso (art. 5.º, LVII, da CF).

A condenação criminal pode gerar vários tipos de obrigação na esfera cível: a de indenizar prejuízos das vítimas ou de seus herdeiros, a de restituir coisas ou de fazer ou não fazer.

Passada em julgado, a vítima, seu representante legal ou seus herdeiros (art. 63 do CPP) **poderão promover a execução dos danos na esfera cível, já que não é mais possível discutir a culpa do condenado**. Será, porém, necessário que se promova a liquidação, em regra, por artigos, já que haverá a necessidade de comprovação de fatos novos, que correspondam aos danos que a vítima tenha sofrido. Se os legitimados forem pobres, a liquidação e a execução poderão ser promovidas pelo Ministério Público,

686 Direito Processual Civil Esquematizado _Marcus Vinicius Rios Gonçalves_

como legitimado extraordinário (art. 68 do CPP), caso não haja Defensoria Pública ou Procuradoria do Estado, que possa atendê-los.

A sentença condenatória poderá ser executada tão-somente contra o condenado, nunca contra o empregador, que não participou do processo penal.

A vítima pode aguardar o resultado do processo criminal, em vez de ajuizar ação civil contra o condenado. Não é por outra razão que o Código Civil, no art. 200, estabelece que "Quando a ação se originar de fato que deva ser apurado no juízo criminal, não correrá a prescrição antes da respectiva sentença definitiva".

Mas a vítima pode, se preferir, ajuizar desde logo ação civil de reparação de danos. O art. 315 do CPC permite ao juiz que suspenda o curso do processo cível enquanto o fato estiver sendo apurado na esfera criminal: "Se o conhecimento do mérito depender de verificação da existência de fato delituoso, o juiz pode determinar a suspensão do processo até que se pronuncie a justiça criminal". **Mas isso é uma faculdade do juiz, e, na prática, raras vezes tem sido determinada a suspensão.** Caso o processo civil e o criminal continuem em curso, poderão ocorrer numerosos problemas, que serão examinados nos itens seguintes.

10.2.7.6.1. O valor mínimo de indenização fixado na sentença penal condenatória

De acordo com o estabelecido no art. 387, IV, do CPP, o juiz, ao proferir sentença condenatória, fixará o valor mínimo para reparação dos danos causados pela infração, considerando os prejuízos sofridos. O uso da expressão "valor mínimo" deixa claro que, caso a vítima — que não participou do processo penal — considere que o valor fixado é insuficiente, ela pode buscar, na esfera cível, uma complementação, que torne a indenização, a seu ver, integral. Como já há sentença condenatória, bastará que ela promova a liquidação, em regra pelo procedimento comum, dos danos não abrangidos pelo montante mínimo anteriormente fixado, valendo-se oportunamente do cumprimento de sentença.

Seja como valor, caso haja a fixação do valor mínimo, o ofendido ou seus herdeiros poderão promover, desde logo, o cumprimento de sentença do valor fixado, caso em que será desnecessária a liquidação, porque o valor terá sido fixado na sentença penal, sem prejuízo de buscar a liquidação e execução de eventual valor complementar.

A redução do art. 387, IV, que utiliza o verbo no imperativo, poderia transmitir a ideia de que o juiz criminal, obrigatoriamente, teria de fixar o valor mínimo, mas não nos parece ser essa a melhor solução, uma vez que nem sempre será possível obter, no processo criminal, dados e informações que bastem para que o valor mínimo seja fixado.

A questão da possibilidade de fixação de ofício, pelo juiz criminal, desse valor mínimo de indenização, que foi objeto de tanta controvérsia, ficou superada com a edição da Lei n. 13.869/2019, cujo art. 4.º, I, exige o requerimento do ofendido.

10.2.7.6.2. O que ocorre se, no curso da ação de indenização civil, sobrevém sentença penal condenatória?

Aquele que ajuíza ação civil busca obter um título executivo judicial, para poder exigir do réu a indenização devida. Mas se sobrevier sentença penal condenatória

1 ◾ Da Execução em Geral 687

transitada em julgado, não haverá mais interesse na ação civil, pois a vítima já tem título executivo judicial e pode promover, desde logo, a execução.

Não há interesse para ajuizar ação civil de reparação de danos, se já há, contra o causador, sentença penal condenatória. Mas, e se a sentença sobrevém quando o processo civil já está instaurado? Em princípio, será caso de extinção do processo sem resolução de mérito, por falta de interesse superveniente, com a condenação do réu ao pagamento das custas e honorários, já que a extinção decorre não de culpa do autor, mas do réu, já reconhecida na esfera criminal. Eventualmente, pode-se determinar o prosseguimento do processo civil apenas para que ao final o juiz aponte o *quantum debeatur*, pois podem ter sido produzidas provas a respeito da extensão e do valor dos danos, e não se justifica que o processo tenha de ser extinto, se a sentença pode esclarecê-los.

Em síntese, **se no curso de ação civil de reparação de danos sobrevier sentença penal condenatória do réu, o juiz extinguirá o processo por carência superveniente, ou, se caso, determinará o prosseguimento apenas para a apuração do** *quantum*.

10.2.7.6.3. E se a sentença no processo criminal for absolutória?

A sentença penal condenatória é sempre título executivo judicial, e pode, após prévia liquidação, dar ensejo à execução civil.

Mas, e a sentença absolutória? Esta nem sempre fará coisa julgada na esfera cível. Mesmo que o réu tenha sido absolvido na esfera criminal é possível que venha a ser condenado na civil, sem que disso advenha, necessariamente, conflitância de coisas julgadas. O art. 66 do CPP dispõe: "Não obstante a sentença absolutória no juízo criminal, a ação civil poderá ser proposta quando não tiver sido, categoricamente, reconhecida a inexistência material do fato".

A sentença absolutória criminal fará ou não coisa julgada na esfera cível conforme a sua fundamentação. Se o réu tiver sido absolvido por insuficiência de provas, não haverá óbice à condenação civil, já que a vítima poderá produzir as provas que o Ministério Público não produziu no processo criminal; o mesmo ocorrerá se a absolvição for pronunciada porque o fato não constitui crime, já que poderá constituir ilícito civil; e ainda quando a absolvição for decretada por inexistência de culpa criminal: é possível que uma culpa mínima possa não ensejar a apenação criminal, mas apenas a reparação civil.

Mas se a absolvição criminal for decretada por inexistência do fato, ou por negativa de autoria, não será mais possível postular a reparação civil, por força do que dispõem os arts. 66 do CPP e 935 do CC. Também faz coisa julgada no juízo cível a sentença criminal que reconheceu ter sido o ato praticado em estado de necessidade, em legítima defesa, em estrito cumprimento do dever legal ou no exercício regular de um direito (art. 65 do CPP).

10.2.7.6.4. Sentença penal e civil conflitantes

Problema tormentoso é o de haver sentença civil de improcedência, transitada em julgado, e posteriormente, sobrevir sentença penal condenatória. Poderá o ofendido executar essa sentença se a ação de reparação de danos tiver sido julgada improcedente?

A matéria é controvertida. Humberto Theodoro Junior e Sálvio de Figueiredo Teixeira entendem que a sentença criminal é, por si só, título executivo na esfera cível, ainda que exista sentença civil em contrário[1, 2].

Não nos parece, *data venia*, ser essa a melhor solução, porque a coisa julgada ter-se-á formado primeiro na esfera cível e a sentença penal não poderá contrariá-la no que respeita à obrigação de indenizar, afastada na sentença anterior. Além disso, a sentença civil terá julgado especificamente a questão da indenização.

A execução civil da sentença penal condenatória encontrará óbice na autoridade da coisa julgada material que reveste a sentença civil de improcedência. Enquanto esta não for rescindida, aquela não poderá embasar a execução civil. Nesse sentido, a opinião de Sérgio Shimura[3].

10.2.7.7. Sentença arbitral

Vem prevista como título judicial no art. 515, VI, do CPC. **É o único título judicial que não é criado por um juiz, mas pelo árbitro.** Dispõe o art. 31 da Lei n. 9.307/96: "A sentença arbitral produz, entre as partes e seus sucessores, os mesmos efeitos da sentença proferida pelos órgãos do Poder Judiciário, e, sendo condenatória, constitui título executivo".

Ela não será homologada pelo juízo. Mas a execução é judicial, já que o árbitro não pode tomar medidas satisfativas. Como não haverá prévio processo de conhecimento, a execução terá de ser feita em processo autônomo, com a citação do devedor.

10.2.7.8. Sentença estrangeira homologada pelo Superior Tribunal de Justiça

A sentença estrangeira, para ser eficaz no Brasil, **depende de homologação pelo Superior Tribunal de Justiça** (foi a Emenda Constitucional n. 45/2004 que lhe deu essa atribuição, que antes pertencia ao Supremo Tribunal Federal).

Só haverá execução se a sentença estrangeira reconhecer obrigação ou homologar autocomposição da qual decorram obrigações para os litigantes.

Como não há prévio processo de conhecimento no Brasil, ela será autônoma, e o executado terá de ser citado.

10.2.7.9. Decisão interlocutória estrangeira, após a concessão do exequatur à carta rogatória pelo Superior Tribunal de Justiça

Também a decisão interlocutória estrangeira, que reconheça obrigação, valerá como título executivo judicial, desde que seja homologada ou seja concedido o *exequatur* pelo Superior Tribunal de Justiça, observado o disposto nos arts. 960 e ss. do CPC.

---

[1] Humberto Theodoro Junior, *Processo de execução*, p. 100.

[2] Sálvio de Figueiredo Teixeira, *Código de Processo Civil anotado*, p. 404.

[3] Sérgio Seiji Shimura, *Título executivo*, cit., p. 218.

1 ■ Da Execução em Geral   689

10.2.7.10. Outros títulos executivos judiciais

Conquanto o art. 515 não os mencione, há dois outros títulos executivos judiciais, previstos no CPC: **a decisão que concede tutela provisória de natureza antecipada reconhecendo obrigação e a decisão inicial da ação monitória, quando não forem opostos embargos**.

É possível que o juiz conceda tutela antecipada determinando que o réu cumpra uma prestação, de pagar, entregar alguma coisa, fazer ou não fazer. Ela poderá ser executada, embora a execução seja provisória, sendo conveniente que se realize em apenso aos autos principais, para não os tumultuar.

O art. 702, § 4.º, do CPC, que trata da ação monitória, estabelece que "A oposição dos embargos suspende a eficácia da decisão referida no 'caput' do art. 701 até o julgamento em primeiro grau". Se os embargos não forem opostos, constituir-se-á de pleno direito o título executivo judicial, convertendo-se o mandado inicial em mandado executivo, prosseguindo-se como cumprimento de sentença (art. 701, § 2.º).

A conversão far-se-á sem que seja proferida sentença. **É a decisão inicial que adquirirá força de título executivo judicial**.

10.2.8. Títulos executivos extrajudiciais

O CPC os enumera no art. 784 do CPC. Mas há numerosos outros, previstos em leis especiais.

São aqueles documentos que, pela forma com que são constituídos e pelas garantias de que se revestem, gozam, segundo o legislador, de um grau de certeza tal que permite a instauração da execução, sem prévia fase cognitiva.

A execução fundada em título extrajudicial implica sempre um novo processo, no qual o executado poderá defender-se por embargos; neles, a amplitude de defesas alegáveis é muito maior do que nas execuções judiciais, em que houve um prévio processo de conhecimento, no qual o devedor já teve oportunidade de manifestar-se e defender-se. Nos itens seguintes serão examinados os títulos extrajudiciais de maior relevo.

10.2.8.1. Letra de câmbio, nota promissória, duplicata, cheque e debêntures

São os títulos de crédito, aos quais a lei (art. 784, I, do CPC) atribui eficácia executiva. Entre eles é possível identificar **os títulos causais**, em que a emissão está condicionada a um negócio jurídico subjacente, como a duplicata e a letra de câmbio, e os **não causais**, que guardam autonomia sobre qualquer relação subjacente, como a nota promissória e o cheque.

A duplicata só é título executivo se aceita pelo devedor ou, se não aceita, vier acompanhada pelo instrumento de protesto e pelo comprovante de entrega das mercadorias ou da prestação de serviços. Além disso, é preciso que o sacado não haja recusado o aceite, na forma facultada pela Lei das Duplicatas, arts. 7.º, 8.º e 15, II, c.

Se a duplicata for remetida ao devedor para aceite e ele a retiver, o protesto poderá ser feito por indicação e a execução será feita sem a sua juntada, mas com a apresentação da certidão do protesto e o comprovante da entrega das mercadorias ou prestação dos serviços.

690 Direito Processual Civil Esquematizado   Marcus Vinicius Rios Gonçalves

10.2.8.2. *Escritura pública ou outro documento público assinado pelo devedor*

Escritura ou documento público são os lavrados por tabelião ou funcionário público no exercício das suas funções.

A escritura que enseja a execução é aquela que contém declaração de vontade do devedor, comprometendo-se a cumprir determinada prestação. Não é necessária a assinatura de testemunhas, nem do próprio devedor, bastando que o tabelião, que goza de fé pública, certifique que ele manifestou a sua vontade.

10.2.8.3. *Documento particular firmado pelo devedor e duas testemunhas*

Terá força executiva o documento firmado pelo devedor, **no qual ele reconheça uma obrigação de pagar, fazer ou não fazer ou entregar coisa, desde que venha assinado por duas testemunhas**. Não há exigência de forma especial, mas é preciso que as testemunhas estejam aptas a testemunhar em juízo, se for necessário.

Por isso, não devem figurar como tais as pessoas sobre as quais recaiam as vedações do art. 447 do CPC.

Discute-se sobre a força executiva do documento se as testemunhas não estavam presentes no momento em que o devedor o assinou, tendo-o firmado posteriormente. O Superior Tribunal de Justiça tem decidido que a lei "não exige que a assinatura das testemunhas seja contemporânea à do devedor" (REsp 8.849/DF, Rel. Min. Nilson Naves).

Tampouco haverá nulidade se as testemunhas não estiverem previamente identificadas no título, bastando que sejam identificáveis, caso isso se faça necessário.

Mais recentemente, têm sido proferidas decisões pelo Superior Tribunal de Justiça que têm assegurado eficácia executiva a contrato eletrônico, com assinatura digital, ainda que sem a assinatura de duas testemunhas. É o que ficou decidido no REsp 1.495.920, de 15 de maio de 2018:

> "RECURSO ESPECIAL. CIVIL E PROCESSUAL CIVIL. EXECUÇÃO DE TÍTULO EXTRAJUDICIAL. EXECUTIVIDADE DE CONTRATO ELETRÔNICO DE MÚTUO ASSINADO DIGITALMENTE (CRIPTOGRAFIA ASSIMÉTRICA) EM CONFORMIDADE COM A INFRAESTRUTURA DE CHAVES PÚBLICAS BRASILEIRA. TAXATIVIDADE DOS TÍTULOS EXECUTIVOS. POSSIBILIDADE, EM FACE DAS PECULIARIDADES DA CONSTITUIÇÃO DO CRÉDITO, DE SER EXCEPCIONADO O DISPOSTO NO ART. 585, INCISO II, DO CPC/73 (ART. 784, INCISO III, DO CPC/2015). QUANDO A EXISTÊNCIA E A HIGIDEZ DO NEGÓCIO PUDEREM SER VERIFICADAS DE OUTRAS FORMAS, QUE NÃO MEDIANTE TESTEMUNHAS, RECONHECENDO-SE EXECUTIVIDADE AO CONTRATO ELETRÔNICO. PRECEDENTES".

A Lei n. 14.620, de 13 de julho de 2023, acresceu o § 4.º ao art. 784 do CPC, passando a regulamentar os títulos constituídos ou atestados por meio eletrônico: "Nos títulos executivos constituídos ou atestados por meio eletrônico, é admitida qualquer modalidade de assinatura eletrônica prevista em lei, dispensada a assinatura de testemunhas quando sua integridade for conferida por provedor de assinatura". Parece-nos que, com a edição da nova lei, não há mais como prevalecer o entendimento de que apenas aqueles contratos assinados eletronicamente com uso de certificados da

1 ■ Da Execução em Geral   691

ICP-Brasil constituiriam títulos executivos, já que a lei autoriza o uso de qualquer meio de assinatura eletrônica.

10.2.8.4. *Instrumento de transação referendado pelo Ministério Público, Defensoria Pública, Advocacia Pública, pelos advogados dos transatores ou por conciliador ou mediador credenciado por tribunal*

A transação pode ser levada a juízo para homologação, caso em que se formará título executivo judicial. Mas, se em vez de homologada pelo juízo, **for referendada pelo Ministério Público, Defensoria Pública, Advocacia Pública, pelos advogados dos transatores ou pelo conciliador ou mediador credenciado por tribunal, o título será extrajudicial**. A lei não se contenta com a assinatura, mas exige o **referendo**, isto é, a aprovação do acordo por parte dos entes que o subscrevem ou dos advogados das partes.

As assinaturas asseguram que o acordo foi voluntário e que os transatores tinham conhecimento do seu conteúdo.

Mesmo que os subscritores não sejam advogados das partes, o título, ainda assim, terá eficácia executiva, já que eles servirão como testemunhas. Mas, se o advogado for constituído por ambos os transatores, a sua assinatura, apesar de única, será bastante para garantir força executiva ao instrumento de transação.

10.2.8.5. *Contratos garantidos por hipoteca, penhor, anticrese ou outro direito real de garantia e aquele garantido por caução*

São os direitos reais de garantia, acessórios a uma obrigação principal. O bem sobre o qual a garantia recai fica afetado ao pagamento do débito e, se houver excussão, o credor terá direito de preferência a levantar o produto.

O que se executa não é o direito real, mas a dívida garantida por ele. É título executivo o documento que contém obrigação de pagar dívida líquida, quando garantida por hipoteca, penhor, anticrese ou outro direito real de garantia. Poderá haver execução se a garantia real constar do mesmo instrumento em que ficou consignada a dívida, ou de documento distinto. Já as cauções são garantias que visam assegurar ao credor o pagamento. Podem ser de duas espécies: **real e fidejussória**.

A caução real é aquela em que um bem é afetado ao pagamento da dívida, para que, em futura excussão, o produto sirva prioritariamente para pagar o credor beneficiário. Insere-se na categoria dos direitos reais de garantia, como a hipoteca, o penhor e a anticrese.

A caução fidejussória é a que decorre da fiança, que poderá ser legal, judicial ou convencional.

A fiança é sempre um contrato acessório e terá a mesma natureza do contrato principal. Se ela é dada como garantia de uma obrigação consubstanciada em título executivo extrajudicial, também terá essa natureza. Por exemplo: a dada em contrato escrito de locação será título extrajudicial. Já se o contrato garantido não tem força executiva, a fiança também não poderá ter.

Sobre a legitimidade do fiador convencional para figurar no polo passivo da execução de título extrajudicial, ver *item 9.2.4*, *supra*.

692 Direito Processual Civil Esquematizado — *Marcus Vinicius Rios Gonçalves*

10.2.8.6. Seguros de vida em caso de morte

O contrato de seguro de vida é aquele em que o segurador se compromete a, em caso de falecimento do segurado, pagar determinada indenização ao beneficiário por ele instituído. A inicial da execução deve vir instruída com a apólice de seguro e com o comprovante do falecimento do segurado. Os contratos de seguro de acidentes pessoais não são títulos executivos.

10.2.8.7. Foro e laudêmio

Ainda que não mais seja permitida a constituição de novas enfiteuses, proibidas pelo art. 2.038 do CC de 2002, as anteriores persistem. Foro é a renda anual que o enfiteuta deve pagar ao proprietário do imóvel, e laudêmio é o valor devido pelo alienante ao senhorio direto, sempre que se realizar a transferência do domínio útil, por venda ou dação em pagamento.

10.2.8.8. Aluguel e encargos acessórios

O contrato escrito de locação é título executivo extrajudicial. Bastam as assinaturas do locador e do locatário, não sendo necessárias duas testemunhas. A locação é contrato de forma livre e pode ser celebrada até verbalmente, mas só o contrato escrito terá força executiva.

É irrelevante a duração e a natureza da locação, sendo necessário apenas que o bem locado seja imóvel.

O art. 784, VIII, do CPC permite que, tendo o contrato por título, se executem também os encargos acessórios, como taxas e despesas de condomínio.

Entre as despesas acessórias que podem ser exigidas do locatário pela via executiva estão as de fornecimento de água e esgoto, energia elétrica e o IPTU. Nesse sentido: "As obrigações acessórias ao contrato de locação, tais como despesas com água, luz, multa e tributos, expressamente previstas no contrato, também estão compreendidas no art. 585, IV, do CPC, legitimando a execução juntamente com o débito principal relativo aos aluguéis propriamente ditos" (STJ, REsp 440.171/SP, 5.ª Turma, Rel. Min. Gilson Dipp).

As despesas condominiais também podem ser incluídas na execução contra o locatário. É preciso fazer uma distinção: as extraordinárias são devidas pelo locador (art. 22, X, da Lei n. 8.245/91) e as ordinárias pelo locatário (art. 23, XII).

No entanto, não há relação jurídica direta entre o condomínio e o locatário. Frente ao condomínio, o proprietário (ou compromissário comprador) responde por todas as despesas condominiais. O condomínio promoverá a cobrança exclusivamente contra o titular do imóvel e este terá o direito de reaver do locatário as despesas condominiais ordinárias, podendo executá-las diretamente, em conjunto com os alugueres e demais encargos, na forma do art. 784, VIII, do CPC.

É comum que, nos contratos de locação, seja fixada multa para a hipótese de inadimplência. Há dois tipos de multa: a moratória, cláusula penal para a hipótese de atraso no pagamento de aluguel; e a compensatória, normalmente fixada em um valor correspondente a certo número de alugueres, e que serve para compensar os prejuízos advindos da infração contratual. Ambas poderão ser incluídas na execução, embora

1 ■ Da Execução em Geral

persista alguma controvérsia jurisprudencial a respeito da multa por infração. Mas predominam amplamente, inclusive no Superior Tribunal de Justiça, as decisões favoráveis a tal inclusão.

Se o contrato de locação for garantido por fiança, a execução poderá ser dirigida também contra o fiador. **Mas só poderá ser dirigida exclusivamente contra ele, se tiver havido renúncia ao benefício de ordem**.

Na execução contra o fiador, só é possível incluir custas e honorários advocatícios devidos pelo locatário na ação de despejo anteriormente ajuizada em face deste, se o fiador tiver sido intimado nessa ação.

10.2.8.9. *Certidão de dívida ativa*

De acordo com o art. 784, IX, do CPC constitui título executivo extrajudicial "a certidão de dívida ativa da Fazenda Pública da União, dos Estados, do Distrito Federal, dos Territórios e dos Municípios, correspondentes aos créditos inscritos na forma da lei".

A execução fundada nestes títulos é a fiscal, regida pela Lei n. 6.830/80.

10.2.8.10. *Crédito referente às contribuições ordinárias ou extraordinárias de condomínio edilício*

Trata-se de importante novidade trazida pelo CPC, já que o anterior não permitia a cobrança de despesas condominiais pela via executiva, exigindo processo de conhecimento, de procedimento sumário. A nova lei considera título executivo o crédito decorrente das despesas condominiais, tanto ordinárias quanto extraordinárias. Contudo, para que se viabilize a execução, é indispensável que a despesa tenha sido prevista na convenção ou que tenha sido aprovada em assembleia geral, **o que deve ser comprovado documentalmente**. A inicial da execução deve vir instruída com tais documentos. Se eles não existirem, a cobrança das despesas condominiais deverá ser feita por processo de conhecimento. Não há óbice à execução das prestações vencidas e das vincendas, a partir do momento em que se forem vencendo. O art. 323 do CPC poderá ser aplicado, já que as regras do processo de conhecimento aplicam-se supletivamente ao processo de execução (art. 318, parágrafo único). Não há incompatibilidade dessa regra com o processo de execução, já que o próprio legislador previu outra hipótese semelhante no art. 911, o qual, na execução por título extrajudicial de alimentos, autoriza a inclusão das prestações vincendas. Nesse sentido, o Enunciado n. 86 da I Jornada de Direito Processual Civil da Justiça Federal, que assim estabelece: "As prestações vincendas até o efetivo cumprimento da obrigação incluem-se na execução de título executivo extrajudicial (arts. 323 e 318, parágrafo único, do CPC)".

10.2.8.11. *A certidão expedida por serventia notarial ou de registro relativa a valores de emolumentos e demais despesas havidas por atos por ela praticados*

Também essa hipótese não estava prevista no CPC anterior. Os Tabelionatos Oficiais de Registros Públicos poderão emitir certidão, que **goza de presunção de fé**

pública, para cobrança dos emolumentos ou despesas relativas aos atos praticados. Tais certidões têm força de título executivo extrajudicial e permitem o ajuizamento do processo de execução.

10.2.8.12. O contrato de contragarantia ou qualquer outro instrumento que materialize o direito de ressarcimento da seguradora contra tomadores de seguro-garantia e seus garantidores

Trata-se de novo título extrajudicial que passou a ser considerado tal pela Lei n. 14.711/2023, que acrescentou o inciso XI-A ao art. 784 do CPC. Tal documento foi previsto no art. 32 da Circular Susep n. 662/2022 e diz respeito aos seguros-garantia, definindo as relações obrigacionais entre seguradora e tomador. A transformação desse instrumento em título executivo extrajudicial facilita o ressarcimento das seguradoras de eventuais indenizações pagas ao segurado quando houver inadimplemento contratual por parte do tomador.

10.2.8.13. Outros títulos previstos em lei

O art. 784, XII, do CPC alude à possibilidade de leis especiais criarem outros títulos executivos extrajudiciais. São exemplos: as cédulas hipotecárias, de crédito industrial e rural e de crédito comercial.

10.2.8.14. O contrato de honorários advocatícios

Entre os títulos executivos extrajudiciais previstos por outras leis, destaca-se o contrato de honorários advocatícios, mencionado no art. 24 da Lei n. 8.906/94. Eles não se confundem com os honorários da sucumbência, fixados na sentença e que serão objeto de execução judicial nos mesmos autos.

São aqueles que o advogado e seu cliente tenham convencionado em contrato que indicará o montante. Para que haja força executiva, não é preciso que venha firmado por duas testemunhas, nem que obedeça à formalidade especial, mas é indispensável que indique o *quantum debeatur*. Se este não for estabelecido no contrato, ou se depender de cálculos outros, que não os meramente aritméticos, será preciso que o advogado ajuíze, em face do cliente, uma ação de arbitramento ou cobrança, de procedimento comum.

10.2.9. A possibilidade de opção pelo processo de conhecimento da parte munida de título executivo extrajudicial

O art. 785 traz importante regra processual, que afasta dúvida que havia durante a vigência do CPC anterior. Discutia-se sobre a possibilidade de o credor, munido de título extrajudicial, optar pelo ajuizamento do processo de conhecimento para obter título judicial. Para parte da doutrina, não haveria interesse de agir, pois o credor já estava munido de título. No entanto, o Superior Tribunal de Justiça já vinha autorizando a opção do credor, sobretudo porque no cumprimento de sentença **os limites da defesa do devedor, na impugnação, são muito menores** do que nos embargos, opostos na execução por título extrajudicial. Esse é o entendimento que acabou por

1 ◼ Da Execução em Geral 695

prevalecer: o credor, ainda que munido de título extrajudicial, pode preferir valer-se do processo de conhecimento para obter o título judicial, não se podendo mais falar, nestes casos, na inexistência de interesse de agir. O interesse do credor consistirá na obtenção de um título que lhe dará acesso ao cumprimento de sentença, e não mais à execução por título extrajudicial.

11. DA RESPONSABILIDADE PATRIMONIAL

Por responsabilidade patrimonial entende-se a sujeição do patrimônio de alguém ao cumprimento de uma obrigação. O responsável é aquele que poderá ter a sua esfera patrimonial invadida para que seja assegurada a satisfação do credor.

Em regra, quem responde pelos pagamentos das dívidas é o próprio devedor. Mas o CPC enumera situações em que a responsabilidade se estenderá a outras pessoas. Ela não se confunde com o débito, como se verá no item seguinte, embora em regra o devedor responda com o seu patrimônio pelo cumprimento das obrigações assumidas.

11.1. OBRIGAÇÃO E RESPONSABILIDADE

A obrigação e a responsabilidade surgem em momentos distintos. A primeira, quando o débito é contraído (por exemplo, quando o devedor assina o contrato, comprometendo-se a realizar determinada prestação). Se houver o adimplemento, não surgirá a responsabilidade, isto é, não haverá possibilidade de invadir a esfera patrimonial do devedor.

Só em caso de inadimplemento a responsabilidade se manifestará. Em regra, o responsável é o próprio devedor.

Mas é possível que haja débito sem responsabilidade e responsabilidade sem débito. Por exemplo: em caso de prescrição, o débito ainda existe, tanto que se houver o pagamento espontâneo, não será possível postular a restituição. Mas não é mais possível ingressar em juízo e invadir o patrimônio do devedor. O mesmo ocorre com as dívidas de jogo. Há o débito, mas não a responsabilidade.

Existem casos em que a lei atribui responsabilidade patrimonial a pessoas que não são as devedoras. Um exemplo é o do fiador: não é ele quem deve, mas por força de contrato, assume a responsabilidade pelo cumprimento da obrigação, caso o devedor não a cumpra. Outro exemplo é o da desconsideração da personalidade jurídica. O juiz, verificando que a empresa foi utilizada de má-fé pelos sócios com o intuito de prejudicar credores, poderá desconstituir a pessoa jurídica, desde que ajuizado o incidente previsto nos arts. 133 e ss., estendendo a responsabilidade patrimonial aos sócios.

11.2. BENS SUJEITOS À EXECUÇÃO

O art. 789 do CPC traz a regra geral da responsabilidade patrimonial: "O devedor responde com todos os seus bens presentes e futuros para o cumprimento de suas obrigações, salvo as restrições estabelecidas em lei".

Esse dispositivo atribui a responsabilidade, de forma geral, ao devedor, assegurando que todos os seus bens respondam pelo cumprimento das obrigações inadimplidas.

O devedor é o responsável primário. Mas a lei atribui responsabilidade patrimonial a outras pessoas, além dele, o que será examinado em item próprio.

É preciso, antes, que se examinem os bens que estão e os que não estão sujeitos à execução.

Em princípio, **todos estão sujeitos, os que existiam no momento em que a obrigação foi contraída e os que não existiam ainda, e só vieram a ser adquiridos posteriormente, sejam eles corpóreos ou incorpóreos, desde que tenham valor econômico**. No entanto, a lei faz numerosas restrições, que serão examinadas no item seguinte.

11.3. BENS NÃO SUJEITOS À EXECUÇÃO

Somente são sujeitos à execução os bens que podem ser penhorados, isto é, aqueles corpóreos ou incorpóreos, que tenham valor econômico, e que a lei não tenha tornado impenhoráveis.

O CPC dedica o art. 833 ao exame dos bens que são impenhoráveis. São eles: I — os bens inalienáveis e os declarados, por ato voluntário, não sujeitos à execução (os frutos e rendimentos desses bens poderão ser penhorados, à falta de outros bens); II — os móveis, pertences e utilidades domésticas, que guarnecem a residência do executado, salvo os de elevado valor ou que ultrapassem as necessidades comuns, correspondentes a um médio padrão de vida; III — os vestuários, bem como os pertences de uso pessoal do executado, salvo os de elevado valor; IV — os vencimentos, subsídios, soldos, os salários, as remunerações, os proventos de aposentadoria, as pensões, os pecúlios e os montepios, bem como as quantias recebidas por liberalidade de terceiro e destinadas ao sustento do devedor e de sua família, os ganhos do trabalhador autônomo e os honorários de profissional liberal, ressalvado o § 2.º deste artigo; V — os livros, as máquinas, as ferramentas, os utensílios, os instrumentos ou outros bens móveis necessários ou úteis ao exercício da profissão do executado; VI — o seguro de vida; VII — os materiais necessários para obras em andamento, salvo se essas forem penhoradas; VIII — a pequena propriedade rural, assim definida em lei, desde que trabalhada pela família; IX — os recursos públicos recebidos por instituições privadas para aplicação compulsória em educação, saúde ou assistência social; X — a quantia depositada em caderneta de poupança, até o limite de 40 salários mínimos. Nesta última hipótese, tem prevalecido o entendimento de que, se houver várias cadernetas de poupança, o limite a ser considerado é o que resulta da soma de todas elas. Se houver várias cadernetas de poupança, cujo total ultrapasse 40 salários mínimos, essa quantia será considerada impenhorável, mas não o que excedê-la, considerada a soma total dos valores depositados. Também tem prevalecido, no Superior Tribunal de Justiça, o entendimento de que se deve dar a esse último inciso interpretação extensiva, reconhecendo-se a impenhorabilidade dos depósitos até 40 salários mínimos, estejam eles em conta-poupança, conta-corrente, fundos de investimento. Nesse sentido:

"Reveste-se, todavia, de impenhorabilidade, a quantia de até 40 salários mínimos poupada, seja ela mantida em papel moeda, conta-corrente ou aplicada em caderneta de poupança propriamente dita, CDB, RDB ou em fundo de investimentos, desde que a única reserva monetária em nome do recorrente, e ressalvado eventual abuso, má-fé ou fraude, a ser verificado caso a caso, de acordo com as circunstâncias do caso concreto (inciso X)" (REsp 1.230.060, Rel. Min. Maria Isabel Galotti, de 13 de agosto de 2014). No mesmo sentido, o REsp 1.742.814-RS, de 28 de junho de 2018, Rel. Min. Sérgio Kukina.

Mas a impenhorabilidade não é oponível à execução de dívida relativa ao próprio bem, inclusive àquela contraída para a sua aquisição. Não se pode, por exemplo, opor a eventual impenhorabilidade de um imóvel que sirva de residência de família ao pagamento de débitos condominiais relativos ao próprio imóvel. Além disso, a impenhorabilidade estabelecida nos incisos IV e X não prevalece sobre débitos alimentícios de qualquer origem (sejam os que decorrem do direito de família, sejam os provenientes de ato ilícito) nem sobre importâncias excedentes a 50 salários mínimos mensais (art. 833, § 2.º).

A redação do dispositivo (art. 833, § 2.º) é confusa. Na verdade, ele trata de duas hipóteses em que a impenhorabilidade não pode ser invocada: uma delas decorrente da natureza da dívida e a outra do montante dos bens. Não será oponível a impenhorabilidade dos vencimentos e ganhos do devedor, seja qual for o seu valor, nem a das cadernetas de poupança até 40 salários mínimos, se a dívida for de natureza alimentar, qualquer que seja sua origem. Também não será oponível a impenhorabilidade dos ganhos naquilo que ultrapassar 50 salários mínimos mensais, **por qualquer dívida, não apenas as de natureza alimentar, já que essas permitem a penhora até mesmo de ganhos inferiores a 50 salários mínimos**. Se o devedor recebe, mensalmente, valores que ultrapassam 50 salários mínimos, o excedente poderá ser penhorado, ainda que não se trate de dívida de alimentos. Tal como redigido o parágrafo, tem-se a impressão de que somente as dívidas alimentícias permitiriam a penhora do que exceder 50 salários mínimos. Contudo, não pode ser assim, já que esse tipo de dívida permite a penhora de vencimentos de qualquer valor, mesmo abaixo desse montante.

A *ratio* da nova regra relativa à penhorabilidade dos ganhos que ultrapassem o limite é que os 50 salários mínimos são suficientes para que o devedor mantenha o seu sustento e tenha uma vida digna. De observar-se, porém, que o limite estabelecido é bastante elevado e serão raros os casos em que o devedor tenha ganhos de tal monta.

Portanto, nos termos da Lei Processual Civil, admite-se a penhora de vencimentos e salários do devedor, sejam quais forem seus ganhos, por dívida de natureza alimentar; e por qualquer dívida, naquilo em que ultrapassam ganhos superiores a 50 salários mínimos.

Ocorre que o Superior Tribunal de Justiça tem flexibilizado a regra da impenhorabilidade dos vencimentos, ainda que por outras dívidas que não as alimentares, mesmo quando eles não ultrapassem os 50 salários mínimos, desde que não se comprometa o sustento do devedor, e tenham resultado infrutíferas as tentativas de penhora de outros bens.

Nesse sentido, relevante o acórdão da Corte Especial do STJ, em que se admitiu a flexibilização da penhora de vencimentos:

"PROCESSUAL CIVIL. EMBARGOS DE DIVERGÊNCIA EM RECURSO ESPECIAL. EXECUÇÃO DE TÍTULO EXTRAJUDICIAL. PENHORA. PERCENTUAL DE VERBA SALARIAL. IMPENHORABILIDADE (ART. 833, IV e § 2.º, CPC/2015).

RELATIVIZAÇÃO. POSSIBILIDADE. CARÁTER EXCEPCIONAL. 1. O CPC de 2015 trata a impenhorabilidade como relativa, podendo ser mitigada à luz de um julgamento princípio lógico, mediante a ponderação dos princípios da menor onerosidade para o devedor e da efetividade da execução para o credor, ambos informados pela dignidade da pessoa humana. **2. Admite-se a relativização da regra da impenhorabilidade das verbas de natureza salarial, independentemente da natureza da dívida a ser paga e do valor recebido pelo devedor, condicionada, apenas, a que a medida constritiva não comprometa a subsistência digna do devedor e de sua família. 3. Essa relativização reveste-se de caráter excepcional e só deve ser feita quando restarem inviabilizados outros meios executórios que possam garantir a efetividade da execução e desde que avaliado concretamente o impacto da constrição na subsistência digna do devedor e de seus familiares.** 4. Ao permitir, como regra geral, a mitigação da impenhorabilidade quando o devedor receber valores que excedam a 50 salários mínimos, o § 2.º do art. 833 do CPC não proíbe que haja ponderação da regra nas hipóteses de não excederem (EDcl nos EREsp n. 1.518.169/DF, relatora Ministra Nancy Andrighi, Corte Especial, *DJe* de 24.5.2019). 5. Embargos de divergência conhecidos e providos" (Embargos de Divergência em REsp n. 1.874.222/DF (2020/0112194-8), Rel. Min. João Otávio de Noronha, g.n., j. 24-5-2013).

O rol de bens impenhoráveis ganhou significativa ampliação com a Lei n. 8.009/90, que trata da **impenhorabilidade do bem de família**. Essa lei passou a considerar impenhorável o imóvel residencial da família ou entidade familiar, por dívidas de qualquer natureza, civil, comercial, fiscal ou previdenciária, salvo as exceções previstas no art. 3.º da lei.

A impenhorabilidade abrange "o imóvel sobre o qual se assentam a construção, as plantações, as benfeitorias de qualquer natureza e todos os equipamentos, inclusive os de uso profissional, ou móveis que guarneçam a casa, desde que quitados" (art. 1.º, § 1.º, da Lei n. 8.009/90), mas não a vaga de garagem que possua matrícula própria no registro de imóveis, que pode ser objeto de penhora autônoma, nos termos da Súmula 449 do Superior Tribunal de Justiça.

Ela decorre de lei e independe de qualquer providência da parte do devedor. Não se confunde com a situação decorrente do bem de família convencional, estabelecido por escritura pública ou testamento, na forma prevista no art. 1.711 do CC.

A impenhorabilidade dos móveis deve respeitar o disposto no art. 833, II, do CPC. Só não poderão ser penhorados os necessários a uma moradia digna. São penhoráveis os móveis de elevado valor ou que ultrapassem as necessidades comuns correspondentes a um médio padrão de vida.

Conquanto a lei mencione que o bem de família deve proteger o imóvel que sirva de residência do casal ou da entidade familiar, o Superior Tribunal de Justiça tem alargado o seu conceito, como resulta da Súmula 364: "O conceito de impenhorabilidade do bem de família abrange também as pessoas solteiras, separadas ou viúvas".

Se o imóvel não pertencer ao devedor, mas ele for o locatário, aplica-se o disposto no art. 2.º, parágrafo único, da lei: "No caso de imóvel locado, a impenhorabilidade aplica-se aos bens móveis quitados que guarneçam a residência e que sejam de propriedade do locatário, observado o disposto neste artigo".

1 ▪ Da Execução em Geral

Além dos móveis do locatário, será também impenhorável o próprio imóvel, por dívida do locador, quando se trate de único imóvel residencial, do qual ele aufira renda que sirva para sua subsistência ou para moradia de sua família. É o que estabelece a Súmula 486 do Superior Tribunal de Justiça. Portanto, se o imóvel está locado, serão impenhoráveis os móveis que guarnecem a residência, por dívidas do locatário; e será ainda impenhorável o próprio imóvel, por dívida do locador, se a renda obtida com a locação se prestar à subsistência dele ou à moradia de sua família. Conquanto a impenhorabilidade beneficie o locador e o locatário, ela não impede a penhora de bens do fiador do contrato de locação, nos termos do art. 3.º, VII, da Lei n. 8.009/90. A controvérsia remanescente sobre o tema foi afastada com a edição da Súmula 549 do STJ: "É válida a penhora de bem de família pertencente a fiador de contrato de locação".

Em qualquer caso, **a impenhorabilidade cessa se o devedor oferece o bem à penhora, com o que terá renunciado ao benefício**.

Se o devedor não é o proprietário do bem, mas sobre ele tiver direitos, como o compromissário comprador ou o devedor cujo bem tenha sido transferido por alienação fiduciária em garantia, não haverá propriamente impenhorabilidade, contudo a penhora não recairá sobre o bem, mas sobre os direitos que o devedor tem sobre ele.

11.3.1. Alegação de impenhorabilidade

A impenhorabilidade do bem é matéria de ordem pública e deve ser conhecida pelo juízo de ofício a qualquer tempo. Se ele não o fizer, caberá ao devedor alegá-la, por simples petição nos autos, ou pelos meios de defesa tradicionais: a impugnação, no cumprimento de sentença, ou os embargos na execução de título extrajudicial.

11.4. RESPONSABILIDADE PATRIMONIAL DE TERCEIROS

O responsável primário é o devedor, que responde com seus bens pelo cumprimento da obrigação. Mas a lei processual estende a responsabilidade, em certos casos, a terceiros, quando o devedor não tiver bens, ou eles não forem suficientes para a satisfação do credor. A execução pode atingir bens desses responsáveis, que serão penhorados em benefício do credor.

As hipóteses de responsabilidade de terceiros estão previstas no art. 790 do CPC e serão examinadas nos itens seguintes.

11.4.1. Responsabilidade do sucessor a título singular

O art. 790, I, do CPC atribui responsabilidade ao "sucessor a título singular, tratando-se de execução fundada em direito real ou obrigação reipersecutória".

A hipótese é de alienação da coisa litigiosa. Se, no curso do processo que versa sobre direito real ou obrigação reipersecutória, o devedor aliena a coisa a um terceiro, a sentença estende os seus efeitos a ele, nos termos do art. 109, § 3.º, do CPC.

Ainda que ela seja dada entre as partes originárias, o adquirente ou cessionário do bem responderá, sendo obrigado a cumprir o que ficou determinado.

A alienação de coisa litigiosa é ineficaz perante o credor; feita no curso de ação fundada em direito real ou pretensão reipersecutória, desde que a pendência da ação tenha sido averbada no respectivo registro público, **configura fraude à execução**, nos termos do art. 792, I, do CPC.

11.4.2. Bens dos sócios

Em determinadas circunstâncias, admite-se que, em execução dirigida contra a pessoa jurídica, seja feita a penhora de bens dos sócios. São casos em que, conquanto o débito seja da empresa, os sócios têm responsabilidade patrimonial.

A regra é que, pelas dívidas da empresa, responde o patrimônio desta, mas há casos em que ele é insuficiente para quitá-las. **Sendo a empresa solvente, os bens dos sócios não serão atingidos**.

11.4.2.1. Desconsideração da personalidade jurídica

Se os bens da empresa não forem suficientes para a satisfação do credor, será possível que a penhora recaia sobre bens dos sócios?

A personalidade jurídica da empresa não se confunde com a dos seus sócios. Por isso, em princípio, nas sociedades por quotas de responsabilidade limitada e sociedades anônimas, os sócios não respondem pessoalmente pelos débitos da empresa.

Mas eventualmente ela pode ser utilizada como espécie de escudo para que os sócios possam realizar negócios e contrair dívidas, em detrimento de terceiros, sem comprometer os seus bens próprios.

No intuito de evitar a utilização indevida da pessoa jurídica para prejudicar credores, a doutrina criou a teoria da **desconsideração da personalidade jurídica** (*disregard of legal entity*), que vem enunciada no art. 50 do Código Civil: "Em caso de abuso da personalidade jurídica, caracterizado pelo desvio de finalidade, ou pela confusão patrimonial, pode o juiz a requerimento da parte, ou do Ministério Público quando lhe couber intervir no processo, desconsiderá-la para que os efeitos de certas e determinadas relações obrigacionais sejam estendidos aos bens particulares dos administradores ou sócios da pessoa jurídica beneficiados direta ou indiretamente pelo abuso". Se entre as partes houver relação de consumo, a desconsideração deverá observar o disposto no art. 28 do CDC.

Presentes as hipóteses mencionadas nos dispositivos legais, o juiz não extinguirá a empresa, **mas estenderá a responsabilidade patrimonial aos sócios, que passarão a responder pelo débito da empresa com os seus bens particulares**.

Nas relações de consumo, a desconsideração da personalidade jurídica vem autorizada pelo art. 28 do Código do Consumidor.

A desconsideração, porém, só pode ser decretada se promovida na forma dos arts. 133 a 137 do CPC, isto é, por meio do incidente próprio, já examinado no capítulo relativo à intervenção de terceiros. Determinada a penhora sem ele, o sócio poderá opor-se por meio de embargos de terceiro.

11.4.3. Bens do executado ainda que em poder de terceiros

Essa hipótese, prevista no art. 790, III, do CPC não trata de responsabilidade patrimonial atribuída a terceiro, mas da responsabilidade primária do próprio devedor, cujos bens ficam sujeitos à execução estando em seu poder ou em poder de terceiros.

11.4.4. Bens do cônjuge ou companheiro

Há casos em que o débito é contraído por ambos os cônjuges ou companheiros, quando, então, ambos serão devedores e terão responsabilidade primária pelo pagamento da dívida. Há outros em que foi contraída só por um, caso em que surgirá a dúvida sobre a possibilidade de, na execução, serem atingidos os bens próprios ou da meação do outro.

A regra é que **um cônjuge ou companheiro só tem responsabilidade pelas dívidas contraídas pelo outro se elas tiverem revertido em proveito do casal ou da família**.

Mas há presunção, seja qual for o regime de bens, **de que a dívida de um dos cônjuges ou companheiros reverte em proveito do outro, salvo quando decorrente de atos ilícitos**. Essa presunção é relativa e pode ser afastada se o cônjuge ou companheiro que não contraiu a dívida comprovar que não se beneficiou.

Se a penhora recair sobre a meação, ou sobre os bens particulares do cônjuge que não contraiu a dívida, caberá a este, por meio de embargos de terceiro, postular a sua liberação, com o ônus de comprovar que a dívida não o beneficiou.

11.4.5. Alienados ou gravados com ônus real em fraude à execução

As alienações de bem em fraude à execução são ineficazes perante o credor, que pode postular que ele continue sujeito à execução, ainda que em mãos do adquirente ou cessionário.

Há que se fazer uma distinção: nos exemplos anteriores, o cônjuge ou o sócio, no caso de desconsideração da personalidade jurídica, tornavam-se corresponsáveis pela dívida, ainda que não a tivessem contraído.

No caso da fraude à execução, **o adquirente ou cessionário não responderá pela dívida, mas o bem a ele transferido ficará sujeito à execução**. O bem poderá ser constrito apesar de ter sido alienado para terceiro. Se o seu valor for maior do que o débito, o que exceder será restituído a ele; e se for menor, o terceiro não responderá pelo saldo, já que a sua responsabilidade se limita ao bem.

11.4.5.1. *Fraude à execução*

É instituto de direito processual civil que constitui ato atentatório à dignidade da justiça e se distingue da fraude contra credores, **defeito dos negócios jurídicos, tratada no art. 158 do Código Civil**.

A fraude contra credores ofende o direito dos credores; a fraude à execução atenta contra o bom funcionamento do Poder Judiciário.

Em ambas, o devedor desfaz-se de bens do seu patrimônio, tornando-se insolvente. A diferença é que, **na fraude contra credores, a alienação é feita quando ainda não**

702 Direito Processual Civil Esquematizado

havia ação em curso, ao passo que a fraude à execução só existe se a ação já estava em andamento.

O art. 792 do CPC dispõe que "A alienação ou a oneração de bem é considerada em fraude à execução: I — quando sobre o bem pender ação fundada em direito real ou com pretensão reipersecutória, desde que a pendência do processo tenha sido averbada no respectivo registro público, se houver; II — quando tiver sido averbada, no registro do bem, a pendência do processo de execução, na forma do art. 828; III — quando tiver sido averbado, no registro do bem, hipoteca judiciária ou outro ato de constrição judicial originário do processo onde foi arguida a fraude; IV — quando, ao tempo da alienação ou oneração, tramitava contra o devedor ação capaz de reduzi-lo à insolvência; V — nos demais casos expressos em lei".

Todas as hipóteses de fraude à execução pressupõem processo pendente, diferentemente da fraude contra credores, em que já existe o débito, mas não ação.

O credor pode postular o reconhecimento da fraude à execução nos próprios autos do processo em curso; a fraude contra credores só pode ser declarada em ação própria, chamada *pauliana*. Só a fraude à execução pode ser reconhecida em embargos de terceiro, nos termos da Súmula 195 do Superior Tribunal de Justiça.

11.4.5.2. *Requisitos da fraude à execução*

11.4.5.2.1. *O processo pendente*

De acordo com o art. 790 do CPC, a fraude à execução pressupõe a alienação de bens do devedor quando há processo pendente. **Não é necessário que seja de execução**, como o nome poderia fazer supor. Haverá fraude à execução se a alienação ocorrer em qualquer tipo de processo pendente, de conhecimento ou de execução.

Não existe unanimidade de opiniões a respeito do que se considera "processo pendente", para caracterizar a fraude. Pelo art. 312 do CPC, "considera-se proposta a ação quando a petição inicial for protocolada, todavia, a propositura da ação só produz quanto ao réu os efeitos mencionados no art. 240 depois que for validamente citado". Seria possível considerar pendente um processo desde o protocolo da inicial.

No entanto, prevalece o entendimento de que, para a fraude à execução, **é preciso que o devedor já tenha sido citado para o processo, seja ele de conhecimento ou de execução**.

11.4.5.2.1.1. *O art. 828 do CPC*

Diante da possibilidade de o devedor desfazer-se dos seus bens no interregno entre o protocolo da inicial e a citação, foi editado o art. 828. Ele autoriza o exequente a obter certidão comprobatória da admissão da execução para averbação no registro de imóveis, de veículos ou de outros bens sujeitos à penhora, arresto ou indisponibilidade. O § 4.º considera em fraude à execução a alienação dos bens após essa averbação. Por esse mecanismo, **consegue-se antecipar o reconhecimento da fraude, desde que obtida a averbação da mencionada certidão**. A certidão a ser obtida não é a da distribuição ou

1 ■ Da Execução em Geral

protocolo, mas a da admissão da execução, que deverá ser obtida no ofício para o qual a execução foi distribuída.

A finalidade da averbação é tornar pública a execução, de modo que os terceiros adquirentes do bem não sejam surpreendidos com o reconhecimento da fraude.

A medida exigirá do credor uma pesquisa prévia a respeito dos bens do devedor, sujeitos a registro, para que possa saber onde efetuá-la.

A averbação deve ser comunicada ao juízo no prazo de dez dias após a sua concretização. Para que não haja prejuízo ao devedor, assim que for feita a penhora de bens suficientes para garantia do débito, serão canceladas as averbações de outros bens que não tenham sido penhorados porque o débito já estará garantido.

Como, feita a averbação, o devedor terá dificuldades para alienar os bens averbados, manda o art. 828, § 5.º, que o exequente indenize o devedor, em caso de averbação manifestamente indevida, o que se processará em um incidente em autos apartados.

Conquanto o art. 828 faça parte do Livro II da Parte Especial do CPC, que trata mais especificamente dos processos de execução por título extrajudicial, parece-nos que a faculdade nele prevista será útil também para o credor nos cumprimentos de sentença. É que, por força da Súmula 375 do STJ, só há presunção de má-fé do terceiro adquirente se houver o registro da penhora, podendo retroagir, no entanto, à data em que foi averbada a certidão mencionada no dispositivo legal. Assim, embora possa haver fraude à execução por alienação de bens desde a citação do devedor na fase cognitiva, a presunção de má-fé dependerá da averbação da penhora ou da certidão. Por esse motivo, o credor terá interesse em solicitá-la, mesmo na execução por título judicial. Parece-nos mesmo que, cautelarmente, o juiz pode determinar a sua expedição antes do trânsito em julgado da sentença, e, inclusive, até antes da sentença, quando verificar o risco de alienação de bem em fraude à execução, já tendo havido a citação do devedor.

11.4.5.2.2. *Coisa litigiosa ou insolvência do devedor*

Os incisos I e IV do art. 792 do CPC cuidam de situações diferentes, ambas caracterizadoras da fraude à execução.

O primeiro, da alienação de bem sobre o qual pende ação real ou com pretensão reipersecutória. O bem alienado é o próprio objeto do litígio, a coisa litigiosa, e se for alienado, haverá fraude à execução, **ainda que o devedor tenha outros bens e esteja solvente**. Afinal, a execução há de recair exclusivamente sobre ele. Acolhida a ação real ou com pretensão reipersecutória, o autor terá direito sobre o bem alienado, e poderá reavê-lo do terceiro adquirente ou cessionário (arts. 109, § 3.º, e 792, I, do CPC). As ações reais são aquelas fundadas na existência de direito real sobre coisa, e os direitos reais são aqueles enumerados no art. 1.225 do Código Civil. A ação reipersecutória é aquela de natureza obrigacional, cujo **desfecho repercute sobre a propriedade ou posse de um bem**. Imagine-se, por exemplo, um contrato pelo qual uma pessoa venda a outra determinado bem, para pagamento em prestações. Caso não haja pagamento, o vendedor pode postular a resolução do contrato, com a reposição das partes ao *status quo ante*, isto é, com a restituição do imóvel ao vendedor. A ação tem natureza obrigacional, mas é reipersecutória, porque repercute sobre a propriedade ou posse do bem.

704 Direito Processual Civil Esquematizado   *Marcus Vinicius Rios Gonçalves*

Havendo ação real ou com pretensão reipersecutória, a alienação do bem sobre o qual recai o litígio será em fraude à execução, mas desde que tenha havido a averbação da pendência do processo no registro de imóveis. A razão da exigência é a proteção do terceiro que, porventura, venha adquirir do executado o bem. Sem a averbação, a existência da ação real ou reipersecutória não será pública, e o adquirente haverá de ser considerado de boa-fé, salvo prova em contrário. Somente com a averbação, presumir-se-á a má-fé, que constitui exigência para caracterização da fraude à execução.

O inciso IV trata da alienação ou oneração de bens, quando tramitava contra o devedor demanda capaz de reduzi-lo à insolvência.

Nessa hipótese, não há um litígio envolvendo direito real ou pretensão reipersecutória sobre bem determinado, mas ação patrimonial, no curso da qual o devedor, alienando bens, torna-se insolvente, em detrimento do credor.

A fraude à execução **não se caracterizará pela alienação de um bem determinado, mas de qualquer bem do patrimônio do devedor, desde que disso resulte o estado de insolvência**.

Ela existirá se, no patrimônio do devedor, não forem encontrados bens suficientes para fazer frente ao débito, e ele não os indicar. **Se iniciada a execução, eles não forem localizados ou identificados, presumir-se-á o seu estado de insolvência**, e as alienações que tiverem ocorrido desde a citação na fase cognitiva serão declaradas em fraude à execução.

A insolvência só pode ser reconhecida na execução, nunca durante o processo de conhecimento, porque pode ocorrer que, tendo o devedor alienado bens na fase cognitiva, venha a adquirir outros, antes do início a execução, de sorte que, nessa fase, tenha como garantir o pagamento do débito. A fraude não será reconhecida.

No entanto, verificado, na fase de cumprimento de sentença, o estado de insolvência, o juiz declarará a ineficácia daquelas alienações que o devedor fez, desde a citação na fase cognitiva.

Em suma: a fraude à execução só pode ser reconhecida na execução, porque só então ficará caracterizado o estado de insolvência. Mas, ao reconhecê-la, o juiz declarará a ineficácia retroativa de todas as alienações ocorridas desde a citação na fase de conhecimento.

Se houver várias alienações, ele declarará a ineficácia das mais recentes, até que baste para que o devedor torne ao estado de solvência.

11.4.5.2.3. Má-fé do adquirente

O Código Civil aponta expressamente (art. 161), como requisito da fraude contra credores, **a má-fé do adquirente (*consilium fraudis*)**. Discutia-se se, para configurar a fraude à execução, era também necessário demonstrá-la, ou se era presumida.

Por muito tempo, prevaleceu a orientação de que, aquele que adquiria bens do devedor, quando havia contra ele processo pendente, presumia-se de má-fé, já que lhe cumpria exigir do alienante certidão negativa dos distribuidores. Mas só a má-fé daquele que adquiria diretamente do devedor era presumida. Se ocorressem alienações sucessivas, sobre os adquirentes posteriores não havia a presunção.

Essa orientação mudou com a Súmula 375 do STJ: "O reconhecimento da fraude de execução depende do registro da penhora do bem alienado ou da prova de má-fé do terceiro adquirente".

O enunciado deixa claro que, em relação aos bens sujeitos a registro, **a má-fé do adquirente não é presumida, salvo se houver a averbação da penhora, à qual se pode acrescentar a da certidão do art. 828 do CPC**. Se a alienação ocorrer após a averbação da penhora, os adquirentes — não só o primeiro, mas os subsequentes —, presumir-se-ão de má-fé, pois a averbação torna pública a constrição, fazendo com que tenha eficácia *erga omnes*.

Se não houver a averbação, **o reconhecimento da fraude dependerá da prova de que o adquirente estava de má-fé**. Esta não se presume pelo fato de o adquirente poder exigir certidões do distribuidor. Entre os direitos do credor e os dos adquirentes de boa-fé, o STJ optou por proteger estes últimos. Cumpre ao credor diligente, que queira evitar os dissabores de uma possível fraude à execução, tomar as providências necessárias para tornar pública a existência da ação ou da constrição.

Se o credor teme que, já na fase cognitiva, o devedor possa alienar bens, tornando-se insolvente, deve-se valer de medidas como o protesto contra a alienação de bens ou o arresto cautelar (art. 301 do CPC).

Mas, e se o bem não for daqueles sujeitos a registro, como acontece com a maior parte dos bens móveis? Como pode o exequente proteger-se da alienação, pelo devedor, de bens que não podem ser registrados? O art. 792, § 2.º, estabelece que, em se tratando de bens não sujeitos a registro, **o ônus da prova de boa-fé será do terceiro adquirente**, a quem caberá demonstrar que adotou as cautelas necessárias para a aquisição, mediante a exibição das certidões pertinentes, obtidas no domicílio do vendedor e no local em que se encontra. Se o terceiro adquirente não fizer a comprovação de que tomou tais cautelas, presumir-se-á que adquiriu o bem de má-fé, e o juiz declarará a fraude à execução.

11.4.5.3. A necessidade de intimação do terceiro adquirente

Reconhecida a fraude à execução, o terceiro adquirente não se tornará parte, mas o bem por ele adquirido responderá pela dívida. Diante da necessidade de se observar o princípio do contraditório, manda o art. 792, § 4.º, que antes de declará-la, o juiz mande intimar o terceiro adquirente. Como ele não é parte, caso queira defender-se, deverá opor embargos de terceiro, nos quais buscará demonstrar que a alienação não foi fraudulenta. Os embargos de terceiro, nesse caso, deverão ser opostos no prazo de 15 dias, a contar da intimação. O Enunciado n. 54 da ENFAM dispõe que "a ausência de oposição de embargos de terceiro no prazo de quinze dias prevista no art. 792, § 4.º, do CPC/2015 implica preclusão para fins do art. 675, *caput*, do mesmo código". Não nos parece, porém, que esse prazo seja preclusivo, devendo prevalecer o prazo geral para oposição de embargos de terceiro, previsto no art. 675 do CPC (ver Livro VIII, *item 9.2.4.3, supra*).

11.4.5.4. Ineficácia da alienação

O reconhecimento da fraude contra credores ou da fraude à execução não implicará a declaração de nulidade ou a anulação do ato de alienação, mas tão-somente a de ineficácia perante o credor.

706 Direito Processual Civil Esquematizado — *Marcus Vinicius Rios Gonçalves*

Tanto que, nos casos do art. 792, IV, do CPC, se o devedor saldar o débito para com o credor, **a alienação remanescerá íntegra e válida, ainda que o juízo tenha reconhecido a fraude**. E o seu reconhecimento fará com que a responsabilidade patrimonial se estenda ao terceiro adquirente, até o montante do bem por ele recebido. Se o débito é de, por exemplo, R$ 10.000,00, e o juiz reconhecer a fraude à execução de um bem que vale R$ 20.000,00, será feita a penhora desse bem, em mãos do terceiro. Se ele for arrematado em hasta pública pelo valor de avaliação, o credor será pago e os restantes R$ 10.000,00 serão restituídos ao adquirente, atual proprietário do bem, e não ao devedor, uma vez que a alienação não foi desfeita. Se a fraude implicasse a nulidade do negócio, o bem retornaria ao patrimônio do devedor e a ele seria restituído o saldo. Sendo apenas ineficaz frente ao credor, a propriedade permanece com o adquirente, embora o bem fique sujeito à execução.

11.4.6. Aqueles cuja alienação ou gravação com ônus real tenha sido anulada em razão do reconhecimento em ação autônoma, de fraude contra credores

Além das diferenças apontadas entre fraude à execução e fraude contra credores, há outra, fundamental. **Esta não pode ser reconhecida *incidenter tantum*, no curso de processo pendente, nem no bojo de embargos de terceiro** (Súmula 195 do STJ).

Ela pressupõe a ação pauliana, cuja natureza não é desconstitutiva, já que não desfará a alienação, mas declaratória de ineficácia.

Controverte-se se, no polo passivo da ação pauliana, devem figurar, em litisconsórcio necessário, o alienante e o adquirente, ou se basta que figure o adquirente. Parece-nos que não há necessidade do litisconsórcio, que só se justificaria se a ação pauliana tivesse por fim desconstituir a alienação. Como ela só a declara ineficaz perante o credor, trazendo prejuízo unicamente para o adquirente, somente este deverá figurar no polo passivo da ação.

Mesmo que procedente a pauliana, como há apenas a declaração de ineficácia, o bem alienado não responderá pela execução, se o devedor pagar a dívida, ou se ela for extinta por outra forma.

O reconhecimento da fraude à execução, tratada nos itens anteriores, prescinde de ação declaratória e pode ser feita incidentemente, no bojo da própria execução, quando o juiz verificar que o devedor está insolvente e que alienou bens após a citação (a citação no processo de execução, caso esteja fundada em título extrajudicial; ou na fase de conhecimento, na hipótese do cumprimento de sentença). O juiz reconhecerá a fraude por simples decisão interlocutória, na qual determinará a constrição do bem alienado, que se encontra em poder do adquirente.

	FRAUDE CONTRA CREDORES	FRAUDE À EXECUÇÃO
TÍTULO EXECUTIVO JUDICIAL (EXECUÇÃO IMEDIATA)	▫ Antes da citação no processo de conhecimento	▫ Após a citação no processo de conhecimento
TÍTULO EXECUTIVO EXTRAJUDICIAL (EXECUÇÃO AUTÔNOMA)	▫ Antes da citação no processo da execução	▫ Após a citação no processo de execução

1 ◼ Da Execução em Geral

DAS DIFERENÇAS ENTRE AMBAS

FRAUDE CONTRA CREDORES	FRAUDE À EXECUÇÃO
◼ Instituto de direito material	◼ Instituto de direito processual
◼ Defeito do negócio jurídico	◼ Ato atentatório à dignidade da justiça
◼ Dívida já existente, contudo não há a ação (de conhecimento, no caso de título executivo judicial ou de execução, no caso de título executivo extrajudicial) em andamento.	◼ O credor já demandou o devedor, e este já foi citado (para ação de conhecimento ou execução, dependendo do caso).
◼ Ineficácia contra o credor, a qual deve ser reconhecida em ação própria: ação pauliana.	◼ A ineficácia contra o credor é reconhecida nos próprios autos.

SEMELHANÇAS ENTRE AMBAS

FRAUDE CONTRA CREDORES	FRAUDE À EXECUÇÃO
◼ Gera a ineficácia do negócio jurídico fraudulento, conquanto exija ação pauliana.	◼ Gera a ineficácia do negócio jurídico fraudulento, que pode ser reconhecida na própria execução.
◼ Depende de comprovação de má-fé do adquirente.	◼ Também exige prova de má-fé do adquirente (Súmula 375 do STJ), que só será presumida se a penhora, a admissão da ação (art. 828), a hipoteca judiciária ou outro ato de constrição judicial originária do processo em que foi arguida a fraude ou ainda a pendência do processo nas ações reais ou reipersecutórias for averbada.

2

LIQUIDAÇÃO DE SENTENÇA

1. INTRODUÇÃO

Para a execução, é indispensável título líquido que permita a identificação do *quantum debeatur*.

O título líquido **é aquele que indica a quantidade de bens ou valores que constituem a obrigação**. Ela deve constar do próprio título, podendo, quando muito, exigir cálculos aritméticos para apurá-la.

O título executivo extrajudicial há de ser sempre líquido. Se o *quantum debeatur* não resultar diretamente da leitura do que dele consta, ou de cálculos aritméticos, ele perderá a sua eficácia executiva. **Não existe liquidação de título extrajudicial**.

Já a sentença pode ser ilíquida. Para que possa ter início a execução, é indispensável que passe por prévia liquidação, para que se apure o *quantum*.

Sempre que na fase cognitiva for prolatada sentença que reconheça ilíquida, antes de ter início a fase de cumprimento de sentença, haverá uma etapa intermediária, de liquidação. Se o título for sentença penal condenatória, antes do início da execução, haverá a liquidação dos danos.

2. DAS DIVERSAS ESPÉCIES DE LIQUIDAÇÃO

O CPC de 1973, em sua redação originária, previa três espécies de liquidação: por cálculo do contador, por arbitramento e por artigos.

Por cálculo do contador era aquela em que, antes do início da execução, os autos eram remetidos ao contador do juízo para que, por cálculos aritméticos, apurasse o *quantum debeatur*. O juiz ouvia as partes sobre eles e, se estivessem em ordem, os homologava.

Mas havia nisso um equívoco, porque se para a apuração do *quantum* bastava um cálculo do contador, **o título já era líquido**, e não se podia falar propriamente em liquidação.

A Lei n. 8.898/94 corrigiu a falha, excluindo de entre as espécies de liquidação a por cálculo do contador. Ao fazê-lo, atribuiu ao exequente, nos casos em que o débito pode ser apurado por cálculo, o ônus de, ao requerer a execução, juntar memória discriminada do débito. Com isso, restaram apenas duas formas de liquidação. O CPC atual as manteve, como liquidação **por arbitramento e de procedimento comum**. A elas, deve-se acrescentar um tipo especial previsto no Código do Consumidor: **a apuração** do *quantum* devido às vítimas, quando proferida sentença condenatória genérica nas ações civis públicas para a defesa de interesses individuais homogêneos. São essas as três formas de liquidação que persistem em nosso ordenamento jurídico.

3. FASE DE LIQUIDAÇÃO

Tal como o cumprimento de sentença, a liquidação não constitui um novo processo, mas apenas uma fase do processo único, sincrético.

Essa **fase de liquidação** vem regulada no CPC, arts. 509 a 512. O devedor não será citado, mas intimado na pessoa de seu advogado para acompanhá-la (arts. 510 e 511 do CPC). Se for revel, não haverá necessidade de intimá-lo, conforme art. 346 do CPC. No entanto, se a liquidação for de sentença penal condenatória, arbitral ou estrangeira, como não há nenhum processo civil de conhecimento precedente, o devedor será citado, pois é a primeira vez que comparece ao juízo cível.

4. LEGITIMIDADE PARA A LIQUIDAÇÃO

A liquidação pode ser requerida tanto pelo credor quanto pelo devedor. A legitimidade deste deriva do interesse em pagar, para obter a extinção da obrigação, quando necessária a apuração do *quantum*.

Mas, na liquidação da sentença condenatória genérica proferida nas ações civis públicas, somente o credor estará legitimado, porque o devedor não terá condições de saber quem são as vítimas, e quais os danos que cada qual sofreu. A iniciativa é do credor, pois cabe a ele provar que tem tal qualidade, demonstrando ser uma das vítimas do dano objeto da ação.

5. NATUREZA DA LIQUIDAÇÃO

Há dois tipos de processo em nosso ordenamento: o de conhecimento e o de execução. Em qual dessas categorias inclui-se a liquidação? **Entre os processos de conhecimento, já que serve para que o juiz diga qual é o *quantum debeatur***, não para que tome providências satisfativas, ou medidas que visem afastar uma situação de perigo.

Há, no entanto, enorme controvérsia sobre a natureza do ato judicial que julga a liquidação. A lei é expressa em atribuir-lhe natureza de decisão interlocutória, e não mais de sentença, como anteriormente. Mas discute-se se teria caráter declaratório ou constitutivo. Não pode ser condenatório porque a fase de liquidação pressupõe prévia condenação. Mas o título só estará constituído após a liquidação, ou já existia anteriormente, limitando-se a liquidação a declarar o *quantum debeatur*?

Parece-nos que a razão está com aqueles que atribuem à liquidação natureza meramente declaratória. O art. 515 considera título executivo judicial a decisão civil e a sentença penal transitada em julgado, sem exigir que sejam líquidas. O título já existe desde a condenação transitada em julgado (no cível nem é necessário o trânsito). **A liquidação é indispensável porque, sem a apuração do *quantum*, não é possível executar, mas não é ela que constitui o título executivo**.

Já a liquidação da sentença condenatória genérica na ação civil pública tem caráter constitutivo, pois serve para que as vítimas comprovem sua qualidade, demonstrando que se enquadram naquela situação jurídica indicada na sentença genérica.

Contra o ato judicial que aprecia a liquidação, qualquer que ela seja, o recurso cabível será o agravo de instrumento (art. 1.015, parágrafo único, do CPC).

6. LIQUIDAÇÃO PROVISÓRIA

Nos casos em que se admite a execução provisória, será possível também liquidação provisória, caso a sentença não seja líquida.

Enquanto há recurso pendente, desprovido de efeito suspensivo, o credor já poderá promover a execução, e, se a sentença for ilíquida, a prévia liquidação, para apurar o *quantum debeatur*. Se o recurso for provido, a liquidação e a execução subsequente ficarão sem efeito e as partes deverão ser restituídas à situação anterior.

O art. 512 do CPC prevê ainda **a possibilidade de promover a liquidação, mesmo que esteja pendente recurso provido de efeito suspensivo**. A ideia parte do pressuposto acertado de que a liquidação não se confunde com a execução e de que nela ainda não é tomada nenhuma providência concreta satisfativa. Mesmo que a execução não possa ter início, será possível promover a liquidação, com o que se ganhará tempo; enquanto o recurso tramita no órgão *ad quem*, poderá ter curso a apuração do *quantum debeatur* no órgão *a quo*.

Essa liquidação é feita por conta e risco de quem a propuser, já que haverá o risco de reversão do julgamento, com a perda das despesas até então realizadas com a liquidação. Por isso, cumpre ao requerente ponderar os prós e contras dessa liquidação antecipada. Se ele acha, por exemplo, que são remotas as possibilidades de acolhimento do recurso, valerá a pena dar início à liquidação, com o que haverá considerável ganho de tempo; mas se o risco de provimento é grande, talvez não valha a pena.

Como ela deve processar-se no órgão *a quo*, enquanto os autos principais estão no órgão *ad quem* para exame do recurso, será necessário extrair autos suplementares.

Enquanto pende o curso, a liquidação pode até ser concluída e decidida. A partir do momento em que o recurso for julgado, e não couber nenhum outro com efeito suspensivo, poder-se-á passar à execução; **mas enquanto pender recurso com tal efeito, ela não poderá ter início**.

7. VEDAÇÃO DE SENTENÇA ILÍQUIDA

Somente os títulos judiciais podem ser ilíquidos. Mesmo assim, há casos em que o legislador os veda expressamente. Dispõe o art. 491 do CPC: "Na ação relativa à obrigação de pagar quantia, ainda que formulado pedido genérico, a decisão definirá desde logo a extensão da obrigação, o índice de correção monetária, a taxa de juros, o termo inicial de ambos e a periodicidade da capitalização dos juros, se for o caso, salvo quando: I — não for possível determinar, de modo definitivo, o montante devido; II — a apuração do valor devido depender da produção de prova de realização demorada ou excessivamente dispendiosa, assim reconhecida na sentença". Mesmo nos casos em que se admite pedido genérico (art. 324, § 1.º, do CPC), a sentença deve ser líquida. Só se admitirá que não o seja nas hipóteses dos incisos I e II do art. 491, quando então será necessária a liquidação.

Nos termos da Súmula 318 do STJ, "Formulado pedido certo e determinado, somente o autor tem interesse recursal em arguir o vício da sentença ilíquida".

8. SENTENÇA PARTE LÍQUIDA, PARTE ILÍQUIDA

O art. 509, § 1.º, do CPC trata da possibilidade de haver uma sentença que seja parte líquida e parte ilíquida. Por exemplo: uma sentença proferida em ação de reparação de danos pode condenar o réu a pagar os danos emergentes, correspondentes aos gastos que ele teve, em determinado valor, e em lucros cessantes, a serem apurados em liquidação. **O credor pode promover simultaneamente a execução da parte líquida, e, em autos apartados, a liquidação da outra parte**.

9. CÁLCULO DO CONTADOR

Não é necessária a liquidação, quando o *quantum debeatur* puder ser apurado por simples cálculo aritmético. **Cumpre ao credor, ao requerer a execução, apresentar memória discriminada do cálculo do débito, indicando de forma especificada os itens da cobrança e os acréscimos de correção monetária, juros e outros fixados na condenação** (art. 524 do CPC).

Essa solução trouxe preocupação com a possibilidade de o credor cobrar mais do que seria devido, ao apresentar os cálculos. O juiz deve examiná-los e, de ofício, determinar a correção de eventuais erros. Mas nem sempre terá condições de fazê-lo. Também há a possibilidade de o devedor defender-se, por objeções de pré-executividade ou impugnação, cuja apresentação prescinde de prévia garantia do juízo, pela penhora.

Quando tiver dúvida, o juiz poderá valer-se de contabilista do juízo, que terá o prazo máximo de trinta dias para efetuar a verificação dos cálculos, exceto se outro prazo lhe for determinado. Não se trata do retorno da liquidação por cálculo do contador, **pois o juízo não decidirá, ao final, se os cálculos do credor estão corretos ou incorretos**.

Teve o legislador o cuidado de evitar que, nessa fase que antecede o início da execução, possa surgir algum incidente que, sob vias transversas, obrigue o juízo a decidir a respeito do *quantum debeatur*, o que acabaria por ressuscitar a liquidação por cálculo do contador. A solução encontrada foi fazer prevalecer o valor apresentado pelo credor, cumprindo ao devedor defender-se, impugnando-o, para que então o juízo possa decidir qual é o *quantum debeatur*. Mas, para que não haja prejuízo ao executado, conquanto a execução se faça pelo valor indicado pelo credor, a penhora far-se-á pelo valor que o juiz entender adequado, até que, no curso da execução, ele decida qual é efetivamente o *quantum*, podendo então mandar ampliar ou reduzir a penhora.

Os §§ 3.º a 5.º do art. 524 tratam da hipótese de os cálculos a serem apresentados pelo credor, no início da execução, dependerem de dados existentes em mãos do devedor ou de terceiros, caso em que o juiz, a requerimento dele, poderá requisitá-los, concedendo prazo de até trinta dias para cumprimento. Se a diligência for descumprida pelo

2 ■ Liquidação de Sentença

713

devedor, o juiz considerará corretos os cálculos do credor; se descumprida por terceiro, poderá ficar caracterizado crime de desobediência.

10. LIQUIDAÇÃO POR ARBITRAMENTO

É aquela que se presta à apuração do valor de um bem ou serviço. A única tarefa é a apuração desse valor, o que demandará a apresentação de pareceres e documentos elucidativos pelas partes e, se isso não for suficiente, **a nomeação de um perito**. Não há nenhum fato novo a ser demonstrado.

Por exemplo: o juiz condena o réu a pagar ao autor indenização correspondente ao aluguel do imóvel por ele indevidamente ocupado, durante doze meses. A sentença é ilíquida porque não se sabe qual é o aluguel daquele imóvel. A liquidação será feita por arbitramento porque a única coisa a ser feita é apurá-lo. Para tanto, as partes podem valer-se de pareceres, documentos e, caso necessário, haverá a nomeação do perito.

A diferença da liquidação de procedimento comum é que, nesta, **há necessidade de prova de fatos novos, que vão além da simples apuração do valor do bem ou do serviço**.

Dispõe o art. 509, I, do CPC que a liquidação será feita por arbitramento quando determinado por sentença ou convencionado pelas partes ou quando o exigir a natureza do objeto da liquidação.

Muitas vezes, ao proferir a sentença condenatória, o juiz estabelece a forma pela qual se fará a liquidação. **Mas isso não tem caráter definitivo:** mesmo que nela conste o arbitramento, pode ser necessária a de procedimento comum, caso se constate a necessidade da prova de fatos novos.

Requerido — pelo credor ou devedor — o arbitramento, **o juiz, não sendo possível decidir de plano, após a intimação das partes para apresentação de pareceres e documentos elucidativos, nomeará um perito e fixará prazo para a entrega do laudo**. As partes poderão formular quesitos e indicar assistentes técnicos.

O procedimento a ser observado é o mesmo previsto para a prova pericial. Prevalece o entendimento de que não há honorários advocatícios na liquidação por arbitramento, já que não se discutem fatos novos (*RSTJ* 142/387).

11. LIQUIDAÇÃO PELO PROCEDIMENTO COMUM

É aquela em que há necessidade de comprovação de fatos novos, ligados ao *quantum debeatur*. Dispõe o art. 509, II: "pelo procedimento comum, quando houver necessidade de alegar e provar fato novo".

Por fato novo entende-se não o que tenha ocorrido após a sentença, mas o que não tenha sido apreciado, quando do julgamento, e que diga respeito ao *quantum*.

Por exemplo: o art. 324, II, do CPC permite sentença genérica, quando não é possível determinar, de modo definitivo, as consequências do ato ou fato ilícito. Por vezes, a vítima sofre lesões cuja extensão não pode ser apurada quando da sentença. O juiz condenará o réu a arcar com todos os danos e despesas de tratamento da vítima.

Mas a apuração do *quantum* exigirá a demonstração de fatos novos, relacionados à extensão dos danos e dos cuidados exigidos pela vítima.

Na petição inicial, o autor os apresentará e eles constituirão a causa de pedir da liquidação, à qual o juiz deverá ater-se, sob pena de proferir julgamento *extra petita*.

O procedimento da liquidação por artigos é o **comum, ainda que a fase de conhecimento tenha observado o especial.**

O réu será intimado para apresentar contestação, sob pena de presumirem-se verdadeiros os fatos novos relacionados ao *quantum debeatur.* Todos os meios de prova serão admitidos, podendo o juiz determinar prova técnica e designar audiência de instrução e julgamento.

Ao final, proferirá decisão interlocutória, julgando a liquidação. Poderá considerar provados, total ou parcialmente, os fatos novos, declarando líquida a obrigação e apontando o *quantum debeatur.*

Nada impede que seja realizada mais de uma liquidação pelo procedimento comum, nos casos em que há danos que se manifestam ou se agravam ao longo do tempo. Na primeira, serão apurados os danos que até então se apresentaram e, oportunamente, os outros, que se manifestaram posteriormente.

12. A LIQUIDAÇÃO É JULGADA POR DECISÃO INTERLOCUTÓRIA

A liquidação é apenas uma fase intermediária entre a condenatória e a executiva. Ora, só pode ser considerado sentença o ato que põe fim ao processo ou à fase condenatória. O que julga a liquidação, não se enquadrando em nenhuma dessas categorias, é decisão interlocutória. O recurso adequado para impugná-la é o agravo de instrumento (art. 1.015, parágrafo único).

Ao proferir a decisão, o juiz examinará a pretensão formulada pelo requerente, que é a de declaração do valor devido. **Se, ao longo da liquidação, foram colhidos elementos suficientes e produzidas as provas necessárias, ele declarará líquida a obrigação.** Se as provas forem insuficientes, e o juiz, ao final, não puder indicar o valor, **julgará a liquidação extinta, sem apurar o** *quantum*, **o que não impedirá o requerente de ajuizar, mais tarde, uma nova, já que só a decisão que declara o** *quantum debeatur* **não pode mais, esgotados os recursos, ser discutida.**

Admite-se ainda (embora exista controvérsia a respeito) a possibilidade de o juiz declarar líquida a obrigação no montante zero. É o que ocorrerá, por exemplo, quando ajuizada liquidação pelo procedimento comum de sentença penal condenatória e colhidas todas as provas, o juiz concluir que a vítima não sofreu dano nenhum, não teve nenhum prejuízo.

13. LIQUIDAÇÃO DE SENTENÇA GENÉRICA EM AÇÃO CIVIL PÚBLICA

Há um terceiro tipo de liquidação: **a da sentença genérica proferida em ação civil pública, ajuizada para a defesa de interesses individuais homogêneos**.

A Lei n. 8.078/90 atribui legitimidade extraordinária a determinados entes para a ação civil pública em defesa desses interesses, **o que não afasta a legitimidade ordinária das próprias vítimas para ajuizar ação individual de reparação de danos**.

2 ◼ Liquidação de Sentença   715

Proposta ação civil pública, como não se sabe quem são as vítimas, quantas são e qual é a extensão dos danos, o juiz, em caso de procedência, proferirá **sentença genérica**, que condenará o réu ao pagamento de indenização a todas as pessoas que comprovarem enquadrar-se na condição de vítimas do ato ou fato discutido. A sentença não só é ilíquida; ela nem sequer nomeia as pessoas a serem indenizadas, limitando-se a genericamente condenar o réu a pagar a todos aqueles que comprovem ser vítimas do evento.

Por exemplo: um dos legitimados extraordinários propõe ação de reparação de danos causados por determinado produto farmacêutico que, posto à venda no mercado de consumo, era nocivo à saúde. O juiz, se acolher o pedido, condenará genericamente o réu a ressarcir todas as vítimas que usaram o medicamento.

Na fase de liquidação, **que haverá de ser sempre individual**, a vítima precisará demonstrar não apenas a extensão dos danos, mas, antes de tudo, **que eles são provenientes daquele produto nocivo**. A liquidação não servirá apenas para apurar o quanto se deve à vítima, mas para permitir que esta comprove a sua condição.

Dadas essas peculiaridades, esse tipo de liquidação difere das tradicionais — por arbitramento e pelo procedimento comum — do CPC, pois, ao contrário delas, pode ser julgada improcedente, caso não se comprove que o liquidante foi vítima do acidente e sofreu danos. Na liquidação comum, a condição de vítima há de ter sido provada na fase condenatória, ao passo que nesta, há de ser demonstrada na liquidação.

Ela formará um processo autônomo (não apenas uma fase), ajuizado pelas vítimas individuais, e para o qual o réu deve ser citado.

A decisão final não será meramente declaratória, como nas outras formas de liquidação, mas **constitutiva**, pois só a partir dela cada vítima obterá título executivo.

14. LIQUIDAÇÕES NO CURSO DA FASE DE EXECUÇÃO

Nos itens anteriores, examinou-se a liquidação como uma fase do processo sincrético, intermediária entre a condenatória e a executiva. Mas, às vezes, a liquidação, conquanto desnecessária antes da execução, pode tornar-se indispensável no seu curso. **Haverá liquidação incidente**.

É o que ocorrerá, por exemplo, sempre que não houver mais a possibilidade de execução específica de obrigação, e a conversão em perdas e danos (ou quando o credor preferir essa forma).

A obrigação, até então líquida, tornar-se-á ilíquida, já que será necessário apurar as perdas e danos.

Na liquidação incidente, o exequente indicará os danos que pretende ver ressarcidos, e o juiz determinará as provas necessárias para comprová-los. Ao final, proferirá decisão interlocutória, indicando o *quantum debeatur*, e a execução prosseguirá, na forma do art. 523 do CPC.

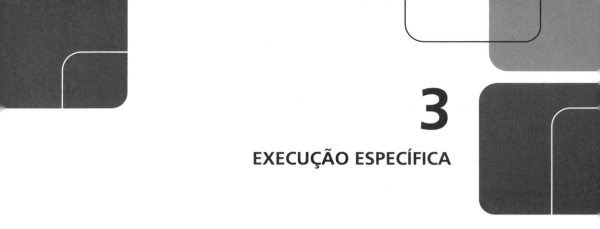

3
EXECUÇÃO ESPECÍFICA

1. INTRODUÇÃO

Antes de iniciar o exame das diversas espécies de execução no CPC, cumpre analisar a execução específica e os meios de que o juiz dispõe para compelir o executado a satisfazer a obrigação, tal como constituída.

A execução específica é aquela **que objetiva fazer com o que devedor cumpra exatamente aquilo que foi convencionado, sem conversão em perdas e danos**. Só faz sentido nas obrigações de fazer, não fazer ou entregar coisa. O art. 497 do CPC trata das primeiras: "na ação que tenha por objeto a prestação de fazer ou de não fazer, o juiz, se procedente o pedido, concederá a tutela específica ou determinará providências que assegurem a obtenção de tutela pelo resultado prático equivalente". As de entrega de coisa vêm tratadas no art. 498: "na ação que tenha por objeto a entrega de coisa, o juiz, ao conceder a tutela específica, fixará o prazo para o cumprimento da obrigação".

O processo de execução será eficiente quando der ao credor satisfação a mais próxima possível daquilo que ele teria, caso o devedor tivesse cumprido espontaneamente a obrigação.

As duas técnicas de que se vale o legislador para a execução são **a sub-rogação e a coerção**. O uso delas poderá variar, conforme a obrigação seja fungível ou infungível.

Se fungível, as duas técnicas poderão ser utilizadas: a de coerção e a de sub-rogação. Se alguém é contratado para pintar um muro e não o faz, ao promover a execução o credor poderá requerer que o juiz fixe uma multa diária, que sirva para pressioná-lo a cumprir o prometido (coerção); ou pedir ao juízo que determine que a obrigação seja cumprida por terceiro, às custas dele (sub-rogação).

Quando a obrigação for infungível, só se poderá fazer uso dos meios de coerção, já que não é possível que outrem a realize no lugar do devedor. Não pode haver a sua substituição (sub-rogação), no cumprimento do determinado.

2. PROVIDÊNCIAS QUE ASSEGUREM RESULTADO PRÁTICO EQUIVALENTE

O art. 497, *caput*, do CPC dá ao juiz poderes de determinar, nas ações que tenham por objeto, o cumprimento de obrigações de fazer ou não fazer, **providências que assegurem a obtenção da tutela pelo resultado prático equivalente ao do adimplemento**.

Há casos em que não há como compelir o devedor a cumprir a obrigação na forma convencionada, mas é possível determinar outra medida, que alcance resultado prático equivalente.

Por exemplo: a ré, fabricante de veículos, comprometeu-se a entregar ao autor um carro. Quando da sentença, ele não é mais fabricado. Em vez de determinar a conversão em perdas e danos, o juiz pode condenar a ré a entregar um veículo equivalente, mesmo que isso não tenha sido pedido na petição inicial.

O autor formula um pedido específico. Não sendo possível atendê-lo, o juiz verificará, antes da conversão em perdas e danos, **se não há alguma providência que possa alcançar resultado equivalente**. Em caso afirmativo, ele a concederá, ainda que não coincida com o pedido inicial, impossível de satisfazer.

3. CONVERSÃO EM PERDAS E DANOS

A conversão em perdas e danos fica reservada para duas hipóteses, enumeradas no art. 499 do CPC: a) quando se tornar impossível a execução específica (por exemplo, quando o bem a ser restituído perdeu-se, ou quando a obrigação de fazer é infungível e o devedor recusa-se, apesar dos meios de coerção, a cumpri-la) e não há providência que assegure resultado prático equivalente; b) quando o credor requerer a conversão, porque o devedor não cumpre especificamente a obrigação. **Só é dado ao credor requerê-la se houver efetiva recusa do devedor. O credor não pode preferir a conversão se o devedor estiver disposto a cumprir a obrigação específica.** Da mesma forma que o credor não é obrigado a aceitar prestação diferente da que foi avençada, o devedor não pode ser compelido, para desonerar-se, a cumpri-la diferentemente do contratado. Mas, nos termos do art, 499, *caput*, do CPC, não havendo cumprimento da obrigação pelo devedor, o credor pode requerer a conversão em perdas e danos, ainda que na fase de cumprimento de sentença.

Ocorre que a segunda possibilidade de conversão — a pedido do credor — sofreu importante restrição, em alguns tipos de obrigação, com o acréscimo do parágrafo único ao art. 499, do CPC, pela Lei n. 14.833/2024, que assim dispõe: "Nas hipóteses de responsabilidade contratual previstas nos arts. 441, 618 e 757 da Lei n. 10.406, de 10 de janeiro de 2002 (Código Civil), e de responsabilidade subsidiária e solidária, se requerida a conversão da obrigação em perdas e danos, o juiz concederá, primeiramente, a faculdade para o cumprimento da tutela específica."

A restrição legal há de ser bem compreendida. Pressupõe que o devedor não cumpriu a obrigação tal como prevista no contrato, e que o credor postulou, em juízo, a conversão em perdas e danos. Nos termos do parágrafo único acima transcrito, o juiz, antes de determinar a conversão em perdas e danos, facultará ao devedor o cumprimento específico da obrigação, e apenas em caso de persistência na recusa é que o juiz autorizará a conversão. Introduz-se, com isso, um requisito a mais para a conversão em perdas e danos, pois não basta apenas o inadimplemento da obrigação. É preciso que o juízo ainda tenha concedido ao devedor a possibilidade de cumprimento específico, sem que o devedor o tenha feito.

Quando da edição da Lei n. 14.833/2024, que trouxe a alteração legislativa, o relatório do Senado esclareceu a finalidade da lei: "O objetivo é limitar o direito do credor

3 ■ Execução Específica   719

a obter, desde logo, indenização por perdas e danos no caso de descumprimento de obrigação de fazer, não fazer ou de entregar coisa. De modo mais específico, o projetado dispositivo destina-se a sempre garantir ao devedor o direito de cumprir diretamente a prestação — ou seja, cumprir a tutela específica —, antes da conversão da obrigação em indenização. Essa faculdade deferida ao devedor é restrita aos casos de: a) aquisição de bens com vícios ocultos (vício redibitório) (art. 441 do Código Civil); b) defeitos em construções (art. 618 do Código Civil); c) cobertura securitária (art. 757 do Código Civil); d) responsabilidade subsidiária ou solidária."

De observar-se que a limitação ao direito do credor de postular a conversão da obrigação em perdas e danos em caso de inadimplemento do devedor fica restrita às obrigações indicadas no dispositivo legal, mencionadas no relatório acima. Nas demais obrigações, prevalece a regra geral do *caput* do art. 499, que permite desde logo a conversão em perdas e danos a requerimento do credor, em caso de inadimplemento do devedor.

Por fim, de observar-se que a nova regra não pode beneficiar os devedores se, quando da sua entrada em vigor, a obrigação já havia sido convertida em perdas e danos.

4. MECANISMOS PARA COMPELIR O DEVEDOR A CUMPRIR A OBRIGAÇÃO

O art. 536, § 1.º, do CPC enumera alguns meios de que o juiz pode valer-se para alcançar o cumprimento específico da obrigação ou resultado prático equivalente: "Para atender ao disposto no *caput*, o juiz poderá determinar, entre outras medidas, a imposição de multa, a busca e apreensão, a remoção de pessoas e coisas, o desfazimento de obras e o impedimento de atividade nociva, podendo, caso necessário, requisitar o auxílio de força policial". Esses poderes o juiz pode empregar tanto no cumprimento das obrigações de fazer ou não fazer como no de entregar coisa.

Além disso, o descumprimento fará com que o devedor incorra nas sanções do art. 77, § 2.º, imputadas aos que perpetram atos atentatórios à dignidade da justiça.

Podem ainda ser aplicáveis, se presentes as hipóteses do art. 774, *caput*, as penas por ato atentatório à dignidade da justiça, previstas no parágrafo único do mesmo dispositivo legal.

Dentre os mecanismos mencionados, interessa-nos a multa, pela importância de que se reveste e pelas questões que suscita.

4.1. A MULTA

É mecanismo de coerção para pressionar a vontade do devedor renitente que, temeroso dos prejuízos que possam advir ao seu patrimônio, acabará por cumprir aquilo a que vinha resistindo.

Dentre os vários meios de coerção, a multa, que se assemelha às *astreintes* do direito francês, é dos mais eficientes.

A lei não a restringe às execuções de obrigação infungível. Elas podem ser fixadas em todas as execuções de obrigação de fazer ou não fazer e de entregar coisa, fungível ou infungível. E, diante do que dispõe o art. 139, IV, do CPC, **até mesmo nas obrigações que tenham por objeto prestação pecuniária**, portanto as obrigações por

720 Direito Processual Civil Esquematizado · *Marcus Vinicius Rios Gonçalves*

quantia, ainda que nesse caso a incidência de multa deva ser excepcional e subsidiária, apenas nos casos em que os meios de sub-rogação tenham se mostrado insuficientes (ver a respeito no Livro III, Capítulo 5, *item 5*). O que as caracteriza é serem periódicas, o que as faz cada vez maiores, enquanto permanece a inércia do devedor. O juiz fixará um prazo para o cumprimento da obrigação e poderá estabelecer multa periódica (em regra, diária) para a hipótese de inadimplemento. Ela incidirá a cada dia de atraso, pressionando o devedor até que satisfaça a obrigação.

A finalidade da multa é coercitiva, não repressiva ou punitiva. Ela não constitui sanção ou pena.

4.1.1. Fixação da multa

Nos cumprimentos de sentença, a multa é fixada pelo juiz, que deve considerar qual o valor razoável para compelir o devedor a cumprir a obrigação. Não pode ser irrisório, sob pena de não pressionar a vontade do devedor; nem tão elevado, que o credor acabe preferindo que a obrigação não seja cumprida e que o devedor permaneça inerte. Caberá ao juiz avaliar o caso concreto para decidir o montante razoável. **Tem ele ampla liberdade de modificar o valor da multa, de ofício ou a requerimento das partes, quando verificar que ela se tornou insuficiente ou excessiva**. Pode ainda alterar-lhe a periodicidade. As alterações podem ocorrer mesmo que a multa tenha sido fixada em sentença transitada em julgado. O trânsito impede a rediscussão do que o juiz decidiu a respeito da pretensão, mas não dos meios de coerção utilizados para fazer com que o devedor cumpra aquilo que lhe foi imposto.

Quando a execução estiver fundada em título extrajudicial, o juiz também poderá fixar livremente a multa, ao despachar a inicial. É o que diz o art. 806, § 1.º, do CPC, em relação às obrigações de entrega de coisa: "Ao despachar a inicial, o juiz poderá fixar multa por dia de atraso no cumprimento da obrigação, ficando o respectivo valor sujeito a alteração, caso se revele insuficiente ou excessivo". E o art. 814: "Na execução de obrigação de fazer ou de não fazer, fundada em título extrajudicial, ao despachar a inicial, o juiz fixará multa por período de atraso no cumprimento da obrigação e a data a partir da qual será devida".

Mas o juiz só terá essa liberdade se a multa não tiver sido convencionada pelas próprias partes no título executivo extrajudicial, caso em que deverá prevalecer o acordo. Mesmo assim, o juiz terá o poder de reduzi-la, se verificar que é excessiva; mas não de aumentá-la, caso a repute insuficiente, por força do que dispõe o art. 814, parágrafo único.

Essa liberdade do juiz deriva de a multa não ser punição, mas meio de coerção, de pressão sobre a vontade do devedor.

A multa reverte sempre em proveito do credor, prejudicado pelo atraso ou inadimplemento.

4.1.2. Momento para a fixação

O juiz só fixará a multa depois de impor ao réu o cumprimento da obrigação de fazer, não fazer ou entregar coisa. Isso pode ocorrer logo no início do processo, se ele

3 ■ Execução Específica   721

deferir tutela provisória, impondo ao réu alguma dessas obrigações e concedendo-lhe prazo para cumpri-la, ou então, na sentença condenatória.

Mesmo que ele não o faça na sentença, poderá determiná-la posteriormente, na fase de execução, e de ofício.

Na execução de título extrajudicial, o juiz a fixará quando despachar a inicial. Se não fizer, poderá fixá-la posteriormente, a qualquer momento no curso da execução, quando se fizer necessária.

Quanto à obrigação de pagamento de quantia certa, parece-nos que o juiz só deverá se valer da multa quando os meios de sub-rogação não se mostrarem eficazes, ou porque o devedor oculta maliciosamente os bens, ou porque causa embaraços ou dificuldades à sua constrição. Não faz sentido o juiz deles valer-se quando ficar evidenciado que o executado não oculta ou sonega bens, mas apenas não os possui.

4.1.3. Cobrança da multa

Decorrido o prazo para o cumprimento da obrigação sem que ela tenha sido satisfeita, incidirá a multa. O prazo começa a correr do momento em que o devedor for intimado. Na vigência do CPC/73 foi editada a Súmula 410 do Superior Tribunal de Justiça, que determinava o início da contagem do prazo a partir da intimação pessoal do devedor, não bastando a do advogado: "A prévia intimação pessoal do devedor constitui condição necessária para a cobrança de multa pelo descumprimento de obrigação de fazer ou não fazer". Diante do que dispõe o art. 513, § 2.º, I, do CPC/2015, surgiu importante controvérsia a respeito da manutenção da necessidade de intimação pessoal do devedor para cumprimento da obrigação, tendo forte corrente doutrinária sustentado o *overruling* da Súmula 410. Porém, a Corte Especial do Superior Tribunal de Justiça decidiu, em julgamento ocorrido em 18 de dezembro de 2019, que a Súmula havia sido recepcionada pelo atual Código de Processo Civil, de sorte que a sua aplicação persiste:

> "PROCESSO CIVIL. EMBARGOS DE DIVERGÊNCIA. OBRIGAÇÃO DE FAZER. DESCUMPRIMENTO. MULTA DIÁRIA. NECESSIDADE DA INTIMAÇÃO PESSOAL DO EXECUTADO. SÚMULA 410 DO STJ.
>
> 1. É necessária a prévia intimação pessoal do devedor para a cobrança de multa pelo descumprimento de obrigação de fazer ou não fazer antes e após a edição das Leis n. 11.232/2005 e 11.382/2006, nos termos da Súmula 410 do STJ, cujo teor permanece hígido também após a entrada em vigor do novo Código de Processo Civil.
>
> 2. Embargos de divergência não providos" (EREsp 1.360.577-MG, Rel. Min. Luis Felipe Salomão).

Quando fixada em decisão ainda não definitiva, como na antecipação de tutela, a multa poderá desde logo ser cobrada, em caráter provisório, devendo ser depositada em juízo. Entretanto, o seu levantamento só deverá ser autorizado após o trânsito em julgado da sentença favorável à parte (art. 537, § 3.º). A cobrança far-se-á, assim, por execução provisória, aplicando-se as regras a ela concernentes e com a particularidade de que o valor obtido nessa execução deverá ficar depositado, não podendo ser levantado nem mesmo com a prestação de caução, senão depois que a sentença que confirmar a tutela provisória transitar em julgado.

Ao fixar a multa, o juiz estabelecerá o prazo razoável de cumprimento, findo o qual ela passará a incidir. Se, fixada em tutela provisória, a sentença vier a ser de improcedência, ela ficará sem efeito, aplicando-se o art. 520, II, do CPC. Se a sentença confirmar a tutela provisória e transitar em julgado, a execução tornar-se-á definitiva.

Havendo retardo, a multa será devida pelos dias de atraso. Pode ocorrer que o devedor permaneça inerte por longo tempo, com o que o valor da multa se torne excessivo. O credor, por vezes, deixa de requerer a conversão em perdas e danos ou qualquer outra providência na expectativa de que ela se torne maior a cada dia, trazendo-lhe proveito financeiro. Havendo conversão em perdas e danos, o credor poderá executar cumulativamente a indenização e a multa.

Mas, **verificando o juiz que ela se tornou excessiva, poderá reduzi-la a parâmetros razoáveis, alterar a sua periodicidade ou até mesmo excluí-la, mesmo que tenha sido fixada em sentença transitada em julgado**. Não se justifica que ela se torne fonte de enriquecimento sem causa. Não há direito adquirido do credor à multa, que não é condenação, mas meio de coerção. A redução poderá ser determinada de ofício ou a requerimento do prejudicado e poderá ter por causa também o cumprimento parcial superveniente da obrigação ou a existência de justa causa para o descumprimento.

Também de ofício ou a requerimento da parte, o juiz poderá aumentar o valor da multa se verificar que ela se tornou insuficiente.

4.1.4. Valor da multa

Muito se discutiu se o valor da multa estaria limitado pelo da obrigação principal. A lei civil estabelece que as cláusulas penais não podem ultrapassar o valor da obrigação. **Mas a multa não é cláusula penal, e a lei não impõe limites**. Porém, não se pode admitir que ela ultrapasse os limites do razoável, e se isso acontecer, o juiz deve reduzi-la a um montante tal que não constitua fonte de enriquecimento indevido para o credor. **Verificando o juiz que ela já correu por tempo suficiente, deve dar por encerrada a incidência, reduzindo-a ao razoável**. Cumpre ao credor, então, requerer outros meios de coerção ou a conversão em perdas e danos.

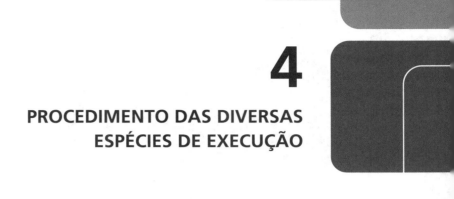

PROCEDIMENTO DAS DIVERSAS ESPÉCIES DE EXECUÇÃO

Ao tratar das diversas espécies de execução, o CPC leva em conta dois critérios fundamentais: **o tipo de obrigação que o exequente pretende ver satisfeita; e a natureza judicial ou extrajudicial do título em que a execução se funda**. Há, ainda, um critério especial, que leva em conta a pessoa do executado, no caso da execução contra a Fazenda Pública.

Com relação às obrigações, o Código distingue as de entrega de coisa certa e incerta; de fazer e não fazer; por quantia certa contra devedor solvente ou insolvente e de alimentos.

O CPC trata das sentenças que reconhecem obrigação de fazer e não fazer, e de entrega de coisa, e o seu respectivo cumprimento nos arts. 536 e 538. E da sentença que reconhece obrigação por quantias nos arts. 523 e ss. Já o cumprimento de sentença que reconheça a obrigação de prestar alimentos vem tratado nos arts. 528 e ss., e o cumprimento de sentença contra a Fazenda Pública, nos arts. 534 e ss.

Em todos esses casos, não haverá processo de execução, mas fase de cumprimento de sentença. Mas há títulos executivos judiciais que dão ensejo à formação de processos autônomos de execução, como a sentença penal condenatória, estrangeira e arbitral.

O Livro II da Parte Especial do CPC trata das execuções de título extrajudicial (embora as suas normas apliquem-se supletivamente ao cumprimento de sentença) fundadas em obrigações de entrega de coisa (arts. 806 e ss.), de fazer e de não fazer (arts. 815 e ss. e 822 e ss.) e por quantia certa (arts. 824 e ss.).

Há, ainda, as execuções de prestação alimentícia e contra a Fazenda Pública. A primeira vem tratada nos arts. 911 e ss., e a segunda, no art. 910.

Nos capítulos seguintes, serão examinados os procedimentos das diversas espécies de execução.

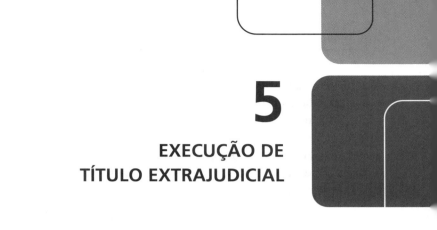

5
EXECUÇÃO DE TÍTULO EXTRAJUDICIAL

1. EXECUÇÃO TRADICIONAL

A execução de título extrajudicial não é imediata, mas implica a formação de um processo autônomo, cujo procedimento varia conforme a obrigação imposta pelo título.

O CPC regula a execução de título extrajudicial para entrega de coisa, para cumprimento de obrigação de fazer ou não fazer, por quantia, contra a Fazenda Pública e de alimentos.

2. ASPECTOS COMUNS A TODAS AS ESPÉCIES DE EXECUÇÃO POR TÍTULO EXTRAJUDICIAL

Em todas, o credor formulará o seu requerimento por meio de uma petição inicial, que deve vir acompanhada de título executivo; se estiver em termos, o juiz determinará a citação do executado, do que decorrerão numerosas consequências. Nos três itens seguintes serão estudados a petição inicial, a citação do devedor e os efeitos dessa citação, aspectos comuns a todas as formas de execução por título extrajudicial. Depois, passar-se-á ao estudo do que é peculiar a cada uma das espécies.

2.1. PETIÇÃO INICIAL

O processo de execução é sempre desencadeado por uma petição inicial, na qual o autor formula as suas pretensões. **Ele nunca se inicia de ofício**.

A inicial deve preencher os requisitos tradicionais dos arts. 319 e 320 do CPC e indicar os fundamentos da execução, a causa de pedir. Isto é, **o título executivo em que a dívida se consubstancia e a causa que tornou a execução necessária (inadimplemento do devedor)**. Além deles, o art. 798 indica quais os requisitos específicos da inicial da execução.

É fundamental que o credor indique o tipo de pretensão que pretende ver satisfeita, o que variará conforme a obrigação contida no título. Há necessidade de indicar qual o tipo de provimento executivo e qual o bem da vida que são almejados.

O objeto da execução há de ser líquido, certo e exigível. **Quando se tratar de dinheiro, é preciso que a inicial venha acompanhada de memória discriminada do cálculo**, que indique o índice de correção monetária adotado, a taxa de juros aplicada, os termos inicial e final de incidência de correção monetária e da taxa de juros utilizados, a periodicidade da capitalização dos juros, se for o caso, e a especificação de desconto obrigatório realizado. Não se admite prévia liquidação.

A inicial deve ainda indicar o valor da causa, que deve corresponder ao conteúdo econômico da pretensão. Deve vir acompanhada dos documentos indispensáveis, entre os quais se destaca o título executivo extrajudicial; além dele, de procuração e do comprovante do recolhimento das custas iniciais.

O art. 801 do CPC estabelece que se a petição inicial estiver incompleta ou se faltar algum documento indispensável, o juiz concederá prazo de quinze dias para que o vício seja sanado, sob pena de ser indeferida. Estando em termos, o juiz determinará que o executado seja citado.

2.2. CITAÇÃO DO EXECUTADO

Em todas as hipóteses de execução fundada em título extrajudicial, o executado será citado, pois, como não houve fase precedente, será necessário dar-lhe ciência do processo e dos termos da petição inicial.

Todas as formas de citação previstas no CPC são admitidas na execução, inclusive **a por carta**, que não era admitida na legislação anterior. Sendo feita por mandado, se houver suspeita da ocultação do devedor, far-se-á com hora certa. Antiga corrente doutrinária negava a possibilidade de citação com hora certa na execução, mas está superada (Súmula 196 do STJ).

2.3. EFEITOS DA CITAÇÃO VÁLIDA

A citação válida no processo de execução produz os mesmos efeitos que no de conhecimento. Eles vêm enumerados no art. 240 do CPC:

■ **indução de litispendência**, o que terá grande relevância para caracterização da fraude à execução. Para que a alienação de bens capaz de reduzir o devedor à insolvência possa ser considerada fraudulenta, autorizando o juiz a, nos próprios autos, declarar-lhe a ineficácia, é indispensável que o devedor tenha sido citado. O credor pode valer-se dos arts. 799, IX, e 828 para antecipar a data a partir da qual a fraude fica caracterizada, registrando a certidão de admissão da execução;

■ **interrupção da prescrição**. Valem as mesmas regras que para o processo de conhecimento. É o despacho que ordena a citação que interrompe o prazo de prescrição, mas, se tomadas as providências para que seja feita no prazo estabelecido em lei (dez dias), a eficácia interruptiva retroage à data da propositura da demanda (art. 802);

■ **constituição do devedor em mora**. É importante para que possam incidir os encargos da mora, como juros e multa. Mas a citação só constituirá o devedor em mora se já não o estiver anteriormente. Nas obrigações a termo, haverá mora desde a data do vencimento. Nas por atos ilícitos, desde a data do fato (Súmula 54, do STJ). Não havendo constituição anterior, o devedor estará em mora a partir da citação. ·

5 ◾ Execução de Título Extrajudicial

727

3. PROCESSO DE EXECUÇÃO PARA ENTREGA DE COISA CERTA

A "coisa certa" a que alude a lei é **a individualizada, determinada, no momento da propositura da execução; distingue-se da "coisa incerta", que não está determinada, mas é determinável pelo gênero e pela quantidade**.

O procedimento da execução para entrega de coisa certa, fundada em título extrajudicial, vem tratado nos arts. 806 e ss. do CPC.

Ao ordenar a citação, o juiz fixará os honorários advocatícios devidos caso haja a satisfação da obrigação. Com a citação, passará a correr o prazo de 15 dias, cuja contagem será feita na forma prevista no art. 231 do CPC, **para que o devedor satisfaça a obrigação, entregando a coisa**. Do mandado já constará a ordem de imissão de posse ou busca e apreensão, caso a obrigação não seja satisfeita. O devedor poderá:

a) entregar a coisa, para satisfazer a obrigação. Será lavrado o termo e, com o pagamento dos honorários, extinta a execução, a menos que deva prosseguir para ressarcimento de eventuais frutos ou prejuízos, caso em que seguirá sob a forma de execução por quantia;

b) não entregar a coisa, caso em que se cumprirá, de imediato, a ordem de imissão na posse, se o bem for imóvel, ou de busca e apreensão, se móvel, que já constava do mandado de citação. O juiz pode, ainda, valer-se da multa como meio de coerção, quando verificar, por exemplo, que o devedor oculta o bem. Caso a entrega da coisa torne-se impossível, por perecimento, deterioração ou qualquer outra razão, haverá conversão em perdas e danos, com liquidação incidente, para apuração do *quantum debeatur*. Se alienada a coisa quando já litigiosa, será expedido o mandado contra o terceiro adquirente.

Seja qual for o comportamento adotado, **fluirá o prazo de quinze dias para a oposição de embargos pelo devedor**. O prazo de quinze dias corre na forma do art. 231 e independe da entrega do bem. Nos embargos, o executado poderá alegar qualquer matéria em sua defesa. Tem particular importância a possibilidade de ele alegar que, de boa-fé, fez benfeitorias necessárias e úteis, o que lhe dá direito de retenção (art. 917, IV). Nesse caso, ele deverá opor os embargos pedindo ao juiz que suspenda o cumprimento do mandado de busca e apreensão ou imissão na posse, com fundamento no direito de retenção. Verificando o juiz que há nos autos elementos indicativos da existência desse direito, ele o fará, preservando o bem em mãos do executado, até que haja o ressarcimento das benfeitorias.

Se não houver embargos, ou eles forem julgados improcedentes, a busca e apreensão ou a imissão na posse tornar-se-ão definitivos.

Quando o bem tiver se deteriorado, ou não puder ser localizado, far-se-á a conversão em perdas e danos, observado o disposto no art. 809.

4. PROCESSO DE EXECUÇÃO PARA ENTREGA DE COISA INCERTA

A "coisa incerta" a que alude a lei não é a ignorada ou desconhecida. Mas a que é determinável pelo gênero e pela quantidade (art. 243 do CC).

728 Direito Processual Civil Esquematizado   *Marcus Vinicius Rios Gonçalves*

A única particularidade no procedimento da execução para entrega de coisa incerta é a necessidade de individualização da coisa. O art. 244 do CC dispõe que "nas coisas determinadas pelo gênero e pela quantidade, a escolha pertence ao devedor, se o contrário não resultar do título da obrigação; mas não poderá dar a coisa pior, nem será obrigada a prestar a melhor".

Em consonância com esse dispositivo, o art. 811 do CPC estabelece que o devedor será citado para, no prazo de quinze dias, entregar a coisa determinada pelo gênero e pela quantidade, já individualizada, se a ele competir a escolha. Se competir ao credor, ele a individualizará na petição inicial.

Seja a escolha de um ou de outro, a parte contrária poderá impugná-la em quinze dias, após o que o juiz decidirá, ouvindo perito, se necessário.

5. PROCESSO DE EXECUÇÃO DE OBRIGAÇÃO DE FAZER E NÃO FAZER

Vem tratada nos arts. 814 e ss. **As obrigações de fazer são aquelas em que o devedor se compromete a realizar uma prestação, consistente em atos ou serviços, de natureza material ou imaterial**.

Distinguem-se das obrigações de dar, porque nestas o interesse do credor não está no *facere* propriamente dito, mas na coisa. O que interessa ao credor é a restituição da coisa, não a conduta do devedor. Já nas obrigações de fazer, o interesse concentra-se na atividade dele, e suas qualidades pessoais podem adquirir grande importância.

É fundamental distinguir entre as obrigações de fazer fungíveis e infungíveis. As primeiras **são aquelas que, embora assumidas pelo devedor, podem ser cumpridas por qualquer pessoa, pois não levam em conta qualidades pessoais dele. Já as segundas são aquelas que só o devedor pode cumprir**.

Essa distinção tem grande relevância porque, conquanto as execuções de obrigação de fazer fungíveis e infungíveis possam usar meios de coerção, somente as primeiras podem valer-se de meios de sub-rogação: **só elas autorizam a prestação por um terceiro, às expensas do devedor**. As infungíveis só poderão valer-se dos meios de coerção, e se eles se revelarem ineficazes, só restará a conversão em perdas e danos.

A execução específica das obrigações de fazer fungíveis prescinde da participação do próprio devedor, enquanto a das obrigações infungíveis exige a sua colaboração.

5.1. EXECUÇÃO DAS OBRIGAÇÕES DE FAZER FUNGÍVEIS (PROCEDIMENTO)

Vem tratada a partir do art. 815 do CPC. O juiz determinará a citação do devedor para que, no prazo estabelecido no título, satisfaça a obrigação. Se o título não indicar prazo, o juiz o fixará.

Com a citação, correrão dois prazos independentes, cuja contagem far-se-á na forma do art. 231 do CPC:

■ aquele assinalado no título ou fixado pelo juiz, para que a obrigação seja cumprida. **Mesmo que seja fungível, é possível que o juiz, de ofício ou a requerimento da parte, fixe multa periódica, para o não cumprimento**. Não sendo eficazes os meios de coerção, e persistindo o inadimplemento, o credor pode optar entre a exe-

5 ■ Execução de Título Extrajudicial
729

cução específica por sub-rogação ou a conversão em perdas e danos, que exigirá prévia liquidação incidente;

■ o de quinze dias para o devedor opor embargos, que corre independentemente de ele cumprir ou não a obrigação.

5.1.1. Execução específica por sub-rogação

Se o devedor não cumprir a obrigação fungível, o credor poderá requerer que outra pessoa a cumpra no seu lugar e às suas expensas.

O juiz nomeará pessoa idônea que possa prestar o fato às custas do devedor. A nomeação é livre, podendo o juiz determinar que o credor forneça indicações.

O terceiro apresentará proposta para realização do serviço, que será examinada pelo juiz, depois de ouvidas as partes. Se acolhida, o exequente antecipará as despesas.

Depois que o serviço for prestado, as partes serão ouvidas no prazo de dez dias, e, se não houver impugnações procedentes, se dará por cumprida a obrigação, **passando--se à execução do devedor, pela quantia que o credor teve de pagar ao terceiro**.

Se o serviço não for prestado pelo terceiro, ou o for de maneira incompleta, o credor poderá pedir ao juiz que o autorize a concluir a obra, à custa do terceiro, no prazo de 15 dias.

Caso o próprio credor queira realizar o serviço, terá direito de preferência sobre os outros, que deverá ser exercido no prazo de cinco dias.

A execução específica por sub-rogação é opção do credor; se ele acha que o procedimento é trabalhoso ou excessivamente oneroso, pode requerer a utilização dos meios de coerção, e se forem ineficazes, a conversão em perdas e danos.

5.1.2. Execução das obrigações de fazer infungíveis (procedimento)

Como não há possibilidade de uso dos meios de sub-rogação, o juiz utilizará os de coerção, para pressionar a vontade do devedor a cumprir, ele próprio, a obrigação. Para tanto, poderá valer-se dos meios previstos no art. 536, § 1.º, do CPC.

Mas, se todos resultarem ineficazes e o devedor persistir na recusa, só restará a conversão em perdas e danos.

5.1.3. Execução das obrigações de não fazer (procedimento)

Só se pode falar em execução de obrigação de não fazer quando o devedor pratica o ato do qual, por força do título executivo, estava obrigado a abster-se. A obrigação, que tem conteúdo negativo, acaba adquirindo caráter positivo, porque, se o devedor a descumprir, **será obrigado a desfazer aquilo a que, por força do título, não deveria ter realizado**.

Não há propriamente execução de obrigação de não fazer, mas, sim, de desfazer aquilo que foi indevidamente feito. E o desfazer não pressupõe inércia do devedor, mas ação. Se alguém constrói sobre um terreno em que não poderia, a execução terá por objeto o desfazimento da obra, e não qualquer abstenção. **Não há como executar um** *non facere*, **mas apenas um** *facere*.

Se o desfazimento for possível, o juiz mandará citar o devedor, fixando um prazo para que ele desfaça o que realizou indevidamente, sob pena de multa; se o desfazimento puder ser feito por terceiro, e o exequente o requerer, o juiz deferirá, utilizando o mesmo procedimento previsto para as obrigações de fazer. Quando não for mais possível o desfazimento, só restará a conversão em perdas e danos.

6. EXECUÇÃO POR QUANTIA CERTA CONTRA DEVEDOR SOLVENTE

6.1. INTRODUÇÃO

Dentre todas as formas de execução, a mais comum é a por quantia certa. Nela, o credor pretende não mais que o devedor entregue um bem, nem que faça ou desfaça alguma coisa, **mas que pague determinada quantia em dinheiro**.

A técnica de que faz uso esse tipo de execução é, em regra, **a sub-rogação, embora excepcionalmente se admita a coerção (art. 139, IV, do CPC)**. Se o devedor não paga, o Estado-juiz toma de seu patrimônio dinheiro ou bens suficientes para fazer frente ao débito. Se a penhora recair sobre dinheiro, o valor será entregue em pagamento ao credor, no momento oportuno; se sobre bens, será necessária a conversão em dinheiro, a menos que o credor aceite ficar com eles, como forma de satisfação do débito. A conversão far-se-á por meio da alienação, de iniciativa particular ou em leilão judicial eletrônico ou presencial.

De maneira geral, a execução por quantia fundada em título extrajudicial compreende os seguintes atos:

- ▪ petição inicial;
- ▪ exame da inicial pelo juiz, do qual pode resultar o seu indeferimento ou recebimento, com a determinação de que o executado seja citado e intimado do prazo para o oferecimento de embargos. No despacho inicial, o juiz já fixará os honorários advocatícios em 10% para a hipótese de pagamento;
- ▪ a citação do devedor, para pagar em três dias sob pena de penhora. Se ele fizer o pagamento dentro do prazo, os honorários fixados no despacho inicial serão reduzidos à metade. Satisfeita a obrigação, será extinta a execução. Se não, após os três dias serão feitas a penhora e a avaliação de bens do devedor;
- ▪ com a juntada aos autos do mandado de citação, passa a correr o prazo de quinze dias para embargos, independentemente de ter ou não havido penhora. Os honorários advocatícios poderão ser elevados até 20%, quando rejeitados os embargos. Mesmo que não haja embargos, os honorários poderão ser elevados ao final do procedimento executivo, levando em conta o trabalho realizado pelo advogado do exequente;
- ▪ se os embargos não forem opostos, se forem recebidos sem efeito suspensivo, ou se julgados improcedentes, passar-se-á à fase de expropriação de bens.

Cada uma dessas fases será examinada em item apartado.

6.2. PETIÇÃO INICIAL

Há algumas peculiaridades na inicial do processo de execução por quantia certa, fundada em título extrajudicial. Além dos requisitos dos arts. 319 e 320 do CPC,

5 ■ Execução de Título Extrajudicial

mencionados no *item 2.1, supra*, o credor **a instruirá com memória discriminada do cálculo, indicando o débito e seus acréscimos**. A memória tem de ser tal que permita ao réu e ao juiz verificar o valor originário, a data de vencimento, os acréscimos e as deduções. O demonstrativo do débito deve conter todas as informações exigidas pelo art. 798, parágrafo único, do CPC.

Se o credor desejar, **poderá já indicar sobre qual bem deve a penhora recair, já que hoje é dele a prioridade na indicação**.

6.3. DESPACHO INICIAL

O juiz examinará a inicial. Se tiver falhas, concederá quinze dias ao exequente para saná-las. **Se não, determinará a citação do devedor para que pague em três dias, sob pena de penhora**. O devedor não é mais citado para pagar ou nomear bens à penhora, como antigamente, porque a prioridade de nomeação é do credor.

O juiz ainda fixará em 10% os honorários advocatícios devidos ao credor, que serão reduzidos à metade, caso haja o pagamento no prazo fixado.

6.4. CITAÇÃO

Nos *itens 2.2 e 2.3, supra*, já foram abordados os principais aspectos comuns às várias formas de execução fundadas em título extrajudicial.

Na execução por quantia, a citação é para que o executado pague em três dias, sob pena de penhora, e também para que tome ciência do prazo de quinze dias para opor embargos de devedor.

Com a citação, passam a fluir dois prazos distintos para o devedor: o de três dias para pagar e o de quinze para oferecer embargos. Mas eles não correm do mesmo instante, **pois o de três dias tem início a partir da efetiva citação do devedor, ao passo que o de quinze só corre quando o mandado cumprido for juntado aos autos**.

Por essa razão, convém que o mandado seja expedido em duas vias. Feita a citação, o oficial de justiça reterá uma consigo e devolverá a outra ao cartório para que seja juntada aos autos. Embora a lei se refira a mandado, não há mais óbice em que a citação seja feita por carta. Contudo, a penhora e demais atos de constrição deverão ser feitas sempre por mandado.

O oficial aguardará o pagamento por três dias. **Se não ocorrer, com a via do mandado que reteve consigo, fará a penhora**, de preferência daqueles bens indicados pelo credor. Se não houver indicação, daqueles que, em diligência, localizar. Se não forem localizados bens, o juiz poderá determinar que o devedor os indique. Se ele os tiver, e não indicar, haverá ato atentatório à dignidade da justiça (art. 774, IV, do CPC), que sujeitará o devedor às penas do art. 774, parágrafo único.

Com a juntada aos autos do mandado de citação, realizada ou não a penhora, fluirá o prazo de quinze dias para os embargos de devedor. A contagem do prazo faz-se na forma determinada pelo art. 231 do CPC.

6.5. O ARRESTO

O art. 830 do CPC trata da hipótese de o oficial de justiça não localizar o devedor para citá-lo, mas encontrar seus bens. **Para que não desapareçam nem se percam,**

manda que ele os arreste. Trata-se do arresto executivo, constrição que se realiza antes que o devedor seja citado, quando ele não é localizado, mas os seus bens são.

O arresto executivo é sempre prévio à citação, ao contrário da penhora, sempre posterior. Ele se converterá em penhora, depois que a citação se efetivar. Por isso, é considerado ato preparatório, realizado com todas as formalidades que a penhora exige.

Para que se aperfeiçoe, é preciso que o oficial de justiça lavre um termo e nomeie depositário, que terá por incumbência zelar pela preservação do bem.

Feito o arresto, o oficial de justiça procurará o devedor por duas vezes, nos dez dias seguintes, em dias distintos. Se o encontrar, fará a citação pessoal, e o arresto converter--se-á em penhora. Se não, será feita a citação ficta com hora certa, em caso de suspeita de ocultação ou por edital, nos casos previstos em lei (art. 256 do CPC).

6.6. CURADOR ESPECIAL

Sendo ficta a citação, por edital ou com hora certa, se o devedor não comparecer, será necessário dar-lhe curador especial (Súmula 196 do STJ), que terá poderes para opor embargos de devedor.

Há controvérsia se o curador estaria obrigado a aforá-los, ainda que por negativa geral, caso não tenha outros elementos. **Prevalece, com razão, o entendimento de que só devem ser apresentados se ele tiver o que alegar, não sendo admissíveis os opostos por negativa geral, já que não constituem um incidente de defesa, mas verdadeira ação**.

Sem elementos para embargar, o curador acompanhará a execução, manifestando--se em todos os seus incidentes, para preservar eventuais direitos do devedor.

6.7. DO PAGAMENTO

Para que seja extinta a execução, o devedor deverá fazer o pagamento integral do débito, acrescido de correção monetária, juros de mora, eventual multa e os honorários advocatícios fixados no despacho inicial, reduzidos à metade se o pagamento for feito dentro do prazo.

6.8. DA PENHORA E DO DEPÓSITO

A penhora é ato de constrição que tem por fim individualizar os bens do patrimônio do devedor que ficarão afetados ao pagamento do débito e que serão excutidos oportunamente. É ato fundamental de toda e qualquer execução por quantia, sem o qual não se pode alcançar a satisfação do credor.

Ao promover a execução, o credor, já na petição inicial, poderá indicar os bens do devedor que deseja ver penhorados. O art. 835 estabelece a ordem de prioridade dos bens penhoráveis, mas não tem caráter rígido. Haverá situações em que a gradação legal deverá ser posta em segundo plano, quando as circunstâncias indicarem que é mais conveniente aos interesses das partes e ao bom desfecho do processo.

5 ◼ Execução de Título Extrajudicial   733

Não havendo indicação do credor, cumprirá ao oficial de justiça, munido do mandado, buscar bens do devedor, suficientes para a garantia do débito, observadas as hipóteses de impenhorabilidade do art. 833 do CPC e da Lei n. 8.009/90.

Se o credor não indicar e o oficial de justiça não localizar bens, o juiz poderá, a qualquer tempo, de ofício ou a requerimento do credor, intimar o devedor para que os indique. Se ele, tendo bens, deixar de informar, incorrerá nas penas do ato atentatório à dignidade da justiça.

Por meio da penhora, os bens do devedor serão apreendidos e deixados sob a guarda de um depositário. Enquanto não tiver havido o depósito, a penhora não estará perfeita e acabada. Para a sua efetivação, o oficial de justiça poderá solicitar, se necessário, ordem de arrombamento, podendo o juiz determinar o auxílio da força policial.

Ela recairá sobre tantos bens quantos bastem para o pagamento do principal, juros, custas e honorários advocatícios.

Se o bem estiver em outra comarca, haverá expedição de carta precatória para que a penhora seja efetivada.

6.8.1. A penhora de imóveis e veículos automotores

A penhora de bens imóveis e veículos automotores vem regulada especificamente no art. 845, § 1.º, do CPC.

Ela pode ser realizada por auto ou por termo. Por auto, quando realizada por oficial de justiça, o que só ocorrerá se o credor assim preferir, ou se houver alguma razão para a intervenção do oficial, como, por exemplo, a recusa do devedor em entregar a posse do imóvel ao depositário.

Se houver nos autos certidão imobiliária, a penhora de imóveis poderá dispensar a participação do oficial de justiça e ser realizada por termo. Não será necessário que o oficial vá ao local, nem que descreva o imóvel, já identificado pela certidão. O mesmo ocorrerá em relação aos veículos automotores, quando apresentada certidão que ateste a sua existência. A penhora por termo tem a vantagem de poder ser realizada mesmo que o bem esteja em outra comarca.

6.8.2. Penhora de créditos e penhora no rosto dos autos

A penhora pode recair em bens corpóreos ou incorpóreos, como créditos. Se o crédito estiver consubstanciado em letra de câmbio, nota promissória, duplicata, cheque ou outros títulos, far-se-á pela apreensão do documento, esteja ou não este em poder do executado. Porém, mesmo sem a apreensão, se o terceiro confessar a dívida, será tido como depositário da importância, considerando-se feita a penhora com: a) a intimação ao terceiro devedor para que não pague ao executado, seu credor; ou b) a intimação ao executado, credor do terceiro, para que não pratique ato de disposição do crédito. Com a intimação, o terceiro só se exonerará da obrigação depositando em juízo a importância da dívida.

Se a penhora recair sobre direito e ação do executado, não tendo havido embargos ou sendo eles rejeitados, o exequente se sub-rogará nos direitos do executado.

A penhora no rosto dos autos **é a que recai sobre eventual direito do executado, discutido em processo judicial**.

Enquanto não julgado o crédito, o devedor tem uma **expectativa de direito**, que só vai se transformar em direito efetivo se a sua pretensão for acolhida.

É possível efetuar a penhora dessa expectativa, no processo em que o executado demanda contra terceiros.

Caso ele saia vitorioso, a penhora terá por objeto os bens ou créditos que lhe forem reconhecidos ou adjudicados; caso seja derrotado, ficará sem efeito.

O nome vem de ela ser realizada nos autos do processo em que o executado discute o seu direito. O procedimento deve observar o disposto no art. 860. O oficial de justiça intima o escrivão que cuida desse processo a anotar no rosto dos autos que os direitos eventuais do devedor naquele processo estão penhorados.

Feita a penhora no rosto dos autos, o exequente terá três alternativas:

■ aguardar o desfecho do processo em que o executado litiga com terceiro;
■ tentar alienar o direito litigioso, o que não será fácil diante das dificuldades de encontrar arrematantes;
■ sub-rogar-se nos direitos do executado, tornando-se titular do direito litigioso.

6.8.3. Penhora *on-line*

É a que se realiza por meio de comandos emitidos às unidades supervisoras das instituições financeiras para que sejam bloqueadas as contas bancárias do devedor no País.

O art. 854 do CPC autoriza o juiz a, **por via eletrônica, requisitar informações e determinar a indisponibilidade de ativos do executado, que estejam em depósito nas instituições financeiras do País, sem prévio conhecimento dele**.

Esse instrumento tem sido de grande eficácia na localização de valores do devedor. Como o dinheiro é o bem sobre o qual há prioridade de penhora, nos termos do art. 835, § 1.º, CPC, não há necessidade de que primeiro se tente a localização de outros bens. Basta que o devedor não pague no prazo de três dias a contar da citação para que a medida esteja autorizada.

Efetuado o bloqueio, o executado será intimado, na pessoa de seu advogado constituído ou pessoalmente.

Pode ocorrer que o bloqueio recaia sobre valores impenhoráveis, como vencimentos ou cadernetas de poupança de até quarenta salários mínimos do devedor. Bastará que este o comprove no prazo de cinco dias para que o juízo determine a liberação, o que deve ser feito no prazo de 24 horas.

Caso o executado não se manifeste no prazo de cinco dias, ou caso suas alegações sejam rejeitadas, o bloqueio converter-se-á de pleno direito em penhora e o valor será transferido para conta vinculada ao juízo, onde ficará penhorado até o levantamento pelo credor, sem a necessidade de lavratura de termo.

As instituições financeiras responderão pelos prejuízos causados ao executado em decorrência da indisponibilidade de ativos financeiros em valor superior ao indicado na

5 ▣ Execução de Título Extrajudicial

execução ou pelo juiz, bem como pelo não cancelamento da indisponibilidade no prazo de 24 horas, quando o juiz assim o determinar.

6.8.4. Penhora de quotas ou das ações de sociedades personificadas

Tem procedimento específico, instituído pelo art. 861 do CPC. Feita a penhora, o juiz assinará prazo razoável, não superior a três meses, para que a sociedade apresente balanço comercial, na forma da lei, ofereça as quotas ou ações aos demais sócios, observado o direito de preferência legal ou contratual e, não havendo interesse dos sócios na aquisição das ações, proceda à liquidação das quotas ou das ações, depositado em juízo o valor apurado, em dinheiro.

6.8.5. Penhora de empresa, de outros estabelecimentos ou semoventes

Deverá ser nomeado um administrador que, em 10 dias, apresentará um plano de administração, sobre o qual as partes serão ouvidas, após o que o juiz decidirá. As partes, de comum acordo, poderão ajustar a forma de administração e escolher o depositário, o que o juiz homologará por despacho. No plano, o administrador deverá indicar a forma pela qual a empresa ou o estabelecimento será gerido e a forma de pagamento do exequente, devendo prestar contas de sua gestão.

6.8.6. Penhora de percentual de faturamento de empresa

Vem prevista no art. 866 do CPC. Não deve ser deferida em qualquer situação, mas apenas se o executado não tiver outros bens penhoráveis ou se, tendo-os, esses forem de difícil alienação ou insuficientes para saldar o crédito do executado. A penhora recairá sobre um percentual do faturamento, que deverá ser fixado pelo juiz, de forma que propicie a satisfação do exequente em tempo razoável, sem comprometer o exercício da atividade empresarial. Para viabilizar a penhora, será nomeado um administrador-depositário, o qual deverá submeter à aprovação judicial a sua forma de atuação, prestando contas mensalmente e entregando em juízo as quantias recebidas, com os respectivos balancetes mensais.

6.8.7. Penhora de frutos e rendimentos de coisa móvel ou imóvel

Pode a penhora recair não sobre a coisa, **mas sobre os frutos e rendimentos que ela produza**. O juiz a deferirá quando considerar a forma mais eficiente para o recebimento do crédito e menos gravosa ao executado. Por exemplo, é possível ao juiz determinar não a penhora de um imóvel do executado, mas dos aluguéis que ele renda. A penhora de frutos e rendimentos exige a nomeação de um administrador-depositório, que ficará investido de todos os poderes que concernem à administração do bem e à fruição de seus frutos e utilidades, perdendo o executado o direito de gozo do bem, até a satisfação do exequente. Em se tratando de imóveis, é necessário promover a averbação no Oficial de Registro de Imóveis. Só então a penhora terá eficácia em relação a terceiros. Caso não se trate de bem imóvel, a eficácia em relação a terceiros dar-se-á a partir da publicação da decisão que conceda a medida. A nomeação do administrador-depositário pode recair sobre o exequente ou sobre o executado, ouvida

736 Direito Processual Civil Esquematizado   *Marcus Vinicius Rios Gonçalves*

a parte contrária, e, não havendo acordo, sobre profissional qualificado para o desempenho da função.

6.8.8. Averbação da penhora

Se ela recair sobre imóvel, o exequente deve providenciar para que seja averbada no Cartório de Registro de Imóveis. É o que determina o art. 844 do CPC. Também deverá ser providenciada a averbação da penhora de veículos e outros bens, sujeitos a registro no órgão competente.

A averbação não é ato integrante da penhora, que se aperfeiçoa de maneira válida e eficaz, ainda que ela não seja feita. A finalidade da averbação é torná-la pública, com eficácia *erga omnes*.

Embora não seja condição de validade da penhora, **cumpre ao credor precavido promovê-la para que ninguém possa alegar que a ignorava**. A averbação gera presunção absoluta de conhecimento, por terceiros, da penhora.

A principal vantagem é que, se o bem for alienado pelo executado, os adquirentes — tanto o primeiro quanto os subsequentes — não poderão alegar boa-fé para afastar a fraude à execução. **A Súmula 375 do STJ deixa claro que a alienação de bens após o registro da penhora será considerada em fraude à execução; se anterior, a fraude dependerá de prova de má-fé do devedor** (fica ressalvada a utilização do art. 828 em que há a averbação das certidões da admissão da execução, a partir do qual estará configurada também a má-fé).

A averbação da penhora é feita pela apresentação de cópia do auto ou do termo ao Cartório de Registro de Imóveis ou por meio eletrônico (art. 837), não havendo necessidade de mandado judicial.

6.8.9. Substituição do bem penhorado

O CPC trata da substituição dos bens penhorados por outros nos arts. 847 a 858 do CPC.

De acordo com o art. 848, a substituição poderá ser deferida pelo juiz, a requerimento de qualquer das partes quando a penhora:

■ não obedece à ordem legal (art. 835 do CPC);

■ não incide sobre os bens designados por lei, contrato ou ato judicial para o pagamento, como, por exemplo, nos contratos que instituem hipotecas, nos quais a penhora deve recair sobre o bem hipotecado;

■ recai sobre bens situados em outro foro, que não o de execução, havendo bens neste;

■ recai sobre bens já penhorados ou gravados, quando há outros livres;

■ incide sobre bens de baixa liquidez;

■ fracasse na tentativa de alienação judicial do bem; ou

■ o executado não indique o valor dos bens ou omita qualquer das indicações previstas em lei.

5 ■ Execução de Título Extrajudicial

Prevê-se, ainda, a possibilidade de substituição do bem por fiança bancária ou seguro garantia judicial, em valor não inferior ao débito objeto da execução, acrescido de 30% (art. 848, parágrafo único).

O procedimento da substituição será o do art. 853 do CPC.

O art. 847 autoriza substituição a requerimento do executado quando, no prazo de dez dias contados da intimação da penhora, comprovar que a substituição não trará prejuízo algum ao exequente e será menos onerosa para ele.

É sempre possível ao devedor requerer a substituição do bem penhorado por dinheiro, o que será vantajoso para o credor, pois tornará desnecessária a fase de expropriação judicial. O pedido de substituição por dinheiro não se confunde com o pagamento, em que o devedor abre mão de qualquer defesa e concorda em que haja desde logo o levantamento para pôr fim à execução.

6.8.10. Segunda penhora

O art. 851 do CPC prevê a realização de uma segunda penhora quando:

■ a primeira for anulada;

■ executados os bens, o produto da alienação não bastar para o pagamento do exequente;

■ o exequente desistir da primeira penhora, por serem litigiosos os bens, ou por estarem submetidos à constrição judicial.

6.8.11. Redução ou ampliação da penhora

O art. 874 do CPC prevê a ampliação ou redução da penhora quando, após a avaliação dos bens penhorados, concluir-se que há manifesta desproporção em relação ao valor do débito. Será necessário requerimento das partes, não cabendo ao juiz determiná-las de ofício.

Antes de decidir, ele deverá ouvir a parte contrária. Diante do que dispõe o art. 874, a ampliação ou redução será, em regra, feita após a avaliação, porque só então será possível cotejar o valor dos bens com o do débito. Mas admite-se que possam ocorrer antes, se a desproporção for de tal forma manifesta, que possa ser constatada antes mesmo de os bens serem avaliados.

O art. 850 ainda admite a redução ou a ampliação da penhora, bem como a sua transferência para outros bens, se, no curso do processo, o valor de mercado dos bens penhorados sofrer alteração significativa.

6.8.12. Pluralidade de penhoras sobre o mesmo bem — preferência

Não há impedimento de que o mesmo bem seja penhorado mais de uma vez, em execuções diferentes, já que o seu valor pode ser suficiente para garantir débitos distintos.

Se isso ocorrer, o bem pode ser levado a leilão judicial em qualquer das execuções nas quais tenha sido penhorado. Surgirá uma concorrência entre os vários credores para saber quem terá prioridade de levantamento do produto da alienação. O art. 908 do CPC trata do tema. Dispõe o *caput*: "Havendo pluralidade de credores ou exequentes, o dinheiro lhes será distribuído e entregue consoante a ordem das respectivas preferências". E o § 2.º acrescenta: "Não havendo título legal à preferência, o dinheiro será distribuído entre os concorrentes, observada a anterioridade de cada penhora". Para que o juiz possa decidir, os exequentes formularão as suas pretensões, que versarão exclusivamente sobre o direito de preferência e a anterioridade da penhora.

A redação do art. 908 e seus parágrafos permite concluir que, feita a alienação do bem, os levantamentos deverão obedecer à seguinte ordem:

- primeiro, haverá necessidade de verificar se há algum credor preferencial, como o trabalhista, o fiscal, com garantia real e o credor condominial. Se houver mais de um, será preciso verificar a ordem das prelações;

- não havendo credores preferenciais, mas apenas quirografários, respeitar-se-á a prioridade das penhoras, **tendo preferência aquele credor que promoveu a primeira penhora do bem, e assim sucessivamente. A prioridade é dada pela efetivação da penhora, e não pela sua averbação no Registro de Imóveis, nem pela anterioridade do ajuizamento da execução.** Nem sempre terá prioridade de levantamento o credor que promoveu a execução na qual o leilão se realizou.

Em importante precedente, o Superior Tribunal de Justiça reconheceu que, em caso de pluralidade de credores, devem-se observar, primeiro, as preferências de direito material (ainda que credor não tenha promovido a execução nem obtido a penhora do bem), para só então, em relação aos créditos não dotados de preferência de direito material, observarem-se as preferências dadas pela ordem de realização das penhoras:

"EMBARGOS DE DIVERGÊNCIA EM RECURSO ESPECIAL. EXECUÇÃO POR TÍTULO EXTRAJUDICIAL. HABILITAÇÃO DO CRÉDITO DA FAZENDA PÚBLICA ESTADUAL. CONCURSO SINGULAR DE CREDORES. EXISTÊNCIA DE ORDEM DE PENHORA INCIDENTE SOBRE O MESMO BEM NOS AUTOS DA EXECUÇÃO FISCAL. DESNECESSIDADE. 1. A distribuição do produto da expropriação do bem do devedor solvente deve respeitar a seguinte ordem de preferência: em primeiro lugar, a satisfação dos créditos cuja preferência funda-se no direito material. Na sequência — ou quando inexistente crédito privilegiado —, a satisfação dos créditos comuns (isto é, que não apresentam privilégio legal) deverá observar a anterioridade de cada penhora, ato constritivo considerado título de preferência fundado em direito processual. 2. Isso porque não se revela possível sobrepor uma preferência processual a uma preferência de direito material, porquanto incontroverso que o processo existe para que o direito material se concretize. Precedentes. 3. O privilégio do crédito tributário — assim como dos créditos oriundos da legislação trabalhista — encontra-se prevista no artigo 186 do CTN. À luz dessa norma, revela-se evidente que, também no concurso individual contra devedor solvente, é imperiosa a satisfação do crédito tributário líquido, certo e exigível — observada a preferência dos créditos decorrentes da legislação do trabalho e de acidente de trabalho e dos créditos com direito real de garantia no limite do bem gravado — independentemente de prévia execução e de penhora sobre o bem cujo produto da alienação se pretende arrecadar. 4. Nada obstante, para garantir o levantamento de valores derivados da expropriação do bem objeto de penhora nos autos de execução ajuizada por terceiro, o titular do crédito tributário terá que demonstrar o atendimento aos requisitos da certeza da liquidez

5 ▪ Execução de Título Extrajudicial

e da exigibilidade da obrigação, o que reclamará a instauração de processo executivo próprio a fim de propiciar a quitação efetiva da dívida. 5. Por outro lado, a exigência de pluralidade de penhoras para o exercício do direito de preferência reduz, significativamente, a finalidade do instituto — que é garantir a solvência de créditos cuja relevância social sobeja aos demais —, equiparando-se o credor com privilégio legal aos outros desprovidos de tal atributo. 6. Assim, prevalece a exegese de que, independentemente da existência de ordem de penhora na execução fiscal, a Fazenda Pública poderá habilitar seu crédito privilegiado em autos de execução por título extrajudicial. Caso ainda não tenha sido ajuizado o executivo fiscal, garantir-se-á o exercício do direito da credora privilegiada mediante a reserva da totalidade (ou de parte) do produto da penhora levada a efeito em execução de terceiros. 7. Na hipótese, deve ser restabelecida a decisão estadual que autorizou a habilitação do crédito tributário (objeto de execução fiscal já aparelhada) nos autos da execução de título extrajudicial em que perfectibilizada a arrematação do bem do devedor. 8. Embargos de divergência do Estado de Santa Catarina providos a fim de negar provimento ao recurso especial da cooperativa de crédito" (EREsp n. 1.603.324/SC, Corte Especial, Rel. Min. Luis Felipe Salomão, j. 21.09.2022, *DJe* 13.10.2022).

6.8.13. O depositário

A penhora só se reputa perfeita e acabada **quando os bens, móveis ou imóveis, são confiados aos cuidados e à guarda do depositário**. É o que dispõe o art. 839, *caput*, do CPC: "Considerar-se-á feita a penhora mediante a apreensão e depósito dos bens, lavrando-se um só auto se as diligências forem concluídas no mesmo dia".

No auto de penhora constará a nomeação do depositário, que deverá assiná-lo. **Mas o depositário que não deseja o encargo poderá recusar a nomeação.** A Súmula 319 do STJ esclarece que ninguém é obrigado a assumi-lo contra a própria vontade.

O art. 840 do CPC estabelece a ordem de prioridade de nomeação do depositário. Quando se tratar de penhora de dinheiro, papéis de crédito e pedras ou metais preciosos, o depósito será feito no Banco do Brasil, na Caixa Econômica Federal ou no banco do qual o Estado ou o Distrito Federal possua mais da metade do capital social integralizado. Quando se tratar de bem móvel, semovente, imóvel urbano ou direito aquisitivo sobre imóvel urbano, será feito em poder do depositário judicial. Caso não haja depositário judicial, os bens ficarão em poder do exequente, mas poderão ficar em poder do executado se forem de difícil remoção ou se o exequente anuir. Os imóveis rurais, os direitos aquisitivos sobre imóveis rurais, as máquinas, os utensílios e os instrumentos necessários ou úteis à atividade agrícola, mediante caução idônea, ficarão em poder do executado.

6.8.13.1. *Responsabilidade do depositário*

Cumpre-lhe a guarda e preservação dos bens penhorados. O depositário judicial não se confunde com o contratual, já que exerce o seu encargo por determinação judicial. **Não tem, por isso, posse, mas mera detenção do bem**. Deve cumprir estritamente as determinações judiciais, apresentando a coisa, assim que determinado. Se o bem for arrematado ou adjudicado, deve entregá-lo ao adquirente, quando o juiz determinar. Se não o fizer, basta que o adquirente requeira, no processo de execução, que se expeça **mandado de imissão na posse ou busca e apreensão, não havendo necessidade de propor ação autônoma**.

Não há mais a possibilidade de ser decretada a prisão civil do depositário infiel, **mesmo do judicial**, afastada pelo STF, que a restringiu tão-somente ao inadimplemento de dívida de alimentos.

6.9. DA AVALIAÇÃO DE BENS

Cumpre ao oficial de justiça, ao realizar a penhora, promover a avaliação do bem, valendo-se de todos os elementos ao seu alcance, como consultas a anúncios e classificados de jornais, pesquisas em imobiliárias, informações de corretores, elementos trazidos pelas próprias partes, ou qualquer outro meio idôneo.

Se ele verificar que não tem condições de fazê-lo, porque a avaliação exige conhecimentos técnicos especializados, fará uma informação ao juízo, que então poderá nomear um perito avaliador.

A hipótese deve ser excepcional, e, ao fazer a informação, o oficial de justiça deve justificar as razões para eximir-se. Mas haverá casos que, por sua natureza ou especificidades técnicas, exigirão conhecimento de um perito.

Quando possível, a avaliação pelo oficial traz grandes vantagens em ganho de tempo e contenção de despesas.

Se houver designação de perito, os seus honorários serão antecipados pelo credor, mas incluídos no cálculo do débito. Como não se trata propriamente de prova pericial, não é dado às partes formular quesitos ou indicar assistentes técnicos, uma vez que a finalidade única da diligência é avaliar o bem. O laudo deverá ser entregue no prazo de 10 dias.

As partes poderão impugnar a avaliação, tanto do oficial de justiça quanto do perito, cabendo ao juiz decidir se acolhe ou não o laudo. Se necessário, serão solicitados esclarecimentos ao avaliador.

6.9.1. Dispensa de avaliação

O art. 871 do CPC dispensa a avaliação quando:

■ uma das partes aceitar a estimativa feita pela outra;

■ tratar-se de títulos ou mercadorias que tenham cotação em bolsa comprovada por certidão ou publicação oficial;

■ tratar-se de títulos da dívida pública, de ações de sociedades e de títulos de crédito negociáveis em bolsa, cujo valor será o da cotação oficial do dia, comprovada por certidão ou publicação no órgão oficial;

■ tratar-se de veículos automotores ou de outros bens cujo preço médio de mercado possa ser conhecido por meio de pesquisas realizadas por órgãos oficiais ou de anúncios de venda divulgados em meios de comunicação, caso em que caberá a quem fizer a nomeação o encargo de comprovar a cotação de mercado.

5 ■ Execução de Título Extrajudicial

6.9.2. Nova avaliação

Não se fará nova avaliação dos mesmos bens, salvo nas hipóteses do art. 873, quando ficar constatado que houve erro na avaliação ou dolo do avaliador; se verificar, posteriormente à avaliação, que houve majoração ou diminuição do valor dos bens; ou quando houver fundada dúvida sobre o valor a eles atribuído na primeira avaliação.

Nos casos em que a penhora for feita por termo nos autos — como a de bens imóveis — **será expedido apenas mandado de avaliação, a ser cumprido pelo oficial de justiça**.

6.10. INTIMAÇÃO DO EXECUTADO

Formalizada a penhora, o executado será intimado. A intimação é necessária para que o devedor possa tomar ciência do bem que foi penhorado, podendo apontar eventuais equívocos, por ter havido, por exemplo, constrição de bem impenhorável.

A intimação será dirigida ao advogado do devedor, ou à sociedade de advogados a que ele pertence, salvo se ele não o tiver, caso em que deverá ser pessoal, de preferência por via postal. Caso a penhora tenha sido feita na presença do executado, a intimação é dispensável. Reputar-se-á intimado o executado que tiver mudado de endereço sem prévia comunicação ao juízo.

6.11. OUTRAS INTIMAÇÕES

Além do devedor, deverão ser intimadas outras pessoas, que não figuram como partes na execução:

a) O cônjuge, quando a penhora recair sobre bem imóvel ou direito real sobre bem imóvel: (art. 842 do CPC). Mesmo que o bem penhorado pertença só a um dos cônjuges, o outro precisa ser intimado, ainda que não figure como parte na execução. Também se houver penhora de meação do marido em determinado imóvel, deve ser intimada a mulher. É o mesmo que ocorre com a outorga uxória para a alienação de bens imóveis ou para o ajuizamento de ações que versem sobre direito real em bens imóveis, necessárias mesmo que o imóvel pertença a um só dos cônjuges.

Dispensa-se a intimação do cônjuge se o imóvel pertence somente ao executado, **e o regime de bens de casamento é o da separação absoluta de bens**, isto é, aquele em que os cônjuges, por pacto antenupcial, optaram pela separação (ou no regime da participação nos aquestos quando consta expressamente do pacto a dispensa recíproca de outorga uxória). Conquanto a lei se refira à intimação, tem prevalecido o entendimento de que se trata de **verdadeira citação, uma vez que o cônjuge poderá ingressar na execução, valendo-se até mesmo de embargos à execução**.

Ele poderá valer-se de embargos de terceiro quando quiser livrar da penhora bens de sua meação, comprovando que não tem responsabilidade pela dívida; ou de embargos de devedor, quando quiser discutir o débito, e defender o patrimônio do devedor.

b) O credor com garantia real: (art. 799, I, do CPC). "Incumbe ainda ao exequente requerer a intimação do credor pignoratício, hipotecário, anticrético ou fiduciário, quando a penhora recair sobre bens gravados por penhor, hipoteca, anticrese ou

742 Direito Processual Civil Esquematizado — *Marcus Vinicius Rios Gonçalves*

alienação fiduciária". **A exigência deve ser observada sob pena de ineficácia da alienação do bem**, nos termos do art. 804 do CPC.

Sua função é assegurar o direito de preferência ao credor com garantia real sobre o produto da arrematação.

c) O titular de usufruto, uso ou habitação, quando a penhora recair sobre bem gravado por usufruto, uso ou habitação.

d) O promitente comprador, quando a penhora recair sobre bem em relação ao qual haja promessa de compra e venda registrada.

e) O promitente vendedor, quando a penhora recair sobre direito aquisitivo derivado de promessa de compra e venda registrada.

6.12. EXPROPRIAÇÃO

6.12.1. Introdução

É por meio da expropriação que o credor alcançará a satisfação de seus direitos na execução por quantia. Ela pode fazer-se de três maneiras: com a entrega do bem ao próprio credor, como pagamento total ou parcial do débito, numa espécie de dação compulsória em pagamento; com a alienação dos bens, que pode ser particular ou pública, para converter o bem em pecúnia, promovendo-se o pagamento do credor; ou pela apropriação de frutos e rendimentos de coisa móvel ou imóvel.

Há uma ordem de preferência entre os meios de expropriação. **A princípio, deve-se verificar se há interessados na adjudicação do bem. Somente se não houver, será determinada a alienação, que poderá ser feita por iniciativa particular, se o credor o preferir; ou em leilão judicial, eletrônico ou presencial.**

A prioridade da adjudicação se justifica, pois ela realiza-se sem despesas, pelo valor de avaliação, ao passo que o leilão judicial exige gastos de monta com a publicação de editais e intimações, permitindo a arrematação por valor inferior ao da avaliação, desde que não seja vil.

6.12.2. Adjudicação

É forma indireta de satisfação do credor, que se dá pela transferência a ele ou aos terceiros legitimados, da propriedade dos bens penhorados.

Quando deferida ao exequente, guarda semelhanças com a dação em pagamento, já que ele se apropria do bem como pagamento parcial ou total do débito. No entanto, distingue-se dela, que é forma voluntária de cumprimento das obrigações, ao passo que a adjudicação é forma de expropriação forçada.

Quando deferida a outros legitimados, cumpre-lhes depositar o valor de avaliação, para que possa ser levantado pelo credor.

Difere da arrematação, na qual o bem é posto em leilão judicial, podendo ser arrematado por qualquer interessado e por valor até mesmo inferior ao de avaliação. Se o credor, ou qualquer interessado, quiser apropriar-se do bem por menos do que o valor de avaliação, terá que tentar fazê-lo em leilão.

5 ◼ Execução de Título Extrajudicial 743

A adjudicação pode ter por objeto bens móveis ou imóveis e só pode ser feita pelo valor de avaliação. Depois que o bem tiver sido avaliado, os legitimados poderão requerer a adjudicação a qualquer tempo, enquanto não tiver sido realizada a alienação particular ou em leilão judicial.

6.12.2.1. *Legitimidade*

A lei atribui legitimidade para requerer a adjudicação **ao próprio exequente, aos indicados no art. 889, II a VIII, e aos credores concorrentes que hajam penhorado o mesmo bem**.

Também podem requerê-la o **cônjuge, o companheiro, o descendente ou o ascendente do executado. Se mais de um legitimado se apresentar, será feita uma licitação entre eles**. Aquele que oferecer maior valor terá preferência, caso em que o bem poderá alcançar valores superiores aos de avaliação.

Em caso de empate, terão preferência o cônjuge, o companheiro, os descendentes e os ascendentes do devedor, nessa ordem.

Se a adjudicação for requerida pelo exequente, o valor de avaliação será abatido do débito, prosseguindo-se a execução pelo saldo remanescente. Se o valor do débito for menor do que o do bem, o exequente deverá depositar a diferença.

Se a adjudicação for deferida aos demais legitimados, cumprir-lhes-á depositar integralmente o preço em juízo. Salvo se o for em favor de algum credor que tenha preferência, na forma do art. 908 do CPC, caso em que o preço servirá para abater o débito desse credor, e não daquele que promoveu a execução, onde o leilão for realizado.

6.12.3. Alienação por iniciativa particular

A alienação será feita pelo próprio credor, ou por meio de corretores que deverão ser credenciados perante a autoridade judiciária.

O juiz deverá estabelecer as regras para a venda da coisa, a forma de publicidade, o preço mínimo, as condições de pagamento e as garantias, bem como, se for o caso, a comissão de corretagem.

Embora a lei não o diga expressamente, o preço mínimo não poderá ser inferior ao valor da avaliação, mas a questão é controvertida, havendo aqueles que sustentam que, à míngua de exigência expressa, a venda poderá ser feita por qualquer preço, desde que não seja vil, devendo o juiz fixá-lo de antemão. Parece-nos temerária essa solução, diante de eventual urgência do exequente em receber o que lhe é devido e da dificuldade do juízo em estabelecer regras a respeito de preço mínimo. Se o bem for imóvel, não haverá outorga de escritura pública, pois a alienação será formalizada por termo nos autos, assinado pelo exequente e pelo adquirente do bem, que não precisa estar representado por advogado e pelo executado, se estiver presente. O comprador depositará o preço em juízo.

Consumada a transação, será expedida a carta de alienação do imóvel, para registro no Cartório de Registro de Imóveis. E mandado de imissão de posse ou ordem de entrega do bem, conforme se trate de bem imóvel ou móvel.

6.12.4. Alienação em leilão judicial

Não havendo interessados na adjudicação, nem requerimento do credor para a alienação particular do bem, a expropriação será feita por leilão judicial, a ser realizado por leiloeiro público, à exceção da alienação a cargo de corretores de bolsa de valores. O leilão judicial, quando possível, será realizado por meio eletrônico. Não sendo possível, será presencial.

O leilão judicial substitui a hasta pública, prevista no CPC de 1973, como o mecanismo mais tradicional de conversão dos bens em pecúnia, na execução por quantia, quando não tiverem se viabilizado as formas preferenciais da adjudicação ou alienação particular.

6.12.4.1. Leilão judicial

O CPC de 1973 distinguia dois tipos de hasta pública: a praça, quando a expropriação envolvia bens imóveis; e o leilão, quando todos os bens eram móveis. A hasta pública foi substituída, no atual CPC, pelo leilão judicial, que abrangerá tanto bens imóveis quanto móveis. O leilão poderá ser de duas espécies: por meio eletrônico ou presencial. **O que conta, nessa classificação, não é o tipo de bem leiloado, mas a forma pela qual o leilão é realizado.**

O leilão realizado por meio eletrônico deverá observar a regulamentação específica do Conselho Nacional de Justiça, observadas as garantias processuais das partes, atendendo-se aos princípios da ampla publicidade, autenticidade e segurança, e com a observância das regras estabelecidas na legislação sobre a certificação judicial.

O leilão presencial será realizado no local determinado pelo juiz, e serão designadas duas datas para a sua realização. Na primeira, os bens só poderão ser arrematados pelo preço de avaliação, enquanto na segunda, por qualquer preço, desde que não seja vil. Por isso, quase sempre, são arrematados em segundo leilão. O edital deverá indicar as duas datas em que ele se realizará. Também deverá indicar o valor de avaliação e o valor mínimo de venda, que deverá ser fixado pelo juiz. Nos termos do art. 891, será considerado vil o lance abaixo do valor mínimo fixado pelo juiz. Se o juiz não o fixar, será reputado como vil o inferior a cinquenta por cento do valor de avaliação.

Além de fixar o valor mínimo, caberá ao juiz da execução designar o leiloeiro público, que poderá ser indicado pelo exequente, bem como estabelecer as condições de pagamento e as garantias que poderão ser prestadas pelo arrematante. Caberá ao leiloeiro público designado pelo juiz realizar o leilão onde se encontrem os bens ou onde o juiz determinar, sendo ele o incumbido de publicar o edital anunciando a alienação e de expor aos pretendentes os bens ou as amostras de mercadorias. Também cabe ao leiloeiro receber e depositar em juízo o produto da alienação, dentro de um dia, e prestar contas nos dois dias subsequentes ao depósito. Por seu trabalho, ele faz jus ao recebimento de uma comissão, na forma fixada em lei ou arbitrada pelo juiz.

6.12.4.2. Providências preparatórias

Designadas as datas, serão necessárias algumas intimações: **do executado,** por seu advogado, ou, se não tiver procurador constituído nos autos, por carta, mandado, edital ou outro meio idôneo; do coproprietário do bem indivisível, para que possa exercer eventual direito de preferência na aquisição do bem; do titular de usufruto, uso, habitação, enfiteuse, direito de superfície, concessão de uso especial para fins de moradia ou concessão de direito real de uso, quando a penhora recair sobre bem gravado com tais direitos reais; do proprietário do terreno submetido ao regime de direito de superfície, enfiteuse, concessão de uso especial para fins de moradia ou concessão de direito real de uso, quando a penhora recair sobre tais direitos reais; do credor pignoratício, hipotecário, anticrético, fiduciário ou com penhora anteriormente averbada, quando a penhora recair sobre bens com tais gravames, caso não seja o credor, de qualquer modo, parte na execução; do promitente comprador, quando a penhora recair sobre bem em relação ao qual haja promessa de compra e venda registrada; do promitente vendedor, quando a penhora recair sobre direito aquisitivo derivado de promessa de compra e venda registrada; da União, do Estado e do Município, no caso de alienação do bem tombado.

Como interessa que ao leilão acorram interessados, é necessário torná-lo público. Por isso, manda a lei que seja publicado **edital, do qual constem as informações mencionadas nos incisos do art. 886**. Se não for publicado, haverá nulidade da arrematação.

A forma e o prazo de publicação do edital, a ser feita com antecedência mínima de cinco dias do leilão, devem respeitar as exigências do art. 887 do CPC: publicação na rede mundial de computadores ou, não sendo possível ou verificando o juiz as circunstâncias peculiares do caso, a afixação no local de costume e a publicação em jornal de ampla circulação, com antecedência mínima de cinco dias. Se o exequente for beneficiário da justiça gratuita, a publicação em jornal será substituída por outra no *Diário Oficial* (art. 98, § 1.º, III, do CPC).

6.12.4.3. *A licitação*

O bem será vendido a quem mais oferecer. Qualquer interessado pode participar da licitação, seja pessoa física ou jurídica, incluído o próprio exequente.

Há, no entanto, algumas exceções. A lei exclui da licitação algumas pessoas, seja em função do papel que desempenham no processo, seja em razão da relação que mantém com o executado.

Não podem licitar: I — os tutores, os curadores, os testamenteiros, os administradores ou liquidantes, quanto aos bens confiados à sua guarda e responsabilidade; II — os mandatários, quanto aos bens de cuja administração ou alienação estejam encarregados; III — o juiz, o membro do Ministério Público e da Defensoria Pública, o escrivão, o chefe de secretaria e demais servidores e auxiliares da justiça, em relação aos bens e direitos objeto de alienação na localidade onde servirem ou a que se estender a sua autoridade; IV — os servidores públicos em geral, quanto aos bens ou aos direitos da pessoa jurídica a que servirem ou que estejam sob sua administração direta ou indireta; V — os leiloeiros e seus prepostos, quanto aos bens de cuja venda estejam encarregados; VI — os advogados de qualquer das partes.

Também não podem participar o arrematante e o fiador remisso, isto é, que não tenham feito o pagamento do lanço que fizeram (art. 897).

No segundo leilão, o bem poderá ser vendido por qualquer preço que não seja vil. A lei não estabelece valor mínimo, cabendo ao juiz fixá-lo antes da realização do leilão, devendo ele constar do edital. Contudo, se o juiz não o fixar, será considerado vil o valor inferior a 50% da avaliação.

Se o bem penhorado for imóvel de incapaz, não havendo lanços que alcancem 80% do valor de avaliação, o juiz suspenderá o leilão por até um ano. Nesse ínterim, se algum interessado quiser a coisa para si, pedirá a realização de novo leilão, assegurando que oferecerá pela coisa o valor de avaliação e apresentando caução idônea. Se o interessado se arrepender, pagará multa de 20% sobre o valor da avaliação.

Quando a penhora recair sobre quota-parte em bem indivisível, o bem inteiro irá à leilão, e o equivalente à quota-parte do coproprietário ou cônjuge alheio à execução deverá recair sobre o produto da alienação do bem. Porém, nesse caso, não será levada a efeito expropriação por preço inferior ao de avaliação, para que o coproprietário ou cônjuge alheio à execução não sejam prejudicados com o recebimento de menos do que lhes era devido.

6.12.4.4. A arrematação

O bem será arrematado por quem mais oferecer, excetuada a hipótese de a oferta ser vil. **O preço deve ser pago de imediato pelo arrematante, salvo pronunciamento judicial em sentido contrário, mediante depósito judicial ou meio eletrônico.**

Se o arrematante for o próprio exequente, sendo ele o único credor, não estará obrigado a exibir o preço, mas se o valor da arrematação exceder o do crédito, ele deverá depositar em três dias a diferença.

Admite-se a aquisição do bem penhorado em prestações, devendo ser apresentada proposta por escrito até o início do primeiro leilão, se a proposta for de aquisição pelo valor de avaliação; e até o início do segundo leilão, se a proposta for de aquisição por valor que não seja vil. O procedimento vem regulamentado no art. 895 do CPC.

Realizada a arrematação com sucesso, será expedido **de imediato o respectivo auto**, assinado pelo juiz, arrematante e leiloeiro.

A partir do aperfeiçoamento da arrematação, que ocorrerá com a assinatura do auto, passará a correr o prazo de dez dias para que se postule a sua invalidade, quando realizada por preço vil ou com outro vício; ou a sua ineficácia, se não observado o disposto no art. 804, ou ainda a sua resolução, se não for pago ou preço ou prestada a caução.

Não sendo impugnada a arrematação no prazo, será expedida a respectiva carta. Ela será levada a registro pelo adquirente, no Cartório de Registro de Imóveis, quando o bem arrematado for imóvel. A partir da expedição da carta, a invalidação da arrematação só poderá ser postulada em ação própria, na qual o arrematante figurará como litisconsorte necessário.

O art. 903, § 5.º, enumera situações excepcionais em que o arrematante pode desistir da arrematação, postulando a imediata restituição do depósito que tiver feito.

5 ◼ Execução de Título Extrajudicial   747

6.12.5. Da apropriação de frutos e rendimentos de móvel ou imóvel

Outra forma de expropriação — além da adjudicação e arrematação — é a apropriação de frutos e rendimentos de bens móveis ou imóveis, regulamentado nos arts. 867 a 869 do CPC.

Deferida a penhora sobre eles, o juiz nomeará um administrador, com poderes para gerir a coisa. A ele será dada a posse direta do bem, cabendo-lhe fazer com que produza frutos e rendimentos, que serão utilizados para pagar o credor.

O devedor ficará com a posse indireta do bem e manterá a propriedade, que poderá até ser alienada. Aquele que o adquirir saberá da existência do gravame, que persistirá até que o credor seja pago. Daí a necessidade de averbação da penhora no Cartório de Registro de Imóveis.

7. EXECUÇÃO CONTRA A FAZENDA PÚBLICA

O art. 910 do CPC trata da execução por título extrajudicial contra a Fazenda Pública, dispondo que ela será citada para opor embargos no prazo de 30 dias, podendo, nos embargos, alegar qualquer defesa que lhe seria lícito apresentar no processo de conhecimento. Não há nenhuma peculiaridade no que concerne ao processamento dos embargos. Quanto ao processo da execução, devem ser aplicadas as mesmas regras relativas ao cumprimento de sentença, que serão examinadas em capítulo próprio, com a ressalva de que a defesa deverá ser apresentada por meio de embargos, e não por impugnação.

8. EXECUÇÃO DE ALIMENTOS

Também a execução especial de alimentos poderá estar fundada em título extrajudicial, caso em que o devedor será citado para, em três dias, efetuar o pagamento das parcelas anteriores ao início da execução e das que se vencerem no seu curso, provar que o fez ou justificar a impossibilidade de fazê-lo. Aplicam-se à execução de alimentos por título extrajudicial as mesmas regras do cumprimento de sentença, que serão examinadas em capítulo próprio, com a ressalva de que a defesa deverá ser veiculada por embargos, e não por impugnação.

9. DA DEFESA DO DEVEDOR NAS EXECUÇÕES FUNDADAS EM TÍTULO EXTRAJUDICIAL

9.1. INTRODUÇÃO

É feita por meio da ação autônoma de embargos à execução, diferentemente do que ocorre no cumprimento de sentença, em que a defesa deve ser veiculada por impugnação. Esse é mais um dos aspectos em que os dois tipos de execução se distinguem. A diferenciação é relevante porque os embargos têm natureza de ação cognitiva autônoma vinculada à execução, ao passo que a impugnação constitui incidente do cumprimento de sentença.

9.2. DOS EMBARGOS À EXECUÇÃO

9.2.1. Introdução

Constituem o meio de defesa por excelência na execução fundada em título extrajudicial. Não são um incidente da execução, **mas uma ação autônoma vinculada à execução, destinada a permitir que o executado apresente as defesas que tiver**. Embora sejam ação autônoma e constituam processo autônomo, estão estreitamente vinculados à execução, não sendo possível opô-los, senão para permitir ao executado defender-se.

Os embargos têm natureza de ação de conhecimento, pois sua finalidade é permitir que o juiz, ouvindo as defesas do devedor e as alegações do credor, possa formar a sua convicção a respeito da pertinência daquilo que foi alegado.

Neles, o contraditório é pleno, e o devedor pode alegar o que quiser em sua defesa. Todos os meios lícitos de prova poderão ser produzidos, e, ao final, o juiz prolatará uma sentença, acolhendo ou rejeitando a pretensão do embargante. Aquilo que for decidido nos embargos poderá repercutir diretamente na execução, determinando o seu prosseguimento, sua eventual extinção ou a modificação de atos que nela tenham sido praticados.

9.2.2. Competência

Os embargos serão propostos no juízo da execução, razão pela qual devem ser distribuídos por dependência. **Trata-se de competência funcional absoluta**.

Quando a penhora for feita por carta, serão aplicadas as regras do art. 914, § 2.º, do CPC: os embargos poderão ser apresentados no juízo deprecante ou no deprecado, "mas a competência para julgá-los é do juízo deprecante, salvo se versarem unicamente sobre vícios ou defeitos da penhora, da avaliação ou da alienação de bens efetuadas no juízo deprecado".

É preciso que se distinga entre a apresentação dos embargos e o seu processamento e julgamento. A apresentação pode ser feita tanto no juízo deprecante quanto no deprecado. Mas nem sempre o juízo em que são apresentados será competente para julgá-los. Se não for, eles deverão ser encaminhados ao juízo que o for.

Mesmo que a penhora seja feita por carta, os embargos serão julgados no juízo da execução, salvo se a matéria alegada for exclusivamente relacionada a vícios da penhora, avaliação ou alienação de bens, caso em que a competência será do juízo deprecado, já que foi nele que tais atos se realizaram.

9.2.3. Desnecessidade de garantia do juízo

Já no CPC de 1973, desde a edição da Lei n. 11.382/2006, a apresentação dos embargos prescindia **da prévia garantia do juízo, pela penhora ou depósito dos bens**.

O CPC atual estabelece, no art. 914, *caput*: "O executado, independentemente de penhora, depósito ou caução, poderá se opor à execução por meio dos embargos".

Portanto, ainda que o devedor não tenha bens, ou eles não sejam localizados, o prazo de embargos fluirá do momento em que houver a citação, observadas as

5 ■ Execução de Título Extrajudicial 749

regras sobre o início do prazo, estabelecidas no art. 231 do CPC. Mesmo que a execução não possa seguir adiante, até a fase de expropriação, sem bens, os embargos serão recebidos, processados e julgados. Com isso, se mais tarde forem localizados e penhorados os bens, eles já poderão estar decididos, passando-se à fase de expropriação.

A penhora e a avaliação dos bens poderão ocorrer somente depois que os embargos já tiverem sido julgados. **Isso não impedirá que o devedor alegue vícios de uma e outra**, por simples petição, no prazo de 15 dias, como determina o art. 917, § 1.º, do CPC.

9.2.4. Prazo de embargos

Os embargos deverão ser opostos no prazo de quinze dias, observado o disposto no art. 231 do CPC, que fixa o termo inicial da contagem. Caso se trate de execução por carta, o prazo para embargos, que permanece de quinze dias, será contado na forma do art. 915, § 2.º.

Não se aplica ao prazo dos embargos o art. 229 do CPC. Ele não se modifica se houver litisconsortes com advogados diferentes, de escritórios distintos, porque os embargos são nova ação, e não incidente da execução.

Também não se aplica o art. 231, § 1.º, do CPC: havendo mais de um executado, o prazo correrá para cada qual independentemente, conforme forem sendo citados e o comprovante da citação for sendo juntado aos autos. Para que o prazo tenha início, não é necessário que todos os executados já tenham sido citados. O prazo para cada um será autônomo. Há, no entanto, uma exceção a essa regra: se os executados litisconsortes forem cônjuges ou companheiros, o prazo de embargos contar-se-á da juntada aos autos do último comprovante de citação (art. 915, § 1.º, do CPC).

9.2.5. O prazo de embargos e o pedido de pagamento parcelado

O art. 916 do CPC traz importante regra, destinada a incentivar e facilitar o pagamento. O devedor, no prazo dos embargos, poderá **depositando 30% do valor da execução, incluindo custas e honorários advocatícios, postular o pagamento do saldo em até seis parcelas mensais, acrescidas de correção monetária e juros de 1% ao mês**.

Deferido o pedido, a execução ficará suspensa até o pagamento integral. À medida que o devedor for efetuando os depósitos, o credor poderá requerer o imediato levantamento. Trata-se de uma espécie de **moratória**, que a lei concede ao devedor disposto a pagar, mas que não tenha condições de fazê-lo de uma só vez.

O que há de inovador é que é **direito do devedor, não podendo ser recusada pelo credor**. Para isso, é preciso que o requerimento seja formulado no prazo estabelecido em lei, que é o dos embargos, que haja o depósito prévio de 30% e o pagamento das prestações. Feita fora do prazo, ou sem a obediência dos requisitos legais, o credor pode recusar a moratória e exigir o pagamento à vista.

Trata-se, portanto, de uma moratória compulsória, contra a qual o credor não se pode opor. Ele será ouvido, mas apenas sobre o preenchimento dos requisitos, no prazo de cinco dias.

750 Direito Processual Civil Esquematizado   *Marcus Vinicius Rios Gonçalves*

Nada obsta que, a qualquer momento no curso do processo, o credor conceda outras moratórias, permitindo o parcelamento em quantas vezes quiser, e que dispense o depósito prévio.

Por isso, ainda que o devedor formule o pedido de pagamento parcelado fora do prazo, ou sem depositar os 30%, o juiz, antes de indeferi-lo, deve primeiro ouvir o credor, pois pode ser que ele concorde.

Deferida a moratória do art. 916, se o devedor deixar de fazer o pagamento de alguma das parcelas, **as restantes vencerão antecipadamente e a execução prosseguirá, acrescida de multa de 10% sobre o saldo restante, vedada a oposição de embargos**.

A possibilidade de pagamento parcelado do débito, na forma do art. 916 do CPC, não se aplica ao cumprimento de sentença, nos termos do art. 916, § 7.º.

9.2.6. Objeto dos embargos à execução

A execução por título extrajudicial não é precedida de nenhum processo. Por isso, os embargos são a primeira oportunidade de o executado defender-se. O art. 917 do CPC trata das defesas que ele pode apresentar, das matérias que pode alegar.

Os seus cinco primeiros incisos mencionam temas específicos:

I — inexequibilidade do título ou inexigibilidade da obrigação;

II — penhora incorreta ou avaliação errônea;

III — excesso de execução ou cumulação indevida de execuções;

IV — retenção por benfeitorias necessárias ou úteis, nos casos de execução para entrega de coisa certa;

V — incompetência absoluta ou relativa do juízo da execução.

Mas o último inciso é genérico, permitindo que o devedor alegue:

VI — qualquer matéria que lhe seria lícito deduzir como defesa em processo de conhecimento.

A amplitude desse inciso mostra que **a cognição do juiz nos embargos é ampla, podendo o devedor alegar qualquer tipo de defesa**, porque é a primeira oportunidade que ele tem para se defender.

Na execução de título judicial, o devedor só pode alegar em sua defesa determinados temas previamente estabelecidos, e a cognição do juiz não é plena, mas limitada, porque não seria razoável que ele pudesse alegar o que poderia ter apontado na fase cognitiva.

Nos embargos, além de poder conhecer toda e qualquer defesa que o devedor apresente, o juiz poderá autorizar todas as provas pertinentes, não havendo nenhuma restrição. É possível, por exemplo, prova pericial ou oral.

Os embargos têm natureza de ação de conhecimento, nos quais se busca uma sentença de mérito, em que o juiz examine as questões suscitadas pelos litigantes. **A cognição é exauriente, e não baseada em juízo de verossimilhança ou plausibilidade**. O juiz determinará as provas necessárias para formar a sua convicção, e proferirá, desde

5 ■ Execução de Título Extrajudicial   751

que preenchidas as condições da ação e pressupostos processuais, sentença definitiva, que se revestirá da autoridade da coisa julgada material.

9.2.7. O objeto dos embargos e a relação com a execução

Embora ação autônoma, os embargos guardam estreito vínculo com a execução, já que servem para veicular a defesa contra a pretensão executiva do credor.

Nos processos, de maneira geral, cumpre ao juiz examinar três ordens de questões, nessa ordem: os pressupostos processuais, as condições da ação e o mérito. As duas primeiras constituem as matérias preliminares.

Nos embargos ocorre o mesmo: o juiz terá de examinar se estão preenchidos os pressupostos processuais e as condições da ação de embargos. Por exemplo, se eles são tempestivos; se embargante e embargado são partes legítimas e se o primeiro tem interesse de agir.

Preenchidos os pressupostos e condições da ação, o juiz estará apto a julgar o mérito dos embargos. E há uma importante peculiaridade: **o embargante pode postular ao juízo que, nos embargos, se reconheça a falta dos pressupostos processuais e das condições da ação executiva** (não da ação de embargos, mas da execução). **A falta de uns e de outros constitui mérito dos embargos**.

Não se pode confundir os pressupostos processuais e condições da ação de embargos com os da ação de execução. Os primeiros são examinados como matéria preliminar nos embargos; os últimos constituem matéria de mérito. Por exemplo: se o juiz verifica que o embargante é parte ilegítima, julgará os embargos extintos sem resolução de mérito. **Mas se alega que o exequente é parte ilegítima, ou que não há título executivo, os embargos serão julgados procedentes, com a consequente extinção da execução**.

Também constitui mérito nos embargos as questões suscitadas pelo embargante, **relacionadas à existência, à constituição ou a extinção do crédito**.

Por fim, o embargante pode alegar matérias que não dizem respeito nem aos pressupostos do processo de execução, nem às condições da ação executiva, e que também não estejam relacionadas ao débito, mas a algum ato processual realizado na execução, como a penhora ou a avaliação do bem. Pode, por exemplo, sustentar que o bem é impenhorável, ou que a avaliação está errada.

Em suma, nos embargos é possível discutir:

■ questões ligadas à existência, constituição e extinção do débito;
■ temas relacionados à admissão da execução;
■ questões processuais da execução.

9.2.8. Procedimento dos embargos

9.2.8.1. Petição inicial

Deve preencher os requisitos do art. 319 do CPC, cumprindo ao embargante formular a pretensão e os fundamentos que a embasam.

752 Direito Processual Civil Esquematizado   *Marcus Vinicius Rios Gonçalves*

Deve, ainda, indicar o valor da causa, que corresponderá ao benefício econômico que se pretende auferir com os embargos e que nem sempre coincidirá com o valor da execução. Pode ocorrer, por exemplo, que o devedor impugne apenas uma parte do débito, caso em que os embargos terão o valor apenas do montante controvertido.

O embargante deve, ainda, postular que o embargado seja intimado a apresentar impugnação.

Se o fundamento dos embargos for excesso de execução, a inicial deve indicar o valor que o embargante entende correto, apresentando memória de cálculo, sob pena de indeferimento (art. 917, § 3.º, do CPC).

Como os embargos são autuados em apartado, o embargante deve instruí-los com cópias das peças processuais relevantes do processo de execução, que poderão ser declaradas autênticas pelo próprio advogado, sob sua responsabilidade pessoal.

9.2.8.2. O efeito suspensivo

Os embargos, como regra, não têm efeito suspensivo e permitem o prosseguimento da execução até os seus ulteriores trâmites.

Excepcionalmente, o juiz pode concedê-lo, mas é preciso que:

- haja requerimento do embargante, já que o juiz não pode concedê-lo de ofício;
- o juiz verifique que estejam preenchidos os requisitos para a concessão da tutela provisória;
- a execução esteja garantida por penhora, depósito ou caução suficientes. **A prévia penhora ou depósito de bens não é condição para que os embargos sejam recebidos, mas para que lhes seja outorgado efeito suspensivo**, mesmo porque, sem que tenha havido constrição de bens, inexiste perigo de prejuízo irreparável ao devedor, já que a execução não poderia prosseguir.

O pedido de efeito suspensivo pode ser feito na inicial dos embargos, **ou a qualquer tempo, durante o seu processamento**. É possível que o juiz o negue de início, verificando que os requisitos não estão preenchidos. Mas, com prosseguimento da execução, a situação de risco de prejuízo, que antes inexistia, apareça. Ele, então, concederá o efeito suspensivo anteriormente negado.

Da decisão do juiz que defere ou não efeito suspensivo, cabe agravo de instrumento (art. 1.015, X).

Se os embargos forem parciais, ainda que o juiz conceda efeito suspensivo, a execução prosseguirá sobre a parte incontroversa. Se houver vários devedores que embarguem, e for concedido efeito suspensivo a apenas um, os outros não serão beneficiados, quando o fundamento for exclusivo do primeiro; mas serão, se o fundamento for comum.

Mesmo com efeito suspensivo, **não haverá óbice à prática de atos relacionados à penhora ou avaliação de bens**. Se, por exemplo, se verificar, feita a penhora e avaliação, que os bens são manifestamente insuficientes, o juiz poderá determinar o reforço. Concedido o efeito, se os embargos forem julgados improcedentes, a execução poderá prosseguir ainda que haja apelação, uma vez que esta não tem efeito suspensivo.

5 ■ Execução de Título Extrajudicial 753

9.2.8.3. O indeferimento da inicial dos embargos

O juiz examinará a petição inicial dos embargos e verificará se têm ou não condições de serem recebidos. Se houver algum vício sanável, determinará que seja emendada no prazo de quinze dias.

O art. 918 do CPC estabelece quais as situações em que eles devem ser indeferidos liminarmente:

■ quando intempestivos;
■ nos casos de indeferimento da petição inicial e de improcedência liminar do pedido;
■ quando manifestamente protelatórios.

A possibilidade de rejeição liminar dos embargos quando manifestamente protelatórios pressupõe que, *prima facie*, **se possa verificar a impertinência dos argumentos apresentados pelo embargante**. Na dúvida, se o juiz verificar que há ao menos um fundamento que possa ser considerado, deverá recebê-los.

9.2.8.4. Intimação e resposta do embargado

Recebida a inicial dos embargos, o juiz determinará a intimação do credor embargado para apresentar impugnação no prazo de quinze dias. Não há necessidade de citação porque o credor-embargado é o autor da execução: basta intimá-lo na pessoa do advogado para que ofereça resposta. Se houver mais de um embargado e os advogados forem diferentes e de escritórios distintos, não sendo digital o processo, o prazo de impugnação será em dobro. O prazo para opor embargos é sempre simples, já que eles são uma nova ação. Mas aos prazos internos nos embargos aplica-se o art. 229 do CPC.

Não cabe reconvenção porque nos embargos o executado está limitado a defender-se da execução e a reconvenção extrapola os limites de mera defesa.

Pela mesma razão, **não cabem as formas de intervenção de terceiros previstas na Parte Geral do CPC, exceto a assistência**, já que é possível que terceiro tenha interesse jurídico no resultado.

9.2.8.5. A falta de impugnação

Uma vez que os embargos têm natureza de ação, a falta de impugnação do credor implicará revelia. Questão mais complexa é a de saber se ela produz os seus efeitos tradicionais, sobretudo a presunção de veracidade dos fatos alegados na inicial.

A questão é complexa porque o título que embasa a execução, e contra o qual o embargante pugna, goza de certeza, liquidez e exigibilidade. Bastaria a falta de impugnação para retirar-lhe tais qualidades?

Parece-nos que **a falta de impugnação fará presumir a veracidade dos fatos alegados na petição inicial, que não sejam contrariados por aquilo que consta do título executivo**. Por exemplo: não haverá presunção de veracidade se o embargante alegar que o título tem determinado valor, ou data de vencimento, se dele consta outra coisa. Mas haverá se o embargante alegar, por exemplo, que o bem penhorado é imóvel residencial de família, e isso não for contrariado pelo embargado.

9.2.8.6. Prosseguimento dos embargos

Apresentada impugnação, o juiz ouvirá o embargante nos mesmos casos em que, no processo de conhecimento, ele intima o autor para réplica.

Em seguida, verificará se há ou não necessidade de provas. Se não, julgará antecipadamente os embargos; se sim, determinará as necessárias, designando audiência de instrução e julgamento, se for o caso. Não há restrição a provas nos embargos de devedor.

Antes de determiná-las, o juiz determinará as providências saneadoras, indispensáveis para o bom andamento do processo.

9.2.8.7. Sentença e recursos

Como os embargos constituem um processo de conhecimento, **ao final, o juiz proferirá sentença**, que poderá ser de extinção sem resolução de mérito, presentes as hipóteses do art. 485 do CPC, ou com resolução de mérito, nos casos do art. 487.

Julgados improcedentes, a execução prosseguirá, pois a apelação não tem efeito suspensivo. A procedência dos embargos pode implicar a extinção da execução, a redução do valor ou a modificação ou desconstituição de algum ato processual, como, por exemplo, a penhora.

Se o juiz considerar os embargos manifestamente protelatórios, haverá conduta atentatória à dignidade da justiça e ele imporá ao embargante multa de até 20% do valor da execução, que reverterá em favor do exequente (art. 774, parágrafo único, do CPC).

9.3. OUTRAS FORMAS DE DEFESA

9.3.1. Exceções e objeções de pré-executividade

A exposição de motivos da Lei n. 11.382/2006, que suprimiu, pela primeira vez em nosso ordenamento jurídico, a exigência de prévia penhora ou depósito de bens para o oferecimento de embargos, mencionava que, diante da nova sistemática da execução fundada em título extrajudicial, não haveria mais interesse para que o devedor se valesse das exceções ou objeções de pré-executividade.

Tais incidentes autorizam o devedor a defender-se sem precisar ter os seus bens penhorados. Mas, **como os embargos não dependem mais de prévia penhora, a grande vantagem das exceções e objeções desapareceu**. Como regra, não há mais razão para que continuem a ser utilizados.

Ainda assim, parece-nos que não se pode eliminar por completo tal possibilidade. Os embargos têm certas condições de admissibilidade, como prazo e recolhimento de custas iniciais. Pode ocorrer que o devedor tenha perdido o prazo de embargos, ou que tenha dificuldades para recolher as custas. E que queira apresentar

5 ■ Execução de Título Extrajudicial   755

defesa de ordem pública, não sujeita à preclusão: não haverá óbice a que então se valha desses incidentes.

Os requisitos e o procedimento das objeções e exceções de pré-executividade serão examinados mais adiante, no capítulo relativo ao cumprimento de sentença.

9.3.2. Ações de conhecimento autônomas

As ações de conhecimento autônomas não são mecanismos de defesa do devedor, relacionados à execução, como os embargos ou as exceções e objeções de pré-executividade. Nem por isso o devedor fica impedido de utilizá-las, se quiser, por exemplo, obter a declaração de inexigibilidade ou a desconstituição de determinado título, ou a declaração de inexistência do débito.

Conquanto guardem autonomia em relação à execução, o seu resultado poderá repercutir sobre ela. Por exemplo: é possível que o devedor ajuíze ação declaratória de inexigibilidade de uma duplicata e que o credor queira valer-se dela para promover a execução. Se a ação for julgada procedente, a execução não poderá prosseguir.

É certo que o devedor poderia defender-se por meio de embargos. Mas pode ser que já tenha ajuizado a ação de conhecimento antes da execução, ou que prefira valer-se da ação autônoma.

A existência de ação autônoma traz algumas dificuldades:

a) Ela suspenderá o curso da execução?

A resposta, em princípio, **é negativa**, por força do art. 784, § 1.º, do CPC. Afinal, nem mesmo os embargos, como regra, terão efeito suspensivo.

Mas há exceções. Pode ser que o devedor tenha ajuizado a ação autônoma antes da execução, ou no prazo que teria para embargar. Não seria razoável exigir que ele tivesse de embargar para postular a concessão de efeito suspensivo, se as questões que suscitaria nos embargos já foram suscitadas na ação autônoma. **Bastará, comunicando a existência de tal ação ao juízo, postular a suspensão da execução.** Mas para que o juiz o conceda, é indispensável que estejam presentes as mesmas circunstâncias que autorizariam o efeito suspensivo nos embargos, enumeradas no art. 919, § 1.º, do CPC. **O juiz jamais concederá o efeito suspensivo se a ação autônoma for ajuizada depois do prazo que o devedor teria para embargar.**

b) A ação autônoma deverá ser reunida à execução, por força de conexão?

Se o objeto da ação autônoma é desconstituir o título que embasa a execução, ou declarar a inexigibilidade do débito que está sendo cobrado, deverá ser feita a reunião por conexão (art. 55, § 2.º, I, do CPC). Já na vigência do CPC de 1973, quando não havia regra expressa a respeito, era essa a solução dada pelo Superior Tribunal de Justiça, como se vê no acórdão abaixo transcrito:

> "Este Tribunal vem consolidando o entendimento no sentido de admitir a conexão entre a execução e a ação de conhecimento que ataca o título executivo que fundamenta a primeira, independentemente da oposição de embargos do devedor. A natureza cognitiva da ação declaratória de inexistência do débito fiscal equipara-se àquela vislumbrada nos embargos à execução, tendo, inclusive, a força de suspender a execução em curso, desde que

garantido o juízo" (REsp 732.335/RS, 1.ª Turma, Rel. Min. José Delgado, *DJ* 29.08.2005, p. 217).

c) A ação autônoma poderia ser ajuizada mesmo que o devedor tenha oposto embargos, julgados improcedentes?

Os embargos têm natureza jurídica de ação de conhecimento. Cada um dos fundamentos de fato apresentados pelo devedor, na inicial dos embargos, constitui uma causa de pedir. Proferida sentença contra a qual não caibam mais recursos, a mesma ação não poderá ser reproposta. **Mas, se houver fundamentos de fato diferentes, será possível ajuizar a ação autônoma, pois, havendo alteração da causa de pedir, altera-se a ação**.

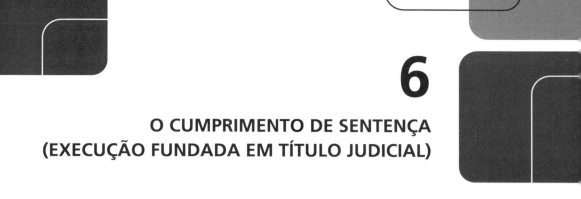

6
O CUMPRIMENTO DE SENTENÇA (EXECUÇÃO FUNDADA EM TÍTULO JUDICIAL)

1. INTRODUÇÃO

Quando o CPC de 1973 entrou em vigor, a execução implicava sempre um processo autônomo, fosse fundada em título judicial ou extrajudicial.

A partir da década de 1990, ele passou por sucessivas modificações, que, aos poucos, foram **transformando a execução de título judicial de própria em imprópria**. Elas culminaram com a edição da Lei n. 11.232/2005, que passou a não distinguir mais a execução como processo autônomo, passando a considerá-la apenas uma fase de um processo maior, apelidado de "sincrético". Com isso, **passou a existir um só processo, desde a petição inicial, na fase cognitiva, até a satisfação do credor, na fase executiva**, consolidando-se o sistema dual de execuções: a de título extrajudicial continua regulada no Livro II da Parte Especial do CPC. **A de título judicial não mais (embora ele seja aplicado supletivamente), pois não há mais processo, mas apenas uma fase de cumprimento de sentença**.

2. CUMPRIMENTO DAS SENTENÇAS QUE RECONHECEM OBRIGAÇÃO DE FAZER, NÃO FAZER OU ENTREGAR COISA

Os dispositivos do CPC que versam sobre o cumprimento de sentença são:

- o art. 497, que trata do cumprimento da sentença que reconhece obrigação de fazer ou não fazer;
- o art. 498, que trata do cumprimento de sentença que reconhece obrigação de entrega de coisa;
- os arts. 523 e ss., que tratam do cumprimento de sentença que reconhece obrigação de pagar;
- os arts. 528 e ss., que tratam do cumprimento de sentença que reconheça a exigibilidade de obrigação de prestar alimentos;
- os arts. 534 e ss., que tratam do cumprimento de sentença que reconheça a exigibilidade de obrigação de pagar quantia certa contra a Fazenda Pública.

Neste item, interessa-nos o cumprimento das obrigações de fazer, não fazer e de entregar coisa.

Não havendo o cumprimento voluntário da obrigação, o juiz determinará as medidas coercitivas ou de sub-rogação necessárias para a satisfação do credor. Se a

758 Direito Processual Civil Esquematizado   *Marcus Vinicius Rios Gonçalves*

obrigação for fungível, o juiz poderá determinar os dois tipos de medida; se for infungível, apenas as coercitivas, já que a obrigação não pode ser prestada por terceiro.

Os principais meios de coerção estão enumerados no art. 536, § 1.º, do CPC.

Não havendo cumprimento específico da obrigação, ou de providência que assegure resultado equivalente, e sendo infrutíferas as medidas determinadas, ou existindo requerimento do credor, haverá conversão em perdas e danos, prosseguindo-se na forma dos arts. 523 e ss. do CPC.

Para um exame dos meios de coerção e da conversão em perdas e danos, ver Capítulo 3, *itens 3 e 4, supra*.

3. CUMPRIMENTO DE SENTENÇA QUE RECONHECE A EXIGIBILIDADE DE OBRIGAÇÃO DE PAGAR E QUANTIA CERTA CONTRA DEVEDOR SOLVENTE — PROCEDIMENTO

O procedimento vem regulado nos arts. 523 e ss., mas naquilo que não for incompatível, **aplicam-se as regras do Livro II da Parte Especial do CPC, como, por exemplo, as relativas à penhora e avaliação**.

4. O INÍCIO DO CUMPRIMENTO DE SENTENÇA

São dois os requisitos fundamentais do cumprimento de sentença: o título executivo judicial e o inadimplemento do devedor.

Constituído o título, manda a lei que, a requerimento do exequente, **seja dado ao devedor um prazo de quinze dias para que efetue voluntariamente o pagamento**. Se o fizer, nem sequer terá início a fase executiva, pois a obrigação foi cumprida.

Se não, passar-se-á à fase de cumprimento de sentença, com expedição de mandado de penhora e avaliação. **O montante da obrigação será acrescido de multa de dez por cento do débito**.

4.1. O PRAZO PARA PAGAMENTO VOLUNTÁRIO

O legislador concede ao devedor o prazo de 15 dias para adimplir voluntariamente a obrigação. Nesse ínterim, **não se admite a prática de atos satisfativos, pois a execução não teve início**. O prazo é um tempo que se dá ao devedor para, ponderando as desvantagens de uma execução subsequente, cumprir a obrigação. Conquanto persista controvérsia a respeito desse prazo, parece-nos que ele há de ser considerado de natureza processual, já que fixado por lei processual, em caráter mandamental, para a prática de determinado ato com repercussões no processo, sob pena de multa. Assim, a contagem deverá ser feita considerando apenas os dias úteis (nesse sentido, o Enunciado n. 89 da I Jornada de Direito Processual Civil da Justiça Federal).

As controvérsias que havia, na vigência do CPC de 1973, a respeito da necessidade de prévia intimação do executado para que passasse a fluir o prazo de 15 dias são resolvidas no CPC atual, que determina expressamente a intimação, a requerimento do exequente. Estabelece o art. 523, *caput*, que, no caso de condenação em quantia certa, ou já fixada em liquidação, e no caso de decisão sobre parcela incontroversa, o cumprimento definitivo da sentença far-se-á a requerimento do exequente, intimando-se o executado

6 ◼ O Cumprimento de Sentença (Execução Fundada em Título Judicial)   759

a efetuar o pagamento do débito, no prazo de 15 dias, acrescido das custas, se houver. A intimação é, portanto, necessária, e deverá ser feita na forma do art. 513, § 2.º, do CPC.

A intimação do devedor para pagar será feita pelo Diário da Justiça na pessoa do seu advogado constituído nos autos. Entretanto, deverá ser feita por carta com aviso de recebimento, quando o devedor for representado pela Defensoria Pública ou não tiver procurador constituído nos autos, ou por edital, quando, citado por edital, tiver sido revel na fase de conhecimento. A intimação será pela via eletrônica, na hipótese do art. 246, § 1.º, se o devedor não tiver procurador constituído nos autos. Por fim, mesmo que o devedor tenha procurador constituído, haverá necessidade de intimá-lo por carta se o requerimento do credor para início do cumprimento de sentença for feito após um ano do trânsito em julgado da sentença.

4.2. A MULTA

A multa de 10% prevista no art. 523, § 1.º, para a hipótese de não pagamento no prazo de quinze dias incidirá sobre o valor da condenação, **o que inclui o principal, mais juros, correção monetária, custas e honorários advocatícios fixados na fase de conhecimento.** Além da multa, ao iniciar a execução, o débito será acrescido de novos honorários advocatícios para a fase executiva, de 10% do débito.

Controvertia-se sobre a incidência da multa em execução provisória na vigência do CPC de 1973. No entanto, o CPC atual não deixa dúvida: "A multa e os honorários advocatícios a que se refere o § 1.º do art. 523 são devidos no cumprimento provisório de sentença condenatória ao pagamento de quantia certa" (art. 520, § 2.º). O § 3.º do mesmo dispositivo acrescenta: "Se o executado comparecer tempestivamente e depositar o valor, com a finalidade de isentar-se da multa, o ato não será havido como incompatível com o recurso por ele interposto". O levantamento do valor depositado ficará condicionado à prestação de caução idônea.

4.3. A INICIATIVA DO CREDOR

Caberá ao credor a iniciativa de dar início à fase de cumprimento de sentença. Bastará apresentar petição requerendo a intimação do devedor para pagar o débito no prazo de 15 dias, sob pena de, não o fazendo, ter início a fase de cumprimento de sentença, com a expedição de mandado de penhora e avaliação de bens. Não se trata de uma petição inicial, que tenha de preencher os requisitos do art. 319 do CPC, pois não haverá um novo processo. No entanto, é preciso que nela o credor tome algumas providências. Deve:

◼ apresentar demonstrativo discriminado e atualizado do cálculo do débito, indicando quais os itens que o compõem, na forma dos incisos do art. 524 do CPC. Caso não haja o pagamento no prazo, o débito será acrescido de multa e de honorários advocatícios de fase executiva, ambos de 10% do débito;

◼ recolher as custas iniciais da execução, quando a lei estadual de custas o exigir;

◼ indicar, se possível, quais os bens que deseja ver penhorados. **A prioridade de indicação de bens é do credor,** e se ele já tiver ciência de algum bem sobre o qual a penhora possa recair, deve indicá-lo desde logo. Se não o fizer, o oficial de justiça diligenciará, na tentativa de localizar algum bem penhorável.

Esse requerimento, a que alude o art. 523, antecede a intimação do executado para pagamento do débito no prazo de 15 dias. Caso haja o pagamento, a fase de cumprimento de sentença não terá início. Caso não haja pagamento, a fase de cumprimento terá início, **sem a necessidade de novo requerimento**, com a expedição desde logo de mandado de penhora e avaliação, iniciando-se automaticamente o prazo de 15 dias para impugnação. O débito, vencido o prazo de 15 dias, será acrescido da multa de 10% e dos honorários da fase executiva, também de 10%.

5. PROTESTO DA DECISÃO JUDICIAL TRANSITADA EM JULGADO

Desde a entrada em vigor da Lei n. 9.492/97 controvertia-se sobre a possibilidade de protesto de títulos executivos judiciais. A dúvida decorria do disposto no art. 1.º da lei, que autorizava o protesto de obrigação originada em títulos e outros documentos da dívida. Como a lei não fazia ressalvas sobre a natureza do título, já havia decisões judiciais admitindo o protesto de sentença transitada em julgado na vigência do CPC de 1973. Nesse sentido, o acórdão proferido no REsp 750.805/RS, da E. 3.ª Turma do Superior Tribunal de Justiça, em que ficou decidido que a sentença transitada em julgado, da qual conste obrigação líquida, certa e exigível, poderia ser protestada. Contudo, havia também os que sustentavam que, à míngua de especificação legal, o protesto não poderia ser feito.

O CPC atual põe fim à controvérsia, ao estabelecer expressamente, no art. 517 que: "A decisão judicial transitada em julgado poderá ser levada a protesto, nos termos da lei, depois de transcorrido o prazo para pagamento voluntário previsto no art. 523". O art. 515, I, não exige, para caracterização do título judicial, que a decisão proferida no processo civil tenha transitado em julgado. Mesmo sem o trânsito, já haverá título executivo judicial, que permitirá a execução provisória, se não houver mais recurso dotado de efeito suspensivo. **Todavia, para o protesto é indispensável o trânsito em julgado (a exceção é o protesto das decisões ou sentenças que fixam alimentos, e que podem ser protestadas independentemente do trânsito em julgado — art. 528, § 1.º, do CPC)**. Além disso, como há expressa alusão ao prazo do art. 523, o protesto ficará restrito às decisões que reconheçam a obrigação do pagamento de quantia líquida, certa e exigível.

Para que o protesto se efetive, bastará ao exequente apresentar certidão de teor da decisão, comprovando o trânsito em julgado e o transcurso do prazo do art. 523. Tal certidão deverá ser fornecida pelo Ofício no prazo de três dias e deverá indicar o nome e a qualificação do exequente e do executado, o número do processo, o valor da dívida e a data de decurso do prazo para pagamento voluntário. Satisfeita integralmente a obrigação, o executado poderá requerer ao juiz que, no prazo de três dias, expeça ofício ao tabelionato, determinando o cancelamento do protesto. Caso, ainda, o executado tenha ingressado com ação rescisória da decisão, ele pode pedir a anotação da propositura da ação à margem do título protestado.

6. PRESCRIÇÃO INTERCORRENTE

A prescrição intercorrente é fenômeno relacionado tanto com o cumprimento de sentença quanto com a execução de título extrajudicial. Neste item, ela será abordada

6 ■ O Cumprimento de Sentença (Execução Fundada em Título Judicial)

em relação ao cumprimento de sentença. Para uma abordagem mais geral do tema, abrangendo também a execução de título extrajudicial, ver Capítulo 7, *item 1*, desse mesmo livro IX, *infra*. A inércia do credor em promover o cumprimento de sentença ou em dar-lhe andamento implicará a oportuna remessa dos autos ao arquivo. O credor, porém, pode, a qualquer momento, dar início ou continuidade à fase executiva. Mas há um limite: ele perderá a pretensão executiva se deixá-la prescrever. A execução de título judicial não é mais um processo, mas tão-somente uma fase, **porém admite-se a chamada prescrição intercorrente, que recebe essa denominação por verificar-se não antes, mas no curso do processo**.

Não é possível prescrição intercorrente durante a fase de conhecimento, porque, se o autor ficar inerte por mais de trinta dias, o juiz o intimará pessoalmente a dar andamento ao feito. Na inércia, o processo será extinto.

Mas na fase executiva é diferente. A inércia do credor não implica extinção, mas em remessa dos autos ao arquivo. Constituído o título executivo judicial, o credor tem um prazo para promover a execução. Qual? **A Súmula 150 do STF estabelece que a pretensão executiva prescreve no mesmo prazo que a condenatória**. O mesmo prazo que o autor tinha para promover a ação, terá para executar. Por exemplo: a vítima de acidente de trânsito tem o prazo de três anos para pedir indenização em face do causador do acidente. Se não o fizer, a pretensão condenatória estará prescrita. Se o fizer, e obtiver uma sentença condenatória, constituído o título e sendo possível iniciar a execução, fluirá novo prazo de três anos, desta feita para a execução. Esse prazo começa a correr a partir da data em que se tornar possível o requerimento de início do cumprimento de sentença, a que alude o art. 523, *caput*, do CPC. Se o credor, por inércia, não promover a execução nesse prazo, terá havido prescrição intercorrente. **E se ele a promover, mas abandoná-la, voltará a correr o prazo de prescrição intercorrente**.

A regulamentação da prescrição intercorrente no cumprimento de sentença e na execução por título extrajudicial, formulada no art. 921 e parágrafos do CPC, sofreu relevante alteração com a edição da Lei n. 14.195/2021, que trouxe modificações significativas na sistemática do instituto.

De acordo com a nova regulamentação, iniciado o cumprimento de sentença, ele será suspenso por até um ano caso não seja localizado o executado ou bens penhoráveis. Essa é uma alteração relevante trazida pela nova lei, já que, pela sistemática anterior, só havia suspensão "quando o executado não possuir bens penhoráveis". A nova regra é mais clara, ao estabelecer que basta que os bens penhoráveis não sejam localizados. Além disso, nos termos da lei, haverá suspensão também se não for localizado o executado. Mas essa solução — suspensão pela não localização do executado — causa certa perplexidade, porque, se o executado não é localizado, mas são localizados bens penhoráveis, o cumprimento de sentença (ou execução por título extrajudicial) pode muito bem prosseguir, bastando que se arrestem os bens localizados e que se diligencie a citação do executado na forma da lei, por edital, em caso de não localização, ou com hora certa, em caso de ocultação. Parece-nos, assim, que a melhor interpretação a ser dada ao novo dispositivo é que somente haverá a suspensão do cumprimento de sentença se, em decorrência da não localização do executado, ele não puder prosseguir, porque não é possível apurar se ele tem bens, quais são eles e onde se encontram.

Uma vez determinada a suspensão, na forma do art. 921, I, do CPC, pelo prazo de até um ano a prescrição ficará suspensa. E, se não localizados bens penhoráveis ou o executado, continuará suspensa por um ano, após o que o juiz ordenará o arquivamento dos autos. O termo inicial do prazo prescricional é a ciência, pelo exequente, da primeira tentativa infrutífera de localização do devedor ou de bens penhoráveis. Esse é o termo inicial. Mas, a rigor, dada ciência ao exequente das tentativas infrutíferas, o processo será suspenso e o curso da prescrição ficará impedido por até um ano.

Uma vez determinada a suspensão do processo, caso sejam localizados os bens ou o próprio executado, o exequente poderá, a qualquer tempo, postular a juiz que determine o prosseguimento do processo, uma vez que obteve novos dados dos bens ou do devedor. Cessada a suspensão, seja em que momento for, o prazo prescricional começa a correr, e só será interrompido quando, localizado o executado, ele for citado ou intimado, ou quando, localizados bens, eles forem constritos. Mas, se a diligência for malsucedida, nem por isso o prazo prescricional voltará a ficar suspenso. Isso porque — e essa talvez seja a maior novidade da Lei n. 14.195/2021 — a suspensão do prazo da prescrição só pode ocorrer uma vez.

É preciso que fique claro que a lei não determina que a suspensão da prescrição perdure por um ano. Determina, isto sim, que ela perdure por, no máximo, um ano, e que tal suspensão ocorra por apenas uma vez.

Imagine-se, por hipótese, que resultem infrutíferas as tentativas de localização de bens penhoráveis. O juiz determina, então, a suspensão do processo por até um ano, ficando suspensa a prescrição. O exequente, realizando diligências, verifica a possível existência de bens penhoráveis e postula a realização de diligências para a penhora. O juiz, então, faz cessar a suspensão do processo (mesmo que tenham transcorrido apenas poucos dias ou meses da suspensão) e determina a constrição. Se ela for bem-sucedida, ela interrompe o prazo de prescrição. Se for malsucedida, o cumprimento de sentença não poderá ter prosseguimento, por falta de bens, mas a prescrição intercorrente terá voltado a correr, e não poderá ser suspensa novamente, porque a suspensão só pode ocorrer uma vez.

Inegável que, por esse novo sistema, a possibilidade de prescrição intercorrente, em detrimento do exequente, é muito maior do que no sistema anterior. Até porque, se transcorrer um ano da suspensão do processo, sem a localização do executado ou dos seus bens, os autos serão remetidos ao arquivo e a prescrição intercorrente correrá, não podendo ser novamente suspensa, o que significa que, se persistir a não localização do executado ou de seus bens, ela se consumará, tendo corrido o tempo necessário, na forma da Súmula 150 do STF.

Como já mencionado, a citação ou intimação do executado e a constrição de bens interrompem o prazo de prescrição, e o prazo de tempo necessário para a citação ou intimação e para a realização das formalidades necessárias para a constrição não pode

6 ◼ O Cumprimento de Sentença (Execução Fundada em Título Judicial)   763

ser considerado para fins de prescrição, que fica suspensa nesse tempo, desde que o exequente cumpra os prazos previstos em lei ou determinados pelo juiz.

Assim, se o exequente peticiona ao juiz, comunicando o endereço do executado ou indicando a localização de bens, caso a citação ou intimação do executado ou a constrição de bens efetivamente ocorra, tempos depois, o prazo de prescrição deverá se considerar suspenso a partir da comunicação feita pelo exequente, desde que ele tome todas as providências necessárias para que elas ocorram no prazo fixado em lei ou determinado pelo juiz, para a citação, intimação ou constrição.

Constatada a prescrição intercorrente, o juiz poderá reconhecê-la de ofício, mas não sem antes ouvir as partes, no prazo de 15 dias. Assim, vislumbrando eventual prescrição, ele deve ouvir primeiro as partes a respeito e, se for o caso, decretá-la. O reconhecimento da prescrição intercorrente é feito por sentença que extingue o cumprimento de sentença, e na qual não serão carreados ônus para as partes, vale dizer, não haverá condenação do exequente em custas e honorários advocatícios. A respeito, decidiu o Superior Tribunal de Justiça que o marco temporal para a incidência da regra da extinção, em caso de prescrição intercorrente, sem ônus para as partes, é a data da prolação da sentença, isto é, se a sentença já foi proferida na vigência da Lei n. 14.195/2021, a extinção por prescrição intercorrente será feita sem ônus para as partes:

"PROCESSUAL CIVIL. RECURSO ESPECIAL. EXECUÇÃO DE TÍTULO EXTRA-JUDICIAL. VIOLAÇÃO DO ART. 1.022 DO CPC/2015. EMBARGOS DE DECLARA-ÇÃO. OMISSÃO. CONFIGURADA. NULIDADE PREJUDICADA. CELERIDADE. ECONOMIA PROCESSUAL. EFETIVIDADE. PRIMAZIA DO JULGAMENTO DE MÉRITO. TEORIA DA CAUSA MADURA. DEVEDOR. BENS NÃO ENCONTRA-DOS. PRESCRIÇÃO INTERCORRENTE. CONFIRMADA. HONORÁRIOS ADVO-CATÍCIOS. SUPERVENIÊNCIA DA LEI N. 14.195/2021. ALTERAÇÃO LEGAL. IM-POSSIBILIDADE DE FIXAÇÃO DE HONORÁRIOS. 'EXTINÇÃO SEM ÔNUS'. MARCO TEMPORAL. SENTENÇA. DISSÍDIO JURISPRUDENCIAL. PREJUDICA-DO. 1. Execução de título extrajudicial, ajuizada em 06.11.2018, da qual foi extraído o presente recurso especial, interposto em 06.07.2022 e concluso ao gabinete em 22.09.2022. 2. O propósito recursal consiste em definir se, após a alteração do art. 921, § 5.º, do CPC/15, promovida pela Lei n. 14.195/2021, o reconhecimento da prescrição intercorrente e a consequente extinção do processo obstam a condenação da parte que deu causa à ação ao pagamento de honorários sucumbenciais. 3. A jurisprudência desta Corte pacificou-se em relação à aplicação do princípio da causalidade para o arbitramento de honorários advocatícios quando da extinção do processo em razão do reconhecimento da prescrição intercorrente (art. 85, § 10, do CPC/15). 4. Todavia, após a alteração promovida pela Lei n. 14.195/2021, publicada em 26.08.2021, faz-se necessário rever tal posicionamento, uma vez que o § 5.º do art. 921 do CPC/15 dispõe expressamente que não serão imputados quaisquer ônus às partes quando reconhecida referida prescrição. 5. Nas hipóteses em que extinto o processo com resolução do mérito, em razão do reconhecimento da prescrição intercorrente, é de ser reconhecida a ausência de ônus às partes, a importar condenação nenhuma em custas e honorários sucumbenciais. 6. A legislação que versa sobre honorários advocatícios possui natureza híbrida (material-processual), de modo que o marco temporal para a aplicação das novas regras sucumbenciais deve ser a data de prolação da sentença (ou ato jurisdicional equivalente, quando diante de processo de competência originária do Tribunal. 7. Hipótese em que a sentença extinguiu o processo em 04.10.2021, ante o reconhecimento da prescrição intercorrente, e o executado/recorrente foi condenado ao pagamento de honorários sucumbenciais, quando do julgamento da apelação do exequente/recorrido. 8. Recurso especial conhecido e provido para afastar a condenação em honorários advocatícios" (REsp 2.025.303/DF (2022/0283433-0), Rel. Min. Nancy Andrighi, j. 11.11.2022).

Eventual nulidade desse procedimento de reconhecimento da prescrição intercorrente só será conhecida se ficar demonstrada a ocorrência de efetivo prejuízo. Isto é, não basta ao prejudicado alegar a inobservância do procedimento, sendo necessário que demonstre que, disso, resultou efetivo prejuízo, salvo na hipótese de inexistência da intimação quanto à primeira tentativa de localização do devedor ou de bens penhoráveis, já que, como tal intimação constitui o termo inicial da prescrição, caso ela falte, o prejuízo é presumido.

7. HONORÁRIOS ADVOCATÍCIOS NA FASE EXECUTIVA

No cumprimento de sentença, serão devidos novos honorários advocatícios, relacionados a essa fase, que não se confundem com os fixados na sentença condenatória. A matéria já era objeto da Súmula 517 do STJ: "São devidos honorários advocatícios no cumprimento de sentença, haja ou não impugnação, depois de escoado o prazo para pagamento voluntário, que se inicia após a intimação do advogado da parte executada". O art. 523, § 1.º, estabelece que, iniciado o cumprimento de sentença, o débito será acrescido de honorários advocatícios de 10%. Diante da determinação legal, os honorários da fase executiva nem sequer precisam ser fixados pelo juiz, devendo o exequente já acrescentá-los ao cálculo do débito. Esses honorários serão devidos, no mesmo montante, ainda que se trate de cumprimento provisório da sentença (art. 520, § 2.º).

Na impugnação, porém, só serão cabíveis honorários advocatícios em caso de acolhimento desta, com extinção da execução, conforme Súmula 519 do Superior Tribunal de Justiça.

8. MANDADO DE PENHORA DE AVALIAÇÃO

O cumprimento de sentença condenatória em quantia certa se inicia com a expedição de mandado de penhora e avaliação. Não há distinção entre tais atos na execução por título judicial ou extrajudicial. Aplicam-se, pois, as regras do Livro II da Parte Especial do CPC, examinadas no capítulo anterior. Também se aplicam as mesmas regras já examinadas na execução por título extrajudicial à intimação da penhora.

9. DA DEFESA DO EXECUTADO EM JUÍZO

9.1. INTRODUÇÃO

A forma de defesa do executado, por excelência, é a impugnação. Admitem-se, ainda que excepcionalmente, **as exceções e objeções de pré-executividade, embora tenham perdido quase toda a sua utilidade**, já que tanto na execução por título

6 ◼ O Cumprimento de Sentença (Execução Fundada em Título Judicial) 765

extrajudicial quanto no cumprimento de sentença o oferecimento de embargos ou de impugnação dispensa a prévia penhora, depósito ou caução.

9.2. IMPUGNAÇÃO

9.2.1. Natureza

A defesa do devedor no cumprimento de sentença não é feita pela ação autônoma de embargos, mas por meio da impugnação.

Os embargos são ação autônoma e constituem um processo independente, autuado em apartado. **A impugnação, ao contrário, não será ação autônoma, mas incidente da fase de cumprimento de sentença**. Não será ação incidental, como os embargos, mas incidente processual, julgado por decisão interlocutória.

Há uma única hipótese em que ela será ação incidental: **quando tiver por objeto a declaração de inexistência ou extinção do débito (art. 525, VII)**. Porque, se o juiz emitir essa declaração, **sua decisão revestir-se-á da autoridade da coisa julgada material**. Ele não decidirá apenas questões processuais, mas a existência do direito material, do crédito que embasa a execução, caso em que a impugnação adquirirá a natureza de ação incidente. Não de processo autônomo, já que será sempre incidental à execução: **tanto que o juiz proferirá ao final decisão interlocutória, e não sentença**.

A impugnação terá natureza de mero incidente nas hipóteses do art. 525, I a VI, e de ação incidente na do inciso VII.

Seja uma coisa ou outra, o seu processamento far-se-á nos autos da execução, e não em apenso ou em apartado.

9.2.2. Prazo

O prazo para que o devedor apresente impugnação é de 15 dias, a contar do transcurso *in albis* do prazo de 15 dias para pagamento voluntário, independentemente de penhora ou nova intimação. Serão dois prazos de 15 dias distintos: primeiro, o de 15 dias para o pagamento voluntário do débito — nesse momento, não teve início ainda a fase de cumprimento de sentença, que nem sequer começará se houver o pagamento voluntário — e o segundo prazo, também de 15 dias, para oferecer impugnação, já iniciada a fase de cumprimento de sentença, quando não houve o pagamento voluntário. O requerimento do exequente, a que alude o art. 523 e que deve preencher os requisitos do art. 524, deverá anteceder a intimação do executado para pagamento voluntário em 15 dias. Vencido esse prazo, **automaticamente e sem necessidade de novo requerimento ou intimação**, será expedido mandado de penhora e avaliação e passará a correr o prazo de 15 dias para impugnação.

O art. 229 do CPC, que determina a dobra de prazo em caso de litisconsórcio com advogados diferentes aplica-se ao prazo de impugnação. Não ao de embargos, que é sempre simples, porque eles têm natureza de ação autônoma e criam novo processo. **O prazo não é interno à execução, mas externo. A situação é diferente na impugnação** que não constitui ação, nem processo autônomo, mas incidente (ou ação incidente, na

766 Direito Processual Civil Esquematizado   *Marcus Vinicius Rios Gonçalves*

hipótese do art. 525, VII). O prazo para apresentá-la é sempre interno ao processo, o que justifica que o dispositivo supramencionado se aplique.

Não há necessidade, para a impugnação, de prévia garantia do juízo, pela penhora ou pelo depósito do bem, como estabelece expressamente o art. 525, *caput*, do CPC.

9.2.3. Efeito suspensivo

Em regra, a impugnação, tal como os embargos, não é dotada de efeito suspensivo. Enquanto ela se processa, a execução prossegue e pode alcançar a fase de expropriação.

No entanto, excepcionalmente, o juiz pode concedê-lo. Os requisitos são os mesmos para que ele o conceda nos embargos:

- que haja requerimento do impugnante;
- que o juízo esteja garantido com penhora, caução ou depósito suficientes;
- que seja relevante a sua fundamentação, isto é, que sejam verossímeis as alegações;
- que o prosseguimento da execução seja manifestamente suscetível de causar ao executado grave dano de difícil ou incerta reparação.

A concessão de efeito suspensivo não impede a efetivação de atos de substituição, reforço ou redução de penhora e avaliação de bens.

9.2.4. Restrição às matérias alegáveis

Na execução por título extrajudicial, não há restrições às defesas alegáveis nos embargos, o que se justifica porque ela não foi precedida de processo anterior.

O mesmo não ocorre com a impugnação, **na qual a cognição é restrita, no plano horizontal: existem limitações quanto às matérias alegáveis**.

O legislador enumera os temas que podem ser objeto da impugnação, e o devedor não pode fundá-la em outros, não previstos, sob pena de ser rejeitada de plano. A fase executiva foi precedida de fase de conhecimento, e não seria razoável admitir que o devedor pudesse alegar defesas que ou já foram apreciadas na fase cognitiva, ou deveriam ter sido alegadas e não o foram.

O rol de defesas alegáveis está no art. 525, § 1.º, do CPC. São elas:

9.2.4.1. Falta ou nulidade de citação, se, na fase de conhecimento, o processo correu à revelia

O processo é um só, e há uma única citação: aquela que se realiza na fase de conhecimento. **A falta ou nulidade dela, quando o réu permanecer revel, acarretará a ineficácia da sentença ou do acórdão contra ele proferidos**. Ou seja, do título executivo judicial.

O executado, tendo tomado conhecimento da execução, poderá opor-se por meio de impugnação que, nessa hipótese, **adquirirá as características de verdadeira** *querela nullitatis insanabilis*. Se acolhida, será reconhecida a ineficácia de título, e o juiz

6 ▣ O Cumprimento de Sentença (Execução Fundada em Título Judicial)   767

determinará o retorno do processo à fase de conhecimento, restituindo-se ao réu a oportunidade para oferecer contestação.

9.2.4.2. Ilegitimidade de parte

Essa será uma alegação mais comum quando a execução tiver por fundamento sentença penal condenatória. Por exemplo, se a vítima quiser executar o patrão, por danos decorrentes de crime praticado pelo empregado.

Todavia, também poderá ocorrer quando o título for a sentença civil, quando se quiser executar sentença condenatória contra o fiador, que não participou nem foi condenado na fase cognitiva, por exemplo.

9.2.4.3. Inexequibilidade do título ou inexigibilidade da obrigação

São várias as razões pelas quais o título pode ser inexequível ou a obrigação inexigível. Por exemplo, sentença homologatória de acordo, no qual ficaram convencionadas certas datas para o pagamento, o exequente deu início à fase executiva antes do vencimento previsto. **Se o título é inexequível ou a obrigação inexigível, falta interesse de agir.**

9.2.4.3.1. Inexigibilidade decorrente de declaração de inconstitucionalidade

Uma das hipóteses de inexigibilidade do título vem expressamente mencionada no art. 525, § 12: "Para efeito do disposto no inciso III do § 1.º deste artigo, considera-se também inexigível a obrigação reconhecida em título executivo judicial fundado em lei ou ato normativo considerado inconstitucional pelo Supremo Tribunal Federal, ou fundado em aplicação ou interpretação da lei ou do ato normativo tido pelo Supremo Tribunal Federal como incompatível com a Constituição Federal, em controle de constitucionalidade concentrado ou difuso".

Esse dispositivo autoriza o reconhecimento da inexigibilidade da sentença ainda que transitada em julgado, fundada em lei (ou ato normativo) declarada inconstitucional, ou que deu a essa lei (ou ato normativo) interpretação que foi tida como incompatível com a Constituição Federal. No entanto, para que a sentença possa ser reconhecida como inexigível, é preciso que a **declaração de inconstitucionalidade preceda o trânsito em julgado**. Se ela for posterior, só caberá ação rescisória. Mas, nesse caso, o prazo da rescisória não será de dois anos a contar do trânsito em julgado da sentença, mas de dois anos a contar do trânsito em julgado da decisão proferida pelo Supremo Tribunal Federal, em controle concentrado ou difuso de constitucionalidade.

9.2.4.4. Penhora incorreta ou avaliação errônea

A penhora e a avaliação do bem poderão ser prévias ou posteriores à impugnação. Se prévias, os eventuais equívocos deverão ser alegados na impugnação. Se posteriores, serão alegados por simples petição, no prazo de 15 dias a contar da comprovada ciência do fato ou da intimação do ato, nos termos do art. 525, § 11. Como a impugnação não

768 Direito Processual Civil Esquematizado   *Marcus Vinicius Rios Gonçalves*

exige prévia penhora e o prazo para apresentá-la corre automaticamente do término do prazo para pagamento voluntário, é possível que a penhora e a avaliação sejam posteriores, caso em que eventuais vícios ou equívocos deverão ser arguidos no prazo de 15 dias após a ciência do fato ou ato.

9.2.4.5. *Excesso de execução ou cumulação indevida de execuções*

O excesso ocorre quando o credor postula montantes ou prestações superiores aos que são efetivamente devidos. O art. 917, § 2.º, do CPC enumera quais são as hipóteses:

- ▣ quando o exequente pleiteia quantia superior à do título;
- ▣ quando recai sobre coisa diversa daquela declarada no título;
- ▣ quando se processa de modo diferente do que foi determinado no título;
- ▣ quando o exequente, sem cumprir a prestação que lhe corresponde, exige o adimplemento da prestação do executado;
- ▣ se o exequente não provar que a condição se realizou.

O rol merece críticas porque as duas últimas hipóteses não são de excesso de execução, **mas de inexigibilidade do título**.

A cumulação indevida de execuções ocorre quando há pretensões executivas cumuladas, sem a observância das exigências do art. 327 do CPC.

9.2.4.5.1. *Excesso de execução e excesso de penhora. Distinções*

O que pode ser objeto de impugnação é o **excesso de execução**, a cobrança de valores ou prestações maiores ou diferentes das que constam do título. Com ela não se confunde o **excesso de penhora**, que ocorre quando o credor cobra o que é devido, mas a penhora acaba recaindo sobre bens de valor superior ao do débito. Não há excesso na cobrança, mas na garantia. Havendo apenas excesso de penhora, não é necessária a impugnação, bastando às partes, a qualquer tempo, postular a redução àquilo que seja suficiente para garantia do crédito.

9.2.4.5.2. *Necessidade de o executado declarar o valor que entende correto*

O art. 525, § 4.º, do CPC contém salutar determinação. Trata-se de exigência para que o juiz receba a impugnação, fundada em excesso de execução: "Quando o executado alegar que o exequente, **em excesso de execução**, pleiteia quantia superior à resultante da sentença, cumprir-lhe-á declarar de imediato o valor que entende correto, apresentando demonstrativo discriminado e atualizado de seu cálculo". Essa é uma exigência também nos embargos (art. 917, § 3.º, do CPC). Se o executado não cumprir a determinação e o excesso de execução for o único fundamento da impugnação, ela será rejeitada liminarmente. Se houver outros fundamentos, a impugnação será recebida, mas a alegação de excesso de execução não será examinada.

O Superior Tribunal de Justiça tem se mostrado rígido no cumprimento à exigência legal, como se vê de acórdão proferido pela Corte Especial:

6 ◼ O Cumprimento de Sentença (Execução Fundada em Título Judicial)　　769

> "Corte Especial
> **DIREITO PROCESSUAL CIVIL. IMPUGNAÇÃO AO CUMPRIMENTO DE SEN-
> TENÇA POR EXCESSO DE EXECUÇÃO. RECURSO REPETITIVO (ART. 543-C
> DO CPC E RES. 8/2008-STJ).**
> **Na hipótese do art. 475-L, § 2.º (atual art. 525, § 4.º), do CPC, é indispensável apon-
> tar, na petição de impugnação ao cumprimento de sentença, a parcela incontroversa
> do débito, bem como as incorreções encontradas nos cálculos do credor, sob pena de
> rejeição liminar da petição, não se admitindo emenda à inicial.** O art. 475-L, § 2.º, do
> CPC, acrescentado pela Lei n. 11.232/2005, prevê que 'Quando o executado alegar que o
> exequente, em excesso de execução, pleiteia quantia superior à resultante da sentença,
> cumprir-lhe-á declarar de imediato o valor que entende correto, sob pena de rejeição limi-
> nar dessa impugnação'. Segundo entendimento doutrinário, o objetivo dessa alteração le-
> gislativa é, por um lado, impedir que o cumprimento de sentença seja protelado por meio
> de impugnações infundadas e, por outro lado, permitir que o credor faça o levantamento
> da parcela incontroversa da dívida (...). **REsp 1.387.248/SC, Rel. Min. Paulo de Tarso
> Sanseverino, j. 07.05.2014**".

9.2.4.6. *Incompetência absoluta ou relativa do juízo da execução*

É na impugnação que o executado deve arguir a incompetência do juízo, seja ela absoluta ou relativa. Dificilmente será possível arguir a incompetência, se o título for sentença civil condenatória, já que ela teria de ter sido alegada na fase cognitiva. Contudo, se o título executivo judicial for de outra espécie, como a sentença penal condenatória, a sentença arbitral, estrangeira etc., a incompetência deverá ser alegada em impugnação. Já o impedimento e a suspeição do juiz devem ser alegados por simples petição, observado o disposto nos arts. 146 e 148 do CPC.

9.2.4.7. *Qualquer causa modificativa ou extintiva da obrigação, desde que* *superveniente*

A lei dá alguns exemplos, **como o pagamento, novação, compensação, transação ou prescrição, desde que superveniente à sentença**.

Essa é a hipótese em que a impugnação terá por fim discutir a existência do débito.

A única em que ela, por versar sobre matéria de fundo, terá natureza de ação incidente, e não de mero incidente processual, **uma vez que aquilo que o juiz declarar a respeito do débito terá de se tornar definitivo, por força da coisa julgada material**. Não seria aceitável que o juiz, na impugnação, reconhecesse o pagamento e declarasse extinto o débito, sem caráter definitivo.

Quando ele acolhe a impugnação, reconhecendo a inexistência do débito, terá de extinguir a execução. Ao fazê-lo, não proferirá uma decisão interlocutória, mas **verdadeira sentença**, com força definitiva.

Mas o juiz pode acolher apenas em parte a impugnação, declarando o débito parcialmente inexistente. Se o fizer, não haverá sentença, porque a execução prosseguirá quanto ao saldo remanescente. A impugnação será julgada por decisão interlocutória. **Ainda assim, o que for decidido a respeito do crédito não mais poderá ser**

770 Direito Processual Civil Esquematizado   *Marcus Vinicius Rios Gonçalves*

rediscutido. Nessa situação, a impugnação tem natureza de ação incidente, ainda que não constitua processo autônomo. **A decisão interlocutória proferida pelo juiz terá força de sentença e se revestirá da autoridade da coisa julgada material**. O mesmo ocorrerá em caso de improcedência da impugnação. As causas extintivas, impeditivas ou modificativas alegadas pelo devedor, ainda que afastadas por decisão interlocutória, não poderão ser novamente alegadas em ação autônoma.

Mas a impugnação não se presta a que o devedor alegue causas modificativas ou extintivas que poderiam ter sido alegadas na fase de conhecimento. **O juiz só as conhecerá se forem supervenientes**. Se podiam ter sido alegadas e não o foram, será aplicável o art. 508 do CPC: "Transitada em julgado a decisão de mérito, considerar-se-ão deduzidas e repelidas todas as alegações e as defesas que a parte poderia opor tanto ao acolhimento quanto à rejeição do pedido".

Por exemplo, a prescrição que pode ser alegada na fase executiva é a da execução (Súmula 150 do STF), não da pretensão cognitiva, porque esta deveria ter sido alegada na fase de conhecimento.

9.2.5. Rol taxativo ou exemplificativo?

Discute-se se o rol do art. 525, § 1.º, que enumera as matérias alegáveis em impugnação, é taxativo ou exemplificativo.

É temerário considerá-lo taxativo, porque não é possível privar o devedor da possibilidade de alegar outras defesas, que não tenham sido imaginadas pelo legislador. A limitação imposta por lei às matérias alegáveis tem por finalidade evitar que, em cumprimento de sentença, o devedor tenha oportunidade de rediscutir coisas que, ou já foram discutidas na fase de conhecimento, ou deveriam ter sido deduzidas e não o foram. **Mas não impede que o devedor apresente defesa superveniente, ainda que não prevista expressamente no rol**.

9.2.6. Inexistência de restrição quanto à profundidade da cognição

A impugnação, conquanto limitada no que concerne à extensão das matérias alegáveis, **não sofre restrições quanto à profundidade da cognição judicial**. O juiz não a decidirá em um juízo de mera verossimilhança ou plausibilidade, em cognição superficial, mas autorizará as provas necessárias para formar a sua convicção em caráter definitivo.

Todos os meios lícitos de prova são admitidos na impugnação. O juiz poderá, se necessário, determinar perícia e designar audiência para a colheita de prova oral.

As regras sobre a produção de provas são as mesmas que se aplicam ao processo de conhecimento em geral.

9.2.7. Procedimento

A impugnação é formulada por petição dirigida ao juízo da execução. Não há necessidade de todos os requisitos do art. 319 do CPC, já que não haverá um novo processo, mas tão-somente um incidente no bojo da execução. Mas é indispensável que o

6 ▪ O Cumprimento de Sentença (Execução Fundada em Título Judicial)

impugnante formule com clareza a sua pretensão e os fundamentos que a embasam e que devem enquadrar-se nas hipóteses do art. 525, § 1.º, do CPC.

Cumpre ao impugnante requerer, se o desejar, a concessão de efeito suspensivo, que não poderá ser concedido de ofício pelo juízo. Como se trata de mero incidente, não haverá recolhimento de custas.

Recebida a impugnação, o juiz intimará o impugnado (exequente) para, querendo, apresentar resposta, no prazo de quinze dias. Conquanto a lei não mencione o prazo, por aplicação do princípio da isonomia, há de presumir-se que seja o mesmo que para o oferecimento da impugnação.

Em seguida, o juiz verificará se está ou não em condições de julgar o incidente. Em caso afirmativo, ele o fará; em caso negativo, determinará as provas necessárias.

O incidente é sempre julgado por decisão interlocutória, salvo se, do acolhimento das alegações do devedor, resultar a extinção da execução. Se ele alegar alguma causa extintiva, como pagamento ou prescrição, e o juiz a acolher, a consequência inexorável será a extinção da execução, e então o ato decisório haverá de ser qualificado como sentença. Do contrário, se a execução ainda prosseguir, será decisão interlocutória, e o recurso adequado será o agravo de instrumento.

O juiz só fixará honorários advocatícios na impugnação se ela for acolhida, com a consequente extinção da execução, pois, se desacolhida, não haverá novos honorários, além daqueles fixados em favor do credor no início da fase de cumprimento de sentença. Nesse sentido, decidiu a Corte Especial do Superior Tribunal de Justiça, ao examinar recursos repetitivos no REsp 1.134.186, de 3 de agosto de 2011, Rel. Min. Luiz Felipe Salomão, o que culminou com a edição da Súmula 519, que assim dispõe: "Na hipótese de rejeição da impugnação ao cumprimento de sentença, não são cabíveis honorários advocatícios".

O Enunciado n. 50 da ENFAM dispõe que "o oferecimento de impugnação manifestamente protelatória ao cumprimento de sentença será considerado conduta atentatória à dignidade da Justiça (art. 918, III, parágrafo único, do CPC/2015), ensejando a aplicação da multa prevista no art. 774, parágrafo único".

9.2.8. Matéria superveniente

A lei não exige, como condição para o oferecimento da impugnação, que tenha havido prévia penhora ou avaliação. Também não prevê a possibilidade de nova impugnação, caso a penhora ou a avaliação venham a ocorrer posteriormente à apresentação da impugnação oferecida nos 15 dias contados a partir do vencimento do prazo para pagamento voluntário. A solução, caso isso ocorra, é dada pelo art. 525, § 11: "As questões relativas a fato superveniente ao término do prazo para apresentação da impugnação, assim como aquelas relativas à validade e à adequação da penhora, da avaliação e dos atos executivos subsequentes, podem ser arguidas por simples petição, tendo o executado, em qualquer dos casos, o prazo de 15 dias para formular esta arguição, contado da comprovada ciência do fato ou da intimação do ato". As matérias alegáveis são aquelas relativas ao cumprimento de sentença, que não puderam ser alegadas em impugnação porque supervenientes a ela.

9.2.9. Exceções e objeções de pré-executividade

O CPC de 1973, na sua redação originária, estabelecia que a defesa do devedor era sempre veiculada pelos embargos, fosse a execução fundada em título judicial ou extrajudicial. E o seu recebimento estava condicionado a que o juízo estivesse garantido pela prévia penhora de bens.

Havia casos em que não era razoável exigir do executado que primeiro tivesse os bens constritos, para só então defender-se. Por exemplo, há certas defesas de ordem pública que nem sequer precisariam ser alegadas pelo executado, mas deveriam ser conhecidas de ofício pelo juiz. Este nem sempre tomava conhecimento delas, e era preciso que o executado as suscitasse. **Ora, não era razoável exigir prévia penhora para alegá-las, se deviam ser conhecidas de ofício.**

Por exemplo: o exequente fundava a sua execução em documento que não era título executivo, e o juiz, por um lapso, determinava o processamento. Não era razoável que o devedor só pudesse alegar a inexistência do título após prévia penhora, quando o credor nem poderia ter promovido a execução. Ou, ainda, o exequente apresentava um cálculo do débito muito superior, incluindo valores que não constam do título. Também não seria razoável condicionar o conhecimento do excesso a uma prévia penhora.

Para solucionar essas situações, **passou-se a admitir que o executado alegasse, na própria execução, sem embargos, aquelas defesas que, por serem de ordem pública, deveriam ter sido conhecidas pelo juiz de ofício.**

A tal incidente, que não tinha previsão legal expressa, a doutrina denominou "exceção de pré-executividade"; de início, servia apenas para que o devedor alegasse matérias de ordem pública. O nome era infeliz, já que as defesas que podem ser conhecidas de ofício são objeções e não exceções. **Daí porque o incidente seria mais bem denominado "objeção de pré-executividade".**

Com o tempo, doutrina e jurisprudência passaram a dar a esse tipo de incidente uma extensão maior do que de início. Se antes, apenas objeções poderiam ser alegadas, posteriormente passou-se a admitir o uso desse mesmo mecanismo para **apresentar defesas que pudessem ser conhecidas *prima facie*, por não dependerem de provas que já não estivessem previamente constituídas.**

É o caso, por exemplo, do pagamento: não seria razoável que o executado que pagou e está munido de recibo tenha de ter os seus bens penhorados, para só então alegar a extinção da obrigação.

Tais incidentes passaram a admitir a alegação de **defesas que, conquanto não cognoscíveis de ofício, poderiam ser comprovadas *prima facie*, por documentos**. Com isso, a par das objeções de pré-executividade, admitiram-se verdadeiras exceções de pré-executividade.

A condição para que sejam recebidas e processadas é que a defesa possa ser comprovada *prima facie*. Se a questão fática depender de prova, o juiz não a receberá, determinando que a questão seja remetida à impugnação.

No CPC atual, tanto no cumprimento de sentença quanto na execução por título extrajudicial, a apresentação de defesa — por impugnação no primeiro, por embargos na segunda — independe de prévia garantia do juízo pela penhora. Em razão disso, desapareceu quase todo o interesse para a oposição de exceções ou objeções de

6 ■ O Cumprimento de Sentença (Execução Fundada em Título Judicial)   773

pré-executividade. Não nos parece, porém, que esses mecanismos devam desaparecer por completo, pois podem continuar tendo alguma utilidade. Por exemplo, quando transcorrido o prazo da impugnação ou dos embargos *in albis* houver matéria superveniente ou não sujeita à preclusão, que não tenha sido examinada pelo juiz, o interessado poderá valer-se de tais incidentes para alegá-las. Os arts. 518 e 525, § 11, do CPC indicam a possibilidade de apresentação de defesa no próprio bojo da execução, sem impugnação ou embargos.

No entanto, a utilidade desses incidentes ficou muito reduzida. Uma vez que, para se defender, seja por meio da impugnação no cumprimento de sentença, seja por meio de embargos, no processo de execução, o executado não sofre mais nenhuma constrição, não se justifica mais a utilização das objeções e exceções de pré-executividade, a menos que não seja mais possível ao executado valer-se dos meios tradicionais de defesa (por exemplo, porque já transcorreu o prazo) para alegar alguma matéria que ainda possa ser arguida.

9.2.9.1. *O procedimento das exceções e objeções de pré-executividade*

A lei não as previu. Não há, portanto, um procedimento por ela estabelecido. Serão suscitadas por simples petição, podendo o juiz determinar a autuação em apenso — se a juntada puder tumultuar o andamento do processo.

Não há prazo para suscitá-las, **mas elas só terão utilidade** quando o devedor perder o prazo de impugnação ou de embargos e quiser alegar matérias supervenientes ou não sujeitas à preclusão.

Os incidentes, segundo entendimento doutrinário e jurisprudencial amplamente majoritário, **não têm efeito suspensivo**, que nem mesmo a impugnação e os embargos têm. Apresentada a petição, cumprirá ao juiz verificar se a matéria alegada é daquelas que podem ser discutidas em objeção ou exceção de pré-executividade, isto é, se são apenas questões de direito ou de fato que prescindam de outras provas. Se não for, indeferirá de plano o incidente. Se sim, determinará que o credor seja intimado para manifestar-se, fixando prazo razoável. Ouvido o credor, o juiz decidirá, **não sendo possível, pelas razões já mencionadas, a abertura de instrução**. Se o convencimento do juiz depender de provas, ele extinguirá o incidente.

Em regra, **as exceções e objeções de pré-executividade serão julgadas por decisões interlocutórias**, contra as quais o recurso adequado será o de agravo de instrumento. Há, porém, a possibilidade de, em razão do acolhimento, a execução ser extinta. Por exemplo: o devedor pode alegar que o título está prescrito ou que é inexequível. Acolhidas as alegações, o juiz extinguirá a execução, por sentença.

■ Objeções:
— matérias de ordem pública, cognoscíveis de ofício pelo juiz a qualquer tempo e que não se sujeitam à preclusão;
— independe de penhora;
— apresentada por simples petição;
— prova pré-constituída, não sendo admissível a instauração de instrução.

774 Direito Processual Civil Esquematizado   *Marcus Vinicius Rios Gonçalves*

■ Exceções:

— matérias que não podem ser apreciadas pelo juiz de ofício. Exemplo: pagamento superveniente;

— independe de penhora;

— suscitável por simples petição;

— prova pré-constituída, não sendo admissível a instauração de instrução.

9.2.9.2. Fase expropriatória

Não há diferenças entre a fase expropriatória na execução do cumprimento de sentença e na execução por título extrajudicial. Os dispositivos do Livro II da Parte Especial do CPC, já examinados, aplicam-se supletivamente.

10. PECULIARIDADES DO CUMPRIMENTO DE SENTENÇA QUE RECONHECE OBRIGAÇÃO POR ATO ILÍCITO

A obrigação imposta na sentença que condena aquele que pratica ato ilícito é de pagamento de quantia certa. Sua execução far-se-á na forma dos arts. 523 e ss. do CPC. Há, no entanto, algumas peculiaridades que justificam tratamento em capítulo à parte.

É comum que, do ato ilícito, resulte o reconhecimento de obrigação ao pagamento de uma pensão, à própria vítima, quando do fato resultar incapacidade de trabalho; ou aos herdeiros dela, quando, por força da morte da vítima, ficarem privados de subsistência.

Como o pagamento das prestações é periódico, preocupou-se o legislador em garantir o recebimento: **o juiz poderá ordenar, a requerimento do exequente, que o devedor constitua um capital, cuja renda assegure o pagamento mensal da pensão** (CPC, art. 533, *caput*). Caberá ao juiz verificar, no caso concreto, se a medida é adequada e oportuna, e se consiste na melhor forma de assegurar o pagamento.

O capital, que poderá ser representado por imóveis ou direitos reais sobre imóveis, títulos da dívida pública ou aplicações financeiras em banco oficial, permanecerá inalienável e impenhorável enquanto durar a obrigação.

O § 2.º do art. 533 do CPC autoriza o juiz a substituir "a constituição do capital pela inclusão do exequente em folha de pagamento de pessoa jurídica de notória capacidade econômica, ou, a requerimento do executado, por fiança bancária ou garantia real, em valor a ser arbitrado de imediato pelo juiz". Essa solução é mais eficaz como forma de assegurar o pagamento, quando a condenação recai sobre pessoa jurídica, de notória solvibilidade.

O § 3.º do art. 533 **autoriza a parte a requerer, conforme as circunstâncias, redução ou aumento da prestação**. A doutrina civilista controvertia sobre a possibilidade de, em caso de indenização por ato ilícito, havendo modificação das necessidades do credor, ou das possibilidades do devedor, alterar-se o valor da pensão fixada.

Tal possibilidade só era admitida, em princípio, **nos alimentos decorrentes do direito de família, isto é, das relações de parentesco, ou provenientes de casamento ou de união estável**. Ainda na vigência do CPC anterior, como lembrava Carlos Roberto Gonçalves: "Corrente contrária sustentava, no entanto, que os

6 ■ O Cumprimento de Sentença (Execução Fundada em Título Judicial)   775

alimentos devidos em consequência da prática de um ato ilícito, embora não se confundam com os devidos em razão do direito de família, tendo caráter indenizatório, de ressarcimento, sujeitam-se à revisão, havendo modificações nas condições econômicas, consoante dispunha o art. 602, § 3.º, do CPC. Nesse sentido decidiu a Terceira Câmara do Superior Tribunal de Justiça, no julgamento do REsp 22.549-1-SP, em 23-3-93, tendo como relator o Min. Eduardo Ribeiro. O aludido o art. 602, § 3.º, do estatuto processual civil foi, porém, transformado em art. 475-Q pela Lei n. 11.232, de 22 de dezembro de 2005, que também modificou a redação do mencionado § 3.º, que não se refere mais a redução ou aumento do 'encargo', mas sim da 'prestação'. Optou o legislador, desse modo, por admitir expressamente que a 'prestação' alimentícia decorrente da prática de um ato ilícito pode, independentemente da situação da garantia ou do encargo, sofrer redução ou aumento, se sobrevier modificação nas condições econômicas das partes"[1].

Diante do que dispõe expressamente o art. 533, § 3.º, **não pode mais haver dúvida quanto à possibilidade de alterar-se a prestação mensal da pensão alimentícia de cunho indenizatório, fixada em razão de condenação por ato ilícito**, caso sobrevenha alteração nas condições do ofensor ou do ofendido.

Em razão disso, a coisa julgada será *rebus sic stantibus*.

11. CUMPRIMENTO DE SENTENÇA PENAL CONDENATÓRIA, DE SENTENÇA ARBITRAL E DE SENTENÇA ESTRANGEIRA

A peculiaridade no cumprimento desses tipos de sentença é que não terá havido fase de conhecimento antecedente na esfera cível. Nem anterior citação do devedor.

Será indispensável que ele seja citado, embora se trate de execução fundada em título judicial.

Pode ser que o título já seja líquido, caso em que será promovida diretamente a execução, que constituirá um processo autônomo, no qual o devedor deverá ser citado, para pagar em quinze dias, sob pena de multa de 10% e expedição de mandado de penhora e avaliação. O procedimento será o dos arts. 523 e ss., com a única peculiaridade de que, em vez de intimação do executado na pessoa do advogado para efetuar o pagamento, haverá a citação.

Pode ainda ocorrer que, antes da execução, seja necessária a liquidação por arbitramento ou de procedimento comum. Se assim for, o devedor será citado para acompanhá-la; apurado o *quantum debeatur*, será intimado para fazer o pagamento do débito, no prazo de quinze dias, sob pena de multa de 10% e expedição de mandado de penhora e avaliação.

Ainda que essa execução possa constituir um novo processo, já que não há nenhum outro precedente, a execução far-se-á na forma dos arts. 523 e ss. do CPC.

---

[1] Carlos Roberto Gonçalves, *Direito civil brasileiro*, v. 4: Responsabilidade civil, 4. ed. São Paulo: Saraiva, p. 354.

776 Direito Processual Civil Esquematizado | Marcus Vinicius Rios Gonçalves

12. CUMPRIMENTO DE SENTENÇA QUE RECONHECE A EXIGIBILIDADE DE OBRIGAÇÃO DE PAGAR QUANTIA CERTA CONTRA A FAZENDA PÚBLICA

A execução de que trata o CPC é aquela promovida **contra a Fazenda Pública**, em que ela figura como devedora. A ajuizada pela Fazenda, na condição de credora, é execução fiscal, regulada pela Lei n. 6.830/80. A expressão "Fazenda Pública" abrange União, Estados, Municípios, Distrito Federal, autarquias e fundações públicas.

A execução por quantia contra a Fazenda pode estar fundada em título judicial ou extrajudicial. Durante muito tempo controverteu-se sobre a possibilidade de estar fundada em título extrajudicial, mas a questão ficou superada com a edição da Súmula 279 do STJ: "É cabível a execução por título extrajudicial contra a Fazenda Pública".

12.1. IMPOSSIBILIDADE DE PENHORA DE BENS

O ato mais característico das execuções por quantia certa é a penhora de bens, afetados a uma futura expropriação.

Os bens da Fazenda, por serem públicos, não podem ser expropriados, sendo, por essa razão, impenhoráveis. É o que dispõem o art. 100 e seus parágrafos da Constituição Federal.

A execução por quantia não será feita, portanto, com a constrição e oportuna expropriação de bens, mas por meio de precatórios judiciais.

A execução contra a Fazenda Pública tem muito pouco de execução forçada, já que não são praticados atos satisfativos, ao menos de maneira direta. O que há é uma requisição que o Poder Judiciário dirige à Fazenda, para que esta efetue o pagamento dos débitos, respeitada a ordem dos precatórios.

12.2. A INTIMAÇÃO E A POSSIBILIDADE DE OPOSIÇÃO DE IMPUGNAÇÃO — PRAZO

Constituído o título judicial, a Fazenda **será intimada, não para pagar ou nomear bens à penhora, mas para oferecer impugnação no prazo de trinta dias** (CPC, art. 535). O prazo corre a partir da intimação da Fazenda na pessoa de seu representante judicial, por carga, remessa ou meio eletrônico. Como a Fazenda não pode pagar, não há o prazo para pagamento voluntário previsto no art. 523, *caput*, nem a incidência da multa, prevista no art. 523, § 1.º.

12.3. A NÃO OPOSIÇÃO DE IMPUGNAÇÃO

A Fazenda Pública pode não apresentar impugnação, caso em que será expedido o precatório, requisitando-se o pagamento por intermédio do presidente do tribunal competente. Nesse caso, não serão devidos honorários advocatícios pela Fazenda, nos termos do art. 85, § 7.º, do CPC, exceto quando se tratar de cumprimento individual de sentença coletiva proferida contra a Fazenda, nos termos da Súmula 345, do STJ ("São devidos honorários advocatícios pela Fazenda Pública nas execuções individuais de sentença proferida em ações coletivas, ainda que não embargadas"). Tal súmula, a despeito de ter sido editada antes, foi recepcionada pelo CPC/2015, como tem decidido o STJ

(RESp 1.648.438-RS, Rel. Min. Gurgel de Faria, de 27-6-2018). Quando se tratar de obrigação de pequeno valor, por ordem do juiz, dirigida à autoridade na pessoa de quem o ente público foi citado para o processo, será requisitado o pagamento, que deverá ser realizado no prazo de dois meses a contar da entrega da requisição, mediante depósito na agência do banco oficial mais próxima da residência do exequente, caso em que serão devidos honorários advocatícios (ver item 12.6, *infra*).

12.4. A IMPUGNAÇÃO

Tal como nos cumprimentos de sentença de obrigação por quantia certa em geral, a impugnação não se prestará a que a Fazenda alegue qualquer tipo de defesa, como ocorre nos embargos à execução por título extrajudicial. Haverá limitações justificáveis pela pre-existência da fase cognitiva. Aquilo que foi, ou que poderia ser alegado como defesa e não foi, na fase de conhecimento, não mais poderá ser alegada na fase de cumprimento de sentença. Daí as restrições às matérias alegáveis, enumeradas no art. 535 do CPC:

I — falta ou nulidade da citação, se o processo correu à revelia;
II — ilegitimidade de parte;
III — inexequibilidade do título ou inexigibilidade da obrigação;
IV — excesso de execução ou cumulação indevida de execuções;
V — incompetência absoluta ou relativa do juízo da execução;
VI — qualquer causa modificativa ou extintiva da obrigação, como pagamento, novação, compensação, transação ou prescrição, desde que supervenientes ao trânsito em julgado da sentença.

O art. 535, § 5.º, estabelece que: "Para efeito do disposto no inciso III do 'caput' deste artigo, considera-se também inexigível a obrigação reconhecida em título judicial fundado em lei ou ato normativo considerado inconstitucional pelo Supremo Tribunal Federal, ou fundado em aplicação ou interpretação da lei ou ato normativo tido pelo Supremo Tribunal Federal como incompatível com a Constituição Federal, em controle de constitucionalidade concentrado ou difuso". Fica ressalvado, porém, que esse dispositivo só se aplica quando a decisão do Supremo Tribunal Federal for anterior ao trânsito em julgado da sentença, nos termos do art. 535, § 7.º, do CPC.

As hipóteses de cabimento de impugnação no cumprimento de sentença contra a Fazenda Pública coincidem quase integralmente com as de cabimento da impugnação, no cumprimento de sentença em geral (art. 525, § 1.º).

O procedimento é o mesmo da impugnação em geral, com a ressalva de que, como prazo de apresentação é de trinta dias, e não de quinze, o prazo para impugná-los será também de trinta dias. O juiz verificará a necessidade ou não de produção de provas, determinando as que forem necessárias, ou promovendo o julgamento antecipado se não houver provas a produzir.

12.5. O PRECATÓRIO

Não havendo impugnação, ou sendo rejeitadas as arguições da executada, será expedido o precatório (salvo os casos de pequeno valor), que consiste em **uma requisição dirigida pelo presidente do tribunal competente, que deverá mencionar a natureza**

778 Direito Processual Civil Esquematizado   *Marcus Vinicius Rios Gonçalves*

do crédito para que a Fazenda Pública efetue o pagamento, respeitando a ordem cronológica de chegada.

O pagamento será feito na ordem de apresentação do precatório e à conta do respectivo crédito. Mesmo os créditos alimentares serão sujeitos a precatório, mas terão preferência de pagamento. A Súmula 144 do STJ dispõe que "os créditos de natureza alimentícia gozam de preferência, desvinculados os precatórios de ordem cronológica dos créditos de natureza diversa". Haverá duas ordens cronológicas: **a dos precatórios ordinários, referentes a dívidas não alimentares; e os extraordinários, que gozam de preferência sobre os ordinários, emitidos para pagamento de dívidas alimentares**.

O art. 100, § 6.º, da Constituição Federal estabelece a medida a ser tomada, caso o precatório não seja respeitado. Se o credor for preterido no seu direito de preferência, o presidente do tribunal, que expediu a ordem, poderá, depois de ouvido o chefe do Ministério Público, ordenar o sequestro da quantia necessária para satisfazer o débito.

Recebido o requisitório, a Fazenda Pública deverá incluir no orçamento verba suficiente para o respectivo pagamento, sob pena de o credor preterido requerer o sequestro ou representar ao Procurador-Geral da República ou de justiça para que promova ação objetivando a intervenção.

As questões referentes ao pagamento dos precatórios, aos cálculos e à extinção da execução são afetas ao juízo da execução. O presidente do tribunal limita-se a fazer a requisição do pagamento, por meio do precatório, e a decidir sobre eventual pedido de sequestro e de intervenção no Estado ou no Município.

12.6. A DISPENSA DO PRECATÓRIO NA EXECUÇÃO DE PEQUENO VALOR

O art. 100, § 3.º, da Constituição Federal, com a redação que lhe foi dada pela Emenda Constitucional n. 62, de 9 de dezembro de 2009, criou a possibilidade de promover a execução contra a Fazenda Pública, sem a necessidade de expedição de precatório. Trata-se das execuções de obrigações definidas em leis como de pequeno valor. As execuções contra a Fazenda Pública da União serão de pequeno valor se versarem sobre obrigações de até 60 salários mínimos, nos termos do art. 17, § 1.º, da Lei n. 10.259/2001. Já as execuções contra a Fazenda Estadual e Municipal serão de pequeno valor conforme for estabelecido em lei editada pelo próprio ente federado, nos termos do art. 87 do Ato das Disposições Transitórias. Enquanto não for editada tal lei, serão consideradas tais as de valor até 40 salários mínimos, para a Fazenda dos Estados e do Distrito Federal, e até 30 salários mínimos, para a Fazenda dos Municípios, permitindo o parágrafo único a renúncia, pelo credor, do que exceder a esse montante, caso prefira promover a execução independentemente do precatório.

Portanto, a execução de pequeno valor é a de até 60 salários mínimos, se contra a Fazenda da União, 40 salários mínimos, contra a Fazenda dos Estados e do Distrito Federal, e 30 salários mínimos, contra a Fazenda Municipal, salvo, em relação às duas últimas, se já houver lei do ente federado disciplinando a questão de outro modo.

Sendo a obrigação limitada a esses valores, o procedimento não dependerá da expedição de precatório, bastando ao juiz que emita uma requisição de pagamento — chamada requisição de pequeno valor (RPV) — a ser cumprida pela Fazenda Pública no prazo de 2 meses, sob pena de sequestro de bens (art. 535, § 3.º, II, do CPC e art. 17,

6 ■ O Cumprimento de Sentença (Execução Fundada em Título Judicial)   779

caput, da Lei n. 10.259/2001). Promovida a execução de pequeno valor, a Fazenda será intimada para, em 30 dias, opor impugnação. Não a opondo, ou sendo as alegações rejeitadas, em vez de haver a expedição do precatório, será emitida pelo próprio juiz a requisição para pagamento, dirigida à autoridade competente para realizá-lo, a ser cumprida em 2 meses. Sendo a execução de pequeno valor, ainda que não haja impugnação, serão devidos honorários advocatícios, já que o art. 85, § 7.º, do CPC só os dispensa quando não há impugnação na execução contra a Fazenda em que há expedição de precatório, como decidiu o STF no RE 420.816/PR.

13. CUMPRIMENTO DE SENTENÇA QUE RECONHEÇA A EXIGIBILIDADE DE OBRIGAÇÃO DE PRESTAR ALIMENTOS

É outra forma de cumprimento especial de sentença, prevista no CPC. **Existem três formas de promovê-la:** a convencional, prevista no art. 528, § 8.º, do CPC; a especial, prevista no art. 528, *caput* e §§ 1.º a 7.º; e a por desconto em folha, prevista no art. 529.

A convencional é a que se processa como cumprimento de sentença condenatória em quantia certa, observado o procedimento estabelecido pelo art. 523 e ss. A especial é aquela na qual o devedor será intimado pessoalmente para pagar em três dias, comprovar que já o fez ou provar a impossibilidade de fazê-lo, sob pena de ser decretada a sua prisão civil. E a por desconto é aquela em que o devedor, funcionário público, militar, diretor ou gerente de empresa, ou empregado, terá a prestação alimentícia descontada de sua folha de pagamento.

13.1. EXECUÇÃO DE ALIMENTOS PELO PROCEDIMENTO TRADICIONAL

O credor de alimentos pode sempre preferir a execução pelo método tradicional, com a penhora e expropriação de bens. Às vezes, em razão da relação de parentesco ou decorrente de casamento ou união estável, ele quer receber, mas não quer que o devedor corra o risco de ser preso. Bastará então que proponha a execução na forma convencional.

Como a Súmula 309 do Superior Tribunal de Justiça e o art. 528, § 7.º, do CPC só permitem a execução especial do art. 528, *caput*, para os débitos que compreendam as três prestações anteriores ao ajuizamento da execução e as que se vencerem no curso do processo, **se o exequente pretende prestações anteriores só poderá valer-se do procedimento convencional**. A prestação de alimentos prescreve atualmente em dois anos (art. 206, § 2.º, do CC).

13.2. EXECUÇÃO ESPECIAL DE ALIMENTOS

É a que vem regulada no art. 528 do CPC, cujo *caput* aduz: "No cumprimento de sentença que condene ao pagamento de prestação alimentícia ou de decisão interlocutória que fixe alimentos, o juiz, a requerimento do exequente, mandará intimar pessoalmente o devedor para, em três dias, pagar o débito, provar que o fez ou justificar a impossibilidade de efetuá-lo".

O credor não poderá valer-se da execução especial para exigir todo o crédito de alimentos, mas apenas os três últimos, vencidos antes do ajuizamento da execução, e os que se forem vencendo no seu curso. É o que dispõem o art. 528, § 7.º, e a Súmula 309 do STJ. As anteriores terão de ser cobradas por execução convencional, respeitado o prazo prescricional de dois anos, a contar dos respectivos vencimentos.

O que há de mais característico nesse tipo de execução especial é a possibilidade de prisão civil do executado, caso no prazo de três dias não tome uma das providências a que se refere o *caput* do art. 528. Por essa razão é que a sua intimação deve ser pessoal, não podendo ser feita na pessoa do advogado constituído, como no cumprimento de sentença em geral.

A execução especial pode ser utilizada tanto em relação a alimentos fixados em cognição sumária, provisórios ou provisionais, como definitivos, fixados por sentença, mas desde que decorrentes do direito de família, isto é, de parentesco, casamento ou união estável. As ações em que se pede a condenação do réu ao pagamento de prestação alimentícia podem ter procedimento especial ou comum. Terão procedimento especial, quando há prova pré-constituída da obrigação alimentar. Se houver prova de parentesco, união estável ou casamento, terão rito especial, no qual é admissível a concessão de liminar de alimentos provisórios. Quando não houver prova pré-constituída, como, por exemplo, na ação de alimentos proposta contra aquele que não reconheceu a paternidade do autor, correrá pelo procedimento comum, sem alimentos provisórios. Os alimentos de caráter indenizatório, que decorrem de ato ilícito, quando o réu é condenado a pagar pensão à vítima ou a seus herdeiros, em caso de incapacidade ou morte, **são executados na forma convencional, sem possibilidade de prisão do devedor**.

Quanto à eficácia da sentença de alimentos, o Superior Tribunal de Justiça editou a Súmula 621, que assim estabelece: **"Os efeitos da sentença que reduz, majora ou exonera o alimentante do pagamento retroagem à data da citação, vedadas a compensação e a repetibilidade"**.

13.2.1. Procedimento

Feita a intimação pessoal do devedor, ele terá o prazo de três dias para tomar uma entre três condutas possíveis. Poderá:

- pagar, caso em que o cumprimento de sentença será extinto;
- provar que já pagou, caso em que também haverá extinção;
- justificar a impossibilidade de efetuar o pagamento. Se for essa a escolha, **o juiz terá de dar ao executado oportunidade de fazer prova do alegado**, instituindo uma espécie de pequena instrução no bojo da execução, com a possibilidade até de designar audiência de instrução e julgamento. A comprovação da impossibilidade do executado servirá apenas para afastar a prisão. Mas o devedor não ficará isento do pagamento das prestações, que poderão ser executadas na forma convencional, com penhora de bens. Ainda que comprovada a impossibilidade, **o juiz da execução não poderá reduzir o valor das prestações futuras, o que só poderá ser determinado em ação revisional de alimentos**.

6 ◼ O Cumprimento de Sentença (Execução Fundada em Título Judicial)   781

Se o devedor, no prazo de três dias, não fizer nem uma coisa nem outra, isto é, não pagar, provar que pagou ou comprovar a impossibilidade de pagamento, o juiz, além de mandar protestar o pronunciamento judicial de ofício, e independentemente do trânsito em julgado (art. 528, § 1.º, do CPC), decretar-lhe-á a prisão civil.

13.2.2. Prisão civil do devedor de alimentos

Desde que o Supremo Tribunal Federal afastou a prisão civil do depositário infiel, **a do devedor de alimentos tornou-se a única hipótese de prisão por dívida** (CF, art. 5.º, LXVII).

Ela não constitui pena, mas meio de coerção. Tanto que, feito o pagamento, o devedor será imediatamente posto em liberdade.

A prisão civil não pode ser decretada de ofício, mas depende do requerimento do credor; por razões pessoais, e dadas as ligações que mantém ou manteve com o devedor, ele pode não desejar que ela seja decretada. Há controvérsias quanto à possibilidade de o Ministério Público a requerer, nos casos em que intervenha. Parece-nos que, pela mesma razão, não se justifica que o faça, cabendo tão-somente ao exequente a iniciativa.

A prisão pode ser decretada tanto na execução especial de alimentos definitivos como provisórios ou provisionais.

O CPC prevê que o prazo dela é de um a três meses (CPC, art. 528, § 1.º). **Mas o CPC anterior fixava o mesmo prazo, e ainda assim prevalecia o entendimento de que deveria valer o prazo estabelecido na Lei de Alimentos, de até sessenta dias** (art. 19 da Lei n. 5.478/68). Embora o CPC de 1973 e o atual sejam posteriores, a Lei de Alimentos é especial e deve prevalecer sobre a geral. Nesse sentido: "É ilegal a prisão do devedor de pensão alimentícia por prazo superior ao previsto na Lei de Alimentos (60 dias), pois esta, em face do princípio da especialidade das normas, prevalece sobre o prazo prisional previsto no Código de Processo Civil" (*RT* 854/345).

A prisão deverá ser cumprida em regime fechado, mas o preso ficará separado dos presos comuns.

O § 5.º do art. 528 esclarece que "o cumprimento da pena não exime o executado do pagamento das prestações vencidas e vincendas", que poderão ser cobradas na forma convencional, com penhora de bens. **Mas o devedor não pode ser preso mais de uma vez, pelas mesmas prestações**. Ele poderá ser preso novamente se não efetuar o pagamento das novas, que se forem vencendo.

O CPC atual afasta qualquer dúvida sobre a possibilidade da prisão civil quando a execução de alimentos estiver fundada em título extrajudicial, estabelecendo que o art. 528, §§ 2.º a 7.º, aplica-se também a ela (art. 911, parágrafo único, do CPC).

13.2.3. O desconto em folha

Foi previsto no art. 529 do CPC: "Quando o executado for funcionário público, militar, diretor ou gerente de empresa, ou empregado sujeito à legislação do trabalho, o exequente poderá requerer o desconto em folha de pagamento da importância da prestação alimentícia".

782 Direito Processual Civil Esquematizado   *Marcus Vinicius Rios Gonçalves*

A comunicação será feita por ofício a empresa ou empregador. Do ofício, constarão os nomes do credor, do devedor, a importância e o tempo de duração da prestação.

Esse é o meio mais eficiente de executar a prestação alimentícia, embora só seja possível quando o devedor tem emprego fixo.

13.2.4. Possibilidade de cumulação de execuções com procedimento especial e convencional

É comum que o exequente postule, no mesmo processo, a execução de parcelas mais recentes, pelo procedimento especial, e de parcelas mais antigas, pelo procedimento convencional.

O procedimento do art. 528, *caput*, é diferente do cumprimento de sentença do art. 528, § 8.º. No primeiro, o devedor é intimado a pagar em três dias, provar que o fez, ou justificar a impossibilidade de fazê-lo, sob pena de prisão. No segundo, o devedor é intimado para pagar em 15 dias, sob pena de multa e penhora. Por conta disso, pende enorme controvérsia doutrinária e jurisprudencial a respeito da viabilidade de cumulação das duas pretensões executivas. Em edições anteriores, sustentou-se que ela era inviável. Mas uma reflexão mais aprofundada a respeito leva à conclusão oposta. O credor de alimentos não pode ficar prejudicado por questões de natureza processual se ele tem a receber valores mais recentes, que podem ser cobrados pela forma especial, e mais antigos, que só podem ser exigidos pela forma convencional. Nada obsta a que o mesmo título judicial dê ensejo às duas formas de cumprimento de sentença: a especial, para cobrança das prestações mais recentes, e a comum, para cobrança das mais antigas. Assim, o executado será intimado para pagar as primeiras, provar que as pagou ou justificar a impossibilidade, em três dias, sob pena de prisão, e também será intimado para pagar o débito mais antigo, no prazo de 15 dias, sob pena de multa e penhora de bens, não havendo nenhuma incompatibilidade. Nesse sentido:

"AÇÃO DE EXECUÇÃO DE ALIMENTOS. CUMULAÇÃO DE RITOS DOS ARTS. 732 E 733 DO CPC/1973. POSSIBILIDADE. PRECEDENTES DESTA CORTE. AGRAVO CONHECIDO. RECURSO ESPECIAL PROVIDO" (Agravo em Recurso Especial n. 1.339.182, Rel. Min. Moura Ribeiro, j. 1.º.08.2019).

14. EXECUÇÃO POR QUANTIA CERTA CONTRA DEVEDOR INSOLVENTE

14.1. INTRODUÇÃO

O CPC atual não trata da execução por quantia contra devedor insolvente. No entanto, o art. 1.052 estabelece que, até a edição de lei específica, elas permanecem reguladas pelo Livro II, Título IV, da Lei n. 5.869, de 11 de janeiro de 1973.

Os limites a que se propõe o presente curso justificam que se examine esse tipo de execução de forma bastante resumida, com a finalidade única de dar uma breve noção de seu funcionamento ao leitor.

6 ◼ O Cumprimento de Sentença (Execução Fundada em Título Judicial)   783

O que há nela de peculiar é não ser feita de modo individual, em benefício de um ou alguns credores, mas de forma coletiva, em proveito da universalidade deles.

Decretada a insolvência do devedor, todo o seu patrimônio servirá para o pagamento dos credores, respeitadas as suas forças e as preferências de crédito.

O processo de execução contra devedor insolvente é autônomo e resulta de uma prévia declaração de insolvência do devedor, requerida por um ou mais credores. **Não é possível converter a execução contra devedor solvente em contra devedor insolvente** se no curso daquela verificar-se que o patrimônio do devedor é insuficiente para fazer frente aos seus débitos.

14.2. PROCEDIMENTO — AS DUAS FASES

A execução por quantia contra devedor insolvente pressupõe sempre uma fase prévia, cuja finalidade é obter a declaração de insolvência do devedor. Essa primeira fase tem natureza cognitiva, e não executiva.

Há grande semelhança com o que ocorre nos processos de falência: antes de iniciar--se a execução coletiva, há uma fase inicial de declaração da quebra.

A primeira fase, de cunho cognitivo, conclui-se com a sentença que, se for de procedência, declarará a insolvência do devedor e permitirá o início da execução coletiva.

Mas há uma diferença fundamental entre os requisitos da falência da empresa e da declaração de insolvência civil: a primeira será decretada, bastando que se prove a impontualidade do devedor ou a prática de atos de falência. De acordo com o art. 94 e incisos da Lei n. 11.101/2005, a quebra será decretada quando o devedor não pagou dívida líquida, certa e exigível, de valor superior a quarenta salários mínimos, na data aprazada, ou praticou atos de falência. Não é relevante que o passivo do devedor ultrapasse, ou não, o ativo. **A quebra será decretada mesmo que este supere aquele, desde que haja impontualidade ou atos falimentares.**

Já a insolvência civil pressupõe que, na fase cognitiva, fique demonstrado **que os débitos do devedor ultrapassam o seu ativo.**

Por isso, a primeira fase do procedimento é necessária para que o credor procure fazer a demonstração do estado de insolvência e para que o devedor tenha a oportunidade de fazer a prova contrária.

Nas hipóteses do art. 750 do CPC de 1973, a insolvência será presumida, mas a presunção é relativa (*juris tantum*), cumprindo ao devedor afastá-la.

14.2.1. A primeira fase — declaração de insolvência

14.2.1.1. *Requerida pelo credor*

Qualquer credor quirografário pode requerer a declaração de insolvência do devedor, esteja munido de título executivo judicial ou extrajudicial. Mas é preciso que seja quirografário. Ao preferencial não se reconhece interesse em postular a declaração de insolvência, porque, dada a natureza de seu crédito, ele tem garantias de prioridade no recebimento. **Mas ele pode renunciar à preferência, se deseja formular o requerimento**.

Ainda que o devedor esteja em estado de insolvência, qualquer credor, quirografário ou preferencial, pode preferir tentar valer-se da execução por quantia certa contra devedor solvente, em vez de postular a declaração de insolvência, tal como qualquer credor de devedor comerciante pode preferir, havendo impontualidade, promover a cobrança individual do crédito, em vez de postular a decretação da quebra.

Tendo o credor requerido a insolvência, o juiz mandará citar o devedor para, em dez dias, opor embargos. Como essa primeira fase é de conhecimento, tem-se reconhecido que, conquanto a lei se refira a "embargos", **a defesa do devedor terá natureza de verdadeira contestação, e não de ação autônoma**, como a expressão "embargos" poderia sugerir.

Na contestação, o devedor poderá valer-se das defesas do art. 475-L do CPC de 1973, se o título for judicial, ou do art. 745 do CPC de 1973, se extrajudicial, que sejam compatíveis com o pedido de declaração de insolvência. Além disso, o devedor poderá alegar que não se encontra em estado de insolvência, cabendo-lhe provar que tem bens suficientes.

O devedor poderá ilidir o pedido de insolvência, depositando em juízo o valor do crédito, tal como ocorre nos processos de falência. Isso não impedirá que o juiz acolha os embargos e julgue improcedente a pretensão do autor; mas, se ele afastá-los e acolher o pedido inicial, **não declarará a insolvência, mas autorizará o credor a levantar o valor depositado**.

Se houver necessidade, o juiz determinará as provas necessárias para formar a sua convicção, designando, se for o caso, audiência de instrução e julgamento.

A primeira fase será concluída com sentença, no prazo de dez dias. Em caso de procedência, será declarada a insolvência do devedor, passando-se à segunda fase do processo.

14.2.1.2. *Insolvência requerida pelo devedor ou seu espólio*

Tal como a falência, a insolvência também pode ser declarada a pedido do devedor. Bastará que apresente uma petição dirigida ao juiz, indicando a relação dos credores, de seus bens, acompanhada de um relatório de seu estado patrimonial, com a indicação das causas que determinaram a insolvência (CPC de 1973, art. 760).

14.2.2. A declaração judicial de insolvência

Nos termos do art. 761 do CPC de 1973, a insolvência será declarada por sentença na qual o juiz:

▪ nomeará, dentre os maiores credores, um administrador da massa;

▪ mandará expedir edital, convocando os credores para que apresentem, no prazo de vinte dias, a declaração do crédito, acompanhada do respectivo título.

Essa sentença provocará o vencimento antecipado de todas as dívidas do devedor, e ao juízo da insolvência concorrerão todos os credores. As execuções individuais contra ele promovidas que estejam em curso serão remetidas ao juízo da insolvência.

As atribuições do administrador estão previstas nos arts. 763 a 767 do CPC de 1973.

Na segunda fase, de execução coletiva propriamente dita, serão arrecadados os bens do devedor, verificados e classificados os créditos, de acordo com a preferência.

Posteriormente, serão alienados judicialmente, e os credores serão pagos, observadas as respectivas prelações.

7

DA SUSPENSÃO E EXTINÇÃO DAS EXECUÇÕES

1. DA SUSPENSÃO DO PROCESSO DE EXECUÇÃO

São variadas as razões pelas quais a execução pode ser suspensa. O art. 921 enumera algumas, em rol que não é taxativo. Suspende-se a execução:

I — nas hipóteses dos arts. 313 e 315, no que couber: são as hipóteses de suspensão previstas na Parte Geral do CPC e já examinadas no Livro VI, Capítulo 2, desta obra;

II — **no todo ou em parte, quando recebidos com efeito suspensivo os embargos à execução** (art. 919, § 1.º). Conquanto excepcional, o efeito suspensivo pode ser concedido, tanto aos embargos quanto à impugnação, caso em que a execução ficará suspensa até que eles sejam julgados;

III — **quando não for localizado o executado ou bens penhoráveis**. Essa redação foi dada ao dispositivo pela Lei n. 14.195/2021. Pela redação anterior, a execução só seria suspensa se o devedor não tivesse bens penhoráveis. Com a nova redação, a suspensão ocorrerá se não for localizado o executado ou bens penhoráveis. A nova redação traz uma certa perplexidade, porque a não localização de bens impede de fato o seguimento da execução, mas a não localização do executado nem sempre constituirá óbice ao prosseguimento da execução, bastando que se localizem os seus bens. Assim, parece-nos que a melhor interpretação a ser dada ao dispositivo é de que a falta de localização do executado só justificará a suspensão se, por conta dela, não for possível descobrir se ele tem bens, quais são e onde estão. A falta de localização de bens é a causa mais frequente de suspensão. A execução por quantia só pode prosseguir com a penhora de bens, que serão oportunamente excutidos para pagamento da dívida.

Mas o processo ficaria paralisado indefinidamente? E se o devedor nunca adquirir bens, ou o fizer muitos anos depois? Ainda assim, a execução poderia prosseguir? Não existindo bens, o processo fica suspenso pelo prazo máximo de um ano, durante o qual não corre o prazo de prescrição intercorrente. A respeito da prescrição intercorrente, que recebeu nova disciplina da Lei n. 14.195/2021, aplicam-se à execução por título extrajudicial as mesmas regras que se aplicam ao cumprimento de sentença, e que já foram examinadas no Livro IX, Capítulo VI, *item 6*, *supra*, para o qual se remete o leitor.

IV — **se a alienação dos bens penhorados não se realizar por falta de licitantes e o exequente, em quinze dias, não requerer a adjudicação nem indicar outros bens penhoráveis**. Entretanto, nada impede que o exequente postule, após algum tempo, nova tentativa de alienação dos bens penhorados. Pode ser que a primeira tentativa fracasse, mas as posteriores sejam bem-sucedidas;

V — **quando concedido o parcelamento de que trata o art. 916:** é a hipótese de moratória convencional, em que o executado, no prazo de embargos, depositando 30% do valor do débito, poderá requerer o parcelamento do restante em até 6 prestações. Além disso, o art. 922 permite que, convindo às partes, o juiz declare suspensa a execução durante o prazo concedido pelo exequente para que o executado cumpra voluntariamente a obrigação.

O rol do art. 921 do CPC não é taxativo. A execução pode ficar suspensa, por exemplo, em razão de ação autônoma, anteriormente ajuizada, na qual se postula a inexigibilidade do título executivo. Ou em razão de ação rescisória da sentença, na qual tenha sido deferida liminar.

Determinada a suspensão do processo, não serão praticados atos processuais, ressalvadas as providências urgentes, na forma do art. 923 do CPC.

2. EXTINÇÃO DA EXECUÇÃO

O art. 924 do CPC enumera, em rol meramente exemplificativo, algumas formas de extinção da execução. Ela ocorrerá quando:

I — A petição inicial for indeferida, o que ocorrerá nas hipóteses do art. 330 do CPC;

II — **a obrigação for satisfeita**. É a forma natural de extinção, em que a execução alcança o resultado almejado e a pretensão do credor é satisfeita. A lei não distingue entre a satisfação obtida por ato voluntário do devedor, quando ele faz o pagamento; ou obtida coativamente, com a alienação de bens e o pagamento da dívida;

III — **o executado obtém, por qualquer outro meio, a extinção total da dívida**. Existem várias formas de obter a extinção de uma obrigação. O pagamento é uma delas e vem mencionado no inciso II. Outras formas poderão ocorrer: compensação, novação, confusão e transação, por exemplo;

IV — **o exequente renunciar ao crédito**. Se isso ocorrer, nada mais haverá a executar, e cumprirá ao juiz extinguir a execução;

V — ocorrer a prescrição intercorrente.

Essas hipóteses não esgotam as de extinção. É possível, por exemplo, que a execução seja extinta quando do acolhimento de embargos, impugnação ou qualquer outro meio de defesa, nos quais o devedor demonstre que ela não pode prosseguir; ou se inexistir título executivo, ou se ele for inexigível. Ou ainda se faltar uma das condições da ação executiva ou um dos pressupostos processuais da execução.

Também pode haver extinção em caso de desistência da execução pelo credor.

3. A SENTENÇA DE EXTINÇÃO

A extinção da execução será sempre declarada por sentença, esteja ela fundada em título judicial — caso em que a sentença porá fim ao processo sincrético, iniciado com a fase cognitiva — ou em título extrajudicial.

Mas ela não pode ser comparada com as proferidas nos processos de conhecimento, que podem ser de extinção com ou sem resolução de mérito. A finalidade dessa sentença é simplesmente encerrar a execução porque alguma das causas extintivas está presente. Ela tem função estritamente processual, de dar por encerrada a execução.

O mérito da execução consiste na pretensão à satisfação do credor, obtida com atos materiais, concretos, como penhoras e expropriações de bens.

A execução pode ser extinta tendo o credor sido satisfeito, como nos casos de pagamento, compensação, transação; ou sem a satisfação do credor, como na desistência, ou verificação da falta de condições da ação executiva ou de pressupostos processuais da execução. Nem por isso a sentença será de mérito, no primeiro caso, e de extinção sem julgamento de mérito, no segundo, porque não é ela que satisfaz ou não o credor, mas os atos que se realizaram no processo.

4. QUESTÕES

QUESTÕES DE CONCURSOS
> http://uqr.to/1xsz3

LIVRO X

DOS PROCESSOS NOS TRIBUNAIS E DOS MEIOS DE IMPUGNAÇÃO DAS DECISÕES JUDICIAIS

1

DISPOSIÇÕES GERAIS

1. INTRODUÇÃO

O Código de Processo Civil dedica o Livro III da Parte Especial aos processos nos tribunais e aos meios de impugnação das decisões judiciais. Nos Livros I e II da Parte Especial, são abordados os dois tipos de processo, o de conhecimento e o de execução. O Livro III trata dos processos nos tribunais, sejam aqueles de sua **competência originária**, sejam aqueles que, iniciados em primeiro grau de jurisdição, encontram-se em fase **de recurso**. O livro contém dois títulos. O primeiro cuida da ordem dos processos no tribunal e de alguns processos de competência originária; e o segundo, dos recursos. O Título I inicia-se com um capítulo que contém disposições gerais sobre **jurisprudência, a necessidade de que seja mantida estável, íntegra e coerente e sobre a eficácia vinculante dos precedentes (art. 927)**. Essas disposições serão examinadas no item seguinte.

2. A JURISPRUDÊNCIA

A adesão originária do nosso sistema ao da *civil law*, e a sua atual mitigação, pela influência do sistema da *common law*, com a adoção do sistema de precedentes vinculantes, bem como a questão da jurisprudência como fonte do direito, já foram amplamente examinadas no Livro I, Capítulo 2, *itens 4.3,* e, sobretudo, *5*, para os quais se remete o leitor. O Código de Processo Civil reiterou a adesão predominante ao sistema da *civil law*, mas manifestou grande preocupação com a uniformidade e a estabilidade da jurisprudência, já que a proliferação de decisões judiciais divergentes a respeito da mesma questão jurídica pode prejudicar a **isonomia e a segurança jurídica**. A solução encontrada para evitar o problema foi determinar aos tribunais que uniformizem a sua jurisprudência e a mantenham estável, íntegra e coerente. Não há mais, no Código de Processo Civil atual, o incidente de uniformização de jurisprudência, previsto nos arts. 476 e ss. da lei anterior. No entanto, a atual cria diversas regras e mecanismos cuja finalidade é uniformizar a jurisprudência dos tribunais e torná-la íntegra e coerente. Entre as regras, está a que determina que a) **juízes e tribunais observem os precedentes nos casos do art. 927 do CPC**. Entre os mecanismos, destacam-se o b) **incidente de assunção de competência**, tratado nos arts. 947 e ss., por meio do qual o julgamento de recurso, de remessa necessária ou de processo de competência originária, que envolva questão de direito com grande repercussão social, pode ser atribuído a órgão colegiado, evitando-se a decisão proferida por órgãos fracionários, com risco de resultados conflitantes; e, sobretudo, c) **o incidente de resolução de demandas repetitivas**, que visa evitar resultados conflitantes, ao atribuir ao órgão colegiado do tribunal, indicado pelo regimento interno, o julgamento de demandas repetitivas, isto é, que versem sobre a mesma questão jurídica, tendo a decisão desse órgão eficácia vinculante. A mesma finalidade, entre outras, tem o d) **julgamento dos recursos repetitivos**. A força dos precedentes evidencia-se, ainda, em dispositivos esparsos do Código de Processo Civil, e) como o art. 332, que permite ao juiz de primeiro grau **julgar liminarmente improcedente a pretensão** que violar súmula do STF ou STJ, acórdão por eles proferido em recurso repetitivo, entendimento firmado em incidente de resolução de demandas repetitivas ou assunção de competência, ou, ainda, enunciado de súmula de tribunal de justiça sobre direito local; f) **ou no poder do relator, de julgar monocraticamente o recurso**, quando a respeito da questão jurídica nele debatida houver súmula do STF ou STJ ou do próprio tribunal, ou acórdão proferido no julgamento de recursos repetitivos pelo STF ou STJ, ou, ainda, entendimento firmado em incidente de resolução de demandas repetitivas ou assunção de competência; g) ou **na vedação à remessa necessária das sentenças proferidas contra a Fazenda Pública**, quando fundadas em súmula de tribunal superior, acórdão proferido pelo STF ou STJ em julgamento de recursos repetitivos, entendimento firmado em resolução de demandas repetitivas ou assunção de competência e entendimento coincidente com orientação vinculante firmada no âmbito administrativo do próprio ente público, consolidada em manifestação, parecer ou súmula administrativa; h) ou, ainda, a previsão de que se considera omissa e, por consequência, suscetível de embargos de declaração a decisão que deixe de se manifestar sobre tese firmada em julgamento de casos repetitivos ou em incidente de assunção de competência aplicável ao caso sob julgamento (art. 1.022, parágrafo único, I). Faz parte, ainda, dos mecanismos legais de persecução da uniformidade e coerência da jurisprudência a i) **edição de súmulas correspondentes à jurisprudência dominante**. As súmulas cristalizam essa jurisprudência e ganham enorme relevância, já que em alguns casos têm força vinculante e orientam as decisões das instâncias inferiores. Além disso, j) **os precedentes deverão ser amplamente divulgados pelos tribunais**, de preferência pela Internet e organizados por questão jurídica decidida.

Todos esses mecanismos revelam a preocupação do legislador com a uniformidade e a coerência da jurisprudência. O art. 926 fala ainda em estabilidade. Isso não quer dizer que a jurisprudência não possa ser alterada. Afinal, até mesmo a lei pode ser modificada, e a jurisprudência deve acompanhar as transformações, sejam aquelas relacionadas à ciência do direito e à hermenêutica jurídica, sejam as relativas às condições sociais, políticas e econômicas do país, já que as decisões judiciais não se aplicam em abstrato, mas a situações concretas, que integram determinado contexto da realidade. Mas essas alterações não devem ser constantes e aleatórias. O art. 927, § 2.º, trata da alteração de tese jurídica adotada em enunciado de súmula ou em julgamento de casos repetitivos, determinando que ela pode ser precedida de audiência pública ou da participação de pessoas, órgãos ou entidades que possam contribuir para a rediscussão da tese. O parágrafo seguinte trata da modulação dos efeitos da alteração da jurisprudência dominante do STF e dos tribunais superiores, bem como daquela oriunda do julgamento de casos repetitivos, em decorrência do interesse social e da segurança jurídica.

1 ■ Disposições Gerais

A alteração deverá ser fundamentada, e devem ser observados os princípios da segurança jurídica, da isonomia e da proteção da confiança.

2.1. PRECEDENTE VINCULANTE

O disposto no art. 927 do CPC traz certa perplexidade. Ele determina aos juízes e tribunais que observem: I — as decisões do Supremo Tribunal Federal em controle concentrado de constitucionalidade; II — os enunciados de súmula vinculante; III — os acórdãos em incidente de assunção de competência ou de resolução de demandas repetitivas e em julgamento de recursos extraordinário e especial repetitivos; IV — os enunciados de súmulas do Supremo Tribunal Federal em matéria constitucional e do Superior Tribunal de Justiça em matéria infraconstitucional; e V — a orientação do plenário ou do órgão especial aos quais estiverem vinculados.

O que traz essa perplexidade é que, diante da determinação peremptória do *caput* do art. 927, ter-se-ia que concluir que **a lei criou hipóteses de precedente vinculante, que não estão previstas na Constituição Federal**. Em relação aos dois primeiros incisos, a eficácia vinculante está prevista na Constituição (arts. 102, § 2.º, e 103-A). Mas nos demais casos não há previsão constitucional, e, a nosso ver, não é possível a criação de novos casos por legislação ordinária. Há, inclusive, a previsão de reclamação, para a hipótese de descumprimento do art. 927, III (art. 988, IV), embora inexista previsão constitucional de que as decisões proferidas em incidente de assunção de competência e de incidente de resolução de demandas repetitivas tenham eficácia vinculante. **Isso leva à inconstitucionalidade do disposto no art. 927, III, IV e V, do CPC**, já que lei ordinária não pode criar novas situações de jurisprudência vinculante. E essa inconstitucionalidade pode ser reconhecida em controle concentrado ou difuso de constitucionalidade.

2.1.1. Aplicação do precedente vinculante

Nem todo precedente é vinculante, mas apenas aqueles enumerados no art. 927 do Código de Processo Civil. A vinculação alcança não apenas o tribunal de que se originou o precedente, mas todos os demais a ele subordinados. Quando houver precedente vinculante, o órgão julgador deve sobre ele pronunciar-se, ainda que não tenha sido suscitado pelas partes. Tanto assim que o art. 1.022, parágrafo único, do CPC considera omissa a decisão que deixar de se manifestar sobre tese em julgamento repetitivo ou em assunção de competência, desafiando embargos de declaração. Caso nenhuma das partes invoque o precedente, o julgador, antes de pronunciar-se de ofício sobre ele, deverá dar oportunidade de manifestação às partes, na forma do art. 10 do Código de Processo Civil, sob pena de ofensa ao princípio do contraditório. Outros precedentes, que não aqueles enumerados no art. 927, poderão influenciar o julgamento, persuadindo o julgador de que a solução dada no caso anteriormente julgado é a melhor. Mas não terão eficácia vinculante.

O precedente pode versar sobre matéria processual, relacionada à admissibilidade da ação, ou de mérito. Nas hipóteses de precedentes obrigatórios, o julgador deve verificar a pertinência da sua aplicação ao caso concreto, isto é, se o caso que está sob julgamento assemelha-se àqueles que deram origem ao precedente, que versará sempre sobre uma questão jurídica. Caberá ao julgador, ao aplicar a tese jurídica adotada no precedente obrigatório, a) verificar se o caso *sub judice* é assemelhado ou se existe distinção entre a situação concreta e as que deram ensejo ao precedente e b) verificar se o entendimento não ficou superado (art. 489, § 1.º, VI). Somente se a situação não for distinta, mas assemelhada à anteriormente examinada, é que o precedente será aplicado, com eficácia obrigatória. Constatando o juiz a distinção (**"distinguishing"**), ele poderá não aplicar a tese jurídica, fundamentando a sua decisão na distinção dos casos. Mesmo em casos de distinção de situações, o juiz, também em decisão fundamentada, pode concluir que a tese jurídica, embora versando sobre outra situação, pode ser também aplicada àquela, entendendo que, também para aquela outra situação, a solução jurídica indicada no paradigma é a melhor. Em síntese, o juiz deve confrontar o caso concreto com aqueles que deram origem à tese jurídica, para verificar se são análogos ou distintos. Se análogos, deve aplicar a tese jurídica, nos casos de precedentes vinculantes; se não, fica livre para decidir conforme o seu convencimento, podendo não aplicar a tese, se entendê-la inadequada, dada a distinção de situações; ou aplicá-la se, apesar da distinção, entender que essa é a melhor solução.

O juiz também poderá deixar de aplicar o precedente vinculante quando verificar a superação do entendimento (**"overruling"**). No nosso sistema, a superação do entendimento há de ser sempre expressa e fundamentada, na forma do art. 927, § 4.º, do CPC. Os §§ 2.º a 4.º do art. 927 tratam da questão da superação do entendimento, estabelecendo que a alteração da tese jurídica de súmula ou julgamento de casos repetitivos pode ser precedida de audiências públicas e da participação de pessoas, órgãos ou entidades que possam contribuir para a rediscussão da tese, podendo haver a modulação dos efeitos da alteração no interesse social e da segurança jurídica, pelo STF ou pelos tribunais superiores.

Nos itens subsequentes, tratar-se-á brevemente da súmula vinculante, das demais súmulas que têm força obrigatória (art. 927, IV) e da orientação do plenário ou do órgão especial aos quais os juízes e tribunais estiverem vinculados. O tema do controle concentrado de constitucionalidade (art. 927, I) refoge ao âmbito desta obra, e a eficácia vinculante das teses jurídicas dos acórdãos proferidos nos julgamentos repetitivos e na assunção de competência será tratado nos capítulos que versarem sobre esses mecanismos processuais.

2.1.2. Súmulas vinculantes

2.1.2.1. *Introdução*

Foram introduzidas em nosso ordenamento jurídico pela **Emenda Constitucional n. 45/2004**, depois de intensa polêmica. Sua regulamentação, no entanto, só ocorreu com a **Lei n. 11.417, de 19 de dezembro de 2006**, com *vacatio legis* de três meses.

Embora de pouca relevância prática, a questão de a súmula vinculante constituir ou não fonte formal do direito pode ser levantada, porque a jurisprudência a classifica entre as fontes não formais. Mas, se considerarmos que o art. 103-A da Constituição e a lei que as regulamentou atribuem expressamente força vinculante a tais súmulas, teremos de concluir que elas **foram elevadas a fontes formais**.

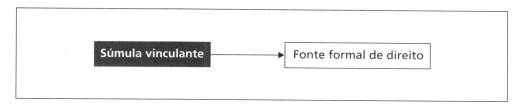

Podemos defini-las como **as editadas pelo STF, com *quorum* qualificado**, que têm por objeto a validade, a interpretação e a eficácia de normas determinadas e que **vinculam as decisões judiciais e os atos administrativos**.

2.1.2.2. Objeto

É dado pelo art. 2.º, § 1.º, da Lei n. 11.417/2006: **a validade, a interpretação e a eficácia de normas determinadas**, acerca das quais haja, entre órgãos judiciários ou entre estes e a administração pública, **controvérsia atual que acarrete grave insegurança jurídica e relevante multiplicação de processos sobre idêntica questão**.

2.1.2.3. Requisitos

2.1.2.3.1. Matéria constitucional

A súmula não pode versar sobre qualquer tema, mas apenas matéria constitucional. É o que decorre do art. 102 da Constituição Federal, que atribui ao STF a **guarda da Constituição**, o que abrange as questões diretamente ligadas a ela ou as referentes ao controle de constitucionalidade. Em suma, as questões afetas ao julgamento do STF.

2.1.2.3.2. Reiteradas decisões

Não é possível que a súmula vinculante seja editada após um único exame da questão controvertida. É preciso que ela tenha sido objeto de **reiteradas decisões anteriores**. Quantas? A lei valeu-se de um termo vago, deixando certo arbítrio ao julgador, para avaliar o conteúdo da expressão, mas "reiteradas" traz consigo a ideia de **numerosas** decisões anteriores.

2.1.2.3.3. Controvérsia atual entre órgãos judiciários ou entre estes e a administração pública

A questão que suscita a edição da súmula deve ser **atual**, isto é, deve, ainda, **suscitar divergências**, afastadas as questões já superadas.

2.1.2.3.4. Controvérsia que acarrete grave insegurança jurídica e relevante multiplicação de processos sobre idêntica questão

A súmula não pode versar sobre questões de somenos, de importância pequena ou de pequena repercussão. É preciso que a questão controvertida acarrete **grave insegurança jurídica**. Também aqui há o uso de palavras vagas, que em regra indicam a intenção do legislador de atribuir ao julgador o exame no caso concreto. Mas é preciso ainda que a questão acarrete uma **multiplicidade de processos envolvendo a mesma questão**. Essa parece ser a razão principal da edição das súmulas vinculantes: a preocupação com a proliferação de **casos repetitivos**, cuja multiplicação sobrecarrega o STF. Não faz sentido que a Corte mais alta do País tenha de julgar milhares de vezes a mesma questão jurídica. A autorização constitucional para a edição das súmulas vinculantes deve ser compreendida como correlata à preocupação com a duração razoável do processo.

2.1.2.4. Competência

Somente o STF está autorizado a emitir, revisar ou cancelar o enunciado das súmulas vinculantes.

2.1.2.5. Legitimados a propor a edição, revisão ou cancelamento

O enunciado da súmula vinculante pode ser editado, revisado ou cancelado de ofício, pelo STF. Mas também a requerimento das pessoas ou entes indicados no **art. 3.º da Lei n. 11.417/2006**, que são: o Presidente da República, a Mesa do Senado Federal, a Mesa da Câmara dos Deputados, o Procurador-Geral da República, o Conselho Federal da Ordem dos Advogados do Brasil; o Defensor Público-Geral da União; partido político com representação no Congresso Nacional; Confederação Sindical ou entidade de classe de âmbito nacional; a Mesa de Assembleia Legislativa ou da Câmara Legislativa do Distrito Federal; o Governador de Estado ou do Distrito Federal; e os Tribunais Superiores, os Tribunais de Justiça de Estados ou do Distrito Federal e Territórios, os Tribunais Regionais Federais, os Tribunais Regionais do Trabalho, os Tribunais Regionais Eleitorais e os Tribunais Militares.

Esses são os legitimados autônomos, porque o seu requerimento pode ser feito independentemente da existência de qualquer processo em curso no qual se discuta a questão a ser objeto da súmula ou já sumulada.

Mas a lei também atribui legitimidade ao **Município**, para que proponha a edição, revisão ou cancelamento da súmula, **incidentalmente**, no curso de processo em que seja parte, o que não autoriza a suspensão do processo. Essa é a **legitimidade incidental**.

2.1.2.6. Procedimento

É também estabelecido pela Lei n. 11.417/2006. Nos processos de edição, revisão ou cancelamento do enunciado da súmula vinculante, será sempre **ouvido o Procurador-Geral da República**, exceto quando ele mesmo tenha sido o autor do requerimento. A decisão será tomada por **2/3 dos membros do Supremo Tribunal Federal**, que se reunirão em sessão plenária. Como o STF tem onze ministros, o *quorum* para aprovação é de oito ministros.

O art. 3.º, § 2.º, da Lei permite que, no curso do procedimento para a edição, revisão ou cancelamento do enunciado de súmula vinculante, o relator possa admitir, em decisão irrecorrível, a manifestação de terceiros na questão, nos termos do Regimento Interno do STF. Trata-se da figura do *amicus curiae*, que Cassio Scarpinella Bueno define como o "terceiro" que, tomando a iniciativa de agir, pode fornecer

1 ▣ Disposições Gerais

"informações, teses, estudos jurídicos e não jurídicos (científicos, sociais, econômicos, financeiros, por exemplo) que, na sua perspectiva, têm aptidão de viabilizar que aquele Tribunal, antes da edição, modificação ou cancelamento da súmula, avalie todas as considerações necessárias para melhor assentar a sua própria jurisprudência". **A intervenção do terceiro pode ser espontânea, mas pode ser também provocada (art. 138 do CPC)**. Nada impede que o relator convoque o terceiro para se manifestar sobre a matéria controvertida.

2.1.2.7. Efeitos da súmula

O enunciado da súmula será publicado no *Diário da Justiça* e no *Diário Oficial da União*, **no prazo de dez dias**, a contar da sessão que a editou, reviu ou cancelou. Desde então, ela adquire eficácia vinculante. O que isso quer dizer? Que **a súmula vincula o julgamento de todos os órgãos do Poder Judiciário e os atos da administração direta e indireta, em todas as esferas de poder**. Só não há vinculação do Poder Legislativo, que pode revogar ou modificar a lei em que ela se funda. Caso isso ocorra, o STF, de ofício ou por provocação, procederá à sua revisão ou cancelamento, conforme o caso (art. 5.º da Lei n. 11.417/2006). E não vincula o próprio STF, que pode, de ofício, revisar ou cancelar as próprias súmulas.

A consequência fundamental do efeito vinculante é que, havendo descumprimento da súmula por órgão do Poder Judiciário ou da administração pública, o prejudicado poderá valer-se do instrumento da **reclamação**.

2.1.2.8. Possibilidade de restrição da eficácia

O art. 4.º da lei que regulamentou a edição dos enunciados de súmula vinculante autoriza o STF a, por decisão de 2/3 de seus membros, **restringir os efeitos vinculantes ou determinar que eles só tenham eficácia a partir de outro momento**, tendo em vista razões de segurança jurídica ou de excepcional interesse público.

2.1.2.9. Reclamação

Cabe contra a decisão judicial ou ato administrativo que contrariar enunciado de súmula vinculante, negar-lhe vigência ou aplicá-lo indevidamente (art. 7.º da Lei n. 11.417/2006 e art. 988, III, primeira parte, do CPC). A reclamação não impede o prejudicado de valer-se dos recursos previstos na legislação processual, mas tem sobre eles a grande vantagem de ser **dirigida diretamente ao STF**, que, se a acolher, anulará o ato administrativo ou cassará a decisão judicial impugnada, determinando que outra seja proferida, com ou sem a aplicação da súmula, conforme o caso (art. 7.º, § 2.º). Mesmo que a decisão seja de primeira instância, a reclamação será diretamente dirigida ao STF, uma vez que a sua **natureza não é de recurso**. A reclamação é o mecanismo adequado para tornar eficazes as súmulas vinculantes.

O art. 7.º, § 1.º, da Lei estabelece que, contra a omissão ou ato da administração pública, o uso da reclamação só será admitido **depois de esgotadas as vias administrativas**.

2.1.3. Enunciados das súmulas do STF em matéria constitucional e do STJ em matéria infraconstitucional (art. 927, IV)

Somente as súmulas editadas na forma indicada nos itens acima podem ser chamadas vinculantes, nos termos do art. 103-A da Constituição Federal. Mas o art. 927, IV, do CPC determina aos juízes e aos tribunais que observem os enunciados das súmulas do Supremo Tribunal Federal em matéria constitucional e do Superior Tribunal de Justiça em matéria infraconstitucional. Na verdade, a hipótese causa alguma perplexidade, pois, de maneira geral, desde a criação do Superior Tribunal de Justiça, com a Constituição Federal de 1988, compete ao STF examinar matéria constitucional, e ao STJ, matéria infraconstitucional. Assim, o dispositivo estaria atribuindo eficácia vinculante não apenas às súmulas propriamente vinculantes, editadas na forma do item anterior, mas a todas as súmulas editadas pelo STF e pelo STJ, nas matérias que lhes são pertinentes. Já se mencionou que tal atribuição dependeria de autorização constitucional, não podendo ser determinada por lei ordinária. Além disso, um exame atento do disposto no art. 988, que prevê as hipóteses de cabimento da reclamação, permite concluir que o legislador não a autorizou contra decisão que deixe de aplicar essas súmulas. Não está entre as hipóteses de cabimento de reclamação do art. 988 a garantia de observância de súmula do STF em matéria constitucional ou do STJ em matéria infraconstitucional, o que levaria à conclusão de que a eficácia vinculante dessas súmulas é mais fraca do que a das hipóteses do art. 927, I a III.

2.1.4. Orientação do plenário ou do órgão especial aos quais os juízes e tribunais estiverem vinculados

Trata-se da última hipótese de precedente vinculante. E a obrigatoriedade prevalece apenas para os juízes e tribunais subordinados, não para os demais. Também para essa hipótese não há previsão de reclamação, como resulta da leitura dos incisos do art. 988 do CPC.

2.2. JULGAMENTO DE CASOS REPETITIVOS

Nos capítulos e itens que se seguem, ver-se-á que o legislador faz uso frequente da expressão **"julgamento de casos repetitivos"**. Para evitar dúvida sobre a sua extensão, o art. 928 do CPC estabelece que ela engloba duas situações distintas: o incidente de resolução de demandas repetitivas e o recurso especial e extraordinário repetitivos, que serão examinados em capítulo próprio.

3. DA ORDEM DOS PROCESSOS NO TRIBUNAL

Os arts. 929 a 946 regulamentam o andamento dos processos nos tribunais. São regras que se aplicam, de maneira geral, tanto aos processos de competência originária quanto aos recursos.

Os autos são registrados no protocolo do tribunal e distribuídos pela secretaria, devendo em seguida serem conclusos ao relator. Como o julgamento, nos tribunais, é colegiado, haverá sempre o relator, que terá uma série de atribuições. Enviados os autos, ele terá 30 dias para, depois de elaborar o voto, restituí-los, com relatório, à secretaria.

1 ■ Disposições Gerais

3.1. ATRIBUIÇÕES DO RELATOR

Compete ao relator tomar uma série de providências, elencadas no art. 932 do CPC. Dentre elas, destacam-se a de dirigir e ordenar o processo no tribunal, inclusive no que concerne à produção de prova; homologar eventual autocomposição das partes; apreciar os pedidos de tutela provisória; decidir pedido de desconsideração da personalidade jurídica, instaurado originariamente perante o tribunal; e determinar a intimação do Ministério Público, nos casos em que ele intervenha.

Além disso, cabe ao relator fazer o **juízo de admissibilidade do recurso**, não conhecendo, em decisão monocrática, daqueles que forem inadmissíveis, prejudicados ou que não tenham impugnado especificamente os fundamentos da decisão recorrida. Mas, antes de considerar inadmissível o recurso, ele concederá prazo de 5 dias para que o vício seja sanado, quando possível, ou para que seja complementada a documentação exigível. Também pode o relator, **em decisão monocrática, examinar o mérito do recurso**, negando provimento aos que forem contrários à súmula do STF, do STJ ou do próprio tribunal; que contrariarem acórdão proferido pelo STF ou STJ em julgamento de recursos repetitivos; ou ainda que forem contrários a entendimento firmado em incidente de resolução de demandas repetitivas ou de assunção de competência. Ou pode dar provimento ao recurso, quando for a decisão recorrida que contrariar as súmulas, acórdãos ou entendimentos firmados, acima mencionados. De maneira genérica, estabelece a Súmula 568 do STJ: "O relator, monocraticamente e no Superior Tribunal de Justiça, poderá dar ou negar provimento ao recurso quando houver entendimento dominante acerca do tema".

Das decisões monocráticas do relator caberá sempre o **agravo interno**, previsto no art. 1.021 do CPC.

3.2. DO JULGAMENTO

Devolvidos os autos à secretaria pelo relator, eles serão apresentados ao Presidente, que designará dia para o julgamento, observada a ordem estabelecida no art. 936. Na data marcada, o relator fará uma exposição da causa. Poderá haver requerimento de sustentação oral, caso em que o juiz dará a palavra ao recorrente e ao recorrido, e ao Ministério Público, nos casos em que intervenha, por 15 minutos para cada um. Cabe sustentação oral no julgamento de apelação, recurso ordinário, especial, extraordinário, embargos de divergência, ação rescisória, mandado de segurança e reclamação, e no agravo de instrumento contra decisões interlocutórias que versem sobre tutelas provisórias de urgência ou de evidência, sem prejuízo de outras hipóteses previstas em lei ou no regimento interno. Essas são as hipóteses previstas no art. 937. No entanto, esse rol foi ampliado pela Lei n. 14.365/2022, que acrescentou o § 2.º-B ao art. 7.º, da Lei n. 8.906/94, e que passou a permitir também a sustentação oral no recurso interposto contra a decisão monocrática de relator que julgar o mérito ou não conhecer dos seguintes recursos ou ações: apelação, recurso ordinário, recurso especial, recurso extraordinário, embargos de divergência, ação rescisória, mandado de segurança, reclamação, *habeas corpus* e outras ações de competência originária.

As questões referentes à admissibilidade do recurso devem ser votadas em primeiro lugar. **Se houver mais de uma questão, cada qual deve ser votada separadamente,**

sob pena de falseamento do resultado. Se o recorrido argui a intempestividade e a falta de preparo do recurso, cada uma das alegações deve ser votada isoladamente. Colhem-se os votos dos juízes a respeito da intempestividade e, em seguida, a respeito do preparo. Não se pode, simplesmente, votar se o recurso é admissível ou não. Afinal, pode ser que um dos juízes entenda que o recurso é intempestivo, e outro entenda que lhe falta preparo. As duas preliminares estarão afastadas, porque apenas um dos três juízes acolheu cada qual. É certo que dois juízes entendem que o recurso é inadmissível, mas por razões diferentes. Nenhuma das preliminares conseguiu a maioria.

Se houver o acolhimento de alguma preliminar, o recurso não será conhecido. Do contrário, passar-se-á ao julgamento de mérito, a respeito do qual se pronunciarão todos os juízes, mesmo aqueles que acolheram a preliminar. Se o relator ou algum juiz não se sentir habilitado a julgar, poderá solicitar vista dos autos pelo prazo máximo de dez dias, após os quais o recurso será reincluído em pauta para julgamento na sessão seguinte à data da devolução.

Também o julgamento do mérito deve ser decomposto: **cada uma das questões de fato que, por si só, constitua um fundamento do pedido ou da defesa deve ser votada separadamente, sob pena de falseamento do resultado**.

Se o pedido não acolhido está embasado em duas causas de pedir, e houve, por exemplo, apelação, cada um dos fundamentos de fato será votado separadamente. Isso porque, para o acolhimento, é preciso que um fundamento do pedido ou da defesa tenha pelo menos dois votos. É possível, por exemplo, que o pedido inicial ou a defesa tenham três fundamentos distintos e que cada um dos fundamentos tenha apenas um voto favorável e dois contrários. Nenhum deles terá sido acolhido, e o recurso não será provido.

Depois de proferidos os votos, será anunciado o resultado e redigido o acórdão, pelo relator ou, se ele for vencido, pelo juiz que proferiu o primeiro voto vencedor. O voto vencido será necessariamente declarado e considerado parte integrante do acórdão, para todos os fins, inclusive prequestionamento.

4. DO INCIDENTE DE ASSUNÇÃO DE COMPETÊNCIA

4.1. INTRODUÇÃO

É um mecanismo criado pelo atual Código de Processo Civil para permitir que, em causas em trâmite no tribunal, relevantes questões de direito, com **grande repercussão social, mas sem repetição em múltiplos processos**, que sejam objeto de recurso, remessa necessária ou causa de competência originária, sejam examinadas não pelo órgão fracionário a quem competiria o julgamento, mas por órgão colegiado indicado pelo Regimento Interno, com força vinculante sobre os juízes, órgãos fracionários e tribunais subordinados. Não há mais previsão, no Código de Processo Civil, do incidente de uniformização de jurisprudência, previsto no Código de Processo Civil de 1973. A assunção de competência constitui mecanismo mais eficiente, destinado a dar operatividade ao art. 926, que determina aos tribunais que uniformizem sua jurisprudência e a mantenham estável, íntegra e coerente, em atendimento aos princípios da isonomia e da segurança jurídica.

4.2. PROCESSAMENTO

Por meio do incidente, que pode ser instaurado em qualquer tribunal, inclusive nos superiores, o relator do recurso, remessa necessária ou causa de competência originária, de ofício ou a requerimento da parte, do Ministério Público ou da Defensoria Pública, constatando a existência de relevante questão de direito, com grande repercussão social, proporá o julgamento pelo órgão colegiado, a quem competirá reconhecer se há ou não o interesse público alegado. Em caso afirmativo, assumirá a competência e procederá ao julgamento; em caso negativo, não assumirá a competência, e o julgamento será feito pelo órgão originário. Caberá ao regimento interno dos Tribunais indicar qual o órgão colegiado a quem competirá a assunção de competência, quando preenchidos os requisitos. O relator do incidente pode admitir a intervenção do *amicus curiae* e determinar a realização de audiências públicas, tal como ocorre nos demais incidentes destinados a formar o precedente vinculante. Da decisão no incidente de assunção de competência poderá ainda caber recurso especial ou extraordinário, desde que preenchidos os requisitos, além de embargos de declaração.

A finalidade do instituto é impedir que, sobre relevantes questões de direito, com grande repercussão social, mas que não possam ser objeto incidente de resolução de demandas repetitivas, ou de julgamento de recurso especial ou extraordinário repetitivos, possa haver divergência entre órgãos fracionários (câmaras ou turmas do Tribunal). Com a assunção de competência pelo órgão colegiado, **assegura-se uma solução uniforme**. Daí a razão pela qual o § 4.º do art. 947 esclarece: "O disposto neste artigo se aplica quando ocorrer relevante questão de direito a respeito da qual seja conveniente a prevenção ou a composição de divergência entre câmaras ou turmas do tribunal". Consiste, portanto, em mecanismo que visa assegurar a uniformidade da jurisprudência do tribunal a respeito de relevantes questões de direito.

Proferida a solução pelo colegiado, a lei estabelece que **ela terá força vinculante sobre juízes e órgãos fracionários**, que não poderão dar à questão de direito solução distinta, sob pena de caber reclamação, nos termos do art. 988, IV, do CPC.

5. DO INCIDENTE DE ARGUIÇÃO DE INCONSTITUCIONALIDADE

5.1. INTRODUÇÃO

O controle de constitucionalidade, no Brasil, é feito por mais de um meio. Há o *direto*, pelas ações diretas de inconstitucionalidade e declaratórias de constitucionalidade, propostas pelos legitimados, no STF, e o *difuso*, feito no caso concreto, por qualquer órgão jurisdicional.

A declaração de inconstitucionalidade, tratada nos arts. 948 a 950 do CPC, faz parte do controle difuso. No bojo dos processos que estão em andamento, é possível que o juiz decida pela inconstitucionalidade, incidentalmente. Ele não declara a inconstitucionalidade, mas deixa de aplicar o dispositivo legal, reputando-o inconstitucional.

A eficácia desse reconhecimento restringe-se às partes, ao contrário do que ocorre no controle direto. Mas, desde que a inconstitucionalidade seja reconhecida em decisão definitiva do STF, por maioria absoluta do pleno do Tribunal, após o trânsito em julgado haverá comunicação ao Senado Federal, para os efeitos do art. 52, X, da CF, que prevê

804 Direito Processual Civil Esquematizado   *Marcus Vinicius Rios Gonçalves*

a edição da resolução para suspensão a execução, no todo ou em parte, de lei declarada inconstitucional pelo STF. Feito por juízo singular, o controle difuso não tem nenhum procedimento próprio. O juiz, na sentença, reconhece que a norma é inconstitucional e deixa de aplicá-la.

Nos tribunais, a declaração incidental de inconstitucionalidade efetiva-se com a instauração de um incidente, **que cinde o julgamento do recurso**. Quando há a arguição de inconstitucionalidade como matéria prejudicial, seu reconhecimento não pode ser feito diretamente pelo órgão fracionário, incumbido do julgamento do recurso. Ele não pode deixar de aplicar a lei por esse fundamento. É preciso que seja suscitado o incidente para que haja um pronunciamento prévio do tribunal a respeito da questão.

Suscitado o incidente, a competência para o julgamento fica cindida. **Todo o tribunal por primeiro se pronuncia sobre a questão da constitucionalidade, que é prejudicial ao julgamento do recurso.** Depois a turma decide a respeito das demais questões, já tendo sido fixada a premissa referente à constitucionalidade da norma a ser aplicada.

5.2. PROCESSAMENTO

Arguida a inconstitucionalidade de lei ou ato normativo, o relator, depois de ouvir o Ministério Público e as partes, submeterá a questão à turma ou câmara a que tocar o conhecimento do recurso (CPC, art. 948).

O objeto da arguição é a inconstitucionalidade de lei ou ato normativo. Pode ser feita por qualquer das partes, seja em processo de competência originária do tribunal, seja no julgamento de recurso, ou pelo Ministério Público que intervenha no processo. Ou de ofício pelo relator, quando entender inconstitucional a norma.

A questão da inconstitucionalidade pode ter sido suscitada pelas partes em qualquer fase do processo. O relator a submeterá ao órgão fracionário incumbido do julgamento, devendo obrigatoriamente ser ouvido o Ministério Público, já que há interesse público subjacente.

O órgão fracionário pode rejeitar a declaração de inconstitucionalidade, caso em que o julgamento prosseguirá. Se a acolher, encaminhará a questão ao tribunal pleno ou a seu órgão especial, onde houver. Somente este poderá pronunciar-se sobre a inconstitucionalidade.

Não haverá necessidade de submeter a questão ao plenário ou ao órgão especial se já houver pronunciamento destes ou do plenário do STF sobre a questão.

A decisão do plenário ou órgão especial vincula o órgão fracionário, no caso concreto *sub judice*, **seja em que sentido for.** Mas apenas no processo em concreto, já que se está diante de controle difuso de constitucionalidade, feito *incidenter tantum*. Se em outro processo a mesma questão for suscitada, o órgão fracionário terá liberdade para entender a norma inconstitucional ou não, independentemente do que foi decidido no processo anterior.

Após a apreciação da questão prejudicial da inconstitucionalidade, o julgamento é restituído ao órgão fracionário, que nele prosseguirá. Por isso se diz haver um desdobramento da competência recursal.

1 ▣ Disposições Gerais   805

Não cabe mais recurso contra a decisão do pleno, mas caberão outros recursos contra a do órgão fracionário. Nesse sentido, a Súmula 513 do STF ("A decisão que enseja a interposição do recurso ordinário ou extraordinário não é a do plenário, que resolve o incidente de inconstitucionalidade, mas a do órgão — Câmaras, Grupos ou Turmas — que completa o julgamento do feito").

6. DO CONFLITO DE COMPETÊNCIA

É procedimento de competência originária dos Tribunais e vem regulada nos arts. 951 a 959 do CPC. O tema já foi tratado no capítulo relativo à competência, para o qual se remete o leitor (ver Livro II, Capítulo 3, *item 6.1*).

7. DA HOMOLOGAÇÃO DE DECISÃO ESTRANGEIRA E DA CONCESSÃO DE *EXEQUATUR* À CARTA ROGATÓRIA

7.1. INTRODUÇÃO

Os arts. 21 a 23 do CPC tratam das regras de jurisdição internacional. Os dois primeiros dispõem sobre a jurisdição concorrente da justiça brasileira, e o terceiro sobre a jurisdição exclusiva.

A decisão estrangeira não produz efeitos no Brasil senão depois de homologada pelo STJ (a EC n. 45/2004 alterou a competência, retirando-a do STF e atribuindo-a ao STJ). Então, será eficaz, como se tivesse sido proferida aqui. Uma decisão estrangeira que verse sobre uma das matérias do art. 23 jamais será homologada no Brasil, porque nossa lei só reconhece a jurisdição da justiça brasileira para julgá-las. Já nas hipóteses dos arts. 21 e 22, a jurisdição será concorrente, o que indica que a parte poderá optar entre propor a ação no Brasil ou no exterior. Se o fizer no estrangeiro, a decisão terá de ser homologada perante o STJ para que se torne eficaz no Brasil.

Além disso, admite-se a execução, no Brasil, de decisão estrangeira, por meio de carta rogatória. Mas, para tanto, é preciso que a carta obtenha o *exequatur*, o "cumpra-se" da justiça brasileira, dado pelo Superior Tribunal de Justiça.

A homologação da decisão estrangeira pressupõe, como regra, decisão definitiva (art. 961, § 1.º, do CPC). Mas é passível de execução a decisão estrangeira provisória, quando concessiva de medida de urgência, a ser feita por rogatória. Se ela tiver sido deferida sem a audiência do réu, ela só será executada se for garantido a ela o contraditório em momento posterior. Cabe à justiça brasileira decidir sobre a urgência.

7.2. PROCESSAMENTO

A homologação da decisão estrangeira e a concessão do *exequatur* na carta rogatória são de competência do Superior Tribunal de Justiça. Mas o seu cumprimento, depois da homologação ou do "cumpra-se" na rogatória é de competência do juízo federal competente, conforme regras de competência estabelecidas para o cumprimento das sentenças nacionais. Os requisitos para que a decisão seja homologada estão enumerados no art. 963 do CPC. Quanto ao procedimento, o Superior Tribunal de Justiça editou a Emenda Regimental n. 18/2014, alterada depois pela Emenda Regimental n. 24/2016,

806   Direito Processual Civil Esquematizado   *Marcus Vinicius Rios Gonçalves*

que acrescentou os arts. 216-A e ss. ao seu Regimento Interno, que tratam da homologação, indicando as peças que devem instruir o pedido, a necessidade de citação da parte contrária para contestar em 15 dias, o conteúdo restrito da eventual contestação e a necessidade de intervenção do Ministério Público. A respeito do procedimento da homologação, ver Livro II, Capítulo 3, *item 2.1, supra.*

8. AÇÃO RESCISÓRIA

Vem regulada nos arts. 966 e ss. O tema já foi tratado no Livro VII, Capítulo 5, *item 3*, para o qual remetemos o leitor.

9. DO INCIDENTE DE RESOLUÇÃO DE DEMANDAS REPETITIVAS

9.1. INTRODUÇÃO

Trata-se de uma das mais importantes e benfazejas inovações do Código de Processo Civil atual. Já na vigência do Código de Processo Civil de 1973 havia sido criado o mecanismo de julgamento dos recursos extraordinário e especial repetitivos, pelo qual era dado ao Supremo Tribunal Federal e ao Superior Tribunal de Justiça julgar de uma única vez questão de direito que era objeto de uma multiplicidade de recursos, mecanismo mantido no Código de Processo Civil atual. O Presidente do Tribunal de origem, constatando a existência da multiplicidade de recursos envolvendo a mesma questão de direito, seleciona um ou mais deles, os mais representativos da controvérsia, e os remete aos Tribunais Superiores, determinando a suspensão dos demais recursos envolvendo a mesma matéria. Nos paradigmas, os Tribunais Superiores decidem a questão jurídica, uma única vez. **A vantagem do mecanismo é permitir ao STF e ao STJ julgar uma só vez questão jurídica que, sem ele, teria de ser decidida inúmeras vezes.** O resultado é desafogar os tribunais superiores, e assegurar solução uniforme, para causas que versem sobre idêntica questão de direito. Mas esse mecanismo pressupõe a existência de recurso extraordinário ou recurso especial repetitivo.

Com o incidente de resolução de demandas repetitivas, cria-se um mecanismo assemelhado, mas de extensão muito maior, que abrange as causas que correm nas instâncias ordinárias. A finalidade do instituto é assegurar um **julgamento único da questão jurídica que seja objeto de demandas repetitivas, com eficácia vinculante sobre os processos em curso**. Pressupõe, portanto, múltiplas demandas envolvendo a mesma questão de direito. O novo incidente vem tornar mais efetivos os princípios da isonomia e da segurança jurídica, assegurando um julgamento uniforme da questão jurídica que é objeto de processos distintos.

Muito se discutiu, na tramitação do projeto, se o incidente deveria ser autorizado bastando que houvesse risco de potencial multiplicação de processos idênticos, ou se seria necessária a efetiva multiplicação, tendo ao final prevalecido esta última solução. Portanto, não basta que haja a possibilidade de multiplicação, **sendo necessário que ela exista efetivamente** (art. 976, I). A lei não diz quantos processos são necessários para se considerar que há a multiplicidade, o que deverá ser analisado no caso concreto. Se o órgão julgador entender que ela ainda não existe, indeferirá o incidente,

1 ■ Disposições Gerais

ficando aberta a possibilidade de nova suscitação, quando o requisito faltante for preenchido (art. 976, § 3.°).

Para a sua instauração, exige-se que os múltiplos processos contenham controvérsia sobre a mesma questão unicamente de direito, com risco de ofensa à isonomia e à segurança jurídica. Também é condição que não tenha sido afetado recurso nos tribunais superiores, no âmbito de sua respectiva competência, para definição de tese sobre a questão jurídica, de direito material ou processual, repetitiva. Afinal, se tiver havido afetação, a questão jurídica será decidida com eficácia vinculante pelos tribunais superiores, no julgamento do recurso repetitivo.

A maior parte da doutrina tem ainda considerado mais um requisito para a instauração dos IRDR: que, dos múltiplos processos em que a questão jurídica esteja sendo discutida, ao menos um já esteja no tribunal, por força de recurso, remessa necessária ou competência originária. Para a compreensão desse último requisito, é necessário conhecer as duas teorias que disputam primazia, a respeito da natureza do IRDR: a da "causa-modelo" e da "causa-piloto". Para a primeira, o IRDR poderia ser instaurado, processado e decidido em abstrato, isto é, não propriamente como um incidente em processo concreto, pendente no tribunal, mas como um mecanismo autônomo, independente de qualquer causa em concreto, destinado a que o órgão competente possa dirimir, em tese e em abstrato, a questão jurídica versada em uma multiplicidade de processos. Assim, ao decidir o IRDR, o órgão competente não estaria decidindo um caso concreto, mas apreciando a questão jurídica em abstrato, com eficácia vinculante para todos os processos concretos pendentes, subordinados àquele órgão. Já para a segunda teoria, a da causa-piloto, o IRDR é um incidente. Portanto, só pode ser implementado em uma causa concreta pendente, que esteja no Tribunal ao qual pertence o órgão competente para julgá-lo. O IRDR é processado como incidente nesse processo, e a questão jurídica é examinada no caso concreto, no qual o incidente foi instaurado. Assim, ao mesmo tempo em que o órgão examina o caso concreto, decide a questão jurídica, com força de precedente vinculante. E o que foi decidido deve ser aplicado nos demais processos pendentes, que versem sobre a mesma questão, e que estejam no Tribunal ou nas Instâncias inferiores. Mesmo para os que defendem essa segunda teoria, o incidente pode ser suscitado pelo juiz ou relator, pelas partes, pelo Ministério Público ou Defensoria Pública, em qualquer dos processos em curso, em que a questão jurídica seja discutida, esteja ele já no Tribunal ou instância inferior. No entanto, admitido o incidente, ele será implementado no processo que estiver pendente no Tribunal, o que exige, como requisito do IRDR, que haja ao menos um deles em curso no Tribunal, para que nele possa ser implementado o incidente, que não será possível se todos os múltiplos processos versando sobre a mesma questão jurídica estiverem no primeiro grau.

Embora permaneça a controvérsia a respeito da teoria adotada, uma vez que a lei brasileira não se posicionou de forma expressa, tem prevalecido a da causa-piloto, já que a lei considera o novo instituto como um incidente, o que pressupõe a implementação em uma causa concreta, em curso no tribunal. Nesse sentido tem sido as decisões do C. Superior Tribunal de Justiça:

808 Direito Processual Civil Esquematizado   *Marcus Vinicius Rios Gonçalves*

"A concepção do microssistema de casos repetitivos, composto pelo incidente de resolução de demandas repetitivas — IRDR e pelos recursos especial e extraordinário repetitivos (art. 928, do CPC/2015), consistiu, nesse sentido, em inovação legislativa advinda com o CPC/2015 que visa à afirmação do valor segurança jurídica no ordenamento. A instauração do IRDR, de que trata o presente caso, é cabível quando um dos legitimados do art. 977 do CPC/2015 demonstrar, simultaneamente, a efetiva repetição de processos que contenham controvérsia sobre a mesma questão unicamente de direito e o risco de ofensa à isonomia e ao referido valor segurança jurídica (art. 976, I e II, do CPC/2015). Ademais, o art. 978, parágrafo único, do mesmo Código, dispõe que o órgão colegiado incumbido de analisar o mérito do incidente e de fixar a tese jurídica julgará igualmente o recurso que o originou. Por essa razão, a doutrina afirma que o cabimento do IRDR condiciona-se à pendência de julgamento, no tribunal, de uma causa recursal ou originária. Se já encerrado o julgamento, não caberá mais a instauração do IRDR, senão em outra causa pendente; mas não naquela que já foi julgada. A propósito o Fórum Permanente de Processualistas Civis editou Enunciado n. 344, que assim dispõe: "A instauração do incidente pressupõe a existência de processo pendente no respectivo tribunal"(Agravo em Recurso Especial n. 1.470.017/SP, Rel. Min. Francisco Falcão, j. 15.10.2019).

O Enunciado n. 21 da ENFAM dispõe que o incidente pode ser suscitado com base em demandas repetitivas em curso nos juizados especiais. E o Enunciado n. 44 acrescenta: "Admite-se o IRDR nos juizados especiais, que deverá ser julgado por órgão colegiado de uniformização do próprio sistema".

9.2. PROCESSAMENTO

Caso em determinado processo em curso na primeira ou na segunda instância se verifique a existência de questão jurídica repetitiva, o próprio juiz ou o relator, por ofício, ou qualquer das partes, o Ministério Público ou a Defensoria Pública, por petição, suscitarão o incidente, demonstrando, no ofício ou na petição, o preenchimento dos requisitos. O julgamento do incidente caberá ao órgão indicado pelo regimento interno dos tribunais. Adotada a teoria da causa-piloto, o incidente, ainda que suscitado pelo juiz, partes, Defensoria Pública ou Ministério Público de processo em trâmite em primeiro grau, deverá ser implementado em processo que verse sobre a mesma questão jurídica, mas que esteja em curso no Tribunal, ao qual o órgão julgador pertença. O órgão colegiado, incumbido de julgar o incidente, julgará igualmente o recurso, a remessa ou a causa de competência originária. Os demais processos ficarão suspensos aguardando a solução do incidente.

Admitido, ele deverá ser julgado no prazo de um ano, e o relator deverá suspender todos os processos pendentes, individuais ou coletivos, que tramitam no Estado ou na região, conforme se trate de justiça estadual ou federal, envolvendo a mesma questão jurídica, comunicando-se a suspensão aos juízes diretores dos fóruns de cada comarca ou seção judiciária por ofício. Ultrapassado o prazo de um ano sem julgamento do incidente, cessa a suspensão dos processos.

Determina o art. 979 que a instauração e o julgamento do incidente sejam sucedidos da mais ampla e específica divulgação, devendo os tribunais manter banco eletrônico de dados atualizados com as informações específicas sobre as questões de direito submetidas ao incidente, com comunicação ao Conselho Nacional de Justiça. Desse

1 ■ Disposições Gerais

registro eletrônico, deverão constar os fundamentos determinantes da decisão e os dispositivos normativos relacionados à tese jurídica que tenha sido objeto do incidente.

Depois que for suscitado, ainda que haja desistência ou abandono da causa que lhe deu ensejo, ele prosseguirá, devendo o Ministério Público assumir a sua titularidade. Quando não for o suscitante do incidente, o Ministério Público será sempre ouvido, devendo ser intimado para manifestar-se em 15 dias. O relator ouvirá as partes e os demais interessados, inclusive pessoas, órgãos ou entidades com interesse na controvérsia, no prazo comum de 15 dias. Ele poderá ainda designar audiência pública, para ouvir depoimentos de pessoas com experiência e conhecimento na matéria, solicitando em seguida dia para o julgamento. Na data designada, o relator fará a exposição do objeto do incidente, podendo haver sustentação oral, sucessivamente, do autor e do réu do processo originário, e do Ministério Público, pelo prazo de 30 minutos; e dos demais interessados, no mesmo prazo, que será dividido entre todos eles.

O acórdão que julgar o incidente deverá analisar todos os fundamentos suscitados concernentes à tese jurídica discutida, tanto os favoráveis como os contrários. O julgamento tem eficácia vinculante sobre todos os processos que tenham permanecido suspensos, por envolverem a mesma questão jurídica. **Manda o art. 985 que a tese jurídica acolhida no incidente seja aplicada a todos os processos individuais e coletivos, em curso ou futuros, que tramitem no território de competência do tribunal, inclusive nos juizados especiais do respectivo Estado ou região, sob pena de caber reclamação. A força vinculante do julgamento é reconhecida no Enunciado n. 20 da ENFAM: "O pedido fundado em tese aprovada em IRDR deverá ser julgado procedente, respeitados o contraditório e a ampla defesa, salvo se for o caso de distinção ou se houver superação do entendimento pelo tribunal competente".**

Do julgamento de mérito do incidente caberá recurso extraordinário ou especial, com efeito suspensivo, presumindo-se a repercussão geral da questão constitucional eventualmente discutida. Por isso, visando à garantia da segurança jurídica, permite o art. 982, § 3.º, que as partes, o Ministério Público ou a Defensoria Pública possam requerer ao órgão competente para o julgamento do recurso extraordinário ou especial que, durante a tramitação do incidente, **sejam suspensos todos os processos individuais ou coletivos que versem sobre a questão jurídica objeto do incidente, em todo o território nacional**. Caso não venha a ser interposto o RE ou REsp, a suspensão ficará sem efeito. Caso seja interposto, e seu mérito venha a ser apreciado, a tese jurídica adotada pelo STF ou STJ deverá ser aplicada em todo o território nacional, nos processos individuais ou coletivos que versem sobre idêntica questão jurídica, sob pena de caber reclamação.

10. DA RECLAMAÇÃO

10.1. INTRODUÇÃO

Não vinha prevista no Código de Processo Civil de 1973. Tem previsão constitucional (arts. 102, I, *l*, e 105, I, *f*). Nesses dispositivos, a CF atribui competência ao STF e ao STJ, respectivamente, para julgar as reclamações, destinadas a preservação de sua competência e garantia da autoridade de suas decisões. O Código de Processo Civil trata

810 Direito Processual Civil Esquematizado   *Marcus Vinicius Rios Gonçalves*

expressamente da reclamação, dando-lhe maior amplitude. De acordo com o art. 988, cabe reclamação da parte interessada ou do Ministério Público para I — preservar a competência do tribunal; II — garantir a autoridade das decisões do tribunal; III — garantir a observância de enunciado de súmula vinculante e de decisão do Supremo Tribunal Federal em controle concentrado de constitucionalidade; e IV — garantir a observância de acórdão proferido em julgamento de incidente de resolução de demandas repetitivas ou de incidente de assunção de competência. Nessas quatro hipóteses, a reclamação será cabível, não importando em que instância a decisão tenha sido proferida. A redação do § 5.º, II, do art. 988, interpretado *a contrario sensu*, traz a impressão e que haveria mais uma hipótese de cabimento de reclamação: a proposta para garantir a observância de acórdão de recurso extraordinário com repercussão geral reconhecida ou de acórdão proferido em julgamento de recurso extraordinário ou especial repetitivos, desde que esgotadas as instâncias ordinárias. Isso porque tal dispositivo deixa a entender que só não caberia a reclamação nessas hipóteses quando não esgotadas as instâncias ordinárias. No entanto, não foi esse o entendimento que prevaleceu no C. Superior Tribunal de Justiça que, em importante precedente, concluiu pelo descabimento, em qualquer hipótese, de reclamação por descumprimento de acórdão proferido em recurso especial repetitivo:

"RECLAMAÇÃO. RECURSO ESPECIAL AO QUAL O TRIBUNAL DE ORIGEM NEGOU SEGUIMENTO, COM FUNDAMENTO NA CONFORMIDADE ENTRE O ACÓRDÃO RECORRIDO E A ORIENTAÇÃO FIRMADA PELO STJ EM RECURSO ESPECIAL REPETITIVO (RESP 1.301.989/RS — TEMA 658). INTERPOSIÇÃO DE AGRAVO INTERNO NO TRIBUNAL LOCAL. DESPROVIMENTO. RECLAMAÇÃO QUE SUSTENTA A INDEVIDA APLICAÇÃO DA TESE, POR SE TRATAR DE HIPÓTESE FÁTICA DISTINTA. DESCABIMENTO. PETIÇÃO INICIAL. INDEFERIMENTO. EXTINÇÃO DO PROCESSO SEM RESOLUÇÃO DO MÉRITO. 1. Cuida-se de reclamação ajuizada contra acórdão do TJ/SP que, em sede de agravo interno, manteve a decisão que negou seguimento ao recurso especial interposto pelos reclamantes, em razão da conformidade do acórdão recorrido com o entendimento firmado pelo STJ no REsp 1.301.989/RS, julgado sob o regime dos recursos especiais repetitivos (Tema 658). 2. Em sua redação original, o art. 988, IV, do CPC/2015 previa o cabimento de reclamação para garantir a observância de precedente proferido em julgamento de "casos repetitivos", os quais, conforme o disposto no art. 928 do Código, abrangem o incidente de resolução de demandas repetitivas (IRDR) e os recursos especial e extraordinário repetitivos. 3. Todavia, ainda no período de *vacatio legis* do CPC/15, o art. 988, IV, foi modificado pela Lei n. 13.256/2016: a anterior previsão de reclamação para garantir a observância de precedente oriundo de 'casos repetitivos' foi excluída, passando a constar, nas hipóteses de cabimento, apenas o precedente oriundo de IRDR, que é espécie daquele. 4. Houve, portanto, a supressão do cabimento da reclamação para a observância de acórdão proferido em recursos especial e extraordinário repetitivos, em que pese a mesma Lei n. 13.256/2016, paradoxalmente, tenha acrescentado um pressuposto de admissibilidade — consistente no esgotamento das instâncias ordinárias — à hipótese que acabara de excluir. 5. Sob um aspecto topológico, à luz do disposto no art. 11 da LC 95/98, não há coerência e lógica em se afirmar que o § 5.º, II, do art. 988 do CPC, com a redação dada pela Lei n. 13.256/2016, veicularia uma nova hipótese de cabimento da reclamação. Estas hipóteses foram elencadas pelos incisos do *caput*, sendo que, por outro lado, o parágrafo se inicia, ele próprio, anunciando que trataria de situações de inadmissibilidade da reclamação. 6. De outro turno, a investigação do contexto jurídico-político em que editada a Lei n. 13.256/2016 revela que, dentre outras questões, a norma efetivamente visou ao fim da reclamação dirigida ao STJ e ao STF para o controle da aplicação dos acórdãos sobre questões repetitivas, tratando-se de opção de política judiciária para desafogar os trabalhos nas Cortes de superposição. 7. Outrossim, a admissão da reclamação na hipótese em comento atenta contra a finalidade da instituição do regime dos recursos especiais repetitivos, que surgiu como mecanismo de racionalização da prestação jurisdicional do STJ, perante o fenômeno social da massificação dos litígios. 8. Nesse regime, o STJ se desincumbe de seu múnus constitucional definindo, por uma vez, mediante julgamento por amostragem, a interpretação da Lei federal que deve ser obrigatoriamente observada pelas instâncias ordinárias. Uma vez uniformizado o direito, é dos juízes e Tribunais locais a incumbência de aplicação individualizada da tese jurídica em cada caso concreto. 9. Em tal sistemática, a aplicação em concreto do precedente não está imune à revisão, que se dá na via recursal ordinária, até eventualmente culminar no julgamento, no âmbito do Tribunal local, do agravo interno de que trata o art. 1.030, § 2.º, do CPC/15. 10. Petição inicial da reclamação indeferida, com a extinção do processo sem resolução do mérito" (Reclamação n. 36.476/SP (2018/0233708-8), Rel. Min. Nancy Andrighi, j. 05.02.2020).

10.2. PROCESSAMENTO

A reclamação, que não tem natureza recursal, mas constitui meio autônomo de impugnação das decisões judiciais, deve ser proposta perante o tribunal, qualquer que seja ele, cuja competência se busca preservar ou cuja autoridade se pretenda garantir. Tem natureza jurídica de ação e cria um novo processo. Sua finalidade é cassar a decisão reclamada, e não anulá-la ou reformá-la. Pode ser interposta por qualquer das partes do processo em que proferida a decisão reclamada, e pelo Ministério Público (incluindo o Ministério Público estadual, como decidiu o STF). O sujeito passivo será a parte beneficiária da decisão reclamada.

A inadmissibilidade ou o julgamento de eventual recurso interposto contra a decisão não prejudica a reclamação, **mas ela não mais será admissível se a decisão tiver transitado em julgado**. Questão das mais controvertidas é a relativa à necessidade de interposição de recurso contra a decisão que foi objeto de reclamação. A questão se coloca porque, não sendo interposto recurso, a decisão transitaria em julgado. O problema, na verdade, consistiria em saber se, interposta a reclamação, o trânsito em julgado superveniente impediria a sua apreciação. Há forte corrente doutrinária e jurisprudencial entendendo que sim, e que, não sendo interposto recurso contra a decisão objeto da reclamação, ela transitaria em julgado, com o que a reclamação ficaria prejudicada. Parece-nos, porém, que, com isso, boa parte da utilidade de reclamação ficaria comprometida. É certo que não cabe mais a reclamação se ela tiver sido apresentada após o trânsito em julgado. Mas, se tiver sido apresentada antes, a interposição do recurso contra a decisão atacada não é condição de procedibilidade ou de conhecimento da reclamação, que deverá ser examinada, ainda que ocorra o trânsito em julgado superveniente. Essa conclusão é reforçada pelo disposto no art. 988, § 6.º, que estabelece que a eventual inadmissão ou o julgamento do recurso interposto contra a decisão não prejudica a reclamação.

A petição inicial, que deverá observar os requisitos do art. 319 do CPC, será instruída com prova documental e deverá ser dirigida ao Presidente do tribunal, que a mandará autuar e distribuir ao relator, de preferência o mesmo da causa principal. O relator requisitará as informações da autoridade a quem for imputada a prática do ato impugnado, que as prestará em dez dias, ordenará a suspensão do ato impugnado, se necessário, e determinará a citação do beneficiário do ato, para que apresente contestação em quinze dias. Em seguida, o Ministério Público será ouvido em cinco dias, desde que não seja o autor da reclamação. Se acolhida, o tribunal cassará a decisão exorbitante de seu julgado ou determinará medida adequada à solução da controvérsia. Como a reclamação é sempre julgada por tribunal, contra a decisão nela proferida podem caber embargos de declaração, e eventual recurso especial ou extraordinário, desde que verificadas as hipóteses constitucionais.

2
DOS RECURSOS

1. INTRODUÇÃO

No Livro VII, examinamos o procedimento comum, até a sentença. Isto é, enquanto o processo corre em primeiro grau de jurisdição. Vimos que, ao longo do processo, o juiz pode proferir variadas decisões, de diferentes espécies. É comum que, contra elas, os litigantes, o Ministério Público ou terceiros interessados possam se insurgir, manifestando o seu inconformismo.

O tema desta segunda parte do livro X são os recursos, **que pressupõem inconformismo, insatisfação com as decisões judiciais, e que buscam outro pronunciamento do Poder Judiciário a respeito das questões a ele submetidas**.

O nosso sistema jurídico permite, em regra, que as decisões judiciais sejam reapreciadas. Normalmente, isso é feito por um órgão diferente daquele que proferiu a decisão (embora haja exceções, como os embargos de declaração ou os embargos infringentes da Lei de Execução Fiscal).

2. CONCEITO

Recursos são os remédios processuais de que se podem valer as partes, o Ministério Público e eventuais terceiros prejudicados para submeter uma decisão judicial a nova apreciação, em regra por um órgão diferente daquele que a proferiu, e que têm por finalidade modificar, invalidar, esclarecer ou complementar a decisão.

3. CARACTERÍSTICAS DOS RECURSOS

Cumpre examinar aquelas características dos recursos que servem para distingui-los de outros atos processuais.

3.1. INTERPOSIÇÃO NA MESMA RELAÇÃO PROCESSUAL

Os recursos não têm natureza jurídica de ação, nem criam um novo processo. Eles são interpostos na mesma relação processual e têm o condão de prolongá-la. Essa característica pode servir para distingui-los de outros remédios, que têm natureza de ação e implicam a formação de um novo processo, como a ação rescisória, a reclamação, o mandado de segurança e o *habeas corpus*.

814   Direito Processual Civil Esquematizado   *Marcus Vinicius Rios Gonçalves*

3.2. A APTIDÃO PARA RETARDAR OU IMPEDIR A PRECLUSÃO OU A COISA JULGADA

Enquanto há recurso pendente, a decisão impugnada não se terá tornado definitiva. Quando se tratar de decisão interlocutória, não haverá preclusão; quando se tratar de sentença, inexistirá a coisa julgada. As decisões judiciais não se tornam definitivas, enquanto houver a possibilidade de interposição de recurso, ou enquanto os recursos pendentes não tiverem sido examinados.

Isso não significa que a decisão impugnada não possa desde logo produzir efeitos: há recursos que são dotados de efeito suspensivo, e outros que não são. Somente no primeiro caso, a interposição do recurso implicará suspensão da eficácia da decisão.

Não havendo recurso com efeito suspensivo, a decisão produzirá efeitos desde logo, mas eles não serão definitivos, porque ela ainda pode ser modificada.

Podem surgir, a propósito, questões delicadas, sobretudo quando houver interposição de agravo de instrumento, nas hipóteses do art. 1.015 do CPC.

Como eles não têm, ao menos em regra, efeito suspensivo, o processo prosseguirá, embora a decisão agravada não tenha se tornado definitiva. Disso resultará importante questão: o que ocorrerá com os atos processuais posteriores à decisão agravada, se o agravo for provido. Tal questão torna-se ainda mais relevante porque, se o agravo tiver demorado algum tempo para ser julgado, pode ter havido até mesmo sentença.

Provido o agravo, todos os atos processuais supervenientes, incompatíveis com a nova decisão, ficarão prejudicados, até mesmo a sentença.

Por exemplo: se o autor requereu a redistribuição do ônus da prova, nos termos do art. 373, § 1.º, do CPC, e o juiz a deferiu, tendo sido interposto agravo de instrumento pelo réu, o provimento do recurso fará com que o processo retroaja à fase em que foi proferida a decisão, ficando prejudicados todos os atos supervenientes, incluindo a sentença.

Como o agravo de instrumento impede a preclusão, a eficácia dos atos processuais subsequentes à decisão agravada, e que dela dependam, fica condicionada a que ela seja mantida, porque, se vier a ser reformada, o processo retorna ao *status quo ante*. Isso faz com que alguns juízes, cientes da existência de agravo de instrumento pendente, suspendam o julgamento, aguardando o resultado do agravo. Mas tal conduta não é admissível, já que ele não tem efeito suspensivo, a menos que o relator o conceda.

3.3. CORREÇÃO DE ERROS DE FORMA OU DE CONTEÚDO

Ao fundamentar o seu recurso, o interessado poderá postular a anulação ou a substituição da decisão por outra. Deverá expor quais as razões de sua pretensão, que podem ser de fundo ou de forma, tendo por objeto vícios de conteúdo ou processuais.

Os primeiros são denominados *errores in procedendo*; e os segundos, *errores in judicando*. Aqueles são vícios processuais, decorrentes do descompasso entre a decisão judicial e as regras de processo civil, a respeito do processo ou do procedimento. Estes, a seu turno, são vícios de conteúdo, de fundo, em que se alega a **injustiça da decisão**, o descompasso com as normas de direito material.

2 ■ Dos Recursos   815

Em regra, o reconhecimento do *error in procedendo* enseja a anulação ou declaração de nulidade da decisão, com a restituição dos autos ao juízo de origem para que outra seja proferida; e o *error in judicando* leva à reforma da decisão, quando o órgão *ad quem* profere outra, que substitui a originária.

Os embargos de declaração fogem à regra geral, porque sua finalidade é apenas aclarar ou integrar a decisão, e não propriamente reformá-la ou anulá-la.

3.4. IMPOSSIBILIDADE, EM REGRA, DE INOVAÇÃO

Em regra, não se pode invocar, em recurso, matérias que não tenham sido arguidas e discutidas anteriormente. Ou seja, não se pode inovar no recurso.

Mas a regra comporta exceções. O art. 493 do CPC autoriza que o juiz leve em consideração, de ofício ou a requerimento da parte, fatos supervenientes, que repercutam sobre o julgamento. Esse dispositivo não tem aplicação restrita ao primeiro grau, mas pode ser aplicado pelo órgão *ad quem*, **que deve levar em consideração os fatos novos relevantes, que se verifiquem até a data do julgamento do recurso**.

Outra exceção é a do art. 1.014, que permite ao apelante suscitar questões de fato que não tenha invocado no juízo inferior, **quando provar que deixou de fazê-lo por motivo de força maior**.

Há ainda a possibilidade de alegar **questões de ordem pública**, que podem ser conhecidas a qualquer tempo. Ainda que não se tenha discutido em primeiro grau a falta de condições da ação, ou de pressupostos processuais, ou prescrição e decadência, elas poderão ser suscitadas em recurso, ressalvados os extraordinários (RE e REsp).

3.5. O SISTEMA DE INTERPOSIÇÃO

Salvo uma única exceção, **os recursos são interpostos perante o órgão *a quo*, e não perante o órgão *ad quem*. A exceção é o agravo de instrumento**, interposto diretamente perante o Tribunal.

Há alguns recursos interpostos e julgados perante o mesmo órgão; não se pode falar, nesses casos, em órgão *a quo* e *ad quem*, como nos embargos de declaração e embargos infringentes da Lei de Execução Fiscal.

No Código de Processo Civil de 1973, cumpria ao órgão *a quo* fazer um **prévio juízo de admissibilidade dos recursos**, decidindo se eles tinham ou não condições de ser enviados ao órgão *ad quem*. No Código de Processo Civil atual, salvo no recurso extraordinário e no especial, não cabe ao órgão *a quo* fazer esse juízo de admissibilidade, que será feito exclusivamente pelo órgão *ad quem*. A função do órgão *a quo* será apenas fazer o processamento do recurso, enviando-o oportunamente ao *ad quem*, que fará tanto o exame de admissibilidade quanto, se caso, o de mérito.

Não haverá prévio exame de admissibilidade pelo órgão *a quo*, nem na apelação (art. 1.009, § 3.º), nem no recurso ordinário (art. 1.028, § 3.º). Haverá apenas no recurso extraordinário e especial (art. 1.030, V). Antes de examinar a pretensão recursal, o órgão *ad quem* fará o juízo de admissibilidade, verificando se o recurso está ou não em condições de ser conhecido. **Em caso negativo, não conhecerá do recurso; em caso** afirmativo, **conhecerá, podendo dar-lhe ou negar-lhe provimento, conforme acolha ou não a pretensão recursal**.

No caso do RE e do REsp, caberá ao presidente ou vice-presidente do tribunal recorrido realizar o prévio juízo de admissibilidade. Se o recurso for recebido, o processo será encaminhado ao órgão *ad quem*, a quem competirá, antes do exame da pretensão recursal, realizar um novo e definitivo juízo de admissibilidade; se não, da decisão de inadmissão proferida no órgão *a quo* caberá agravo, na forma do art. 1.042 do CPC.

3.6. A DECISÃO DO ÓRGÃO *AD QUEM* EM REGRA SUBSTITUI A DO *A QUO*

Quando o órgão *ad quem* examina o recurso, são várias as alternativas, assim resumidas:

■ **pode não conhecer do recurso.** Nesse caso, a decisão do órgão *a quo* prevalece, e não é substituída por uma nova;

■ **pode conhecer do recurso, apenas para anular ou declarar a nulidade da decisão anterior, determinando o retorno dos autos para que seja proferida outra;**

■ **pode conhecer do recurso, negando-lhe provimento**, caso em que a decisão anterior está mantida; **ou dando-lhe provimento, para reformá-la**. No caso de mantença ou reforma, a decisão proferida pelo órgão *ad quem* substitui a do órgão *a quo*, ainda que aquela tenha se limitado a manter, na íntegra, a anterior. **O que deverá ser cumprido e executado é o acórdão, e não mais a decisão ou sentença.**

3.7. O NÃO CONHECIMENTO DO RECURSO E O TRÂNSITO EM JULGADO

Questão que sempre trouxe dificuldades ao julgador é a de saber a partir de quando pode considerar-se transitada em julgado uma sentença, quando a apelação não foi sequer conhecida pelo órgão *ad quem*. Se uma das partes apela, e o Tribunal não conhece do recurso, porque, por exemplo, não havia preparo, ou ela é intempestiva, terá a apelação tido o condão de impedir o trânsito em julgado?

O entendimento que prevalecia, anteriormente, era de que o recurso não conhecido equivalia a não interposto, sem aptidão para evitar a coisa julgada. Não conhecida a apelação, era considerada não apresentada, e o trânsito em julgado retroagia para o dia subsequente aos quinze dias que o apelante tinha para apresentá-la.

Mas esse entendimento não prevalece mais, porque gera insegurança. Afinal, ainda que o apelante tivesse interposto o recurso de boa-fé, nunca era possível, de antemão, saber se seria conhecido ou não. E, às vezes, ocorria de, entre a interposição do recurso e o seu julgamento, passar prazo superior a dois anos. Se o recurso não era conhecido, e o trânsito em julgado retroagia para mais de dois anos antes, estava já perdida a oportunidade para a ação rescisória, cujo prazo conta do trânsito em julgado da sentença. Isso criava uma situação injusta, pois o interessado perdia o prazo, sem nunca ter tido a oportunidade de ajuizá-la.

Em razão disso, o Superior Tribunal de Justiça pacificou o entendimento **de que o recurso, ainda que não venha a ser conhecido, impede o trânsito em julgado, salvo em caso de má-fé**. Ele só ocorrerá daí para diante, e não mais retroagirá, salvo má-fé.

2 ■ Dos Recursos   817

Nesse sentido: "Segundo entendimento que veio a prevalecer no Tribunal, o termo inicial para o prazo decadencial da ação rescisória é o primeiro dia após o trânsito em julgado da última decisão proferida no processo, salvo se provar-se que o recurso foi interposto por má-fé do recorrente" (*RSTJ* 102/330).

Esse entendimento acabou pacificando-se com a edição da Súmula 401 do STJ, que assim estabelece: "O prazo decadencial da ação rescisória só se inicia quando não for cabível qualquer recurso do último pronunciamento judicial". O entendimento da súmula, que é anterior ao Código de Processo Civil atual, foi acolhido pelo seu art. 975, *caput*, que assim estabelece: "O direito à rescisão se extingue em dois anos contados do trânsito em julgado da última decisão proferida no processo".

4. PRONUNCIAMENTOS JUDICIAIS SUJEITOS A RECURSO

Só cabe recurso contra pronunciamento do juiz, nunca do Ministério Público ou de serventuário ou funcionário da Justiça. E é preciso que tenha algum conteúdo decisório.

Não cabe, portanto, dos despachos, pronunciamentos judiciais de mero andamento do processo.

Os recursos são cabíveis contra:

■ **as sentenças**, pronunciamentos do juiz por meio dos quais ele, com fundamento nos arts. 485 e 487 do CPC, põe fim à fase cognitiva do procedimento comum, bem como extingue a execução. Contra elas caberá a apelação e, eventualmente, embargos de declaração;

■ **as decisões interlocutórias**, pronunciamentos judiciais de conteúdo decisório, que se prestam a resolver questões incidentes, sem pôr fim ao processo ou à fase condenatória. O sistema do CPC atual permite, sempre, a possibilidade de impugnação das decisões interlocutórias por meio de recurso. Mas é preciso fazer uma distinção: há as decisões interlocutórias que **são recorríveis em separado**, isto é, por meio de um recurso próprio e específico, interposto contra elas, que é o agravo de instrumento (são as enumeradas no art. 1.015 do CPC); e há aquelas que não são recorríveis em separado, por meio de agravo de instrumento (as que não integram o rol do art. 1.015), mas que podem ser reexaminadas, **desde que suscitadas como preliminar na apelação ou nas contrarrazões**. Não se pode dizer, propriamente, que tais decisões sejam irrecorríveis. Elas apenas não são recorríveis em separado, isto é, por meio de recurso autônomo, devendo ser impugnadas quando do oferecimento da apelação ou das contrarrazões. Contra as decisões interlocutórias, agraváveis ou não, também cabem embargos de declaração;

■ **as decisões monocráticas proferidas pelo relator.** O relator dos recursos ou dos processos de competência originária dos tribunais tem uma série de atribuições, elencadas no art. 932. Pode até mesmo, em determinados casos, julgar monocraticamente o recurso, dando-lhe ou negando-lhe provimento (art. 932, IV e V). Da decisão do relator cabe agravo interno;

■ **os acórdãos**, decisões colegiadas dos Tribunais (art. 204); contra elas, além dos embargos de declaração, poderão caber recurso extraordinário e especial, em caso

818 Direito Processual Civil Esquematizado   Marcus Vinicius Rios Gonçalves

de ofensa à Constituição ou à lei federal. Também será admissível o recurso ordinário, nos casos previstos na Constituição Federal.

5. JUÍZO DE ADMISSIBILIDADE E JUÍZO DE MÉRITO DOS RECURSOS

Da mesma forma como, antes de examinar o mérito, o juiz deve verificar se estão preenchidos os pressupostos processuais e as condições da ação, antes de examinar a pretensão recursal, deve-se analisar os **requisitos de admissibilidade do recurso**. O exame é feito pelo órgão *ad quem* e, exclusivamente no RE e no REsp, também pelo órgão *a quo*. Os requisitos de admissibilidade constituem **matéria de ordem pública e, por isso, devem ser examinados de ofício**. Constituem os pressupostos indispensáveis para que o recurso possa ser conhecido. O não preenchimento leva a que a pretensão recursal nem sequer seja examinada.

6. REQUISITOS DE ADMISSIBILIDADE DOS RECURSOS

Há vários critérios de classificação dos requisitos de admissibilidade dos recursos. Parece-nos que o mais completo é aquele sugerido por Barbosa Moreira, que os divide em duas grandes categorias: **os intrínsecos e os extrínsecos**, sendo os primeiros aqueles que dizem respeito à relação entre a natureza e o conteúdo da decisão recorrida e o recurso interposto, e os segundos, os que levam em conta fatores que não dizem respeito à decisão impugnada, mas que são externos a ela.

De acordo com essa classificação, os requisitos intrínsecos são o cabimento, a legitimidade para recorrer e o interesse recursal; e os extrínsecos são a tempestividade, o preparo, a regularidade formal e a inexistência de fato extintivo ou impeditivo do direito de recorrer.

Esses requisitos são os gerais. Alguns recursos vão exigir, além deles, outros específicos, que serão examinados com os recursos em espécie.

6.1. REQUISITOS DE ADMISSIBILIDADE INTRÍNSECOS

Assemelham-se, em grande parte, às condições da ação. O recurso não tem natureza de ação, mas os requisitos intrínsecos são as condições para que ele possa ser examinado pelo mérito.

6.1.1. Cabimento

Os recursos são apenas aqueles criados por lei. O rol legal é *numerus clausus*, taxativo. Recurso cabível é aquele previsto no ordenamento jurídico e, nos termos da lei, adequado contra a decisão. Esse requisito aproxima-se da possibilidade jurídica do pedido, que integra o interesse de agir.

O art. 994 do CPC enumera os recursos: apelação, agravo de instrumento, agravo interno, embargos de declaração, recurso ordinário, recurso especial, recurso extraordinário e embargos de divergência. Nada impede que lei especial crie outros, como os embargos infringentes na Lei de Execução Fiscal, ou o recurso inominado contra a sentença no Juizado Especial Cível.

2 ◼ Dos Recursos

6.1.2. Legitimidade recursal

Para interpor recurso é preciso ter legitimidade. São legitimados:

6.1.2.1. *As partes e intervenientes*

As partes — o autor e o réu — são os legitimados por excelência. Além deles, podem interpor recurso aqueles que tenham sido admitidos por força de intervenção de terceiros. Alguns deles tornam-se partes, como o denunciado, o chamado ao processo e o assistente litisconsorcial, tratado como litisconsorte ulterior. Outros não adquirem essa condição, mas têm a faculdade de recorrer, como o assistente simples. No entanto, a participação deste é subordinada à parte, e lhe será vedada a utilização de recurso, se o assistido manifestar o desejo de que a decisão seja mantida. O único terceiro interveniente que não tem legitimidade recursal é o *amicus curiae*, exceto para opor embargos de declaração e para recorrer da decisão que julga o incidente de resolução de demandas repetitivas (art. 138, §§ 1.º e 3.º).

6.1.2.2. O Ministério Público

O Ministério Público pode atuar no processo como parte ou fiscal da ordem jurídica. O primeiro caso recai no item anterior; **mas o Promotor pode recorrer ainda quando atue como fiscal da ordem jurídica**. Nem é preciso que ele já esteja intervindo no processo, pois ele pode recorrer exatamente porque lhe foi negada a intervenção. Em qualquer condição em que recorra, o Ministério Público terá prazo em dobro, na forma do art. 180, *caput*, do CPC.

6.1.2.3. O recurso de terceiro prejudicado

O art. 996 do CPC, que cuida da legitimidade para recorrer, menciona, entre os legitimados, o terceiro prejudicado.

Quem é ele? **Aquele que tenha interesse jurídico de que a sentença seja favorável a uma das partes, porque tem com ela uma relação jurídica que, conquanto distinta daquela discutida em juízo, poderá ser atingida pelos efeitos reflexos da sentença**. Em suma, aquele mesmo que pode ingressar no processo como assistente simples: **os requisitos para ingressar nessa condição são os mesmos que para recorrer como terceiro prejudicado**.

Mas a figura do assistente simples não pode se confundir com a do terceiro que recorre.

As posições em si são diferentes. O que ingressa como assistente simples não entra em defesa de um interesse próprio, mas para auxiliar uma das partes a sair vitoriosa. Tem, portanto, atuação subordinada. Pode recorrer, desde que a parte não lhe vede tal conduta. **Já o terceiro prejudicado entra em defesa de direito próprio**, que, conquanto não seja discutido no processo, será afetado reflexamente pela sentença. Por isso, não tem atuação subordinada, de sorte que a parte não poderá vetar o processamento do seu recurso. Mas, de acordo com o art. 996, § 1.º, do CPC: "Cumpre ao terceiro demonstrar a possibilidade de a decisão sobre a relação jurídica submetida à apreciação judicial atingir direito de que se afirme titular ou que possa discutir em juízo como substituto processual".

6.1.2.4. Pode o advogado recorrer em nome próprio?

O advogado não postula, em juízo, direito próprio, mas age na condição de mandatário da parte. Portanto, não tem legitimidade para recorrer em nome próprio, mas tão-somente no da parte.

Mas há uma parte da sentença que diz respeito diretamente a ele, que versa sobre direito dele, e não da parte. É a condenação em honorários advocatícios, que, de acordo com o art. 23 da Lei n. 8.906/94, constituem direito autônomo do advogado, que pode promover-lhes a execução em nome próprio.

Nessa circunstância, **é preciso admitir que o advogado terá legitimidade para recorrer, quando o objeto do recurso forem os seus honorários**. Não o terá para recorrer dos demais pontos da sentença, mas tão-somente daquele que os fixar. Mas se preferir não recorrer em nome próprio, pode fazê-lo em nome da parte que o constituiu e que também tem legitimidade recursal. **A legitimidade de parte para recorrer dos honorários é extraordinária, já que estes pertencem não a ela, mas ao advogado**.

Como decidiu o Superior Tribunal de Justiça, "têm legitimidade, para recorrer da sentença, no ponto alusivo aos honorários advocatícios, tanto a parte como o seu patrono" (STJ — 4.ª Turma, REsp 361.713/RJ, Rel. Min. Barros Monteiro, j. 17.02.2004).

A interposição de apelação apenas sobre os honorários advocatícios não impedirá a execução do restante da sentença, sobre o qual não pende recurso com efeito suspensivo.

6.1.2.5. Não tem legitimidade recursal

Não tem legitimidade recursal o próprio juiz, já que a ninguém é dado recorrer da própria decisão. A remessa necessária, como condição de eficácia da sua sentença, não tem natureza recursal.

Também não têm os funcionários da justiça. Há controvérsia sobre a possibilidade de haver recurso do perito, especificamente no que concerne ao valor dos seus honorários fixados judicialmente. A resposta há de ser negativa, podendo o perito, se assim desejar, discutir os seus honorários em ação própria, **mas não por meio de recurso, dada a sua posição, no processo, de auxiliar do juízo**.

6.1.3. Interesse recursal

O último dos requisitos intrínsecos é o interesse recursal, que se assemelha ao interesse de agir, como condição de ação.

Para que haja interesse é preciso que, **por meio do recurso, se possa conseguir uma situação mais favorável do que a obtida com a decisão ou a sentença**. Ela não existirá, se a parte ou interessado tiver já obtido o melhor resultado possível, de sorte que nada haja a melhorar.

O interesse está condicionado à sucumbência do interessado.

2 ∎ Dos Recursos   821

> Só tem interesse em recorrer quem tiver sofrido sucumbência, que existirá quando não se tiver obtido o melhor resultado possível no processo.

É preciso, no entanto, ressalvar os embargos de declaração, cuja apreciação está condicionada à existência de outro tipo de interesse: não o de modificar para melhorar a decisão judicial, mas o de aclarar, sanar alguma contradição, integrá-la ou corrigir erro material.

Nos itens seguintes, serão examinadas algumas situações específicas, que poderiam gerar dúvida sobre a existência do interesse recursal.

6.1.3.1. É possível recorrer de sentença apenas para sanar-lhe algum vício?

Às vezes, o recorrente obteve resultado favorável, mas a sentença prolatada tem algum vício. Por exemplo, é *extra* ou *ultra petita*. A parte vitoriosa pode recorrer para que o vício seja sanado, **pois o melhor resultado possível pressupõe que a sentença esteja hígida, sem máculas**. Uma sentença favorável, mas eivada de nulidades, não trará tranquilidade àquele que a obteve, porque permitirá ao adversário valer-se de medidas como a ação rescisória, para desconstituí-la. **Há interesse em recorrer apenas com a finalidade de sanar eventuais nulidades, ainda que disso pudesse advir um aparente prejuízo ao recorrente**. Por exemplo: o autor pede um tanto na sentença, e o juiz concede-lhe mais que o postulado. O próprio autor pode recorrer para reduzir a condenação aos limites do julgado, sanando com isso o vício.

6.1.3.2. É possível ao réu recorrer da sentença de extinção sem resolução de mérito?

Que o autor possa recorrer dessa sentença não há qualquer dúvida, porque ele não obteve aquilo que pretendia. Mas e o réu? Parece-nos que, como regra, a resposta há de ser afirmativa, porque, sendo a sentença **meramente terminativa, inexistirá a coisa julgada material, a questão poderá ser novamente posta em juízo**. Melhor para o réu se a sentença fosse de improcedência, o que impediria a rediscussão. Portanto, há interesse recursal do réu para apelar da sentença extintiva, postulando julgamento definitivo de improcedência.

6.1.3.3. É possível recorrer para manter o resultado, mas alterar a fundamentação da sentença?

Aquele que obteve a vitória no processo não tem interesse de recorrer, postulando que a decisão seja mantida, mas que seja alterada a fundamentação. Para que haja interesse, é necessária a possibilidade de que seja alterado o resultado. Aquilo sobre o que recairá a coisa julgada material é o dispositivo (incluindo as questões prejudiciais, decididas na forma do art. 503, § 1.º), não a fundamentação.

Se o autor formula o pedido inicial com dois fundamentos, e o juiz o acolhe por força do primeiro, não tem interesse de apelar pedindo que a sentença seja mantida, mas o fundamento alterado, uma vez que essa modificação não terá repercussão prática.

Excepcionalmente, porém, será possível recorrer da fundamentação quando, por exemplo, **ela não for compatível com a conclusão a que chegou o juiz, ou quando, ao**

formulá-la, o juiz extrapolar os limites objetivos da ação. Nesse caso, haverá nulidade, cujo saneamento justificará o interesse do litigante, apesar do resultado favorável.

Há casos, ainda, em que a fundamentação repercute sobre a formação da coisa julgada material. São aqueles em que, por força da lei, a coisa julgada é *secundum eventum litis*. Os exemplos mais importantes são **as ações civis públicas e as ações populares, nas quais a sentença de improcedência por insuficiência de provas não faz coisa julgada material**.

Sendo assim, não é indiferente para o réu que a sentença de improcedência esteja fundada em insuficiência de provas ou em outro motivo, porque, no primeiro caso, inexistirá coisa julgada material. O réu tem interesse em apelar de improcedência por insuficiência de provas para alterar-lhe a fundamentação porque, se lograr êxito, obterá uma sentença mais favorável, de improcedência por outras razões, que se revestirá da autoridade da coisa julgada.

6.1.3.4. Há interesse para recorrer de sentenças homologatórias de transação, reconhecimento jurídico do pedido ou renúncia ao direito em que se funda a ação?

Aquele que fez acordo, reconheceu o pedido ou renunciou ao direito em que se funda a ação, **em princípio, não tem interesse recursal, uma vez que o juiz se limitou a homologar a sua manifestação de vontade**. Há preclusão lógica para a apresentação de recurso. Poderá fazê-lo, no entanto, para alegar que a homologação desbordou dos limites do acordo, do reconhecimento ou da renúncia.

6.1.3.5. Há interesse em recorrer quando o juiz acolhe um dos pedidos alternativos?

Se o autor, na inicial, formulou pedidos alternativos, sem manifestar preferência por nenhum deles, o acolhimento de um pelo juiz não autorizará a interposição de recurso para o acolhimento do outro, porque não terá havido sucumbência. **Mas, se houver formulação de um pedido principal e um subsidiário, e o juiz acolher este em detrimento daquele, o autor terá interesse de recorrer.**

6.2. REQUISITOS EXTRÍNSECOS

São aqueles que não dizem respeito à decisão recorrida, e à relação de pertinência entre ela e o recurso interposto, mas são exteriores, relacionam-se a fatores externos, que não guardam relação com a decisão. São eles:

6.2.1. Tempestividade

Todo recurso deve ser interposto dentro do prazo estabelecido em lei. Será intempestivo, e, portanto, inadmissível, o recurso que for apresentado fora do prazo, devendo ser observado quanto à contagem e à possibilidade de prorrogação o disposto no CPC, arts. 219 e 224. Quanto ao início da contagem do prazo devem ainda observar-se as regras do art. 1.003 do CPC, que estabelecem como *dies a quo* a data da intimação dos advogados ou sociedade de advogados, da Advocacia Pública, da Defensoria Pública ou do Ministério Público.

Todos os recursos do Código de Processo Civil, salvo os embargos de declaração, devem ser interpostos no prazo de 15 dias. Os embargos de declaração serão opostos no prazo de cinco dias.

O Ministério Público, a Fazenda Pública, a Advocacia Pública e a Defensoria Pública têm os prazos recursais e de contrarrazões em dobro. O prazo será dobrado também para a interposição de recurso adesivo. Os litisconsortes com advogados diferentes, de escritórios distintos, desde que o processo não seja eletrônico, têm em dobro o prazo para recorrer — sob a forma comum ou adesiva — e também para contrarrazoar.

A oposição de embargos de declaração por qualquer dos litigantes interrompe o prazo para a apresentação de outros recursos. A interrupção beneficia todos os litigantes (CPC, art. 1.026). A eficácia interruptiva vale também no Juizado Especial Cível, já que o art. 1.065 do CPC alterou a redação do art. 50 da Lei n. 9.099/95.

De se observar que o § 6.º, do art. 1.003 do CPC determina que, no ato de interposição do recurso, o recorrente deverá comprovar a ocorrência do feriado local. E o descumprimento dessa regra levada ao não conhecimento do recurso por intempestividade. No entanto, a Lei n. 14.939/2024 alterou a redução original do CPC, de sorte que o § 6.º, passou a determinar que "O recorrente comprovará a ocorrência de feriado local no ato de interposição do recurso, e, se não o fizer, o tribunal determinará a correção do vício formal, ou poderá desconsiderá-lo caso a informação já conste do processo eletrônico". Portanto, a falta de comprovação do feriado local no ato de interposição do recurso não levará mais ao seu não conhecimento, mas à determinação para que o vício seja suprido, se ele não for desconsiderado, pelos elementos constantes dos autos.

6.2.2. O preparo

Aquele que recorre deve pagar as **despesas com o processamento do recurso, que constituem o preparo**. A beneficiária é a Fazenda Pública, por isso os valores devem ser recolhidos em guia própria e pagos na instituição financeira incumbida do recolhimento. Além do preparo, também haverá o recolhimento do porte de remessa e retorno, quando o recurso tiver de ser examinado por órgão diferente daquele que proferiu a decisão, salvo quando se tratar de processo eletrônico.

Cabe à legislação pertinente estabelecer quais são os recursos que exigem o recolhimento do preparo. Ficam ressalvados os embargos de declaração, que não o exigirão, porque julgados pelo mesmo juízo ou órgão que prolatou a decisão, visando apenas integrá-la ou aclará-la.

É possível que leis estaduais isentem de preparo outros recursos. Assim, durante longo tempo, a revogada lei estadual de custas de São Paulo isentava de preparo o agravo de instrumento.

Não havendo isenção, prevista na legislação pertinente, o recurso deverá vir acompanhado do comprovante de recolhimento.

Há, porém, recorrentes que, dada a sua condição, estão isentos (art. 1.007, § 1.º). São eles:

824 Direito Processual Civil Esquematizado   Marcus Vinicius Rios Gonçalves

■ o Ministério Público;

■ a Fazenda Pública;

■ a Defensoria Pública;

■ os beneficiários da justiça gratuita.

6.2.2.1. Há necessidade de preparo no recurso especial e no extraordinário?

O regimento interno do Superior Tribunal de Justiça dispensava o recolhimento de preparo, mas não o do porte de remessa e de retorno, que corresponde às despesas com o encaminhamento do recurso ao órgão *ad quem*.

No entanto, a Lei n. 11.636/2007 o exige expressamente: **agora é preciso àquele que interpõe recurso especial recolher o preparo e o porte de remessa e retorno**.

Com relação ao recurso extraordinário, o regimento interno do Supremo Tribunal Federal também exige o recolhimento de preparo e porte de remessa e retorno.

6.2.2.2. Qual o valor do preparo?

O valor depende da legislação pertinente. No Estado de São Paulo vigora a Lei n. 11.608, de 29 de dezembro de 2003, que fixa como base de cálculo do preparo o valor da condenação, ou, não havendo, o valor da causa.

6.2.2.3. Há preparo em recurso adesivo?

O art. 997, § 2.º, do CPC dispõe que são aplicáveis ao recurso adesivo as mesmas regras do recurso independente, quanto aos requisitos de admissibilidade. **Se o recurso principal recolhe preparo, o adesivo também recolherá**.

6.2.2.4. Qual a ocasião oportuna para comprovar o recolhimento?

O art. 1.007 do CPC é o dispositivo que cuida, de maneira geral, do preparo. O *caput* não deixa dúvidas quanto ao momento de comprová-lo: **no ato de interposição do recurso, ocasião em que também deve ser comprovado o porte de remessa e retorno**.

Um problema que o advogado poderá enfrentar é o do encerramento do expediente no banco responsável pelo recolhimento antes do término do expediente forense, no último dia do prazo. Seria isso empecilho a justificar a prorrogação para o dia seguinte?

O Supremo Tribunal Federal e o Superior Tribunal de Justiça têm posicionamentos diferentes a respeito.

No primeiro, prevalece o entendimento de que o fechamento dos bancos antes do encerramento do expediente forense não constitui óbice a justificar a prorrogação para o dia seguinte, uma vez que o recorrente sabe de antemão os horários e tem de precaver-se, recolhendo o preparo oportunamente. Foi o que ficou decidido no Acórdão do Pleno do STF, publicado em *RTJ* 305/103.

Já no Superior Tribunal de Justiça prevalece entendimento diverso: o preparo poderá ser tempestivamente recolhido no dia seguinte ao último dia do prazo, em razão do expediente bancário encerrar-se antes do forense. E esse entendimento pacificou-se naquela Corte, com a edição da Súmula 484, que assim estabelece: "Admite-se que o preparo seja efetuado no primeiro dia útil subsequente, quando a interposição do recurso ocorrer após o encerramento do expediente bancário". Esse é o entendimento que há de prevalecer, já que o recolhimento do preparo não envolve matéria constitucional, cabendo ao Superior Tribunal de Justiça a última palavra a respeito do tema.

Com essas hipóteses, não se confunde a de haver encerramento do expediente bancário ou forense fora do horário convencional, caso em que haverá motivo para a prorrogação até o dia útil seguinte.

A falta de comprovação do recolhimento do preparo no ato de interposição não é causa de rejeição liminar do recurso. O recorrente deverá ser intimado, na pessoa de seu advogado, para proceder ao recolhimento em dobro, sob pena de deserção. Não cabe ao juízo *a quo* fazer o prévio juízo de admissibilidade do recurso, exceto no caso de recurso extraordinário ou especial. Assim, sendo ordinário o recurso, ainda que sem preparo, o órgão *a quo* deve determinar a subida dos autos ao Tribunal. Mas o relator, se verificar que o preparo não foi recolhido, ou foi recolhido fora do prazo, mas pelo valor singelo e não em dobro, deverá determinar a intimação do advogado do recorrente para recolhimento ou complementação, sob pena de deserção, no prazo de cinco dias. As mesmas regras aplicam-se ao porte de remessa e retorno.

6.2.2.5. *Complementação do preparo*

O art. 1.007, § 2.º, do CPC trata da hipótese de insuficiência do preparo, estabelecendo que o recurso será considerado deserto se a diferença não for recolhida em cinco dias. O dispositivo trata apenas **da insuficiência, não da falta de recolhimento**. Havendo apenas insuficiência, a complementação poderá ser feita pela diferença. Havendo falta de recolhimento, pelo dobro do que era devido, originalmente, como preparo. As mesmas regras valem para o porte de remessa e retorno. Se o recorrente que não recolheu preparo for intimado para recolhê-lo em dobro, e o fizer a menor, não haverá oportunidade de complementação, e o recurso será julgado deserto (art. 1.007, § 5.º).

6.2.3. Regularidade formal

Os recursos são, em regra, apresentados por escrito. No entanto, a lei autoriza interposição oral, em casos excepcionais. É o caso dos embargos de declaração no Juizado Especial (art. 49 da Lei n. 9.099/95). Conquanto a interposição seja oral, há necessidade de que o recurso seja reduzido a termo, para que o órgão julgador possa conhecer-lhe o teor.

Todo recurso deve vir acompanhado das respectivas razões, já no ato de interposição. Distinguem-se, nesse passo, os recursos cíveis dos criminais, em que há um prazo de interposição e outro de apresentação das razões.

Não será admitido o recurso que venha desacompanhado de razões, que devem ser apresentadas, em sua totalidade, no ato de interposição. Não se admite que as razões sofram acréscimos, sejam modificadas ou aditadas, posteriormente. Fica ressalvada, porém, a eventual modificação, alteração ou complementação da sentença por força de embargos de declaração. Se uma das partes apela e outra opõe embargos de declaração que provocam alteração ou complementação da sentença, aquele que apelou

826 Direito Processual Civil Esquematizado   *Marcus Vinicius Rios Gonçalves*

poderá acrescentar novos pedidos ou fundamentos ao seu recurso, relacionados àquilo que foi acrescido ou modificado.

Ao apresentar o recurso, a parte deve formular a sua pretensão recursal, aduzindo se pretende a reforma ou a anulação da decisão, ou de parte dela, indicando os fundamentos para tanto.

6.2.4. Inexistência de fato extintivo ou impeditivo do direito de recorrer

São os pressupostos negativos de admissibilidade, isto é, circunstâncias que não podem estar presentes para que o recurso seja admitido. Os fatos extintivos são a renúncia e a aquiescência; o fato impeditivo é a desistência do recurso.

6.2.4.1. Renúncia e aquiescência

São sempre prévias à interposição, ao contrário da desistência, que pressupõe recurso já apresentado.

A renúncia é manifestação unilateral de vontade, pela qual o titular do direito de recorrer **declara a sua intenção de não o fazer**. Sua finalidade, em regra, é antecipar a preclusão ou a coisa julgada. Caracteriza-se por ser irrevogável, prévia e unilateral, **o que dispensa a anuência da parte contrária**.

A aquiescência é a manifestação, **expressa ou tácita, de concordância do titular do direito de recorrer, com a decisão judicial**. Impede que haja recurso, por força de preclusão lógica. Pode ser expressa quando o interessado comunica ao juízo a sua concordância com o que ficou decidido; e tácita, quando pratica algum ato incompatível com o desejo de recorrer. Por exemplo, cumprindo aquilo que foi determinado na decisão ou sentença.

Não se admite renúncia prévia, formulada antes da decisão ou sentença, salvo nos casos em que já seja possível conhecer de antemão o seu teor. É o que ocorre, por exemplo, quando as partes fazem acordo e pedem que o juiz o homologue, renunciando ao direito de recorrer. Nesse caso, conquanto a renúncia seja anterior à homologação, as partes já sabem qual será o teor do julgamento.

A renúncia vem tratada no art. 999 do CPC, que explicita a desnecessidade de aceitação da outra parte; e a aquiescência, no art. 1.000: "A parte que aceitar expressa ou tacitamente a decisão não poderá recorrer". O parágrafo único conceitua aceitação tácita como "...a prática, sem nenhuma reserva, de ato incompatível com a vontade de recorrer".

Parece-nos que, havendo renúncia ou aquiescência, ficará vedada a admissibilidade do recurso, **seja sob a forma comum ou adesiva, uma vez que a decisão ou sentença precluirá ou transitará em julgado**.

Há situações em que poderá ser difícil distinguir se houve renúncia ou aquiescência, mas isso não terá importância, dado que ambas constituem causas extintivas do direito de recorrer.

6.2.4.2. A desistência do recurso

É causa impeditiva, tratada no art. 998 do CPC: "O recorrente poderá, a qualquer tempo, sem a anuência do recorrido ou dos litisconsortes, desistir do recurso".

O que distingue a desistência da **renúncia é que ela é sempre posterior à interposição:** só se desiste de recurso já apresentado, e só se renuncia ao direito de recorrer antes da interposição.

O recorrente tem sempre o direito de desistir do recurso, independentemente de qualquer anuência, ainda que o adversário tenha oferecido já as contrarrazões, diferentemente da desistência da ação que, após o oferecimento de resposta, exige o consentimento do réu.

A desistência pode ser manifestada até o início do julgamento do recurso e ser expressa ou tácita. **Será expressa quando o recorrente manifestar o seu desejo de que ele não tenha seguimento; e será tácita quando, após a interposição, o recorrente praticar ato incompatível com o desejo de recorrer.**

Não pode haver retratação da desistência, porque, desde que manifestada — e ainda que não tenha havido homologação judicial —, haverá preclusão ou coisa julgada.

7. MODO DE INTERPOSIÇÃO DOS RECURSOS — O RECURSO PRINCIPAL E O ADESIVO

O recurso adesivo não é uma espécie, mas uma forma de interposição de alguns recursos. Podem ser opostos sob a forma adesiva **a apelação, o recurso especial e o extraordinário**.

Caberá ao recorrente, quando possível, optar entre interpô-los sob a forma principal ou adesiva.

São dois os requisitos do recurso adesivo:

■ **que tenha havido sucumbência recíproca**, isto é, que nenhum dos litigantes tenha obtido no processo o melhor resultado possível;

■ **que tenha havido recurso do adversário**.

Mas quando o recurso deve ser interposto como principal, ou adesivo?

Imagine-se, por exemplo, que A ajuíza em face de B uma ação de cobrança de 100 e que o juiz julga parcialmente procedente o pedido, condenando o réu a pagar ao autor 80. Houve sucumbência recíproca.

Pode ocorrer que essa sentença não satisfaça nenhum dos litigantes e que ambos queiram que seja reformada pelo órgão *ad quem*. Intimadas, as partes apresentarão o seu recurso sob a forma principal. Serão recursos autônomos, cujos requisitos de admissibilidade serão examinados pelo juiz, individualmente.

Mas pode ocorrer, por exemplo, que A, conquanto não tenha obtido o resultado mais favorável, o **aceite e esteja disposto a não recorrer, para que, havendo logo o trânsito em julgado, a sentença passe a produzir efeitos**. Sendo assim, deixará transcorrer o seu prazo *in albis*. Mas A descobre que o seu adversário recorreu, o que impede o trânsito em julgado: os autos terão de ser remetidos ao tribunal. O autor, se soubesse que o réu interporia recurso e que os autos subiriam, também teria recorrido, para tentar obter um resultado ainda mais favorável.

Nessa circunstância, a lei processual lhe dá uma segunda oportunidade de recorrer, desta feita sob a forma adesiva. É como se o autor **"pegasse carona"** no recurso do adversário, apresentando também o seu. Essa breve explicação esclarece por que é indispensável que tenha havido sucumbência recíproca e recurso do adversário, pois do contrário não haveria como "pegar a carona".

Aquele que recorreu adesivamente preferiria que a sentença transitasse logo em julgado; mas, como houve recurso do adversário, ele aproveita para também recorrer.

Isso explica o **caráter acessório** do recurso adesivo. Se o principal não for admitido, ou se houver desistência, ele ficará prejudicado, pois só sobe e é examinado com o principal.

7.1. PROCESSAMENTO DO RECURSO ADESIVO

Publicada a sentença ou acórdão, fluirá o prazo para a apresentação de recurso principal, que pode ser interposto por ambas as partes. Havendo sucumbência recíproca, se só uma delas recorrer, a outra será intimada a oferecer contrarrazões. **Nesse prazo, poderá apresentar o recurso adesivo**. Este deve ser apresentado no prazo das contrarrazões, **mas em peças distintas**. Afinal, os fundamentos serão completamente diferentes: nas contrarrazões, o apelado postulará a manutenção do que lhe foi concedido; e, no recurso adesivo, a reforma da sentença, naquilo que lhe foi negado.

Recebido o recurso adesivo, o juiz intimará a parte contrária para oferecer-lhe contrarrazões. Haverá, portanto, contrarrazões ao recurso principal e ao adesivo.

Os requisitos de admissibilidade são os mesmos do recurso principal, tanto os extrínsecos como os intrínsecos (art. 997, § 2.º, do CPC).

Como ele é subordinado ao principal, **se este não for admitido, for julgado deserto ou houver desistência, aquele ficará prejudicado** (art. 997, § 2.º, III).

Aquele que apelou sob a forma principal, não pode, posteriormente, recorrer sob a forma adesiva. Imagine-se, por exemplo, que uma das partes tenha apelado sob a forma principal e que seu recurso não tenha sido admitido, por estar sem preparo ou fora do prazo. Havendo recurso do adversário, não será possível que ele tente agora interpor recurso sob a forma adesiva, uma vez que já exauriu o seu direito de recorrer.

REQUISITOS INTRÍNSECOS	
▣ CABIMENTO	▣ Só são cabíveis os recursos previstos em lei. O CPC os enumera no art. 994, podendo haver outros criados em lei especial.
▣ INTERESSE	▣ É condicionado a que haja sucumbência, isto é, a que não se tenha obtido, no processo, o melhor resultado possível. Não há interesse em recorrer da fundamentação, salvo nos casos em que esta repercutir na incidência ou não da coisa julgada material (*secundum eventum litis*).
▣ LEGITIMIDADE	▣ Têm legitimidade as partes, o Ministério Público e o terceiro prejudicado. Além disso, o advogado, desde que o recurso verse exclusivamente sobre os seus honorários. Não tem legitimidade o juiz, os funcionários e o perito.

REQUISITOS EXTRÍNSECOS	
◘ TEMPESTIVIDADE	◘ Os recursos do CPC são interpostos no prazo de quinze dias, salvo os embargos de declaração (cinco dias). Os arts. 180, 183 e 229 do CPC determinam a dobra do prazo.
◘ PREPARO	◘ São as custas com o processamento do recurso. Não recolhem preparo os embargos de declaração. Quanto aos demais, o CPC não o exclui, cumprindo verificar a legislação pertinente. O recurso extraordinário e o especial recolhem preparo e porte de remessa e retorno. A comprovação do preparo deve ser feita no ato de interposição do recurso.
◘ REGULARIDADE FORMAL	◘ Os recursos são, em regra, escritos e, no ato de interposição devem vir acompanhados das razões, sob pena de preclusão consumativa.
◘ INEXISTÊNCIA DE FATOS EXTINTIVOS OU IMPEDITIVOS DO DIREITO DE RECORRER	◘ Os fatos extintivos são a renúncia e a aquiescência, sempre prévias à interposição do recurso. O fato impeditivo é a desistência, que pressupõe recurso já interposto.

8. PRINCÍPIOS FUNDAMENTAIS DO DIREITO RECURSAL

8.1. INTRODUÇÃO

Os recursos são regidos por princípios próprios, examinados nos itens seguintes. Dentre eles, destaca-se o do **duplo grau de jurisdição**, tratado entre os princípios fundamentais do processo civil, que diz respeito diretamente ao direito de recorrer. Conquanto a Constituição Federal não imponha como regra explícita e permanente a do duplo grau, o nosso sistema, ao prever a existência de órgãos cuja função é, entre outras, a de reexaminar as decisões judiciais, em recurso, admitiu-o.

8.2. PRINCÍPIO DA TAXATIVIDADE

O rol legal de recursos é **taxativo, *numerus clausus***. Só existem os previstos em lei, não sendo dado às partes formular meios de impugnação das decisões judiciais além daqueles indicados pelo legislador.

O art. 994 do CPC enumera os recursos cabíveis. A eles podem ser acrescentados outros que venham a ser criados por leis especiais.

Por razões metodológicas, tratar-se-á, neste capítulo, de alguns fenômenos processuais que não são recursos, que não têm natureza recursal e que, portanto, não estão incluídos no rol legal. No entanto, podem ser confundidos com recursos, o que justifica que sejam examinados, para que as semelhanças e distinções se evidenciem. São eles a remessa necessária, o pedido de reconsideração e a correição parcial.

8.2.1. Remessa necessária

8.2.1.1. Introdução

A remessa necessária não é recurso, pois lhe faltam quase todas as características a ele inerentes: o recurso é voluntário, depende da vontade daqueles que podem recorrer; a remessa é necessária, independe da vontade dos litigantes. O recurso é uma manifestação de inconformismo, ao passo que a remessa será realizada, ainda que todos os litigantes estejam de acordo com a sentença. O recurso deve vir sempre acompanhado

830 Direito Processual Civil Esquematizado · *Marcus Vinicius Rios Gonçalves*

de razões, e a remessa não; o recurso tem prazo de interposição, e a remessa deve ser feita a qualquer tempo, sob pena de a sentença não transitar em julgado.

O que há em comum é que, também na remessa, os autos serão remetidos à superior instância, para reapreciação do que foi decidido. Mas não há como considerá-la recurso. **A expressão "recurso de ofício", utilizada antigamente, não se mostra adequada para indicar a natureza do instituto.**

8.2.1.2. Conceito

Há algumas sentenças que, enquanto não reexaminadas pela instância superior, não produzem efeitos, não transitam em julgado. O legislador determina, como condição de eficácia, que elas sejam reapreciadas.

> Remessa necessária consiste na necessidade, imposta por lei, de que a sentença, para tornar--se eficaz, seja reexaminada pelo tribunal, ainda que não tenha havido nenhum recurso das partes. É condição indispensável para que possa transitar em julgado.

Cabe ao juiz, verificadas as hipóteses, determinar de ofício a remessa dos autos à instância superior, ainda que as partes não tenham recorrido. Enquanto não o fizer, a sentença não transita em julgado, como estabelece a Súmula 423 do STF: "Não transita em julgado a sentença por haver omitido o recurso 'ex officio', que se considera interposto 'ex lege'". Se o juiz não determinar a remessa, caberá ao presidente do tribunal avocar os autos.

8.2.1.3. Hipóteses de cabimento no CPC

As hipóteses de cabimento da remessa necessária no Código de Processo Civil vêm previstas no art. 496, **que enumera duas que podem ser resumidas em uma só.**

O art. 496, I, determina-a quando a sentença for "proferida contra a União, os Estados, o Distrito Federal, os Municípios e suas respectivas autarquias e fundações de direito público". Em síntese, **contra as pessoas jurídicas de direito público.** Por oposição, não haverá remessa nas sentenças proferidas contra as pessoas de direito privado, que incluem as empresas públicas e as sociedades de economia mista.

A remessa só se justifica **se a sentença for contrária a tais entes, se eles tiverem sofrido alguma sucumbência, não obtendo o resultado mais favorável.**

Ela não impede que a Fazenda Pública interponha recurso voluntário que, **sendo acompanhado de razões**, permitirá que ela apresente argumentos ou fundamentos para tentar convencer o tribunal a modificar a decisão.

A segunda hipótese é a da "sentença que julgar procedentes, no todo ou em parte, os embargos à execução fiscal". Essa hipótese é específica, e vale apenas para a procedência dos embargos na execução fiscal. O Superior Tribunal de Justiça tem entendido que não haverá remessa necessária na hipótese de improcedência de embargos à execução ajuizados pela Fazenda Pública, nas hipóteses de execução contra ela aforada. É certo que, nessas hipóteses, estará sendo proferida sentença contra a Fazenda Pública, já que foi ela quem apresentou os embargos que estão sendo desacolhidos. No entanto, pacificou-se no STJ o entendimento de que como o inciso II do art. 496 fala apenas do

2 ◼ Dos Recursos

acolhimento dos embargos à execução fiscal (execução ajuizada pela Fazenda Pública), no caso de desacolhimento dos embargos à execução ajuizada em face da Fazenda não haverá remessa necessária. Nesse sentido: AgRg no AREsp 766.072/PR, de 17.12.2015, Rel. Min. Benedito Gonçalves.

Assim, **pode-se resumir as hipóteses de cabimento da remessa necessária no Código de Processo Civil à sucumbência da Fazenda Pública (ressalvada a improcedência dos embargos à execução por ela aforados)**, o que tem despertado críticas, já que são numerosos os seus privilégios processuais.

Como o art. 496 menciona a remessa necessária exclusivamente de sentenças, não há como admitir a remessa de decisões interlocutórias de mérito, ainda que proferidas contra a Fazenda Pública, já que não se pode admitir interpretação extensiva do dispositivo. Proferida a decisão, a Fazenda deverá interpor agravo de instrumento, sob a pena de a decisão de mérito transitar em julgado.

8.2.1.4. Casos de exclusão da remessa necessária

O Código de Processo Civil apresenta algumas exceções às hipóteses de remessa, estabelecidas no art. 496, I e II, do CPC. Elas estão previstas no art. 496, §§ 3.º e 4.º, do CPC.

Não haverá quando "a condenação ou o proveito econômico obtido na causa for de valor certo e líquido inferior a: I — 1.000 salários mínimos para a União e as respectivas autarquias e fundações de direito público; II — 500 salários mínimos para os Estados, o Distrito Federal, as respectivas autarquias e fundações de direito público e os Municípios que constituam capitais dos Estados; III — 100 salários mínimos para todos os demais Municípios e respectivas autarquias e fundações de direito público" (art. 496, § 3.º).

O dispositivo visa **afastar a remessa nos casos em que a sucumbência da Fazenda for de pequena monta, conforme os limites acima mencionados**. Se ela for ré, não haverá a remessa se a condenação, ou o proveito econômico obtido pelo autor, limitar-se a esse montante; se for autora, se a diferença entre o que foi pedido e o que for obtido não ultrapassar esse valor.

A Súmula 490 do Superior Tribunal de Justiça, publicada em 1.º de agosto de 2012, já afastava as dúvidas sobre a necessidade de o valor da condenação ou do proveito ser líquido. Essa exigência tornou-se expressa no § 3.º do art. 496. A razão é evidente: se não há liquidez, não é possível conhecer, de antemão, o *quantum debeatur*, para saber se o montante se limita ao estabelecido na lei.

A inexigibilidade não constitui óbice a que a Fazenda, insatisfeita, valha-se do recurso voluntário.

A outra hipótese de exclusão é a da sentença que "estiver fundada em: I — súmula de tribunal superior; II — acórdão proferido pelo Supremo Tribunal Federal ou pelo Superior Tribunal de Justiça em julgamento de recursos repetitivos; III — entendimento firmado em incidente de resolução de demandas repetitivas ou de assunção de competência; IV — entendimento coincidente com orientação vinculante firmada no âmbito administrativo do próprio ente público, consolidada em manifestação, parecer ou súmula administrativa".

832   Direito Processual Civil Esquematizado   *Marcus Vinicius Rios Gonçalves*

A exclusão, nesses casos, justifica-se, **seja qual for o valor da sucumbência da Fazenda**, uma vez que a remessa só serviria para retardar o desfecho do processo, sem resultado útil para a Fazenda, diante da existência de jurisprudência consolidada nos tribunais.

Também não haverá remessa necessária das sentenças proferidas no Juizado Especial Federal, ainda que contra a Fazenda Pública, nos termos do art. 13 da Lei n. 10.259/2001; nem das sentenças proferidas nos Juizados Especiais da Fazenda Pública no âmbito dos Estados, em conformidade com o disposto no art. 11 da Lei n. 12.153/2009.

8.2.1.5. Outras hipóteses

Além das mencionadas no Código de Processo Civil, há outras hipóteses de remessa necessária, em ações de natureza civil, previstas em legislação extravagante.

Uma delas é a da **sentença que julga improcedente ou extinta sem julgamento de mérito a ação popular (art. 17 da Lei n. 4.717/65); outra é a sentença que conceder o mandado de segurança (art. 14, § 1.º, da Lei n. 12.016/2009)**.

8.2.1.6. Efeitos da remessa necessária

Não é adequado alegar que a remessa necessária tem efeito suspensivo. Melhor dizer que ela é condição de eficácia da sentença, porque não é ela que suspende a eficácia da sentença; mas esta não produz nenhum efeito, enquanto não reexaminada pelo tribunal. É diferente do que ocorre, por exemplo, com a apelação. Se esta for interposta, em regra, a sentença não produzirá ainda efeitos; mas se não for, findo o prazo recursal, tornar-se-á perfeitamente eficaz.

Quanto ao efeito devolutivo, a extensão da matéria a ser reexaminada pelo juiz, por força da remessa, é indicada pela Súmula 45 do STJ: "No reexame necessário (atualmente remessa necessária), é defeso, ao Tribunal, agravar a condenação imposta à Fazenda Pública". **Essa súmula indica que o Tribunal só examinará, na remessa, a sucumbência imposta à Fazenda, e não as outras partes da sentença**. A situação da Fazenda não pode piorar; só poderá, se houver recurso voluntário do seu adversário.

Além disso, o Tribunal pode reexaminar integralmente a sucumbência da Fazenda, inclusive os honorários advocatícios a que foi condenada. Nesse sentido, a Súmula 325 do STJ: "A remessa oficial devolve ao tribunal o reexame de todas as parcelas da condenação suportadas pela Fazenda Pública, inclusive dos honorários de advogado". Essa súmula aplica-se ainda que haja apelação parcial da Fazenda: **se ela apelar de apenas uma parte da sentença em que sucumbiu, a outra parte, que não foi objeto do recurso, deverá ser objeto da remessa**.

Discute-se se o art. 1.013, § 3.º, I, do CPC poderia ser aplicado à remessa necessária. Esse dispositivo autoriza o tribunal a julgar o pedido, ainda que a primeira instância tenha julgado o processo extinto sem resolução de mérito, desde que todos os elementos necessários para tanto já estejam nos autos.

Conquanto o artigo esteja no capítulo da apelação, não há óbice a que seja aplicado à remessa necessária. Se a Fazenda, por exemplo, promove demanda contra o particular, julgada extinta sem resolução de mérito, haverá remessa necessária, na qual o tribunal

2 ■ Dos Recursos

poderá julgá-lo, desde que todos os elementos necessários estejam nos autos. E ao fazê-lo **poderá julgar o pedido procedente ou improcedente. Não haverá** *reformatio in pejus* **neste último caso, porque esta pressupõe que a primeira instância tenha examinado a pretensão**.

A remessa necessária tem ainda efeito translativo, autorizando o Tribunal a conhecer, de ofício, matérias de ordem pública, mesmo aquelas que não sejam objeto do recurso. Esse é o maior perigo que corre a Fazenda. Pode ser que tenha sofrido pequena sucumbência e que nenhuma das partes recorra. Por força da remessa, os autos serão remetidos à instância superior. O Tribunal examinará, além da sucumbência da Fazenda, as matérias públicas que podem ser conhecidas de ofício. E, ao fazê-lo, poderá até julgar o processo extinto sem resolução de mérito.

A técnica de julgamento do art. 942, prevista quando houver julgamento não unânime, não se aplica à remessa necessária (art. 942, § 4.º, II).

8.2.2. Pedido de reconsideração

O pedido de reconsideração não tem previsão legal, mas é formulado com frequência.

Não se lhe pode atribuir natureza de recurso, já que não está previsto em lei como tal, **nem obriga ao reexame da questão suscitada**.

O problema mais interessante que suscita é o de saber se o juiz pode reconsiderar e até quando pode fazê-lo.

Se a parte agravou de instrumento, nos casos em que ele é admitido (art. 1.015), o juiz pode, **enquanto não julgado o recurso, reconsiderar**, pois os agravos são dotados de juízo de retratação. O mesmo ocorrerá quando houver apelação, nos casos em que ela autoriza a retratação (extinção sem resolução de mérito e improcedência de plano).

Se a parte não agravou, nos casos em que cabe o agravo de instrumento, pode haver a reconsideração? **É preciso distinguir se a decisão envolve matéria de ordem pública, ou não**. No primeiro caso, não estará sujeita à preclusão, nem para as partes, nem para o juiz (preclusão *pro judicato*), que poderá reconsiderá-la a qualquer tempo, enquanto não tenha havido o julgamento. Se não é de ordem pública, está sujeita a preclusão, **e o juiz só poderá reconsiderá-la se dentro do prazo de quinze dias, para a interposição do agravo**, prazo em que, como há ainda a possibilidade de recurso, a decisão não se terá tornado preclusa.

Já se a decisão interlocutória não for suscetível de agravo, por não constar do art. 1.015 do CPC, ela não ficará preclusa (art. 1.009, § 1.º). Assim, em princípio, e havendo novos elementos nos autos que o justifiquem, o juiz poderá reconsiderá-la. Mas desde que haja novas circunstâncias ou elementos que o justifiquem e que devem ser explicitados em decisão fundamentada.

O pedido de reconsideração **não tem efeito suspensivo ou interruptivo do prazo de outros recursos, quando eles couberem**. Se o juiz não volta atrás, a parte terá perdido a possibilidade de agravar de instrumento, se não o tiver feito no prazo, nas hipóteses em que esse recurso é cabível.

834 Direito Processual Civil Esquematizado   *Marcus Vinicius Rios Gonçalves*

Caso o juiz acolha o pedido de reconsideração formulado por uma das partes, poderá a outra, no prazo legal, interpor o seu agravo de instrumento, se a hipótese for uma daquelas do art. 1.015, ou suscitar a questão, como preliminar de apelação ou nas contrarrazões, se o agravo de instrumento não for cabível.

8.2.3. Correição parcial

Não está prevista como recurso em nosso ordenamento jurídico. **É medida administrativa, de natureza disciplinar, para a hipótese de o juiz, por meio de uma decisão, promover a inversão tumultuária do processo**. Tinha utilidade no regime do Código de 1939, cujo sistema recursal era insuficiente, não prevendo recursos contra algumas espécies de decisões, das quais podia advir prejuízo às partes. Em tais situações, admitia-se a sua interposição.

Hoje, a correição parcial não tem mais utilidade, nem poderá ser admitida, porque sempre haverá meio adequado de impugnar as decisões interlocutórias: ou o agravo de instrumento ou a suscitação como preliminar em apelação ou nas contrarrazões.

8.3. PRINCÍPIO DA SINGULARIDADE OU DA UNIRRECORRIBILIDADE

É o que estabelece que, **para cada ato judicial, cabe um único tipo de recurso adequado**.

Contra as decisões interlocutórias previstas no art. 1.015, cabe o agravo de instrumento. Contra as sentenças, a apelação; contra decisões monocráticas do relator, agravo interno; contra acórdãos que se enquadrem nas hipóteses do art. 102, III, da Constituição Federal, recurso extraordinário; e contra acórdãos, nas hipóteses do art. 105, III, recurso especial. O recurso ordinário será adequado nas hipóteses previstas na CF, arts. 102, II, e 105, II.

Mas esse princípio não é absoluto e há situações em que será possível interpor recursos distintos contra o mesmo pronunciamento judicial ou, por meio de um recurso único, questionar mais de um pronunciamento. São elas:

- a interposição de apelação, na qual, seja como preliminar, seja nas contrarrazões, será possível impugnar as decisões interlocutórias proferidas no curso do processo, não sujeitas à preclusão, por não suscetíveis de agravo de instrumento. As decisões interlocutórias, à exceção daquelas enumeradas no art. 1.015 do CPC, não são recorríveis em separado, devendo ser impugnadas quando da apresentação de apelação, seja como preliminar, seja nas contrarrazões;

- a interposição de embargos de declaração, contra decisões, sentenças e acórdãos, sem prejuízo de outros recursos. Aqui não há violação ao princípio da unidade, porque os embargos não visam a reforma ou anulação da decisão, mas apenas o seu aclaramento e integração;

- a interposição simultânea de recurso especial e extraordinário, contra o mesmo acórdão. Há aqui dois recursos contra a mesma decisão, mas cada qual versando sobre um aspecto, uma situação determinada, no acórdão.

Do princípio da singularidade, decorrem algumas situações, cujo exame pode ser relevante:

a) Em audiência de instrução e julgamento, o juiz pode praticar numerosos atos processuais. Pode, por exemplo, no curso da audiência, proferir alguma decisão que se enquadre no rol do art. 1.015 do CPC, como, por exemplo, revogar a gratuidade da justiça e, ao final, depois de colhidas as provas orais, proferir sentença. A decisão de revogação da gratuidade **e a sentença constituem atos processuais distintos, para fins recursais, já que a primeira desafia a interposição de agravo de instrumento (art. 1.015, V), e a segunda, apelação**. Será necessário o agravo de instrumento, contra a decisão; e a apelação, contra a sentença. Não será possível, na apelação, rediscutir a decisão sobre a revogação da gratuidade, já que o princípio da singularidade estabelece que, contra esse tipo de decisão, o recurso é o de agravo de instrumento. Diferente seria se o juiz decidisse a questão no bojo da sentença, caso em que não haveria dois atos judiciais distintos, mas um só: a sentença, contra a qual cabe apelação. Também diferente seria a situação se, no curso da audiência, mas antes da sentença, o juiz proferisse decisão interlocutória que não se encaixe no rol do art. 1.015. Nesse caso, não caberia o agravo de instrumento. Essa decisão só poderia ser impugnada como preliminar de apelação, se o prejudicado por ela for o apelante; ou nas contrarrazões, se o prejudicado pela decisão não agravável for o apelado. Como não há agravo de instrumento nessa hipótese, não haverá a interposição de dois recursos, mas apenas o de apelação, na qual o reexame da decisão interlocutória anterior poderá ser postulado.

Tomemos agora outra situação curiosa: imagine-se que A ajuíze em face de B uma ação de cobrança e que requeira, no momento oportuno, prova testemunhal.

O juiz profere julgamento antecipado do mérito, acolhendo a pretensão do autor. Na sentença, ele conclui pela desnecessidade das testemunhas, entendendo que a questão de mérito era só de direito, ou já estava provada por outros elementos. O autor não tem interesse de recorrer dessa sentença, nem mesmo no que concerne ao indeferimento das testemunhas, já que o resultado final lhe foi favorável. Quem poderá recorrer é o réu. Se ele o fizer, o autor, nas contrarrazões pedirá a manutenção da sentença e poderá pedir que, se o tribunal cogitar de reformá-la, antes de o fazer reexamine o indeferimento da prova testemunhal por ele requerida. Se o tribunal entender que os elementos de prova eram insuficientes para o acolhimento da pretensão, **não poderá reformá-la, mas deverá anulá-la, autorizando o autor a produzir as provas que ele requereu e não teve como produzir**.

b) O juiz pode, no curso do processo, deferir o requerimento de tutela provisória. Pode fazê-lo até mesmo no momento de proferir sentença, quando a apelação for dotada de efeito suspensivo, como no exemplo acima mencionado. Mas é conveniente que o faça **em decisão interlocutória autônoma**, pois então caberá à parte prejudicada agravar de instrumento dessa decisão (podendo requerer, se for o caso, a concessão de efeito suspensivo ao relator) e apelar da sentença; pois, se o juiz decidir a tutela provisória dentro da sentença, não haverá dois atos judiciais, mas apenas um, contra o qual caberá tão-somente apelação, não dotada de efeito suspensivo (art. 1.012, V, do CPC), o que obrigará o interessado a requerer a concessão de tal efeito ao relator, na forma do art. 1.012, § 3.º.

8.4. PRINCÍPIO DA FUNGIBILIDADE DOS RECURSOS

Vinha previsto expressamente no Código de Processo Civil de 1939, cujo art. 810 estabelecia: "Salvo a hipótese de má-fé ou erro grosseiro, a parte não será prejudicada pela interposição de um recurso por outro, devendo os autos ser enviados à Câmara, ou Turma, a que competir o julgamento".

O sistema recursal no Código de 1939 não era tão bem organizado como o atual, e havia casos de dúvida objetiva a respeito do recurso adequado. Por isso, o legislador estabeleceu que o juiz ou o tribunal poderia conhecer de um recurso pelo outro, valendo-se da fungibilidade.

O Código de Processo Civil de 1973 não repetiu o dispositivo do Código anterior, porque o legislador imaginou que, tendo feito as distinções entre os vários tipos de ato judicial de forma mais clara que na lei anterior, estariam afastadas as hipóteses de dúvida objetiva e a fungibilidade seria desnecessária.

Mas se verificou que, mesmo na vigência do Código de 1973, **havia hipóteses de dúvidas quanto à natureza de determinados pronunciamentos judiciais e, portanto, do recurso adequado contra eles**. Surgiram controvérsias na doutrina e na jurisprudência sobre a natureza de alguns tipos de pronunciamento, que alguns qualificavam de sentença, outros de decisão interlocutória.

Daí a necessidade de tornar à fungibilidade, ainda que sem previsão legal. O problema persiste no Código de Processo Civil atual. Daí a necessidade de admitir-se a fungibilidade, que decorre do sistema, **pois continuam existindo situações de dúvida objetiva a respeito do recurso apropriado**.

Mas nem sempre caberá a aplicação da fungibilidade. Há um requisito indispensável, a existência de dúvida objetiva a respeito da natureza da decisão, **que resulta de controvérsia efetiva, na doutrina ou na jurisprudência, a respeito do pronunciamento. Não basta a dúvida subjetiva, pessoal, sendo necessário que ela se objetive pela controvérsia**.

Quando houver a dúvida objetiva, o juiz ou o tribunal poderá receber um recurso por outro. É o que ocorre, por exemplo, na hipótese do art. 548, III, do CPC, que trata da consignação em pagamento quando houver dúvida sobre quem deva legitimamente receber.

8.4.1. Requisitos para a sua aplicação

No Código de Processo Civil de 1939, eram dois os requisitos: a inexistência de erro grosseiro e de má-fé. Não havia erro grosseiro em caso de existir dúvida objetiva a respeito da natureza do ato praticado. Já a má-fé era demonstrada quando, existindo diferenças de prazo entre os dois recursos sobre os quais pairava a dúvida, o recorrente se valia do menor. Se havia dúvida entre apelação e agravo, a boa-fé ficava demonstrada se o recorrente, ainda que se valesse da apelação, apresentasse-a no prazo menor do agravo.

No regime atual, parece-nos correta a lição de Nelson Nery Junior, **para quem o único requisito é o da dúvida objetiva**. Se esta efetivamente existe, se há controvérsia a respeito de qual o recurso adequado, é direito do recorrente interpor um recurso ou outro, **valendo-se do prazo previsto em lei**. A questão do prazo, de qualquer forma,

2 ■ Dos Recursos

perdeu o sentido no Código de Processo Civil atual, já que todos os recursos, à exceção dos embargos de declaração, devem ser interpostos no mesmo prazo de 15 dias.

8.4.2. Procedimento de aplicação

Não constitui óbice à aplicação da fungibilidade deverem os recursos, sobre cuja admissibilidade se controverte, ser interpostos em instâncias diferentes. Por exemplo, quando se questiona sobre o cabimento do agravo de instrumento e da apelação.

Se a parte apela, e entende-se que o recurso correto era o agravo de instrumento, bastará desentranhá-lo, conceder ao autor prazo para instruí-lo e em seguida enviá-lo ao órgão *ad quem* para julgamento; se, ao contrário, for interposto agravo de instrumento, e for caso de apelação, o tribunal determinará a remessa ao órgão *a quo* para que o recurso seja entranhado aos autos e processado como tal.

8.5. PRINCÍPIO DA PROIBIÇÃO DA *REFORMATIO IN PEJUS*

Guarda relação direta com a extensão do efeito devolutivo dos recursos. Aquele que recorre só o faz para melhorar a sua situação. Portanto, só impugna aquela parte da decisão ou da sentença que lhe foi desfavorável. Como o recurso devolve ao Tribunal apenas o conhecimento daquilo que foi impugnado, **os julgadores vão se limitar a apreciar aquilo em que o recorrente sucumbiu, podendo, na pior das hipóteses, não acolher o recurso e manter a sentença tal como lançada**. Daí decorre que, no exame do recurso de um dos litigantes, a sua situação não poderá ser piorada, sendo vedada a *reformatio in pejus*. A situação só pode ser piorada se houver recurso de seu adversário.

Mas os recursos em geral são dotados de **efeito translativo**, que permite ao órgão *ad quem* examinar de ofício matérias de ordem pública, ainda que não sejam alegadas. **Por força dele, a situação do recorrente pode até ser piorada**. Imagine-se, por exemplo, que o autor de ação condenatória tenha obtido êxito parcial em sua pretensão. Se só ele recorrer para aumentar a condenação obtida, não será possível que o tribunal reduza essa condenação; mas pode, por exemplo, detectar uma questão de ordem pública, que ainda não tinha sido ventilada, como a falta de uma das condições da ação ou de um dos pressupostos processuais, do que resultará a extinção do processo sem resolução de mérito, em detrimento do autor.

9. EFEITOS DOS RECURSOS

9.1. INTRODUÇÃO

São as consequências que o processo sofre com a sua interposição. Não decorrem da vontade das partes ou do juiz, mas de determinação legal. É a lei que estabelece quais os efeitos de que um recurso é dotado.

Constituem matéria de ordem pública, não sujeita a preclusão. O julgador que tenha, por equívoco, atribuído a determinado recurso efeitos de que ele seja desprovido deverá voltar atrás, afastando-os.

Nos itens seguintes serão examinados os principais: devolutivo, suspensivo, translativo, expansivo e regressivo.

9.2. EFEITO DEVOLUTIVO

Consiste na aptidão que todo recurso tem de devolver ao conhecimento do órgão *ad quem* o conhecimento da matéria impugnada. Todos os recursos são dotados de efeito devolutivo, uma vez que é de sua essência que o Judiciário possa reapreciar aquilo que foi impugnado, seja para modificar ou desconstituir a decisão, seja para complementá-la ou torná-la mais clara.

O órgão *ad quem* deverá observar os limites do recurso, conhecendo apenas aquilo que foi contestado. Se o recurso é parcial, o tribunal não pode, por força do efeito devolutivo, ir além daquilo que é objeto da pretensão recursal.

Ele é consequência da inércia do Judiciário: não lhe cabe reapreciar aquilo que, não tendo sido impugnado, presume-se aceito pelo interessado. Também no que concerne aos recursos, o Judiciário só age mediante provocação, limitando-se a examinar o objeto do recurso (ressalvadas as matérias de ordem pública, que serão objeto de exame no item concernente ao efeito translativo).

O efeito devolutivo precisa ser examinado em seus dois aspectos fundamentais: **o da extensão e o da profundidade**.

9.2.1. Extensão do efeito devolutivo

Aquele que vai a juízo formula pretensões e expõe os fundamentos pelos quais pretende que elas sejam acolhidas.

O juiz, nas decisões que profere, examina-as, acolhendo-as ou rejeitando-as. A parte a quem a decisão prejudicar pode recorrer. Ao fazê-lo, indicará qual das pretensões rejeitadas pelo juiz pretende que seja reexaminada.

Quando o autor, na petição inicial, formula dois ou mais pedidos, o juiz, no dispositivo da sentença, terá de examiná-los todos.

A parte sucumbente pode ficar inconformada com a rejeição de todas as suas pretensões, ou de apenas algumas delas. Isso será indicado quando ela interpuser o recurso: nele, dirá qual a extensão das matérias que pretende sejam reexaminadas pelo tribunal, se todas as pretensões em que sucumbiu, ou se apenas algumas delas. **Se o recurso for parcial, o tribunal só reexaminará a parte recorrida**.

O recurso devolve ao conhecimento do tribunal tão-somente a reapreciação daquilo que foi impugnado: *tantum devolutum quantum appellatum*, princípio que vem expressamente consagrado no art. 1.013, *caput*, do CPC: "A apelação devolverá ao tribunal o conhecimento da matéria impugnada".

9.2.2. Profundidade do efeito devolutivo

Prevista no art. 1.013, § 1.º, do CPC: "Serão, porém, objeto de apreciação e julgamento pelo tribunal todas as questões suscitadas e discutidas no processo, ainda que não tenham sido solucionadas, desde que relativas ao capítulo impugnado". E no art. 1.013, § 2.º: "Quando o pedido ou a defesa tiver mais de um fundamento e o juiz acolher apenas um deles, a apelação devolverá ao tribunal o conhecimento das demais". Conquanto esse dispositivo esteja no capítulo da apelação, a regra vale para os recursos em geral.

O aspecto profundidade do efeito devolutivo não diz respeito às pretensões formuladas, **mas aos fundamentos que a embasam**.

Para que seja possível compreendê-lo, é indispensável lembrar que, em suas decisões, o juiz precisa apreciar todas as pretensões formuladas, **mas não necessariamente todos os fundamentos trazidos pelas partes, mas apenas os suficientes para o acolhimento ou rejeição da pretensão**.

Se o autor formula dois pedidos na inicial, o juiz terá de apreciá-los todos na sentença. Mas se ele formula um só pedido, com dois fundamentos, não haverá sempre a necessidade de examiná-los todos.

Por exemplo: se postula a anulação de um contrato, com fundamento na participação de um relativamente incapaz não assistido e na coação a que foi submetido, cada um desses fundamentos, por si só, é suficiente para o acolhimento da pretensão.

Se, no curso do processo, o juiz entender que um deles já está comprovado, acolherá o pedido, **sem necessidade de produzir provas do outro fundamento, ou de examiná-lo**. O processo deve chegar ao resultado adequado, da forma mais econômica possível: se o juiz já tem condições de acolher o pedido, com base num dos fundamentos, não se justifica que determine o seu prosseguimento apenas para colher provas em relação ao outro.

O mesmo vale em relação aos fundamentos da defesa: se o réu, em ação de cobrança, alega que pagou e que houve uma transação da qual resultou extinta a obrigação, a comprovação de qualquer desses fundamentos é suficiente para a improcedência do pedido.

Por isso, se o juiz verificar que **um está comprovado, terá elementos suficientes para julgar, rejeitando o pedido inicial, sem a necessidade de colher provas a respeito do outro fundamento**.

Por força da profundidade do efeito devolutivo do recurso, será dado ao tribunal, dentro dos limites do julgamento, reexaminar todos os fundamentos invocados, ainda que não tenham sido apreciados na decisão ou sentença.

Nos exemplos mencionados: se o juiz anulou o contrato, com fundamento na incapacidade relativa de um dos contratantes, e houve apelação do réu, caso o tribunal verifique o equívoco desse fundamento (por exemplo, por ter havido emancipação), cumprir-lhe-á antes de reformar a sentença, examinar o segundo, a coação. **Afastado o primeiro fundamento, o tribunal não poderá modificar o julgamento sem examinar o segundo**. Este só não havia sido examinado, porque o primeiro fora acolhido.

Se o órgão *ad quem* tiver elementos para examinar esse segundo fundamento, poderá fazê-lo desde logo, ainda que a primeira instância não o tenha feito (CPC, art. 1.013, § 2.º). Mas, se não os tiver, poderá ou anular a sentença, devolvendo o processo ao primeiro grau, para que as provas sejam produzidas; ou, se for o caso, valer-se do art. 938, § 1.º, mandando produzir a prova faltante para, em seguida, prosseguir no julgamento.

840   Direito Processual Civil Esquematizado   *Marcus Vinicius Rios Gonçalves*

No segundo exemplo, rejeitada a pretensão inicial com fulcro em pagamento, caso haja apelação do autor, e o tribunal afaste tal fundamento, antes de reformar a sentença precisará examinar o segundo, a transação. Se os elementos necessários já estiverem nos autos, poderá fazê-lo desde logo. Do contrário, procederá na forma acima mencionada.

Portanto, do ponto de vista da profundidade, **o efeito devolutivo devolve ao conhecimento do tribunal não apenas aquilo que foi decidido pelo juiz e impugnado pelo recorrente, mas todas as questões discutidas nos autos, relativas ao capítulo impugnado. É como se, em relação aos fundamentos e às questões discutidas, o órgão *ad quem* se colocasse na posição do órgão *a quo*, devendo examinar todos aqueles que foram suscitados**.

As mesmas regras aplicam-se ao recurso especial e extraordinário, nos termos do art. 1.034, parágrafo único, do CPC.

9.2.3. Efeito devolutivo e o art. 1.013, § 3.º, do CPC

O efeito devolutivo adquire maior amplitude com as regras trazidas pelo art. 1.013, § 3.º, que permitem ao tribunal, em determinadas situações, julgar os pedidos, mesmo que a primeira instância não o tenha feito.

Com esse dispositivo, o órgão *ad quem* fica autorizado a, se o processo estiver em condições de julgamento, decidir desde logo o mérito, quando: I — reformar sentença fundada no art. 485, isto é, que julga o processo extinto sem resolução de mérito; II — decretar a nulidade da sentença por não ser ela congruente com os limites do pedido ou da causa de pedir, o que ocorre quando a sentença for *ultra* ou *extra petita*. No caso da sentença *extra petita*, o juízo terá julgado ação diferente da que foi proposta, por ter apreciado pedido ou causa de pedir diferente daquele formulado na inicial. Mas o tribunal, estando em condições de julgamento, deverá julgar a pretensão formulada; III — constatar a omissão no exame de um dos pedidos, hipótese em que poderá julgá-lo; IV — decretar a nulidade de sentença por falta de fundamentação.

Para proceder ao julgamento do mérito desde logo é necessário, porém, que ele já esteja em condições de julgamento, o que ocorrerá quando a questão controvertida versar exclusivamente sobre matéria de direito ou quando, mesmo versando sobre questões de fato controvertidas pela parte, o Tribunal encontre nos autos todos os elementos de prova necessários para fazê-lo. Isto é, desde que a causa esteja madura para o julgamento. Nesse sentido, decidiu a E. Corte Especial do Egrégio Superior Tribunal de Justiça:

"De fato, o art. 515, § 3.º (atual art. 1.013, § 3.º), do CPC estabelece, como requisito indispensável para que o Tribunal julgue diretamente a lide, que a causa verse questão exclusivamente de direito. Entretanto, a regra do art. 515, § 3.º, deve ser interpretada em consonância com a preconizada pelo art. 330, I (atual art. 355, I), cujo teor autoriza o julgamento antecipado da lide 'quando a questão de mérito for unicamente de direito, ou, sendo de direito e de fato, não houver necessidade de produzir prova em audiência'. Desse modo, se não há necessidade de produção de provas, ainda que a questão seja de direito e de fato, poderá o Tribunal julgar a lide no exame da apelação interposta contra a sentença que

2 ■ Dos Recursos 841

> julgara extinto o processo sem resolução de mérito..." (EREsp 874.507/SC, Rel. Min. Arnaldo Esteves Lima, j. 19.06.2013).

Se a causa não estiver madura para julgamento, o tribunal deve anular a sentença e devolver o processo à primeira instância, determinando o seu prosseguimento, até que nova sentença venha a ser proferida.

A apelação, nos casos do art. 1.013, § 3.º, devolve ao conhecimento do tribunal o mérito que podia ter sido apreciado pelo juízo de origem, mas não foi. O órgão *ad quem* estará livre para acolher ou rejeitar as pretensões formuladas na inicial, julgando-as procedentes ou improcedentes. **Não há óbice à improcedência, pois não há *reformatio in pejus* quando o órgão de origem não apreciou o mérito.**

Questão de grande interesse é a de saber se, mesmo que o apelante não requeira o julgamento do mérito, mas tão-somente a anulação da sentença extintiva, o tribunal poderá fazê-lo. **Ainda que não haja pedido, o tribunal, desde que encontre os elementos necessários, deve passar ao julgamento de mérito, uma vez que esse é objetivo final do processo.** É consequência natural da reforma da sentença extintiva, quando todos os elementos necessários já foram colhidos. Para tanto, é preciso que as partes, e eventuais terceiros intervenientes, **já tenham tido oportunidade de manifestar-se nos autos a respeito das questões de mérito e que ou não haja necessidade de produção de provas, ou estas já tenham sido produzidas**.

9.2.4. Efeito devolutivo e as sentenças que acolhem as alegações de prescrição e decadência

Quando o juiz acolhe as alegações de prescrição e decadência, extingue o processo com resolução de mérito, sem acolher ou rejeitar as pretensões formuladas (art. 487, II, do CPC). Daí elas serem denominadas preliminares de mérito, já que, embora ligadas ao mérito, devem ser apreciadas antes do acolhimento ou rejeição dos pedidos.

Se houver recurso, e o órgão *ad quem* afastar a prescrição ou decadência, poderá passar ao exame das pretensões, ainda que a primeira instância não o tenha feito, **desde que encontre nos autos todos os elementos necessários para tanto (art. 1.013, § 4.º)**. Se não, deverá anular a sentença e determinar a restituição dos autos ao órgão de origem, para a colheita dos elementos necessários.

9.3. EFEITO SUSPENSIVO

É a qualidade — que tem, como regra, o recurso de apelação — de **impedir que a sentença proferida se torne eficaz até que ele seja examinado**. O comando contido na sentença não será cumprido, até a decisão do recurso. A apelação é o único recurso dotado, como regra, desse efeito, embora a lei permita que o relator, preenchidos determinados requisitos, atribua efeito suspensivo a outros recursos, que normalmente não são dele dotados.

A suspensividade da apelação já existe antes da interposição, desde que haja a expectativa de que ela venha a ser apresentada. Proferida e publicada a sentença, no prazo de quinze dias para interposição de apelação que tenha efeito suspensivo, não poderá haver execução, mesmo que o recurso ainda não tenha sido interposto. **A suspensão**

842 Direito Processual Civil Esquematizado   *Marcus Vinicius Rios Gonçalves*

ocorre desde que haja a possibilidade de apelação dotada de efeito suspensivo. Este existe não só pela interposição, mas durante o prazo em que ela pode ser apresentada.

9.3.1. Recursos dotados de efeito suspensivo

É preciso distinguir duas categorias de recursos, em relação ao efeito suspensivo: **a daqueles que, em regra, são dotados desse efeito, salvo expressa previsão legal; e o daqueles que não o são, mas aos quais ele poderá ser atribuído, excepcionalmente**.

A apelação é a única que se enquadra entre os primeiros. A regra é que tenha o efeito, mas há exceções, previstas no art. 1.012 do CPC e em leis especiais.

Os demais recursos se enquadram na segunda categoria. O agravo de instrumento, em regra, não tem efeito suspensivo, mas é possível ao agravante postulá-lo ao relator, conforme o art. 1.019, I, do CPC.

Os embargos de declaração não têm efeito suspensivo, mas a eficácia da decisão também poderá ser suspensa, na hipótese do art. 1.026, § 1.°.

O recurso ordinário, o especial, o extraordinário e os embargos de divergência não são dotados de efeito suspensivo, mas o recorrente poderá requerê-lo, na forma do art. 1.029, § 5.°, do CPC.

9.3.2. Extensão do efeito suspensivo

O efeito suspensivo do recurso impede a execução integral da decisão judicial, ou apenas da parte impugnada? Havendo recurso parcial, aquilo que não foi objeto de impugnação já pode ser executado?

Para responder a essas questões, é importante lembrar que **a sentença é composta de inúmeros capítulos**. Cada um dos pedidos, em relação a cada uma das partes, será examinado e constituirá um capítulo.

Há aqueles que são independentes uns dos outros, sendo estanques, e aqueles que guardam relação de interdependência.

Se houver apelação parcial, a respeito de um dos capítulos da sentença, sem que haja impugnação dos demais, **aqueles que forem estanques, independentes, transitarão em julgado e poderão ser executados desde logo**.

Por exemplo: se o autor ajuíza ação em face do réu cobrando as dívidas X e Y, e o juiz julga procedentes ambas as pretensões, havendo apelação do réu apenas a respeito da dívida Y, haverá o trânsito em julgado da condenação referente à X, o que permitirá de imediato a sua execução; e de forma definitiva, porque terá havido o trânsito em julgado da parte incontroversa, não podendo o juiz conhecer nem mesmo de matérias de ordem pública, porque tal parte da sentença terá se tornado imutável.

O mesmo não ocorrerá se os capítulos forem interdependentes, em que o acolhimento de um possa repercutir sobre o outro (efeito expansivo objetivo). Por exemplo, em ação de anulação de contrato de compra e venda cumulada com reintegração de posse do imóvel alienado, há manifesta relação de prejudicialidade entre as duas pretensões, pois o juiz só irá deferir a pretensão possessória se anular o contrato.

2 ◼ Dos Recursos   843

Ora, se ele acolher as duas pretensões, e o réu só apelar do pedido anulatório, não será possível executar a reintegração de posse, **porque o acolhimento do recurso repercutirá sobre a segunda decisão (efeito expansivo)**.

A mesma solução há de ser dada em caso de litisconsórcio. Se um litisconsorte recorrer, só haverá suspensão da eficácia da sentença em relação a ele, ou também para os demais? A solução exige que se faça o mesmo raciocínio: **quando o litisconsórcio é unitário, o recurso apresentado por um beneficia a todos**. Basta que um recorra para que se suspenda a decisão em relação aos demais; se o litisconsórcio é simples, será necessário verificar se a matéria alegada é comum, ou se tem natureza pessoal, só dizendo respeito ao apelante (ver Livro III, Capítulo 2, *item 7*). **Quando a matéria é comum, o recurso aproveita a todos, e haverá em relação a todos a suspensão; quando é pessoal, só haverá suspensão em relação ao que o apresentou.**

9.3.3. Efeito suspensivo e ações conexas

Quando há conexão, o juiz julga as duas ou mais ações conexas, com uma só sentença. Havendo um só ato processual, caberá apenas uma apelação. Mas pode ocorrer que, em relação a uma das ações, o recurso seja dotado de efeito suspensivo e, em relação a outra, não.

Se assim for, o juiz, ao receber a apelação, deverá esclarecer **que o recurso terá efeito suspensivo em relação ao julgamento de uma das ações, mas não em relação à outra**.

9.3.4. Efeito suspensivo e cassação de liminares

Quando o juiz julga improcedente a pretensão do autor, como efeito da sentença **ficam revogadas as liminares concedidas em favor do autor, a título de tutela provisória, seja de natureza cautelar, seja de natureza antecipada**. Isso porque, dadas com fulcro em cognição superficial, não podem sobreviver à sentença, proferida em cognição exauriente. Trata-se de consequência natural da sentença e independe de manifestação expressa do juiz.

Às vezes, contra a sentença é interposta apelação com efeito suspensivo, o que poderia gerar a dúvida: suspensa a eficácia da sentença, prevalecem as liminares concedidas anteriormente?

A resposta é negativa, **porque o efeito suspensivo impede a execução provisória da sentença, mas não afasta a revogação das medidas anteriores com ela incompatíveis**.

9.3.5. Efeito suspensivo concedido pelo relator

Os arts. 1.012, § 3.º, 1.019, I, 1.026, § 1.º, e 1.029, § 5.º, do CPC concedem **ao relator o poder de atribuir ao recurso efeito suspensivo, nos casos em que ele não o tenha, em numerosas hipóteses**, que podem ser resumidas pela fórmula "sempre que houver risco de lesão grave e de difícil reparação, sendo relevante a fundamentação".

844 Direito Processual Civil Esquematizado · Marcus Vinicius Rios Gonçalves

Tal providência depende de requerimento do recorrente, não sendo possível que o relator a conceda de ofício. Da decisão monocrática do relator a respeito, caberá agravo interno para o respectivo órgão colegiado, nos termos do art. 1.021, *caput*, do CPC.

9.3.6. Efeito suspensivo ativo

Essa expressão é utilizada para designar **a possibilidade de o relator, liminarmente, conceder a tutela antecipada da pretensão recursal, concedendo a medida que foi negada pela primeira instância**. Se o juiz *a quo* concedeu a liminar, e a parte prejudicada teme que seja executada, cabe a ela agravar de instrumento e postular a concessão de efeito suspensivo, para paralisar o cumprimento da medida.

Mas, se o juiz de primeiro grau não concedeu a medida, e a parte tem urgência em obtê-la, pode pedir ao relator que conceda efeito ativo (ou suspensivo ativo, que corresponde à tutela antecipada da pretensão recursal), deferindo a liminar, que o juízo *a quo* negou.

9.4. EFEITO TRANSLATIVO

É a aptidão que os recursos em geral têm de **permitir ao órgão *ad quem* examinar de ofício matérias de ordem pública, conhecendo-as ainda que não integrem o objeto do recurso**. É decorrência natural de elas poderem ser conhecidas pelo juízo independentemente de arguição. Questões como prescrição, decadência, falta de condições da ação ou de pressupostos processuais poderão ser examinadas pelo órgão *ad quem* ainda que não suscitadas.

Difere do efeito devolutivo, que consiste na devolução ao tribunal do reexame daquilo que foi suscitado; **o translativo o autoriza a examinar o que não o foi, mas é de ordem pública**.

Todos os recursos ordinários são dotados de efeito translativo, incluindo os embargos de declaração e os agravos. Se o tribunal, por exemplo, ao apreciar um agravo de instrumento interposto pelo autor contra decisão que não concedeu uma liminar por ele solicitada, constata a falta de uma das condições da ação, julgará, de ofício, o processo extinto sem resolução de mérito, não importando que a questão não tenha sido aventada.

Não há efeito translativo apenas nos recursos especial e extraordinário, pois o Superior Tribunal de Justiça e o Supremo Tribunal Federal se limitarão a examinar aquilo que tenha sido prequestionado e, portanto, aventado nas instâncias inferiores, sem conhecer de ofício matérias que não tenham sido suscitadas.

Há decisões do STJ, no entanto, no sentido de que, se o REsp foi admitido, e superou a barreira do conhecimento, é possível o exame de matérias de ordem pública que não tenham sido suscitadas. Nesse sentido, o EDcl no AgRg no Ag 1.185.325/RJ, j. 22.01.2011, Rel. Celso Limongi. Isso quer dizer que, se o recurso especial foi admitido, por outra razão, abrindo-se, com isso, essa instância recursal, o Superior Tribunal de Justiça poderia conhecer matérias de ordem pública de ofício. Nesse mesmo sentido:

2 ◾ Dos Recursos 845

"DIREITO PROCESSUAL CIVIL. PRESCRIÇÃO. AUSÊNCIA DE PREQUESTIONA-MENTO. POSSIBILIDADE DE CONHECIMENTO DO TEMA SE VIABILIZADA A INSTÂNCIA ESPECIAL PARA EXAME DE OUTRA ALEGAÇÃO. Mesmo matérias de ordem pública devem estar prequestionadas para serem conhecidas em Recurso Especial. Somente quando viabilizada a instância Especial para o exame de outras alegações é que se pode conhecer do tema da prescrição não prequestionado. Precedentes. Agravo Regimental Improvido" (AgRg no Ag 1.368.327/RS, Rel. Min. Sidnei Beneti, 3.ª Turma, j. em 22.03.2011, *DJ*e 30.03.2011).

Parece-nos, porém, que os recursos extraordinário e especial não podem ter efeito translativo, uma vez que, por força de dispositivo constitucional expresso, eles estão limitados ao exame de causas decididas, que contrariem a Constituição ou as leis federais. Se a matéria, ainda que de ordem pública, não foi examinada no acórdão recorrido, não pode ser examinada de ofício, no RE ou REsp, porque não terá sido prequestionada, sem o que, não preencherá o requisito de "causa decidida", exigida pelos arts. 102, III, e 105, III, da CF.

9.5. EFEITO EXPANSIVO

Chama-se efeito expansivo **a aptidão de alguns recursos cuja eficácia pode ultrapassar os limites objetivos ou subjetivos previamente estabelecidos pelo recorrente**. Ele possibilita que o resultado do recurso se estenda a litigantes que não tenham recorrido; ou a pretensões que não o integrem. Daí falar-se em efeito expansivo subjetivo ou objetivo.

O efeito devolutivo autoriza o tribunal a examinar o recurso nos limites das questões suscitadas. Mas, em determinados casos, o seu acolhimento pode produzir efeitos seja em relação a quem não recorreu, seja em relação a pretensões que não haviam sido impugnadas.

9.5.1. Efeito expansivo subjetivo

Havendo litisconsórcio, o recurso interposto por um dos litisconsortes pode, dependendo das circunstâncias, beneficiar aqueles que não recorreram. Isso se verificará em duas hipóteses: **quando for unitário, ou, sendo simples, as matérias alegadas pelo recorrente forem comuns aos demais**. Por exemplo, se em ação de indenização ajuizada por vítima de acidente de trânsito em face daquele que dirigia o veículo e do seu proprietário houver a condenação de ambos, acolhido o recurso interposto somente por este, para alegar inexistência de dano, ou culpa exclusiva da vítima, o corréu haverá de se beneficiar, uma vez que a matéria alegada é comum.

9.5.2. Efeito expansivo objetivo

Há pedidos interdependentes, que mantêm entre si relação de prejudicialidade. Não é possível modificar a decisão a respeito de um deles sem que haja repercussão sobre os demais. Nessa situação, ainda que haja recurso apenas em relação a um deles, **o provimento repercutirá sobre os outros, ainda que estes não sejam especificamente impugnados**. Se, em ação de investigação de paternidade cumulada com alimentos, o réu recorrer contra a procedência do pedido declaratório de paternidade, o acolhimento do recurso afetará também a pretensão condenatória a alimentos, já que guardam relação de prejudicialidade entre si.

9.6. EFEITO REGRESSIVO

É a aptidão de que alguns recursos são dotados **de permitir ao órgão *a quo* reconsiderar a decisão proferida**, exercer juízo de retratação.

O recurso de agravo de instrumento e o de agravo interno são dotados de efeito regressivo, pois sempre permitem ao prolator da decisão reconsiderá-la.

A apelação, em regra, não tem esse efeito. Mas há atualmente duas hipóteses em que o juiz pode voltar atrás: a da sentença de extinção sem resolução de mérito (art. 485), no prazo de cinco dias (art. 485, § 7.º, do CPC); e a sentença de improcedência liminar do pedido, também no prazo de cinco dias (art. 332, § 3.º).

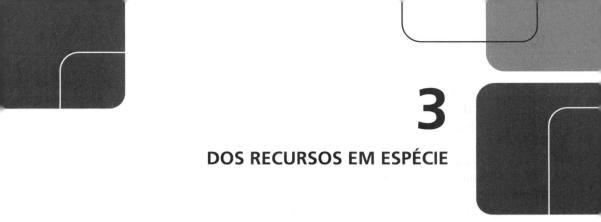

DOS RECURSOS EM ESPÉCIE

1. APELAÇÃO

1.1. CONCEITO

A apelação é o recurso que cabe contra sentença, definida como o pronunciamento que, proferido com fundamento nos arts. 485 e 487, põe fim à fase cognitiva do procedimento comum, bem como extingue a execução. É dos utilizados com mais frequência entre nós.

Cabe contra qualquer tipo de sentença: que julga processo de conhecimento (condenatório, constitutivo ou declaratório; de jurisdição contenciosa ou voluntária) e que extingue as execuções.

Serve tanto para as sentenças definitivas, em que há resolução de mérito, quanto para as extintivas.

Há algumas poucas exceções. Na Lei de Execução Fiscal, contra a sentença que julga os embargos de pequeno valor, o recurso cabível é o de embargos infringentes. Da sentença que decreta a falência, cabe agravo de instrumento, e não apelação.

1.2. O PEDIDO DE REAPRECIAÇÃO DAS DECISÕES INTERLOCUTÓRIAS NÃO PRECLUSAS

No sistema do atual Código de Processo Civil, em que não há mais o agravo retido, **as decisões interlocutórias contra as quais não cabe agravo de instrumento**, isto é, as que não constam do rol do art. 1.015 e que, por isso, não estão sujeitas à preclusão, poderão ser reexaminadas pelo Tribunal, **se suscitadas como preliminar de apelação ou nas contrarrazões.**

Há dois tipos de decisões interlocutórias no processo: aquelas que constam do rol do art. 1.015 e seu parágrafo único, contra as quais pode ser interposto agravo de instrumento no prazo de 15 dias, sob pena de preclusão (são as interlocutórias recorríveis em separado); e aquelas, não constantes do rol, que não autorizam a interposição de agravo de instrumento (são as interlocutórias não recorríveis em separado) e que não se sujeitam à preclusão. A reapreciação dessas decisões pode ser postulada como preliminar de apelação ou nas contrarrazões. **Só então, se não forem suscitadas nesse momento, é que se tornarão preclusas, não podendo mais ser rediscutidas.**

A apelação é o recurso que cabe contra a sentença. Não é possível apelar apenas para impugnar as decisões interlocutórias proferidas no curso do processo. Mas,

848 Direito Processual Civil Esquematizado   *Marcus Vinicius Rios Gonçalves*

como preliminar nas razões ou nas contrarrazões, é possível ao prejudicado pedir a reapreciação das decisões interlocutórias não preclusas. A apelação pode ser apresentada pela parte que foi prejudicada pela decisão interlocutória anterior, ou por seu adversário.

Caso o apelante pretenda que o tribunal reexamine a questão agravada, deve suscitá-la como preliminar, **nas razões de apelação; caso seja o apelado quem pretenda o reexame, deverá suscitá-la nas contrarrazões**.

Imagine-se que, no curso do processo, o autor postulou ao juiz prova pericial, e ele a negou. Na sentença, o juiz pode julgar improcedente o pedido do autor, ou procedente, apesar de não realizada a perícia. No primeiro caso, ele apelará e, nas razões, pedirá que o tribunal, preliminarmente, reexamine a decisão que indeferiu a perícia.

Caberá ao tribunal, antes de julgar o mérito da apelação, reexaminar a decisão interlocutória impugnada: se a mantiver, examinará a impugnação à sentença; **se a reformar, o processo retroagirá à fase de perícia, para que seja realizada, e todos os atos subsequentes, incluindo a sentença, ficarão prejudicados**. O processo retornará à fase em que foi proferida a decisão agravada. Como a sentença fica prejudicada, o tribunal também considerará prejudicada a apelação.

Se o autor se sair vencedor, o réu apelará, postulando a alteração da sentença; o autor apelado, por temer que, sem a perícia, o tribunal dê provimento ao recurso, poderá pedir, em contrarrazões, que examine preliminarmente a questão da prova pericial. **Caso verifique que a sentença não se sustenta, por falta da prova requerida, o tribunal, em vez de reformá-la, reformará a decisão interlocutória e determinará a realização da perícia, ficando prejudicados os atos processuais subsequentes, incluindo a sentença e a apelação**. Se isso for feito nas contrarrazões, o apelante será intimado para manifestar-se sobre a questão, no prazo de 15 dias (art. 1.009, § 2.º).

1.3. REQUISITOS DE ADMISSIBILIDADE

O conhecimento da apelação está condicionado ao preenchimento dos requisitos gerais de admissibilidade.

O prazo para a interposição é de quinze dias, observado o disposto nos arts. 180, 183, 186 e 229 do CPC. Pode ser feita por fax, nos termos da Lei n. 9.800, de 26 de maio de 1999. Em cinco dias, deverá ser apresentado o original.

O apelante deve recolher o preparo, observadas as disposições da Lei Estadual de Custas.

Sob o aspecto formal, deverão ser observadas as exigências do art. 1.010: ser interposta no juízo *a quo* por petição, acompanhada das respectivas razões. A petição é endereçada ao juiz da causa, e não ao Tribunal. As razões, no entanto, são dirigidas ao Tribunal, pois competirá a ele examiná-las.

O recurso deverá conter os nomes e a qualificação das partes. Na verdade, a qualificação só será necessária em caso de recurso de terceiro prejudicado, pois, nos demais, já deverá constar dos autos, sendo desnecessário repeti-la. **Deverá ainda apresentar a**

3 ◼ Dos Recursos em Espécie   849

exposição do fato e do direito e as razões do pedido de reforma ou de decretação de nulidade, com o pedido de nova decisão. As razões devem acompanhar o recurso no ato de interposição, não podendo ser apresentadas posteriormente.

Não há necessidade de indicação do Tribunal para o qual o recurso é dirigido, pois cabe ao juízo encaminhá-la.

1.4. EFEITOS DA APELAÇÃO

1.4.1. Devolutivo

Como todos os recursos de nosso ordenamento jurídico, a apelação é dotada de efeito devolutivo, que, conforme visto no capítulo precedente, deve ser examinado nos planos de extensão e profundidade, cuja amplitude vem tratada no art. 1.013, §§ 1.º a 3.º, já examinado no capítulo relativo ao efeito devolutivo dos recursos em geral.

1.4.2. Suspensivo

Em regra, a apelação é dotada de efeito suspensivo. Mas há casos, enumerados no art. 1.012, § 1.º, do CPC, em que a lei lhe retira esse efeito:

a) a sentença que homologa a divisão ou demarcação, tratada nos arts. 588 e ss. e 574 e ss. do CPC;

b) a que condena a pagar alimentos, que servem à subsistência do alimentando, e pressupõe urgência, que não se coaduna com a suspensividade do recurso. A mesma regra vale para a sentença que eleva o seu valor. Há grande controvérsia a respeito da sentença que os reduz ou que exonera o devedor de os pagar. Parece-nos que, como a regra é o efeito suspensivo, e o art. 1.012, § 1.º, II, só o afasta em caso de condenação em alimentos, se a sentença se limita a reduzi-los ou a exonerar o devedor o recurso terá efeito suspensivo. Os alimentos a que se refere o dispositivo são apenas aqueles do direito de família, decorrentes do casamento, união estável ou parentesco. **Não aqueles decorrentes de ato ilícito, caso em que a apelação será provida do efeito suspensivo**;

c) a que extingue sem resolução de mérito ou julga improcedentes os embargos à execução: a regra **não vale para embargos de terceiro, que não se confundem com embargos à execução**. Se os embargos foram julgados parcialmente procedentes para reduzir o valor da execução, esta poderá prosseguir pelo valor reduzido;

d) a que julgar procedente o pedido de instituição de arbitragem: a arbitragem foi regulamentada pela Lei n. 9.307/96;

e) a que confirmar, conceder ou revogar tutela provisória: se o juiz concedeu tutela provisória e proferiu sentença confirmando-a, não pode suspendê-la em razão da apelação. O mesmo ocorrerá se a tutela for concedida na sentença. O efeito suspensivo só ficará excluído em relação àquela parte da sentença que foi objeto da tutela provisória. Se nela o juiz decidiu inúmeras pretensões, das quais apenas uma tenha sido antecipada, só em relação a ela o recurso não será recebido no efeito suspensivo. Já se a sentença

850 Direito Processual Civil Esquematizado   *Marcus Vinicius Rios Gonçalves*

revogar a antecipação, ainda que a apelação possa ter o efeito suspensivo de maneira geral, não terá o condão de manter a tutela revogada;

f) a que decretar a interdição, procedimento regulado nos arts. 747 e ss. do CPC.

1.4.3. Regressivo

A apelação só será dotada de efeito regressivo quando interposta contra a sentença de extinção sem resolução de mérito (art. 485, § 7.º, do CPC) ou de improcedência liminar (art. 332, § 3.º).

1.4.4. Translativo

A apelação é dotada de efeito translativo, o que permite ao tribunal conhecer de ofício das matérias de ordem pública, ainda que não suscitadas.

1.4.5. Efeito expansivo

A apelação terá efeito expansivo, nas condições examinadas no item relativo a esse efeito, já estudado no capítulo anterior, dos efeitos gerais dos recursos.

1.5. POSSIBILIDADE DE INOVAR NA APELAÇÃO

Em regra, não é possível inovar na apelação, uma vez que o art. 1.013, § 1.º, limita o objeto da apreciação e julgamento pelo tribunal às questões suscitadas e discutidas.

No entanto, há três situações em que o tribunal pode examinar questões não apreciadas em primeiro grau: na do art. 493 do CPC, quando, depois da propositura da ação, **fato constitutivo, modificativo ou extintivo do direito do autor influir no julgamento do mérito**, caso em que caberá tomá-lo em consideração (esse dispositivo pode ser aplicado tanto no momento da sentença quanto no do julgamento do recurso); quando a parte provar que deixou de alegar a questão de fato por motivo de força maior (art. 1.014 do CPC) **e quando houver matéria de ordem pública** que, embora não discutida anteriormente, pode ser conhecida de ofício no exame do recurso.

1.6. PROCESSAMENTO DA APELAÇÃO

Pode ser dividido em duas etapas: perante o órgão *a quo*, e nos tribunais. Ela é interposta originariamente no juízo de origem que, oportunamente, determinará a remessa dos autos ao tribunal, para exame do recurso.

1.6.1. Processamento da apelação em primeira instância

Ela será interposta em quinze dias e apenas processada perante o juízo *a quo*, que **não fará nenhum juízo de admissibilidade**. O processamento do recurso não poderá ser indeferido pelo juízo *a quo*, ainda que se verifique o não preenchimento de algum dos requisitos de admissibilidade. Como não cabe ao juiz receber ou indeferir a apelação, também não cabe a ele atribuir-lhe efeitos, já que eles decorrem de lei. Como regra, já foi visto, a apelação terá efeito suspensivo, salvo as hipóteses do art. 1.012, § 1.º. Se a

3 ■ Dos Recursos em Espécie

851

parte tentar promover o cumprimento provisório de sentença, pendente apelação provida de efeito suspensivo, o juiz o indeferirá. Apresentada a apelação, o juiz determinará a intimação do adversário para as contrarrazões, no prazo de 15 dias.

Caso nas contrarrazões o apelado postule ao tribunal o reexame de alguma decisão interlocutória proferida no curso do processo, e que não se tornou preclusa, porque não suscetível de agravo de instrumento (art. 1.009, § 1.º), o juízo intimará o apelante para sobre ela se manifestar, no prazo de 15 dias, ficando assim assegurada, em relação a ele, a observância do contraditório.

Após o cumprimento dessas formalidades, os autos serão remetidos ao Tribunal, a quem caberá receber ou não o recurso, verificando o preenchimento dos requisitos de admissibilidade.

1.6.2. Processamento da apelação no Tribunal

Os autos serão registrados, distribuídos de acordo com o regimento interno e encaminhados ao relator, que, em 30 dias, depois de elaborar o voto, os devolverá à Secretaria, com o relatório (CPC, art. 931), apontando os principais pontos controvertidos que são objeto do recurso.

Será marcada data para o julgamento, no qual haverá a participação de três juízes. Qualquer um poderá, durante o julgamento, pedir vista dos autos, se ainda não se sentir habilitado a proferir imediatamente o seu voto, observando-se as regras e os prazos do art. 940 do CPC. Só será marcada data para o julgamento se o relator não tomar uma das providências do art. 932, III, IV e V, do CPC, não admitindo recurso, negando-lhe provimento ou dando-lhe provimento, preenchidos os requisitos indicados na lei, em decisão monocrática. Se ele o fizer, da sua decisão caberá agravo interno, no prazo de 15 dias, nos termos do art. 1.021 e ss.

O art. 938, § 1.º, do CPC autoriza o tribunal, em caso de vício sanável, a determinar a realização ou renovação de ato processual, no próprio tribunal ou em primeiro grau de jurisdição, intimando-se as partes; depois que a diligência for cumprida, o julgamento prosseguirá. O relator também poderá determinar a conversão do julgamento em diligência, para produção de prova considerada necessária. A prova será realizada no tribunal ou em primeiro grau de jurisdição, decidindo-se o recurso após a conclusão da instrução (art. 938, § 2.º).

1.6.2.1. O julgamento

No julgamento votarão três juízes, e o resultado será colhido por maioria. Mas há alguns cuidados a serem tomados.

As questões referentes à admissibilidade do recurso devem ser votadas em primeiro lugar. **Se houver mais de uma questão, cada qual deve ser votada separadamente, sob pena de falseamento do resultado**. Também cada um dos fundamentos do recurso deve ser votado separadamente. Sobre o tema, ver Capítulo 1, *item 3.2, supra.*

Depois de proferidos os votos, será anunciado o resultado e redigido o acórdão, pelo relator ou, se ele for vencido, pelo juiz que proferiu o primeiro voto vencedor.

852 Direito Processual Civil Esquematizado *Marcus Vinicius Rios Gonçalves*

1.6.2.2. *Uma nova técnica de julgamento*

No regime do Código de Processo Civil de 1973, contra acórdão não unânime que reformava sentença de mérito, cabiam embargos infringentes, recurso extinto pelo Código de Processo Civil atual. O art. 942 introduziu, no entanto, uma nova técnica de julgamento, aplicável aos acórdãos proferidos no julgamento de apelação, agravo de instrumento contra decisão de mérito, proferida nos casos de julgamento antecipado parcial, e em ação rescisória. Esse mecanismo, conquanto não tenha natureza recursal, faz lembrar os embargos infringentes. Por não ser recurso, no entanto, não depende de interposição, constituindo apenas **uma fase do julgamento da apelação, do agravo de instrumento contra decisão de mérito e da ação rescisória, não unânime.** Estabelece o CPC, art. 942, *caput*, que, quando o resultado da apelação for não unânime, o julgamento terá prosseguimento em sessão a ser designada com a presença de outros julgadores, a serem convocados nos termos previamente definidos no regimento interno, em número suficiente para garantir a possibilidade de inversão do resultado inicial, assegurado às partes e a eventuais terceiros o direito de sustentar oralmente suas razões perante os novos julgadores. De acordo ainda com o art. 942, § 3.º, a mesma técnica de julgamento aplica-se, igualmente, ao julgamento não unânime proferido em ação rescisória, quando o resultado for a rescisão da sentença, e no agravo de instrumento, quando houver reforma da decisão que julgar parcialmente o mérito. Como não se está diante de um recurso, como eram os embargos infringentes, que dependiam de interposição pelo interessado, a nova técnica de julgamento deve ser aplicada sempre, independentemente de qualquer requerimento dos interessados, todas as vezes que estiverem presentes as circunstâncias acima indicadas.

O cotejo entre a redação do art. 942, *caput*, e do art. 942, § 3.º, pode gerar dúvidas. O *caput*, que trata da técnica do julgamento especificamente da apelação, estabelece, como condição da continuidade do julgamento com outros julgadores, que o resultado não seja unânime. Não se exige que tal julgamento reforme a sentença nem que diga respeito ao mérito. Bastaria, pois, no caso da apelação, que o acórdão não fosse unânime, independentemente de seu conteúdo. Já o art. 942, § 3.º, aduz que a mesma técnica será aplicada no julgamento do agravo de instrumento, **quando houver reforma da decisão que julgar parcialmente o mérito.** Pressupõe, portanto, que haja reforma, e julgamento de mérito.

Sendo caso de aplicar-se o art. 942, será necessário chamar outros julgadores, em número tal que possa alterar o resultado, assegurado às partes o direito de sustentação oral. Será preciso, então, que o julgamento continue em sessão a ser designada, a menos que seja possível o prosseguimento na mesma sessão. Os juízes que participaram da primeira votação participarão da nova e poderão manter ou rever os seus julgamentos.

O C. Superior Tribunal de Justiça, no julgamento do Recurso Especial n. 1.771.815, de 13 de novembro de 2018, Rel. Min. Ricardo Villas Boas Cuêva, estabeleceu algumas regras, embora não de caráter vinculante, que devem ser observadas no julgamento estendido. Ficou consignado nesse V. Acórdão que a técnica de julgamento da apelação deve ser observada, de ofício, sempre que o julgamento não for unânime, e que o julgamento não se conclui até que seja estendido, e sejam colhidos os votos daqueles que passam a integrar o julgamento. Os que já tinham votado poderão rever suas decisões.

3 ■ Dos Recursos em Espécie   853

Ademais, os novos julgadores convocados não ficam restritos aos capítulos ou pontos sobre os quais houve inicialmente divergência, cabendo-lhes a apreciação da integralidade do recurso.

1.6.3. Processamento da apelação em caso de indeferimento da inicial

O processamento da apelação contra a sentença que indefere a petição inicial tem algumas particularidades, sobretudo em primeira instância.

Ela extingue o processo antes de determinar que o réu seja citado. Apresentado o recurso, **o juiz terá o prazo de 5 dias para, querendo, retratar-se.** Se o fizer, determinará que o réu seja citado, e o processo prosseguirá; se não, determinará a citação do réu, para que apresente contrarrazões e, em seguida, determinará a subida dos autos. A possibilidade de retratação existirá em todos os casos de extinção sem resolução de mérito (art. 485 do CPC), mas somente no caso de indeferimento de inicial o réu precisará ser citado para as contrarrazões, uma vez que nos demais casos ele já estará citado.

A técnica do julgamento estendido só deve aplicar-se ao capítulo da decisão que não tiver sido unânime, não abrangendo, portanto, os capítulos em que a unanimidade tenha sido alcançada.

1.6.4. Processamento da apelação em caso de improcedência liminar do pedido (art. 332)

Quando o juiz, antes de citar o réu, julga o pedido totalmente improcedente, nas hipóteses do art. 332, a apelação do autor terá algumas peculiaridades.

Apresentado o recurso, **o juiz terá o prazo de cinco dias para retratar-se.** Se o fizer, a sentença ficará sem efeito, e o réu será citado para oferecer contestação. Se não, antes de determinar a subida do recurso, mandará que **o réu seja citado, para apresentar as suas contrarrazões**. Depois, será determinada a remessa dos autos ao Tribunal (a respeito do processamento no Tribunal, ver Livro VII, Capítulo 2, *item 1.5.2.4*).

APELAÇÃO		
Cabimento	Processamento	Casos especiais
■ É o recurso que cabe contra sentença, proferida em qualquer tipo de processo, seja definitiva ou extintiva. Exceções: sentença que julga embargos à execução fiscal de pequeno valor, contra a qual cabem embargos infringentes; que decreta a falência, contra a qual cabe agravo de instrumento. Também permite que as partes postulem, como preliminar, ou nas contrarrazões, o reexame das decisões interlocutórias não preclusas.	■ A apelação é apresentada perante o juízo *a quo*, que não fará prévio juízo de admissibilidade. O apelado será intimado para as contrarrazões, em quinze dias. No Tribunal, haverá um relator, que tomará as providências estabelecidas no art. 932 do CPC.	■ Contra a sentença de indeferimento da inicial, cabe apelação, que permite ao juiz exercer direito de retratação. Se ele mantiver a sentença, determinará a citação do réu para as contrarrazões e a remessa dos autos à instância superior. Nos demais casos de extinção sem resolução de mérito (art. 485), também haverá direito de retratação. Contra a sentença de improcedência de plano (art. 332 do CPC), a apelação permitirá a retratação do juiz, e, se a sentença for mantida, o réu será citado, para apresentar contrarrazões.

854   Direito Processual Civil Esquematizado   *Marcus Vinicius Rios Gonçalves*

2. AGRAVO DE INSTRUMENTO

2.1. INTRODUÇÃO

O Código de Processo Civil de 1973 enumerava, entre os recursos previstos no ordenamento jurídico, o agravo; e tratava dele em um único capítulo, que abrangia as suas diversas formas de interposição: a retida, a por instrumento e a inominada. O Código de Processo Civil atual optou por outra solução, tratando em capítulos distintos do agravo de instrumento e do agravo interno. O agravo em recurso especial e em recurso extraordinário é tratado em seção específica do capítulo dedicado ao REsp e ao RE. O agravo retido deixou de existir. Pela nova sistemática, deixou de haver um recurso único, chamado "agravo", com várias formas de interposição, e passou a existir o recurso específico de agravo de instrumento e o recurso de agravo interno, sem contar o agravo em recurso especial e extraordinário. Neste capítulo se estudará o agravo de instrumento.

2.2. CABIMENTO

O agravo de instrumento cabe, em primeira instância, contra as decisões interlocutórias que versarem sobre as matérias enumeradas no art. 1.015, I a XIII e parágrafo único, do CPC. São decisões aqueles pronunciamentos de cunho decisório que não põem fim ao processo ou à fase cognitiva do processo de conhecimento.

Nem toda decisão interlocutória desafiará a interposição de agravo de instrumento. A maior parte delas não é recorrível em separado. Todas as que não integrarem o rol do art. 1.015 e de seu parágrafo único não admitirão recurso, mas também não estarão sujeitas a preclusão. **O prejudicado poderá impugná-las se e quando houver recurso de apelação, devendo fazê-lo como preliminar em apelação ou nas contrarrazões.** Só então, se não o fizer, é que tais decisões precluirão. Há, no entanto, algumas decisões interlocutórias proferidas no curso do processo contra as quais caberá o agravo de instrumento. São as interlocutórias recorríveis em separado, que precluirão caso o agravo de instrumento não seja interposto no prazo. O legislador cuidou de especificá-las no art. 1.015. As decisões que versarem sobre matéria indicada nesse artigo não poderão ser impugnadas como preliminar de apelação ou nas contrarrazões, mas deverão ser atacadas, em caso de inconformismo, por agravo de instrumento, sob pena de preclusão.

2.2.1. Decisões interlocutórias agraváveis

A regra do Código de Processo Civil é que as decisões interlocutórias de maneira geral sejam irrecorríveis em separado. Excepcionalmente, nos casos previstos em lei, admitir-se-á o recurso de agravo de instrumento. A lei o admite contra decisões que, se não reexaminadas desde logo, poderiam causar prejuízo irreparável ao litigante, à marcha do processo ou ao provimento jurisdicional. São agraváveis, em princípio, tão-somente aquelas decisões que versarem sobre as matérias constantes dos incisos I a XIII do art. 1.015 do CPC, aos quais o parágrafo único acrescenta algumas outras, proferidas na fase de liquidação ou de cumprimento de sentença, no processo de execução e no processo de inventário. **É requisito de admissibilidade do agravo de instrumento que a decisão interlocutória contra a qual ele foi interposto verse sobre matéria constante do rol legal**, que indica, de forma objetiva, quais as decisões recorríveis,

3 ∎ Dos Recursos em Espécie

ressalvadas as hipóteses de taxatividade mitigada, que serão abordadas mais abaixo. O agravo de instrumento caberá contra as decisões interlocutórias que versarem sobre:

I — tutelas provisórias: sejam elas de natureza cautelar ou antecipada, de urgência ou de evidência, antecedentes ou incidentais. São aquelas tratadas nos arts. 294 a 311 do CPC, deferidas em cognição superficial. Também as liminares previstas em procedimentos especiais, como o das ações possessórias e dos embargos de terceiro;

II — mérito do processo: são as decisões interlocutórias em que o juiz profere o julgamento antecipado parcial do mérito, previsto no art. 356 do CPC. O julgamento do mérito pode, no sistema atual, ser desmembrado. Se um ou algum dos pedidos ou parte deles estiver em condições de julgamento, o juiz proferirá o julgamento antecipado parcial, no qual, em cognição exauriente e definitiva, examinará uma ou algumas das pretensões, ou parte delas. A não interposição do agravo de instrumento, nessas situações, implicará não preclusão, mas coisa julgada material;

III — rejeição da alegação de convenção de arbitragem: a existência de convenção de arbitragem é matéria a ser alegada pelo réu como preliminar de contestação, nos termos do art. 337, X, do CPC. Trata-se de tema que não pode ser conhecido de ofício, devendo ser alegado pelo réu (art. 337, § 5.º). Se o juiz acolher a alegação, proferirá sentença de extinção sem resolução de mérito (art. 485, VII), contra a qual caberá apelação; se a rejeitar, caberá agravo de instrumento, sob pena de preclusão;

IV — incidente de desconsideração da personalidade jurídica: é aquele previsto nos arts. 133 a 137. O incidente constitui forma de intervenção de terceiros provocada, em que o juiz verificará se estão preenchidos ou não os requisitos da desconsideração direta ou inversa. Da decisão que apreciar o incidente caberá o agravo de instrumento;

V — rejeição do pedido de gratuidade da justiça ou acolhimento do pedido de sua revogação: não caberá agravo de instrumento da decisão que deferir a gratuidade ou rejeitar o pedido de revogação, caso em que a decisão só poderá ser questionada como preliminar de apelação ou nas contrarrazões. O agravo caberá quando a gratuidade for indeferida ou revogada, já que nesse caso caberia à parte recolher de imediato as custas e despesas processuais. Para evitar eventual prejuízo irreparável do litigante é que a lei admite o agravo de instrumento nesse caso;

VI — exibição ou posse de documento ou coisa: trata-se da decisão que aprecia o incidente de exibição de documento ou coisa, previsto no art. 396 e ss. Não se justificaria que a questão só pudesse ser reexaminada na fase de apelação, já que o documento ou coisa se prestam a fazer prova dos fatos alegados;

VII — exclusão de litisconsorte: trata-se de decisão que precisa ser reexaminada de imediato, não podendo ser relegada para a fase de apelação, sob pena de irreparável prejuízo à marcha do processo. A redação do inciso, conjugada com a do inciso seguinte, leva à conclusão de que só caberá agravo de instrumento se a decisão excluir o litisconsorte. Se o mantiver, a impugnação deverá ser feita como preliminar na apelação ou nas contrarrazões;

VIII — rejeição do pedido de limitação do litisconsórcio: em caso de litisconsórcio multitudinário, o juiz, de ofício ou a requerimento do réu, poderá limitar o número de participantes, determinando o desmembramento do processo. Se ele rejeitar o pedido e indeferir o desmembramento do processo, todos os litisconsortes originários serão mantidos e caberá o agravo de instrumento, com fulcro nesse inciso. Já se o juiz acolher o pedido de limitação, ele excluirá parte dos litisconsortes originários, determinando o desmembramento do processo, e caberá também agravo de instrumento, mas com fulcro no inciso anterior;

IX — admissão ou inadmissão de intervenção de terceiros: o caráter amplo deste inciso torna despiciendo o inciso IV, já que o incidente de desconsideração da personalidade jurídica é uma das formas de intervenção de terceiro. Caberá agravo de instrumento tanto da decisão que deferir quando da que indeferir a intervenção. A exceção é a admissão do *amicus curiae*, já que o art. 138, regra especial, estabelece que a decisão judicial é irrecorrível;

X — concessão, modificação ou revogação de efeito suspensivo aos embargos à execução: os embargos, em regra, não têm efeito suspensivo, mas o juiz, excepcionalmente, preenchidos os requisitos legais, poderá concedê-lo. Da decisão que defere, indefere, modifica ou revoga o efeito suspensivo, cabe agravo de instrumento;

XI — redistribuição do ônus da prova nos termos do art. 373, § 1.º: é a hipótese de redistribuição do ônus fundada em lei ou em determinação judicial. A decisão do juiz que aprecia a redistribuição do ônus desafia agravo de instrumento. Parece-nos que o agravo será cabível tanto da decisão que defere a redistribuição quanto da que a indefere, já que, em ambos os casos, a decisão versará, positiva ou negativamente, sobre a redistribuição e, também em ambos, a questão precisa ser reexaminada desde logo pelo tribunal, porque repercutirá sobre o comportamento de uma ou outra parte na fase de instrução;

XII — conversão da ação individual em ação coletiva: esse inciso foi vetado, em consonância com o veto do art. 333 do CPC;

XIII — outros casos expressamente referidos em lei: a lei pode criar outros casos de cabimento de agravo de instrumento. São exemplos o que pode ser interposto contra sentença declaratória de falência e contra as decisões proferidas em execução penal.

O parágrafo único do art. 1.015 deixa ainda expresso o cabimento do agravo de instrumento contra as decisões interlocutórias proferidas na fase de liquidação de sentença ou de cumprimento de sentença, das proferidas em processo de execução e no processo de inventário. O C. Superior Tribunal de Justiça, em precedente vinculante, estabeleceu que "É cabível agravo de instrumento contra todas as decisões interlocutórias proferidas nos processos de recuperação judicial e nos processos de falência, por força do art. 1.015, parágrafo único, CPC" (Tema 1022).

A questão da natureza do rol do art. 1.015 do CPC provocou grande controvérsia. Se de um lado, a redação do dispositivo trazia a impressão de que o rol era taxativo, de outra havia certas situações não previstas pelo legislador em que, a despeito de haver urgência e risco ao provimento jurisdicional, inexistia previsão legal de interposição do agravo, o que vinha dando ensejo à utilização do mandado de segurança, como tentativa de reverter, de imediato, a decisão capaz de trazer prejuízo irreparável, e para a qual não havia previsão legal de recurso.

3 ◼ Dos Recursos em Espécie   857

A questão foi afetada nos Recursos Especiais n. 1.696.396 e 1.704.520, pelo C. Superior Tribunal de Justiça, que optou por encontrar uma espécie de solução intermediária, reconhecendo a existência de taxatividade, mas que pode ser mitigada em casos de urgência. A decisão proferida no precedente vinculante foi modulada, aplicando-se tão-somente às decisões interlocutórias proferidas a partir da sua publicação. A ementa do V. Acórdão ficou assim redigida:

"RECURSO ESPECIAL REPRESENTATIVO DE CONTROVÉRSIA. DIREITO PROCESSUAL CIVIL. NATUREZA JURÍDICA DO ROL DO ART. 1.015 DO CPC/2015. IMPUGNAÇÃO IMEDIATA DE DECISÕES INTERLOCUTÓRIAS NÃO PREVISTAS NOS INCISOS DO REFERIDO DISPOSITIVO LEGAL. POSSIBILIDADE. TAXATIVIDADE MITIGADA. EXCEPCIONALIDADE DA IMPUGNAÇÃO FORA DAS HIPÓTESES PREVISTAS EM LEI. REQUISITOS.

1 — O propósito do presente recurso especial, processado e julgado sob o rito dos recursos repetitivos, é definir a natureza jurídica do rol do art. 1.015 do CPC/15 e verificar a possibilidade de sua interpretação extensiva, analógica ou exemplificativa, a fim de admitir a interposição de agravo de instrumento contra decisão interlocutória que verse sobre hipóteses não expressamente previstas nos incisos do referido dispositivo legal.

2 — Ao restringir a recorribilidade das decisões interlocutórias proferidas na fase de conhecimento do procedimento comum e dos procedimentos especiais, exceção feita ao inventário, pretendeu o legislador salvaguardar apenas as "situações que, realmente, não podem aguardar rediscussão futura em eventual recurso de apelação".

3 — A enunciação, em rol pretensamente exaustivo, das hipóteses em que o agravo de instrumento seria cabível revela-se, na esteira da majoritária doutrina e jurisprudência, insuficiente e em desconformidade com as normas fundamentais do processo civil, na medida em que sobrevivem questões urgentes fora da lista do art. 1.015 do CPC e que tornam inviável a interpretação de que o referido rol seria absolutamente taxativo e que deveria ser lido de modo restritivo.

4 — A tese de que o rol do art. 1.015 do CPC seria taxativo, mas admitiria interpretações extensivas ou analógicas, mostra-se igualmente ineficaz para a conferir ao referido dispositivo uma interpretação em sintonia com as normas fundamentais do processo civil, seja porque ainda remanescerão hipóteses em que não será possível extrair o cabimento do agravo das situações enunciadas no rol, seja porque o uso da interpretação extensiva ou da analogia pode desnaturar a essência de institutos jurídicos ontologicamente distintos.

5 — A tese de que o rol do art. 1.015 do CPC seria meramente exemplificativo, por sua vez, resultaria na repristinação do regime recursal das interlocutórias que vigorava no CPC/73 e que fora conscientemente modificado pelo legislador do novo CPC, de modo que estaria o Poder Judiciário, nessa hipótese, substituindo a atividade e a vontade expressamente externada pelo Poder Legislativo.

6 — Assim, nos termos do art. 1.036 e seguintes do CPC/2015, fixa-se a seguinte tese jurídica: O rol do art. 1.015 do CPC é de taxatividade mitigada, por isso admite a interposição de agravo de instrumento quando verificada a urgência decorrente da inutilidade do julgamento da questão no recurso de apelação.

7 — Embora não haja risco de as partes que confiaram na absoluta taxatividade serem surpreendidas pela tese jurídica firmada neste recurso especial repetitivo, pois somente

haverá preclusão quando o recurso eventualmente interposto pela parte venha a ser admitido pelo Tribunal, modulam-se os efeitos da presente decisão, a fim de que a tese jurídica apenas seja aplicável às decisões interlocutórias proferidas após a publicação do presente acórdão.

8 — Na hipótese, dá-se provimento em parte ao recurso especial para determinar ao TJ/MT que, observados os demais pressupostos de admissibilidade, conheça e dê regular prosseguimento ao agravo de instrumento no que se refere a competência, reconhecendo-se, todavia, o acerto do acórdão recorrido em não examinar a questão do valor atribuído à causa que não se reveste, no particular, de urgência que justifique o seu reexame imediato.

9 — Recurso especial conhecido e parcialmente provido" (Recurso Especial n. 1.696.396, Rel. Min. Nancy Andrighi, j. 05.12.2018).

A hipótese que deu ensejo à adoção da regra da taxatividade mitigada foi a relativa à questão da competência do juízo para o julgamento da causa, já que, não cabendo o agravo de instrumento, existiria o risco de que ela corresse até o final perante o juízo incompetente, o que poderia trazer prejuízo aos litigantes.

2.3. PROCESSAMENTO

2.3.1. Interposição

O agravo de instrumento é o único recurso interposto diretamente perante o órgão *ad quem*, para apreciação imediata. Como o processo ainda corre no órgão *a quo*, para que a questão possa ser levada ao órgão superior é preciso formar um instrumento, contendo cópias daquilo que é importante.

Ele será interposto por escrito diretamente no órgão *ad quem*, no prazo de quinze dias. Se o recorrente não quiser ou não puder deslocar-se à sede do Tribunal, poderá enviá-lo pelo correio com aviso de recebimento, encaminhá-lo por fax, ou pelo sistema do protocolo integrado.

A petição de interposição deve conter (CPC, art. 1.016): "I — os nomes das partes; II — a exposição do fato e do direito; III — as razões do pedido de reforma ou de invalidação da decisão e o próprio pedido; IV — o nome e o endereço completo dos advogados, constantes do processo".

É preciso que o agravante indique qual a decisão que pretende ver reformada e as razões. A exigência do inciso IV poderá ser dispensada se o nome e o endereço dos advogados constarem da cópia da procuração juntada.

O Código de Processo Civil não dispensa do preparo o agravo de instrumento. Cumprirá examinar a lei estadual de custas, para verificar se é necessário. No Estado de São Paulo, a Lei n. 11.608/2003 impõe preparo no agravo de instrumento, embora a lei anterior não o fizesse.

Como o **processo** está em curso no órgão *a quo*, será preciso, se o processo não for eletrônico, que o agravante instrua o recurso com cópias de peças dos autos, para que o tribunal tenha condições de compreender o que se passa e de analisar a pretensão recursal.

3 ■ Dos Recursos em Espécie   859

Algumas peças são obrigatórias: se não juntadas, o recurso não será conhecido. Antes, porém, de indeferi-lo, compete ao relator, nos termos do art. 932, parágrafo único, conceder ao agravante prazo de cinco dias para que seja sanado o vício ou complementada a documentação exigível. Se o prazo transcorrer sem que o agravante cumpra o determinado, o agravo será indeferido. As peças obrigatórias são: **cópia da petição inicial, da contestação, da petição que ensejou a decisão agravada, da própria decisão agravada, da certidão da respectiva intimação ou outro documento oficial que comprove a tempestividade e das procurações dos advogados do agravante e do agravado**. Caso inexista alguma dessas peças, o agravo deverá vir acompanhado de declaração de inexistência feita pelo advogado do agravante, sob pena de sua responsabilidade pessoal. Com relação à certidão de intimação ou documento comprobatório da tempestividade, embora peça obrigatória, há numerosas decisões do Superior Tribunal de Justiça considerando que, mesmo que não seja juntado, o recurso poderá ser conhecido se, por outra forma, for possível concluir pela tempestividade dele. Nesse sentido: "O STJ entende que, apesar de a certidão de intimação da decisão agravada constituir peça obrigatória para a formação do instrumento do agravo (art. 525, I, do CPC), sua ausência pode ser relevada desde que seja possível aferir, de modo inequívoco, a tempestividade do agravo por outro meio constante dos autos. Esse posicionamento é aplicado em homenagem ao princípio da instrumentalidade das formas para o qual o exagerado processualismo deve ser evitado de forma a que o processo e seu uso sejam convenientemente conciliados e realizados. Precedentes citados: REsp 676.343/MT, Quarta Turma, *DJe* 08.11.2010; e AgRg no AgRg no REsp 1.187.970/SC, Terceira Turma, *DJe* 16.08.2010" (REsp 1.409.357/SC, Rel. Min. Sidnei Beneti, j. 14.05.2014).

Além disso, é ônus do agravante juntar cópias de outras peças indispensáveis para a compreensão do pedido. Possivelmente, a apresentação apenas das obrigatórias não será suficiente, cumprindo ao agravante acrescentar outras, que sirvam para elucidar o que se passa no processo. O tribunal não conhecerá do agravo de instrumento quando verificar que as peças juntadas não lhe permitem compreendê-lo e julgá-lo.

Não há necessidade de cópias autenticadas, cabendo ao agravado impugnar-lhes, se for o caso, a autenticidade.

Interposto o recurso, o agravante ainda tem, nos processos que não forem eletrônicos, uma tarefa que, não cumprida, pode levar ao não conhecimento. **Trata-se de informar ao juízo *a quo* a interposição, no prazo de três dias**, juntando cópia da petição de agravo, a comprovação de interposição e a relação dos documentos apresentados (art. 1.018, § 2.º, do CPC).

A finalidade é permitir ao juízo *a quo* exercer o juízo de retratação. Se o agravante não cumprir a determinação, caberá ao agravado comunicá-lo e prová-lo ao tribunal que, então, não conhecerá do recurso (art. 1.018, § 3.º, do CPC). **O tribunal não poderá conhecer, de ofício, da falta de cumprimento da determinação do art. 1.018, § 2.º.** Se o processo for eletrônico, é apenas facultado ao agravante requerer a juntada, no processo, da cópia dos documentos acima mencionados, para permitir que o juiz possa exercer o juízo de retratação. Mas se ele não o fizer, isso não implicará a inadmissão do recurso.

860 Direito Processual Civil Esquematizado   *Marcus Vinicius Rios Gonçalves*

2.3.2. Processamento no tribunal

O agravo de instrumento será distribuído, sendo escolhido um relator, que deverá tomar as providências enumeradas no art. 932 do CPC, podendo até mesmo, em decisão monocrática, não conhecer do recurso, dar ou negar-lhe provimento. Da decisão mono-crática do relator, caberá o agravo interno, previsto no art. 1.021 do CPC.

Cabe ainda ao relator **decidir se defere ou não efeito suspensivo ou ativo (anteci-pação de tutela da pretensão recursal), também cabendo agravo interno dessa de-cisão**. O relator deferirá esses efeitos quando for relevante a fundamentação e houver risco de lesão grave e de difícil reparação. É preciso ainda que haja requerimento do agravante, não cabendo ao relator concedê-lo de ofício.

Cumprirá ao relator **determinar, ainda, que o agravado seja intimado para apresentar as contrarrazões, no prazo de quinze dias**. Ao fazê-lo, poderá juntar as peças que entenda relevantes para a apreciação do recurso. A intimação será feita na forma do art. 1.019, II, do CPC.

Por fim, o relator **deverá abrir vista ao Ministério Público**, nos casos em que ele intervenha, para que se manifeste em quinze dias.

Em seguida, pedirá dia para julgamento, em prazo não superior a um mês da inti-mação do agravado (CPC, art. 1.020). O agravo de instrumento é julgado por três juízes, por maioria de votos.

2.3.2.1. *O agravo contra decisão interlocutória de mérito e o art. 942*

Especificamente na hipótese do art. 1.015, II, quando se tratar de agravo de instru-mento contra decisão interlocutória de mérito, proferida em julgamento antecipado par-cial de mérito, caso a decisão proferida pelos três julgadores não seja unânime e reforme a decisão interlocutória de mérito, deverá ser aplicada a técnica do art. 942, *caput* e § 3.º, do CPC. A técnica consiste em dar prosseguimento ao julgamento em sessão em conti-nuidade a ser designada, com a convocação de outros julgadores, em número suficiente para a inversão do resultado inicial. São três os requisitos para a aplicação dessa nova técnica, que não tem natureza de recurso: a) que a decisão interlocutória seja de mérito, proferida no julgamento antecipado parcial da lide; b) que o resultado inicial não seja unânime; c) que o resultado inicial reforme a decisão interlocutória, pois se a mantiver ou a invalidar não haverá necessidade de se chamar outros julgadores.

2.3.3. O juízo de retratação

Enquanto não julgado o agravo de instrumento, o juízo *a quo* poderá retratar-se, comunicando ao tribunal. Se a retratação for completa, o tribunal julgará prejudicado o recurso; se for parcial, só reexaminará aquela parte da decisão que não foi reformada.

Havendo retratação, poderá ser interposto pela parte contrária um novo agravo de instrumento, desde que a nova decisão se insira nas hipóteses do art. 1.015 do CPC.

3. O AGRAVO INTERNO

É aquele que cabe contra as decisões monocráticas do relator. Nos termos do art. 932 do CPC, o relator de qualquer recurso tem uma série de incumbências, cabendo-lhe, entre outras coisas, **dirigir e ordenar o processo no tribunal, apreciar o pedido**

de tutela provisória, não conhecer de recurso inadmissível e dar ou negar provimento ao recurso, nos casos previstos nos incisos III, IV e V. Das decisões monocráticas do relator, quaisquer que sejam elas, tanto as relativas ao processamento quanto ao julgamento do recurso, cabe agravo interno para o órgão colegiado.

Deve ser interposto no prazo de **quinze dias**, e o agravado será intimado para manifestar-se sobre o recurso no mesmo prazo. Em seguida, pode o relator exercer o juízo de retratação. Se não o fizer, o recurso será examinado pela mesma turma julgadora ou órgão colegiado a quem caberia o julgamento do recurso no qual foi proferida a decisão monocrática do relator, sendo vedado a ele limitar-se a reprodução dos fundamentos da decisão agravada, para julgar improcedente o agravo interno.

Se for considerado manifestamente inadmissível ou improcedente em votação unânime, o tribunal condenará o agravante ao pagamento de multa, que pode variar de 1% a 5% do valor corrigido da causa, que reverterá em favor do agravado.

Há, ainda, previsão de agravo interno contra decisões do Presidente ou Vice-Presidente do Tribunal de origem que indeferir o processamento de RE ou REsp, nas hipóteses dos arts. 1.030, § 2.º, 1.035, § 7.º, e 1.036, § 2.º, do CPC, que serão estudadas no capítulo dedicado ao RE e ao REsp.

4. EMBARGOS DE DECLARAÇÃO

4.1. INTRODUÇÃO

Os embargos de declaração são o recurso (art. 994 do CPC) **que tem por finalidade aclarar ou integrar qualquer tipo de decisão judicial que padeça dos vícios de omissão, obscuridade ou contradição. Servem ainda para corrigir-lhe eventuais erros materiais**.

Sua função precípua é sanar esses vícios da decisão. Não se trata de recurso que tenha por fim reformá-la ou anulá-la (embora o acolhimento dos embargos possa eventualmente resultar na sua modificação), mas aclará-la e sanar as suas contradições, omissões ou erros materiais.

4.2. CABIMENTO

Cabem embargos de declaração contra todo tipo de decisão judicial: interlocutórias, sentenças e acórdãos, proferidos em qualquer grau de jurisdição. Cabem ainda em todo tipo de processo, de conhecimento ou de execução, de jurisdição contenciosa ou voluntária.

Podem dizer respeito à conclusão, ou aos fundamentos da decisão judicial, uma vez que todas elas devem ser fundamentadas (art. 93, IX, da CF).

O art. 494, I, do CPC indica situações em que o juiz pode alterar a sentença, sem a necessidade dos embargos: "para corrigir-lhe, de ofício ou a requerimento da parte, inexatidões materiais, ou lhe retificar erros de cálculo". Mas, mesmo nessas situações, não há óbice a que a parte interessada possa valer-se dos embargos de declaração para que se façam as correções necessárias.

O cabimento dos embargos está condicionado a que decisão padeça de um ou mais dos vícios previstos no art. 1.022 do CPC: obscuridade, contradição, omissão ou erro material.

Ao apresentar o recurso, o embargante deverá apontar em que consiste o vício que ele queira ver corrigido. **Mas não haverá problema se ele errar na classificação**, chamando, por exemplo, de obscuridade o que é contradição, até porque inexistem lindes precisos entre um vício e outro.

Se a parte não opuser embargos de declaração, mas outro recurso, agravo de instrumento ou apelação, por exemplo, o órgão *ad quem*, se não puder sanar o vício, terá de anular a decisão ou a sentença, determinando que o órgão *a quo* profira outra, sem os vícios da primeira.

4.2.1. Obscuridade

É a falta de clareza do ato. As decisões judiciais devem ser tais que permitam a quem as lê compreender o que ficou decidido, a decisão e os seus fundamentos.

Há casos em que a decisão poderá ser ininteligível, incompreensível, ambígua e capaz de despertar dúvida no leitor. Os embargos servirão para que o juiz promova os esclarecimentos necessários, tornando compreensível aquilo que não era.

4.2.2. Contradição

É a falta de coerência da decisão. Pode manifestar-se de várias maneiras: pela incompatibilidade entre duas ou mais partes do dispositivo, duas ou mais partes da fundamentação, ou entre esta e aquele. O juiz exprime, na mesma decisão, ideias que não são compatíveis, conciliáveis entre si. De certa forma, a contradição leva também à obscuridade.

4.2.3. Omissão

Haverá omissão se o juiz deixar de se pronunciar sobre um ponto que exigia a sua manifestação. A decisão padece de uma lacuna, uma falta. **Não constitui omissão a falta de pronunciamento sobre questão irrelevante ou que não tenha relação com o processo**. O juiz é obrigado a examinar todos os pedidos formulados pelo autor, na petição inicial, e pelo réu, em reconvenção ou em pedido contraposto.

Mas nem sempre precisará apreciar todos os fundamentos da inicial ou da defesa. A sentença não será omissa se os fundamentos examinados pelo juiz forem suficientes, seja para o acolhimento, seja para a rejeição do pedido inicial. Ver Livro VII, Capítulo 5, *item 1.4.2*.

O art. 1.022, parágrafo único, considera omissa a decisão que deixe de se manifestar sobre tese firmada em julgamento de casos repetitivos ou em incidente de assunção de competência aplicável ao caso sob julgamento ou que incorra em qualquer das situações descritas no art. 489, § 1.º.

4.2.4. Erro material

A correção de erro material pode ser feita de ofício pelo juiz, nos termos do art. 494, I, do CPC. Podem ser considerados como tais os erros de cálculo, os erros de expressão (indicação equivocada do nome das partes, do número do processo, do resultado) e os erros de fato, comprováveis de plano (são exemplos: o tribunal deixa de

3 ◘ Dos Recursos em Espécie

863

conhecer recurso de apelação, por intempestividade, sem observar que havia comprovação de um feriado forense, na cidade em que foi apresentado; a sentença extinguiu o processo sem resolução de mérito por inércia do autor, quando ele tinha peticionado, tomando as providências necessárias para dar-lhe andamento, mas o cartório, por equívoco, não havia juntado aos autos a petição). Já no regime do Código de Processo Civil de 1973, havia forte corrente jurisprudencial no sentido de que se poderia atribuir efeitos infringentes aos embargos de declaração, que são deles desprovidos, nos casos de haver erro material, comprovável de plano. O Código de Processo Civil atual acolheu esse entendimento e acrescentou às hipóteses de embargos de declaração a correção de erro material.

4.3. REQUISITOS DE ADMISSIBILIDADE

Os embargos de declaração serão opostos no prazo de cinco dias, por qualquer dos legitimados previstos no art. 996 do CPC, a contar da data em que as partes são intimadas da decisão. Não há recolhimento de preparo.

A sua apresentação **interrompe o prazo para apresentação de outros recursos, tanto para quem os interpôs como para os demais litigantes**, ainda que o recurso não seja admitido. Mas, se forem interpostos de má-fé, o embargante ficará sujeito à multa, que será de até 2% do valor atualizado da causa. Em caso de reiteração, a multa pode elevar-se a até 10%, e a interposição de qualquer outro recurso fica condicionada ao recolhimento da multa, à exceção da Fazenda Pública e dos beneficiários da justiça gratuita, que a recolherão ao final.

Não serão admitidos novos embargos de declaração se os dois anteriores houverem sido considerados protelatórios (art. 1.026, § 4.º, do CPC).

4.4. PROCESSAMENTO DOS EMBARGOS

São apresentados por petição, perante o juízo ou tribunal que prolatou a decisão. No Juizado Especial, poderão ser opostos oralmente ou por escrito (art. 49 da Lei n. 9.099/95).

O embargante deverá fundamentá-los, indicando qual o vício de que a decisão padece.

O julgador fará um juízo de admissibilidade; se não preenchidos os requisitos, não conhecerá do recurso. Se o conhecer, passará a julgar o mérito, dando-lhe ou negando--lhe provimento, conforme constate ou não a existência dos vícios apontados. Ao dar provimento aos embargos de declaração, o juiz deve afastar os vícios de que a decisão padece: se há contradição ou obscuridade, prestará os esclarecimentos necessários; se há omissão, deve saná-la, examinando o que não fora apreciado antes; se há erro material, deve corrigi-lo.

Não há óbice a que, contra a decisão prolatada nos embargos, sejam opostos novos embargos de declaração, para apontar qualquer dos vícios mencionados pela lei. O único limite é o do art. 1.026, § 4.º.

Discutia-se, na vigência do Código de Processo Civil de 1973, sobre a necessidade de dar vista ao embargado, para que ele apresentasse contrarrazões. **Predominava o entendimento de que isso não era necessário, salvo se com os embargos fossem**

864 Direito Processual Civil Esquematizado   *Marcus Vinicius Rios Gonçalves*

juntados novos documentos, ou se do seu acolhimento pudesse resultar modificação do que ficou decidido. Esse entendimento foi acolhido pelo art. 1.023, § 2.º, do CPC: "O juiz intimará o embargado para, querendo, manifestar-se, no prazo de cinco dias, sobre os embargos opostos, caso seu eventual acolhimento implique a modificação da decisão embargada". A avaliação deve ser feita em tese: o juiz intimará o embargado para contrarrazões se o teor dos embargos for tal que o seu acolhimento possa resultar na alteração daquilo que foi decidido.

Apresentados os embargos, e colhidas as contrarrazões quando necessário, o juiz terá prazo de cinco dias para julgá-los.

Quando os embargos de declaração forem opostos contra acórdão, a sua decisão também será colegiada. Quando opostos contra decisão monocrática do relator, serão decididos monocraticamente.

O art. 1.025 do CPC contém importante regra, que repercutirá sobre o processamento do recurso especial e extraordinário. Os embargos de declaração podem ser opostos para fins de prequestionamento (Súmula 98 do Superior Tribunal de Justiça). Quando o forem, os elementos neles suscitados considerar-se-ão incluídos no acórdão, mesmo que os embargos não sejam admitidos, desde que o tribunal superior considere existentes erro, omissão, contradição ou obscuridade, com o que perde validade a Súmula 211 do Superior Tribunal de Justiça, que será abordada quando se tratar do prequestionamento, em recurso especial ou extraordinário.

4.5. EFEITOS DOS EMBARGOS DE DECLARAÇÃO

Eles têm efeito devolutivo, porque devolvem ao conhecimento do juízo ou tribunal prolator da decisão o conhecimento daquilo que é objeto do recurso.

Não são dotados de efeito suspensivo. Mas o § 1.º do art. 1.026 autoriza que o juiz ou o relator o concedam se demonstrada a probabilidade de provimento do recurso ou, sendo relevante a fundamentação, houver risco de dano grave ou de difícil reparação. Haverá casos em que a gravidade do vício, seja ele obscuridade, contradição, omissão ou erro, será tal que inviabilizará o cumprimento da decisão embargada, ou trará risco de dano, casos em que o efeito suspensivo deverá ser deferido.

Os embargos de declaração têm efeito translativo. Ao examiná-los, o julgador poderá conhecer de ofício de matérias de ordem pública, ainda que estas não sejam objeto dos embargos.

4.6. EMBARGOS DE DECLARAÇÃO COM EFEITO MODIFICATIVO

A finalidade dos embargos de declaração é sanar obscuridades, contradições ou omissões e corrigir erros materiais de que a decisão padeça. Ao acolhê-los, o juiz afastará os vícios, sanando-os. Pode ocorrer que haja alteração do conteúdo da sentença, como consequência natural da solução do vício.

Imagine-se, por exemplo, que o dispositivo da sentença está em descompasso com a sua fundamentação. Ao sanar a contradição, pode o juiz alterar o dispositivo originário, do que resultará alteração daquilo que ficou decidido. Ou pode ocorrer que o juiz tenha sido omisso ao examinar uma das causas de pedir ou dos fundamentos de defesa

3 ▣ Dos Recursos em Espécie   865

e que, ao apreciá-los, nos embargos, decorra alteração no que ficou decidido. O mesmo pode se dar em relação à obscuridade.

Esses exemplos mostram que a **modificação pode ser consequência natural do acolhimento dos embargos de declaração** e do afastamento dos vícios apontados na decisão. Tal modificação pode ser o corolário lógico do acolhimento dos embargos.

O que gera controvérsia é a possibilidade de o juiz valer-se dos embargos de declaração para alterar a decisão, sem que ela padeça da contradição, omissão, obscuridade ou erro. Isto é, de valer-se deles para modificar a sua convicção, seja reexaminando a prova, seja aplicando normas jurídicas diferentes daquelas utilizadas originariamente.

Prevalece amplamente o entendimento de que os embargos de declaração não têm essa função. Eles não podem ser utilizados para que o juiz reconsidere ou reforme a sua decisão. Podem, se acolhidos, implicar a alteração do julgado, **desde que isso advenha do afastamento dos vícios apontados, mas não por mudança de convicção**.

Excepcionalmente, na vigência do Código de Processo Civil de 1973, admitia-se que eles pudessem ter efeito modificativo (também chamado efeito infringente) **exclusivamente quando a decisão contivesse erro material ou erro de fato, verificável de plano**. Serviam, então, para corrigi-lo. O Código de Processo Civil atual parece ter acolhido esse entendimento, incluindo o erro material como um dos vícios sanáveis por embargos de declaração. Assim, havendo erro, será possível corrigi-lo por embargos, ainda que haja modificação do julgado.

Mas, inexistindo os vícios elencados no art. 1.022, os embargos não se prestarão à reforma ou reconsideração da decisão.

Pode-se estabelecer a seguinte regra:

> O acolhimento dos embargos de declaração pode implicar a modificação daquilo que ficou decidido. Mas eles não podem ser utilizados para que o juiz modifique a sua convicção ou reexamine a prova.

EMBARGOS DE DECLARAÇÃO		
Cabimento	Requisitos	Efeitos
▣ Cabem contra sentença, acórdão ou decisão interlocutória que padeça dos vícios de omissão, contradição, obscuridade ou que contenha erro material. Sua finalidade é permitir ao juiz que os sane. Haverá omissão quando ele deixar de se pronunciar sobre ponto relevante para o desfecho do processo; contradição, quando partes da decisão forem logicamente inconciliáveis; obscuridade, quando não for possível compreender, no todo ou em parte, o conteúdo da decisão; e erro material, quando contiver equívoco na descrição do conteúdo do processo ou erro de fato constatável de plano.	▣ Publicado o ato judicial, a parte terá o prazo de cinco dias para opor os embargos. Não há preparo. Eles serão opostos por escrito (no JEC poderão ser orais). O embargante deve indicar em que consiste o vício na decisão. Como os embargos interrompem o prazo para a interposição de outros recursos, verificando o juiz que foram interpostos de má-fé, aplicará multa ao embargante de até 2% do valor da causa, que se elevará a 10% em caso de reiteração.	▣ Os embargos de declaração devolvem ao prolator da decisão o conhecimento das questões suscitadas. O juiz, ao suprir a omissão, sanar a obscuridade ou contradição e corrigir o erro material, pode alterar o que havia decidido anteriormente, o que é consequência natural do acolhimento dos embargos. Mas eles não terão efeito meramente infringente: não havendo nenhum vício, o juiz não poderá se valer deles apenas para modificar o seu convencimento. Os embargos não terão efeito suspensivo, a menos que o juiz ou o relator o conceda, presentes as hipóteses do art. 1.026, § 1.º, do CPC. E terão sempre efeito translativo.

866   Direito Processual Civil Esquematizado   *Marcus Vinicius Rios Gonçalves*

5. RECURSO ORDINÁRIO

5.1. INTRODUÇÃO

É um recurso previsto na Constituição Federal, dirigida ao Superior Tribunal de Justiça ou ao Supremo Tribunal Federal.

É ordinário, pois, embora a CF preveja as hipóteses de cabimento, não enumera, em rol taxativo, quais os fundamentos que esse recurso poderá ter, diferentemente do que ocorre com o recurso especial e com o extraordinário, recursos que só podem ter por fundamento as matérias elencadas nos arts. 102, III, e 105, III, da CF.

O recurso ordinário serve, em regra, para que o interessado possa obter o reexame das decisões que são de competência originária dos tribunais. Contra os julgamentos de primeira instância, cabe apelação; se o processo é de competência originária dos tribunais, a apelação não será cabível, mas a CF prevê o recurso ordinário, no qual o STJ e o STF poderão reexaminar o que ficou decidido, não como instâncias extraordinárias, mas como uma espécie de "segunda instância".

Daí dizer-se que o **recurso ordinário faz as vezes de "apelação" para determinadas causas de competência originária dos tribunais**.

5.2. CABIMENTO

O recurso ordinário pode ser dirigido para o STF ou para o STJ.

São dirigidos ao STF os referentes a "*habeas corpus*, o mandado de segurança, o *habeas data* e o mandado de injunção decididos em única instância pelos Tribunais Superiores, se denegatória a decisão" e aos "crimes políticos" (art. 102, II, da CF).

São dirigidos ao STJ os relacionados aos "*habeas corpus* decididos em única ou última instância pelos Tribunais Regionais Federais ou pelos tribunais dos Estados, do Distrito Federal e Territórios, quando a decisão for denegatória"; "os mandados de segurança decididos em única instância pelos Tribunais Regionais Federais ou pelos tribunais dos Estados, do Distrito Federal e Territórios, quando denegatória a decisão"; "as causas em que forem partes Estado estrangeiro ou organismo internacional, de um lado, e, de outro, Município ou pessoa residente ou domiciliada no país" (CF, art. 105, II).

5.3. PROCESSAMENTO

Deve ser interposto no prazo de quinze dias perante o relator do acórdão recorrido. De acordo com o art. 1.028 do CPC, a ele se aplicam, quanto aos requisitos de admissibilidade e ao procedimento, as regras da apelação, observando-se ainda os regimentos internos do STF e do STJ. Apresentado o recurso, o recorrido será intimado para, no prazo de 15 dias, oferecer contrarrazões e, em seguida, o recurso será remetido ao respectivo tribunal superior, independentemente de prévio juízo de admissibilidade.

O recurso ordinário não exige prequestionamento.

3 ■ Dos Recursos em Espécie   867

6. RECURSO EXTRAORDINÁRIO E RECURSO ESPECIAL

6.1. INTRODUÇÃO

Os recursos podem ser distinguidos em duas categorias: **ordinários e extraordinários** *lato sensu*.

São ordinários os recursos que têm por finalidade permitir ao tribunal que reexamine a decisão, porque o recorrente não está conformado com a que foi proferida (ou, no caso dos embargos de declaração, para que seja sanado algum vício). Esse tipo de recurso serve para discutir a correção ou a justiça da decisão.

Já os recursos extraordinários *lato sensu* têm outra finalidade: **impedir que as decisões judiciais contrariem a Constituição Federal ou as leis federais, mantendo a uniformidade de interpretação, em todo país, de uma e outras**. Aquele que apresenta um desses recursos está insatisfeito e pretende que a decisão seja revista. Mas o fundamento que apresentará não poderá ser de que a sentença foi injusta, porque **eles não constituem uma espécie de "terceira instância" que visa assegurar a justiça das decisões**. São excepcionais e só cabem quando preenchidas as condições estabelecidas na Constituição Federal, relacionadas à proteção e unidade de interpretação da própria Constituição ou das leis federais. Só podem ter os fundamentos previstos na CF. Podem ser interpostos contra acórdão proferido não só no julgamento de apelação, mas também de agravo de instrumento ou agravo interno, nos termos da Súmula 86 do Superior Tribunal de Justiça. Desde que preenchidos os requisitos, poderão ser interpostos não só contra os acórdãos em recursos **contra as sentenças, mas também contra decisões interlocutórias**. Também se tem admitido o recurso especial contra acórdão proferido em remessa necessária. Em princípio, o Superior Tribunal de Justiça vinha indeferindo o recurso especial nesse caso, sob o argumento de que haveria preclusão lógica, uma vez que não tinha havido manifestação de inconformismo da Fazenda Pública, que não interpôs recurso voluntário. Mas a Corte Especial do STJ alterou esse entendimento, passando a admitir o recurso especial contra acórdão proferido na remessa necessária (Corte Especial, REsp 951.771/CE, Rel. Min. Teori Zavascki, julgado em 29.06.2010, publicado no *DJE* de 19.08.2010).

Os recursos extraordinários *lato sensu* são: **o extraordinário, o especial e os embargos de divergência, sempre julgados pelo STF ou pelo STJ**. Esses Tribunais julgam também recursos ordinários *stricto sensu*, nas hipóteses dos arts. 102, II, e 105, II, da CF.

Os requisitos de admissibilidade que se aplicam aos recursos comuns são também exigidos nos extraordinários. Mas, nestes, como se verá, há outros requisitos muito mais rigorosos.

Para melhor compreensão, serão examinados inicialmente os aspectos comuns para que, ao final, possam ser apuradas as distinções.

6.2. REQUISITOS COMUNS DE ADMISSIBILIDADE DO RECURSO EXTRAORDINÁRIO E ESPECIAL

Há dois tipos de requisitos: os comuns a todos os recursos; e os que são típicos apenas do recurso especial e do extraordinário.

868 Direito Processual Civil Esquematizado   *Marcus Vinicius Rios Gonçalves*

6.2.1. Requisitos que são comuns aos recursos extraordinários e aos ordinários

6.2.1.1. Tempestividade

O recurso especial e o extraordinário devem ser apresentados no prazo de quinze dias, sendo aplicáveis as regras dos arts. 180, 183, 186 e 229 do CPC.

Se a parte interessada verificar que estão presentes os requisitos para a interposição do recurso especial e do recurso extraordinário, **poderá interpor ambos**, no prazo legal. A interposição deve ser **simultânea**, sob pena de haver preclusão consumativa.

Tanto o recurso especial quanto o extraordinário podem ser interpostos sob a forma comum ou forma adesiva, caso em que serão apresentados no prazo para as contrarrazões ao recurso do adversário.

6.2.1.2. Preparo

Ambos os recursos — o extraordinário e o especial — exigem preparo e porte de remessa e retorno. O Regimento Interno do STF sempre previu a necessidade de preparo, mas o do STJ não: até há algum tempo, bastava o recolhimento do porte.

Mas a Lei n. 11.636/2007, regulamentada pela Resolução n. 1/2008 da Presidência do Superior Tribunal de Justiça, **passou a exigir o preparo também para o recurso especial**.

6.2.1.3. Outros requisitos de admissibilidade

Os demais requisitos de admissibilidade de todos os recursos são comuns também ao RE e ao REsp. Exige-se, portanto, que haja legitimidade, interesse, regularidade formal e inexistência de fato impeditivo ou extintivo ao direito de recorrer. Em caso de oposição de embargos de declaração, o prazo para interposição do recurso terá sido interrompido. Mas não há necessidade de ratificação do recurso já interposto, se no julgamento dos embargos não tiver havido nenhuma alteração na decisão recorrida. Nesse sentido, a Súmula 579 do Superior Tribunal de Justiça: "Não é necessário ratificar o recurso especial interposto na pendência do julgamento dos embargos de declaração, quando inalterado o resultado anterior".

6.2.2. Requisitos que são comuns ao RE e ao REsp, mas que não são exigidos nos recursos comuns

6.2.2.1. Que tenham se esgotado os recursos nas vias ordinárias

Enquanto houver a possibilidade de interposição de algum recurso ordinário, não serão admissíveis o RE e o REsp. É preciso que tenham se esgotado as vias ordinárias. Nesse sentido, as Súmulas 281 do STF: "É inadmissível o recurso extraordinário, quando couber, na Justiça de origem, recurso ordinário da decisão impugnada"; e a Súmula 207 do STJ: "É inadmissível recurso especial quando cabíveis embargos infringentes contra o acórdão proferido no tribunal de origem". Os embargos infringentes deixaram de existir, mas o sentido da Súmula 207 permanece: não cabem recursos extraordinários, se cabíveis ainda os ordinários, que precisam ter sido esgotados. Se havia

3 ■ Dos Recursos em Espécie

869

algum recurso ordinário cabível que não foi interposto, o acórdão transitará em julgado com a não interposição, impedindo a apresentação do RE ou REsp.

6.2.2.2. Que os recursos sejam interpostos contra decisão de única ou última instância

Esse requisito guarda estreita relação com o anterior. **Não é possível saltar as instâncias ordinárias**. A decisão recorrida há de ter sido proferida em única ou última instância, exigência expressa dos arts. 102, III, e 105, III, da CF.

Mas há uma diferença de grande relevância entre o recurso extraordinário e o especial: é que o art. 102, III, contenta-se, para o cabimento do primeiro, com que haja causa decidida em única ou última instância; ao passo que o art. 105, III, exige, para a interposição do segundo, que haja causa decidida em única ou última instância **por tribunal, estadual ou federal**.

Disso advêm importantes consequências práticas:

■ no Juizado Especial Cível, a última instância ordinária não é um tribunal, mas o Colégio Recursal. **Por essa razão, contra os acórdãos por ele proferidos será admissível recurso extraordinário, não o especial**;

■ nas execuções fiscais, o recurso contra a sentença que julga os embargos de pequeno valor não é a apelação, mas os embargos infringentes (que não se confundem com o recurso de mesmo nome que era previsto no CPC de 1973), que são julgados em primeira instância. Contra a decisão neles proferida poderá ser admitido o recurso extraordinário, nunca o especial.

6.2.2.3. Que não visem rediscutir matéria de fato

Os recursos extraordinários são de fundamentação vinculada: só cabem nas hipóteses das alíneas dos arts. 102, III, e 105, III, da CF. Em todas elas, há a preocupação em preservar e uniformizar a interpretação da Constituição Federal e das leis federais. **Eles não se prestam a corrigir injustiça da decisão, decorrente da má apreciação dos fatos e das provas**.

Ao contrário dos outros recursos, de fundamentação livre, em que o recorrente pode alegar todo tipo questão, os extraordinários ficam adstritos **ao reexame da matéria jurídica**, afastada a possibilidade de reexame dos fatos e provas. Além disso, eles só permitem que seja uniformizada a interpretação da CF e das leis, **não servindo para discutir interpretação de contrato**.

Nesse sentido, a Súmula 279 do STF: "Para simples reexame da prova não cabe recurso extraordinário" e a Súmula 454 do STF: "A simples interpretação de cláusula contratual não enseja recurso extraordinário". No mesmo sentido, as Súmulas 5 e 7 do STJ.

O que se proíbe nos recursos extraordinários é que reexaminem as provas dos fatos discutidos e sua aptidão para demonstrá-los.

Isso não se confunde com a discussão sobre a **admissibilidade geral de um tipo de prova, para determinado tipo genérico de fato**.

870 Direito Processual Civil Esquematizado · *Marcus Vinicius Rios Gonçalves*

Por exemplo: não é possível rediscutir se a interceptação telefônica usada em determinado processo é suficiente para demonstrar os fatos que fundamentam o pedido inicial. Mas é possível, por recurso extraordinário, discutir se a interceptação telefônica, como prova, contraria a Constituição Federal.

Nos recursos extraordinários, os tribunais **não apreciam a prova, mas podem dirimir questões de aplicação, ou interpretação da Constituição Federal ou das leis federais, a respeito das provas em geral, sua admissibilidade, sua disciplina e sua valoração**.

6.2.2.4. Causas decididas — O prequestionamento

Tanto o art. 102, III, quanto o 105, III, da Constituição Federal restringem o cabimento do RE e do REsp às causas decididas.

Disso advêm duas consequências importantes:

- tais recursos só são cabíveis contra decisões judiciais ("causas"), nunca contra as administrativas;
- é preciso que a questão — constitucional ou federal — a ser discutida no recurso **tenha sido ventilada nas instâncias ordinárias, isto é, suscitada e decidida anteriormente**. Não cabe RE nem REsp sobre questões não previamente discutidas e decididas nas vias ordinárias. **A essa exigência, dá-se o nome de prequestionamento**, comum a ambos os recursos.

A lei brasileira não regula o prequestionamento. Não há dispositivo constitucional ou legal que o exija expressamente, sendo ele o corolário da exigência de causa decidida.

É a jurisprudência do STF e do STJ que regulamenta o prequestionamento e a forma que ele deve observar em cada um desses tribunais.

Para que determinada questão constitucional ou legal possa ser oportunamente objeto de RE ou REsp, a parte deve suscitá-la nas instâncias ordinárias, para que possa ser decidida.

Diante do disposto no art. 941, § 3.º, do CPC, haverá prequestionamento mesmo que a questão constitucional ou federal seja suscitada apenas no voto vencido, ficando prejudicada a Súmula 320 do STJ, que estabelecia de forma diversa. Se as instâncias inferiores não examinarem a questão, apesar de ela ter sido suscitada pelo interessado, caber-lhe-á opor embargos de declaração, postulando que a omissão seja suprida. Por meio dos embargos, o interessado tentará fazer com que as instâncias inferiores examinem a questão suscitada. **É a Súmula 98 do STJ que enuncia a possibilidade de utilização dos embargos de declaração para prequestionar a questão legal, permitindo o oportuno ajuizamento do recurso especial:** "Embargos de declaração manifestados com notório propósito de prequestionamento não têm caráter protelatório". Conquanto a súmula diga respeito ao recurso especial, a mesma regra vale para o extraordinário.

Sem a oposição de embargos de declaração a respeito da questão omissa, não terá havido o prequestionamento, e o RE ou REsp não será admitido.

3 ◼ Dos Recursos em Espécie   871

Mas pode ocorrer que, sendo os embargos opostos, as instâncias ordinárias ainda assim não apreciem a questão constitucional ou federal suscitada, por entender que não houve omissão na decisão, ou que a questão não é relevante, ou não diz respeito ao caso *sub examen*. Sem o pronunciamento das instâncias ordinárias, a despeito da oposição dos embargos de declaração, caberá o RE ou REsp? O prequestionamento, nesse caso, contenta-se com o fato de a questão ter sido apenas suscitada, por meio dos embargos, ou há necessidade de efetivo pronunciamento das instâncias inferiores a respeito da questão constitucional ou legal? É nesse passo que surgiram diferenças entre o prequestionamento exigido pelo STF e pelo STJ, como se verá no item seguinte, e que devem ser superadas pelo disposto no art. 1.025 do CPC.

6.2.2.5. Diferenças entre o prequestionamento exigido pelo STF e pelo STJ e o art. 1.025 do CPC

Só há prequestionamento se a questão constitucional for ventilada, isto é, suscitada e decidida pelas instâncias inferiores. Não havendo pronunciamento destas, é preciso opor embargos de declaração.

Para o STF, basta a oposição dos embargos, para que a questão constitucional se considere prequestionada, ainda que ela não seja efetivamente apreciada nos embargos. É o que resulta da Súmula 356 do STF: "O ponto omisso da decisão, sobre o qual não foram opostos embargos declaratórios, não pode ser objeto de recurso extraordinário, por faltar o requisito do prequestionamento".

A súmula traz a necessidade de que os embargos sejam "opostos", sem aludir à exigência de que, ao examiná-los, a questão constitucional seja apreciada. Portanto, para o STF, não é necessário, como condição de admissibilidade do RE, que a questão constitucional seja efetivamente examinada, bastando que seja suscitada por embargos de declaração. **Daí dizer que o STF se contenta com o prequestionamento ficto**, já que pode não haver a apreciação da questão constitucional pelas instâncias inferiores.

Diversamente, **o STJ exigia prequestionamento efetivo, real, como se vê da Súmula 211:** "Inadmissível recurso especial quanto à questão que, a despeito da oposição de embargos declaratórios, não foi apreciada pelo tribunal *a quo*".

A redação não deixa dúvidas: não bastaria a interposição dos embargos de declaração. **Seria preciso que, ao apreciá-los, as instâncias ordinárias efetivamente examinassem a questão federal, que seria objeto do recurso especial**.

Mas o que faria o interessado, diante da Súmula 211, se, a despeito dos embargos, as instâncias ordinárias não a examinassem? Para o STF, como visto, basta a iniciativa de opor embargos de declaração; mas o STJ exigia algo que não mais depende da parte — o acolhimento dos embargos e o exame da questão federal.

A solução dada pelo STJ era a seguinte: se, no julgamento dos embargos de declaração, a questão federal fosse apreciada, teria ocorrido o prequestionamento, bastando a interposição de recurso especial, com fundamento nela; se a questão não fosse apreciada, a solução seria opor recurso especial, não com fundamento nela, **mas na contrariedade ao art. 1.022 do CPC, que trata do recurso de embargos de declaração**. O recorrente alegaria, então, que, quando o tribunal de origem não examinou a questão suscitada nos embargos, contrariou aquele dispositivo. O STJ examinaria esse recurso especial e verificaria se o órgão *a quo* deveria ou não ter apreciado a questão suscitada. Em caso afirmativo, acolhê-lo-ia e determinaria que a instância inferior a examinasse. O órgão *a quo* teria de apreciá-la, com o que, **finalmente, haveria o prequestionamento da questão federal, abrindo ensejo para que o interessado apresentasse agora um novo recurso especial, desta feita fundado nela**.

Mas a Súmula 211 do STJ foi editada na vigência do CPC de Código de Processo Civil. As dificuldades por ela trazidas preocuparam o legislador do Código de Processo Civil atual que, por meio de art. 1.025, eliminou a exigência que decorria da sua aplicação. Esse artigo dispõe expressamente que "Consideram-se incluídos no acórdão os elementos que o embargante pleiteou, para fins de prequestionamento, ainda que os embargos de declaração sejam inadmitidos ou rejeitados, caso o tribunal superior considere existentes erro, omissão, contradição ou obscuridade". **Assim, deve prevalecer, para ambos os tribunais, STF e STJ, a solução que era dada pela Súmula 356 do STF, e não a da Súmula 211 do STJ**. Uma vez que se consideram incluídos no acórdão os elementos suscitados nos embargos, ainda que eles não sejam admitidos ou sejam rejeitados, não haverá mais a necessidade de opor recurso especial por violação ao art. 1.022 do CPC. A questão suscitada nos embargos de declaração considerar-se-á prequestionada, desde que o STF ou STJ considerem que, a respeito dela, de fato o acórdão era contraditório, obscuro, omisso ou continha erro material.

6.2.2.6. Prequestionamento implícito ou explícito?

Trata-se de saber se o acórdão recorrido precisa enfrentar expressamente a questão constitucional ou federal que é objeto do RE ou do REsp, ou se basta que tal questão seja apreciada implicitamente, sem indicação expressa do dispositivo constitucional ou legal violado.

A Corte Especial do Superior Tribunal de Justiça decidiu pela suficiência do prequestionamento implícito, não sendo necessária a indicação do dispositivo legal violado. Ficou decidido que: "O prequestionamento consiste na apreciação e na solução, pelo tribunal de origem, das questões jurídicas que envolvam a norma positiva tida por violada, inexistindo a exigência de sua expressa referência no acórdão impugnado" (STJ, Corte Especial, ED no REsp 162.608/SP, Rel. Min. Sálvio de Figueiredo Teixeira).

O STF, em princípio, exigia o prequestionamento explícito da matéria constitucional. Como ensina Rodolfo de Camargo Mancuso: "Já no âmbito do STF tem sido exigido o prequestionamento explícito da matéria constitucional controvertida, salientando o Min. Sepúlveda Pertence que, sendo o RE um instrumento de revisão 'in jure', 'não investe o Supremo de competência para vasculhar o acórdão recorrido, à procura de uma norma que poderia ser pertinente ao caso, mas da qual não se cogitou. Daí a necessidade de pronunciamento explícito do Tribunal 'a quo' sobre a questão suscitada no recurso extraordinário. Sendo o prequestionamento, por definição, necessariamente explícito, o chamando 'prequestionamento implícito' não é mais que uma simples e inconcebível contradição em termos" (AgRg 253.566-6, *DJU* 03.03.2002). No entanto, mais recentemente, o STF não tem exigido, como condição do prequestionamento, que o acórdão recorrido indique expressamente o dispositivo constitucional que teria sido

3 ◼ Dos Recursos em Espécie   873

violado, bastando que tenha sido examinada a tese jurídica suscitada, ofensiva ao texto constitucional.

6.3. PROCEDIMENTO DE INTERPOSIÇÃO E ADMISSÃO DO RE E DO RESP

As regras sobre interposição são comuns ao RE e ao REsp e vêm tratadas a partir do art. 1.029 do CPC.

Eles serão interpostos no prazo de quinze dias, perante o presidente ou o vice--presidente do tribunal *a quo*. A interposição, pelo mesmo litigante, de ambos, quando pretender discutir questão constitucional e federal, deve ser **simultânea**, sob pena de haver preclusão consumativa, mas em petições diferentes.

Essa petição deve conter:

- ◼ a exposição do fato e do direito;
- ◼ a demonstração do cabimento do recurso interposto;
- ◼ as razões do pedido de reforma ou de invalidação da decisão recorrida.

Logo que a petição é recebida na secretaria do tribunal, o recorrido é intimado para apresentar contrarrazões. Findo o prazo, os autos serão conclusos ao presidente ou ao vice-presidente do tribunal recorrido, a quem caberá realizar prévio juízo de admissibilidade do recurso, além de determinar outras diligências, enumeradas no art. 1.030 do CPC. Cabe a ele: I — negar seguimento a) a recurso extraordinário que discuta questão constitucional à qual o Supremo Tribunal Federal não tenha reconhecido a existência de repercussão geral ou a recurso extraordinário interposto contra acórdão que esteja em conformidade com entendimento do Supremo Tribunal Federal exarado no regime de repercussão geral; b) a recurso extraordinário ou a recurso especial interposto contra acórdão que esteja em conformidade com entendimento do Supremo Tribunal Federal ou do Superior Tribunal de Justiça, respectivamente, exarado no regime de julgamento de recursos repetitivos; II — encaminhar o processo ao órgão julgador para realização do juízo de retratação, se o acórdão recorrido divergir do entendimento do Supremo Tribunal Federal ou do Superior Tribunal de Justiça exarado, conforme o caso, nos regimes de repercussão geral ou do de recursos repetitivos; III — sobrestar o recurso que versar sobre controvérsia de caráter repetitivo ainda não decidida pelo Supremo Tribunal Federal ou pelo Superior Tribunal de Justiça, conforme se trate de matéria constitucional ou infraconstitucional; IV — selecionar o recurso como representativo da controvérsia de caráter constitucional ou infraconstitucional, nos termos do § 6.º do art. 1.036; V — realizar o juízo de admissibilidade e, se positivo, remeter o feito ao Supremo Tribunal Federal ou ao Superior Tribunal de Justiça desde que a) o recurso ainda não tenha sido submetido ao regime de repercussão geral ou de julgamento de recursos repetitivos; b) o recurso tenha sido selecionado como representativo da controvérsia; ou c) o tribunal recorrido tenha refutado o juízo de retratação.

Os incisos I e V do art. 1.030 tratam de situações em que ao presidente ou vice--presidente do tribunal de origem é dado negar seguimento ao recurso. Na hipótese do inciso I, ele o fará quando a) o recurso extraordinário versar sobre questão constitucional à qual o STF não tenha reconhecido repercussão geral ou b) for interposto contra acórdão em conformidade com o já decidido pelo STF no regime da repercussão geral

874 Direito Processual Civil Esquematizado   *Marcus Vinicius Rios Gonçalves*

ou, ainda, c) o recurso extraordinário ou especial for interposto contra acórdão em conformidade com o decidido pelo STF ou STJ no regime de julgamento de recursos repetitivos. Trata-se de hipótese, portanto, em que o presidente ou vice-presidente não negará seguimento ao RE ou REsp por falta do preenchimento dos requisitos gerais de admissibilidade, mas em observância ao caráter vinculante das decisões proferidas pelo STF ou STJ no regime da repercussão geral e do julgamento dos recursos repetitivos. Da decisão do presidente ou vice-presidente do tribunal recorrido, com fulcro nesse inciso I, o prejudicado poderá interpor agravo interno (art. 1.021). Trata-se de hipótese peculiar de agravo interno, já que o art. 1.021 o previu para as decisões monocráticas do relator do recurso, e não para decisões do presidente ou vice-presidente do tribunal. No entanto, diante dos termos peremptórios do art. 1.030, § 2.º, do CPC, não resta dúvida quanto ao cabimento do agravo interno, que será julgado nos termos dos regimentos internos dos tribunais. Já a hipótese do inciso V trata propriamente do prévio juízo de admissibilidade, que deverá ser realizado no órgão *a quo*, pelo respectivo presidente ou vice-presidente, cabendo agravo do art. 1.042 quando a decisão for denegatória. O Código de Processo Civil de 2015, tal como aprovado na sua redação originária, afastava o prévio juízo de admissibilidade pelo órgão *a quo*, em todos os recursos, inclusive nos extraordinários *lato sensu*. Mas, ainda durante a *vacatio legis*, diante do temor de que, sem essa prévia avaliação, os Tribunais Superiores receberiam uma infinidade de recursos, ficando ainda mais assoberbados, foi aprovada a Lei n. 13.256/2016, alterando, entre outros, a redação do art. 1.030, e restabelecendo o prévio juízo de admissibilidade, exclusivamente no RE e no REsp. Assim, compete ao presidente ou vice-presidente do tribunal de origem verificar se estão presentes os requisitos de admissibilidade indicados nos itens acima, indeferindo o processamento do recurso, se eles não estiverem preenchidos, ou determinando a remessa ao STF ou STJ, se estiverem. Com isso, estabeleceu-se um regime dúplice, no que concerne à admissibilidade dos recursos. Nos ordinários, o juízo de admissibilidade é feito apenas pelo órgão *ad quem*; nos extraordinários, pelo órgão *a quo* e pelo órgão *ad quem*.

Remetido o recurso ao tribunal superior, será designado um relator, a quem compete tomar as providências enumeradas no art. 932 do CPC, podendo ele, em decisão monocrática, não conhecer do recurso, dar ou negar-lhe provimento. Da decisão do relator cabe agravo interno, no prazo de 15 dias, para o órgão colegiado respectivo.

Se houver interposição de ambos os recursos, os autos serão enviados primeiro ao Superior Tribunal de Justiça, para que seja examinado o recurso especial. Julgado, será necessário verificar se o extraordinário não ficou prejudicado. Em caso negativo, os autos serão enviados ao Supremo Tribunal Federal, para que o RE seja julgado.

Pode ocorrer que o relator do recurso especial conclua que a questão constitucional é prejudicial e que o recurso extraordinário deve ser julgado primeiro. Se assim for, deve, em decisão irrecorrível, sobrestar o julgamento do recurso especial e remeter os autos ao STF, para que primeiro seja examinado o RE. Mas, se o relator deste discordar do relator do REsp e não considerar o exame do RE como prejudicial, restituirá os autos, em decisão irrecorrível ao STJ, que terá então de julgar o recurso especial.

O Código de Processo Civil atual trouxe algumas modificações relevantes no processamento dos recursos extraordinário e especial, que alteraram significativamente o regime que havia sido implantado pelo Código de Processo Civil de 1973. Talvez a mais

3 ■ Dos Recursos em Espécie

significativa seja a de que ele determina medidas para tentar salvar o recurso interposto, impedindo que seja indeferido de plano, quando contiver vício de menor relevância ou quando puder ser aproveitado. Estabelece o art. 1.029, § 3.º, que "O Supremo Tribunal Federal ou o Superior Tribunal de Justiça poderá desconsiderar vício formal de recurso tempestivo ou determinar sua correção, desde que não o repute grave". Na mesma linha, estabelece o art. 1.032 que, "Se o relator, no Superior Tribunal de Justiça, entender que o recurso especial versa sobre questão constitucional, deverá conceder prazo de quinze dias para que o recorrente demonstre a existência de repercussão geral e se manifeste sobre a questão constitucional. Cumprida a diligência, remeterá o recurso ao Supremo Tribunal Federal que, em juízo de admissibilidade, poderá devolvê-lo ao Superior Tribunal de Justiça". E o art. 1.033 dispõe que, "Se o Supremo Tribunal Federal considerar como reflexa a ofensa à Constituição afirmada no recurso extraordinário, por pressupor a revisão da interpretação da lei federal ou de tratado, remetê-lo-á ao Superior Tribunal de Justiça para julgamento como recurso especial". Estabelece-se, assim, uma espécie de conversibilidade entre o recurso especial e o recurso extraordinário. A qualificação equivocada da questão como legal ou constitucional não implicará a inadmissão do recurso, mas na remessa de um tribunal a outro.

6.4. EFEITOS DOS RECURSOS EXTRAORDINÁRIOS

O recurso especial e o extraordinário são dotados de efeito devolutivo, **nos limites em que o recurso for admitido**. Mas, em termos de profundidade, "admitido o recurso extraordinário ou recurso especial, devolve-se ao tribunal superior o conhecimento dos demais fundamentos para a solução do capítulo impugnado" (art. 1.034, parágrafo único). Os recursos extraordinário e especial podem ter mais de um fundamento (arts. 102, III, e 105, III, da CF). Ainda que sejam admitidos por apenas um, será devolvido ao conhecimento do tribunal o exame dos demais fundamentos suscitados no recurso, relativos ao capítulo do acórdão que tenha sido impugnado. Por exemplo, ainda que o recurso tenha sido admitido por dissídio jurisprudencial, o tribunal pode acolhê-lo com base, por exemplo, na negativa de vigência de lei federal.

Os recursos extraordinários não são dotados de efeito suspensivo, com a ressalva da hipótese do art. 987, § 1.º, do CPC. Mas será possível ao interessado requerê-lo, na forma prevista no art. 1.029, § 5.º, do CPC. O efeito será concedido se relevante a fundamentação do recurso, quando a demora puder causar dano irreparável ou de difícil reparação.

O RE e o REsp não têm efeito translativo, diante da exigência do prequestionamento, que não permite o reexame de matéria não ventilada, ainda que de ordem pública.

6.5. RECURSO ESPECIAL

6.5.1. Introdução

Nos itens anteriores, foram examinados os aspectos comuns aos recursos extraordinário e especial. Neste item, serão abordadas as particularidades do recurso especial.

876 Direito Processual Civil Esquematizado   *Marcus Vinicius Rios Gonçalves*

6.5.2. Hipóteses de cabimento

Estão previstas nas alíneas *a*, *b* e *c* do art. 105, III, da CF. De acordo com esse dispositivo, caberá ao Superior Tribunal de Justiça "julgar, em recurso especial, as causas decididas, em única ou última instância, pelos Tribunais Regionais Federais ou pelos tribunais dos Estados, do Distrito Federal e Territórios, quando a decisão recorrida".

6.5.2.1. *Contrariar tratado ou lei federal, ou negar-lhes vigência*

O dispositivo faz uso dos verbos "contrariar" e "negar vigência", como se fossem coisas diferentes. No entanto, **a expressão "negar vigência" está abrangida por "contrariar", mais ampla**. Bastava, pois, que a Constituição Federal utilizasse o "contrariar".

Negar vigência traz a ideia de afrontar a lei federal, ou deixar de aplicá-la nos casos em que isso deveria ocorrer. **Já a contrariedade abrange tudo isso e, mais: não dar à lei federal a interpretação mais adequada**. Para o cabimento do REsp, a afronta há de ser de lei federal ou tratado, não bastando que haja alegação de violação a enunciado de súmula (Súmula 518 do STJ).

Na Constituição Federal anterior, não havia o recurso especial, mas tão-somente o extraordinário, para o qual se exigia que a decisão recorrida negasse vigência a dispositivo constitucional. Não se usava a expressão contrariar. Por isso, entendia-se que ele só cabia se a decisão afrontasse dispositivo constitucional, ou deixasse de aplicá-lo. Não para a hipótese de a decisão dar ao dispositivo interpretação razoável, ainda que não a melhor, porque isso não se encaixava na expressão "negar vigência". Daí a Súmula 400 do STF: "Decisão que deu razoável interpretação à lei, ainda que não seja a melhor, não autoriza recurso extraordinário pela letra "a" do art. 101, III, da Constituição Federal".

Essa súmula foi editada durante a vigência da Constituição Federal anterior. Com a edição da nova, o recurso extraordinário e o especial passaram a caber para as hipóteses de contrariedade à Constituição Federal ou à lei federal. Com isso, ampliaram-se as hipóteses de cabimento, **que passaram a abranger também aquelas em que a decisão dava interpretação razoável à Constituição Federal e às leis federais, ainda que não a melhor**.

> Atualmente, o Recurso Especial pode ser interposto com fundamento na alínea *a* do art. 105, III, da CF, tanto quando a decisão recorrida afronta ou deixa de aplicar dispositivo de lei federal ou tratado como quando dá a eles interpretação que, conquanto razoável, não é a melhor.

6.5.2.2. *Julgar válido ato de governo local contestado em face de lei federal*

Essa hipótese não traz nada de novo, já que, se a decisão der pela validade de ato de governo local contestado em face de lei federal, **estará contrariando esta última, com o que se recai na hipótese anterior**.

O recurso especial só é cabível em caso de ato de governo local. Se a decisão der pela validade de lei local contestada em face de lei federal, o recurso cabível não será o

3 ◼ Dos Recursos em Espécie 877

especial, mas o extraordinário, na forma do art. 102, III, *d*, da CF. O **"ato de governo local" que enseja o recurso especial é ato infralegal**.

6.5.2.3. Der à lei federal interpretação divergente da que lhe haja atribuído outro tribunal

Uma das funções do recurso especial **é uniformizar a interpretação da lei federal no País**. Se um mesmo dispositivo de lei federal for interpretado diversamente por outro tribunal, caberá recurso especial. O § 1.º do art. 1.029 do CPC estabelece que "quando o recurso fundar-se em dissídio jurisprudencial, o recorrente fará a prova da divergência com a certidão, cópia ou citação do repositório de jurisprudência, oficial ou credenciado, inclusive em mídia eletrônica, em que houver sido publicado o acórdão divergente, ou ainda com a reprodução de julgado disponível na rede mundial de computadores, com indicação da respectiva fonte, devendo-se, em qualquer caso, mencionar as circunstâncias que identifiquem ou assemelhem os casos confrontados".

Não basta indicar a interpretação dada por outro tribunal. **É preciso demonstrar que é melhor que a dada no processo em que o recurso especial foi interposto**, uma vez que se pretende a reforma do acórdão. Essa hipótese, como a anterior, também acaba recaindo na da alínea *a* do art. 105, III, da CF. Afinal, se a melhor interpretação foi a dada por outro tribunal, então a decisão recorrida, ainda que razoável, não é a melhor, o que contraria o dispositivo de lei federal.

A interpretação divergente forçosamente terá de ser de outro tribunal (nunca da primeira instância), não bastando que seja de outra turma do mesmo. Nesse sentido, a Súmula 13 do STJ: "A divergência de julgados do mesmo tribunal não enseja recurso especial". Mas não é preciso que os tribunais sejam de estados diferentes. Tanto que, antes da extinção dos Tribunais de Alçada, admitia-se a interposição de recurso especial, por divergência entre acórdão do Tribunal de Justiça e do Tribunal de Alçada, do mesmo Estado.

6.6. RECURSO EXTRAORDINÁRIO

6.6.1. Hipóteses de cabimento

Estão previstas na Constituição Federal, art. 102, III, alíneas *a*, *b*, *c* e *d*. De acordo com o dispositivo constitucional, compete ao Supremo Tribunal Federal "julgar, mediante recurso extraordinário, as causas decididas em única ou última instância, quando a decisão recorrida":

6.6.1.1. Contrariar dispositivo desta Constituição

O significado de "contrariar" já foi examinado no *item 6.5.2.1, supra*. A Constituição Federal anterior não se valia dessa expressão, mas de outra mais restrita: "negar vigência". Com isso, afastava o cabimento do recurso extraordinário, quando o acórdão recorrido dava interpretação razoável a dispositivo constitucional, ainda que não a melhor (Súmula 400 do STF).

878 Direito Processual Civil Esquematizado   *Marcus Vinicius Rios Gonçalves*

A Constituição Federal de 1988 ampliou a abrangência do recurso extraordinário, ao substituir o "negar vigência" pelo "contrariar", mais abrangente. Contrariar dispositivo constitucional abrange não só negar-lhe vigência, isto é, afrontá-lo ou deixar de aplicá-lo, mas também não lhe dar a melhor interpretação, ainda que a dada seja razoável. **Foi revogada a Súmula 400 do STF.**

Em razão disso, **abre-se a possibilidade do recurso extraordinário, quando o acórdão recorrido der ao dispositivo constitucional interpretação divergente, mas não melhor do que aquela que lhe haja dado outro tribunal.** É certo que nenhuma das alíneas do art. 102, III, da CF menciona expressamente essa possibilidade, como no recurso especial, mas se outro tribunal interpretar diferentemente a Constituição Federal, e tal interpretação for melhor, então o acórdão recorrido a terá contrariado.

6.6.1.2. Declarar a inconstitucionalidade de tratado ou lei federal

É por meio do recurso extraordinário, nesta hipótese, que o STF exerce o controle de constitucionalidade difuso. **Em qualquer processo, é possível aos litigantes postular a não aplicação de lei federal ou de tratado, por inconstitucionalidade.** As instâncias ordinárias podem reconhecer a inconstitucionalidade, no processo em que ela foi suscitada, abrindo ensejo ao recurso extraordinário. Mas somente se for reconhecida a inconstitucionalidade: se o acórdão recorrido der pela constitucionalidade da lei federal ou tratado, o recurso não será admitido.

A declaração de inconstitucionalidade de lei local — estadual ou municipal — não enseja recurso extraordinário, nos termos da Súmula 280 do STF: "Por ofensa ao direito local não cabe o recurso extraordinário".

6.6.1.3. Julgar válida lei ou ato de governo local contestado em face da Constituição Federal

Se o acórdão declara a inconstitucionalidade de lei local, não cabe recurso extraordinário. **Mas, se ele dá pela validade de lei ou ato de governo local contestado em face da Constituição Federal, o recurso será admitido,** porque estará havendo contrariedade à Constituição Federal. A rigor, essa hipótese poderia ser absorvida pela da alínea *a*.

6.6.1.4. Julgar válida lei local contestada em face de lei federal

Essa hipótese de recurso extraordinário foi introduzida pela Emenda Constitucional n. 45/2004. Antes dela, nessa situação cabia recurso especial, pois, se o acórdão recorrido dava pela validade de lei local contestada em face de lei federal, acabava por contrariar esta última, ensejando o REsp.

Mas, desde a Emenda, a hipótese passou a ser de recurso extraordinário, já que a Constituição Federal, conquanto não afrontada diretamente, é atingida por via indireta. **Afinal, é ela que define qual o âmbito das leis locais e federais.** Se o acórdão der pela validade daquelas em detrimento destas, haverá questão constitucional subjacente, que abre oportunidade ao RE. Mas não se o acórdão recorrido der pela validade da lei federal, em detrimento da lei local.

3 ■ Dos Recursos em Espécie

6.6.2. A repercussão geral como requisito específico de admissibilidade dos recursos extraordinários

A Emenda Constitucional n. 45/2004, ao acrescentar o § 3.º ao art. 102 da CF, criou um novo requisito de admissibilidade do RE: "No recurso extraordinário o recorrente deverá demonstrar a repercussão geral das questões constitucionais discutidas no caso, nos termos da lei, a fim de que o Tribunal examine a admissão do recurso, somente podendo recusá-lo pela manifestação de dois terços de seus membros".

A finalidade é reduzir o número de recursos extraordinários, limitando-os àquelas situações em que haja questões relevantes do ponto de vista econômico, político, social ou jurídico, que transcendam os interesses individuais dos litigantes no processo. O legislador faz uso de conceitos indeterminados (ou vagos), que devem ser integrados pelo STF, a quem competirá dizer, nos casos que lhe são submetidos, se estão ou não presentes. Além disso, haverá repercussão geral sempre que o acórdão recorrido for contrário à súmula ou jurisprudência dominante do STF ou tiver reconhecido a inconstitucionalidade de tratado ou de lei federal, nos termos do art. 97 da Constituição Federal.

A repercussão geral vem regulamentada no art. 1.035 do CPC. O procedimento para verificação da existência da repercussão geral vem previsto nos arts. 323 a 325 do Regimento Interno do STF.

Cumpre ao recorrente, em preliminar formal e fundamentada de recurso extraordinário, apresentar a repercussão geral, sob pena de o recurso ser indeferido de plano. O relator se manifestará sobre a sua existência e submeterá, por meio eletrônico, uma cópia aos demais ministros, que se pronunciarão no prazo comum de vinte dias (art. 324 do Regimento Interno do STF).

O procedimento da análise da repercussão geral sofreu alterações relevantes com a Emenda Regimental 54/2020, que modificou a redação dos arts. 324 a 326 do Regimento Interno do Supremo Tribunal Federal. De se destacar os parágrafos acrescentados ao art. 326, que permitem ao relator do recurso extraordinário, em decisão monocrática, negar repercussão geral, mas com eficácia apenas para o caso concreto. Uma vez que se trata de decisão monocrática do relator, a parte interessada poderá interpor recurso (agravo interno), caso em que a decisão do relator, de restringir a eficácia da ausência de repercussão geral ao caso concreto, deverá ser confirmada por dois terços dos ministros, para prevalecer. Caso a proposta do relator não seja confirmada por dois terços dos ministros, o feito será redistribuído, na forma do art. 324, § 5.º, do Regimento Interno, sem que isso implique reconhecimento automático da repercussão geral da questão constitucional discutida no caso, devendo o novo relator sorteado prosseguir no exame de admissibilidade do recurso, na forma dos arts. 323 e 324 do Regimento.

Para a análise da repercussão geral, o relator poderá admitir a manifestação de terceiros, subscrita por procurador habilitado (art. 1.035, § 4.º, do CPC).

De acordo com a Constituição Federal, a inexistência de repercussão geral terá de ser reconhecida por, pelo menos, oito ministros, para que o RE não seja admitido.

Isso demonstra a intenção do legislador de contentar-se com o reconhecimento desse requisito, ainda que por uma minoria de ministros.

Estabelece o art. 1.035, § 5.º, do CPC que, quando ela for reconhecida, o relator do RE determinará a suspensão do processamento de todos os processos pendentes, individuais ou coletivos, que versem sobre a questão e tramitem no território nacional. O interessado pode requerer, ao Presidente ou Vice-Presidente do tribunal de origem, que exclua da decisão de sobrestamento e inadmita o recurso extraordinário que tenha sido interposto intempestivamente, cabendo agravo interno da decisão que indeferir esse requerimento. O § 9.º do art. 1.035 determina que o recurso que tiver repercussão geral deverá ser julgado em um ano, tendo preferência sobre os demais, salvo os casos de réu preso e *habeas corpus*. O § 10 previa que, findo o prazo sem julgamento, cessaria automaticamente a suspensão, mas foi revogado ainda na *vacatio legis* do novo CPC. Não houve, porém, a revogação do § 9.º, que determina que o julgamento seja feito em um ano. Assim, há de se entender que o julgamento deverá ser feito nesse prazo, mas, se não o for, a suspensão não cessará automaticamente, podendo permanecer por decisão fundamentada do relator, havendo razões que justifiquem o atraso. O interessado poderá requerer ao Presidente ou Vice-Presidente do tribunal de origem que exclua da decisão de sobrestamento e inadmita o recurso extraordinário que tenha sido interposto intempestivamente, tendo o recorrente o prazo de cinco dias para manifestar-se sobre o requerimento. Da decisão que indeferir o requerimento cabe o agravo interno, nos termos do art. 1.021 do CPC, que será julgado nos termos do regime interno do tribunal.

Negada a existência da repercussão geral, "o presidente ou vice-presidente do tribunal de origem negará seguimento aos recursos extraordinários sobrestados na origem que versem sobre matéria idêntica" (art. 1.035, § 8.º), cabendo dessa decisão o agravo interno, previsto no art. 1.021 do CPC.

Por fim, o art. 988, § 5.º, II, *a contrario sensu*, admite reclamação para garantir a observância de acórdão proferido em recurso extraordinário com repercussão geral reconhecida, mas desde que esgotadas as instâncias ordinárias.

6.6.3. O filtro de relevância no Recurso Especial

Como foi visto no item anterior, a repercussão geral, como mecanismo de redução da quantidade de recursos extraordinários no STF foi introduzida, em nosso ordenamento jurídico, pela Emenda Constitucional 45/2004. Tratava-se de requisito específico de admissibilidade do recurso extraordinário, sem que houvesse equivalente nos recursos especiais, a despeito de o número desses recursos vir se multiplicando em progressão geométrica nos últimos anos. É certo que o Superior Tribunal de Justiça dispunha de outro mecanismo, por ele bastante utilizado, para tentar limitar o número de recursos especiais, e que consistia na técnica dos recursos especiais repetitivos, que será examinada no item seguinte. Mas essa técnica padecia de uma limitação, já que sua aplicabilidade ficava restrita à hipótese específica de multiplicidade de recursos versando sobre a mesma questão jurídica. Em síntese, tratava-se de mecanismo que permitia o julgamento de determinada questão jurídica que era objeto de uma multiplicidade de recursos, por meio da seleção de paradigmas, com eficácia vinculante sobre o julgamento dos demais recursos. Mas não permitia barrar o julgamento de causas que versassem sobre questões jurídicas que não tivessem relevância, isto é, que não transcendessem os interesses exclusivos das partes. Apenas para que se tenha uma ideia, o STF dispõe já há muito dos dois mecanismos de redução de recursos: a

3 ■ Dos Recursos em Espécie

repercussão geral e o sistema de recursos repetitivos. No entanto, uma pesquisa de precedentes mostra que ele só tem se valido do primeiro mecanismo como forma de controle, certamente por reconhecer nele maior eficácia. Assim, era de se esperar que, mais cedo ou mais tarde, mecanismo de controle assemelhado ao da repercussão geral fosse introduzido em nosso sistema, em relação aos recursos especiais. E isso veio a ocorrer com a Emenda Constitucional 125, de 15 de julho de 2022, que acrescentou os §§ 2.º e 3.º ao art. 105 da Constituição Federal.

Tais novas disposições instituem o que tem sido chamado de um filtro de relevância das questões de direito federal infraconstitucional discutidas no caso, nos termos da lei, como requisito de admissibilidade do recurso especial. Portanto, é indispensável, para que o recurso especial seja admitido, que se demonstre a relevância da questão federal discutida.

O dispositivo faz referência à relevância, nos termos da lei, o que dá a impressão de que haveria necessidade de regulamentação, por norma infraconstitucional, embora a Emenda Constitucional esclareça, expressamente, que entra em vigor na data da sua aplicação. De qualquer sorte, como ainda não há sinalização do Superior Tribunal de Justiça se haverá ou não necessidade de regulamentação, ou se a demonstração da relevância é desde logo exigível, convém que aquele que interponha recurso especial, desde logo, proceda a tal demonstração, em preliminar formal e fundamentada, como ocorre com a repercussão geral. De se observar, contudo, que a exigência só se impõe àqueles recursos especiais que tenham sido interpostos após a edição da Emenda Constitucional 125/2022.

A relevância há de ser interpretada no mesmo sentido que vem sendo dado à repercussão geral, vale dizer, é preciso que se demonstre que as questões federais infraconstitucionais são relevantes do ponto de vista econômico, político, social ou jurídico, ou que transcendam os interesses individuais dos litigantes no processo. Sem tal demonstração, o recurso especial não será admitido.

Tal como ocorre com a repercussão geral, o recurso especial só não será conhecido por falta de relevância pela manifestação de 2/3 (dois terços) dos membros do órgão competente para o julgamento. No entanto, ao contrário do que ocorre com a repercussão geral no STF, em que não há dúvida de que deve haver a manifestação de 2/3 da totalidade da Corte, não há maiores esclarecimentos no que concerne ao filtro de relevância, sobre qual o órgão competente para avaliar a existência ou não de relevância. O Superior Tribunal de Justiça é dividido em seis Turmas, que se agrupam em três Seções (as duas primeiras especializadas em direito público, as seguintes em direito privado e as duas últimas em direito penal), havendo ainda uma Corte Especial, composta de 15 ministros. A questão há de ser regulamentada, por lei infraconstitucional ou pelo próprio Superior Tribunal de Justiça, que deverá definir qual o órgão competente a quem caberá a análise da relevância do recurso.

O § 3.º do art. 105 da CF, também introduzido pela EC 125/2022 estabelece hipótese em que, na dicção legal, haverá relevância. São elas: "I — ações penais; II — ações de improbidade administrativa; III — ações cujo valor da causa ultrapasse 500 (quinhentos) salários mínimos; IV — ações que possam gerar inelegibilidade; V — hipóteses em que o acórdão recorrido contrariar jurisprudência dominante do Superior Tribunal de Justiça; VI — outras hipóteses previstas em lei". Trata-se de dispositivo que

882 Direito Processual Civil Esquematizado   *Marcus Vinicius Rios Gonçalves*

suscita importantes questões. Ele estabelece hipóteses em que há uma presunção, ao que parece absoluta, em que haveria a relevância. Situação análoga ocorre com a repercussão geral, que é presumida de forma absoluta, sempre que o acórdão recorrido for contrário à súmula ou jurisprudência dominante do STF ou tiver reconhecido a inconstitucionalidade de tratado ou de lei federal, nos termos do art. 97 da Constituição Federal. No caso, porém, do recurso especial, o legislador constitucional indicou, de forma específica, determinados temas ou circunstâncias que fazem presumir a existência da relevância.

Conclui-se que, de maneira geral, cabe ao recorrente demonstrar, quando da interposição do recurso, a relevância da questão federal infraconstitucional discutida, o que é dispensado nas hipóteses enumeradas no § 3.º do art. 105, da CF, em que a relevância é presumida. De observar-se que, nem sempre em tais hipóteses, será possível detectar temas verdadeiramente relevantes do ponto de vista econômico, político, social ou jurídico, ou que transcendam os interesses individuais dos litigantes no processo. No entanto, diante da presunção estabelecida no texto constitucional, o requisito da relevância estará preenchido.

6.6.4. Recursos extraordinário e especial repetitivos

A multiplicação de recursos extraordinário e especial, muitas vezes sobre o mesmo tema, e com idênticos fundamentos, vinha, há muito, despertando a atenção do legislador, pois ameaçava prejudicar o bom funcionamento do STF e do STJ.

A Lei n. 11.672/2008, que acrescentou o art. 543-C ao CPC de 1973, procurou solucionar o problema da sobrecarga de serviços decorrente do atulhamento de recursos especiais repetitivos.

Ela partiu da constatação de que havia uma multiplicidade de recursos extraordinários e especiais que o STF e o STJ eram obrigados a examinar individualmente, conquanto versassem sobre idêntica questão de direito.

Atualmente, permite-se que a questão jurídica, que teria de ser examinada inúmeras vezes, em cada um dos REs ou REsps, **possa agora ser examinada uma única vez, com repercussão sobre os demais recursos especiais interpostos com o mesmo fundamento e com eficácia vinculante sobre os julgamentos posteriores**. A vantagem é evidente, tanto do ponto de vista da economia como da uniformidade dos julgados.

Os recursos extraordinários *lato sensu* só servem para discutir questão de direito, jamais de fato. Eles são sempre interpostos perante o tribunal *a quo*. Caso o presidente ou vice-presidente constate a existência de uma multiplicidade de recursos extraordinários ou especiais que versem sobre a mesma questão jurídica, selecionará dois ou mais, **os mais representativos da controvérsia**. Ele fará uma seleção de pelo menos dois recursos extraordinários ou especiais, que sejam admissíveis e em que a questão jurídica repetida seja abordada de maneira mais detalhada, pelos mais numerosos ângulos, **para que o julgamento destes recursos seja afetado na forma do art. 1.036 e possa servir de paradigma, repercutindo sobre o julgamento dos demais**.

Caso o Presidente ou Vice-Presidente não tome a iniciativa de, constatada a multiplicidade de recursos sobre questão jurídica idêntica, selecionar os dois ou mais paradigmas, o relator do recurso no STF ou STJ poderá fazê-lo. Além disso, a escolha feita

3 ■ Dos Recursos em Espécie

pelo Presidente ou Vice-Presidente do tribunal de origem não vinculará o relator, que poderá, para fins de afetação, selecionar outros paradigmas.

Apenas os recursos especiais selecionados — dois ou mais — serão enviados ao STF ou STJ. Os demais, que versem sobre a mesma matéria, ficarão suspensos no tribunal de origem. A suspensão, porém, não atingirá apenas os recursos extraordinários ou especiais que versem sobre a mesma questão jurídica. Ela terá uma extensão maior: **o relator determinará a suspensão de todos os processos, individuais ou coletivos, mesmo ou ainda não sentenciados, que versem sobre a questão, em todo o território nacional**. É que o julgamento proferido no recurso repetitivo terá eficácia vinculante sobre todos os processos em curso no território nacional, cabendo reclamação contra a decisão que não a observar, desde que esgotadas as instâncias ordinárias (art. 988, § 5.º, II, do CPC). A determinação de suspensão é obrigatória (Enunciado n. 23 da ENFAM). Os recursos afetados deverão ser julgados no prazo de um ano e terão preferência sobre os demais julgados, exceto os processos que envolvam réu preso e os pedidos de *habeas corpus*. O § 5.º do art. 1.037 previa que, findo o prazo sem julgamento, cessaria automaticamente a suspensão, mas ele foi revogado, ainda durante a *vacatio legis* do CPC de 2015. Não houve, porém, a revogação do § 4.º, que determina que o julgamento seja feito em um ano. Assim, há de se entender que o julgamento deverá ser feito nesse prazo, mas se não o for, a suspensão não cessará automaticamente, podendo permanecer por decisão fundamentada do relator, havendo razões que justifiquem o atraso. O Enunciado n. 24 da ENFAM dispõe que "o prazo de um ano previsto no art. 1.037 do CPC/2015 deverá ser aplicado aos processos já afetados antes da vigência dessa norma, com o seu cômputo integral a partir da entrada em vigor do novo estatuto processual".

Determinada a suspensão, o interessado pode requerer ao Presidente ou Vice-Presidente que exclua do sobrestamento e inadmita o recurso especial ou extraordinário que seja intempestivo, tendo o recorrente prazo de cinco dias para manifestar-se. Da decisão que indeferir o pedido de exclusão e que mantiver o processo sobrestado, caberá o agravo interno previsto no art. 1.021 do CPC.

6.6.4.1. Da afetação

A afetação é a decisão proferida pelo relator que, feita a seleção dos recursos paradigmas e preenchidos os demais requisitos do art. 1.036, *caput*, do CPC, identificará com precisão a questão jurídica a ser submetida a julgamento, determinando a suspensão de todos os processos que versem sobre a mesma questão, coletivos ou individuais, que tramitem em território nacional. Nessa decisão o relator ainda poderá solicitar aos presidentes ou vice-presidentes dos tribunais de justiça ou dos tribunais regionais federais a remessa de um recurso representativo da controvérsia. É, em síntese, a decisão por meio da qual se estabelece que o julgamento, nos paradigmas escolhidos, será feito em consonância com o procedimento do art. 1.036, isto é, com eficácia de recurso repetitivo e efeito vinculante sobre os demais julgamentos em território nacional, especificando-se a questão jurídica que será examinada.

Será conveniente que o relator do recurso especial ou extraordinário **informe os presidentes dos demais tribunais estaduais ou federais do País** sobre o julgamento da questão jurídica objeto dos recursos repetitivos, para que eles possam suspender, nos

884   Direito Processual Civil Esquematizado   *Marcus Vinicius Rios Gonçalves*

locais de origem, a remessa dos recursos especiais ou extraordinários, que versem sobre questão idêntica. Os presidentes ou vice-presidentes, por sua vez, informarão os relatores de recursos em trâmite no tribunal e os juízes das comarcas do Estado sobre a afetação da questão jurídica, para que eles promovam a suspensão dos recursos e processos em andamento que versem sobre idêntica questão jurídica, em todo o território nacional. Da decisão do relator ou juiz, as partes serão intimadas, podendo a parte requerer o prosseguimento do seu processo, caso demonstre a distinção entre a questão jurídica objeto do julgamento repetitivo e a que se discute em seu processo. O requerimento será dirigido ao juiz, se o processo estiver em primeiro grau; ao relator, se o processo sobrestado estiver no tribunal de origem; ao relator do acórdão recorrido, se for sobrestado recurso especial ou recurso extraordinário no tribunal de origem; ao relator no tribunal superior, de recurso especial ou extraordinário cujo processamento houver sido sobrestado. Sobre o requerimento, a parte contrária será ouvida no prazo de cinco dias. Da decisão sobre o requerimento cabe agravo de instrumento, se o processo estiver em primeiro grau, ou agravo interno, se a decisão for do relator.

6.6.5. Do julgamento

Cumprirá ao relator dos recursos afetados uma série de providências. Ele poderá solicitar, antes do julgamento do recurso, informações aos tribunais estaduais ou federais a respeito da controvérsia.

Como a decisão dos recursos paradigmas poderá ter grande impacto, já que resolverá a questão jurídica, com possível repercussão sobre os demais, o relator poderá admitir a manifestação de pessoas, órgãos ou entidades com interesse na controvérsia, **na condição de *amicus curiae*. Poderá, ainda, fixar data para, em audiência pública e ouvir depoimentos de pessoas com experiência e conhecimento na matéria, com a finalidade de instruir o procedimento.**

Se houver intervenção do Ministério Público, o relator abrir-lhe-á vista, pelo prazo de quinze dias.

O julgamento do recurso especial paradigma preferirá a qualquer outro, exceto os que envolvam *habeas corpus* ou réu preso.

O Superior Tribunal de Justiça editou a Resolução n. 8, de 7 de agosto de 2008, regulamentando o procedimento relativo ao processamento e julgamento de recursos especiais repetitivos. O art. 2.º da Resolução estabelece que, a critério do Relator, os recursos especiais paradigmas poderão ser submetidos a julgamento pela Seção ou pela Corte Especial, desde que, nesta última hipótese, exista questão de competência de mais de uma Seção.

Com a publicação do acórdão no julgamento do recurso especial pela Seção ou pela Corte Especial, ocorrerá o seguinte:

   ◼ aos recursos suspensos na origem será negado seguimento pelo presidente ou vice-presidente do tribunal, quando o acórdão recorrido estiver em conformidade com o que foi decidido pelo STF ou STJ, nos recursos afetados; ou, se o acórdão recorrido, proferido no recurso anteriormente julgado, em remessa necessária ou ação de competência originária, estiver em desconformidade com o paradigma, o tribunal de origem o reexaminará, podendo retratar-se, modificando-o, para ajustá-lo

3 ■ Dos Recursos em Espécie   885

à nova orientação do STF ou STJ (art. 1.040, II). Caso seja mantido o acórdão divergente, o recurso especial ou extraordinário contra ele interposto será remetido ao tribunal superior. Caso haja retratação, será negado seguimento ao recurso;

■ caso se trate de recurso extraordinário afetado, será necessário que o tribunal superior aprecie primeiro a repercussão geral. Caso seja negada a sua existência, serão considerados automaticamente inadmitidos todos os recursos extraordinários sobrestados;

■ os processos e recursos ordinários ainda não julgados retomarão o seu andamento, devendo ser aplicada a tese jurídica formulada no recurso afetado, sob pena de reclamação, desde que esgotadas as instâncias ordinárias (art. 988, § 5.º, II);

■ se os recursos versarem sobre questão relativa a prestação de serviço público objeto de concessão, permissão ou autorização, o resultado do julgamento será comunicado ao órgão, ao ente ou à agência reguladora competente para fiscalização da efetiva aplicação, por parte dos entes sujeitos a regulação, da tese adotada.

6.6.6. Agravo em recurso especial e em recurso extraordinário

É um tipo de agravo que cabe contra a decisão do presidente ou vice-presidente do tribunal de origem que, em juízo prévio de admissibilidade, indeferir o processamento do recurso extraordinário ou especial. Como foi visto no *item 6.3, supra*, compete ao presidente ou vice-presidente do tribunal recorrido realizar um prévio juízo de admissibilidade do RE e do REsp, indeferindo-os em caso de não preenchimento. Mas o agravo, de que trata o art. 1.042 do CPC, chamado "agravo em recurso especial e em recurso extraordinário", só cabe quando o presidente ou vice-presidente inadmitir o recurso por falta dos requisitos de admissibilidade. Quando ele negar seguimento ao recurso em razão de aplicação de entendimento firmado em regime de repercussão geral ou em julgamento de recurso repetitivo, o recurso adequado será o agravo interno, previsto no art. 1.021 do CPC, que será examinado na conformidade do regime interno dos tribunais. Se a decisão denegatória do presidente ou vice-presidente estiver, portanto, fundada no fato de que o RE ou REsp pretende contrariar acórdão com repercussão geral reconhecida ou proferida no julgamento de recurso repetitivo, o recurso adequado é o agravo interno. O agravo do art. 1.042 é adequado quando o recurso não for admitido pelo não preenchimento dos requisitos de admissibilidade. O prazo de interposição é de quinze dias, devendo o agravante comprovar expressamente a existência das hipóteses de cabimento. O agravo será dirigido ao presidente ou vice-presidente do tribunal, que intimará o agravado para contrarrazões em quinze dias. Após, não havendo retratação, o agravo será remetido ao tribunal superior respectivo. **Não cabe ao órgão *a quo* examinar a admissibilidade do agravo, mas tão-somente remetê-lo.**

Na hipótese de interposição conjunta de RE ou REsp, deverá ser interposto um agravo para cada recurso inadmitido. O relator, no Superior Tribunal de Justiça ou no Supremo Tribunal Federal, poderá, de plano, não conhecer, conhecer e dar provimento ou conhecer e negar provimento ao recurso, cabendo agravo interno de sua decisão, no prazo de quinze dias.

Nos termos do Enunciado n. 77 da I Jornada de Direito Processual Civil da Justiça Federal: "Para impugnar decisão que obsta trânsito a recurso excepcional e que contenha simultaneamente fundamento relacionado à sistemática dos recursos repetitivos ou da repercussão geral (art. 1.030, I, do CPC) e fundamento relacionado à análise dos pressupostos de admissibilidade recursais (art. 1.030, V, do CPC), a parte sucumbente deve interpor, simultaneamente, agravo interno (art. 1.021 do CPC) caso queira impugnar a parte relativa aos recursos repetitivos ou repercussão geral e agravo em recurso especial/extraordinário (art. 1.042 do CPC) caso queira impugnar a parte relativa aos fundamentos de inadmissão por ausência dos pressupostos recursais".

	CABIMENTO	PROCEDIMENTO	PARTICULARIDADES
RECURSO ESPECIAL	■ O recurso especial será admitido nas hipóteses do art. 105, III, da CF, nas causas decididas em única ou última instância, pelos Tribunais Regionais Federais ou pelos tribunais dos Estados, do Distrito Federal e Territórios, quando a decisão recorrida: a) contrariar tratado ou lei federal, ou negar-lhes vigência; b) julgar válido ato de governo local contestado em face de lei federal; c) der a lei federal interpretação divergente da que lhe haja atribuído outro tribunal.	■ O recurso especial será interposto no prazo de quinze dias, a contar da intimação do acórdão recorrido, perante o tribunal de origem, devendo ser dirigido ao Presidente ou Vice-Presidente do Tribunal, na conformidade do regimento interno. Eles intimarão o recorrido para oferecer contrarrazões, no mesmo prazo. Em seguida, realizarão prévio juízo de admissibilidade, indeferindo o processamento do recurso se os requisitos não estiverem preenchidos. Contra essa decisão cabe o agravo do art. 1.042 do CPC.	■ O recurso especial tem por finalidade assegurar a vigência, a aplicação e a unidade de interpretação da lei federal, no Brasil. Dada a multiplicidade de recursos idênticos, foi criado mecanismo para solução rápida dos recursos especiais repetitivos, tratado no art. 1.036. O presidente ou vice-presidente do tribunal de origem, ou ainda o relator do REsp, verificando que há multiplicidade de recursos que versem sobre a mesma questão de direito, selecionará dois ou mais recursos, que sejam os mais representativos, para afetação no STJ. Com a afetação, será determinada a suspensão dos demais recursos especiais e de todos os processos em curso no território nacional, que versem sobre idêntica questão jurídica. O relator do recurso no STJ alertará os demais tribunais. Decidida a questão jurídica, os recursos contra os acórdãos que estiverem em conformidade com o paradigma não serão recebidos. Se os acórdãos estiverem em desacordo com o paradigma, a turma julgadora que o proferiu poderá reconsiderá-lo, caso em que o REsp ficará prejudicado; ou não, caso em que, desde que preenchidos os requisitos de admissibilidade, o recurso subirá. Nos processos e recursos ainda não julgados, deverá ser aplicada a tese jurídica fixada nos recursos afetados. O mesmo procedimento vale para os recursos extraordinários.

RECURSO EXTRAORDINÁRIO	▣ Cabe nas hipóteses do art. 102, III, da CF, nas causas decididas em única ou última instância, quando a decisão recorrida: a) contrariar dispositivo da Constituição; b) declarar a inconstitucionalidade de tratado ou lei federal; c) julgar válida lei ou ato de governo local contestada em face de lei federal; d) julgar válida lei local contestada em face de lei federal.	▣ O procedimento do recurso extraordinário é o mesmo do recurso especial.	▣ A finalidade do recurso extraordinário é assegurar que não haja contrariedade à CF e que as leis e atos normativos estejam em consonância com o texto constitucional. Mas o cabimento do RE está condicionado a que a questão constitucional suscitada seja relevante, isto é, que tenha repercussão geral, na forma do art. 1.035 do CPC. É preciso que transcenda o interesse particular do recorrente e tenha relevância do ponto de vista econômico, político, social ou jurídico. Esse requisito de admissibilidade só pode ser examinado pelo STF, e não pelo órgão *a quo*. A inexistência de repercussão geral só poderá ser admitida por 2/3 dos membros do STF.

7. EMBARGOS DE DIVERGÊNCIA EM RECURSO ESPECIAL E EM RECURSO EXTRAORDINÁRIO

7.1. INTRODUÇÃO

Esse recurso foi introduzido em nosso ordenamento jurídico pela Lei n. 8.950/94. Suas hipóteses de cabimento vêm previstas no art. 1.043 do CPC: "É embargável o acórdão de órgão fracionário que: I — em recurso extraordinário ou em recurso especial, divergir do julgamento de qualquer outro órgão do mesmo tribunal, sendo os acórdãos, embargado e paradigma, de mérito; (...) III — em recurso extraordinário ou em recurso especial, divergir do julgamento de qualquer outro órgão do mesmo tribunal, sendo um acórdão de mérito e outro que não tenha conhecido do recurso, embora tenha apreciado a controvérsia". As hipóteses dos incisos II e IV do art. 1.043 foram revogadas ainda na *vacatio legis* do atual Código de Processo Civil. **Sua finalidade é evitar divergências, tanto de natureza material quanto processual, no âmbito do STF e do STJ, uniformizando a jurisprudência.**

Pressupõe, no âmbito do STF, que haja divergência de entendimento entre uma e outra Turma, ou entre uma Turma e o Plenário; e, no âmbito do STJ, divergência entre uma Turma e outra, ou entre Turma e Seção, ou ainda entre a Turma e o Órgão Especial. Não basta que ela se manifeste entre ministros da mesma Turma, a menos que a sua composição tenha sido alterada em mais da metade de seus membros (art. 1.043, § 3.º). É preciso, normalmente, que se estabeleça entre dois órgãos fracionários distintos desses Tribunais, ou entre um deles e o plenário.

Vale lembrar que o STF tem duas turmas, compostas por cinco Ministros, e o Plenário, com onze.

O STJ tem seis turmas, com cinco ministros cada. Cada Seção é composta de duas turmas e há o Órgão Especial, denominado Corte Especial, que, nos termos do art. 2.º, § 2.º, do Regimento Interno do STJ, é integrada pelos quinze Ministros mais antigos e presidida pelo Presidente do Tribunal.

É preciso que a divergência seja atual, não cabendo mais os embargos se a jurisprudência do Tribunal já se uniformizou em determinado sentido. É o que resulta da Súmula 168 do STJ: "Não cabem embargos de divergência, quando a jurisprudência do Tribunal se firmou no mesmo sentido do acórdão embargado".

Havia controvérsia sobre a possibilidade de a divergência manifestar-se em acórdão proferido no julgamento do agravo interno, o que foi superado com a Súmula 316 do STJ: "Cabem embargos de divergência contra acórdão que, em agravo regimental, decide recurso especial".

7.2. PROCESSAMENTO

É regulado pelos regimentos internos do STF e do STJ. O prazo para interposição é de quinze dias da publicação da decisão embargada. **A petição de interposição deve vir acompanhada com a prova da divergência, sendo necessário que indique, de forma analítica, em que a divergência consiste.**

O relator poderá valer-se dos poderes que lhe atribui o art. 932 do CPC, não conhecendo, negando ou dando provimento ao recurso, em decisão monocrática. Contra essa decisão, caberá agravo interno para o órgão coletivo. O julgamento no STF será feito pelo Plenário. No STJ, se a divergência se der entre turmas da mesma Seção, o julgamento será feito pela Seção; se entre turmas de seções diferentes, ou entre uma Turma ou uma Seção com a Corte Especial, o julgamento será feito pela Corte Especial.

8. QUESTÕES

REFERÊNCIAS

ABREU SAMPAIO, Marcus Vinicius de. *O poder geral de cautela do juiz*. São Paulo: Revista dos Tribunais, 1993.

ALBERTO DOS REIS, José. *Intervenção de terceiros*. Coimbra: Coimbra Editora, 1948.

ALBERTON, Genacéia da Silva. *Assistência litisconsorcial*. São Paulo: Revista dos Tribunais, 1994.

ALMEIDA BAPTISTA, Sonia Marcia Hase. *Dos embargos de declaração*. 2. ed. São Paulo: Revista dos Tribunais, 1991.

ALSINA, Hugo. *Tratado teórico y práctico de derecho procesual civil y comercial*. Buenos Aires: Ediar, 1956.

ALVARO DE OLIVEIRA, Carlos Alberto; LACERDA, Galeno. *Comentários ao Código de Processo Civil*. Rio de Janeiro: Forense, 2002. v. 8, t. 2.

——. *Alienação da coisa litigiosa*. Rio de Janeiro: Forense, 1984.

ALVIM, Thereza. *O direito processual de estar em juízo*. São Paulo: Revista dos Tribunais, 1996.

——. *Questões prévias e os limites objetivos da coisa julgada*. São Paulo: Revista dos Tribunais, 1977.

ALVIM WAMBIER, Teresa Arruda et al. *Aspectos polêmicos da nova execução de títulos judiciais*. São Paulo: Revista dos Tribunais, 2006.

—— et al. *Atualidades sobre liquidação de sentença*. São Paulo: Revista dos Tribunais, 1997.

——. *Mandado de segurança contra ato judicial*. São Paulo: Revista dos Tribunais, 1989.

——. *O novo regime do agravo*. 2. ed. São Paulo: Revista dos Tribunais, 1996.

——. *Nulidades do processo e da sentença*. 4. ed. São Paulo: Revista dos Tribunais, 1998.

ALVES BARBOSA, Antônio Alberto. *Da preclusão processual civil*. 2. ed. São Paulo: Revista dos Tribunais, 1992.

AMARAL SANTOS, Moacyr. *Primeiras linhas de direito processual civil*. 5. ed. São Paulo: Saraiva, 1977. v. 1.

——. *Primeiras linhas de direito processual civil*. 3. ed. São Paulo: Saraiva, 1977. v. 2.

——. *Comentários ao Código de Processo Civil*. 3. ed. Rio de Janeiro: Forense, 1982. v. 4.

AMORIM, Sebastião; OLIVEIRA, Euclides de. *Inventários e partilhas*. 15. ed. São Paulo: Leud, 2003.

ANDRIGHI, Fátima Nancy. A democratização da justiça. *RT*, 748:69.

ARAGÃO, Egas Moniz. *Comentários ao Código de Processo Civil*. Rio de Janeiro: Forense, 1975. v. 2.

ARMELIN, Donaldo. *Legitimidade para agir no direito processual civil brasileiro*. São Paulo: Revista dos Tribunais, 1979.

ARRUDA ALVIM, Angélica et al. *Comentários ao Código de Processo Civil*. São Paulo: Saraiva.

ARRUDA ALVIM, José Manuel. *Manual de direito processual civil*. 5. ed. São Paulo: Revista dos Tribunais, 1996.

——. *Tratado de direito processual civil.* 2. ed. São Paulo: Revista dos Tribunais, 1990. v. 1.

——. *Tratado de direito processual civil.* 1. ed. São Paulo: Revista dos Tribunais, 1996. v. 2.

——. *Direito processual civil. Teoria geral do processo de conhecimento.* São Paulo: Revista dos Tribunais, 1972. v. 1 e 2.

ARRUDA ALVIM et al. *Código do Consumidor comentado.* 2. ed. São Paulo: Revista dos Tribunais, 1995.

——. *CPC comentado.* São Paulo: Revista dos Tribunais, 1976. v. 5.

ASSIS, Araken de. *Execução civil nos juizados especiais.* 2. ed. São Paulo: Revista dos Tribunais, 1998.

——. *Cumulação de ações.* São Paulo: Revista dos Tribunais, 1991.

——. *Da execução de alimentos e prisão do devedor.* 4. ed. São Paulo: Revista dos Tribunais, 1998.

——. *Manual do processo de execução.* Porto Alegre: Lejur, 1987.

BAPTISTA DA SILVA, Ovídio Araújo. *A ação cautelar inominada no direito brasileiro.* 3. ed. Rio de Janeiro: Forense, 1991.

——. *As ações cautelares e o novo processo civil.* Rio de Janeiro: Forense, 1976.

BARBI, Celso Agrícola. *Comentários ao Código de Processo Civil.* Rio de Janeiro: Forense, 1975. v. 1.

BARROS, Hamilton de Moraes e. *Comentários ao Código de Processo Civil.* Rio de JaneiroSão Paulo: Forense, 1974. v. 9.

BARBOSA MOREIRA, José Carlos. *Comentários ao Código de Processo Civil.* 6. ed. Rio de Janeiro: Forense, 1993. v. 5.

——. *O novo processo civil brasileiro.* 13. ed. Rio de Janeiro: Forense, 1992.

——. O juiz e a prova, *RePro 35.*

BASTOS, Celso; MARTINS, Ives Gandra. *Comentários à Constituição do Brasil.* São Paulo: Saraiva, 1988. v. 7.

BEDAQUE, José Roberto dos Santos. *Poderes instrutórios do juiz.* São Paulo: Revista dos Tribunais, 1991.

BELLINETI, Luiz Fernando. *Sentença civil.* São Paulo: Revista dos Tribunais, 1994.

BEVILÁQUA, Clóvis. *Direito das coisas.* 5. ed. Rio de Janeiro: Forense, 1976. v. 1 e 2.

——. *Direito das obrigações.* 9. ed. ed. Paulo de Azevedo, 1957.

BOAVENTURA PACÍFICO, Luiz Eduardo. *O ônus da prova no direito processual civil.* São Paulo: Revista dos Tribunais, 2001.

BORGES, Marcos Afonso. *Comentários ao Código de Processo Civil.* São Paulo: Leud, 1975. v. 1.

BRUSCHI, Gilberto Gomes et al. *Execução civil e cumprimento da sentença.* São Paulo: Método, 2006.

BUENO, Cassio Scarpinella. *A nova etapa da reforma do Código de Processo Civil.* São Paulo: Saraiva, 2006. v. 1.

——. *Curso sistematizado de direito processual civil.* São Paulo: Saraiva, 2009. v. V.

——. Variações sobre a multa do *caput* do art. 475J do CPC na redação da Lei 11.232/2005. In: Wambier, Teresa Arruda Alvim (Coord.). *Aspectos polêmicos da nova execução de títulos judiciais.* São Paulo: Revista dos Tribunais, 2006.

——. Reflexões sobre a Súmula 211 do STJ. In: *Aspectos polêmicos e atuais dos recursos.* São Paulo: Revista dos Tribunais, 2000.

——. *Curso sistematizado de direito processual civil.* São Paulo: Saraiva, 2007. v. II, t. I.

——. *Curso sistematizado de direito processual civil.* São Paulo: Saraiva, 2009.

BUZAID, Alfredo. *Do agravo de petição no sistema do Código de Processo Civil.* São Paulo: Revista dos Tribunais, 1945.

Referências

891

CAHALI, Yussef Said. *Fraudes contra credores*. São Paulo: Revista dos Tribunais, 1989.

——. *Honorários advocatícios*. São Paulo: Revista dos Tribunais, 1990.

CALAMANDREI, Piero. *Istituzioni di diritto processuale civile*. Padova: Cedam, 1943.

CAMERLINGO, André. Os percalços da arbitragem no Brasil. *Phoenix — Informativo do Curso Damásio de Jesus*, n. 20, jun. 2004.

CAMPOS, Antonio Macedo de. *Medidas cautelares*. São Paulo: Sugestões Literárias, 1980.

CAMPOS JUNIOR, Ephraim. *Substituição processual*. São Paulo: Revista dos Tribunais, 1985.

CARNEIRO, Athos Gusmão. *Jurisdição e competência*. 6. ed. São Paulo: Saraiva, 1995.

——. *Intervenção de terceiros*. 6. ed. São Paulo: Saraiva, 1994.

——. *Audiência de instrução e julgamento*. 4. ed. Rio de Janeiro: Forense, 1990.

——. *Do rito sumário na reforma do CPC*. São Paulo: Saraiva, 1996.

——. *Da antecipação de tutela*. 6. ed. Rio de Janeiro. Forense.

CARNELUTTI, Francesco. *Sistema di diritto processuale civile*. Padova: Cedam, 1936.

CARREIRA ALVIM, J. E.; CARREIRA ALVIM, Luciana G. *Nova execução de título extrajudicial*. 2. tir. Curitiba: Juruá, 2007.

——. *Elementos de teoria geral do processo*. 7. ed. Rio de Janeiro: Forense, 1997.

——. *Procedimento monitório*. 3. ed. Curitiba: Juruá, 2000.

CARVALHO NETTO, José Rodrigues de. *Da ação monitória*. São Paulo: Revista dos Tribunais, 2001.

CASTRO, Amílcar de. *Comentários ao Código de Processo Civil*. 3. ed. São Paulo: Revista dos Tribunais, 1983. v. 8.

CASTRO FILHO, José Olympio de. *Comentários ao Código de Processo Civil*. Rio de JaneiroSão Paulo: Forense, 1976. v. 10.

CASTRO, José Antonio. *Medidas cautelares*. São Paulo: Leud, 1979.

CHIOVENDA, Giuseppe. *Instituições de direito processual civil*. Tradução de J. Guimarães Menegale. São Paulo: Saraiva, 1965.

CIMARCI, Cláudia Aparecida. *Proteção processual da posse*. 2. ed. São Paulo: Revista dos Tribunais, 2007.

CINTRA ALLA, Valentina Jungmann. *O recurso de agravo e a Lei 9.139, de 30.11.1995*. São Paulo: Revista dos Tribunais, 1998.

COELHO, Fábio Ulhoa. *Desconsideração da personalidade jurídica*. São Paulo: Revista dos Tribunais, 1989.

——. *Manual de direito comercial*. 4. ed. São Paulo: Saraiva, 1993.

COSTA, Moacyr Lobo da. *Assistência*. São Paulo: Saraiva, 1968.

COUTURE, Eduardo. *Fundamentos del derecho procesual civil*. Buenos Aires: Depalma, 1958.

CRUZ E TUCCI, José Rogério. *Tempo e processo*. São Paulo: Revista dos Tribunais, 1997.

——. *Lineamentos da nova reforma do CPC*. 2. ed. São Paulo: Revista dos Tribunais, 2002.

——. *A "causa petendi" no processo civil*. São Paulo: Revista dos Tribunais, 1994.

——. Precedentes como fonte do direito.

CRUZ E TUCCI, José Rogério et al. *Garantias constitucionais do processo civil*. São Paulo: Revista dos Tribunais, 1999.

DIDIER JUNIOR, Fredie. *Recurso de terceiro:* juízo de admissibilidade. São Paulo: Revista dos Tribunais, 2002.

——. *Curso de direito processual civil*. 18. ed. Salvador: JusPodivm, 2016. v. 1.

——; BRAGA, Paula Sarno; OLIVEIRA, Rafael Alexandria. *Curso de direito processual civil*. 11. ed. Salvador: JusPodivm, 2016. v. 2.

——; CUNHA, Leonardo Carneiro. *Curso de direito processual civil*. 13. ed. Salvador: JusPodivm, 2016. v. 3.

DINAMARCO, Cândido Rangel. *Execução civil*. 3. ed. São Paulo: Malheiros, 1993.

——. *Fundamentos do processo civil moderno*. 3. ed. São Paulo: Malheiros, 2000. t. 1 e 2.

——. *Instrumentalidade do processo*. São Paulo: Revista dos Tribunais, 1987.

——. *Instituições de direito processual civil*. 1. ed. São Paulo: Malheiros, 2001. v. 1, 2 e 3.

——. *Instituições de direito processual civil*. São Paulo: Malheiros, 2004. v. 4.

——. *A reforma do Código de Processo Civil*. São Paulo: Malheiros, 1995.

——. *A reforma da reforma*. 3. ed. São Paulo: Malheiros, 2002.

——. *Litisconsórcio*. São Paulo: Malheiros, 1994.

——. *Nova era do processo civil*. 2. ed. São Paulo: Malheiros, 2007.

FABRÍCIO, Adroaldo Furtado. *A ação declaratória incidental*. Rio de Janeiro: Forense, 1976.

——. *Comentários ao Código de Processo Civil*. 3. ed. Rio de Janeiro: Forense, 1988. v. 8, t. 3.

FADEL, Sérgio Sahione. *CPC comentado*. Rio de Janeiro: Forense, 1984. v. 1.

FERRAZ, Sérgio. *Assistência litisconsorcial no direito processual civil*. São Paulo: Revista dos Tribunais, 1979.

FERREIRA, William Santos. *Tutela antecipada no âmbito recursal*. São Paulo: Revista dos Tribunais, 2000.

FIGUEIRA JUNIOR, Joel Dias. *Novo procedimento sumário*. São Paulo: Revista dos Tribunais, 1996.

——. *Liminares nas ações possessórias*. São Paulo: Revista dos Tribunais, 1995.

FORNACIARI JÚNIOR, Clito. *Reconhecimento jurídico do pedido*. São Paulo: Revista dos Tribunais, 1977.

——. *Da reconvenção no direito processual brasileiro*. 2. ed. São Paulo: Saraiva, 1983.

GIANESINI, Rita. *Da revelia no processo civil brasileiro*. São Paulo: Revista dos Tribunais, 1977.

——. *Ação de nunciação de obra nova*. São Paulo: Revista dos Tribunais, 1994.

GONÇALVES, Carlos Roberto. *Direito civil brasileiro*: teoria geral das obrigações. 3. ed. São Paulo: Saraiva, 2007. v. 2.

——. *Direito civil brasileiro*: parte geral. São Paulo: Saraiva, 2003. v. 1.

——. *Responsabilidade civil*. 7. ed. São Paulo: Saraiva, 2002.

——. *Principais inovações no Código Civil de 2002*. São Paulo: Saraiva, 2002.

GONÇALVES, Carlos Roberto et al. Prescrição: questões relevantes e polêmicas. In: *Novo Código Civil. Questões controvertidas*. São Paulo: Método, 2003. (Série grandes temas de direito privado.)

GOZZO, Débora. *Comentários ao Código Civil brasileiro*; do direito das sucessões. Rio de Janeiro: Forense, 2004. v. 16.

GRECO FILHO, Vicente. *Direito processual civil brasileiro*. 15. ed. São Paulo: Saraiva, 2002.

——. *Intervenção de terceiros no processo civil*. São Paulo: Saraiva, 1986.

GRINOVER, Ada Pellegrini et al. *Teoria geral do processo*. 8. ed. São Paulo: Revista dos Tribunais, 1991.

GUASP, Jaime. *Derecho procesual civil*. Madrid: Ed. Instituto de Estudios Políticos, 1961.

GUERRA, Marcelo Lima. *Execução forçada*. São Paulo: Revista dos Tribunais, 1995.

HANADA, Nelson. *Da insolvência e sua prova na ação pauliana*. São Paulo: Revista dos Tribunais, 1982.

Referências

JHERING, Rudolf von. *A teoria simplificada da posse*. José Bushatsky Editor, 1976.

JORGE, Flávio Cheim. *Apelação cível. Teoria geral e admissibilidade*. São Paulo: Revista dos Tribunais.

——. *Chamamento ao processo*. 2. ed. São Paulo: Revista dos Tribunais, 1999.

JORGE, Flávio Cheim; DIDIER JUNIOR, Fredie; RODRIGUES, Marcelo Abelha. *A terceira etapa da reforma processual civil*. São Paulo: Saraiva, 2006.

KOMATSU, Roque. *Da invalidade no processo civil*. São Paulo: Revista dos Tribunais, 1991.

LACERDA, Galeno. *Despacho saneador*. Porto Alegre: Sulina, 1953.

LAMBAUER, Mathias. *Do litisconsórcio necessário*. São Paulo: Saraiva, 1982.

LARA, Betina Rizzato. *Liminares no processo civil*. 2. ed. São Paulo: Revista dos Tribunais, 1994.

LIEBMAN, Enrico Tullio. Il titulo esecutivo riguardo ai terzi. In: *Problemi del processo civile*. Napolis: Morano, 1962.

——. *Processo de execução*. 4. ed. São Paulo: Saraiva, 1980.

——. *Eficácia e autoridade da sentença*. 3. ed. Rio de Janeiro: Forense, 1984.

LIMA, Alcides de Mendonça. *Comentários ao Código de Processo Civil*. Rio de Janeiro: Forense, 1974. v. 7, t. 2.

LIMA FREIRE, Rodrigo da Cunha. *Condições da ação:* enfoque sobre o interesse de agir no processo civil. São Paulo: Revista dos Tribunais, 1999.

LOPES DA COSTA, Alfredo de Araújo. *Medidas preventivas*. 3. ed. São Paulo: Sugestões Literárias, 1966.

——. *Da intervenção de terceiros no processo*. São Paulo: Ed. C. Teixeira, 1930.

LOPES DE OLIVEIRA, Gleydson Kleber. *Recurso especial*. São Paulo: Revista dos Tribunais, 2002.

LOPES, João Batista. *A prova no direito processual civil*. São Paulo: Revista dos Tribunais, 2000.

——. *Ação declaratória*. 4. ed. São Paulo: Revista dos Tribunais, 1995.

MACHADO, Antônio Cláudio da Costa. *A intervenção do Ministério Público no processo civil brasileiro*. São Paulo: Saraiva, 1989.

MALACHINI, Edson Ribas. *Questões sobre a execução e os embargos do devedor*. São Paulo: Revista dos Tribunais, 1980.

MANCUSO, Rodolfo de Camargo. *Recurso extraordinário e recurso especial*. 8. ed. São Paulo: Revista dos Tribunais, 2003.

MANDRIOLI, Crisanto. *L'azione esecutiva*. Milano: Giuffrè, 1955.

MARCATO, Antonio Carlos. *Anotações de direito processual civil*. Paraná: Bird Gráfica, 1993.

——. *Procedimentos especiais*. São Paulo: Revista dos Tribunais, 1986.

——. Da consignação em pagamento — o procedimento do Código de Processo Civil e da Lei n. 8.245, de 1991. *Revista do Advogado*, n. 63, jun. 2001.

——. A sentença dos embargos ao mandado monitório e o efeito suspensivo da apelação. In: *Aspectos polêmicos e atuais dos recursos*. (Coord.) Eduardo Pellegrini de Arruda Alvim e outros. São Paulo: Revista dos Tribunais, 2000.

——. *Ação de consignação em pagamento*. 2. ed. São Paulo: Revista dos Tribunais.

MARINONI, Luiz Guilherme. *Tutela cautelar e tutela antecipatória*. 1. ed. 2. tir. São Paulo: Revista dos Tribunais, 1994.

——. *A antecipação da tutela na reforma do processo civil*. 2. ed. São Paulo: Malheiros, 1996.

—— et al. *O novo processo civil*. 1. ed. São Paulo: Revistas dos Tribunais, 2014.

MARQUES, José Frederico. *Manual de direito processual civil*. São Paulo: Saraiva, 1974.

——. *Instituições de direito processual civil.* Rio de Janeiro: Forense, 1974. v. 1 e 2.

MARTINS, Sandro Gilberto. *A defesa do executado por meio de ações autônomas.* São Paulo: Revista dos Tribunais, 2002.

MATTEIS DE ARRUDA, Antonio Carlos. *Liquidação de sentença.* São Paulo: Revista dos Tribunais, 1981.

MAURÍCIO, Ubiratan de Couto. *Assistência simples no direito processual civil.* São Paulo: Revista dos Tribunais, 1983.

MAZZILLI, Hugo Nigro. *O Ministério Público na Constituição de 1988.* São Paulo: Saraiva, 1989.

MIRANDA, Francisco Cavalcanti Pontes de. *Comentários ao Código de Processo Civil.* Rio de Janeiro: Forense, 1974. t. V.

MIRANDA, Gilson Delgado. *Procedimento sumário.* São Paulo: Revista dos Tribunais, 2000.

MONTEIRO, João Baptista. *Ação de reintegração de posse.* São Paulo: Revista dos Tribunais, 1987.

MORAES SALLES, José Carlos. *Recurso de agravo.* 2. ed. São Paulo: Revista dos Tribunais, 1998.

——. *Usucapião de bens imóveis e móveis.* 4. ed. São Paulo: Revista dos Tribunais, 1997.

MOREIRA, Alberto Camiña et al. *Nova reforma processual civil.* 2. ed. São Paulo: Método, 2003.

MOREIRA ALVES, José Carlos. *A parte geral do projeto de Código Civil brasileiro.* São Paulo: Saraiva, 1986.

MURITIBA, Sérgio. *Ação executiva "lato sensu" e ação mandamental.* São Paulo: Revista dos Tribunais, 2005.

NEGRÃO, Theotonio. *Código de Processo Civil e legislação processual em vigor.* 42. ed. São Paulo: Saraiva, 2010.

NERY JUNIOR, Nelson. *Atualidades sobre o processo civil.* 2. ed. São Paulo: Revista dos Tribunais, 1996.

——. *Princípios do processo civil na Constituição Federal.* 4. ed. São Paulo: Revista dos Tribunais, 1997.

——. *Teoria geral dos recursos.* 4. ed. São Paulo: Revista dos Tribunais, 1997.

NERY JUNIOR, Nelson; NERY, Rosa Maria de Andrade. *Comentários ao Código de Processo Civil — novo CPC.* São Paulo: Revista dos Tribunais, 2015.

NEVES, Celso. *Comentários ao Código de Processo Civil.* Rio de Janeiro: Forense, 1976. v. 7.

NEVES, Daniel Amorim Assumpção. *Novo CPC.* São Paulo: Método.

NIEMEYER, Sérgio; CONRADO, Paulo Cesar. *Temas controvertidos do processo civil.* Rio de Janeiro: Forense, 2001. (Vários autores.)

NOGUEIRA MAGRI, Berenice Soubhie. *Ação anulatória:* art. 486 do CPC. São Paulo: Revista dos Tribunais, 1999.

NOJIRI, Sérgio. *O dever de fundamentar as decisões judiciais.* São Paulo: Revista dos Tribunais, 1999.

OLIVEIRA JUNIOR, Waldemar Mariz. *Substituição processual.* São Paulo: Revista dos Tribunais, 1971.

PINTO, Nelson Luiz. *Manual dos recursos cíveis.* 3. ed. São Paulo: Malheiros, 2003.

——. *Ação de usucapião.* 2. ed. São Paulo: Revista dos Tribunais, 1991.

PISANI, Andrea Proto. *Opposizione di terzo ordinaria.* Napoli: Jovene, 1965.

REGO, Hermenegildo de Souza. *Natureza das normas sobre prova.* São Paulo: Revista dos Tribunais, 1985.

REQUIÃO, Rubens. *Curso de direito comercial.* 19. ed. São Paulo: Saraiva, 1993. v. 2.

REYNALDO FILHO, Demócrito Ramos. Aspectos do instituto da arbitragem. *RT, 743*:65.

RIOS GONÇALVES, Marcus Vinicius. *Novo curso de direito processual civil.* 7. ed. São Paulo: Saraiva, 2010.

Referências

——. *Processo de execução e cautelar*. 9. ed. São Paulo: Saraiva, 2007. (Coleção Sinopses Jurídicas, v. 12.)

——. *Procedimentos especiais*. 3. ed. São Paulo: Saraiva, 2003. (Coleção Sinopses Jurídicas, v. 12 e 13.)

RIZZI, Sérgio. *Ação rescisória*. São Paulo: Revista dos Tribunais, 1979.

——. *Vícios da posse*. 4. ed. São Paulo: Oliveira Mendes, 2008.

ROCHA, José Albuquerque. *O procedimento da uniformização de jurisprudência*. São Paulo: Revista dos Tribunais, 1977.

ROCHA, José de Moura. *Sistemática do novo processo de execução*. São Paulo: Revista dos Tribunais, 1978.

SACCO NETO, Fernando et al. *Nova execução de título extrajudicial*. São Paulo: Método, 2007.

SANCHES, Sidney. *Execução específica*. São Paulo: Revista dos Tribunais, 1978.

——. *Poder geral de cautela*. São Paulo: Revista dos Tribunais, 1978.

——. *Denunciação da lide no direito processual civil brasileiro*. São Paulo: Revista dos Tribunais, 1984.

SANSEVERINO, Milton. *Procedimento sumaríssimo*. São Paulo: Revista dos Tribunais, 1983.

SANTOS, Ernane Fidélis dos. *Manual de direito processual civil*. São Paulo: Saraiva, 1985. v. 1 e 2.

——. *As reformas de 2005 e 2006 do Código de Processo Civil*. 2. ed. São Paulo: Saraiva, 2006.

SANTOS LUCON, Paulo Henrique. *Embargos à execução*. São Paulo: Saraiva, 1996.

——. Nova execução de títulos judiciais e sua impugnação. In: WAMBIER, Teresa Arruda Alvim (Coord.). *Aspectos polêmicos da nova execução de títulos judiciais*. São Paulo: Revista dos Tribunais, 2006.

SANTOS, Marisa Ferreira dos; CHIMENTI, Ricardo Cunha. *Juizados especiais cíveis e criminais*. 2. ed. São Paulo: Saraiva, 2004.

SANTOS, Moacyr Amaral dos. *Primeiras linhas de direito processual civil*. 21. ed. São Paulo: Saraiva, 2003. v. 3.

SHIMURA, Sérgio Seiji et al. *Execução no processo civil*. São Paulo: Método, 2005.

——. *Título executivo*. São Paulo: Saraiva, 1997.

——. *Nova reforma processual civil*. 2. ed. São Paulo: Método, 2003.

——. *Arresto cautelar*. São Paulo: Revista dos Tribunais, 1993.

SILVA, Ovídio Baptista da. *Procedimentos especiais*. 2. ed. Rio de Janeiro: Aide, 1993.

SOUZA JUNIOR, Adugar Quirino do Nascimento. *Efetividade das decisões judiciais e meios de coerção*. São Paulo: Juarez de Oliveira, 2003.

SOUZA LASPRO, Oreste Nestor. *Duplo grau de jurisdição no direito processual civil*. São Paulo: Revista dos Tribunais, 1996.

TALAMINI, Eduardo. *Tutela monitória*. São Paulo: Revista dos Tribunais, 1998.

TÁVORA NIESS, Pedro Henrique. *Da sentença substitutiva da declaração de vontade*. São Paulo: Sugestões Literárias, 1977.

TEIXEIRA, Sálvio de Figueiredo. *Código de Processo Civil anotado*. São Paulo: Saraiva, 1996.

——. A arbitragem no sistema jurídico brasileiro. *RT*, *735*:45.

THEODORO JÚNIOR, Humberto. *A reforma da execução do título extrajudicial*. Rio de Janeiro: Forense, 2007.

——. *Curso de direito processual civil*. Rio de Janeiro: Forense, 1985.

——. *Processo de conhecimento*. Rio de Janeiro. Forense, 1981.

——. *Processo de execução*. 11. ed. São Paulo: Leud, 1986.

——. *Processo cautelar*. São Paulo: Leud, 1976.

TUCCI, Rogério Lauria. *Do julgamento conforme o estado do processo*. 2. ed. São Paulo: Saraiva, 1982.

VENOSA, Sílvio de Salvo. *Direitos reais*. São Paulo: Atlas, 1995.

——. *Manual dos contratos e obrigações unilaterais de vontade*. São Paulo: Atlas, 1997.

VILAR, Willard de Castro. *Ação cautelar inominada*. Rio de Janeiro: Forense, 1986.

WAMBIER, Teresa Arruda Alvim et al. *Novo Código de Processo Civil*. 1. ed., 3.ª tir. São Paulo: Revista dos Tribunais.

WATANABE, Kazuo. *Da cognição no processo civil*. São Paulo: Revista dos Tribunais, 1987.

WATANABE, Kazuo et al. *Código Brasileiro de Defesa do Consumidor comentado pelos autores do anteprojeto*. 5. ed. Rio de Janeiro: Forense, 1997.

YARSHELL, Flávio Luiz. *A interrupção da prescrição pela citação:* confronto entre o novo Código Civil e o Código de Processo Civil. Porto Alegre: Síntese, 2003.

——. *Antecipação da prova sem o requisito da urgência e o direito autônomo à prova*. São Paulo: Malheiros. 2009.

ZANZUCCHI, Marco Tullio. *Diritto processuale civile*. Milano: Giuffrè, 1955.